U0790314

鄄城县志

上卷

1991—2010

鄄城县地方史志编纂委员会 编

方志出版社
Publishing House of Local Records

图书在版编目（CIP）数据

鄄城县志：1991—2010 ／鄄城县地方史志编纂委员会办公室编. -- 北京 ：方志出版社， 2018.10

ISBN 978-7-5144-2310-5

Ⅰ.①鄄… Ⅱ.①鄄… Ⅲ.①鄄城县-地方志-1991—2010 Ⅳ. ①K295.24

中国版本图书馆CIP数据核字（2016）第320527号

鄄城县志（1991—2010）

编　　者：鄄城县地方史志编纂委员会办公室
责任编辑：陈　菁

出 版 人：冀祥德
出 版 者：方志出版社
地址　北京市朝阳区潘家园东里9号（国家方志馆4层）
邮编　100021
网址　http://www.fzph.org
发　　行：方志出版社图书经销中心
电话（010）67110500
经　　销：各地新华书店
印　　刷：山东黄氏印务有限公司

开　　本：889×1194　　1/16
印　　张：64.38
字　　数：1641千字
版　　次：2018年10月第1版　　2018年10月第1次印刷
印　　数：0001～3000册（套）
ISBN　978-7-5144-2310-5　　定价：1000.00元（全两册）

·版权所有　翻印必究·

鄄城县地方史志编纂委员会

名誉主任：张　伦
主　　任：袁红兵
副 主 任：殷占彩
委　　员：仪忠东　孙明海　王玉浩　孙晓春　吴光勇　刘海波
冯大江　李道远　李保东　张孔学　秦朝振　王景义
李　军　李宪诗　田修功　侯仰义　刘清同　石华岭
曹忠亭　李朝林　黄贤清　吴延灵

《鄄城县志（1991—2010）》编审人员

主　　审：袁红兵
副 主 审：殷占彩
主　　编：黄贤清
副 主 编：吴延灵　陈晓梅
编　　辑：黄贤清　吴延灵　陈晓梅　孙凤春　苏兆翟
许海洲　李广元　孙伟栋
编　　务：梁邦奎　史桂华　王　倩　察海英　赵淏琛
特邀编审：察志和

中共菏泽市委副书记、中共鄄城县委书记　张　伦

序

盛世修志是中华民族存史资政、传承文明的优良传统。自宋代至清代，鄄城曾九修地方志。20世纪90年代，县地方史志办公室历经数载，编修了中华人民共和国成立后的第一部《鄄城县志》，于1996年出版。2006年开始续修第二部县志，在总结前人经验的基础上，编纂人员克服重重困难，十载磨砺，数易其稿，终成鸿著，可喜可贺。

鄄城历史悠久，是伏羲之桑梓、尧舜之故里、华夏之祖庭、中华之龙源，是中华民族的发祥地之一，是民政部命名的千年古县。第二部《鄄城县志》上限为1991年，下限为2010年。这20年是鄄城县人民在历届县委、县政府的领导下，不断解放思想，深化改革，扩大开放，团结拼搏，锐意进取，经济和社会各项事业取得巨大成就的时期；是城乡面貌巨变，社会和谐进步，人民安居乐业的时期。全志运用辩证唯物主义和历史唯物主义的观点，综合运用多种体裁，科学谋篇，广征博采，去伪存真，对前志篇目作了较大调整，客观翔实地记述了全县人民在探索中前进，社会主义市场经济体制不断完善，人民生活水平大幅提高，城乡面貌日新月异的发展历程。不仅充分展现了鄄城经济发展、文化繁荣、社会稳定的全新形象，而且全面展示了鄄城的地方特色、地方产业和时代风貌，同时客观直书经济社会发展中不尽如人意的诸多问题，无愧于信史之称。习近平总书记曾言："不忘历史才能开辟未来，善于继承

中共鄄城县委副书记、鄄城县人民政府县长　袁红兵

才能善于创新。”新县志纵贯古今，横陈百科，为我们鉴往知来、把握现在，提供了珍贵的历史资料，是鄄城长远发展的宝贵精神财富。

新县志成书，凝聚着各级党委、政府与全县人民的智慧和心血，得益于省、市史志部门的精心指导和大力支持。10年之中，编纂人员不畏艰难，不辞辛苦，倾其心智，辛勤笔耕，终致大成。值出版之际，谨向全体编辑人员，以及关心、支持本志编纂出版的专家、学者和社会各界人士表示崇高的敬意和诚挚的感谢！

鉴古才知今，继往为开来。鄄城县有着灿烂辉煌的过去，也创造了引以为豪的今天，更有着令人向往的未来。这部县志，必将激发全县人民砥砺奋进、薪火相传，谱写出更加灿烂辉煌的新篇章。

衷心祝愿鄄城的明天更加美好，人民生活更加幸福安康！

谨为序。

中共菏泽市委副书记、中共鄄城县委书记　张　伦

中共鄄城县委副书记、鄄城县人民政府县长　袁红兵

- 全国科技工作先进县
- 全国粮食生产基地县
- 全国粮食生产先进县
- 全国平原绿化先进县
- 全国青山羊和小尾寒羊育种基地县
- 国家级鲁西黄牛和中国斗鸡保种基地县
- 山东省平安建设先进县
- 山东旅游强县

鄄城名片

- 华胥故国
- 伏羲桑梓
- 尧舜故里
- 中国龙都
- 千年古县
- 龙凤文化发祥地
- 孙膑故里
- 中国北方绿色药都
- 国家级生态示范区

2009年2月，中国农业展览馆举办中国非物质文化遗产传统技艺展，中共中央政治局委员、国务委员刘延东（左一）参观鄄城鲁锦，并给予肯定

2016年4月2日，中共中央政治局委员、全国人大常委会副委员长李建国（前排右二）到鄄城视察

1997年6月20日，中共中央政治局委员、省委书记吴官正（前排左七）到鄄城视察

2016年6月1日，全国政协副主席马飚（右二）到鄄城调研

1996 年 8 月 16 日，国家防总副总指挥、水利部部长钮茂生（中）慰问在鄄城抗洪救灾的解放军战士

1996 年 9 月 16 日，省委书记赵志浩（右二）到鄄城视察

2018 年 8 月 17 日，省委书记、省人大常委会主任刘家义（右二）到鄄城调研

1996 年 8 月 10 日，省委副书记、省长李春亭（左二）到鄄城视察黄河灾情

2016 年 2 月 6 日，省委副书记、省长郭树清（中）到鄄城视察

2018 年 8 月 8 日，省委副书记、省长龚正（右一）到鄄城视察扶贫工作

2015 年 3 月 12 日，省委副书记王军民（中）到鄄城视察农业和农村工作

2011 年 3 月 21 日，省委常委、省纪委书记李法泉（右二）到鄄城视察

2001 年 10 月，省人大常委会副主任王道玉（中）到鄄城视察

1995 年 10 月，副省长韩寓群（中）到鄄城视察工业建设

2012 年 9 月 14 日，省委常委、常务副省长孙伟（右一）到鄄城检查指导工作

2014 年 6 月 19 日，副省长王随莲（前排右三），省政府副秘书长、省食品药品监督管理局局长马越男（左三）一行视察鄄城县食品药品监管情况

2013 年 5 月 12 日，市委书记于晓明（中）到鄄城检查指导工作

2012 年 9 月 4 日，市委书记、市人大常委会主任赵润田（前排左二）到鄄城视察

2015 年 1 月 18 日，市委书记孙爱军（中）到鄄城视察

2018 年 9 月 30 日，市委副书记、市长陈平（中）到鄄城视察

▲ 鄄城新貌　申广清　摄

▲ 中药材门市

▲ 外宾参观

▲ 舜王国际药城营销中心

▲ 中药材品种繁多

▲ 遍地药香

▼ 舜王城中药科技园

▲ 2003 年首届人发风情节文艺晚会

▲ 2005 年中国（鄄城）国际人发风情节

▼ 第二人发产业园　吴延灵　摄

▲ 人发产业创业培训补贴发放仪式

▲ 人发加工车间一角

▲ 发帘加工

▲ 发条加工

▲ 人发产业园

▲ 孙膑旅游城·圆融湖夕照

▲ 孙膑旅游城鸟瞰图

▲ 孙膑旅游城佛教区

▲ 孙膑文化节大型祭祀乐舞表演

▲ 沙土庙

▲ 东山禅寺

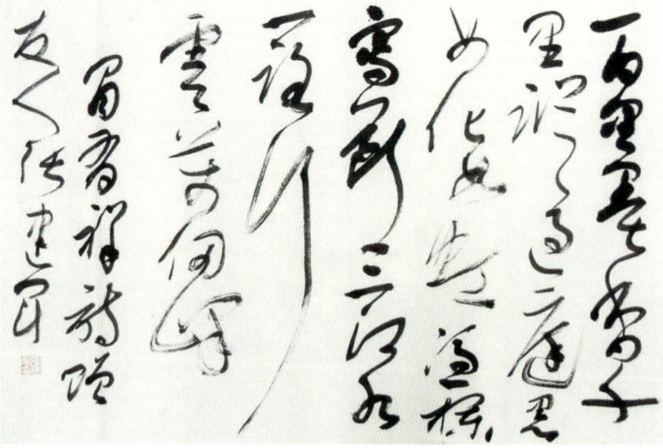

◀张建军 书

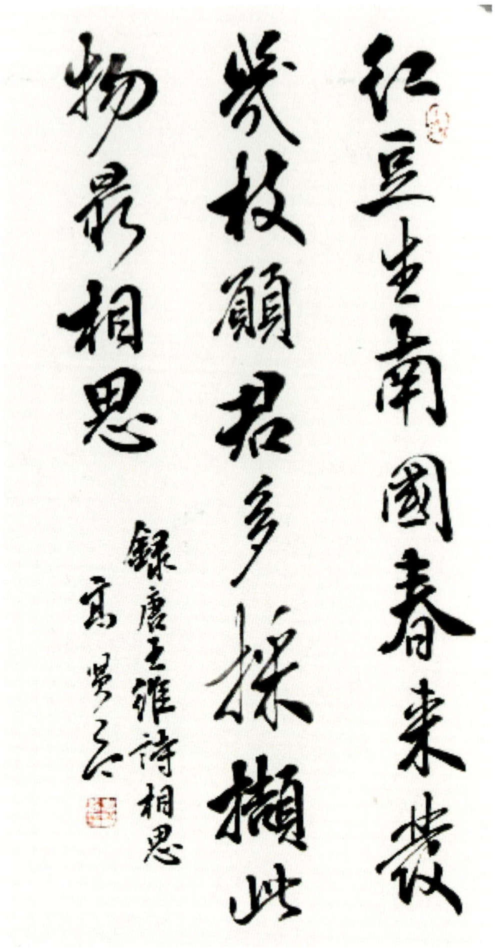

▶高贤益 书

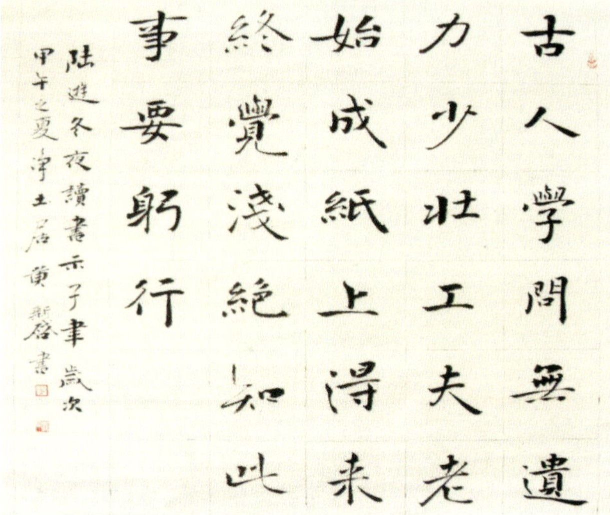

◀黄新启 书

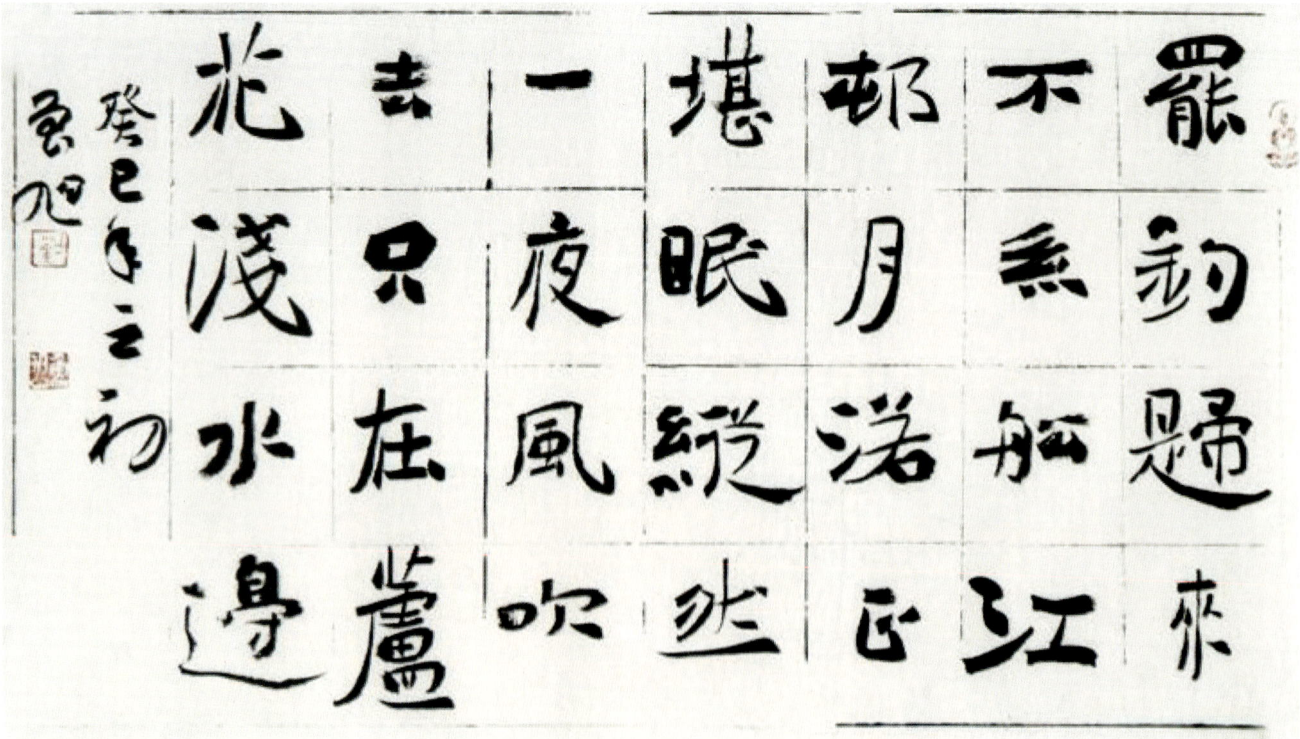

▲刘鲁旭 书

▲ 范宗魁　书

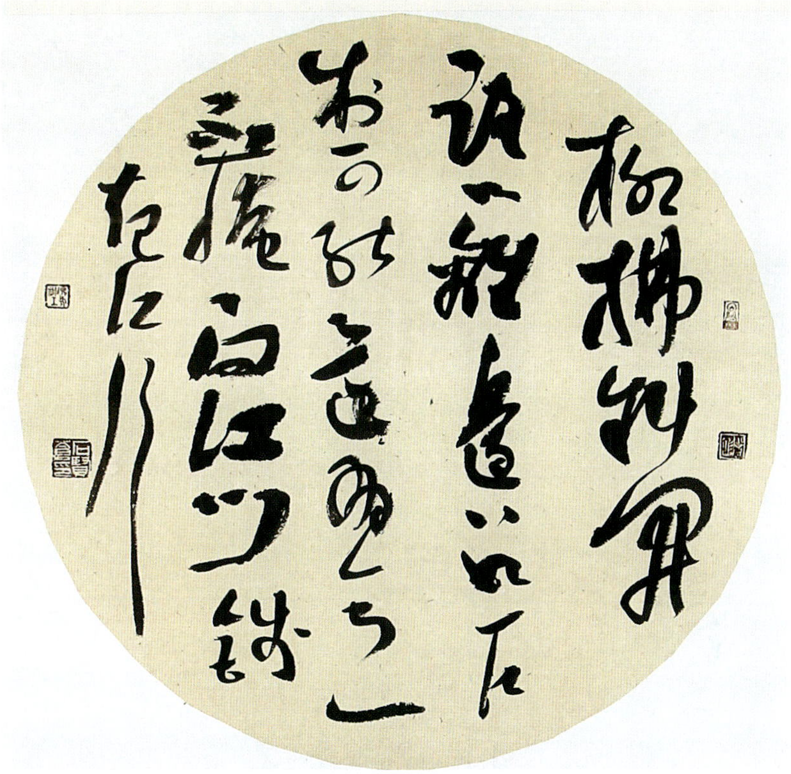

▲ 石贤苍　书

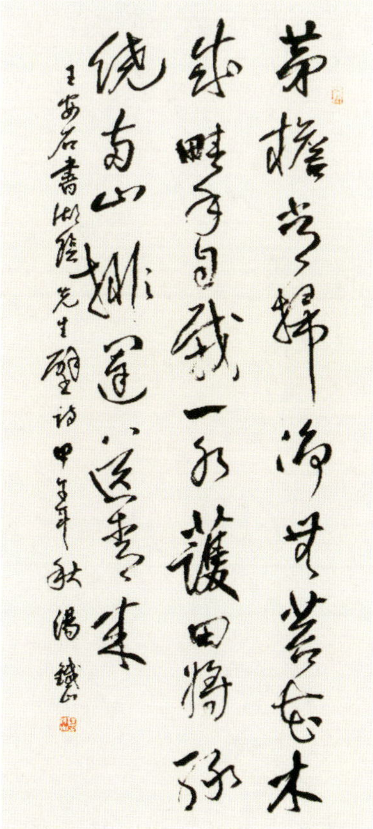

▲ 汤峰　书

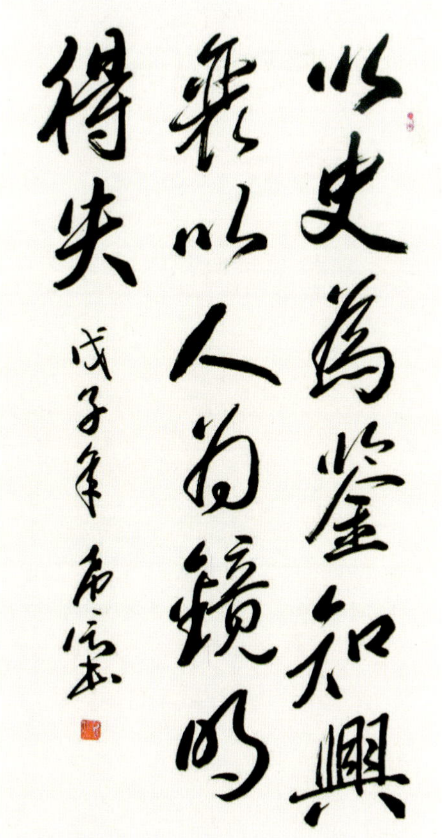

▲ 刘希信　书

▲ 李继安　书

▲ 邢玉河　书

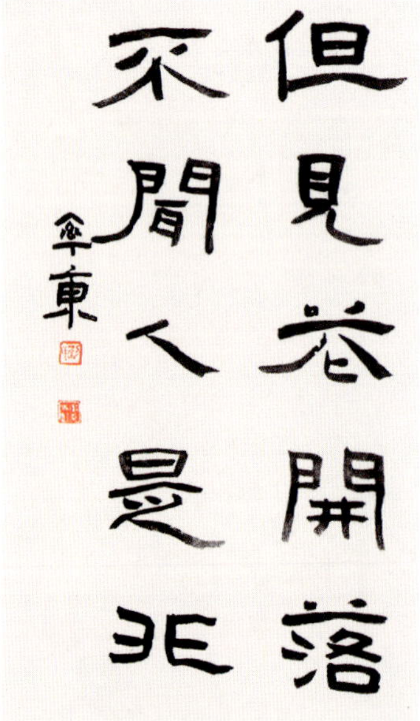

▲ 刘率东　书

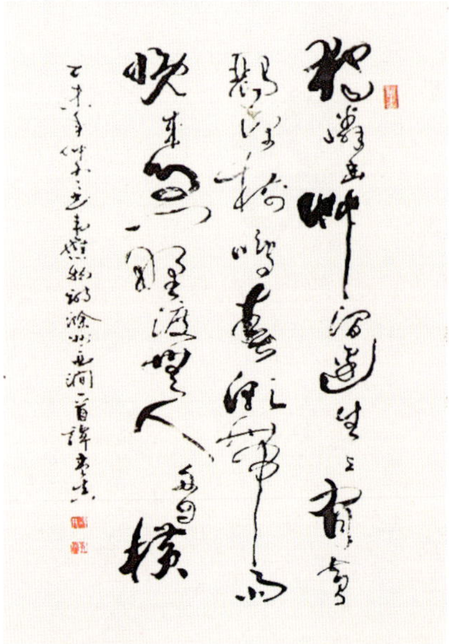

▲ 谭孟真　书

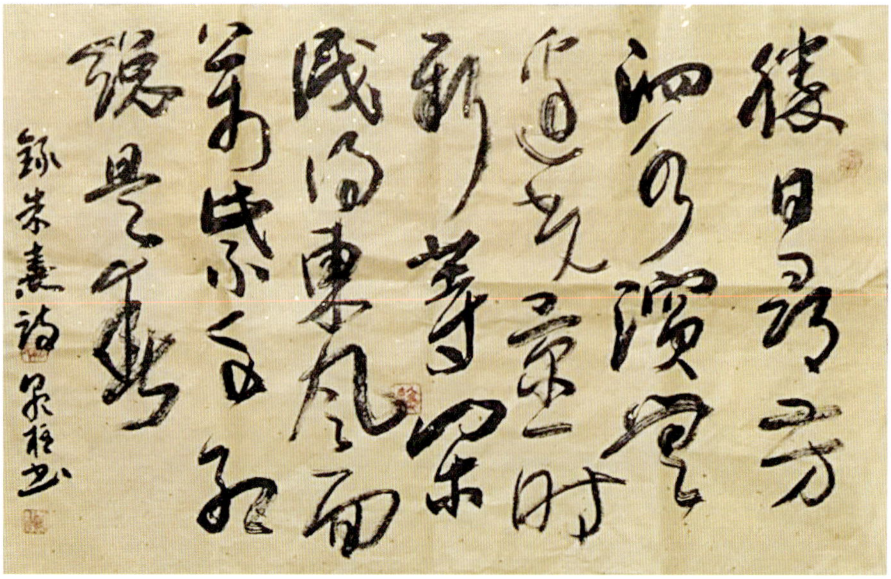

◀ 范朝柱　书

▲ 祁麟云　作

▲ 韩志冰　作

▲ 纪果　作

▲ 刘玉修　作

▲ 徐景贤　作

▲ 吕进成　作

▶ 梁邦奎　作

▼ 李达　作

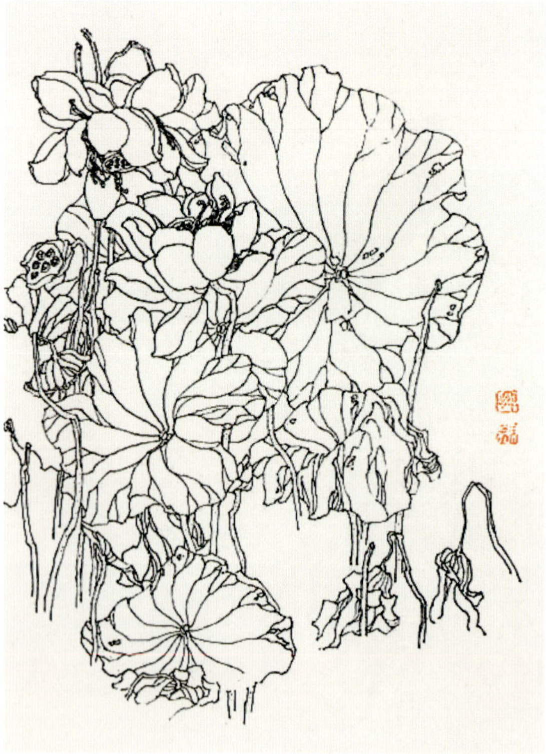

▲ 夏兴聚　作

▲ 田言华　作

▲ 杨克亭　作

▲ 李子臣　作

▶ 周同雷　作

▶ 侯涛龙　作

《鄄城县志（1991-2010）》志稿专家评审现场会合影留念

2016年7月20日

▲ 前排：左起

吴延灵　邵鸿志　王　涛　罗　毅　肖　云　田文建　李　刚　高继山　谷瑞灵　翟世林　张乾山　李天程　郑玉民　屈婉情　王笃银　段祥泰　黄贤清

▲ 中排：左起

史桂华　董梁英　陈晓梅　许海娇　乔方辉　李　雁　张汉祥　朱传成　李文存　杨海涛　王志良　孔建民　丁　华　丁养会　高谦绍

▲ 后排：左起

孙凤春　艾霏霏　孟　洁　邢美宁　王新春　王　瑞　赵永超　任东方　王仲芳　刘　刚　贾新勇　苏兆翟　陈　娅　赵淏琛　朱忠磊　李丙新

凡　例

一、本志以马列主义、毛泽东思想、邓小平理论、“三个代表”重要思想和科学发展观及习近平新时代特色社会主义思想为指导，坚持辩证唯物主义和历史唯物主义的立场、观点和方法，依法修志，全面、客观地记述鄄城的历史与现状，突出时代特点和地方特色，努力融思想性、科学性、资料性于一体。

二、本志是对第一部《鄄城县志》（1996 年版）的续修，上限 1991 年，下限 2010 年。为保持记述事物的完整性，部分内容适当上溯或下延。

三、本志采用述、记、志、传、图、表、录等体裁。专志各编平列设志，分编、章、节记述，节下视内容设目、子目。全志以文字记述为主，卷首、志中适当运用照片、图、表等体裁。

四、本志行文采用语体文、记述体，大事记采用编年体与纪事本末体相结合的体例。

五、本志人物分人物传略、人物简介、名录三部分。坚持“生不立传”原则，传略人物以卒年为序；人物简介以生年为序；名录以朝代为序。女性注明，不注性别者为男性。少数民族者注明，不注民族者为汉族。

六、本志所涉各级各种机构、社会团体、文件、企业等事物名称，视语境使用全称或简称。“省、市（地区）、县”不论并用或单用，分别对应山东省、菏泽市（地区）、鄄城县。“省委、市委（地委）、县委”均为中国共产党党委机构。“中国共产党鄄城县委员会”，在文件名称中使用简称“中共鄄城县委”，行文中一般使用简称“县委”。“鄄城县人民代表大会”简称“县人大”，其常务委员会简称“县人大常委会”。“鄄城县人民政府”简称“县政府”。“中国人民政治协商会议鄄城县委员会”简称“政协鄄城县委员会”或“县政协”。其余名称使用说明较繁，可类比，不一一列举。

七、本志所涉地名以事件发生时为准，如后有变动，加注今地名。

八、本志采用公元纪年。个别地方采用朝代纪年时，括注公元纪年。

九、本志所用数据为统计部门公布数据和有关部门数据。计量单位执行《中华人民共和国法定计量单位》标准，少数地方使用习惯用法。

十、本志资料为各有关单位提供，或编者查阅文献、档案等所得，不一一注明出处。

目 录

上 卷

第五编 城乡建设 环境保护

第六编 交通 邮电 电力

第七编　经济综述

第八编　农　业

第九编　林　业

第十编　畜牧业

第十一编　特色产业

第十二编　工　业

第十三编　乡镇企业　民营经济

第十四编　招商开发　东西结合

第十五编　商业　贸易

第十六编 财政 税务

第十七编 金 融

第十八编 经济管理

第十九编 中共鄄城地方组织

第二十编 地方国家权力机关

下 卷

第二十一编 地方国家行政机关

第二十二编　政协地方组织

第二十三编　群众团体

第二十四编 政 务

第二十五编 公安 司法

第二十六编 武 装

第二十七编 教 育

第二十八编 科 技

第二十九编　文化　体育

第三十编　伏羲文化

第三十一编　尧舜文化

第三十二编　旅　游

第三十三编　卫　生

第三十四编　社会生活

第三十五编　乡镇概况

第三十六编　人　物

附　录

概　述

GAI SHU

概　述

鄄城县位于山东省西南部，菏泽市北部。地理坐标为北纬 35°22′至 35°43′，东经 115°19′至 115°43′。东西宽 38.47 公里，南北长 41.3 公里，总面积 1045.5 平方公里。南邻牡丹区，东接郓城县，西与河南省濮阳市接壤，北与河南省范县毗邻。北距首都北京 510 公里，东北至省城济南 184 公里，南到市政府驻地菏泽 36 公里。2010 年，全县辖 16 个乡镇，440 个行政村，1069 个自然村，5 个居委会。2011 年 9 月，辖 15 个乡镇 2 个街道办事处。总人口 863889 人，其中城镇人口 106127 人。

鄄城历史悠久，文化灿烂，是伏羲之桑梓、尧舜之故里、华夏之祖庭、中华之龙源，是中华民族的发祥地之一，是民政部命名的千年古县。有文字记载的历史可追溯到伏羲时代。春秋时为卫国鄄邑，秦置甄城县，西汉改称鄄城县，东汉献帝时为兖州治所，曹操任兖州牧。三国魏文帝时曾为鄄城王国，曹植为鄄城王。西晋时为濮阳国国都，南北朝时期为北魏、东魏濮阳郡治所。隋于鄄城置濮州，五代十国以后至明中期，鄄城一直为濮州驻地。1931 年，濮、鄄分治，于濮县河东地区复设鄄城县。

鄄城人文荟萃，圣贤辈出，上至华胥、伏羲、女娲、尧、舜，下至计然、庄子、战国军事家孙膑、西汉直谏大臣汲黯、唐代儒宗王元感、农民起义领袖王仙芝、晋代廉吏吴隐之、宋代名相李迪、明代兵部尚书苏祐、父子尚书李瓒和李廷相、都察院右副都御史刘忠、清代抗捐领袖王宗朋等都出生或生活在古鄄之域，与鄄城休戚相关。鄄城境内文物胜迹众多，有雷泽湖、华胥部落遗址，伏羲殿、女娲宫、穀林尧陵、舜耕历山遗址，孙膑墓、陈王读书台等人文资源，有鄄南战役战场、刘邓大军强渡黄河处等革命遗址。穀林尧陵、舜耕历山遗址、苏述御史牌坊被确定为省级文物保护单位，全县县级文物保护单位 35 处。非物质文化遗产丰富，商羊舞、砖塑、鲁锦织造技艺入选国家级非物质文化遗产名录，三皇舞、担经、抬阁、大洪拳、二洪拳、孙膑传说、坠子、旋木、北狮皮制作技艺入选省级非物质文化遗产名录，另有市级非物质文化遗产 36 项。

鄄城处于黄河冲积平原的前缘，地势较平坦，西南高，东北低，坡降 1/5000～1/8000 之间，高差 9.3 米。土壤分布为“南沙、中壤、北黏”。季风型大陆性气候，四季分明，光照充足。冬季天气寒冷，雨雪稀少。夏季高温、高湿，雨量集中。春季旱、夏季涝、秋季又旱是本地的气候规律。年均气温 13.6℃，年均降水量 619.7 毫米，但年降水量差别较大，旱灾、涝灾、雹灾、风灾等自然灾害频繁。

全县耕地面积共 6.73 万公顷，其中水浇地占耕地面积的 99.73%，其他农用地面积为 82931.6 亩。物产丰富，陆生野生动物资源中，鸟类 150 余种，兽类 18 种，两栖类 8 种，爬行类 10 种，野生植物资源 30 余种，种植树种 130 多种，中药材种植品种 100 余种，水产养殖面积 28500 亩，渔业养殖品种 17 种，地表水资源 1.5 亿立方米，地下水资源 0.29 亿立方米。有丰富的地热、食盐和煤炭等矿产资源。

1991—2010 年，是鄄城改革开放和现代化建设迅速发展时期，经济建设取得令人瞩目的成就。1991 年国民生产总值 6.2 亿元，工农业总产值 12.45 亿元，其中工业总产值 5.54 亿元，农业总产值 6.94 亿元，城镇在岗职工年平均工资 1919.7 元，农民人均纯收入 651 元，年末储蓄余额 2.20 亿元，全县社会商品零售额 1.52 亿元，县级财政收入 1921 万元。至 2010 年，全年实现生产总值 82.48 亿元，其中，第一、二、三产业增加值分别为 20.5 亿元、36.82 亿元、25.16 亿元，产业比由 1991 年的 64.8 ∶ 16.3 ∶ 18.9 调整为

24.9 ∶ 44.6 ∶ 30.5，全社会固定资产投资完成46.39亿元，实现财政总收入4亿元，城镇在岗职工年平均工资18586元，农民人均纯收入5639.37元，年末各项存款余额76.66亿元，其中储蓄存款余额52.45亿元。全县社会消费品零售总额55.1亿元。

工业实力不断增强。1991年前，鄄城有三大支柱产业：食品酿造业，其产值占县属工业总产值的41.8%。拥有亘古泉系列白酒、菱花牌味精、食用油、玉米淀粉等名优骨干产品；纺织工业，有棉、毛、麻、丝、染等几个种类；化学工业，主要是有机化工和医药化工。1991—1993年，全县经济体制改革进一步深化，参与第二轮承包的企业24家，县属企业全面推行第二轮承包经营责任制，全县工业发展开始走向适应市场经济的速度、规模、效益协调促进的良性循环轨道。1994年以后，鄄城县属工业企业进入机制转变、制度创新阶段，企业改革朝着“产权清晰，权责明确，政企分开，管理科学”的现代企业制度方向推进。对县域企业按照“分类对待、一厂一策”原则分别进行股份制、股份合作制、租赁、破产、组建企业集团等改革，企业整体优势、规模优势得以发挥；乡镇企业大部分进行了股份合作制改造，也取得良好效果。1995年，县属工业企业有25家，乡镇企业增加到5671家。1998年，全县企业股份制改造步伐加快，企业产权制度改革和机制转换取得突破性进展。到1999年，19家县属工业企业中，17家企业完成改制，改制面达到90%，商贸流通企业除政策性经营的之外全部完成改制，全县销售收入在500万元以上的工业企业达到20家。2000年，国有资本加快从一般性领域退出步伐，对国有及国有控股、参股企业中的国有资本，通过采取民营资本重组、外资嫁接、公开拍卖等形式，加快退出步伐，实现经济民营化。坚持市场化取向，放宽投资领域，激发了民营经济发展活力。至2004年大部分企业完成改制。2000年，民营经济快速发展，主要行业有人发皮毛加工、中药材购销加工、木材加工、地毯加工、食品加工、纺织、服装、化工、建筑建材、机械制造等，营业收入占乡镇企业的87%，达到13.8亿元。2001—2005年，鄄城实施“工业兴县”战略，坚持全党抓经济，重点抓工业，促进工业经济快速发展，确立工业在国民经济中的主导地位。通过采取民营资本重组、外资嫁接、公开拍卖等形式，实现投资主体多元化、经济民营化，工业结构调整步伐加快，工业产品档次和市场竞争力逐步提升。2005年，经济结构由农业为主逐步向工业化、市场化转变，市场经济深入发展。全县工业技改投资累计达到34.48亿元，比“九五”期间增加27.01亿元。新上项目29个，技改项目257个。“赛布罗”羊绒制品和“华格尔”商标及其系列产品分别获评“山东省知名品牌”“山东省著名商标”。5年间，全县规模以上固定资产投资累计完成34.39亿元，年均增长42.5%；累计引进项目1820个，到位资金42.7亿元，其中投资千万元的项目80个，亿元以上的项目5个。全县规模以上工业企业达到62家，实现增加值5.71亿元、销售收入21.98亿元、利税7916万元，同比分别增长55.6%、54.9%、42.4%，创历史最好水平。2006—2010年，全县经济整体上保持较快较好的发展趋势，地区生产总值保持年均增长15%的发展势头。2010年，全县规模以上工业企业217家，全年实现工业增加值29.26亿元，实现主营业务收入173.44亿元。形成人发、医药化工、中药材、农副产品加工四大支柱产业，县域经济综合实力不断增强。

农业经济全面增长。鄄城是全国粮食生产先进县，境内主要粮食作物有小麦、玉米、大豆等，主要经济作物是棉花、花生、油菜。1991年以后，不断对农业产业结构特别是种植业结构进行调整。调整的重点是蔬菜大棚、大路菜、棉花、瓜类、油料等高效经济作物的生产，努力扩大复种指数，提高粮经比例和土地产出率。通过调整，粮经比由1991年的7 ∶ 3调到2010年的5 ∶ 5，提高了林牧渔业产值在大农业中的比重。通过20年的不断调整及粮食作物品种的不断优化，逐步形成鄄北优质小麦、玉米种植区，鄄东南优质花生种植区，建成吨粮田2.67万公顷。在保证粮食安全生产的前提下，发展蔬菜和中药材生产。全县基本形成瓜菜、中药材、林果、水产植藕的专业化规模种植区域。2010年蔬菜生产稳定在1.67万公顷，全县有9个蔬菜专业乡镇，蔬菜已成为主要支柱产业之一，蔬菜收入占全县人均收入的1/4左右，以大中拱棚，绿色蔬菜生产基地为依托适度规模发展，建立起黄瓜、西瓜、拱棚韭菜—芸豆、拱棚芹菜—西红柿、绿色大葱生产基地。农林牧副渔各业生产稳步发展，农业总产值由1991的6.94亿元增长到2010年的35.15亿元。90年代中期，农业产业化经营成为指导全县农业的主要政策导向，农村产业结构调整以大力发展乡镇企业和个体私营经济为重点，积极发展农副产品加工业。建成并完善配套了舜王城中药材市场、人发皮毛、果品、蔬菜、轴承、银耳等专业批发市场，鄄城县舜王城中药材专业批发市场是山东省唯一的一家国家级中药材批发市场，常年中药材交易量达58000吨，交易额达5亿元，促进了周边乡镇的中药材种植及销售，带动了中药材种植业和药材加工业的发展；大力发展十大农业龙头企业，其中山东康食汇品有限公司、山东菏泽伊诺清真食品有限公司、山东舜生堂中药饮片有限公司通过省级农业产业化重点龙头企业认定。畜牧业是鄄城的传统产业，拥有鲁西黄牛、青山羊、小尾寒羊和鲁西斗鸡等优良地方畜禽品种。80年代以后，鄄城县先后被确定为全国青山羊板皮出口基地，全国小尾寒羊育种基地，全国秸秆养畜（养羊）示范县，国家级鲁西黄牛、中国斗鸡品种资源保护单位和山东省百万只肉羊开发县。畜牧业已由过去的家庭副业发展成为全县农业和农村经济中的支柱产业，2010年，全县标准畜存栏22.86万头，年出栏19.38万头，规模养殖数量占饲养总量的30%以上。全县100万亩耕地已基本实现农田林网化，有林地36.8万亩，一般用材林5万亩，速生丰产林25万亩，防护林5万亩，经济林1.8万亩，绿色通道总里程360公里，森林覆盖率30.5%。建立健全农业社会化服务体系，加速农村经济产业化进程。全县农机总动力113.97万千瓦，比1991年的18.22万千瓦增长5.06倍。主要农作物综合机械化水平达76%。农机由原来的单一为农业种植业提供耕、耙、播、收等服务，逐步扩展到农、林、牧、副、渔各业，以及农村运输、农副产品加工、农业综合开发、设施农业和农田水利基本建设等农业和农村经济各方面及产前、前中、产后各环节。

商业贸易稳步发展，城乡市场日益繁荣。开发培养市场，县、乡、村一齐上，国营、集体、个体商业齐头并进，全面放开搞活，放开经营范围；广开资金渠道，加大市场建设投入。1992年，市场建设迈出较大步伐，集贸市场建设投资1090万元，比1991年前10年的投资总和还要多。新建各类市场12处，改建、扩建各类专业市场31处，43处各类市场中有综合贸易市场29处，专业、批发市场14处，平均每1.6万人有一处市场，当年全县集贸市场成交额为7000万元。市场的迅速兴起促进了商品的流通和经济的全面振兴。1993年，鄄城县被省委、省政府确定为全省改革开放试点县。把建市场、活流通、促生产作为工作重点，对全县集贸市场进行扩建和改建，新建和改建5处专业市场。其中，投资1700多万元对舜王城中药材市场进行改建，形成天天开市的一体化楼房式封闭市场。扩建鲁王仓轴承市场，使之成为黄河以南最大的轴承专业市场。建成全国较大规模的郑营人发皮毛专业市场。同时建成阎什果品批发市场、梁屯蔬菜批发市场、董口大豆市场、大埝银耳市场等，形成了十大专业市场，年成交额8亿多元。1994年，全县专业批发市场达17处。市场的建立与繁荣产生了显著的社会和经济效益，带动了农村经济的快速发展，促进了农业结构的大调整，农业生产向以专业市场为导向的专业化、规模化、区域化、效益型转变。传统的粮棉单一结构开始向粮、棉、果、药、桑、笋等多元结构转变。专业市场的发展，带动了第三产业和林牧副渔、多种经营和乡镇企业快速发展。随着流通企业活力增强，改革步伐加快，商、粮、物、供、外五大流通企业购销转旺，城乡市场繁荣，商品供应充足。2005年，共实现社会消费品零售总额19.63亿元，城乡商品交易市场39处，成交额10亿元。2010年，全年共实现社会消费品零售总额

55亿元，是1991年的36倍。

进出口贸易发展较快。1996年鄄城县被外经贸部赋予直接进出口经营权，成立鄄城县进出口公司，从而结束了鄄城县没有进出口权、长期依靠外地进出口公司代理出口的局面，对外开放实现新突破。1996—2000年为进出口贸易起步阶段，5年间共出口133万美元。2000年，鄄城经济外向度不到1%，到2005年已达到6.84%。2010年，鄄城外贸进出口企业达60余家，有进出口实绩的40家。全县进出口贸易完成12600万美元，同比增长15.7%，其中出口11900万美元，同比增长16.4%。出口商品主要有桐木、玩具、人发、化工、地毯、工艺品等产品，主要出口到日本、韩国、美国、欧盟、巴西、西班牙等国家和地区。

城乡建设步伐加快。1991年，鄄城县城城区面积5.9平方公里。东西宽1.4公里，南北长3.45公里。城区居住人口3.52万人。整个城区分为老城区（护城河内的区域）、新城区（老城区东、南、西部新发展的区域）。1991年以后，城市建设投资持续增长，主要用于城市道路建设、基础设施建设，市政工程建设以道路建设为重点，以搞好城市供水、城市绿化、城市管理为主对城市进行综合开发。城市道路宽阔通畅，城市基础设施建设不断加强，环境卫生设施得以改善，世纪新村居民小区、金剑圣景园、阳光嘉苑、江盛静雅花园、崇兴花园、温泉小区、顺河苑等众多居民生活小区陆续建成，建起人民广场，完成历山公园一期工程，建城区面积不断扩大，城市面貌焕然一新。2010年，城区面积24.2平方公里，城区道路5.88公里。城区居住人口7.44万人。年末城镇化率34.2%，城市基础设施建设投资1.9亿元，城市人均道路面积14.3平方米，人均绿地面积6平方米，建成区绿化覆盖率16%。自来水普及率80.5%，燃气普及率48%，有污水处理厂1处。村镇建设资金投入加大，村镇建设得以迅速发展。阎什镇、红船镇、什集镇、彭楼镇、凤凰镇等镇驻地主要街道两侧改建成二层或三层楼房，并对道路进行拓宽硬化，铺装人行道，安装路灯，修建下水道，进行道路绿化。自2003年，在“村村通公路、改水、改灶、改厕”政策引导扶持下，村庄规划建设一改往日出行难及“脏、乱、差”局面，村庄居民生产生活环境得到很大改善。红船镇、引马乡大黄庄、凤凰镇花李庄、大埝乡连庄先后被省、市评为村镇建设明星村镇。

交通、邮电事业迅速发展。鄄城交通便利，2010年，全县公路通车里程达到1938.7公里，其中县道254.3公里、乡道213.2公里、村道1471.2公里，公路密度每百平方公里达到187.5公里，通柏油路行政村达到99.22%，形成县、乡镇、村三级纵横交错的公路网络，干线公路基本形成“四纵三横一环”的路网布局，从根本上解决了出行难问题。年客运量1205.01万人次，货运量2198.07万吨。2010年，邮电业务总量6357万元，移动电话、互联网用户从无发展到31.11万户、1.79万户，固定电话发展到4.83万户。电力事业发展迅速，1994年实现村村通电。2001年农村电网改造完成。

旅游业方兴未艾。鄄城历史悠久，旅游资源丰富，主要旅游景点有孙膑旅游城、孙膑故里、穀林尧陵、历山舜庙、雷泽湖等。孙膑旅游城是经省政府批准建设的大型旅游开发项目，占地978亩，主要包括佛教文化区、孙膑纪念区、园林游览区三大部分，是集观光旅游、文化娱乐、商贸服务于一体的仿古建筑群，总投资4.5亿元，2008年孙膑旅游城对外开放，游客络绎不绝。2010年11月鄄城被山东省旅游局批准为山东旅游强县，孙膑旅游城评为国家AAAA级景区，国家旅游局将孙膑旅游城、刘邓大军强渡黄河旧址列入全国12条精品旅游线路之一。

经济的不断增长，促进了科教文卫等社会事业的发展和人民生活水平的提高。

教育事业健康发展。自1991年起，兴建聋哑学校，改造、扩建鄄城一中、鄄城县第一职业高中、鄄城县第二职业高中、鄄城县教师进修学校。2000年，顺利通过“普九”验收，电化教育开始在全县各中小学校普及应用。至2010年，共投资13071万元，新建中小学教学楼、综合楼、学生宿舍等188幢，修缮改造各类危房19.15万平方米，新建校舍12万平方米，学校环境有了根本性变化。教育教学不断改革创新，教学水平、教育质量不断提高。2010年，全县有幼儿园245所，幼儿教师627人，在园幼儿14279人；中等职业技工学校3所，普通高中4所，初中28所，小学134所，特殊教育学校1所，共有教职工6953人，在校学生13.27万人。

科技事业不断进步。全面实施“科教兴县”战略，科技兴农、科技兴工，发展高新技术产业，工业、农业科技成果不断涌现。2010年，各级各类科研机构2个，全县有省级高新技术企业1家，市级15家，各类科技人员1.1万人。全县高新技术产业实现产值34.5亿元，占工业总产值的20%。1991—2010年，共取得科技成果395项，申请专利670项，授权专利211项。

文化体育事业蓬勃发展。至2010年，有各种艺术表演团体32个，文化馆1座，公共图书馆1座，档案馆1座。文体娱乐活动日渐丰富，反映新生活的文学作品不断涌现，美术、书法、音乐、摄影、曲艺等艺术作品多次获奖。建有田径场、足球场、排球场、篮球场、乒乓球及门球场等活动场所，成立老年体育协会、篮球协会、足球协会、斗鸡协会、武术协会、钓鱼协会、斗羊协会，经常举办篮球和乒乓球比赛。全县群众体育快速发展，武术、健身舞蹈、太极拳、太极剑、太极柔力球、台球、健身气功都是群众喜闻乐练的运动项目。1991—2010年，竞技体育在省级以上体育比赛中共获奖牌50枚，其中金牌21枚。

卫生事业不断发展。1991—2010年，卫生系统管理体制不断进行改革，建立健全县、乡、村三级卫生服务网络，医疗队伍壮大，医疗设施改善，医疗水平逐步提高。推行农村合作医疗制度、公费医疗制度、医疗保险制度。1991年，全县有医疗技术人员658人，护理人员180人；2010年，共有各级各类医疗卫生机构293所，其中，医院、卫生院19所，疾病预防控制机构1所，妇幼保健机构1所。各类卫生机构共有床位1300张，卫生技术人员1519人，每千人1.83人，其中，执业医师及执业助理医师750人，每千人0.89人；执业护士535人，每千人0.63人。注册乡村医生1402人。

精神文明建设成效显著。通过开展各种形式的精神文明创建活动，全面提高城乡文明程度。2010年，全县有省级文明单位18个，市级文明单位34个，省级文明村镇6个。

社会保障制度逐步健全。1996年11月起实施机关事业单位养老保险制度。2000年7月，参保范围由原来县财政全额拨款单位扩大到自收自支和企业化管理事业单位。2007年7月，保险范围扩大到乡镇党政机关及镇属事业单位。至2010年，全县养老、医疗、失业、工伤等保险制度逐步建立健全，参保人数逐年增加。全县城镇基本养老、医疗、失业、工伤和生育保险参保人数分别达到44896人、11.09万人、21932人、28546人和10456人，参加新型农村合作医疗农民66.7万人。设立城乡居民最低生活保障线，全县城乡最低生活保障救助34560人。

回首过去，成就来之不易。展望未来，任重道远，发展任务艰巨。鄄城人民将继续深化改革，兴利除弊，全面推进经济、政治、文化、社会、生态文明建设稳步发展，谱写古老鄄城辉煌壮丽新篇章！

大 事 记

DA SHI JI

大事记

1991 年

1月3日，山东省黄河河务局鄄城县修防段更名为鄄城县黄河河务局（副县级）。

1月10日，鄄城县“科技兴农”实施方案出台，强调重点抓好三方面科技攻关、八大农业技术开发、十个方面农业科技成果的推广。

1月11日，县政府下发《关于治理整顿道路、水路运输秩序的意见》。

1月，鄄城县被省委、省政府授予“全省信访工作先进县”称号；县委、县政府信访办被省委、省政府授予“全省信访工作先进单位”称号。

2月25日，全县开展学习宣传《中华人民共和国行政监察条例》活动。

2月26日，全县农村开展签订家庭赡养协议书活动。

3月12日，全县农村工作会议召开，传达中共十三届七中全会和中共中央、国务院《关于1991年农业和农村工作的通知》、山东省五届七次全委扩大会议及地区三级干部会议精神，总结回顾1990年的农业和农村工作，部署1991年农村工作。

3月23日，全县城市经济工作会议召开，总结1990年及“七五”期间鄄城县城市经济工作，部署1991年及“八五”期间城市经济工作。

3月29日，县工商联第四届委员代表大会召开。

3月，省政协副主席陆懋曾到鄄城视察多种经营工作，给予高度评价。

同月，鄄城县对外经济贸易委员会和鄄城县对外贸易局实行经贸合一，组建鄄城县对外经济贸易委员会。

4月5日，全县农村开展村民自治示范活动，11月底基本结束。

4月27日至29日，鄄城县经济和社会发展战略研讨会召开，山东大学、山东师范大学等院校的专家教授、省直有关部门及地县领导人80余人参加会议。

5月7日，县政府下发《关于退休干部管理工作的意见》。

6月3日，鄄城县农业区域开发总体规划开始编制。

6月，鄄城县第一家合资企业“鄄城县陈王酿造有限公司”成立。

同月，红船镇孙老家村孙氏族人孙志一献出清光绪年间《孙氏族谱》，为研究孙膑故里提供了可靠的历史资料。

7月9日至11日，在菏泽召开孙膑故里研讨会，国内100多位专家学者参加会议，确定孙膑故里在鄄城县红船镇孙老家村。

7月22日，《大众日报》首次报道孙膑故里在鄄城的消息，此后，《大众日报》（海外版）、《解放军报》《光明日报》《中国青年报》《农民日报》等40余家报纸和《山东社联通讯》《山东史志》《走向世界》等30余种刊物相继予以报道；香港《大公报》《文汇报》、美国《世界日报》《侨报》、法国《欧洲时报》、日本《华侨报》、新加坡《中华日报》、泰国《新华日报》等海外报刊也先后多次刊文报道。

7月24日，鄄城县农村集体经济承包合同仲裁委员会成立。

7月31日，鄄城县与河南省范县县政府签订关于修建滩区公路协议书，该路自旧城北关堤口至范县杨集乡李桥堤口，长6公里，8米路面，总宽12米，其中条石路面5.5米。鄄城投资约500万元长4公里，浮桥1座；范县投资约100万元长2公里。

7 月、8 月，全县遭受历史上罕见的特大暴雨和龙卷风袭击，农作物受灾 60 万亩，减产粮食 1.1 亿公斤，受灾人口 54.5 万人。全县两次发起“向灾区人民献爱心”救灾捐助活动，共捐款 9.17 万元，捐物资价值 3 万元。

8 月 15 日，《新环境报》载《鄄城县环境保护》专版，介绍鄄城环保工作及生态农业建设情况。

9 月，雷泽水库投入使用，正式向电厂送水。

9 月 11 日，县委、县政府组织各乡镇党委书记、县经委、企业局、县农行及县直有关部门主要负责人到天津参观考察乡镇企业工作。

9 月 21 日，县政府下发《关于印发鄄城县依法行政五年规划的通知》。

秋，左营乡双李庄与石庙就黄河滚出土地的使用权发生争议，县政府和左营乡联合调查组决定，争议地由石庙管理，争议地内小麦由石庙收获。

10 月 10 日，县酒厂升为中型（II）企业。

10 月 11 日，县政府下发《关于印发〈县公费医疗管理试行办法〉的通知》。

10 月 12 日，全县先进集体、先进个人表彰大会召开，对 103 名“尊老敬老”先进个人、38 名“老有所为”先进个人、34 个先进集体进行表彰。

10 月 14 日，县政府第 14 次常务会议决定建立 5 亿片规模的鲁西制药厂。

10 月 15 日，全省档案系统表彰大会在济南召开，县档案局局长侯增川作典型发言，县档案局被授予“全省档案系统先进集体”称号。

10 月，宋楼乡孙花园村发现清光绪年间《孙膑画像》。

11 月 23 日，县住房制度改革领导小组成立。

11 月 26 日，县政府下发《关于加强和改进公费医疗管理工作的通知》。

11 月 28 日至 29 日，鄄城县科学技术协会第三次代表大会召开。

11 月，原中共中央政治局委员、中共书记处书记、中国人民解放军总参谋长杨得志上将为鄄城孙膑故里题词：“研究孙膑兵法，振兴鄄城经济。”此后，李德生、彭冲、耿飙、杨成武、张爱萍、迟浩田、赵志浩等百余名领导人、将军、专家教授相继为孙膑故里题词。

同月，流落在徐州的孙氏族人献出清顺治年间《孙氏族谱》，为确定孙膑故里提供了又一重要佐证。

同月，中央军事科学院研究员霍印章、黄朴民到鄄城考察孙膑故里。

12 月 7 日至 8 日，省政协委员、省工商联常委、全国工商联中药咨询服务中心理事会理事长张秉书及省民建、农工党负责人一行 5 人到鄄城视察中药材市场。

12 月 10 日，县政府与中国农科院棉花研究所签订协议，决定在鄄城县建立“棉花良种繁育基地”。

12 月 16 日，鄄城县第四批文物保护单位公布：箕颖桥碑、彭学舜德教碑、孟庙旧址石刻、孝子堂旧址石刻。

12 月 30 日，县委、县政府下发《关于进一步加强党风和廉政建设的意见》。

同年，县级林业规划、治河工程规划完成；无滴膜日光温室越冬黄瓜试种成功；供电部门完成 11 万伏高压二期工程。

1992 年

1 月上旬，红船镇孙老家村发现明万历年间《孙膑传影》。

1 月 9 日，县委下发《关于进一步深化改革，搞活企业若干问题的通知》。

1 月 13 日至 17 日，全县三级干部会议召开，讨论研究 1992 年及后 9 年的发展方向、任务、措施，印发《关于进一步加强农业和农村工作的意见》，拟定 2000 年小康目标。

1 月 14 日至 15 日，“全国孙膑故里规划建设论证会”在菏泽召开，全国著名史学、文物、考古、地理、古建筑专家 80 余人出席会议，对族谱、传影、画像进行分析、鉴定，再次认定孙老家就是孙膑故里。

1 月 22 日，县委、县政府联合行文，对楚德朝、陆建达等 11 名鄄城县首批专业技术拔尖人才进行表彰。

2月4日，中国军事科学院高锐中将等5人到鄄城考察孙膑故里。

2月26日，县委对台工作办公室改名为台湾工作办公室。

3月3日，全县春季计划生育集中活动动员大会召开。

3月14日，政协鄄城县第四届委员会第三次会议召开。

3月，中央电视台在“中国报导”栏目内以“国际珍闻”为题向全世界连续报道孙膑故里专题片——《考古新发现：明代孙膑画像》，引起巨大轰动，美、英、法、日等国著名电视台相继原版播出，孙膑故里在鄄城的消息传遍全球。

4月13日，县委、县政府下发《关于搞好清理整顿村级财务的通知》，4月开始，5月底结束。

4月，孙膑纪念馆开工，年底竣工，总面积4500平方米。

同月，县委、县政府组织各乡镇、县直各部门主要负责人到胶东参观考察乡镇企业工作。

同月，烈士陵园新建公墓2座，纪念碑2座，石狮2对，于清明节举行揭幕仪式，县委、县人大、县政府、县政协、县检察院、县法院领导人及干部群众1万余人参加。

5月3日，全县深化改革、扩大开放再动员会议召开，县委书记陈兴之作《解放思想，真抓实干，开创我县改革开放新局面》的讲话。

5月14日，全县企业单位设经济司法联络员。

5月28日，县委、县政府制定《关于引进和培养人才的意见》和《关于行政事业单位兴办经济实体的意见》。

6月8日至9日，共青团鄄城县第十一次代表会议召开。

7月7日，县支援铁路建设指挥部成立。

7月10日至11日，县委、县政府在济南东郊饭店召开“振兴鄄城经济座谈会”，省委、省政府及省直部门的250多人参加。

7月15日，县委发出《关于组织、开展1992年度全县大中专生社会实践活动的通知》，决定暑假期间，组织山东农业大学及鄄城籍回乡大中专学生广泛开展“科技兴鄄建设营”“重点工程劳动营”“国情、县情、省情考察营”“基层挂职锻炼营”“拥军优属服务营”等社会实践活动。

7月，县政府驻北京办事处成立；县政府驻济南办事处成立。

8月15日，全县贯彻实施国务院《全民所有制工业企业转换经营机制条例》。

8月19日和9月6日，《大众日报》《人民日报》先后发布鄄城县关于引进人才、资金、项目的优惠政策，在全国范围内引起较大反响。

9月，乡镇换届、县直领导班子调整开始，1993年3月结束，涉及25个乡镇、114个县直部门。

同月，鄄城县被省政府授予“依法行政先进单位”称号。

同月，省信访局局长杨盛春、调研处处长姚常志在地委秘书长樊兆进、地区信访局局长阎传礼陪同下，到鄄城检查中共十四大期间信访工作情况。

10月，应法兰西国际贸易集团公司邀请，县委书记陈兴之带领温风瑞、李宪云等企业负责人率团前往法国考察杀虫剂等化工生产项目。

11月30日，县委常委扩大会召开，首次提出农业上实施“三线一片两水”开发工程，工业上实施“1655”工程发展战略。

12月21日，县委下发《关于严格控制群众集体上访的通知》。

12月，日本东京大学教授3人到鄄城考察孙膑故里。

同年，全县开展残疾人普查，共查出残疾人28638人，占全县总人口的4.3%。

1993年

1月16日，县委、县政府联席会议要求立即停止一切乱收费、乱提留、乱摊派、乱罚款、乱达标、乱评比活动，进一步清理有关农民不合理负担的文件和项目，加强对农民负担的监督管理。

2月26日，鄄城县孙膑研究会成立。

2月，鄄城县被省委、省政府授予“全省信访工作先进单位”称号。

3月10日，全县集中开展道路交通秩序整顿活动。

3月22日，县政府决定在全县开展主要农作物保险工作。

3月26日，县委、县政府联合下发通知，要求认真搞好“四清理、三整顿”工作，切实减轻农民负担，村提留和乡统筹费必须严格控制在上年人均收入的5%以内。

3月27日，台胞丁载臣为县医院、县一中各捐赠桑塔纳轿车1辆。

3月，鄄城县被确定为山东省欠发达地区改革开放试点县。

4月17日，县股份制企业试点工作领导小组成立。

4月20日，县若松服装有限公司派员前往摩尔多瓦和罗马尼亚两国参加1993年中国商品与科技展览会。

4月22日，县机构编制委员会成立。

4月，中纪委乔晓初等5位领导人到孙膑故里考察。

5月28日，县纪律检查委员会、县监察局合署办公。

5月，全县小麦累计受灾68万亩，成灾52万亩，减产9500万公斤。

6月2日，全县三级干部会议召开，县长常贵民传达县改革开放与经济发展实施方案，县委书记陈兴之就发展经济和计划生育工作作具体部署。

6月4日，雷泽水库总体工程验收会在菏泽曹州宾馆召开。

6月11日，鄄城县第十三届人大常委会第二次会议通过《关于切实减轻农民负担的若干规定》，共36条。

6月15日，世界银行贷款肺结核控制项目正式实施，实行传染性肺结核病人免费治疗，7年不变。

6月28日至7月22日，连降大雨，并伴有8级以上大风，全县平均降水500毫米以上，农田积水68.7万亩，成灾45.4万亩，伤亡牲畜1500头(只)，倒塌房屋2780间，倒折树木5.2万棵，损坏桥涵158座，高压邮电线路12公里，水库倒塌75处，直接经济损失达8000万元。

6月，省检察院副检察长李敬武到鄄城检查反贪污贿赂工作，对下一步重点查办大案要案作了指示。

同月，县委书记陈兴之、县长常贵民率领县体改委、农委、科委等单位负责人赴即墨市考察学习。

7月2日，县工商联第五次会员代表大会召开。

7月8日，全县党员领导干部思想作风纪律整顿动员会召开，县委书记陈兴之强调思想上要联系实际，作风上要振奋精神，树立良好的精神风貌，转变作风，提高工作效率；纪律上要增强组织观念，与中共中央保持一致。

7月11日，雷泽水库二期工程可行性研究论证会在曹州宾馆召开。会议由电力部电力规划设计总院总工程师向志发主持，省电力设计院、水利设计院，省地计委、建委、水利局，菏泽、鄄城有关领导人参加会议。

7月，省委副书记马仲才、地委书记林廷生先后到临濮视察灾情，慰问灾民。

8月4日，鄄城再次遭受特大暴风雨袭击。下午7时至5日上午10时，全县平均降雨140毫米并伴有8级以上大风，加之7月降雨，全县平均降雨量达680毫米，最高达777毫米，直接经济损失1.5亿元。雨后连带传染病急剧上升，为上年同期发病率的12.89倍。

8月21日，全县秋季计划生育集中活动动员大会召开，县委书记陈兴之强调要抓好三点：提高认识增强自觉性；严要求以身作则，党员干部起带头作用；强化责任，抓好奖惩兑现。

同月，县人大常委会审议通过《依法治县总体规划》。全县确定依法治理试点单位84个，推广典型经验11份。1995年验收表明，依法治理乡镇达到80%，行政村81%，学校90%，厂矿企业80%，行政部门100%。

同月，中国银行鄄城县支行成立。

9月5日，县委、县政府下发《关于确保中学教师工资按时发放的通知》。

10月5日，省人大环境保护委员会主任孙宝珠到鄄城视察生态农业和环保执法情况。

10月20日，《鄄城县志》评审会召开，省地有关领导人，鄄城籍在外地老干部，菏泽各县市史志办主任、主编，县领导人、县直各有关单位负责人及县史志编委会全体成员共100余人出席会议。

10月，县能源环保站被国家计委、农业部授予“全国省柴节煤工作先进集体”称号。

同月，全县村民委员会换届选举工作开始，11月结束。

11月，鄄城县在全省率先实行灭鼠专业队承包责任制，开创一条灭鼠防病、保粮的新路子，共灭鼠280万只，保粮2500万公斤。《人民卫生报》《健康报》《大众日报》、省电视台作了报道。

12月11日，阎殿芳、李宪云参加省工商联第八届会员代表大会，李宪云当选为常务委员。

12月17日至18日，刘利钦、王培思当选为菏泽地区商会副会长，刘瑞林为副秘书长。

12月24日，阎什口撤乡设阎什镇。

12月28日，县政府决定关闭因经营不善、亏损严重的县化肥厂、皮革厂、皮件厂、美术工艺厂、二轻综合服务社、五金厂、农机修配厂、二轻供销公司等8家集体企业。

12月31日，鄄城县被评为“全国第一次第三产业普查省级先进县”。

12月，全县全国第三次工业普查开始。

冬，全县出动民工6.6人万参加洙赵新河施工，工程质量获全区第一名。

同年，县政府驻京办事处组织“振兴鄄城经济同乡座谈会”，参加人员156人。

1994年

1月，县政府同意在县城东北隅建圆融行馆（东山禅寺），占地25亩，建筑总面积4000平方米，投资总额660万元，由台湾佛教界天机法师出资兴建。

同月，县宾馆筹建处成立。

同月，全县机构改革工作结束。

同月，中央电视台大型系列片《孙子兵法》摄制组一行8人到孙老家、孙花园一带拍摄孙膑故里。

2月，鄄城县粮油集团总公司成立，为全民所有制中型（II）企业。

4月8日，县委、县政府制定《关于1994年棉花生产的意见》，要求计划种植25万亩，总产25万担，收购20万担。

4月15日，县产权制度改革协调小组会议召开，对县麻纺厂、木器厂、草制品厂、木材公司、金属公司、百货公司、五金公司及外贸、城建系统中部分资不抵债的企业，实行呆账贷款审批核销制度。

4月21日，县政府转发县体改委等六单位《关于认真落实〈山东省农村保险互助会管理办法〉的意见》。

4月，第一届鄄城十大杰出青年评出。

5月2日，县政府下发《关于实行地方城镇居民户口有关问题的通知》。

5月8日，省人大常委会副主任徐学孟到鄄城视察环保工作时指出：“临濮沙河有良好的自然生态基础，是我省唯一无污染的河。”

5月16日，县委制定《关于领导干部抓党风廉政建设责任制的意见》。

5月20日，县政府转发菏泽行署《关于认真查处在人口与计划生育管理工作中弄虚作假问题的若干规定》。

5月，鄄城县农村信用合作社联合社正式组建。

同月底，全县有5万农民出外经商、打工，占全县劳力的17%，分布于20多个省市区，30多个地区，年创收入1.4亿元，占农村经济总收入的10%。

同月，鄄城县国有资产管理局成立。

同月，全县联网无线寻呼开通。

6月8日，鄄城县供销社集团总公司成立，为集体所有制中型（II）企业。

6月23日，鄄城县商会成立。

6月，副省长王玉玺率省工商行等单位领导到鄄城检查指导改革开放试点工作。

同月，省政府以鲁政字〔1994〕94号文件批复同意由台胞投资建设孙膑旅游城，规划面积65万平方米。

同月，台湾天机法师投资兴建的孙膑旅游城大桥开工，1996年6月竣工。

7月1日，县政府制定《关于计划生育举报有奖办法》。

8月3日，县政府下发《鄄城县人民政府关于大力发展个体私营经济的暂行规定》的通知。

8月6日下午至7日晨6时，全县普降大到暴雨，平均205.8毫米，受灾作物69万亩，受灾人口65万人，直接经济损失1.85亿元。

8月11日，县政府批转县土地管理局《关于切实加强农村土地管理的报告》。文件对农民建房用地管理、宅基地超标准部分和村内空闲地管理、建设用地管理及对违法占地的处理等方面作出具体规定。

8月26日，鄄城县地方税务局成立。11月，鄄城县国家税务局成立，同时撤销鄄城县税务局。

9月26日，国家环保局大自然司司长杨朝飞、《绿叶》杂志总编高桦，在地区环保局局长程景民陪同下到鄄城检查指导生态农业开发工作。

9月，国家批准鄄城建设山东省鄄城县国家粮油储备库。

10月24日，县税务财务物价大检查办公室成立。

10月，鄄城历史上第一个居民委员会——鄄城镇南街居民委员会成立。

11月1日，鄄城县基督教第一次代表大会召开，选举产生鄄城县基督教“三自”爱国运动委员会和鄄城县基督教协会。

11月5日，县味精厂租赁经营领导小组成立，决定将味精厂租赁给山东菱花集团总公司经营，小组负责协调双方关系。

11月8日，行署副专员潘兴玺、人大常委会副主任李永玉，地区环保局局长程景民，副县长张诗文、县环保局长常继明赴北京向国家环保局汇报“关于鄄城生态农业示范区”情况。

11月9日，鄄城县第五批文物保护单位公布：膑公家祠、苏氏宗祠、明处士张鸿达墓碑。

11月23日，华达纺织集团有限责任公司成立，为全民所有制大型（II）企业。

11月23日，县广播电视局撤销，县广播电视中心成立。

11月，鄄城国家粮油批发市场成立。

12月24日，长市合一HJD—40型数字程控交换机零时一次割接成功，开通容量3000门。

同月，菏泽地区C3本地网建成，17日零时，鄄城县电话号码顺利升为七位数。

同月，什集撤乡设镇。

同年，全县25个乡镇通过“三年栽满树”达标验收。

1995年

1月，县委、县政府新一届领导班子上任工作。

同月，鲁西制药厂开展全员劳动制试点，9月全面推开。

2月，全县城市经济工作会议召开。

3月，全县教育工作会议召开，调整普及九年制义务教育规划，制定《加强初中建设改革管理的意见》。

3月7日至9日，中共鄄城县第九次代表大会召开。

3月17日，鄄城县与美国伊萨诺国际发展公司签订独资兴建鄄城黄河大桥意向书。

3月27日，鄄城县赴北京参加国家环保局召开的“全国生态示范区建设工作研讨会”，并作《我们是如何发展生态经济的》典型发言。

4月20日，全县计划生育工作会议召开，贯彻全国第五次计划生育工作座谈会和全区1994年度人口目标责任奖惩兑现大会精神，安排全县1995年计划生育工作，对1994年先进单位、个人进行表彰。

4月24日，国家环保局大自然司司长刘玉凯，清华大学教授胡季仁，《中国环境报》编辑、《绿叶》杂志编辑部主任高辉一行到鄄城视察生态经济建设情况。

4月，全区交通系统治理公路“三乱”现场会在鄄城召开。

同月，大京九摄制组到鄄城拍摄孙膑故里。

同月，全区反贪污贿赂工作现场会在鄄城召开。鄄城县检察院汇报反贪污贿赂情况，经验在全区全省推广。

同月，淮海经济协作区社科会议代表60余人到鄄城参观孙膑故里。

5月5日，全县“双先”表彰大会召开，对各条战线涌现出来的63名“尊老敬老”先进个人、33名“老有所为”先进个人、28个“双先”集体进行表彰。

5月29日，共青团鄄城县第十二次代表大会召开。

5月，副省长王玉玺到鄄城检查指导改革开放试点工作。

同月，鄄城县房地产管理局成立。

同月，鄄城县畜牧局正式成立，原隶属于县农业局的县畜牧兽医站、县家畜改良站、县黄牛繁殖场划归县畜牧局管理。

6月7日，县领导人张本进、孙秀芝、汪孚臣、杨化俊率县教委和各乡镇镇长赴东明参观考察初中建设情况。

6月12日，县委、县政府召开全县房改动员大会，学习《鄄城县人民政府关于深化城镇住房制度改革的实施意见》，全县股级以上干部千余人参加会议。

6月18日，国家残联韩继斌、省残联李加平、地区残联孙新民等到鄄城检查指导残疾人工作。

6月30日，县委对5个党建先进乡镇、10名优秀党务工作者、50个“五好支部”、98名“五好”党员、10个先进基层党组织和75名优秀党员进行表彰。

6月，省委常委、组织部部长王克玉到红船镇视察党建工作，对该镇党建工作给予充分肯定。

同月，县委号召向孔繁森学习，要求全县干部群众结合自身和本单位实际，迅速掀起学习高潮。

8月2日，县档案馆接收全县1981—1989年档案进馆。

8月22日，“鄄城巾帼十杰”“十大行业标兵”表彰大会召开。

9月5日，《大众日报》以“迅速崛起的鄄城畜牧业”为题，对鄄城县畜牧业发展情况作专版专题报道。

9月7日，县委、县政府制定《关于农业种植业结构调整意见》。

9月9日，国家计委、中国国际工程咨询公司、省计委、省电力局、省电力设计院、省水利设计院及省地有关部门的专家到鄄城进行水库二期工程库址论证，最后确定二期工程仍定址鄄城，在一期工程上续建。

10月4日，孙膑旅游城开工典礼举行。

10月12日，县委发出《关于深入学习党的十四届五中全会精神的通知》，要求全县党员干部群众以五中全会精神为动力，切实抓好当前各项工作，把改革开放和现代化建设事业进一步推向前进。

10月18日，县政府制订《关于大力发展个体私营经济的暂行规定》。

10月，香港《大公报》《商报》等10余家新闻记者代表团到鄄城对孙膑故里进行采访，对孙膑故里作专题报道。

同月，鄄城被确定为全国1%人口抽样调查县，对8个乡镇、32个行政村进行调查，被评为省级先进县。

11月19日，副省长邵桂芳一行到鄄城视察水利工程和水产开发工作。

11月24日，全区水产开发现场会在鄄城召开。

11月28日，县化工总厂成立。

11月，25个乡镇和部分县直单位领导班子调整。调整乡镇政府领导成员125人，平均年龄35.6岁，比原来下降3.2岁，大专以上占68%，妇女干部8人，比原来增加14.2%，交流干部29人，提拔33人，退出班子46人。

12月21日，山东天普地毯集团和山东兴达化工集团成立。

12月24日，鄄城县城被批准为“地区级卫生城”。

12月25日，县委决定在今冬明春全县城乡开展社会主义思想教育活动，主要内容是进行中共十四届五中全会精神的宣传教育，党的宗旨教育，廉政勤政教育，爱国主义教育，社会主义市场经济知识教育，现代科技知识教育，道德法制教育。

12月，《鄄城县志》送审稿完成，计25编，144章，405节，120万字。

冬，全区农田水利建设现场会在鄄城召开。

同年，C4电话本地网建成，鄄城通讯能力跨进世界先进水平。

1996年

2月3日，全县农村工作会议召开，会议总结全县1995年农村工作，研究部署1996年全县农村经济发展目标、任务和措施。

2月，县农业局制定第一轮县、乡基本农田保护区规划，全县共规划基本农田保护区面积98.2万亩。

3月5日至10日，政协鄄城县第五届委员会第四次会议召开。

3月6日至10日，鄄城县第十三届人民代表大会第四次会议召开。

3月20日，全县纪检监察工作会议召开，传达贯彻中央纪委六次全会、省纪委五次全会及全区纪检监察会议精神，总结1995年纪检监察工作，安排部署1996年工作。

3月，全县房改工作会议召开，要求确保6月底前全面完成公有住房出售任务。

4月1日，鄄城县人民武装部由地方收归军队建制，称中国人民解放军山东省鄄城县人民武装部，由副县级单位调升为正团级单位。

4月21日至22日，省、地扫盲检查验收团一行8人，回访鄄城县扫除青壮年文盲工作。

4月23日，全县中学生田径运动会召开。

4月，县纪委在全县党员干部中开展“学条规、守纪律、作表率”宣传教育活动，并组织演讲比赛。

同月，中国人民保险公司鄄城县支公司分设为中保财产保险有限公司鄄城县支公司和中保人寿保险有限公司鄄城县营业部。

同月，对外贸易经济合作部下达《关于赋予山东省鄄城县进出口公司进出口经营权的批复》。

同月，鄄城县城乡建设环境保护委员会改称鄄城县城乡建设委员会。

5月15日，县政府和鄄城镇政府共同投资兴建的鄄城镇第三完全小学举行奠基仪式。

5月24日，全县组织统战工作会议召开。

6月19日至21日，省政府基础教育五项督导检查团到鄄城检查指导教育工作。

6月，中国鲁锦艺术博物馆成立。

7月，省委副书记陈建国、地委书记董昭合视察大河公司。

同月，撤销鄄城县工业局、轻工业局，合并组建新的经济贸易委员会，同时成立中共鄄城县经贸委党委。

同月，农业部批准鄄城县为全国秸秆养羊示范县。

8月7日，黄河花园口站7600立方米/秒洪峰进入鄄城县，全县军民奋战14个昼夜，洪峰安全渡过。

8月，农村信用社与农业银行脱离行政隶属关系，恢复农村信用社合作制性质。

同月，县委宣传部组织摄制的《生态农业话鄄城》《科学饲养青山羊》在中央电视台二频道播出。

同月，县委宣传部在抗洪救灾期间，接待中央电视台、山东电视台、《大众日报》《联合日报》等新闻单位30余家，接待记者200余人次。《人民日报》《联合报》《东方讯报》《大众日报》等对鄄城抗洪救灾情况作宣传报道。

9月1日，京九铁路全线通车，鄄城站接送第一辆客车。

9月16日，省委书记赵志浩视察鄄城。

9月18日，中国军事科学院战略部教授吴汝嵩、山东省史志办公室主任张守福等到孙膑故里参观考察。

9月，舜王城中药材市场通过国家验收，被批准为国家级中药材专业市场，全名为“山东省鄄城县舜王城中药材市场”。

同月，《鄄城县志》出版。

10月24日，全县滩区村庄搬迁工作会议召开，动员沿黄乡镇进一步提高认识，统一思想，抓住机遇加快搬迁进度。

10月，县纪委组织全县党员干部参加中纪委、监察部举办的党纪政纪条规知识竞赛活动，4人获中纪委奖励，5人获省纪委奖励，6人获地纪委奖励。

同月，副省长韩寓群、行署专员李明先视察县植物油厂、正虹公司和黄牛开发公司。

同月，县纪委组织人员对118个党政事业单位和9个小型II以上国企领导班子及科级领导干部986人的德能勤绩及廉政情况进行全面考察，建立“科级领导干部廉政档案”。

同月，鄄城县农业发展银行分设，11月28日正式成立并开业。

同月，全县开展财税物价大检查。

11月，副省长王玉玺视察大河公司。

12月11日，省直单位支教团抵鄄开展为期一年的支教活动。

12月，122报警求助系统开通。

同年，县政府下发《关于提高中小学民办教师工资待遇的通知》，在原工资标准基础上，为全县中小学民办教师人均增资45元。

同年，鄄城县文工团成立，与县文化馆实行一个机构两个牌子，同时撤销鄄城县豫剧团。

同年，国家计委批复鄄城县商品粮基地建设项目，总投资3000万元。

同年，县热电厂完成报批设计和征地工作，1999年10月正式并网发电。

同年，鄄城县第十一中学、鄄城县第一职业高中合并后更名为鄄城县实验中学，为副科级事业单位。

同年，第一次基本单位普查工作全面展开。

1997年

1月20日，全县城市经济工作会议召开，研究确定城市经济工作的指导思想、任务目标和政策措施。

1月23日，全县农村工作会议召开。

2月20日至27日，为迎接香港回归，鄄城收藏家许平安在鄄城镇供销商场三楼举办鄄城县第二届历代钱币展览，展出2300余种。

3月3日至6日，政协鄄城县第五届委员会第五次会议召开。

3月4日至7日，鄄城县第十三届人民代表大会第五次会议召开。

3月17日，箕山撤乡设镇。

3月，日本山口县立获化美术馆、浦上纪念馆三位日本学者到县文物馆考察。

3月，全区公路建设现场会在鄄城召开。

4月18日，“中国农业银行鄄城县支行信用联社营业部”交鄄城县农村信用联社接管，中国人民银行山东省分行以鲁银复〔1997〕66号文批复，同意将原“鄄城县信用联社营业部”改建为“山东省鄄城县城区农村信用合作社”，具有法人资格。

4月20日至25日，第六届菏泽牡丹花会期间，鄄城收藏家许平安在地区博物馆举办大型历代钱币展览。22日，国家领导人吴学谦，中央委员、全国政协常委、商业部原部长胡平参观展览并题字。省部级领导近百人、观众6000余人参观展览。

4月22日，县委宣传部成功举办有中央、省、市32个新闻单位参加的新闻发布会，《人民日报》头版发表《多彩的鄄城》一文，新华社《世界经济》用英文发表《寻求投资、开发地热》《鄄城县公布投资项目》两篇文章。

4月，全县中学生田径运动会召开。

5月8日，《鄄城县志》发行会议召开，县委、县人大、县政府、县政协、县法院、县检察院领导人、县直各部门和乡镇负责人参加，会后，县志正式发行。

5月28日，省委副书记李文全到李进士堂乡检查指导工作。

5月，副省长陈建国到大河公司视察工作。

同月，省委副书记、省长李春亭带领省直有关部门负责人到鄄城检查指导滩区村庄搬迁和黄河防汛工作，对滩区村庄搬迁工作给予充分肯定。

6月20日，中共中央政治局委员、省委书记吴官正到李进士堂乡检查指导工作。

同月，中央政治局委员、省委书记吴官正到县文物馆参观指导工作。

同月，《鄄城年鉴》（1991—1995年卷）出版发行。

同月，鄄城县工商业联合会第六届会员代表大会召开，大会选出会长、副会长13人，委员36人。

7月2日至8月4日，县林业局开展第五次森林资源清查工作。在全县25个乡镇查清样点66个，填写式记表3套198份900余页，清绘样点位置图、引线定位图、样本位置图、样点分布图等397件。

7月，县文体委组织“庆七一迎港归”大型文艺表演。

同月，县农村信用联社对全县农村基金会进行清理整顿。

同月，中共中央政治局委员、省委书记吴官正到山东大山绿色养殖繁育公司视察，对该公司基地加农户的发展方向给予肯定。

同月，省安居工程工作委员会、省建委以鲁建房发〔1997〕193号文正式批复鄄城县居民住宅小区为“全省安居工程试点”，享受国家和省规定的“优惠政策及解困政策”。

8月1日，省委副书记、省长李春亭到李进士堂乡检查指导工作。

8月8日，全县开展行业作风整顿，针对存在的突出问题采取针对性措施。集中一个月时间规范各种执法执罚行为，全面落实各项服务承诺。

8月，鄄城县在文登召开的全省房改工作经验交流会上介绍经验。

同月，鄄城县科学技术协作委员会第四届代表大会召开。

10月10日，全区民兵精神文明现场会在鄄城县召开。

10月，县中医院与山东中医药大学附属医院联合成立“鄄城县中医矫形、正骨治疗中心”“鄄城县中医肛肠病治疗中心”。

同月，全县召开“敬老好儿女金榜奖”“老有所为奉献奖”“重视老龄工作功勋奖”表彰大会。

11月13日，北京团市委、北京希望工程领导小组援建的彭楼乡金石希望小学举行落成仪式。

11月13日至19日，县委党校举办全县科级以上干部学习中共十五大精神培训班，科级以上干部1200余人参加。

11月25日，县医药公司加挂鄄城县医药管理局和菏泽地区医药管理稽查大队鄄城县稽查分队的牌子，行使医药行业管理职能。

11月，东山禅寺被省宗教局批准为佛教活动场所。

同月，鄄城县在北京中国历史博物馆成功举办“孙膑杯”国际书画大展。

年内，县公安局建立以110为主体的快速反应机制，并将110向农村延伸。

年内，县公安局开展“119”消防宣传日活动，纪念江泽民《责任重于泰山》讲话发表一周年，出动民警、消防官兵100余人、警车10部，发放宣传品5000份。

年内，全国第一次农业普查开始，历时3年完成。

同年，鄄城县实施全国秸秆养畜（羊）示范县项目，1999年通过验收。

1998年

1月，县农行出资2万元设立救助特困职工和特困学童基金，分别救助特困职工100人、农村特困学童200人。

2月，全县开展春季计划生育集中活动。

2月19日，全县城市经济工作会议召开。

3月2日至6日，政协鄄城县第六届委员会第一次会议召开。

3月3日至7日，鄄城县第十四届人民代表大会第一次会议召开。

3月10日，副省长王玉玺在地委书记李明先、地委副书记行署副专员杜昌文、副专员李玉祥陪同下到鄄城检查指导工作。王玉玺要求新一届县委、县政府要牢固树立群众观点、注意群众关心的问题，抓好难点、热点问题，关心下岗职工生活，选准新的经济增长点。

3月20日至21日，中共鄄城县第十次代表大会召开。

3月28日，全县农村及个体私营经济工作会议召开，研究部署1998年农村及个体私营经济工作任务。

3月，全县开始实施村村通电话工程，年底基本实现目标。

4月1日，全县党务工作会议召开。会议围绕“发展经济、优化秩序、增强素质”十二字方针，全面贯彻落实县第十次党代会和全区纪检、组织、宣传、统战等会议精神，安排部署1998年党务工作。

4月22日，水利部副部长周文智到李进士堂乡检查指导工作。

4月23日，中央电视台“黄河万里行”摄制组到李进士堂乡采访。

4月24日，卫生部原副部长孙隆椿到鄄城检查指导工作，并为县卫生防疫站题词。

4月，全县计划生育奖惩大会召开。

5月16日，全县流通企业改制会议召开。

5月，县国防动员委员会成立。

5月，县旅游局成立。

6月19日，《菏泽日报》报道全区夏粮生产由于受多雨寡照等不良气候和多种病虫害的影响，总产量鄄城减少30%。

6月，县地税局撤销24个乡镇税务所，成立旧城、左营、箕山、引马、阎什、什集、富春、董口8个农村分局。撤销车辆管理所，成立车辆管理分局。

7月18日，副省长陈延明带领省水利厅、河务局负责人在行署专员陈光、副专员孙义福陪同下视察鄄城黄河防汛情况。

7月，全县清理公费移动电话和住宅电话动员大会召开，大规模专项清理活动随即展开。共清理出公费住宅电话825部，其中作价过户给个人551部；公费移动电话539部，其中作价过户给个人或向社会公开拍卖392部，共收回资金30余万元。并实施话费定补及报销标准，一年可为财政节约资金300余万元。

同月，两名县委常委、一名人大常委会副主任、一名副县长带队，正副科级干部25人组成孙膑旅游城工作队，进驻孙花园行政村，历时4个月，走访群众568户，入户率100%，旅游城信访案件解决。

8月8日，中共中央政治局委员、省委书记吴官正到鄄城检查指导工作并作出指示。

8月10日，全县教育系统思想、作风、纪律整顿动员大会在县委党校礼堂举行。

8月28日，鄄城县被列为山东省国家地震重点监视防御区及重点防御县。

8月28日，全县刹吃喝风、清违规车动员大会召开。规定公务招待实行“一卡、两定、三严格、四强化和财务单独列支”管理方法。对各单位购车情况开展专项清理，处理违纪违规车辆58部，收缴违纪资金60万元。

8月，县商业局所属8个企业全部改制为股份合作制企业。

同月，县委、县政府在全县推行村务公开、民主管理，全县农村基层983个核算单位均建立村民议事会和民主理财小组，各村建立村务公开栏。1999年3月，全面实行乡镇财务公开。

9月3日，鄄城第一眼地热井钻探成功，在全省所有地热井中，水量最大，水温最高，水质上乘，堪称“齐鲁第一热井”。

9月5日，全县扶贫攻坚会议召开，传达贯彻全省第三次扶贫攻坚会议精神，集中研究扶贫攻坚措施。9个乡镇党委书记，27个县直部门包村负责人及27个特困村支部书记参加会议。

9月8日，鄄城县邮政局、鄄城县电信局正式挂牌成立，鄄城县邮电局撤销。

9月10日，全区公路养护管理现场会议在鄄城召开。

9月，鄄城广电局与上海卫视达成转播协议。

10月12日至14日，美国旧金山五邑同乡会主席、华侨甄景棠到鄄城历山虞帝庙谒祖访亲。

10月14日，地委书记李明先视察什集、麻寨、郑营等乡镇的秋种和中药材种植生产情况，对鄄城发挥舜王城中药材市场优势，因地制宜搞好种植业结构调整的做法予以充分肯定，并要求种植业结构调整要重科技、重效益。

10月20日，全区农田水利基本建设现场会在鄄城召开。会议要求迅速在全区掀起农田水利基本建设新高潮，重点抓好黄河防汛、骨干河道治理、井泉建设、平原蓄水、节水灌溉、涝洼盐碱地治理、荒废土地复垦、形象工程八项重点工程建设。

10月21日，港胞沈炳麟捐资35万元，总投资70多万元建成的董口中学教学楼——恩美楼和捐资18万元建成的阎什镇路垓小学教学楼——恩美楼竣工并投入使用。

10月29日，鄄城县农村电网改造工作领导小组成立，投资7200万元的农网改造工程拉开序幕。

10月31日至11月2日，国际狮子会发起的“视觉第一中国行动”小组在县中医院为白内障患者实施人工晶体植入手术，成功为78名患者植入人工晶体。

10月，国家地热专业委员会及山东省地矿厅高咨组及有关专家就鄄城地热深入开发事宜论证会在鄄城召开。

同月，县孙膑旅游城建设管理处成立。

11月28日，《菏泽日报》报道：鄄城县被国务院批准为“中国灵芝之乡”。

11月，县纪委组织开展《行政监察法》知识竞赛活动和“党风廉政法律法规宣传月活动”，全县干部职工9508人参加。

12月19日，山东省东西结合加快菏泽地区经济发展工作会议在济南召开。会议决定济南市与鄄城县结成帮扶对子。

12月23日，县乡领导干部会议召开。会议传达贯彻全省东西结合加快菏泽地区经济发展工作会议精神，研究部署全县落实意见和措施，抓住机遇，找准结合点，加快全县经济发展。

12月25日，县司法局“148”协调指挥中心设立。

12月，县农业局全面完成联合国花生品种改良项目，15万亩试验区平均亩产342.5公斤，为全国花生生产树立了高产样板。

同年，县法院成立维护军人军属合法权益的巡回法庭。

1999年

1月18日至19日，济南市委副书记、市长谢玉堂，副市长杨佩钦带领市直有关部门负责人、济南市5个企业负责人和挂职干部26人抵达鄄城，结对帮扶工作正式展开。地区领导人李明先、陈光、杜昌文和鄄城群众举行热烈欢迎仪式。济南市当场无偿支援100万元。

1月21日至22日，省地矿厅主持的鄄城县地热普查报告评审验收及开发论证会在鄄城召开。经过专家们现场勘查和评审论证，确定鄄城县3个地热异常区面积360平方公里，控制面积为130平方公里。

1月27日，水利部部长汪恕诚、副部长张基尧，国家黄委会主任鄂意平在副省长陈抗甫、地区领导人陈光、李德章、孙义福等陪同下，视察鄄城黄河拦坝工程，并看望慰问黄河滩区搬迁村居民。

3月5日，济南市广播电视局和鄄城县广播电视局共建鄄城县MMDS微波电视传播工程协议签字仪式在鄄城举行。济南市委常委、宣传部部长牛洪恩和地区领导孔令昌、韩广洁等参加签字仪式。

3月6日，济南市浓缩饲料厂于彭楼乡投资

580 万元建立一处年产 5 万吨的饲料分厂合同签字仪式在鄄城举行。

3 月 7 日，全县农村工作会议召开。贯彻落实中共十五届三中全会、省第七次党代会和全区农村工作会议精神，总结 1998 年农村工作，研究部署 1999 年农村工作任务。

3 月 9 日至 12 日，政协鄄城县第六届委员会第二次会议召开。

3 月 10 日至 12 日，鄄城县第十四届人民代表大会第二次会议召开。

3 月 12 日至 13 日，共青团鄄城县第十三次代表大会召开。

3 月 19 日，全县党务工作会议召开。会议贯彻落实全区宣传、组织、纪检、统战、老干部、信访等工作会议精神，研究部署全县党务工作的任务、重点和措施。

3 月 19 日，全县党风廉政建设和反腐败工作会议召开。

3 月 24 日，国家发展计划委员会副主任刘江、副省长陈延明察看鄄城县大堤加高工程及八孔桥截渗墙工程。

3 月，县委、县政府从县、乡选派干部 1008 人驻村工作，整顿村级班子，培训教育农村党员，解决农村热点、难点问题。

同月，中保财产保险有限公司鄄城县支公司更名为中国人民保险公司鄄城县支公司。

同月，全县治理经济环境、优化秩序动员大会召开。

4 月 23 日，济南市教委向鄄城县首批捐赠价值 97 万元的“普九”物资。

5 月 6 日，地委书记李明先到李进士堂乡调研。

5 月 10 日，鄄城县劳动局更名为鄄城县劳动和社会保障局。

6 月 18 日下午，济南市与鄄城县结合企业签字仪式在菏泽牡丹宾馆举行，济南市副市长杨佩钦，菏泽地委副书记、行署副专员杜昌文出席签字仪式。

6 月 25 日至 10 月 30 日，全县清理整顿农村合作基金会工作全面展开，保证了全县农村金融稳定运行。

7 月 19 日，山东移动公司鄄城移动分公司成立。

7 月 24 日，省政府检查组到鄄城检查指导滩区村庄搬迁工作，肯定成绩，指出不足，提出进一步做好搬迁工作的指导意见。

7 月，省政府以鲁政字〔1999〕55 号文批准《鄄城县城市总体规划》。

8 月，鄄城县委党校、鄄城县技工学校合并，9 月 25 日举行合并仪式。

同月，县中医院医疗手术小组顺利完成第一例“胃大部切除术”，标志着中医院在外科手术水平又上一个新台阶。

同月，省农业厅、省财政厅、团省委确定鄄城县为“山东省跨世纪青年农民科技培训工程”试点县。

9 月 10 日和 13 日，美国三藩市谒祖访亲团一行 16 人、新加坡甄氏联合会谒祖访亲团（含澳大利亚、马来西亚）一行 25 人，先后到鄄城历山虞帝庙寻根祭祖。

10 月 12 日，全区经济适用住房建设现场会在鄄城召开。

10 月 26 日，全区农田水利基本建设现场会在鄄城召开。

10 月，鄄城正式流通第五套新版人民币。

同月，全县第五次人口普查拉开序幕，500 人参加，需时 3 年。

12 月 3 日，鄄城县农村信用合作社联合社第一届社员代表大会召开。

12 月，雷泽水库二期工程开工建设。

同月，济南市洪家楼镇对口帮扶富春乡，投资 60 万元建设“中国富春人发皮毛市场”一期工程投入使用。

年末，中国银行鄄城县支行各项人民币存款余额首次突破 1 亿元大关。

同年，鄄城县实验中学被定为市级重点完全中学。

2000 年

1 月 17 日至 20 日，政协鄄城县第六届委员会第三次会议召开。

1 月 18 日至 20 日，鄄城县第十四届人民代表大会第三次会议召开。

1 月 21 日，全县三级干部大会召开。大会对 1999 年工作成绩突出的先进集体和个人进行表彰。县委书记邵好学就正确认识全县形势、把握大局、突出重点、加强干部队伍建设作讲话，对 2000 年全县工作提出总体要求。

1 月 25 日，鄄城县黄河河段首次结冰封河。

1 月，县文体委举办“世纪回眸——鄄城县五十年发展成就展”。

2 月 29 日，全县纪检、监察工作会议召开，传达贯彻中纪委四次全会、省纪委三次全会和全区纪检监察工作会议精神，总结 1999 年全县纪检监察工作，安排部署 2000 年工作任务。

2 月，什集镇被省政府确定为中心镇。

3 月 7 日至 8 日，省政府教育督导团对鄄城县“普九”工作进行专项督导检查。

3 月，鄄城“电话县”建设工程开始规划实施。

4 月 4 日，全县政务会议召开，安排部署政府工作。

4 月 10 日，李进士堂撤乡设镇。

4 月上旬，地委书记李明先到什集镇、红船镇座谈讨论中心镇在全县经济和社会发展中所处的位置、作用等问题。

4 月 11 日，全区整顿计生队伍、推行村民自治现场会在彭楼乡召开。

4 月 20 日，全县招商引资、发展个体私营经济和环境治理动员大会召开。县委书记邵好学就鄄城发展突破口、根本出路、发展经济的关键因素等方面对招商引资、发展个体私营经济、治理环境提出总体要求，进行部署。

4 月，第一届“鄄城县十大杰出青年农民”评出。

同月，原中纪委常委李坚到鄄城考察调研。

同月，县治理环境优化秩序办公室更名为县经济环境保护委员会。

同月，全县农村建档工作全面展开，历时 3 个月，全县 25 个乡镇全部达到进档标准，宋楼乡、李进士堂镇被地区授予“全区农村建档先进单位”。

5 月 11 日至 14 日，省政府教育督导团对鄄城县“两基工作”进行评估验收，宣布鄄城县基本实现“双基”工作目标。

5 月 31 日，济南市到鄄城县挂职干部杨君信（原长清县万德镇副镇长挂任阎什镇党委副书记）不幸因公殉职，时年 37 岁。县委宣传部为其撰写《情洒第二故乡》稿件，并摄制专题片。6 月 7 日，中共菏泽地委授予杨君信“优秀共产党员”称号。

5 月，青岛乾祥发制品厂与富春乡政府签订合同，建设菏泽北方发制品有限公司，成为富春乡人发行业的龙头企业。

7 月 11 日，全区个体私营重点企业工作会议在鄄城县召开。全区 9 个县市的分管县市委副书记，30 家个体私营重点企业负责人参加会议。地委副书记孔令昌讲话。

8 月 8 日，全县对外经贸会议召开。

8 月 11 日，凤凰乡与陕西省咸阳市秦都区古渡镇缔结为友好乡镇。11 月，咸阳市彩凤第二包装箱厂投资兴建彩凤木业有限公司。

9 月 5 日，县委、县政府召开全县庆祝教师节和“普九”工作总结表彰大会。

10 月 5 日，地委书记李明先，地委委员、地委秘书长霍正气到鄄城视察农业生产情况。李明先指出，当前各级党政干部要进一步解放思想，广开渠道，加大种植业调整力度，力促广大农民增加收入。

10 月 8 日，鄄城一中庆祝建校 50 周年。中共中央政治局委员、全国人大常委会副委员长田纪云，全国政协副主席、工商联主席经叔平为该校校庆题词；中共中央委员、陕西省委书记李建国为母校发来贺信；山东省人大常委会副主任王道玉，地区领导人霍正气、韩广洁、范福临、潘兴玺、杨宪文、黄爱菊参加庆典。

10月30日，济南市和鄄城县自来水公司投资兴建的鄄泉二级水厂落成仪式在鄄城举行，济南市副市长杨佩钦，行署副专员李德章出席剪彩仪式。该水厂总投资1000多万元，日供水2万多立方米。

12月21日至22日，鄄城县第十四届人民代表大会第四次会议召开，大会选举出席菏泽市第十五届人民代表大会会议代表50人。

12月25日，县农业局“鄄城县10万亩小麦种子包衣及综合配套增产技术”项目获农业部“全国农牧渔业丰收三等奖”。

12月，全县土地延包合同签订完成78.2%。

12月，鄄城县技工学校与青岛市电子信息学校联合办学达成协议。

12月，《菏泽日报》分别以《加强金融服务与监管——人行鄄城县支行支持地方经济建设小记》和《这里已是满园春——人行鄄城县支行创建双文明单位纪实》为题对人民银行鄄城县支行进行长篇报道。

年内，葛庄共青小学、张志门泉城希望小学竣工。

2001年

1月，鄄城县被省委、省政府授予“全省信访工作先进单位”称号。

2月5日，县委、县政府对2000年度招商引资工作按照《关于招商引资工作的决定》兑现奖惩。县委、县政府要求全县各级各部门再掀招商引资高潮，促进鄄城经济发展。

2月15日，县委、县政府决定将全县25个乡镇调整为16个，撤销梁堂乡、张志门乡、宋楼乡、葛庄乡、陈良乡、鲁王仓乡、西双庙乡、麻寨乡、梁屯乡并依次将其行政区域建制划入鄄城镇、阎什镇、箕山镇、旧城镇、左营乡、郑营乡、董口乡、彭楼乡、什集镇。另外，将左营乡行政区域内的部分村庄划入李进士堂镇。其余6个乡镇（红船镇、引马乡、大埝乡、凤凰乡、临濮乡、富春乡）行政区划保持不变。

3月26日至29日，政协鄄城县第六届委员会第四次会议召开。

3月27日至29日，鄄城县第十四届人民代表大会第五次会议召开。

4月16日，县委、县政府制定《2001年度工业经济工作奖惩意见》。

5月17日，县委召开全县减轻农民负担工作会议，要求坚决制止一切加重农民负担的行为，确保全县农村社会稳定。

5月，全县开展计划生育专项活动。通过为期一个月的清理，全县共落实节育措施1862例，清理往年出生漏报751人，清理漏管育龄妇女188人。

7月4日，全县乡镇工资实行县财政统一代发制度。

7月24日，县委召开全委扩大会议，会议要求正确处理招商引资和其他工作的关系，全面完成2001年的各项任务目标。

8月15日，县委、县政府制定下发《中共鄄城县委、鄄城县人民政府关于加快城市开发建设的实施意见》，加大城市开发建设力度。

11月5日，县委制定下发《关于全县村级“三个代表”重要思想学习教育活动的实施意见》，开展村级“三个代表”重要思想学习教育活动，该活动2002年5月结束。

同年，全县纪检监察机关共立案126起，结案126起，结案率100%，其中涉及乡科级干部案件11起，给予党纪处分92人，政纪处分31人，为国家和集体挽回经济损失290余万元。

同年，人民银行鄄城县支行配合县公安局破获假币案5起，抓获制贩假币罪犯4人，缴获假币49230元。

2002年

2月28日至3月1日，政协鄄城县第六届委员会第五次会议召开。

3月1日至3日，鄄城县第十四届人民代表大会第六次会议召开。

3 月 20 日，县委下发《关于加强调查研究工作的意见》，要求各级党委着力调查研究农民增收、招商引资、劳动力就业等 9 个方面的问题。

4 月 1 日，县委、县政府下发《关于进一步加快民营经济发展的决定》。

4 月 2 日，县委、县政府制定招商引资优惠政策。

同日，全县招商引资、民营经济、环境治理工作会议召开，会议对 2001 年度的招商引资、城市经济和乡镇工作进行奖惩并且下发《鄄城县 2002 年度经济工作考核意见》。

6 月 5 日，县委、县政府下发《鄄城县农村税费改革实施方案的通知》，在全县推行农村税费改革试点工作。

6 月 26 日，全县计划生育奖惩兑现大会召开。

6 月，全县村两委换届选举工作基本结束。

同月，县工业园区开工建设。

7 月 2 日，县委下发《关于加强对党政一把手监督管理的意见》，加强对各级领导班子主要负责人的监督管理。

同日，菏泽军分区司令员杨炳河在县委书记邵好学、县长任仲义、人大常委会主任范天柱、政协主席刘起朝、人武部政委常洪峰及部长战军涛陪同下，到县房管局检查指导民兵连建设工作，并给予高度评价。

7 月 5 日，全县机构改革动员大会召开。

7 月 20 日至 8 月 31 日，县委、县政府在全县范围内组织开展加强行业作风建设，优化经济发展环境民主评议活动。

7 月，全县党政机关进行机构改革。

同月，全县乡镇事业单位进行机构改革。

8 月 24 日，县行政服务中心成立。

8 月 31 日，县万通实业有限公司举行揭牌仪式，标志着全县连接城乡的公共汽车正式投入运营。

9 月 5 日，全县庆祝教师节和表彰大会召开。会议对评选出的“十佳教师”及尊师重教、教学工作先进单位和个人进行表彰。

9 月，县委、县政府确定全县发展林业产业化任务目标，加快推进林业产品经营步伐。

10 月 30 日，全县就业和社会保障工作会议召开。

10 月，全县金融系统实现会计核算管理核算集中、数据集中、档案集中、事后监督集中。

11 月，全县第五次人口普查工作结束，截至 2002 年 11 月 1 日零时，全县总人口 715684 人，其中男性人口 365585 人，女性人口 350099 人，男女性别比为 104.42：100（以女性为 100）。

同年，台湾曹植基金会为鄄城残联捐赠三轮车 10 辆，价值 1 万元。

2003 年

1 月 6 日，下午 5 时，一艘载有 9 位农民的小船被冰凌围困在旧城镇安庄村附近的黄河河道中心，被困群众有生命危险。市委副书记、市长杜昌文，县委书记岳滨、县长任仲义等及时赶到现场组织救援。经过 16 个小时紧张抢救，被困群众全部脱险。

1 月 12 日至 15 日，政协鄄城县第七届委员会第一次会议召开。

1 月 13 日至 16 日，鄄城县第十五届人民代表大会第一次会议召开。

2 月 12 日至 13 日，中共鄄城县第十一次代表大会召开。

3 月 4 日，全县宣传思想和精神文明建设工作会议召开。

3 月 7 日，省军区司令员张齐红到县房管局视察民兵建设工作。

3 月 21 日，全县对外开放工作会议召开。

3 月 27 日，全县党风廉政建设和反腐败工作会议召开。

4 月 2 日，山东省鲁西黄牛原种地在鄄城奠基。

4 月 10 日，全县房地产工作会议召开。

4 月 18 日至 19 日，中国（鄄城）首届人发风情节在菏泽举行，来自韩国、美国及国内天津、青岛等地的 170 多位人发界知名人士及客商参加。

5 月，全县全力防治非典型性肺炎。8 月 6 日，全县抗击非典型性肺炎表彰大会召开。

6月12日，全县“解放思想、加快发展”大讨论动员会召开。

8月，鄄城与恒盛集团联合开发建设舜王城中药现代化科技园。

同月，全县部分干部离岗创业。

同月，旧城黄河浮桥成功改建。

10月9日至12日，全县遭遇平均135毫米的强降雨，黄河滩区生产堤决口，左营乡滩区发生洪涝灾害。12日，县委组织各部门在左营乡召开黄河防汛和抗灾自救紧急会议，组织开展抗灾自救。

10月18日，省委常委、省总工会主席阎启俊，副省长陈延明一行到左营乡视察灾情。

11月4日，全市农村中小学危房改造现场会在鄄城召开。

11月5日，鄄城主导产品推介会在济南举行。

11月24日　农业部批复鄄城县建立蝗虫地面应急站工程项目。

12月6日，民政部纪检组组长张印忠、民政部机关党委副书记米勇生、国家减灾中心副主任廖鸿、省民政厅厅长杨金镜等到鄄城检查指导抗灾自救工作。

12月8日，驻菏泽全国人大代表及部分省市人大代表在市委书记、市人大常委会主任陈光，市人大常委会副主任王祖和、潘兴玺、范福临、朱献瑞的带领下到鄄城视察民营经济发展情况。

12月10日，县人大常委会对县政府组成人员进行述职评议。

12月，中国银行业监督管理委员会菏泽监管分局鄄城办事处成立，中国人民银行鄄城县支行不再行使金融监管职能。

2004年

1月3日，全县经济工作现场调度会召开。会议要求坚定不移抓好招商引资工作，大力培植人发、中药材、化工、林产品、畜产品加工产业，搞好园区建设，下大力优化经济发展环境。

1月3日，山东省中国斗鸡原种场在鄄城人民广场举办山东省首届中国斗鸡邀请赛。

2月3日至4日，政协鄄城县第七届委员会第二次会议召开。

2月3日至5日，鄄城县第十五届人民代表大会第二次会议召开。

2月7日，中央电视台新闻联播对鄄城县劳务输出工作进行专题报道。

2月18日，全县经济工作会议召开。会议要求正确处理解放思想与实事求是等三个方面的关系，狠抓落实，加快鄄城发展。

2月19日，全县政法工作会议召开。

2月20日，全县财税专项工作会议召开。

2月24日至26日，县领导人走访定点帮扶鄄城的胶南市、省投资公司、省财政厅，争取项目、人才、技术、资金支持。

3月5日，鄄城县第九次妇女代表大会召开。

3月10日，共青团鄄城县第十四次代表大会召开。

3月11日，全县组织宣传工作会议召开。

3月14日，全县干部作风集中整顿活动动员大会召开。

4月18日至19日，2004中国（鄄城）国际人发风情节在菏泽举行，国内外人发界知名人士及客商400余人参加。鄄城与18家国内外公司签订合作合同，引进县外资金15.5亿元，其中人发加工项目7个，合同金额1.2亿元。

4月22日，县检察院从社会各界聘请人民监督员7人并颁发证书。

5月1日，中共鄄城县第十一届委员会第五次全体会议召开。会议审议通过《中共鄄城县委关于以科学发展观为指导大力推进工业化进程的决定》，全委会强调要坚持以科学发展观为指导，全力加快工业化进程，千方百计增加农民收入，关心群众生产生活，坚持标本兼治，努力维护社会稳定。

5月17日至23日，鄄城党政考察团赴温州、台州、杭州、浦东、胶南等地考察，开阔了眼界并洽谈了一批合作项目。

5月28日，县政府下发《鄄城县城市房屋拆迁管理办法》。

6月29日，全县加强和改进未成年人思想道德建设工作会议召开。

6月，鄄城县沉着应对黄河调水调沙试验，做好防大汛、抢大险准备。

7月，全县连日强降雨，76万亩农田被淹，冲毁桥涵闸80座，倒塌房屋865间，68万人受灾，全县全力以赴抗灾自救。

8月3日，鄄城国家级生态示范区建设通过国家专家组验收。

8月13日，副省长张昭福带领省直有关部门负责人到鄄城检查指导食品、药品、农贸市场整治及夏粮收购和粮食企业改革工作。

8月，鄄城实施“村村通客车”工程。

9月22日，首届国际孙膑文化旅游节在县人民广场开幕。中央统战部原副部长田鹤年，中央统战部原副部长、中华慈善总会荣誉会长万绍芬，省委统战部副部长牛俊宪，孙中山孙女、美国孙中山和平教育基金会主席孙穗芳、印尼著名爱国人士陈明宗及菏泽市领导人崔建平、朱献瑞、杨永昌等参加开幕式。文化旅游节期间，举行了大型广场文艺演出，开展了孙氏家族祭祖、孙中山先生塑像奠基仪式、孙膑军事思想与鄄城经济发展研讨会、孙中山先生图片和孙中山先生家世源流研讨活动、旅游项目和经贸项目推介会、孙膑故里参观游览等活动，为宣传鄄城提高鄄城知名度，促进鄄城经济发展起到了积极推动作用。

10月20日，全县开展校园及周边秩序综合治理活动，依法拆除违章建筑，清理无证经营摊点、网吧，收缴不健康书刊。

11月16日，潍坊市委副书记、市长张新起带领潍坊市15个单位26名负责人，在菏泽市委副书记、副市长赵润田的陪同下，深入到鄄城实地考察。潍坊市考察团初步计划投资10亿元，在鄄城建设1平方公里的工业区，并以此为平台滚动发展。

12月28日，团省委副书记王磊带领来自全省各地的青年企业家20余人至鄄城，参加“全省青年乡镇企业家鄄城行”项目洽谈会，共签订合同意向8个，总投资3.1亿元。

2004—2006年，台湾台塑集团董事长王永庆捐建什集、阎什、箕山、郑营4所明德小学竣工并投入使用。

2005年

1月24日，全县保持共产党员先进性教育活动动员会召开。动员会由县委副书记、县长任仲义主持，县委书记、县先进性教育活动领导小组组长岳滨作动员讲话，市驻鄄城督导组组长、市科协副主席杨经建到会并讲话。全县先进性教育活动分三批开展，每批安排半年左右的时间。会议要求：开展先进性教育活动先要解决思想认识问题，要注重活动效果，着力解决存在的突出问题，用教育活动促进鄄城各项事业的发展；要迅速行动保证工作力量，抓好教育活动各项工作环节的落实；要加强督导，确保教育活动实效。

2月21日，全县对种粮农民实行直接补贴工作会议召开。

3月7日，全县消防工作会议召开。

3月10日，全县工会工作会议召开。

3月11日，全县文艺座谈会召开。

3月18日，全县高校招生工作会议召开。

3月23日，全县人大代表议案、建议，政协委员提案办理工作会议召开。

3月28日，鄄城民营企业家自发组织举行“爱我鄄城、踊跃捐款、支援重点项目”捐款活动。

3月，全县金融系统大额支付系统开通上线运行。

同月，人民银行鄄城县支行印发《关于促进民营经济发展的指导意见》、《关于促进中小企业发展的指导意见》和《鄄城县金融系统关于支持鄄城（潍坊）工业园建设的意见》三个指导性文件，要求各金融机构贯彻有保有压的信贷政策，紧紧围绕县委县政府经济发展战略，给予民营经济、中小企业和工业园建设信贷支持。

4月13日，全市林业有害生物防治工作会议在鄄城召开。

4 月 21 日，鄄城举办特种设备安全监察培训班。

4 月 28 日，国家农业科技跨越计划“优质鲁西黄牛选育及产业示范”项目会在鄄城召开。

4 月 29 日，鄄城县第十五届人大常委会第十八次会议召开。会议对鄄城经济发展、村民委员会换届以及鄄城旅游工作等各项决议进行审议。

5 月 15 日，山东省鲁西黄牛原种地发放聘书，聘请中国科学院张清峰博士为该场总畜牧师、王兴平博士为技术部部长。

6 月 2 日，全县水污染防治工作会议召开。

6 月 15 日，省畜牧办公室批准鄄城实施 2004 年基层动物防疫基础设施建设项目实施方案，2006 年完成该项目建设主要内容——县动检所动物化验室建设。

7 月 13 日，鄄城县慈善总会举行成立大会和第一次会员代表大会。

7 月 27 日，全县中小学学校管理、校长培训班开班。

8 月 9 日，全县政法执法督查工作会议召开。

8 月 22 日，鄄城黄河公路大桥《黄河影响评价》在国家黄河委员会通过专家评审。

8 月 26 日，鄄城旅游总体规划评审会议召开，评审通过了由曲阜师范大学和鄄城县政府共同编制的《鄄城县旅游总体规划》。

9 月 27 日，全县加强性别比控制工作会议召开。

10 月 11 日，全县改厕动员会召开。

10 月 25 日至 26 日，县领导人陈庆勇、范天柱、孙秀芝、冯瑞卿、张忠卿、赫宪明、张存占、谷存修、陈登云、秦英魁听取被评议 40 个单位负责人的述职报告，并从 10 月 27 日起到被评议单位进行调查评估。

10 月 27 日，全县妇女儿童发展纲要中期监测评估会议召开。

11 月 3 日，全县整治卷烟市场经营秩序工作会议召开。

11 月 14 日，鄄城县人大常委会召开会议对《鄄城县城市总体规划（2005—2020）》编制情况进行审查。

11 月，中央电视台经济频道对鄄城县劳务输出工作进行专题报道。

2006 年

1 月 10 日，县供电公司东郊 110KV 输变电工程一次送电成功。

5 月，县招商局根据客商吴振明先生引线搭桥，促成县考察团赴浙江平湖市参观考察，学习平湖市加快经济发展方面的先进经验；考察平湖市纺织、服装、医药化工、箱包、机械及高新技术企业；交流双方合作领域。

6 月 19 日，县检察院组织反贪局、反渎局、预防办、公诉科、举报中心等业务部门在鄄城人民广场举办大型举报宣传活动。

6 月，全县小额支付系统上线运行。

同月，人民银行鄄城县支行协助政府部门组织召开落实战略合作协议银企对接（鄄城）现场会，共签订合作战略协议资金 38.2 亿元。

同月，人民银行鄄城县支行向鄄城县农村信用联社发放支农再贷款 4000 万元。

8 月 22 日，全县史志工作会议召开，部署第二轮《鄄城县志》编修工作。

8 月，浙江省平湖市政府代表团由副市长石云良带领企业家一行 10 余人到鄄城考察，签订《浙江省平湖市人民政府、山东省鄄城县人民政府关于建立友好合作关系的协约》。

11 月 1 日起，县检察院抽选 15 人组成“送法下乡、构建和谐社会”法制宣传队，开展为期 16 天的送法下乡活动。

同年，全县供电量首次突破 2 亿千瓦时大关。

2006—2007 年，鄄城利用省财政支农资金整合项目在沿黄的董口镇、旧城镇、李进士堂镇、临濮镇和左营乡建设配种站，配备液氮罐、显微镜等牛羊配种仪器设备。

2007 年

1 月 10 日，全县组织收听收看全省新农村建设“三级联创”视频会议，与会县领导人对鄄城“三级联创”工作作出安排。

1 月 12 日，全县组织收听收看平安山东建设电视电话会议，县委副书记、县长王有杰要求把平安鄄城建设不断推向深入。

1 月 18 日，鄄城黄河大桥专用供电线路开工建设，线路总长 12.1 公里，线路全长三个标段总容量 3825 千伏安。

1 月 20 日至 21 日，中共鄄城县第十二次代表大会召开。

1 月，舜耕历山遗址、穀林尧陵遗址和苏述御史牌坊被省政府公布为第三批省级文物保护单位；砖塑、商羊舞、鲁西南民间织锦技艺入选第一批省级非物质文化遗产名录。

2 月 3 日至 5 日，政协鄄城县第七届委员会第五次会议召开。

2 月 5 日至 6 日，鄄城县第十五届人民代表大会第五次会议召开。

3 月 1 日，全县党风廉政建设和反腐败工作会议召开。

3 月 1 日，全县新型农村合作医疗工作动员会召开。

3 月 9 日，全县农村信用合作社工作会议召开。

3 月 16 日，全县经济工作和奖惩兑现大会召开，对 2006 年度大项目建设和招商引资、出口创汇、工业经济有关单位和个人进行奖惩。县委书记任仲义要求全县各级各部门要始终把招商引资和大项目建设作为经济工作的重中之重，力度再加大，制度再完善，纪律再严明，效果再显著。县委副书记、县长王有杰要求全县各级各部门围绕全县经济工作总体要求，振奋精神，在大项目建设、新型工业化进程、新农村建设、城镇化进程、增收节支、优化发展环境方面实现新突破。

3 月 16 日，县政府全体扩大会议与廉政建设会议召开。

3 月 20 日，全县组织、宣传工作会议召开。

3 月 20 日，全县机关事业单位工作人员参与经济发展工作会议召开。

3 月 22 日，全县人口和计划生育奖惩兑现大会召开。

3 月 29 日至 4 月 1 日，鄄城县党政考察团一行 75 人，前往潍坊、滨州考察工业发展、城市面貌和新农村建设情况。

3 月，鄄城县振安污水处理厂正式投入使用，每天处理县城生活及工业园区污水 2 万吨。9 月 22 日，该厂出口水质、大气污染及噪音污染等项目通过省级验收。

4 月 14 日，中国（鄄城）国际人发风情节在菏泽清菏泉广场举行。

4 月 14 日，全国政协副秘书长孙怀山到鄄城考察旅游业发展情况。

4 月 15 日，中共中央组织部原部长张全景到鄄城考察县域经济发展情况。

5 月 8 日，省人大常委会副主任王道玉到鄄城考察县域经济发展情况。

5 月 14 日，县委工作会议召开。县委书记任仲义强调要高度关注民生、重视民生、保障民生、改善民生，解决好群众最关心、最直接、最现实的利益问题，为农民办好十件实事，实施十大民生工程。

5 月 18 日，省政府教育督导团一行 12 人到鄄城督导评估 2006 年度教育工作。

5 月 18 日，全县劳动保障和民政工作会议召开。

5 月 24 日，在富春乡穀林尧陵举行省级文物保护单位揭牌仪式。

5 月 25 日，国家审计署南水北调治污项目审计组到鄄城检查指导工作。

5 月 30 日，全县经济发展环境集中整治活动动员大会召开，县经济发展环境集中整治活动办公室随即开始组织一个月的集中治理。

5 月，大埝乡被省委、省政府授予“全省信访工作先进单位”称号。

6月7日，国家林业局绿化造林司副司长、总工程师吴坚一行到郓城调研杨树病虫害及防治情况。

6月10日，财政部支农资金整合工作组到郓城调研，要求郓城创新工作机制和体制，加大整合工作广度和深度。

6月11日至7月10日，县委决定，在全县机关干部中开展“进一步解放思想，干事创业”大讨论活动。

6月15日，县政协主席、副主席视察全县防汛抗洪工作。

6月18日，中央电视台新闻联播节目对郓城“万只兔减灾救助工程”进行报道。

6月29日，县人大、县政协全体常委视察全县大项目建设情况。

7月5日，全县领导干部会议召开，传达省第九次党代会精神，要求继续抓好招商引资和大项目建设工作。

7月7日，农业部第1058号公告确定山东省鲁西黄牛原种场（原郓城县鲁西黄牛繁殖场）和山东省中国斗鸡原种场（原郓城县鲁西斗鸡保种场）为国家级鲁西黄牛和鲁西斗鸡畜禽遗传资源保护场。

7月10日，潍坊市委书记、市人大常委会主任张新起率潍坊党政考察团一行60多人到郓城考察，潍坊将首批无偿援助5000万元，用于郓城（潍坊）工业园二期工程及社会公益事业。

7月10日，省财政厅厅长尹慧敏一行到郓城就省财政厅下步帮扶工作进行调研、座谈。

7月24日，全县节能降耗百日集中行动动员大会召开，要求40户重点用能企业都要与1家以上科研院所和大专院校建立合作关系，年内至少推广应用1项以上节能新技术。节能不达标企业，最重给予关停处罚。

7月下旬至8月10日，县委理论学习中心组采取集中学习和分散学习相结合的方式举行读书会，学习中共中央总书记胡锦涛“6•25”讲话精神、省委第九次党代会精神和市委理论学习中心组读书会精神，期间带领郓城党政考察团到菏泽市其他县区考察学习大项目建设，并组织对16个乡镇和15个县直部门当年的大项目建设情况进行观摩评比。

7月，全县人民币反假工作联席会议制度建立，并在全市率先成立“郓城城市反假币宣传网络陈王商贸城工作站”。

8月1日，省委常委、省政府常务副省长王仁元带领参加“加快菏泽发展调度会”的与会人员到郓城视察工业经济发展情况，要求郓城按照省第九次党代会精神和省加快菏泽发展现场会要求，提高工业园区建设质量，走城镇化与工业化双轮驱动的新型工业化道路，发展服务业，优化发展环境，深化改革，创新机制，激发内在活力，使各项任务目标落到实处。

8月22日，全县133家企业负责人在行风监督员、政府特约监督员监督下，对全县44个部门、单位围绕政务公开、文明执法、优质服务等方面进行公开、公正、公平评议。

8月24日，县政协主席、副主席视察全县新型农村合作医疗工作。

8月28日，全县党风廉政建设和反腐败会议召开。

8月30日，副省长才利民到郓城视察工业经济发展情况。要求郓城按照省第九次党代会精神和省加快菏泽发展现场会要求，提高工业园区建设质量，走城镇化与工业化双轮驱动的新型工业化道路，发展服务业，优化发展环境，做好发展郓城各项工作。

9月4日，全县县乡人大换届选举工作动员会召开。

9月5日，全县经济实绩考核工作会议召开。

9月6日，全县庆祝教师节和表彰大会在郓城一中召开。对评出的49个尊师重教、中小学危房改造工作、教育教学质量先进单位，201名师德标兵、模范班主任、高中教育教学名师、优秀教师、优秀教育工作者进行表彰。

9月7日，省委第一巡视组到郓城视察新型农村合作医疗、农村改厕、农村及社区卫生服务体系建设情况，指出要做好完善和规范化建设工作。

9月10日，全县迎接淮河流域水污染防治工作考核会议召开。对全县污染源进行彻底清查，严格监控，对治污不彻底、排放不达标企业坚决关停。

9月14日，全县玉米机收和保护性耕地机械化现场会召开。

9月中旬，鄄城黄河公路大桥桥墩桩孔开钻，标志着德上高速公路鄄城黄河公路大桥正式开工建设。设计桥长5.6公里，净宽28米，双向4车道，时速120公里/小时，投资9.1亿元。

9月26日，鄄城县首家医药超市康健医药超市开业。

9月27日，鄄城县秋季动物防疫会议召开。

10月17日，德上高速公路鄄城至菏泽段开工建设，全长43.15公里，项目概算投资17.17亿元。

10月24日，鄄城县村“两委”换届选举现场观摩会在引马乡大黄庄举行。

10月25日，县委常委扩大会议举行，要求全县各级各部门深入学习贯彻中共第十七次全国代表大会精神，并和招商引资、大项目建设及县乡人大、政府、政协领导班子换届工作结合起来，做好各项工作。

10月，人民银行鄄城县支行成功兑付鄄城县农村信用合作联合社6600万元的专项中央银行票据。

11月2日，鄄城县举行第一批行政执法人员行政执法证件审验换发考试。

11月8日，鄄城县伏羲文化研究会成立和华胥、伏羲、女娲纪念碑揭碑仪式在彭楼镇适北口村（华胥故址）举行，来自北京、南京、济南、青岛、泰安、菏泽等地专家学者及社会各界人士200余人参加。

12月19日，鄄城县社会保险扩面征缴攻坚工作会召开，要求月底前，各乡镇、各企业每个单位必须参加养老保险，且参保率不低于50%，已参加保险的，至少扩大一个险种且参保率不低于30%。

12月19日，鄄城县农村改厕工作通过市委、市政府检查验收组验收。

12月21日，全县企业代表集中评议政风行风会议召开。

12月27日，中共十七大精神培训班在县剧院举行，科级以上领导干部700余人接受培训。培训班由市委宣传部副部长、市讲师团团长黄桂芳教授主讲。培训班全面阐释了中共十七大重大思想观点、重大理论创新和重大战略部署，要求全县各级干部学习、宣传、贯彻好中共十七大精神，把主要精力要放到干事创业上来，放到服务招商引资和大项目建设上来，推动全县经济社会各项事业科学发展、和谐发展、跨越发展。

12月，鄄城县被农业部授予“全国粮食生产先进县”称号。

同年，全县有24个规模养猪场实施国家规模养猪场标准化改造项目，至2010年利用国家和省财政无偿资金481万元。

2008年

1月4日，县政府对城乡环境综合治理和水污染防治工作进行检查。

1月6日，鄄城县迎接国家淮河流域水污染防治考核准备调度会召开。

1月7日，全县粮食直补工作会议召开。

1月10日，山东省、菏泽市平安山东、平安菏泽建设电视电话会议召开，县委书记任仲义等县、乡镇、县直部门领导收听收看。县委要求全县各级各部门建设平安鄄城要在抓重点、解决难点、创新机制、提高工作实效上下功夫，提升平安鄄城建设工作水平。

1月11日，全国安全生产工作电视电话会议召开，县委副书记、县长王有杰和有关单位负责人收听收看会议。王有杰对全县安全生产工作提出严格要求。

1月13日，鄄城县组织收听收看全省文化建设电视电话会议。

1月18日，鄄城县第十六届人大常委会第一次会议召开。

1月21日，全县慰问帮扶困难党员工作会议召开。

1月28日，潍坊市委书记、市人大常委主任张新起，市委副书记、市长许立全带领潍坊市有关部门负责人到鄄城，召开潍坊市援助鄄城工作座谈会，研究鄄城（潍坊）工业园二期工程建设情况。菏泽市、鄄城县主要负责人等参加。

1月29日，全县食品药品安全工作会议召开。

1月下旬，鄄城在北京、济南分别举办鄄城籍同乡恳谈会，希望鄄城同乡一如既往地支持家乡发展。

1月下旬，鄄城启动“家电下乡”活动。全县农民在购买彩电、冰箱等家用电器特定机型时，享受国家13%的购买补贴，乡镇财所将在最多15个工作日内将此补贴发放到位。

2月19日，全县平安鄄城建设和政法维稳工作会议召开。提出2008年政法维稳工作以突出矛盾化解和治安防范为重点。

2月19日，全县支农资金整合项目工作会议召开。

2月19日，省淮河流域水污染防治检查组到鄄城检查污水处理运行情况。

2月20日，全县民兵组织整顿会议召开。

2月22日，县检察院与县劳动和社会保障局共同在县汽车站进行务工人员维权法律宣传，印制《务工维权指南》宣传册2万余份，免费发放到务工人员手中。

3月4日，全县殡葬改革和五保户集中供养工作会召开。

3月6日，县妇联在人民广场举行庆“三八”表彰大会和迎奥运健康长跑活动。

3月8日，县政府全体（扩大）会议召开。会议明确了2008年县政府18件重点工作和工作责任目标，6名副县长就各自分管工作和所要实现目标分别表态发言。

3月11日，县纪委十二届二次全会召开。

3月18日，全县经济工作和奖惩兑现大会召开。县委副书记、县长王有杰要求全县上下积极招商引资，抓好大项目建设、工业园区建设；大力发展农村经济；加快发展服务业；加快城镇建设；加快集约用地、环境保护、节能降耗；加强财源建设；着力改善民生，促进社会和谐稳定。

3月19日，县委、县人大常委会，县民政局、县建设局、县农业局、县土管局、县信访局主要负责人公开接待信访群众，当日共接待信访群众11批40多人，群众反映问题大部分当场解决，一时不能当场解决的，也给予群众满意答复。

3月25日，县人大常委会主任、副主任等对全县《中华人民共和国食品卫生法》贯彻实施情况进行视察。

4月7日，全县人大代表议案、建议和政协委员提案办理工作会召开。

4月10日，全县政府系统领导干部学习班开班，主要任务是提高领导干部队伍的整体素质和工作能力。通过卫星传输，远程教育接收系统，收听收看清华大学专家教授的课程。

4月11日，全县群众工作机构网络建设工作会议召开，要求各单位把群众工作机构建设成解决群众反映问题、维护群众合法权益的重要载体，接受群众监督、制止和纠正不作为、乱作为，促进依法行政的重要平台。

4月13日，鄄城召开“万名干部下乡”活动动员大会。要求县、乡镇、县直单位成立下派干部领导小组办公室，下派干部站在立党为公、执政为民的高度，严肃纪律，边工作边学习，真抓实干，坚决完成下派工作任务。

4月25日上午，2008鄄城国际孙膑文化旅游节开幕式在孙膑旅游城广场举行，孙膑旅游城同时对外开放。

4月下旬，全县粮食直补每亩14元，农资综合补贴每亩65.2元，通过农户所持“山东省财政涉农补贴一本通”足额发放到位。

5月6日，全县城中村和历山公园建设工作会议召开。

5月7日，全县关心下一代工作会议召开。

5月7日，国务院扶贫办国际合作与社会扶贫司司长吴忠到鄄城调研扶贫开发工作。

5月8日，全县“十大好母亲”“十大好媳妇”表彰会召开。

5月17日，全县建设和谐社会工作会议召开。

5月中旬，县卫生局举办全县手足口病防治工作培训班2期，各乡镇乡镇长，全县卫生医疗单位负责人、医务人员等300余人参加，就手足口病流行状况、流行特征、病状病理及防控措施、注意事项进行培训。

5月21日，全县人口与计划生育奖惩兑现和工作会议召开，县委、县人大、县政府、县政协主要领导人及乡镇、县直部门主要负责人等参加。

5月31日，全县网吧市场管理工作会议召开。

5月，人民银行鄄城县支行协助县政府召开菏泽市金融部门帮扶鄄城发展银企对接会，金融机构与企业签约24笔，金额3.26亿元。

6月2日，全县防汛和水资源费、污水处理费、河道维护管理费征收工作会议召开。

6月3日，全省加强农民负担监管，维护农民合法权益电视电话会议召开，鄄城组织收听收看。会后，县委书记任仲义要求凡是中央给农民的优惠政策，一定保证落实到位。

6月11日，县委副书记、县长王有杰到信访局接待室接待群众来访，共接待来访群众11批30余人次，来访事项涉及城市建设、生活待遇、土地纠纷、拆迁安置等。

6月13日，全县节能减排家庭社区行动启动仪式举行。

6月18日，全市“万名干部下乡”活动第一批总结表彰和第二批动员电视电话会议召开。鄄城第一批下乡干部及市下派干部工作组帮助乡镇、村、企事业单位解决热点难点问题1079个，占全部排查出问题的89.4%。

6月18日，县纪委、县监察局公布《关于对工程项目设计变更进行公开听证强化监管的实施意见》，提高资金使用效益，遏制腐败行为。

7月5日，国务院发展研究中心课题组到鄄城就区域经济发展战略进行调研。课题组认为，鄄城虽然条件较差，但采取的措施符合实际，促进了鄄城经济发展。

7月9日，副省长王随莲率省卫生厅、省食品药品监督管理局、省地震局等部门负责人到鄄城就农村卫生、食品药品监督、防震救灾等工作进行调研。

7月10日，全县无党派人士主题教育活动工作会议召开。

7月11日，省委常委、省军区司令员谈文虎，省军区政委、党委书记南兵军一行到鄄城检查黄河防汛工作，谈文虎强调要狠抓防汛队伍、物料、方案、训练落实。

7月19日，全县黄河滩区迁安救护工作会议召开。

7月23日，县委副书记、县长王有杰带队赴长江三角洲、珠江三角洲开展重点招商活动，分别在上海、深圳举办鄄城投资环境说明会和项目签约仪式，签约项目28个，涉及食品保健、机械制造、生物医药等行业。

7月26日，全县维护稳定工作会议召开，县委书记任仲义要求，全县各级各部门要努力为北京奥运会和青岛奥帆赛创造平安和谐稳定的社会环境。

7月29日，全县清收公职人员拖欠银行业贷款工作动员会召开。

7月30日，全县小麦良种推广补贴项目工作会召开。

8月3日，上海企业家代表团到鄄城舜王城中药科技园、亘古泉啤酒有限公司、普来特电器有限公司和孙膑旅游城进行实地考察，并召开投资洽谈会，市委常委、副市长李卫国，县委书记任仲义分别致辞，县委副书记、县长王有杰详细介绍鄄城情况。《上海商报》就上述情况作了专版报道。

8月5日，全县大项目建设观摩和县乡领导干部会议召开。县主要领导人、乡镇和县直部门主要负责人参加会议。县委书记任仲义要求，要正视和菏泽市先进县区差距，真抓实干，严格考核，兑现奖惩，推动大项目建设。会议决定从即日起开展大项目建设“百日决战”活动。

8月6日，市政府退役士兵安置督导组到鄄城督导检查2006年度至2007年度退役士兵安置情况。

8月8日，市政府生态县检查组到鄄城检查生态县建设工作。

8月14日，市政府建设项目环境影响评价和“三同时”制度执行情况专项检查组到鄄城检查工作。

8月25日，全县“万名干部下乡”活动总结表彰和深化包村再动员会议召开。

8月下旬，县民营经济办公室聘请上海、济南等地投资理财专家对全县民营企业管理人员进行投资理财培训，120余人参加培训。

9月17日，省维稳工作督导组到鄄城指导维稳工作。

9月24日，县人大常委会视察《义务教育法》贯彻实施情况。

9月28日，全县村卫生室规划建设和乡村一体化管理工作会议召开。

9月下旬，县委书记任仲义，县委副书记、县长王有杰分别看望慰问敬老院老人和百岁老人。

10月7日，中国农科院院士于振文到鄄城指导小麦精播半精播及土壤深松技术。

10月9日，全县“百日集中招商”活动动员会召开。从10月10日开始至2009年1月20日结束。活动结束时42个招商单位每个单位至少要签约一个固定资产投资超过亿元的项目，要提升项目层次和境界，并在2009年5月1日前开工建设。

10月12日，县六大部门联席会议召开，研究部署招商引资和大项目建设工作，要求县级领导人带头走出去招商引资。

10月16日，武警山东总队政委张洪运到鄄城武警中队视察。

10月29日，全县冬季水利工程和畜牧工作会议召开。

11月5日，全县领导干部会议召开，要求突出重点，奋力冲刺，确保全面完成当年招商引资、大项目建设等各项工作任务。

11月18日，全县城镇居民基本医疗保险启动工作会议召开。

11月20日，全县争取国家资金项目工作会议召开，县委副书记、县长王有杰要求各级各部门充分利用国家政策，对所编制项目进行认真研究，加快申报项目进度，扎扎实实做好项目资金前期工作。

11月，人民银行鄄城县支行推动政府设立企业还贷周转基金正式运行。

12月11日，省发改委鲁发改农经〔2008〕1474号文件批准鄄城县2009年县级农产品质监站建设项目，该项目由县动物防疫监督所承担实施。

12月17日，全县冬季消防安全工作会议召开。

12月20日，国家旅游局创建中国旅游城市验收团一行到鄄城验收孙膑旅游城创优达标情况。

12月23日至24日，中国科学院院士吴常信到鄄城考察畜牧业发展情况，在肯定成绩的同时，希望鄄城制定更加合理的规划，引导全县畜牧业向产业化、标准化、区域化、规模化发展。

2008年12月至2009年8月，全县有3个蛋鸡场实施了国家以奖代补标准化蛋鸡场改造项目，获得省以上财政奖励资金32.5万元。

2008—2009年，山东凤翔集团在鄄城投资扶持发展肉鸡标准化养殖小区7处，共建设标准化养殖大棚50个，年出栏肉鸡13万只左右。

2009年

1月7日，县生活垃圾填埋场工程环境影响技术评估会召开。

1月13日，中共鄄城县委第十二届五次全体（扩大）会议召开，就全县2009年招商引资、大项目建设和当前工作进行安排，提出明确具体要求。定2009年为“大项目建设和招商引资活动攻坚年”，计划新上亿元以上生产经营性项目或大型服务业项目50个，千方百计加快项目建设进度，争取早日建成投产达产。

2月20日，全县领导干部会议召开，会议传达了省人代会、省政协会精神，对2009年招商引资和大项目建设等工作进行重点安排部署。

2月20日，全县农村党支部书记培训班在县委党校开班。

3月1日，全省工业调整振兴大会在济南举行，鄄城在本县分会场组织收看。

3月4日，全县车船税集中征收工作会议召开。

3月4日，全县春季计划生育集中活动展开。

3月6日，鄄城县深入学习实践科学发展观活动动员大会召开。县委书记、县深入学习实践科学发展观活动领导小组组长任仲义作动员讲话，提出活动主题、措施、目标。会后，活动在全县展开。

3月6日，省委、省政府安全检查组到鄄城检查安全生产情况。

3月11日，全县城市建设工作会议召开。

3月12日，全县党员干部400余人参加义务植树活动。

3月12日，国家肉牛产业体系综合试验站正式落户鄄城。

3月26日，鄄城召开县委、县人大、县政府、县政协、县法院、县检察院领导人及各乡镇、县直各有关单位负责人参加的党政联席会议，对手足口病防疫工作作详细安排部署：千方百计救治患儿，全力以赴控制疫情，及时、公开、准确、正确地发布疫情信息，认真排查处理前一段出现的问题。

3月27日，县委书记任仲义，县委副书记、县长王有杰分别召开手足口病防控工作调度会，鄄城手足口病防控形势平稳。

4月23日，县城污水管网正式开工建设，人民街两侧、鄄四路和青年路两侧，总长16公里，管网建成后，能收集城区60%以上的污水，实现雨水、污水分流。

5月13日，全县防灾减灾科普宣传教育活动仪式举行。

5月18日，县级干部招商组招商引资和大项目建设情况调度会召开。

5月21日，全县社会各界代表评议重点岗位科股长会议召开，会议要求从维护群众利益、解决民生问题，转变工作作风、促进机关建设的角度，客观公正地对各位被评议人进行评价。

5月21日，全县普通高考考风考纪工作会在县一中召开。

5月下旬，中央电视台百集大型纪录片《百年风云》摄制组一行到鄄城1935年7月10日董庄决口处拍摄，让人们更多了解黄河与气象、水利、地质、地貌等自然现象的关系，认识历史上黄河的危害和开发治理黄河的意义。

5月，县人行协调县政府设立2000万元的企业还贷周转金。

6月24日，国家黄河水利委员会副主任赵勇到鄄城调研调水调沙工作，要求沿黄各乡镇密切关注水情变化，确保及时发现及时处理有关问题。

7月14日至15日，鄄城县第十六届人民代表大会第三次会议召开，选举谷瑞灵为鄄城县政府县长。

7月23日，全县经济工作会议召开。会议总结了上半年招商引资和大项目建设工作，要求下半年招商引资的重点放在东部沿海地区，选择符合国家产业政策、科技含量高、附加值高、财政贡献率高的大项目、好项目，抓紧签约、建设、投产，每一位县级领导、各乡镇和县直部门主要负责人带头走出去招商引资。

7月24日，鄄城县第一次政企联席会议召开，标志着政企联席会议制度正式启动。县委副书记、县长谷瑞灵要求，职能部门人员要主动与企业经济人士交朋友，尽力为他们排忧解难，共同推动全县经济又好又快发展。

7月31日，润通·和谐园保障性住房工程开工建设，其中经济适用房1.5万平方米，廉租住房5000平方米。

8月4日，省检查组到鄄城检查落实新增中央投资项目和使用省调控资金项目建设情况。通过实地察看和查阅相关资料，检查组认为鄄城使用资金规范，项目建设标准高、进度快，希望继续加强项目管理实施，确保扩大内需、促进经济增长取得实效。2008—2009年，鄄城共争取新增中央投资项目18个，使用省调控资金项目7个。

8月5日，全县酒类流通管理工作会议召开，要求相关部门综合执法，严厉打击假酒经销行为。

8月5日，全县基层武装部全面达标建设现场会在红船召开，要求正确处理经济建设和国防建设的关系，不断提高民兵预备役应对多种威胁、完成多样化军事任务的能力。

8月10日，全县开发区项目清理整合工作会议召开，决定对部分不交税、少交税的企业依法进行清理，使企业守法经营、诚信经营、依法经营、依法纳税。

8月10日，县领导人任仲义、谷瑞灵等对部分农副产品加工基地建设情况进行检查，要求围绕鄄城资源优势，多形式大力发展农副产品加工业。

8月10日，鄄城县人民医院与济南军区总医院结为医疗技术协作医院揭牌仪式在县医院大礼堂举行。

8月11日，县政府成员扩大会议召开。各位副县长分别安排部署当前和今后一个时期各自分管的重点工作。县委副书记、县长谷瑞灵强调各乡镇、各部门要全力以赴抓好落实。

8月13日，全县人口和计划生育利益导向政策体系建设动员会召开，要求各乡镇、各部门搞好体系建设，强化监督考核，切实抓好贯彻落实。

8月19日，省住房和城乡建设厅督查组对鄄城廉租住房中央预算内投资项目建设情况进行督查。

8月20日，县委理论学习中心组读书会召开，县六大部门领导人参加。要求全县各级干部认真学习市委理论学习中心组读书会精神。县委书记任仲义指出，要扎实推进领导干部问责制，高度重视妥善处置突发事件和公共危机。转变工作作风，突出工作重点。要全力推进招商引资和大项目建设，全力抓好城市建设，全力维护社会稳定。

8月20日，鄄城镇枣寨农机专业合作社举行成立揭牌仪式。

8月20日，全县进行2009年教师业务素质考试。

8月20日，县举办招商引资培训班。

8月27日，县举行特困大学生救助金颁发仪式。

8月30日，全县安全生产工作会议召开。

8月，山东省鲁西黄牛原种场利用胚胎生物技术与活体保种相结合，首次在鄄城成功培制优质鲁西黄牛胚胎416枚，在全国率先实现育胚、冲胚、制胚、储胚的自制全过程，为鲁西黄牛保种、育种、快速繁殖奠定坚实基础。

10月21日，全县计划生育利益导向政策兑现启动仪式举行，对计划生育独生子女家庭代表、双女绝育家庭代表进行表彰，县委书记、县长等县领导人参加。

10月21日，全县“国寿杯”十佳孝星、十佳老人表彰大会召开。

10月，鄄城县职业中等专业学校被全国教育科学“十一五”规划教育部重点课题《职业教育中价值观教育的比较研究与实验》山东实验子课题组授予“集体研究成果一等奖”。

11月17日，副省长郭兆信到润通·和谐苑检查廉租住房、经济适用房建设工作。

11月24日，县委副书记、县长谷瑞灵视察人民街升级改造、弱电入地、万棵大树进城、路灯安装、音乐喷泉、楼体亮化、污水管网建设、绿化等城市建设十项工程，并现场调度，要求确保工程质量，按时完成。

11月25日，县人大常委会对乡镇人大工作开展情况进行检查，在肯定工作同时，提出指导性意见和建议。

11月29日，全县招商引资培训会议召开。

11月下旬，鄄城县农业综合开发2009年度箕山镇、红船镇1.7万亩中低产田改造项目公开开标，144家投标公司中23家中标。项目主要内容是完善配套农田基础设施工程，发展节水灌溉，植树造林和土壤改良等。

11月，全县完成县道高标准绿化105.7公里。

12月7日，县人大对政风行风被评议单位进行评议。

12月，县科协被中国科协、财政部授予“全国科普惠农兴村先进单位”称号。

同年，县食品药品监督管理局被省精神文明建设委员会办公室、省食品药品监督管理局评为“全省食品药品监督管理系统文明单位”。

2010 年

1 月 9 日，鄄城赴江苏、浙江、上海地区招商引资动员会召开，总结、部署全县招商引资工作。

3 月 18 日，县供电公司被评为“全省电力安全标准化达标企业”。

3 月，人民银行鄄城县支行协助县政府力促省建行将助保金贷款试点业务定点到县建行，县财政拿出 500 万元作为风险补偿资金，并成立助保金管理办公室，政银联手组织 36 家中小企业纳入助保金池。至 2010 年年末，助保金贷款累计投放 8100 多万元。成功经验得到省建行和市领导充分肯定，县长谷瑞灵在全市经济工作会议上作典型发言，经验做法在全市推广。

4 月 2 日至 3 日，县领导人任仲义、谷瑞灵、朱瑞军、李松、冯瑞卿、史同立、吴振、李长山、王保华、孟令选、周生林、霍德欣等分别深入到相关企业，实地察看项目建设进展情况，并现场解决存在的问题。

4 月 9 日，县委副书记、县长谷瑞灵对 22 个城建重点工程建设情况逐个进行调研，现场解决问题。

4 月 11 日，鄄城县组织纳税 50 强企业及经济主管部门负责人到牡丹区、东明县参观，学习大项目建设经验。

4 月 12 日，县委副书记、县长谷瑞灵到信访局接待群众上访，对反映的相关问题，能当场答复的当场给予答复解决，不能现场解决的转与相关部门限期解决。

4 月 12 日，全县财税工作会议召开。

4 月，50 家重点企业经营信息动态数据库建立，为金融机构开展中小企业信贷服务提供信息支持。

同月，山东省国防教育基地“孙膑兵法城”命名揭牌仪式在孙膑旅游城举行。菏泽军分区司令员刘峰宣读了省政府授予孙膑兵法城为省国防教育基地的命令，省孙子兵法研究会执行会长、原省委常委、省军区政委赵承凤，省孙子兵法研究会常务副会长、省军区原副司令员张明友为教育基地揭牌，市委常委、政法委书记岳滨，市政府党组成员、特邀咨询童彩云，菏泽军分区政治部主任李树春、县人武部政委谢忠良、部长展世平及市直有关部门负责人出席揭牌仪式。

5 月 26 日，省发改委和农业厅下达 2009 年县级农产品质监站项目中央投资计划，项目总投资 200 万元，其中，中央投资 100 万元。

6 月 2 日，省畜牧兽医局转发农业部农计函〔2010〕69 号关于对《鲁西斗鸡品种资源保护场建设项目可行性研究报告》的批复，总投资 418 万元，其中，中央投资 200 万元。

6 月 5 日，县政府召开夏季企业用工招聘专门预备会议，安排相关工作。

6 月 6 日，全县举行“安全生产月”活动启动仪式。

6 月 9 日，全县争创双拥模范城工作调度会召开。

6 月 9 日，全县开展碧水蓝天专项整治活动。

6 月 17 日，菏泽市小麦种植状元表彰会在大埝乡连庄举行。连庄村民王培忠的 10 亩高产攻关田最高单产 712 公斤，夺得全市小麦种植状元。市领导人马春田、段伯汉、梁抗美，县领导人任仲义、谷瑞灵、朱瑞军、宋文起、冯瑞卿、尘峰等参加会议。

6 月 23 日，全县精神文明建设现场会召开，表彰精神文明建设先进单位，安排部署以后精神文明建设工作。

6 月 25 日，县人大常委会视察城市防汛、内河防汛工作，提出指导性意见和建议。

6 月 29 日，县第十六届人大常委会第十八次会议召开，会议听取、审议县政府关于 2009 年财政预算执行和其他财政收入的审议报告及县政府关于畜牧业发展工作情况的报告。

6 月 29 日，县委副书记、县长谷瑞灵调度、视察碧水蓝天专项行动进展情况，并实地到康泰化工有限公司、欧亚化工有限公司、菏泽华意化工有限公司查看锅炉更换及废水、废气治理情况。

7月21日，县委、县人大、县政府、县政协、县法院、县检察院联席会议召开，研究进一步抓好招商引资和大项目建设工作，加快城镇化建设步伐，全力促进全县经济社会各项事业又好又快发展。

7月22日，省、市节能考核奖励电视会议召开。县委副书记、县长谷瑞灵要求，招商引资项目必须瞄准科技含量高、附加值高的绿色环保企业，同时要把全县节能减排工作做扎实、做好。

7月26日，鄄城县被确定为全国首批小型农田水利建设重点县和现代农业小麦产业项目县，以后每年可以得到用于水利设施建设、提高小麦单产的专项资金1600万元。

7月，人民银行鄄城县支行县域人民币管理服务中心成立。

8月19日，全县人口与计划生育工作会议召开。

8月25日，全县“十二五”规划编制工作会议召开。

8月27日，全县法律援助工作会议召开。

9月5日，全县小麦高产创建培训班开班。

9月6日，县政府召开会议，对强农惠农资金专项清理检查、大项目建设、路域环境治理和道路建设、七大住宅片区开发、旅游强县创建等工作进行安排部署。

9月6日，全县2010年度麻疹、脊髓灰质炎疫苗强化免疫工作召开。

9月8日，全县进一步加强学校、幼儿园安全防范工作会议召开。

9月10日，全县优化大项目建设环境百日会战开始，对全县大项目建设环境进行彻底整治。

9月13日，全县中秋节、国庆节期间食品安全整治工作会议召开。

9月21日，国家林业局防沙治沙办公室主任王信建到鄄城检查指导工作。

9月27日，市人大组织部分驻菏泽全国、省、市人大代表到鄄城视察“四大基地一大产业”及城镇化建设工作，对鄄城工作给予充分肯定，并提出建设性意见和建议。

10月，鄄城县被省委、省政府授予“全省信访工作先进单位”称号。

11月1日，全国人口普查开始入户登记。

11月1日，全县农田水利基本建设和实行最严格水源管理制度动员会召开。

11月2日，全县企业养老保险扩面征缴和就业用工会议召开。

11月4日，南非齐鲁同乡会会长丁志高到鄄城考察投资环境。

11月8日，鄄城县两个国家级农业标准化示范区通过菏泽市验收。

11月9日，县委、县人大、县政府、县政协、县法院、县检察院联席会议召开，安排部署环卫体制改革、非法占地及规划区内违法建设治理等工作。

11月11日，大埝乡张楼村举行新村奠基仪式，县领导人参加。

12月6日，中央电视台《走遍中国》栏目组到鄄城，重点拍摄孙膑文化、斗鸡产业发展及鲁锦文化等。

12月中旬，县纪委开通中共党员领导干部党风廉政手机报，栏目有廉政要闻、政策法规、清风文苑、格言警句、警示教育等。

同年，全县农村公路改造任务在全市率先完成，累计投资1040万元，改造村通工程项目27个，总里程52公里；彭楼镇前牟吉鑫蛋鸡养殖小区和旧城镇西周楼肉鸡养殖小区被确定为国家级畜禽养殖标准化示范场创建场区；鄄城县再次荣获“山东省双拥模范县”称号。

第 一 编

建置　区划

JIANZHI QUHUA

鄄城历史悠久，是伏羲桑梓、尧舜故里，是中华民族的发祥地之一。早在6500年前，原始先民就在此休养生息。春秋时期为卫国甄邑。秦时置甄城县，属东郡。西汉改称鄄城县。隋开皇十六年（596年），于鄄城置濮州，鄄城属濮州。1931年，“濮鄄分治”，于濮县河东地区复置鄄城县。

鄄城位于山东省西南部，菏泽市北部，总面积1045.5平方公里。县城位于县境中央略偏西北，原名王堌堆（崇兴集）。1991年以后，城市建设投资持续增长，基础设施逐步完善，城区面积不断扩大，城市面貌焕然一新。至2010年，城区面积24.2平方公里，城区居住人口7.44万人。一座现代化小城初具规模，成为鄄城县政治、经济、文化中心。

境内行政区划几经变化。1949年8月鄄城县辖10个区。1957年撤区建乡，全县辖29个乡。1958年年初并为18个乡，9月改设为10处人民公社。1979年1月，划分为18处人民公社。1983年12月社改乡，设3个镇22个乡。2000年12月辖7个镇18个乡。2001年2月，调整为16个乡镇。2005年辖10个镇6个乡。2010年辖12个镇4个乡，440个行政村，1069个自然村，5个居民委员会。隶属于菏泽市。

第一章　地理位置

鄄城县位于山东省西南部，菏泽市北部，黄河南岸，地理坐标为北纬35° 22′～35° 43′，东经115° 19′～115° 43′。东连郓城县，南邻菏泽市牡丹区，西与河南省濮阳市接壤，北与河南省范县毗邻。鄄城县城北距首都北京510公里，东北距省城济南184公里，南距市政府驻地菏泽36公里，东距郓城县城41公里，北距河南省范县40公里，西北距河南省濮阳市50公里。东西宽38.47公里，南北长41.3公里，总面积1045.5平方公里。

第二章　建置沿革

鄄城县历史悠久，有文字记载的历史可上溯至伏羲时代。《太平环宇记·濮州》:“大迹在雷泽（在今鄄城境），华胥履之，生伏羲。”《太平环宇记》载：“濮州，今治鄄城县。古昆吾旧壤，颛顼遗墟。”《吕氏春秋》载：“尧葬穀林，舜耕于历山，陶于河滨，渔于雷泽。”穀林、历山、雷泽、河滨均在县境。《左传》载：“茫茫禹迹，画为九州。”夏商时天下分为九州，鄄城属兖州之域。

春秋时期（前770—前476）为卫国甄邑，战国时期（前475—前221）属齐国甄邑（甄，音juàn，鄄的异体字）。

秦时（前221—前206）置甄城县、城阳县、都关县（均在今鄄城境内），属东郡。

西汉（前206—8）初改称鄄城县。

三国时期（220—265）属魏兖州东郡鄄城县、济阴郡成阳县地。其间鄄城曾两次改为县王国。

西晋时期（265—316）属兖州濮阳国、济阴郡城阳县地。

东晋十六国时期（317—420）先后属后赵兖州济阴郡、前燕兖州东郡、前秦兖州、后燕兖州东郡，兖州、东郡均治鄄城。

南北朝时期（420—581）先后为北魏、东魏济州濮阳郡鄄城县、城阳县地。

隋时（581—618）先属濮阳郡，后属郓州（治郓城）。文帝开皇十六年（596 年），于鄄城置濮州（濮州之名从此始）。炀帝大业二年（606 年）改郓州为东平郡，废濮州，省临濮县入鄄城、雷泽 2 县。

唐（618—907）初属鄄城县、雷泽县地。高祖五德四年（621 年）复置濮州及临濮县，并析鄄城县置永定县，析雷泽县置长城、安丘 2 县。武德八年（625 年）废永定县入鄄城县。唐太宗贞观元年（627 年）鄄城、临濮、雷泽 3 县属河南道。唐玄宗天宝元年（742 年）废濮州设濮阳郡，治鄄城。唐肃宗乾元元年（758 年）改濮阳郡为濮州。

五代十国时期（907—960）先后属后梁、后唐、后晋、后汉、后周濮州。

北宋时期（960—1127）属京东路濮州鄄城县、临濮、雷泽县地。

金朝时期（1115—1234）属山东西路濮州鄄城县、临濮县、雷泽县地。

元时（1271—1368）先后属东平路濮州、中书省济宁路濮州。

明（1368—1644）初属中枢省濮州。明太祖洪武二年（1369 年），废鄄城县入濮州，于鄄城置千户所，属东昌府。洪武九年（1376 年），为山东承宣布政使司东昌府濮州属地。明代宗景泰二年（1451 年）因黄河之患，濮州治所由鄄城迁至黄河西之王村集（今河南范县濮城），濮州故城遂称旧城，一直沿用至今。

清（1644—1911）初属山东省东昌府濮州地。雍正八年（1730 年），升濮州为直隶州，直属山东省。雍正十三年（1735 年）又降为散州，改属曹州府。光绪三十一年（1905 年）属兖沂曹济道曹州府濮州地。

1913 年，改濮州为濮县，属山东省东临道。1926 年改属曹濮道。1928 年取消道制，濮县直属山东省。1929 年设山东省第二行政督察专员公署（驻菏泽），濮县属之。1931 年"濮鄄分治"，于濮县河东地区复设鄄城县，仍属山东省第二专署。1936 年并鄄城县入濮县，属山东省第十行政督察专员公署（驻聊城）。1938 年濮县改属山东省第十六专署（驻菏泽）。

1940 年 3 月 5 日，成立鄄城抗日县政府，属运西专署；是年 9 月属晋冀鲁豫边区第十七专署，是年 11 月属鲁西行政主任公署第二专署。1944 年 8 月属冀鲁豫第十八专署，1946 年 2 月属冀鲁豫第二专署。

1949 年 8 月，鄄城县属平原省菏泽专署，1953 年年初属山东省菏泽专署，1958 年 10 月属山东省济宁专署，1959 年 6 月又改属菏泽专署，1967 年属山东省菏泽地区革命委员会，1978 年属山东省菏泽地区行政公署，2000 年起属菏泽市。

第三章　行政区划

1991 年，鄄城县有 3 个镇、22 个乡，辖 870 个行政村、1165 个自然村，694716 人。3 个镇为：鄄城、旧城、红船。22 个乡为：梁堂、凤凰、箕山、宋楼、陈良、左营、李进士堂、大埝、葛庄、西双庙、临濮、梁屯、什集、麻寨、鲁王仓、彭楼、阎什口、张志门、引马、郑营、富春、董口。1993 年 12 月，撤销阎什口乡，设立阎什镇。1994 年 12 月，撤销什集乡，设立什集镇。1997 年 3 月，撤销箕山乡，设立箕山镇。2000 年 4 月，撤销李进士堂乡，设立李进士堂镇。2000 年 12 月，鄄城县辖 7 个镇 18 个乡，469 个行政村、1069 个自然村，751755 人。

2001 年 2 月，全县 25 个乡镇调整为 16 个：撤销梁堂乡、张志门乡、宋楼乡、葛庄乡、陈良乡、鲁王仓乡、西双庙乡、麻寨乡、梁屯乡，其行政区划整建制分别划入鄄城镇、阎什镇、箕山镇、旧城镇、左营乡、郑营乡、董口乡、彭楼乡、什集镇，将左营乡行政区划内的部分村庄划入李进士堂镇。红船镇、引马乡、大埝乡、凤凰乡、临濮乡、富春乡行政区划不变。2001 年 11 月撤销董口乡，设立董口镇。2002 年 10 月撤销彭楼乡、临濮乡，设立彭楼镇、临濮镇。

2005 年，鄄城县辖 10 个镇 6 个乡，10 个镇为：鄄城、旧城、红船、箕山、阎什、彭楼、李进士堂、什集、董口、临濮，6 个乡为：凤凰、左营、大埝、引马、郑营、富春，435 个行政村、1069 个自然村，798756 人。2010 年，经山东省政府批准，撤销鄄城镇，以原行政区域设立古泉街道办事处和陈王街道办事处，古泉街道办事处机关驻原鄄城镇政府，陈王街道办事处机关驻东昌社区居委会（两个办事处，实际设立是在 2011 年，本志仍按鄄城镇记述）；撤销凤凰乡，设立凤凰镇；撤销郑营乡，设立郑营镇。至年底，全县共有 12 个镇，分别为鄄城、旧城、红船、箕山、阎什、彭楼、李进士堂、什集、董口、临濮、凤凰、郑营；4 个乡为左营、大埝、引马、富春，440 个行政村，5 个居民委员会，863889 人。

第四章 县 城

第一节 古县城

鄄城县城始建于秦，名甄（juàn）城，西汉初改称鄄城，址在今旧城集。旧城是比较古老的城池之一，曾为国、州、郡、县驻地。东汉末年，曹操迁兖州治所于此，驻军于鄄，以此为根据地发展势力，争霸天下。曹丕继汉建魏，封弟曹植为鄄城侯，后又晋封为鄄城王。曹植曾在城东北 1 公里许筑台读书，人称读书台，又因曹植后被徙封陈王，又称陈台。晋武帝封曹植子曹志为鄄城公。十六国时期，旧城先后为兖州、濮阳郡、濮阳国、东平郡治所。隋初于鄄城置濮州。明景泰二年（1451 年）五月，为避黄河水患迁至河北岸王村（今范县濮城镇），故城遂称“旧城”至今。旧城原城周长 3.5 公里，城墙高 8 米，壕宽 13.3 米，深 5 米，其东关在今集东 1 公里许，南关在集南 1.5 公里南桥，北关在集北 0.75 公里北关村。旧城池于明正统末年毁于河患，城内建筑已不可考，今大隅首西侧路北宋姓住处为旧官署处。

第二节 今县城

1913 年，改濮州为濮县，1931 年，经国民党山东省政府批准，在濮县河东地区建立鄄城县，城址设在王堌堆集（又称崇兴，今县城老城区），县政府设在中央的古庙址和淤平的大管坑处（原县人民检察院、县人民法院处），县城为正方形，四边城墙长度各为 750 米。为使城朝阳，东南隅城墙向里缩短 50 米，城墙当时又称护城堤，外有护城壕，墙高 1 丈，底宽 3 丈。

中华人民共和国成立后，人民政府加强城市建设，不仅城区面貌翻新，而且向南、向东发展，逐步形成全县政治、经济、文化中心。1958 年削平城墙，修建宽 18 米环城公路 1 条，改修老城区四街，整修街道。

1990年，鄄城县城主要街道南北走向的有3条：鄄2路、鄄3路、鄄5路。其中，鄄2路为中心路，县委、县政府等主要领导机关及商业服务网点、文艺娱乐场所大部位于路两侧；东西走向的有7条：北城墙路、经济街、东西大街、南城墙路、人民路、建设路、青年路。城内有工业企业23家，有国营百货商店6家，百货大楼2座，商业局属公司7家，县供销社属公司4家，县政府招待所1家，餐厅饭馆30余家，有影院、剧院各1处，曲艺厅、文化馆各1处，新华书店网点3处，体育场1处，训练房1座，医院3家，妇幼保健站、卫生防疫站各1处，有教师进修学校1所，中学4所，小学6所，幼儿园5所，职工中专1所，粮校1所。有公共汽车站1处。城区建成面积到4平方公里，城区人口4.5万人。

1993年建鄄4路，1994年建鄄1路，1997年建鄄6路，2002年重建鄄3路，2004年建鄄9路，2005年建鄄10路、鄄11路，2006年建西环路、鄄7路、东环北段（12路），2010年建吉祥路、凤凰路，对鄄2路、鄄5路进行升级改造。东西方向1992年建建设路，1994年建人民路，自南向北有2004年建南环路、青年路，2006年建人民街东段、北环路。2009年，对人民路（鄄2—7路）进行升级改造，2010年建城濮街、盛荣街，对建设路、人民路（西环—鄄2路、鄄7路—东环）进行升级改造。

1997年、2004年、2009年先后编制三轮城市总体规划，城市发展更加科学合理，城市面貌日新月异，功能日益完善。2002年建成第一个居民小区，全省试点小区和重点工程项目——鄄城县世纪新村居民小区。设施配套齐全的居民小区还有金剑圣景园、阳光嘉苑、江盛静雅花园、温泉新村等。至2010年，县城设计建筑面积近350万平方米，建安工程量近280亿元，2003年人民广场动工建设，2004年10月1日竣工。2010年6月历山公园一期工程完成。2005年2月，县经济开发区开工建设，规划面积23.5平方公里，至2010年，入园企业达到104家。

2010年，形成4横12纵的城市交通网络，县劳动局、县民政局、县审计局、县人事局、县工商行政管理局、县国税局、县地税局、县公路局、县卫生局等机关办公大楼分别在人民路、青年路、鄄5路等主要道路两侧建成。主要道路两侧安装路灯，城市亮化达90%以上；城市道路绿化面积57万多平方米。修建城市桥涵13座；修建排水道17717米，污水管网21883米；城区自来水日供水能力达到1万立方米；垃圾填埋场2010年7月动工建设，设计处理规模200吨/日。人均绿地面积6平方米，建成区绿化覆盖率16%。自来水普及率80.50%，燃气普及率48%。污水处理厂1座，污水集中处理率达到83%，无害化垃圾处理率达到80%。城市空气质量良好率达到96%，水环境功能区达标率为98%，道路交通环境质量在较好水平以上。

2010年，县城有鄄城县国家机关事业单位、省市垂直单位100余个，有各种医疗机构，学校、幼儿园，新华书店、文化馆、公共图书馆、档案馆，广场、公园，公共汽车站，大型综合市场、大型商场、大型超市，有通信公司，保险机构，银行，大型宾馆、酒店。城区面积24.2平方公里，城区居住人口7.44万人，成为名副其实的全县政治经济文化中心。

第二编

人口

REN KOU

中华人民共和国成立后，鄄城县社会安定，人口增长较快。至1990年，全县人口增长到67.19万人，比1949年增长79%；人口密度661人/平方公里，比1949年每平方公里增加270人。1991—2010年，随着鄄城国民经济发展，人民生活水平不断提高，全县人口呈现上升趋势。到2010年，全县人口863889人，20年间共增加169173人，平均年增加8459人，人口密度达到830人/平方公里。人口文化素质有较大提高，第五次人口普查结果显示，全县接受高等教育的人口7825人，是第四次人口普查的3.88倍。文盲半文盲人数由30.41%下降到13.76%。

1956年，鄄城县开始开展计划生育工作，人口生育的基本要求是“晚、稀、少”。1967—1978年重点控制多胎生育。1979年正式提出一对夫妇只生一个孩子。1980年开始收取超生费。1986年3月，县委、县政府颁发《关于计划生育有关问题的规定》，对计划生育政策、奖罚措施等作出具体规定。1987年10月，中共菏泽地委、地区行署下发《关于计划生育若干问题的规定》，1988年7月《山东省计划生育条例》颁布，鄄城县计划生育工作正式纳入法制管理轨道。随着计划生育工作的不断深入，人口生育逐步得到控制，人口自然增长速度明显下降。1989年脱离全省重点管理县市的范围。1990年12月，县委下发《关于清理干部职工计划生育问题的意见》，对于超生罚款及处分作出详细规定。1991年，全县贯彻《山东省人口与计划生育条例》，执行晚婚晚育、节育优待、独生子女优待等政策。2008年5月，制定《中共鄄城县委、鄄城县人民政府关于计划生育利益导向机制的实施意见》，规定对实行计划生育的家庭办理“计划生育优待证”，并实施奖励和优待（2009年实施）。至2010年，全县计划生育工作进一步走向法制化。

第一章　人口状况

第一节　人口规模

1991—2010年，随着鄄城国民经济发展，社会生活安定，人民生活水平不断提高，全县人口呈现上升趋势。1991年，全县总人口为694716人；1995年，全县总人口731299人；2000年第五次人口普查统计，由于外出人口增多，全县总人口为715684人；2005年，全县总人口增至798756人；2010年，全县总人口增至863889人。20年间共增加169173人，平均年增加8459人。

第二节　人口分布

1991—2010年，随着鄄城国民经济的变革与发展，社会结构发生改变，人口分布也发生明显变化。按城镇乡村分，1991年，全县总人口694716人，城镇人口41352人，占全县总人口的5.95%；1995年，全县总人口731299人，城镇人口55806人，占全县人口的7.63%；2000年，全县总人口715684人，城镇人口65703人，占全县人口的9.18%。2005年，鄄城镇、旧城镇、红船镇、阎什镇、什集镇、箕山镇、李进士堂镇、董口镇、临濮镇、彭楼镇10个镇共有603835人，占全县总人口的75.6%，凤凰乡、大埝乡、引马乡、郑营乡、富春乡、左营乡6个乡共有人口194921人，占全县总人口的24.4%；按户口性质分，全县非农业人口87695人，占全县总人口的10.98%。2010年，全县总人口为863889人，其中鄄城镇、旧城镇、红船镇、阎什镇、什集镇、箕山镇、李进士堂镇、董口镇、临濮镇、彭楼镇、凤凰镇、郑营镇12个镇共有704306人，占全县总人口的81.53%，大埝乡、引马乡、富春乡、左营乡4个乡共有人口159583人，占全县总人口的18.47%;按户口性质分，全县非农业人口105615人，占全县总人口的12.23%。

第三节　人口密度

1991年，全县人口694716人，人口密度为673人／平方公里。1995年，全县人口731299人，人口密度为709人／平方公里。2000年第五次人口普查统计，全县人口为715684人，人口密度为694人／平方公里。2005年，全县人口798756人，人口密度为786人／平方公里。由于以后几年属于生育高峰，到2010年，全县人口为863889人，人口密度为830人／平方公里。

第二章　人口构成

第一节　性别构成

1991年，全县人口为694716人，其中男性357249人，女性337467人，分别占总人口的51%、49%，男女性别比为105。1995年，全县人口为731299人，其中男性375354人，女性355945人，分别占总人口的51.33%、48.67%，男女性别比为105.45。2000年，第五次全国人口普查统计，全县人口为715684人，其中男性365585人，女性350099人，分别占总人口的51.1%、48.9%，男女性别比为104.42。2005年，全县人口为798756人，其中男性412659人，女性386097人，分别占总人口的51.7%、48.3%，男女性别比为106.88。

2006年，全县户籍人口为809318人，其中男性417783人，女性391535人，占总人口的比重分别为51.62%、48.38%，男女性别比为106.7。2007年，全县户籍人口为815992人，其中男性424123人，女性391869人，占总人口的比重分别为51.98%、48.02%，男女性别比为108.2。2008年，全县户籍人口为826115人，其中男性428129人，女性397986人。2009年，全县户籍人口为839272人，其中男性434915人，女性404357人。2008—2009年的男女性别比为107.6，男女占总人口的比重分别为51.82%、48.18%。

2010年，全县户籍人口为863889人，其中男性449214人，女性414675人，占总人口的比重分别为52%、48%，男女性别比为108.3。

第二节　年龄构成

1990年第四次全国人口普查以后，2000年和2010年先后进行两次全国人口普查（非普查年度没有详细年龄文化民族构成数据）。

据2000年第五次全国人口普查统计：全县14岁以下儿童为167021人，占总人口的23.34%；15～59岁人口为475277人，占总人口的66.41%；60岁以上老人73386人，占总人口的10.25%。

据2008年鄄城县公安局户籍人口统计：全县18岁以下人口为174951人，占总人口的21.18%；18～35岁人口228115人，占总人口的27.61%；35～60岁人口299307人，占总人口的36.23%；

60 岁以上老人 123742 人，占总人口的 14.35%。

据 2010 年鄄城县公安局户籍人口统计：全县 18 岁以下人口为 195239 人，占总人口的 22.6%；18 ～ 35 岁人口 226339 人，占总人口的 26.2%；35 ～ 60 岁人口 315319 人，占总人口的 36.5%；60 岁以上老人 126992 人，占总人口的 14.7%。

第三节　民族构成

据 2000 年第五次全国人口普查统计：全县有 22 个民族。汉族 712464 人，占总人口的 99.55%；少数民族 21 个，共 3220 人，其中回族 3061 人、蒙古族 58 人、苗族 13 人、彝族 13 人、壮族 11 人，10 人以下的民族有维吾尔族、藏族、布依族、朝鲜族、满族、侗族、瑶族、白族、土家族、哈尼族、傈僳族、佤族、仫佬族、仡佬族、鄂温克族、鄂伦春族。

第四节　文化构成

据 2000 年第五次全国人口普查统计：全县 6 岁及 60 岁以上人口 670710 人，其中研究生学历 63 人，占 0.01%；大学本科学历 1497 人，占 0.22%；专科学历 6265 人，占 0.93%；中专学历 10373 人，占 1.55%；高中学历 32683 人，占 4.87%；初中学历 210730 人，占 31.42%；小学文化 316818 人，占 47.24%；文盲及半文盲 92281 人，占 13.76%。

第三章　计划生育

第一节　政策法规

晚婚晚育　1991 年，全县执行《山东省计划生育条例》，规定男年满 25 周岁、女年满 23 周岁以上初婚的为晚婚；晚婚并按计划生育第一个孩子的为晚育。实行晚婚晚育的，除国家规定的婚假外，增加婚假两周；晚育的，除国家规定的产假外，增加产假 2 个月。以上增加的假期，视为出勤，不影响评先评优。1996 年，《山东省计划生育条例》修改为：男年满 25 周岁、女年满 23 周岁初婚的为晚婚。女年满 23 周岁怀孕并按计划生育第一个子女的为晚育。对实行晚婚晚育的农业人口，免去一年的集体义务劳动工。2002 年，《山东省人口与计划生育条例》又修改为：男年满 25 周岁、女年满 23 周岁初婚的为晚婚；已婚妇女年满 23 周岁妊娠生育第一个子女的为晚育。男女双方晚育的，除国家规定的婚假外，增加婚假 14 日。女方晚育的，除国家规定的产假外，增加产假 60 日，并给予男方护理假 7 日。增加的婚假、产假、护理假，视为出勤，工资照发，福利待遇不变。农民、城镇失业人员实行晚婚晚育的，由乡（镇）人民政府或者村（居）民委员会给予适当奖励，并提供优先优惠的计划生育技术服务。

节育优待　1991 年，全县执行《山东省计划生育条例》，凡有生育能力而无生育指标的育龄夫妻，都应落实避孕节育措施。提倡已生育一个孩子的妇女放置宫内节育器，已有两个以上孩子的夫妻一方落实绝育措施。计划外怀孕的应采取补救措施，终止妊娠。对施术对象，由县乡计生服务站提供术后随访服务；国家机关、企业、事业单位工作人员，可根据受术种类，分别享受 7 天、14 天、1 个月的休假。2001 年 10 月 1 日起，按照《山东省计划生育条例》和有关文件，鄄城县开始推行避孕方法知情选择，县乡计划生育技术服务站在施行避孕节育手术时，应征得受术者本人同意，并保证受术者的安全，维护公民享有的避孕方法知情选择权，并对实行计划生育的农村育龄夫妻免费提供避孕节育技术服务，县、乡财政提供专项经费予以保障。

独生子女优待 1991年，对全县只生育一个孩子，自愿采取节育措施不再生育的，经夫妻双方申请，所在单位核实，乡（镇）人民政府批准，发给“独生子女证”，凭证享受以下待遇：夫妻均为国家机关和企业事业单位职工的，每月发给独生子女保健费不少于5元，由双方所在单位分担；夫妻均为农业人口的，从集体提留或乡（镇）、村企业留利中每年发给独生子女保健费不少于60元，或采取其他奖励形式；夫妻一方为国家机关和企业事业单位职工，另一方为农民的，独生子女保健费由双方所在单位各负担50%。独生子女保健费从领取“独生子女证”之月起，到独生子女满14周岁止。国家机关和企业事业单位职工，退休后加发5%的退休金（退休金为百分之百的不加发）。独生子女优先入托、入学、就医、招工，从小学到高中免缴学费。城镇分配住房、农村划分宅基地应优先照顾独生子女户。1991年5月，县政府《鄄城县执行〈山东省计划生育条例〉实施细则》规定，只生育一个子女，落实可靠的避孕节育措施，申领“独生子女父母光荣证”的夫妇，是农民的每月发给不少于10元的独生子女奖励费，是城镇干部职工的发给不少于15元的独生子女奖励费。对符合条件允许生育第二个孩子，而自愿只要一个孩子的夫妻，由所在单位给予表彰，并给予物质奖励。2001年12月，中共鄄城县委、县人民政府出台《关于进一步加强计划生育工作稳定低生育水平的意见》规定，对符合生育二孩政策，自愿终生只要一个子女的独生子女家庭，申领“独生子女父母光荣证”的，奖现金3000元，隶属本县管理的各级各类学校招生，独生子女加10分，招考录用、就业安置、分配住房等评分时，在本人所得总分的基础上，独生子女加5%的分值，农村土地承包，严格执行“增人不增地，减人不减地”的政策，开展计划生育“三结合”，发展社会保障事业。

二胎生育 《山东省计划生育条例》作过多次修改，鄄城县及时贯彻执行。2002年9月28日以后，鄄城县执行《山东省计划生育条例》规定，对具有下列特殊情形之一，经夫妻双方申请、县级计划生育行政部门批准，可以生育第二个子女：夫妻双方均为独生子女的；经设区的市以上计划生育技术鉴定组确诊第一个子女为非遗传性残疾，不能成长为正常劳动力的；曾患不育症，依法收养一个子女后又怀孕的；夫妻双方均为少数民族的；夫妻一方从事矿工井下作业连续五年以上，现仍从事该项工作，只生育一个女孩的；夫妻一方从事外海、远洋捕捞作业连续五年以上，现仍从事该项工作，只生育一个女孩的；夫妻一方为烈士的独生子女或者二等乙级以上伤残军人的；夫妻一方因非遗传性残疾失去劳动能力，只生育一个女孩的；再婚夫妻一方只生育一个子女，另一方未生育的。夫妻双方均为农村居民且以农林牧渔业收入为主要生活来源，具有下列特殊情形之一，经夫妻双方申请、县级计划生育行政部门批准，可以生育第二个子女：男方到有女无儿家结婚落户，与女方父母共同生活并履行赡养义务的（女家姐妹数人，只照顾一人）；兄弟两人以上，只有一个有生育条件，且只生育一个子女，其他兄弟均已丧失生育条件并未收养子女的；在与内陆不连结的海岛定居的。只生育一个女孩，母女均为农村居民且母亲居住在农村连续五年以上，以农林牧渔业收入为主要生活来源的，经夫妻双方申请、县级计划生育行政部门批准，可以生育第二个子女。夫妻双方再婚前各有一个子女，均随前婚配偶，新组合家庭无子女的，经夫妻双方申请、县级计划生育行政部门批准，可以生育第二个子女。申请生育第二个子女的夫妻，女方为初育的须年满25周岁，女方为再育的须年满30周岁。

奖励扶助 2005年3月，县政府办公室印发《鄄城县农村部分计划生育家庭奖励扶助试点工作的意见》，规定对符合以下四项基本条件的计划生育家庭每人每月发给奖励扶助费50元：本人及配偶均为农业户口或界定为农村居民户口；1933年1月1日以后出生、1973—2001年没有违反计划生育法规和政策生育；现有一个子女或两个女孩或子女死亡现无子女；年满60周岁。2005年，全县受奖励扶助781人，2006年895人。2007年起，奖励扶助标准提高到每人每月60元，2007年全县受奖励扶助1473人，2008年1710人，2009年1931人，2010年2195人。

2008年5月18日，《中共鄄城县委、鄄城县人民政府关于计划生育利益导向机制的实施意见》规定，对实行计划生育的家庭办理“计划生育优待证”并实施如下奖励和优待：

生育优待　国家机关、企事业单位女工作人员晚育，除享受国家规定的90天产假外，增加产假60天，并给予男方护理假7天。增加的产假、护理假视为出勤，工资照发，福利待遇不变。依法生育第二个子女的，享受国家规定的不少于90天的产假，给予男方护理假7天。对参加农村合作医疗并持《一孩服务手册》生育一孩的育龄妇女、持“生育证”生育二胎的双女户，在县内定点医疗机构正常分娩的，出院时除政策规定的报销金额外，再增加报销100元现金。机关、事业单位工作人员独生子女父母奖励费每月不少于15元，从单位行政事业费中列支，夫妻双方单位各负担50%。企业职工独生子女父母奖励费每月不少于15元，从企业公益金中列支。农村独生子父母奖励费每月不少于10元，由乡镇财政负担，县财政统筹，每半年发放一次。独生子女超过14周岁时，发放一次性奖励费1000元。所需费用，按照独生子女父母奖励费的渠道列支。符合二孩生育条件且有生育能力而终生只要一个孩子的家庭，经夫妇申请，领取“独生子女父母光荣证”，并与所在单位签订自愿终生只要一个孩子合同书，经公证处公证后，一次性给予2000元的现金奖励。所需资金按照独生子女父母奖励费的渠道列支。

节育优待　计划生育对象落实绝育、放环、流引产手术和参加生殖健康查体，一律免费。所需费用，干部职工由所在单位负担；农村和城镇失业无业、自谋职业的家庭，从县级农村避孕绝育专项经费中支付，放环、取环和生殖健康查体费用由乡镇财政负担。合法生育二胎且落实绝育措施的育龄夫妇，经县级以上计划生育科研机构鉴定，确因手术原因造成的并发症，及时给予免费治疗，须长期治疗且家庭有困难的，给予每月80元的补助。所需经费从县级农村避孕节育专项经费中支付。合法生育两个女孩并在规定时间内落实绝育措施的育龄夫妇，给予一次性1000元的奖励。所需费用从县财政或者从依法征收的社会抚养费中列支。计划生育对象落实绝育和经批准落实流引产手术的，一年内免费参加节育手术保险。参保费由乡镇财政或者县直单位负担。

教育优待　教育部门和县劳动技校分别落实独生子女优先入学、优先培训和升学加分政策，县内各级各类学校优先录取独生子女，本县管理的高中学校和职业学校招考新生时，为独生子女的考试成绩加10分。团县委在实施“希望工程”时，优先对贫困计划生育家庭的中、小学生进行救助。县妇联在实施“春蕾计划”时，优先对计划生育家庭的失学儿童进行救助。独生子女和合法生育两个女孩绝育家庭的子女在本县高考，被统招录入大学本科的，给予1000元的一次性补助。所需资金按照独生子女父母奖励费的渠道列支。民政部门对计划生育家庭特困本科生，在一般家庭救助标准的基础上再提高50%的救助金额；银信部门优先为贫困大学生提供助学贷款。

生产优待　农业部门在农村土地延包中照顾计划生育家庭，开展科技、信息、生产指导、培训等项服务和帮扶。计划生育协会协调社会力量，向计划生育家庭提供生产、生活、生育服务，推行计划生育“三结合”，发展人口福利事业。广播电视部门对计划生育家庭在生产经营做广告方面给予15%的优惠，优先安排时段播出。各个相关部门充分体现对计划生育家庭的优先。扶贫部门对计划生育贫困家庭优先立项扶持，免费培训生产技术，无偿提供信息服务；农机部门对独生子女户和双女户购置农业机械、购置补贴农机具的优先安排；林业部门在经营方面，优先办理“采伐证”和“林业经营许可证”，优先办理林业项目投资小额担保贷款；对计划生育家庭林农免费提供技术培训和林业信息服务；在林业扶贫项目开发投资过程中，对计划生育家庭优先投资，并赠送林业技术书籍。

生活优待 水利部门在农村饮水工程中，对双女绝育家庭优先、优惠，减免户负担部分的20%。各个乡镇及行政村划分宅基地，对农村独生子女户优先照顾。合法生育两女绝育家庭的孩子达到结婚年龄，如果男到女方结婚落户需要安排宅基地时，女方所在村同男孩一样安排宅基地；土管部门在收取农村超标准宅基地有偿使用费时，对计划生育家庭优惠30%；在收取其他费用时执行政策下限。城建部门对符合建设规划申请建房的计划生育家庭减免30%的规划技术服务费和工程质量监督费。房地产管理部门在办理房产抵押登记时，手续费优惠20%；在收取房产所有权登记时测绘费优惠10%。民政部门对符合城乡居民最低生活保障条件的计划生育困难家庭，在同等条件下，优先纳入保障范围，保障资金从低保资金中支取。对纳入低保的计划生育困难家庭户优先安排生产生活救助金。开展“关爱女孩、扶困帮富”工程。实行各级党政领导和计划生育工作人员与计划生育贫困家庭结对帮扶。公、检、法、司等部门对计划生育家庭及时提供法律咨询、法律援助、司法公证等方面服务，优先受理计划生育家庭的民商事、行政案件，在法律规定的时限内快速审理；在法律、政策允许的范围内，通过履行程序，给予缓交、减交、免交有关费用。县总工会在计划生育职工的合法权益受到侵害时，依法予以维护。

就业优待 劳动和社会保障部门对独生子女免费进行失业登记和求职登记，免费进行就业培训和就业指导；对下岗的独生子女父母免费进行职业培训，优先推荐再就业；对独生子女及其父母参加劳动部门组织的劳务输出，优先安排，并减免50%的劳务中介费。各企业在招工、招聘时，同等条件下对计划生育家庭子女优先录（聘）用；计划生育家庭子女父母出现同时下岗情况，由劳动和社会保障部门优先推荐一方就业。失业、无业的独生子女父母在参加养老、医疗和失业保险时，优先享受社会保险补贴。工商行政管理部门对计划生育家庭免费办理营业执照，在法规政策许可范围内适当减免工商管理费。劳动和社会保障部门对下岗失业人员自谋职业和自主创业的城镇独生子女家庭，优先办理“再就业优惠证”。凡持“再就业优惠证”首次从事个体经营的，税务、工商等部门在国家规定的时限内免收属于管理类、登记类和证照类的各项行政事业性收费。

医疗优待 独生子女与合法生育双女绝育家庭的孩子，持“计划生育家庭优待证”在县内各医疗机构就医时，免普通挂号费、减免25%的辅助检查（黑白B超、心电图、血常规、胸透）费和10%普通住院床位费。独生子女的父母和合法生育双女绝育的夫妇，持“计划生育家庭优待证”每年可享受一次卫生部门提供的免费常规查体。患有重大疾病和生活困难的计划生育家庭优先享受民政部门和红十字会的救助。在大病救助方面，民政部门对计划生育贫困家庭在一般家庭救助标准的基础上再提高50%的救助金额。参加全县医疗保险的独生子女及其父母，依照规定享受医疗保险待遇的同时，在同等条件下，药费报销支付比例高于其他参保人员五个百分点。

伤残优待 独生子女本身死亡或伤、病残，其父母终生不再生育和收养子女的农村居民，在领取农村部分计划生育家庭奖励扶助金之前，每户每月发救助金100元；其父母属于城镇失业、无业、自谋职业人员，每户每月发救助金100元。由县财政纳入预算。父母双亡或父母一方死亡、另一方未再婚或父母一方失去劳动能力生活特别困难，本身年龄在18周岁以下的独生子女和合法生育双女绝育家庭，每户每月发救助金100元。由县财政纳入预算，发放至18周岁。

养老优待 提前发放部分计划生育家庭奖励扶助金。年满55周岁以上的农村计划生育夫妻，按照市政府2007年有关文件规定，每人每月发放不低于50元的奖励扶助金，直至60周岁领取国家规定的农村部分计划生育家庭奖励扶助金为止；合法夫妻生育两女已落实绝育措施并年满50周岁的夫妻，每人每月发给50元的奖励扶助金，直至60周岁领取国家规定的农村部分计划生育家庭奖励扶助金为止。其经费由县财政按有关文件规定比例承担，由金融机构以“直通车”的形式发放。独生子女父母为机关、事业单位的，退休后加发本人标准工资5%的退休金（退休金为100%的不加发），经费从原渠道列支；独生子女父母为企业职工的，退休时由所在单位按照上一年全县职工年平均工资的30%发给一次性养老补助；由县劳动和社会保障局、人事局监督落实。鼓励社会团体和个人筹集资金，兴办不同形式、不同档次的老年福利机构，逐步形成以社区为主体的老龄人口服务体系。

2009年共办理“计划生育优待证”13366份，实施奖励5万余人，2010年办理9441份，实施奖励6万人。

第二节 宣传教育

1991—2005年，计划生育宣传教育根据政策的改变不断变化。1991年起，每年举行计生科技、文化、卫生三下乡活动。1991年3月6日至7日，县计生委举行大型文艺汇演宣传计划生育政策。1995年5月开始，建设县、乡、村三级人口学校，配备设备、建立服务室。为宣传国情国策，传播婚育新风，普及政策法规，1999年，在县电视台设立“人口之窗”栏目;每周的一、三、五一套节目播出。1999年，在全县育龄群众中开展“双进”（宣传教育进村、婚育新风进家）、“双建”（建设新型生育文化、建设文明幸福家庭）活动，并以此为载体宣传计生婚育文明新风。为提高出生人口素质，2000年，县计生委给每个家庭发放一张生殖保健宣传画，每个育龄妇女小组配备一套“三优”（优生、优育、优教）丛书，并定期组织学习。2001年，举行村计生专职副主任演讲比赛，100余人参加此项活动，提高了其计生政策、法律法规的知晓率。2002年9月1日，县、乡领导人上街宣传实行计划生育以后第一部法律《中华人民共和国人口与计划生育法》颁布实施；同年9月28日，举行《中华人民共和国人口和计划生育法》和省《条例》颁布宣传活动。2003年10月，县人口计生局对实行计划生育家庭，开展“关爱女孩，扶困帮扶”活动，体现实行计划生育户的优先、优惠政策。2004年年初，为平抑第四次人口出生高峰，全县开展“双推迟”（推迟结婚、推迟生育）工作，并举行奖励发放仪式。2004年12月1日，县计生协会组织县、乡领导人举办预防艾滋病宣传活动。2005年5月举办计划生育宣传月活动，以后每年举行一次。2005年5月26日至6月2日，举行“计生科技、文化、卫生”三下乡宣传周活动，以后每年举行一次。

2006—2010年，人口计划生育宣传教育工作根据每年的工作中心和政策要求而不断深化。全县围绕贯彻落实2006年12月17日中共中央、国务院《关于全面加强人口与计划生育工作，统筹解决人口问题的决定》，每年都举行各种形式的报告会、演讲会、培训班达60余期次。2006年起，在县广播电视台举办“人口之窗”“人口之声”宣传中央决定的专题栏目。同时，每年的5月29日计生协会会员日，都组织县乡领导人上街宣传计生政策法规，各乡村计生干部利用集市举行咨询、服务活动，面对面为群众服务。2007年2月26日，鄄城县计生系统开展机关“思想、纪律、作风、服务”四整顿活动，同年3月1日，计生局机关又开展了“大学习，大思考、大讨论、大调研、大创新”活动。通过这些活动，机关系统干部提高了思想认识和政策理论水平。同年5月，举行村专职副主任演讲比赛，600余人参加此项活动，从而提高计划生育法律法规知晓率。2008年6月26日至7月2日举行“计生科技、文化、卫生”三下乡宣传周活动，以后每年举行一次。2009年3月，为强化舆论宣传氛围，实施“百、千、万”工程，即在全县交通路口、公路沿线、乡镇驻地增设100幅大型计生宣传牌（每乡镇5～7幅）；在乡镇驻地，高标准建设宣传一条街，在街道两旁安置1000幅灯箱式线杆标语，在全县村级刷写1万幅计划生育宣传标语（每个行政村10幅以上）。2010年制定计划生育宣传教育奖励办法，并按一定分值纳入年终考核。2010年2月8日，县委、县政府印发《关于在全县大力开展新型生育文化建设活动的实施意见》，实施以“移风易俗、男女平等、利益导向、村民自治”为主要内容的文化建设。各村都按程序修订新的“村规民约”，使“移风易俗、男女平等、利益导向、村民自治”有了新的载体和方式，全县新型婚育文化建设迈向新的阶段。

第三节　优生优育

为提高出生人口素质，鄄城县紧紧围绕“三优”（优生、优育、优教）提供孕前咨询服务，开展计划生育优质服务。1996 年 4 月，县服务站由 1991 年的几间平房搬迁到拥有 2146 平方米的综合服务楼，在原有科室（妇科、外科、B 超室、化验室、办公室、财务室）的基础上又增设了不孕宣传室、咨询室、不育门诊、优生实验室、档案室。

1991—1996 年，每年培训孕前已婚育龄妇女约 6000 人；孕中育龄妇女约 5000 人；产后 5000 人。1997 年，实施新生儿出生缺陷干预工程（服用优生药物福施福、叶酸，开展巨细胞病毒、疯疹病毒、单纯疱疹病毒、弓形体病毒四项病毒检测）。每年监测约 6500 人，约 130 人受益。为了预防新生儿神经椎管畸形，推行孕前服用优生药物（福施福、叶酸）。每年约 6500 名待孕育龄妇女服用优生药物。

1999 年起，每年为 45 ～ 65 户病残儿再生育家庭建立监护档案，定期举办培训班，跟踪监督。2002 年起，每年四次为 49 周岁以下已婚育龄妇女免费健康查体，每次全县约 11 万育龄妇女参加免费健康查体。

为促进乡服务站标准化建设，2008 年县财政每座服务楼补贴 10 万～ 20 万元。2007—2010 年全县 16 个乡镇，已新建乡镇服务楼 12 座，其他 4 个乡镇服务站已按标准完成改造，为育龄群众营造了温馨、舒适、科学、安全的咨询和服务环境。

在优质服务具体工作中，计划生育优质服务机制的主要内容是阵地建设“六统一”、技术服务“六到位”、生育关怀“六免费”、证件办理“六确保”、宣传教育“六深化”、利益导向“六落实”，简称“66”工作机制。

第四节　技术队伍

1991—2005 年，县委、县政府不断充实计划生育技术服务队伍，1991 年县、乡计划生育服务站共有专业技术人员 46 人。其中，中级职称 6 人，初级职称 40 人。主要开展男扎、女扎、放取环等计生技术服务。1994 年乡镇计划生育服务站划归乡镇管理，当时乡镇共有初级技术人员 25 人。到 1998 年，县、乡计划生育服务站共有专业技术人员 95 人，其中高级职称 4 人，中级职称 8 人。2001 年，为使乡镇计划生育服务站技术人员达到服务要求，县计划生育委员会成立计划生育初级职称评审委员会，当年全县共评出计划生育初级技术人员 48 人。县、乡计划生育服务站共有专业技术人员 145 人，其中高级职称 8 人，中级职称 10 人。随着计划生育优质服务的不断深化，2005 年，全县县、乡计划生育服务站共有专业技术人员 156 人。其中大专以上文化 62 人，占 39%，高级职称 12 人，中级职称 21 人，有 135 人取得“计划生育技术服务合格证”。

2006—2010 年，进一步加强计划生育技术队伍建设。2008 年，采取面向社会“公开招考、择优录取”办法，招聘大专学历以上、医学临床专业的毕业生 20 人，其中有 4 人已具有执业（助理）医师资格的医务人员充实到乡（镇）服务站，经过岗前培训，全部上岗服务。2010 年，全县服务站共有专业技术人员 170 人，其中大专及以上文化 85 人，高级职称 12 人，中级职称 34 人，有 140 人取得“计划生育技术服务合格证”。

第 三 编

自然环境

ZIRANHUANJING

鄄城地处黄河冲积平原，除黄河外，水系均属淮河流域洙赵新河；温带季风型大陆性气候，四季分明，历年平均气温为13.6℃，历年平均降水量619.7毫米。地势平坦，土层深厚，适于作物生长，但自然灾害对农作物有一定危害。土地总面积1045.5平方公里；地热丰富，有60平方公里的热异常区；煤炭资源储量丰富，煤质为山西太原组和本溪组优质煤，埋深在900米以下。

第一章 地质地貌

第一节 地 质

地质构造 鄄城属华北平原新沉降盆地的一部分，在地质构造上处于华北坳陷、鲁西隆起的接合部位。大地构造单元属于中朝准地台（I）的鲁西断隆（II）和华北断坳（II）小的构造单元，聊考断裂以西属华北（东濮）断坳，以东为鲁西断隆，郓城断裂北部属汶泗凹陷带，南部为菏嘉尼凸起带。

地层 鄄城地区上为第四纪地层，下伏第三纪地层。全县均被第四系（Q）地层所覆盖，主要为冲积层，岩性为黏性类砂层，厚度一般在200～300米，最厚者达1000米。成土母质主要为黄河冲积物，富含石灰质，钾较丰富而磷贫，呈微碱性，pH值为7.5左右。土体的质地构型，按冲积物的沉积规律以金堤为界分为两大部分：金堤以南基本是董庄决口时黄河水夹带泥沙一次性沉积而成，沉积物成层多沙粘相间，纵向分带明显，横向分带显著，土壤呈明显的岗沙、洼黏、缓坡地壤的规律分布；金堤以北是由黄河多次决口沉积而成，沉积物大部分交错成层，分布规律复杂，变化大，但在微域中，土壤仍按岗沙、洼黏、缓坡地壤的规律分布。下伏为第三系（N+E），侏罗系（J）、二迭系（P）、石炭系（C）、奥陶系（O）地层。

第二节 地 貌

鄄城属黄河冲积平原。地势西南高东北低，最高点在临濮镇西南，海拔56米，最低点在箕山镇东北部，海拔46米，坡降1/5000～1/7000，平均每10公里约降1米。地貌受黄河河水淤积和水流的影响（自1911—1935年间，黄河决口8次，其中7次淹没鄄城大部分土地），自然形成6种类型。

河滩高地 主要分布在黄河滩区，集中在临濮、董口、旧城、李进士堂、左营等乡镇沿黄地区，由黄河涨水时携带泥沙漫滩沉积而成。由于河水漫滩的次数不同，微地貌比较复杂，形成的土壤质地差异也甚大，沙、壤、黏均有，呈微碱性分布规律，潜水埋深一般在5米以下，排水条件好，灌水条件较差，没有盐化威胁，土地肥力较高，适宜小麦、大豆等作物生长。面积10927.87公顷，占全县可利用土地面积的13.9%。

河槽洼地 主要是黄河决口时遗留下来的旧河道，较大的是临濮沙河和箕山河河道。河床比两侧缓岗地低1～1.5米，呈带状，宽处四五百米，窄处二三百米，潜水埋深为1.5～2米，汛期多作排水道。受盐化威胁较大，有大小不同程度的盐斑。河槽多为荒地和芦苇地，面积2980.73公顷，占全县可利用面积的3.8%。

背河槽状洼地 主要分布在黄河大堤两侧，形状如带，宽处一二百米，窄处几十米，全长52.5

千米，由多次复堤取土而形成。潜水埋深为 1.5 ～ 2 米，多为积水地或中、重度盐地。面积 2041.27 公顷，占全县可利用面积的 2.6%。

缓岗地 为鄄城县第二大地貌类型，主要分布在临濮沙河两侧，由黄河决口时携带的泥沙沉积而成，是河槽洼地和缓平坡地的中间地带，土壤质地沙或沙壤。因地势稍高，潜水埋深一般在 2.5 ～ 3 米，排水畅通，灌水较难。面积 22152.07 公顷，占全县可利用面积的 28.16%。

浅平洼地 主要分布在大埝乡“九家村洼”、红船镇“韩桥洼”、宋楼乡“孙垓洼”等地，为黄河泛滥尾水缓流或静水沉积而成，多为中壤或重壤。边缘与洼地高差为 0.5 ～ 1 米，潜水埋深 2.5 米左右。排水不畅，易受涝受渍，丰水年份积水成灾。因地质较黏，客水汇集淋洗作用强，不易盐化。但洼地边缘水分补给量较大，易成盐化土壤。面积 7220.13 公顷，占全县可利用面积的 9.18%。

缓平坡地 是鄄城县最大地貌类型，遍布全县。地势平，坡降小，质地多为壤土和沙壤，淤灌区也有重壤。潜水埋深一般在 2 ～ 3 米。土壤盐化威胁较大，局部地区也有不同程度的盐斑出现。面积 33338.87 公顷，占全县可利用面积的 42.38%。

第二章 气 候

第一节 气候特点

鄄城县属于季风型大陆性气候，四季分明，3—5 月为春季，6—8 月为夏季，9—11 月为秋季，12—2 月为冬季。冬季受北方干冷空气影响，盛行北风，天气寒冷，雨雪稀少。夏季盛行南风，高温，高湿，雨量集中。春季介于冬夏之间，属于过渡季节。春季旱、夏季涝、秋季又旱是鄄城的气候规律。

第二节 气候分析

日照 1991—2010 年，历年平均日照时数为 2072.6 小时，年最多日照时数为 2336.2 小时（出现在 1992 年），年最少日照时数为 1678.7 小时（出现在 2003 年）。

1991—2010 年鄄城县日照情况表

表 3-2-1 单位：小时

年份 \ 月份 日照时数	一	二	三	四	五	六	七	八	九	十	十一	十二	合计
1991	147.8	106.5	134	209.2	194.8	211.9	233	216.4	208.6	220.2	205.1	97.1	2174.6
1992	148.2	199.9	125.1	247.2	249.3	260.9	258.5	184.9	145.6	201.3	197.9	117.4	2336.2
1993	159.9	179.4	215.9	213.2	233.5	241.8	176.8	182.1	195.2	212.7	114	180.4	2304.9
1994	145.3	136.5	216.3	183.7	272.7	192.2	221.3	186.3	189.8	212.5	78.1	88	2122.7
1995	195.8	185.8	204.7	220.6	236.9	196.5	172.1	150	159.4	166.1	237.3	156.7	2281.9
1996	115.2	184.1	142.2	157.1	232.6	186.3	136.6	127.5	121.7	156.3	95.2	163.4	1818.2
1997	144.4	143.7	184.6	188.9	217.3	201.9	212.5	242.3	212	243.1	103.3	110.4	2204.4
1998	122	138.1	141.3	160.6	172.9	255.3	156.7	148.6	236.9	169	172.9	141.9	2016.2

续表 3-2-1

年份＼日照时数＼月份	一	二	三	四	五	六	七	八	九	十	十一	十二	合计
1999	146.6	162.7	133.4	211.2	222	189.1	199.9	205.6	149.8	144.1	166.7	175.8	2106.9
2000	92	144.6	211.3	238.5	233.6	202.3	154	154.2	201	94.5	109.2	97.7	1934.9
2001	85.3	98.3	233.9	204.6	242.3	189.5	192.4	191.5	165.3	152	177.6	107.5	2040.2
2002	175.4	156.4	184.9	203.5	208.3	213.5	179.7	218.3	218.8	177.1	161.4	68.3	2165.6
2003	164	122.1	148.1	152.4	157.7	183.7	159.6	87.8	128.9	152.2	91.5	130.7	1678.7
2004	146.2	197.7	176.2	201.7	248.9	185.8	143.4	148.9	206.4	164.7	153.2	85.2	2058.3
2005	144.9	90	202	216.7	230.4	212.1	101.7	135.5	122.2	148.6	121	119.8	1845.1
2006	45.1	98.9	210.5	206.5	212.7	224.7	97	115.9	122.4	125.3	129.9	85.9	1674.8
2007	129.7	128	140.5	220.3	231.2	138.1	119.3	97	172.1	102.7	146.3	78.6	1703.8
2008	97.4	199.3	222.2	177.3	224.6	158.1	74.6	148.1	136.7	164.4	168.7	176.1	1947.5
2009	160.4	68.9	172.1	224.1	237.9	248.1	166	154.9	89.3	182.7	100.8	125.6	1930.8
2010	151.1	94.9	140	169.8	234	193.5	165.3	116	112.8	156.3	202.9	198.4	1935
平均	135.8	141.8	177	200.4	224.7	204.1	166	160.6	164.7	167.3	146.7	125.2	2072.6
最多	195.8	199.9	233.9	247.2	272.7	260.9	258.5	242.3	236.9	243.1	237.3	198.4	2336.2
最少	45.1	68.9	125.1	152.4	157.7	138.1	74.6	87.8	89.3	94.5	78.1	68.3	1674.8

气温　1991—2010 年，历年平均气温为 13.1℃。13.6℃，平均最高气温为 14.3℃，平均最低气温为

1991—2010 年鄄城县气温情况表

表 3-2-2　　　　单位：℃

年份＼气温＼月份	一	二	三	四	五	六	七	八	九	十	十一	十二	平均
1991	0.2	2.3	5.0	13.6	18.2	24.2	27.4	24.9	21.0	13.8	6.7	0.3	13.6
1992	-1.1	3.0	6.3	15.5	19.2	23.9	27.7	24.9	19.5	11.9	5.8	0.9	13.1
1993	-0.7	4.0	8.1	14.4	18.8	25.0	25.0	24.5	21.0	14.4	4.5	0.8	13.2
1994	0.5	2.1	6.6	16.0	20.9	25.6	28.3	26.2	19.9	13.6	8.1	1.8	14.1
1995	-0.3	2.5	7.7	13.8	19.5	24.6	26.4	25.6	19.5	15.2	7.4	0.0	13.5
1996	-1.0	1.0	6.4	13.5	19.5	25.0	27.0	25.0	20.4	14.6	5.9	2.0	13.3
1997	-1.5	3.1	9.4	14.1	19.7	25.1	28.5	26.8	18.7	14.4	6.2	0.8	13.8
1998	-1.8	3.5	8.0	16.0	18.5	25.0	27.6	25.6	22.7	16.5	8.6	1.7	14.3
1999	0.5	3.9	7.4	15.0	19.8	24.7	26.5	25.1	21.9	14.3	7.5	1.1	14.0
2000	-4.2	0.8	9.7	15.3	20.2	25.5	27.3	25.6	20.6	13.7	5.4	2.8	13.6
2001	-2.7	1.1	9.5	14.2	22.0	25.9	26.5	25.2	20.6	14.9	7.1	2.8	13.6

续表 3-2-2

月份 气温 年份	一	二	三	四	五	六	七	八	九	十	十一	十二	平均
2002	1.5	5.9	10.8	14.7	19.3	25.7	27.5	26.1	20.2	13.6	5.5	-0.3	14.2
2003	-1.5	2.7	7.7	14.4	20.3	24.9	25.9	24.6	20.7	13.8	6.4	1.0	13.4
2004	-0.1	5.3	9.7	16.2	19.4	23.6	26.0	24.1	20.7	13.4	7.0	1.0	13.9
2005	-1.8	-0.8	6.9	16.6	19.9	26.8	26.8	25.0	20.7	14.4	9.5	-0.9	13.6
2006	-1.0	2.1	9.8	15.4	20.3	26.1	27.1	25.6	20.6	17.6	9.1	0.8	14.5
2007	-0.6	5.8	8.5	15.3	21.7	24.7	25.7	25.5	21.1	14.4	7.2	2.1	14.3
2008	-2.2	1.1	10.2	15.2	21.4	23.8	25.8	25.2	20.8	15.9	8.1	1.3	13.9
2009	-1.4	5.1	9.0	15.6	20.3	26.9	26.4	25.0	20.0	16.8	3.4	0.4	14.0
2010	-1.7	1.8	6.0	11.8	20.9	25.8	27.9	25.4	21.0	14.4	9.1	2.5	13.7
平均	-0.8	2.4	7.7	14.8	19.7	24.9	26.9	25.2	20.6	14.2	6.7	0.9	13.6
历年最高	1.5	5.9	10.8	16.2	22.0	26.8	28.5	26.8	27.7	16.5	9.5	2.8	14.3
历年最低	-4.2	-0.8	5.0	13.5	18.2	23.3	25.0	24.1	18.7	11.9	4.5	-0.9	13.1

鄄城县历年极端最高温度为40.7℃(2002年)，历年极端最低温度为-20.0℃（1991年）。

1991—2010年鄄城县历年极端气温情况表

表 3-2-3 单位：℃

项目 年份	历年极端最高温度	历年极端最低温度
1991	35.6	-20.0
1992	39.4	-10.9
1993	37.6	-17.5
1994	36.4	-7.6
1995	36.4	-9.4
1996	38.1	-14.1
1997	39.2	-11.2
1998	36.2	-13.6
1999	38.0	-12.8
2000	36.8	-18.0
2001	36.4	-17.7
2002	40.7	-15.0
2003	36.7	-14.0
2004	36.3	-12.6
2005	40.4	-10.5

续表 3-2-3

年份＼项目	历年极端最高温度	历年极端最低温度
2006	39.2	-8.8
2007	38.1	-7.6
2008	36.3	-12.4
2009	40.4	-12.2
2010	38.2	-13.1

地温　1991—2010 年，历年平均地面温度为　　14.6℃。
15.6℃，平均历年最高为 16.5℃，平均历年最低为

1991—2010 年鄄城县地温情况表

表 3-2-4　　单位：℃

年份＼月份 地温	一	二	三	四	五	六	七	八	九	十	十一	十二	平均
1991	0.4	3.0	6.1	15.8	22.2	27.1	30.7	28.1	24.6	15.7	6.3	0.4	15.0
1992	-0.4	3.5	7.8	18.9	22.8	29.8	31.7	29.3	22.3	13.9	5.5	0.6	15.5
1993	-1.8	4.4	9.5	18.0	21.2	27.8	26.7	26.6	22.0	15.2	4.5	0.9	14.6
1994	0.6	2.7	7.8	18.2	24.4	28.4	31.9	29.8	22.8	14.7	8.1	2.0	16.0
1995	-0.3	2.4	8.0	17.1	23.3	28.0	29.7	28.8	22.2	14.7	7.0	0.2	15.3
1996	-1.2	1.1	8.0	16.2	24.2	29.4	30.8	27.3	23.0	15.2	5.7	1.1	15.1
1997	-1.1	3.2	10.4	17.7	22.8	28.6	33.4	32.4	21.7	16.0	6.5	0.4	16.0
1998	-2.0	3.4	9.5	19.4	21.7	29.5	32.9	28.5	24.4	16.5	8.0	1.2	16.1
1999	-0.1	4.0	8.6	17.0	24.5	29.1	30.1	29.4	23.9	14.0	6.8	0.0	15.6
2000	-4.3	1.3	12.0	20.1	26.3	31.1	29.9	28.4	22.5	14.7	5.6	2.4	15.8
2001	-3.7	1.1	10.0	18.3	28.2	30.7	30.2	28.7	25.1	16.8	6.6	-1.1	15.9
2002	0.3	5.8	12.6	18.7	22.2	29.1	33.6	31.6	24.0	14.6	5.2	0.3	16.5
2003	-1.6	3.1	8.8	16.7	23.8	28.1	29.1	28.1	22.0	13.5	6.2	1.2	14.9
2004	0.4	4.6	11.3	19.4	22.7	26.8	29.2	26.2	22.8	14.7	7.1	0.8	15.5
2005	-1.4	0.3	8.5	20.4	24.0	30.1	29.4	26.9	23.0	14.5	8.4	-0.7	15.3
2006	-0.3	2.8	10.7	18.6	24.1	30.6	30.2	27.8	21.7	18.0	9.3	1.4	16.2
2007	-0.3	5.7	9.0	16.8	25.8	27.5	28.1	27.3	22.5	14.6	6.6	2.3	15.5
2008	-0.9	1.8	12.4	17.1	25.3	27.5	27.4	27.0	21.9	15.9	7.4	0.5	15.3
2009	-2.1	5.5	9.6	18.9	24.5	30.3	28.9	27.0	20.6	16.0	4.2	0.1	15.3
2010	-1.5	2.7	8.6	15.2	25.0	30.8	29.3	27.1	22.4	14.6	7.2	1.7	15.3
平均	-0.9	2.8	9.1	18.0	23.6	28.7	30.6	28.8	23.5	15.5	6.6	0.8	15.6
最高	0.6	5.8	12.6	20.4	28.2	31.1	33.6	32.4	25.5	17.5	8.1	2.4	16.5
最低	-4.3	0.3	6.1	15.6	21.2	26.1	26.7	26.2	21.7	13.5	4.5	-1.1	14.6

降水 1991—2010年，历年平均降水量为619.7毫米，年降水量最多为951.4毫米，年降水量最少仅有365.6毫米。年降水量差别较大，个别年份旱情非常严重，一年四季均有较大的旱情（1992年，1997年，2001年，2002年旱情都非常严重），有的年份大雨、暴雨经常出现，造成严重的涝灾，农田被淹没，房屋倒塌，造成很大的损失。

1991—2010年鄄城县降水情况表

表3-2-5　　单位：mm

年份＼月份（降水量）	一	二	三	四	五	六	七	八	九	十	十一	十二	合计
1991	7.3	3.3	53.1	29.9	85.6	58.8	239.4	81.9	28.7	2.8	9.0	9.8	609.6
1992	1.7	22.5	16.4	11.4	89.0	11.2	115.5	81.1	54.9	12.6	5.6	11.2	433.1
1993	9.0	11.9	7.5	53.2	74.8	194.3	275.7	101.4	53.9	62.2	107.5	0.0	951.4
1994	0.0	8.2	11.2	77.2	19.6	107.1	194.3	208.2	19.4	61.5	34.2	17.7	757.7
1995	0.0	2.2	23.8	8.6	44.5	83.1	101.8	200.4	13.7	53.0	0.0	0.0	531.1
1996	0.4	12.0	14.2	23.9	27.2	34.0	201.2	231.5	52.0	56.8	29.5	0.3	683.0
1997	2.7	14.3	41.1	10.0	65.7	24.3	31.0	13.0	115.2	1.5	43.0	3.8	365.6
1998	1.4	26.6	57.5	20.8	151.6	33.1	66.4	353.3	1.4	7.4	0.2	4.2	724.1
1999	—	—	34.5	16.5	44.8	35.9	98.9	71.9	118.7	55.8	11.9	—	488.5
2000	14.2	1.3	0.1	9.7	18.1	68.3	212.6	141.1	82.4	74.8	21.4	0.8	644.8
2001	31.8	20.0	1.0	3.3	13.2	117.2	147.2	27.9	6.9	18.8	1.1	16.8	405.2
2002	4.1	—	10.6	20.1	138.9	55.3	20.1	37.1	44.0	14.1	1.0	25.8	371.1
2003	4.5	11.4	28.6	53.8	28.6	62.8	165.1	144.3	109.6	132.2	68.0	10.6	819.8
2004	1.7	6.9	5.8	25.2	94.3	87.8	311.2	151.5	32.5	1.8	29.9	11.9	760.5
2005	—	11.2	2.8	7.8	61.2	139.8	143.7	85.4	260.5	28.0	6.0	3.8	750.2
2006	5.0	9.3	—	19.8	52.2	66.3	151.3	201.7	26.5	—	58.2	8.0	598.3
2007	—	10.2	72.2	26.2	52.5	90.3	176.8	125.9	20.8	17.6	4.0	10.0	606.5
2008	13.1	2.6	6.2	23.7	10.0	28.0	62.1	37.7	39.5	10.8	1.9	1.2	584.3
2009	0.0	24.3	11.3	39.8	37.7	69.1	174.1	146.6	54.1	10.9	30.4	0.3	598.6
2010	0.4	14.6	12.5	31.1	17.3	10.0	284.0	218.5	184.1	0.4	—	1.6	774.5
平均	7.0	11.3	23.6	22.3	60.9	84.5	144.1	113.8	56.4	36.9	22.3	7.1	619.7
最大	31.8	26.6	72.2	53.8	138.9	194.3	311.2	353.3	260.5	132.2	107.5	25.8	951.4
最小	—	—	—	3.3	13.2	11.2	20.1	13.0	1.4	—	—	—	328.2

相对湿度 1991—2010年，历年平均相对湿度为73%，历年平均最大相对湿度76%，历年平均最小湿度为70%。

1991—2010 年鄄城县相对湿度情况表

表 3-2-6　　单位：%

年份＼相对湿度＼月份		一	二	三	四	五	六	七	八	九	十	十一	十二	年最小	年平均
1991	月最小	10	7	25	23	21	23	36	45	33	13	9	20	7	
	月平均	71	68	79	73	76	76	81	87	83	68	65	76		75
1992	月最小	13	4	28	16	32	25	46	47	17	22	30	14	4	
	月平均	75	53	72	57	76	62	74	87	84	75	61	74		71
1993	月最小	10	13	14	16	32	25	46	47	17	22	30	14	10	
	月平均	75	63	58	60	78	74	86	88	84	77	82	65		74
1994	月最小	16	13	8	19	19	18	40	43	19	9	28	29	8	
	月平均	64	67	58	60	78	74	86	88	84	77	82	65		74
1995	月最小	11	11	6	15	18	16	28	43	24	14	12	8	6	
	月平均	67	61	62	66	70	73	82	89	82	79	59	62		71
1996	月最小	3	5	9	17	20	25	29	53	29	33	16	12	3	
	月平均	61	53	63	64	74	71	82	87	86	79	59	62		71
1997	月最小	10	6	15	21	20	16	25	29	21	14	26	26	6	
	月平均	60	60	70	74	74	62	72	78	74	67	84	79		71
1998	月最小	11	10	19	22	28	19	49	51	29	18	23	14	10	
	月平均	66	64	68	79	80	70	85	89	79	76	71	73		75
1999	月最小	13	9	23	17	22	20	21	43	25	12	16	7	7	
	月平均	61	55	72	73	77	70	82	85	84	78	75	63		73
2000	月最小	28	14	9	17	24	17	43	53	34	36	26	23	9	
	月平均	77	70	51	59	69	69	86	89	84	86	82	79		75
2001	月最小	32	29	15	22	19	16	45	45	28	25	21	14	14	
2001	月平均	81	81	54	64	66	68	83	85	81	81	69	71		74
2002	月最小	18	13	14	19	30	24	25	43	29	11	12	38	11	
	月平均	65	56	64	67	79	68	77	83	71	68	64	85		71
2003	月最小	24	26	20	19	29	20	42	57	38	19	21	23	19	
	月平均	70	73	70	68	75	68	83	89	86	75	89	77		76
2004	月最小	25	12	11	26	21	24	38	41	25	19	17	14	11	
	月平均	69	57	58	66	74	79	86	87	80	76	77	77		74
2005	月最小	18	13	11	11	13	12	45	39	32	15	13	11	11	
	月平均	66	68	51	59	66	60	84	86	85	77	71	62		70
2006	月最小	20	18	7	13	18	10	47	41	24	22	14	21	7	
	月平均	80	68	51	66	69	62	82	87	81	74	70	79		72

续表 3-2-6

年份＼相对湿度＼月份		一	二	三	四	五	六	七	八	九	十	十一	十二	年最小	年平均
2007	月最小	14	16	22	15	14	14	37	55	23	21	15	14	14	
	月平均	66	65	69	61	63	75	88	92	84	79	75	76		74
2008	月最小	18	13	11	14	14	16	45	33	21	13	15	10	10	
	月平均	69	58	53	69	68	74	88	86	80	73	63	51		69
2009	月最小	6	16	14	14	11	12	17	34	17	12	20	13	6	
	月平均	50	73	57	61	66	56	78	83	84	63	75	65		68
2010	月最小	12	14	11	9	15	22	26	42	26	15	11	10	9	
	月平均	52	68	57	58	64	64	79	86	82	70	57	49		66
平均		70	64	64	67	64	71	82	86	81	75	73	65		73
历年最高		82	83	79	79	80	79	87	89	86	86	84	85		75
历年最低		3	4	6	9	13	10	21	35	17	11	6	7		70

风向风速 1991—2010 年，每年平均风速 2.0 米/秒。年最大风速 17 米/秒。米/秒。年平均最大 2.8 米/秒，年平均最小 1.3

1991—2010 年各月最多风向及频率情况表

表 3-2-7

年份＼月份		一	二	三	四	五	六	七	八	九	十	十一	十二	年最多
1991	风向	N C	N C	N	S	N	SSW C	S	S C	S C	S C	S C	NNW	S C
	频率	19 26	13 21	23	28	14	12 16	22	11 32	11 26	14 19	13 18	20	14 18
1992	风向	NNW	SSE	N	S	S C	SSE	SSW	N C	N C	NNW C	SE	N C	S C
	频率	17	16	20	23	12 16	16	23	12 29	13 27	13 40	13	15 20	13 18
1993	风向	N C	N	N	N	SSW C	SSW C	SSE C	SSW C	S	N	NNW	SSW C	S C
1993	频率	19 22	16	17	15	16 27	17 19	13 31	15 31	16 33	13 31	23	11 15	12 22

续表 3-2-7-1

年份 \ 月份		一	二	三	四	五	六	七	八	九	十	十一	十二	年最多
1994	风向	N	N C	SSW	SSW	N	S C	S C	ESE C	N C	N C	N	N	N C
	频率	14	19 23	14	18	15	18 23	17 25	15 23	13 29	20 30	22	25	14 19
1995	风向	S C	N	S	S	S	S	SSE C	N C	N C	S C	S	N C	S C
	频率	12 29	14	16	20	14	23	12 23	17 33	13 26	17 25	24	11 31	15 21
1996	风向	NNW	S	S	N	S C	S C	SSW C	N	S C	N	N C	N	N
	频率	22	31	17	16	17 19	19 22	17 19	28	18 30	23	16 19	16	15
1997	风向	S	N	N	N	N	S C	SSW	SE	N	N C	N	N	N
	频率	15	14	15	24	28	16 21	20	26	21	20 30	29	27	18
1998	风向	N	N	N	N	N C	S	N C	SSW C	SSW C	N C	N	N	N
	频率	27	26	23	23	15 16	21	15 24	16 29	19 30	13 41	22	19	17 19
1999	风向	NNW C	SSE	N	SSE	SSW	SSE C	SSE C	N C	N C	S C	SSW C	S C	N C
	频率	14 19	13 23	19	16	19	13 24	7 40	14 36	10 43	15 38	13 27	15 32	13 27
2000	风向	N	S	S	S	SE C	NNE C	S C	N C	N C	N C	NNE C	S	N C
	频率	32	16	18	23	11 28	11 36	11 42	12 56	12 57	20 40	14 31	23	12 32
2001	风向	N	N SSE	S SW	S	C S	C S	C SE	C SE	C N	C SE	C S	C N	C N/S
	频率	26	15	13	23	35 15	39 17	39 15	65 6	60 10	65 7	38 13	30 19	36 10
2002	风向	C N	C SSE	C SSE	C SSE	C N	C SSE	C SSE	C S	C N	C N	C N	N	C N/SSE
	频率	34 14	32 13	20 14	28 13	38 10	20 18	47 11	54 11	40 13	27 19	27 13	27	32 11

续表 3-2-7-2

年份＼月份		一	二	三	四	五	六	七	八	九	十	十一	十二	年最多
2003	风向	C N	C N	C NNE	S	C S	C S	C S	C S	C S	C S	C NNE	C S	S
	最大	25 12	28 14	15 14	18	31 20	31 12	46 12	52 7	37 14	28 12	22 21	31 18	13
2004	风向	N	S SSE	S	SSW	N	ESS	SSE	S	S SSE	S	SSE	SE	N
	频率	19	11	19	16	15	13	15	15	15	15	15	16	25
2005	风向	SSE	N	S	SSW	SSE	S	S	N	N	SSE	SSE	N	N
2005	频率	15	35	15	16	18	25	14	20	16	14	17	19	14
2006	风向	N	NNE	SSE	SSE	SSE	S	N	N	N	N	N	N	N
	频率	28	19	14	15	25	17	17	20	18	18	24	22	17
2007	风向	N	SE	N	S	N	SSE	S	N	N	N	SSE	NNW	N
	频率	18	16	15	21	15	18	19	25	19	21	19	17	16
2008	风向	N	SE	SSE	S	SSE	SSE	N	C. N	SSE	C. N	S	NNW	N
	频率	31	11	15	17	27	23	23	15， 13	17	15， 13	13	14	15
2009	风向	N	N	N	SSE	SSE	SSE	SSE	C. N	S	N	N	N	N
	频率	14	25	22	21	21	22	17	27， 20	15	14	24	21	16
2010	风向	N	N	N	N	SSW	S	S	N	N	N	SSE	N	N
	频率	23	31	16	16	18	25	16	22	23	18	21	15	17

1991—2010 年风速出现情况表

表 3-2-8

年份＼月份		一	二	三	四	五	六	七	八	九	十	十一	十二	平均／最大
1991	平均	1.9	2.1	3.3	3.1	2.1	2.0	2.0	1.3	1.5	1.8	2.1	2.6	2.2
	最大	7.7	8.3	13.3	13.0	8.0	9.7	9.7	5.0	5.3	7.7	10.7	9.7	13.3
1992	平均	1.8	2.2	3.0	3.1	1.7	2.2	1.7	1.4	1.7	1.3	2.2	1.7	2.0
	最大	8.7	11.7	13.0	11.7	12.0	11.0	6.3	7.3	9.3	9.0	8.3	10.0	13.0
1993	平均	2.0	2.5	2.7	2.8	1.9	1.9	1.5	1.4	1.3	1.5	3.0	2.1	2.1
	最大	9.3	10.0	13.7	14.0	10.0	11.0	9.0	6.3	8.0	7.7	13.3	11.3	14.0

续表 3-2-8 -1

月份 年份		一	二	三	四	五	六	七	八	九	十	十一	十二	平均 最大
1994	平均	2.3	2.0	2.7	2.3	2.4	2.2	1.7	1.6	1.3	1.9	2.6	2.5	2.1
	最大	8.2	8.4	8.7	8.6	9.0	6.2	5.3	7.6	5.1	11.0	10.4	10.7	11.0
1995	平均	1.8	2.2	3.0	2.6	2.7	2.0	1.9	1.4	1.7	1.7	2.1	1.5	2.1
	最大	8.1	11.0	11.2	8.4	7.2	12.3	6.8	6.6	7.0	8.5	14.1	6.0	14.1
1996	平均	2.2	2.4	2.4	2.3	1.7	2.0	1.9	1.6	1.4	2.2	2.2	2.3	2.1
	最大	11.0	12.1	7.3	8.0	6.0	6.1	6.5	5.6	5.7	8.0	8.8	9.0	12.1
1997	平均	2.2	2.2	2.8	2.9	2.6	2.1	2.0	2.1	2.3	1.6	2.2	2.3	2.2
	最大	10.1	13.2	10.1	9.6	9.5	9.1	7.3	10.5	6.7	8.0	8.2	7.0	13.2
1998	平均	2.5	2.9	3.0	3.1	2.1	2.0	1.8	1.4	1.5	1.2	2.1	2.0	2.1
	最大	10.1	11.0	9.6	10.4	7.2	6.0	10.5	5.1	7.3	6.0	6.3	11.6	11.6
1999	平均	1.6	1.9	3.1	2.0	1.9	1.8	1.3	1.0	1.4	1.5	1.6	1.7	1.7
	最大	5.3	9.4	9.2	7.1	9.6	7.5	6.0	6.2	7.0	6.6	5.4	9.4	9.6
2000	平均	2.0	1.8	2.1	2.0	1.5	1.5	0.9	0.7	0.9	1.3	1.6	1.5	1.5
	最大	6.0	8.2	10.1	8.2	8.4	5.0	4.6	3.8	5.9	7.1	7.0	5.3	10.1
2001	平均	2.0	2.1	2.2	1.7	1.2	1.0	0.9	0.5	0.6	0.5	1.2	1.2	1.3
	最大	6.6	8.2	8.4	9.0	5.1	3.8	3.7	3.6	3.2	4.0	7.1	4.5	9.0
2002	平均	1.3	1.3	1.7	1.9	1.2	1.6	1.0	0.9	1.1	1.7	1.6	1.8	1.4
	最大	6.0	6.3	5.1	8.0	5.6	5.1	4.5	4.4	5.1	5.2	5.6	5.1	8.0
2003	平均	1.5	1.6	2.1	2.0	1.4	1.3	1.1	0.8	1.2	1.6	2.0	1.5	1.5
	最大	4.1	7.0	7.6	6.7	6.5	4.0	5.1	4.8	4.6	8.0	11.2	6.5	11.2
2004	平均	1.6	2.0	2.5	2.4	1.8	1.2	1.5	1.3	1.3	1.1	1.4	1.6	1.6
	最大	2.0	7.0	9.0	7.0	5.0	5.0	6.0	5.0	5.0	6.0	8.0	5.0	9.0
2005	平均	1.9	2.7	2.8	2.8	2.3	2.1	1.8	2.1	1.6	1.6	1.6	2.0	2.1
	最大	8.0	8.3	11.1	12.1	11.4	6.3	7.3	7.6	7.1	9.1	9.2	7.8	12.2
2006	平均	2.0	2.3	2.5	2.7	1.9	1.7	1.3	1.5	1.7	1.6	1.9	2.4	2.0
	最大	8.8	8.1	10.1	10.7	6.8	5.8	4.6	8.0	8.0	8.8	8.7	9.6	10.7
2007	平均	1.8	2.2	2.5	2.3	2.3	1.7	1.6	1.6	1.5	1.8	1.9	1.6	1.9
	最大	10.7	8.2	9.3	8.2	9.0	7.7	7.1	8.5	7.2	8.4	8.2	7.6	10.7
2008	平均	2.0	1.7	2.4	2.2	2.1	1.9	1.7	1.4	1.4	1.5	1.7	2.3	1.9
	最大	7.5	10.2	8.4	7.5	8.1	12.0	6.4	7.3	8.3	7.0	6.3	12.2	12.2
2009	平均	1.9	2.2	2.8	2.0	1.9	1.9	1.5	1.4	1.3	1.4	2.5	1.7	1.9
	最大	11.6	7.6	9.4	10.7	6.9	7.3	6.2	5.1	7.0	6.6	10.0	6.1	11.6
2010	平均	2.0	2.3	2.5	2.7	1.9	1.7	1.3	1.5	1.7	1.6	1.9	2.4	2.0
	最大	8.8	8.1	10.1	10.7	6.8	5.8	4.6	8.0	8.0	8.8	8.7	9.6	10.7

续表 3-2-8-2

月份/年份		一	二	三	四	五	六	七	八	九	十	十一	十二	平均/最大
合计		41.3	45.6	54.6	52.9	42.0	39.3	33.6	28.1	30.5	33.3	41.7	40.2	40.2
平均		2.1	2.3	2.7	2.6	2.1	2.0	1.7	1.4	1.5	1.7	2.1	2.0	2.0
最大		13.3	14.3	17.0	13.7	14.7	13.0	12.0	10.7	10.3	12.0	16.0	14.0	17.0

第三节 物 候

受全球气候变暖的影响，鄄城县有些物候期较 20 年前有明显变化。例如小麦播种期，20 世纪五六十年代普遍流行的农谚是："白露早，寒露迟，秋分种麦正当时"，近年来已晚了一个节气。小麦播种期变晚的原因，有气候的因素，也有品种更换的影响。

1991—2010 年鄄城县农作物平均物候期情况表

表 3-2-9

作物小麦	夏直播玉米	棉 花
播种 10 月 14 日 越冬 12 月 17 日 返青 2 月 17 日 拔节 3 月 31 日 抽穗 4 月 24 日 成熟 6 月 5 日	播种 6 月 13 日 拔节 7 月 15 日 抽雄 8 月 2 日 成熟 9 月 19 日	播种 4 月 19 日 现蕾 6 月 23 日 开花 7 月 17 日 吐絮 9 月 14 日 停长 10 月 27 日

1991—2010 年鄄城县树木平均物候期情况表

表 3-2-10

树木名称	芽开放	展 叶	开 花	落 叶
毛白杨	2 月 21 日	4 月 9 日	3 月 7 日	10 月 20 日
旱柳	3 月 4 日	3 月 20 日	3 月 23 日	10 月 29 日
榆树	2 月 22 日	4 月 5 日	3 月 6 日	11 月 3 日

1991—2010 年鄄城县候鸟平均物候期情况表

表 3-2-11

四声杜鹃		家 燕	
始鸣	5 月 16 日	始见	3 月 29 日
终鸣	7 月 19 日	绝见	10 月 13 日

第三章　土壤　植被

第一节　土　壤

鄄城县土壤是在黄河冲积物上经过长期耕作、熟化发育而形成的一类土壤，因受地下潜水作用，称潮土。河水泥沙沉积时流速不同，成土母质颗粒粗细不一，不仅在表层质地有明显的差异，而且土体构型上也有很大差别，但每个发生层次的质地和颜色均一，中下部土层大都有明显的锈纹锈斑。

土壤类型　鄄城县地处温暖而半湿润的季风型气候，应形成地带性的褐土类。但由于黄河河床高，堤外地势相对低平，又加之大量引用黄河水抬高了潜水位，潜水参与了土壤成土过程，而降低了气候的成土主导作用，所以没形成褐土，而形成地带性的潮土土类。又引水灌溉多，渠系渗漏重，排水不畅，抬至高位矿化水上升，“盐随水来、水散盐存”而造成土壤次生盐渍化，形成潮土中的盐化潮土亚类。

根据1982年全国第二次普查的土壤分类系统，鄄城县土壤共分为1个土类，2个亚类（潮土亚类、盐化潮土亚类），3个土属（潮土属、淤灌潮土属、盐化潮土属），80个土种。

淤灌潮土属　是20世纪七八十年代人为条件下，引用黄河水灌溉沉积而成的，当时由于成土时间短、熟化差，在改良利用上稍低于潮土，因此，暂划归为淤灌潮土属，已经过二三十年的耕作熟化，2009年进行耕地地力评价时，仍划归为潮土属。

潮土属　是鄄城县分布最大面积的土属，沿黄5个乡镇和富春乡约占土地面积的二分之一左右，其余11个乡镇占土地面积的50%以上，全县面积68856.6公顷，占全县可利用面积的87.52%。潮土属土壤养分含量在三个土属中属于中等，表层养分平均含量（加权平均）有机质12.72克／千克，全氮0.87克／千克，碱解氮79.36毫克／千克，速效磷22.61毫克／千克，速效钾89.76毫克／千克。呈石灰反应，pH值8.23，一般都有锈纹、锈斑。

盐化潮土属　主要分布在背河槽和河槽洼地与缓岗地之间地带，平坡地河渠两岸也有分布。土壤质地多为沙壤、轻壤或中壤。紧沙、重壤土也发生盐化，但面积很少。盐化潮土的表层养分状况（加权平均）：有机质12.91克／千克，全氮0.88克／千克，碱解氮81.45毫克／千克，速效磷24.35毫克／千克，速效钾92.3毫克／千克。呈石灰反应，pH值8.24。鄄城县盐化地多为花斑盐碱地，发生程度以轻度或中度，盐斑面积较大，重度面积较小。盐化潮土全县面积9810.33公顷，占全县可利用面积的12.47%。

物理状况　鄄城县土壤质地主要有沙质、壤质、黏质3种。

沙质（松沙、紧沙、沙壤）　主要分布在临濮沙河，箕山河两岸及旧城北滩、葛庄西南滩、董口西南滩等处，面积479645亩，占全县可利用面积的40.65%。沙质土多处于缓岗地，河滩高地和河槽洼地，沉积较厚，多为沙质，耕性好，保肥保水性能差，地力有前劲没后劲。

壤质（轻壤、中壤）　主要分布在箕山、大埝、左营、鄄城镇北部及凤凰、引马、红船、郑营等乡（镇）的大部，面积约为528602亩，占全县可利用面积的44.8%。这类土壤所处的地貌类型多为缓平坡地，浅平洼地的边缘，土层多沙、黏相间，土质较好，适宜耕作，保肥保水性较好，适宜各种作物及瓜菜生产。

黏土（重壤、黏土）　主要分布在河滩、淤灌区、九家村洼、杨台庄洼及孙垓洼等处，面积为171667

亩，占全县可利用面积的14.55%。这类土壤质地黏重，宜耕性差，但保肥供肥性能好，地力后劲足，适宜种植小麦、玉米等高产粮食作物。

养分状况 土壤养分指标主要由土壤pH、有机质、有效磷、碱解氮和速效钾常规五项反映。

土壤pH 鄄城县土壤pH平均为8.22，变幅为7.3～8.5，土壤呈微碱性至碱性。

土壤有机质 2010年耕地地力评价全县耕地土壤有机质平均含量为12.70克/千克，变幅为4.82～19.93克/千克，与1980年第二次土壤普查时的有机质平均含量6.7克/千克相比，增加近一倍。有机质含量＞12克/千克的面积为45787.97公顷，占全县耕地面积的71.29%，含量＜12克/千克的面积为18446.44公顷，占全县耕地面积的28.72%。土壤有机质含量在15～20克/千克主要分布区域为大埝乡、凤凰镇、董口镇，有机质含量在12～15克/千克主要分布区域为董口镇、凤凰镇、大埝乡、富春乡、郑营镇、箕山镇，有机质含量在10～12克/千克主要分布区域为临濮镇、什集镇、彭楼镇、引马乡、旧城镇、箕山镇、左营乡、鄄城镇，有机质含量在8～10克/千克主要分布区域为什集镇、左营乡、旧城镇、李进士堂镇。全县的土壤有机质含量大部分地区分布在三级以上，属于较低水平，秸秆还田、增施有机肥等措施可提高土壤的有机质含量。

土壤碱解氮 2009年耕地地力评价全县土壤碱解氮平均含量为79.29毫克/千克，变幅为29～127毫克/千克，比1980年第二次土壤普查时的土壤碱解氮平均含量50.10毫克/千克提高29.19毫克/千克，但总体为偏低，含量最高处于三级水平。碱解氮含量＞75毫克/千克，处于四级地以上的面积为43365.93公顷，占全县耕地面积的67.52%，含量＜75毫克/千克，处于五、六、七等级的面积为20868.48公顷，占全县耕地面积的32.49%。土壤碱解氮含量在90～120毫克/千克主要分布区域为红船镇、彭楼镇、什集镇；碱解氮含量在75～90毫克/千克主要分布区域为左营乡、旧城镇、董口镇、阎什镇、红船镇、郑营乡、彭楼镇；碱解氮含量在60～75毫克/千克主要分布区域为李进士堂镇、旧城镇、临濮镇、什集镇；碱解氮含量在45～60毫克/千克主要分布区域为临濮镇、旧城镇；碱解氮含量在30～45毫克/千克主要分布区域为临濮镇。

土壤有效磷 2009年耕地地力评价全县耕层土壤有效磷平均含量为22.56毫克/千克（1980年第二次土壤普查时土壤有效磷平均含量仅为3.27毫克/千克），属偏低水平，变幅为8.10～35毫克/千克，有效磷含量＞20毫克/千克的面积为56274.2公顷，占全县耕地面积的87.61%，含量＜20毫克/千克的面积为7960.21公顷，占全县耕地面积的12.4%。土壤有效磷含量在20～30毫克/千克主要分布区域为董口镇、郑营镇、旧城镇、箕山镇，有效磷含量在15～20毫克/千克主要分布区域为临濮镇、董口镇、彭楼镇、旧城镇、箕山镇、李进士堂镇，有效磷含量在10～15毫克/千克主要分布区域为郑营镇、大埝乡、彭楼镇。

土壤速效钾 2009年耕地地力评价全县耕层土壤速效钾含量为89.80毫克/千克，与1980年第二次土壤普查时的土壤速效钾平均含量141.6毫克/千克相比，降低51.8毫克/千克。全县耕层土壤速效钾含量变幅为32～198毫克/千克，属中等偏低水平。速效钾含量在100毫克/千克以上的面积为15014.96公顷，占全县耕地面积的23.37%；速效钾含量在100毫克/千克以下的面积为49219.44公顷，占全县耕地面积的76.63%。土壤速效钾含量在120～150毫克/千克主要分布区域为董口镇、大埝乡、鄄城镇、凤凰镇，速效钾含量在100～120毫克/千克主要分布区域为董口镇、大埝乡、鄄城镇、引马乡，速效钾含量在75～100毫克/千克主要分布区域为旧城镇、李进士堂镇、箕山镇、红船镇、阎什镇、郑营镇，速效钾含量在50～75毫克/千克主要分布区域为什集镇、左营乡、郑营镇、彭楼镇、红船镇、箕山镇，速效钾含量在小于50毫克/千克主要分布区域为什集镇。从区域分布来看，中部、东部乡镇速效钾含量相对较高，南部大部分乡镇速效钾含量相对偏低。

第二节 植 被

90 年代，境内大力发展经济林，进入 21 世纪，形成以速生丰产林和绿色通道为主的用材林基地。到 2005 年，境内耕地基本实现林网化，农林间作面积 12.5 万亩：其中一般用材林 10 万亩，速生丰产林 33 万亩，防护林 2 万亩，果园 5 万亩；绿色通道总里程 360 公里，林木覆盖率达到 35%，林木蓄积量 180 万立方米，形成以林网为主的多林种、多树种、多功能、高效益的综合防护林体系。2003 年以前，城市绿化覆盖面积很小且变化不大，2003 年以后逐渐缓慢增长，至 2005 年，绿化覆盖面积达 201.5 万平方米，城市绿化覆盖率 25%，城市绿地率 21%，人均公共绿地面积 5.2 平方米。2007 年，林木覆盖总面积 44.37 万亩，森林覆盖率 28.5%。2010 年，林木覆盖总面积 47.48 万亩，森林覆盖率 30.5%。

第四章 自然资源

第一节 土地资源

总量 1987—1996 年，鄄城县进行全县土地资源详查，1996 年，对 25 个乡镇土地资源数据进行汇总，详查结果报国家土地管理局。自 1997 年开始，鄄城县土地更新调查土地分类执行《全国土地分类（过渡期间适用）》，土地过渡分类采用三级分类，统一编码排列，其中一级类 3 个、二级类 9 个、三级类 44 个。1997 年年末，全县土地总面积 1556883.9 亩，其中耕地 1000168.5 亩、园地 64227.7 亩、林地 117625.2 亩、牧草地 0 亩、城镇村级工矿用地 196410.8 亩、交通用地 34297.9 亩、水域 135337.9 亩、未利用地 8815.9 亩。

2009 年，鄄城县完成第二次全国土地调查，上报国土资源部二次全国土地调查国家标准时点数据，2009 年末耕地 1009954.5 亩、园地 4917.6 亩、林地 109162.7 亩、草地 5603.1 亩、城镇村级工矿用地 235217.7 亩、交通用地 59409.9 亩、水域 125693.0 亩、其他土地 6546.8 亩。

2010 年年末，全县土地总面积 1045.5 平方公里，折合 1556490.0 亩，其中农用地 1227188.4 亩，占总面积的 72.74%；建设用地 304535.2 亩，占总面积的 19.42%；未利用地 122980.9 亩，占总面积的 7.84%。各乡镇之间土地总面积差别很大，其中超过 10 万亩的乡镇有 9 个；5 万～ 10 万亩的有 7 个；面积最大的乡镇为旧城镇，总面积为 149434.6 亩，占全县土地总面积的 9.53%;面积最小的乡镇为大埝乡，总面积为 65462.2 亩，占全县土地总面积的 4.17%。

类型 鄄城县土地地类调查按照鄄城县现状，土地过渡分类分为 3 个一级类、9 个二级类、44 个三级类，其中缺少二级类的牧草地，缺少的三级类为农用地中的灌溉水田、望天田、橡胶园，建设用地中的民用机场、管道运输，未利用地中的沼泽地、沙地、湖泊水面冰川及永久积雪。

分布 *农用地* 2010 年末全县共有农用地面积 1227188.4 亩，其中耕地面积 1010048.0 亩，占农用地面积 82.30%，园地面积 16174.3 亩，占农用地的 1.31%，林地面积 94885.7 亩，占农用地的 7.73%；其他农用地面积 120640.4 亩，占农用地的 8.66%。

全县耕地面积共 1010048.0 亩，其中水浇地 100738.26 亩，占耕地面积的 99.73%，菜地 2665.4 亩，占耕地面积的 0.27%。各乡镇之间耕地数量分布差别较大，耕地面积超过 5 万亩的乡镇有 10 个，5 万亩以下的乡镇有 6 个。耕地面积最多的是董口镇，为94647.2亩，占全县耕地面积的9.46%，最少的是李进士堂镇，为39574.1亩，占全县耕地面积的3.91%。

全县园地总面积有16174.3亩，其中，果园14959.3亩，占园地面积的92.49%，桑园344.9亩，占园地面积的2.13%，其他园地870.1亩，占园地面积的5.38%。园地面积最多的是阎什镇，为2807.5亩，占全县园地总面积的19.82%；最少的是李进士堂镇，为160.5亩，占全县园地面积的1.13%。

全县林地面积为94885.7亩，其中有林地69727.6亩，占林地面积的73.49%；疏林地611.8亩，占林地面积的0.64%；未成林造林地21006.8亩，占林地面积的22.14%。苗圃3539.5亩，占林地面积的3.73%。林地面积最多的是董口镇，为10157.3亩，占全县林地面积的10.65%；最少的是李进士堂镇，为2817.1亩，占全县林地面积的2.95%。

全县其他农用地面积120640.4亩，其中畜禽饲养地962.9亩，占其他农用地面积的1.16%；农村道路39359.9亩，占其他农用地面积的47.46%；坑塘水面7819.6亩，占其他农用地面积的9.43%；养殖水面595.8亩，占其他农用地面积的0.72%；农田水利用地29161.1亩，占其他农用地面积的35.16%；晒谷场等用地5032.3亩，占其他农用地面积的6.07%。其他农用地最多的是旧城镇，为7953.3亩，占全县其他农用地面积的9.58%；最少的是凤凰镇，为3519.4亩，占全县其他农用地面积的4.24%。

建设用地　全县建设用地304535.2亩，其中居民点及独立工矿用地241335.9亩，占建设用地的79.25%，交通运输用地13032.0亩，占建设用地的4.28%，水利设施用地50167.3亩，占建设用地的16.47%。

全县居民点及独立工矿用地256152.7亩，其中县城面积14816.8亩，占居民点及独立工矿用地面积的5.78%，建制镇面积28433.8亩，占居民点及独立工矿用地面积的11.10%；农村居民点面积185177.1亩，占居民点及独立工矿用地面积的72.29%；独立工矿用地26324.4亩，占10.28%；特殊用地1400.6亩，占0.55%。

全县交通运输用地13032.0亩，其中铁路1060.6亩，占交通运输用地面积的8.14%；公路11971.4亩，占91.86%。交通运输用地最多的是郑营镇，为1796.5亩，占全县交通运输用地面积的13.79%；最少的是李进士堂镇，为173.0亩，占全县交通运输用地面积的1.33%，交通运输用地一个显著特点是，县内公路路面全部硬化，乡镇之间皆有一、二级公路相连接。

全县水利设施用地50167.3亩，全部为水工建筑用地。主要是黄河大堤和金堤。

未利用地　全县未利用地122980.9亩，占土地总面积的7.84%。其中未利用土地64990.1亩，占未利用地总面积的52.85%；其他土地57990.8亩，占未利用地总面积的47.15%。全县未利用土地中，荒草地91.6亩，占未利用地面积的0.07%；盐碱地52885.3亩，占未利用地面积的43.00%；其他未利用地12013.2亩，占未利用地面积的9.77%；全县其他土地中，河流水面27390.1亩，占未利用地面积的22.27%；苇地101.4亩，占未利用地面积的0.08%；滩涂30499.3亩，占未利用地面积的24.80%。

鄄城地处黄河沿岸，黄河滩地分布在黄河沿岸的左营、旧城、李进士堂、董口、临濮5个乡镇。乡镇之间未利用土地数量差异较大。在各乡镇中，未利用土地最多的是左营乡，面积为24798.8亩，占未利用土地面积的19.78%；最少的是大埝乡，为81.0亩，占未利用土地面积的0.06%。

2010 年末鄄城县土地总面积统计表

表 3-4-1　　单位：亩

单　位	土地总面积	人均土地
全　县	1556490.0	2.28
鄄城镇	101048.3	2.18
红船镇	81503.7	2.50
什集镇	118851.3	2.24
旧城镇	150842.7	2.53
李进士堂镇	60735.3	2.65
箕山镇	109682.1	2.25
董口镇	144230.7	2.59
临濮镇	87401.6	2.53
彭楼镇	109104.3	2.05
阎什镇	101976.8	2.03
凤凰镇	74547.6	2.02
郑营镇	99850.7	2.06
左营乡	113546.9	2.74
大埝乡	65485.8	2.12
富春乡	70870.4	2.08
引马乡	66812.1	2.25

第二节　水资源

地表水　地表水资源主要是大气降水形成的地表径流。根据水资源调查评价，1991 年全县地表水为 260 万立方米，2000 年为 270 万立方米，2004 年为 278 万立方米，2005 年为 196 万立方米，2010 年为 1.5 亿立方米。县内多年平均降水量为 6.126 亿立方米，多年平均径流量为 0.8263 亿立方米。由于拦蓄调度能力差，地表水资源利用很少，为 0.0364 亿立方米，占地表径流量的 3.6%。

地下水　鄄城县地下水资源较丰富。1991 年为 781 万立方米，2000 年为 4370 万立方米，2004 年为 3075 万立方米，2005 年为 2782 万立方米，2010 年为 2901 万立方米。浅层淡水宜井面积 886.9 平方公里，占全县总面积的 85.9%。深层淡水遍布全县，埋深小于 300 米的占 99.9%。

引黄客水　鄄城县充分利用沿黄优势，发展引黄灌溉，1991 年引黄河客水量 17281.7 万立方米，1998 年 21670.3 万立方米，2004 年 9219.72 万立方米，2005 年 11332.5 万立方米，2010 年为 1.53 亿立方米。平均每年引黄河水 1.5 亿立方米左右。

第三节　生物资源

陆生野生动物资源　据 1998 年调查，全县有鸟类 200 余种，分属于鹈形目、鹳形目、隼形目、鸡形目、雁形目、鹤形目、鸥形目、鸽形目、鹃形目、夜鹰目、雨燕目、佛法僧目、雀形目 17 个目 46 个科，其中受国家保护的一、二级鸟类 20 余种，比较珍稀的有白鹳、中华秋沙鸭、大鸨、大天鹅、小天鹅、鸳鸯、白额雁、灰鹤、蓑羽鹤、秃鹫等，对人类有用的食虫益鸟 100 余种，经济鸟类 20 余种。从居留状况分，留鸟有30余种，夏候鸟有50余种，冬候鸟20余种，其余为旅鸟。兽类19种，分属于5个目，其中食虫目有刺猬、麝鼹，翼手目有须鼠耳蝠、萨氏蝙蝠、普通伏翼；食肉目有赤狐、黄鼬、狗獾、豹猫；兔形目有草兔；啮齿目有大家鼠、小家鼠、大苍鼠、黑线苍鼠、黑线姬鼠、鼢鼠。两栖类有中华蟾蜍、花背蟾蜍、黑斑蛙、泽蛙、金线蛙，中国林蛙、北方狭口蛙，雨蛙等9种；爬行类有无蹼壁虎，丽斑麻蜥、赤链蛇、黄脊游蛇、白条锦蛇，红点锦蛇、团花锦蛇、黑眉锦蛇、虎斑游蛇、双斑锦蛇等10种。2000年结束的全县陆生野生动物资源调查，共查出鸟类150多种，分属于16个目41个科，兽类18种，分属于5个目；两栖类8种，爬行类10种。

鄄城县农作物害虫天敌共235种，其中重要的有55种，分属2纲、9目、40科。

1. 昆虫纲：膜翅目6科65种，主要有唇齿姬蜂、螟蛉悬茧姬蜂、中国齿腿姬蜂、螟蛉绒茧蜂、茧蜂、黏虫绒茧蜂、燕麦蚜茧蜂、烟蚜茧蜂、飞蜈黑卵蜂、白毛长腹土蜂、黑脊背长脚蜂、黄唇蛛蠃蜂、玉米螟赤眼蜂、黏虫广肩小蜂等。

鞘翅目6科39种：七星瓢虫、多异瓢虫、龟纹瓢虫、异色瓢虫、黑缘红瓢虫、中国曲胫步甲、曲纹虎甲、双狭虎甲、多斑虎甲、黄足蚁型、隐翅虫等。

半翅目7科9种，主要有虫蜀敌小花蝽、黑食蚜盲蝽、大眼蝉长蝽、华姬猎蝽等。

双翅目3科19种，主要有大灰食蚜蝇、黑带食蚜蝇、梯斑黑食蚜蝇、四条小食蚜蝇、玉米螟历寄蝇等。

脉翅目2科6种，主要有大草蛉、丽草蛉、叶色草蛉、中华草蛉等。

蛙类5种，主要有黑斑蛙，北方狭口蛙、中华大蟾蜍等。

螳螂目1科3种。

蜻蜓目1科3种。

2. 蛛形纲：蜘蛛目16科72种，主要有八点球腹蛛、草间小黑蛛、黑斑亮黑蛛、黄褐黑圆蛛、中华狼蛛、三点花蛛、棕管巢蛛等。

3. 益鸟益兽12种：主要有猫头鹰、灰喜鹊、家燕、雨燕、啄木鸟、蝙蝠、黄鼠狼等。

植物资源 1. 栽培利用植物种类，按用途分：

(1) 粮食作物：小麦、玉米、高粱、谷子、地瓜、大豆、黑豆、绿豆、红小豆、豇豆等。

(2) 经济作物：棉花、花生、芝麻、油菜、烟叶、麻类、甜菜、甘蔗、向日葵、芦苇、蒲草等。

(3) 瓜菜：白菜、萝卜、菠菜、葱、蒜、韭菜、辣椒、茄子、西红柿、辣菜、生菜，豆角、芸豆、蚕豆、甘蓝、芹菜、芫荽、土豆、菜花、黄花菜、山药、眉豆、莴苣、洋葱、荸荠、西瓜、南瓜、冬瓜、西葫芦、甜瓜、菜瓜、面瓜、黄瓜、艮瓜、丝瓜、打瓜、搅瓜等。

(4) 林果：苹果、梨、桃、葡萄、杏、枣、柿子、花红、栗子、石榴、樱桃、橘、榆、槐、楝、桑、椿、松、柏、蓉花、白蜡、紫穗槐、柳树等。

(5) 药材：枸杞、白芷、花椒、金银花、半夏、红花、甘草、地黄、瓜蒌、牡丹、芍药等。

(6) 观赏：牡丹、芍药、菊花、夹竹桃、鸡冠花、夜来香、牵牛花、报春花、美人蕉、玫瑰、月季、君子兰、冬青、万年青、木槿、秫秸花、老来少等。

2. 野生植物资源种类：茅草、曲曲菜、节节草、秧子草、星星草、香附子、牛筋草、野向日葵、野考子、野绿豆、地黄、车前子、艾蒿、益母草、马齿苋、菟丝子、野银菜、蒺藜、碱蓬棵、效子草、沿缝菜、香蒌棵、山麻子、驴尾蒿、天星棵、水稗子草、臭里槐、葛巴秧子草等。

第四节　矿产资源

鄄城县矿产资源种类丰富，探明的有地热、煤炭、盐岩矿及砖瓦黏土等，开发利用的仅地热和砖瓦黏土2种。

地热 1998年，经卫星遥感解译（选择TM2、TM6、TM7三段进行不同顺序的合成处理）和浅地震物探，鄄城地热丰富，分三大区域：1. 城区地热区，以县城为中心，为二级热异常，呈椭圆形，面积24平方公里。2. 董口地热区，在聊考断裂以东，以董口为中心，为二级热异常，面积15平方公里（其中一级热区异常3平方公里）。3. 西双庙地热区，以双庙为中心，面积21平方公里（其中一级热异常区3平方公里）。二级热异常区地热开发温度55～70摄氏度，一级热异常区的地热开发温度75～95摄氏度。2010年，县政府发布实施《鄄城县地热资源管理办法》，规范地热资源开发秩序。

煤炭　鄄城县煤炭地质普遍程度较低。2005年，经浅地震物探的有，引马、富春、二合村煤炭普查项目，临濮、张志门、旧城煤炭普查项目。物探成果为：鄄城县煤炭资源丰富，煤质为山西太原组和本溪组优质煤，埋深在900米以下，由于勘探程度不够，未确定煤炭的面积和储量。

盐矿　董口镇夏庄盐岩矿普查为省财政地质勘查项目，2007年10月进行二维物探，圈定了异常区。2009年，争取省勘探基金1300万元，钻探井设计深度3000多米。2012年3月29日，鄄城夏庄ZK01井勘探终孔，井深为3170米，岩盐矿叠加厚度88.5米，其中最大单层厚度高达37.8米，在全国罕见，含盐量达98%，品质较高，注册勘探矿区面积21.48平方公里，预计盐矿储藏量在50亿吨以上，开发利用前景十分广阔。

第四编

黄河　水务

HUANGHE SHUIWU

鄄城黄河河道图

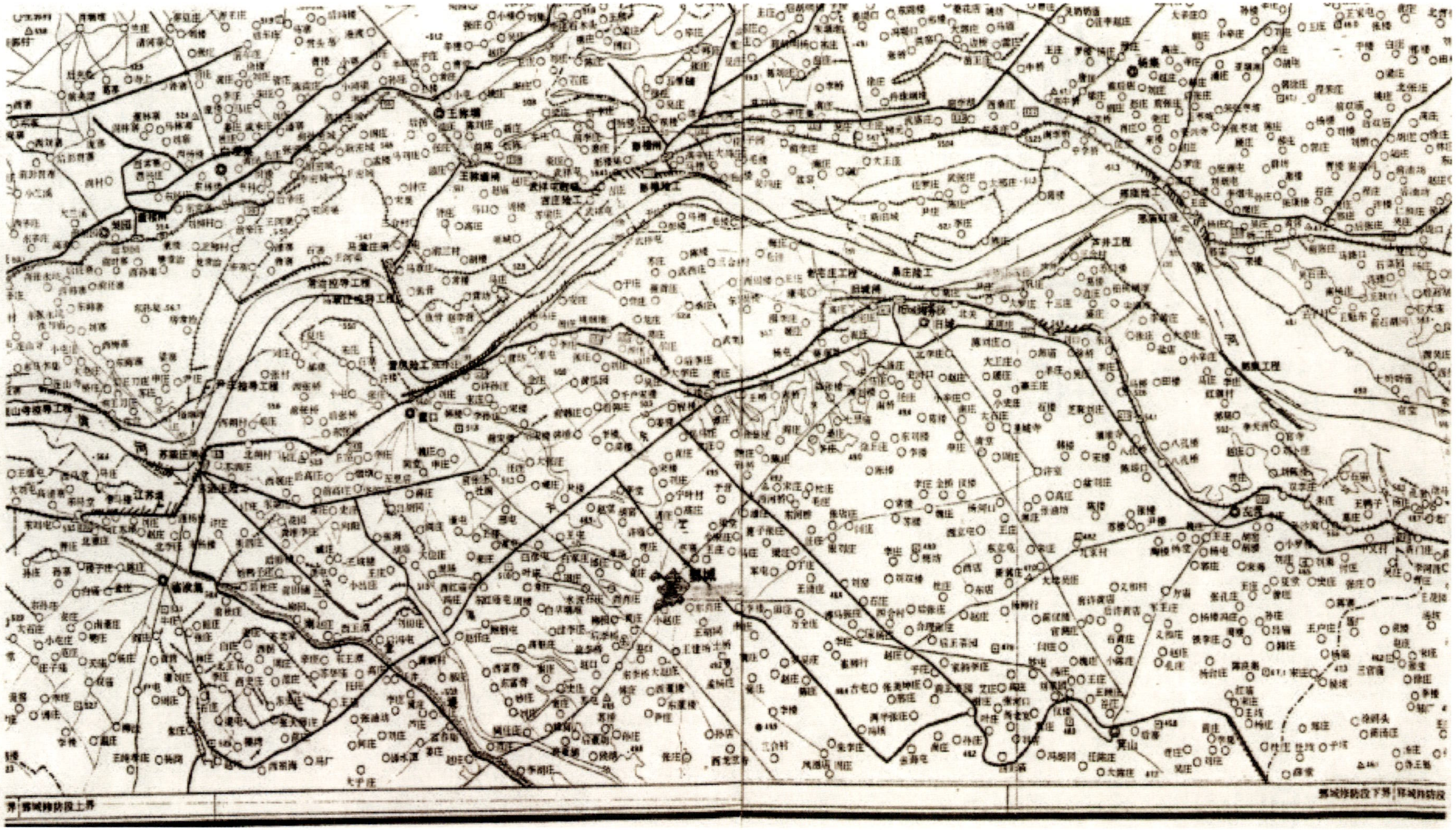

黄河流经鄄城县河道长度约56公里，两岸堤距4～8.7公里，河道排洪能力20000立方米每秒，属于过渡型河段。滩区面积132平方公里，涉及临濮、董口、旧城、李进士堂、左营5个乡镇的165个村庄，13万人。其中滩区村庄83个，人口5.88万人，耕地面积10440公顷。鄄城内河骨干河道有徐河、临濮沙河、三分干河、华营河、金堤西河、箕山河6条，主要排水干沟19条。

鄄城黄河所辖临黄堤长度52.14公里，南金堤35.88公里，花园民堰5.2公里，漾水盆围堤1.6公里。李马楼民堰0.6公里，葵高民堰2.6公里。险工（苏泗庄、营坊、桑庄）3处，坝69道，垛1道，工程长度7183米，护砌长度7325米。控导工程（苏泗庄上延、苏泗庄下延、营坊下延、老宅庄、陆井、郭集）6处，坝109道；护岸2段，工程长度14156米，护砌长度11005米。顺堤行洪防护工程（刘口）1处，坝12道，工程长度2300米，护砌长度1135米。引黄涵闸（苏泗庄、旧城）2处，设计引水流量均为50立方米每秒。

20世纪六七十年代，全县大力开展引黄工程建设，形成了比较完善的引黄工程体系。80年代到90年代，鄄城县坚持沟、渠、路、林、田统一规划，旱、涝、沙、碱、渍综合治理，走“自力更生为主，国家支援为辅”的路子，开展农田水利基本建设，兴建治理了一批投资少、见效快的水利工程。90年代以后，重点加强了对骨干送水、排水工程的清淤治理，对骨干河道、沟渠实行统一规划，分期实施，轮流治理，先后治理了箕山河、鄄郓河、三分干河、临濮沙河等重点河道及骨干渠道。1991—2000年，每年冬季开展一次县办工程施工，对骨干河道、沟渠集中清淤治理，每次开展工程10～20项。2001—2003年，投资4500余万元集中开展工程施工5次，完成县级工程55项，全长607公里。2004年重点治理临濮沙河和三分干河。1991年以前鄄城县重黄灌轻井灌，机井建设进展较慢。1997年，走“以井保丰，以河补源，井河并举”的路子，加强对井泉建设领导，至2005年全县拥有机井7298眼，其中配套5299眼，机井控制面积达31.8万亩，改善了全县农业灌溉条件，初步实现了井灌、黄灌相配套；鄄城县先后于1960年和1972年兴建苏泗庄、旧城两个引黄灌区，灌溉面积分别为45万亩和27.2万亩。全县平均每年引黄河水约1.5亿立方米左右，实际利用1.5亿立方米左右，基本上保证了全县农田灌溉用水的需要。至2010年，通过送水渠系的开挖治理，积极引用黄河水，合理开采地下水，保证了每年农田灌溉用水，总灌溉面积52020公顷，有效灌溉面积47940公顷。引用黄河水，黄河管理部门根据有关文件收取水费。

第一章 黄河特性

第一节 河 道

黄河在鄄城境内流向是从西南至东北，左岸以濮阳县连山寺工程、王密城工程，范县彭楼险工、李桥险工为折点；右岸以鄄城县苏泗庄险工、营坊险工、桑庄险工、郭集控导为折点，河道弯曲，溜势变化大。

鄄城黄河河道上宽下窄，堤距在营坊以上较宽，张孙汪与对岸孙庄最宽处为8.7公里；陶堌堆与对岸彭楼最窄处为4公里。

由于滩区生产堤的修筑，形成河槽高、滩面低、堤根洼，临背高差大，成为悬河中的“悬河”，河滩串沟互相交错，横比降大，加之黄河断流，河淤积，河床明显抬高，1991年前，5000立方米每秒时一般不出槽，之后降至2000～3000立方米每秒时大部漫滩。2002—2010年，每年进行调水调沙洪水试验，至2010年，河槽刷深1米左右。

黄河河道除纵向冲淤变化外，河槽的平面外形位置也经常发生变化。河势演变受来水来沙条件和河床边界条件的影响，出现弯道演变，主溜支溜交替往复、串沟夺溜、截弯和溜势大幅度上提下挫等多种形态。河势遵循“一弯变，弯弯变”“小水坐湾，大水趋直”和“小水主溜上提，大水主溜下挫、洪水走中泓”等规律演变。

鄄城河段属过渡型河段，经过多年河道治理，到20世纪80年代，两岸工程基本配套，弯弯相连，已具有向弯曲型河道过渡的河道外形，主溜稳定，左右摆幅较20多年前大幅度减小。1986年以后，黄河下游来水来沙一直偏枯，造成河床淤积，排洪能力降低。控导工程按防御当地流量5000立方米每秒设计。长期在小水作用下，上弯工程送溜送不到下弯工程，造成滩地坍塌、坐湾导溜，汛期又得不到大洪水调整，日积月累，引起河势发生变化，影响下游河段河势稳定，危及黄河工程及滩区居民生命财产安全。1991年后，新建、续建和整修加高改建了部分险工和控导工程坝岸，河势流路基本控制。自2002年首次调水调沙以后，河槽逐年刷深，河势持续变化，在桑庄险工与芦井控导工程2.5千米之间形成长1.5千米的坍塌陡岸。2008年汛前坍塌坐湾，形成长1500米、宽480米弯道，弯道顶点距大堤350米。2008年汛后至2009年汛前继续坍塌下挫，坍塌长度500米，宽60米。2009年汛后，坍塌进一步下移，坍塌长400米，宽50米，弯道顶点距陆（芦）井1＃坝30米左右。

第二节 水位站点

为准确掌握洪水期间水位表现，黄河主管部门设苏泗庄水文站、营坊水位站、桑庄水位站和郭集水位站4处。另设滩区水位观测站4处（王窑、葛庄、李进士堂、左营），涵闸工程水位观测点2处（苏泗庄、旧城）。

各水文、水位站、观测点，每年汛前对水尺零点高程校测、维修或更新观测设备，观测人员培训后持证上岗。汛期按照“黄河汛期水文、气象情报预报工作责任制”和上级防汛办公室报汛要求，明确专人，按规定时间观测水位报汛。

苏泗庄水文站始建于1949年6月。位于黄河大堤桩号240+180处，木质直立水尺安设在苏泗庄险工28号坝，1979年2月移至32号坝，换为水泥杆和搪瓷水尺。2000年，黄河水利委员会在该坝前头部位安设HW—1000C超声水位无线数据接收处理机1台，自动传输水位数据。

营坊水位站始建于1961年7月。木质直立水尺安设在营坊险工37号坝，根据水流状况多次调整水尺位置。2001年6月移至21号坝，换为水泥杆和搪瓷水尺。9月，黄河水利委员会水文局在该坝前头部位安设HW—1000C非接触超声水位计1台，自动传输水位，相应大堤桩号248+460处。

桑庄水位站始建于1955年7月，初设木质直立水尺，因水尺位置掉河、脱河，曾多次调整位置。1991年迁至桑庄险工17号坝。1994年迁至18号坝，采用三角铁架和搪瓷水尺，固定安设，相应大堤桩号267+000。

王窑滩区水尺始于1984年6月安设。位于大堤桩号244+750处，为预制钢筋混凝土桩式水尺。

葛庄滩区水尺始于1984年6月安设。位于大堤桩号256+000处，为预制钢筋混凝土桩式水尺。

李进士堂滩区水尺始于1984年6月安设。位于大堤桩号273+000处，为预制钢筋混凝土桩式水尺。

左营滩区水尺始于1984年6月安设。位于大堤桩号280+000处，为预制钢筋混凝土桩式水尺。

苏泗庄闸水尺点始于1978年7月安设。位于大堤桩号240+000处，为水泥杆和搪瓷水尺。

旧城闸水尺点始于1987年6月安设。位于大堤桩号265+240处，为水泥杆和搪瓷水尺。

第二章　黄河堤防

第一节　堤防加固

1991—2005年，按照黄委会的要求和省、市河务局的安排，采用修筑后戗、锥探灌浆、机淤固堤、修筑截渗墙等措施，进行除险加固。

锥探灌浆　是消除堤身裂缝、洞穴等险点隐患，提高堤身强度，增强堤身抗洪能力的一种有效措施。按照行距1米，孔距3米，孔深9米的标准，1991—1994年，共锥探7.232万眼，灌入土方2.16万立方米。

1991年，完成临黄堤锥探（桩号241+100～245+100）1万眼，灌浆土方3000立方米；完成苏泗庄闸、旧城闸锥探2000眼，灌浆土方600立方米。

1992年，完成临黄堤锥探（桩号244+580～254+580）2万眼，灌浆土方6000立方米。

1993年，完成临黄堤锥探（桩号258+810～268+810）2万眼，灌浆土方6000立方米。

1994年，完成临黄堤锥探灌浆4处，大堤桩号260+910～263+150锥探4480眼，灌浆土方1344立方米。大堤桩号265+300～267+800锥探5000眼，灌浆土方1500立方米。大堤桩号279+220～283+470锥探8500眼，灌浆土方2550立方米。大堤桩号264+600～265+000锥探2020眼，灌浆土方606立方米。

修筑后戗　由于堤身薄弱，黄河堤脚低洼，堤身基础为沙土，按1995年设防水位堤身压不住浸润线，历年大水时出现渗水。

为了黄河大堤的防洪安全，提高抗洪强度，1992年5月10日至8月5日，修筑临黄堤桩号259+950～260+250处（周桥）后戗长度300米，完成土方3.5万立方米，投资31.90万元。戗台分3级，每级戗顶宽度为6米，边坡为1∶5。

1993年2月20日至5月28日，修筑临黄堤桩号261+050～261+710处（葵堌堆）后戗长度660米。完成土方7.32万立方米，投资76.50万元。戗台分3级，每级戗顶宽度为6米，边坡为1∶5。

1998年7月26日至8月12日，修筑临黄堤桩号275+069～275+219，长150米，完成土方0.9万立方米，投资20.70万元。

以上3段后戗由鄄城河务局组织施工，采用自卸翻斗车运土，推土机碾压，黏土包边盖顶方法施工，并植草防护。

截渗墙 根据各堤段实际情况，结合修筑后戗，对于堤防背河村庄密集、人口众多、人均占地较少的堤段选用截渗墙加固。截渗墙具有施工方便，工效高，可有效消除堤基渗水、堤身裂缝、獾狐洞穴、老口门堤基等险点隐患，但从施工情况看，工艺复杂，质量要求高，技术难度大，投资多。截渗墙加固共有3种形式，第一种为堤脚防渗墙，临河堤坡铺设土工膜；第二种为堤顶防渗墙，可分为堤顶振冲防渗板墙，堤顶水泥土搅拌桩防渗墙；第三种为堤脚防渗墙，临河堤坡砼面板式。

1998—2005年，共修筑截渗墙6段，长9250米，完成土方41.18万立方米，混凝土面板172870平方米，投资4915.42万元。

1998—2005年鄄城县黄河截渗墙工程情况表

表4-2-1

起止时间（年、月、日）	地点起止桩号	工程长度（米）	土方（万立方米）	砼面板（平方米）	砼（立方米）	投资（万元）	采取形式
1998.8.1—12.1	八孔桥 273+750～276+750	3000	—	59850	15700	1388.20	堤脚防渗墙临河堤坡混凝土面板
1999.11.29—2000.8.5	葛庄 255+200～257+200	2000	9.72	23700	5670	936.91	堤脚防渗墙临河堤坡铺设土工膜
2000.1.26—8.31	八孔桥 276+750～278+000	1250	8.69	13408	3200	636.37	堤基混凝土截渗墙临河堤坡铺设土工膜
2002.12.16—2003.5.4	李进士堂 269+700～270+500	800	—	17436	3477	322.22	堤顶水泥土搅拌桩防渗墙
2002.5.26—10.4	左营 280+200～282+100	1900	0.14	52472	5100	1191.22	堤顶振冲防渗板墙
2005.10.31—12.25	李进士堂 270+500～270+800	300	22.63	6004	1200	440.50	堤顶水泥土搅拌桩防渗墙
小　计		9250	41.18	172870	34347	4915.42	

机淤固堤 鄄城县临黄大堤有80%坐落在沙土层基础上，大水偎堤时有出现渗水或管涌现象，直接影响大堤安全。

机淤固堤是利用吸泥船吸取河道泥沙，通过管道输入淤区，泥水淤积沉淀后加固大堤。机淤工程标准各个时段要求不完全相同，1998年以前是按1983年或1995年设防标准，淤区顶高程高出背河堤坡浸润线出逸点1.0米；1998年以后按2000年设防标准，淤区顶高程高出背河堤坡浸润线出逸点1.5米。淤区宽度50～100米，边坡1∶3，淤背区用黏土包边盖顶，包边水平厚度1.0米，盖顶厚度0.5米。

淤背能远距离大面积的淤沙，能有效解除险情；工程简单，投资少，使用劳力少，不挖耕地，不影响农业生产。

2005年8月，由于设计变更，左营（大堤桩号 279+300 ～ 279+500）段，调整为在临河新建大堤，在新堤背河宽 50 米内进行放淤固堤。该工程原合同工期为 1999 年 11 月 20 日至 2001 年 12 月 31 日，实际于 2000 年 2 月 26 日至 2006 年 11 月 15 日完成主体工程，附属工程实际于 2006 年 9 月 8 日开工，2007 年 3 月 31 日前完成。

2007 年，在左营（大堤桩号 279+500 ～ 280+200）临河新堤与老堤之间，进行放淤固堤。设计淤区顶高程与 2000 年设防水位平，淤区宽度 100 米，边坡 1 ∶ 3。围堤顶宽 1 米，内边坡 1 ∶ 2，外边坡 1 ∶ 3。淤区盖顶厚度 0.5 米，水平包边宽度 1 米，淤区顶部与大堤背坡交汇处修纵向衬砌排水沟 1 条，同时每 100 米修筑 1 条排水沟，在淤背区外坡及围格堤坡上植草，淤区堤脚外设护堤地宽 10 米，种植高柳，淤区顶部种植生态林。

该主体工程于 2006 年 4 月 13 日开工，2006 年 12 月 31 日完工。2007 年 6 月 5 日由菏泽河务局进行初验，6 月 30 至 7 月 4 日山东河务局进行工程竣工验收。要求行道林、适生林于 2007 年 12 月 31 日前完成。植草、边界桩、百米桩、千米桩于 2007 年 7 月 31 日前完成，并及时进行质量评定和验收等相关工作，建设单位负责验收并报省局主管部门备案。

1992—2005 年，共淤背长度 12364 米，完成淤沙、包边、盖顶土方 594.61 万立方米。

至 2009 年，共淤背 41 段，长度 68250 米，完成土方 2228.84 万立方米。2010 年无放淤固堤工程项目。

第二节 堤防培修

黄河第四次大复堤 1990—2000 年，鄄城县进行了第四次黄河大堤帮宽加高工程施工。工程建设标准，1991—1993 年，堤顶高程按 1995 年设防水位超高 2.5 米，1994 年后，堤顶高程按 2000 年设防水位超高 2.5 米，堤顶宽度平工段 9 米，险工段 11 米，临背坡均为 1 ∶ 3，堤顶纵比降 1.1‰。第四次大复堤共完成土方 543.95 万立方米，完成投资 8581.09 万元。

1990—1997 年，黄河堤防加培工程由菏泽地区黄河河务局负责工程设计和安排，鄄城河务局组织施工，仍沿用传统的计划经济体制，以行政管理为主。1990 年 2 月，鄄城河务局组建土方施工机械队。从此，黄河修堤不再使用大量的农村劳动力。1992 年 5 月，开始研制履带拖拉机脱轨复位器。1994 年在大堤加培时运用，能节省复位时间，提高工效。1995 年获山东河务局科技进步三等奖。1998 年，黄河堤防加培工程建设，全面推行建设管理“三项制度”改革，即项目法人责任制，工程招标、投标制，建设监理制。全部采用大型机械化施工，施工机械有铲运机、自卸汽车、挖掘机、装载机、推土机、洒水车、振动碾等大型设备，并研制环刀取样机，投入工程运用。2000 年，完成鄄城上界至董口（大堤桩号 232+861 ～ 250+000）堤顶硬化长度 17.14 千米，投资 961.83 万元。

鄄城县黄河第四次大复堤工程，经山东河务局防洪工程竣工验收委员会验收，全部为合格以上工程。

1990—2000年第四次大复堤完成情况统计表

表 4-2-2

年　份	黄堤起止桩号	开工时间（月、日）	完工时间（月、日）	工程量（万立方米）	投资（万元）	备　注
1990	237+470 ～ 238+600	10.10	12.17	15.3	90.82	全优工程
1991	232+600 ～ 237+470 238+600 ～ 240+360	4.5	12.28	80	396	优秀工程
1992	240+360 ～ 244+820	2.19	6.3	57	616.4	—
1993	244+820 ～ 247+500	2.25	6.7	45	486.6	全优工程
1994	251+900 ～ 255+544	3.10	8.16	45	338	—
1995	255+544 ～ 257+925	2.28	5.15	26.18	364	—
1996	257+925 ～ 259+700	3.4	7.25	24.56	577.03	优良工程
1997	247+500 ～ 249+230	3.7	6.24	20.44	460.66	—
1998	249+230 ～ 251+900	2.24	5.31	31.71	806.33	—
1998	259+700 ～ 260+500	10.17	12.10	17.5	383.98	—
1999	260+500 ～ 271+500	11.12	2001.6.5	96.05	2173.95	—
2000	271+500 ～ 285+000	5.9	2002.6.25	85.21	1887.32	—
合计	—			543.95	8581.09	—

标准化堤防建设　2007年，鄄城黄河防洪工程建设实现历史性突破，完成了几年来久拖未完的工程。共计完成土方311万立方米，石方7.32万立方米，征地428亩，迁房13239平方米，挖地3787亩。在建的11项工程全部通过省、市验收。

2008年，进行鄄城黄河二期标准化堤防建设。该工程涉及沿黄5个乡镇的27个村庄607户2732人，需拆迁房屋6.3万平方米，占挖土地8555亩。黄河河务部门依靠各级党委、政府，解决制约工程建设的占压征地、移民搬迁等“老大难”问题。

鄄城黄河二期标准化堤防建设，包括堤防加固八个标段（四、七、八标新堤帮宽），堤防帮宽及道路等工程，共计完成土方1081万立方米。其中新堤帮宽填筑土方88.27万立方米，淤沙土方818.64万立方米，包边盖顶土方142.64万立方米，其他土方31.45万立方米，防浪林栽植13万株。

第三节　堤防管理

堤防状况　鄄城河务局所辖堤防有临黄堤、金堤、民堰等工程，总长98.02公里。黄河大堤长52.14公里，起止桩号232+861～285+000，上起临濮镇大刘屯村西，与牡丹河务局堤防相接，跨经临濮镇、董口镇、旧城镇、李进士堂镇和左营乡，下至左营乡中义村北，与郓城河务局堤线相连。堤顶高程64.88～58.30米（黄海基点，下同），顶宽9～12米；堤身高度8～9.8米，临河坡度1∶2.8～1∶3.1；背河坡度1∶2.5～1∶3.2；大堤桩号232+861～273+750段临河侧堤脚外植防浪林宽30米，大堤桩号273+750～285+000段临河柳阴地宽7米；背河有淤背区的护堤地宽10米，无淤背区的护堤地宽5米。沿堤修建截渗墙6段，长9250米。沿堤临、背河辅道168条，通往鄄城县城防汛道路6条。

2005年前，临黄堤每华里建防汛屋1座，每座3间，共计105座。安设各类标牌、公里桩、界桩、高程标志桩、排水沟等附属设施。自上而下沿黄堤建设了苏泗庄险工、苏泗庄引黄闸、营坊险工、旧城引黄闸、桑庄险工、刘口滚河防护工程。2005年后，因大堤帮宽加高，防汛屋全部拆除。

金堤（障东堤）长35.88公里，上起鄄城县临濮镇马堂村，与黄堤234+835处相接，下至红船镇霍庄村与郓城金堤连接，金堤桩号0+000～35+880，是黄河防洪的第二道防线，近堤村庄42个。1998年前，设置临濮（双庙）、富春、郑营、红船（引马、凤凰、红船、箕山）4个护堤队，建有护堤屋78座。

葵高民堰长2.6公里，上于旧城镇葵堌堆村西与黄河堤261+710处相接，下至旧城镇高庄黄堤265+000处连接。葵高民堰曾于1972—1996年为东银窄轨铁路路基。

花园民堰长5.2公里，南接临濮金堤引黄闸东（金堤桩号10+000），经许庄、崔泗庄、路屯、花园、姬庄、陈马庄东北与黄堤244+320处相连。

苏泗庄漾水盆围堤长1.6公里。

李马楼民堰长0.6公里，从江苏坝村东南接金堤（金堤桩号0+1000），经李马楼村东，北与临黄堤236+456相连（李马楼北）。

维修养护 1991—2002年，鄄城县河务局的堤防管理工作先后由工程管理科、工务科为主管部门进行管理，在基层设立苏泗庄、营坊、旧城、左营河务段，金堤管理由工程管理科代管，选派职工为专职护堤员16人（临黄堤12人，金堤、民堰、漾水盆4人），具体负责堤防日常性管理工作。1998年，临黄堤群众护堤员107人，金堤群众护堤员83人，花园民堰群众护堤员9人。河务局与护堤员签订管理合同。护堤员以乡镇为单位编为1个护堤队，每队民主选举正、副队长各1人，5人编成1个小组，推选组长1人。常年吃住在堤，进行日常管理和维修养护。

2002年10月30日，成立金堤管理段，负责金堤及李马楼废堤、花园民堰、苏泗庄漾水盆等工程的管理工作。2005年6月，鄄城河务局进行水管体制改革，堤防（金堤）由鄄城河务局管理，养护公司与鄄城河务局签订维修合同，由各养护队负责工程维修养护。从此，群众护堤员全部下堤回家。2006年，水管体制改革在全河全面实施。鄄城河务局同年起每年制订《工程维修养护实施方案》。2007年，山东河务局确定当年为“工程管理活动年”，鄄城河务局制订《2007年工程管理活动年实施方案》。同年起，维修养护用石实行政府采购，由山东黄河防汛抢险石料供应处负责供应。

2005—2010年，鄄城河务局与养护公司逐年签订工程维修养护项目合同，由山东龙信达咨询监理有限公司菏泽监理部负责工程监理，山东黄河水利工程建设质量与安全监督站维修养护菏泽项目站负责工程建设与安全监督。

第四节 重点险工

鄄城黄河有险工3处，坝69道、垛1道，工程长度7183米，护砌长度7325米。

苏泗庄险工始建于1926年，有坝15道、垛1道（坝号24～27＃、29～40＃），大堤桩号239+400～241+300。工程长度1900米，护砌长度1639米，坝顶高程63.16～62.97米。

营坊险工始建于1961年，有坝34道（坝号为12～45＃），大堤桩号247+050～250+750，工程长度3348米，护砌长度3019米，坝顶高程61.92～61.43米。

桑庄险工始建于1964年，有坝20道（坝号为1～20＃），大堤桩号265+000～267+250，工程长度1935米，护砌长度2667米，坝顶高程58.19～57.11米。

1993—2008年，对3处险工110道坝进行加高改建及根石加固，共完成土方73.28万立方米，石方14.27万立方米，投资3352.43万元。

1993—2008年鄄城县黄河险工加高改建工程完成情况表

表 4-2-3

年 份	险工名称	加改坝数	开工时间（月、日）	完工时间（月、日）	完成工程量		投资（万元）	备 注
					土方（万立方米）	石方（万立方米）		
1993	苏泗庄	2	3.12	4.20	—	0.04	2.37	31、32 # 根石加固
	桑庄	1	4.20	5.30	—	0.07	4.75	20 #拆改
1995	苏泗庄	1	1994.11.4	3.13	—	0.1	4.25	31 #拆改
1998	营坊	3	11.18	12.4	—	0.14	24.33	16、17、18 # 抛石固根
1999	营坊	3	11.11	2001.3. 20	3.21	1.15	216.67	19、20、21 # 加高改建
	苏泗庄	3	11.20	2000.6	1.66	0.97	191.86	32、33、34 # 加高改建
2001	营坊	9	5.18	11.10	13	1.9	588.37	37-45 # 加高改建
2002	苏泗庄	23	5.6	8.17	8.22	3.1	669.58	1-5、24-27、29-31、35-46 #改建
	营坊	22	4.3	9.19	25.21	2.81	913.60	12-18、22-36 #加高改建
2003	苏泗庄	23	2002.4.2	2003.6.25	21.85	3.1	669.58	1-5、24、26、27、29-31、35-46# 加高改建
2005	苏泗庄	16	2.27	3.27	0.13	0.61	40	24-34 # 根石加固 24-38 # 根石排整
2008	营坊	4	3.22	8.30	—	0.28	27.07	17、19、20、22 # 根石加固
合计		110	—	—	73.28	14.27	3352.43	—

第三章　黄河河道治理

第一节　治理规划

1994 年，鄄城黄河按照局部河段整治规划进行编制，堤防设计流量以防御高村站 2 万立方米每秒水位为标准，堤顶超高 2.5 米，险工坝顶超高 2.5 米，控导（护滩）工程按防御当地流量 5000 立方米每秒水位为标准，坝顶超高 1 米。

鄄城黄河滩区水利建设工程分三期进行规划治理。1988—1990 年为第一期，1991—1993 年为第二期，1994—1996 年为第三期。同时，进行了滩区村台、房台、避水台建设规划的设计、铺工、测量与施工。

1996 年 8 月洪水后，主要进行了排除滩区积水、水毁工程修复、通信线路改建、整修道路、滩区村庄搬迁、村台加固等规划。2000 年 6 月，编制《鄄城县黄河流域鲁豫边界河道水利规划任务书》。2004 年，对治理规划作了修改。对临濮、董口、葛庄、旧城北滩、左营 5 个滩区，按防御当地流量 3000 立方米每秒水位不漫滩为标准，堵截低洼串沟，加高帮宽生产堤，遇超标准洪水时，破除生产堤口门，过水淤滩，改良土壤。水落后，及时排除滩区积水，修复水毁工程等。

第二节　治理预案

2005 年，根据国家防汛总指挥部办公室和山东省人民政府防汛抗旱指挥部《蓄滞洪区运用预案编制大纲》要求，编制了《鄄城县河道整治方案》和《鄄城县黄河滩区运用预案》。之后，每年进行修订。

河道整治方案主要内容有：黄河滩区概况，以主流为界所辖范围内滩地面积，南北两岸比例，南北两岸滩地受灾比例，所辖范围内已建河道工程情况表，工程靠溜情况，水毁情况，以及治理措施等。《鄄城县黄河滩区运用预案》主要内容有：总则、黄河滩区概况、运用准备、人员转移安排、工程运用、人员返迁与善后及附表等。

第三节　治理实施

鄄城河道的特性是上宽下窄，比降上陡下缓，排洪能力上大下小；滩区面积大，人口多，加之生产堤修复后，束窄了河道过流面积，致使水位抬高，河床淤积严重，中常洪水极易漫滩偎堤，河道治理任务艰巨。1991 年以后，国家投入大量资金治理黄河，加固堤防，加高改建险工、控导工程坝岸，新修护滩控导工程、自流和机淤固堤等，保证了黄河安全。2010 年统计，有控导工程 6 处，工程长度 14156 米，护砌长度 11005 米，坝 109 道，护岸 2 段。

鄄城黄河（局部）（吴延灵　2010 年　摄）

为控制控导工程溜势下延，改变河势，护滩

保堤，经黄委、山东河务局批准，1991 年 3 月 14 日开工新建郭集 24#、25# 坝，7 月 15 日完工。完成土方 10.35 万立方米，石方 0.62 万立方米，柳料 135.37 万公斤，土袋枕 1200 立方米，柳石搂厢 5998 立方米，柳石枕 3892 立方米，铅丝 11.77 吨，麻绳 17.39 吨，木桩 1590 根，投资 141.72 万元。

老宅庄控导工程在“96·8”洪水时，遭到严重破坏，连坝及护岸被洪水冲断，出现大面积塌顶。经黄委、山东河务局批准，对 34 道坝和 1 段护岸全部进行加高改建。1997 年 6 月 11 日开工，7 月 28 日完工，完成土方 24.49 万立方米，石方 0.26 万立方米，投资 347.99 万元。

1999 年 5 月 17 日，刘口滚河防护工程续建 7 道坝（1-5 ～ 1-1、3+1、6# 坝）正式开工，主要是消除顺堤行洪险点险段，确保堤防安全。8 月 24 日完工。完成土方 13.66 万立方米，石方 1.33 万立方米，投资 552.82 万元。

1999 年 10 月 23 日，对芦井控导工程 13 道坝全部加高改建和加固。该工程在“96·8”洪水时损毁严重，且达不到标准，导致水漫坝顶高 0.40 米，连年抢险不断，为提高工程抗洪能力，运用机械和人工配合作业法修建，2001 年 4 月 10 日完工。完成土方 15.05 万立方米，石方 4.28 万立方米，植树 568 棵，植草 25339 平方米，投资 1099.55 万元。

2000 年 4 月 30 日，新建营坊下延（安庄）控导工程。筑坝 17 道，坝号为 46 ～ 55#，62 ～ 68#，采用机械化施工。2001 年 12 月 31 日竣工，完成土方 51.75 万立方米，石方 9.72 万立方米，总投资 2399.30 万元。

2002 年 4 月，新建营坊下延控导工程坝 6 道，坝号为 56 ～ 61# 坝。采用机械化施工，7 月 18 日竣工。完成土方 11.53 万立方米，石方 5530 立方米，投资 1162.4 万元。

2002 年 4 月，对苏泗庄上延控导工程 1 ～ 5# 坝进行加高改建。完成土方 1.91 万立方米，石方 1800 立方米，投资 88.88 万元。

2002 年，对苏泗庄下延控导工程全部进行加高改建。完成土方 12.30 万立方米，石方 1.04 万立方米，投资 260.32 万元。

2006 年 10 月，新建老宅庄控导工程 4# 坝，拆改 1 ～ 2# 连坝、3# 坝，拆除 5-14# 坝后移新建。2007 年 8 月 30 日竣工，完成土方 36.86 万立方米，石方 10.61 万立方米，植草 50875 平方米，投资 1922 万元。

2009 年 1 月，芦井控导工程 1-8 # 坝根石加固，5 月 15 日完工，完成石方 0.79 万立方米，投资 149.58 万元。

2009 年 3 月，采用混凝土模袋护底新技术，新建郭集控导工程坝 4 道，坝号为 26 ～ 29#。9 月 25 日竣工。完成土方 7.06 万立方米，石方 0.59 万立方米，砼模袋 5270 平方米，植树 7531 棵，投资 813.63 万元。

第四节　淤　滩

鄄城县黄河滩区总面积 19.83 万亩，耕地面积 15.66 万亩。由于河道内左右岸滩区普遍修筑了生产堤，约束了洪水漫滩，老滩在一般洪水时基本上不能进水，只能漫两岸生产堤之间嫩滩，致使河道和嫩滩泥沙淤积多，老滩泥沙淤积少。年复一年，生产堤内外形成临背悬差，滩区横比降达 1/2000 ～ 1/3000。出现槽高、滩低、堤根洼，不利防洪的险恶局面。大堤临河形成了 12 条共计长 34339 米，宽 50 ～ 200 米，深 0.5 ～ 3 米，距堤脚 10 ～ 15 米的堤沟河。汛期大水时，极易出现洪水经串沟导引过流、偎堤行洪的不利局面。

引黄淤滩是河道整治的措施之一，其目的在于尽量淤高滩地，保持高差，以利全河行洪。1990 年在郭集堵串工程中，对堤沟河采用了洪水漫滩自然落淤和人工计划扒决生产堤口门，迫使洪水进滩落淤的办法，以淤高滩地。1996 年，苏泗庄至董口临河淤区组织施工，修建了引水闸、围堰工程退水闸及交通桥，利用“96·8”洪水含沙量大、全县滩区进水漫滩的有利时机，引黄河水 5011 万立方米，落淤长度 3500 米，落淤土方 100 万立方米，落淤改土面积 1575 亩。

2002年7月，黄河第一次调水调沙，高村流量2870立方米每秒时，左营、李进士堂滩区进水。2003年10月，受“华西秋雨”影响，黄河涨水，高村流量2930立方米每秒时，左营滩区进水，落淤明显。2004—2010年，滩区未漫滩。

第四章　防　汛

第一节　机　构

鄄城县防汛机构，1991—1995年称鄄城县抗旱防汛指挥部，1996—2001年称鄄城县防汛抗旱指挥部，2001—2005年称鄄城县人民政府防汛抗旱指挥部（以下简称县防指），下设黄河、内河、城市、水库4个防汛办公室。

鄄城县黄河抗洪抢险实行行政首长负责制，县长对黄河防汛工作负总责，统一指挥调度。县防指在国家防总、黄河防总、省市防指领导下，负责全县黄河防汛全面工作，指挥防汛抗洪抢险和滩区群众迁安救护工作。

鄄城黄河防汛办公室是县防指的常设办事机构，也是负责日常黄河防汛管理工作的职能部门。1991—1998年，防汛工作归鄄城河务局工程管理科。1999年，鄄城河务局单设防汛办公室。2002年，机构改革，管理职责范围有所调整，防汛办公室主要业务有防汛、水情、办公自动化、防汛物资、水资源、水量调度、制订预案方案、机动抢险队管理、抗洪抢险技术指导等。

1991—2010年鄄城县防汛抗旱指挥部组成人员表

表4-4-1

年　份	指挥长政委	副指挥长	成　员
1991	段连湘	贾学英　李念学　史大成　任茂廉　黄保起　刘圣聚	雷玉舢、王泽生等25人
1992	段连湘	张汉民　李念学　黄保起　刘圣聚　史大成	雷玉舢、王泽生等26人
1993	常贵民	李念学　张诗文　任崇尚　刘圣聚　史大成	雷玉舢、吴春江等26人
1994	常贵民	李念学　刘圣聚　张诗文　任崇尚　史大成　吴春江　高林浩	周广云、刘效山等26人
1995	张汉民	张本进　张诗文　张献国　刘圣聚　任崇尚　吴春江　高林浩　席贵学　阎世昌	周广云、刘效山等24人
1996	张汉民	张本进　刘圣聚　李安现　任崇尚　陈永勤　吴春江　高林浩　席贵学　阎世昌	周广云、刘效山等24人
1997	张汉民	任崇尚　李安现　范宗魁　李宪生　吴春江　高林浩　阎世昌	唐卫林、刘效山等22人
1998	张本进	陈永勤　孙祥和　马延涛　刘中琴　范宗魁　李宪生　霍崇玉　吴春江　高林浩　阎世昌　张德建	唐卫林、刘效山等23人

续表 4-4-1

年份	指挥长政委	副指挥长	成员
1999	张本进 邵好学	陈庆勇 马延涛 刘中琴 孙祥和 霍崇玉 李宪生 吴春江 高林浩 张德建	唐卫林、刘效山等 23 人
2000	张本进 邵好学	陈庆勇 马延涛 刘中琴 孙祥和 霍崇玉 李宪生 吴春江 高林浩 张德建	唐卫林、仪齐江等 23 人
2001	任仲义 邵好学	丁志刚 侯永信 孙祥和 李宪生 杨 健	崔 彬、仪齐江等 22 人
2002	任仲义 邵好学	侯永信 朱瑞军 战军涛 霍崇玉 李宪生 曹存道 杨 健 张德建	崔 彬、仪齐江等 23 人
2003	任仲义 岳 滨	陈庆勇 朱瑞军 孙占民 霍崇玉 赵有信 高志生 曹存道 周献勇 张德建	崔 彬、仪齐江等 22 人
2004	任仲义 岳 滨	陈庆勇 姜守民 朱瑞军 秦英魁 孙占民 霍崇玉 赵有信 高志生 曹存道 周献勇 张德建 魏振宁	崔 彬、仪齐江等 24 人
2005	任仲义 岳 滨	陈庆勇 孙占民 秦英魁 霍崇玉 赵有信 高志生 曹存道 周献勇 张德建 魏振宁	崔 彬、马法山等 25 人
2006	王有杰 陈庆勇	陈登云 秦英魁 霍崇玉 杜卫东	周献勇、崔 彬等 34 人
2007	王有杰	张代卿 秦英魁 霍崇玉 张立德	晁民法、李贵想等 35 人
2008	王有杰	张代卿 孙占民 尘 峰 张立德	晁民法、李贵想等 36 人
2009	谷瑞灵	孙占民 张代卿 尘 峰 展士平	晁民法、李贵想等 39 人
2010	谷瑞灵	孙占民 张代卿 尘 峰 展士平	晁民法、李贵想等 34 人

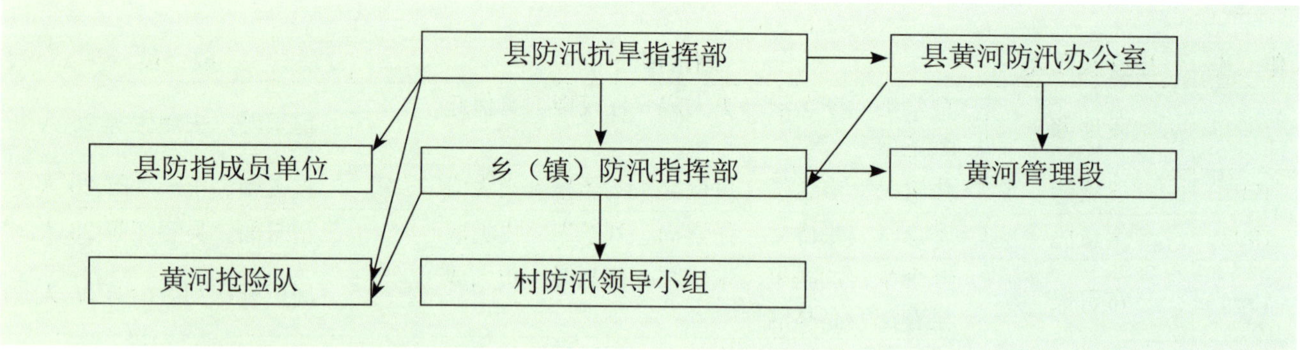

图 1 鄄城县黄河防汛指挥组织图

第二节 防汛预案

鄄城县黄河防洪任务为：确保花园口站 22000 立方米每秒洪水大堤不决口，遇超标准洪水，采取一切办法缩小灾害。

1991—1995 年，按照防洪任务要求，每年都拟定《鄄城县黄河防洪方案》，并逐年细化完善，使之更科学、更具有可操作性，由鄄城县抗旱防汛指挥部印发。1996—1998 年称之为《鄄城县黄河防洪预案》，由分管防汛的业务部门编写，鄄城县黄河防汛办公室行文下发。1999 年，《鄄城县黄河防洪预案》，由黄河防汛办公室编制，分管防汛的副县长审定，鄄城县政府批准行文印发。

2002年前，防洪预案主要有防洪任务和4个流量级别（6000～7000、10000～15000、20000～22000、22000立方米每秒以上）的防御措施两部分组成。

2002年以后，防洪预案按照山东河务局关于《县级黄河防洪预案编制的几项规定》，统一编制格式，防洪预案由主预案和副预案组成。防汛主预案包括8项内容，即河道工程概况，防洪任务，黄河防汛指挥和责任划分，黄河防汛队伍的组成及调用原则，黄河防汛物资储备、筹集与使用，防洪存在的主要问题，各级洪水防御措施，各项保障。防汛副预案包括：鄄城县黄河水文测报方案、黄河滩区群众迁安救护方案、黄河防汛抢险物资保障方案、黄河防汛通信信息保障方案、黄河防汛供电及抢险照明保障方案，黄河防汛后勤保障方案，苏泗庄、旧城引黄闸抢护方案等。每年制订《鄄城县黄河调水调沙预案》。

2008年，制订《鄄城县黄河反恐怖预案》、《鄄城县黄河突发事件应急预案》《鄄城县黄河滩区运用预案》《鄄城县黄河防汛应急、超常规预案》《山东省人民政府防汛抗旱指挥部黄河第一专业机动抢险队抢险作战方案》《鄄城陆井控导工程上首坍塌险情应急预案》及《汛期洪水期间突发事件及应急对策》。

各项洪水防守方案是预案的核心，它详细分析每个流量级的水情、工情，指出防守重点，预测可能出现的险情，提出相应的防御措施。对每级洪水水位表现、漫滩情况、堤根水深、出险地点、抢险可能需要料物等作出预估。对各级洪水下指挥机构的办公地点、上防时机（包括指挥部、群防队伍）也作出明确规定。

防洪预案是地方行政首长必备的，经县政府批准的具有法律效力的指挥方案。它是黄河业务部门水平的具体体现，也是行政首长履行抗洪抢险义务，实施决策的基本依据。

每年凌汛期前，由鄄城县政府防汛抗旱指挥部黄河防汛办公室制订《鄄城县黄河防凌预案》，行文印发。主要内容包括：鄄城黄河凌汛情况、鄄城黄河防凌形势、组织指挥和防凌责任划分，黄河防凌队伍组成，凌情处置措施，保障措施等。

第三节　防汛实施

依据1991年7月发布施行和2005年7月修订的《中华人民共和国防汛条例》，鄄城县政府对黄河防汛工作实行行政首长负责制，实行统一指挥，分级分部门负责，各有关部门实行防汛岗位责任制。按照上级要求，实行“安全第一，常备不懈，以防为主，全力抢险”的方针，遵循团结协作和局部利益服从全局利益的原则，宣传动员社会各界参加防汛抗洪，尽到公民义务。

汛前准备　每年汛前，成立县防汛抗旱指挥部，由县委书记、县长任政委、指挥长，副县长、河务局局长等任副指挥长，有关单位负责人任成员。召开全县防汛工作会议，安排布置黄河防汛工作。县长与各乡（镇）长签订《防汛工作责任书》。会后，各单位搞好黄河防汛思想、组织、工具料物、技术、责任制“五落实”工作。河务部门进行工程普查，防汛通信、物资检查，编制防洪方案、预案等。1998年开始研制电动根石探测机，1999年5月研制成功并投入运用。2002—2010年，每年召开黄河防汛会议，部署调水调沙、防汛演习等各项工作。

汛期　每年自7月1日至10月31日为黄河汛期。在黄河汛期内，各级黄河防汛办公室坚持昼夜值班，及时处理防汛工作中的问题，及时掌握汛情。加强上下联系，一般情况每周汇总上报一次，重大情况随时报告；阶段性防汛工作或一次较大洪水过后，及时总结，向上级黄河防汛办公室写出报告；防汛工作结束后，各级黄河防汛办公室进行全面总结上报。汛期发生大洪水以及紧急抢险必要时，抽调政府有关部门的工作人员充实各防汛机构。

2003年7月25日，《山东省黄河防汛条例》明确了黄河防汛各项要求，规定凌汛期为每年的12月1日至次年2月底。

防大汛　1991—2010年汛期，黄河没有发生较大洪水，因河势变化，部分滩区土地坍塌掉蛰、坝岸出现险情，沿黄民众严密防守，奋力抢护，方化险为夷。

1996年8月5日12时，花园口站出现7860立方米每秒洪峰，水位94.73米，为该站历史最高水位。鄄城县防指接到洪峰预报后，8月7日在鄄城河务局（驻旧城）成立黄河防汛指挥中心，下设办公室、治安保卫、后勤生活、卫生防疫和抢险救护组，抽调县直单位人员办公。防汛办公室及时向滩区群众发射防汛预警信号，沿黄乡镇防指组织4000多人的救护队，帮助滩区居住群众向堤外村庄撤离，并按照村对村、户对户的要求，妥善进行安置。

8月9日，高村洪峰流量达6810立方米每秒，水位63.87米。进入鄄城河段后，滩区全部淹没，大堤全部偎水。9日14时，鄄城县防指连续下达4个命令，调动基干班、抢险队、护闸队上堤防守。菏泽地直机关31个单位155人，县直机关81个单位420人一并上堤，带领群众防汛队伍，参加巡堤查险、报险、抢险。同时，抽调57个县直单位干部200余人参加滩区93个村庄的迁安救护工作。上堤干部、群众和解放军、武警官兵人员每天最多达2.12万人。

“96•8”洪水由于水量大，水位高，冲刷力强，鄄城堤防全线偎水，堤根水深一般2～4米，最深5米，发现陷坑1处，排沟损坏1处，压水井溢水2处。险工、控导工程共出险64坝144次，险情多为根石走失，坦石下蛰，坝基坍塌等，陆井和老宅庄控导工程出现水漫坝顶重大险情。

汛期抢险共用石料2.30万立方米，软料126.19万公斤，铅丝19.81吨，麻（编织）袋5.28万条，用工1.33万个，投资162.62万元。

洪水期间，中央、省、地和部队领导多次到鄄城视察黄河防汛工作，指导抗洪抢险救灾。经过全县党政军民的艰苦努力，战胜了“96•8”洪水。全县转移到堤外3.46万人，居住在村台上的3.27万人无1人伤亡。

2002年7月4日9时，黄河首次运用小浪底水库调水调沙，下泄最大流量3250立方米每秒，7月9日8时30分，左营滩漫滩进水，最大水深0.8～1.3米。水偎大堤2段，一是桩号272+100～275+100，长度3公里，水深0.7米；二是桩号276+750～285+000，水深1～2米。滩区内受灾26个村，1.5万人。淹没面积6.38万亩，其中嫩滩1.5万亩。

鄄城县防指立即组织左营乡、李进士堂镇政府防指和黄河职工加强防守，确保工程和人民生命财产安全。

2003年8月25日起，黄河流域发生7次较大范围持续降雨，呈现出典型的“华西秋雨”特征，出现了20年未有的秋汛。9月3日22时，花园口最大流量2780立方米每秒，水位93.42米。10月13日8时，高村实测流量2830立方米每秒，水位63.27米。虽流量不大，但由于黄河河道主槽淤积严重，排洪能力降低，加之黄河滩区生产堤的影响，导致水位普遍表现较高，洪峰传播时间长，流速慢，鄄城县堤防、险工多次出现险情。10月14日11时，郓城徐码头滩区生产堤决口进水，由于水位高，致使左营滩区自北而南进水。淹没面积4.39万亩，其中耕地面积3.7万亩，水围村庄13个，1.1万人。大堤桩号276+500～285+000处偎水，长度8500米，水深1.5～2.75米。根据防汛管理规定，鄄城县防指启动黄河防洪预案，10月15日，派出4个基干班和县直单位上堤防守命令，每天上防基干班17个，204人，干部85人。至10月22日撤防。

防凌汛 黄河凌汛是鄄城黄河滩区严重的自然灾害之一。鄄城县防指黄河防汛（凌）办公室自1991—2005年，每年都制订《鄄城黄河防凌工作意见》和《防凌预案》，下发实施，凌汛期间昼夜值班，及时了解凌情变化情况。

1991—2010年凌汛期，鄄城共有4个封河年份。即：1991—1992年、1997—1998年、1999—2000年、2002—2003年度。由于防凌工作布置得当，凌汛期均无灾害发生。

防汛通讯 1986年，总机改用50门交换机1部，终继线5处，设单机30部。1988年，为始建的省属第一（鄄城）机动抢险队配备车载台1部，对讲机5部。1991年，电话站改称通讯站，升格为副科级单位。1992年上级配发滩区防汛警报接收机80

部、发射机1台、控制台1部。1994年，总机安设晶体管三路载波电话终端机1部、120门程控机2部、传真机1台、对讲机10个、BP机4个、手机1部、固定台7部，程控会议终端机1台，设置单机84部，并与地方搞好黄河系统内部联网，结束了使用“摇把子”接转电话的历史。1996年，为防办配备传真机1台。1997年，黄河下游数字微波通信开通至县局。总机新安装200门程控机1部、数字微波1台、微机2台、打印机1台、手机2部，单机达到117部。实现通信传输微波化、无线化。1998年，将郑济干线鄄城境55公里通讯明线（铜线）拆除。为各河务段、闸管所、工程班安装单用户固定台，配备太阳能电源供电设备。1999年，鄄城河务局从旧城迁驻鄄城（鄄二路83号原菏泽河务局），开通TCM-800M无线集群移动通信系统，配发“黄河通”手机46部。2000年，郑济干线剩余的明线（铁线）全部拆除。2003年，由原来的120路数字微波改建为480路，为苏泗庄和旧城引黄闸安装远程监控。苏泗庄和营坊险工安装自动水位接收机。2002年机构改革，通讯站归属服务部。2005年6月，水管体制改革，通讯站归属办公室。2010年12月，单设信息管理站。2010年，鄄城黄河河务局有内部办公电话29部、内部专用办公网络、传真机5台，用于保障黄河水情、汛情的快速上传下达。

第五章　黄河水利

黄河是鄄城县唯一客水资源，引用黄河水是补充鄄城水资源不足，缓解工农业用水短缺的最好途径。

第一节　引水设施

鄄城县黄河引水设施有苏泗庄、旧城2座引黄涵闸。

苏泗庄引黄闸位于临濮镇苏泗庄村西大堤桩号240+000处，为涵洞式，6孔，设计流量50立方米每秒，加大流量100立方米每秒，设计灌溉面积50万亩，实际灌溉面积80万亩。

旧城引黄闸位于旧城镇旧城村西大堤桩号265+240处，为涵洞式，5孔，设计流量50立方米每秒，设计灌溉面积60万亩，实际灌溉面积40万亩。

第二节　工农业引水

鄄城县引黄供水管理业务由河务部门负责。为提高引黄渠首引水流量的计量精度，2001年9月，流量测量仪分别在苏泗庄、旧城闸投入运用。

1991—2010年，苏泗庄、旧城闸共引水29.28亿立方米。其中：农业用水27.88亿立方米，工业用水1.40亿立方米。

1991—2010年鄄城县黄河引水量统计表

表4-5-1　　　　单位：万立方米

年　份	苏泗庄闸	旧城闸	合　计	其中工业
1991	11838.6	5596.2	17434.8	—
1992	13096.8	5250.6	18347.4	—
1993	13819.4	3266	17085.4	—
1994	15330.8	2104.8	17435.6	—
1995	14238.5	4997	19235.5	—

续表 4-5-1

年　份	苏泗庄闸	旧城闸	合　计	其中工业
1996	13245.3	2183.1	15428.4	—
1997	12137.4	3047.7	15185.1	—
1998	14966.9	2670.6	17637.5	—
1999	10508.8	2945	13453.8	—
2000	4427	1692	6119	—
2001	11734	2409.1	14143.1	—
2002	11719	1404	13123	—
2003	5024.02	965.6	5989.62	1611.1
2004	6493	1423	7916	1096.57
2005	9084.03	2235.52	11319.55	1436.85
2006	17444.77	4022.33	21467.1	2432.24
2007	13614.6	1272.66	14887.26	2063.4
2008	11321.37	1969.37	13290.74	2258.38
2009	13605.9	2385.8	15991.7	2076.47
2010	13555.69	3783.43	17339.12	1089.14
合计	237205.88	55623.81	292829.69	14064.15

第三节　灌　溉

苏泗庄灌区　位于鄄城县中南部，南临牡丹区，西临黄河，北靠旧城灌区，东接郓城县。苏泗庄灌区1956年为虹吸灌区。1960年，苏泗庄引黄闸建成后改为苏泗庄灌区，1962年废渠还耕，1965年恢复引黄灌溉，1978年改建渠首工程后，设计引黄流量50立方米每秒，设计、有效灌溉面积50万亩，实际灌溉面积45万亩。担负着该灌区农田灌溉及雷泽水库供水任务。建有分水闸、节制闸等建筑物620座，输沙河6条，长度65公里，总干渠3条，长38公里；干渠13条，长160公里，支渠65条，长179公里。灌区包括鄄城、董口、临濮、富春、什集、彭楼、阎什、郑营、引马、凤凰、红船11个乡镇，880个自然村。由设在鄄城县城的苏泗庄引黄灌区管理处管理。

旧城灌区　位于鄄城县东、北部，北临黄河，东接郓城，南临苏泗庄灌区。旧城灌区始建于1972年12月，1987年改建旧城引黄闸后，设计引黄流量50立方米每秒，设计灌溉面积38.84万亩（其中郓城6.6万亩），有效灌溉面积32.24万亩，实际灌溉面积27.2万亩。建有分水闸、节制闸等干级建筑物233座，东输沙渠1条，长度1.4公里，总干渠2条，长24.9公里，干渠7条，长73.7公里，支渠6条，长106.5公里。形成南北相连、东西贯通的水利配套网络。灌区包括旧城、大埝、李进士堂、箕山、左营5个乡镇，302个自然村。由设在鄄城县城的旧城引黄灌区管理处管理。

引黄灌区内的主要农作物有小麦、玉米、大豆、水稻、棉花、花生、地瓜及各类蔬菜等。1991年以后，虽然天气干旱少雨，鄄城县的农业生产仍取得较好的收成，黄河水资源通过统一管理合理使用，获得了较高的经济效益和社会效益。2005年苏泗庄灌区调查显示：灌溉前小麦、玉米、棉花、大豆、花生分别亩产315公斤、350公斤、68公斤、104公斤、150公斤，灌溉后分别亩产425公斤、450公斤、114公斤、152公斤、248公斤。新发展蔬菜大棚1.2万亩，果园0.9万亩，中药材1.5万亩。

第四节　放　淤

鄄城县于1969年开始沉沙淤改工作，到1989年全县淤改土地29万亩。1986—1997年分别淤改什集、董口、旧城洼地5.8万亩。改变了“春天白茫茫、夏天水汪汪、秋天苗枯死、有地不打粮”的局面。

1998—2005年间，黄河水沙资源短缺，1999年3月黄委会实施全流域水资源合理配置和统一调度，引黄放淤工作放缓，至2010年还有部分盐碱、涝洼地等待放淤改良。

第六章　内河农田水务

第一节　农田水利

井灌　1991年以前鄄城县重黄灌轻井灌，机井建设进展较慢。1991—1995年全县仅打机井500余眼，而且每年还有部分机井报废，至1996年全县有机井3083眼，能正常使用的2287眼。全县有凿井队4个，其中一个乙级队、三个丙级队，有凿井钻机5部，能正常使用的3部，有洗井空压机一部，属淘汰老型产品，县水利局有制管厂一个，制管设备落后，日生产能力100节。1997年夏秋季节，鄄城县降雨极少，遭受百年不遇的特大干旱，加上黄河断流时间长，井泉建设设施少，而且大部分无法利用，致使全县97万亩耕地受旱严重，全县农业直接经济损失达6.4亿多元。1997年8月，根据菏泽地委、行署指示，县委、县政府及时调整农田水利建设的指导思想，决定走“以井保丰，以河补源，井河并举”的路子，加强对井泉建设领导，充实技术设备力量。投资120　万元，购置打井钻机23套，投资60万元对制管厂进行设备更新，新上制管厂2个，恢复乡镇制管厂9个，全县日产水泥管1550节。制定优惠政策调动群众的打井积极性，多渠道筹集资金，对井泉建设实行统一管理，即统一调度井队、统一物资供应、统一质量标准、统一验收结算，确保成井质量。1997—2000年4年间共计新打机井3019眼，报废机井110　眼，2001年打井575眼，2002年打井311眼，2003年打机井320眼，2004年打机井162眼，2005年打机井120眼，2005年全县拥有机井7298眼，其中配套5299眼，装机总容量44.23千千瓦，机井控制面积31.8万亩。2010年，全县有机井9066眼，配套6845眼，装机总容量57.63千瓦，机井控制面积58.93万亩。进一步改善了全县农业灌溉条件。

引黄灌溉　鄄城县先后兴建苏泗庄和旧城两个引黄灌区。全县平均每年引黄河水约1.5亿立方米，基本满足全县农田灌溉用水需要。

河道渠系治理　*引黄工程治理*　20世纪六七十年代，全县大力开展引黄工程建设，形成比较完善的引黄工程体系。80年代到90年代，鄄城县坚持沟、渠、路、林、田统一规划，旱、涝、沙、碱、渍综合治理，走“自力更生为主，国家支援为辅”的路子，开展农田水利基本建设，兴建治理了一批投资少、见效快的水利工程。90年代以后，重点加强对骨干送水、排水工程的清淤治理，对骨干河道、沟渠实行统一规划，分期实施，轮流治理，先后治理了箕山河、鄄郓河、三分干河、临濮沙河等重点河道及骨干渠道。1996年鄄城县水利局成立机械化施工总公司，购置挖掘机、推土机、泥浆泵等先进施工机械，并投入使用，提高了施工质量和水平。1991—2000年，每年冬季开展一次县办工程施工，对骨干河道、沟渠集中清淤治理，每次开展工程10～20项，土方在200万立方米左右，工日

100 万个左右。2001 年，制定“三年内把骨干引水、排涝工程按原设计标准彻底治理一遍，恢复其原有功能”的规划目标。2001—2003 年集中开展工程施工 5 次，完成县级工程 55 项，全长 607 公里，土方 1530 万立方米，工日 720 万个，投资 4500 余万元。其中，2003 年夏季重点治理箕山河下游、冬季重点治理鄄郓河，长 19.48 公里，土方 246 万立方米，投资 1200 万元。2004 年重点治理临濮沙河和三分干河。

洙赵新河治理　1993 年冬季，鄄城县参加菏泽地区洙赵新河治理工程。10 月 28 日鄄城施工段 (53+900 ～ 66+200) 全线破土动工。共有 17 个乡镇参加，民工 66243 人（其中男民工 66226 人，女民工 17 人），动用拖拉机 620 辆、翻斗车 25 辆、机动三轮车 30 辆、地排车 15332 辆、手推车 50 辆，铁锨 64632 把、路板 5200 块、水桶 6600 只，泥兜 5000 个、编织袋 4.5 万条、塑料纸 300 平方米，排水机具 170 台套。这次施工采用的是大兵团人力施工，由副县长任崇尚任指挥长，县人大常委会副主任刘圣聚任政委。经过鄄城县各级干部群众共同努力，战胜了雨雪、冰冻、稀淤各种困难，于 1993 年 12 月 5 日，历时 39 天，圆满完成地区分配任务，共计完成土方 136 万立方米，工日 146.43 万个。在全区施工质量检查评比中鄄城县获第一名。

东鱼河治理　2000 年冬季，鄄城县参加菏泽地区东鱼河治理工程。10 月 10 日，由县委书记任政委、县长任指挥长的县施工指挥部在成武县康董庄村成立，10 月 20 日全线破土动工。这次治理工程，地区分配鄄城县施工段长 5517 米，土方 159.58 万立方米，工日 152.5 万个。县委、县政府根据全县 90% 的群众意愿，由人力施工改为机械化施工。全县 25 个乡镇分 9 个单元工程，施工高峰期施工人员达 1650 人，出动机械 1159 台套，其中挖掘机 88 台，推土机 80 台，铲运机 35 台，大型自卸车 246 辆、小翻斗、农用三轮、四轮车 550 辆，泥浆泵 52 台套、排水机械 90 台套，其他机械 18 台套。县施工指挥部克服工程自身难度、气候变化影响、施工环境、施工方案调整等诸多困难因素，历时 50 天，共投资 1700 多万元，于 12 月 10 日全面竣工，顺利通过地区指挥部和山东省东鱼河治理工程项目监理部验收，优良率达 89%，为全区第三名。

第二节　抗旱防汛

抗旱　旱灾是鄄城最主要的自然灾害之一，素有“十年九旱”之说。通过广泛发动群众，搞好送水渠系的开挖治理，积极引用黄河水，合理开采地下水，保证了每年农田灌溉用水。

1991 年春季，全县降水稀少，小麦出现严重旱情，全县出动 10 万名劳力和 2700 多台机器，以引黄为主，同时利用机井、坑塘进行抗旱，共浇麦 83.2 万亩次，保证了全县小麦生长用水的需要。8 月初至 10 月底，全县降雨极少，仅 32 毫米，出现了历史上罕见的夏旱，加之黄河流量小，引水困难，严重影响了夏秋农作物的正常生长，尤其小麦不能适时播种。县委、县政府发动群众提前进行应急工程施工，挖渠引水。全县共抗旱造墒 55.8 万亩，冬季浇麦 50 多万亩，为次年小麦丰收奠定基础。

1997 年，5 月上旬至 9 月上旬，全县 4 个月未降一次透雨，出现了历史极为罕见的汛期干旱，而且黄河自 5 月下旬开始断流，加上机井量少失修，难以利用，灌溉水源枯竭，全县 90 多万亩耕地干旱严重，50 余万亩夏作物难以适时播种。全县投入抗旱劳力 26 万余人，水利局投资 20 万元，购进手压井塑料管，及时扶持群众突击打手压井 1 万眼。8 月，水利局又投资 180 余万元，扶持乡镇购买打井机具 23 套，制管设备 4 套，下半年共新打机井 310 眼，促进了全县抗旱斗争的有效开展。全年引用黄河水 1.52 亿立方米，农田灌溉 120 万亩次，机井灌溉 13 万亩次。

2002 年，汛期出现严重干旱，秋冬又旱，全县 87.5 万亩农作物遭受旱灾，重灾 53.8 万亩，绝产 10.5 万亩。为减少旱灾损失，突击开展夏季工程施工，完成工程 12 项，土方 226 万立方米；制定优惠政策，鼓励群众打井，引黄放水，共引黄 1.5 亿立方米；出动劳力 37 万人次，机械 1.9 万台套，运水车1400辆，全年累计灌溉农田153万亩次，大大减少了灾害损失。

防汛　每年汛期到来之前，鄄城县成立防汛指挥部，政委由县委书记或副书记兼任，指挥长由县长兼任，副指挥长及成员由县主要部门及县直有关部门主要负责人兼任。指挥部下设黄河防汛、内河防汛、城市防汛、水库防汛4个防汛办公室。各乡镇也同时成立由乡镇长为指挥长的防汛指挥机构。1995年9月成立了鄄城县抗旱防汛指挥部办公室，为常设机构。隶属县水利局领导，1997年12月更名为“鄄城县人民政府防汛指挥部办公室”。其主要职能是：贯彻执行有关法律条例、上级防汛抗旱指挥机构的决定、调度和命令，负责组织全县防洪、抗旱预案的编制，组织协调县、乡各级政府、部门实施防洪责任制，参与组织防洪工作，并进行业务技术指导，掌握汛情、旱情、灾情、工情，为各级领导提供决策、指挥依据。

每年汛前，专门召开全县防汛工作会议，进行防汛总动员，严格按照“安全第一，常备不懈，以防为主，全力抢险”的防汛工作方针，部署各项工作任务。县长代表县防汛指挥部同各乡镇乡镇长签订防汛责任状，落实以行政首长负责制为核心的各项防汛责任制。成立防汛常备队、抢险队、预备队。人数一般是常备队350人左右，抢险队3500人左右，预备队3500人左右。每年3月至4月，对河道、堤防、涵闸进行逐个检查，登记造册，遇有问题及时落实解决，确保河道排水畅通、堤防牢固完整、闸涵启闭灵活。防汛料物就地取材，汛前进行群众性号料登记，以备抢险急需。对国家常备抢险料物器材、设备等进行清库、查库并及时运到现场。

防汛抗洪纪实　1993年汛期，全县降雨17次，总雨量达691.6毫米，汛情来得早，持续时间长，全县出现严重的洪涝灾害，渍涝面积达90余万亩，受灾人口60余万人，工农业生产直接经济损失1.52亿元。其中，7月15日10时左右，彭楼、阎什口、鲁王仓、麻寨等乡镇50分钟降雨超过120毫米；8月4日8时至5日10时，全县平均降雨95毫米，东部乡镇超过120毫米；8月17日17时40分到18时，什集遭受暴雨、龙卷风袭击，降雨54毫米，风力超过8级。灾情发生后，县委、县政府主要领导及防汛指挥部成员深入抗洪救灾第一线，指导干部群众排水除涝和生产自救。

1994年汛期，全县降雨15次，雨量达533毫米。其中，8月6日16时至7日6时，全县普降大到特大暴雨，平均205.8毫米，宋楼乡、红船镇超过270毫米，全县25个乡镇全部受灾，受灾人口达65万人，农作物受灾69万亩，成灾40万亩，绝产15万亩，工农业生产直接经济损失达1.85亿元，其中，水利设施受损430万元。灾情发生后，县领导及防汛成员深入到抗洪第一线，指导群众抗洪救灾，抢修水毁工程，进行生产自救，把灾害损失降到最低限度。

1996年汛期，全县降雨28次，雨量达544.4毫米，部分乡镇出现渍涝。县指挥部及时组织力量抢排积水，把灾害损失降到最低限度。8月上旬，黄河水漫滩，沿黄7个乡镇滩区的93个村庄6.37万人全部被洪水围困，13.44万亩农作物全部受淹。灾情发生后，县委、县政府及防汛指挥部动员各部门，组织精干力量，奔赴抗灾第一线，帮助群众加固堤防，转移粮食、牲畜，搭置帐篷，安置灾民。洪水过后，县乡水利部门成立专业队20个，调集排水机械132台，历时2个多月，至10月底排水2.5亿立方米，确保了滩区小麦的播种。县水利局被评为“全区抗洪抢险救灾工作先进单位”。

2003年汛期，降雨659毫米，是多年同期的1.47倍，全县16个乡镇均遭受涝灾，受灾面积37.5万亩，其中成灾24万亩。全县积极开展抗灾和生产自救，灾害损失降到最低限度。

2004年，汛期阴雨连绵，降雨20次，雨量达706毫米，比历年同期多300余毫米，全县农田积水一度达70余万亩，受灾面积60万亩，成灾16万亩，直接经济损失5600余万元。面对灾情，各级防汛指挥人员深入第一线，现场指挥调度。全县共抽调到一线抗灾干部1600人次，投入劳力12万人次，利用提水机械3000余台套。由于措施得力，加上治理的箕山河、鄄郓河等排涝工程充分发挥了效益，最大限度降低了灾害损失。

第三节 水库 坑塘

水库 鄄城水库是菏泽发电厂的专用水库和唯一水源，坐落在鄄城东南部彭楼、阎什两镇之间的原临濮沙河河道上。由山东省水利勘测设计院按电厂两期工程即装机总容量85万千瓦设计，分两期施工串联而成，水库围坝周长9501米，围坝高程（黄海零点，下同）55.50米，库底高程46.00米，最高蓄水位53.65米，设计总库容1113万立方米，水面面积约2599亩，永久性占地4256亩，水库中间有两条隔坝连接两岸；周围挖有环形截渗沟一条，以防高水位蓄水引起周围农田盐渍化，同时兼有输水、防渗功能。1991年9月，鄄城水库一期工程投入使用，正式向菏泽电厂供水。1999年12月，水库二期工程开工建设。2001年1月，水库二期工程竣工并投入使用。

坑塘 鄄城县共有坑塘5530个，可开发利用的有4600个，全县坑塘面积3.6万亩，年平均蓄水量2.6亿立方米。其蓄水方式有两种，一是汛期地表径流会集而成，二是灌溉期利用引水渠引用黄河水。坑塘在建设利用上，用于农田灌溉的很少，主要是用于水产养殖。

第四节 水土保持

水土流失 鄄城县处于黄河下游，属黄河冲积平原，历史上黄河在县境内多次决口，使鄄城形成西高东低的地势，土地沙化贫瘠，风蚀、水蚀交加，水土流失严重。1983年普查，全县风沙面积65.15万亩，占土地总面积的42%，其中固定风沙面积45.15万亩，半固定风沙面积20万亩。全县风沙区平均土壤侵蚀模数为2.18万吨/平方公里，年流失总量142万吨，年侵蚀深度为2.7毫米，年流失有机质9953吨，全氮750吨，全磷3430吨，速效钾2500吨。按平原风沙区土壤侵蚀强度分级标准，全县水土流失分为四级：微度流失20.75万亩，轻度流失8.26万亩，中度流失15.75万亩，强度流失20.39万亩。水土流失的形式有风蚀与水蚀两种，以风蚀为主，其中强度流失区分布在阎什、彭楼、什集、红船、箕山等乡镇。

水土治理 鄄城县坚持“预防为主，全面规划、综合防治、因地制宜、加强管理、注重效益”的水土保持方针，采取生物措施、农业措施、工程措施相结合的方法进行水土保持综合治理。

生物措施是平原风沙区水土保持的根本措施，主要是利用种树、种草、种条来调节地表径流，涵养水源，改善环境，改良土壤，保护农作物生长，提高农作物产量，并与工程措施、农业措施紧密结合、相互促进、相互补充，实现防风固沙，保持水土之目的。农业措施主要是采取正确的耕作方法，改变小地形，增加地面覆盖，以减轻地表径流，增强土壤抗蚀能力。工程措施是利用建筑物工程，蓄水保土、制止水土流失。

以小流域为单元的综合治理是农业、生物、工程措施相结合的最佳实施方法。根据鄄城县平原风沙区水土流失的特点，自1983年以后，主要开展了以小流域为单元的水土流失综合治理工作。90年代以后，治理的小流域有：红船镇1991年、1992年、1996年三期6.67平方公里。其中，1991年建生产桥2座，泵站8个，植杨树8000棵，压条7400墩；1992年建生产桥1座，扬水站2座，植树9000棵，低产田开发800亩，1996年新修路4条，4500米，开挖沟渠4条4500米，建优质苹果园300亩，栽杨树4500棵。左营乡1992年、1995年两期7.38平方公里。其中1992年干渠清淤3公里，动土方1.5万立方米，建苹果园100亩，植桑1100亩，整平土地1200亩，1995年扩大桑园栽植3900亩。阎什镇1993年、1994年、1995年、1996年四期4.9平方公里。其中，1993年栽值苹果林带3000亩，旱稻100亩，整平土地1000亩；1994年栽苹果园600亩，植旱稻100亩，植杨树4000棵，沟渠清淤2.4公里，动土方2万立方米，整平土地150亩；1995年栽植苹果1000亩，栽植花椒7万棵，清理沟渠3公里，土方3万立方米，建生产桥4座，整平土地

300亩；董口镇1996、1997年两期1.38平方公里。其中，1996年清淤和土地整平2万立方米，植果树300亩、花椒树1万棵；1997年修路1.4公里，改土300亩，建生产桥3座，植果园200亩。彭楼乡1999年、2000年、2001年、2002年四期7.8平方公里。其中1999年建农田林网2600亩，植水保林800亩，果园1300亩，整平土地300亩，修建筑物14座；2000年建农田林网1000亩，植水保林800亩，果园1000亩，治沙造田300亩，建生产桥6座；2001年建农田林网500亩，水保林500亩，果园100亩，建生产桥3座；2002年建农田林网2800亩，水保林850亩，果园640亩，治沙造田320亩，建生产桥3座。大埝乡2003年一期2.7平方公里，建农田林网1500亩，植水保林1000亩，治沙改土1500亩，建石拱桥2座，打井10眼。旧城镇2004年一期2.1平方公里，植水保林900亩，改土150公顷，建生产桥1座，修路2.8公里，开挖沟渠5.6公里。阎什镇2005年一期1.8平方公里，植水保林1050亩，农田林网1500亩，建桥2座，打井5眼，整平土地4500亩。

第五节　监督管理

队伍建设　1990年3月，鄄城县水利局成立水政股，编制3人。1997年6月，成立水政监察大队，设主任水政监察员1人，由水利局局长担任，副主任水政监察员2人，由分管副局长和水政股长担任，专职水政监察员14人，兼职水政监察员45人。苏泗庄、旧城两个引黄灌区成立了由18人和12人组成的水政监察站，全县（原25个乡镇）配备兼职水政监察员25人，村级水管员900人，形成一个比较完整的水政执法网络。2010年，全县配备兼职水政监察员15人，村级水管员442人。

法规建设宣传　根据《中华人民共和国水法》等法律、法规，1992年11月制定《鄄城县水资源管理办法》，1998年4月制定《鄄城县水利工程管理办法》，建立健全文书档案及统计资料，为鄄城县依法治水、管水和用水提供具体执法依据。

利用广播、电视、宣传画、黑板报、标语、传单等多种宣传手段，在全县水利系统和广大群众中进行以水利法律、法规为主要内容的宣传活动，同时抓住每年的“世界水日”和“中国水法宣传周”在全县范围内集中开展大规模的水法宣传活动，采用请县领导发表电视讲话，设立水法宣传咨询服务站、散发宣传材料、出动宣传车在乡、镇和县城巡回宣传等方法，取得了很好的宣传效果，提高了全县人民的水法规意识。通过对水利法律、法规认真学习、广泛的宣传，水政执法工作逐步走向规范化、程序化轨道，在具体执法过程中，重点查处不经许可取水，破坏、侵占水利工程设施、砸坏建筑物、偷盗建筑物部件，乱扒、乱堵、乱提压闸、乱放水、乱建建筑物，在河堤、渠堤上乱拉土、随意建房，在河渠内乱倒垃圾，乱排污水等行为。

水利工程管理　鄄城县水利工程管理实行统一领导，分级管理的体制，县乡分别建立水利工程管理委员会，村建立水利工程管理领导小组，负责协调本管理区域各方面的关系，处理本区域工程管理的重大事项。在工程管理范围上，干级及干级以上工程由县管理，支级工程由乡（镇）管理，斗、农及田间工程由村队管理。两引黄灌区管理处，分别负责管理各灌区内干级以上工程及所属建筑物工程。其中，苏泗庄引黄灌区管理处负责干级以上沟渠33条，建筑物620座，旧城引黄灌区管理处负责干级以上沟渠13条，建筑物233座。县水利局工程股负责管理徐河、临濮沙河、三分干河、华营河、箕山河等5条大型排涝河道及所属建筑物98座。各级工程管理组织专管人员组成全县工程设施管理整体，明确各自的工作任务、听从统一指挥。2000年干级以上沟渠维护工80人，护闸员300余人。同时制定和执行奖惩制度，确保工程设施完好无损。

水资源管理　1987年9月，成立鄄城县水资源管理委员会，办公室设在水利局，为股级事业单位，负责全县水资源管理工作，实行水资源统一管理，即统一规划、统一调度、统一发放取水许可证、统一征收水资源费、统一管理水量和水质。

1992年，鄄城县政府发布《鄄城县水资源管理办法》，之前，只对少数取水单位进行了登记，没有征收水资源费。之后，对全县非农业取水单位进行了统一调查和登记，至2000年，完成取水登记116家，发放取水许可证116本，登记取水工程128处，其中深井16眼，浅井112眼，年许可取水量813.5万立方米，其中生活取水140万立方米，工业取水673.5万立方米。

1997年4月，根据水利部《关于开展全国地下水资源开发利用规划工作的通知》和省水利厅文件，鄄城县水利局成立鄄城县地下水资源管理工作领导小组，以1993年为基准年，2000年为近期规划年，2010年为远期规划年，于1997年10月完成《鄄城县地下水资源开发利用规划》，划定鼓励开采区和限制开采区，立足于鄄城县现状和各行业用水水平，根据《鄄城县九五计划和2001年规划纲要》，采用规划法预测需水量，按照以需定供原则，综合考虑经济、水源、技术因素，对各规划区可供水量进行调配，基本上能够维持平衡。

在水资源保护方面，做好量的保护，严格执行取水许可制度，实行取水预申请、凿井许可、成井验收、取水申请等程序化管理。做好水质监测工作。自1994年山东省水环境监测中心菏泽中心成立后，鄄城县积极配合，每年例行完成重点企业取水、退水和城区排污口的取样和水质化验分析。

2000年以后，根据水法和上级下达指标，开始征收水资源费，每年征收20万元左右。

第六节 水利财务

基本建设资金 基本建设投资首先由县水利局编制投资计划，经上级批复后，由县水利局组织实施。国家投资专款专用，包干使用，当年施工，当年决算，一般不跨年度。基建投资做到施工有预算，竣工有决算，开支按标准，按工程进度分期拨款的管理方法。工程竣工后，施工单位写出竣工报告，由县水利局组织检查验收，达到设计标准后，经验收合格，准予结算，做到工完账清。

小型农田水利经费 该项经费包括井泉建设、水土保持、工程管理、小型河道治理和农田基本建设等各项资金。先由乡镇写出“工程项目报告”，县水利局组织实地勘察，编制工程规划，上报上级主管部门批复，并落实乡镇和村队的自筹资金，实行包干使用，按工程进度分期拨款。县水利局负责技术指导，组织检查验收，签发竣工结算，工完账清。

水利事业费 该项费用包括防汛、岁修、设备购置和办公费用等。防汛经费是专项资金，用于河道防汛机构经费；岁修费根据河道工程所需，编制岁修计划，依照决算据实报销；设备购置、办公费用等，首先由需用股室编报计划，经水利局负责人批准后购置、使用。

第五编

城乡建设　环境保护

CHENGXIANGJIANSHE HUANJINGBAOHU

20世纪90年代，鄄城城市建设步伐加快。1997年、2004年、2009年先后编制三轮城市总体规划，1991—2010年间，对城区原有道路进行升级改造，新建东西、南北路12条，形成4横12纵的城市交通网络；城市亮化达90%以上；城市道路绿化面积57万多平方米，新增绿地8万多平方米。城市面貌日新月异，功能日臻完善。修建城市桥涵13座；修建排水道17717米，污水管网21883米；城区自来水日供水能力达到1万立方米；垃圾填埋场2010年7月动工建设，设计处理规模200吨/日。公共设施建设进程加快，2003年城市新坐标——人民广场动工建设，南北长163米，东西宽300米，总投资1000万元，2004年10月1日竣工。历山公园，规划面积23万平方米，总投资3346.41万元，2010年6月完成一期工程，给居民休闲、健身提供了去处。城区居住条件得到改善，1996—2010年共设计建筑面积近350万平方米，建安工程量近280亿元，包括新世纪小区、温泉小区、历山花苑小区等。

1991年以后，村镇建设步伐加快。1995年编制第一轮乡镇总体规划、村庄规划，涉及20个村庄。在全省开展的“十百千”活动中，省建委授予凤凰乡花李庄、梁堂乡连庄、旧城镇老宅庄、麻寨乡舜王城、郑营乡信义村、吕胡同等6个村明星村庄称号。1996年8月黄河洪水以后，全县滩区安全建设取得很大进展。先后搬迁51个村庄，李进士堂镇驻地由1000多人的小集市一举变为1.3万多人的大集镇，为全县加速村镇建设步伐开了一个好头。至2010年，整体迁建村庄37个。

1991年以后，鄄城加大对大气、水、噪音污染的治理，1992年开展环境监测工作，全县监测点8个。鄄城整体环境良好，1996年4月，鄄城县成为国家环保局命名的全国首批69个生态示范区试点地区之一。2005年，鄄城县被国家环保局命名为国家级生态示范区。至2010年，全县共创建省级绿色学校4所，市级绿色学校11所，国家级生态文明乡镇2个，国家级生态文明村2个，省级生态文明乡镇3个，省级生态文明村2个，绿色社区7个。

第一章　城市规划

第一节　总体规划

1984年2月，在山东省建筑工程学院协助下制订《鄄城县城域总体规划》，对县城和乡村建设提出具体方案。1997年，由山东省建筑规划设计院对《鄄城县城域总体规划》进行调整，规划区确定为12.5平方公里；城市发展总目标是把鄄城建设成为生态环境优美、特色鲜明的现代化小城市；城市性质为以农副产品加工为主，建设具有旅游特色的现代化小城市；规划期限为近期1996—2000年，远期为1996—2010年；对县域城镇体系规划、城市用地布局结构、城市道路系统规划、公共设施规划、工业用地、仓储用地、居住用地、绿地系统、城市景观、环保环卫、市政工程设施作出总体规划。2004年7月，在山东省建筑规划设计院协助下开展全县第二轮《鄄城县城市总体规划（2006—2020）》的修编工作，该规划于2005年3月通过专家评审，2005年11月鄄城县人大常委会决议通过。城市规划区面积166.6平方千米（包括鄄城镇、凤凰乡全部，富春乡、郑营乡金堤以北部分）；规划期限为：近期2004—2010年，远期2004—2020年；城市性质为：以副产品加工和旅游业为主的生态园林城市。2009年10月，聘请同济大学规划设计院做第三轮《鄄城县城市总体规划（2010—2030）》的修编工作，该规划于2010年10月通过专家评审，2010年10月底鄄城县人大常委会决议通过。城市规划区面积100平方千米，规划期限为：近期2010—2015年，远期2016—2030年；城市性质为：菏泽城市圈的组成城市，新兴的工贸、休闲旅游城市；城市规模为：人口近期（2015年）19万人，远期（2030年）60万人；用地规模为近期（2015年）29.6平方千米，远期（2030年）70平方千米。

第二节　详细规划

1997年编制新世纪新村住宅小区详细规划，2001年编制人民路及鄄5路详细规划，2003年编制鄄城人民广场详细规划，2006年编制鄄城（潍坊）工业园、青年路步行街详细规划，2007年编制历山公园详细规划，2008年编制温泉路、尧王路、舜王路、黄河街、人民街西段、西肖庄村庄改造详细规划，2009年编制东关小区、县域城镇体系规划、县域排水体系专项规划，2010年编制新城区和老城区控制性详细规划，共计26.4平方公里。

第二章　城市建设

第一节　城区道路

老城区以大隅首为中心，有东、西、南、北4条大街，街宽8米，全是沥青或混凝土路面。其中南大街长410米，西大街长830米，东大街和北大街各长400米，东大街路面损毁严重。新城区，南北方向：1991年建鄄5路，1993年建鄄4路，1994年建鄄1路，1997年建鄄6路，2002年重建鄄3路，2004年建鄄9路，2005年建鄄10路、鄄11路，2006年建西环路、鄄7路、东环北段（12路），2010年建吉祥路、凤凰路，对鄄2路、鄄5路进行升级改造。东西方向：1992年建建设路，1994年建人民路，2004年建南环路、青年路，2006年建人民路东段、北环路，2009年对人民路（鄄2—7路）进行升级改造，2010年建城濮街、盛荣街，对建设路、人民路（西环—鄄2路、鄄7路—东环）进行升级改造。

1991—2010年鄄城县城区道路建设情况表

表5-2-1

原路名	现路名	起止点	红线（米）	长度（米）	面积（平方米）
鄄1路	温泉路	南城墙至黄河街	24	1200	28800
鄄2路	古泉路	南城墙至黄河街	36	3800	136800
鄄3路	陈王路	南城墙至黄河街	24	1200	28800
鄄4路	尧王路	肖宁街至黄河街	24	1400	33600
鄄5路	孙膑路	三支沟至黄河街	45	2250	101250
鄄6路	舜王路	肖宁街至黄河街	50	1200	60000

续表 5-2-1

原路名	现路名	起止点	红线（米）	长度（米）	面积（平方米）
鄄 7 路	迎宾路	黄河街至北环	36	4170	150120
鄄 9 路	工业路	城濮街至南环路	36	3800	136800
鄄 10 路	历山路	人民街至南环路	26	3000	78000
鄄 11 路	潍坊路	城濮街至南环路	36	4000	144000
—	东环路	南环路至北环路	36	6620	238320
—	吉祥路	黄河街至北环路	32	4730	151360
—	凤凰路	北环路至南环路	36	6580	236880
—	城濮街	东环路至凤凰路	24	1500	36000
—	盛荣街	东环路至凤凰路	32	1500	36000
北城墙	城濮街	西城墙至东城墙	24	850	20400
经济街	成阳街	鄄 2 路至箕山夹斜路	36	850	30600
肖宁街	顺和街	东门桥至鄄 6 路	24	1000	24000
南城墙	古城街	西城墙至东城墙	24	800	19200
人民路	人民街	鄄 1 路至东环路	45	5000	225000
建设路	建设街	鄄 1 路至东环路	32	5000	160000
青年路	黄河街	西环路至东环路	40	5800	232000
—	南环路	西环路至东环路	36	5700	205200

第二节　城市排水

1991 年，县城内雨水、污水等积水依自然地势向低洼沟渠排放。1993 年，防洪排水设施建设列为县城建设项目之一，修建排水道 746 米。1995 年，沿人民路、建设路两侧建成雨污合流型排水道 3531 米，砌筑南城河 821 米，修建鄄 5 路两侧排水道 4507 米。1996 年，修建鄄一路东侧排水道 1090 米。1999 年，修建建设路西段两侧，鄄一路西侧排水道 1740 米。2002 年，修建鄄三路两侧排水道 2214 米，石砌二支渠 1503 米。2004 年，改造青年路北侧地上石渠 1460 米，修建鄄六路东侧排水道 1200 米。2005 年，修建建设路中段排水道 408 米。2006 年修建肖宁街（鄄 6—7 路）污水管网 430 米，鄄 7 路污水管网 2700 米，建设街（鄄 7—9 路）污水管网 620 米。2009 年，修建人民街（鄄 2—7 路）雨污分流管网 7300 米，鄄 4 路（青年路—东门桥）、青年路(鄄 6—7 路)污水管网 2040 米,青年路(鄄 7—15 路）污水管网 2950 米。2010 年,修建鄄 5 路（青年路—三支沟）污水管网 2242 米，建设街（鄄 1—7 路）污水管网 5000 米，鄄 2 路（青年路—南护城河）东侧石砌沟、西侧污水管网 2560 米,鄄 9 路（青年路—南环路）污水管网 2452 米，人民路西段（鄄二路—西环）3246 米。2010 年，城区共有排水管网 2.6 万米。

1991—2010 年鄄城县城区防汛工程表

表 5-2-2

年份	道　路	区　间	长度（米）	宽度（米）
1991	鄄 5 路	三支沟至青年路（东西侧石砌）	4800	1.5
1994	鄄 1 路	南城墙至青年路	1090	0.6
1995	肖宁街	肖宁街至鄄 6 路	1000	0.5
1997	鄄 6 路	肖宁街至青年路	1200	0.6
2002	鄄 3 路	南城墙至青年路	2214	0.6
2004	青年路	1—5 路	1460	0.7
2006	建设路	7—9 路	620	Φ1000（管径）
	鄄 4 路	肖宁街至青年路	1400	Φ1000（管径）
2007	鄄 2 路	鄄 2 路至 2 路与 5 路交叉口	1240	0.6
2009	青年路	6—7 路		Φ1000（管径）
	青年路	7—15 路	2242	Φ1500（管径）
	人民路	2—7 路	7300	Φ600—1000（管径）
2010	鄄 2 路	南城墙至青年路（西侧为石砌）	2560	0.6
		南城墙至青年路（东侧为管网）	2560	Φ1000（管径）
	—	三支沟至青年路（西侧管网）	2400	Φ1500（管径）
	鄄 9 路	青年路至南环	2450	Φ1000（管径）
	建设路	1—7 路	5000	Φ800—1000（管径）
	人民路	西环至 2 路	13246	Φ1200（管径）

第三节　城市供水

1990 年 9 月在鄄三路税务局北打深、浅井各 1 眼；西街自来水公司西北角打深、浅井各 1 眼，日供水能力增加到 3000 立方米；1998 年 8 月，自来水公司以 15 万元购买羊绒制品有限公司深水井 1 眼用于城市供水，日供水能力增加到 6000 立方米；2000 年 7 月借东西帮扶机遇，与济南市自来水公司共同投资 800 万元，在鄄一路路东建设二级水厂 1 座，日供水能力达到 1 万立方米，城区 5000 余户企业单位和居民用上自来水。城区管网 Φ100 以上 130 公里，Φ100 以下 150 公里。2005 年 3 月，公司投资 150 万元在鄄城（潍坊）工业园新铺设 Φ300 供水干管 6000 余米，保证了工业园区的正常用水。2008 年改造管网 1500 米，2010 改造管网 2000 米。2010 年，城区有主要供水干支管 28260 米，日供水能力 5200 立方米。

1991—2010 年鄄城县城区供水情况表

表 5-2-3　　　　单位：万立方米

年　度	供水量	其　中			年　度	供水量	其　中		
		生活用水	经营用水	生产用水			生活用水	经营用水	生产用水
1991	55	—	—	—	2001	129.8	76.0	30.2	24.0
1992	61	—	—	—	2002	125.1	74.3	28.5	23.1
1993	78.2	—	—	—	2003	140.6	80.1	31.0	29.2
1994	105	—	—	—	2004	156.7	101.1	40.5	15.0
1995	110.2	63.7	27.1	20.3	2005	164.2	110.0	39.4	16.9
1996	120.3	70.6	28.1	22.5	2006	167.5	142.8	21.8	2.9
1997	125.1	75.7	27.3	23.2	2007	170.2	144.7	22.5	3.0
1998	120.6	65.0	35.1	20.0	2008	170.9	145.8	22.6	2.5
1999	123.1	64.2	34.1	25.6	2009	172.5	147.2	23.9	2.0
2000	130.2	78.4	30.0	22.1	2010	180	168	4	8

2010 年鄄城县城区主要供水干支管情况表

表 5-2-4

起　点	管径（毫米）	长度（米）	材料类型	终　点
北城墙（鄄 2 路）	200	2700	铸铁	石油公司
百货公司（西街）	300	1000	铸铁	自来水公司西院
百货公司（肖宁街）	200	1500	铸铁	鄄 5 路
鄄 1 路（建设路）	200	10000	PVC	鄄 11 路
鄄 11 路（人民路）	200	1000	PVC	鄄 9 路
人民路（鄄 11 路）	200	1000	PVC	青年路
西外环（青年路）	150	2400	铸铁	鄄 5 路
鄄 1 路（人民路）	200	2800	PVC	鄄 7 路
鄄 2 路（经济街）	200	1000	铸铁	夹斜路
青年路（鄄 5 路）	150	2000	PVC	一棉厂家属院
青年路（鄄 3 路）	150	1100	PVC	北城墙
青年路（鄄 4 路）	200	1300	PVC	肖宁街
建设路（鄄 7 路）	200	460	PVC	人民路

第四节 污水处理

鄄城县污水处理净化厂于2005年8月正式动工建设，是国家“南水北调”东线工程建设的配套项目，是南四湖流域的重点工程。污水处理厂位于鄄7路北段，占地57.63亩，工程计划总投资7171万元，采用一体化生物反应池处理工艺，日处理污水4万吨，处理后的出水水质达到城镇二级污水的一级排放标准。中水回用工程2007年10月动工，12月建成，共投资830万元，占地28亩。

城区污水管网主干管有：鄄7路（污水处理厂到黄河街、污水处理厂到三支沟）、建设路（1—9路）、人民街（西环至7路）、孙膑路（黄河街至三支沟）、黄河街（6—15路）、尧王路（黄河街至肖宁街）、肖宁街（6—7路），总长38公里。

第五节 垃圾处理

1991—2010年，县城生活垃圾主要运往附近两个垃圾填埋场处理。2010年动工建设鄄城县振兴垃圾填埋场，该场位于富春集西北侧510米处，占地189亩。工程总投资5300万元，设计使用年限12年，工程总库容848276立方米，设计处理规模200吨/日，垃圾处理场处理系统为卫生填埋工艺，建设内容包括垃圾填埋系统、污水处理系统、渗滤液防渗系统、垃圾坝、填埋气体收集导排系统等。工艺流程为无蝇除害—场地防渗—渗滤液净化处理。

第六节 城市广场公园

人民广场 位于城区中心，新世纪居民小区以南，南北长163米，东西宽300米，总投资1000万元，于2003年3月动工建设，2004年10月1日竣工。人民广场具有休闲、娱乐、健身、集会等多种功能，每天休闲、健身的人络绎不绝。

鸟瞰整个广场如同一辆奔驰的汽车，象征鄄城经济飞速发展的态势。主广场中心直径3米的大理石圆球，像初升的太阳冉冉升起。广场中央直径99米的大型主体广场，四通八达的放射状通道，寓意“广招天下客”；三重同心圆与方的铺装结合，寓意为“天圆地方”；广场的主出入口，分别朝向南方、东方，象征“东方文明”和“与日同辉”；九根文化浮雕柱廊，位于主广场后方，成半圆状环绕，每根高9米，质底为莱州芝麻白大理石，文化柱廊上的浮雕分别是：帝尧禅让、舜耕历山、诸侯会盟、城濮之战、兵圣孙膑、羊左全交、古鄄称雄、鄄城八景、刘邓大军过黄河；圆球周围喷泉，象征着全县人民紧密团结在县委、县政府周围，万众一心、奋发向上。文化柱、标志性建筑、喷泉动静协调，虚实对比，共同构成人民广场的主景观；广场绿化，繁花似锦，主体广场周围四角采用波浪形彩色图案，中间点缀洒金柏球，坡向种植色彩丰富、层次感强，象征鄄城人民蒸蒸日上、丰富多彩的幸福生活；广场照明采用庭院灯、草坪灯、地灯、射灯、泛光灯、树灯相结合的设置方式，不仅使其白天成为一大景观，夜间更能突出丰富多彩的声光效果。

历山公园 位于县城西部，温泉路以西、西环路以东、人民路和青年路之间，规划面积23万平方米，总投资3346.41万元。公园总体设计为一线、三点、五区，其中一线为南北滨河景观轴线；三点为东门广场、洛云湖、生态休闲区；五区为广场景观区、滨河景观区、湖面中心景观区、生态休闲娱乐区和老年儿童活动区。

公园分为两期建设，一期工程设计建设面积为102025平方米，约153亩，其中水面面积约25825平方米（39亩），含景观桥6座，园路总长度约2000米，园路铺装面积约7100平方米，广场花坛铺装面积3300平方米，草坪面积42100平方米，水生植物1000余棵，乔木1810棵，灌木22570棵，绿化总面积约65800平方米，总投资约800万元。2010年6月完成一期工程。

第七节　城市亮化美化

2000—2005 年，鄄城县供电公司先后投资 48 万元，全部拆除人民路旧式路灯，安装现代化的新式路灯；投资 70 万元，为人民广场安装各式各样新颖美观的装饰灯；投资 210 万元，为青年路、建设路（9 — 11 路）、人民路（9 — 11 路）、鄄 9 路、鄄 10 路、鄄 11 路安装现代时尚的新式路灯，达到既可生活照明、又能美化城市环境的目的。2006—2010 年，鄄城县供电公司先后投资 2000 万元，对人民路、鄄 5 路、鄄 6 路、临商路等旧式路灯全部进行改造，为青年路（6 — 12 路）、建设路、人民路（西外环—鄄 7 路）、鄄 1 路、鄄 2 路、鄄 3 路、鄄 6 路、鄄 5 路、鄄 4 路、鄄 7 路、鄄 9 路、鄄 10 路、鄄 11 路、临商路（青年路—南环路）、临商路（北外环路—鄄城界菏泽牡丹区）安装现代时尚的新式路灯，既可照明又美化了城市环境。

第八节　城市绿化

道路绿化　1991—1995 年，城区主要有鄄 2 路、青年路种植行道树法桐。1996 年春，绿化鄄 1 路、鄄 4 路、鄄 5 路、建设路、南护城河，种植合欢、法桐、国槐、垂柳、桧柏球、大叶黄杨球等。1998 年，人民路、鄄 5 路改造，在绿化带内种植大叶黄杨绿篱，小叶女贞球、看石榴。1999 年、2000 年两年改造鄄 1 路垂柳一条街、鄄 2 路法桐一条街、鄄 4 路樱花一条街、鄄 5 路百日红一条街、建设路月季一条街、人民路中段观赏石榴一条街，东段碧桃一条街。2002 年，完成鄄 6 路绿化，种植以瓜子黄杨、红叶小檗、金叶女贞组成的模纹图案。2005 年，完成青年路绿化，种植黄金柳、红叶碧桃、百日红、紫荆、龙柏、红叶小檗；完成鄄城（潍坊）工业园道路绿化，种植黄金柳、大叶女贞、紫叶李、栾树、法桐、合欢、紫荆、千头椿、银杏、馒头柳共计 7830 棵，白三叶草坪 11 万平方米。

2006—2008 年，城区主要对鄄 2 路南段、鄄 7 路、青年路、县工业园道路进行绿化，种植行道树法桐、栾树和千头椿、灌木紫叶李、西府海棠、大叶黄杨等，绿化面积 17 万平方米。

2009 年，对尹庄街、南环东延、人民路东段、建设街东段及工业园区道路节点进行绿化。新增绿化面积 7 万多平方米。为响应县政府“大树进城”的号召，对鄄 1 路、2 路、3 路、4 路、6 路和青年路进行大树补植，共栽植垂柳、法桐、大叶女贞、白蜡、毛白杨 1580 棵。

2010 年，城市绿化的重点是突出道路绿化，完成人民路西段法桐、建设街栾树的栽植，完成新修道路盛荣街（楸树、黑松、大叶女贞、栾树、紫薇、连翘、紫荆、迎春、红叶石楠球、扶芳藤球）、吉祥路（大叶女贞、白蜡、紫叶李、紫薇、五角枫、红叶石楠球、白三叶）、城濮街（大叶女贞、栾树、青桐、美人梅、紫薇、木槿、红叶石楠球、黑松、美人蕉、白三叶）、建设街东延绿化（大叶女贞、杂交马褂木、紫叶碧桃、紫叶李、红瑞木、白三叶）。共完成道路绿化面积 11.4 万平方米，完成工业园区厂区围墙外绿化面积 11.7 万平方米。

绿地建设　1991—2000 年，城区无专门绿地。2000 年在鄄 5 路与人民路交叉路口建设 4 块绿地，种植低矮灌木 10 余万棵，草坪 6000 平方米；广场建设绿地面积 2.4 万平方米，种植各类乔灌木 40 余种。2005 年，鄄城（潍坊）工业园内各交叉路口建成成片绿地 10 余处，采取乔灌草相结合的绿化格局，绿化面积达 2.6 万平方米。2006 年，对东环路与青年路交叉口进行绿化，2008 年，对东环与南环交叉口、东环与箕山路口三角绿地及城北出口绿地进行绿化，共新增绿地面积 8 万多平方米。2010 年，县城建成区绿地面积 423 万平方米。

社会绿化　1991 年前，城区单位庭院绿化较差，县委、武装部、武警中队、总工会等单位绿化较好。1995 年以后，县委、县政府一直倡导单位庭院绿化，先后出现一批绿化先进单位，县自来水公司、县邮政局 2004 年被评为“市级花园式单位”；县实验中学、县私立丛园学校 2005 年被评为“省级花园式单位”；新世纪小区 2005 年被评为“花园式小区”。

2005年，对人民路、建设路、青年路实行拆墙透绿，共有23家单位拆除了影响市容的沿街院墙、构筑物，改成栏杆透墙，墙处建设成成片绿地，栽植雪松、百日红、紫叶李、木槿、红帽子月季、黄杨、金叶女贞等万余棵，种植冷季型草坪2万平方米，增加绿地面积2.31万平方米。2006年以后城区单位庭院绿化较好的有县国税局、县公路局、县一中、金剑圣景园小区。

第三章　市容环境管理

第一节　市容管理

1992年8月，鄄城县成立城建监察大队，股级事业单位，自收自支，隶属于县建设局，具有城市规划、市政工程、公用事业、市容环境卫生、园林绿化等监察职能及在受委托的范围内，以委托行政机关的名义实施行政处罚。大队下设一中队、二中队、夜巡中队及办公室、法制科，2005年有干部职工79人，2010年有干部职工93人。

为加快城市发展，加强城市管理，2001—2010年，县委、县政府相继下发《关于加快城市开发建设的实施意见》《关于规范城市规划建设项目审批的通知》《鄄城县建筑市场管理办法》《关于违法违规用地问题的处理意见》《关于加强城区综合开发建设管理的意见》《关于印发＜严格控制零星用地建设的规定＞的通知》《关于印发＜鄄城县城市规划实施办法＞的通知》《关于加强城区零星建设管理的意见》等文件。

1992—2010年鄄城县城区治理情况表

表5-3-1

年　度	治理项目			
	拆除违章建筑（处）	拆除广告牌（块）	治理违法占道（起）	治理户外经营（起）
1992	30	37	210	58
1993	70	40	330	79
1994	80	55	430	88
1995	100	78	260	55
1996	120	97	550	120
1997	120	103	760	160
1998	140	108	380	170
1999	130	110	570	210
2000	110	180	730	290
2001	160	210	340	170
2002	170	290	330	130
2003	200	690	390	110
2004	580	310	170	40

续表 5-3-1

年　度	治理项目			
	拆除违章建筑（处）	拆除广告牌（块）	治理违法占道（起）	治理户外经营（起）
2005	620	260	550	250
2006	710	319	610	500
2007	750	600	580	630
2008	810	480	700	780
2009	830	790	970	690
2010	9130	2300	5320	13500

第二节　环境卫生管理

粪便垃圾管理　1991 年，粪便管理所隶属于卫生局，负责清理城区垃圾和街道、机关、公共厕所的粪便。1993 年，为统一管理，鄄城镇管委会负责的环卫工作纳入粪便管理所，单位名称改为鄄城县清洁卫生管理所，隶属于鄄城县城乡建设委员会。同年，征购董楼村北的窑坑做为垃圾处理场（占地约 43 亩），生活垃圾的处理主要采用简埋法。随着城市的不断改扩建，环卫业务范围不断拓宽，环卫队伍迅速壮大。1997 年 12 月 12 日，清洁卫生管理所被定为集体事业单位，定编 40 人，经费形式为全额预筹。1998 年，县政府下发《关于印发鄄城县城市市容和环境卫生管理暂行办法的通告》，规定了具体的市容环境卫生管理标准、设施管理办法，对收费内容及标准、处罚措施也作出明确规定。2004 年，为满足迅猛增加的垃圾存放条件，在县城西北于营村西建立第二处垃圾处理场（占地面积 40 余亩）。2005 年 8 月，实行环卫体制改革，对垃圾清运、粪便清掏、中转站点垃圾运输实行公司管理制，核定经费、承包经营、自负盈亏、节约归己。同年购摆臂车 1 辆，改建、新建地下垃圾中转站 11 处，城中村建垃圾池 22 个。基本实现了城区垃圾日产日洁。2006 年，新建垃圾中转站 6 处，2007 年购置摆臂车一辆。2010 年，共有环卫职工 267 人，大型垃圾清运车辆 2 辆，自备机动三轮车 14 辆，日清运生活垃圾 160 余吨，自备粪便清运车 16 辆，日清运粪便 40 吨。

道路保洁　1991 年以前，县城街道保洁归鄄城镇城管委员会负责，主要清扫老城区四街和鄄 2 路、鄄 3 路。道路保洁实行早晨普扫、全日保洁。1993 年，保洁工作全部纳入清卫所，1998 年，县政府下发《关于印发鄄城县城市市容和环境卫生管理暂行办法的通告》，对县城区内市容环境卫生管理的范围内容、标准及违章处理办法作出具体规定，城区卫生由县清卫所统一清扫，实行有偿服务。2010 年，城区保洁实现无缝隙覆盖保洁管理，道路保洁面积为 200 万平方米。

第四章 建筑业

1958年成立全县第一家建筑公司，1964年组建鄄城县城关建筑公司，80年代，随着改革开放和经济发展，各乡镇相继成立建筑公司25家。1999年以后，鄄城县城市建设委员会对全县建筑市场进行整顿，通过重点扶持、培育，兼并重组、资质定位，全县有建筑施工企业22家，其中预制构件厂15家，经省建设厅批准的二级建筑施工企业2家，三级建筑施工企业7家，从业人员2万余人，建筑业务范围涉及建筑、安装、装饰装修、路桥等工程项目，承包方式以总承包为主、专业承包和劳务分包为辅。随着全县经济的迅速发展，建筑业不断发展壮大，至2010年，鄄城县共有建筑公司9家，分别为山东金润建设有限公司、山东富泽置业有限公司、鄄城县平安建筑有限公司、鄄城县房地产建筑安装有限公司、鄄城县华星建筑安装工程有限公司、鄄城县恒信建筑工程有限公司、鄄城县海华置业有限公司、鄄城县鸿宇建筑有限公司、鄄城县宏达建筑筑路有限公司；一家建筑设计单位——鄄城县规划建筑设计院。

第一节 建筑公司

山东金润建设有限公司 属二级建筑施工企业，初为1952年10月成立的鄄城县建筑社。1980年3月成立鄄城县建筑工程公司。1997年1月，更名为山东省鄄城县建筑工程总公司，2003年12月，公司注册成立鄄城县双祺建筑劳务分包有限公司。2004年9月，成立山东省鄄城县建筑工程总公司房地产开发公司。公司资质等级为二级，干部职工230人，总公司下设财务科、人秘科、技术科、安全科、预算科、妇联工会、计生办、保卫科8个科室及古建、济南、濮阳、青岛、大庆、烟台、东营、北京8个分公司，辖14个施工队。2001年7月，公司注册资金2180万元，劳动生产率2.8万元/人，机械设备418台（件），总功率3792.46千瓦，技术装备率0.4万元/人。2005年11月，总公司顺利通过ISO9000：2000质量体系认证。1997—2005年连续9年被省、市工商管理部门评为“守合同、重信用”企业；2000—2005年共创省优工程5项，市优工程19项；省级“安全文明示范工地”5项，市级8项。

2006年8月，报经鄄城县建设局批准，经山东省工商行政管理局注册，公司在原山东省鄄城县建筑工程总公司的基础上，改制成立山东金润建设有限公司。公司始终坚持“以质量求生存、以信誉求发展”的企业宗旨，工业与民用建筑工程质量合格率达到100%，优良率达40%以上。创建了一批省市级优良工程、“质量诚信、用户满意”工程、“牡丹杯”奖和安全文明工地。烟台分公司2008年承建的烟台科泰电子有限公司餐厅宿舍楼（24层），被烟台市质监部门评为“优质结构”和“安全文明工地”，公司倡导的品牌战略初见成效。为了拓展建筑市场，2008—2010年，分别组建莱州分公司、诸城分公司和北京分公司。2005—2009年，连续5年被评为市级3A“信用企业”。为了改善公司的办公条件，公司在鄄城东环路799号地址，集资购买土地23.4亩，新建三层办公楼一栋，并于2010年9月13日启用。2010年度完成建安产值2.89亿元。

山东富泽置业有限公司 初为1964年成立的城关建筑队，1996年8月组建菏泽广厦建筑集团，1999年3月更名为菏泽广厦建筑安装工程总公司，2008年更名为山东富泽置业有限公司。经过40多年的艰苦创业，企业规模不断扩大，经营范围逐步拓宽，已发展成为管理现代化的施工建筑企业。下辖14个项目经理部，从业人员2000余人，有职称的工程技术和经济管理人员168人，其中高、中级68人。拥有固定资产3000万元，注册资金2008万元，年完成建安产值1亿元以上。施工机械先进，检测设备齐全，技术力量雄厚；能独立承揽大、中型工业与民用建筑工程，是菏泽市建设行业骨干企业之一。先后承建静雅小区，阳光嘉苑小区，温泉新村，润通和谐苑小区，阳光名郡小区，鄄城县中小学校改造项目，深受建管部门和业主的好评。润通和谐苑小区被评为安全文明小区。公司连续多年被评为市、县先进企业、文明单位。连续多年获省级“重合同、守信用”企业称号。

鄄城恒信建筑工程有限公司　组建于2000年11月，是经县建设局批准成立的股份有限公司。公司拥有注册资金620万元。固定职工216人，合同工600余人，具有高、中、初经济技术人员52人，各类施工机械、检验设备120台（套），年施工能力2500万元以上。工业与民用建筑工程施工三级企业。代表工程有2004年6月承建的鄄城镇二完小两幢住宅楼工程、2005年5月承建的鄄城县运输公司2#住宅楼、百货公司商住楼、人民商场综合楼，2007年承建的药材公司商住楼、金帝家园住宅楼，2008年承建的兴达商住楼、齐鲁车行商住楼、王建场商住楼，2009年金安商住楼和历山花苑小区正在建设中。其中2005年承建的鄄城县运输公司2#住宅楼被菏泽市建设局评为“市级安全文明优良工地”“市级安全文明示范工地”；2008年，药材公司商住楼被菏泽市建设局评为“市级安全文明优良工地”；2009年，历山花苑小区6#楼被菏泽市建设局评为“市级安全文明优良工地”。

鄄城县宏达建筑筑路有限公司　前身为振达路桥公司，于2003年 6月成立，经山东省建设厅批准成立的公路工程施工总承包二级，房屋建筑工程施工总承包三级资质的施工企业，注册资金3023万元。公司固定职工480人，合同工848人，具有高、中、初级工程技术及经济职称的222人，下设项目部23个，有各类施工机械、检测设备218台套。公司先后于2004年6月、2004年8月、2005年7月建成长春市交通饭店、长春市东环路3号段、长春市西环路4号段、四平市—长春一级公路、济青高速公路中二段等工程项目，承建工程合格率100%，优良率达30%。

山东鄄城海华置业有限公司　成立于2009年12月，注册资金1000万元。拥有工程师20人，助理工程师26人，会计师2人，助理会计师1人，助理统计师1人，经济师1人，施工员10人，质检员10人，预算员4人，项目经理10人，人员持证上岗率100%。有机械设备157台（件），总功率1050马力。其中搅拌机4台，塔吊2台，井架提升机4台，砂浆搅拌机9台，钢筋加工机8台，木工刨床4台电焊、气焊设备15台，各种切割机6件。

鄄城县华星建筑安装工程有限公司　2000年11月经鄄城县建设委员会批准，在原梁堂乡建筑公司、鄄城镇建筑材料公司及其他公司的基础上通过人员优化组合成立。公司注册资金616万元。技术力量雄厚，设备先进齐全，施工经验丰富，拥有工程师12人，助理工程师14人，技术员20人，会计师1人，助理会计师3人，统计师1人，经济师1人，施工员10人，质检员10人，预算员6人，项目经理13人，人员持证上岗率100%。公司承建的工程县人民医院病房楼，面积3600.5平方米，工程造价265万元；鄄城县房产局住宅楼，面积3856.5平方米，工程造价236.5万元；新华书店仓库，面积3246.3平方米，工程造价205.1万元。

鄄城县平安建筑有限公司　成立于2000年11月，注册资金1000万元，资质等级为三级。2004年8月取得铝合金门窗资质，2008年2月取得房地产开发资质。公司拥有固定职工458人，合同工525人，具有高、中、初级经济技术职称97人，各类建筑施工机械510台件，年施工产值3500万元以上。公司职能科室齐全，并设有预制构件厂、涂料厂、铝合金加工厂、水电暖安装、木制品加工厂等5个下属分厂及25个项目部。先后承建大小建筑39个，完成建安产值1.6亿元，工程合格率

100%，优良率40%。其中2000年7月承建的鄄城县实验中学4#教师住宅楼先后被评为“省级安全文明优良工地”和“市级优良工程”，2001年3月承建的鄄城县交警队综合楼、2002年11月承建的鄄城县地税局服务厅工程被评为“市级优良工程”。公司2001—2010年连续被省、市工商局评为“重合同、守信用”企业，2005年被评为“县级文明单位”。2008年起开发平安小区、顺和园小区，建筑面积10万平方米，总投资7000万元。

鄄城县房地产建筑安装有限公司 成立于1996年10月，隶属于鄄城县房地产管理局，为全民三级施工企业，公司注册资金601万元，固定资产332万元。可承建14层以下，24米跨度以下，高70米以下的各类大中型工业建筑、民用住宅、公共设施等工程。下设6科1室，9个项目部，1个装饰公司，1个预制构件厂，2个水暖安装队，2个木业车间。公司各类专业管理人员73人，高级工程师1人，工程师16人，助工21人，经济师1人，会计师1人，统计师1人，持证上岗预算员10人，年完成施工产值2000万元，工程合格率100%，优良率30%。有机械设备218台（件），总功率1672马力。其中JZ350型搅拌机12台，塔吊7台，井架提升机10台，砂浆搅拌机20台，钢筋加工机6台，木工刨床7台电焊、气焊设备11台，各种切割机8件。公司承建的主要代表工程有1997年4月承建的鄄城县实验中学教学楼、1998年承建的实验中学4#教工宿舍楼、2004年承建的金剑圣景园小区3#、4#、5#、6#、7#、8#楼等48个工程。其中实验中学4#教工宿舍楼，世纪新村居民小区9#、11#楼，国税局办公楼，房管局办公楼，水库商住楼等工程为市优工程，世纪新村居民小区16#楼被评为省级安全文明样板工地。公司被省、市工商局评为“重合同、守信用”企业。

鄄城县鸿宇建筑工程有限公司 前身为阎什镇建筑工程公司，2008年12月成立，2009年3月取得房屋建筑工程施工总承包三级资质，注册资金600万元，公司固定职工160人，合同工300人，具有高级技术职称20人，中级技术职称32人。公司设有项目部10个，有各类施工机械、检测设备120台。公司代表工程有阎什镇土管中心办公楼、阎什镇卫生院门诊楼、阎什镇文化中心办公楼、鄄城县粮食储备库等工程。公司承建工程合格率100%。

第二节 建筑设计

鄄城县规划建筑设计院前身为鄄城县规划建筑设计室，资质等级为丙级，注册资金55万元，2005年，有干部职工22人，全部为工程技术人员，其中高级工程师7人，工程师7人，助理工程师8人。其中二级注册建筑师5人，一级注册结构师3人，二级注册结构师1人。具有高级工程造价资格的2人，中级工程造价的2人，初级工程造价的2人，会计师1人。2010年，有高级工程师5人，中级工程师10人，助理工程师2人。

1996—2010年，根据《鄄城县总体规划》共设计建筑面积近350万平方米，建安工程量近280亿元。先后规划设计了孙膑旅游城、中行办公大楼、建行营业厅、鄄三路欧式一条街、鄄二路南段综合开发、世纪新村居民小区、崇兴花园小区、温泉新村、阳光花园、金剑圣景园、历山花苑、上海城市花园、舜城国际、旭日雅典城小区等工程项目。

第三节 建筑市场管理

鄄城县建筑工程质量监督站成立于1986年，属差额事业单位，共有干部职工13人，其中高级工程师1人，工程师8人，检测设备50余台。代表县政府行使工程质量监督管理，负责鄄城县辖区的建筑工程质量监管，同时承担建筑工程质量检测。1992年鄄城县建筑工程质量监督站新建试压室1处，于2010年初配备计算机辅助工作，提高了数据的科学性。1996年10月通过省技术监督局计量认证，取得二级检测资质，2002年、2007年、2010年通过省技术监督局计量认证复查。

1999年4月成立鄄城县建筑工程监理服务中

心，资质等级乙级。鄄城县建筑工程监理服务中心成立以后，严格按照国家规范和有关要求参与工程建设的各方责任主体质量行为监督检查，2005年，受监理工程项目32个，竣工工程合格率100%。2010年，受监理工程项目278个，竣工工程合格率100%。

1996年以后，建筑工程管理工作逐步走向规范化。先后制定《鄄城县建筑市场管理办法》《鄄城县建筑工程质量、安全管理暂行办法》《鄄城县装饰市场管理办法》《鄄城县建筑施工企业及建筑工程项目考核办法》，将施工企业和工程项目部各项工作合理量化，实行责任责任目标管理，这在全市八县一区尚属首创。

第五章　村镇规划建设

第一节　村镇规划

1991年，鄄城各乡镇均成立村镇建设管理办公室，负责组织实施村镇规划建设管理工作。1993年阎什镇启动总体规划的编制；1994年什集镇制定《什集镇小城镇建设20年规划》，1996年旧城镇完成总体规划的编制，1997年李进士堂镇完成总体规划的编制，1999年凤凰乡完成总体规划的编制。2000年箕山镇完成总体规划的编制。

1995年，县委、县政府根据上级文件精神，要求村镇建设推行"一书两证"和"村镇规划选址意见书"制度。1995年，富春乡开通尧王路，对两侧进行统一规划，麻寨乡对乡驻地及舜王城进行统一规划，郑营乡规划村庄27个，梁屯乡规划村庄21个。2000年完成村庄规划100多个；2001—2005年红船镇、什集镇、郑营乡、富春乡、彭楼镇、董口镇、临濮镇进行新一轮总体规划的编制，编制村庄规划200多个。2006年，董口镇、旧城镇、箕山镇总体规划着手编制；全县完成试点村规划30多个；2007年，阎什镇修编总体规划，对驻地广场进行详细规划，红船镇规划6个试点村及驻地广场。2008年，引马乡、大埝乡编制总体规划；结合万名干部下乡活动，全县共规划村庄190余个。2009年，编制鄄城县县域村镇体系规划及农村住房建设与危房改造规划，对整村迁建村庄编制建设规划14个。2010年，完成左营乡、李进士堂镇、彭楼镇、临濮镇、凤凰镇5个乡镇的总体规划，红船镇又着手对总体规划修编，全县规划整村迁建村庄20余个。

第二节　村镇建设

1991年，全县有25个乡镇，其中3个建制镇，22个乡，828个行政村，1142个自然村，人口63.98万人；建筑占地面积8660公顷，其中建制镇（2个，不含鄄城镇）89公顷，集镇492公顷，村庄8079公顷，有住宅总建筑面积1616.21万平方米，公共建筑总面积98.24万平方米，生产建筑总面积13.88万平方米。各类建筑总计建筑面积1728.33万平方米；修建乡村道路计4689公里，其中铺装高级次高级道路440公里，土路4249公里，自来水受益集镇5个，村庄4个，人口1.17万人，通电村庄988个。

1995年，新增建制镇2个（阎什镇、什集镇），建制镇达到5个，村庄1137个，人口66.86万人，除鄄城镇外，村镇建筑总占地面积11069公顷，其中建制镇384公顷，集镇545公顷，村庄10140公顷，有住宅总建筑面积1860.88万平方米，人均建筑面积27.83平方米，人均使用面积19.88平方米，人均居住面积13.65平方米；自来水受益集镇18个，村庄20个，人口5.94万人；实有道路总长度7069公里，铺装高级次高级道路473公里，面积309.77万平方米，有桥梁3782座，防洪堤107公里，通电村庄1142个，安装路灯1605盏。在全省开展的“十百千”活动中，省建委授予凤凰乡花李庄、梁堂乡连庄、旧城镇老宅庄、麻寨乡舜王城、郑营乡信义村、吕胡同6个村明星村庄称号。

1996年，全县有25个乡镇，其中建制镇5个，村庄1142个，集镇人口8.02万人。除鄄城镇外，村镇建筑总占地面积11110公顷，其中建制镇395公顷，集镇543公顷，村庄10172公顷，住宅总建筑面积1107.04万平方米，其中，住宅使用面积942.68万平方米，居住面积765.62万平方米，人均使用面积14.01平方米，人均居住面积11.38平方米，自来水受益集镇8个，村庄20个，人口4.48万人；实有道路长度7076公里，铺装高级、次高级道路560公里，实有道路面积4808.3万平方米，其中高级、次高级道路面积357.19万平方米。桥梁3788座，防洪堤107公里，通电村庄1142个，安装路灯2020盏。同年8月黄河洪水以后，在党和政府的关怀支持下，全县滩区安全建设取得很大进展。先后搬迁51个村庄，12017户人家，4.1万人。李进士堂镇驻地由1000多人的小集市一举变为1.3万多人的大镇。其规划合理，措施得当、配套设施齐全，为全县加速村镇建设步伐开了一个好头。在全省开展的“十百千”活动中，省政府授予李进士堂镇“全省新型乡镇”奖；省建委、省人事厅授予李进士堂镇许堂、箕山镇杨老家、引马乡张班庄、麻寨乡西范庄、旧城镇姬庄、什集镇和庄、董口乡前园共7个村庄为“明星村庄”称号。

2000年，新增建制镇2个（箕山镇、李进士堂镇），建制镇达到7个，乡18个，407个行政村，1045个自然村，人口68.77万人。除鄄城镇外，村镇建筑总占地面积10413公顷，其中建制镇592公顷，集镇552公顷，村庄8909公顷，有住宅总建筑面积1275.18万平方米，人均建筑面积18.54平方米，人均使用面积13.89平方米，人均居住面积10.88平方米。自来水受益集镇9个，村庄20个，人口5.22万人；实有道路长度7326公里，铺装高级、次高级道路568公里，面积2831.57万平方米。桥梁3804座，防洪堤107公里，通电村庄1045个，安装路灯3290盏。李进士堂镇、凤凰乡安装了有线电视。

2001年，全县合并为16个乡镇，其中建制镇8个，乡8个，村庄1060个，人口69.48万人。除鄄城镇外，村镇建筑总占地面积10526公顷，建筑面积达1342.78万平方米，其中，住宅总建筑面积1303.05万平方米，人均使用面积13.96平方米，人均居住面积12.10平方米，自来水受益集镇9个，村庄23个，人口5.40万人；实有道路长度7335公里，铺装高级、次高级道路590公里，桥梁3521座，防洪堤107公里，通电村庄1060个，安装路灯3520盏，通电话村庄1060个。

2001—2005年，村镇建设引起各级领导重视，积极加大村镇建设资金投入，村镇建设得以迅速发展。阎什镇、红船镇、什集镇、彭楼镇、凤凰乡等乡镇对主要街道两侧进行高起点规划、高标准建设，由原来的低矮平房，改建成新颖的二层或三层楼房。并对道路进行拓宽硬化，铺装人行道，安装路灯，修建下水道及道路绿化。自2003年村庄规划建设在村村通公路、改水、改灶、改厕政策下，一改往日出行难及“脏、乱、差”局面，村庄居民生产生活环境得到很大改善。2005年，通公路村庄达90%以上，一部分村庄用上洁净的自来水。“十五”期间村镇建设投资22.4亿元，新增建筑面积700多万平方米，新修道路730多公里，修建下水道40多公里，安装路灯1700余盏，种植绿化苗木4000余棵。红船镇、引马乡大黄庄、凤凰乡花李庄、大埝乡连庄先后被省、市评为村镇建设明星村镇。2005年，建制镇达到10个（含鄄城镇，2002年设临濮镇、彭楼镇），乡6个，村庄1060个，行政村440个，人口71.23万人。除鄄城镇外，村镇建筑总占地面积11102公顷，住宅总建筑面积1414.45万平方米，人均使用面积14.46平方米，人均居住面积12.67平方米，自来水受益集镇9个，村庄75个，人口10.50万人；实有道路长度8217公里，铺装高级、次高级道路673公里，桥梁4035座，防洪堤107公里，通电、通电话村庄1060个，安装路灯5168盏。

2006—2008年，鄄城县加大村镇建设投资力度，新增住宅面积350余万平方米，投资约14亿元；公共建筑18万平方米，投资9000余万元；生产建筑30万平方米，投资1.2亿元。道路铺设700多公里，下水道修建1.2万多米，路灯安装2000余盏，加上其他基础设施建设，投资约3亿元。加强综合治理，开展村镇卫生集中整治活动，清理卫生死角460余处；治理柴草堆、粪堆等4010余个；重点治“五乱”（柴草乱垛、粪土乱堆、垃圾乱倒、污水乱泼、牲畜乱跑）、抓“三清”（清洁河道、清洁村庄、清洁家园），清运垃圾1.2万吨；建“五化”（环境净化、道路硬化、村庄绿化、干道亮化、整体美化），整治广告牌匾450余块，治理乱贴乱画1200余处。村庄改厕全面铺开，完成改厕1300余个。把绿化、保洁管理推向市场，着重建立农村环境卫生管理的长效机制，实现村内垃圾“户装、村清、集中处理、日产日清”，村容镇貌焕然一新。

2009年，启动农村住房建设与危房改造工作。李进士堂镇、鄄城镇、彭楼镇、阎什镇的边庄、盆刘庄、王顾庄、西肖庄、东街、赵庄、窦庄、王吴庄、彭庄、王堂、阎什村、红旗村、三合村13个整村迁建。建设户数达1600余户，建筑面积达30余万平方米，投资约2.4亿元。完成分散建房1万余户，建筑面积约130万平方米，总投资达7亿多元；危房改造完成2200余户，建筑面积18万余平方米，总投资7200余万元。在全市农村住房建设与危房改造工作检查评比中，受到上级领导好评。

2010年，把城乡一体化工作提上重要日程，加大村镇建设投入，小城镇启动居住小区、商贸物流中心、工业园区、绿地广场等建设，整村迁建村庄达37个，建设户数5000余户，建筑面积约75万平方米，完成投资约5.2亿元，改造危房3400余户，改造面积约41万平方米，完成投资约2.6亿元，小城镇道路、绿化、给水排水、路灯等基础设施进一步完善。

第六章　房地产业

第一节　城镇住房制度改革

1995年7月，县政府制定《鄄城县出售公有住房试行办法》及细则、《鄄城县人民政府关于深化城镇住房制度改革的实施意见》，全面推行住房公积金制度，推进租金改革，稳步出售公有住房，加快经济适用住房的开发建设，房改方案全面起步实施。1996年，鄄城被省政府确定为“全省住房制度改革系统化管理试点县”。1998年，按照菏泽地区行署规定，全地区取消福利性分房，实行职工住房货币化分配，即把原来职工住房实物分配改为货币分配，把原来的福利性实物优惠变为价值补偿和补贴。房改遗留问题逐步得到解决，住房公积金推行范围逐步扩大。2000年，根据《山东省人民政府关于深化住房制度改革进一步开放和搞活住房二级市场的意见》，停止单位建房，房改价格执行接近于经济适用房价格的无折扣成本价。

第二节　房地产拆迁管理

1997年，鄄城县成立城市房屋拆迁管理办公室，对全县拆迁工作进行管理。2000年成立鄄城县城市建设房屋拆迁办公室，进一步规范鄄城县城市拆迁管理。2002 年，对鄄 3 路实行拆迁改造，项目属于自拆自建性质，共拆迁 160 户，1.8 万平方米。2004 年，根据城市规划，对鄄 2 路、青年路、人民路进行拆迁改造，共完成崇兴商场、县委、水利局、运输公司、河务局、公路局、建委、二院、五金公司、南街一队及四队等 10 多个单位和一些民房、房改房的拆迁工作，共拆迁 100 户，拆迁面积 1.1 万平方米。2005 年，人民路、开发区开发建设，鄄 7 路，东环路，北环路，西环路，鄄 10 路、鄄 11 路拓宽延伸，共拆迁 460 户，拆迁面积 7 万余平方米，县政府均按照有关规定进行补偿。2010 年 4 月开始，对味精厂片区、温泉片区等项目依法拆迁进行开发建设，这是全县第一次大规模集中拆迁，严格按照县政府有关文件进行拆迁安置补偿。

第三节　房地产开发

1991 年，鄄城县房地产综合开发公司成立，是全县第一家房地产开发企业，先后开发了鄄四路商业街，世纪新村居民小区等工程，开发面积 10 余万平方米。世纪新村居民小区，位于鄄城县孙膑路中段，人民广场北邻，1992 年经山东省规划设计院规划设计，1999 年开建。总占地面积 101 亩，建筑面积 7.2 万平方米，可容纳近 3000 人居住，小区 2002 年交付使用，是鄄城县第一个配套完善、功能基本齐全的居民小区。该小区是全省试点小区和重点工程项目，2002 年 3 月被菏泽市环保局评为“绿色社区”,2003 年 12 月被山东省建设厅评为“省级安全文明小区”。

2005 年开发建设的金剑圣景园小区占地 68 亩，总建筑面积 8 万平方米，容纳住户 460 户。2005 年，鄄城县共有房地产开发企业 8 家，累计完成开发建筑面积 40 万平方米，改善了城镇居民的居住环境和生活条件。2006 年开发建设阳光嘉苑居民小区。2008 年开发建设温泉新村居民小区。2010 年 10 月上海城市花园项目进行地质勘探，项目占地面积 95 亩，规划建筑面积 15.8 万平方米，可容纳住户 1200 户。至 2010 年，全县已经开发竣工、配套齐全的居民小区主要有世纪新村居民小区、金剑圣景园、阳光嘉苑、江盛静雅花园、温泉新村等。

第四节　房地产管理

1991 年，鄄城县房地产交易监理所成立，负责对房屋买卖、抵押、继承、转让、租赁等交易行为的管理。1991 年，在全县城区范围内统一进行初始登记。2003 年，根据省、市统一部署，对城区房屋进行摸底调查，并换发全国统一房屋所有权证书。共换发房产证 8000 本。至 2010 年，共发放房屋权属证书 30000 余本；办理房屋抵押 2300 宗，抵押金额 15 亿余元。

物业管理工作自 1999 年 6 月开始开展，至 2010 年 12 月，世纪新村居民小区、金剑圣景园、阳光嘉苑、崇兴花园等均实行社会化、专业化的物业管理工作，每个管理项目均运转良好。

第七章　环境保护

1990 年 4 月，县环境保护局成立。1990 年，县属主要污染企业逐步开展污染治理，全县环境质量状况基本稳定，局部环境质量恶化的趋势有所遏制。1991 年，完成城区噪声功能区划，严格控制噪声污染。1992 年，在县城区范围内对大气污染进行监测和控制。

1995 年，对全县范围内固体废物、废水、废气排放实行申报登记制度，并对重点污染企业进行限期治理。1998 年，对 COD、烟尘、二氧化硫 3 种主要污染物实行总量控制，并把控制指标分配到企业。2000 年 8 月，全县主要企业实现废水达标排放。2004 年，全县工业污染源实现达标排放，城区空气和噪声均符合国家标准，饮用水水源地没有受到污染。2010 年，二支沟、三支沟由于承纳城区所有生活污水和企业废水，污染较重。

第一节　环境污染防治

大气污染治理　1994 年，开始建设鄄城县烟尘控制区，重点防治烟尘及二氧化硫污染，县城烟尘控制区面积 5.7 平方公里，覆盖率达 100%。1999 年，为落实环保法律、法规，完成“一控双达标”（即污染物总量控制；工业污染源要达到国家或地方规定的污染物排放标准，空气和地面水按功能区达到国家规定的环境质量标准）任务，专门制定《鄄城县烟尘控制区管理办法》，对烟尘控制区进行污染源治理，禁止餐饮行业食堂大灶散烧原煤，改烧其他清洁燃料，推行集中供热，推广低灰分优质煤和油、电等清洁燃料。

经过治理，2000 年大气污染状况明显好转。2005 年，鄄城县工业企业大批上马，加上地方保护政策局限，污染情况有所加重。

2006 年 7 月，制订《鄄城县蓝天工程实施方案》，对机关、事业单位取暖锅炉，工厂企业生产锅炉、窑炉，城区浴池锅炉和餐饮服务行业锅炉重点进行治理。淘汰 10 台 1 吨以下污染严重的锅炉。2009 年，为保障十一届全运会期间空气质量，制订燃煤锅炉治理方案，淘汰 1 吨以下锅炉更换环保型锅炉，取缔 12 台，治理 39 台。2010 年，制订《碧水蓝天专项行动实施方案》，县直共 97 台锅炉，治理 40 台，更换 26 台，取缔 17 台；乡镇共 104 台锅炉，治理 18 台，更换 18 台，取缔 8 台。

水污染防治　90 年代初，水污染较重，全县工业主要以味精、淀粉、化工、造纸等行业为主，大部分企业排放废水都未经处理，直接外排，造成箕山河水质不断恶化。1996 年，按照省、市环保局要求，采取“零点”专项行动，取缔一批污染严重的小造纸企业。1999 年，县菱花味精厂、县淀粉厂分别投资 760 万元、430 万元相继建成废水处理设施。2000 年，全县工业主要污染源基本实现稳定达标（COD ≤ 100 毫克／升，氨氮 ≤ 15 毫克／升）。2001—2002 年，对已达标排放企业实施污染治理两提高工程，全县污水排放量逐年减少。2003—2005 年，分别将菏泽华意化工有限公司、菏泽奥斯卡发制品有限公司、菏泽北方发制品有限公司等 23 家化工、发制品企业列入市、县限期整改企业名单，至 2005 年，23 家企业分别通过市、县环保部门验收。

2006 年，鄄城（潍坊）工业园、鄄城工业园入驻大批工业项目，超标排放现象时有发生。

2010 年 4 月，制订《鄄城县环保“十个一工程”实施方案》，即对全县 1 家国控企业（污水处理厂）、7 家市控企业（菏泽华意化工有限公司、鄄城建融化工有限公司、鄄城康泰化工有限公司、菏泽沃蓝化工有限公司、菏泽福瑞德生物工程有限公司、菏泽奥斯卡发制品有限公司、菏泽北方发制品有限公司）每家建设起一套技术水平先进的治污设施、一套中水回用工程、一套固废处置系统、一个规范的排污口和生物指示池、一套在线监控系统、一个事故应急处置池、一套科学的应急预案、一个标准化的化验室，一套精、细、准的台账和运行记录及一支水平较高的环境管理队伍。至年底，8 家控制企业全部通过“十个一工程”验收，废水均实现稳定达标排放。

第二节　环境监测

1992 年，鄄城正式开展环境监测工作，主要是全县水体、大气、污染源等环境要素监测。

地面水监测　1992 年，全县地面水设箕山河箕山镇仪楼断面一个监测点。2003 年，监测点断面增加到 8 个，分别是：箕山河富春乡仝仁庄、凤凰乡大周寺桥、箕山镇仪楼、郓城陈坡孔河岩、二支沟实验中学西、三干渠罗庄点、四干渠一棉厂北，济董公路临商公路交汇点。其中孔河岩断面为出境考核断面。

2003—2010年孔河岩断面监测数据情况表

表 5-7-1

年份	项目	1月	2月	3月	4月	5月	6月	7月	8月	9月	10月	11月	12月
2003	化学需氧量（毫克/升）	33.7	41.3	55	49	35	31.2	48.3	44	42.5	36	37	50
	氨氮（毫克/升）	1.98	2.15	2.08	2.63	3.14	2.91	4.21	5.33	1.26	1.45	2.31	2.47
2004	化学需氧量（毫克/升）	32	36.4	31.5	42	25	33.1	64.7	28.6	36.4	24.5	41.3	46.5
	氨氮（毫克/升）	6.48	5.21	3.58	4.2	2.18	2.64	1.22	2.01	2.13	3.59	5.36	6.15
2005	化学需氧量（毫克/升）	45.1	56.7	39.6	42.5	37	49.4	42.3	50.2	41.4	34.5	40.6	51.9
	氨氮（毫克/升）	2.52	2.66	3.58	3.64	4.74	4.69	3.26	2.11	3.21	4.57	5.02	4.61
2006	化学需氧量（毫克/升）	51.5	43.9	50.2	46.7	42.6	64.2	48	62	66	194	32	56
	氨氮（毫克/升）	5.23	3.22	1.23	2.26	3.82	2.89	2.35	2.87	3.2	6.22	3.26	12.3
2007	化学需氧量（毫克/升）	126	88	41	46	41.9	36.6	38.2	29.9	79.6	71.6	63.9	47.2
	氨氮（毫克/升）	42.3	47.6	8.32	19.6	7.43	8.96	9.01	22.7	17	22.6	12.8	11.3
2008	化学需氧量（毫克/升）	20.6	20.8	23.9	30.2	29.7	26	32.5	25.6	31.7	38.7	32.7	30.8
	氨氮（毫克/升）	1.98	1.84	3.66	3.17	9.52	14.1	6.96	7.39	6.9	8.92	6.52	4.12
2009	化学需氧量（毫克/升）	31.5	28.6	30	25.6	24.5	27.3	30.5	29.8	28.6	30.9	29.7	30.6
2009	氨氮（毫克/升）	3.06	2.18	3.15	3.21	2.04	2.17	3.08	3.12	3.85	3.18	3.52	4.12
2010	化学需氧量（毫克/升）	38.6	31.2	21.9	25.3	26.2	45.2	32.7	28.6	23.5	26.2	28.9	26.8
	氨氮（毫克/升）	2.56	3.9	2.32	1.8	1.88	2.36	3.01	3.96	3.17	2.91	3.12	2.39

由于检测仪器设备和技术力量有限，饮用水源检测、降水监测、环境噪声检测业务长期没有开展。

大气监测 2006年，县政府驻地成为首批市控环境空气质量监测点，设置二氧化硫、降尘监测点位，环境空气执行《环境空气质量标准》中二级标准，即SO_2日均浓度≦0.15毫克/立方米，TSP(总悬浮颗粒物）≦0.30毫克/立方米。

2006—2010年鄄城县政府监测点监测数据情况表

表 5-7-2

年份	项目	1月	2月	3月	4月	5月	6月	7月	8月	9月	10月	11月	12月
2006	二氧化硫日均值（毫克/立方米）	0.096	0.102	0.098	0.096	0.055	0.048	0.046	0.038	0.059	0.092	0.097	0.101
	TSP日均值（毫克/立方米）	0.34	0.35	0.23	0.24	0.28	0.27	0.26	0.24	0.28	0.31	0.32	0.34
2007	二氧化硫日均值（毫克/立方米）	0.097	0.103	0.099	0.097	0.056	0.049	0.047	0.04	0.061	0.092	0.098	0.103
	TSP日均值（毫克/立方米）	0.32	0.35	0.24	0.25	0.29	0.29	0.28	0.24	0.29	0.31	0.33	0.34
2008	二氧化硫日均值（毫克/立方米）	0.098	0.103	0.099	0.098	0.057	0.048	0.048	0.039	0.06	0.093	0.099	0.104
	TSP日均值（毫克/立方米）	0.33	0.37	0.26	0.26	0.28	0.28	0.27	0.24	0.29	0.32	0.33	0.35
2009	二氧化硫日均值（毫克/立方米）	0.096	0.102	0.098	0.096	0.055	0.048	0.046	0.038	0.059	0.092	0.097	0.105
	TSP日均值（毫克/立方米）	0.34	0.35	0.23	0.24	0.28	0.27	0.26	0.24	0.28	0.31	0.32	0.34
2010	二氧化硫日均值（毫克/立方米）	0.095	0.101	0.097	0.098	0.054	0.049	0.047	0.039	0.061	0.092	0.098	0.102
	TSP日均值（毫克/立方米）	0.35	0.33	0.24	0.25	0.28	0.26	0.27	0.23	0.27	0.3	0.31	0.33

污染源监测　2010年，鄄城开始对全县污染物排放总量实行控制，并对全县重点工业污染源进行监测，监测范围仅限于县城内工业企业，监测项目为pH值、化学需氧量（COD）、流量、氨氮等。

2010年鄄城县主要污染物排放情况表

表 5-7-3

排放物	COD（吨）	氨氮（吨）	SO_2（吨）	NOx（吨）
排放量	8299.54	1008.94	5017.4	942.58

2010年度鄄城县总量控制重点工业污染源监督检查数据情况表

表 5-7-4

企业名称	排污去向	流量（立方米/秒）	CODcr（毫克/升）（国家标准≤100毫克/升）	氨氮（毫克/升）（国家标准≤15毫克/升）	pH
菏泽华意化工有限公司	箕山河	0.019	42.3	1.05	6.85
鄄城建融化工有限公司	箕山河	0.013	36.7	1.26	7.1

续表 5-7-4

企业名称	排污去向	流量（立方米／秒）	CODcr（毫克／升）（国家标准≤100毫克／升）	氨氮（毫克／升）（国家标准≤15毫克／升）	pH
鄄城康泰化工有限公司	箕山河	0.018	49.7	1.58	7.18
菏泽沃蓝化工有限公司	箕山河	0.0062	28.6	0.918	6.3
菏泽福瑞德生物工程有限公司	箕山河	0.006	36.2	0.812	6.63
鄄城菱花味精厂	箕山河	0.009	60.9	2.91	7.06
菏泽奥斯卡发制品有限公司	箕山河	0.0041	56.4	4.53	6.47
菏泽北方发制品有限公司	箕山河	0.0038	58.1	5.73	6.62
污水处理厂进水	箕山河	0.315	263	19.7	7.4
污水处理厂出水	箕山河	0.32	28.9	0.952	6.57

第三节　生态示范区建设

1996 年 4 月，鄄城县成为国家环保局命名的全国首批 69 个生态示范区试点地区之一。鄄城县委、县政府高度重视，坚持经济建设、城乡建设及环境保护同步规划，同步实施，同步发展。聘请国家、省市专家对《鄄城县生态县建设总体规划》进行论证，制订《关于加快生态县建设的实施方案》，确定生态县建设的任务和重点。推进京九绿色长廊工程、绿色通道工程、黄河滩区速生丰产林项目建设，2004 年 8 月，鄄城生态示范区建设各项指标通过国家环保总局考核验收组考核验收。2005 年，鄄城县被国家环保局命名为国家级生态示范区。

2005 年，全县落实《2000—2007 年生态市建设县长目标责任书》中各项指标，县委、县政府与各乡镇签订《生态县建设乡镇长目标责任书》。控制面源污染，提高畜禽粪便综合利用率，减少化肥农药的使用量。同时，结合新农村建设做好农村改水改厕工作。开展绿色创建活动。至 2010 年，全县共创建省级绿色学校 4 所，市级绿色学校 11 所，国家级生态文明乡镇 2 个，国家级生态文明村 2 个，省级生态文明乡镇 3 个，省级生态文明村 2 个，绿色社区 7 个。

1996—2010 年鄄城县生态建设情况表

表 5-7-5

国家级生态文明乡镇	彭楼镇、阎什镇
国家级生态文明村	临濮镇曹庄、凤凰镇花李庄
省级生态文明乡镇	红船镇、什集镇、富春乡
省级生态文明村	阎什镇阎什村、箕山镇王固庄村
绿色社区	世纪新村居民小区、鄄城镇崇兴社区、鄄城镇古泉社区、鄄城镇乐园社区、鄄城镇东昌社区、金剑圣景园、温泉新村
省级绿色学校	县第一中学、实验中学，红船镇中学、富春完小
市级绿色学校	红船完小、阎什镇张志门完小、郑营中学、大埝乡大埝完小、旧城共青希望小学、富春乡中心小学、大埝乡合理完小、左营乡左营完小、凤凰镇陈楼完小、什集镇北王召完小、阎什镇沈楼完小

第四节 环境管理

2003年前，主要是对土小企业等进行管理。2003年9月1日，《中华人民共和国环境影响评价法》实施后，对全县所有新、扩、改建设项目实行环境影响评价审批制度，执行环境保护“第一审批权”和“一票否决权”的有关规定，未经环境保护行政主管部门审批环境影响评价报告书（表）、环境影响登记表的情况下，县发展和改革局、县国土资源局、县住房和城乡建设局、县工商局等部门不得为有污染的建设项目办理审批、用地、设计审查、竣工验收、注册等事项。2003年全县执行环评制度的项目45个，环评执行率为52%。2004年全县执行环评制度的项目58个，环评执行率为78%。2005年，全县执行环评制度的项目63个，环评执行率为96%。2006—2010年全县执行环评制度的项目分别为75个、92个、83个、101个、113个，环评执行率均为100%。

2005年起，按照国务院《建设项目环境保护管理条例》规定，对全县所有新、扩、改建项目实施“三同时”制度（建设项目中防治污染的措施，必须与主体工程同时设计、同时施工、同时投产使用。防治污染的设施必须经原审批环境影响报告书的环保部门验收合格后，该建设项目方可投入生产或者使用），当年实行执行“三同时”项目环保投资为1256万元，“三同时”执行率87%。2006年，全县建设项目“三同时”项目环保投资3389万元，“三同时”执行率为95%。2007年，全县建设项目“三同时”项目环保投资5147万元。2008年，全县建设项目“三同时”项目环保投资7915万元；2009年全县建设项目“三同时”项目环保投资9856万元；2010年，全县建设项目“三同时”项目环保投资11254万元，“三同时”执行率均为100%。

根据《排污费征收标准管理办法》以及省物价局2006年、2008年相关文件要求，对有污染排放的企业征收污染费，征收的污染费主要用于企业治污设施改进和监管工作运转。

1991—2010年鄄城县污染费征收情况表

表5-7-6

年　份	1991—1995	1996—2000	2001	2002	2003	2004
收费（元）	41107	89425	74387	116242	162789	301336
年　份	2005	2006	2007	2008	2009	2010
收费（元）	531429	684069	1144542	1164416	1150550	1490890

第六编

交通　邮电　电力

JIAOTONG YOUDIAN DIANLI

1991 年，县内道路交通仅有支线 4 条，全部为三级公路，总里程 47.3 公里；水上交通主要依托旧城黄河浮桥和苏泗庄等 13 处渡口的 43 艘机船实现。之后 20 年，全县交通事业进入快速发展期。1996 年，京九铁路鄄城站建成通车，结束鄄城无铁路过境、无火车客货运的历史；2004 年、2005 年、2007 年，济董公路、临商路复线、鄄巨公路升级为二级公路；2001—2004 年，全县“村村通油路”全面实施；2005 年以后，董口、左营、李进士堂黄河浮桥陆续通车，2008—2009 年，沿黄路、旅游路、临商路相继改造完成。2010 年，全县农村公路通车总里程达到 1938.7 公里，公路密度每百平方公里达到 187.5 公里，全县通油路行政村达到 509 个。公路建设带动全县客货运输及运输服务业发展。1991 年，全县跨县区运营的大中型客车有 18 辆；2005 年，全县营运客车 286 辆，年完成客运量为 216 万人次。2006—2010 年，全县年均完成旅客运输量达 240 万人次，年均完成旅客周转量 18300 万人公里。1991 年全县营运货车有 135 辆；2010 年，全县有营运货车 5140 辆，年完成货运量 2322 万吨、货运周转量 553254 万吨公里。1991 年，全县运输服务业刚刚起步，仅有鄄城县运输公司货运站。2010 年，全县有二级客运站 1 家、三级客运站 2 家、四级客运站 9 家；三级货运站 2 家、四级货运站 7 家、货物集散地 25 处。

1998 年，县邮政局与电信局实行合署办公，统称为县邮电局。到 2010 年，全县共设有 37 个投递段，投递线路总长 2816 公里，担负全县行政村、自然村和行政机关、企事业单位的报刊、信件、包裹、汇款等邮件的传递任务。同年，县邮政局成立中国邮政速递物流鄄城县分公司，开创县内快递业的先河。1998 年，县电信局正式开通国际互联网拨号上网业务，开创互联网及其数据业务新时代。1999 年，县电信局寻呼、卫星链路超级级站和移动业务被剥离出去，移交至新成立的移动公司、联通公司。2001 年，电信局按照国家有关规定实行重组，改称为中国网通，此后专注于电话、电报、互联网等业务。2008 年，县网通公司与联通公司融合，成立新的中国联通鄄城县公司，其业务扩展到移动通信服务领域。2010 年，县内共有中国联通、中国电信、中国移动通信 3 家大型国有通信公司。

鄄城供电事业发展较快。1991 年，全县 35 ~ 110 千伏线路长度 118.7 公里，变电站容量 63000 千伏安。2010 年，全县 35 ~ 110 千伏线路长度 277.66 公里，变电站容量 290950 千伏安。1991 年全县供电量 5447 万千瓦时，售电量 5125 万千瓦时。2010 年供电量达到 35898 万千瓦时，售电量达到 32971 万千瓦时，为全县经济和社会发展提供电力保障。

第一章 公 路

第一节 公路建设

1991 年，县内支线 4 条，总里程 47.3 公里。1996 年完成左营—箕山 7 公里，方庙—陈良—宋楼 8 公里，宋楼—张志门 12 公里。1997 年完成鄄城—旅游城 19 公里，乡村公路 8.25 公里；1998 年修建凤凰—赵庄 4.2 公里，郑营—富春 10.2 公里，李进士堂乡村路 32 公里，箕山镇乡村路 38 公里，彭楼—鄄菏界公路 5 公里。1999 年修建梁屯—西双庙乡村路 12.3 公里，张志门乡村路 7.5 公里，其他乡村路 10 公里。2000 年修建沿黄路东段 17.3 公里，彭楼乡村路 24.2 公里，梁屯乡村路 28 公里，水库专用路 10 公里。2001—2005 年，鄄城县抢抓国家对农村公路改造实行倾斜政策的难得机遇，精心组织，科学施工，使之成为鄄城县地方道路建设史上投资规模最大、修路里程最多、工程质量最好的发展时期。五年累计投资 18169.9 万元，新建和改建地方公路 1094.8 公里。2008—2009 年，重点新改建沿黄公路和旅游路 2 条县道，其中沿黄公路途经临濮、董口、旧城、李进士堂和左营 5 个乡镇，全长 47.6 公里，预算总投资 4284 万元。该工程分两年实施，2008 年完成鄄菏界至董口，里程 17.5 公里，完成投资 1575 万元；2009 年完成董口至鄄郓界，里程 30.1 公里，完成投资 2709 万元。2010 年，全县农村公路通车总里程达到 1938.7 公里，其中县道 254.3 公里、乡道 213.2 公里，村道 1471.2 公里，比“十五”末期农村公路通车总里程增加 1145.7 公里，公路密度每百平方公里达到 187.5 公里，全县通油路行政村达到 509 个，占行政村总数的 99.22%。全县干线公路基本形成“五纵五横一环”的路网布局，从根本上解决人民群众出行难的问题。

沿黄公路是鄄城北部贯穿东西的一条交通主干道，它对全县的农村经济发展、黄河抗洪抢险和建设社会主义新农村起到促进作用。

旅游路途经鄄城阎什、红船、箕山、左营 4 个乡镇，全长 38 公里，预算总投资 3240 万元。2008 年，完成里程 14.5 公里，完成投资 1300 万元。2009 年完成里程 23.5 公里，完成投资 1940 万元。旅游路是鄄城东部贯穿南北的一条交通主干道，向北经左营黄河浮桥可达河南省范县，向南过牡丹区胡集可达 220 国道，更重要的是该路途经全市重要旅游景点——占地 978 亩的孙膑旅游城，它对加快鄄城县的旅游开发、沿线乡镇经济发展和社会主义新农村建设起到促进作用。

临商公路，147.713—151.831 路段于 2004 年由块石路面改建为水泥混凝土路面，由原来的次高级路面升级为高级路面；151.831—161.487 路段于 2007 年进行改建；161.487—188.634 于 2010 年改建，由二级路升级为一级路。其中 161.478—165.478 路面宽 23 米，165.478—177.613 路面宽 30 米，177.613—188.634 路面宽度为 23 米。

2005 年新建成的临商公路复线鄄城段

(2005 年 摄)

巨鄄公路，42.64—58.74 路段于 2007 年改建，由原来的三级路升级为二级路，路面宽度为 12 米；58.74—66.82 路段于 2009 年改建，其中 58.74—60.57 路面宽度为 12 米，60.57—66.82 路面宽度为 9 米。

济董公路，109.99—123.909 路段于 2004 年改建，2010 年进行中修罩面，路面宽度为 12 米。126.188—134.491 路段于 2005 年改建为路面宽度 15 米，134.491—143.647 路面宽度 12 米。

2003—2010 年鄄城县农村公路改造情况表

表 6-1-1

年　度	项目（个）	里程（公里）	资金投入（万元）
2003	18	81.5	1393.95
2004	90	363.2	6210.97
2005	185	501.4	8573.98
2006	43	138.2	2073
2007	64	83.1	1495.8
2008	21	111.5	6319.4
2009	27	110.3	3575.1
2010	32	89.6	5311
合　计	480	1478.8	34953.2

第二节　公路运输

客运　1991 年，全县跨县区运营的大中型客车 18 辆，1995 年 18 辆，1998 年 24 辆。2000 年，全县跨县区运营的大中型客车 49 辆，城乡区域客运以农用小型客车、机动三轮车和汽油三轮车为主要交通工具，安全系数低，运营不规范。2001—2004 年，随着“村村通油路”和“村村通客车”工程的逐步实施，全县客运发展迅速，尤其是城乡客运发展势头强劲，中型以上客车达到 93 辆，取代以前的农用小型客车、机动三轮车和汽油车，并积极推行公司化、集约化经营。2005 年，全县营运客车总量为 286 辆，其中从事班车、包车客运的大中型客车总量为 236 辆。省内除日照、滨州外，其他 15 个市地都开辟客运线路。省外主要开辟北京，天津，河北石家庄、保定，山西运城，河南濮阳等 8 条客运线路。年完成客运量为 216 万人次，旅客周转量为 11870 万人公里。“十一五”期间，全县道路客运发展十分迅速，新开辟鄄城至章丘、鄄城至上海及 20 条城乡客运线路，行政村通客车率达到 96.2%。2010 年，全县营运客车总量为 327 辆，其中出租汽车 100 部，大中型客车 215 部，小型客车 12 部，高级客车所占比重达到 21%。道路客运全部实行公司化经营。客运以客运班车为主导，包车、旅游客运为补充，在集约化经营的基础上，逐步实现长途客运结点化，中途客运直达化，短途客运公交化，出租客车规范化，基本建立和完善统一、开放、公平竞争、规范有序的客运市场体系。旅客运输量持续攀升。2006—2010 年，全县年均完成旅客运输量达 240 万人次，年均完成旅客周转量 18300 万人公里，分别实现年均增长 9.3% 和 9.5% 的目标。

货运　1991 年，全县营运货车有 135 辆，均为普通货车。1995 年，全县营运货车达到 436 辆，其中普通厢式 6 辆。2000 年，全县有营运货车 2013 辆，其中特种专用车 18 辆，重型车 43 辆。2005 年，全县营运货车为 3500 辆，其中特种专用车为 34 辆，占总数的 1%，普通厢式货车为 69 辆，占总数的 2%，重型车 89 辆，占总数的约 3%，其他农用低速汽车和三轮车为 3100 辆，占总数的 90%。

年完成货运量190万吨，货物周转量为16510万吨公里。2010年，全县共有营运货车5140辆，其中普通厢式货车342辆、重型货车407辆，加入公司经营340辆，占营运货车总数的6.6%，年完成货运量2322万吨、货运周转量553254万吨公里。道路货物运输正逐渐向规模化、集约化运输发展，重点发展方向为集装箱运输、甩挂运输，公司化、专业化程度大幅度提高。

运输服务业 1991年，全县运输服务业刚刚起步，仅有鄄城县运输公司货运站。1995年增至2家，为鄄城十一队公司货运站和鄄城县运输公司货运站。2004年，运输服务业得到一定发展，其中货运站3家（鄄城十一队公司货运站、鄄城县运输公司货运站、鄄城镇南街二队货运站），吞吐量没有一家达到二级货运站标准，均为人力装卸，服务水平不高；货运代理、信息配载服务部4家，汽车配件销售部9家，汽车综合性能检测站1家，均为初具规模，服务不规范，管理不到位。2005年，山东省规划的鄄城县集疏运中心和客货运场站基本形成。二级客运站1家，三级客运站2家，四级客运站9家。三级货运站1家，四级货运站5家，货物集散地16处，停车场2处，物流信息配载业务部11家，汽车性能检测站1家。2007年，新增三级货运站1家。2008年，新增四级货运站1家、货物集散地5处、停车场3处。2010年，全县共有二级客运站1家，三级客运站2家，四级客运站9家。三级货运站2家，四级货运站7家，货物集散地25处，停车场6处，物流信息配载业务部35家，汽车性能检测站1家。装卸理货程度明显提高，操作安全得到保障，逐步建立起适应道路运输市场需要的服务体系，运输服务功能得到进一步提升和完善。

鄄城县运输公司 1958年成立，1962年6月改为县运输合作社。1967年改为县运输公司并成立汽车队。1991年有干部职工306人。其中，八级工42人，七级工32人，六级工48人，五级工82人；拥有汽车62部，挂车48部，载重吨位300余个；固定资产243万元，流动资金15万元。2001年以后，随着运输市场竞争加剧，县运输公司经营步履维艰，至2010年，固定资产252万元，流动资金7万元。

鄄城县航运公司 1952年山东省航运公司在苏泗庄建立黄河航运站，管理民船。1955年12月改称航运社，1956年4月又改名为山东省黄河苏泗庄港木帆船运输合作社，1958年由集体转为国营。1972年4月改为航运公司。1990年，有干部职工136人，下设政工股、财务股、业务股、保卫股、航运队、造船厂、横渡站。有机船6艘，驳船10只，1025个吨位；泵船3只，220个吨位；汽车2部，发电机组1个；固定资产419.7万元，流动资金15.9万元。随着航运业竞争加剧，公司造船厂倒闭，航运队解散，横渡站停业，公司濒临倒闭，绝大部分干部职工下岗待业。1990年4月，新一届公司负责人筹集资金架通黄河浮桥。1991年以后，随着浮桥运营的日趋红火，航运公司逐步扭亏为盈，绝大部分职工重新上岗。2003年10月，对浮桥进行改造升级，营运收入连年递增。2005年，在职在岗干部职工167人，全年营运收入达到848万元，创历史最高纪录。2007年，营运收入1000万元。2009年，公司与山东省黄河航运局及旧城有关行政村联合，对原旧城浮桥进行改制成立融贯浮桥有限公司，营运收入大幅度提高。2010年营运收入1500万元。

鄄城汽车站 鄄城汽车站隶属于菏泽交通集团总公司，1998年8月与汽车十一队合并，为站队合一的国有运输企业。汽车站2001年12月从县城鄄二路中段迁至青年路中段汽车十一队院内，新建站房楼1座，建筑面积3600平方米，停车场面积8518平方米。2010年，有干部职工217人，主要承办客运、货运业务、兼办零担、小件快运。有客车79部，2663座。其中，高级车14部，中级车45部，普通车17部，有货车25部，449个吨位。经营客运线路53条，发往北京、天津、西安、山西运城、石家庄、保定、郑州、徐州、济南、东营、青岛、威海、烟台、泰安、濮阳、菏泽等地，始发班次215个，营运站点468个，营运里程23791公里。全年完成客运量1154900人次，客运周转量144076920人公里。

鄄城县万通公司 2002年8月6日成立，位于鄄城镇开发区南段，注册资金784.3万元，企业类型为有限责任公司，主要经营范围为客运运输、公共汽车经营、出租车经营、停车站场经营、车辆检测业务。2005年，公司拥有公交车经理部、交通医院、浮桥公司、路桥公司、招手停经理部、车辆检测中心6家子公司，固定资产784.3万元，流动资金90万元。其中公交车经理部拥有客运班车132部（跨县客车36部，城乡公交86部），招手停50部。公司经营总收入3500万元，实现利税760万元。2006年以后，由于企业进行改制等原因，导致公司经营状况日趋下降，至2010年，公司营运收入仅有1000万元。

第三节 公路管理

工程建设 鄄城县公路管理局为市公路管理局垂直管理的自收自支事业单位，1992—1995年，鄄城公路局先后在聊城市的冠县、阳谷、东阿、莘县，以及河南范县等地施工，取得良好的经济和社会效益。1998年设立养护公司、工程处两个副科级单位，逐步实行企业化管理，把工程建设推向市场。2000—2003年，先后在220国道（郓城黄安境内）省道庄青路、枣曹路（曹县境内）、G106（东明县境内）施工，完成箕山、大埝、旧城、富春村村通工程，城区北街和红船、凤凰、旧城三乡镇帮扶村公路。2004年，完成济董公路改建工程董口至红船和南绕城线全长39.6公里、临商公路黄河滩区段4.2公里，共计新建改建公路43.8公里。其中济董公路董口至郓城界全长29.6公里（含城区段3.730公里），二级路标准，路基宽24米，路面宽12米（城区段宽26米），油层厚7厘米；南绕城线10公里，路基宽28米，路面宽15米，油层7厘米；黄河滩区段4.2公里水泥路，路基宽12米，路面宽9米。2005年，完成临商公路鄄城—菏泽复线鄄城境内16.2公里，设计标准路基一级，路面二级，宽15米，省交通厅计划投资7500万元，工期2005—2007年。全县路基土方、小桥涵地方应配套资金1030万元。2006年，在2005年新建临商公路复线（鄄城至菏泽30公里，鄄城境内16.2公里）的基础上，又将该线向北延长到北环，长约9公里，路面宽15米。此外还完成菏泽市人民路大修、菏泽北环2公里路基桥涵施工任务，鄄七路7.1公里，九路、十路5.3公里，鄄城人民路中段大修、西段罩面、孟杨庄段路基路面、鄄六路罩面大修。

2007年，完成巨鄄路16.074公里，路面宽12米，小桥5座，圆管涵33道；临商公路复线东环、北环路9公里，路面宽15米；老临商路旧城至青年路改建14.4公里，路面宽7～15米。以及县办工程鄄7路：从人民路至北环路3.5公里，路面宽15米；人民路：从鄄1路至西环0.7公里，开发区路网建设4公里。公路建设里程约44公里，投资1.1亿多元。

2008年，完成西外环路基施工5.6公里，路面宽15米，投资1500万元。沿黄公路8.3公里，路面宽7米，投资638万元。东南环、郑营等油层铺筑约4.5万平方米。工程总投资2500多万元。

2009年，完成临商路鄄城西环桥涵路面工程全长5.611公里；巨鄄路黄安至鄄城老路加宽工程（郑营段）全长8.118公里；老临商路鄄城青年路以南至牡丹区交界段大修工程全长17.5公里，路面宽10米。鄄城人民路升级改造工程2.1公里；鄄15路路基施工约8公里。工程总投资达5000多万元。

2010年，完成临商公路鄄城至菏泽段大中桥路面一级路改造工程全长37.4公里，总投资2.4亿元。该路在鄄城境内长27.2公里，张于庄桥以北加宽至30米（两侧各设20米宽绿化平台），张于庄桥以南路面加宽至23米。

公路养护 1991年全县省道公路均为三级公路。1993年省交通厅投资对临商公路进行升级改建，由原来的砂石路改建为省道三级沥青路，北起旧城北葛楼，南至史口与牡丹区交界，全长37.6公里，路基12米，鄄城至旧城路面宽9米；鄄城到菏泽交界路面宽10米。2000年，山东省交通厅投资1500万元，对青年路东出口加宽15米，长约1500米。此后，一直到2004年，干线公路没有改建。

2004年春天，省委、省政府提出“突破菏泽”战略，鄄城县干线公路建设进入高峰期。2004年，山东省交通厅投资近亿元，对济董公路进行改建，工期2004—2007年，由三级路改建为省道二级沥青路，结构为底基层15厘米石灰土+15厘米水泥石灰土+18厘米水泥稳定碎石，面层为7厘米沥青碎石。全县境内全长39.6公里，其中南绕城10公里路面宽15米，其余路面宽12米，2004年10月建成通车。同年，还改建黄河滩区路水泥路4.2公里，使黄河两岸交通大为改善。2005年，县委、县政府和市（县）公路局争取省交通厅投资7500万元，新建临商公路复线30公里，其中鄄城境内长16.2公里，路面宽15米，计划工期2005—2008年。2005年4月3日正式开工，县公路局全体干部职工仅用6个月时间就完成任务，被县政府荣记集体三等功。临商公路复线采取泄水槽集中排水，两侧设有绿化平台，经过郑营、彭楼两乡镇，南与牡丹区交界。促进鄄城县林业、人发、中药材市场建设，使全县干线公路养护里程由原来的90.9公里，增加到112公里，使全县干线公路路网结构更加合理。

2005年临商路复线建成以后，省道养护里程增加到112公里。其中临商路全长37.6公里，1993年改建为二级路，路基宽12米，路面宽9～10米。北起旧城北葛楼，与河南范县交界，南止于史口，与牡丹区交界，穿越旧城镇、鄄城城区、白集、什集镇。济董公路全长28.4公里，改建于1987年，三级公路，沥青路面，路基宽9米，路面宽7米，东起红船与郓城交界，西止于董口，黄河大堤，穿越红船、大户刘、鄄城城区、董口。巨鄄公路全长24.9公里，改建于1986年，三级公路，沥青路面，路基宽9米，路面宽7米，东起黄安与郓城交界，终点为鄄城城区汽车站，穿越阎什镇、军集、郑营、城区。临商路复线全长16.2公里，二级公路，沥青混凝土结构，路基宽24米，路面宽15米，采取泄水槽集中排水，两侧设有绿化平台，经过郑营、彭楼两乡镇，南与牡丹区交界。

1990年，制订《养护经济承包责任制试行办法》，基层管理进一步规范化、科学化，建立“三表三图”“七册”记录簿等，在小修挖补上实行招投标，工资实行浮动制，管理人员实行聘任制。1998年成立养护公司，基本实行企业化管理，计量支付，打破档案工资，实行按劳取酬，多劳多得，调动了职工的工作积极性。大中小修工程都实行招投标制，最后由市公路局进行检查验收。2002年，省交通厅提出“三年大变样”，公路局由原来的7个管理所合并为两个大管理站，配备小型沥青拌合站、切割机、清扫车、割草机等养护机具，基本实现养护机械化。2004年，省公路局提出“五大养护工程”，即：文明样板示范工程、公路安全保障工程、公路养护畅通工程、科学养路创新工程、养护管理信息工程。使干线公路管理水平进一步提高，促进了全县经济和社会发展。

坚持“建设是发展，养护管理同样也是发展”的思路，以路面养护为中心，以路基达标为重点，加强日常性和经常性养护工作，加强生态公路建设，创造“畅、安、舒、美”的公路交通环境。至2010年12月，干线公路养护总里程98.3公里（老临商公路旧城至菏泽史口段根据省局要求移交地方管理）。

路政管理 1991年，县公路局根据《中华人民共和国公路管理条例》和交通部条例实施细则开展路政管理工作。1992年成立路政股，专门从事干线公路路政管理。

公路养护施工 （2010年 摄）

1997年7月3日《中华人民共和国公路法》正式颁布，于1998年1月1日施行。鄄城县公路管理局利用广播、电视、条幅、标语等多种方式进行广泛宣传。同时，与县工商、公安、法院等部门联合执法，加大对违章建筑、占道经营、穿越村庄路段脏乱差等现象进行集中治理，保障路产路权不受损失和公路安全畅通。

2000年5月23日，山东省交通厅下发《山东省超限运输车辆行驶公路管理规定实施办法》，于2000年6月1日开始实施。2002年2月，交通部发布《超限运输车辆行驶公路管理规定》，加强超限运输管理。2003年6月开始，交通部等七部委“统一口径、统一标准、统一行动”，集中开展治理超限超载行动，鄄城县公路管理局联合有关部门开展治理超限超载工作，超限超载现象得到遏制。

为规范公路用地，根据省交通厅统一要求，2004年3月至4月，对临商公路、济董公路、巨鄄公路3条主要交通干线进行确权。开通GPS卫星定位系统和“96660”路政服务电话，使路政办案速度及应对突发事件的能力明显提高。加强对平交道口加油站和集市贸易“脏、乱、差”现象治理，依法维护路产路权和公路交通秩序，保证公路的安全畅通。2008年，鄄城县交通局被市交通局评为全市交通系统治理公路“三乱”工作先进单位。2009年，从撤销的养路费征收办公室转岗的4人充实到路政科工作，加强路政执法力量，依法维护路产路权，查处涉路事件198起，查处率98%；清除非公路标志651块。

公路规费征收 1986年，公路段成立征收股，独立开展养路费征收业务，1993年更名为养路费征稽办公室。1992年9月7日，山东省人民政府规定：对县以上交通部门的专业公路运输企业，按营运收入总额的15%计征；对实行承包后难以掌握营运收入的，以及专业运输企业内的非营运车辆，个人车辆按费额计征，每月每吨位16019元。1994年7月1日对汽车、摩托车养路费征费标准进行调整，汽车养路费征收标准在现有的基础上上调20%，即汽车养路费由每月每吨位160元，调整到190元。1996年汽车养路费调整为每月每吨位220元，并取消按费率征收的方式。坚持“应征不漏、应免不征”原则，主动开展多项文明服务措施，汽车养路费费额连年增长，每年增长率都超过10个百分点，“十五”期间养路费收入快速增长，2005年突破千万元大关，完成1030多万元，5年完成任务3739.55万元，为公路建设积累资金。2006年，加强费源和车辆管理，完成1049.12万元。2007年，完成征收额977.53万元。2008年，完成养路费征收1138.07万元。

2009年年初，根据《国务院关于实施成品油价格和税费改革的通知》和《国务院办公厅转发交通运输部等部门关于成品油价格和税费改革人员安置工作指导意见的通知》精神，养路费改为燃油税，撤销养路费征收办公室。

第二章 铁 路

第一节 线路 站点

京九线 京九铁路线在鄄城境内穿过，经过阎什、彭楼2个乡镇，全长17公里，1996年9月1日建成通车。

1996年9月1日京九线通车，第一列客车到达鄄城客站

火车站 位于鄄城县阎什镇境内，隶属中心里程K556＋847，北端衔接马寨站，两站相距10.32公里。南端衔接都司站，站界点为K557＋809，两站相距11.50公里。属于三等中间站，按业务性质分为客货运输站。

第二节 营运管理

运转 包括始发列车作业和调车作业两种，日均到发列车对数63对。

客运 1996—2010年，年均旅客发送人数为10950余人。

鄄城站旅客列车停站时刻表

表6-2-1

车 次	始发站	到达时刻	终点站
5027	四方	18:20/22	菏泽
5028	菏泽	22:07/09	四方
1304	郑州	12:18/21	北京

货物装卸 鄄城火车站年货物发送量3亿吨，货物到达4亿吨，2004年年运输总收入约450万元，2005年运输总收入600万元。

管理 隶属济南铁路局聊城车务段管理。

第三章　水　路

第一节　航　道

黄河从鄄城县西北部穿过，流经临濮镇、董口镇、旧城镇、李进士堂镇、左营乡5个乡镇，全长56公里。汛期河面宽阔，水深流缓，有天然航运之利。非汛期水量较少，不具备船舶通行条件。2010年，鄄城黄河航道内无营运性运输船舶。

鄄城县农用船舶31艘，随着浮桥和双体拖轮渡口的陆续通车（航），这些农用船只多已闲置，仅在黄河调水调沙和汛期凌汛期浮桥拆除后，担负渡运黄河沿岸群众从事农业生产的任务。

第二节　渡口　浮桥

渡口　1985年，鄄城有苏泗庄、董口、鱼骨、安庄、梅庄、旧城、陆井、李天开8处渡口，1990年开辟许楼、石寨、刘庄、营坊、官寺5处渡口。13处渡口共有机船31艘，计693个吨位。1991年13处渡口共有机船43艘，计817个吨位。随着旧城、董口、左营和李进士堂4座浮桥（李进士堂黄河浮桥属河南省范县交通局管理）的陆续建成，鄄城境内渡口逐渐减少。2010年，仅有临濮苏泗庄和旧城毛洼2处双体拖轮渡口。其余季节性生产性渡口，为水上交通运输安全已全部封闭和禁止通航。旧城毛洼渡口和临濮苏泗庄渡口，分别位于旧城镇毛洼控导工程新一坝和临濮苏泗庄35～36坝之间，两处渡口均采用新型40吨双机双体多用途渡轮，可载运轻型车辆和小型农机具。

浮桥　旧城黄河浮桥，位于旧城镇政府驻地北1公里，1990年4月10日建成通车，2003年10月进行改建，桥长325米，采用2000型双体承压舟，设计承载能力80吨，2009年通过改制成立融贯黄河浮桥有限公司，浮桥设备更新为大型双体承压舟，由于受河道水流影响，桥长已变为500米。融贯浮桥是省道临商公路的重要组成部分，左岸连接河南省范县，右岸连接鄄城县旧城镇，是进京入津的快捷通道。

旧城黄河浮桥　（吴延灵　2010年　摄）

董口黄河浮桥，位于董口镇营坊险工25～26坝之间，2005年12月20日建成通车，桥长420米，采用2000型双体承压舟，设计承载能力80吨。浮桥左岸连接河南省濮阳县，右岸连接鄄城县董口镇省道济董公路，是鄄城县西部的重要门户通道。

左营黄河浮桥，位于左营乡郭集控导工程18～19坝之间，2006年5月建成通车，桥长355米，采用新型双体承压舟，设计承载能力80吨，浮桥左岸连接河南省范县，右岸连接鄄城县左营乡沿黄公路。

第四章 邮 政

第一节 邮路 投递

邮路 1991年，鄄城县内自办干线邮路2条。南路：县城—富春—郑营—阎什—彭楼—麻寨—舜城—什集—梁屯—临濮—双庙—董口；北路：县城—引马—红船—箕山—陈良—左营—大埝—李进士堂—旧城—葛庄。2001年，乡镇合并后，邮路路线调整为，南路：县城—富春—郑营—阎什—彭楼—什集—梁屯—临濮—董口，120公里；北路：县城—引马—红船—箕山—左营—大埝—李进士堂—旧城—葛庄，125公里。

1991—1997年，鄄城县邮电局自办鄄城至菏泽汽车邮路1条，每日1班。1998年鄄城县邮政局成立后，邮路取消，自办鄄城至菏泽汽车邮路1条，每日1班。2001—2010年12月，自办鄄城至菏泽汽车邮路1条，每日2班，机要随一班邮车运送。

投递 1991—1997年，鄄城县邮电局邮件运输工具为汽车，城区投递及农村投递采用自行车投递为主，兼有两轮摩托车辅助投递。1998年，鄄城县邮政局成立，邮政运输工具为汽车，城区投递及农村投递采用自行车与两轮摩托相结合。为提高邮政投递网络搭载能力，加大资金投入，更新投递用车辆，用三轮摩托车、机动三轮车取代原来的自行车、两轮摩托车。2003年，三轮摩托车30辆、机动三轮车35辆。2005年，90%的农村投递实现摩托化。2010年12月，全县农村投递基本实现摩托化。

全县37个投递段，投递路线总长2816公里，担负着全县416个行政村、1138个自然村和全县452个企事业单位的报刊、信件、包裹、汇款等邮件的投递任务。业务处理过程中，报刊、平常函件投递到村点、单位收发室或传达室，无需签收。汇款单、包裹单、挂号信、特快专递等给据邮件农村投递到户，收件人签收；单位由专人签收或本人签收。1991—1997年，有投递员65人。1998年分营时共有投递员70人。2002年，为配合邮政物流配送业务的开办，对农村投递体制进行改革，增加投递人员78人，缩小投递段道，基本实现平常邮件投递到户。包裹需要到客户到营业厅领取，当日进口邮件按照本、外埠邮件分别进行处理，外埠邮件统一封发到菏泽市邮政局封转中心，由封转中心统一进行封发。本埠邮件由人工按照农村支局和城区段道进行分拣，分拣完毕的邮件统一放到对应的支局和城区段道隔口内，由邮车通过邮路送往各支局。2005年，全县有投递段道75个，其中城区6个，农村69个，农村支局和城郊基本实现投递摩托化。2006—2009年，为强化投递队伍建设，优化城区乡镇投段道和投递队伍，新转入劳务派遣工投递员26人。

2010年，为进一步强化投递服务质量，省公司统一为投递员85人配备电动车取代原来配送用的摩托车，在部分乡镇支局网点，仍保留一批机动三轮车，由于乡邮段道相对路程远，业务量大，根据个人投递里程，核算增加燃油补贴费用。

第二节 设施设备

1991—1997年，鄄城县邮电局共配备自动电话交换机2套，全县配备电报机26套，拥有简易邮件分拣机1套，生产用车20辆。

1998年分营时，鄄城县邮政局分得老城支局（含原邮电员工家属院）、营业厅、发投分局、封转中心、商函广告等工作场所各一处。土地一块面积6857平方米，建筑面积3504.5平方米，生产用车6辆。农村支局中，部分新建支局由于安装电信设备，全部划归电信局，邮政支局全部为旧平房。

为适应业务发展需要，1999 年，按照市局对农村支局进行 100% 恢复建设的要求，邮政局采取上级支持、内部集资等方式解决支局基础建设资金，共对左营、红船、引马、旧城、大埝、葛庄、临濮、富春、彭楼等 9 处支局进行选址再建设，同时对箕山进行重建，并采用租赁的方式解决董口、什集、阎什等 3 支局的生产用房，到 2001 年，农村支局建设基本结束。

1998—2005 年，鄄城县邮政局使用网通公司的综合楼办公。2006 年，鄄城县邮政局搬迁到人民路东段 49 号办公。2007—2010 年，是邮政硬件配置大跨越的重要时期，为进一步扩大规模生产，提高各层次服务质量，特别是网点工作环境，提升市场占用率和核心竞争能力，2007 年，为储蓄网点配备点钞机 40 套、计算机 26 台，安装闭路监控系统，同年为所有邮政网点配备 16 套电子秤和电脑终端。县分公司配备信函邮寄机 1 套、邮件传送机 1 套。自 2008 年，新改造网点 6 处，按照市局要求统一标准配置空调、电视等设备，2009 年，新改造网点 4 处，至 2010 年 12 月，所有网点改造完毕，同时淘汰一批老旧的办公设备，更换前台终端设备 13 处，进行网络终端升级。

第三节　邮政业务

邮务类业务　函件　1991 年，函件业务的种类为信函、印刷品、盲人读物、义务兵免费信件、邮政公事。1995 年，为方便住址经常流动或住址尚未确定的收件人接收邮件，邮政局办理存局候领业务，同年新开办邮政明信片和邮简业务。2005 年，为适应经济的发展和应对函件业务使用量下滑态势，邮政开办邮送广告和商业函件业务。2006 年，推出邮政贺卡业务。2010 年，为转变函件经营思路，提高函件业务收入，开办数据库商函业务、账单业务、广告邮资明信片、广告邮资封、无名址函件业务。邮政函件业务自 1991 年以后一直成逐年递增趋势，但自 2005 年开始随着电话和网络的普及，人们通信习惯发生较大改变，函件业务使用量逐渐减少，函件市场逐渐萎缩。

包件　1991 年，包件业务主要有普通包裹和国际包裹两种。普通包裹装寄一般物品的为 35 公斤，装寄易碎或流质物品的为 10 公斤；国际包裹一般规定是每件包裹重量不超过 20 公斤，每件包裹的任何一边长度不超过 1.5 米，其横周长不超过 3 米。2009 年，推出快递包裹业务，快递小包为 500 克，整件不能拆开的为 1 公斤。同时以能够装入邮袋发运和便于处理、防止遗落为原则，分别规定每件包裹的最大尺寸为 100 厘米，最小尺寸为 20 厘米。2010 年，为响应国家扶贫办公室和妇联相关要求，开办爱心包裹和母亲包裹业务，以帮助西部贫困地区妇女和儿童。

1991—2010 年鄄城县函件、包裹业务量表

表 6-4-1

年　度	函件（件）			包裹（件）		
	出口	转口	进口	出口	转口	进口
1991	25415	21300	42619	8976	10205	14051
1992	37625	36520	48725	10235	11241	16757
1993	41521	39335	55260	14320	12525	18606
1994	46525	37635	52331	15202	15752	19231

续表 6-4-1

年　度	函件（件）			包裹（件）		
1995	出口 47813	转口 39622	进口 55622	出口 16111	转口 16775	进口 21212
1996	出口 56535	转口 40322	进口 58520	出口 17351	转口 18505	进口 24251
1997	出口 58621	转口 41478	进口 60201	出口 18707	转口 19502	进口 25255
1998	出口 69606	转口 45590	进口 62121	出口 19971	转口 20102	进口 27757
1999	出口 72312	转口 47790	进口 65652	出口 21215	转口 22212	进口 29909
2000	出口 75641	转口 49970	进口 68670	出口 24401	转口 22212	进口 30315
2001	出口 77711	转口 52353	进口 70102	出口 25501	转口 24302	进口 32303
2002	出口 87970	转口 55645	进口 77203	出口 27701	转口 25555	进口 35521
2003	出口 89001	转口 64325	进口 79605	出口 29653	转口 25751	进口 37521
2004	出口 91210	转口 67401	进口 81213	出口 30103	转口 27897	进口 39780
2005	出口 75731	转口 60621	进口 61171	出口 20321	转口 21211	进口 30529
2006	出口 59532	转口 47431	进口 62121	出口 21322	转口 24531	进口 32629
2007	出口 45327	转口 43201	进口 55755	出口 22202	转口 25534	进口 35606
2008	出口 41011	转口 39525	进口 51435	出口 24305	转口 26758	进口 31023
2009	出口 35755	转口 35102	进口 46454	出口 25605	转口 21022	进口 29871
2010	出口 33212	转口 31021	进口 47801	出口 24506	转口 20578	进口 33531

国际邮件　1991 年，邮电局开办的国际邮件业务包括国际函件和国际包裹。国际函件又分信函、明信片、印刷品、盲人读物和小包。国际包裹分为普通包裹、脆弱包裹、保价包裹和过大包裹。国际函件用挂号方式寄递的，称国际挂号函件；要求保价的，称国际保价信函。国际邮件用航空方式寄递的，称国际航空邮件；要求代收货价的，称国际代收货价邮件。1991 年，国际挂号信函为 190 件，国际普通包裹为 65 件。2009 年，邮政局利用“卡哈拉邮政联盟”平台，开办直达日本的中速—佐川快件包裹和直达阿联酋的中速—阿迈斯快件包裹。2010 年，开办国际小包业务，国际小包是指重量在 2000 克以内（阿富汗除外）通过邮政服务寄往国外的小邮包。各类小件物品，除禁止寄递和超过规

定限量寄递的以外，都可以作为国际小包寄递。国际小包对限重和尺寸规格有严格的要求（包括但不限于各种小件物品）如：重量≦2公斤（阿富汗除外）；尺寸：最大：长、宽、厚合计900毫米，最长一边不得超过600毫米，公差2毫米。圆卷状的，直径的两倍和长度合计1040毫米，长度不得超过900毫米，公差2毫米。最小：至少有一面的长度不小于140毫米，宽度不小于90毫米，公差2毫米。圆卷的，直径的两倍和长度合计170毫米，长度不得小于100毫米。2010年，国际挂号函件为2461件、国际报价信函450件、国际普通包裹741件。

报刊发行 1991年发行报纸6万份、刊物3.5万册，流转金额14.2万元，其中网点零售报纸2万份、刊物0.8万册；投递报纸4万份、刊物2.7万册。报刊和刊物订阅单位比例为95%、94.2%，个人订阅比例分别为5%和5.8%。1998年发行报纸17.56万份、刊物8万册、流转金额56.45万元。其中网点零售报纸5万份、刊物2.4万册；投递报纸12.56万份、刊物5.6万册。报刊和刊物订阅单位比例为91.2%、92%，个人订阅比例分别为8.8%和8%。2005年发行报纸38万份、刊物16万册、流转金额112.1万元。其中网点零售报纸4万份、刊物6万册；投递报纸34万份、刊物10万册。报刊和刊物订阅单位比例为84.6%、81.2%，个人订阅比例分别为15.4%和18.8%。2010年，发行报纸25万份、刊物10万册、流转金额167.5万元。其中网点零售报纸2万份、刊物1.5万册；投递报纸23万份、刊物8.5万册。报刊和刊物订阅单位比例为75%、88%，个人订阅比例分别为25%和12%。业务变化的原因是因为随着网络的普及，个人的阅读习惯发生很大转变，报刊市场呈现逐年萎缩趋势。

资费调整 邮政资费自1950年核定以后，几十年间不仅未随物价和成本费用的提高而及时调整，有的甚至有所降低，因此价格与坐标严重背离，资费标准偏低，邮资价格与市场物价极不相称，邮政企业缺乏自我发展能力，义务兵信函及盲人读物免费以及机要文件传递等普遍服务业务导致邮政亏损。1990年7月31日、1996年12月1日、1999年3月1日和2004年1月1日，经国务院批准先后4次对邮政资费进行较大幅度调整，分别为：

1990年7月31日，在信函平信外埠0.08元执行40年后，经国务院批准，国家发改委、国家邮政局发出通知，对国内邮政资费进行第八次调整：将信函平信的本埠从0.04元调整为0.1元、外埠平信从0.08元调整为0.20元；明信片的本埠从0.015元调整为0.04元、外埠从0.03元调整为0.08元；挂号信由0.12元调整为0.30元。普通包裹业务每500克为一个计费单位，按照寄递里程分区核定。这是从1950年7月1日第五次邮资调整后，第一次对所有邮资进行调整。

1996年12月1日，进行国内邮资的第九次调整：取消本埠、外埠之分，统一一个资费标准：信函调整为0.50元、明信片调整为0.40元、印刷品调整为0.30元、挂号信调整为1元，包裹业务资费仍按1990年资费标准执行。

1999年3月1日，经国务院批准，对国内邮政资费进行结构性调整，是第十次调整：恢复本埠、外埠资费之分，信函的本埠为0.60元、外埠为0.80元；明信片的资费为0.60元；印刷品的本埠为0.30元、外埠为0.60元；挂号信的资费调整为2元。包裹业务资费仍按1990年资费标准执行。

2004年1月1日，国家邮政局下发通知，对国内邮件挂号信资费进行调整，是第十一次调整，将国内挂号信资费从2元调整为3元。

1991—2010 年鄄城县快递包裹资费情况表

表 6-4-2

运　距	首重 1000 克	5000 克以内每续重 500 克	5001 克以上每续重 500 克
500 公里及 500 公里以内	5 元	2 元	1 元
500 公里以上至 1000 公里	6 元	2.5 元	1.3 元
1000 公里以上至 1500 公里	7 元	3 元	1.6 元
1500 公里以上至 2000 公里	8 元	3.5 元	1.9 元
2000 公里以上至 2500 公里	9 元	4 元	2.2 元
2500 公里以上至 3000 公里	10 元	4.5 元	2.5 元
3000 公里以上至 4000 公里	12 元	5.5 元	3.1 元
4000 公里以上至 5000 公里	14 元	6.5 元	3.7 元
5000 公里以上至 6000 公里	16 元	7.5 元	4.3 元
6000 公里以上	20 元	9 元	6 元
每件挂号费	3 元		

速递物流业务　特快专递　1997 年，鄄城县邮政局开办国内特快专递业务和国际特快专递业务。国内特快专递业务主要是国内特快专递信函，通过火车邮路和汽车邮路进行运输，送达时限为 3～7 天。资费标准由国家发改委规定，起重 500 克及以内本埠 14 元（含特快封袋 1 元、特快封套 1 元）、外埠 22 元（含特快封袋 1 元、特快封套 1 元）；国际特快专递业务由水陆路交由邮件寄达国分拣投递，统一收费 35 元。当年国内快递业务量为 4000 件、国际快递业务量为 150 件。2006 年，根据国家加入世界贸易组织的相关承诺，国家开放快递业务市场，鄄城邮政国内特快专递业务量占比由 2005 年的 91% 下降到 70%；国际特快专递业务量占比由 2005 年的 92% 下降到 80%。2010 年开办的特快专递业务主要是国内特快专递业务、国际及港澳台特快专递业务、部分边境口岸特快专递业务，当年进口国内特快专递 4 万件、国际快件 600 件，业务收入 11.2 万元。

物流　2006 年，鄄城县邮政局开办农资配送业务，主要是配送农药、化肥、酒水。开办当年配送农药 1000 箱、化肥 8000 吨、酒水 2000 箱，全县实现物流收入 160 万元。2009 年，根据张德江副总经理在青岛召开关于推广邮政服务三农现场会的会议精神，在县委、县政府的大力支持下，邮政加大农资配送业务的推广力度，全年配送农药 2600 箱、化肥 14000 吨、酒水 6000 箱，实现物流收入 464 万元。2010 年，配送农药 2200 箱、化肥 1 万吨、酒水 4000 箱，实现收入 342 万元。

金融业务　邮政储蓄　1990 年 1 月 1 日以后，邮政储蓄改为自办，邮政储蓄吸纳的储蓄存款全部转存人民银行，人民银行支付给邮政储蓄转存款利率，停止支付手续费和提供备用金。邮政储蓄的业务收入为人民银行利息与支付给储户利息之差。1991 年，全年储蓄余额为 210 万元，实现利差收入 6 万元。1999 年 5 月起，鄄城县邮政储蓄中心储蓄所联入省网，10 月中心储蓄所联入全国网。2000 年 1 月，鄄城县邮政局所属所有邮政储蓄网点全部联入全国邮储网，实现本地活期邮政储蓄业务在全国联网网点的通存通兑和业务查询。2004 年 7 月，人民银行对邮政储蓄进行改革，执行老余额老利率、新余额新利率的政策，继而不再吸纳邮政储蓄资金，鼓励邮政系统自主运用所吸纳的资金。2004 年 7 月以后，邮政储蓄吸纳的储蓄资金全部上划，由省局、国家局统一安排，自主运作。根据国家关于推进政企分开和体制改革相关要求，2007 年 3 月，邮政储汇局、大埝支局从邮政局业务体系中剥离出来，单独组成邮政储蓄银行，邮政剩余网点根据国家政策，代理经营邮政储蓄银行业务。2010 年储蓄余额为 95359.45 万元。

汇兑　1991 年汇票主要是按址汇款通知单和密码汇款，以 1 元起汇兑，限额 1 万元，当年办理汇票 2600 笔。1996 年汇兑限额提升到 5 万元。1997 年，各邮政营业网点开始配备综合业务处理微机 1 台，业务处理手段由手工向电子化发展。2001 年，鄄城县邮政局开通电子汇兑业务，实现汇兑业务处理电子化。县局设电子汇兑中心，县局中心储蓄所及部分支局相继开通电子汇兑业务。电子汇兑业务的开通，各营业网点可以向用户提供两小时加急汇款、两分钟实时汇款等高速业务，提高了汇兑业务的处理精度和速度。2001 年办理汇兑业务 12000 笔。随着城乡经济的发展和电子汇兑业务的推广，汇兑业务量逐年增长。2004 年至 2005 年上半年，各农村支局利用电子汇兑终端开通电子化支局系统，实现汇兑业务处理电子化。2010 年办理汇兑业务 26.36 万笔，相比 1991 年汇兑业务量增长 10038.46%。

代理代办信息　2006 年，县邮政局以代理保险业务的形式，在各城镇邮政营业厅为客户办理保险业务。代理的保险业务种类主要是人寿保险和人保保险，当年办理保险业务 6000 笔，累计金额 16.6 万元。2008 年，办理保险业务 2.1 万笔，累计金额 46.4 万元。2010 年办理保险业务 5.4 万笔，累计保险金额 78 万元。2008 年，县邮政局分别开办代办电信和代理票务业务，在各城镇邮政营业厅为客户办理电信充值和票务预定业务。代理电信业务主要是代理移动、联通、电信的代收费业务，当年办理 2 万笔业务，累计金额 42.4 万元。2010 年，办理代理电信业务 6 万笔，累计金额 104.6 万元。票务预定业务主要是预定火车票和飞机票，2008 年预定火车票 3200 张、飞机票 140 张，累计金额 4.6 万元。2010 年预定火车票 7600 张，飞机票 360 张，累计金额 9.6 万元。

第四节　集邮业务

1984 年前，集邮品通过邮电营业窗口作普通邮票出售。1984 年 1 月 20 日，鄄城县邮电局设集邮门市，开办集邮业务。经营的集邮品有纪念邮票、特种邮票、首日封、纪念卡、邮折、明信片、集邮册及其他集邮用品。1992 年，全县集邮爱好者达 900 多人，集邮业务成为邮电主要业务之一，全县集邮业务收入 2 万元。为加强集邮管理和发展集邮业务，1993 年 4 月，成立鄄城县邮票公司，1994 年 1 月起改为集邮公司，集邮公司属集邮经营性质，不再具备计划管理职能。分营以后，由于集邮票品一度大量发行，低面值票品对集邮市场造成不小的冲击。鉴于此，国家邮政局加大对集邮业务的管理与控制，于 2002—2004 年间对库存集邮票品进行清理、集中销毁，防止了低面值票品对集邮市场的干扰，维护了集邮市场秩序。2010 年，集邮爱者为 400 多人，全县实现集邮收入 14 万元。

第五章　移动通信

鄄城移动通信分公司隶属于中国移动通信集团山东有限公司菏泽分公司，1999 年 7 月成立，设业务运营部、集团客户服务中心、综合部、建设维护部，业务运营部下设城区渠道管理中心（辖城关镇）、南区（辖阎什、彭楼、什集、临濮、董口、富春、郑营 7 个乡镇）和北区（辖旧城、箕山、左营、凤凰、红船、引马 6 个乡镇）3 个区域管理中心。2010 年城乡共有自办和代办服务网点 1000 余处，下设鄄六路营业厅、鄄二路营业厅、建设路营业厅3处城区营业厅，什集、董口、临濮、富春、郑营、阎什、彭楼、引马、凤凰、红船、箕山、旧城、左营等13处乡镇营业厅，服务网点基本遍布城乡，公司在职员工90余人。

第一节　网络基站

鄄城移动通信分公司自1999年已进行13期基站建设。2005年，公司开通基站70处，直放站1处，室内分布系统2套，在建基站及规划中基站共计40余处，全县网络人口覆盖率达到99.9%，地理覆盖率达到99.2%，重要公共场所和旅游景点、高速公路、国道、省道全线以及铁路沿线实现100%覆盖。2010年，公司开通基站180处，直放站3处，室内分布系统3套，在建基站及规划中共计20余处，其中3G已经达到全县城覆盖，重要公共场所和旅游景点、高速公路、国道、省道全线以及铁路沿线实现100%覆盖。

第二节　数据及语音通信

鄄城移动通信分公司1999年成立后，主要经营移动话音、数据、IP电话和多媒体业务，以及传真、数据业务、随e行无线高速宽带、IP电话等多种增值业务，拥有“全球通”“动感地带”“神州行”3个客户品牌。2005年，用户号码段包括

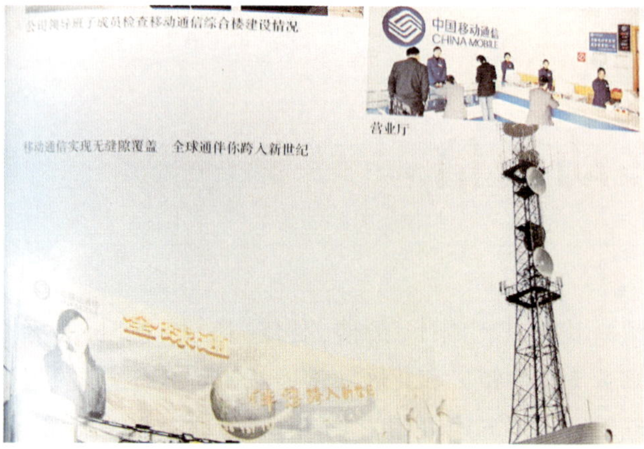

移动通信网络基站　（2002年　摄）

“139”“138”“137”“136”“135”“134（0至8号段）”“158号段”“159”号段。数据业务主要包括彩铃、点对点短信、彩信、手机邮箱、手机银行、手机证券、手机钱包、wap、百宝箱、语音在线等。2010年，相继推出彩铃、无线音乐俱乐部、手机地图、12580、飞信、手机邮箱、全曲下载、手机电视、手机报、手机动漫、号簿管家、手机导航等业务。

第三节　互联网

2002年5月17日，鄄城移动GPRS网络正式商用，标志着鄄城移动网络已升级到2.5代技术。中国移动客户可以使用手机通过GPRS方式实现高速手机上网，可以像在宽带网上一样及时浏览各种资讯。另外，拥有笔记本电脑的移动用户还可以使用“随e行”业务，它是利用笔记本电脑以无线形式上互联网/企业网的一项业务，随e行突破上网必须要有线路的限制，可以实现随时随地的上网，连接上网仅需1～3秒的时间，网速最高可达11Mb/s。

第四节　设　备

1999年公司成立之初，只有相关网络设备10余台套。2005年，鄄城移动通信分公司拥有中达MCS开关电源50套，爱默生MCS开关电源50套，爱立信2706型BTS主设备90套，华为BTS主设备30套，烽火GF158/622-03B传输设备90余台套等大量先进的通信设备。2010年，移动通信分公司拥有中达电源80套，艾默生电源55套，烽火传输设备130套，基站设备135套。

第五节　经营管理

2005年2月在全市移动系统率先实行分区管理，将全县按照行政区域划分成规模相当的三个区域，实行分区管理、分区服务，提升了经营质量和服务水平，并在全市各移动分公司推广。公司客

户规模不断扩大，用户数量从 1999 年分营之初的 4300 户发展到 2005 年的 65396 户，客户规模增长 15 倍多。1999 年手机用户 20 多万户，2005 年手机用户 30 多万户，2010 年手机用户 40 多万户；1999 年业务收入 20 多万元，2005 年业务收入 30 多万元，2010 年业务收入 40 多万元。2004 年，公司被山东省第六届消费者满意单位评审委员会评为“山东省消费者满意单位”，被菏泽市消费者协会评为“第二届消费者满意单位”，被菏泽市工商行政管理局及菏泽市企业信用管理协会评为“守合同重信用企业”，被菏泽市国家税务局、菏泽市地方税务局评为“A 级纳税信用企业”等称号。

第六章　网通通信

第一节　网　络

1990 年，有城市杆路 15 公里，架空明线线条 100 对公里，电缆 10.71 公里，电缆芯线 100.08 公里，出局电缆线 1500 对；1990 年 10 月 31 日，电话号码四位数改六位数，并入全国电话直拨网。1990 年，鄄城—济南的电报电路 1 路，自动译码收报机 2 部，短波发信机 3 部；电路 16 路，其中，鄄城—菏泽 11 路；1990 年，农村杆路有 251 公里，架空明线线条 504 对公里，农村交换点有 27 处，中继电话总数 52 路，其中，县至区、乡镇的直达中继线路 45 路，通电话行政村 39 个。

1996 年，完成 2401 米电缆管道建设，村村通电话完成 2 个，发展到 15 个，光缆总长度达 205.66 公里。2000 年，投资 1 亿元，架设电缆光缆 4000 公里，建设管道工程 20 公里。2000 年，新建农话、市话模块局 63 处，高标准、高质量地完成全县村村通电话工程。2001 年，投资 800 万元，完成鄄三路、青年路等路面的无杆化建设，在城乡结合部和农村新建 32 处模块局，全县有 88 个交换网点，建成 3 个 622M 和 6 个 155M 的光缆环网。2003 年 3 月，对线路、电源等进行专项整治，对蓄电池进行巡检和更换，发电机全县集中调配使用，基本完成支局、模块局三线分设和机房整治，全年综合来话接通率提高到 63.9%。2004 年，动力环境监控系统扩容，对城区宽带接入网络和核心设备进行优化调整，减少级连环节，全市宽带用户完成 PPPOE 认证；以下户线为重点，开展线路整治，全年呼叫到达率 98.6%，高于省通信管理局规定指标 3.4 个百分点，网络接通率 98%，高于省定指标 2 个百分点。2005 年，开始实现“由面向网络到面向市场，由网络维护者向网络经营者转变”，对本地网络进行调整，完成固网（固定电话网络）智能化工程；对小灵通网络进行优化，通过增加覆盖区域、调整核心网络结构，进行话务疏忙，使小灵通掉话量（即掉线或断线量）大幅下降，接通率明显上升。

第二节　设　备

1991 年，市话交换机容量 2000 门，为纵横制；农话交换点有 30 台 2253 门，90% 的交换点是人工转接，传输线是架空明线。1992 年 10 月，开通无线寻呼业务；有交换机 34 台 4293 门，其中，市话 2 台 2000 门，农话 30 台 2253 门，长话 2 台 40 门。1992 年，购买洛阳电话设备厂 HJD-04 交换机程控交换机。1994 年 6 月 30 日，开通 4000 门程控电话，进入国内国际直拨网，1994 年 12 月，开通移动通信业务。1995 年，程控电话交换机 10000 门，其中，市话 6000 门，农话 4000 门；全县 24 个乡镇实现交换程控化、传输光缆、微波数字化，建成本地电话网，全县电话全部升为 7 位。2001

年，全县交换机总容量达158832门，其中，市话交换机容量46544门，实占31906门；市话出局线193500对，其中，实占124806对；农话交换机容量112288门，实占92616门。2003年，全县交换机总容量已达185800门，交换机实占率为79.39%，全局配线总容量为271520线，建成196个小灵通基站。2004年，全县交换机总容量188600门，交换机实占率86.51%，全局配线总容量271520门，小灵通容量为23380门。2005年，全县交换机总容量已达192506门，交换机实占率为88.29%，全局配线总容量为277140线，建成358个小灵通基站。2008年，开始光进铜退，传统的PSTN网络逐步瘦身，部分改为NGN网络，2009年，新增AG（光缆接入NGN）设备50个。2010年，针对农村用户新增FTTB（光纤到大楼）设备20余个，拓宽了光缆接入能力，减少了铜缆的利用。

第三节　语音通信

1992年10月开通无线寻呼业务。1993年，市话用户1383户，农话用户325户；发展BB机190户，BB机用户达260户。1995年，市话用户4781户，农话用户790户；无线寻呼放号692户，共952户。1996年，市话放号2063户，共6844户；农话放号2156户，共2990户；公话105户，其中，有磁卡电话1部；无线寻呼放号1618户，共2570户。1997年，市话放号206户，市话计次制期末户数8912户，其中，住宅电话7944户，公用电话192户；省内长途电话306.38万次，市话计次通话量2081.77万次，移动电话通话量341.36万次；农话放号1235户，农话计次期末户数4181户，其中，住宅电话3371户，公用电话301户，农话计次通话量457.09万次；无线寻呼放号1395户，期末户数3965户。1998年，市话用户10782户，农话用户6388户，无线寻呼用户6522户。1999年，市话放号5218户，期末数16000户；农话放号8016户，期末数14404户；公话用户为1172户，传真1973份；农话区间通话量539.32万次，农话区内通话量606.56万次。2000年，市话用户22271户，农话用户38424户，公话用户3167户；省际长途通话271.63万次，省内长途通话277.68万次。2005年，市话总户数32695户，农话总户数126658户，公话用户10465户，小灵通用户26030户，来电显示用户数100710户，灵通悦铃总户数6147户，固话悦铃总户数878户。2010年，市话总户数8187户，农话总户数40184户，公话用户8837户，小灵通用户9033户。

第四节　互联网及数据业务

1998年，开通163/169拨号上网（中国公用计算机互联网〈CHINANET，又称163〉、中国公众多媒体通信网〈CNINFO，又称169〉），当年发展用户16户。1999年，开通一线通即ISDN，用户通过一根电话线和ISDN连接设备即可上网，实现电话、传真、图文、数据同时传送，速率最高可达128kb/s，当年发展一线通用户44户。2001年，在全县城区建成综合化、智能化的宽带城域网，宽带互联网业务主要包括LAN和ADSL，其中，LAN是将光纤布放到小区或楼宇接入到楼宇交换机，小区内用户通过5类线与楼宇交换机连接即可实现高速上网，用户上网的速率最高可达10Mbps，适用于集中用户使用；ADSL是用户计算机通过ADSL设备与电话线相连即可上网，下行速率可达8Mbps，上行速率640Kbps，属专线上网方式，适合于分散用户使用。2002年，宽带用户1544户。2003年，宽带网建设向乡镇延伸，全县宽带用户3432部；4月，拨号上网的接入号码163/169升为五位数16900/16901。2004年，完成LANSWITCH扩容，实施PPPOE认证，对用户账号和用户IP地址进行绑定，全县宽带用户有4977户。2010年，全县宽带用户17908户。

2000年，因特网注册用户1306户。2001年，因特网注册用户2041户（因特网注册用户是互联网业务发展初期在互联网上进行注册的用户，多个用户可能共用一台微机，而宽带用户是指一机一户）。

基础数据业务主要包括分组交换（PAC）、数据数字业务（DDN）、帧中继和 ATM。1994 年，鄄城分组交换建成使用，并进全区交换网。1996 年，分组交换用户 2 户。1998 年，DDN 开通，1999 年，DDN 业务用户 20 户；2000 年，DDN 用户 29 户；2001 年，DDN 用户 42 户；2002 年，DDN 用户 173 户。2006 年后，分组及 DDN 数据业务逐步退网。

第五节　电　报

1992 年，电报交换量 29.35 万份。1995 年，国内公众电报 8.25 万份。1996 年，国内公众电报 5.931 万份。1997 年，国内公众电报 3.69 万份。1998 年，电报电路只剩 1 路，人工电路取消。1999 年，国内电报 16508 份。2000 年，国内公众电报 8210 份。2001 年，国内公众电报 3133 份。2002 年 1 月，停用数传设备，改用传真机，县级报房取消，国内公众电报 935 份。2005 年 12 月 1 日，公众礼仪和鲜花礼仪电报业务取消，全年全市国内公众电报 1 万份，其中，气象电报 7361 份。伴随着互联网以及 3G 技术迅猛的发展，电报业务逐渐萎缩。2010 年，电报业务仅有数百份。

第六节　移动业务

自 2008 年 10 月，中国网通（集团）有限公司与中国联通公司融合以后，新成立的中国联合网络通信有限公司鄄城县分公司，开始经营移动业务，2008 年共计有移动基站 28 处，2010 年基站达 100 多个，提高了联通移网覆盖率。

第七章　电　力

第一节　电网建设

1991 年，鄄城县有 110 千伏变电站 1 座；35 千伏变电站 6 座，35 千伏输电线路 58.3 千米（不计军集线），只有一条 110 千伏线路供电，长度达 28.6 千米，变压器容量 56700 千伏安。全县基本形成以 35 千伏线路为主架的电网结构，基本保证全县用电。

随着鄄城县工农业的发展，为提高输变电能力，1993 年 5 月改造冀庄变电站，把主变由 2000 千伏安更换为 3150 千伏安；为加大电源分布点，1993 年 8 月在箕山镇新建箕山变电站，把冀庄站原来的主变压器调至箕山变电站。配合箕山变电站建设新建北郊变电站到箕山变电站 35 千伏线路 12.6 千米。

1995 年，为进一步增加电源分布点及均衡电源分布，在旧城镇和阎什镇新建 2 座变电站；军集变电站停运，把变压器调到旧城站继续使用。相应线路新建 35 千伏北郊至旧城线路 8.5 千米，军集线延长至阎什站成为阎什线。

1996 年，新建左营 35 千伏变电站，变电容量 3150 千伏安。线路由北郊至箕山线 T 接至左营站。

1997 年，把北郊变电站升压为 110 千伏变电站，使鄄城拥有第二个 110 千伏变电站，变电容量为 10000 千伏安；并把 35 千伏鄄北线路改建成 110 千伏线路给北郊站供电。

1997 年 4 月，35 千伏鄄城至董口线路建设完成，1997 年 9 月，35 千伏董口变电站投运，标志着鄄城县以 110 千伏为支撑，以 35 千伏为主结构的电网基本完成。

1999 年，改造北郊至箕山线，线路由原型号 LGJ-35 改为 LGJ-50。鄄城—麻寨线由原来的 LGJ-35 型导线改为 LGJ-95 型导线。鄄城—阎什线由原来的 LGJ-35 型导线改为 LGJ-95 型导线。

2000 年 4 月，旧城站主变由原来的高耗能型容量为 1800 更换为 S9-3150 型。箕山站原来的高耗能型容量为 2000 更换为 S9-3150 型；同年 9 月，大埝站把原来的 3200 千伏安主变压器更换为 S9 型 3150 千伏安主变压器；10 月，麻寨站的 2400 千伏安主变压器更换为 S9 型 3150 千伏安主变压器。

2003 年，建设全长为 37.7 千米的 110 千伏水北线，即由 220 千伏郓城水浒站出线至鄄城 110 千伏北郊站，为鄄城县引入第二个 110 千伏电源点。同年 5 月，对 110 千伏鄄城站进行增容，把 16000 千伏安的 2# 主变更换为 SSZ10-M/40000/110 型 40000 千伏安的变压器；对 110 千伏北郊站增加 2# 主变 SSZ10-M/31500/110 型 31500 的变压器。

为适应鄄城经济的快速发展，对原有的 35 千伏变电站全部进行增容改造。35 千伏麻寨站增加 1#SZ9-M-6300/35 型容量 6300 千伏安主变压器；35 千伏临濮站增加 1#SZ10-4000/35 型容量 4000 千伏安主变压器；35 千伏冀庄站增加 1#SZ9-M-6300/35 型容量 6300 千伏安主变压器；35 千伏大埝站增加 2#SZ10-3150/35 型容量 3150 千伏安主变压器；35 千伏箕山站增加 2#SZ10-5000/35 型容量 5000VA 主变压器；35 千伏阎什站增加 1#SZ9-M-6300/35 型容量 6300 千伏 A 主变压器；35 千伏旧城站增加 1#SZ10-3150/35 型容量 3150 千伏安主变压器；35 千伏左营站增加 2#SZ10-3150/35 型容量 3150 千伏 A 主变压器；35 千伏董口站增加 2#SZ10-3150/35 型容量 3150 千伏 A 主变压器。

为满足什集、郑营等发展较快乡镇用电需求，2003 年 5 月，新建什集 35 千伏变电站，新上一台 SZ10-M-6300/35 型 6300 千伏安变压器，相应新建鄄城—什集 35 千伏线路，线路长 12.7 公里。

2004 年，新建 35 千伏富春站，变电容量为 6300 千伏安。建设什麻联络线，即麻寨站至什集站。在什集站上二期工程，新上 SZ10-M-5000/35 型 5000 千伏 A 的 2# 主变压器。

2005 年，为支持鄄城工业园及潍坊工业园建设，新建 110 千伏东郊变电站，一期新上一台 SZ10-40000/110 型容量为 40000 千伏安的变压器，新建 1.1 千米的 110 千伏东郊支线。

110 千伏变电站

经过农网改造，原先管理混乱、私拉乱扯、破烂不堪的农村电网改造为一个布局合理、网架坚实、管理科学的农村电网。改造后供电可靠率提高近 10 个百分点，电压合格率达到 98% 以上，低压线损率平均下降 10 多个百分点，农户的生活照明电价全部执行每千瓦时 0.54 元，仅此一项，全县每年就可减轻客户用电负担近亿元。电压质量提高及电价水平降低，开拓电力市场，促进消费需求，促进全县经济快速发展和农民生活水平提高。

2006 年，完成 110 千伏信东双回线路、110 千伏信鄄线路和 35 千伏信冀线路的勘测、设计、架设工作，完成 110 千伏鄄城变电站母线分段改造工程。

2007 年 1 月 10 日，组织完成 110 千伏信东、信北、信鄄线路工程验收，一次送电成功，实现 N--1 结构的合理布局；相继组织完成 35 千伏信冀线、信阎线出线的电缆敷设工作；完成东郊二期增容工程。5 月，为确保黄河大桥的顺利建设，满足 35 千伏旧城站 10 千伏李进士堂西线的负荷要求，组织完成 35 千伏旧城站 2# 变与 35 千伏什集站 1# 变调换工作。8 月，配合城市建设，对 110 千伏信北线鄄七路段改造，组织实施线路的勘测设计、施工定位基础浇灌、线路架设等工作。11 月，为黄河纺织实业有限公司确定高压供电方案，为黄河纱厂架设 3 回专线进行勘测设计、施工监督。

2008年1月，采用新材料、新工艺，组织完成110千伏信北线路改造工程，提高供电质量。5月完成35千伏信阎线新建工程，线路全程3.72千米。7月完成35千伏董临线架设，完成35千伏董口站、临濮站进线间隔的改造；董口站35千伏母线分段改造工程。8月，完成35千伏箕山站的改造，9月完成35千伏大埝站的改造；完成10千伏线路分支线改造65.46千米，提高了全县电网供电能力及供电可靠性。12月，完成35千伏董临线新建工程，线路全程10.13千米。

2009年1月，完成董口站35千伏董临线312开关保护装置调试、一次设备安装收尾工作，组织验收董临线工程，并一次送电成功，使电网结构更加合理。11月，完成35千伏信麻线路的架设工程，提高了35千伏麻寨变电站供电可靠性和供电质量。

2010年8月，组织完成“35千伏军集输变电工程可行性研究报告”的编写工作，并通过省、市公司审查批准，前期准备工作已经顺利完成；组织

农村电网改造施工现场

编写“110千伏凤凰输变电工程可行性研究报告”和“35千伏红船输变电工程可行性研究报告”，并顺利通过初审。10月，完成2010—2012年农网升级改造规划的设计编写工作。12月，完成110千伏鄄城变电站和110千伏北郊变电站内的110千伏母线改造工作。

1991—2010年个别年份鄄城电网发展情况表

表6-7-1

年　份	35千伏		110千伏		35～110千伏合计	
	线路长度（千米）	变电站容量（千伏安）	线路长度（千米）	变电站容量（千伏安）	线路长度（千米）	变电站容量（千伏安）
1991	90.1	22000	28.6	41000	118.7	63000
2000	106.4	28350	37.2	51000	143.6	79350
2005	162.946	86450	76	146500	238.946	232950
2010	184.96	94450	92.7	196500	277.66	290950

第二节　发　电

1997年鄄城县热电厂土建工程奠基，位于鄄五路南端，占地78.25亩，总投资6000万元，是鄄城县供电公司全资兴建的综合性热电厂。1999年10月正式投产发电，1999年12月开始筹建供热管道，2000年8月开始对周围企业供热。2003年3月因煤价涨价等客观因素停产，2004年10月重新启动，2005年4月停产。

发电量　2000—2003年发电初，热电厂年发电量为3812万千瓦时，到2005年由于技术革新，改造了1＃、2＃锅炉，年发电量有所增加，2004年，年发电量达4013万千瓦时，发电设备平均年利用小时为6812小时。

供热　2001年，热电厂开始对鄄城县味精厂供热，共有2台35吨锅炉，合计容量70吨/小时，一台6000千瓦的抽冷凝汽式供热汽轮发电机组，年供热量32.4吨，支持了味精厂的生产。

运行初期，由于人员技术的原因，热电厂发

电成本较高，发电煤耗为800克/千瓦时，厂用电率为11.5%，供电热效率为14.21%。锅炉改造后，随着发电设备的不断改进，运行技术水平的不断提高，运行效率更加经济。2003—2004年，发电煤耗率为700克/千瓦时。

第三节　供电售电

1991年，全县供电量5447万千瓦时，售电量5125万千瓦时，其中工业售电2039万千瓦时，农业售电1133万千瓦时，居民生活售电1953万千瓦时。以后每年供电量、售电量虽有波动，但总体保持增长趋势。2001年，供电量9997万千瓦时，售电量8706万千瓦时。2002年，供电量首次突破1亿千瓦时，达到11069万千瓦时。2004年，售电量首次突破1亿千瓦时，达到12393万千瓦时，其中工业售电和居民生活售电量增长较大，分别达到3636万千瓦时和5330万千瓦时。2010年，供电量35898万千瓦时，售电量32971千瓦时。

1991—2010年鄄城县供电售电情况表

表6-7-2　　单位：万千瓦时

年　份	供电量	售电量			
		合　计	工　业	农　业	居民生活
1991	5447	5125	2039	1133	1953
1992	6481	6045	2405	1337	2303
1993	5764	5531	2201	1223	2107
1994	6732	6502	2410	1355	2737
1995	7113	6827	2560	1500	2767
1996	8071	7750	2395	3074	2281
1997	8712	8330	2279	3506	2545
1998	7699	7405	1595	3174	2636
1999	8344	8012	1786	3376	2850
2000	9286	8824	2312	3532	2980
2001	9997	8706	2456	3318	2932
2002	11069	9164	2379	3320	3465
2003	10756	9233	2386	3359	3488
2004	12393	10725	3636	1759	5330
2005	15582	14088	6741	343	7004
2006	20966	18911	9009	343	9559
2007	24133	22205	10859	232	11114
2008	29405	27007	11812	1275	13920
2009	32254	29673	10906	2385	16382
2010	35898	32971	12795	2268	17908

第四节　管理体制改革

1991年，全县有供电站16个，均是县供电局统一核算的内部机构。全县25个乡镇，有用电村1164个，用电户近19万户，供电站职工112人，农村电工1746人，农村用电管理采取由乡镇供电站抄表收费到村，再由村电工抄表、收费、管理到农户。1999年，全县拥有110千伏安变电站2座，变电容量51000千伏安；拥有35千伏安变电站10

座，变电容量27550千伏安，高压线路1212.91千米，低压线路1648千米。全县农村人均拥有变电容量0.106千伏安、高低压线路0.0037千米。全县用电量为8012万千瓦时，农村居民生活用电量为16.32千瓦时。全县低压网损超过12%的村有657个，超过18%的村有215个。10千伏以下配电网平均率为0.70，比国家要求的0.85低0.15。全县农村平均低压网损费用占农村实际到户电价的比重为30.53%。农村居民生活电价远远高于城镇，平均电价在0.95元/千瓦时，个别用电村甚至超过2元/千瓦时。

城乡电网管理体制不同，是造成农村电价高于城市的重要原因。农村电压电网由农民自己建设管理，发生的电能损耗、运行维护费用和农村电工报酬，都通过电价向农民平摊；农村电网维修、改造没有资金来源，电网设施严重老化，有的用电村设施运行达20多年之久，全县用电村平均损耗率一般都在30%左右，有的高达50%，使得农村电价远远高于城市。此外，农村电网管理和收费收缴混乱，部分乡镇政府、村委会和农村电工在国家批准的电价之外，层层加价集资，"权力电""人情电""关系电"现象普遍存在，偷漏电现象严重，农民用电负担严重。

2000年年初，鄄城县供电公司根据国家"两改一同价"（改造农村电网、改革农电管理体制，实行全省居民生活城乡同网同价）的部署，在全县范围内实施农村电网的建设和改造。经过2001—2003年三年两期的农网建设改造，彻底解决了农村电网供电"卡脖子"和高低压线路供电超半径合理范围，各电压等级的容载比达到电网规划导则要求。配电可靠率达到99%以上，电压合格率达到98%以上，10千伏以下配电网力率平均到达0.85。同时，进行乡镇供电站改革，取消村级管电组织，撤销原有供电站，组建供电所，实现乡村电力一体化管理，改革农村用电管理体制，全面实行"五统一"（统一电价、统一发票、统一抄表、统一核算、统一考核）、"四到户"（销售到户、抄表到户、收费到户、服务到户）和"三公开"（电量公开、电价公开、电费公开）管理，彻底改变传统的农村用电管理模式。每个供电所分片设立不少于3～5个电工组，全县共设置电工组75个，按照每人管理服务500～800个农户的原则，重新精简录聘298名农电工，配备在电工组中，统一为当地农村服务。"三乱"（乱加价、乱收费、乱摊派）、"三电"（权力电、关系电、人情电）现象得到有效遏制。

根据供电所专业化管理的要求，按照"一人多岗、一岗多责"的原则，2000年3月，对全县基层供电所进行重新优化组合，设所长一人，专职安全员一人，生产技术员一人，营销管理员一人；成立配电管理、营销管理专业组和客户服务室，实行专业化管理，强化供电所安全生产、线损管理、营销管理、技术管理等方面的专业化管理职能，合理配置资源、达到减少供电管理机构的布点，降低运行费用。

2005年4月，根据供电企业的实际需要，本着精简的原则对农电工进行定编、定岗，在全县范围内择优录聘282名农电工，为他们全部办理养老、工伤和医疗三种保险，解除其后顾之忧，体现同工同酬的原则，增强农电工归属感和主人翁意识，提高工作主动性和积极性。通过优化组合，提高整体工作效率，使农电工人均管理户数达到700户以上，实现精细化和专业化管理。至2015年，全县共设置供电所13个，每个供电所内部组织机构设置基本形成"一长3员、一室2组"模式。实施专业化以后，由于职责更加明确，工作流程更加细化，供电所各项管理与经济技术指标均取得显著成效，促进了农电管理和优质服务水平的提升。

2010年，11个35千伏变电站装设视频监控系统，鄄城全部变电站具备视频监控系统。实现变电站"五遥"功能。按照省市公司要求建设"SG186"工程，将邮件、安全生产管理系统、经营多个系统整合入统一平台下，实现在公司任一台微机都能办公，不受系统终端影响。

第五节　用电管理及电价

业扩报装　1991年，非生活照明客户和农电用户的业扩报装工作存在很多弊端。2000年，客户服务中心成立后，业扩报装统一归客户中心业扩报装班管理，统一收费标准，施工也由供电所转到具有施工资质的施工队，为业扩报装客户节约用电的前期投资。2003年，公司用电MIS系统投入运行，进一步规范简化业扩报装工作流程，缩短报装时限。2004年，在业扩过程中实行“三不指定”，即：不指定供货单位，不指定设计单位，不指定施工单位。

2005年3月，山东省集团公司对鄄城县供电公司的业扩报装工作给予高度评价。2005年6月，为适应鄄城工业园区快速发展的需要，公司制定并下发《鄄城县供电公司业扩报装管理办法》，对业扩报装工作进一步细化。2007年，制定下发《鄄城县供电公司客户业扩报装接电管理办法》，印发《客户业扩报装服务指南》。2009年，对上述管理办法进行修订。2010年，根据国家电监会、济南电监办及国家电网公司对客户业扩报装工程管理中的用电俗语及规定进行的全面解析，又重新修订《鄄城县供电公司客户业扩报装服务办法》《鄄城县供电公司客户业扩报装接电管理办法》《客户业扩报装服务指南》、“客户服务意见卡”等，进一步规范服务行为，提高了工作效率和服务水平。

电费抄、核、收　2000年，电费抄、核、收都统一归供电所管理，实行谁抄表谁核算谁收费谁管理的原则，电费回收上报工作都由供电所上报，电费的收取和计算也不明确，电费差错较多，电费回收率很难完成100%的要求。

2001年，对10千伏用户实行统一管理，由客户中心统一报账，统一核算，统一打印微机发票，由企划部统一考核，实行微机计算电费的方式，提高电费核算的效率和准确性。

2004年1月，公司制定下发《鄄城县供电公司电费抄核收管理办法》。2月，公司投资30余万元，投入使用先进的用电营销管理信息系统，把电费的抄核收纳入流程化管理，并设立抄核收管理班。

2005年6月，用电营销管理信息系统推行到供电所，由供电所进行录入和计算，由公司电费核算班进行审核，电费收取由供电所实行坐收电费，并实行逾期交费加收违约金的办法，方便电费的回收，并能对电费的回收情况做到可控、在控。

2007年2月，推广使用10千伏专变预付费卡表，实行电费预收，用户缴费购电，降低电费回收风险。5月，对用电量大的客户安装电表终端，利用大客户服务系统远程抄表，能够实时监测用户用电情况，并对传回的数据进行分析，提供异常用电情况报警，从技术上实现远程控制用户用电。

2008年10月，成立抄表班，由营销部组织人员对城区三个供电所台区表计统一抄表，统一管理。

2010年7月，公司在各营业网点配置银联POS刷卡机，用户使用银联卡刷卡缴纳电费，公司收费人员使用刷卡方式上缴收取的电费。10月，公司原用电营销管理信息系统数据割接，使用山东电力集团公司统一的电力营销业务应用系统，公司所有的营销业务纳入山东电力集团公司统一管理平台。

电价　1991年之前，农村用户电价实行包村制，由村里电工负责，到户电价也没有限制，有些村里每度电费达到1元到2元。

1991—1995 年鄄城县直售电价表

表 6-7-3

用电类别	基本电价		电度电价（元 / 千瓦时）
	最大需量（元 / 千瓦 / 月）	变压器容量（元 / 千伏安 / 月）	
1 ～ 10 千伏	16.5	11.00	0. 5279
其中：电、电电解烧碱、合成氨、电炉黄磷	16.5	11.00	0. 5179
35 ～ 110 千伏	16.5	11.00	0. 5219
其中：电、电电解烧碱、合成氨、电炉黄磷	16.5	11.00	0. 5119
110 千伏及以上	16.5	11.00	0. 5119
其中：电、电电解烧碱、合成氨、电炉黄磷	16.5	11.00	0. 5019
非工业、普通工业用电	—	—	—
不满 1 千伏	—	—	0. 6179
1 ～ 10 千伏	—	—	0. 6139
35 ～ 110 千伏	—	—	0. 6069
居民生活用电	—	—	—
不满 1 千伏	—	—	0. 432
1 ～ 10 千伏	—	—	0. 422
35 ～ 110 千伏	—	—	0. 422
非居民照明用电	—	—	—
不满 1 千伏	—	—	0. 6999
1 ～ 10 千伏	—	—	0. 6919
35 ～ 110 千伏	—	—	0. 6909
农业生产用电	—	—	—
不满 1 千伏	—	—	0. 5169
1 ～ 10 千伏	—	—	0. 5109
35 ～ 110 千伏	—	—	0. 5019

2000 年年初，菏泽市物价局和菏泽电业局下发菏价工发〔2001〕10 号文件，即《转发〈关于农网改造还本付息及城乡用电同价有关问题的通知〉的通知》，确定各县区农村到户结交电价。

鄄城县网改后农村到户电价情况表

表 6-7-4　　　　单位：元 / 千瓦时

县　名	用电分类	电压等级	电量价格	变线损	相关费用	还　息	到户价
鄄城	居民照明	不满 1 千伏	0.432	0.0847	0.04	0.1025	0.6700
	非普工业	不满 1 千伏	0.5481	0.1075	0.04	0.1133	0.7981
	非普工业	1 ～ 10 千伏	0.5441	0.1067	0.04	0.1025	0.7933
	非居民照明	不满 1 千伏	0.6301	0.1075	0.04	0.1025	0.8801
	农业生产	不满 1 千伏	0.4371	0.0857	0.04	0.1025	0.6653

2002 年 3 月，山东省发展计划委员会、山东省物价局和山东电力集团公司共同下发鲁价格发〔2002〕80 号文件，规定城乡居民生活用电实行同网同价。全省居民生活用电同价水平为每千瓦时 0.52 元（不满 1 千伏）为最终结算交费价格，不得加收其他任何费用；对于 1 千伏及以上供电户以及尚未实行“一户一表”改造的城乡转供电量，供电部门按照每千瓦时 0.468 元与转供电单位结算。

2002 年 7 月，根据水利电力部、国家物价局《关于颁发〈功率因数调整电费办法〉的通知》要求，鄄城县供电局下发《关于对工业企业实行“功率因数调整电费”的通知》。

2003 年 11 月，山东省物价局下发《关于菏泽市农村用电结交价格的批复》，确定农村各类用电结交价格，鄄城县电价为非普工业 0.7981 元 / 千瓦时，非居民照明 0.8801 元 / 千瓦时，农业生产 0.6653 元 / 千瓦时。

2004 年 7 月，菏泽市物价局下发《关于转发山东省物价局〈关于公布趸售县电价表的通知〉的通知》，鄄城县严格执行此电价标准。

菏泽趸售区销售电价表（鄄城）

表 6-7-5

用电类别	基本电价		电度电价（元 / 千瓦时）
	最大需量（元 / 千瓦 / 月）	变压器容量（元 / 千伏安 / 月）	鄄城县
中小化肥生产用电	—	—	—
1 ～ 10 千伏	16.5	11.00	0．3120
35 ～ 110 千伏	16.5	11.00	0．3070
110 千伏及以上	16.5	11.00	0．2980
非工业、普通工业用电	—	—	—
不满 1 千伏	—	—	0．5481
1 ～ 10 千伏	—	—	0．5441
35 ～ 110 千伏	—	—	0．5371
居民生活用电	—	—	—
不满 1 千伏	—	—	0．5200
1 ～ 10 千伏	—	—	0．4680
35 ～ 110 千伏	—	—	0．4680

续表 6-7-5

用电类别	基本电价		电度电价（元 / 千瓦时）
	最大需量（元 / 千瓦 / 月）	变压器容量（元 / 千伏安 / 月）	鄄城县
非居民照明用电	—	—	—
不满 1 千伏	—	—	0．6301
1 ～ 10 千伏	—	—	0．6221
35 ～ 110 千伏	—	—	0．6211
农业生产用电	—	—	—
不满 1 千伏	—	—	0．4571
1 ～ 10 千伏	—	—	0．4511
35 ～ 110 千伏	—	—	0．4421

2005 年 4 月，根据国家发展改革委《印发关于建立煤电价格联动机制的意见的通知》和《关于华北电网实施煤电价格联动有关问题的通知》精神，山东省发展和改革委员会和省物价局联合下发《关于山东省煤电价格联动有关问题的通知》，实施煤电价格联动，疏导突出的电价矛盾，适当调整上网电价和销售电价水平。销售电价水平调整如下：大工业用电、非工业、普通工业用电、非居民照明用电价格每千瓦时提高 2.72 分；居民生活用电价格每千瓦时提高 2 分；农业生产、中小化肥生产用电价格暂不调整。

2006 年 7 月 1 日，根据《国家发展改革委关于调整华北电网电价的通知》和山东省物价局文件，稳妥调整电价。同时对城乡中小学教学用电电价执行居民生活用电电价。

2007 年 2 月，对公司范围内的农村自来水用电价格统一按居民照明电价执行，农村养殖业按农业用电电价执行。

2008 年 7 月，依据《国家发展改革委关于提高华北电网电价的通知》和山东省物价局《关于调整我省电价的通知》，自 2008 年 7 月 1 日执行调整后的电价，并调整销售电价结构：取消非居民照明用电分类，将非居民照明用电并入非普工业用电，更名为“一般工商业”用电；扩大大工业用电、一般工商业用电各电压等级间的差价，一律调整为每千瓦时 1 分。凡 100 千伏安（千瓦）及以上的一般工商业用户均执行功率因数调整。

菏泽趸售区销售电价表（鄄城）

表 6-7-6

用电类别		电价（元 / 千瓦时）
居民用电	不满 1 千伏	0.5469
	1 ～ 10 千伏	0.4929
一般工商业	不满 1 千伏	0.6450
	1 ～ 10 千伏	0.6350
	35 ～ 110 千伏	0.6250
农业生产用电	不满 1 千伏	0.4350
	1 ～ 10 千伏	0.4290
	35 ～ 110 千伏	0.4200

续表 6-7-6

用电类别		电价（元 / 千瓦时）
农业排灌用电	不满 1 千伏	0.4150
	1 ～ 10 千伏	0.4090

2009 年 11 月，按照《国家发展改革委关于调整华北电网电价的通知》和山东省物价局《关于调整我省销售电价的通知》文件精神，自 2009 年 11 月 20 日起调整销售电价水平。

菏泽趸售区销售电价表（鄄城）

表 6-7-7

用电分类	电压等级	电价（元 / 千瓦时）
居民生活用电	不满 1 千伏	0.5469
	1 千伏及以上	0.4929
一般工商业用电	不满 1 千伏	0.7063
	1 ～ 10 千伏	0.6913
	35 ～ 110 千伏	0.6763
农业生产用电	不满 1 千伏	0.4955
	1 ～ 10 千伏	0.4805
	35 ～ 110 千伏	0.4655
农业排灌用电	不满 1 千伏	0.4755
农业排灌用电	1 ～ 10 千伏	0.4605
	35 ～ 110 千伏	0.4455

第六节　电网调度运行

1991 年之前，鄄城县电网没有实现自动化调度。

1999 年，鄄城调度通讯网由北京爱立信 MD-110 数字行政，调度总机，三对 ZDD-88 山东电讯十厂产载波机，六对 ZBD-2 系列国营七三零厂生产载波机及通讯电缆组成，作为主要通信手段。110 千伏鄄城变电站，北郊变电站，10 千伏开关站用通信电缆作为主要通信手段，35 千伏变电站用无线电作为主要通信手段。

2002 年以后通信、自动化实现跨越式发展。6 月，调度 MIS、办公自动化系统的安装调试完毕，实现公司机关信息共享，实现无纸化办公。9 月，新上烟台东方电子 DF8002 图模一体自动化主站系统，实现数据实时采集，实时打印，并预留十五期间新上变电站位置。2002 年，与市供电公司配合建成全市电力通讯网，调度自动化系统网络、等位拨号、信息共享；实用性、先进性具全区前列。2003 年，完成县调至郑营供电所—麻寨变电站—彭楼供电所—阎什变电站—冀庄变电站的光缆架设及光端机安装。

2004 年，光通讯覆盖全部变电站及供电所，通信主干道光纤化率 100% 并实现环网自愈，载波通讯退出运行。变电站实现“四遥”（遥信、遥调、遥测、遥控）功能，供电所全部实现办公自动化。新上生产 MIS，实现调度自动化，局办公 MIS，用电 MIS，调度生产 MIS 的信息共享，实现全公司办公自动化。成立操作队，公司所属变电站全部实现无人值守。

第 七 编

经济综述

JINGJIZONGSHU

1991—2010 年，鄄城着力培植优势产业，发展县域特色经济，国民经济保持快速增长，产业结构不断优化升级。1991 年，全县有工业企业 158 家，其中全民所有制工业 17 家，县属集体工业 12 家，乡及乡办工业 129 家。之后，全县国内生产总值随县域经济发展呈逐年上升趋势。2005 年，经济结构由农业为主逐步向工业化、市场化转变，市场经济深入发展，第一产业平稳发展，第二产业成效显著，第三产业较快发展。2006 年以后，全县实施“工业兴县”战略，坚持全党抓经济，重点抓工业，促进工业经济快速发展，确立工业在国民经济中的主导地位。至 2010 年，全县经济整体上保持较快较好的发展趋势，全县地区生产总值保持年均增长 15% 的发展势头，规模以上工业企业增加至 217 家，其中国有企业 2 家，股份制企业 4 家，外资企业 18 家，其他类型企业 193 家，产业结构比由 1991 年的 64.8 ∶ 16.3 ∶ 18.9 调整为 24.9 ∶ 44.6 ∶ 30.5，产业结构逐步趋于合理，GDP 总量由 1991 年的 62478 万元增长到 2010 年的 82.48 亿元，农民人均纯收入由 1991 年的 652 元增长到 2010 年的 5639 元，县域经济综合实力不断增强。

第一章　经济结构

第一节　产业结构

随着全县国民经济健康发展，县域经济综合实力不断增强，产业结构逐步趋于合理。1991 年，全县国内生产总值（即 GDP）为 62478 万元，其中一产增加值 40460 万元，二产增加值 10204 万元，三产增加值 11814 万元，三次产业增加值占 GDP 的比重为 64.8 ∶ 16.3 ∶ 18.9；1995 年，国内生产总值为 129111 万元，其中一产增加值为 86148 万元，二产增加值 21356，三产增加值 21607 万元，三次产业比为 66.7 ∶ 16.5 ∶ 16.8；2000 年，国内生产总值为 146751 万元，其中一产增加值 87808 万元，二产增加值 21939 万元，三产增加值 37004 万元，三次产业比为 59.8 ∶ 15 ∶ 25.2，一产增加值比 1991 年、1995 年有所下降；2005 年，全县实现国内生产总值 346572 万元，其中一产增加值 145445 万元，二产 117599 万元，三产为 83528 万元；三次产业占比为 42 ∶ 33.9 ∶ 24.1。第一产业占 GDP 的比重比 2000 年下降 17.8 个百分点，二产增加值比 2000 年提高 18.9 个百分点，特别是二产中工业突飞猛进的发展，使全县工业增加值达到 88826 万元，占到第二产业的 75.5%，推进了全县经济产业结构调整。一产占比下调，第二、三产业比重不断提高，表明鄄城县经济结构由农业为主逐步向工业化、市场化转变，市场经济的深入发展，是推进县域经济产业结构不断优化升级的根本原因。“十一五”以后，全县经济整体上保持较快较好发展趋势，产业结构进一步优化：一产平稳发展，二产成效显著，三产较快发展。自 2009 年起第三产业增加值占 GDP 的比重首次超过一产。产业结构由 2005 年的 42 ∶ 34 ∶ 24 调整为 2010 年的 24.9 ∶ 44.6 ∶ 30.5，2010 年二三产业占 GDP 的比重比 2005 年提高 17.1 个百分点，产业结构进一步趋于合理。

1991—2010 年鄄城县国内生产总值及三次产业比情况表

表 7-1-1

年　度	GDP（万元）	三次产业比
1991	62478	64.7 ∶ 16.3 ∶ 19
1992	66738	63.2 ∶ 16.9 ∶ 19.9
1993	79495	65.2 ∶ 17.1 ∶ 17.7
1994	109930	68.2 ∶ 16.3 ∶ 15.5
1995	129111	66.7 ∶ 16.5 ∶ 16.8
1996	138493	67 ∶ 15.1 ∶ 17.9
1997	134127	63.2 ∶ 16.8 ∶ 20
1998	132990	65.5 ∶ 13.9 ∶ 21.6
1999	132082	60.9 ∶ 14 ∶ 25.1
2000	146751	59.8 ∶ 15 ∶ 25.2
2001	159360	56.7 ∶ 16.9 ∶ 26.4
2002	174814	53.2 ∶ 19.2 ∶ 27.6
2003	202510	48.6 ∶ 23.7 ∶ 27.7
2004	289801	43.7 ∶ 32.4 ∶ 23.9
2005	346572	42 ∶ 33.9 ∶ 24.1
2006	408634	38.2 ∶ 37 ∶ 24.8
2007	491977	34.5 ∶ 39.5 ∶ 25.9
2008	603354	30.9 ∶ 42.7 ∶ 26.4
2009	677414	28 ∶ 43 ∶ 29
2010	824805	24.9 ∶ 44.6 ∶ 30.5

第二节　企业所有制结构

1991 年，全县有工业企业 158 家。其中，全民所有制工业 17 家，县属集体工业 12 家，乡及乡办工业 129 家；县以上工业企业主要有酒厂、印刷厂、榨油机厂、味精厂、毛纺厂、麻纺厂、化工厂、面粉厂、浸出油厂、饲料厂、食品厂、砖瓦厂、淀粉厂、棉纺织厂、自来水公司、棉麻公司、五金厂、地毯厂、被服厂、草制品厂、县社供销公司、织布厂等。

1995 年，全县有乡及乡以上工业企业 134 家，其中乡属工业 106 家，城镇联营企业 1 家。

2000 年，原有国有及集体企业逐渐改制为股份制企业，同时涌现一批民营企业、三资企业等。企业经济类型主要有国有企业、集体企业、股份合作企业、其他联营企业、私营合伙企业、私营有限责任公司。其中年销售收入 500 万元以上的工业企业为规模以上工业，全县共 19 家，包括国有企业 8 家、集体企业 2 家、股份合作企业 1 家、有限责任公司 1 家，私营企业 6 家、外资企业 1 家。

随着招商引资力度的加大和投资环境的改善，全县工业所有制结构形成以股份制企业、私营企业、外资企业为主，全民及集体所有制企业逐渐向其他所有制类型转变的格局，全县的经济类型不断增加，经济活力增强。

2005 年，全县规模以上工业发展到 62 家，其中国有企业 2 家，股份制企业 41 家、外资企业 8 家，其他类型企业 11 家。

2006年以后，全县实施“工业兴县”战略，坚持全党抓经济，重点抓工业，促进工业经济快速发展，确立了工业在国民经济中的主导地位。2010年，规模以上工业企业增加至217家。其中，国有企业2家，股份制企业4家，外资企业18家，其他类型企业193家。

1991—2010年鄄城县工业企业所有制结构情况表

表7-1-2

年份	企业个数	国有	集体	民营	联营	股份制	外资	其他
1991	158	17	12	—	—	—	—	129
1992	162	18	144	—	—	—	—	—
1993	157	17	140	—	—	—	—	—
1994	153	19	134	—	—	—	—	—
1995	134	16	113	—	—	—	5	—
1996	151	18	130	—	—	—	3	—
1997	154	17	134	—	—	—	3	—
1998	18	11	1	—	1	2	1	2
1999	17	8	2	1	4	1	1	1
2000	20	8	2	6	1	1	1	1
2001	23	8	3	8	—	1	2	1
2002	29	5	2	13	1	2	6	—
2003	37	5	1	21	—	3	7	—
2004	61	4	1	—	—	38	8	10
2005	62	2	—	—	—	41	8	11
2006	95	2	—	—	—	—	7	86
2007	133	1	—	—	—	—	7	125
2008	172	2	—	—	—	—	10	160
2009	197	2	—	—	—	—	8	187
2010	217	2	—	—	—	4	18	193

说明：1991—1997年统计乡及乡以上的工业企业，1998—2010年统计规模以上工业企业。

第三节　企业规模

1991年，乡镇及其以上工业企业固定资产合计为11455万元，年末从业人数为15178人；1997年，乡及乡以上工业企业固定资产合计为36818万元，年末从业人数为15896人；2000年，全县规模以上工业企业20家，资产合计39399万元，年末从业人数3220人；2005年，全县规模以上工业企业62家，资产合计96057万元，年末从业人数9504人。2010年，规模以上工业企业个数217家，资产总计为526860万元，年末从业人数为29071人；私营个体经营户17722家，从业人员51701人，注册资金182589万元。

第二章 经济综合指标及增速

第一节 国民经济综合指标

1991—2010年，鄄城着力培植优势产业，发展县域特色经济，国民经济保持快速增长，产业结构不断优化升级。

1991年，全县实现国内生产总值62478万元，工业增加值5185万元，工业主营业务收入25679万元，利税2273万元，社会消费品零售总额15173万元，地方财政收入4477万元，农民人均纯收入652元，金融机构存贷款余额为57784万元。

1995年，全县国内生产总值129111万元，工业增加值15112万元，工业主营业务收入54296万元，利税3538万元，完成社会消费品零售总额22699万元，地方财政收入4399万元，农民人均纯收入为1290元，金融机构存贷款余额为91602万元。

2000年，实现国内生产总值146751万元，年销售收入500万元以上的规模工业企业中，完成工业增加值6256万元，工业主营业务收入23852万元，利税1353万元，全社会消费品零售总额57293万元，地方财政收入5788万元，农民人均纯收入为1887元，全县金融机构存贷款余额为260960万元。

2005年，实现国内生产总值346572万元，规模以上工业增加值64098万元，主营业务收入219788万元，利税7898万元；全社会消费品零售总额196309万元；地方财政收入12261万元；农民人均纯收入达3168元；全县金融机构存贷款余额达423669万元。

2010年，实现地区生产总值824805万元，按可比价计算，比上年同期增长14.1%；农民人均纯收入达5639元，增速20%；地方财政收入4亿元；规模以上工业增加值增长速度17.3%；主营业务收入达到173亿元，同比增长49.6%；利税24.34亿元，同比增长90.6%；利润12.67亿元，同比增长89.96%。

1991—2010年鄄城县综合经济指标一览表

表7-2-1

年份	国内生产总值（万元）	工业增加值（万元）	主营业务收入（万元）	利税（万元）	社会消费品零售总额（万元）	农民人均纯收入（元）
1991	62478	5185	25679	2273	15173	652
1992	66738	6406	31719	3259	15653	584
1993	79495	13170	37346	2316	10492	675
1994	109930	18942	54397	4503	12329	1051
1995	129111	15112	54296	3538	22699	1290
1996	138493	16471	58487	3925	24436	1651
1997	134127	17709	68830	2345	27231	1738
1998	132990	5572	22093	307	35744	1789

续表 7-2-1

年　份	国内生产总值（万元）	工业增加值（万元）	主营业务收入（万元）	利税（万元）	社会消费品零售总额（万元）	农民人均纯收入（元）
1999	132082	4672	19303	664	50238	1834
2000	146751	6256	23852	1353	57293	1887
2001	159360	8179	38390	1964	65806	1964
2002	174814	12368	51238	1951	75015	2096
2003	202510	18484	68401	2414	110759	2021
2004	289801	49587	169887	8403	170407	2692
2005	346247	64098	219788	7898	196309	3168
2006	408634	85935	285702	14841	228189	3403
2007	491977	132044	429793	23342	270781	3924
2008	603354	187025	802343	94139	410702	4458
2009	677414	295923	1167761	128417	479129	4894
2010	824805	292644	1734436	243439	550985	5639

第二节　国内生产总值增速

1991 年以后，全县国内生产总值随县域经济发展呈逐年上升趋势。1991 年，全县实现国内生产总值 62478 万元，按可比价计算，同比增长 6.6%；1995 年，全县实现国内生产总值 129111 万元，按可比价计算，同比增长 3.8%；2000 年，全县实现国内生产总值 146751 万元，按可比价计算，同比增长 9.8%；2003 年以后，全县以科学发展观为指导，抢抓“突破菏泽”机遇，围绕“全县抓经济、重点抓工业”总体工作思路，解放思想，真抓实干，综合经济实力逐步提高。2005 年，全县实现国内生产总值 346247 万元，按可比价计算，同比增长 16.3%。2006—2010 年，全县经济整体上保持较快较好的发展趋势，全县地区生产总值保持年均增长 15% 的发展势头。GDP 总量由 2005 年的 34.65 亿元增加到 2010 年的 82.48 亿元，按可比价计算年均增长 15%；人均 GDP 由 2005 年的 4370 元增加到 2010 年的 10704 元，人均 GDP 首次突破万元大关。

1991—2010 年鄄城县国内生产总值发展速度一览表

表 7-2-2

年　度	GDP（万元）	增长速度（%）
1991	62478	6.6
1992	66738	4.4
1993	79495	4.5
1994	109930	4.6
1995	129111	3.8
1996	138493	1.7
1997	134127	2.4
1998	132990	6.7

续表 7-2-2

年　度	GDP（万元）	增长速度（%）
1999	132082	4. 1
2000	146751	9. 8
2001	159360	11. 5
2002	174814	5. 7
2003	202510	17
2004	289801	22
2005	346572	16. 3
2006	408634	16. 2
2007	491977	15. 78
2008	603354	15. 8
2009	677414	15. 2
2010	824805	14. 1

第八编

农业

NONG YE

1978年推行农业生产责任制后，农业生产得以迅速发展。1990年，鄄城被评为“全国粮食生产先进单位”，受到国务院表彰。其后，不断对农业产业结构特别是种植业结构进行调整，调整的重点是蔬菜大棚、大路菜、棉花、瓜类、油料等高效经济作物的生产，发展蔬菜和中药材生产，全县基本形成瓜菜、中药材、林果、植藕的专业化规模种植区域。2010年，蔬菜已成为主要支柱产业之一。1991年，全县植藕面积5000亩，产量6000吨；养殖面积15800亩，产量4380吨。2010年，全县植藕面积27000亩，产量42000吨;水产养殖面积31500亩，产量9850吨。农业总产值由1991的6.94亿元增长到2010年的35.15亿元。粮食总产48.75万吨，比1991年增加12.86万吨。全县农机总动力113.97万千瓦，比1991年的18.22万千瓦增长5.06倍。主要农作物综合机械化水平达76%。

第一章　农村经济体制改革

第一节　农村土地承包制度

鄄城县农村土地使用制度从小段包工、定额计酬、到包干到户，逐步形成以家庭承包经营为基础，统分结合的双层经营体制，1998年第一轮土地承包到期后，按照中央和省委部署，县委、县政府于1999年1月21日下发《关于切实做好延长土地承包期工作的实施意见》，对做好农村第二轮土地承包期延长30年工作提出明确要求，并专门召开全县第二轮土地延包工作动员会议，成立县第二轮土地延包工作领导小组，设立办公室（办公室设在农业局），从县乡机关和部门抽调1000名干部，深入到村，指导村级第二轮土地延包工作，全县431个行政村共签订延包合同16.3万份，并发放农村土地承包经营权证，完成了第二轮土地延包任务；农村土地承包关系进一步稳定，承包合同管理进入规范化轨道。

第二节　农民负担监督管理

鄄城县农民负担管理从1990年起按上年农民人均纯收入百分之五计提“村三提乡五统”；1992年国务院《农民承担费用和劳务管理条例》《山东省农民负担管理条例》颁布后，县委、县政府召开全县贯彻落实两个《条例》和农民负担监督管理工作会议；举办全县农民负担监督管理人员培训班，县人大常委会审议县政府《关于1992年乡镇统筹、村提留工作意见》，县政府下发《鄄城县1992年乡镇统筹、村提留工作意见的通知》，实行《农民负担交款手册》制度，人均负担占上年农民人均纯收入（652元）的4.6%；1993年县政府下发《鄄城县关于切实减轻农民负担的若干规定》，在全市率先实行农民负担卡制度；1996年实行农民负担总量控制，人均129.69元;1999年县委、县政府下发《关于进一步做好1999年减轻农民负担工作的通知》，以1998年为基数，到2000年一定三年不变；2001年在部分乡镇进行农村税费改革试点，2002年全县改为按计税面积征收农业税；取消三提五统，2004年按照农业税降低三个百分点政策规定，实行减半征收；2005年按照农业税再降两个百分点规定，全县按一个百分点征收；2006年农业税取消，农村税费改革达到预期目的。农村税费改革后农村兴办集体公益事业改为“一事一议”筹资筹劳，村兴办集体公益事业，可根据兴办集体公益事业“一事一议”筹资筹劳办法规定，每年进行一次筹资筹劳，除国家规定享受减免人口外，每年每人筹资不得超过15元，不筹资的劳动力每年筹劳10个工日；农民负担监督管理工作由“治重”“治乱”转入巩固农村税费改革成果，维护农民合法权益的新阶段；农民负担监督管理工作围绕农村稳定和农民增收为主线，以强化监督检查、治标与治本相结合，抓减负和惠农政策落实，落实涉农收费专项治理责任制、完善“一事一议”筹资筹劳审批程序、专项审计制度等制度，建立健全农民负担监督管理长效机制。

第三节　农村财务管理

1990年起，鄄城县每年都从财政预算中安排农村会计专项培训经费，进行农村会计培训，提高全县农村财务管理水平。1995年，全县农村财务实行“四个统一”（统一“借、贷”记账方法、统一账簿设置、统一报账时间、统一公开日）为主要管理内容的“村财乡管”管理模式。1998年，鄄城县先后下发《关于在全县农村实行村务公开、民主管理的实施意见》《关于在全县农村推行村务公开民主监督的通知》《关于成立全县“村务公开、民主管理”工作领导小组的通知》，全县农村集体经济组织全面实行民主理财，乡镇设立“村财乡管”办公室，村委员设立“民主理财小组”，统一全县村级财务管理的操作程序；制定《财务公开制度》《档案管理制度》《民主理财制度》等制度；乡镇设村财乡管办公室，代理村委会管理村级财务、会计核算、办理资金结算；村委会所有资金，账目都上交乡镇村财乡管办公室，对村所有资金实行专户存储，按村设账，分户核算；实行所有权与使用审批权分离，村集体财务收支情况，一月一结账，一季度一公布，使农村财务规范化。

第二章　农业综合开发

第一节　县域平原综合开发

1991—2005年，共改造中低产田29.7万亩，实施产业化经营项目4个，完成投资10071.8万元。其中造林16.1万亩，开挖沟渠736.7千米，渠道防渗21.7千米，建桥涵闸建筑物3224座，新打机井1523眼，修复旧井128眼，埋设地下管道158千米，改良土壤26万亩，修整机耕路370千米。培训农民74180人次。2006—2010年，共治理改造中低产田面积7.8万亩，实施农业综合开发科学技术推广项目1个，产业化经营财政补助项目1个，累计完成投资5783万元，其中中央资金1928万元，省配套1609万元，市配套193万元，项目区群众、企业自筹2053万元。造林7.8万亩，开挖沟渠226千米，渠道防渗4.28千米，建桥涵闸建筑物979座，新打机井655眼，修复旧井40眼，埋设地下管道287.8千米，改良土壤5.9万亩，修整机耕路214.3千米。通过综合开发，配套治理，项目区大都已形成田成方、林成网，旱能浇、涝能排，沟渠路林桥涵闸井泉相互配套的高产稳产田，抗御自然灾害的能力增强。

开发项目　1991—1993年，在凤凰乡、鄄城镇（原梁堂乡）实施第二期农业综合开发项目，治理土地面积3万亩；1994至1996年在引马乡、红船镇实施第三期农业综合开发项目，治理土地面积3.6万亩；1997年在彭楼镇实施农业综合开发项目，治理土地面积1.5万亩；1998—2002年在鄄城（原梁堂乡）、旧城、大埝、李进士堂、箕山、左营等乡镇实施利用世界银行贷款加强农业灌溉二期项目，治理土地面积17万亩；2003年在什集镇、彭楼镇实施农业综合开发项目，治理土地面积1万亩；

2004年在阎什镇和郑营乡、引马乡分别实施农业综合开发项目和土地治理增量项目，治理土地面积1.9万亩；2005年在旧城镇、董口镇实施农业综合开发项目，治理土地面积1.7万亩。2006年实施彭楼镇农业综合开发中低产田改造项目，治理面积2.7万亩；2007年实施郑营乡农业综合开发中低产田改造项目，治理面积2.4万亩；2008年实施引马乡农业综合开发农业科学技术推广项目，推广面积1.2万亩；2009年实施红船、箕山镇农业综合开发中低产田改造项目，治理面积1.7万亩；2010年在富春乡、什集镇实施农业综合开发中低产田改造项目，治理面积1万亩，同时实施鄄城县9000吨食品深加工扩建财政补助项目1个。项目区良种覆盖率达到100%。通过种植业结构调整，提高复种指数，项目区累计增产粮食1455万公斤，新增种植业总产值2800万元。项目区农业生产能力和农业技术科技含量、农作物产量和经济效益显著提高。

开发项目管理 农业综合开发项目实行精细化管理，在项目规划布局、扩充设计编制、计划编报、项目实施、检查验收、工程建后管护等环节，严格执行项目法人制、公示制、工程招投标制、监理制、管护责任制和县级财政报账制，保证工程质量和投资效益。

农业综合开发高产麦田

第二节 扶贫开发

1991年，将全县156个人均纯收入在500元以下的贫困村纳入扶贫开发规划，共涉及27348户，贫困人口100506人，在资金、物资和政策上进行重点扶持。给鄄城酒厂扶贫开发贷款120万元。1992年，对全县贫困群众进行科技培训，累计培训人员1.2万人次。

1994年，按照山东省“四五”扶贫攻坚计划，制定《鄄城八五扶贫攻坚计划》，即从1994—1998年，利用5年时间，集中人力、物力、财力，动员社会各界力量，解决全县8万贫困人口的温饱问题。以村为单位，注重专业村建设，新建一批养兔、养鸡、食用菌、种植中药材等专业村。全县有65个行政村，20578户，贫困人口82218人列入帮扶计划。董口乡、左营乡、彭楼乡、葛庄乡、李进士堂乡、临濮乡、西双庙乡被列入重点扶持乡镇，1998年，组织安排干部360人、65个工作组进行驻村集中帮扶。27个特困村实施扶贫开发项目29个，新打机井524眼，建扬水站6座，修桥涵闸54座，引黄淤改土地1200亩，猪舍100套，养猪500头。资金908万元，其中省级无偿资金444万元，周转金100万元，地区贴息贷款182万元，县配套资金182万元。

2001年，县扶贫开发领导小组制定《鄄城县扶贫开发十年规划（2001—2010）》，分三期进行扶持，同年左营乡、彭楼乡、旧城镇、什集镇列入第一期（2001—2004）进行扶持。3年共打机井801眼，建沼气池800个，建桥涵闸182座，植树221.5万株，种植中药材2.5万亩，建蔬菜大棚4000亩，养殖鲁西黄牛1.6万头，建肉食鸡饲养大棚400个，打深水井解决人畜吃水配套工程3个村（合理张庄、大罗庄、李进士堂），推广应用叶面肥及增效施肥技术7500亩。3年累计总投资5854万元，其中省拨资金465万元，市配套99万元，县以下自筹5290万元。

2005年，临濮镇、董口镇、李进士堂镇被列入第二期重点扶持乡镇。3年完成种植杨树速生丰产林44000万亩，养殖青山羊和小尾寒羊45650只，打机井346眼，砌生产桥52座。2006年，继续实施十一五扶贫开发规划（2001—2010）第二期（2005—2007），根据省市财政、扶贫部门的要求，扶贫开发项目列入财政支农资金整合项目库。为落实县委、县政府财政支农资金“三区四业”“双十工程”精神，完成“千棚计划”，在沿黄乡镇发展林下鸡腿菇大棚。2006—2007年项目总投资1636.6万元，其中省资金420万元，县以下自筹1216.6万元。项目覆盖临濮、李进士堂、董口镇与旧城镇的七街行政村，共27个行政村，贫困人口40085人。

2007年，鄄城县被列为山东省贫困村村民发展互助资金10个试点县之一，也是菏泽市唯一的试点县。在董口镇韩楼、胡庙、柳园，临濮镇户屯、楼子庄5个村实施互助资金试点项目，至2010年，贫困户入社户数677户，累计借款807笔，借款金额403.35万元，工作进展顺利，合作社运行正常，产业健康发展。

到2007年，全县农村低收入人口（人均纯收入1500元以下）15.8万人，其中省定温饱线（1000元以下）7.3万人。

2008—2010年是实施扶贫开发“十一五规划”第三期，共涉及箕山镇、引马乡和富春乡62个行政村，总人口11.68万人，耕地16.06万亩，其中贫困村24个，贫困人口5.28万人。扶持内容是：发展甜叶菊种植5620亩，甜叶菊育苗大棚24个，蔬菜大棚80个，扶持建设猪舍5535个，群众自筹养猪13.28万头，新打机井101眼。3年共投入扶贫开发项目建设资金5799.757万元，其中财政资金570万元，县以下自筹5229.757万元。通过三年的扶贫开发，重点乡镇养猪产业发展迅速，已成为贫困群众脱贫致富的主导产业。甜叶菊项目覆盖贫困户2885户；养猪项目覆盖贫困户6865户，辐射带动发展养猪专业村24个，小区或规模养猪场33个，2010年生猪存栏量6.2万头，出栏量6.9万头。与此同时，涌现一批猪肉加工企业和生猪营销队伍，有力带动当地畜牧业的发展。

2008年，省财政专项资金下达鄄城扶贫贷款贴息资金9万元，安排到山东菏泽伊诺清真食品有限公司。同年，山东菏泽伊诺清真食品有限公司被国务院扶贫开发领导小组办公室认定为“国家扶贫龙头企业”。2009年，下达扶贫贷款贴息资金14万元，其中企业项目贷款贴息资金6万元安排到山东菏泽伊诺清真食品有限公司，到户贷款贴息资金8万元分配给引马乡4万元，箕山镇4万元。2010年，下达扶贫贷款贴息资金10万元，其中企业项目贷款贴息资金5万元安排到山东汇康食品有限公司，到户贷款贴息资金5万元由富春乡分配使用。

1991—2010年，全县累计投入县以上财政资金3810万元，县以下自筹1.49亿元，共栽植杨木24.5万亩，累计种植中药材6万亩，盐碱地改造3万亩，新建桥涵、闸651座，新打农田机井1961眼，新修乡村公路216公里，架高压线路380公里，新建猪舍5535个，群众自筹养猪13.284万头，发展林下食用菌180亩，林下鸡腿菇大棚844个，贫困村农业技术培训42400人，劳动力转移培训599人，发展甜叶菊种植5620亩，新建甜叶菊育苗大棚24个，蔬菜棚80个，建养羊专业村16个，养兔专业村6个，养鸡专业村12个，养牛专业村12个，食用菌专业村4个。20年全县累计有161个贫困村、29.2万贫困人口脱贫。

2010年，全县收入2000元以下人口16.6万人，低收入（1500元）人口10.1万人，贫困人口（1196元以下）有3.5万人，2500元以下人口20.5万人。

2007—2009年连续三年被菏泽市扶贫开发领导小组授予“全市扶贫开发先进单位”，2008年12月被山东省扶贫开发领导小组授予“全省扶贫开发先进集体”称号。

第三节　农业产业化经营

20世纪90年代中期，农业产业化经营成为指导全县农业的主要政策导向。1997年1月，菏泽地区召开全区农业产业化研讨会。同年，鄄城县农业产业化开始发展，至2010年，全县瓜菜协会、食用菌协会等各类农业产业化经营组织已经成为带动农民增收的主要载体。2010年，全县年销售收入超过2000万元的农产品生产加工企业98家，年销售收入超过5000万元的涉农龙头企业14家。2005年

5月18日，山东菏泽伊诺清真食品有限公司、黄河纺织品有限公司、阳光木制品有限公司、舜王城中药材批发市场通过菏泽市政府首批农业产业化市重点龙头企业认定，之后山东康食汇品有限公司、山东舜生堂中药饮片有限公司、菏泽伊绿园食品有限公司、鄄城县亚峰服装厂、山东鄄城吉祥谷生态农业发展有限公司、山东菏泽昌源食品有限公司、山东鄄城志远中药饮片有限公司、鄄城鑫贵食品有限公司、山东菏泽金地生物工程有限公司、山东鄄城亘古清泉啤酒有限公司相继通过菏泽市政府农业产业化市重点龙头企业认定。2008年，山东汇康食品有限公司、山东菏泽伊诺清真食品有限公司通过省级农业产业化重点龙头企业认定，2009年，山东舜生堂中药饮片有限公司通过省级农业产业化重点龙头企业认定。全县农业产业化经营模式多种多样，比较成熟的模式主要有以下几种：

公司＋农户型　鄄城县良种公司属此类型。鄄城县良种公司成立于2001年，注册资金508万元，公司员工40余人，有先进的加工设备和齐全的检验检测仪器，其中精造机6台，电子自动称量分装秤1套，有仓储面积1800平方米，晒场2112平方米。公司主要承担全县的良种推广与销售工作。建立稳定的良种繁育基地2万亩，常年与6000余户农民签订良种繁育合同，自繁小麦、大豆、棉花、花生与谷子等常规作物种子，使农民收入提高20万元。根据国务院办公厅《关于推进种子管理体制改革，加强市场监管的意见》及省市有关规定，2008年种子公司与农业行政主管部门脱钩，整体移交国有资产管理局。

集团公司带动型　山东汇康食品有限公司、山东伊诺清真食品有限公司、黄河纺织品有限公司等企业均属于此种类型。在这种形式中，集团公司发挥龙头作用，将分散的农户通过市场利益连接起来，公司与农户属松散型利益关系。2010年，通过此形式共带动农户5万户，农民人均收入3000元。

山东汇康食品有限公司成立于2006年5月12日，注册资本1500万元，占地面积300亩，是集养殖基地、屠宰分割、食品研发、生产加工、冷藏、冷链运输和市场营销于一体的链式私营企业，2010年公司有员工600余人，建有董口良种猪繁育、箕山刘庄良种繁育等9个分厂和饲养基地，拥有3座大型冷库和1条日屠宰分割加工生猪1500头的自动化生产线、1条日宰杀3000只羊的出口生产线、1条日宰杀8000只鸡的自动化生产线。以肉类食品深加工为主营业务，采用国内先进的屠宰加工生产工艺和低温冷藏技术进行生产的酱卤肉类、熏烤肠类以及各种肉串、肉丸等低温食品和面点、冷鲜肉等各类食品，2007年3月通过ISO22000食品安全管理体系认证和产品QS认证，“齐鲁汇康”被评为“中国著名品牌”。在“北京2008和谐中华迎奥运”大型系列活动中，作为第29届奥林匹克运动会组委会文化活动部立项审批的合作伙伴，企业酱猪蹄、羊肉串为指定专用产品。先后被认定为国家级、省级农业产业化重点龙头企业、菏泽市农业产业化30强重点龙头企业、山东省肉类食品行业50强以及猪、牛、羊定点屠宰加工企业和肉类食品协会理事单位。企业采取内稳外延的营销策略，在优质产品稳定本地市场的基础上，加大销售营销网络建设，先后在山东、广州、武汉、郑州、苏州、西安、太原、石家庄、北京、天津、沈阳、上海等地建立销售网点，取得良好的经济社会效益。2010年总资产9900万元，固定资产4980万元，销售收入23317万元，利税总额1161万元。

公司根据农民增收和企业自身发展的需要，采取“公司＋基地＋农户”的经营发展战略，通过合同订购、股份合作等形式，发展26个良种猪养殖基地，采取统一饲料供应，统一兽药防疫，统一技术服务等几个统一，加强管理与技术服务：在饲料加工方面，采取统一采购，统一配方，统一工艺生产，提高肉料比，降低饲养成本；养殖上全部实现良种化自繁自养，封闭运行，统一技术指导培训，推行健康养殖技术；检疫防疫上统一防设程序，统一保健措施，统一供应兽药，统一技术服务等，将养殖小区发展成为标准化、现代化的农业生态园区，为公司优质货源的稳定提供强有力的保证，并与养殖户建立可靠、稳定的利益联结机制，农户、公司成为一个利益共同体，实现公司农户双收益。

通过合同订购、股份合作等形式，以高于市场价每头10元的优惠价发展生猪订单30万头。通过基地的发展，公司发展基地养殖户150多户，种养面积310公顷，饲养量达70余万头（只），其中中国斗鸡50万只，基地养殖户户均增收5万元，带动固定联结关系的农户280户，拉动农民增收1500万元，并带动饲料加工业、运输业等相关产业的发展，起到示范带动作用。

专业批发市场带动型 舜王城中药材专业批发市场即属此类型。鄄城县舜王城中药材专业批发市场是山东省唯一一家国家级中药材批发市场，坐落于鄄城县彭楼镇舜王城，成立于1996年，占地200余亩，固定资产总值1200万元，入驻营业户达400余户，经营人员数1100余人，常年中药材交易量达58000吨，交易额达5亿元，税后利润总额2300万元，上缴税金360万元，批发市场设有管委会，负责市场管理，并有信息反馈、金融机构、邮电、宾馆等配套服务机构。舜王城中药材批发市场促进周边乡镇的中药材种植及销售，加快农业结构调整步伐，从而带动全县中药材种植业和药材加工业的发展。2010年，直接从事中药材种植的专业村个数发展到120个，中药材种植户达1.2万余户，带动农户增收达1000余万元，同时也带动泰山中药饮片、良海中药饮片等一批中药材加工企业的兴建。

协会带动型 优质小麦协会等属此类型。优质小麦协会是在县农业局、县科技开发中心及省市专用面粉企业等单位指导下，由种植户、农业技术部门、种子部门和科研单位等自愿组成的，2004年5月该协会正式挂牌成立，至2005年5月，全县已有3万多农户参加该协会，推广种植优质专用小麦10万亩。参加协会的3万多农民种植的优质小麦在2005年亩增收65元左右。2010年，参加该协会户数达12万户，种植优质专用小麦35万亩，户均增收95元。

第三章 种植业

第一节 结构调整

1991年，按照菏泽地委、行署“调大、调优、调强”的总体要求，县委、县政府立足鄄城实际，以市场为导向，以农民增收、农业增效为目标，不断调整种植业内部结构，扩大高效、创税、创汇农作物种植面积，重点围绕优质品种，适销对路品种，高附加值品种进行调整。在陈良乡、箕山镇等乡镇部分村庄发展植桑养蚕；在梁堂乡西阎庄周围村庄大面积种植菠菜，至今仍有相当面积种植；小麦种植面积由1991年的73余万亩降至2000年的65万亩，之后3年面积相对稳定。同时，粮食作物品种不断优化，优质专用小麦济麦20、烟农19占见麦面积的80%以上，品质差、产量低的鲁麦1号等品种逐渐被淘汰。至2005年逐步形成鄄北（以大埝、箕山、旧城、李进士堂等乡镇为主）优质小麦、玉米种植区，鄄东南（红船、阎什、什集等乡镇为主）优质花生种植区。在保证粮食安全生产的前提下，发展蔬菜和中药材生产，使主导产业有较快发展，粮经比例日趋合理。2005年，全县瓜菜种植面积达到35万亩（含复种），其中，越冬菜10万亩，夏秋菜和秋延迟瓜菜20万亩，冬暖蔬菜大棚3000多个，大中拱棚1.5万多个。形成什集镇大拱棚韭菜生产基地；旧城、李进士堂镇等沿黄早春西瓜生产基地；鄄城镇秋波菜生产基地；箕山镇大棚茄子生产基地；红船镇、凤凰乡大蒜生产基地；以彭楼镇、什集镇、阎什镇、郑营乡、富春乡为中心的中药材生产基地。

1997年开始，大力推广“三作三收”“四作四收”

等多种粮经间作或经济作物间作新模式，特别是小麦“20+40”种植模式，1998年在大埝乡连庄等村庄示范种植100余亩，以后面积扩大到全村1000余亩，后在全县大面积推广，2005年全县种植面积达5万亩，此后几年一直延续。

2004年开始，随着世界粮食生产形势变化，粮食安全再度引起各国对粮食生产的重视，之后鄄城小麦、玉米种植面积逐年增加，2006—2010年小麦种植面积稳定在90万亩以上，玉米种植面积则由2006年的26.8万亩增加到2010年的38.8万亩。

第二节　粮食作物

县内主要粮食作物有小麦、玉米、大豆等，零星分布地瓜、高粱、谷子，另有绿豆、红小豆、豇豆、扁豆、豌豆等小杂粮。

小麦　县内主要粮食作物，种植历史悠久。1991年播种面积73.0404万亩，占粮食作物播种面积的61.5%，单产267公斤/亩，总产195162吨；1991—1994年，小麦面积稳定在70万亩左右，单产逐年提高；1994年播种面积69.216万亩，单产336.73公斤，1995年小麦播种面积70.03万亩，单产375.07公斤。1995年以后，由于加大种植业结构调整，小麦面积连续下降，2000年小麦播种面积65.02万亩，单产339.6公斤。2000—2003年种植面积维持在65万亩左右。2004年，国家对小麦生产实行补贴政策，种植面积出现回升，小麦收获面积85.83万亩，单产318.07公斤，总产27299.95万公斤;2005年小麦收获面积88.62万亩，单产309.4公斤，总产27419. 03万公斤。1986—1995年，小麦品种以鲁麦1号为主，占小麦播种面积的80%以上。1995年开始，组织实施省“三〇”工程小麦高产开发和部级丰收计划项目，小麦新品种的引进示范，加速小麦品种的更新换代，先后引进种植济麦19号、济麦20号、山农912523，鲁麦1号被逐步淘汰。1998—2001年，全县实施小麦统一供种，进一步优化了品种布局。2004年，承担国家优质专用小麦良种补贴项目20万亩供种工作，2005年承担了国家优质专用小麦良种补贴项目40万亩供种任务，使优质高产小麦品种如烟农19号、济麦20号、淄麦12号、山农664、潍麦8号成为小麦主导品种。1998年开始发展优质专用小麦生产，种植面积不断扩大，1998年，种植5万亩，2003—2004年种植35万亩左右，2004—2005年种植50万亩左右，小麦生产品质不断提高。但由于没有形成区域化种植、规模化生产，不能单收单贮，导致有种植面积而无优质小麦商品粮的现象。2006年开始实行小麦良种补贴全覆盖，相继推广了泰农18号、良星99、济麦22号等高产小麦品种，直到2010年逐步成为全县小麦的主导品种。沿黄部分乡镇引进种植了部分河南品种周麦16、周麦18、豫麦34、矮抗58等，特别是矮抗58由于株高矮，抗倒性好，受到部分群众的喜爱，种植面积逐年扩大，2010年种植面积达到10万亩左右。

2008—2010年，承担实施农业部小麦高产创建项目，小麦小面积（3.0亩以上）实打连续三年达到700公斤以上，大埝乡连庄王培忠2010年种植5亩泰农18号，平均亩产712公斤，荣获“菏泽市第一届小麦高产竞赛的粮王”称号。全县小麦平均单产逐年提高，由2006年平均亩产306.6公斤，提高到2010年的平均亩产362.4公斤。

玉米　1989年，县农业局组织县乡农技人员到莱州参观学习紧凑型玉米及高产配套栽培技术，并于1990年在大埝乡连庄等村庄示范种植，成功后在全县大面积推广，玉米面积单产不断提高。1991年，种植面积26.1354万亩，占粮食播种面积的18.9%，单产273公斤，总产7134.9642万公斤。1995年开始组织实施省“三〇”工程玉米高产开发，高产栽培配套技术不断推广应用，玉米单产大幅度提高，1996年玉米种植面积31.6万亩，总产11941.2万公斤；2001年，玉米种植面积34.2万亩，总产13760.2万公斤；2005年，玉米种植面积28.93万亩，总产11483.2万公斤。2006—2010年，玉米种植面积逐年扩大，至2010年全县种植面积达到38.8万亩（实际种植面积65万亩以上），2008年平均亩产达到442.8公斤，但2009年出现严重干旱，造成玉米晚播，出苗不齐，后期部分地块有出现涝灾，造成玉米减产，全县平均亩产 368 公斤，2010 年玉米后期出现严重涝灾，全县玉米平均亩产 370 公斤。玉米种植有春播、小麦套作或蒜后、麦后直播等种植方式。

大豆 栽培历史悠久，粮油兼用，以黄豆为主，主要为夏种，与小麦接茬或套种，多在麦收后抢墒直播，1991 年以前播种面积均在 10 万亩以上，但由于产量和种植效益影响，播种面积逐年减少，1991 年播种面积 9.13 万亩，亩产 99 公斤 / 亩；1995 年播种面积 8.58 万亩，亩产 143 公斤；2000 年播种面积 10.67 万亩，亩产 170.27 公斤；2005 年减少到 4．58 万亩，单产则由 20 世纪 80 年代的亩产 70 公斤，提高到 2005 年的亩产 158.7 公斤。2006—2010 年面积稳定在 4 万亩左右，平均单产稳定在 170 公斤左右。

地瓜 也称红芋、红薯。由于地瓜生长要求条件低，产量高，在 20 世纪 60—70 年代一度为人们生活的主粮。民谣“地瓜糊涂瓜干馍，离开地瓜没法活”，反映了地瓜在当时的重要作用。随着人们生活水平的提高，特别是 20 世纪 90 年代以后，地瓜成人们调剂生活的食粮。1991 年种植面积 7.17 万亩，以后逐年减少，2006 年以后种植面积稳定在 2 万亩左右。鲜地瓜产量一般在 2000 ～ 2500 公斤 / 亩。地瓜春夏兼种，春种产量高，品质好，出干率高，夏种耐贮存。

1996—2010 年鄄城县粮食作物面积和产量统计表

表 8-3-1　　单位：公顷、吨

年份	小麦		玉米		大豆		地瓜		高粱		谷子	
	面积	总产	面积	总产	面积	总产	面积	总产	面积	总产	面积	总产
1996	45111	236423	21065	119412	3536	6403	3155	15491	185	315	659	2335
1997	45495	238613	14095	46582	5090	5516	4257	17377	189	284	876	2025
1998	45740	167273	21143	107625	5879	9216	2981	14125	132	378	518	1727
1999	46512	239181	22851	140274	7643	15323	3302	14661	82	175	446	1355
2000	43349	220801	18708	118580	7116	18173	3557	16891	21	48	244	741
2001	43511	198802	22798	137602	5752	16413	1886	8343	11	16	133	484
2002	44978	213324	22602	123882	4456	8743	2010	7655	12	18	209	846
2003	43570	203261	17089	81535	3553	6829	2296	7232	11	16	196	599
2004	57218	246228	19909	103612	2399	5355	1059	4869	60	103	292	1017
2005	59079	274717	19284	114832	3053	7269	1133	5112	63	283	117	598
2006	61745	317585	17872	108767	3075	7909	1469	5960	67	301	163	773
2007	61841	330231	17951	116716	2996	7588	1331	4955	109	493	190	859
2008	60065	326513	18052	119907	3067	7706	1292	5792	68	312	192	822
2009	61728	335713	24569	135622	2581	6481	1139	5192	73	303	125	508
2010	60411	328399	25863	143532	2638	6273	1112	5080	63	259	107	450

第三节　经济作物

经济作物是鄄城县仅次于粮食作物的主要作物，是农民收入的重要来源。境内种植的主要经济作物是棉花、花生、桑。零星种植芝麻、烟叶、苘、麻、甘蔗、甜叶菊等。

棉花 1991 年，全县植棉面积 25 万亩，总产 167.38 万公斤，单产 67 公斤。以后由于各种原因，棉花种植面积逐年减少，但重视科技植棉，提高单产，提高品质。1996 年，全县植棉面积 7.45 万亩，单产 50.7 公斤，2000—2005 年全县植棉面积一直稳定在 10 万亩左右，单产 67 公斤。2010 年棉花种植由于受 2009 年世界金融危机的影响，棉价一度较低，种植面积有所下降，仅 10.88 万亩，皮棉单产 66 公斤。

2010 年，鄄城县棉花种植的品种主要是转基因抗虫常规棉如鲁棉研 28 号、鲁棉研 27 号、晋棉 38、冠棉 4 号、SGK958、邯棉 559、银瑞 361、鑫秋 1 号等，部分种植转基因抗虫杂交棉如鲁棉研 15 号、鲁 RH-1、鑫秋 2 号、豫杂 35 号等。

2009 年和 2010 年连续 2 年国家对鄄城县的棉花良种推广进行财政补贴，有效地促进了棉花优良品种的使用，扩大了良种覆盖面积。

种植方式主要是直播后地膜覆盖，部分采用营养钵育苗；种植模式以麦套棉和瓜套棉栽培为主，麦套棉主要分布在临濮、红船、引马等乡镇，瓜套棉主要分布在左营、李进食堂、旧城等乡镇的沿黄滩区。

随着种植面积扩大，开始注重棉花加工。1993 年，新上国内棉花加工最先进的设备 121 全套大型轧花机 1 台，台时产量 1200 公斤。1995 年，加工设备发展到 90 片轧花机 16 台，141 型剥绒机 26 台、144 型剥绒机 7 台，皮棉清理机 4 台，皮棉清弹机 6 台，200 型打包机 11 台，200 型榨油机 8 台，2 吨锅炉 3 台。全县棉花加工已形成轧花、清理剥绒一条龙生产线。

花生　1990 年，种植面积 13.7014 万亩，单产 190 公斤，花生品种则以海花 1 号为主，占花生种植面积的 90% 以上。1990 年以后相继引进示范花生新品种鲁花 11 号、鲁花 9 号、79266、8130 等，面积不断提高并趋于稳定，单产则大幅度提高，1995 年花生种植面积 25.4 万亩，单产 256.07 公斤；2001 年花生种植面积 20.8 万亩，单产 299.6 公斤；2005 年花生种植面积 21.7 万亩，单产 266.3 公斤；2010 年花生种植面积 20.78 万亩，单产 287.9 公斤。2008—2010 年，先后引进示范推广的花生新品种有鲁花 14 号、丰花 1 号、丰花 3 号、花育 16 号、山花 11 号等。但由于花生用种量大，更新品种成本较高，加之农民种植习惯等因素的影响，花生新品种常年推广面积不足花生种植总面积的 20%；2010 年国家对鄄城县的花生良种推广及良种繁育进行财政补贴，提高了花生优良品种的使用面积，全县花生更新品种 4.7 万亩，约占全县花生种植总面积的 27.5%，推广更新的花生新品种主要有丰花 3 号、鲁花 11 号、山花 11 号、花育 25 号、丰花 1 号等。2010 年，鄄城县的花生种植方式主要是麦田套种，约占全县花生种植总面积的 95% 左右。花生的麦后夏直播、单粒精播、机播、机收等花生种植新技术、新制度，于 2010 年开始进行小面积的试验示范推广，取得较好成效。

桑　1992 年，箕山乡、陈良乡有些农户开始植桑养蚕，由于当时蚕茧行情上扬，植桑面积逐渐扩大，从 1993 年起县乡两级政府开始从政策上倾斜，资金上扶持，鼓励发展桑蚕生产，桑园规模迅速膨胀，据统计 1995 年，全县桑园面积发展到 17478 亩、苗圃 3046 亩，主要集中在箕山、陈良、大埝、阎什四乡镇，全年养蚕 6900 张，收蚕茧 27.6 万公斤，养蚕收入 414 万元。陈良乡政府与菏泽地区丝绸公司签订产品包销合同，群众所产蚕茧，由地区丝绸公司负责全额收购，每公斤最低保护价 10 元。在此基础上收购实行仪测计价，优质优价。1996 年 3 月 22 日，县委、县政府制定《一九九六年农业和农村工作意见》，把桑蚕生产列为全县重点培植的五大支柱产业之一。1997 年以后，由于蚕茧价格回落，政府不再强调植桑养蚕，鄄城县的桑蚕产业开始萎缩，桑园面积逐渐减少，蚕茧产量随之减少。1997 年桑园面积 8650 亩，1998 年桑园面积 5000 亩。到 2005 年，左营乡仍保留桑园 500 亩左右，箕山、大埝两乡镇也有零星种植。

1996—2010 年郓城县经济作物面积和产量统计表

表 8-3-2　　单位：万亩　公斤/亩　万公斤

年份	棉花			花生			芝麻			油菜			麻类		
	面积	单产	总产	面积	单产	总产	面积	单产	总产	面积	单产	总产	面积	单产	总产
1996	7.45	50.7	378	13.87	207.2	2874.5	0.072	94.4	6.8	4.22	145.6	613.8	0.0915	205.5	18.8
1997	6.9	45.2	312	15.43	190.0	2932	0.075	97.3	7.3	1.84	147.1	271	0.2685	156.4	42
1998	6.2	57.5	356.3	15.35	237.5	3646	0.017	139.4	2.3	1.79	138.6	248.6	0.0285	157.9	4.5
1999	5.12	61.5	314.8	16.61	255.6	4244.6	0.020	82.1	1.6	0.99	129.0	127.1	—	—	—
2000	10.39	66.7	693.1	21.22	256.3	5438.6	0.075	45.3	3.4	1.34	142.4	191	0.0195	102.6	2
2001	10.71	66.9	716.6	20.79	299.6	6228.7	—	—	—	1.35	135.3	183	0.03	143.3	4.3
2002	10.57	69.4	733.3	21.05	247.1	5202.9	—	—	—	0.88	134.7	118.4	0.0015	66.7	0.1
2003	14.5	67.1	972.4	23.32	260.6	6075	—	—	—	0.83	132.9	110.2	—	—	—
2004	14.02	68.3	958.1	22.97	263.6	6054.8	—	—	—	0.45	122.9	55.3	—	—	—
2005	13.49	66.5	897.3	21.74	266.3	5789.4	—	—	—	0.48	144.0	69.1	—	—	—
2006	14.45	63.2	912.7	22.48	288.4	6481.8	—	—	—	0.29	125.0	36.2	—	—	—
2007	14.54	63.7	926.6	21.79	288.4	6285.6	—	—	—	0.59	139.5	82	—	—	—
2008	14.16	67.5	955.1	21.62	288.0	6226.0	0.056	121.4	6.8	0.36	279.8	100.3	—	—	—
2009	13.37	68.1	910.5	20.28	298.8	6058.9	0.049	124.5	6.1	0.37	285.4	105.3	—	—	—
2010	10.88	66.0	718.6	20.78	287.9	5982.6	0.05	132.8	6.64	—	—	—	—	—	—

第四节　蔬　菜

1991 年蔬菜种植 15 万亩，2010 年稳定在 30 万亩，全县 16 个乡镇有 9 个蔬菜专业乡镇，蔬菜成为主要支柱产业之一，在促进农业增效、农民增收、振兴地方经济方面起到重要作用。

1991—1996 年为自我发展、自我调整阶段。这一阶段由于粮食作物收入下降，农民自发向高效经济作物发展，结构调整的积极性较高，蔬菜生产得到较快发展。主要种植蔬菜有：大蒜 2 万亩、大白菜 3 万亩。同时存在种植分散、品种多乱杂现象，自销有余，外销不足，加之蔬菜渠道不畅，造成效益低下。

1996—1998 年以行政手段强调规模发展大棚蔬菜。向各乡镇下达指定性大棚数量，全县新建大棚 3 万余个，使蔬菜生产过热，达到空前高潮，但由于技术水平、农民认识程度、市场等多方面的原因，造成有棚无菜、被动应付现象，致使 1998 年以后大量推棚，没能发挥应有的作用。

1999—2005 年为以市场调节为主，农民自我调整、政府积极引导发展阶段。根据因地制宜，突出特色，发挥优势，以经济效益为中心的原则，农民宜棚则棚，多种经营方式全面发展。一些有技术、有经验、有劳动力和财力的农民继续种植高效大棚蔬菜，相当部分农民则改为投资少、见效快、风险小的露地菜或简易保护地蔬菜，在政府引导下，走规模化专业化的路子，取得很好的经济效益。2005 年有大棚 1000 个、大中小拱棚 3 万余亩，主要种植茄子、辣椒、菠菜、芹菜、西红柿等。

2006—2010 年以市场为导向，实施龙头带动战略、科技推动战略、基地示范战略，按照产业化发展的方针，全面推进蔬菜产业化发展进程。初步建成 1 万亩无公害蔬菜生产基地以及一批大中

无公害大田蔬菜

拱棚、露地菜高效示范点。

2010年，全县蔬菜播种面积稳定在30万亩，总产60万吨，总产值5亿元；其中保护地蔬菜面积达到4万亩，日光温室大棚0.1万亩，其他棚类蔬菜面积3.9万亩，露地蔬菜26万亩。扶持蔬菜专业合作经济组织搞好产、供、销系列化服务。蔬菜质量安全工作稳步推进，2010年在全省蔬菜农药残留例行检测中，鄄城蔬菜全部合格，在全市名列前茅。积极申报蔬菜无公害品牌认证。鄄城有7个品种、3个基地通过国家无公害认证。蔬菜初步实现从一家一户的零散种植向规模化、产业化转变；从数量型向无公害、标准化、质量型转变；从粗放型、低效益的露地菜向高投入、高产出、高科技的保护地蔬菜转变。

冬暖式蔬菜大棚

第五节　种　子

小麦品种　1995年以前，鄄城县小麦种植的主要品种是鲁麦1号和鲁麦15号，其中鲁麦1号面积占全县小麦总面积的80%以上。1995年实施山东省“三〇”工程小麦高产开发项目，注重优质专用小麦生产工作。先后引进PH85-16、烟农15、济南17、豫麦34、淄麦12、烟农19、济麦19、济麦20等10余个优质专用小麦品种进行筛选种植，高产优质小麦品种面积逐年扩大。1998—2001年，全县连续3年实行优质专用小麦统一供种工作，优质专用小麦生产取得较快发展。2001年以后种植面积一直稳定在40万亩以上，优质小麦种植面积，总产及人均占有量位居菏泽市各县、区之首。2004年、2005年连续2年承担国家优质专用小麦良种推广补贴任务，优质专用小麦面积发展到75万亩，基本实现区域化布局、规模化种植、标准化生产要求，推广的主要品种有烟农19号、淄麦12号、潍麦8号、济麦21号等。2006年以后济麦22号、良星99成为主推品种。

玉米品种　1997年以前种植的主要品种有掖单4号、鲁玉10、掖单13号、丹玉13号等。1998—2002年推广的主要品种有农大108、鲁单50、登海1号等。2002年以后，随着国家玉米育种技术发展，更多高产优质抗病品种得到推广，全县玉米品种格局发生很大变化，鲁单981、郑单958、登海11号、登海6213等品种成为主栽品种。2005—2010年，浚单20、浚单18、联创3号等品种大面积推广。

花生品种　2000年以前种植的主要品种有鲁花9号、鲁花10号、鲁花11号。2000年以后推广的主要品种有鲁花14号、花育17号、丰花1号、丰花3号。

棉花品种　1998年前种植的品种主要有中棉12、中棉16、辽棉9号等，1998年以后开始大力推广抗虫棉冀岱33B、冀岱99B、鲁棉研18号、冀棉668、丰抗6号、鲁棉研15号等。2005年以后主要推广的品种有鲁棉研28、鲁棉研29、晋棉38等。

谷子品种 主要为鲁谷10号。

大豆品种 2000年以前推广的主要品种是鲁豆4号、菏84-5、鲁豆10号、鲁豆11号等。2005年以后推广的主要品种为菏豆12、齐黄40、齐黄42等。

第六节 肥 料

有机肥 据2000年统计，全县农家肥总量92.17万吨，其中堆肥16.90万吨，厩肥47.46万吨，土杂肥31.77万吨，用量6801公斤/公顷，畜禽粪便总量8.01万吨，传统堆沤处理粪便6.84万吨，占总量的85.39%，工厂化处理只有0.87万吨，只占总量10.86%，沼气化处理0.3万吨，占总量的3.75%。全县共有耕地64234.41公顷，复种指数为1.99，每公顷耕地有机肥平均施用量只有7.2吨。自2006年开展测土配方施肥项目以后，小麦机收面积逐年扩大，至2010年，小麦机收率达到98%以上，秸秆大部分直接还田，但每年偶有秸秆焚烧现象的发生，玉米秸秆直接还田的占95%以上。2008—2010年，随着政府农业项目的实施和农业生产的发展，商品有机肥在全县开始示范、引进和推广，在现代农业生产中开始发挥作用，已有越来越多的农民开始认识、施用商品有机肥。以不同作物有机肥施用量比较来看，蔬菜田平均施有机肥17053公斤/公顷，粮田平均施有机肥1536公斤/公顷，二者相差10倍之多。

化肥 1990年，全县化肥施用实物量为95022吨，2009年，全县化肥施用实物量为131526吨（折纯量39104吨），其中氮肥59107吨（折纯量20787吨），磷肥36151吨（折纯6160吨），钾肥9709吨（折纯2810吨），复合肥26568.7吨（折纯9547.6吨），年平均195.37公斤/公顷（折纯58.39公斤），粮田年平均施化肥实物量2161.47公斤/公顷，折纯氮446.83公斤/公顷，五氧化二磷245.38公斤/公顷，氧化钾26.80公斤/公顷，蔬菜田年平均亩施用化肥实物量5928.51公斤/公顷，折合纯氮860.35公斤/公顷，五氧化二磷671.07公斤/公顷，氧化钾421.57公斤/公顷。存在的问题：重氮磷肥，轻施钾肥和微肥；化肥施用方法不合理，养分利用率低；部分农户或地块化肥施用量过大，又不注重施用有机肥，致使土壤板结、次生盐渍化加重。

微肥 微量元素对作物的生长发育有重要作用，据化验分析，全县土壤普遍缺锰，大部分缺硼、缺铁，部分地块缺锌、缺铜，施用微肥有明显的增产效果。在微肥施用上推荐了小麦施锰、锌，玉米施锌，棉花施硼，蔬菜施硼、钼技术，蔬菜田微肥施用面积占50%以上，粮田施用微肥面积占28%以上。

肥料用量与粮食产量 1974年，全县施用化肥仅2581吨（折纯），改革开放以后，随着农民群众种田积极性的提高，农民开始依靠化肥增加产量，化肥用量逐渐加大。随着作物产量的不断提高，施肥结构逐渐变化，刚开始以氮肥为主，磷、钾肥量逐年增加。1985年N∶P∶K=1∶0.11∶2.0。1990年N∶P∶K=1∶0.231∶0.002。到2009年N∶P∶K=1∶0.296∶0.13。粮食产量变化：总产在1974—1982年间变化平稳，产量低，不能解决温饱问题。改革开放后总产逐年增加，1990年的产量与1985年相比有大幅度提高，到2005年以后产量提高幅度更加明显，不同年份间有所起伏，但总趋势是增加。

1980—2009 年鄄城县部分年份化肥及粮食产量统计表

表 8-3-3

年份	化肥施用量（吨）									粮食总产量（吨）	小 麦		玉 米	
	实物量	氮肥	磷肥	钾肥	折纯量	氮肥	磷肥	钾肥	N:P205:K20		总产（吨）	单产（公斤/公顷）	总产（吨）	单产（公斤/公顷）
1980	19835	14320	—	—	5554	4009	—	—	—	48110	30830	1725	10025	2240
1985	46708	35158	39370	—	13545	7098	795	—	1 ∶ 0.112 ∶ 0	50202	32260	1800	12314	3711
1990	95022	68935	19455	87	24942	17459	4032	37	1 ∶ 0.231 ∶ 0.002	310338	191940	4200	108320	5531
1995	94177	54058	28678	3810	22002	13041	4264	744	1 ∶ 0.327 ∶ 0.058	382137	236423	5172	119412	5669
2000	118007	56347	36891	7814	35939	17257	8019	3526	1 ∶ 0.465 ∶ 0.207	377088	220801	5094	118580	6338
2005	125671	58568	37295	9218	39417	19989	6520	3928	1 ∶ 0.326 ∶ 0.198	403565	274717	4650	114832	5955
2009	131526	59107	36151	9709	39104	20787	6160	2810	1 ∶ 0.296 ∶ 0.136	462963	317585	5436	119907	6642

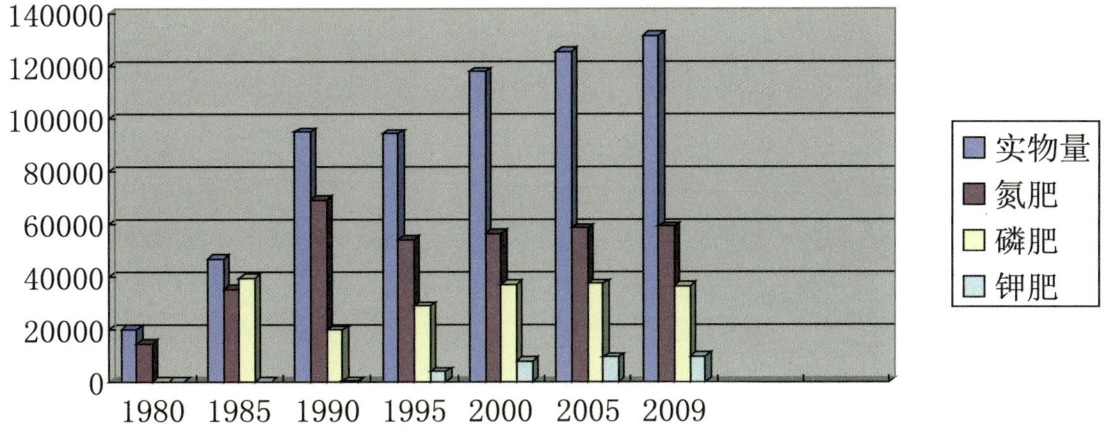

图 1 鄄城县几个年份施肥实物量（吨/年）变化趋势图

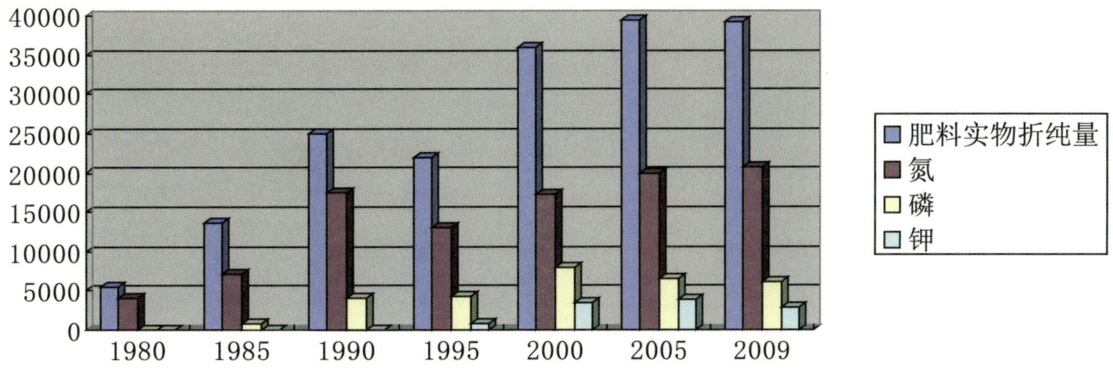

图 2 鄄城县几个年份肥料实物（吨/年）折纯量图示

第七节 耕作方式

耕作熟制 县内熟制有一年二熟、一年三熟、二年三熟、一年多熟等。

一年二熟 是主要的耕作制度，主要作物是秋种小麦，麦田套种或麦后直播玉米、大豆、花生或移栽棉花、地瓜等，秋种大蒜套种棉花或玉米等。该熟制占作物播种面积的 80% 以上。

二年三熟 20 世纪 90 年代末，有 10% 左右农田采用二年三熟制，主要原因是地力水平差，管理技术落后。轮作方式主要是冬小麦→夏种棉花、地瓜、玉米等→冬季休闲→春棉花等。2010 年该熟制面积较小。

一年三熟 主要是粮菜棉、蒜菜棉间作，其种植方式是秋种小麦 // 冬菜 / 棉花（玉米）、大蒜 / 棉花 // 西瓜等；该熟制从 20 世纪 90 年代中期开始推广，2005 年粮、菜、棉熟制在全县小麦主产乡镇均有分布，面积不大，蒜、菜、棉熟制主要分布在红船镇、凤凰乡，占作物播种面积的 10% 左右。

一年多熟 主要是粮、菜、菜间作套种，其种植方式为秋种小麦 // 冬菜 / 棉花（玉米）// 西瓜（甜瓜）、大蒜 // 冬菜 / 棉花（玉米）// 西瓜等，该熟制面积不大，约占作物播种面积的 4% ～ 5%。

一年一熟 主要是大棚蔬菜种植，秋冬种植黄瓜、西葫芦、西红柿、双孢菇、茄子等，翌年夏季去棚晒垄，仅有部分种植一些越夏蔬菜，该熟制 20 世纪末约有 1.5 万亩，2005 年约有 6000 亩。

种植形式 主要有纯播、间作、轮作、套种等。

纯播 是主要种植形式，操作方便，便于管理。各类作物基本上均采用纯播。

间作 是传统播种形式之一，如：小麦间作冬菜，大蒜间作冬菜，棉花间作西瓜等。

轮作 通常是棉花与玉米轮作；茄科蔬菜、十字花科蔬菜与其他科蔬菜轮作等。2005 年正在推广的粮经饲轮作即紫花苜蓿生长 3 年后改种小麦，次年套种棉花，该轮作模式可有效减轻枯（黄）萎病对棉花的危害。

1995 年，境内广泛推广各种作物种植模式，推广面积大，适用性比较广的主要有以下几种：

“20+40”式 该模式种植带宽 60 厘米，小麦大行距 40 厘米，小行距 20 厘米，40 厘米大行内间作秋冬菜和套种秋收作物。该模式具有以下特点：(1) 间套通用性强，利于提高机械作业效率和规模，适宜套种玉米、棉花、花生、牧草等多种作物；(2) 适于夏秋双高产，全年高产高效，小麦基本不减产，套种的秋作物比传统种植模式增产 10% ～ 30%；(3) 该模式便于集中施肥，提高肥料利用率。

“四、二”式和“三、二”式 该模式种植 4 行或 3 行小麦，留 1.2 米的套种行，翌年春天套种 2 行棉花，或定植 2 行菜椒，或定植 3 行干椒。

“六、二”式 种植规格是种 6 行小麦，留 1.2 ～ 1.4 米套种行，翌年春天移栽两行地膜西（甜）瓜或小拱棚瓜类，小麦行间套种花生等，或两行瓜类旁各种一行棉花。

大蒜 / 西瓜 // 夏玉米（棉花） 该模式 220 厘米一带，大蒜等行距种植，100 厘米地膜覆盖 5 行大蒜（20×12 厘米），蒜幅间或垄背上套种西瓜（3 月下旬育苗，4 月底 5 月初移栽），大蒜行间厌种或直播夏玉米，每带种 3 行，或 4 月下旬移栽棉花。

套种 20 世纪 70 年代开始普遍推广。2005 年主要是麦田套种夏棉、玉米、花生、大豆等，大蒜田套种棉花、玉米、西瓜等，通过套种既可有效地缓解粮经争地矛盾，又能充分利用地力、光能、空间等自然资源，提高复种指数，既不影响小麦、大蒜生长，又为种植小麦、大蒜提前腾茬，实现粮经作物面积双扩大、产量双增长，全年种植效益大大提高。

种植方式演变 种植方式的演变特点可概括为“一扩三增”：

间套复种面积扩大，1990 年全县间套复种面积为 55 万亩，占农作物总播种面积的 33.3%。2005 年在耕地面积减少的情况下，全县间套复种面积为 73 万亩，占农作物总播种面积的 38.5%。

间套复种类型增多，由以前的粮粮、粮棉、粮油、粮菜、农林、菜菜等类型，又发展目前的种养结合的立体种养类型如林下养禽、养畜、养菇等。

麦田套种面积增加，小麦参与的间套方式占立体种植方式种类的 70% 以上。

集约程度增强，一年收种次数增加，由一年二种二收向三种三收、四种四收、多种多收方向发展；由间套复种单独应用发展到综合应用；高投入、高产出、高效益。间套复种搭配之巧、技术之奥、投入之高、效益之好，是历史上所没有的。

第八节　植物保护与检疫

1991—2010 年，植保工作贯彻执行“预防为主、综合防治”的工作方针，每年指导病虫草鼠害防治在 500 万亩次以上，占发生面积的 90% 以上，通过防治挽回粮食损失 24 万吨以上，皮棉损失 900 吨以上，蔬菜损失 4 万吨以上，油料损失 1500 吨以上。鄄城县气候温和，土层深厚肥沃，自然条件较好，适于多种生物生长发育和繁衍。因此，生物资源丰富，除人工栽培和养殖的生物以外，还有很多种野生动植物。

1991—2010 年，每年固定 3 人以上专职搞测报工作，开展群众测报和专业测报相结合，严格按国标、省标开展规范调查，病虫测报对象达 40 余个，每年发布《病虫情报》20 期左右，2000 余份，准确率在 90% 以上。病虫害综合防治：以病虫监测为基础，大力推广农作物病虫害综合防治技术，每年实施小麦、玉米、大豆、棉花，瓜类等作物病虫害综合防治 60 万亩，经济、生态和社会效益同步增长，1994 年鄄城县承担省统防统治项目，实施棉花统防统治，促进了防治工作的开展。2009 年 2 月建立乡镇农作物病虫害机械化防治队 6 个，村级农作物病虫害机械化防治队 24 个，开展病虫害统防统治工作，推进生物防治，每年建立生防示范区 3 个，保护利用天敌面积达 25 万亩以上。为提高防治效果，2009 年推广以 16 型卫士喷雾器和泰山 18 型弥雾机为主的先进药械。1988 年小麦全蚀病首次在郑营乡发现，2000—2010 年发病区域呈蔓延的趋势，小麦红吸浆虫在 1990 年首次发现，小麦蚜虫、红蜘蛛、纹枯病、白粉病、叶锈病已成为小麦常发性病虫，小麦条锈病在 1990 年大发生，损失惨重。杂粮病虫危害转重的有玉米褐斑病、弯孢菌叶斑病、二代黏虫、玉米蓟马、苗枯病、红蜘蛛、蚜虫、金针虫等；另外大小斑病、茎腐病、纹枯病、青枯病、蝼蛄、蛴螬、地老虎、玉米螟等也是玉米常发病虫。棉花主要病虫有红蛛二斑叶螨、棉铃虫、棉蚜、棉盲蝽象、蓟马、烟粉虱、甜菜夜蛾、枯黄萎病、炭疽病、铃病等。油料作物病虫主要有大豆孢囊线虫病、花生叶斑病、茎腐病、地下害虫、大豆蚜、叶螨、大豆造桥虫、豆天蛾、豆荚螟、大豆食心虫、花生蚜等。蔬菜主要病虫有霜霉病、病毒病、细菌性角斑病、斑枯病、早疫病、晚疫病、线虫病、甜菜蛾、茶黄螨、蜗牛、二斑叶螨等。果树病虫害主要有斑点落叶病，轮纹病、腐烂病、叶螨、炭疽病、食心虫、金龟子、介壳虫、白粉虱等，各种作物田的草害呈上升趋势，鼠害、鸟害呈下降趋势。2010 年，境内主要农作物病虫害已达 200 余种。

植物检疫　1995—2010 年，全县农业专职植物检疫员始终保持在 4 人，每年对小麦、棉花、蔬菜等制种基地实产地检疫 5000 亩以上，开展调运检疫 20 批次以上，对种子生产经营单位或个人进行检疫登记，依法换发植物检疫登记证工作；认真开展植物检疫对象的普查，2000—2003 年根据省市植物保护站的安排，在全县范围内开展农业有害生物的普查。普查面积 50 万亩，发现小麦全蚀病，棉花黄萎病、美洲斑潜蝇的发生呈上升趋势，新发现苹果棉蚜，未发现红火蚁和梨枯梢病、坏瓤子瓜病毒病、三叶斑潜蝇。东亚飞蝗是发生在鄄城县黄河滩区的主要害虫，全县沿黄乡镇 5 个，全长 52.5 公里，滩区面积 20 万亩，1997—2003 年，蝗灾连续发生，每年发生面积高达 10 万亩以上，1998—2002 年连续 5 年动用飞机治蝗，防治面积累计 30 万亩以上，每年动用劳力 200 余人次，车辆 30 余辆，机防队累计防治面积达 5 万亩以上。

第九节　栽培技术

中耕　小麦冬前划锄，起到提温保墒锄草并增加冬前分蘖作用；春季划锄1～2遍，具有除草、保墒和提温作用，以促使小麦尽快返青。还能起到断老根，促新根，控旺促壮，有效预防小麦倒伏作用。玉米中耕多在苗期至拔节期间，一般划除或深耕2～3遍，顺垄深中耕，株间浅耕，可破除土壤板结，疏松土壤、消灭杂草，促进根系生长，促弱转壮。棉农对棉花苗期中耕称为锄梦花，起到松土、提温、促齐苗的作用。其余作物在沿用传统中耕技术的过程中，也有不同程度地改进。

灌溉　各类土壤保蓄水能力因土壤质地不同，保水蓄水能力也不同。一般来说，土壤质地越黏重，田间持水量及有效含水量就越高。沙壤、轻壤、中壤、重壤田间持水量分别为25～36毫米、26～38毫米、25～39毫米、28～37毫米，有效水含量分别为13毫米、17～18毫米、17～18毫米、18～19毫米。

各类不同农作物的灌溉制度。鄄城县冬小麦全生育期正值少雨季节，此期平均降水量174.5毫米，占全年降水量的27.5%。冬小麦返青后迅速生长，同时气温回升快，风速大、湿度小、蒸发量大，麦田耗水量猛增，所以春灌对小麦的生育有重要作用。特别是拔节到成熟期间耗水量为167.0毫米，而常年降水量仅90.2毫米，缺76.8毫米。此期正是小麦生长发育的旺盛期，气温高，植株茂密，蒸腾量大，需水较多，应注意及时浇水。8月有雨保证冬小麦播种所需墒情；10月有雨，正是所需分蘖越冬水，有踏实土壤、弥缝保温、防风防冻的作用。3月正值小麦拔节孕穗期，此期，保持适宜的土壤水分有利于穗大粒多和增加亩穗数。因此，在这三个时期适时浇灌是奠定丰产的基础。随着小麦产量的不断提高，而且根据小麦对温度要求的特征，需浇起身拔节水、麦黄水。小麦灌浆期正是籽粒形成的物质积累时期，又正是气候炎热、风大、干燥、叶面蒸腾大的时期，水分不足就会降低灌浆强度。浇麦黄水不仅可以预防减轻干热风的危害，而且给夏播提供良好的墒情。

夏玉米是一种耗水量较多的作物。全生育期需水量在亩产600公斤条件下需水250立方米，本县常年降水基本能满足玉米生长发育的需要。但是，年际间变化较大，时段分布也不均匀，造成旱（<300毫米）与涝（>450毫米）的频率为22.7%。

第十节　农业技术推广

1990—1992年，实施菏泽地区科委“10万亩夏玉米综合丰产技术推广”科技开发项目；1992年和1993年，实施山东省农业厅“20万亩玉米综合增产技术”丰收计划项目。其间全县紧凑型玉米品种推广面积及玉米单产均居全区领先水平，并培育出亩产759.9公斤的100亩高产方和小面积亩产868.04公斤的高产块，均创菏泽地区夏玉米高产纪录。两个项目分获菏泽地区科委科技进步二等奖和山东省农业厅丰收计划三等奖。

1993—1995年，相继实施山东省农业厅“10万亩花生综合增产技术”丰收计划项目和“夏棉矮化密植栽培技术试验”。花生推广以更新品种、增穴减粒、合理密植、科学施肥为重点的配套栽培技术。棉花则推广以增加种植密度、矮化植株、减少单株结铃为重点的配套技术。两个项目分别获菏泽地区科委科技进步三等奖和山东省农业厅丰收计划三等奖。

1994—1995年，实施山东省农业厅“10万亩玉米、豆类间套作技术”丰收计划项目，重点推广玉米与豆类间作、套种综合增产技术，该项目获山东省农业厅丰收计划三等奖。

1995—1996年，实施山东省“三〇”工程小麦、玉米高产开发，以推广小麦精播、半精播高产栽培技术，紧凑型玉米高产配套栽培技术为重点，小麦、玉米单产实现新突破。50亩小麦高产攻关田平均亩产607.8公斤，200亩丰产方平均亩产568.7公斤，7万亩高产示范区平均亩产512公斤。并在全县培育出第一个整建制小麦千斤乡镇。小麦亩产千斤乡镇技术开发项目获菏泽地区科委星火一等奖。

1996—1998 年，实施农业部“15 万亩小麦新品种及配套栽培技术”和“15 万亩玉米新品种及配套栽培技术”丰收计划项目，小麦以引进示范推广高产优质新品种为重点，采取科学施肥并采取与之相适应的配套栽培技术；玉米则以引进示范推广紧凑大穗型新品种为核心，提高播种质量，合理密植，强化秸秆覆盖等配套技术措施的落实。两个项目分别获山东省农业厅丰收计划一等奖、三等奖。

1998—2000 年，实施农业部“10 万亩小麦种子包衣及综合配套增产技术”丰收计划项目，以引进、筛选适于全县种植的小麦高产优质新品种、新品系，实行种子包衣，统一供种，配套各项增产技术，组装高产配套技术规程，圆满完成项目各项工作任务和产量指标。该项目获农业部丰收计划三等奖。1998 年实施完成联合国花生品种改良项目，15 万亩试验区平均亩产 342.5 公斤，为花生生产树立样板。

2001—2003 年，实施农业部“鄄城县‘三元结构’种植示范基地建设”项目，该项目以改善粮食作物、经济作物、饲料作物种植结构，进一步协调粮、经、饲比例，促进农牧业健康稳步发展。

2003—2005 年，实施国家小麦、玉米良种补贴项目，促进小麦、玉米的区域化布局，规模化生产。

2006—2010 年，实施小麦“高产创建”和玉米“高产创建”项目，其中 2009 年大埝乡连庄村 10 亩高产公关田平均亩产 716 公斤，创全市小麦单产历史最高纪录。

第四章　水　产

第一节　水产开发试验

鄄城县可利用水产资源 8 万余亩，经连续多年的开发利用，到 2010 年已开发利用 5.85 万亩，其中养殖面积 3.15 万亩，植藕面积 2.7 万亩。1991—2003 年水产开发主要是政府引导、参与，联合集体、个人共同开发。2003—2010 年，县乡财政困难，农村义务工取消，开发速度有所放慢，主要是依靠争取项目资金和组织群众搞好自主开发。

1991 年，县水产局承担省科委轻沙薄地水产课题坑塘 300 亩、河道 1500 亩的技术开发试验项目，坑塘单产达到 256.1 公斤、河道 60.20 公斤，分别完成原计划的 102.4%、104.7%。同时承担地区水产局产量指标为亩产 200 公斤的低产转中产鱼塘 1800 亩、产量指标为 300 公斤的中产转高产鱼塘 500 亩及 10 亩千斤鱼塘的试验项目，同年 10 月 9 日通过菏泽地区水产局的鉴定验收，验收四个坑塘，单产分别为 264 公斤、405 公斤、408 公斤和 675 公斤，分别完成指标的 132%、136%、204% 和 135%。

第二节　水产养殖种植

水产养殖　1986 年以后，水产生产由单一的集体生产逐步承包到户、到个人，养殖形式有集体生产、联营生产、家庭承包、多户承包和个人承包生产。1991 年全县水产养殖面积为 18500 亩，到 1995 年达到 2.3 万亩，到 2000 年全县水产养殖面积已达 25500 亩。2000 年以后，县水产技术推广站技术人员分组分片开展无偿技术承包服务活动，水产养殖得到快速发展。2005 年，全县水产养殖面积 28500 亩，养殖产量达到 8600 吨，平均单产 260 千克／亩，比 1991 年翻一番（各年度养殖产量、面积见表 8-6-2）。2010 年，全县养鱼面积 3.2 万亩，鲜鱼产量 9850 吨；植藕面积 2.7 亩，产量 4.2 万吨，水产业总产值达到 1.56 亿元。

1991—1995年，养殖品种主要为鲤鱼、草鱼、鲢鱼和鳙鱼，养殖方式主要是以鲢鳙鱼为主的混合饲养，一般鲢鱼、鳙鱼占70%，鲤鱼占20%，草鱼占5%，鲫鱼占5%。1995—2000年，养殖方式由主养鲢鱼、鳙鱼转变为主养草鱼、鲤鱼，并适当引进名优新品种。1997年，引进河蟹1万只，1998年，引进建鲤鱼350万尾，彭泽鲫16万尾，团头鲂20万尾，太湖大银鱼受精卵230万粒。2002年，引进黄鳝、高背鲫、银鲫、黄颡、鲶鱼、乌鳢等名优品种300万尾。2005年以后，全县养殖品种相对稳定，重点在增加产量、提高品质上下功夫，在调整养殖方式上下功夫，经过几年的发展，到2010年，全县的养殖品种除鲤鱼、草鱼、鲢鱼、鳙鱼等普通品种外，还有建鲤、彭泽鲫、高背鲫、银鲫、团头鲂、大银鱼、黄鳝、黄颡、革胡子鲶鱼、乌鳢、鳜鱼、河蟹、甲鱼等名优品种。养殖模式已基本形成畜渔禽循环经济模式，立体养殖模式，高产高效养殖模式，鱼藕混作模式，垂钓、餐饮、娱乐于一体的休闲渔业模式，甲鱼仿生态养殖模式，大水面无公害养殖等多种生产模式。

水产种植 全县主要水生经济植物以藕为主，苇、蒲次之。20世纪90年代，藕的主要品种为浙江大白莲，2000年以后，相继引进鄂莲4号、鄂莲5号、3735杂交藕、马塔湖嫩藕等名优新品种，植藕面积越来越大，种植品种越来越多，产量越来越高。2006年，一般亩产1000多公斤，高的达到2000多公斤。2006年以后，借鉴稻田养鱼经验，

鱼藕混作池塘

生产方式也由单一植藕转变鱼藕混作，套养品种由常规品种逐步向名优品种转变，在不增加额外投资的情况下，取得更高的经济效益。

第三节 良种繁育

鱼苗 鱼苗来源主要是养殖生产中的成鱼自然繁殖。每年春季在池塘边放入棕叶或稻草，选成熟好的鲤或草鱼进行自然繁育。2000年以后，鱼苗繁育主要是在大水面养殖专业户中进行，主要品种仍是当地鲤或草鱼，产量虽有提高，但主要是自繁自育，产量低不成规模。

鱼种 鱼种来源一是部分养殖场自然繁育一部分，二是到附近县市鱼种场购进，近的如梁山县鱼种场、曹县鱼种场、成武县鱼种场、定陶县鱼种场，远的如河南驻马店鱼种场、长江流域的南京、武汉等一些鱼种场。主要是购进“水花”或“乌仔”进行二级培育，购进苗种主要有鲤鱼、鲢鱼、鳙鱼、日本白鲫、团头鲂、草鱼、革胡子鲶鱼、甲鱼等适合当地养殖品种，每年培育的鱼种占全县成鱼养殖中投放鱼种量的50%以上。

第四节 水产品加工

全县水产品加工严重滞后，没有大型的加工企业，以家庭作坊为主，设备落后，工艺流程简单，加工后产品主要是糟鱼，糟鱼的选料2000年以前多是鲫鱼、小型野杂鱼，2000年以后，多选用本县鲤鱼、白鲢为主。从2005年开始，市场上可见到生产的软包装糟鱼、红烧鱼，但数量较少，不成规模，效益不高。

第五节 水产合作社

随着市场经济体制发展，行业竞争日益加剧，生产农户在技术、资金、销售等方面的不足显现出来。为解决一家一户难以解决的问题，县水产局引导群众走产业化经营模式，在苗种、饲料、肥料、

药物、销售等方面实行统一，实现产品增值、效益增加。2008 年，成立鄄城县红旗水产养殖合作社、鄄城县天丰渔业合作社；2009 年，成立鄄城县杨屯水产养殖专业合作社；2010 年，成立鄄城县左营莲藕专业合作社，形成“市场 + 合作社组织 + 农户”的产业化生产模式。

第六节　渔政监督管理

1991—2010 年，宣传《中华人民共和国食品安全法》《中华人民共和国食品安全法实施条例》《中华人民共和国水产养殖质量安全管理规定》及新《中华人民共和国兽药管理条例》《无公害食品 渔用药物使用准则》等法律法规，依法查处各类破坏渔业资源、环境和生产的渔政案件，依法规范管理苗种生产经营、水面开发、捕捞生产活动，依法协调处理并严厉查处各种偷鱼、毒鱼、电捕鱼、污染水域等渔业违法违规案件，保护种植、养殖户的利益，维护渔业生产环境，使全县水产生产健康有序发展。

1991—2010 年鄄城县水产开发面积表

表 8-4-1　　单位：亩

年　度	面　积	年　度	面　积	年　度	面　积
1991	150	1998	7800	2005	2000
1992	200	1999	11000	2006	1000
1993	370	2000	5000	2007	800
1994	8600	2001	9000	2008	900
1995	6700	2002	1000	2009	1100
1996	5500	2003	1000	2010	1000
1997	8500	2004	1000	—	—

1991—2010 年鄄城县水产生产统计表

表 8-4-2　　单位：亩、吨

年　度	植藕面积	产　量	养殖面积	产　量
1991	5000	6000	15800	4380
1992	5000	6000	16200	4500
1993	5000	6000	16800	4600
1994	4000	6000	17700	4700
1995	5000	8000	23000	6000
1996	5000	8000	20500	6050
1997	5000	8000	23000	6400
1998	6000	9000	23500	6600
1999	8000	12000	25000	7600
2000	10000	17000	25500	7800
2001	14500	31000	26000	8000
2002	25000	38000	26000	8100
2003	25000	39000	26500	8262

续表 8-4-2

年　度	植藕面积	产　量	养殖面积	产　量
2004	26000	39500	27000	8300
2005	26000	40000	28500	8600
2006	26000	40600	28500	8850
2007	26000	40500	29000	9100
2008	26000	41000	29000	9450
2009	27000	41500	30000	9600
2010	27000	42000	31500	9850

1991—2010 年鄄城县鱼种统计表

表 8-4-3

年　度	产　量	年　度	产　量
1991	300 万尾	2001	306 吨
1992	350 万尾	2002	328 吨
1993	400 万尾	2003	342 吨
1994	750 万尾	2004	360 吨
1995	900 万尾	2005	380 吨
1996	1200 万尾	2006	450 吨
1997	1600 万尾	2007	470 吨
1998	1800 万尾	2008	490 吨
1999	2200 万尾	2009	510 吨
2000	280 吨	2010	530 吨

第五章　农业机具

第一节　农业机械化进程

1991—2010 年，年农机保有量持续增加，截至 2010 年，全县农机总动力达 113.90 万千瓦，农用拖拉机拥有量 13027 台，柴油机 12904 台，农用运输车 46852 辆，机引田间配套农机具 2.83 万台套，农机总值达 5.93 亿元，分别是 2000 年的 6.5 倍、3.9 倍、1.4 倍、64.2 倍、6.3 倍、9.8 倍；联合收割机从无到有，至 2010 年，迅速发展到 556 台。此外，农副产品加工机械、植保机械、农田水利基本建设工程机械和农田排灌机械等也都取得较大发展。其中，小麦播种机、小麦联合收割机、农用运输车、玉米秸秆还田和旋耕机等是这一时期农机化发展的几个亮点。2010 年，全县实现小麦机耕 100.9 万亩，机播 90.1 万亩，机收 90.0 万亩，小麦生产基本实现机械化；实现玉米机械直播 45 万亩，玉米机械秸秆还田 57 万亩，分别占作业量的 81%、94.2%；实现机械植保 43.5 万亩，机械排灌 48 万亩，主要农作物综合机械化水平已达 76%。此外，农村运输、农副产品加工、农田水利基本建设等机械化水平也取得较大程度的提高。农机已有原来的单一为农业种植业提供耕、耙、播、收等服务，逐步扩展到农、林、牧、副、渔各业，以及农村运输、农副产品加工、农业综合开发、设施农业和农田水利基本建设等农业和农村经济各方面及产前、前中、产后各环节。

自由膨胀发展阶段 1991—2000 年，随着农村改革的不断深化和农村经济的日益繁荣和发展，农机化事业取得自由快速发展。农用拖拉机、农用运输车、柴油机以及与之配合的小麦播种机、耕翻犁、小麦收割机、排灌水泵和农副产品加工等农业机械数量和品种急剧增加。农机经营服务，由耕种到收获，由种植业到农、林、牧、副、渔各业各环节，由农田作业到农村运输、农副产品加工、农田水利基本建设、设施农业等农村经济各方面，经营服务范围迅速扩大。

优化调整、稳步发展阶段 2001—2010 年，为适应农村经济结构、产业结构调整和产业化、规模化发展要求，农机化发展经历一个由重数量到重质量、由小型到大型、由分散到集约等结构调整和优化升级的过程。自 2005 年国家实施购机补贴政策以后，农机具在数量稳步增加的同时，大型与小型、动力机械与作业机械、通用与专用机械等整体装备结构进一步优化，产品的科技含量、安全性、适用性、可靠性等性能和质量进一步提升。特别是大中型农机具取得较快发展，农机经营体制进一步健全和完善，经营规模逐步扩大，自 2002 年起逐步涌现出一批农机经营大户、农机经营合作公司和作业服务队等新型产业化农机经营服务组织。2009 年，农机合作社建设取得突破性进展，完成注册 14 个，达到“五化”标准的 5 个；2010 年，共完成注册 33 个，达到“五化”标准的 6 个。

玉米联合收割机作业

1991—2010 年鄄城县农机具拥有情况表

表 8-5-1

年 度	农机原值（万元）	农机总动力（千瓦）	拖拉机（台）	柴油机（台）	农用运输车（辆）（含机动三轮）	联合收割机（台）	配套农机具（台）				
							犁	播种机	旋耕机	秸秆还田机	玉米联合收获机
1991	5927.86	182207	3899	9159	935	1	3660	143	72	—	—
1992	6019.41	187842	4026	9027	119	1	3811	183	95	—	—
1993	6357.86	192382	4216	9272	1198	2	4040	252	141	—	—
1994	6734.9	198230	4441	9315	1425	2	4112	372	219	—	—
1995	7842.63	222445	4800	9641	1971	24	4304	543	394	—	—
1996	8959.2	269330	5656	10694	3065	29	5236	615	531	—	—
1997	9656.45	339435	8436	11083	5189	64	4843	1059	534	53	—
1998	11107.98	373519	9528	11311	6620	77	5330	1259	833	68	—
1999	11371.56	410301	9937	11342	7519	124	5864	1378	914	77	—
2000	21270.79	901684	11060	10911	45540	170	5886	1687	975	66	—
2001	21273.33	902496	11396	11358	45540	294	5798	1764	1022	102	—

续表 8-5-1

年　度	农机原值（万元）	农机总动力（千瓦）	拖拉机（台）	柴油机（台）	农用运输车（辆）（含机动三轮）	联合收割机（台）	配套农机具（台）				
							犁	播种机	旋耕机	秸秆还田机	玉米联合收获机
2002	21537.5	924086.26	11440	11518	45545	333	5782	1778	1014	190	—
2003	21878.19	933461.48	11475	11645	45880	372	5385	1805	1030	224	—
2004	23148.19	939850.02	11527	11671	46024	419	5521	2833	932	250	—
2005	26985.8	957625	11608	11835	46154	555	6679	5532	2313	566	12
2006	31417.4	991959	11977	11906	46365	748	6123	6705	3280	1280	77
2007	36301.2	1025167	12296	12076	46594	936	6392	7212	3440	1574	140
2008	41938.5	1080842	12546	12873	46450	1283	6566	7184	3702	1909	230
2009	47916	1105198	12797	12882	46610	1500	6650	7471	3966	2100	345
2010	53939.2	1139685	13027	12904	46852	1503	6658	7676	4269	2326	487

1991—2010 年鄄城县农机化作业情况表

表 8-5-2

年　度	机耕（万亩）	机播（万亩）	机收（万亩）	机脱（万吨）	机械植保（万亩）	机械秸秆还田（万亩）
1991	68.4	16.3	28.3	18.25	13.95	—
1992	75.35	8.7	30.06	15.8	9.81	—
1993	70.79	15.06	26.2	17	20.41	—
1994	74.77	9.68	36.2	21.5	24.23	—
1995	82.97	54	48	25.05	27.2	—
1996	67.89	50.7	55.7	24.1	24.5	—
1997	79	60.65	57.8	26.11	24.81	5.04
1998	80.06	61.67	59.04	27.02	101.47	15.64
1999	80.94	51.88	63.08	43.76	104.29	17.03
2000	80.88	56.96	51.27	59.52	41.96	32.55
2001	82.53	58.5	50.85	58.63	42	32.9
2002	82.1	58.2	51	58.68	41.8	33.54
2003	81.15	68.97	51.5	58.46	41.37	36.2
2004	81.7	70.3	51.7	58.4	41.55	48.2
2005	90.9	84.56	77.57	58.2	42.3	54.6
2006	109.4	85.0	86.0	59.8	42.4	61.8
2007	109.6	91.2	94.8	65.1	42.8	79.18
2008	117.4	106.8	109.8	65.66	42.9	89.7
2009	140.5	115.2	110.3	72.1	43.4	95.6
2010	140.6	124.65	117.9	72.2	48.5	98.55

第二节 农机种类

农机动力机械 分固定作业动力机械和行走式动力机械两大类：

固定作业动力机械 主要包括柴油机、电动机和汽油机。其中主要是柴油机，占全部固定动力的92.7%。主导机型主要有莱动、泰柴、潍柴、玉柴、常柴、江淮等95、100、105、110、115系列柴油机。

行走式动力机械 主要包括拖拉机、三轮农用运输车、四轮农用运输车和手扶拖拉机。其中主要是拖拉机和三轮农用运输车。主导机型主要有泰山-150、170、180、200、250、300型，上海-50、55、65型，福田-650、700型，东方红-600、650、700、800型等大中小型拖拉机；金蛙、时风、巨力、五征、福田、北京等品牌型号的三轮、四轮农用运输车；常林、潍坊、长葛等品牌型号的手扶拖拉机。

耕种机械 主要包括与拖拉机、三轮农用运输车等动力机械配套的耕翻犁、旋耕机、玉米秸秆还田机和播种机、小麦（玉米）免耕播种机、深松机等。耕翻犁主要有与各种型号拖拉机配套的单铧、双铧、三铧、四铧轻重型耕翻犁和深耕犁，以及汽动、液动翻转犁；旋耕机主要有连旋、西旋、宏力等品牌的120型、150型、180型、200型旋耕机；玉米秸秆还田机主要有牦牛、大丰、宏力、连旋、工力-120、150、180、200等品牌型号的玉米秸秆还田机；1990年以后在鄄城推广应用的播种机主要有3行人畜力小麦播种机，4行、6行、8行、10行小麦机引播种机和精播半精播机，多数机型通过更换调整排种装置，可以通用兼容，既能播小麦，也能播玉米大豆等作物，有些还装有施肥装置，在播种的同时可播施种肥。品牌型号比较杂乱，但以河北农哈哈、华勤、郓城工力、河南豪丰居多。

田间管理机械 主要包括用于排灌、施肥、中耕锄草和病虫害防治的机械和田园管理机。排灌机械主要有各类离心泵、混流泵、轴流泵、深井泵、潜水泵、自吸泵、喷灌机等，品牌型号较多，以冠县、莒县泵为主；施肥机具主要有各种品牌型号的单行人畜力施肥器和深施耧；中耕机主要有单行、双行、三行人畜力和机引中耕机和耘锄，数量较少；植保机械主要有泰山-18、工农-18型背负式机动弥雾机和各种品牌型号的手动背负式喷雾器；田园管理机是近几年为适应设施农业需求，开发引进的一种通过更换作业装置可实现中耕、施肥、旋耕、播种、喷药、排灌、收割等多项作业的一种微型手扶拖拉机，主要品牌型号有华野俊牛、潍坊呈祥等多功能管理机。

收获机械 主要包括与小型拖拉机配套的小麦割晒机与大中小型拖拉机配套的小麦背负式联合收割机和各种型号的自走式小麦联合收割机，与大中小型拖拉机配套的背负式玉米联合收获机、小麦（玉米）两用联合收割机、自走式玉米联合收获机。主导品牌主要有河南舞阳、上海向明、淄博巨明、兖州大丰、福田谷神、新疆-2号、兖州国丰、大丰等。

运输机械 主要包括与大中小型拖拉机配套的各类挂车、三轮四轮、农用运输车、变型拖拉机和农用汽车等。主导品牌主要有梁山、郓城挂车厂生产的各类挂车，金蛙、时风三轮运输车，黑豹、海山、五征、福田、北京等四轮农用运输车、变型拖拉机和农用汽车。

第三节 农机经营

1991—2010年，伴随着农村改革和农村经济的日益繁荣和发展，农机经营服务业取得较快发展，经营体制、经营方式、经营规模、经营范围经历了一个由分散到集约、由自主到规范、由小到大、由单一到综合、由区域到跨区域的发展过程。特别是2000年以后，随着跨区作业市场的逐步形成，农机产业化经营服务取得快速发展，到2010年，全县各类农机经营组织和经营户已达61236个，从业人员达83560人，并涌现出一批农机大户、农机作业服务队、农机专业服务公司、农机专业协会、农机专业合作社等新型农机经营服务组织，全年实现农机经营服务总收入36101万元。农机经营已成为扩大农村劳动力就业，增加农民收入一条有效途径。

第四节　农机修配

1986年前，农机修配是设在服务组织内部，由服务组织自行组织实施的，自1986年起，乡镇成立农机经营管理服务站，组建一批农机供应维修站点。1992年农机经营市场放开，涌现一批个体农机供应门市和维修点。1995年以后，随着农机数量的快速增加和服务需求量的增加，农机修配服务业取得较快发展，经营数量、经营规模和经营范围逐步扩大，并形成一大产业。2010年，全县从事农机供应修配服务的个体经营站点199个，从业人员546人。

第五节　农机监理

农机监理业务由县农机监理站承担，具体业务主要有农用拖拉机、联合收割机等农业机械的登记报户，挂牌发证，年度检验；农机驾驶操作人员的考核发证，年度审验，安全教育；农机安全监督检查，事故处理和统计上报等。1991—1994年，农机监理业务的开展主要靠油料杠杆调节实施的，1994年，《山东省农业机械安全监督管理办法》和《山东省农业机械管理条例》相继颁布实施，自此农机监督管理工作正式纳入法制化轨道。2004年前，上路运输的拖拉机是由公安部门授托管理，2004年机构改革，对农业机械安全监督管理职能自上而下又重新进行界定，拖拉机和联合收割机等农业机械全部由农机部门自主管理，不再授托。

第六节　技术培训

农机技术培训工作由县农业机械化学校具体承担，主要培训内容包括农用拖拉机、联合收割机驾驶操作人员的技术培训，农机供应人员和维修工的技术培训；基层农机管理人员的业务技术培训和农机职业技能培训等。1989年县农机化学校被农业部定为县级“四有化”农机校，1991—1994年，农机培训工作主要靠油料杠杆调节实施，1994年以后，主要依法靠农机监理业务带动来开展，组织形式主要采取在县校集中办班和到乡镇分散办班相结合，长班短班相结合。2002年、2003年与市农机中专联合试办4期机电、电气焊等职业技能培训班，为社会培养输送职业技能人才150多人。1991年以后，县农机化学校认真贯彻“科教兴机”方针，组织开展农机技术培训工作，累计培训各类农机人员6500多人。2010年，首次举办阳光工程农机使用与维修培训班二期，参加培训学员300人。

基层农技培训

第七节　农机跨区作业

1996年开始组织实施跨区作业，内容最初仅为小麦联合收割，后逐步扩展到玉米收获、机耕、旋耕和玉米秸秆还田等，作业范围也由原来的市区内、省区内，逐步扩展到河南、安徽、江苏、湖北、河北、天津等地。特别是2001年以后，这一服务产业取得较快发展，参加跨区作业的机具也逐年增多，组织程度进一步提高，效益明显增加，2010年，仅参加三夏小麦机收跨区作业的机具就达1400台；“三秋”期间，前往济南章丘参加跨区作业的玉米收获机40台（套）、天津武清区8台，玉米跨区作业打入东北市场，向吉林白城市和松示市派机15台。全年实现跨区作业总收入8760万元。

第八节　科研与技术推广

农机科研与技术推广由县农机推广站承担。自1991年以后，累计实施农机新技术推广项目25项，推广各类农机新机具11800多台套。1988年引进推广人畜力小麦播种机（耧），1990年引进推广小麦机引播种机，1994年引进推广小麦精播半精播机，到2000年全部普及，小麦播种基本实现机械化，取消木耧播种；1989年引进推广小拖深耕犁，1990年引进推广旋耕机，2000年小麦耕翻基本实现机械化，取消畜力耕作；1995年引进推广玉米点播耧，1997年引进推广玉米铁茬播种机，到2005年普及；1989年引进推广机引割晒机，小麦清选脱粒机和小麦振压器，1995年引进推广小麦联合收割机，到2000年小麦脱粒机基本实现机械化，小麦机收基本普及；1997年引进推广玉米秸秆还田机，到2005年基本普及；2002年引进推广玉米联合收获机和玉米脱粒机，2010年，玉米机收大面积实施，机收率达40%。

第九编

林 业

LIN YE

鄄城是平原绿化先进县。20世纪50年代，主要营造防风固沙林。1957年被农林部和山东省委授予“林业先进县”称号。以后大力发展防护林、防风固堤林、农桐间作及农田林网，被国务院授予“四旁绿化先进县”。1982年，制定《鄄城县关于1982—1990年林业发展规划》，林业生产迅速发展。1983年10月被林业部授予“平原绿化先进县”称号。1985年，在实现“四化一结合”（农田林网化、农桐间作化、沟渠绿化、乔灌结合）的同时，发展丰产林与以干、鲜水果为主的经济林。全县初步形成一个“网、带、片、点”相结合、林果结合的平原林业体系。1986年5月被林业部授予“全国平原绿化先进单位”。1990年，全县林地面积29.76万亩，木材蓄积量93.4万立方米，林木覆盖率达到24.5%。1991年，鄄城首次开展全县林业规划工作。至1994年，经济林发展到17.5万亩，低产沙地及宜林地全部栽上树。1998—1999年，重点实施“京九铁路绿色长廊”工程和黄淮海开发农田林网更新改造工程。2000年编写《鄄城县林业发展规划（2001—2010年）》。2010年，全县耕地基本实现农田林网化，农林间作2万亩，有林地36.8万亩，绿色通道总里程360公里，林木覆盖率30.5%，林木蓄积量150万立方米，鄄城林业形成以林网为主体的多林种、多树种、多功能、高效益有机结合的综合防护林体系。丰富的林业资源带动林业产业化发展。

第一章 林业资源

第一节 林业资源引进

种质资源引进 1991年首次制订林业发展规划时，查清全县树木共有40科，64属，121种。2000年第二次制订林业发展规划时，全县树种共有45科，71属，133种，26个变种，林果品种88个。2010年全县树种共有57科，85属，195种，林果品种102个。

用材林资源引进 1991年前，杨类、刺槐、榆类、柳树、泡桐、苹果，均占有一定份额，各树种相对均衡，比重差别不大。1991年以后，杨树资源逐渐扩大。1995年防护林与用材林仍然不足，灌木缺乏，风景林是空白，主要树种限于杨、柳、榆、槐、椿等类。以苹果为主的经济林面积相对较大，其他杂果面积较小。2000年后经过快速发展，杨树成为绝对优势树种。20世纪90年代，杨树以欧美杨为主，毛白杨呈零星分布，杨树品种主要有沙兰杨、214杨、69杨、46杨、23杨等；1995年以后，中林46、69杨逐步被107杨和108杨所取代。1998年春，县林业站从地区苗圃引进16个杨树新品种进行区域性试验，2003年经济林一场从省林科院引进41个杨树无性系进行对比试验，通过试验结果确定，杨树主栽品种为L-35、I-107、中菏1号。2006年秋，始建于鄄城县国有第一林场的杨树良种繁育与示范林项目，总面积1000亩，该场于2007年春，从中国林科院、河北石家庄引进美洲黑杨、欧洲黑杨、欧美杂交杨优良无性系130个。2008年春又引进杨树20个系号，总系号已达150个。2010年又从国外引进尚未定名的6个系号。其中抗虫杨有北抗1号、南抗3号、南抗4号、抗虫杨12号等，重点繁育W-141、中菏2号等生产上的主栽品种。刺槐、榆树、柳树、苦楝、臭椿等逐步减少，所剩无几。农桐间作1991年发展到22.35万亩，其品种主要有鄄优1号、2号，睢优1号、2号、豫林、豫杂、中林1号等，山东省林业厅种苗站曾在什集乡杨庄村建立种质资源库。随着林业产业的发展农桐间作不断萎缩，2000年仅存4227亩，2005年在鄄城已看不到较大规模农桐间作。

经济林资源引进 苹果 1991年苹果是经济林的主栽树种，“八五”末发展到顶峰，面积达到20.7万亩，主要引进烟富优良系号、新红星系列、萌、乔纳金等。2000年尽管苹果资源整体呈下降趋势，但仍处于主导地位，继续引进烟嘎一号、藤牧一号、红将军等。

梨 2000年后，梨、桃、杏、李、枣、石榴、柿、杂果受到重视，面积逐渐扩大，各树种优良品系应运而生。梨重点发展黄金梨、水晶梨、绿宝石，2002年，新增梨树品种爱宕、晚三吉等。

桃 发展莱山蜜、曙光、新川中岛、旱油等品种。

杏 发展凯新、金太阳、红丰、金寿杏等品种。

李子 有安哥诺、秋姬、美蓝宝石等品种。

枣 有沾化冬枣、山西梨枣等品种。

石榴 有太山红、大青皮、牡丹石柳等；柿有次郎、福有等品种。

葡萄 主要引进美人指、红提、青提、克瑞森无核、秋黑等品种。

木瓜 2008年3月，鄄城县国有第一林场从河南省、菏泽盘石村引进木瓜品种19个，主要品种有沉香、金苹果、细皮、狮子头、豆青、玉兰等品种。

绿化树种引进 2000年以后，森林面积迅速膨胀，全县绿化水平和覆盖率也提高很快。绿化树种重点发展国槐、垂柳、银杏、白蜡、法桐、栾树、香椿、五角枫、合欢、千头椿、红叶椿、木瓜、大叶女贞、红叶李、紫薇、木槿、牡丹等；主要灌木树种仍保留紫穗槐、杞柳、柽柳、金银花等。

第二节 林木种类

用材林 从林种类型划分，可分为片林、农田林网、农林间作、“四旁”树木、散生木。片林包括用材林、防护林、经济林、特用林。用材林又分为一般用材林，速生丰产林，主要树种有杨、柳、榆、槐、桐等。1991年，林种只是用材林、防护林，经济林、经济树种很少，1995年，其他树种用材林逐渐增多。1996年以后，尽管还保留着多树种的用材林，但除杨树用材林外，其他树种的用材林几乎没有发展。防护林主要有杨树、刺槐树等。黄堤上的一些刺槐、臭椿、榆树等混交防护林，也被陆续采伐或被杨树更新。“十五”初期，金堤刺槐防护林被杨树更新。2004—2005年于济董路、鄄巨路、临商路、沿黄路新修道路两侧，开始建立用材树种与绿化树种混交的新型护路林，鄄城县防护林至2005年主导树种仍是杨树。特用林有试验林和风景林，树种以用材树种和绿化树种居多。农田林网树种更为单纯，98%为黑杨树种。“四旁”树木包括“宅旁、村旁、水旁、路旁”的树木，范围极广，但主要是村镇“四旁”树，面广量大，树种多样化，很多优良的乡土树种比重不断减少，杨树逐年增加。散生木又分为农田散生木（又称孤立木）和林地散生木，主要树种有杨树、柳树、白榆、臭椿、苦楝、构树等。

鄄城县部分年份主要用材树种变化情况表

表9-1-1　　单位：万株

年 份	黑 杨	旱 柳	白 榆	刺 槐	椿 树	泡 桐
1991	1465	6.5	11.2	22.5	23.6	1.1
1995	1962	7.3	11.6	21.3	30.2	1.5
2000	2261	9.2	12.5	19.1	40.5	3.2
2005	2564	9.5	14.2	20.8	49.6	4.0
2010	2720	7.8	15.6	23.1	58.2	5.3

经济林 经济树种主要有苹果、梨、桃、杏、葡萄、山楂、枣、柿、杞条、金银花、银杏等。1991 年全县果树面积 14.9 万亩，总产 2 万吨。1996 年面积达到 16.9 万亩，总产 20 万吨。主要树种有苹果、梨、桃、杏、李子、葡萄、柿子、山楂、枣等。1997 年以后，苹果面积逐步减少，梨、桃、杏、葡萄、枣面积略有增加。1997 年，在李进士堂镇和引马乡首次大棚油桃、大棚杏栽培成功。1990—1993 年，果树面积比较稳定，基本维持在 15 万亩左右，主要分布在红船镇、引马乡、郑营乡、阎什镇、什集镇、临濮镇、旧城镇、箕山镇、彭楼镇等乡镇，以苹果为主，主要品种有短枝红星、红富士、金帅、王林、乔纳金、嘎啦、腾牧 1 号等，栽植密度多为 33 株 / 亩、44 株 / 亩、55 株 / 亩。个别有 110 株 / 亩。鄄城县林业局结合各乡镇林业站，组织专业人员到各乡镇、果园举办技术培训班，推广使用果树专用肥，树盘覆草，果实套袋，花期人工授粉及病虫害综合防治技术，由政府组织建设 2 处果品批发市场，分别在红船镇李庄、阎什镇阎什村。其中凤凰乡大周寺的红富士 1990 年、1991 年、1992 年连续 3 年产量超万斤，产值过万元。

1994 年春，鄄城县林业局及个别乡镇为防果树冻死，从胶东未受冻害地区调入果苗约 80 万株，全县果树面积增加到 16.9 万亩。

随着新栽果园逐步进入盛果期，到 1996 年，全县果品总产达到 20 万吨。一级金帅只卖 0.6 元 / 千克，从 1997 年开始，果农开始大量砍树，到 2000 年鄄城县森林资源二类调查时，全县果树面积仅有 5455 亩。1997 年以后随着苹果面积的逐步缩小，梨、桃、杏、葡萄、冬枣等面积略有增加，规模比较大的有：引马乡邵垓村，1999 年冬栽植杏、油桃 80 亩，主要品种为凯特杏、红太阳，经济效益好，但 2004 年大部分被雨水淹死。2002 年，郑营乡后董湖村栽植葡萄 100 亩，园艺一场栽葡萄 50 亩，品种主要有美人指、青提、克里森无核、皇家秋天等。临濮镇于 2001 年栽植冬枣 3000 亩，主要品种有沾化冬枣。2003 年鄄城镇张庄栽植梨 200 亩，主要品种有黄金梨、绿宝石、圆贡、新雪。这些园片的经营模式为规模经营，品种优良、技术配套，效益较好。

2004 年后，果树面积不断减少，果品价格开始上扬，当地产苹果、梨、桃、杏、葡萄、冬枣等下树价均在每公斤两元以上。冬春季节鄄城县的果品市场则多为秦冠、红富士外地果品所占领，价格更高，比如烟台富士每公斤一般在五元以上。2005 年 12 月，全县果树普查总面积为 1.3 万亩，总产 1.49 万吨。2010 年，全县果树总面积只有 0.65 万亩。

绿化树种 1991 年开始加速发展，树种趋于多样化，主要有国槐、法桐、栾树、月季、黄杨类、千头椿、垂柳、合欢、青桐、五角枫、红叶李、紫薇、木槿、玫瑰等。1995 年，绿化树种发展到 30 多个品种，新增白蜡、黄楝、皂角、鸡爪槭、三角枫、合欢、龙爪槐、银杏、水杉、玉兰、樱花等 10 余种。2000 年新增绿化树种黄金槐、西府海棠、柿子树、雪松、黑松、油松、赤松、梧桐等。2005 年，主要绿化树种有银杏、七叶树、枫杨、水杉、月季、大叶黄杨、雀舌黄杨、海洲常山、流苏、碧桃等。2009 年冬，对县城进行大规模绿化，万棵大树进城，完成城内 7 条主要街道、1.3 万余株绿化树木的栽植任务。主要有垂柳、合欢、大叶女贞、栾树、白蜡、毛白杨、法桐、紫叶李等 30 余种树种品种。截至 2010 年，新增绿化树种龙爪槐、悬铃木、海桐、玉兰、紫穗槐、石楠、珍珠梅、紫叶小檗、小叶女贞、榆叶梅等 60 多个。有的树种具有兼用性，如香椿，既可材菜兼用，又可用于绿化。国槐、苦楝、臭椿等既是绿化树种，也是良好的家具用材树种。总体上，城镇绿化的发展有效地改善城镇环境质量，改善了城市整体形象。

第三节 林地面积

1991 年林业规划时，全县林业用地面积为 15.3 万亩，有林地 10.06 万亩，其中用材林（村庄围村林划为村镇林）0.8 万亩，防护林 1.3 万亩，经济林 7.95 万亩，特用林 82.5 亩。2000 年林业规划时，全县林业用地面积为 32.33 万亩，有林地

16.16 万亩。其中用材林 9.87 万亩，防护林 0.84 万亩，经济林 5.46 万亩，特用林 12.8 亩。2005 年统计，鄄城县林业用地 46.95 万亩，有林地面积达 36 万亩。2007 年，林业用地 50.1 万亩，其中用材林 26 万亩，经济林 1.5 万亩，防护林 5.5 万亩，特用林 200 亩。随后由于杨树价格下降，群众种树积极性很难提高，乱砍乱伐现象经常发生。据调查统计，2009 年林业用地面积下降到 42.8 万亩，其中用材林 21.3 万亩，经济林 0.86 万亩，防护林 4.9 万亩。2010 年，全县林业用地面积 36.8 万亩，有林地 33.31 万亩。其中用材林 20.01 万亩，防护林 6.79 万亩，经济林 0.51 万亩，特用林 0.04 万亩。

第四节 林木覆盖率

1991 年，鄄城县各类林木 1580 万株，总覆盖面积 28.5 万亩，林木覆盖率为 18.2%。“八五”期末绿化达标时，覆盖率达 27%。2000 年有各类林木总数为 1661 万株，总覆盖面积 30 万亩，林木覆盖率为 19.5%。

2001 年以后林地资源扩大，各类林木覆盖总面积 46.5 万亩，林木覆盖率 30%。2005 年以后，木材价格下降，乱砍乱伐现象发生，全县林业生产大面积片林造林方面减少。2006 年，坚持依法治林，建立健全以森林防火、森林病虫害防治和防止乱砍滥伐为主要内容的林业“三防”体系，依法严厉打击毁林犯罪行为，严禁放牧，严禁开荒、毁林，林木覆盖率逐年提高。2007 年，林木覆盖总面积 44.37 万亩，林木覆盖率 28.5%。2010 年，林木覆盖总面积 47.48 万亩，林木覆盖率 30.5%。

第五节 林木蓄积量

1991 年年初，鄄城县用材树木活立木总蓄积量为 80.7 万立方米。1995 年，全县林业用地面积 24 万亩，其中有林地 22.1 万亩，经济林为主，面积达 20 万亩，用材林与防护林面积分别为 0.79 万亩和 1.30 万亩，已林网化面积 95.6 万亩，林木覆盖率 25.4%，村镇覆盖率 53.1%，活立木总蓄积 100 万立方米。2000 年为 113.8 万立方米，其中森林蓄积 55.1 万立方米，林网树 41.0 万立方米，间作树 0.3 万立方米，村镇树（居民区）17.4 万立方米，分别占总蓄积量的 48.4%、36.0%、0.2% 和 15.3%。10 年总蓄积量平均年增 7.1 万立方米。2005 年，蓄积量达 150 万立方米，其中林业用地蓄积 10.4 万立方米，村镇树蓄积 45.1 万立方米，林网树蓄积 34.8 万立方米，间作树蓄积 16.4 万立方米，分别占总蓄积量的 7.8%、42.3%、32.6% 和 15.4%。2007 年为 180 万立方米。林业用地 125 万立方米，农田林网 2.6 万立方米，间作树 2.4 万立方米，村镇绿化 50 万立方米，分别占总蓄积量的 69.4%、1.4%、0.2%、27.7%。2010 年，用材树木活立木蓄积为 190 万立方米，森林蓄积 111 万立方米，林网树 39.2 万立方米，间作树 9.4 万立方米，村镇树 30.4 万立方米，分别占总蓄积量的 58.4%、20.6%、4.9% 和 16.1%。

第二章 林业生产

第一节 资源调查与林业规划

1991 年 8 月至 10 月，根据省委、省政府要求首次开展全县林业规划工作。全县组织 150 人进行专项技术培训，县林业局抽出技术骨干 15 人，分赴 25 个乡镇指导调查与规划工作。1991 年，全县林业用地面积 15.3 万亩，片林 10.06 万亩，其中防护林1.3万亩，用材林0.8万亩（不含围村林），经济林7.95万亩（木本粮油林0.36万亩，水果林7.52万亩），特用林面积82.5亩，农田林网化面积75.75万亩，占宜网面积的71.3%，桐粮间作21.79万亩，占宜桐面积的48.1%，林木总蓄积量106.7万立方米，人年均消耗林材0.12立方米，蓄积年增长率17%，蓄积量增长量18.1万立方米。林木总株数1580万株，林木覆盖率19.5%。同年，县林业站编写《山东省鄄城县治沙工程建设项目建议书》，首次向国家申请治沙造林资金，结合县委书记陈兴芝提出的鄄菏公路果树绿化带设想，规划富春乡公路两侧新发展果园1000亩。县林业局林业站承担山东省第四次森林资源连续清查鄄城县的任务。工作历时一个半月，完成全县66个样点的测绘工作，顺利通过部、省、地三级抽查验收。同年，根据地区推广站安排，在国营金堤苗圃首次规划设计林木良种采穗圃1处，面积50亩。树种有泡桐、刺槐和杨树。

1995年，全县农田林网化面积64.6万亩（不包括黄河滩区），达宜网面积的97%，农桐间作22.7万亩，为宜桐农田98.2%。主要沟、渠、堤、路全部栽上树，成活率90%，保存率85%以上。绿化荒滩、荒地7000亩，村镇绿地面积6.95万亩，覆盖率48.5%，片林保存面积101751亩，林木覆盖率19.5%，城镇绿化率28.1%，人均占有绿地3.8平方米。

1995年4月至5月，县林业站承担全县沙化土地普查工作，查出风沙化土地414个小班（林地面积大于1亩小于375亩可以划分一个小班），沙改田49.4万亩，固定沙地2.3万亩，风沙化土地总面积78.3万亩，鄄南沙河沿岸为沙化土地分布的集中区域。县林业局通过举办多期林业培训班、提高农民种树的积极性，多方筹措资金无偿提供杨苗给农民等措施，使沙化区基本实现农田林网化，沙化土地得到有效治理。同年，县林业站、果树站等单位对全县果园面积、产量进行调查统计，年末总面积20.78万亩，年产量5056.79万公斤。果园超万亩的乡镇有：阎什镇、董口乡、郑营乡、梁堂乡、引马乡、红船镇、鲁王仓乡、旧城镇、凤凰乡。

1996年，县林业局编写《山东省鄄城淮河流域防护林工程规划》，当年全县营造防护林、用材林、经济林分别为3万亩、0.5万亩、1.5万亩。

1997年4月，通过对鄄城县林业产业化调查，姚元强向林业部计划司写《鄄城县林业化现状及今后发展方向》，同年6月，县林业站姚元强、付厚勤、张友华3人参加“京九铁路绿化长廊”规划工作，姚元强编写报告，规划三乡两镇，104个自然村，铁路长12.8公里，设计面积13.5万亩，造林设计0.341万亩。同年8月，完成山东省第五次森林资源清查鄄城县的任务。同年，鄄城县完成林木良种化自查工作。1990年以后，平均每年发展林木良种采穗圃60亩，良种繁育圃1500亩，营建良种示范林600亩，示范林网1.65万亩，示范间作450亩，村镇植树2万株，迁用杨、柳、榆、槐、桐主要树种造林，良种使用率达96%。重点推广杨树无性系4个，泡桐无性系9个，刺槐无性系6个。总投资1524.2万元，增产总额3568万元，年均效益292万元，推广投资收益率234%。

1999年9月，按照《全国荒漠化监测山东省沙化监测技术实施细则》要求，共监测出风沙化土地总面积30.85万亩，其中沙化耕地28.63万亩，林地1.99万亩，牧草和居民工矿交通用地0.23万亩。

2000年，根据省林业厅部署，县林业局组织全县150余人的调查规划队伍，进行林业资源二类调查和林业规划，编写《鄄城县林业发展规划（2001—2010年）》。查清全县林业资源现状：全县森林面积16.16万亩，其中经济林面积5.46万亩，已网化面积83.04万亩公顷，农桐间作0.42万亩。各类林木覆盖面积28.26万亩，森林覆盖率18.2%，活立木总株数661.3万株，活立木蓄积量1137955立方米，年增木材214596立方米，木材自给有余，经济林（树）总产量94833.0吨，林业产值5781万元，占农业产值的4.3%。

2001年，开展林业分类经营调查，划分公益林和商品林，标志着林地开始实行分类管理与经营机制的转变。2002年，完成山东省森林资源连续清查第五次复查鄄城县的工作，首次使用GPH定位仪定位样地。同年，根据市林业局后三年林业基地建设任务，县林业站对全县杨树丰产林基地建设进行专项规划设计，确定全县基地建设发展目标22万亩，沿黄滩区为丰产林建设的重点范围。

2004年夏季，县林业站姚元强、任秀梅、王显福三人承包鄄城县第三次风沙土地监测工作，开创重要林业任务实行技术责任承包先例，工作历时117天，姚元强编写出《鄄城县第三次风沙化土地监测报告》，其成果获得省厅优秀设计二等奖。同年，县林业局开展鄄城县国家重点公益林区划界定工作，界定事权国家级公益林73884亩，其中有林地58198亩，未成林造林地8294亩，以小班为单位政府与经营者签定界书，勾绘森林资源分布图和生态区位图。

2006年，全县新造林面积15412亩。结合山东省绿化示范村镇项目在董口乡实施村庄绿化项目，该项目实施后既绿化美化农村生活环境，又对当地群众生活质量提高具有重要意义。项目的实施起到以点带面的示范效应，提高村民集体意识、环境意识、公共意识，促进经济繁荣、人民富裕，环境优美，局部生态环境状况明显改善。

2007年，新增造林面积27659亩。3月，全省召开第七次清查工作培训会，4月15日正式开始外业调查，至6月17日全部完成野外66个调查点工作，得到省市专家肯定。

鄄城由于林地面积过大，林种单一，管护水平低，再加上木材大量流入县境，2009年在全县境内局部暴发杨树溃疡病、黑斑病、杨树黑斑病、杨尺蠖，尤其是5月在李进士堂镇田楼村发现第一例美国白蛾开始，到10月底，全境全面爆发美国白蛾，全县上下分别包村包地块大规模的人工防治美国白蛾，各个乡镇集中人力物力进行人工防治，虽有效果，由于大量实施化学药物，对生态造成一定破坏。2010年5月开始实施飞机防治第一代美国白蛾，全县飞防面积达28万亩，喷洒相对无害生物农药，效果明显。第二代、三代白蛾在个别乡镇少量出现，美国白蛾的大爆发蔓延趋势得到有效遏制。

第二节 林木种苗

1991年全县育苗1600亩。1992年，县林业站在国营金堤苗圃建立良种采穗圃1处，重点培育杨树、泡桐、刺槐等20余个优良系号，以带动全县良种育苗工作。1995年以前，全县基地育苗只占育苗总面积的25%。1995年，基地育苗则达30%～40%，“十五”期间则达到50%，个别年份达到70%以上。1995年在国营金堤苗圃、郑营乡钟楼林场，国营辘湾苗圃、国营经济林一场开展县长基地育苗，10年育苗面积累计1200亩，示范带动群众育苗，推进全县林木良种基地化、良种化育苗工作。形成多处百亩以上大型育苗基地，主要有以金堤苗圃为基点，辐射范庄、李胡同良种杨苗大型基地；经济林一场多树种大型育苗基地；阎什口申位庄林场数百亩花卉、绿化苗木育苗基地；郑营乡碱曹庄绿化苗木大型培育基地；左营乡杜杨庄传统杨树育苗村大型基地。2000年以前，全县育苗多年稳定在2000亩左右，只有1994年和1995年，受省“八五”绿化达标影响，发展到3000多亩。2000年以后，林业形势大好，特别是杨树用材林面积迅速增加，拉动苗木价格上升，2000—2001年，中菏1号苗价格上升至每株5元，I-107母条上升到每株3.5元。2005年冬季I-107三年树苗每株高达15-20元。由于苗木价格看好，2001—2004年全县育苗面积很大，累计面积达31448亩，超过前11年的育苗总量，2002年林木育苗达历史最高峰，当年苗圃面积高达10730亩。以后逐年下降，虽然2007年苗木价格再一次攀高，但是由于种植量减少，2009—2010年育苗面积还在下降。全县杨树品种单一、老化，严重影响林业发展，因此县林业局2006年在鄄城县第一国有林场开始建设鄄城县杨树良种试验示范基地500亩。至2010年每年新出圃杨树W141等新品种300多亩，8万多株。又先后和省市科研单位联合建设杨树试验示范基地200多亩，北京林科院试验20亩，转基因107、107、中46、L-35

等5个品种，中国绿木源公司15亩新品种15个、山东农业大学试验林50亩，W141、L-35、107、国外新品种杨-1、2、3、4、5、6号6个系号。山东林科院55亩，品种京1、京2、京6等。示范试验基地的建设加快全县杨树品种更新换代，对鄄城及周边县市林业生产起到积极的推动作用。

1991—2010年鄄城县林木育苗面积情况表

表9-2-1 单位：亩

年度	1991	1992	1993	1994	1995	1996	1997	1998	1999	2000
面积	1600	2024	2043	3000	3028	1500	2400	2640	2690	3352
年度	2001	2002	2003	2004	2005	2006	2007	2008	2009	2010
面积	7098	10730	7810	5810	2738	2100	2450	1980	1534	1450

第三节 植树造林

1991年规划出近期和远期绿化目标，1991—1993年，全县造林1311个小班，5.1万亩，其中营造果园32400亩，桑园14000亩，新建经济林共计1209个小班，面积50490亩，用材林22个小班，面积510亩，实现地委提出的“人均二分果”的目标。凤凰乡、箕山乡、宋楼乡、陈良乡、梁屯乡、富春乡、什集乡、麻寨乡、彭楼乡、阎什口乡、张志门乡、红船镇、引马乡、郑营乡、鲁王仓乡15个乡镇提前一年达到“地区三年栽满树绿化标准”，鄄城镇、左营乡、西双亩乡、旧城镇、大埝乡、董口乡、李进士堂乡、葛庄乡、临濮乡、梁堂乡10个乡镇按时达到“地区三年栽满树标准”，全县提前二年实现省“八五”绿化标准，至1994年，经济林已发展到17.5万亩，根本上消灭荒地，低产沙地及宜林地全部栽上树，完成省灭荒任务。提前一年达到地区五年全面提高绿化水平的标准。至“八五”末，鄄城县除完成省地各项绿化达标活动以外，还完成青年黄河防护林二期工程建设，5年共造林6.72万亩，完善农田林网25万亩，完善农桐间作39.65万亩。

1996—2000年，林业生产工作重点从大面积林业资源培育转变为营、造兼顾，不单纯追求资源膨胀扩大。1998—1999年，重点实施“京九铁路绿色长廊”工程和黄淮海开发农田林网更新改造工程。3年共绿化道路里程12.8公里，栽植乔木树种5万株，灌木60万墩，造林面积460亩。更新改造林网面积52500亩。5年共造片林3800亩，更新完善农田林网20万亩，发展农桐间作2.5万亩，“四旁”植树750万株。

2001—2005年，杨木价格攀升，带动群众植树造林积极性，使用材林面积迅速增加。2001年以后，政府对沿黄路、临商路、济董路等道路和重点河流两侧实施绿色通道建设，每侧林带宽20～100米之间，面积达15万亩。2002年，大埝乡政府率先在陈堤口、堌堆寺、连庄等村发展I-107杨2000亩。2010年，黄河滩区、交通要道两侧、河道两侧大面积营建杨树丰产林，其中临濮镇、董口镇、旧城镇、什集镇、阎什镇等多个乡镇丰产林面积均在万亩以上。个别乡镇达1.5万亩，全县丰产林面积25万亩。2008年由于受世界经济危机影响，家具出口量减少，杨树价格下滑，从每方1300元的高位跌至600多元。2010年杨树价格有所回升，但也挫伤群众种树积极性，延缓林业发展。

2002年山东三明纸业造林工程总部在鄄城县设代理分部，开展欧美速生杨（专家认定为I-107杨）扦插造林，保护价回收，签订回收与技术服务合同，发展并保存面积1000亩。2004年春，北京国中公司在市林业局的配合下，在什集镇和左营乡开展造林业务，推广741抗虫杨，发展面积2000亩。2004年冬和2005年春，县林业局引进兖州太阳纸业白杨科技公司，营造三倍体毛白杨纸浆林，签订技术服务与木材加收合同，在李进士堂、董口、临濮、什集等乡镇引进良种苗木78株，发展纸浆林近2万亩。扶贫资金造林涉及李进士堂、董口、临濮等乡镇，累计面积3万亩，黄淮海用于林业生产的资金涉及引马、阎什、彭楼、什集、董口、旧城等乡镇，累计面积5万亩。

2006—2010年，抓住菏泽建设高标准大市、林业产业强市机遇，大力植树造林，培植产业基地，发展各类杨树速生丰产林。累计造林48万亩，更新完善农田林网52万亩，农林间作1万亩，"四旁"植树900万株。鄄城林业已形成以林网为主体的多林种、多树种、多功能、高效益有机结合的综合防护林体系。

1991—2010年鄄城县植树造林情况表

表9-2-2　　　　单位：万亩

年　度	1991	1992	1993	1994	1995	1996	1997	1998	1999	2000
面　积	1.23	2.1	1.01	2.3	1.85	1.68	3.25	3.9	4.6	3.6
年　度	2001	2002	2003	2004	2005	2006	2007	2008	2009	2010
面　积	2.9	3.2	5.2	3.5	1.13	3.0	2.8	1.98	2.3	2.12

第四节　公路河岸绿化

1991—1992年，鄄城县临商路、鄄巨路复修，1993年公路局栽植大规格毛白杨（内行）、黑杨，绿化长度65.8公里。1997年，鄄箕公路复修，县交通局在公路两旁栽植法桐等树种，绿化长度16公里。1999—2000年，鄄城县沿黄路开工建设并绿化，县交通局设计栽植速生杨，绿化长度56公里。2002—2003年，济董路线扩建，2003—2004年完成绿化，长度42.2公里，大量栽植大叶女贞、红叶李、合欢、垂柳等城市绿化树种，2009年鄄城县内省级公路、县级公路绿化率100%，绿化总里程206公里。2010年增修临商路复线，完成全面绿化，栽植黑松，雪松，白蜡，紫叶李等高档绿化苗木。

鄄城主要河流有黄河、箕山河、沙河、华营河、金堤西河、三分干河、徐河，总长度379.8公里，2004年全部实现绿化，绿化面积35969亩。黄河绿化；黄堤淤背区绿化。1991年以后，随着黄堤淤背区的建设，绿化逐步进行，主要栽植防护林和经济林，绿化率达70%，宽度100米，面积2886亩；黄堤外侧防浪林建设，宽度50米，1998年、1999年完成设计、施工绿化面积3769亩；黄堤外侧、农用生产堤内侧杨树丰产带绿化，2000年以后逐步实施，宽度50～200米，到2010年完成绿化面积9836亩。2002年多条河道（沙河、箕山河、三分干河）统一进行开挖疏理，更新原有树，陆续栽上速生杨新品种，绿化面积达19478亩。

沿黄公路经济林带

第五节　义务植树

1991年以后，为实现省"八五"绿化达标，县委书记、县长多次利用春季召开林业现场会的机会，带领县六大班子领导人及乡镇、县直各部门负责人参加义务植树。1992年春，县林业局在什集乡筹办千亩农桐间作植树现场会，县委书记陈兴之、县长段连湘参加植树活动并召开全年林业工作会议，要求提前达到省"八五"绿化标准。2000年以后，每年的3月12日，县乡主要领导都抽出时间参加义务植树活动。鄄城县平均参加县、乡义务植树总人数30万人，适龄公民义务植树尽责率达75%，每年义务植150万株，营造各种片林1.5万亩。

第六节 生态林

1991年，全县以泡桐为主栽品种的生态林面积为13119亩，由于泡桐丛枝病蔓延以及泡桐价格下滑，2000年，生态林面积减至8364亩。2001年以后，加快生态林建设，各类防护林及特用林建设已成规模。2004年实行国家重点公益林区划界定，把部分围村林界定为公益林，界定事权国家级公益林73884亩，其中有林地58198亩，未成林造林地8294亩，是重要的生态林资源。孙膑旅游城成为国家AAAA级景区后，景区内栽植大量高档生态林绿化苗木。2010年，试验林和风景林地发展到1500亩。

农杨间作生态林

第七节 花 卉

1991年，花卉种植面积2000亩，主要是芍药、牡丹和白蜡、栾树、法桐、大叶女贞、红叶石楠、小叶女贞。1995年，鄄城县花卉栽培面积达4000亩。其中银杏1000亩，主要在栽植在富春乡；牡丹2000余亩，分布在什集镇500亩，彭楼乡350亩，阎什镇150亩，富春乡1000亩；芍药1000亩，主要分布什集镇、彭楼等乡镇，全县花卉产值10万元。1996年，董口乡周厂村大力发展金银花，栽培面积1800余亩，产值36万元。同年，彭楼乡发展药用牡丹及芍药，成立彭楼乡花木公司。该公司租用范庄行政村50亩地，培育多种花木品种及常绿树种。

1997年12月，鄄城县花卉站成立；什集镇栽植白芍药面积460亩，阎什镇刘寺村新建2000亩牡丹基地。2001年，阎什镇申魏庄林场发展牡丹9000亩，形成种植、加工、销售科研格局。2002年黄河河务局苏泗庄河务段栽培银杏面积60余亩，产值40万元。2003年富春乡白集村北新建苗木基地1处，主要栽植紫薇、白蜡、大叶女贞。2005年2月，引马花木公司成立，基地面积75亩，年产值60万元。2006年3月，金海花木公司成立，基地面积30亩，年产值40万元，到2010年两公司发展规模没有扩大，由于栽植技术的不断提高，年产值由原来的60万元、40万元提高到100万元和80万元。

1992年9月鄄城县举办第一届菊花展览，到2006年，连续举办15届，展出菊花2万盆，累计参观人数14000余人。

2007年，牡丹面积开始减少，由原来的9000亩减少到3200亩，绿化苗面积增加，什集镇吴店村新建绿化苗基地1处，主要栽植垂柳70亩、栾树50亩。2008年，什集镇崔海村北种植绿化苗1处，栽植树种有栾树、五角枫，面积120亩。2009年，引马乡张庄村栽培金银花面积120余亩。2010年，红船镇新栽芍药面积400亩。

第三章　林政管理

1987 年，林政股建立后，全县 25 个乡镇有 22 个乡镇配备林政管理员，并设立 9 个育林费代征点，配代征员 24 人，全县健全护林组织 685 个，共配专职和兼职护林员 2974 人。2005 年，全县共配有林政管理员 20 人，设立签证点 3 个，配签证员 7 人。2006 年，全县共配有林政管理人员 20 人，设立育林费代征点 4 个，配代征员 5 人。2007 年，全县共配有林政管理员 17 人，设立签证点 3 个，配签证员 8 人。2010 年，全县共配有林政管理员 17 人，设立签证点 2 个，配签证员 8 人。

第一节　林政法规

1987 年，根据《中华人民共和国森林法》以及林业部、财政部（81）林财字 237 号文件和《山东省育林基金管理实施细则》等有关文件规定，为加强育苗造林采伐利用林木价格统一管理，经县政府研究决定建立育林金制度。同年 5 月 2 日，县政府印发《关于征收育林费的通知》，规定国有林林木每立方米收育费 10 元，收购者、销售者各交一半；乡村集体林木，每立方米征收育林费 7 元，销售者交 2 元。1987 年，全国开始实行森林采伐限额管理制度，规定每 5 年修订一次，到 2005 年共制定“七五”“八五”“九五”“十五”四次森林采伐限额。“十五”期间，鄄城县森林采伐限额总量为 19407 立方米。1991 年 5 月，根据地区林业局与财政局要求，鄄城县启用育林基金征收新单据，印制《山东省菏泽地区育林费征收专用票据》和《山东省菏泽地区育林费市场征收专用票据》。

1992 年 8 月，鄄城县下发《关于印发〈山东省育林费征收使用管理办法〉的通知》，规定：育林费按销售金额征收，由生产销售者和收购者各负担 50%。木材、竹材按 5% 征收；柽柳条、杞柳条、白蜡条、紫穗条等按 2% 征收；苹果、梨、枣、板栗、核桃、山楂、银杏、柿子等果品和花椒按 2% 征收。销售以自产的木材、竹材、条材和果品为原料加工的成品半成品，根据实际消耗原料的数量，按前款规定交纳育林费。

征收的育林费，除上交省、地林业行政主管部门各 10% 外，乡镇提取 40% 用于发展林业生产和征收人员的工资，其余 40% 交县林业局，育苗、造林发展林业生产。

1995 年，县政府下发《关于加强林木管护、依法打击乱砍滥伐的通知》，规定未经县以上林业行政主管部门批准，一律不得办理采伐手续。1996 年 4 月，县林业局与工商行政管理局联合下发了《关于进一步加强木（竹）经营加工单位、监督管理工作的通知》，对全县的木材经营加工企业进行清理整顿，共查出全县木材经营加工企业 400 余家，无经营加工许可证 350 家，取缔 5 家非法经营单位。1997 年 3 月，根据国务院《国内植物检疫条例》和《国内森林植物检疫收费标准》有关规定，对苗木按货值的 0.8%，木（竹）材、苗木种子按货值 0.2%，中药材按货值 0.5%、果品按货值 0.1%，花卉、盆景按每盆 1 元征收检疫费。

2002 年 2 月，鄄城县建立行政审批服务中心，林业部门的“行政”审批、签发证中统一集中到林业行政服务中心林业窗口办理。

2003 年 5 月，经省、市林业局批准，在阎什镇后刘寺、旧城、七里庙设立木材运输证签证点。2005 年，根据国家林业局、省林业局的需求、林业签证工作全部变为微机签发。

2005 年 3 月，经省、市林业局批准，成立林政稽查大队。

1993年2月4日，山东省林业厅制定《山东省森林植被恢复费征收管理办法》。规定森林植被恢复费按不同森林植被类型林地分别计征，其标准分别为，防护林地：每亩2000～2500元；用材林地：每亩600～700元；经济林地：每亩800～1000元；薪炭林地：每亩300元；特用林地：每亩3000～4000元。

2002年10月25日，财政部、国家林业局联合下发《关于印发森林植被恢复费征收使用管理暂行办法》。根据《中华人民共和国森林法》和《中华人民共和国森林法实施条例》（国务院令第278号）的有关规定，省印发《山东省森林植被恢复费征收使用管理暂行办法》，规定森林植被恢复费征收标准按照恢复不少于被占用或征用林地面积的森林植被所需要的调查规划设计、造林培育等费用核定。具体征收标准：用材林林地、经济林林地、薪炭林林地、苗圃地，每平方米收取6元；未成林造林地，每平方米收取4元；防护林和特种用途林林地，每平方米收取8元；国家重点防护林和特种用途林地，每平方米收取10元；疏林地、灌木林地，每平方米收取3元；宜林地、采伐迹地、火烧迹地，每平方米收取2元。

2005年5月起，德上高速公路征用李进士堂镇、旧城镇、大埝乡、凤凰乡、引马乡、阎什镇、彭楼镇土地9.53公顷，根据国家林业局关于执行《森林植被恢复费征收使用管理暂行办法》有关问题的通知（林资发〔2002〕275号）和山东省林业局《关于编报森林植被恢复造林实施方案的通知》（鲁林计字〔2005〕198号）文件精神，人工造林425亩，总投资34.0万元，全部为森林植被恢复费。2001年，鄄城县育英中学建校租用鄄城县第二林场土地4.327公顷，根据《山东省森林植被征收使用管理暂行办法》，征收森林植被恢复费5.182万元，全部用于森林植被的恢复，恢复地点在鄄城县董口镇黄河於被区，恢复林地面积12公顷，2005年4月23日，鄄城县殡仪馆搬迁到国有经济林二场，租赁国有经济林二场苗圃地1.96公顷，征收森林植被恢复费11.76万元，全部用于森林植被恢复。

第二节　林权制度改革

1994年，林业部发布消灭宜林荒地的规定，山东省绿委认真贯彻这一精神，在全省推广消灭荒山荒地工程。

1995年，菏泽地区林业局在全区林业生产工作意见中提出“对长期绿化不起来的荒滩、荒沟、荒路、荒地、荒河坡实行承包、租赁、拍卖的办法、限期绿化”的要求。

1996年春，彭楼乡响应号召，对彭楼、王堂、张河涯村长5千米的路边植树权，实行公开、公正、公平，自由竞争拍卖，拍卖现场吸引众多干部群众，每500米为一个标段，采取谁种标、谁管护，收益采取3∶7分成，个人得7份和村集体得3份方式，标的由200元竞争到500元，拍卖成功。分别拍卖给彭楼村彭全生、王堂村杨一现、张河涯村张继成，合同签订后，林业部门对造林作出统一规划、统一供苗、统一树坑标准、统一树种、统一苗木规格、统一检查验收。

1997年，在全县开始推行林权制度改革。对森林、林木和林地确认权属、核发证书、建立档案，坚持所有权，搞活使用权，鼓励其他部门、行业以合作、合资、入股等形式联合开发场圃资源，并没有投资商到场投资。

2002年，山东省人民政府提出关于推进林权制度改革的意见，2003年，根据《菏泽市人民政府关于做好林权登记发证工作的通知》文件精神，决定在全县范围内开展林权登记发证工作。2003年，县政府下发《关于做好林权登记发证工作的通知》，要求做好绿色通道、速生丰产林、围村林和“四旁”树木的确权发证工作。对过去颁发的林权证要统一换发中华人民共和国林权证，换发后，原林权证作废收回。由于种种原因，换证工作未在全县范围内开展。

2010年4月，根据《菏泽市人民政府关于加快现代林业发展的决定》，制定《鄄城县人民政府关于全面推进集体林权制度改革的意见》，全县林权制度改革全面推开，至年底全县共完成勘界确权面积 132912.71 亩，宗地 3082 块，发证数 2972 本，林改涉及户数 36 万户。全县林权制度改革基本完成。

第十编

畜牧业

XU MU YE

畜牧业是鄄城的传统产业，拥有鲁西黄牛、青山羊、小尾寒羊和鲁西斗鸡等优良地方畜禽品种。20世纪80年代以后，鄄城县先后被国家和省有关部门确定为全国青山羊板皮出口基地，全国小尾寒羊育种基地，全国秸秆养畜（养羊）示范县，国家级鲁西黄牛、中国斗鸡品种资源保护单位和山东省百万只肉羊开发县。1991年，全县存栏大牲畜8.66万头，猪16.08万头，羊51.56万只，家禽存养184.68万只，兔13.98万只，肉类总产量16274吨，禽蛋产量11758吨，牧业产值11353万元，占农业总产值的21.9%；到2005年，全县存栏大牲畜6.14万头，猪40.12万头，羊114.38万只，家禽存养638.51万只，兔46.7万只，肉类总产量62450吨，禽蛋产量28935吨，牧业产值61397万元，占农业总产值的25.06%。2010年，全县标准畜存栏22.86万头，年出栏19.38万头，规模养殖数量占饲养总量的30%以上，畜牧业产值8.47亿元，占农业总产值的24.1%。

鄄城县畜牧业不断发展壮大，已由过去的家庭副业逐步发展成为农村经济农民收入的重要产业。在畜禽存出栏量、畜产品加工、队伍建设、品种保护与改良、疫病防治、科学饲养和饲养规模等方面都得到较快发展，畜牧业成为全县农业和农村经济中的支柱产业。

第一章　畜禽品种

第一节　家畜品种

鄄城饲养家畜历史久远。在长期的饲养、生产过程中，培育出鲁西黄牛、小尾寒羊、青山羊等地方品种。随着社会发展和生产生活需要，引进大量国内外其他家畜品种，如中国黑白花奶牛、法国利木赞肉牛、西门塔尔牛，大约克、长白、杜洛克、皮特兰等瘦肉猪，夏洛莱、波尔山羊、黄羊，小动物德系、浙系长毛兔，莱州珍珠兔、獭兔，日本大耳肉兔等。

鲁西黄牛　是全国著名的肉役兼用地方品种。以肉质好，个体高大，肉质鲜嫩，脂肪浸润于肌肉之间，“大理石”花纹明显，役用能力强而著称。育肥后的“山东膘牛”曾畅销海内外，享有盛誉。1959年，由省农业厅、省畜牧局投资兴建鄄城县黄牛繁殖场，后改名为山东省鲁西黄牛原种场，存栏纯种鲁西黄牛200余头，是全国三大的国有鲁西黄牛保种场之一，鲁西黄牛于1983年作为全国优良地方品种被收入《中国牛品种志》，2000年被列入国家级畜禽品种资源保护名录。2001年被农业部确定为国家级鲁西黄牛品种资源保种场。为加大对鲁西黄牛的保护与开发，改善鲁西黄牛后躯欠丰满的缺陷，培育鲁西黄牛肉牛新品系，2003年该场承担国家“863”高新技术项目“优质鲁西黄牛肉牛新品种选育研究”及国家“十五”科技攻关项目“肉牛产业化研究与开发”和“鲁西黄牛的技术标准研

鲁西黄牛保种场

究”课题，由中国农业科学院畜牧研究所许尚忠研究员作为首席专家，带领专家组进行为期五年的研究。鲁西黄牛以役用为主，具有耐粗饲的特点。20世纪80年代初期，实行土地家庭联产承包责任制，集体的大牲畜被分到农户饲养，鲁西黄牛是当时农民家庭的主要生产资料和劳动力，存栏量较大，1995年年末，全县存栏黄牛15万头。随着农村农业机械的普及和机械化水平的提高，鲁西黄牛饲养量逐年减少，到2010年，全县实际存栏纯种鲁西黄牛约1万头。

青山羊 是国家专用羔皮山羊品种之一。具有四季发情、产羔率高、毛色与花型独特等特性。青山羊主要分布在菏泽市和济宁市的20多个县区，鄄城县是主产地之一。青山羊除羔羊具有自然花型可做高档服饰外，其成年羊板皮是皮革加工的好原料；青山羊肉质细腻，风味独特，是单县羊肉汤和什集烧羊肉加工的必备原料。2000年以前，鄄城县以饲养青山羊为主，约占羊饲养总量的70%以上，由于受国内外市场需求减少的影响，滑子皮和山羊板皮价格下滑严重，养殖青山羊效益明显降低，致使养殖户疏忽对羊只的管理，青山羊乱交野配较多，品种退化严重，出现体格变小、羔皮板皮质量下降、存养数量逐渐减少等问题。到2010年，全县青山羊存栏约2万只。

小尾寒羊 属肉裘兼用品种，原产于鲁、豫、苏、皖四省交界的黄河冲积平原。20世纪60年代初，国家为适应毛纺工业需要，产区大量引进细毛良种羊与小尾寒羊杂交。到70年代初仅山东省菏泽、济宁、泰安相邻几个县尚有小尾寒羊饲养，数量大约3万只。80年代初，为了保纯和发展这一古老绵羊品种，山东省划定三地市的郓城、梁山、鄄城、巨野、嘉祥、汶上、东平七县为小尾寒羊保种县，成立专门育种机构，采取积极措施，发动群众，有计划地开展本品种选育工作。经过二十几年的精心选育，小尾寒羊的数量和品质都有很大幅度的提高，形成国内体格高大、生长发育快、早熟、繁殖力强的小尾寒羊新类群—鲁西小尾寒羊，被国家养羊专家誉为“国宝”“世界超级羊”。到2010年，全县小尾寒羊存养约30万只，向省内外提供良种10余万只。随着市场需求的变化，小尾寒羊的发展方向正逐步从良种培育与外调为主向肉用改良与羊肉加工转变。

鲁西小尾寒羊养殖场

夏洛莱羊 属肉用绵羊品种，具有早熟、产肉性能好的特点。1993年11月县兽医站从滨州无棣县夏洛莱纯种繁育场引进3只夏洛莱种公羊，放养在李进士镇小尾寒羊繁育场，并开展少量配种改良业务，后因病死亡。

波尔山羊 原产于南非，是世界上著名的肉用山羊品种，具有生长发育快、产肉性能好、繁殖率高等特点。1999年，由董口镇阎庄村农民吕全进引进3只种公羊并开展配种业务，从此开始全县山羊改良。2000年，在大埝乡建设波尔山羊繁育场1处，2001—2002年共放养波尔山羊1000多只；2004年又在旧城镇开展波尔山羊放养回收业务。通过引种推广有力的推动全县山羊改良进程。到2010年，由于经营不善，波尔山羊繁育场倒闭，所有种羊被卖掉，由社会散养户领养，从此，全县山羊肉羊改良呈社会散发状态。

白山羊 1999年鄄城开始大量引进白山羊。随着波尔山羊的引进推广，由于当地青山羊品种退化，个体较小，杂交母羊容易出现难产现象，不能适应肉羊杂交改良生产的需要。为发展肉羊生产，适应利用波尔山羊开展杂交改良的需要，广大群众从周边地区大批引入白山羊，品种也不一，以鲁北白山羊为主。到2010年，全县白山羊及波尔杂交羊存养 66.5 万只，其中改良肉山羊存养 24.7 万只。

生猪　1990 年以前，全县饲养的猪主要有黑白两种颜色，黑猪主要是本地黑猪与内江猪的杂交后代（称内本猪），白猪是本地猪与大约克、长白猪的杂交后代（称约本猪、长本猪）；从 1995 年开始大量引进大约克、长白、杜洛克、皮特兰等瘦肉型猪品种，对地方猪的杂交改良覆盖面逐步扩大，到 2000 年本地黑猪几乎灭绝，养殖户所饲养的猪都是大约克、长白、杜洛克等品种的杂交猪，有大长二元、杜大长三元和多元杂交生产模式，但以多元杂交商品猪占多数。

1991—2005 年，养猪业经受市场波动和疾病的严峻考验，受市场供求的影响，价格由高到低，再由低到高，往复循环，每经过一个循环，养猪业在品种、饲养方式、养殖规模等方面都会发生变化。1991—1993 年上半年都是农户庭院饲养，数量 1 ～ 3 头，品种多是本地杂交猪，饲养较粗放，一头育肥猪要饲喂 7 ～ 8 个月才能出栏，养猪业发展平稳。从 1993 年下半年养猪市场开始下滑，到 1995 年降到低谷；从 1996 年上半年养猪市场复苏，下半年养猪开始赢利，一直持续到 1997 年年底。这一时期养猪户开始大量引进瘦肉型品种猪，养猪数量转向十几头、几十头、上百头的饲养规模，饲料基本实现配方营养。从 1998 年年初到 2000 年年底养猪业又经历一次市场低谷；从 2001 年下半年开始回升，2002—2003 年全县养猪业达到历史高峰，全县涌现出一大批规模养猪场（户），形成富春乡冯屯、郝庄、北富春、凤凰乡大陈楼等养猪专业村，高峰期全县养猪数量达到 40 万头；2004—2005 年，尽管猪的市场行情尚可，但由于全国流行猪附红体细胞病、猪弓形体、猪链球菌病、猪繁殖与呼吸道综合症及其混合感染疾病，给全县的养猪户造成惨重损失，致使许多养猪场户倒闭转行，分散户养数量明显减少，给养猪生产带来严重影响，到 2006 年全县养猪业走到最低谷。为扶持生猪产业发展，鼓励养猪业健康稳定发展，2007 年 7 月，国务院印发《关于促进生猪生产发展稳定市场供应的意见》，出台一系列促进生猪生产发展的政策措施，包括实施能繁母猪补贴，启动母猪政策性保险，完善生猪良种繁育体系，支持标准化规模养殖场建设，给予生猪调出大县奖励，建立健全生猪疫病防控体系等。2007 年和 2008 年每头能繁母猪分别按 50 元和 100 元补贴。2007—2010 年，全县有 24 个规模养猪场实施国家规模养猪场标准化改造项目，利用国家和省财政无偿资金 481 万元。这些政策措施的落实，调动了广大农民发展养猪业的积极性，生猪生产逐步恢复，生猪存栏上升，母猪补栏增加，规模养猪发展加快，猪肉市场货源充足，2010 年全县生猪存栏 30.79 万头。

第二节　家禽品种

鄄城县饲养家禽的历史悠久，主要有鸡、鸭、鹅。以养鸡为主，鸭鹅次之，珍珠鸡、鹌鹑、鸽子等特种禽只有少量养殖。1989 年以前，养禽业以分散的户养为主，多是本地家禽品种，只有少量星杂 288；1990 年开始陆续引进蛋鸡专用品种：罗曼、依莎褐、迪卡褐、海兰褐、海兰白等。从 1995 年蛋鸡养殖向规模化、专业化发展，经受近十年鸡蛋市场价格波动的考验，形成一批蛋鸡养殖专业户、专业村。从 2001 年鸡蛋市场走向平稳，到 2005 年全县商品蛋鸡存栏 190.62 万只，蛋鸡养殖专业村 8 个，专业户 1000 家以上，蛋鸡主要分布在彭楼、箕山、旧城、什集、临濮、鄄城镇等乡镇。肉鸡饲养起步较慢，1989 年有零星饲养，到 1995 年县粮食局大河种鸡厂建成后，推广了塑料大棚饲养肉鸡技术。2000 年，凤祥集团租赁鄄城冷藏厂发展合同鸡，使全县的肉鸡生产得到迅猛发展，2002 年全县肉鸡饲养量达到高峰，年出栏肉鸡约 200 万只，主要集中在陈良、箕山、大埝、旧城、董口、临濮、郑营、彭楼、鄄城镇等乡镇。引进的肉鸡品种有爱拔益加（AA）、艾维因、罗斯 308 等；地方鸡种有柴鸡、鲁西斗鸡。鸭的品种有本地麻鸭、樱桃谷鸭、北京鸭等。

中国斗鸡　属于玩赏型鸡种，是全国古老的鸡种之一。中国斗鸡原产于山东西南部的鄄城、菏泽、成武等县，民间饲养历史悠久。19 世纪 80 年代初，

鲁西斗鸡

经过收集原种，在郓城县家畜改良站建立了存养斗鸡百余只的鲁西斗鸡保种场，2000 年被列入国家级畜禽品种资源保护名录，2001 年由农业部正式确定为国家级畜禽品种资源保护单位。到 2010 年，郓城县鲁西斗鸡保种场存养斗鸡达到 3000 只，全县存养鲁西斗鸡达 2.5 万只。在市场经济条件下，斗鸡潜在商品价值的开发利用，越来越受到人们重视，其经济价值经济效益已凸显出来。

第三节　特种养殖

郓城县饲养的特种动物主要有水貂、狐狸、貉等。水貂养殖历史较长，发展稳定，规模较大、效益看好，主要分布在左营、李进士堂、大埝、董口、郓城镇、彭楼等乡镇，年存养 20 万只以上。貉是几个养貂户从河北唐山引进，2005 年饲养量约 5000 只，2010 年全县饲养量约 5 万只；狐狸的养殖在 1997—1998 年达到高峰，存养数量约 1.8 万只，随后走向滑坡，到 2005 年，全县狐狸养殖几乎绝迹。

第二章　疫病防治

第一节　疾病疫情

随着畜牧业的快速发展壮大，畜禽数量迅猛增长，动物疾病不断发生，新病种不断出现，疫情传播加快。每年疾病给全县畜牧业生产造成的经济损失就达千万元。增加疫病传播的主要因素有：空气传播、从疫区引种或调拨活畜及畜产品、运输车辆及从业人员频繁流动、使用不合格生物制品等。主要危害和威胁畜牧业生产的畜禽疫病有口蹄疫、禽流感、牛流感、猪瘟、猪丹毒、猪蓝耳病、猪附红细胞体病、猪弓形体、猪链球菌病、羊的肝片吸虫病、鸡新城疫、鸡传染性法氏囊、鸡传染性支气管炎及鸡的球虫病等。2005 年起，每年春秋两季分别对牛羊猪的口蹄疫、猪高致病性蓝耳病、猪瘟、鸡鸭鹅高致病性禽流感等重大动物疫病实施免费强制性免疫。由于各级政府重视，畜牧兽医部门防治措施得力，确保了郓城县没有发生重大动物疫病的流行，保证全县畜牧生产的快速健康发展。

第二节　防疫体系

郓城县畜牧局成立以后，注重加强畜牧兽医队伍建设和动物防疫体系建设，于 1995 年 8 月专门成立县动物防检站，县畜牧局依法授予其对全县动物防疫检疫及畜产品检疫的职权，乡镇兽医站具体负责本辖区的动物防疫工作。根据上级要求，按照畜牧兽医执法与经营分离的原则，2000 年 10 月县动物防检疫站改名为郓城县动物防疫监督所，收回原乡镇兽医站的动物防检疫执法权，县动物防疫监督所另在乡镇设立 7 个动物防疫监督分所。2005 年秋季按照每个行政村防疫员 1 人，共配备村级防疫员 467 人，每年参与春秋两季重大动物疫病的集中防疫，由政府财政给村级防疫员每年每人 600 元的误工补偿费，从此，县、乡、村三级动物防疫体系基本形成。2006年，利用国家和省财政项目资金在县兽医站办公二楼改造建设了动物防检疫实验室。2008年、2009年，国家加大资金投入，实施县乡动物防疫基础设施建设项目，对县动物防疫监督所和16个乡镇兽医站防疫基础设施进行改造完善，配备大量的仪器设备。2005—2010年，每年3月、9月的上旬开始，集中利用50天的时间，在全县分别开展春秋两季重大动物疫病防控工作，由县政府统一部署，各乡镇政府召集所辖村级动物防疫员组织实施，对辖区内畜禽免费进行强制免疫。县畜牧兽医部门负责强制免疫疫苗、畜禽耳标的采购、保存、发放及畜禽免疫技术指导和防疫监督工作。

第三章　畜牧生产

1991—2001年，全县各类畜牧业生产与加工企业规模不断扩大，数量不断增多。至2010年全县已发展畜牧养殖专业村15个，规模畜禽场270处，饲养大户4600个，畜产品加工企业20余家，其中包括肉类加工、皮毛加工、饲料加工等。鲁西黄牛、中国斗鸡、“伊诺”清真羊肉、什集烧羊肉、文明驴肉等品牌已小有名气。

第一节　饲草饲料资源

鄄城县滩区面积大，农、林、牧资源丰富。全县年产各类农作物秸秆、树叶、滩草约13亿公斤，可产玉米、麸皮饼粕类等饲料粮约3亿公斤，人工种植牧草5000亩，年载畜量达100万头标准畜。从1997年开始，鄄城县承担农业部和农业综合开发办公室批准的1997—1999年国家级秸秆养羊示范县项目，该项目计划总投资400万元，由中央财政投资120万元（其中无偿资金48万元，有偿资金72万元），省财政配套无偿资金30万元；2001年，县农业局承担由农业部批准的2001—2002年“十五”第一批国家“三元结构”种植示范基地建设项目。引进冬牧70、紫花苜蓿等牧草良种2000公斤，建成新品种试验田11亩，牧草良种繁育基地1520亩。该项目计划总投资200万元，实际投资202.1万元。通过实施项目，推动全县秸秆养畜和饲草饲料的开发与利用，有效提高了畜牧业生产水平和产品质量。

第二节　养殖加工企业

鄄城县黄牛繁殖场　原址位于鄄城县城东4公里济董公路北侧，1959年由山东省农业厅、省畜牧局投资兴建，固定资产2000余万元，占用土地54公顷。所有资产归省农业厅、省畜牧局所有，业务关系直属省畜牧局管理，是全国唯一的由省直属管理的鲁西黄牛保种场。1984年4月改为自收自支的事业学位，省财政每年仅拨给1万～3万元保种经费，职工靠种地和养牛为生。1995年县畜牧局成立，县黄牛繁殖场隶属县畜牧局管理，为正股级事业单位，实行企业化管理。1997年县职教中心成立，县委、县政府争取国家职业教育中心建设资金，为解决建设用地问题，将黄牛繁殖场从县畜牧局划归县职教中心管理。省、市畜牧部门停止保种经费拨付。同时，也给全县以后争取上级畜牧业项目资金产生不利影响。2001年，农业部将黄牛繁殖场确立为国家级鲁西黄牛品种资源保护场，成为全国唯一的国有鲁西黄牛原种场，存栏纯种鲁西黄牛200余头。2003年该场承担国家“863”高新技术项目“优质鲁西黄牛肉牛新品种选育研究”及国家“十五”科技攻关项目“肉牛产业化研究与开发”和“鲁西黄牛的技术标准研究”课题，由中国农业科学院畜牧研究所许尚忠研究员作为首席专家，带领专家组进行为期5年的研究。

2003年，因城市开发和工业园建设需要，原属鲁西黄牛繁殖场的土地陆续被政府征用，县鲁西黄牛繁殖场办公和养殖场地迁往鄄城县凤凰乡东金堤桥北500米原大福猪场处，租赁土地300亩，为凤凰乡许集村集体所有土地。2005年，由县繁殖场出资150万元购买原大福猪场地上附属物，所占土地实行租赁方式。

2005年7月8日经县长办公会研究，决定将县鲁西黄牛繁殖场土地作为储备土地收回，将鲁西黄牛繁殖场整建制重新划归县畜牧局管理，并由县财政解决该场现有20人在职职工的工资、养老保险金及城镇职工医疗保险问题，16名离退休人员工资按原渠道发放。

建场以后，省内外到此选购种牛的客户，络绎不绝。先后向吉林、湖南、湖北、河北、内蒙古等省（区）和省内的青岛、聊城等地输送优质鲁西黄牛3000余头，促进山东省鲁西黄牛原种场保种工作的开展。1984年，受到国家经委、农牧渔业部、林业部联合表彰。1986年，经农业部批准，山东省人民政府从该场选送一头种公牛赠给日本和歌县，深受日本朋友的欢迎。1995年，鄄城县黄牛繁殖场被全国黄牛育种学会授予“黄牛育种工作先进单位”称号；2004年，获得菏泽市人民政府颁发的“鲁西黄牛选育先进单位”称号；2005年，被选为“中国畜牧业协会牛业分会理事单位”。2010年11月10日，在郓城宋江武校举办的“菏泽市牛羊地方良种比赛大会”上，该场提供的鲁西黄牛公母分别获得一等奖，位居全市县区之首。

鄄城县斗鸡保种场 始建于20世纪80年代，位于鄄城县家畜改良站院内，后迁到县城东4公里处的济董公路北侧，2001年经国家畜禽品种审定委员会审定，将鲁西斗鸡命名为中国斗鸡。2001年8月，农业部将鲁西斗鸡列为国家级畜禽保护良种，2003年由山东省畜牧办公室正式命名为山东省中国斗鸡原种场。该场2010年存养中国斗鸡3000只，其中公鸡600只，母鸡2400只，每年向社会提供大批斗鸡，受到社会各界欢迎。

山东菏泽伊诺清真食品有限公司 属民族民营企业，成立于2003年，是一家集牛、羊屠宰、加工、贮藏为一体的出口企业。公司坐落在鄄城县旧城镇开发区内，紧临沿黄公路。公司总资产1609万元，占地面积6万平方米，建筑面积7000平方米，冷库容量2000吨位，是集小尾寒羊、青山羊屠宰、加工、贮藏为一体的出口企业。2003年，实现销售收入2600万元，利税208万元；2004年，实现销售收入4200万元，利税338万元，出口创汇400万美元。

公司是山东省肉羊加工出口协调小组会员单位；2004年6月被国家检验检疫局注册认证为出口食品生产企业；2004年6月被山东省伊斯兰教协会认定为所生产的肉类产品系根据伊斯兰教教法屠宰加工，并授予清真证书。2004年12月通过HACCP体系认证。2004年12月被授予菏泽市农业产业化龙头企业称号；2005年7月被马来西亚注册为清真肉羊加工企业，是中国第一家在马来西亚注册的企业。

公司注有“伊诺”商标。主要产品有山羊、绵羊胴体，山羊、绵羊肉卷，带骨绵羊前后腿，去骨绵羊前后腿，真空包装绵羊前后腿，真空包装羊排、四分体、六分体、八分体、十分体等系列产品。2010年，公司产值8000余万元，销售收入9000余万元，利税800余万元。

鄄城冷藏厂 是县粮食局所属企业，位于梁堂村西，占地64亩，建有肉鸡宰杀生产线一条，全部采用诸城轻机厂不锈钢设备。冷库设计容量1000吨，一期工程450吨组合式冷库（速冻库50吨，恒温库400吨）由烟台冰轮制冷有限公司提供，于1996年5月建成并试车生产。2000年租赁于山东凤祥—爱迪西股份有限公司，该集团公司是跨行业经营的国家大型企业集团，拥有进出口自营权。主要从事种鸡饲养、饲料加工、肉鸡分割及熟制品、羊肉制品等相关产业的生产经营。山东凤祥租赁后陆续投入固定资产900多万元，对部分设备、生产工艺和厂房进行整改，使其规划、设计均达到国家有关禽肉生产加工生产出口的标准，迅速形成日宰杀2万只的生产能力。2001—2009年期间，凤祥集团鄄城冷藏厂对鄄城及周边地区的肉鸡养殖业发挥一定的带动作用，但由于该厂肉鸡回收合同计划不周密等因素，致使大批养殖户饲养的肉鸡不能及时回收，给很多养殖户造成大量亏损，给全县肉鸡养殖带来重大打击。2010年租赁期满，凤翔集团撤租。

山东汇康食品有限公司　成立于2002年，坐落于鄄城凤凰开发区，占地150亩，主要从事猪、牛、羊屠宰、肉食品深加工、冷藏等。建有一条日屠宰2000头猪的生产线，一条日加工屠宰200头牛的自动化生产线，一个肉酥生产车间、一个羊肉串、宫丸、关东煮生产车间，并配套建成5000吨冷库一座，固定资产4278万元。出口产品主要销往一些阿拉伯国家、澳大利亚、韩国等国家。内销产品主要销往山东、河北、湖北、上海、安徽等地。

2007年汇康公司被确定为“山东省农业产业化重点龙头企业”，2008年被确定为“菏泽市农业产业化30强重点龙头企业”。2012年被确立为“国家级农业产业化重点龙头企业”，2008年5月顺利通过HACCP安全管理和QS认证。2008年8月8日在“北京2008和谐中华迎奥运大型系列活动”中，汇康公司成为第29届奥林匹克运动会组委会及文化活动部立项审批的合作伙伴，所生产的产品“酱猪蹄”“羊肉串”被指定为专用产品。

菏泽昌源食品有限公司　于2009年2月投资兴建，总投资1.2亿元。该公司位于鄄城镇枣寨村东1500米，鄄五路北段路西，建有万吨冷库，速冻、冷藏、仓储、保鲜、宰杀和污水处理车间，总建筑面积4.6万平方米，设备主要有生猪、牛羊及鸡鸭宰杀分割生产线，真空软包装生产线，牛羊肉串、肉卷、肉片、肉丸、鸡片生产流水线。公司主要从事牛、羊、猪、鸡、鸭、兔、海鲜及蔬菜等多种农副产品的深加工，包装和配送。2009年年底开始试车生产，产品主要销往北京、上海、南昌等国内大中城市。

吉鑫蛋鸡养殖小区　位于彭楼镇前牟村南300米，占地面积360亩。该小区是由彭楼镇前牟蛋鸡专业村各养殖专业户投资兴建，采取统一规划，统一标准，同步建设的方式，自2008年开始，到2010年已经建设标准化蛋鸡舍26栋，存养蛋鸡达10万只，配套建成有机肥加工厂1座。该小区采取自动上料、自动上水、自动刮粪、湿帘风机降温，全封闭运行，真正实现商品蛋鸡的自动化、规范化、集约化养殖，有效地提高了劳动生产率和养殖效益，提高了产品质量，拓宽了销售渠道。

左营乡付庄肉鸡养殖小区　位于付庄村南千亩藕塘南边，环境优美。该小区始建于2008年11月，由党支部书记付孟明等5户共同投资建设，总投资65万元。该小区占地面积50亩，建有标准化鸡舍5栋，每栋面积913.5平方米，总建筑面积4567.5平方米，设计存栏规模3万只，年出栏15万只；同时建有兽医实验室，并配备技术人员，具有鸡病的常规检查诊断能力；小区实行集约化饲养，全部采用现代化养鸡设施和现代化的饲养管理模式，采用全进全出的饲养制度，是一个品种优良、技术先进、配套设施齐全的现代化规模肉鸡养殖小区。

该小区为凤翔集团肉鸡基地之一，按照“公司＋基地＋农户”的模式运作，公司与农户签订养殖合同，农户向公司按照每羽肉鸡4元的标准交付保证金后，公司提供种苗、饲料、技术等生产资料，商品鸡由公司按照合同价格进行回收并扣回公司垫付的种苗款、饲料款、防疫费等生产成本，返回农户交纳的保证金，既解决了农户的后顾之忧，又解决了农户资金不足问题，提高了农户的养殖热情。

鄄城翔宇肉鸡养殖小区　位于董口镇西双庙村西，高庄村东500米，距鄄城县城15公里。该小区场区占地面积60亩，于2009年10月开工建设，到2010年2月建成标准化肉鸡养殖大棚6个，可存养肉鸡3万只，年出栏商品肉鸡18万只。

2010年3月，建成后的翔宇肉鸡小区，按照“公司＋基地＋农户”的模式运作，购进第一批肉鸡苗3万余只，与山东凤翔集团签订常年供销合同，养殖全程采取自动化控制，即自动清粪、自动饮水、自动控温措施等，成为鄄城县标准化程度较高、养殖规模较大的一处林下养殖场区，也是凤翔集团在

林下养鸡

县扶持发展的一处肉鸡养殖基地。2010年5月，第一批肉鸡出栏，每只肉鸡平均纯利润3.5元，一茬肉鸡养殖经济效益12万元。该养殖小区的发展，不仅有效带动了董口镇周边农民发展养殖业的积极性，也为鄄城县的肉鸡养殖业的发展模式提供了宝贵经验。

鄄城县吉祥生猪良种中心 位于箕山镇大陈庄村西1公里，占地32亩，总投资80余万元，为主要从事生猪人工授精和良种繁育，集生产、推广、服务为一体的大型养猪企业。2010年建成标准化猪舍2栋、1000平方米，办公室、料房、兽医室、消毒室等8间、300平方米，饲养、采精、消毒等施设备齐全。

该良种中心周边为农田林网，远离居民区和交通主干道，有专用柏油路直通鄄郓公路，场区开阔、交通便利、通风干爽，为良种猪养殖提供较好的自然防护条件。2010年年初该中心建成后，从世界一流种猪企业“华多公司”引进曾祖代新美系白杜洛克、红杜洛克、大约克、长白等特优种猪30余头，到2010年年末生猪存栏达到320头。

该中心猪舍内设有自动饮水和给料系统，所有猪舍生猪生长过程实行全程监控。采用分群、分段、流水式全进全出均衡生产的工艺流程，形成一条连续有序、快捷运转的生产线。聘请山东农业大学、省市畜牧兽医局知名专家指导，为开展生猪养殖提供坚实的技术支撑。

左营南街特种动物养殖场 占地23亩，加工车间场房13间，饲养场棚178间，房前屋后，笼舍周围共种植丰产林、速成林900余棵，林产品存储量400余立方米。2010年该场养殖美国短毛黑种貂1150只，铁灰种貂830只，纯白种貂270只，米黄种貂56只，芬兰银狐168只，貉科280只，年销售收入100余万元。

经理王方勇养殖水貂有20多年时间，在水貂养殖管理方面经验丰富。在养殖成本核算上，他将“亏损、疲软”总结为四句话：“亏”在成本，“损”在管理，“疲”在市场，“软”在质量。他注重了解市场信息，到外地参观学习，积极参加养殖研讨会、洽谈会，互通有无，取长补短。在产品的销售上，先后与河北的蠡县、苏宁及南京等地建立产销关系；在貂的养殖上实行饲养管理 -- 种貂调配 -- 加工取皮一条龙。他养的貂尺码大、色泽光亮、品种纯正、针毛分布均匀，在省内外享有较高的声誉。

为了引导大家勤劳致富，走共同富裕的道路，他先后帮助左营乡的贾庄、葛庄，郓城的张集、水堡、马楼，曹县的庄寨，河北的大营等地建立貂场60余处，及时串换种貂3000余只，并将养殖经验和技术毫不保留地传授给他们，对新建貂场加强技术指导，使菏泽市及周边地区的养貂业逐步形成规模。2010年，左营南街特种动物养殖场成为全市及周边地区最大的养殖、育种、繁殖基地。

彭楼广安养殖场 位于鄄城县彭楼镇麻寨村南1.5公里，该场占地面积22.5亩，1998年7月建场，投资200余万元，建成标准化猪舍18栋、5400平方米，其中采用自然养猪法的猪舍3栋、占地1400平方米。办公用房、料房、兽医室等10余间、占地1200多平方米。场区内消毒池、消毒室、兽医室、配种室、污粪处理设备及病死畜处理设备齐全。

2010年年初，为进一步提高养殖标准，降低养殖成本，以谋取更大发展空间，在县畜牧局技术人员指导下，该场按照标准化养猪的工艺要求，在猪舍的建筑设计上结合气候特点，从保育舍开始，改建部分猪舍，采用自然养猪法发展养殖。到2010年年底，该场仔猪舍3栋，建成发酵床面积1400平方米，生猪存栏1000头，出栏1800头。

鄄城宏达牧业种羊场　位于红船镇政府驻地东3公里鄄郓公路北侧，占地面积8亩。该场始建于2001年，是全市规模较大的鲁西小尾寒羊种羊场。由于处在小尾寒羊的主产区的核心位置，承担着纯种小尾寒羊的繁育和推广任务。是鄄城县鲁西小尾寒羊的调拨中心，也是山东省小尾寒羊重点纯繁场和推广基地。

宏达牧业种羊场坚持保种繁育与推广并重的原则，核心繁育群能繁母羊数量达到3000只以上，在周边发展繁育基地，存养优质小尾寒羊15万只以上。2010年，该场先后向山东、甘肃、新疆、河北、内蒙古、山西、陕西、河南、湖北、东北三省等调拨小尾寒羊良种5万只。

1991—1995年鄄城县畜牧生产情况统计表

表10-3-1

年份	大牲畜存栏数	牛	马	驴	骡	猪存栏数	羊存栏数	家禽存栏数	兔存栏数	肉类总产量	禽蛋产量	猾子皮产量
	万头	万头	万头	万头	万头	万只	万只	万只	万只	吨	吨	吨
1991	86638	42860	4533	36267	2978	16.08	51.56	184.68	13.98	16274	11758	55.61
1992	92112	47013	7069	34240	3772	16.95	51.79	194.87	22.52	16333	11898	19.67
1993	111700	65900	7990	33770	4040	17.98	63.51	222.23	24.74	16919	12047	46.00
1994	158640	94237	10460	47243	6700	24.71	80.85	315.90	28.75	21204	16447	58.50
1995	18321	150598	9559	17616	5439	29.42	156.30	445.27	30.91	39219	16973	58.61

1996—2010年鄄城县畜牧生产情况统计表

表10-3-2

年份	大牲畜存栏数	牛	其中：奶牛	马	驴	骡	猪存栏数	羊存栏数	家禽存栏数	兔存栏数	肉类总产量	奶类总产量	其中：牛奶	绵羊毛产量	禽蛋产量
	万头	万头	万头	万头	万头	万头	万只	万只	万只	万只	吨	吨	吨	吨	吨
1996	21.54	13.89	0.01	1.47	5.38	0.80	36.67	165.32	553.04	47.69	45827	447	228	2210	27281
1997	20.36	12.35	0.0297	1.3	5.88	0.83	38.89	131.55	684.95	68.44	51758	539	475	490	30120
1998	7.56	4.87	0.03	0.51	1.93	0.25	31.35	105.56	427.11	38.54	35736	4711	611	345	22680
1999	7.74	5.20	0.04	0.57	1.74	0.23	28.05	111.02	533.40	47.11	41777	3110	750	270	37697
2000	8.14	8.135	0.005	0.49	1.67	0.20	35.65	102.11	607.42	43.07	48243	174	174	473	26167
2001	7.22	5.30	0.01	0.31	1.47	0.14	34.66	110.88	638.84	47.64	56352	271	271	480	19879
2002	6.99	6.2	0.02	0.12	0.6	0.07	30.91	112.53	469.6	27.11	56507	800	800	478	16529
2003	6.86	6.24	0.03	0.16	0.43	0.03	40.65	96.04	543.98	20.70	56637	908	908	580	24046
2004	5.68	4.80	0.03	0.27	0.40	0.21	31.444	90.63	379.62	22.24	46553	1336	1336	267	25906
2005	6.14	5.36	0.06	0.15	0.6	0.03	40.12	114.38	417.42	46.70	46850	2768	2768	277	28230
2006	6.35	5.39	0.08	0.31	0.43	0.21	32.54	115.32	420.53	36.77	62452	2800	2800	389	29588
2007	5.21	4.28	0.021	0.30	0.43	0.20	29.16	113.61	394.95	43.14	48332	860	860	524	19225
2008	4.80	3.90	0.02	0.29	0.41	0.20	28.15	102.72	298.92	30.61	38756	242	242	317	27648
2009	4.71	3.84	0.02	0.28	0.40	0.20	28.41	89.68	295.66	26.11	41241	285	285	309	28779
2010	4.32	3.66	0.02	0.24	0.32	0.11	30.79	98.65	300.85	30.25	46499	535	535	282	28995

第 十 一 编

特色产业

TESECHANYE

中药材生产及人发加工为郓城县特色产业。中药材种植历史悠久，1996年以前为农民自发种植，全县种植面积不到1万亩。1996年，县委、县政府把中药材生产调整为主要产业之一。2005年，郓城中药材产业被列为山东省“十一五”期间重点支持发展产业。11月，编制《郓城县中药材产业“十一五”发展规划》，对2006—2010年郓城县中药材产业发展作总体规划。2010年，全县中药材种植面积发展到8万亩，有4家规模以上医药企业，累计上缴税金166.9万元，典型企业是山东鲁药制药有限公司。20世纪60年代，自发形成中药材市场，1993年麻寨乡政府投资建设专业市场——舜王城中药材市场。1996年由卫生部、国家工商行政管理局、国家中医药管理局批准开办，成为全国17家中药材市场之一，也是山东省唯一的一家国家级中药材市场。市场上市药材品种1100多种，年经销各类中药材5万多吨，经营额达3亿元，有多个省市的客商在市场购销中药材。郓城县人发产业兴起于20世纪70年代。至20世纪80年代初，自发兴起的郓城金堤人发皮毛市场已成为全国较早的专业市场之一，后被本县郑营、富春人发市场所取代。20世纪90年代中期，人发经营户逐年增加，人发产业迅速膨胀。2000年以后，郓城人发产业呈现出强劲的发展势头，并逐步成为带动全县经济发展的领军产业。2010年，全县规模以上人发深加工企业有49家，固定资产43344.4万元，从业人员7486人，利税67906.4万元，利润35661.3万元，累计上缴税金3672.1万元。

第一章 中药材

第一节 药材种植

面积 品种 郓城县有种植中药材的传统。1996年以前，为农民自发种植，全县种植面积不到1万亩，主要集中在麻寨乡。

1996年，县委、县政府把中药材生产作为全县种植业结构调整的主要产业之一。1998年9月18日，全县“三秋”暨中药材生产动员大会召开，会上中药材种植大户作典型发言，县委书记邵好学作动员讲话，会议提出发展中药材生产是富民强县的有效途径，中药材生产要以市场为导向，以增加群众收入、增加财政收入为目的，以麻寨、什集、富春、彭楼、郑营、鲁王仓、梁堂等7个乡镇为重点，实施以点带面，辐射全县的发展战略，走市场带基地、基地连农户、贸工农一体化、产加销一条龙的路子，实现中药材生产产业化。会后7个中药材重点种植乡镇负责人和村支书317人到大型中药材种植区域安徽亳州参观学习。同年10月14日，地委书记李明先视察什集、麻寨、郑营等乡镇秋种和中药材种植情况，对因地制宜搞好种植业结构调整的做法给予充分肯定，要求在种植业调整中要重科技、重效益。1998年，全县中药材面积发展到3万亩，2000年发展到3.8万亩。2003年，彭楼镇建设灵芝大棚2000多个，投料500万公斤，灵芝产量达500吨。2004年5月，县委办公室、县政府办公室下发《进一步加强中药材生产的意见》，明确中药材生产发展方向和工作措施。11月，县长任仲义陪同市长杜昌文视察彭楼、阎什两镇中药材种植情况。

2005年7月，县多种经营办公室对全县中药材和主要经济作物种植情况进行全面调查，掌握基本情况。9月，菏泽电视台、郓城电视台在新闻栏目宣传报道种药发家的典型村户，群众对中药材生产的认识提高。县多种经营办公室在郑营乡创建中药材种植示范园以示范带动；通过订阅报纸杂志、查阅互联网、外出考察等多种方式广泛搜集信息，向群众公布热线电话，随时接受咨询；深入田间地头，向农民散发中药材种植技术资料，解疑释惑，为农民解除后顾之忧；通过积极争取，鄄城中药材产业被列为山东省“十一五”期间重点支持发展产业。11 月，《鄄城县中药材产业“十一五”发展规划》编制完毕，对 2006—2010 年鄄城县中药材产业发展目标任务、重点项目建设、主要政策措施作总体规划。年底，全县中药材种植面积发展到 5 万亩，主要分布在彭楼、什集、阎什、董口、富春等乡镇，种植品种 103 个，具有一定规模的有 57 个，主要品种有丹皮、山药、金银花、白芷、芍药、红花、北沙参、黄芪、板蓝根、白术、生地、银杏、知母、半夏、丹参、柴胡等 20 多个品种，其中丹参、丹皮、芍药、白芷、板蓝根、红花、金银花等地产中草药享誉国内。百亩以上中药材规模方有：阎什镇申魏庄 800 亩牡丹、前刘寺 400 亩牡丹，以董口镇周场村为中心的 300 亩金银花、黄河淤背区（从董口到临濮段）千亩银杏，彭楼镇舜城百亩金银花等。中药材生产专业村主要有彭楼镇舜城村、董口镇周场村和什集镇南肖庄村。

2006 年，全县中药材种植面积为 5 万亩，2007—2010 年每年递增 1 万亩。主要集中在彭楼镇、郑营乡、阎什镇、什集镇、董口镇，主要有甜叶菊、牡丹、芍药、红花、丹参、金银花、板蓝根等十几个品种。

2008 年，全县中药材生产以科技推动、示范带动和多种形式的宣传，群众发展中药材生产的积极性提高，中药材面积达到 6 万亩。董口镇周场的金银花基地，阎什镇的牡丹、芍药基地，彭楼镇麻寨的多品种中药材基地等一批老基地得到巩固和发展。结合县科技局进行优势中药材项目建设，聘请中药材专家蒋立昶主持，研究半夏品种高产技术，半夏夏天倒苗现象得到有效控制，提高产量和质量。向有一定中药材生产基础的农民进行新技术推广，100 多个农户从中受益。县政府加强对中药材生产的领导，中药材工作有人管，遇到问题有人解决。聘请农业专家教授举办多层次培训班 2 ～ 3 期，使种植户较好地掌握种植技术。农技人员深入田间地头进行现场指导，随时帮助农民解决生产中遇到的实际问题。

2009 年，全县中药材生产继续发展。全年计划发展到 7 万亩，实际种植面积超过 7 万亩。市场调节、合同订单、企业自营等多种经营模式保证为中药材加工、销售提供充足货源。一般中药材品种亩效益在 1000 ～ 2000 元之间，定单品种亩效益达 2000 ～ 3000 元之间，半夏等优势品种亩效益达到 8000 元以上，明显高于一般粮食作物，成为农民增收的良好途径。阎什镇申魏庄的 800 亩牡丹示范方、前刘寺的 400 亩牡丹示范方，董口镇周场的 300 亩金银花示范方，彭楼镇舜城的百亩金银花示范方都有新发展。2010 年，中药材种植面积发展到 8 万亩。

中药材示范基地 2006 年 8 月，开始建设中药材示范基地，位于彭楼镇临商公路东侧，面积 1000 亩，种植品种主要有：甜叶菊、牡丹、芍药、丹参、玄参、红花。内设育苗区、科研区、种植区，旱能浇、涝能排。2009 年，在该基地建设育苗大棚 40 个，繁育优质甜叶菊种苗 2000 万株，保证甜叶菊可持续发展。2010 年，基地发展到 2200 亩。为全县中药材种植积累丰富经验，每年接待大批参观群众。先后组织成立中药材信息技术协会、红花协会、半夏协会、甜叶菊专业合作社，成员 2000 多人。

彭楼镇中药材示范基地

民间合作组织 甜禾甜叶菊专业合作社是县内

经济合作组织的典型代表，2008 年 8 月在县工商局注册登记，取得农民专业合作社法人营业执照，有注册社员 149 户，专业技术人员 73 人，其中中高级职称 31 人，有基地 2000 多亩，常年为社员提供组织管理、种苗、技术、购销、合作保险等多种服务，并与省农科院、聊城大学、中科院植物所等建立稳定的技术合作关系。社员年增收 2600 元，带动周边非社员农民增收显著，同时推动鄄城土地流转。管理上重点实行承包、合作、农民农业工人化等方式，业绩良好，成为菏泽市规模较大的农民专业合作经济组织之一。合作社内部实行资源共享、相互服务，这些经济合作组织发挥群体优势、增强抗风险能力，提高生产效益。

新品种与耕作新模式　为解决中药材种植品种多、行情不稳问题，经考察论证、科学分析，推广甜叶菊订单种植，采取企业、合作社、农户的产业化生产模式组织生产，2007 年 1000 亩甜叶菊种植成功，2008 年发展到近万亩，农民亩均收入在 2400 ～ 3300 元，亩均增收 1500 元左右。2009 年，引进获国家专利权的甜叶菊优良品种惠农一号，抗性强，亩增产 20% 以上，总甙和 A3 甙含量都有所提高。2009 年，通过探索，总结推广春种甜叶菊加秋种蔬菜的耕作模式，亩收入突破 5000 元，提高种植户种植效益。2010 年继续推广，种植效益稳中有升。

第二节　药材加工

鄄城县中药材种植历史悠久，2003 年，全县中药材种植、加工、销售的队伍已达 5 万余人，中药材加工、销售的个体户和联合体已有近百个，但都是简单的粗加工。1995 年，山东天生药业有限公司建成投产，年产中成药固体制剂 2 亿片（粒）。2002 年投资 2200 万元实施异地扩建改造，2004 年初建成投产，年产三七伤药片、复方丹参片、感冒清热颗粒 10 亿片（粒），年产值 6000 万元，利税 800 万元。

2003 年，凤凰乡良海中药饮片厂建成投产，

中药饮片加工　（2005 年　摄）

年生产各种中药饮片 600 吨，产值 420 万元。2004 年 5 月，彭楼镇依托市场优势，大力招商引资，筹建菏泽泰山中药饮片有限公司，2005 年生产各种中药饮片 1200 吨，产值 850 万元。2005 年 4 月，山东舜生堂中药饮片加工有限公司开工建设，2006 年 6 月建成投产，年产中药饮片 3000 吨，产值 2500 万元。

山东鲁药制药有限公司是山东大洪药业有限公司全资子公司，是为充分利用舜王城中药材市场的地理优势，为鄄城县中药材种植实现深加工增值，实现县域经济的平衡发展而组建的中成药生产企业。总投资 2000 余万元，干部职工 100 余人。该公司位于鄄城县经济开发区，占地 5.3 万平方米。2004 年 7 月通过国家 GMP 认证验收。注册资金 1005 万元。具备生产片剂、颗粒剂、胶囊剂 3 大剂型，11 个国药准字批准文号，48 个规格，年产片剂 150 亿片，胶囊剂 10 亿粒，颗粒剂 5 亿袋。所生产的三七伤药片、复方丹参片、益母草颗粒、灵芝胶囊等产品，经省药检所检验，全部合格，2010 年该公司工业总产值 2820.1 万元，入库税金 91.7 万元。

第三节　舜王城中药材市场

市场建设与交易　该市场自发形成于 20 世纪 60 年代，以后逐步发展、兴盛。1993 年由麻寨乡政府投资近 2000 万元，建成占地 100 余亩，中

间为4000平方米的2座封顶式经营大棚，周围为4100平方米经营门店的封闭式中药材市场。大棚内摊位1000余个，药材销售门市400余间，并完善了配套仓储、通讯、金融、饮食、住宿、娱乐等服务设施。市场位于鄄城、菏泽两县市交界处，交通便利，日日成集，天天成交，全国20多个省市的客商云集于市，上市药材品种1100多种，年经销中药材5万多吨，成交额3亿元以上。

相传五帝之一的舜出生在这一带，并曾种植草药，舜为王后把出生地建成小邑，舜王城因此得名。为纪念舜王，故名舜王城中药材市场。1996年由卫生部、国家工商行政管理局、国家中医药管理局批准开办，成为全国17家中药材市场之一，也是山东省唯一取得中药饮片经营许可证的药材市场。2000年进行二期开发，建设了180套两层楼房式经营门店。

舜王城中药材市场在售部分药材

2005年，鄄城县中药材产业发展项目被列入山东省“十一五”专项发展规划，县政府同新疆汇通集团公司合作开发建设集中药材种养加、产供销、产学研和旅游观光、休闲度假于一体的山东舜王城中药科技园，项目建设立足黄河中下游平原、服务全省、面向全国、走向世界的全国区域性的现代中药大市场。位置在新临商公路西侧，彭楼镇与牡丹区交界处。项目实行市场带动战略，在市场就近建设中药材综合加工基地，以市场、加工基地为中心，在周边各县市建设GAP中药材种植基地、珍稀药物保护基地，形成药材药地药业三业并举、产学研三者联合，药材、药品、药械和人才、资金、信息、科研、物流多元化综合经营的现代化中药大市场。整个项目总投资20.8亿元，其中核心区占地面积700亩，按其功能分为八大区，即药材交易中心区、现货贸易交易区、饮片交易展示区、大型现代仓储物流区、商业配套服务区、酒店会展政务研发中心区、机械设备交易区、医药文化景观休闲区。核心区一期工程于2006年6月3日正式开工建设，投资1.5亿元，建筑面积15万平方米，主要建设中药材经营商品楼房、交易大厅、标准仓库、中药材检测中心、信息网络中心、电子商务网站、物流及商务代理服务系统和各种配套服务设施。2010年9月，河南宏昌集团接手科技园建设。2013年7月上旬，中药材市场管委会牵头组织20余个部门对原中药材市场内的商户进行集中搬迁（市场建设未全部完工）。有固定经营户680户、散户1200多户，经营品种1400多个，年经销额约50亿元。

市场管理 1998年，鄄城县中药材市场管理处成立。市场管理处综合协调工商、药品监督、税务等职能部门对市场的业务、物业、市场开发、经营、质量等进行管理，推动了中药材的种植、加工、仓储、物流、中药材研发。

第二章　人　发

鄄城县人发产业起步于20世纪70年代，郑营、富春两乡不少农民收购人发，并做简单加工，为天津、青岛、许昌等地发制品企业提供原料。20世纪80年代初，自发兴起的鄄城金堤人发皮毛市场是全国较早的专业市场之一，后被郑营、富春人发市场所取代。到20世纪90年代中期，人发经营户逐年增加，人发产业发展迅速。2000年，全县人发产业从业人员2.5万人，加工企业32家。尤其2000年以后，随着外来人发企业的带动，鄄城人发产业进入二次创业阶段，呈现出强劲的发展势头，初步形成一条以市场为依托，以农民为主体，以企业为龙头，购加销良性循环、贸工农协调发展的特色之路，逐步成为带动全县经济发展的领军产业。2005年，全县人发购销加工人员达到6.5万人，其中购销人员3.5万人，遍及各乡镇，尤以郑营、富春2个乡最为集中，并形成30多个人发经营专业村，人发加工户2100多户，加工企业95家，加工人员3万余人。2010年，人发产业中深加工企业逐渐增长，全县规模以上人发企业有49家，从业人员7486人；其他购销、加工人员也有较大幅度增加。

郑营人发皮毛市场

（张洪江　杨德安　1995年　摄）

第一节　人发企业

鄄城人发企业出现较早的有1996年建厂的优美发制品厂、汇源工艺发制品公司，2000年建厂的山东鄄城菏祥发制品有限公司、发都发制品有限公司、娜里莎美发厂。

以郑营、富春两大人发皮毛市场为依托，全县年人发交易量2500吨，交易额4.5亿元。丰富的原料资源、优越的投资环境，吸引着众多的国内外客商到鄄城投资办厂。2000年，全县具有一定规模的人发加工企业26家，2005年，全县人发加工企业发展到95家，全县人发产业总资产达5.5亿元，其中固定资产2.6亿元。人发产业实现销售收入12亿元，实现利税5600多万元。规模较大的人发企业有：青岛客商投资兴建的富春北方发制品有限公司，美国客商投资兴建的富春奥斯卡发制品有限公司和引马乡恩必富发制品有限公司，美韩客商投资兴建的菏泽引马发制品有限公司，郑营乡韩国独资菏泽万昊工艺品有限公司，中韩合资鄄城县泓亚发制品有限公司，凤凰乡欧瑞发制品有限公司，开发区冠宝发制品有限公司等，投资都在1000万元以上。

2009年，具有一定规模的人发企业达到147家。

2010年，人发产业中深加工企业逐渐增长，全县规模以上人发企业有49家，主要企业有：鄄城县兴达发制品有限公司、菏泽百吉利工艺品有限公司、鄄城县华升工艺品有限公司、菏泽雅汇发制品有限公司、菏泽奥斯卡发制品有限公司、鄄城军民发制品有限公司、鄄城常顺发工艺品有限公司、鄄城县环宇发制品厂、鄄城县富奥工艺品有限公司、鄄城格莱美发制品有限公司等，2010年，固定资产43344.4万元，从业人员7486人，工业总产值477910.2万元，利润35661.3万元，累计上缴税金3672.1万元。

鄄城县人发产业，发展层次较低，多数企业属于粗加工、初加工，产品主要是档发；少数深加工企业生产的产品主要是发条、发块、发套、曲发、色发、假发配件等人发饰品，畅销欧美、日本、韩国等十几个国家和地区。

人发加工

优美发制品厂 1996年6月建厂，全厂总占地面积7200平方米，使用面积4800平方米。主要设备有锅炉、过酸罐、漂染罐、烘干房、三联机、合片机、修补机、高头机、蒸汽柜、定型箱，各种生、熟发床子、筚子等。主导产品为人发及其制品、化纤发及其制品，年生产纯人发发帘（发条）38万条，曲发25万条，特殊造型5.5万套，色发20吨，化纤发成品（假发套）2万套，拉花1.8万个，七朵花2.5万个，公仔头1.5万个等。固定资产总投资180万元，流动资金270万元，有职工85人，其中技术人员15人，下岗职工18人。产品通过中间商经过青岛、天津、深圳等口岸最终进入美国、南非、中国香港、欧洲等地市场。

汇源工艺发制品公司 1996年建，同年年底正式投产运行，总投资255万元，其中固定资产100万元，流动资金155万元。年产量40万件，产值2500万元，纳税150万元；占地4000平方米，厂房36间；拥有生发加工、漂染、熟发加工、批把、三联等5个车间，同时具备现代化的烘干、染色、化验和锅炉等设备。主要生产档发、色发、曲发、发帘等60多种人发工艺制品，其中三色帘、双色帘、曲发等产品，在省内同行业处于领先地位，其产品主要通过山东省丝绸进出口公司、外经贸部青岛中达进出口公司代理出口美国、韩国、加拿大等国家。

鄄城县欧瑞发制品有限公司 位于凤凰开发区，始建于1999年，总投资3000万元，拥有自营进出口权。主要产品有：发帘、发块等，年生产能力120吨，2005年，有员工360余人，实现产值8000万元，利税800万元。2010年，拥有员工450余人，实现产值8600万元，利税4100万元。

娜丽莎美发厂 2000年3月筹建，同年7月正式投产运行。总投资320万元，其中固定资产投入40万元，流动资金280万元。年产发档80吨，产值2000万元，实现利润100万元，税金100万元。总占地4000平方米，建有厂房36间，其中技术人员6人，销售及行管人员8人，技术工人100人。以档发生产为主，产品直接销往山东工艺品公司、郑州美艺发制品公司等国有大型企业。

菏泽北方发制品有限公司 位置富春乡经济开发区，始建于2000年6月，总投资8000万元，主要产品有化纤假发、曲发等。2005年拥有员工300余人，年生产能力320万条，实现产值7000万元，利税1000万元。2010年拥有员工650余人，年生产能力720万条，实现产值1.6亿元，利税8000万元。

菏泽奥斯卡发制品有限公司 位于富城乡经济开发区，筹建于2001年5月，由美国优冕有限公司独资兴建，总投资500万美元，拥有自营进出口权。主要产品有：曲发、男发块、女妆配件等。2005年，拥有员工460余人，年生产能力240万条，实现销售收入6000万元，利税480万元。2010年，拥有员工750余人，年生产能力510万条，实现产值1.2亿元，利税6000万元。

菏泽引马发制品有限公司 位于引马乡经济开发区，筹建于2001年5月，由美韩外商独资兴建，总投资1000万元，拥有自营进出口权。主要产品有：发帘、假发配件等。2005年，有员工280余人，年生产能力80万条，实现产值4000万元，利税400

万元。2010年，有员工430余人，年生产能力210万条，实现产值9000万元，利税5000万元。

鄄城县泓亚工艺品有限公司　位于富春经济开发区，始建于2002年，总投资1800万元，拥有自营出口权。主要产品有：发条、发块等。年生产能力300万条，2005年，有员工400余人，实现产值9000万元，利税900万元。2010年，有员工650余人，实现产值1.3亿元，利税9600万元。

鄄城县三林发制品厂　位于鄄城镇经济开发区，筹建于2003年5月，总投资1300万元，主要产品：发帘、发套、公仔头等假发饰品，2005年，从业人员320人，生产各种假发120万余条，实现产值4000万元，利税400万元。2010年，有员工450余人，年生产能力320万条，实现产值8500万元，利税8000万元。

菏泽奥斯卡发制品有限公司

菏泽引马恩必富工艺品有限公司　位于引马经济开发区，筹建于2004年7月，由美国CD公司独资兴建，总投资4000万元，拥有自营进出口权，属山东省一千家成长型企业。主要产品有：化纤假发、发帘等，年生产能力200万条，2005年，有员工1000余人，实现销售收入8000万元，利税800万元。2010年，有员工650余人，实现产值1.1亿元，利税5600万元。

第二节　人发风情节

2003年，鄄城举办首届中国（鄄城）国际人发风情节。至2009年共举办5届。人发风情节期间，举办开幕式、发制品展、项目推介及投资环境说明会、项目签约仪式、招待酒会、长发美发赛、文艺演出等一系列活动，成为宣传鄄城和鄄城人发产业的一个平台。2003年签约项目6个，合同利用资金1.75亿元;2004年签约项目15个,合同利用资金2.7亿元；2005年签约项目31个，合同利用资金近10亿元。

2007中国（鄄城）国际人发风情节　4月14日至15日在菏泽中润大酒店举办。省林业厅和菏泽市人大、政府、政协及市直部门有关领导人，一批国内外知名企业和新闻媒体参加开幕式。邀请全国各地和美国的30名长发选手和16名专业美发模特进行精彩展示、表演和比赛。23名长发模特获奖。为来自美国的苏茜·格雷斯小姐颁发“长发国际友好使者”证书和绶带，为美籍华人戴月琴女士颁发“人发文化交流大使”证书和绶带。人发风情节展示人发风情、推介人发产业、提升鄄城形象、广交四海宾朋，达到推动招商引资，加快鄄城发展的目的。本届人发风情节共签约20个过千万元的项目，合同利用资金近5亿元，其中外资1370万美元。

2009中国（鄄城）国际人发风情节　4月16日至19日举办。主要活动有：开幕式、大型文艺演出、长发美发大赛、参观人发企业、项目签约等。开幕式和大型文艺演出于4月18日下午在鄄城人民广场举行。文艺节目由山东省电视台主办，山东电视台著名节目主持人董姝和纪鸿章现场主持。开

长发赛获奖者

幕式和文艺演出现场观众近 2 万人，现场规模创下历届人发风情节之最。人发风情节组委会与县联通公司合作，开幕式和文艺演出首次实现网上现场直播。菏泽市和市直部门有关领导人、济南铁路局、潍坊工业园及兄弟县区领导人出席开幕式。国内外客商主要有韩国客商、北京客商、澳大利亚客商，荷兰友人等。乡镇客商 160 余人。邀请媒体主要有中央电视台经济频道、中国旅游报社、山东卫视、齐鲁电视台、大众日报社、菏泽电视台、菏泽日报社等。本届人发风情节共签约 19 个项目，合同利用资金达 37 亿元。

第十二编

工业

GONG YE

鄄城手工业发展较早，各种个体手工业散布于城镇和农村。但由于技术落后，发展很慢。中华人民共和国成立后，对个体手工业进行社会主义改造，陆续兴建一些工厂，工业得以发展。1978年中共十一届三中全会后，贯彻改革开放、搞活经济的方针政策，工业走上快速发展道路。1990年，鄄城工业形成三大支柱产业：食品酿造业、纺织工业和化学工业，当年工业总产值为43729万元。1991—1993年，鄄城县属企业全面推行第二轮承包经营责任制，参与企业25家。1994年以后，鄄城县属工业企业进入机制转变、制度创新阶段。对县域企业按照“分类对待、一厂一策”的原则分别进行股份制、股份合作制、租赁、破产、组建企业集团等改革。1999年，19家县属工业企业中，17家企业完成改制，改制面达到90%。同时，引进一批外地企业落户鄄城。1996—2000年，鄄城县工业系统紧紧围绕“全党抓经济、重点抓工业”这个中心，深化企业改革、强化企业管理、使工业经济在逆境中保持持续、快速、健康发展的态势。2001—2005年，鄄城实施“工业兴县”战略，通过采取民营资本重组、外资嫁接、公开拍卖等形式，实现投资主体多元化、经济民营化，工业结构调整步伐加快，工业产品档次和市场竞争力逐步提升。5年间，全县规模以上固定资产投资累计完成34.39亿元，年均增长42.5%；累计引进项目1820个，到位资金42.7亿元，其中投资千万元的项目80个，亿元以上的项目5个。2005年，全县规模以上工业企业达到62家，实现增加值5.71亿元、销售收入21.98亿元、利税7916万元，创历史最好水平。2010年，全县规模以上工业企业217家，完成工业总产值173.7亿元，利税23.6亿元。

第一章　工业体制改革

第一节　承包经营责任制

1991—1993年，鄄城县属企业全面推行第二轮承包经营责任制，承包形式仍为基数承包，超收分成。发包方有鄄城县体制改革委员会办公室、鄄城县财政局以及企业主管单位等，承包方为企业主管部门所属国营、集体企业。参与第二轮承包的企业25家，其中工业系统企业11家，分别为酒厂、味精厂、淀粉厂、印刷厂、榨油机厂、毛纺织厂、麻纺织厂、有机化工厂、化工厂、服装一厂、服装二厂；第二轻工业系统企业3家，分别为地毯厂、五金厂、草制品厂；商业系统企业6家，分别为副食品公司、副食品加工厂、二百货公司、食品公司、服务公司、五金公司；物资系统企业4家，分别为金属机电公司、建材化轻公司、木材公司、燃料公司；农机系统有农机公司1家。

参与第二轮承包经营的25家企业，1991年完成产值7768万元，为承包指标的162.3%；销售收入10799万元，为承包指标的93.5%；利润48万元，为承包指标的9.92%。1992年完成产值7952万元，为承包指标的158.5%；销售收入10680万元，为承包指标的82.4%；利润40万元。1993年1—11月完成产值9917万元，占全年承包指标的176.5%；销售收入8266万元，为承包指标的85%；利润306万元。三年时间，25家企业累计上缴税收2592万元。

承包经营责任制的推行，初步解决了企业吃国家“大锅饭”、职工吃企业“大锅饭”问题，企业在一定程度上拥有了自主经营权；而且由于实行基数承包、超收多留等制度，还部分扩大了企业再生产自主权。但承包经营责任制并没有对国有企业制度进行明确的改造，仅仅是改变了其经营方式，仅仅着眼于如何搞活国有企业，无法实现经营机制的根本转变。

第二节　现代企业制度

1994年以后，鄄城县属工业企业进入机制转变、制度创新阶段。企业改革朝着“产权清晰，权责明确，政企分开，管理科学”的现代企业制度方向推进。对县域企业按照“分类对待、一厂一策”的原则分别进行股份制、股份合作制、租赁、破产、组建企业集团等改革。县兴达化工厂二分厂推行股份制，加快了内部资金融通，增强了企业凝聚力；县味精厂、县农机厂实行租赁经营，较好地解决了资金短缺等问题；在粮油、酿造、化工、地毯、纺织行业组建企业集团，强化企业间的联合，促进了生产要素的流动和合理配置，企业整体优势、规模优势得以发挥；对县麻纺织厂、县百货公司等亏损企业依法破产，盘活了企业资产。乡镇企业大部分进行了股份合作制改造，取得良好效果。特别是1998年以后，鄄城县以中共十五大精神为指针，贯彻《关于加快国有工业企业产权制度改革的意见》精神，以“三个有利于”为标准，以提高经济效益为中心，以增加财政收入、企业积累和职工收入为目的，对不同企业实行不同政策、办法，规范改制，企业产权制度改革和机制转换取得突破性进展。

1997年、1998年，中共鄄城县委、鄄城县人民政府先后出台《关于进一步加快县属企业改制的意见》《关于国有工业企业的几种产权改革的实施细则》《鄄城县改制后企业劳动管理暂行办法》《关于加快国有工业企业产权制度改革的意见》等一系列文件，在企业改制形式、债务处理、富裕职工安置、资产经营等方面推出一系列配套政策。同时为严肃改革纪律，1998年，县纪委专门下发《关于在深化企业改革中加强纪律的通知》，对资产评估、产权界定和资产经营管理、企业财务清查登记等，严明纪律，谨防国有资产流失。对企业改制，县委、县政府要求做到：产权真转让，董事会真由股东选举，总经理真由董事会聘任，确保规范改制。1999年，19家县属工业企业中，17家企业完成改制，改制面达到90%，其中出售6家：原兴达化工厂、印刷厂、精细化工厂、棉纺织厂、归属化工总厂的原医药化工厂和鲁西制药厂通过出售分别组建山东鄄城兴达化工厂、山东鄄城新华印务有限公司、鄄城县建融公司、菏泽黄河纺织有限公司、昌达实业有限公司和山东世红鲁西制药有限公司。租赁3家：县味精厂租赁给济南菱花集团、酒精厂租赁给县粮油集团公司、榨油机厂租赁给内部职工。组建股份制、股份合作制6家：金蓝实业公司被山东华光集团控股经营，组建山东菏泽华光日化有限公司，地毯厂、羊绒公司、酒厂、食品厂、植物油厂通过股份制改造，分别组建山东东舟地毯有限公司、赛布罗羊绒公司、山东鄄城酿酒总厂、杏花岗食品厂、大洋油厂。挂靠联合1家，祥达油脂工贸公司与湖南正虹集团共同出资，组建菏泽正虹有限责任公司。行政划拨1家，淀粉厂划拨给县粮油集团公司管理。通过改制，共盘活企业资产12093万元。

鲁西制药厂（全洪江　1996年　摄）

企业改制使企业所有者、经营者和职工的风险意识增强，生产经营的积极性普遍提高。同时通过完善企业法人治理结构，改变了过去厂长（经理）一个人说了算的局面，使企业内部决策、执行、监督机制进一步健全。企业内部三项制度改革也进一步深化，其中在人事和劳动用工方面，实行精兵简政，根据一室多能，一人多用的原则，对车间和行管人员重新定岗定员，优化组合，竞争上岗；在工资分配上普遍实行岗位技能工资和费用包干制度，形成层次分明的激励约束机制。改制后企业普遍活力增强、效益增加，大部分企业实现生产发展、效益提高、贡献增加、后劲增强。2000 年，鄄城县属工业企业资产总量 44400 万元，实现产值 23857 万元，较 1995 年年均增长 67%；销售收入 26715 万元，较 1995 年年均增长 0.1%。

2000 年以后，鄄城县以建立“产权清晰，权责明确，保护严格，流转顺畅”的现代产权制度为核心，以建立现代企业制度为目标，对外重组为重点，积极转换企业经营机制。

从完善法人治理结构入手，按照《中华人民共和国公司法》等有关政策法规的要求，进一步明确了股东会、董事会、监事会和经理层职责，初步形成各负其责、协调运转、有效制衡的公司法人治理结构。进行“四扩一调”，这种做法打破了企业股权过于平均的状况，适当加大了经营者的持股比例，增强了企业经营者的风险意识，从利益机制上调动了经营者的积极性。完善企业经营者激励约束机制，公司制改造的企业实现董事长与总经理分设，由董事会公开竞聘总经理，并以竞职目标为依据，由董事会公开竞聘总经理，同时还把任期目标分解到任期内的各个年度。相应实行总经理年度目标责任制、年度经营成果综合审计评价制、风险抵押制和年薪制。

加快国有资本从一般性领域退出步伐，对国有及国有控股、参股企业中的国有资本，通过采取民营资本重组、外资嫁接、公开拍卖等形式，加快退出步伐，实现经济民营化。同时加大劣势企业退出市场步伐，对化工总厂、鲁西制药厂、棉纺织厂、酒精厂、酒厂等长期停产、资不抵债、扭亏无望的企业，依法实施破产，促其彻底退出市场。

采取民营资本重组、外资嫁接等形式，累计盘活存量资产 1.65 亿元，吸纳外部与民间资本 2.72 亿元，大河公司、味精厂、酒厂等一批停产半停产企业相继启动生产。民营经济方面，鄄城县坚持市场化取向，放宽投资领域，激发了民营经济发展活力。2005 年，全县民营经济实现营业收入 52 亿元，实现增加值 11.5 亿元，出口交货值 10.8 亿元，税金 1.05 亿元，分别同比增长 31%、30.9%、44% 和 30.3%。

鄄城县亘古泉啤酒有限公司 （2010 年 摄）

国有资产监管方面，深化国有资产管理体制改革，成立“鄄城县新源资产经营中心”，对国有资产实行集中管理；对企业国有资产，专门成立国有资产监督管理委员会，监管职能由鄄城县国资局移交到鄄城县经贸局。

在推进企业改革与发展的同时，鄄城县引进企业、引进资金、引进技术、引进人才，一批外地企业落户鄄城，外来企业先进的经营理念、全新的管理模式，促进了鄄城县企业的经营管理水平的不断提高。2005 年，全县规模以上工业企业达到 62 家，完成产值 230226.4 万元、销售收入 21.98 亿元、利税 7916 万元。2006 年，全县规模以上工业企业总数达到 98 家。完成工业总产值 31.8 亿元，同比增长 37.9%；完成工业增加值 8.3 亿元，同比增长 36%；实现销售收入 29.1 亿元，同比增长 32.4%；实现利税 1.5 亿元，同比增长 87.8%，其中利润 0.5 亿元，同比增长 95.5%。2007 年，全县的规模以上工业企业达到 122 家。全县规模以上工业企业完成工业总产值 48.5 亿元，同比增长 45.4%；完成工业增加值 11.87 亿元，同比增长 31.4%；实现销售收入 44.8 亿元，同比增长 47.3%；实现利税 2.45 亿元，同比增长 64%，其中利润 9.7 亿元，同比增长

17.3%。

2008年，全县134家规模以上工业企业完成工业增加值18.65亿元，同比增长28.17%；实现销售收入72.83亿元，同比增长45.74%；实现利税7.79亿元，同比增长68.3%；实现利润3.93亿元，同比增长62.96%。2009年，全县173家规模以上工业企业完成工业增加值29.5亿元，同比增长21.8%；实现销售收入116.6亿元，同比增长21.6%；实现利税12.8亿元，同比增长30.1%；实现利润6.7亿元，同比增长31.3%。2010年，全县200家规模以上企业完成工业总产值173.7亿元，同比增长25.6%；完成工业增加值44亿元，同比增长25.6%；实现主营业务收入173.6亿元，同比增长27%；实现利税23.6亿元，同比增长65%。

第二章　工业管理

第一节　管理体制

20世纪80年代，全县工业企业由各部门归口管理。县属国营企业隶属县工业局管理；集体企业隶属于县轻工业局。粮油企业隶属于县粮食局；棉花加工企业隶属于县供销社。在计划经济时代，管理机构对企业实施微观管理，人员、资金、生产、供销全部由主管部门统一安排、调配，职工工资实行级别制，吃“大锅饭”，企业主要负责生产。1980年后，开始对企业放权，用人权、生产经营权、工资分配权下放到企业，企业实行各种分配方式，充分调动干部职工的劳动积极性。1986年，国务院下发《关于加强工业企业管理若干问题的决定》，企业开始实行厂长（经理）负责制，1990年，全县企业普遍推行承继经营制和厂长（经理）负责制。1998年开始，全县企业进行股份制改造。到2004年，大部分企业完成改制，企业管理的自主性大大增强，各管理机构的职能重点转入以核心指标调控和环境服务为主的宏观间接管理。

第二节　企业管理

1986年前，企业实行计划管理，工业企业生产产品以销定产。在管理方式上，套用行政体制。1986年后，企业自主权增大，各企业普遍开展以提高产品质量、降低物耗、增加效益为主的“增产节约、增收节支”的双增双节活动。企业管理的主要内容为生产管理、质量管理、节能管理、财务管理、劳务管理。企业可自主决定内部机制设置和人员任免，奖励与效益挂钩。

1990年后，随着企业管理新观念、新模式的引入，各企业普遍制定管理、质量、技术三大管理标准，重点企业抓现场管理的意识进一步增强。1994年，随着现代企业制度的确立，企业管理更加细化，各企业都根据各自的实际情况，确立各自的管理理念。随着全国“质量管理效益年”活动的开展，各企业纷纷在企业标准、计量、定额、信息、规章制度、职工增利、现场管理等基础管理方面上档次、上水平。2000年以后，现代企业管理制度、标准化管理、管理认证工作在全县企业中全面推开。截至2010年，全面实行自主经营、自负盈亏、自我管理的现代企业制度。

第三节　工业技改

1991—2010年，鄄城工业发展较快，工业技术改造项目逐年增加，全县共完成重点技改项目3160项，完成技术改造投入44.12亿元。通过技术改造，形成中药材、人发、农副产品加工和医药化工四大县域特色明显、比较优势突出的支柱产业。

1991年，鄄城县棉纺织厂投资275万元新上棉纺精梳项目，开始生产32支、40支、60支等精梳产品；同年鄄城县酒厂投资2500万元新上3万吨酒精和1万吨饲料蛋白生产线；鄄城县鲁西制药厂投资997.8万元扩建舒胆通、舒胆灵项目，舒胆灵被《山东省医药行业“七五”科技进步工作基本情况和“八五”发展计划及十年设想要点》列入全省重点发展的新品种之一。1992年，鄄城县服装二厂与日本株式会社若松物产合资40万美元新建年产50万套精绒卡其、全棉内衣生产线一条；鄄城县化工厂投资1157万元新建1000吨原甲酸三甲酸项目，项目建成后其市场占有率居全国首位。1995年，山东天生药业有限公司投资1250万元根据省卫生厅、医药局建议对中药车间进行异地改建，进行“GMP”论证改造。1997年，山东鲁西制药厂投资2466万元上马泌尿舒原料药及其制剂项目；菏泽荣华日化投资741万元上马年产5000吨热法生产磷酸项目，提高了产品质量，降低了生产成本。2001年，菏泽华意化工有限公司投资1700万元上马年产2000吨三氯异氰尿酸项目，该项目的建成投产使华意化工成为全县出口创汇的主要企业之一。2003年，山东长江纺织集团有限公司投资3000万元新上3万锭棉纺项目，鄄城经纬纺织有限公司投资4000万元新上3万锭精梳纱项目，棉纺产业初具规模；鄄城冠宝发制品有限公司投资1000万元新上档发生产线一条。菏泽伊诺清真食品有限公司投资2200万元利用优质青山羊、小尾寒羊存栏量大的优势，上马一条肉羊宰杀生产线，成为菏泽市农业化重点龙头企业。2005年，一批潍坊帮扶项目逐步开工建设，晨鸣集团投资1.1亿元建设一条年产6万立方米刨花板生产线，菏泽白云塑业有限公司投资2000万元新上农用膜生产线，鄄城昌华纺织有限公司投资7500万元新上4万锭棉纺织生产线。2006年，重点项目主要有：东方生物工程有限公司，计划投资1.5亿元的年产7万吨酒精，DDGS颗粒蛋白饲料及污水治理再提高工程，投资7400万元；晨鸣板材投资1.45亿元的一期项目；菏泽白云塑业投资8000万元项目，山东恒涛热能科技公司投资5860万元项目；雪中笑羽绒制品公司，计划投资1.2亿元羽绒制品项目，亿城酒业有限公司，投资2800万元的酿酒项目。2007年，菏泽华意化工有限公司总投资1.2亿元，建设年产5000吨二氯异氰尿酸钾项目。2008年，建设的重点项目有：鄄城欧亚化工有限公司的1.5万吨氰尿酸扩产项目，菏泽沃蓝化工有限公司拟投资8600万元扩建氰尿酸生产线，菏泽黄河纺织投资5.6亿元的24万纱锭精梳纱项目，青岛普来特能源科技有限公司投资1.6亿元的年产10万台太阳能热水器、15万辆电动自行车项目，鄄城县亘古啤酒有限公司投资1.2亿元的8万吨啤酒项目，鄄城县佳泉化工有限公司投资4800万元的5万吨甲醛和1万吨甲醛项目，鄄城县北龙纺织有限公司投资4600万元的3万锭纺织项目，菏泽市节能保温材料有限公司投资9800万元的节能保温材料项目，鄄城县天马橡塑有限公司投资6000万元的100吨钢丝编织增强高压胶管项目，菏泽泓坤纺织服饰有限公司投资3400万元的2万锭彩棉精梳棉纺及3万打服装项目。2009年，鄄城县技术改造项目达到历史新高，共129项，年度累计完成投资26.86亿元，同比增长47.98%。其中过亿元项目22项，主要是：菏泽华意化工有限公司投资1.3亿元的3万吨氰尿酸扩产项目；菏泽恒茂纺织有限公司投资2.8亿元的18万支纺织项目；鄄城汇康食品有限公司投资

陈王酒业有限公司生产线（2010年　摄）

1.6亿元的冷链物流项目；菏泽沃蓝化工有限公司投资1.2亿元的5万吨氰尿酸扩产项目；鄄城县康泰化工有限公司投资1.5亿元的5万吨氰尿酸、10万吨硫酸铵项目;鄄城县建融化工有限公司投资1.2亿元万吨二氯扩产项目；鄄城县阳成生物有限公司投资1.2亿元的万吨苏氨酸、蛋氨酸项目；山东九洲农药有限公司投资1.2亿元的生物农药项目和鄄城县陈王酒业有限公司投资1.1亿元的万吨白酒异地迁建项目。

2010年，在前几年企业积累的基础上，项目扩产，技术升级改造建设加快，鄄城县康泰化工有限公司二氯扩产项目投资25000万元；鄄城县欧亚化工有限公司异地扩建氰尿酸2万吨，投资11754万元；鄄城县建融化工有限公司节能技该项目1万吨氰尿酸，投资2000万元；山东鲁西制药有限公司技术改造项目投资6000万元。

1995—2010年鄄城县工业技术改造情况表

表12-2-1

项目 年份	技改项目（项）	投资额（万元）	项目 年份	技改项目（项）	投资额（万元）
1995	74	10273	2003	896	51080
1996	56	8493	2004	241	65220
1997	51	20100	2005	305	128150
1998	97	9496	2006	148	181500
1999	95	10290	2007	106	218700
2000	2378	37535	2008	98	232600
2001	700	56740	2009	135	312227
2002	226	47943	2010	57	166144

第三章　工业行业

1991—1995年，鄄城县工业全面贯彻《中共中央关于建立社会主义市场经济体制若干问题的决定》、国务院《全民所有制工业企业转换经营机制条例》和省委、省政府《关于加快欠发达地区经济发展的意见》精神，逐步发展壮大食品、酿造、化工医药、纺织、服装、机械等六大工业门类，产品畅销省内外。至1995年，县属工业企业25家，企业人数7599人，固定资产31138万元，工业总产值30324万元，利润总额327.8万元。

1996—2000年，鄄城县工业系统紧紧围绕“全党抓经济、重点抓工业”这个中心，深化企业改革、强化企业管理、使工业经济在逆境中保持了持续、快速、健康发展的态势。至2000年，县属工业企业发展到26家，干部职工6200人，资产总量44400万元，其中固定资产19830万元。2000年县属工业企业共完成产值23857万元，销售收入26715万元，利税1420万元，完成技改投入37935万元。

2001—2005年，加快国有工业企业产权制度改革步伐，建立适应社会主义市场经济体制的现代企业制度，先后完成味精厂、酒精厂、金蓝实业公司破产工作，县棉纺织厂、兴达化工厂、毛纺厂、医药化工厂、酒厂、鲁西制药厂先后进入破产程序。企业技术创新取得突破，黄河纺织、华意化工有限公司先后被认定为市级技术中心。

2005年，全县规模以上工业企业达62家，其中人发加工企业25家，化工企业6家，纺织企业8家，畜产品加工5家，中药材加工2家，林木产品加工3家，其他企业13家。全县规模以上工业企业完成增加值5.7亿元，销售收入21.98亿元，利税7916万元，其中税金5277万元，同比分别增长46.65%、79%、44.39%和40%，收入过亿元的有5家（黄河纺织10811万元，北方发制品10529万元，华意化工30007万元，奥斯卡发制品12074万元，长江纺织13120万元）。全县工业总产值52927万元，产品销售收入219788万元，利润总额2742万元，利税7883万元，比2004年分别增长35.71%、79.1%、57.13%、43.68%。总资产贡献率10.78%，资本保值增值率138.8%，全员劳动生产率64054元/人，产品销售率98.34%，经济效益综合指数达142.93%。全县工业用电量5394万千瓦时，比2004年增长46.46%，占全社会用电量的34.42%。全县规模以上工业企业共拥有总资产98578万元，资产负债率72%。形成以人发产业，中药材产业，化工产业和农副产品加工业为主的四大产业。

2006年，全县规模以上工业企业达到98家。完成工业总产值31.8亿元，同比增长37.9%；完成工业增加值8.3亿元，同比增长36%；实现销售收入29.1亿元，同比增长32.4%；实现利税1.5亿元，同比增长87.8%，其中利润0.5亿元，同比增长95.5%。2007年，全县的规模以上工业企业达到122家。全县规模以上工业企业完成工业总产值48.5亿元，同比增长45.4%；完成工业增加值11.87亿元，同比增长31.4%；实现销售收入44.8亿元，同比增长47.3%；实现利税2.45亿元，同比增长64%，其中利润9.7亿元，同比增长17.3%。2008年，全县134家规模以上工业企业完成工业增加值18.65亿元，同比增长28.17%；实现销售收入72.83亿元，同比增长45.74%；实现利税7.79亿元，同比增长68.3%；实现利润3.93亿元，同比增长62.96%。2009年，全县173家规模以上工业企业完成工业增加值29.5亿元，同比增长21.8%；实现销售收入116.6亿元，同比增长21.6%；实现利税12.8亿元，同比增长30.1%;实现利润6.7亿元，同比增长31.3。2010年，全县200家规模以上企业完成工业总产值173.7亿元，同比增长25.6%；完成工业增加值44亿元，同比增长25.6%；实现主营业务收入173.6亿元，同比增长27%；实现利税23.6亿元，同比增长65%。

部分年份鄄城县规模以上工业企业主要经济指标情况表

表12-3-1

项目 / 年份	企业个数（个）	总资产（万元）	工业产值（万元）	销售收入（万元）	利税（万元）	职工人数（人）
1994	28	—	25813	23871	1864	—
1995	27	—	27800	26557	1544	—
1996	25	—	23802	20386	1132	—
1997	29	—	22753	26374	1069	—
1998	29	—	15757	13821	652	—
1999	26	—	17162	12909	631	—
2000	—	—	23857	26715	1420	—
2004	61	—	—	157660	7266	—
2005	56	—	—	219800	7916	—
2006	98	—	—	291000	15000	—

续表 12-3-1

项目 年份	企业个数（个）	总资产（万元）	工业产值（万元）	销售收入（万元）	利税（万元）	职工人数（人）
2007	122	—	—	448000	24500	—
2008	134	—	—	728300	77900	—
2009	173	—	—	1166000	128000	—
2010	200	475426	1737000	1736000	236000	24557

第一节 化 工

鄄城县第一家有机化工厂于1987年投产，主要生产医药原料。1991年，全县有化学工业企业15家，固定资产9730万元，企业职工853人，工业总产值2722万元，销售收入2437万元，利税306万元。其中山东兴达化工总厂固定资产1500万元，职工350人，总产值1000万元，利税135万元，利润40万元。主导产品原甲酸三甲酯(1000T / 年)，原甲酸三乙酯（1000T / 年），产品产量全国最大，是当时全国最大的化工原酯系列生产基地，产品质量高于国家同行业标准，产品远销日本、东南亚、意大利等20多个国家和地区。2010年处于停产半停产状态。1991年后，化学工业企业经过经营体制及产权制度改革，成为股份制企业。1992年建鄄城县精细化工厂，1998年改制后，组建股份合作制企业山东鄄城建融有限公司。1993年撤销鄄城县麻纺织厂和鄄城化工助剂厂，成立山东金蓝实业公司，固定资产1867万元，职工500余人，各种设备250台（套），主要生产“外来妹”牌超浓缩洗衣粉、三聚磷酸钠、磷酸三钠等产品。1999年，金蓝实业公司被山东华光集团控股经营，组建山东菏泽华光日化有限公司；1995年11月鄄城县毛纺织厂与原兴达化工一分厂合并成立鄄城县化工总厂；1999年7月建鄄城县合成化工厂，资产800万元，职工200人，是山东化工重点二级企业，主要产品为二氯异氰尿酸钠;1999年成立菏泽华意化工有限公司，固定资产3600万元，职工600多人。

2005年，全县化工企业10家，工业总产值60082.1万元，固定资产4448.9万元，主营业务收入58659.1万元，利润643.7万元，从业人员1443人，税金63.6万元。2010年，全县规模以上化学工业企业发展到31家，固定资产38153.5万元，实现工业总产值300778.3万元，利润19996.5万元，利税41862.2万元，从业人员4515人。主要企业有菏泽华意化工有限公司、菏泽亿能化工有限公司、鄄城县康泰化工有限公司、山东沃蓝生物有限公司、鄄城县建融化工有限公司等。

菏泽华意化工有限公司 地处鄄城县工业开发区，占地160余亩，是以生产杀菌消毒剂为主的外向型企业。1998年投资300万元建厂，主要产品有氰尿酸、二氯异氰尿酸钠、三氯异氰尿酸，2001年与澳大利亚S.C.P.L公司合资创办菏泽华意化工有限公司，2001年获得产品自营进出口权，在1999—2004年期间，企业利税、产值连年翻番，成为国内生产杀菌消毒剂产品的几家龙头企业之一。公司两大龙头产品三氯异氰尿酸、氰尿酸，90%以上出口到欧盟、南北美、澳大利亚、东南亚等国家

菏泽华意化工有限公司 （2009年 摄）

和地区。2007年，氰尿酸产量达8000吨，二氯异氰尿酸钠5000吨，三氯异氰尿酸15000吨。2007年，完成销售收入1.5亿元，出口创汇1500万美元，上缴税金1700万元。2007年，其福瑞德商标被评为山东省著名商标。公司拥有省级企业技术研发中心1个、省级企业实习实训基地1个，发明专利2项。被山东省科技厅授予“高新技术企业”称号，并连续多年为菏泽市“60强”重点发展企业和鄄城县“龙头”企业。2010年，实现销售收入15998万元，出口创汇2000万美元，利税1181.8万元。

山东鄄城建融化工有限公司 坐落在鄄城县工业开发区，是由鄄城县精细化工厂于1998年6月改制而成立的企业，有氯化、烘干、机电维修3个车间。有干部职工187人，其中大中专毕业生13人，中级技术职称4人，初级技术职称10人。总投资550万元，其中固定资产投资400万元。主要产品高效广谱杀菌消毒剂“二氯异氰尿酸钠”（优氯净），该产品的问世填补了菏泽地区空白。95%以上的产品出口，销往国外20多个国家和地区。优氯净各级指标均达到技术要求，被县技术监督局认定为“产品质量信得过单位”，被县委、县政府列为重点保护单位。1998年产值800万元，销售收入650万元，出口创汇70万美元，税金60万元。2000年销售收入2000万元，实现利税150万元。2010年产值7166万元，销售收入7140万元。

鄄城县化工总厂 坐落在县工业开发区，济董公路北侧。属国有中型二档企业，1995年占地面积6800平方米，有干部职工232人，各类专业技术人员68人，是生产医药中间体的专业化工生产厂家，年生产能力为原甲酸三甲酯1000吨，原甲酸三乙酯1000吨，丙二酸二乙酯500吨，甲醇钠6000吨，乙醇钠1万吨，甲酰氯60吨，是国内生产医药中间体的较大企业。2000年年初企业划块租赁，2006年6月因资不抵债依法破产。

第二节 纺织 服装

纺织 1991年，全县有纺织工业企业15家，有棉纺织业、毛纺织业、麻纺织业、针织品业等，固定资产3091万元，职工2562人，生产棉纱1676吨，工业总产值8551万元，产品销售收入8015万元，实现利税154万元。有服装制造企业2家，毛纺织厂1家，制鞋业1家，皮革、毛皮及其制品企业1家，固定资产113万元，工业总产值274万元，产品销售收入191万元，从业人员277人。2005年，全县纺织企业9家，完成工业总产值42829.8万元，实现销售收入1.2亿元，税金580万元，从业人员2503人。2010年，全县有纺织企业38家，固定资产35286.4万元，工业总产值328623.5万元，工业销售产值323591.5万元，主营业务收入323175.6万元，利润22085.1万元，利税41966.8万元，从业人员5740人。主要企业有鄄城县鲁鑫纺织有限公司、鄄城县皇马纺织有限公司、鄄城县民生纺织有限公司、菏泽东海纺织有限公司、鄄城县海诚纺织有限公司、鄄城东海纺织有限公司、山东长江纺织集团有限公司、鄄城朝阳纺织有限公司等。

菏泽黄河纺织有限公司 位于人民路与潍坊路交叉路口以东建设路以南。前身是鄄城县棉纺织厂，始建于1988年，1989年10月正式投产，1998年8月在国家纺织产业政策紧缩的环境下，鄄城县人民政府将鄄城县棉纺织厂以承债式出售给菲律宾盈享集团进出口公司董事长高旭日，改制8年，完成工业产值近10亿元，上缴税金3200万元。至2005年，公司拥有员工989人，其中专业技术人员和管理人员125人，总资产7841.2万元。拥有环纺纱锭4万枚，捷克气流纺720头，年产7S—60S涤棉纯纺及混纺纱8000吨左右，产值1.2亿元。2010年销售收入1663.4万元。

山东鄄城赛布罗羊绒制品有限公司 始建于1998年是全省较早从事羊绒加工的企业，其前身是山东天王羊绒制品有限公司。2005年4月，通过ISO9001:2000质量管理认证体系，2005年10月“赛布罗”商标被评为山东省著名商标，“赛布罗”羊绒被产品被评为山东省名牌产品。至2005年，公司拥有员工180人，工程技术人员38人，中高技

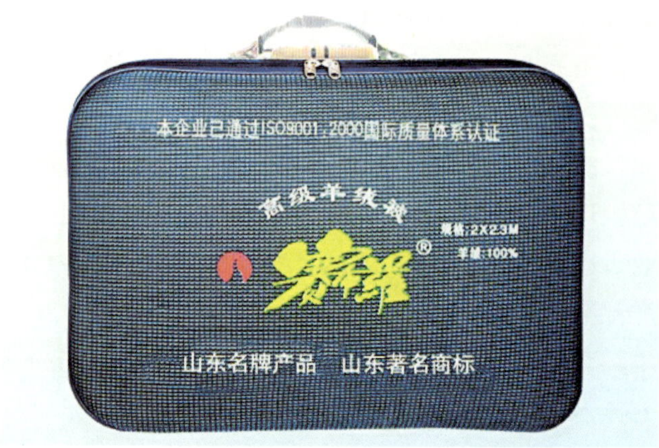

赛布罗著名商标（2009年 摄）

术人员10人，企业员工通过质量专业技术资格考试10人以上，固定资产1920万元，流动资产280万元，占地50亩，建筑面积1万平方米。拥有纺纱、服装生产线各1套。具有年产羊绒纱100吨，加工羊绒服装10万件，羊绒被50万条的生产能力。

毛纺厂　始建于1968年，是生产精纺毛绒的国营企业，1991年有固定资产270万元，干部职工247人。设备70台套，主要产品为长毛绒、精纺毛线、丝织品，完成产值125万元，销售收入132万元，实现利税6.1万元。1992年开始生产医药化工中间体，成立毛纺织厂的医药化工厂。1995年11月成立兴达化工集团，毛纺织厂的医药化工厂和原兴达化工厂一分厂合并成立鄄城县化工总厂，1998年改制，2010年破产开发房地产。

服装　1991年，全县有服装制造企业2家，毛纺织厂1家，制鞋业1家，皮革、毛皮及其制品企业1家，当年生产服装16.5万件，西装10.1万件，毛线51吨，工业总产值274万元，固定资产113万元，产品销售收入191万元，从业人员277人。服装制造企业有被服一厂和被服二厂，被服一厂长期处于亏损状态，1991年总产值37万元，被服二厂总产值137万元。1992年，鄄城县服装二厂与日本若松物产株式会社合资成立鄄城若松服装有限公司，1995年有固定资产70万元，职工240人，各种专业设备180台，主要生产男女睡衣套、童装、运动短裤、夹克衫等，产品畅销美国、日本、英国等十几个国家和地区，1995年产值450万元，销售收入382.9万元，税金12.5万元，1996年12月停产。被服一厂1997年8月停产。2005年，大部分纺织服装企业都宣布停工破产，职工选择再就业，厂房后来开发为房地产。2005年，全县有纺织服装、鞋帽制造企业1家，皮革、毛皮、羽毛（绒）及其制品企业3家，固定资产1839.9万元，工业总产值8072.5万元，主营业务收入7941.8万元，利润223.6万元，从业人员412人。至2010年，全县有纺织服装、鞋帽制造企业5家，皮革、毛皮、羽毛（绒）及其制品企业11家，固定资产14528.9万元，工业总产值107519.8万元，主营业务收入109838.1万元，利润9908.4万元，利税17645.8万元，从业人员1487人。

第三节　酿　酒

1991年，全县酿酒业有3家，产量0.5万吨。工业总产值3907万元，固定资产1537万元，产品销售收入3146万元，利润96万元，利税804万元，职工715人。1991年鄄城县酒厂筹建山东省鄄城陈王酿酒有限公司，1993年投产，当年上缴利税380万元。1994年，为增强企业抗风险能力，以鄄城县酒厂、鄄城陈王酿酒有限公司为核心企业，组建鄄城县陈王集团公司，是集酿酒、酒精、冷饮等项目为一体的国有大型企业，下辖5个企业，拥有固定资产5040万元，员工1713人，1991—1995年共实

鄄城亘古清泉啤酒有限公司生产线
（2010年 摄）

现产值13874.6万元，销售收入13140.8万元，累计上缴利税3508万元，是当时鄄城县的财政支柱企业。1997年因亏损租赁成立鄄城县酿造总厂，但企业长期处于停产状态。2002年10月出租成立鄄城县陈王酒业有限公司。2005年，全县酿酒企业1家，固定资产936.5万元，从业人员170人，工业总产值2255.6万元，主营业务收入2277.9万元，税金398.1万元，利润336.8万元。至2010年，全县酿酒业4家，固定资产6349.7万元，工业总产值31407.1万元，主营业务收入25867.4万元，利润2212.7万元，利税4838.6万元，从业人员593人。主要企业有鄄城县陈王酒业有限公司、鄄城亘古清泉啤酒有限公司。

鄄城县酒厂　始建于1958年，1978年后成为全省重点酿酒企业和定点出口企业，也是菏泽地区白酒行业唯一的中型企业。主要产品有"亘古泉""曹盛""陈王""魏皇醉"系列白酒共38个花色品种。其中，亘古泉特酿、亘古泉老窖连续12年保持省优称号，1988年，"首届中国食品博览会"上该厂产品获金、银、铜牌6枚，1990年44°亘古泉特酿获轻工部优质产品称号，成为菏泽地区白酒行业唯一的一个部优产品，是年陈王酒也被评为山东省优良产品，并在布鲁塞尔国际食品博览会夺得金奖，产品打入国际市场。1991年，拥有固定资产3000多万元，员工近千人，完成产值2327.6万元，销售收入2942万元，利税突破千万元大关。在山东省白酒行业中位于前十名。成为菏泽地区的排头兵，1991年被山东省工商局授予"重合同、守信用"企业称号，被地区工商局授予"明星企业"称号。

鄄城县陈王集团公司　1993年鄄城县酒厂出租成立鄄城陈王酿酒有限公司，该公司占地14万平方米，建筑面积6500平方米。有干部职工800多人，专业技术力量200多人。生产选用先进的高温蒸煮、连续糖化、控温发酵、三塔蒸馏新工艺。配套电力1600千瓦，6T、10T蒸汽锅炉各1台，450米深水机3眼。1997年企业因产品市场、自身管理、流动资金等诸多因素而陷入停产，2002年10月出租成立鄄城县陈王酒业有限公司。

鄄城陈王酒业有限公司　建于2002年10月，公司占地面积8万平方米，总建筑面积3万平方米，拥有固定资产320万元，2003年公司拥有职工280人，其中中高级技术人员18人，生产设备先进，自动化包装生产线3条，窖池400个，具有年产白酒3000吨的能力，大型水处理设备化验设备及配套设施齐全。产品为陈王、亘古泉两大品牌系列白酒，40多个品种。2003年被评为市、县"诚信企业""纳税先进单位""消费者喜爱的白酒品牌""质量维权双优企业"。2010年，公司总投资1.1亿元，固定资产投入4700万元，占地面积7万多平方米，建筑面积4万多平方米，全自动生产线5条，可开发优质窖池1400个，容纳百吨的贮酒罐16个，容纳60吨的贮酒罐20个，陶瓷大缸近200个；采用无烟除尘环保节能锅炉和先进的污水处理设备。公司年产优质白酒3000多吨，实现销售收入6400万元，年利税1200万元，吸纳安置近千人就业，取得较好经济效益和社会效益。

鄄城陈王酒业有限公司　（2010年　摄）

第四节　机　械

1991年，全县有机械工业企业（含金属制造业）、交通运输设备制造业、电器机械及器材制造业、仪器仪表及其他计量器具制造业22家，工业总产值2289万元，从业人员1409人，固定资产524万元，产品销售收入1736万元，利税144万元，利润107万元。2005年，全县有专用设备制造业1家，工业总产值3110万元，固定资产130.9万元，主营业务收入2604.6万元，利润111.7万元，从业人员35人。2010年，全县有机械工业企业25家，工业总产值176391.4万元，固定资产25663.5万元，主营业务收入176451.6万元，利润14611.3万元，利税27200.1万元，从业人员2366人。主要企业有山东冠通铁塔有限公司、山东恒涛热能科技有限公司、鄄城县富民榨油机厂、鄄城县富德设备制造厂等。

鄄城县榨油机厂 是全县集机械制造与维修于一体的国有企业，其研制成功的90液压榨油机和75型榨油机出油率高，耗能低，1985年被山东省机械厅评为省优质产品，1989年75型榨油机获山东省星火计划成果展览金奖，1990年该厂产品被国家技术监督局评为一等奖。1991年总产值324万元，1995年有职工450人，固定资产500余万元，机械设备80余台，主要产品有ZL-75型螺旋榨油机、6YT-95型螺旋榨油机、90吨液压榨油机、植物蛋白肉机等产品，ZL-75型螺旋榨油机曾多次获得省、部优质产品称号，畅销全国20余个省、市、自治区。进入20世纪90年代后，企业严重亏损，濒临破产，1994年8月，实行厂内租赁承包，分为鄄城县机械厂、鄄城县鲁西制造厂两个分厂，分厂生产活动在总厂监督下进行。以后又多次租赁承包，始终没能摆脱困境。

山东冠通铁塔有限公司 建于2005年，是潍坊帮扶项目，位于潍坊工业园内，总投资3000万元，占地30亩。专业生产、研制、开发、生产各种类别，锥形钢管、电力铁塔、通讯铁塔以及公路施工设施。公司拥有数台数控折弯机，数控角钢生产线和数控冲拆机，数控自动焊接机组，大型剪拆机，卷管机，开产机组、校直机，埋弧焊机等离子割机，大型喷涂设备，数控型钢联合生产线等先进设备100余台套，可生产圆锥式或多边式钢杆、电力杆、照明路灯，庭院灯、信号标志等成品杆，毛坯杆以及管塔角钢塔等。日生产能力40吨，公司于2005年10月25日投产。当年实现产值600万元，销售收入380万元，生产正常，市场良好。2010年销售收入5090.4万元，利税557.9万元。

山东恒涛热能科技有限公司 建于2004年，位于鄄城（潍坊）工业园内，属“东西结合”潍坊帮扶项目。公司占地38亩，计划总投资5860万元，属高科技企业。该公司主要生产螺旋翅等及各种锅炉部件，产品广泛用于锅炉，电力、化工、石油、采暖等领域，工艺技术属于工业化成果，是密集型高新技术，填补国内空白。2005年7月投产，当年实现销售收入1480万元，利税250元。2010年销售收入589.7万元，利税32.9万元。

山东恒涛热能科技有限公司 （2010年 摄）

第五节 印 刷

1991年，全县有印刷企业2家，工业总产值651万元，固定资产420万元，产品销售收入351万元，税金6万元，利润16万元。主要企业为建于1956年的鄄城县印刷厂，1991年固定资产380万元，工业总产值552万元，产品销售收入315万元，上缴税金9万元，是经国家出版总局批准的“全国书刊印刷定点厂”300家之一，为菏泽地区唯一一家。1994年实行全员风险抵押承包，1998年经股份改制为鄄城县新华印务公司，2002年停产，2006年申请破产。

鄄城县印刷厂 始建于1956年，曾于1981年8月经国家出版总局批准为全国书刊印刷定点厂300家之一，为菏泽地区唯一一家。1991年固定资产380万元，1995年达1100万元。主要设备有

4880四色胶印机1台，轮转式胶印机2台，2005双色胶印机1台，08单色胶印机2台，骑马式订书机和平装热熔联动机各1台，其他印刷设备53套。可承印图书、刊书、商标等各种印刷品。1994年3月实行全员险抵押承包，将制版、胶印、彩印、铅印、装订5个车间按印刷种类划分为书刊生产线、彩印商标生产线、铅印零活生产线。各生产线亏损由职工风险金补偿，盈利分成。1995年该厂工业总产值达730万元，为历史最高。

鄄城县新华印务公司　1998年3月，由县印刷厂经股份制改造而成，拥有固定资产近1000万元。由于不适应市场竞争，加上流动资金缺乏，企业一直未能开足马力生产，企业开工率仅为30%，于2002年停产。经县政府工作组进行资产清理，2006年申请依法破产。

第六节　地　毯

1991年，全县有地毯制造企业5家，工业总产值1202万元，1991年生产地毯2.85万平方米。主要企业有鄄城县地毯厂，主要产品是仿波斯地毯、东方地毯，1983年被外贸部评为优秀产品，1988年被评为全国轻工业出口创汇先进企业，160道东方地毯被评为山东省优质产品，1990年获轻工部出口创汇奖。1991年工业总产值606万元，1998年改制成为鄄城县东舟地毯有限责任公司，由于产品不适应欧美市场，2005年处于停产半停产状态。1982年成立的鄄城县平原地毯公司，法人代表刘，至1993年把一个濒临倒闭的村办地毯厂办成一个拥有加工点125个，织机800台，固定资产700万元的乡办公司，年创利税310万元，创汇426万美元，1994年，从业人员1200人，固定资产1904万元，完成产值1950万元，利税190万元，创汇250万元。1993年被农业部命名为全面质量管理达标单位，1995年被山东省人民政府命名为全省优秀私营企业。1993年成立的凤凰金丝地毯公司属凤凰乡的股份制企业，固定资产300万元，机梁1200架，加工网点62个，从业人员近4000人，年产值2000多万元，利税200多万元，产品通过天津出口韩国、日本、美国、法国等十几个国家和地区。1995年加工点遍布全县25个乡镇及河南、河北、郓城等地，全乡基本上达到村村有织机、户户搞加工，凤凰乡成为“地毯之乡”。1993年成立的临濮黄河地毯厂及1995年成立的鄄城县鲁西地毯厂皆属于乡办企业。由于形势的发展，产品不能适应国际市场，至2005年，地毯厂都处于停产半停产状态。

鄄城县东舟地毯有限责任公司　成立于1998年，是由鄄城县地毯厂改制成立的企业，2005年占地面积8800平方米，拥有固定资产350万元，流动资产1000万元，职工85人，从业人数曾多达5000余人的集体企业，是山东省地毯生产的重点企业。主要产品有：90道、120道、160道、200道、230道全羊毛地毯和丝毛混织地毯，年生产能力1万余平方米。产品主要销往美国、日本、德国、英国、意大利、澳大利亚、中国香港等国家和地区，深受外商的欢迎。1998年以后，产品不适应欧美市场，2003年停产。

第七节　木材加工

鄄城县自古就有木材加工和家具制作的传统。改革开放以后，生产和市场规模逐渐扩大。1991年，形成以阎什镇为中心的杨木旋皮加工群体和家具加工群体，以什集镇为中心的木材综合加工利用群体。

2001年以后，县委、县政府采取资金扶持、政策推动、完善服务等措施，引导群众发展木材加工业，实现产品升级转化，变资源优势为商品优势，拉长了林业产业化链条。通过股份制、股份合作制、民营、招商、银行贷款等多种形式筹措资金，扶持发展了一批木材加工企业。产品也由单一的板皮发展到胶合板、细木工板、刨花板等。2005年，有晨鸣板材有限公司、阳光木业有限公司、天涯家具厂、红日家具厂等9家规模较大、具有较强影响力的木材加工企业和1处木材交易大市场。中小型木材加工企业500多家，从业人员3.5万人，年产值2.8亿元。旧城镇的架木、原木市场发展成为中原地区最大的木材集散地之一，产品供应河北、河南、山西、陕西、山东中西部的绝大部分中小煤矿，年吞吐量30余万立方米。

2010年，全县有一定规模的木材加工企业发展到290家，其中，投资过500万元的有31家，过千万元的有16家，过5000万元的有3家；个体加工户2500余户，从业人员3.5万人，实现营业收入19.6亿元，增加值4.3亿元，实现利润1.5亿元，实现利润2170万元。木材产业占全县民营经济的比重达25%。

阎什镇天涯家具厂 1994年起步时是个作坊式加工点。经过几年扶持发展，2002年拥有固定资产500多万元，生产家具200多个品种，年产值1000多万元，产品销往济南、郑州、三门峡等地。带动该镇家具加工企业达20余家，仅木椅加工一项，就有5个专业村，1200多家加工业户，年创产值1.2亿元；另有旋皮加工厂点360多个，年加工木材25万立方米，销售收入1.8亿元。

2010年，资产总计1956万元，其中固定资产1320万元，自有流动资产321万元，资产负债率为18%。在职员工200人，其中各类专业技术人员25人。产值3500万元，实现销售收入2600万元，利税150万元。

天涯家具产品2008年被评为“中国著名品牌”，2008—2010年，连续三年被中国林产品交易会评为金奖产品。公司先后被菏泽市工商联评为优秀民营企业、市质量服务最佳单位、消费者信得过单位等称号。

鄄城县晨鸣板材有限公司 是山东晨鸣纸业集团，响应省委、省政府“东西帮扶”号召，利用鄄城劳动力和人工速生林资源而投资兴建的农林资源综合利用型企业。

该公司于2005年6月动工建设，9月投产运行。年产中密度板6万立方米，产值9000万元。2006年被省经信委审定为资源综合利用企业。2007年7月通过ISO9001国际质量管理体系和ISO14001国际环境管理体系认证。2008年公司注册资本1500万元，占地面积130亩，职工人数350人。其中，大中专毕业生人数140人，占职工总数的40%；熟练工人数175人，占职工总数的50%；其他35人，占职工总数的10%。2010年度通过国家三级安全标准化审核验收，同时被县委、县政府评为安全生产先进企业，全县纳税20强企业之一。2010年销售收入3734万元。

鄄城县晨鸣板材有限公司 （2010年 摄）

第 十 三 编

乡镇企业　民营经济

XIANGZHENQIYE MINYINGJINGJI

鄄城的乡镇企业主要有乡镇办、村办2种所有制形式，经营方式是股份合作制。由于乡镇企业脱胎于农业，初始目的是为了安置农业剩余劳动力，加上资金有限，所以以劳动密集型为主，技术含量、产品档次低，劳动密集型小微企业占全部乡镇企业的99%以上，企业主要集中在人发加工、木材加工、纺织、中药材加工等行业，技术设备水平较低。1997年，乡镇企业改制完成，全县没有一家乡镇企业是规模企业。

1997年12月以后，乡镇企业全部转变为民营企业，并在“九五”期间获得较快发展。形成以富春、郑营人发皮毛市场为龙头，以富春、郑营公路沿线为纽带的人发皮毛加工购销区域；以什集镇和庄、张志门乡张志门、旧城镇七里庙为轴心的木材加工专业区域；以大埝乡鲁西地毯厂、彭楼乡心平地毯厂、箕山镇平原地毯公司为骨干的地毯加工专业区域；以麻寨乡舜王城中药材市场为中心的中药材购销加工专业区域；以西双庙乡西双庙、临濮乡苏老家为中心的教学用具加工区域等，加工厂点总计3000余家。2010年，全县民营企业13840家，总产值433070万元，实现收入424410万元，税金5470万元，从业人员63860人。

第一章　乡镇企业

第一节　乡镇企业概况

1991—1995年，鄄城县执行中央、省、地发展乡镇企业的方针政策，走自我完善、巩固、提高、发展之路，以提高经济效益为中心，强化管理，调整结构，突出重点，开发新产品，推广新科技，乡镇企业稳步、健康发展。1992—1993年，鄄城镇新上化工、儿童电子玩具（6种功能）、三轮车项目，红船镇的化工厂、苹果专用肥厂，陈良乡的地板砖，鲁王仓乡的轴承厂，引马乡的胶合板厂，郑营乡的自行车保险锁、辐条、皮革项目，西双庙小麦淀粉厂，阎什镇的精工发制品项目等等。1993年，全县乡镇企业已形成建筑建材、装饰装修、自行车配件、地毯加工、档发加工等10余个不同形式的专业公司和企业集团，如鄄城镇建筑安装工程公司与省设计院、省农业管理干部学院科技中心联合成立的“山东省建电实业公司”，鄄城县铝合金制品厂与县装饰公司第一工程处、五星商场共同组建“山东曹州装饰集团公司”等。1994年，阎什镇挂靠高等院校，开发研制出铝合金材料染色新技术，填补了省内空白。1995年，全县地毯生产厂家发展到29家，拥有地毯织机8000余台，年加工生产能力达到92万平方英尺，年出口创汇1495万美元。同时，各乡镇主要企业进行技术改造和设备更新，抓生产管理、现场管理、质量管理、财务管理、销售管理和安全管理六大生产环节，平原地毯公司、鄄城镇水泥预制加工厂、自行车配件工业公司通过了农业部全面质量管理达标验收。同时，狠抓技术改造和新产品开发，郑营乡办工厂车床工装的改造，提高加工件精度和质量，获得国家专利许可证和省科学技术进步奖。

1992年，全县乡镇出口创汇企业13家，年出口交货值1717万元。合资项目1个，引进外资5万美元。1993年，全县出口创汇企业32家，产品有地毯、桐木制品、毛发、皮革等。完成出口交货值6840万元，为年计划的175.4%，同比增长173.3%，创历史最高水平。葛庄乡“鄄城安台食品有限公司”属台商独资企业，合同利用外资200万美元，主要生产脱水蔬菜。1994年，出口创汇企业

28家，出口产品10多种，完成出口交货值11726万元。创办“三资”企业5家，合同利用外资276万美元。1995年，全县有出口创汇企业22家，完成出口交货值1.2亿元。

1994年，鄄城镇建工业小区2个，箕山乡、阎什镇、凤凰乡也建起工业小区。1995年，其他各乡镇也都规划出工业小区。

1991年，全县乡镇企业14584个，安排农村劳动力7135人，总产值43539万元；1992年，乡镇企业15427家，安排农村劳动力73486人，总产值58573万元；1993年，乡镇企业15037个，安排农村劳动力78242人，总产值97984万元;1994年，乡镇企业16340个，安排农村劳动力34239人，总产值111749.4万元；1995年，乡镇企业15721家，安排农村劳动力63158人，总产值121557万元。乡镇企业主要行业有食品加工、白酒酿造、纺织、皮毛加工、家具制造、木材加工、工艺美术、化工、建材、金属制品等。

1996—2000年，鄄城县继续贯彻中央、省、地发展乡镇企业的方针政策，提高技术水平，膨胀总体规模，招商引资，乡镇企业持续健康发展。1996年，全县乡镇企业和民营经济合计实现营业收入4.39亿元，实现利税3800万元，实缴税金1015万元，完成固定资产投入6500万元。1997年，实现营业收入5.58亿元，实现利税5415万元，实缴税金1505万元,完成固定资产投入7868.7万元。1998年，实现营业收入6.36亿元，实现利税5620万元，实缴税金1630万元，完成固定资产投入9520万元。1999年，实现营业收入9.12亿元，实现利税6700万元，实缴税金1940万元，完成固定资产投入1.13亿元。2000年，实现营业收入15.8亿元，实现利税1.3亿元，实缴税金2275万元，完成固定资产投入2.86亿元。主要行业有：人发皮毛购销加工、中药材购销加工、木材加工、地毯加工、食品加工、纺织、服装、化工、建筑建材、机械制造等。2010年，民营企业完全替代了乡镇企业。

1991—1999年鄄城县乡镇企业发展情况表

表13-1-1

项目	年份	1991	1992	1993	1994	1995	1996	1997	1998	1999
乡镇办	个数	181	183	187	186	146	154	150	—	—
	总产值（万元）	12600	18056	29811	42942	55810	39291	36317	—	—
	总收入（万元）	10490	14698	25850	16086	53578	38505	35590	—	—
	上缴税金（万元）	230	320	699	430	1430	1027	949	—	—
	职工人数（人）	12713	12842	14637	17407	13663	23237	22630	—	—
村办	个数	316	311	298	296	278	282	257	—	—
	总产值（万元）	13004	17066	26994	38942	33020	11380	9180	—	—
	总收入（万元）	10963	14258	23932	12417	31699	11152	8996	—	—
	上缴税金（万元）	290	378	572	296	755	265	213	—	—
	职工人数（人）	14690	14459	14891	16497	15490	18360	16080	—	—
合作	个数	2195	2818	2469	2218	488	340	210	—	—
	总产值（万元）	6261	8907	16007	960.4	1007	3061	1890	855	590
	总收入（万元）	5202	7717	13946	10406	1000	2999	1852	837	580
	上缴税金（万元）	143	213	380	283	27	81	50	21	15
	职工人数（人）	13690	17577	18023	16190	3562	2468	1520	687	462

第二节　乡镇企业构成

所有制构成　鄄城县乡镇企业主要有乡镇办、村办2种所有制形式。

1991年，全县乡镇办企业181户，实现产值12600万元，占全县乡镇企业总产值的28.9%；村办企业316户，实现产值13004万元，占全县乡镇企业总产值的29.8%。

1995年，全县乡镇办企业146户，实现产值55810万元，占全县乡镇企业总产值的45.9%；村办企业278户，实现产值33020万元，占全县乡镇企业总产值的27.1%。

行业构成　1991年，全县乡镇企业产值43539万元，其中农业企业产值661.8万元，占1.52%；工业企业产值32902.5万元，占75.57%；建筑业产值4166.7万元，占9.57%；交通运输业产值2769.1万元，占6.36%；商贸餐饮等企业产值3039万元，占6.98%。

1995年，全县乡镇企业产值121557万元，其中农业企业产值2333.9万元，占1.92%；工业企业产值89976.5万元，占74.02%；建筑业产值10672.7万元，占8.78%；交通运输业产值6697.7万元，占5.51%；商贸餐饮等企业产值11876.1万元，占9.77%。

技术规模结构　鄄城县乡镇企业脱胎于农业，初始目的是为了安置农业剩余劳动力，加上资金有限，因此，乡镇企业以劳动密集型为主，技术含量、产品档次低。劳动密集型小微企业占全部乡镇企业的99%以上。劳动密集型企业主要集中在人发加工、木材加工、纺织、中药材加工等行业。技术设备水平较低。1997年，乡镇企业改制完成，全县没有一家乡镇企业是规模企业。

第三节　生产经营方式

经营方式　1991年，鄄城开始乡镇企业改革，推行经营承包责任制。有三种承包形式：厂长（经理）牵头，集体承包；合伙承包；个人承包。1991年全县承包企业9家。在利润分配上，乡镇政府占50%～70%，承包者一般占50%～30%。乡镇拥有企业产权，承包者很大程度上存在租赁经营的成分。

推行股份合作制，引导老企业逐步向股份合作制转化，鼓励新上项目实行股份合作制。1991年，全县股份合作制企业发展到23家，总股本金达660万元。1993年，全县股份合作制企业发展到49家，总股本金达1260万元。董口乡前园村新建的羊毛衫厂、冷藏厂采取股份合作制的形式，筹集股金40多万元；鲁王轴承厂入股人员达3000多人，吸收股金100多万元。1994年新增股份合作制企业161家，新增股金1946万元。1995年新上项目实行股份合作制的达90%以上。

1997年12月以后，随着市场经济体制的改革不断深化，乡镇企业全部转变为民营企业。

生产管理　1991年，国务院要求停止企业升级达标活动，乡镇企业的管理工作重点转向加强基础管理和现场管理。同年，农业部乡镇企业司出台《乡镇企业基础管理工作试行办法》，据此山东省从标准化、计量、定额、信息、班组建设、规章制度和基础教育等7个方面提出具体工作标准，鄄城遵照执行。1992年，省乡镇企业局制定《山东省乡村工业企业现场管理规范（试行）》，将现场管理分为整体现场环境、实行定置管理，加强工业管理、提高产品质量，组织体系合理、生产指挥高效，加强设备管理、设备运转良好，加强班组建设、搞好民主管理，信息传递准确畅通等6个方面。此后，又专门制定《山东省乡村小工业企业管理规范》，以加强管理工作的分类指导。

乡镇企业的质量管理，主要是开展标准化培训，宣传普及标准化基本知识，宣传贯彻国家标准、行业标准，组织企业制定企业标准，使企业按标准组织生产，为产品质量提供保证。1991年，在一些企业中宣传贯彻ISO9000系列标准试点工作。1992年5月，县乡镇企业局与县标准计量局对乡镇企业标准化执行情况进行检查。乡镇企业的环境保护，在20世纪80年代开始，1995年11月，根据省环境保护局、省经济委员会、省化学工业厅、省第一轻工业厅、省乡镇企业局联合发出的《关于下达山东省工业企业排放水污染物控制计划的通知》，针对乡镇企业布局分散特点，重点加强新、扩、改建项目的“三同时”管理和环境影响评价。乡镇企业的安全生产，在20世纪六七十年代管理工作相对薄弱，进入80年代以后，安全生产逐渐成为乡镇企业管理工作的一项重要内容。1991年，省乡镇企业局根据国家有关规定，制定《山东省乡镇企业安全生产规范》；1995年会同省劳动厅联合制定《山东省乡镇企业安全生产综合治理实施意见》。2009年，省中小企业局开展“专、精、特、新”活动，引导企业依靠先进技术和工艺，向深度发展，占领高端市场；鄄城50家企业进入省“专、精、特、新”企业名单。2010年，省市开展“一企一技术”创新企业和研发中心评审工作，鄄城4家企业参与评审。

财务用工制度 乡镇企业财务管理，1991年执行的是1986年财政部和农业部制定的《乡镇企业财务制度》《乡镇企业会计制度》《关于乡镇企业成本开支范围的规定》。1993年以后，根据建立社会主义市场经济的需要，开始使用财政部《企业财务通则》《企业会计准则》以及分行业的财务制度、会计制度。鄄城及时培训乡镇企业会计，并应用到生产中。2010年，全县中小企业开始使用《小企业会计准则》。乡镇企业用工，分固定工、合同工、长期临时工、季节性临时工4种。

工资分配坚持按劳分配为主，多种分配形式并存，主要形式有计件工资、计时工资、浮动工资、岗位津贴、奖金及承包分成、利润分成、百分考核等。1991年，年人均工资为1320元，1995年年人均工资为3100元，2000年年人均工资为12000元，2010年民营企业职工人均年工资达到18500元。

第二章 民营经济

1991年，全县个体民营企业11892家，实现产值11674万元，实现收入10520万元，税金215万元，从业人员28080人。1996年，全县个体民营企业5100家，实现产值7800万元，实现收入7644万元，税金156万元，从业人员13630人。2000年，全县个体民营企业12868家，实现产值81900万元，实现收入80900万元，税金1330万元，从业人员46701人。2005年，全县个体民营企业12975家，实现产值190480万元，实现收入186670万元，税金2410万元，从业人员60740人。2010年，全县个体民营企业13840家，实现产值433070万元，实现收入424410万元，税金5470万元，从业人员63860人。

第一节 法规政策环境

1991年，中央着手纠正某些地区对待私营企业的错误做法，在中发〔1991〕15号文件中指出，非公有制经济将在今后一个相当长的时期内继续存在和发展。党对非公有制经济采取团结、帮助、引导、教育的方针。与此同时，中共中央、国务院作出《关于坚决制止乱收费、乱罚款和各种摊派的决定》，要求各地采取有效措施，坚决制止严重影响个体私营经济发展的“三乱”现象。在税收方面，国家对私营企业所得税实施减免等优惠政策。鄄城贯彻执行上级一系列政策和措施的实施，有效地推动了私营经济的发展。

1997年，根据《中华人民共和国乡镇企业法》，县委、县政府连续出台《关于加快发展乡镇企业个体私营经济的若干规定》《关于治理环境优化秩序的若干规定》及其《补充规定》《关于招商引资工作的决定》，采取一系列措施，支持民营经济发展。

2004年4月，印发《中共鄄城县委 鄄城县人民政府关于招商引资的优惠政策》；5月，印发《中共鄄城县委关于以科学发展观为指导大力推进工业化进程的决定》；6月15日，鄄城县对民营经济领导小组进行调整，印发《关于调整县民营经济领导小组的通知》；7月，印发《中共鄄城县委 鄄城县人民政府关于工业经济发展的考核办法》；11月，印发《中共鄄城县委 鄄城县人民政府关于进一步加快民营经济发展的意见》。2008年2月，印发《关于调整县民营经济领导小组的通知》。2010年4月，鄄城县人民政府出台《关于加快实施三一一重点企业成长计划的意见》，鄄城县人民政府办公室出台《关于对工业企业按产业实行分类指导的通知》，围绕“全党抓经济，重点抓工业，突出抓招商，集中抓项目”的工作思路，按照“工业发展落实到产业，产业发展落实到企业，企业发展落实到项目，项目建设落实到投入”的工作方法，划分化工、医药、纺织、农副产品加工、机电和人发六大产业对全县工业企业实行分类指导，培植骨干企业，壮大主导产业，以产业化推进工业化。

第二节　民营企业分布

鄄城县民营企业绝大部分是从个体户起家，逐渐积累发展起来。1978年，中共中央十一届三中全会以后，什集、富春、郑营、彭楼等乡镇的一些农民，依靠当地资源和传统工艺，或雇工或合伙，由致富能人带领，兴办小微作坊，逐渐形成小微企业。在发展过程中，逐步形成了人发、中药材、木材加工、医药化工、裘皮加工、纺织等主导产业，以及食品酿造、机械制造、教学仪器等其他10余种行业。

人发加工主要分布在郑营、富春、引马、凤凰、彭楼、鄄城镇等乡镇；中药材加工主要分布在彭楼、

什集镇旋皮加工　（1999年　摄）

什集、凤凰等乡镇；木材加工分布广泛，主要集中在阎什镇、什集镇、旧城镇、箕山镇、临濮镇；医药化工主要分布在红船、凤凰、鄄城镇、郑营、富春、李进士堂等乡镇；裘皮加工分布在董口、箕山、红船、凤凰等乡镇；纺织行业分布在鄄城镇、什集、凤凰、箕山、红船等乡镇。1995年什集镇在和庄木材加工聚集区建设工业园，拥有11家企业。

民营经济在“九五”期间获得较快发展。2000年，全县乡镇企业完成营业收入15.8亿元，其中民营经济完成13.8亿元，占87%。在一些地方形成多个体、群体化的发展格局：形成以富春、郑营乡人发皮毛市场为龙头，以富春、郑营公路沿线为纽带的人发皮毛加工购销区域；以什集镇和庄、张志门乡张志门、旧城镇七里庙为轴心的木材加工专业区域；以大埝乡鲁西地毯厂、彭楼乡心平地毯厂、箕山镇平原地毯公司为骨干的地毯加工专业区域；以麻寨乡舜王城中药材市场为中心的中药材购销加工专业区域；以西双庙乡西双庙、临濮乡苏老家为中心的教学用具加工区域等，加工厂点总计3000余家。

2000年，“民营经济（企业）”一词被广泛使用，也迎来了民营经济的快速发展期。中央、省市县相继出台政策扶持民营经济发展。

2005—2010年，人发、中药材、木材加工、医药化工、纺织等主导产业主要分布为：人发加工主要分布在县开发区、郑营、富春、引马、彭楼、

鄄城镇等乡镇；中药材加工主要分布在彭楼镇；木材加工主要集中在阎什镇、什集镇、箕山镇；医药化工主要分布在县开发区、红船、凤凰、鄄城镇、郑营、富春等乡镇；纺织行业分布在县开发区、鄄城镇、什集、凤凰、箕山、红船等乡镇。

民营企业在推进体制创新，改变家族式组织形式和管理模式，进行现代企业制度改革试点，实现企业产权多元化、企业资本社会化的同时，推进技术创新，加大技术改造力度，提高市场竞争能力。推进管理创新，吸收先进管理经验和管理办法，如推广“邯钢经验”，实行倒逼成本法。全面推进人才创新，制定优惠政策，吸引各类人才到民营企业工作，同时，搞好人员培训，重点搞好企业管理方面的培训，全面提高管理水平、职工素质和企业运营效率。

1991—2010年鄄城县个体民营企业统计表

表 13-2-1

项目 年份	个数 （个）	总产值 （万元）	总收入 （万元）	税金 （万元）	职工人数 （人）
1991	11892	11674	10520	215	28080
1992	12115	14544	12799	262	28608
1993	12083	25171	22808	466	28532
1994	13640	28905	27063	552	32208
1995	14849	31720	29730	606	35062
1996	5100	7800	7644	156	13630
1997	6100	17950	16690	450	27578
1998	4725	26330	25750	647	20710
1999	6761	40235	39510	732	33010
2000	12868	81900	80900	1330	46701
2001	12164	108800	108800	2060	57491
2002	12084	116962	116962	1547	51941
2003	12514	120980	118600	1530	62500
2004	12906	159987	155557	2010	64070
2005	12975	190480	186670	2410	60740
2006	13112	228580	224010	2890	60910
2007	13259	274310	268810	3470	61270
2008	13430	329150	322570	4160	62115
2009	13590	394980	387080	4990	62710
2010	13840	433070	424410	5470	63860

第三节　民营经济专业村

红船镇刘庄村扫帚加工，已有200多年的历史。1950年以后，随着国家政策的调整，加工户逐渐增多，成为最早的经济专业村。2010年加工户90多家，从业人员400多人，年加工扫帚20多万把，年增加收入80多万元。红船镇霍庄豆腐加工，有近200年历史，全村加工户60余户，从业人员300多人，年加工豆腐90多万斤，年增加收入100多万元。

霍庄豆腐不仅在周边县乡受欢迎，还远销山西、河南等地。

1978年中共中央十一届三中全会以后，围绕鄄城几个传统产业发展出现了100多个经济专业村，其中较具特色的有：郑营乡前董湖、钟楼、碱曹庄、西街、东街、夏垓等人发加工专业村，富春乡富春村、许庄、史庄等人发加工专业村；彭楼镇舜王城、何庄、郭北口、谷庄等中药材种植加工专业村。临濮镇东街、梁屯、董口镇吕庄教学仪器加工村，鄄城镇潘庄、旧城镇桑庄架木专业村，彭楼镇吕庄、刘大楼条柳编专业村等等。

阎什镇张志门村位于阎什镇东部，2010年居民户数817家，总人口2752人。该村从事木材加工产业，企业150家，占居民户数的18.3%，其中规模企业5家。2010年，实现主营业务收入6200万元，上缴国地税120万元，从业人员620人。

阎什镇刘寺村位于阎什镇东部，2010年居民户数1200家，总人口4252人。该村从事板材加工产业，企业172家，占居民户数的14.3%，其中规模企业6家。2010年,实现主营业务收入8000万元，上缴国地税60万元，从业人员680人。

阎什镇路垓村位于阎什镇西部，2010年居民户数514家，总人口1765人。该村从事人发加工产业，企业80家，占居民户数的15.6%。2010年，实现主营业务收入3400万元,上缴国地税150万元，从业人员240人。

什集镇和庄村位于什集镇南3公里，2010年居民户数47家，总人口178人。该村从事板材加工产业，企业11家，占居民户数的22%。2010年，实现主营业务收入3510万元，上缴国地税21万元，从业人员510人。

大埝镇冀庄村位于大埝镇正南，2010年居民户数315家，总人口1142人。该村从事木材加工产业，企业4家，占居民户数的1.27%，全是规模企业。2010年，实现主营业务收入2630万元，上缴国地税184万元，从业人员599人。主导产品为科技木、装饰木材等，产品销往广州、上海、郑州等地。

彭楼镇郭老庄位于彭楼镇东南部。该村有人发、电子加工等企业8家，其中规模企业5家。2010年，实现主营业务收入7514万元，上缴国地税106万元，从业人员286人。

红船镇冀庄村位于红船镇正东，济董路北，2010年居民370家，总人口1035人。该村从事化工品加工产业，企业6家，占居民户数的1.62%，其中规模企业4家。2010年实现主营业务收入7693万元,上缴国地税54.6万元,从业人员540人。

旧城镇西刘楼村位于旧城镇正南，2010年居民户数289家，总人口1200人。该村从事木材加工产业，企业6家，占居民户数的2%，其中规模企业4家。2010年实现主营业务收入427.7万元，上缴国地税45.25万元，从业人员121人。

李进士堂镇陈庄村位于李进士堂镇西南，2010年居民户数101家，总人口501人。该村从事机械、化工、家具加工产业，企业10家，占居民户数的10%，其中规模企业5家。2010年，实现主营业务收入4536.2万元，上缴国地税78万元，从业人员507人。

临濮镇东街村位于镇政府以东，2010年居民户数220家，总人口780人。该村从事电热仪器加工产业，企业4家，占居民户数的0.018%，其中规模企业2家。2010年,实现主营业务收入1455万元，上缴国地税54万元，从业人员178人。

引马镇北街村位于引马以北，2010年居民户数480家，总人口1800人。该村从事人发、木材加工等产业。企业6家，占居民户数的0.01%，其中规模企业5家。2010年，实现主营业务收入8946.8万元，上缴国地税233万元，从业人525人。

左营乡魏王村位于左营乡南部，距离乡政府驻地1.5公里，2010年居民户数82家，总人口312人。该村从事钢筋加工产业。企业8家，占居民户数的12%。2010年，实现主营业务收入3175.5万元，上缴国地税158.6万元，从业人员396人。

郑营镇碱曹村位于郑营镇北0.5公里，2010年居民户数148家，总人口674人。该村从事人发加工产业。企业15家，占居民户数的10%，其中规模企业5家。2010年，实现主营业务收入3300万元，上缴国地税172多万元，从业人员2863人。

凤凰镇花李庄村位于凤凰镇东，2010年居民户数361家，1187人。该村从事人发加工产业。有企业4家，占居民户数的0.2%，本村规模企业1家。2010年实现主营业务收入3478.2万元，上缴国地税289万元，从业人员750人。

董口镇前园村位于董口镇北部沿黄公路东侧，2010年居民户数249家，总人口1185人，是回民村。该村从事牛羊收购屠宰、糕点加工、皮革箱包加工的校多，占居民户数的60%以上，企业4家，均属规模企业。2010年，实现主营业务收入4828万元，上缴国地税237万元，从业人员562人。

富春乡许庄村位于富春东南1公里，2010年有居民户数276家，总人口856人。该村从事人发加工产业。有企业5家，占居民户数的1.8%，其中规模企业1家。2010年，实现主营业务收入3129万元，上缴国地税176万元，从业人员1056人。

随着现代先进生产技术的发展和社会生活的变革，原有的一些专业村被市场淘汰。有的年轻致富带头人改变了发展方向，部分专业村退化。

2010年鄄城县重点民营经济专业村基本情况表

表13-2-2

分布乡镇	专业村名称	加工产品	从业户数或企业数（家）	从业人数（人）	年产值（万元）	销售收入（万元）	纳税额（万元）	销　路
阎什镇	张志门村	木材	150	620	6200	6000	120	临沂等地
	刘寺村	板材	172	680	8000	7960	60	全国各地
	路垓村	人发	80	240	3400	3300	150	青岛、许昌等地
什集镇	和庄村	板材	11	510	3510	3500	21	全国各地
大埝乡	冀　庄	木材	4	599	2630	2600	184	全国各地
彭楼镇	郭老庄	人发、电子	8	286	7514	7200	106	青岛、深圳
红船镇	冀　庄	化工	6	540	7693	7650	54.6	化工市场
旧城镇	西刘楼	木材	6	121	927.7	910	45.2	全国各地
李进士堂镇	陈庄村	机械、家具	10	507	4536.2	4500	78	全国各地
临濮镇	东街村	电热仪器	4	178	1455	1400	54	北京上海
引马乡	北街村	人发、木材	6	525	8946	8900	233	专业市场
左营乡	魏王村	钢筋	8	396	3175	3000	158.6	建材市场
郑营镇	碱曹村	人发	15	2863	3300	3300	172	人发市场
凤凰镇	花李庄	人发	4	750	3478	3400	189	人发市场
董口镇	前园村	牛羊加工	4	562	4828	4800	237	相关市场
富春乡	许　庄	人发	5	1056	3129	3100	176	人发市场

第 十 四 编

招商开发　东西结合

ZHAOSHANGKAIFA DONGXIJIEHE

鄄城县招商引资始于20世纪90年代，1999年8月18日，鄄城县人民政府出台《关于扩大对外开放，搞好招商引资的若干规定》，2000年4月19日，中共鄄城县委、鄄城县人民政府下发《关于招商引资工作的决定》，招商引资工作进一步加强。县委、县政府每年均召开项目推介会和招商引资奖惩会，招商引资成效逐步显现。2003年，认定招商引资项目317个，到位资金5亿元，占全县固定资产投资总额的33.3%。2005年，认定招商引资项目486个，到位资金25亿元。2007年，全县认定招商引资项目193个，2010年，全县共签约项目160个，其中内资项目156个，签约额400.512亿元;外资项目4个，签约额2.38亿元。2010年，全县有158个招商引资企业（一般纳税人），纳税4356万元，占当年财政收入的50.3%。

1998年12月19日召开山东省东西结合加快菏泽地区经济发展工作会议，会议决定由济南市结对鄄城县。2004年5月，潍坊市开始帮扶鄄城。

2003年4月，鄄城县经济开发区管委会成立，2006年3月报经国务院备案，鄄城经济开发区被省政府批准为省级工业园区。有鄄城（潍坊）工业园和鄄城工业园。2010年，开发区企业总数104家、主要有化工、人发、纺织、木材加工行业，总产值1219924万元，增加值243230万元，上缴税金20691万元，职工总数1.1万人。

第一章　招商引资

第一节　招商引资活动

1999年8月18日，鄄城县人民政府制定《关于扩大对外开放，搞好招商引资的若干规定》，在招商引资组织领导、优惠政策等方面作了具体规定。2000年4月19日，中共鄄城县委、鄄城县人民政府下发《关于招商引资工作的决定》，明确2000年全县招商引资任务为2亿元（以后逐年大幅度增加）。县委书记、县长每人300万元，其他县级干部每人100万元，每个乡镇200万元，县直部门30万～200万元。对完成招商引资任务好的前5名乡镇和前10名县直部门，年底全县通报表彰，对成绩突出的个人优先提拔重用。招商引资额超过200万元的一般干部可以享受副科级干部待遇，招商引资额超过300万元的副科级干部可享受正科级干部待遇。党政机关、事业单位下岗人员招商引资额超过50万元的可回原单位工作，超过200万元的享受副科级干部待遇。农民完成招商引资任务超过200万元的，农业户口可以转为非农业户口，并聘为招商引资副乡长。对完不成任务的后2名县直单位和后1名乡镇，第一年对党委、政府“一把手”诫勉教育，第二年免去职务。同时完不成任务的乡镇和县直部门，一年内不准提拔干部。县成立招商引资领导小组，县委书记任组长，县长任副组长。实行二分之一工作法，县乡党政机关领导成员、一般人员一半外出招商引资，一半正常工作。4月20日，全县招商引资、发展个体私营经济及环境治理动员大会召开，会议指出鄄城发展的突破口在于招商引资，借助东西结合，引进县外资金和项目，重点上几个支持县财政的骨干项目。2000年，鄄城县成立招商引资办公室，由县外经贸局牵头，抽调县监察局、计划局、财政局、审计局、统计局等单位工作人员组成，检查落实各单位招商引资工作完成情况，实行月调度、季评比、半年一检查、年终兑现奖惩和离职招商制度。在招商方式上，主要是以商招商、以情招商、委托招商、坐地招商、登门招商、项目招商、产业招商、资源招商、政策招商，逐步组建专业招商队伍，最终实现企业招商。2001年2月5日，鄄城县委、县政府召开大会对2000年度招商引资工作，严格按照《关于招商引资工作的决定》兑现奖惩。2002年4月2日，全县招商引资、民营经济、环境治理工作会议召开，对2001年招商引资、城市经济和乡镇工作进行奖惩，县纪委公布了违规违纪责任单位和责任人的处理通报，对2002年招商引资、民营经济和环境治理工作进行部署。会议指出，招商引资是兴鄄之路，民营经济是光彩事业，环境是发展经济的关键，招商引资是全县整个经济工作的灵魂和统帅，要把招商引资作为富民兴县的根本措施来抓。5月3日至15日，县委副书记陈庆勇、副县长杜学杰带领县计委、县委政策研究室、审计局、物价局等单位主要负责人，先后到江苏省苏州市、上海浦东新区、浙江省温州市、福建省福州市及漳州市考察、招商引资。6月，鄄城县工业园区开工建设，使其成为功能完善的现代化新城区、外商投资的聚集区。8月2日，县委书记邵好学，县委副书记、县长任仲义等县领导人带领各乡镇党委书记到巨野、成武、曹县参观考察民营经济、招商引资工作。2003年1月7日，全县经济工作会议召开，对增加投入、抓好招商引资，强化服务意识、优化发展环境再作部署。11月5日，鄄城主导产品推介会在济南举行，济南市青年企业家100余人参加推介会。县委书记岳滨介绍了鄄城丰富的人发、林果、畜牧、中药材、化工等资源优势，以及良好的基础设施和优惠的投资条件。2004年1月3日，全县经济工作调度会召开，会议强调，2004年是省委、省政府促强扶弱、突破菏泽的开局之年，要坚定不移地抓好招商引资，下大力优化经济发展环境，实现全县经济环境根本好转。2月18日，全县经济工作会议召开，对2004年经济工作尤其是招商引资提出了具体目标和要求；《中共鄄城县委、鄄城县人民政府关于2003年度工作的奖惩决定》对2003年度经济工作先进单位和个人进行表彰，对未完成工作任务的单位和责任人进行通报批评和经济处罚。5月17日至23日，县委书记岳滨、县长任仲义、县人大常委会主任范天柱等带领各乡镇党委书记、县直有关部门主要负责人组成党政考察团，赴温州、台州、杭州、浦东、胶南进行考察，洽谈项目。12月，部分县直单位和乡镇组成招商组，在县领导姜守民、宋文启、谷存修、朱瑞军、田中原、张传力带领下，到浙江温州、广东东莞招商引资。

2005年2月22日，全县经济工作及奖惩兑现大会隆重召开。会议要求实现招商引资新突破，建立全员招商机制，在强化招商力量、提高招商实效、改进思路方法、项目集中签约上有新突破；大力优化发展环境；领导干部要提高执政能力，尤其是要提高驾驭经济工作的能力；要狠抓考核调度，完善奖惩激励机制；要坚持统筹兼顾，协调发展社会事业。3月20日，鄄城招商团由县人大常委会副主任冯瑞卿、县政府副县长孙占民带领，赴浙江温州招商。3月22日，全县招商引资奖惩大会召开，县委、县政府对2004年招商引资和出口创汇先进单位和个人予以表彰。会议要求以科学发展观为指导，深入开展“招商引资年”“项目建设年”活动，完成35亿元招商引资任务，力争达到38亿元，以外部优势要素的涌入促进全县经济又好又快发展。7月20日、7月22日，分别召开乡镇、县直部门招商引资调度会，首批3个乡镇、20个县直单位主要负责人被责令交接工作离岗招商。为加快经济发展，掀起招商引资高潮，11月29日，鄄城县组织县委、县人大、县政府、县政协、县法院、县检察院及各乡镇、各县直部门、各垂直单位主要负责人100余人，到泰安市的肥城、东平两县市参观学习。

为促进招商引资工作开展，有选择地参加了在青岛举办的中日韩产业交流会，在潍坊举办的鲁台经贸洽谈会，以及菏泽市每年举办的中国林产品交易会和菏泽国际牡丹花会等投资促进活动。从2003年开始，在每年的菏泽国际牡丹花会期间，举办鄄城（国际）人发风情节。

从2004年开始，在每年的中国林产品交易会期间举办鄄城孙膑文化旅游节，宣传鄄城林畜资源优势、中药材资源优势、人发集散地优势、水资源优势、矿产资源优势和旅游资源优势。

鄄城的外资企业主要集中在人发、纺织、化工、木制品加工等方面。其中人发数量企业较多，投资商多数来自韩国。纺织、旅游开发、化工等一些项目投资来自中国香港、台湾地区和欧美等地。县外省内企业主要来自济南、潍坊、青岛、临沂等地。也有来自浙江、广东、湖南、河南等地的商家，但数量较少。

2006年，县委、县政府向16个乡镇和15个县直重点招商引资部门分配大项目建设任务，把2006年确定为"大项目建设年"，把全县招商引资工作的重心向大项目建设转移。为建设招商引资平台，确定与鄄城（潍坊）工业园相对应，建立鄄南工业园。2006年，随着鄄南工业园基础设施完善和30多个大项目落地，鄄南工业园初具规模。2007年年初，县委、县政府下发《中共鄄城县委、鄄城县人民政府关于2007年招商引资、出口创汇工作的奖惩意见》，对年底完不成一般项目招商引资任务、且排最后一名的乡镇和后三名的县直部门（含垂直部门），单位和主要负责人不得参加县委、县政府的各类评优、评先，单位干部一年内一律不得提拔重用，并对单位全县通报批评。2007年，由县委各常委、副县长按照分工，协调其分管部门组成12个大项目招商小组，每个小组年内在县工业园内至少完成一个固定资产投资1000万元以上的生产经营性项目。2008年，招商引资效果初步显现。县委、县政府完善考核机制，加大奖惩力度，先后组织开展了赴长三角、珠三角集中招商和"百日招商"等一系列活动，并开展大项目"百日会战"，加快推进项目建设。县委、县政府将2009年定为"大项目建设和招商引资攻坚年"，从2月2日起至年底，开展百日招商活动3次，每次百日招商活动，每个招商单位必须单独签约一个固定资产投资1亿元以上的项目。全县42个招商单位，近100个招商小组，分别到长三角、珠三角、京津塘、胶东等地区开展招商。为深化专业招商，组建3个专业招商局，在全县范围内招聘专业招商局长、副局长及招商人员，县财政拨付专门经费作为招商费用。县政府又聘请企业经理7人作为招商局长、副局长。

2010年，全县招商引资任务重点分解给16个乡镇、13个重点招商部门、12个重点招商组和3个专业招商局。县直其他部门的招商引资任务都归到12个重点招商组。全县各个招商单位组建4个专业招商小组，同时搞好招商业务专题培训，提高素质，分赴长三角、珠三角、胶东半岛、闽南四个重点招商区域实施集中招商和长年蹲点招商。2010年先后开展了1月份集中招商活动、港台招商活动、上半年集中招商活动及下半年集中招商活动，并组织参加了菏泽投资贸易春季及秋季洽谈会。

第二节　招商引资优惠政策

从1999年起，鄄城县就开始制定招商引资优惠政策，并在实际工作中不断修改完善，概括起来主要有：

收费政策　凡引进的生产性项目，免交投产前筹建阶段的一切行政事业性收费，应向市及市以上交纳的费用，由项目拟受益财政负担。企业的排污费，按国家规定的最低限收取。

土地政策　落户鄄城且投资密度在60万元／亩以上（含60万元／亩）的生产性企业或高新技术项目，需办理土地出让手续的，其土地报批规费由企业承担，其余部分由项目拟受益财政和企业各负担50%，手续由政府负责办理；不需要办理土地出让手续的，无偿使用土地50年。征地所需契税，由项目拟受益财政承担。项目用地需拆迁的，按上级有关文件规定执行。补偿费用，由项目拟受益财政承担。

用电政策　保证企业足量用电，并严格执行物价部门核定的电价。对用电量较大的企业，政府积极协调电力部门争取优惠电价。

税收政策　对注册100万元以上的生产性企业，除享受国家规定的税收优惠政策外，从纳税年度起，前两年按上缴税收地方财政留成部分的100%作为技改资金奖给企业，后三年按上缴税收地方财政留成部分的50%作为技改资金奖给企业。凡在当地纳税的出口企业，在出口退税手续齐全后，一个月内地方政府补贴部分全部到位，并确保退税及时兑现。

一事一议政策 对当地经济拉动较大的招商引资项目，采取一事一议、特事特办方式，为投资者提供特殊优惠政策。

2009 年，县委、县政府根据经济发展和经济形势的变化，为进一步加大招商引资力度，吸引境内外投资者到鄄城投资兴业，按照国家和省、市有关规定，借鉴外地经验，结合鄄城实际，在原来基础上，对县内外投资者在鄄城区域内投资建设的工商企业项目优惠政策作了修改：

收费减免政策 凡引进生产性项目，办理相关手续时，只收取工本费，免交投产前属于县内收取的行政事业性收费，属市及市以上收费的，按最低限收取。

土地出让政策 按照国家法律、法规，土地出让期限按最高期限办理。新建生产性项目，投资密度在 120 万元 / 亩以上，固定资产一次性投资达到 3000 万～ 5000 万元的，土地出让价每亩 5 万元；固定资产一次性投资达到 5000 万～ 10000 万元的，土地出让价每亩 3.5 万元；固定资产一次性投资达到 1 亿元以上且发展前景好、带动能力强的项目，可采取一事一议的方式取得土地使用权。商业、旅游、娱乐和房地产开发等经营性用地，以出让方式提供土地的，一律采取“招拍挂”方式。

税收奖励政策 固定资产投资 3000 万元以上的生产性企业，除享受国家规定的税收优惠政策外，从纳税年度起，前两年按上缴税收（企业所得税、增值税）地方财政留成部分的 100% 作为技改资金奖给企业。后 3 年，对固定资产投资在 3000 万元～ 1 亿元（含 1 亿元）的，按上缴税收地方财政留成部分的 30% ～ 50% 作为技改资金奖给企业；对固定资产投资在亿元以上的，按上缴税收地方财政留成部分的 50% ～ 70% 作为技改资金奖给企业。

环境服务政策 保证招商引资项目实现“六通一平”。对招商引资项目，实行首问负责制，县内有关手续统一到县行政服务中心办理。在手续齐全的情况下，实行限时办结。对招商引资项目，可由有关单位代办协办注册、登记、立项、报批等相关手续，实行全程服务，不收取任何代办、协办费用，需要交纳的其他费用按收费政策执行。未经批准，任何单位和个人不得到招商引资企业进行检查收费等活动。对外来客商引来的各类人才以及配偶、未婚子女，可免费办理本地城镇居民户口，对其子女入托、入学优先安排。

第三节 招商引资成效

2003 年，认定招商引资项目 317 个，到位资金 5 亿元，占全县固定资产投资总额 240249 万元的 33.3%。2004 年，认定招商引资项目 332 个，到位资金 8 亿元，占全县固定资产投资总额 113839 万元的 43.92%。2005 年，认定招商引资项目 486 个，到位资金 25 亿元，占全县固定资产投资总额 343993 万元的 73%。

随着招商引资工作全面铺开，经济发展速度明显加快，1998—2002 年平均经济增长 7.6%，2002 年增长 8.2%，2003 年增长 16.1%，2004 年增长 22%，2005 年增长 16.69%。随着招商引资企业数量逐年增长，在外资企业就业人数逐年增加，2003 年约为 9500 人，2004 年约为 11960 人，2005 年约为 16800 人。外资企业对鄄城县财政收入的贡献逐步增大。2001 年，全县有 56 个招商引资企业（一般纳税人），纳税 2203 万元，占当年财政收入的 33%。2002 年，全县有 76 个招商引资企业（一般纳税人），纳税 2707

鄄城人发产业园

万元，占当年财政收入的36%。2003年，全县有122个招商引资企业（一般纳税人），纳税3494万元，占当年财政收入的42%。2004年全县有136个招商引资企业（一般纳税人），纳税3880万元，占当年财政收入的45%。2005年全县有158个招商引资企业（一般纳税人），纳税4356万元，占当年财政收入50.3%。

县委、县政府把2006年确定为“大项目建设年”，把全县招商引资工作的重心向“大项目建设”转移，向16个乡镇和15个重点招商引资部门分配大项目建设任务，鄄城县大项目建设工作取得突破性进展。2006年，在县工业园新上大项目累计33个。

2007年，全县认定招商引资项目193个，认定到位资金37278.86万元，占全年任务34.55亿元的10.79%。按单位类别划分，乡镇完成11531.4万元，占全年任务27.76亿元的4.15%；县直部门完成25747.46万元，占全年任务6.74亿元的38.2%。按到位资金的用途划分，形成固定资产22256.86万元；其他到位资金15022万元。2008年，县委、县政府完善考核机制，加大奖惩力度，先后组织开展了赴长三角、珠三角集中招商和“百日招商”等一系列活动，共签约过亿元项目31个，计划投资73亿元。开展大项目“百日会战”，加快推进项目建设。全县新建、续建千万元以上项目89个，完成投资27亿元，其中过亿元项目22个，完成投资10亿元。2009年，全县共签约项目79个，签约额175.17亿元。其中，过10亿元项目3个，签约额32亿元；过亿元项目70个，签约额141亿元。2010年1—11月，全县共签约项目160个，其中内资项目156个，签约额400.512亿元；外资项目4个，签约额2.38亿元。2010年全县有158个招商引资企业（一般纳税人），纳税4356万元。

第二章　东西结合

第一节　济南市与鄄城结合

1998年12月19日，山东省东西结合加快菏泽地区经济发展工作会议召开，会议决定由济南市结对鄄城县，帮扶鄄城发展。

1999年1月18日，济南市委副书记、市长谢玉堂，副市长杨佩钦带领市直有关部门人员、济南市5个企业的负责人和挂职干部26人抵达鄄城，结对帮扶工作正式展开。菏泽地区行署领导人李明先、陈光、杜昌文和鄄城干部群众举行热烈的欢迎仪式，济南市当场无偿支援鄄城100万元。4月21日，鄄城县人民政府制定《关于推进东西结合加快经济发展的若干政策规定》，按照“优势互补、互惠互利、共同发展”的原则，对济南市到鄄城兴办企业，分别从税收、用地、服务等方面提供优惠和便利政策。6月18日，济南市与鄄城结合企业签字仪式在菏泽牡丹宾馆举行，济南市副市长杨佩钦、菏泽地委副书记行署副专员杜昌文出席签字仪式。1999年，以企业间的结合为重点，以企业产权结合为核心，双方结合项目45个，济南市驻鄄城帮扶工作人员136人（其中企业管理、工程技术人员和财务人员110人），到位资金3031万元（其中无偿捐赠479万元），到位项目资金2282元，济南收购、控股、租赁鄄城企业6家（认购资金1600万元），投产的26家东西结合企业实现销售收入1133万元，利税131万元。

2000年5月31日，中共济南市委组织部选派到鄄城阎什镇任党委副书记的挂职干部杨君信，在返回长清筹措资金途中，因车祸殉职。中共鄄城县委、鄄城县人民政府下发文件，号召全县干部群众开展学习杨君信活动。10月30日，鄄泉二级水厂落成剪裁仪式在鄄城举行，济南市副市长杨佩钦、菏泽地区行署副专员李德章出席剪彩仪式。该水厂总投资1000万元，月供水20000多吨。截至2005年，各帮扶方支援资金到位9.53亿元，其中，有偿资金1.27亿元，无偿资金0.78亿元，项目投资7.49亿元。

第二节　潍坊市与鄄城结合

2004年11月15日，潍坊市人民政府副秘书长张桂昌一行7人到鄄城实地考察。16日，中共潍坊市委副书记、潍坊市人民政府市长张新起带领潍坊市15个单位的有关人员26人在中共菏泽市委副书记、菏泽市人民政府副市长赵润田等陪同下，到鄄城舜王城中药材市场、什集镇工业园长江纺织集团、鄄城人发企业及中药材加工企业、鄄城工业区考察。经过两天考察，潍坊市考察团初步计划投资10亿元，在鄄城建设1平方公里的工业区，并以此为平台滚动发展。

2010年，鄄城（潍坊）工业园基础设施和标准厂房完成投资17000万元，有26个项目进入园区，完成投资29.2亿元；有23个项目竣工投产，完成投资24.6亿元。东西联动项目实现销售收入25.9亿元，上缴税金4370万元，安排劳动就业5000多人。

鄄城（潍坊）工业园　（2010年　摄）

第三章　开发区

第一节　县经济开发区

县经济开发区位于县城东南部，2002年6月开始建设。2006年3月报经国务院备案，被省政府批准为省级工业园区。2006年开始建设鄄城工业园。

规划范围　西起鄄九路（工业路）、东至鄄十五路，北起青年路、南至南环城路，总规划面积23.5平方公里。规划了沿青年路的城市发展轴线、沿东环路的工业发展轴线；生活居住区与工业区并列布置，种植防护林带以免工业区污染生活区；形成教育科研和商贸物流两大中心。

基础设施建设　县委、县政府按照“举全县之力，建设开发区”的工作思路，千方百计加大基础设施投入，至2006年开发区已完成基础设施投入3.71亿元，建成9.5公里的“六纵八横”路网结构，9.5公里的供电和通信网络，6.5公里的给排

鄄城县经济开发区（局部）（2010年　摄）

水网络，110千伏变电站，区内5平方公里内基本实现“六通一平”和绿化、亮化、美化。鄄城（潍坊）工业园共分两期实施。一期工程占地1.6平方公里，2005年2月开工建设，投入基础设施建设资金5500万元，实现“七通一平”，完成绿化、美化。二期工程位于一期工程北邻，规划占地2477亩，2007年9月开工建设，已完成基础设施建设投资831万元。2008年，加快鄄城工业园和潍坊工业园二期工程基础设施建设。道路修筑完成总投资约730万元。园区绿化总投资约80万元。道路亮化总投资约15万元。电力改造总投资约20万元。通信设施建设方面，潍坊路铺设光缆、电缆各1000米。供水排水方面，工业路、历山路、潍坊路、东环城路（青年路至南环路段）南环城路都已布设了供水管路，总长度约25千米，总投资约50万元。修筑南环路东延伸段排水明沟1460米，尹庄街排水明沟80米。修建城濮街、工业路、潍坊路地下排水沟共3100米。2009年投入资金约2500万元，修建人民街东延、建设路东延、城濮街及凤凰路，并对园区内工业路、潍坊路、历山路、南外环东延、人民街东延、尹庄街等路段进行绿化配套，对工业路、潍坊路、历山路部分路段的排水工程进行完善，极大改善了园区投资环境。完成城濮街东延、凤凰路、人民路东延共约6200米路基土方和灰土工程。并完成凤凰路北延、规划一路、平安路的打点、定位、清障。

进区企业　鄄城（潍坊）工业园一期工程共有21个入园项目，项目总投资15.3亿元，完成投资11亿元。以鄄城晨鸣板材有限公司、鄄城昌华纺织有限公司、山东菏泽红日家具有限公司等为代表，涉及机械加工、化工、纺织服装加工、木材加工、建筑装饰材料、塑料制品加工等多个产业，整体运营态势良好。其中，鄄城晨鸣板材有限公司由全国500强企业之一的山东晨鸣纸业集团投资兴建，总投资3.2亿元，年产刨花板6万立方米。鄄城昌华纺织有限公司一期总投资7500万元，4万纱锭生产规模，从业人员800余人，生产高、中、低档各种规格的纯棉和涤棉纱，设备和技术在国内均居领先水平。山东菏泽红日家具有限公司系中国家具协会会员单位，拥有办公家具生产线、装饰材料生产线、全自动烤漆生产线等先进工艺和设备，主要生产和销售办公家具、酒店家具、民用套房、免漆装饰材料等系列产品，产品远销美国、墨西哥、日本、韩国及东欧、东南亚等国家和地区。2008年底，区内累计入驻项目122个，初步形成以纺织服装、医药化工、机械电子、木材加工和农副产品加工为主，其他产业协调发展的产业格局。本年度区内新入驻过5000万元项目13个，分别是：陈王酒业有限公司项目、双得利面业有限公司项目、山东鄄城骏驰精细化工有限公司项目、鄄城阳成生物科技有限公司3000吨苏氨酸项目、菏泽市中利生物工程有限公司项目、山东弘宝利生物蛋白饲料有限公司、上海通用肥业有限公司、菏泽（香港）创意达五金制品有限公司、菏泽恒茂纺织有限公司、山东远大生物科技有限公司、源大煤化工一期工程、齐鲁润华汽贸中心、鄄城兴亚科技有限公司。项目合同总投资18.55亿元，固定资产投入13.60亿元，项目达产后可实现产值26.89亿元，上缴税收1.32亿元。

开发区内投资过亿元的重点项目有9个，其中，青岛普来特电器有限公司主要生产太阳能热水器、电动自行车、灯具、电动一太阳能轿车等产品。菏泽华意化工有限公司年产5000吨二氯异氰尿酸钾项目计划投资1.2亿元，该公司两大龙头产品三氯异氰尿酸、氰尿酸，90%以上出口到欧盟、南北美、澳大利亚、东南亚等国家和地区。菏泽黄河纺织有限公司24万锭高支精梳纱项目计划总投资5.6亿元，建设高新节能22万枚棉纺纱锭和768枚气流纺。该项目年生产精梳高支纱JC32支3780吨、JC40支2670吨、JC60支640吨、C32支4300吨、C40支5600吨、OEC10支2520吨。产品既可向国际市场销售，同时也能满足国内市场的新需求，具有较强的市场竞争力。福建泓坤集团纺织及服装加工项目计划总投资1.4亿元，集纺纱、织布及服装加工于一体，还生产毛巾、浴巾、睡衣等家纺产品。项目建成后，年实现销售收入1.8亿元，利税4000万元。鄄城县亘古泉啤酒项目总投资1.2亿元，主要生产亘古泉牌系列啤酒，年产啤酒8万吨。

2010年，开发区企业总数104个，主要有化工、人发、纺织、木材加工行业，总产值1219924万元，增加值243230万元，上缴税金20691万元，职工总数1.1万人。

第二节　乡镇经济园区

1994年，鄄城镇建工业小区2个，箕山乡、阎什镇、凤凰乡相继建起工业小区。1995年，其他各乡镇也都规划出工业小区。至2002年，各乡镇全部建起经济开发区。乡镇经济开发区企业从事行业主要有化工、地毯加工、人发加工、药材加工、木材加工、食品加工、机械制造、电子产品加工、畜产品加工、建筑、纺织、服装等。

阎什镇经济开发区　阎什镇有四大经济开发区：镇驻地综合经济开发区，成立于1999年，主要进行果品套袋、建材生产和商贸活动。主要企业有鄄城县振卉复合材料厂，成立于2003年8月，主要产品为水泥砖、路沿石等；贵和超市、天华超市分别成立于2005年5月和8月，主要经营服装、百货等生活用品；阎什镇供销农资超市，成立于2004年1月，主要经营化肥、农药等产品。张志门成品、半成品家具生产经济开发区，成立于2000年1月，主要生产成品家具和半成品家具，主要企业有天涯家具有限公司，建立于1994年5月，主要产品为成品家具、办公设施等。鄄巨路两侧旋皮制板经济开发区，成立于2001年3月，主要产品是旋皮、胶合板，主要企业有鄄城县弘盛木业有限公司，成立于2003年9月，主要产品为建筑模板、胶合板。鄄城县润源制板有限公司，成立于2005年12月，主要产品为建筑模板、胶合板。聚森木业园，成立于2009年10月，2010年完成投资3.6亿元，入园企业25家，主要产品为建筑模板、胶合板、木质纤维板及甲醛，主要企业有润德甲醛、鑫昊木业等。火车站物流工业园，以商贸物流为主，正在开发建设之中。2010年，镇工业园区建设配套设施累计投资820万元，有85家企业落户园区，企业固定资产投资累计13.6亿元。

阎什聚森木业园（2010年　摄）

彭楼镇工业园　建设于1999年2月，位于彭楼镇南部，与牡丹区都司镇交界，规划面积1000亩，2005年建设500亩，完成投资1.2亿元，工业产值达5000万元，年利税1500多万元，有10家企业落户园区。

富春乡开发区　始建于2000年，位于富春乡政府驻地东1公里处，面积3.2平方公里。2005年，已落户企业30家，园区工业产值3.2亿元，固定资产总投资达9.8亿元，其中投资过千万元的企业6家，主要有投资5000万元的山东九洲农药公司（建于2000年），投资5000万元的北方发制品公司（建于2000年）、投资400万美元的奥斯卡有限公司（建于2001年）、投资4000万元的泓亚工艺品有限公司（建于2003年），菏泽沃蓝化工有限公司（建于2004年）。

沃蓝化工有限公司（2007年　摄）

第 十 五 编

商业　贸易

SHANGYE MAOYI

中华人民共和国成立后，鄄城国营商业开始出现，至20世纪80年代末，国营商业一直是国家计划经济的重要组成部分。20世纪90年代，市场经济逐渐兴起，商品销售也基本取消了计划供给制，推向市场，敞开供应。1998年，随着国家经济体制改革的不断深入，市场经济的发展壮大，商业市场出现了“百花齐放，万家争鸣”的局面，国有商业原来的经营模式越来越不适应经济的发展，因此，根据上级文件精神，国有商业改制成股份制企业，国有资产退出，鄄城商业系统对下属企业进行全面改制，以“出售拍卖”为主，商业系统改制全面完成，新成立“鄄城县鑫鑫五金交电有限公司”等8个有限公司。2005年，全系统共新增固定资产投资1500万元。2006—2010年，零售业得到迅猛发展，商业企业商品零售额从2005年的1900多万元增加到2010年的7000多万元，增长了268.4%，利税由200多万元达到700多万元。2005年，县供销社改制完成，石油、烟草、食盐等实行经营许可。

随着经济发展和人民群众生活水平提高，鄄城商品经济也得到较快发展，商场、超市从无到有，从小到大。截至2010年，县城有市场2处，大型商场超市12家，城乡集市贸易更加繁荣，全县共有集贸市场36处，沿袭至今的古庙会有4处：历山庙会、信义庙会、刘林庙会、穀庵庙会。1991—2010年，全县专业市场有富春金堤人发市场、舜王城中药材市场等四大专业市场。

2010年，全县外商投资企业21家，鄄城外贸进出口企业60余家，有进出口实绩的40家。

第一章　国营商业

中华人民共和国成立前，商品均为自由贸易，私商从外地购进商品在当地出卖，从中赢得微利，经营量小，品种也很少，多是生活用品。中华人民共和国成立后，国营商业开始出现，商品经营范围逐年扩大，品种愈来愈多，销售额逐年增大，至20世纪80年代末，国营商业一直是国家计划经济的重要组成部分，在国家调整供需矛盾、丰富人民生活、促进商品流通方面发挥着重要作用。至20世纪90年代，随着经济体制改革的不断深入，市场经济逐渐兴起，私营商业和集体商业也逐渐发展壮大起来，国营商业面临激烈的市场竞争，商品大部分推向市场，敞开供应，不再进行计划供应。鄄城的商品来源渠道主要有：由国营商业企业从地区国营商业二级批发站对口购进，由于市场经济的冲击，批发站经营业务萎缩，这条渠道购进的商品很少；收购当地的农副产品，主要有国营商业的食品公司及下属食品站收购当地的猪、羊、禽、蔬菜等农副产品；直接从工厂和县外商业企业、商业大市场和品牌代理商进货，这是商品购进的主要来源。商品销售自90年代以后基本取消计划供给制，推向市场，敞开供应，主要有批发和零售两种方式，由国营商业部门的三级批发站将购进的商品批发给县内外的各商业企业、社会集团及零售网点销售；由国营商业的零售企业面向城乡居民零售。鄄城的国营

陈王商场　（仝洪江　1996年　摄）

商业经营业务主要有：工业品、商办工业、饮食服务、农副产品收购4大类。

1998年，随着国家经济体制改革的不断深入，市场经济的发展壮大，商业市场出现了“百花齐放，万家争鸣”的局面，国有商业原来的经营模式越来越不适应经济的发展。因此，根据上级文件精神，国有商业改制成股份制企业，国有资产退出，国家不再具有人事、资产和经营权，只具有经营指导和信息咨询等服务功能。从此国有商业完成了它的历史使命。

第一节　体制改革

1991年5月1日，根据菏泽地区商业局和地区物价局文件精神，将部分省和地区的商品价格开放，开放后的商品价格不再受地区差率、批零差率的限制，其销售价格均由经营企业按照进货成本和市场情况自行确定。10月9日起为深化流通企业改革，商业系统实行用工、分配、物价、经营四放开，其实质是对承包制的完善和发展，把经营、价格、用工、分配等自主权还给企业。

1992年10月1日，借鉴农村改革经验，商业系统推行国营个体化经营改革。在国营经济框架内，引入个体经营运行机制，实行职工个人自筹资金、自主经营。实行“两保、三定、四放开”，即：保税收、保利润，定风险抵押、定人员、定规章制度，经营自主权放开、价格放开、人事组合自主权放开、分配放开。

1993年11月起商业系统推行国有民营等形式的承包，到1994年，全系统实行班组已达140多个。由于责、权、利明确，促进了经营业务的开展，尤其是二百货公司最为明显，1994年二百货公司实现利税9.7万元，比1993年的-19.3万元相对增加29万元。

1996年11月，根据国内贸易部关于国有企业不再实行国有民营的指示精神，从1997年1月1日起，商业企业实行统一管理、规模经营、独立核算，不再实行国有民营、租赁承包。国有商业企业由于长期受计划经济影响，企业经营自主权少，经营情况日益艰难。至1997年年底，全年商业系统总资产为2771万元，负债总额为2586万元，资产负债率达93.31%。企业亏损严重，有的企业亏损额达147万元，经营日益萎缩，效益低下。职工收入低，下岗职工增多，生活困难，难以调动企业积极性。

1998年，根据地委和县委文件精神，商业系统对下属企业进行全面改制，以“出售拍卖”为主，1998年9月底，商业系统改制全面完成，新成立鄄城县鑫鑫五金交电有限公司、鄄城县新世纪行百货公司、鄄城县友谊商贸有限公司、鄄城县开元商贸有限公司、鄄城县人民商场、鄄城县振兴服务中心、鄄城县杏花岗食品厂、鄄城县健烨食品有限公司8家公司。公司实行股份合作制，坚持职工自愿认购与全员持股相结合，利益共享、风险共担的原则。公司召开股东大会通过公司名称和章程，选举董事会和监事会，公司拥有人事、财务等经营自主权，自负盈亏、独立核算、依法纳税，具有独立的法人资格。通过公司产权改制，使企业建立新的管理机制，增强市场竞争能力，真正实现政企分开；同时主管部门不再直接管理企业，主要职能体现在做好企业的协调、服务等方面的工作。

崇兴商场　（全洪江　1996年　摄）

1998年，全县商业系统下属八大企业全部改为股份合作制企业，企业改制后，全系统资产总额3164万元，负债总额3545万元，募股资金357万元，其中募集现金261万元，其他转股96万元，全系统在职干部职工共912人，入股人数729人，占全部职工总数的80%。企业经营主要有工业品、商办工业、服务和农副产品收购等。至2005年，全系统共新增固定资产投资1500万元，其中人民商场中心超市扩建和管理系统、商品展台、冰箱等投资80万元，扩建人民商场商业楼投资300万元，新增营业面积达3500平方米；食品厂豆制品生产线及商业建设投资100万元；开元商贸有限公司老商业区的营业楼投资350万元，新增营业面积1500平方米。企业解放思想，发展连锁经营、物流配送等，多种渠道发展经营。采用现代物流网络管理技术和信息化标准，高标准起步，高水平、高姿态发展。“十一五”期间，零售业得到迅猛发展。商业企业商品零售额从2005年的1900多万元增加到2010年的7000多万元，增长了268.4%，利税由200多万元达到700多万元。企业规模迅速膨胀，营业网点不断增加。2005年，商业系统各企业刚刚经过改制后的资产重新整合，企业规模较小，竞争力较弱，经过几年发展，人民商场、百货大楼至2010年企业资产已达到上千万元，月销售收入达到300多万元，从业人员百余人，营业网点10余处，已经成为鄄城商业的龙头企业。商业企业改变传统的商品零售单一业态，逐渐走向集零售、配送、品牌代理、连锁等多业态并举的路子。管理科学，理念创新，营销网络化，传统的经营观念、样板式的销售方式、计划经济时代的管理模式得到根本性改变。逐渐走向自主经营、自负盈亏、管理科学的良性发展轨道。

部分商业企业不适应市场经济发展，不能解放思想，大胆创业，致使企业效益日益萎缩，经营步履维艰。食品公司收购生猪数量逐年降低；至2010年，由于公司及下属食品站的资产基本上以出租、强占、以租代买等形式被处置，公司的经营已不具备条件，业务完全停顿。服务公司、五金公司、蓝天商城、新世纪公司4家股份制企业业务基本停顿，公司主要依靠出租门面房收入维持公司的运转；杏花岗食品厂作为商业系统唯一的一家商办工业企业也因资金短缺、经营管理不善、市场竞争激烈等原因经营困难。

第二节 商业经营

工业品经营 工业品经营一直是国营商业的主要业务。百货公司、五金公司、副食品公司3个批零兼营企业和百货大楼、二百货公司2个零售企业，具体负责工业品的经营；经营范围主要有：五金交电化工、百货、烟酒副食3大类商品。五金交电主要经营圆钉、铁丝等铁制品，自行车、灯管、灯泡、收音机及纯碱等产品，为满足消费需求，又不断购进摩托车、电视机、录像机、洗衣机、风扇、冰箱等高档商品；烟酒副食主要经营食糖、罐头、烟酒、饮料、茶叶等生活用品；百货主要经营锅、洗衣粉、肥皂、钟表、化妆品、饰品、纸、鞋类、针纺织品、文化用品等；工业品经营品种达到万余种。

1991年，由于市场经济冲击，国营商业市场持续疲软，回升速度缓慢，商业企业包袱沉重，再加上价格体系不合理，商业利润大量转移。为了扭转这一局面，组织专门经商队伍常年送工业品下乡，当年下乡2830人次，销售总额675.4万元。开展店外经营，全年店外销售额188.8万元。建立下伸网点，扩大工业品销售市场，开拓县外市场。开展有奖销售，以吸引顾客。1992年，工业品市场逐渐转旺，本着“工业创税，商业微利”的原则，与当地工业企业发展多种形式的联营联销。各批发企业参与和配合地区二级站搞好联销、经销代销、移库计销等，防止重复进货，消除内耗。1992年，鄄城县副食品公司更名为鄄城县糖酒茶公司，1993年成立鄄城县第二五金交电公司。随着改革的不断深入，工业品经营企业逐步推行国有民营。1993年，年销售同比增长53万元，毛利额增加10万元。1994年全系统共新增班组18个，工业品经营品种由1993年的8900个增加到1.6万个。如糖酒茶公司到陈王商场租赁摊位批零兼营及副食品取得良好效益；把闲置多年的仓库和院落建设成一座大型综合商城——蓝天商城，营业面积2000多平方米，班组24个，经营大小百货、针纺、五金交电、烟酒、糖茶副食等万余种商品；二五金公司租赁武装部楼房

120平方米增加班组6个，二百货化妆品班组在搞好店内经营的同时，又在县体委租赁房屋65平方米，二百货公司自筹资金30万元于1995年建成营业楼，营业面积650平方米，二五金综合商场也于1996年竣工使用，该商场共设班组23个，比改造前增加16个。企业为扩大销售、提高代销比重，缓解了资金紧张的矛盾，据不完全统计，全系统代销商品的比例占全部商品的5%左右。各企业还相继推出售后服务业务，二五金公司专门设立家电维修部，免费安装调试，免费维修，大件商品免费送货上门。

为了深化工业品经营改革，1997年工业品经营单位实行“责任承包，目标管理”为主要形式的经营方式，据不完全统计，全系统经营工业品的单位承包合同金额签订数为105万元。

食品经营 鄄城县食品厂是商业系统唯一一家商办工业企业，始建于1955年，占地1.3万平方米，到1998年设业务科、政工科、会计课、保卫科、设备科、质检科、化验室，有糕点、酱油、食醋、腌菜、冷饮5个车间和经营门市部；共有干部职工97人，其中初中级技术人员14人，专业技术人员24人。食品厂主要产品有冷饮、糕点、调味品和腌制品4大类50余个品种。1991年以后，产品质量和生产能力逐年上升，冰糕由1991年的119万支上升到1998年的608万支，占领了全县的中低档市场，还一度销往县外，曾经与定陶食品厂联营，生产冰糕。酱油由1991年的61.6万公斤上升到1998年的97万公斤，食醋由1991年的14.9万公斤上升到1998年的32万公斤，由于人们消费水平和生活品位的变化，糕点从1991年的12.2万公斤到1998年的11万公斤，略有下降，但“五仁”月饼1991年在全区月饼评比会上获第二名，酱菜从1991年的5万公斤上升到1998年的10万公斤。进入90年代以后，该厂本着“质量第一，信誉至上”的宗旨，根据市场行情的变化，由计划经济转向市场经济。在市场竞争日益激烈的情况下，根据客户的要求，采取量大批发转为量小批发，由大包装改为小包装，推行量大从优、送货上门、征求客户意见、开供货会等一系列措施，改变了竞争中的不利局面；同时根据居民日益增长的物质和文化生活的需要，不断调整产品结构，增加花色品种，上档次、促效益。1991年引进大豆蛋奶雪糕配方生产“杏花岗”牌大豆蛋奶雪糕。1997年经攻关研制出冬瓜糖、红绿瓜、枣泥、豆沙4个果脯糕点新品种，开发酱菜深加工项目，新上12个新品种。聘请外地高级技术人员，派人到北京、上海、常熟等地学习糕点、冷饮、食醋、酱菜的先进经验和技术。在管理上推行国有民营，制定严格的生产用工制度，采取产销一体、以销定产、定产超产、计件、五定一奖等形式的承包责任制，进一步完善目标责任制。1992年，投资兴建一座速溶大豆脱腥蛋白粉车间，1994年对冰糕车间进行全面技术改造，生产能力较以前提高一倍，1995年开发酱菜深加工项目，新上12个酱菜新品种，使酱菜达到22个大类30个品种。为了节能降耗，对生产糕点的电烤炉进行改造，改用烧炭炉生产。1997年食醋生产一改用缸发酵的方法，改用发酵池生产，提高了质量，方便了管理，利于醋糟的二次利用。

饮食服务 鄄城县国营商业的饮食服务业主要由县饮食服务公司承担，该公司成立于1958年，属全民小型企业，占地7亩，固定资产（原值）47万元，流动资金30万元，涉及饭店、旅社、照相、修理、理发、浴池等六个行业和一饭店、二饭店、健康饭店、回民饭店、跃进旅社、第一和第二修表部、第一和第二照相馆等16个经营网点；至1990年年末，共有干部职工68人，大专1人，高中5人，初中以下60人，在发展经济、服务大众、方便群众生活、提供就业渠道等方面发挥了重要作用。进入20世纪90年代，个体工商业者兴起，饮食服务业经营市场日渐萎缩，不得不采取承包经营的方式，1990年销售收入37万元，利润4万元，税金1.4万元，1991年销售收入38万元，利润为0，税金1.4万元，1995年销售收入仅为8.2万元，营业网点只有一饭店、理发店、照相馆、旅社4处经营网点，经营范围包括炒菜、照相、理发、食品。1998年5月鄄城县饮食服务公司改制成股份合作制企业——振兴服务公司。

农副产品收购 鄄城县国营商业的农副产品收购业务主要由县食品公司承担，下设18个食品站，收购业务从20世纪60年代就开始，主要收购生猪、兼营牛、羊、禽蛋、菠菜、芦笋等，外调至济南、临沂、郑州、安徽、扬州等地，或屠宰分割后一部分外调，一部分地销。进入20世纪90年代，生猪市场开始放开，竞争激烈，为此食品公司建成肉类加工厂1处，对猪牛羊禽进行分割深加工、外调，仅1991年就加工牛肉75吨、羊肉88吨、分割猪肉5吨；收购菠菜、芦笋、金蝉进行加工保鲜。专门在鄄城镇袁庄发展一处蔬菜种植基地，保证蔬菜收购的货源，仅1991年就收购加工金蝉44吨，加工速冻菠菜25吨、芦笋12吨，1994年又收购毛豆角12吨，增销金额达50万元。1991年食品公司两次购进良种仔猪67头，并和饲养户签订合同，开始了生猪改良优化提纯。增加熟制品生产加工比重。搞好毛、血、骨、皮、油、脏器的综合利用。抓好生猪地销，做到每个食品站天天杀猪卖肉。进入90年代后期，由于个体收购户的不断发展壮大，市场竞争日趋激烈，再加上粮食价格提高，生猪饲养成本的增加，货源紧缺，收购价格大幅度上升，多数肉联厂由于市场竞争而停调或由于价格倒挂致使生猪外调渠道不畅，造成生猪经营业务大幅度减少。为了保障群众身体健康，杜绝病死肉、注水肉，根据国家有关政策，20世纪90年代中后期，先后2次实行大规模的生猪定点屠宰。从事生猪屠宰的经营单位和个人必须在定点屠宰场屠宰，自宰自食的生猪不得上市销售，实行一把刀宰杀，多户批发，宰前检疫，宰后检验，1995年仅2个月就宰杀生猪2000多头，既增加了税收，又利于群众的健康，创造了良好的经济和社会效益。

1991—1998年鄄城县国营商业农副产品收购情况表

表15-1-1

年 份	生猪（万头）	牛肉（吨）	羊肉（吨）	菠菜（吨）	芦笋（吨）	金蝉（吨）	牛蒡（吨）
1991	2.96	75	88	25	12	44	—
1992	3.5029	45	50	55	15	50	—
1993	5.5274	75	70	72	25	66	—
1994	2.6	—	—	108	35	33	—
1995	3.76	—	—	—	—	—	20
1996	5	—	—	98	50	30	70
1997	3.5	—	—	—	—	—	—
1998	3.15	—	—	—	—	—	—

第二章　物资管理

第一节　物资管理改革

1991年、1992年，物资管理以搞好购销业务、提高供应水平和经济效益为中心，优化劳动组合，优化劳动组织，实行全员风险抵押金，将职工工资同企业经济效益挂钩。1994年、1995年，实行国有民营承包责任制、租赁经营制，从上到下层层签订经营合同。承包体实行自由结合，自筹资金，自主经营，自负盈亏，定期上交承包金、租赁费。同时加强10个农村网点建设，在建立购销基地、外购外销的同时，扩大物资经营覆盖面。1996年8月将金属机电综合公司和建材化轻公司合并成立鄄城县虹桥市场开发公司，虹桥市场开业后组建虹桥市场东区蔬菜批发市场，主要实行租赁承包经营管理方式。1998年6月，物资管理局所属4个专业公司全部进行改制，鄄城县虹桥市场开发有限公司改制成为鄄城县天正市场开发有限公司，鄄城县燃料公司改制成为鄄城县百兴煤炭购销中心，鄄城县木材公司改制为鄄城县方圆商贸有限公司，鄄城县物贸公司改制为鄄城县富源物资商店，公司实行股份合作制，坚持职工自愿认购与全员持股相结合的原则，利益共享、风险共担。公司召开股东大会通过公司名称和章程，选举董事会和监事会，公司拥有人事、财务等经营自主权，自负盈亏、独立核算、依法纳税，具有独立的法人资格。同时作为主管部门的物资局，不再直接管理企业，其职能由管理转变为服务。

第二节　物资购销

1991—1998年，全系统实现购进总额7343万元，销售总收入7977万元，其中1991年购进1287万元，实现销售收入1517万元；1992年购进总额1355万元，实现销售收入1527万元；1993年购进总额2086万元，实现销售收入2143万元；1994年购进总额1032万元，实现销售收入1165万元；1995年购进总额900万元，实现销售收入903万元；1996年购进总额188万元，实现销售收入213万元；1997年购进总额290万元，实现销售收入306万元；1998年购进总额205万元，实现销售收入203万元。1998年企业改制后不再从事生产资料购销业务。

1991—1998年鄄城县主要物资购销情况表

表15-2-1

年份＼项目		煤炭（吨）	生铁（吨）	钢材（吨）	铅（吨）	纯碱（吨）	水泥（吨）	轮胎（套）	木材（立方米）	汽车（辆）	机电设备（万元）
1991	购进	47034	161	1075	5	60	1483	56	1769	40	165
	销售	48421	155	1233	7	53	1548	50	2029	40	174
1992	购进	21944	31	699	—	—	1022	—	2102	41	275
	销售	24094	31	701	—	9	973	2	2254	39	268

续表 15-2-1

年份	项目	煤炭（吨）	生铁（吨）	钢材（吨）	铅（吨）	纯碱（吨）	水泥（吨）	轮胎（套）	木材（立方米）	汽车（辆）	机电设备（万元）
1993	购进	2247	—	1594	—	31	326	—	7500	7	65
	销售	2810	—	1621	—	31	478	—	6300	10	79
1994	购进	18682	—	809	—	29	1600	—	3478	—	1
	销售	18152	—	839	—	135	1601	4	4180	—	3
1995	购进	2631	—	102	—	70	—	—	4600	—	—
	销售	2400	—	114	—	70	—	—	4500	—	2
1996	购进	2594	—	284	—	—	90	—	716	—	—
	销售	4500	—	279	—	—	90	—	1527	—	—
1997	购进	4031	—	436	—	—	—	—	814	—	—
	销售	4057	—	445	—	—	—	—	835	—	—
1998	购进	361	—	20	—	—	—	—	58	—	—
	销售	300	—	40	—	—	109	—	9	—	—

第三章 粮 油

第一节 经营体制改革

1990 年，国家对粮油政策进行调整，鄄城取消行业用粮（指加工、制药、酿造等行业用粮），对城镇居民采取限购措施，平价加工任务大幅下降，粮食市场疲软，造成资金紧缺。

1993 年，鄄城加快粮食流通体制改革步伐，抓好粮办工业和“两代一换一下伸”业务，充分发挥粮油主渠道作用。根据 1993 年《中华人民共和国国内贸易部关于加强粮食企业资金管理做好粮油收购资金供应工作的通知》中“放开价格和经营的地区、国有粮油商业企业过去享受的减免税办法，在八五期间继续执行”的精神，对粮食销售价格放开后供应居民、返销农村的粮油及进出口粮油等免征营业税。

1994 年，鄄城县粮食改革向纵深发展，粮食和经营放开后，县粮食局重视粮食网点建设，在发挥国有粮店主渠道作用的同时，提倡集体、个体开办粮店，稳定和发展粮油供应，方便群众生活。粮食企业被逐步推向市场，粮食系统干部职工的思想

鄄城县粮食局 （1996 年 摄）

观念进一步转变，改革意识、商品观念、竞争意识有所增强。在抓好干部、用工和工资三项制度改革的同时，对小型门店偏僻网点实行国有民营、股份合作制、长期租赁经营、转让、拍卖等形式的改革。按照“粮店围绕市场转、效益在市场中实现”的运行机制，调整经营格局，力求在机制上搞活。根据地区行署文件批复成立鄄城县粮油集团公司，属国家大型二类法人单位，实行董事长领导下的总经理负责制。

1995 年，粮食改革贯彻《国务院关于粮食部门深化改革实行两条线运行的通知》精神，理顺政策业务与商业性经营的关系，探索加强对国家专项储备粮管理、调动基层企业管好粮、储好粮积极性的路子。

1998 年，国务院和省政府关于进一步深化粮食流通体制改革的决定发布实施前，省市县政府和县粮食局要求粮食企业不得乘改革之机违规和不合理列支，扩大化粮食亏损挂账。粮食企业要严格执行国家粮食购销价格政策，不得进行“逆向操作”。严格执行收购资金专户管理制度，不准多头开户。严禁以改革为名搞“带粮分流”“带钱分流”，或以兼并、改制、破产等名义，侵吞国有资产和悬空、逃避银行债务。规定粮食收储企业只在中国农业发展银行一家开立账户，配合农发行严格对粮食企业收购资金的使用情况进行监督管理，执行“库贷挂钩”的原则，防止发生新的挤占挪用，做到收购贷款封闭运行。全面清查粮食系统收购资金使用管理和亏损挂账。

1998 年，根据国务院《关于印发当前推进粮食流通体制改革意见的通知》和《山东省人民政府关于贯彻国发〔1998〕35 号文件进一步推进粮食流通体制改革的通知》以及省政府办公厅《关于实施粮食附营业务与收储业务分离的通知》等文件精神，粮食主附营业务实行分离，资金进行分离，附营企业占用的农发行贷款和相应的存款，全部划转农业银行。根据省政府办公厅《转发省计委、省粮食局关于做好国有粮食企业减员分流工作报告的通知》精神，全县粮食系统 2064 人，收储企业减为 934 人，实现了减少一半人员左右的目标。1998 年 5 月鄄城县植物油厂作为粮办工业企业进行改革试点，6 月 1 日作为全县粮食系统首家股份合作制企业正式运作。

1998 年 10 月，根据上级政府要求，组建鄄城县粮食收储有限公司，该公司为独立核算、自负盈亏的企业法人实体，专事粮油收储业务，全县共设立 26 个分公司。

1999 年，按照“推进改革，建好粮食，管住收储，放活经营，发展事业，提高效益”指导思想，推进粮食流通体制改革。收储企业与附营业务进行彻底分开，加强管理、强化监督。鄄城县监察局、计划委员会、粮食局等八部门联合行文对开展粮食流通体制改革情况执法检查，检查是否落实“三项政策、一项改革”和粮食市场管理责任，国有粮食收储企业是否按保护价敞开收购农民余粮，有无违反粮食收购政策，压级压价、拒收限收、代扣代缴除农业税以外的税费和打白条行为，是否执行粮食顺价销售政策，有无违反粮食定价原则、低价亏本销售库存粮食，是否骗取财政补贴挤占挪用粮食收购资金，有无不及时归还银行贷款和虚报新增粮食财务挂账的行为；检查工商行政管理部门是否正确履行职责，真正做到管理粮食收购市场，是否管理食粮食加工企业、用粮大户、粮食批发市场的粮源，是否查处违法收购和贩运粮食的行为；检查铁路、交通等部门是否按规定承运粮食，支持、配合工商部门加强对粮食市场的管理工作；检查农业发展银行是否对粮食收购资金实行封闭运行，按省级人民政府确定的收购价格和实际收购数量，将粮食收购贷款发放到粮食收储企业；检查财政、粮食部门对粮食风险基金、储备粮和超储库存补贴款是否及时足额拨补到位，有无截留、挪用粮食企业资金用于行政性开支问题。对有令不行、有禁不止的违纪违法行为，进行严肃处理。

2001 年，根据国家粮食储备局《关于取消〈市镇居民粮食供应转移证明〉的通知》精神，国家统一的“市镇居民粮食供应转移证明”取消，鄄城县使用的“农转非供应审批凭证”“农村粮食关系转移证明”自2001年5月1日一律不再办理，城镇居民粮食供应卡等粮籍资料作为业务档案封存。粮食实行行政首长负责制，即县长负责制，县粮食局加强改善粮食流通管理工作，探索社会主义市场经济条件下粮食市场调控方式，搞好粮食购销工作，保证粮食市场供应和价格基本稳定。

2004年，针对粮食市场化改革，围绕粮食储备、市场和预警体系建设，强化宏观调控，保障粮食安全，在放开粮食价格和粮食收购的情况下，探索建立由供求关系调节的市场粮价机制，强化市场监管，维护粮食流通秩序，为粮食流通改革做准备。工业企业围绕产权制度改革，在确保人心安定、社会稳定的前提下，加快改革步伐，县植物油厂、综合加工厂先后进入破产程序（2006年6月县综合加工厂清算完毕，其破产程序终结）。

2005年，根据国务院《关于进一步深化粮食流通体制改革的意见》《山东省人民政府关于深化粮食流通体制改革的意见》《山东省人民政府关于深化国有粮食企业改革的意见》等文件精神，以及省市有关改革方案，结合鄄城实际，鄄城县国家粮食储备库、鄄城县国有粮食购销企业以及国家和地方储备管理企业实行国有独资，县收储分公司实行了股份制改造。对原收储分公司国有资产全面进行评估，以企业资产转股形式进行改制，按原企业职工工龄多少转为新企业股份，剩余资产作为国有股，组建股份制企业。至2006年，除左营因土地问题没有完成改制外，全县组建成立粮食购销有限责任公司23家，均依法选举产生了公司董事会、监事会，新企业土地证、房产证和营业执照全部办理完毕，顺利通过省市检查组检查验收，位居全市第一名。2007年，鄄城县粮食行政执法队伍组建。2007—2008年由于鄄城县内的私商粮贩不具备粮食收购许可资格，粮食局未办理粮食收购许可证事宜。自2009年2月，根据《山东省粮食收购资格审核办法》，细化粮食收购市场准入条件，规范粮食市场准入制度，并开始陆续对符合条件的私商粮贩办理粮食收购许可证。对粮食经营和转化用粮企业的粮食购销统计行为进行规范，监督做好收购各项服务工作，托市小麦收购工作进展较顺利。

2010年，粮食局建立起较完善的内部监管机制。对局机关在岗人员实行岗位积分考核制，每月一统计，并张榜公示。将本人全年各种福利与所得积分挂钩，激发了在职人员的工作热情，改变了干与不干一个样、干好干坏一个样的局面。对基层企业法定代表人实行一年一聘制，与其签订任期目标责任书和经营目标责任书，杜绝了跑冒滴漏，防范了腐败。对重点基层企业，开始实行下派局机关干部监管制，取得较明显成效。财务实行会签制度，加强自我约束，增强财务支出透明度。成立集体利益监管会，定期公开财务收支，主动接受职工监督。各项费用明显降低。依据《粮食流通管理条例》，强化县域粮食市场管理职能，加大粮食市场检查力度。在夏粮收购期间，成立了由县政府办公室牵头、县粮食局、县工商局、县公安局、县交通局、县物价局组成的全县联合执法检查组，通过联合执法，维护了全县粮食流通正常秩序，确保了各项粮食惠农政策的落实，维护了鄄城县粮食安全和粮食市场稳定，是2004年国务院赋予粮食局执法权以后，粮食行政执法最好、成效最显著的一年。

第二节　粮油购销

县粮食局为全面完成夏粮收购任务，防止出现农民“卖粮难”问题，保护农民生产、交售粮食的积极性，千方百计提高储存能力，合粮并仓，腾空仓房，及时清理、维修、消毒；对露天垛采取必要措施，使其牢固、防风、防雨、便于检测粮情；对接粮入库所需工具、器材、微机设备，统一组织力量检查校正、维修、配齐。夏粮入库前，采取多种形式，对验级论价、结算和微机操作人员普遍进行一次培训。运用电视、广播和报纸等宣传工具广泛宣传粮食政策，鼓励农民晒干扬净，以多交粮、交好粮的实际行动支援国家建设。基层收粮点通过黑板报、宣传栏等形式，公布收购小麦质量标准、论价办法、奖售物资、票证兑现办法等。公开陈列粮食样品，标明等级、价格。邀请县人大代表、政协委员到收粮点监督政策执行情况。严把入库粮食质量关，严格按粮油质量标准执行，一律使用仪器检验粮质。根据平议价粮收购计划，搞好收购资金供应，测算所需资金，及时向银行部门提报用款计划，落实资金来源，专款专用，杜绝“打白条”现象。各粮食管理所都制定接粮入库和跨界交粮计划，适当增设接粮网点，各收购点普遍实行划片定点，预约交售，对交售粮食大户，实行验级到户，收购到村，并提供包装和运输方便。热情接待送粮群众，夏收期间均备足备好休息棚、开水和防暑药品，加强安全保卫工作，备好防火器材，组织专人维持秩序。粮食系统内部粮油实行调拨，自货自运。根据元旦、春节期间粮油销售集中、销量增加的特点，组织物美价廉、适销对路的粮油货源；提高服务质量，强化服务措施，抓好节日市场粮油供应的组织领导。

1991年，粮油购销实行议价和定购价相结合双轨收购制。定购、专储、议购粮油购销数量和价格均由上级粮食部门分配或规定。当市场粮油价格高于国家规定议转平时，由中央确定补贴粮油差价。鄄城县粮食部门负责安排落实，保证按计划完成。对收购、储存调拨、销售国家专项和商品储备食油，采取统销价格，严禁趁调整价格之机弄虚作假，套取国家粮油和财政补贴。县粮食局组织人员对所有粮油销售单位认真清查，对原始单据进行复核。开展法制和粮食政策宣传教育，进行自报自查自纠，发动群众进行举报，以事实为依据，严肃处理有关违纪问题。销售过程中加强请示报告，发现问题，及时报告处理。售后及时认真总结经验教训。

1991年，根据地区粮食局文件精神，本着自行消化原则，将1989年因受灾严重、报经上级同意收购未处理的芽麦与好麦搭配处理和供应；同时为保证面粉质量，芽麦搭配比例按20%掌握，霉变粒在5%以下。在全县开展粮食销售整顿工作，加强粮食供应管理，堵塞漏洞，减少不合理销量。根据人口、工种（儿童年龄）和粮食定量标准进行核实。

1992年，县粮食局要求各粮食企业、粮所要敢于竞争，克服坐门等客思想，在激烈的市场竞争中搞好、搞活粮油议价经营。

1993年，县粮食局要求基层粮所负责人重视秋季粮油收购工作，树立“手中有粮，心里不慌”和“秋季粮油收购是经营的起点”思想，在兼顾“两代一换一下伸”（代农储存、代农加工、品种兑换，下伸基层农村服务网点）的同时，筹措资金，集中时间、物力和财力，搞好秋粮收购工作。县粮食局对各粮所下达收购任务，要求以适当的价格将农民手中的余粮收购上来，对搞好搞活粮食企业起了积极作用。1994年夏收期间强调抓好“两代一换”工作。自1994年度起，全县粮油经营实行统分结合的销售方式，逐步过渡到分购联销和集中加工的经营方式。

1994年，根据行署“关于对重灾县、市部分灾民实行春季借粮的通知”精神，鄄城县对受灾乡镇部分农民实行借粮，借粮对象为有偿还能力的灾民；共借粮200万公斤。实行春借夏还，夏季实在还不上的秋季全部还清。

1995年，仍实行粮食定购任务和国家下达专储粮收购计划，据统计国有企业掌握社会商品粮油70%～80%。确保了军队、城市和农村灾区的口粮需要，保证了粮油供应。

1996年，《国务院关于推迟调整粮食销售价格出台时间的紧急通知》和《国家计委关于粮食销售价格方案审核意见的通知》，对粮食、面粉销售价格实行最高销售限价，县粮食局对销售价格，报上级粮食、物价部门审批。根据省粮食局和地区粮食局文件精神，县粮食局明确规定国家定购粮油计划是指令性计划，并将第三季度国家定购粮食计划下达，要求各基层粮所严格执行调运计划，坚持好粮外调的原则，对粮食装具、标包、缝口绳及价格、结算方式等均作了明确规定。

1997年，针对鄄城粮食质量差、价格明显倒挂、市场疲软销售困难情况，严格执行国家收购政策，做到了依质论价、合理论价。继续实行定购粮食奖售化肥政策，每百市斤小麦奖售国产尿素5公斤，完成了全年粮食定购任务。坚决执行国务院关于保护价敞开收购议购政策，采取“先定购，后议购，议购随行就市”“保证定购，争取议购”的办法，按照“购得进，销得出”原则，狠抓小麦质量。满足了农民群众出售余粮的要求，并为乡镇人民政府代储代销提留粮。同时按照国务院“关于国有粮食部门要按照有关规定合理安排粮食销售价格、不得降价销售粮食”的有关规定，各基层粮食企业在库存压力大、资金周转困难、利息、费用增加的情况下，严格执行国家粮食销售政策。

1998年，国家实行“敞开收购，顺价销售，封闭运行”三项政策。县粮食局对夏秋粮收购政策执行情况进行定期检查。严格执行粮食收购政策，依质论价，不“打白条”、不压级压价，不为乡镇代扣代缴交粮，实行“户交户结”，真正做到常年、常时挂牌敞开收购，按保护价敞开收购农民的余粮。严格执行国家粮食销售价格政策，按照保本微利的原则加价作价，按保护价收购的议价与定购粮执行同一销售价格，零售价格最高不超过1997年按顺加规定的作价办法定价，加强粮食销售价格管理，加强库存定购粮、保护价粮价格管理，不降价销售。根据菏粮计字〔1998〕10号下达1997年度省间定购价小麦调拨计划，对调拨价格和费用、质量要求、结算方式、统计处理与税收政策等作了明确规定，按规定圆满完成了分配的250万公斤调拨计划任务。加强粮食销售管理，按照国家粮食销售政策，进行库存的审计检查，实行挂牌销售办法。做好夏季防汛保粮食工作。

1999年，县粮食局要求各收储企业执行国家收购政策，在有利于农民获得合理的收益、有利于粮食企业顺价销售、有利于农民面向市场调整和优化粮食种植结构定价的基本原则下，保留粮食定购价格制度和定购价格的形式，考虑与河南省价格衔接问题，合理确定保护价水平。公示质量标准和论价办法，做到常年、常时挂牌按保护价敞开收购农民的余粮，不拒收、不限收、不停收，坚持依质论价，坚持随收随结、户交户结原则，同时开展优质服务收购活动，实行收购经济责任和工效挂钩。对购销企业下达下半年促销压库计划，与基层粮所主要负责人签订不发生新的亏损目标责任书，收到良好效果。1998年鄄城遭受严重的病虫害、暴风雨、冰雹等自然灾害，夏秋作物严重减产失收，部分群众生活出现较大困难。根据地区民政局规定，鄄城县拿出部分县级储备粮对受灾乡镇部分农民实行借粮，借粮对象为有偿还能力的灾民；共借粮780吨。借给灾民的地方储备粮利息由县财政给予补贴，费用由省、县财政和借粮户各负担三分之一。根据国家质量技术监督局等四部门联合下发的《关于发布〈粮食陈化鉴定管理办法〉通知》精神，处理1995年前库存、1996年库存（当年收获前阴雨天较多造成）品质较差的陈化粮3000吨。政府对陈化粮每公斤补贴0.40元，农发行核算仓号，顺价一仓、销售一仓，并在资金上给予支持，工商部门管好粮食收购市场，物价计量部门配合陈化粮的鉴定检验，支持县粮食部门促销压库。采取措施，扩大粮食销售。利用国务院和省政府出台的有关政策，主动协调有关部门，争取政策落实到位、降低库存、加快销售。对等外小麦则以市场价格，按照购得进、销得出的原则，采取随购随销，减少了库存和费用，对企业职工实行核定销售任务联销计酬的办法进行促销。

2000年，根据国家粮食储备局等四部门《关于处理陈化粮有关问题的通知》精神，经县粮食局申请，由地区技术监督部门，按照国家粮食储备局、国家质量技术监督局制定的《粮油储存品质判定规则》和《粮食陈化鉴定管理办法》进行鉴定，首批经鉴定符合国家陈化粮标准的粮食1507万公斤，第二批陈化粮1029.2万公斤（1994年80万公斤、1995年243.5万公斤、1996年705.7万公斤）均作为饲料用粮进行处理。

2000年，根据省物价局文件规定，粮食部门在办理城镇居民粮食关系迁移证时，按8元/户一次收取工本费。自2001年5月1日一律不再办理。

2001年，县粮食局探索社会主义市场经济条件下粮食市场调控方式，搞好粮食购销工作，保证粮食市场供应和价格基本稳定。粮食局就粮食收购量、销售量和代农储粮、代农加工、农村服务网点量，与基层企业负责人签订目标责任书。定期进行清仓查库，对清仓查库中发现的库存短库问题进行清理补库，及时收回被挤占挪用的资金。基层企业不准与粮食系统内个人发生业务关系，单位与单位之间的业务往来必须由收储公司统一运作，否则按照个人行为追究基层企业一把手责任。

2002年，粮食购销继续落实国家粮食购销政策，规范粮食购销行为，修订完善了《鄄城县粮食购销企业管理制度》。对收购中敞开收购、依质论价、资金结算、收购程序及手续传递、收购责任、网点收购等作了详细明确的规定，对粮食销售中的作价原则、申请与审核、手续传递、调拨耗及需方扣量的处理、利润及销售费用的返还等也作了详细明确的规定。由于粮源基础较好，执行政策到位，部门协调配合好，服务措施完善，业务准备充分，夏粮收购进展顺利。销售作价原则是定购粮和保护价粮按照“顺价销售”的原则，由收储公司报经粮局批准后确定销售价格；非保护价粮，由收储公司按报经粮局批准后的指导价格实施，对分公司实行自负盈亏的办法。

2004年，粮食购销继续落实敞开收购农民余粮、顺价销售、收购资金封闭运行政策，按照国务院《粮食收购条例》和《粮食购销违法行为处罚办法》开展粮食购销活动，广设收购网点，县粮食局在经济较为紧张的情况下，筹措100多万元，为每个基层粮食管理所购置、配备了电子磅和输送带。继续执行《鄄城县粮食收储企业粮食购销管理制度》《鄄城县粮食收储企业粮食购销管理实施细则》，对应收账款采取行政、经济、法律等有效手段组织清理收回，彻底纠正个别挤占挪用收购资金现象。粮食市场放开后，针对粮食市场波动，粮食价格上涨，落实各项粮食宏观调控任务，按照国家粮食政策规定和上级工作部署，做好粮食收购、储存、保管、调运、供应等工作，确保粮源充足、市场基本平稳。

2005年，落实库贷挂钩，收购资金专款专用，及时回笼销售货款，收购资金管理得到省市农发行信任，银企关系在全市最好。

军粮供应。1986年6月至1996年3月，县人武部划归地方建制，粮食供应属地方计划。1996年4月1日起，军粮供应关系隶属于菏泽军分区，供粮点由县粮食局予以保障。县粮食局与驻鄄部队衔接，每年“八一”期间突出搞好军粮供应活动和拥军优属工作。按国家粮食储备局、财政部、总后勤部、国内贸易部《关于颁发〈军粮供应与管理办法〉的通知》等有关文件精神办理，落实各项军粮供应政策，优先安排军粮供应，确保了按时、按质、按量、按品种供应部队粮油，米面油等军粮供应差价补贴、结算均按上级文件精神办理。1997年军粮供应按照省政府文件规定，军供小麦粉用定购粮加工供应，调到军供单位的面粉结算价格严格按政策规定执行；军供大米由县粮食局统一筹措，且达质优价廉；军粮补贴和专项资金按规定设专户专账管理，保证及时到位、专款专用；军供单位必须按规定的价格、品种等级、质量及时供应。1998年，军粮供应按照《山东省军粮质量管理试行办法》《山东省军粮供应服务规范》执行。1999年，按照《山东省军粮供应要点》进一步改革和完善军粮供应体制，坚持“先前方后后方，先军队后地方”的供应原则，按《山东省军粮质量管理暂行办法》执行，军供粮油符合规定的等级标准，提供给驻鄄城部队优质粮油。2001年鄄城县粮食局被评为2000年度市级军粮供应工作先进单位。

2006年，夏粮收购总量58495吨，创历史新高；全年购进粮食86349吨（含托市小麦收购），销售53085吨。2007年托市收购小麦26818吨，全年购进粮食43672吨（含托市小麦收购），销售88973吨。2007年，对2006年托市收购小麦销售采取激励措施，实行目标考核责任制，促销压库，全年销售托市收购小麦0.6亿公斤，腾空仓容5.56万吨，为2008年夏粮收购奠定了基础。2008年，托市收购小麦22435吨，经营购进粮食44982吨，销售20384吨。2009年，托市收购小麦49653吨，经营购进粮食85570吨，销售48811吨。经营粮食101991吨，在菏泽市位居第四名。2010年，托市收购虽然仅持续5天，但鄄城收购托市小麦23406吨，居全市前列。托市粮停收后，及时引导企业转变经营战略，积极开展商品粮经营，经营购进粮食116981吨，销售粮食92005吨。

1991—2010 年鄄城县粮食系统粮油购销情况表

表 15-3-1　　　　单位：吨

年　度	收　购		销　售	
	粮食定购	粮食议购	平价粮	议价粮
1991	28020	3102	22380	1668
1992	6183	20358	—	7480
1993	25500	13069	—	64449
1994	25500	21181	—	62134
1995	24500	35244	—	48434
1996	23500	4330	—	40345
1997	22500	32293	—	34074
1998	16500	8643	6910	24261
1999	16500	63280	—	60737
2000	16500	160589	—	223333
2001	16500	91694	—	119855
2002	16500	83474	—	85080
2003	—	71212	—	91501
2004	—	26374	—	20554
2005	—	38508	—	70734
2006	托市粮 58495	商品粮 27854	—	53085
2007	托市粮 26818	商品粮 16854	—	88973
2008	托市粮 22435	商品粮 16854	—	20384
2009	托市粮 49653	商品粮 85570	—	48811
2010	托市粮 23406	商品粮 116981	—	92005

第三节　粮食储备

粮食储备分为国家专项储备粮食、商品储备食油和代农储存 3 种。国家专储粮是国家用于丰歉调剂、市场调节、救灾备荒、应付突发事件的重要战略物资，是国家进行宏观调控的基础，其所有权、动用权属于国务院，质量标准须符合国标规定的中等以上，达不到要求的须及时更换，数量不足的及时补足补齐，保质保量。加强国家专项储备粮管理，是政策性很强的一项工作。上级下达专储粮收购储存计划，质量标准达中等以上，保质保量完成，加强专储粮油日常安全储存保管工作，达到“一符四无”“三专”（账实相符，专仓储存，专人管理，专账记载）、“四落实”（数量落实、质量落实、品种落实、地点落实）及储粮记录齐全，严格执行国家储粮调拨计划。确保了中央储备粮数量真实、质量完好、储存安全、管理规范，保证了随时调用。年初和各储粮单位签订目标责任书，年终对库存的各种粮油的数量、成本进行认真核算，国家专项储备粮油、地方储备粮油，未经国家有关部门或政府批准，不得动用，保证了国家和地方储备粮油安全与完整。

1994 年开始，建设鄄城国家粮食储备库，铁路专用线立项建设，库存达 0.5 亿公斤规模。成立国家专项储备粮食领导小组，加强储备粮油队伍建设，严把储备粮油的入库质量关，健全严格粮食保管检查制度，开展“四无”粮仓活动，做好安全保卫及消防工作，加强粮油仓储设施管理，及时轮换国家储备粮。对国家专储粮集中管理，强化国家专项储备粮调拨资金供应与管理。县粮食局配合农业发展银行搞好储备粮的调拨资金的结算，确保专储粮调拨计划顺利完成。清理如实反映粮食财务挂账，落实各项粮食补贴，落实各项粮油库存。

1995 年 4 月，经国家储备局批复命名，鄄城国家储备库正式挂牌，对鄄城县国家粮食储备库主任实行离任经济责任审计制度，结合山东省《粮食企业负责人离任审计办法》、《粮油管理审计办法》和菏泽干部离任审计有关规定，由县粮食局负责组织实施审计内容、方式和程序，上级业务部门不定期对国家储备粮油进行抽查审计，保证粮油的安全和完整。1995 年，执行国家专储小麦调拨计划，上级粮食业务部门对结算价格、费用结算方式及结算后还贷等均有明确规定，县粮食局具体负责协调落实到位。

1996 年，根据地区粮食局文件精神，鄄城县 1995 年度未完成的定购粮调出计划 50 万公斤转省级储备，明确规定该计划属省政府指令性计划，要求各储粮单位必须如数划转，就地储存，价格按每公斤小麦 1.08 元。

1997 年，为进一步加强国家专储粮管理，确保国家专储小麦账物的统一，县粮食局决定将原综合加工厂、二库储存的国家专储小麦，划归所管理。同年，粮油储备开始执行国家粮食储备局、国家技术监督局联合下发的粮油质量标准。

1997 年根据省、地粮食局召开的沿黄滩区代农储粮专门工作会议精神，县粮食局沿黄乡镇粮所克服仓容紧张、储存压力大、需外垛存放、不易安全度汛等实际困难，完成地区分配鄄城县滩区代农储粮 500 万公斤的任务。

1998 年 9 月 2 日至 3 日，国家粮食储备局，省、地粮局对鄄城中央专项储粮进行专门检查，指出问题，提出具体整改意见。县粮食局根据国家储粮相对集中管理的要求，对鄄城县内中储粮进行集并和指标调整，全县国家储备存粮点由原来的 20 个集中到 11 个单位。实行定期检查，保管员对负责的粮食实行“一、三、七”检查制度：危险粮天天查，半安全粮三天查一次，安全粮七天查一次（最长十天查一次，将检查结果完整准确地填写在“粮情检查记录簿”上），对发现的问题及时处理。每月对库存粮油进行一次全面检查，在风、雨、雪天突击查。仓房防雀、防鼠、防虫“三防”设施齐全，露天垛达到《山东省露天储粮管理规范》要求。根据省粮食局文件要求，鄄城县于 1998 年 10 月底对 1585 吨国家专储小麦进行了轮换。

1999 年，鄄城国家储备库火车专用线正式开通。为保证国家定购粮的安全储存和管理，县粮食局决定将第三分公司（原粮贸公司）、阎什分公司在储备库垛存的 1733837 公斤定购粮划归储备库。鄄城县粮食收储有限公司以拥有总资产 1.55 亿元中的 5210.78 万元，为鄄城国家粮食储备库代储小麦 1.38 万吨、玉米 1.61 万吨总价值 3474 万元的 1.5 倍担保。贯彻国家粮食储备局《关于加强中央储备粮管理工作的紧急通知》精神，严格按照《中央储备粮管理办法》要求，加强对中央储备粮油的库存管理工作，做到了账实相符、质量良好、储存安全。要求基层储粮企业，对照《山东省规范化储粮单位标准（试行）》，贯彻“以防为主，综合防治”的保粮方针。

2000 年，根据《中央储备粮油库存管理办法》有关规定，鄄城县结合夏粮收购于 8 月底前完成了对 12216 吨国家专储小麦的轮换工作。

2001 年，实行各储粮单位法人代表为中央储备粮食管理工作第一责任人制度，对中央储备粮的数量、质量、安全及规范化管理负总责，把各项管理制度逐项落实到各个环节，责任到人。采取抽查与普查相结合的办法，执行《中国储备粮管理总公司中央储备粮油管理办法（试行）》。中央储备粮收购储存实行计划，直接由山东省粮食局、中国储备粮管理总公司济南分公司、中国农业发展银行山东省分行直接下达鄄城县国家粮食储备库。鄄城县国家粮食储备库负责执行收购储存计划。

鄄城县粮食储备库　（2010 年　摄）

2004 年，面对粮食市场波动、粮价上涨，进行统筹安排，强化市场监管和地方储备粮管理，做好群众的生活保障工作，有效维护了社会稳定；贯彻执行上级粮食政策，严禁盗卖国家储备粮，抓好地方储备粮体系建设，确保粮源充足，储备规模到位，库存数量真实，储存质量完好。

2005 年，通过招商引资建设总仓容 500 万公斤的国家粮食储备库 1 座，使鄄城国家储备库的储备能力达到 0.65 亿公斤规模。

2006 年，在鄄城国家粮食储备库新建仓容 500 万公斤的标准粮仓 1 座。2009 年，在鄄城县箕山镇艾庄村，租地 87 亩建设仓房及其他基础配套设施，建筑面积 14000 平方米，新建仓房 3 座仓容 4900 万公斤。2010 年，经多方筹资，在（阎什）鄄城国家粮食储备库新征地 124 亩，建设标准仓房 4 栋，增加仓容 4000 万公斤（鄄城国家粮食储备库西院）；在（箕山）鄄城禾丰地方粮储备有限公司新建标准仓房 2 栋，新增仓容 2000 万公斤。

2006—2010 年，国家专储玉米 7500 吨；专储小麦 28578 吨。2006—2007 年，储存进口加麦 24842 吨。2009—2010 年，储存移库玉米 14968 吨。2009—2010 年储存移库小麦 4977 吨。2009—2011 年储存移库大豆 1271 吨。

1991—2010 年鄄城县粮油仓储与调拨情况表

表 15-3-2　　单位：吨

年度	仓储				调拨			
	仓库		储存		调进	调出	调拨差	
	座数	仓容	粮食	油料			差进	差出
1991	230	80750	30350	—	—	9141	—	9141
1992	230	80750	13556	—	—	6183	—	6183
1993	230	80750	65413	—	—	—	—	—
1994	230	80750	48285	—	2000	2000	—	—
1995	234	120750	13809	—	—	11116	—	11116
1996	234	120750	6543	—	—	5409	—	5409
1997	234	120750	23665	—	—	3500	—	3500
1998	234	120750	31950	—	—	2500	—	2500
1999	234	120750	83938	—	—	3000	—	3000
2000	234	120750	72664	—	—	25362	—	2536
2001	234	120750	67202	—	—	—	—	—
2002	234	120750	76562	—	—	—	—	—
2003	240	180750	36078	—	—	—	—	—
2004	240	180750	60920	—	—	—	—	—
2005	240	180750	54805	—	—	—	—	—

续表 15-3-2

年度	仓储				调拨			
	仓库		储存		调进	调出	调拨差	
	座数	仓容	粮食	油料			差进	差出
2006	241	190750	124269	—	—	—	—	—
2007	11	110000	72662	—	—	—	—	—
2008	11	110000	58513	—	—	—	—	—
2009	17	208000	100699	12971	—	—	—	—
2010	21	328000	173004	12971	—	—	—	—

第四章　专门经营

第一节　石　油

体制改革　1993 年 3 月，鄄城县石油公司改称为山东省石油集团鄄城公司，职能科室取消。2000 年 6 月，菏泽石油系统进行经营体制改革，取消鄄城公司建制，改为中国石油化工股份有限公司山东菏泽石油分公司第九经营管理处。取消批发职能，人、财、物接受地区公司管理，所有加油站的业务由地区零售公司垂直管理。2004 年 10 月，同东明石油公司合并为鄄东片区，2005 年 12 月鄄东片区分离，设鄄城片区。

1991—2001 年经营自负盈亏。1991—1993 年能维持经营，之后经营负债累累，不能正常经营。2001—2010 年由省公司统一核算，片区不再单独核算。

油品经营　1991 年，鄄城县石油公司有 1 座加油站，坐落在鄄二路南段，年销量 350 吨左右。1993 年建成加油二站，坐落在县城赵庄村对过，两个站年总销量 500 吨左右。2000—2001 年，网点建设全面展开，共建有 12 座加油站，2003 年下半年结束。901 站在鄄二路南段，902、903 站在赵庄村和姜口村，904 站在什集镇北端，905 站在富春乡东 1.5 公里，906 站在箕山镇王顾庄，907 站在左营乡沿黄路，908 站在阎什镇鄄巨路，909 站在红船镇东 100 米，910 站在鄄五路北段棉厂对过，911 站在董口镇沿黄路，912 站在临濮镇东沿黄路。2007 年收购 338 省道加油站 1 座，称为 916 站；917 站为 2008 年 12 月租赁站，租赁期 10 年；919 站为 2010 年收购站；918 站还没有交付使用。中石化加油站成品油零售网络遍布城乡。

1991—2001 年，每年平均销量 500 吨左右。主要经营煤油、柴油、汽油、润滑油。进货渠道分别是菏泽油库、泰安利民油库、兖州油库等。2003 年下半年煤油取消。一切油品经营实行四统一，即：统一配置、统一价格、统一管理、统一着装。经营品种有 90 号、93 号、97 号汽油（2006 年 90 号汽油取消），0 号柴油、-10 号柴油、润滑油。2003 年下半年销售各类油品 4000 吨左右，2004 年度 6000 吨左右，2005 年度 7000 吨左右，2006 年度 9000 吨左右，2007 年度 1.1 万吨，2008 年度 1.2 万吨左右，2009 年度 1.5 万吨，2010 年度 1.7 万吨左右。

第二节　烟　草

体制改革　1991年，鄄城烟草公司与工业企业签订购销合同，统一购置货源，根据市场行情自主定价，统一批发给个体经销户。1993年年初，根据烟草行业改革要求，相继成立城区、阎什口、旧城、箕山、什集、红船、董口、郑营等批发部，批发部从公司购进卷烟，以自主经营为主。在经营管理上采取管销结合，专卖稽查中队驻批发部，采取一部一队的专销结合模式，一直到2003年2月。

2003年2月至2005年7月，按照省局（公司）、市局（公司）要求，采取访销和送货分离办法，由访销员按线路逐户对全县入网客户进行拜访，送货员次日把烟送到。在全县全面推行零售一价制和访送分离经营模式。与入网零售户签订经销协议，入网客户每户发放IC卡一张，客户经理根据访销计划，按周期逐户采集客户订货信息，按照客户需求组织卷烟配送，对零售户实行动态分类管理的办法。同时，规范内部经营行为，维护新的经营模式和新一轮卷烟价格管理体系的平稳运行。企业管理全面推行"定编、定员、定岗、定薪"，激励员工提升送货服务水平，保证客户零售环节的利益，网点在占领市场、调控价格、规范经营和提高效益方面作用日益显现。

根据省局（公司）要求，2005年实行"三统一"管理模式，即统一管理、统一经营、统一核算，取消县级局（公司）法人资格，确立市局（公司）经营主体地位，要求县级局实现"小机关、大执法"工作目标。根据专卖队、所分离，按照辖区人口、零售点分布、管理面积等客观因素，鄄城县局分成2个稽查队和6个专卖所（即城区所、董口所、什集所、红船所、旧城所、阎什所和机动大队、高管大队）。行业内部开展专卖管理自查自纠、按客户订单组织货源、文明诚信店、电话访销、电子结算、自律小组建设等活动，得到广大经销户认可。2005年鄄城县局专卖机构有稽查大队、专管中心及专卖管理所。

2006—2010年，鄄城县烟草专卖局（营销部）按客户订单组织货源，满足不同消费层次需求，推进营销于服务之中。完善"电话订货、网上配货、电子结算、现代物流"营销服务模式，坚持为卷烟零售户按时电话订货，及时送货上门。落实客户回访制度，公开800免费电话，及时、全面为客户服务。

依靠地方党委、政府领导，完善县委政法委牵头，公安、检察、法院、交通、工商等部门参与的整顿烟草市场秩序长效管理机制，联合执法，打击假、私、贩运卷烟等违法行为，把破获网络案件作为工作重点。加强零售专卖许可证管理，取缔无证户，打击非法大户，增强了卷烟零售户诚信度。

2009年，鄄城县烟草专卖局（营销部）开展"卷烟市场综合治理年活动"，提高网络运行效率，强化终端建设，共创建"菏泽烟草"标识店34户，诚信形象店523户，占零售户总数的18.87%；坚持"控大、扶中、拉小"的经营策略，着力减少销量空白村，客户规模结构分布逐步合理，全年，中等户比例达到52.28%，同比增加11.58个百分点，其销量比重达到56.57%，同比增加9.22个百分点，无销量自然村与2008年相比减少87个；实施零售户培训工程，采取集中培训和上门辅导等形式对零售户进行品牌推介、经营技巧培训；电子结算率稳步提高，年底，电子结算率达到81.14%，同比提高31.28个百分点。

卷烟销售　1991年鄄城烟草公司销售卷烟6725箱，利税7万元。1992年加大工作力度，销售卷烟13200箱，利税12万元。1993年以后随着改革深入，不断创新体制和办法，年卷烟销售量保持在13000箱以上并持续增长，利税逐年增加，到2010年年卷烟销售量达到22316箱，利税4477万元。

1991—2010 年鄄城县卷烟销售、利税情况表

表 15-4-1

年　份	销售数量（箱）	利税（万元）
1991	6725	7
1992	13200	12
1993	13015	55
1994	13995	66
1995	13997	79
1996	14369	84
1997	15023	155
1998	16458	288
1999	14568	370
2000	15235	416
2001	14429	468
2002	16211	560
2003	14629	380
2004	15273	815
2005	17310	943
2006	18733	1994
2007	18732	2162
2008	20225	3069
2009	22073	3960
2010	22316	4477

第三节　食　盐

体制改革　1996 年，菏泽盐业公司鄄城分公司（鄄城县盐务局）成立。1996—1997 年，县盐业公司负责盐产品批发供应业务，盐产品购进全部依靠菏泽转运。1998 年，在箕山、董口、阎什口设立 3 处盐业监销站，具体负责盐产品供应和市场监管工作。1999 年 6 月 23 日，按照省政府《关于调整和完善盐业经营管理体制的通知》要求，盐业经营业务划出供销社由盐业公司经营。2000 年，全省盐业体制理顺后，盐产品购进实行“五统一”管理模式，即“统一管理、统一计划、统一组织供应、统一结算、统一缴碘基金”。县盐业公司将购进量报市盐业公司，市盐业公司与省盐务局结算，省盐务局再与定点厂结算。2001 年，全县设立城区、阎什口、旧城、红船、什集 5 处监销站。2002 年对代批点进行考核和筛选，建立 25 处。2004 年，县盐业公司对监销站的管理进行改革，完善食盐专营网络。2004—2006 年，全县设立城区、旧城、红船、什集 4 处监销站。2007 年 3 月盐业公司对监销站进行整合，全县共设立旧城、城区、什集 3 处监销站。

食盐销售　1996—1997 年，盐产品零售环节依托基层供销社组织转代批销售。1998 年，在各乡镇设立 40 处食盐代批点。2004 年，完善食盐专营网络，全县共设 1353 户食盐零售点，发挥食盐零售许可证作用，取消代批点，实行直接送货。2007 年全县共设 1200 户食盐销售点，继续实行直送终端以确

保全县食用盐安全。

1996年以前供应粗盐、精盐和工业盐3种。1997年，根据国家发改委关于入口食盐必须精细化、小包装化的要求，入口食盐全部供应1千克单膜包装精制盐和1千克包装腌制盐，严禁大包装盐进入食盐零售市场。根据省盐务局和省物价局要求，入口食盐由1千克单膜包装改为500克复合膜包装。2002年，根据省盐务局和省物价局文件要求，入口食盐又增加500克纸塑包装精制食盐和1000克日晒盐，外包装也由简单的100公斤塑料编织袋包装改为20公斤纸箱包装。2004年，为满足群众消费多样化的需要，相继增加了加锌、洗脸、洗浴等保健盐。

2005年9月，鄄城被划定为高碘地区，入口食盐改供无碘盐。2006年，为满足不同消费人群的多样化需要，入口食盐增加了低钠盐和加钙营养盐。2009—2010年，全县推行直送到终端市场，特别是学校、饭店、熟食加工户等用户，保障全县用盐安全。

1999—2010年鄄城县盐产品销售量情况表

表15-4-2

年　度	销售量（吨）	年　度	销售量（吨）	年　度	销售量（吨）
1999	4794	2003	4320	2007	4510
2000	4670	2004	4610	2008	4358
2001	4352	2005	4430	2009	4521
2002	4210	2006	4321	2010	3440

盐政执法　1996年，成立鄄城盐政管理办公室，负责全县盐政管理工作。1996年5月27日，国务院37号令《食盐专营办法》发布施行，国家对食盐实行专营管理。2000年12月贯彻执行《山东省盐业管理条例》。2001年，成立县盐务局、县公安局联合执法办公室，组建盐政110联动队，严厉打击私盐贩销行动。2002年6月，在菏泽市盐务局和山东省盐务局举行的两次业务考核中参加7人全部合格，取得执法证，并配备了服装。2003年，加大宣传力度，3月开展入户调查活动，全年共入户调查3万余户，发放宣传材料5万余份。2004年，加大执法力度，与有关职能部门配合，共查处各类涉盐案件187起，查获私盐7.90吨，罚款14626元。2005年，根据国家、省、市整顿和规范盐业市场的有关指示精神，盐务、工商、公安、卫生、经贸五部门联合行动，在全县范围内组织开展整顿和规范盐业市场集中治理专项活动，从6月20日至8月10日，共出动执法人员750余人次，检查学校、饭店、用盐企业、食盐经营业户180余处，查处没收私盐和不合格盐5.93吨。

盐业市场检查治理（2006年　摄）

2006年，在全县范围内组织开展为期3个月扩季盐业市场集中治理活动，打击制止一批涉盐违法行为，共查获私盐3.5吨。2007年7月，全县统一开展食盐零售许可证摸底排查活动。2008年10月，开展联合执法清理整顿全县盐业市场各项行动，治理整顿工作的重点是违规、违法购进、贩运、储存、销售、使用非法盐产品以及制销非法盐产品的单位或个人和外市、跨县等违章销售行为，加强对盐业流通环节、炊饮服务行业用盐、生产企业用盐情况的监控，共查处违法案件35起，罚款7000余元。全年共查处私盐4.25吨，罚款3万元。2009年，全年查处私盐5吨，罚款45375元。2010年，共查获违法案件78起，罚款15680元。

第四节 医 药

体制改革 1991年，县医药公司开展质量、品种、效益年活动，当年实现销售总额800万元。1995年销售总额1080万元。2000年对所属零售药店的经营管理进行改革，成立"金誉堂大药房"，下属连锁药店18个，其中城区11个，乡镇7个，实行财务、价格、质量、服务统一管理。在全市率先实行质量防伪标签，健全质量保障体系。投资45万元新建李进士堂、红船、箕山营业楼3处，新设立旧城药店、第八药店、崇兴药店，并对部分经营网点进行改建。2000年药品销售额1340万元。2001年对药品质量管理实行双批号制度，降低损耗，杜绝药品质量事故。2002年两次调价让利，让利品种300种，让利金额2万余元。2004年3月，鄄城县医药公司变更为山东鄄城金誉堂医药有限公司，2004年12月通过国家药品经营质量管理规范GSP认证。2005年创新管理体制，对所属经营机构的经营采取单位职工股份合作制形式，经营单位在确保上缴的基础上，自筹资金，依法经营，照章纳税，自负盈亏。对经营单位实行统一核算、管理、依法监督、检查和考核。2005年药品销售额2000万元 。2006年公司各经营承包单位采取单位职工股份合作制或面向社会、吸引外资、合作经营的形式。对不能履行合同、不接受公司统一管理、不遵守公司规定，不按时完成各项任务的，随时收回承包权。行政科室负责人实行聘任制，行政人员实行动态管理，领导班子、行政人员实行岗位工资，与绩效挂钩。2010年7月公司投资50万元新建符合GSP规定的库房1203平方米，对药品购进、入库、养护、保管、出库、销售实行微机管理，年底通过省食品药品监督管理局验收，取得GSP证书。

药材购销 1991年，经营范围包括中药材、中成药、中药饮片、西药、医疗器械 ，经营品种2300种，其中：中药460种，中成药380，西药660种，器械800种。1996年4月，扩大经营范围，在原来基础上增加日用百货、纺织品、五金交电。2004年3月，根据药品经营许可证经营范围的变更，调整为中药材、中成药、中药饮片、化学药制剂、抗生素、生化药品、生物制品、诊断药品、保健品、医疗器械。2005年，经营品种3002种，其中：中药材、中药饮片460种，中成药510种，医疗器械1008种，其余1024种。2010年经营品种2968种，其中：中药360种，中成药400种，医疗器械1008种，其余品种1200种。

药品购进从具有合法资质的药品生产、销售单位购入。1991—2004年由公司业务科统一采购。2005年后由经营承包单位自行采购，由公司质管科负责审核供货单位的资质，监督管理购进药品质量。1991年购进药品总值664万元，1995年购进总值950万元，2001年购进总值1360万元，2005年购进总值1950万元。2008年购进584万元，2010年购进710万元。1991年零售额120万元，1995年零售额160万元，2000年零售额240万元，2005年零售额290万元。2008年零售额476万元，2010年零售额580万元。县医药公司下属批发部6个，其中县城设有城关批发部，主要从事中药、西药、医疗器械批发业务，在箕山、红船、临濮、阎什、什集5个乡镇分别设立1个批发部，批发对象为全县县级医院、乡镇医院、卫生院。1991年批发销售额680万元，1995年1100万元，2005年1710万元，2008年65万元，2010年200万元。

第五章　对外贸易经济合作

第一节　进出口贸易

1996—2000 年，为鄄城县进出口贸易起步阶段，共出口 133 万美元，无进口。

1996 年，鄄城县被外经贸部赋予直接进出口经营权，成立了鄄城县进出口公司，从而结束了鄄城县没有进出口权，长期依靠外地进出口公司代理出口的局面。

1999—2004 年，每年组织企业参加广交会、青交会、上海博览会、厦门交易会、深圳交易会，2006 年、2007 年，分别组织企业参加许昌人发博览会及在郑州举办的中国中西部投资贸易洽谈会等大型国际经贸活动，联络日、韩、美国、欧盟等国外客户，对外介绍宣传鄄城，推销鄄城产品。出口商品主要是桐木、玩具、人发、化工产品、地毯、工艺品等，主要出口到日本、韩国、美国、欧盟、巴西、西班牙等国家和地区。2000 年，鄄城经济外向度还不到 1%，到 2005 年已达到 6.84%，年均增长 46.9%。2010 年，鄄城外贸进出口企业达 60 余家，有进出口实绩的 40 家；全县进出口完成 12600 万美元，同比增长 15.7%，占全年任务目标的 97.2%，其中出口 11900 万美元，同比增长 16.4%。

1996—2010 年鄄城县外贸进出口情况表

表 15-5-1　　　　单位：万美元

年　份	出　口	进　口	进出口
	实　际	实　际	实　际
1996—2000	133	—	133
2001	382	17	399
2002	778	60	838
2003	2252.8	28.1	2280.9
2004	5909	57	5966
2005	2852	70	2922
2006	4303	313	4616
2007	5629	681	6309
2008	8856	289	9145
2009	9961	612	10573
2010	11900	700	12600
合计	52955.8	2827.1	55781.9

第二节　外资利用

从1993年起，外商投资企业开始落户鄄城，至2010年，全县外商投资企业21家，主要从事人发、化工、纺织、旅游四大行业。其中人发项目11个，人发产品主要出口美国、非洲、日本、韩国；化工项目4个，产品主要出口美洲、欧盟；其余纺织、服装、能源、体育用品、医用包装材料、复合肥项目共6个，产品主要出口欧盟、美洲。

1993—2010年鄄城县利用外资结构情况表

表15-5-2　　单位：万美元

年　份	新批企业数	增资企业数	合同外资	实际到位
1993—1999	4	—	3547.5	1117
2000	4	—	115.25	242
2001	2	—	64	443
2002	2	—	73	523
2003	4	—	85.35	892
2004	9	2	4528	1664
2005	1	—	860	896
2006	3	—	2840	769
2007	1	—	278	727
2008	4	—	1130	150
2009	2	—	1120	208
2010	4	—	—	—
合计	40	2	14641.1	7631

第三节　出国劳务

改革开放后，鄄城每年都有大批农村劳动力外出打工，县内有十几家技工学校专门培养专业技术人员，提高劳动力质量。随着县内外出打工人员在外广泛交往和专业技能的提高，2000—2005年，鄄城有越来越多的劳动力走出国门、到国外打工。根据公安部门统计，鄄城出国劳务始于2000年，全县有35人次到国外打工，出国地点主要是日本、韩国、英国等国家，之后每年出国人次逐年增加，出国范围不断扩大。到2005年，全县有200人次到国外打工，占菏泽市分配给鄄城县出国劳务输出任务54人次的224%。到2010年，由于外派劳务中介公司必须在省商务厅备案，具备经营资质，手续较为繁琐，出国打工人员减少，1—11月出国劳务为123人次。

2000—2010年鄄城县出国劳务输出情况表

表15-5-3

年　份	实际人次	文化层次	身　份	出国地点
2000	35	初中、中专、高中、大专	农民、职工	日本、韩国、英国等
2001	40	初中、中专、高中、大专	农民、职工	韩国、日本、俄罗斯等
2002	48	初中、中专、高中、大专	农民、职工	韩国、日本、美国等

续表 15-5-3

年 份	实际人次	文化层次	身 份	出国地点
2003	52	初中、中专、高中、大专	农民、职工	法国、韩国、日本等
2004	92	初中、中专、高中、大专	农民、职工	韩国、日本、泰国等
2005	200	初中、中专、高中、大专	农民、职工	日本、韩国、泰国、英国等
2006	—	—	—	—
2007	312	初中、中专、高中、大专	农民、职工	沙特、俄罗斯、韩国、日本等
2008	368	初中、中专、高中、大专	农民、职工	新加坡、韩国、日本、越南、印度等
2009	325	初中、中专、高中、大专	农民、职工	新加坡、韩国、日本、越南、印度等
2010	123	初中、中专、高中、大专	农民、职工	新加坡、韩国、日本、越南、印度等
合计	1595	—	—	—

第六章 服务业

第一节 餐 饮

1991 年，县城饭店规模较大的有鄄城县饮食服务公司第一饭店，在老城区隅首；鄄城县饮食服务公司第二饭店，在老城区南门里路西；鄄城县民兵训练基地对外餐厅，在老城区东门里；鄄城县东方饭庄，在鄄二路南段路西；鄄城县东方餐厅，在鄄二路南段路西。1992 年，成立鄄城县康华贸易公司康华餐厅，在青年路东段路北；鄄城县康华贸易公司第二饭店，在青年路东段。2000 年 10 月，鄄城县人民商场华澳宾馆快餐城开业，在鄄二路中段路东。2005 年，中华巷小吃城正式营业，县城新增西式餐厅 4 家，较受年轻人和儿童喜爱。2006 年，新注册鄄城县鑫盛大酒店、鄄城县康泰大酒店。2007 年，新注册鄄城县膑乡楼大酒店、鄄城县水怡大酒店、鄄城县新世界酒店、鄄城县蜀乡人家酒店。2008 年，新注册鄄城县干锅辣鸭头大酒店、鄄城县中华大酒店、鄄城县皇朝红枫大酒店。2009 年，新注册鄄城县又一村酒店、鄄城县今世缘酒店、鄄城县鄄城大酒店、鄄城县润泽大酒店、鄄城县明珠大酒店、鄄城县老锅台酒店、鄄城县凯越大酒店、鄄城县联勤商务酒店。2010 年，全县共有各类酒店 226 户，其中较大规模的酒店有：鄄城县福庆隆酒店、鄄城县凯越大酒店、康泰大酒店、红枫大酒店、富丽阁大酒店等。

县城和乡镇驻地还有众多的馒头店，卖烧饼、油条、包子、大饼、肉饼、肉盒、肉壮馍、水饺、胡辣汤、豆腐脑等的个体摊点。

第二节 宾 馆

1991 年，县城有大型宾馆（招待所、旅社）6 家：老城区北街百货大楼对面的县饮食服务公司楼上的鄄城旅社，经济街路口老公社旅店，老城区南城路口迎宾旅社，鄄二路人民剧院招待所，鄄二路县委对过县政府招待所，鄄二路老汽车站车站旅社。1991 年，县政府招待所改扩建为宾馆，设施也由

鄄城县雷泽大酒店
（2010年 摄）

过去的床、凳等简单设施改为高档沙发、席梦思、地毯、彩电、空调、卫生间等，是县委、县政府的接待场所。2010年，有企业宾馆15家，个体宾馆（招待所、旅社）60余家。规模较大的有鄄城县平原宾馆，在鄄四路南段；鄄城县电业宾馆，在青年路中段路北。

2010年，由山东鄄城宏达建筑筑路有限公司投资建设的鄄城县雷泽大酒店宾馆开业，坐落在鄄城（潍坊）工业园中心位置，占地98亩，总投资1亿多元，总建筑面积19800平方米，酒店主体工程高16层，功能齐全，是集休闲、商务、娱乐、餐饮、住宿于一体的三星级酒店。

第三节 度假村

2007年12月，菏泽龙田温泉度假村有限公司成立，位于鄄一路南段路西，主要经营炒菜、面食、酒水的销售、客房、洗浴、足疗、住宿等，是一个集住宿、餐饮、洗浴、休闲娱乐于一体的大型服务场所。

2010年12月，全县共有菏泽龙田温泉度假村有限公司、鄄城天籁度假村、鄄城县吉祥谷度假村等大型度假村5家。

第四节 旅行社

2004年8月，鄄城第一家旅行社孙膑旅行社成立，在鄄城县人民路98号（县政府对过文化馆二楼），有工作人员11人。该旅行社负责组织本县团队和个人到外地参观旅游，接待到鄄城参观旅游的海内外客人，年营业额100万元。

2006年6月，菏泽华纳国际旅行社有限公司成立，在建设路07号新华书店综合楼三楼，与国内上千家旅游机构建立了业务关系。

2010年6月，菏泽市康辉旅行社有限公司鄄城营业部成立，在鄄城县鄄四路北段路西。

第五节 美容美发

1991年，有鄄城县饮食服务公司理发店第二门市部，地址在鄄二路北段，1998年9月4日，更名为鄄城县振兴服务中心第二理发店。1992—1999年，县城开业个体美容美发店36家。

2000—2010年，县城开业个体美容美发店82家。2010年，新增大型美容美发店24家，集中在鄄三路。各乡镇驻地也有数量不等的美容美发店。

第六节 影 印

1991年有鄄城县饮食服务公司照相馆1处，鄄城镇广播站电视录像放映厅1处，山东省鄄城县电影发行放映公司1家。1992年12月，鄄城县剧院照相馆成立。2010年12月，全县从事照相服务的个体工商户共有85户，较大规模的有心悦婚纱摄影、薇薇新娘婚纱摄影、米兰春天、玫瑰新娘、今生有约婚纱摄影等。各乡镇也都有婚纱摄影照相服务门市。

1991年有打字社、文印社5家，2010年有12家。

第七节 洗 浴

2009年12月，鄄城县水沐年华洗浴中心成立，地址位于鄄3路北段（原县武装部院内），投资180万元，占地5亩，内有停车场，有员工26人，内设洗浴、足疗、保健按摩、商务宾馆住宿服务，并配有全自动按摩沙发、电脑、电视、冷暖空调等设施，实行24小时营业。

2010 年 12 月，全县共有高、中档洗浴中心 32 家。

第八节　休闲娱乐

1992 年，县城平原宾馆歌厅和鄄五路军港歌舞厅相继开业。2003 年又出现一些歌厅、茶楼、夜总会，县城和乡镇娱乐场所达到 20 多家。2010 年有 28 家。

2002 年 8 月 15 日，鄄城县超速网吧最早出现，到 2010 年全县共有网吧 38 家，规模比较大的网吧有电影院网吧、华光网吧、蓝天网吧。电影院网吧坐落在鄄 5 路与建设路交叉处，是拥有电脑数量最多的一家网吧，有 100 余台。

第七章　商品市场

第一节　专业批发市场

1991 年，全县专业市场有富春金堤人发市场、郑营人发皮毛市场、舜王城中药材市场、什集废钢丝绳市场等。工商部门及时引导，报经县委县政府批准，先后成立为鄄南四大专业市场。

舜王城中药材市场　该市场位于鄄城县彭楼境内，是鄄城县及周边地区中药材产业的龙头。该市场 20 世纪 60 年代自发形成，1996 年 9 月卫生部、国家工商行政管理局、国家中医药管理局批准开办，成为全国十七家中药材专业市场之一，全称“山东省鄄城县舜王城中药材市场”，也是全省唯一的国家级中药材专业市场。中共山东省委书记赵志浩为市场题词“中国山东鄄城中药材市场”。是全国重要的大型中药材集散地之一。

鄄城县舜王城中药材市场新址　（2010 年　摄）

郑营人发皮毛市场　地处鄄城县郑营乡郑营村，距县城 7 公里，交通便利。该市场形成于 1982 年，1988 年达到鼎盛期。1993 年 11 月在县工商局办理市场登记，该市场占地面积 2 万平方米，开办单位为鄄城县郑营乡政府，总投资 350 万元。上市商品主要是人发、皮毛，上市摊位 1000 余个，年成交量 150 多万公斤。该市场于 1994 年度被评为“省级文明市场”。1998 年、1999 年、2000 年连续三年被评为“地级文明市场”。2001—2010 年，该市场继续经营，随着档发厂兴起，交易状况不如以前。

郑营人发皮毛市场　（2010 年　摄）

金堤口人发市场　形成于 1982 年，1987 年、1988 年达到鼎盛期。该市场占地 12 亩，院墙 800

米，货棚50间，售货台400多个，一年四季天天成市。日参加交易人员5000余人，上市人发皮毛2.5万公斤，成交额10万元左右，上市的主要有人发、各种兽皮20余种。该市场1993年迁往富春，成立富春人发皮毛专业市场。到2010年，有摊位200余个。

什集废旧钢丝绳市场 1984年自发形成，废钢丝绳主要来源于外地厂矿及油田等单位，销售对象是附近乡村的弹簧加工户。当时主要交易场所以什集、张家店、马家店为主，10天4个集，经营户500余户，日成交额2万余元。该市场1993年11月办理市场登记，占地面积2500平方米，1997年4月因市场内经营户数减少，办理了注销手续。

郑营轴承市场 坐落在鲁王仓村北路西。成立于1993年，每逢农历2、7为集，上市人数200余人，日成交量20万元。该市场1996年注销。

第二节 商场超市

随着鄄城经济发展和人民群众生活水平提高，鄄城商品经济也得到较快发展，商场、超市从无到有，不断发展壮大。最初的商场是城关供销社经过改建扩建后建设的崇兴商场，1995年4月24日建成（后随法人变更，更名为时代广场、百荣商城，2009年改为大福源商场），顾客选购商品由传统的售货员卖货转变为顾客自由挑选。以后县人民商场等各类商场、超市相继落成。2005年，东城辖区有11处商场、超市（超市分店除外），分别是：万隆超市、万顺超市、肖宁街超市、恒通超市、家和购物广场、福万家超市、春天超市、华联超市、万通超市、诚信超市、吉隆超市。西城辖区有综合批发市场1处，超市13处，分别是：崇兴超市、人民超市、银建超市、人和超市、凯凯超市、华瑞超市、双汇冷鲜肉超市、好邻居超市、南华超市、友谊超市、温泉超市、双汇冷鲜肉经销部、第二十九号超市；商场3处：春天服饰广场、天地通手机商场、蓝天商场。

鄄城县恒通超市 （2010年 摄）

2010年，县城有市场2处：罗庄商贸城、兴达农贸市场；大型商场6家：人民商场、崇兴商场、百货大楼、尚座、春天服饰广场、蓝天商场；大型超市6家：万隆超市、鲁能超市、家和超市、万家福超市、人和超市、万通超市。各乡镇驻地也有商场超市。

第三节 夜 市

鄄城夜市位于人民路西段，1991年开始有零星商贩夜间出现，品种也仅限于袜子、手巾、头花、腰带一类的小日用品。1993年初具规模，除日用百货商品外，文化娱乐、烧烤名吃、各种小吃成为夜市的亮点，规模也从人民路保险公司向东扩大到鄄四路，2005年夜市继续东移，主要集中在广场附近，日上市摊位300多个，上市人数4000多人，年成交量900多万元。2005—2010年，集中在鄄四路。

第四节 县城集贸市场

1991年，鄄城城区共有8处市场，其中新城区和老城区各有4处市场。新城区4处市场：陈王商场，地点在鄄三路，南从青年路北至城墙路，当时就地取材，以路为市，主要容纳工业品和小商品；南城综合贸易市场，地点在陈王商场西侧，建设路中段（建设银行前），主要有肉食、禽类、蔬菜、水产品、干鲜果品、土产杂品等；木材、木料市场，地点在城南姜口村内，主要经营木材、木料；建材市场，地点在建设路西段，郓一路东侧，主要容纳砖瓦、灰沙、石料、钢材等建筑材料。

老城区4处市场：郓城综合农贸市场，地点在西街，内设大小百货、工业品、木器家具、水产品、日用杂品等；经济街菜市场，地点在粮局直属库前，内设蔬菜、肉食、禽类、饲料等；家禽家畜市场，地点在西城墙北段，内设猪、羊、家兔、鸡、鸭、鹅等；大牲畜行，地点在城北枣寨村。2002年开始，城区内所有露天经营的业户必须全部进入市场经营，取缔青年路、郓二路、建设路、人民路、南城墙、东城墙等地段的所有市场和摊点，实行净化管理。

1992年，陈王商场由于市场管理制度健全，服务设施齐全，上市商品归行划市，被评为地区级文明集贸市场。1999年，陈王商场被评为省级规范化文明市场。

陈王商场于2000年迁往罗庄综合贸易市场。2010年，罗庄综合贸易市场有固定门面房450间，固定摊位300个，日上市人数8200人，日成交额8万多元。上市品种有床上用品、布匹、成衣、鞋帽、文具、百货、电器、食品、玩具等。2005年，在王建场村东新建郓城建材装饰城。

2003年，新建成投入使用的郓一路西侧、人民路南的兴达菜市场被评为市级规范化文明市场，上市商品归行划市，市场管理制度健全。2005年，兴达菜市场从软硬件两方面进行改造升级，具体包括归行划市、制作匾牌、硬化路面、加强监管等，严格按照高标准高起点的要求创建规范化文明市场。该年度兴达菜市场又一次被评为市级规范化文明市场。

郓城县兴达菜市场　（2010年　摄）

郓城花鸟市场位于建设路西段，逢农历四九成市，日上市人数2000余人，除本县鸟类经营户外，还有一些经营户来自菏泽及临近县市，品种有画眉、百灵、八哥、鹌鹑、鹦鹉等10余种，日成交额1万多元。

第五节　乡村集贸市场

1991年以后郓城集贸市场发展较快，截至2010年，全县共有集贸市场36处。市场建设也有了新起色，路面都进行了硬化，市场管理规范化，分行划市清楚，市场交易规范有序。

郓城县农村传统集日一览表

表15-7-1

名　称	集日（古历）	名　称	集日（古历）
郓城集	1. 6. 4. 9	临濮集	2. 7. 4. 9
凤凰集	2. 7. 5. 10	西双庙	1、6、4、9
引马集	1. 6. 4. 9	什集集	2. 7. 5. 10
红船集	2. 7. 5. 10	白集集	4. 9
箕山集	3. 8. 5. 10	麻寨集	1. 6
左营集	2. 7. 5. 10	舜城集	3. 8
旧城集	3. 8. 5. 10	郑营集	1. 6. 3. 8

续表 15-7-1

名　称	集日（古历）	名　称	集日（古历）
陈良集	1. 6. 4. 9	富春集	2. 7. 5. 10
许堂集	1. 6. 4. 9	鲁王仓集	2. 7
苏楼集	2. 7. 5. 10	阎什口集	1. 6. 3. 8
董口集	3. 8. 5. 10	黄瓜园集	1. 6
葛庄集	2. 7. 5. 10	彭楼集	2. 7. 4. 9

第六节　庙　会

中华人民共和国成立前，鄄城县有古庙会 29 处。中华人民共和国成立后，人们利用旧有的古庙会开展贸易交流，使古庙会演变为以买卖为主的物资贸易交流会，会期天数不等。时间大都按季节规律和群众习俗举行。有的还在大会期间演出具有浓厚民间特色的戏剧、杂技、曲艺等文艺节目，丰富了当地群众的文化生活。1991 年，古庙会有 4 处：历山庙会、信义庙会、刘林庙会、谷庵庙会。2010 年，庙会数目未变，基础建设扩大，参与人数逐年增多。随着时代的发展和变化，古老的庙会亦增添了不少新内容，展示民俗特色的内容更加丰富多彩，集旅游观光、休闲娱乐、购物餐饮为一体，具有鲜明的传统民族特色。

鄄城县古庙会统计表

表 15-7-2

名　称	日　期	天　数	地　点
历山庙会	二月初一	3	阎什口镇历山庙村
信义香火会	十月二十五	3	郑营乡信义村
刘林会	十月初一	4	彭楼镇刘大楼刘忠墓处
榖庵庙会	三月初三	3	富春乡榖庵范庄

第 十 六 编

财政 税务

CAIZHENG SHUIWU

从1991年开始,鄄城财政体制不断变化。1991—1995年,在“分灶吃饭”的基础上从“划分收支、定额补助”的财政体制向“分税制”过渡。1996—2000年,“分税制”财政管理体制逐渐完善。2001—2005年,“分税制”财政体制改革进一步深入。2009年9月,山东省启动“省直管县”财政改革,鄄城县成为全省20个试点县之一。

1991—2005年,鄄城的主要财政收入是工商各税、农业税和罚没、行政性收费。1991—1993年收入以工商税为主,1994—2000年两税基本持平,2001—2005年两税收入又逐渐变成以工商税收为主。2003年,鄄城县提前取消农业特产税;2004年,鄄城县执行农业税减半征收政策;2006年起,鄄城县农业税全部取消。随着地方经济发展,鄄城县地方财政收入实现逐年快速增长。1991年鄄城县地方财政收入为1921万元,2005年首次实现突破1亿元关口,2010年达到13.20亿元。其中,地税收入从1994年的590万元增至2010年的28161.6万元;国税收入也从1994年的4620万元增至2010年的20770万元。地方财政收入的增长,推动了财政支出的增长和结构的改善。1991年全县财政支出为4444万元,2010年为137681万元。加大对教育、医疗卫生、社会保障和就业、农林水事务、住房保障等民生类保障支出力度,2010年民生保障类支出87386万元,占当年财政支出总额的63.47%。

第一章　财　政

第一节　财政体制改革

1991—1995年,鄄城县财政体制在“分灶吃饭”的基础上从“划分收支、定额补助”的财政体制向“分税制”过渡。1996—2000年,“分税制”财政管理体制逐渐完善,鄄城县对乡镇财政管理体制相应作了调整:上划中央“两税”(增值税和消费税)按中央的税收返还政策执行,地方财政收入按照事权和财权相统一的原则,实行“划分税种、定额递增上交补助、自求平衡、一定五年不变”的财政管理体制。

2001—2005年,随着营业税、所得税的分享改革,“分税制”财政体制改革进一步深入,鄄城县根据“分级管理、分灶吃饭”和“财权、事权相统一”的原则,维护保工资、保稳定的大局,对乡镇的管理体制实行“收入全留、定额上缴、自求平衡”的财政管理体制。

2005年,“五奖一补”政策开始实施,即对财政困难县增加税收给予奖励;对市级政府增加对财政困难县的财力性补助,省财政根据市级财力状况,按一定系数给予奖励;对产粮大县给予奖励;对各县2000年以后撤并乡镇、精简分流人员,按照一定标准给予一次性奖励;对按时归还政府债务,省财政按照一定系数给予一次性奖励;省财政以2004年为基期,根据其财力缺口情况,由省、市财政给予转移支付补助。2009年9月,山东省启动“省直管县”财政改革,鄄城县作为全省20个试点县之一,省级将财政体制直接核定到直管县,财政补助直接分配、结算、拨付到直管县。执行的行政管理体制,市级继续对直管县财政工作进行指导和监督,继续对直管县收入任务完成情况考核和科学发展综合考核。

为增强县乡财政保障能力,促进基本公共服务均等化,2010年起,根据省政府办公厅《关于建立县级基本财力保障机制的意见》,全省全面实施县级基本财力保障机制奖补政策。“五奖一补”政策改为基本财力保障机制补助政策。主要内容是：对可用财力不能满足基本支出需求的县给予补助，对弥补财力缺口工作做得好的县给予奖励。

为完整、准确地反映政府收支活动，进一步规范预算管理、强化预算监督，自2007年起全面实施新的政府收支分类科目，新的政府收支分类体系由“收入分类”“支出功能分类”“支出经济分类”三部分构成。

鄄城县财政局（2007年 摄）

收支项目划分 收入项目划分 1994年1月1日起，开始实行中央和地方分税制财政管理体制分税制。分税制是按税种划分中央和地方收入来源的财政管理体制，要求按照税种分权、分税、分管，实质上是为了有效处理中央政府和地方政府之间的事权和财权关系，通过划分税权，将税收按照税种划分为中央税、地方税（有时还有共享税）、中央和地方共享税进行管理而形成的财政管理体制。属于县级的收入有：地方工商税收，包括增值税、营业税、企业所得税、个人所得税4个税种，地方分享部分资源税、固定资产投资方向调节税、城市维护建设税、房产税、印花税、城镇土地使用税、车船使用和牌照税、屠宰税；农业税收包括农业税、农业特产税、耕地占用税、契税；非税收入包括行政性收费、罚没收入、专项收入、其他收入和基金收入。2002年农村税费改革开始实施，2003年取消农业特产税，2004年执行农业税减半征收政策，2006起农业税全部取消。

支出项目划分 1991—2005年，鄄城县财政支出项目与分税制改革前相比，基本上没有变化，主要包括：企业挖潜改造资金支出、科技三项费用、农业支出、林业支出、水利和气象支出、工业交通等部门事业费、流通部门事业费、文体广播事业费、教育支出、科学支出、医疗卫生支出、其他部门事业费、抚恤和社会福利救济、行政事业单位离退休经费、社会保障补助支出、行政管理费、公检法支出、城市维护费、政策性补贴、支援不发达地区支出、专项支出、其他支出。2007年，实行政府收支分类科目改革，财政支出项目调整为：一般公共服务、公共安全、教育、科学技术、文化体育与传媒、社会保障和就业、医疗卫生、环境保护、城乡社区事务、农林水事务、交通运输、工业商业金融等事务、其他支出。

税种划分 1994年以前，属于地方的税种有产品税、增值税、营业税、集体企业所得税、个人收入调节税、城市维护建设税、车船税、房产税、屠宰税、牲畜交易税、城镇土地使用税、国营企业奖金税、事业单位奖金税、集体企业奖金税、印花税、建筑税、工商税收税款滞纳金和补税罚款收入。1994年实施分税制体制改革，分为中央税、中央和地方共享税、地方税，其中消费税为中央税，增值税为中央和地方共享税，除增值税、消费税以外的税种为地方税。2002年对营业税、所得税进行分享改革，分为中央、省、地方共享税，其中营业税为省与地方共享税，企业所得税为中央、省、地方共享税，个人所得税为中央和地方共享税。

2005年，上级对鄄城县财政体制中执行分享的税种有增值税、营业税、企业所得税、个人所得税4个税种，消费税全部归中央所有。

增值税 自1994年起实行中央与地方分享，分享比例是中央75%、地方25%。中央以1993年各地实现的增值税为收入基数，收入基数的75%上划中央后，中央通过税收返还的形式返还给地方，保地方既得利益，确定地方税收返还基数，以后各年度按各地实际上划中央的75%部分、消费税的100%

（称为上划中央“两税”）较上年增长的幅度，按1:0.3的系数，递增或递减税收返还基数。即当年上划中央的“两税”较上年每增长1%，对地方增加的返还在上年的返还基础上增加0.3%。相反，上划中央“两税”达不到上年基数的，按同比例扣减返还基数。从2010年起，上划中央“两税”增量部分按1:0.3返还的政策取消，返还地方的部分以2009年的返还数核定为固定的“两税”返还基数。

营业税　自2002年起实行分享，分享比例为省20%，地方80%。山东省以2001年为基期，对各地净上划省级的营业税，省财政核定基数予以定额返还，保地方既得利益。2003年起省给予优惠政策，2003—2010年，对当年实现的营业税超过上年20%部分，省给予返还补助。

企业所得税　自2002年开始实行分享，分享比例为中央50%、省10%、地方40%，中央以2001年实现数为基数，2003年中央将分享比例又做了调整，分享比例调整为中央60%、省8%、地方32%。

个人所得税　自2002年开始实行分享，分享比例原定为中央50%、地方50%，中央以2001年实现数为基数。2003年中央将分享比例调整为中央60%、地方40%。2005年个人所得税进行了分享改革，将个人所得税、储蓄存款利息个人所得税分享比例调整为中央60%、省分享15%、地方分享25%。以2004年为基期，省核定鄄城县个人所得税返还基数195万元。

农业税收　农业税收包括农业税、农业特产税、耕地占用税和契税。2000年，中共中央、国务院为进一步减轻农民负担、规范农村分配关系，启动农村税费改革试点。1991—2005年，鄄城县累计完成农业税收26696万元，占财政收入的37.1%。

农业税　农业税纳税人。1958年颁布的《中华人民共和国农业税条例》规定，凡从事农业生产有农业收入的单位和个人，都是农业税的纳税人。1978年中共十一届三中全会后，凡实行了土地承包经营的地方，纳税人改为从事农业生产、有农业收入的土地承包经营单位和个人。鄄城县实行农业税基础在村、任务到户的征收方式。2002年农村税费改革后，《山东省农业税征收暂行办法》规定凡在本省行政区域内种植农作物并取得农业收入的单位和个人为农业税义务人。2005年，全县农业税纳税户182695户，纳税人696131人。

课税对象　1958年颁布的《中华人民共和国农业税条例》规定农业税的课税对象为农业收入。各种农业收入的计算标准分别为：种植粮食作物的收入，按粮食的常年产量计算；薯类作物按同等土地种植粮食作物的常年产量计算；种植棉花、麻类、烟叶、油料和糖类作物的收入参照种植粮食作物的常年产量计算。2002年，《山东省农业税征收暂行办法》对农业税收入的计算标准作了调整：种植粮食和薯类作物的收入，按粮食的常年产量计算；种植棉花、麻类、烟叶、桑、油料和糖类等经济作物的收入，按经济作物的常年产量计算；以上收入一律折合为标准粮。1991年以后鄄城县执行的标准粮价分别为：1991年0.4526元/公斤，1992年0.57元/公斤，1996—1998年1.46元/公斤，1999年1.36元/公斤，2000—2001年1.18元/公斤，2002—2005年1.14元/公斤。

税率　2002年《山东省农业税征收暂行办法》规定农业税实行比例税率，鄄城县执行的是6%。2004年，为进一步减轻农民负担，农业税税率调整为3%。2005年，农业税税率调整为1%。

农业税附加　1991—2002年执行15%；2002年税费改革后执行40%，主要用于解决农村税费改革、取消村提留后村级经费不足问题。

征收形式　1993年以前以征收粮食为主，1993—2001年实行实物征收、货币结算的办法。2002年根据《山东省农业税征收暂行办法》规定采取征收代金的方式。

农业税减免　农业税减免是农业税政策的重要组成部分。2002年农村税费改革后，《山东省农业税征收暂行办法》对农业税减免重新作了规定：纳税人依法开垦荒地、荒滩或用其他方法扩大耕地面积所取得收入从有收入当年起，免征农业税1～3年；移民开垦荒地、荒滩或用其他方法扩大耕地面积所取得收入从有收入当年起免征3～5年。对滩区、库区、湖区及高坡度山区的贫困农民取得的收入，在一定时期内减免农业税。农业科研机构和农业院校试验田及零星种植农作物的宅旁隙地所得收入免征农业税。对承包土地较多的种粮大户，农业税超过原负担的“三提五统”和原农业税的部分，给予适当减免照顾。对农村中的烈属、残疾军人、老复员军人，给予减免农业税照顾。对农村中的特困户、丧失劳动能力的残疾人，经批准可以适当减免农业税。对70岁以上老年人免征新增农业税。纳税人种植的农作物因遭受水、旱、风、雹或其他自然灾害而歉收的，按照“轻灾少减、重灾多减、特重全免”的原则，经批准后减征或免征农业税。全县2002年全年任务51106813元，减免9516446元，占任务的18.6%。农业税灾歉减免、社会减免、起征点减免、鼓励生产性减免、优待减免等多种形式的减免，解决了纳税人的困难，支持了农业生产。

农业特产农业税　简称农业特产税，1994年以前称为农林特产税，是农业税的组成部分，县、乡财政收入的重要来源，随着农村产业结构调整优化而产生和发展，随着农村税费改革的进一步深化而取消。其间经历了1983年以前的随农业税征收，1983—1993年的单独计征农林特产税，1994年以后的统一征收农业特产税三个阶段。1993年根据《山东省农林特产税实施办法》，鄄城降低农林特产税税率：淡水养殖，包括水珍品收入降为8%，苹果降为12%，果用瓜降为8%，原木收入降为7%。1994年，根据《山东省征收农业特产税办法》规定，鄄城将原农林特产农业税与产品税中的农林牧水产品税目归并，统一征收农业特产农业税，简称农业特产税，在农业特产品生产、收购两个环节据实征收。农业特产税地方附加暂停征收。根据农村税费改革逐步取消农业特产税的规定，2003年，鄄城县取消农业特产税。

耕地占用税　1987年开征。纳税人为占用耕地建房或从事其他非农业建设的单位和个人。鄄城县耕地占用税规定税率是占用耕地每平方米3.7元。全县分四类地区，税率分别为：鄄城镇为一类地区，税率为4.3元/平方米；箕山乡、什集乡为二类地区，税率为3.8元/平方米；红船镇、郑营乡、富春乡、大埝乡、阎什口乡、凤凰乡、引马乡、彭楼乡为三类地区，税率为3.4元/平方米；临濮乡、董口乡、旧城镇、左营乡、李进士堂乡为四类地区，税率为3元/平方米。1991—2004年，耕地占用税累计收入1184万元。2005年加强耕地占用税征管工作，征收433万元。

契税　纳税人是在境内转移土地、房屋权属，承受的单位和个人。税率为3%。1991年按《中华人民共和国契税暂行条例》征收，至1997年，全县契税收入每年只有几万元。1997年10月1日新《中华人民共和国契税暂行条例》颁布实施，扩大契税征收范围，城市房产交易、土地交易开始征税。1998—2004年征收契税211万元。2005年，鄄城县制定《关于进一步加强鄄城县契税征管工作的实施意见》，契税收入进入新的增长阶段，当年征收489万元。

第二节　财政收入

1991—2005年的财政收入有工商各税、农业税、企业收入、罚没、行政性收费、耕地占用税、契税、专项收入和其他收入，其中主要是工商各税、农业税和罚没、行政性收费。1991—1993年，收入以工商税为主，农业税和罚没、行政性收费次之，1993年工商税4239万元，农业税286万元，罚没、行政性收费96万元。1994—2000年，两税基本持平，年收入均在1600万元左右，罚没、行政性收费由47万元增至1158万元。2001—2005年，两税收入又逐渐变成以工商税收为主，农业税迅速减少，罚没、行政性收费依然保持整体增长趋势。如工商税收已由2001年的2325万元增至2005年的7910万元，农业税由2001年的1828降至2005年的704万元，罚没、行政性收费增至2075万元。自2006年起，财政收入科目中已不再有农业税和企业收入，以税收收入和非税收入划分，税收收入包括工商各税、耕地占用税和契税，非税收入包括专项收入、行政事业性收费、罚没收入、国有资源（资产）有偿使用收入和其他收入。财政收入中税收规模逐步增大，主要是得益于招商引资和大项目建设，纳税企业增多增强，税源扩大。

1991—1997 年的 7 年间，企业收入 4 年亏损 412 万元，3 年盈余 1350 万元。1991—2010 年财政收入总数为 221143 万元，其中 1991—2005 年几项收入总数为 84209 万元，再其中工商税收收入 42551 万元，占收入总数的 50.53%；农业税 25994 万元，占收入总数的 30.87%；罚没、行政性收费收入 10309 万元，占收入总数的 12.24%；企业收入 938 万元，占收入总数的 1.11%；耕地占用税和契税收入 2328 万元，占收入总数的 2.76%；专项收入 1063 万元，占收入总数的 1.26%；其他收入 1026 万元，占收入总数的 1.23%。2006—2010 年，财政收入总量为 136934 万元，其中税收收入 109147 万元，占财政收入的 79.71%，非税收入 27787 万元，占财政收入的 20.29%，收入质量逐步提高。

在鄄城县财政收入中，企业收入因 1998 年税制改革及市场转轨而被取消；农业税 2002 年因实行税费改革收入总量增加，当年实现收入 4088 万元，2003 年征收农业税 4078 万元，2004 年农业降点 3% 的情况下，收入 2202 万元，2005 年农业降点 2% 的情况下，收入 704 万元，2006 年起停征农业税。

1991—2010 年，按照国家预算安排，鄄城县共收到上级补助 434644 万元，为全县收入的总数近 2 倍。1994 年实行分税制以后，共上划税收 109627 万元。

第三节　财政支出

1991—2006 年间财政支出项目主要分经济建设（其中包括农林水利气象支出、工业交通等部门事业费、支援不发达地区等）、社会文教科学卫生广播（其中包括文体广播事业费、教育事业费、文教卫生事业费、抚恤和社会救济费、行政事业单位离退休经费、科学事业费）、行政管理费（其中包括国家党政机关、人民团体及公检法司支出）和其他支出。2007—2010 年间，全县财政支出项目主要分一般公共服务、国防、公共安全、教育、科学技术、文化体育与传媒、社会保障和就业、医疗卫生、环境保护、城乡社区事务、农林水事务、交通运输、资源勘探电力信息等事务、商业服务业等事务、国土资源气象等事务、住房保障、粮油物资储备管理事务、国债还本付息、其他支出。

财政支出始终坚持“量入为出”和“保工资、保稳定、保法定支出”的原则，严格控制一般性支出，1991—2010 年财政总支出 670824 万元，其中，1991—2006 年支出总数为 285774 万元，再其中经济建设类支出 48073 万元，占总支出 16.82%；社会文教科学卫生广播支出 141211 万元，占总支出 49.41%；行政管理费 65450 万元，占总支出 22.90%；其他支出 15559 万元，占总支出 5.44%。城市维护费、其他部门事业费、政策补贴和专项支出共计 15481 万元，占总支出 5.42%。2007—2010 年支出总数为 385050 万元，比 1991—2006 年支出总数多 99276 万元，支出规模逐年增大。

从总体上看，全县财政支出逐年增长，由 1991 年的 4444 万元增加到 2010 年的 137681 万元，尤其是 2006—2010 年增长显著。全县工资水平明显提高的同时，财政加大了对教育、医疗卫生、社会保障和就业、农林水事务、住房保障等民生保障类支出的力度。2010 年，民生保障类支出 87386 万元，占当年财政支出总额的 63.47%，民生保障能力进一步增强。

1991—2010 年鄄城县财政收入、支出情况统计表

表 16-1-1 单位：万元

年　份	地方财政收入	地方财政支出
1991	1921	4444
1992	2463	5019
1993	4543	6655
1994	2294	7419
1995	3319	8837
1996	4152	11621
1997	5190	15294
1998	4390	15050
1999	5022	15329
2000	5788	15555
2001	6722	17835
2002	7435	20076
2003	9113	22702
2004	9596	30030
2005	12261	37023
2006	17300	52885
2007	22511	68688
2008	25102	82537
2009	32015	96144
2010	40006	137681

第四节　财政管理

财政资金管理　实行单一账户管理。2003 年 11 月鄄城县成立会计核算中心，对全县所有单位账户纳入核算中心管理，全部取消单位原有银行账户，由会计核算中心在指定银行设立单一支出账户。对各单位现金、转账、汇兑等资金结算，以及经费拨入、支出、往来款项的收付等，由会计核算中心统一办理和核算。完善工资专户制度。于 2000 年 7 月开始实行，对上级补助、税收返还和各级组织（县、乡）的财政收入按一定比例缴入国库工资专户，并对工资专户资金实行封闭运行，不得用于非工资支出，工资专户资金不足发放工资的，国库基本户资金优先发放工资。实行人员工资委托银行代发。以前由财政部门每月将工资拨付到各单位，由各单位财务人员发放。开始实行后，由财政部门在委托代发工资银行设立工资账户，每月将汇总工资金额拨付到代发银行工资专户，同时财政部门给代发工资银行出具当月代发工资全部人员名单及代发金额，银行直接将每人工资额拨入个人工资卡上，杜绝了资金截留、挪用现象的发生。推行政府采购制度。2000 年开始实行，对于单位所需的办公用品、办公设备和专用仪器设备均通过县政府采购办统一采购，实行招投标方式，实现政府采购透明作业，节约了财政资金，提高了配置效率。

2005 年，对国库、会计核算及开户银行进行联网试运行，使库款调度更加灵活，资金支付更加

及时，有效降低了财政筹资成本。

预算外资金管理　预算外资金收支管理　1991—2001年，预算外资金的主要来源是乡镇“三提五统”（三提是指：公益金、公积金、行政管理费；五统是指：教育费附加、计划生育费、民兵训练费、乡村道路建设费和优抚费）、水费和单位预算外资金等。在坚持预算外资金所有权、使用权不变的前提下，财政部门实行“专户存储、计划管理、财政审批”的管理办法。1995年，对部分单位的预算外资金实行“收支两条线”管理办法。1997年制定的《鄄城县预算外资金管理实施办法》，明确规定预算外资金为财政性资金，资金的所有权归同级人民政府，管理权属于财政部门。对全额、差额预算管理单位的行政性事业性收费按其总额的15%、10%提取政府调剂资金；对自收自支事业单位的收费按其总额的5%提取政府调剂资金。对行政性收费实行“全额纳入财政预算”的管理办法。对事业性收费、各种集资、捐款、转存款、押金、保证金等各种往来款项，实行“专户储存、财政管理”的办法进行管理。1997年，全县预算外资金收入4516万元、支出4190万元。2000年，对行政事业性收费和政府基金全面实行“收支两条线”，全额纳入财政专户的管理办法。对有关部门和单位在按规定收取行政性收费、政府性基金的，实行资金收缴和票据开具相分离的“票据分离”办法，委托银行设立“财政收费专柜”直接收取。对资金比较分散，涉及面广的收费项目实行委托原单位代征，代收的资金要在三日内上缴财政专户，对累计所收资金不足1000元的可十五日上缴一次。2004年1月1日，全省全面启动“非税收入”电子网络征管系统，鄄城县直115个单位的237个收费项目重新申报收费编码。从票据的领购核销及台账管理等全部实行微机化管理，实行“依票治费”，发挥了从源头上治理乱收费的作用；非税收入的拨付使用严格按照收支两条线管理的原则，行政性收费、罚没收入缴入国库，其他资金缴入专户，支出按照单位的用款计划和申请拨到会计集中核算中心，按规定进行报账列支。对非税收入的征管，建立行政事业性收费和政府性基金征收管理年度稽查制度。

2004年全省财政系统实行非税收入管理系统以后，取消对一些特殊单位和部门实行的财政委托收款，对于单位和部门收取的每一笔收入全部通过非税收入管理系统，实行“收支两条线”管理，严把资金审批关，使非税收入资金合理调度。完善收费票据的保管、领购、审验、核销和监督管理，把票据管理与“票款分离”制度和治理经济环境有机结合起来，从源头上杜绝乱收费、乱罚款问题；同时，继续执行“验旧领新，票款同行”制度，以确保单位将所收款项及时足额地缴入财政专户和国库。为加强县直部门和单位非税收入的监督管理，根据上级部门“关于加强非税收入管理进一步深化收支两条线改革的实施意见”，2006年3月，根据全省统一更换新版票据的情况，抽调人员到使用财政票据的有关部门进行清理检查，对老版票据进行清理核销，统一换发了新版票据，促进了新版票据的顺利推行和票据规范化管理工作。

1992—2005年鄄城县预算外资金收支决算表

表16-1-2　　　　单位：万元

年份	预算外收入				预算外支出						收支相抵剩余
	附加收入	集中其他收入	行政事业性收入	本年度收入合计	基本建设类	城市维护支出	行政事业支出	其他支出	调出资金	本年度支出合计	
1992	995	16	—	1，011	—	—	349	—	—	349	662
1993	891	14	—	905	—	—	276	700	—	976	—71
1994	1，089	117	—	1，206	—	—	300	762	—	1，062	144
1995	1，302	40	1，896	3，238	—	42	1，284	416	1，077	2，819	419

续表 16-1-2

年份	预算外收入				预算外支出						收支相抵剩余
	附加收入	集中其他收入	行政事业性收入	本年度收入合计	基本建设类	城市维护支出	行政事业支出	其他支出	调出资金	本年度支出合计	
1996	1，287	175	2，214	3，676	405	—	2，747	77	—	3，229	447
1997	—	—	4，516	4，516	219	109	3，836	26	—	4，190	326
1998	—	—	2，237	2，237	1	—	2，189	1	—	2，191	46
1999	—	—	2，132	2，132	—	—	1，994	—	—	1，994	138
2000	—	—	1，770	1，770	—	—	1，538	—	—	1，538	232
2001	—	—	1，679	1，679	—	—	963	60	496	1，519	160
2002	—	—	1，824	1，824	118	5	838	17	795	1，773	51
2003	—	—	2，122	2，122	—	—	2，099	—	—	2，099	23
2004	—	—	1，389	1，389	—	—	1，008	—	—	1，008	381
2005	—	—	1，145	1，145	—	—	1，145	—	—	1，145	0
合计	5，564	362	22，924	28，850	743	156	20，566	2，059	2，368	25，892	2，958

2006—2010 年鄄城县非税收入收支统计表

表 16-1-3　　　　单位：万元

年度	非税收入	非税支出	余额
2006	1095	797	298
2007	1032	844	188
2008	2593	2468	125
2009	2907	2362	545
2010	2210	1707	503

综合计划业务　主要负责土地整理及开发复垦项目资金的使用管理；彩票发行及彩票公益金的使用管理；综合业务口下达的其他专项资金的使用管理等。

2005 年福彩发行 600 万元，体彩发行 50 万元，为鄄城县争取彩票公益金项目 180 余万元。对彩票公益金项目采取乡镇政府提出申请，民政、财政部门共同审核的管理办法，投资 38 万元对全县 8 个乡镇敬老院进行改造、扩建，投资 33 万元完善老年社区服务楼项目。争取省财政拨付专项资金 140 万元，在鄄城建设 1 处“妇女儿童活动中心”；经省财政部门批准投资 125 万元扩建乡镇敬老院。2006 年，争取公益金项目 163.54 万元。其中：用于富春乡等 5 所乡镇敬老院及聋哑学校建设 146.86 万元，用于人民广场健身器材和维修体育场地 16.68 万元。返还地方公益金 37.25 万元。2007 年争取公益金项目 143.52 万元，用于鄄城镇等 11 所乡镇敬老院建设及贫困残疾人危房改造。返还地方公益金 43.22 万元。2008 年争取公益金项目 243.91 万元，用于农村、城市、优抚对象医疗救助及残疾人康复中心、妇女儿童活动中心建设。2009 年，争取公益金项目 118.66 万元。其中，用于县妇女儿童活动中心及引马乡大黄庄社区服务中心建设 93.06 万元，用于县城主要路段健身器材 25.60

万元。2010 年，争取公益金项目 426.59 万元，其中，用于县福利中心建设和城乡救助 316.09 万元，用于健身活动中心 33 万元，用于县残联康复中心、妇女儿童活动中心及老年人居家养老项目建设 77.5 万元。返还地方公益金 227.78 万元。

行政事业财务管理　1991 年行政事业管理主要包括：党政机关、政府职能部门、文教卫生部门经费的分配、使用、管理和监督；救济专款的分配使用和监督；上级专款的管理使用情况；公费医疗的管理使用情况；县直单位的车辆财政统一保险工作；县直单位除农林水以外和每个乡镇文教卫生、民政年底决算的汇总。控制社会集团购买力，1991 年从控购办公室职能中分离出去。1996 年实行县直机关事业单位养老保险制度；1998 年设立社会保障股，把民政、自然灾害救济、卫生单位、公费医疗的职能划到社会保障股。

1997 年前，对不同类型的行政事业单位实行不同的预算包干办法，全额单位实行“预算包干、超支不补、结余留用”的办法，差额单位实行“定收入、定支出、定补助、超支不补、结余留用”的办法，自收自支单位实行“核定收支、增收节支留用，减收超支不补”的办法。1997 年后，国家对事业单位实行“核定收支、定额或定项补助，超支不补、结余留用”的预算管理办法。对行政单位实行“收支统一管理、定额补助、超支不补，结余留用”的管理办法。在行政事业财务管理上始终坚持量力而行、量财办事的原则，突出重点，抓住中心。在坚持保工资、保稳定、保法定支出的同时，积极推进支出改革，从严从紧控制支出。“九五”期间，逐步调整支出结构，按照公共财政的要求，将财政支出从一般性、经营性领域和行业退出来，确保公共需要。

教育方面　2000 年启动改造义务教育阶段薄弱学校工程，财政投入资金 100 万元；2001 年中央拿出专项资金，实施了农村中小学危房改造工程，财政共投入资金 3606 万元，共改造 150 所农村中小学，改造危房面积 85871 平方米。2002 年出台《义务教育阶段贫困生助学金管理办法》。2004 年财政投入资金 516.8 万元实施中小学课桌凳更新工程，更新课桌凳 3.8 万双人套。2005 年，启动“两免一补”工程，财政投入资金 459 万元，救助贫困生 3 万多人。2007 年春季开学起，实施农村义务教育经费保障机制改革，全部免除农村义务教育阶段学生杂费，财政投入资金 3007 万元，共惠及农村中小学生 108196 人。免杂费及公用经费补助资金由 2005 年初中每生每年 300 元，小学每生每年 210 元提高至 2010 年初中每生每年 650 元，小学每生每年 450 元，使全县 11 万中小学生受益。“以县为主”的农村义务教育管理体制得到强化。生均公用经费逐年提高，减轻了农村家庭负担，从根本上解决了农村贫困家庭子女上学难问题。

2006—2010 年全县相继实施农村中小学危房改造工程和中小学校舍安全工程，新建教学楼、综合楼、学生宿舍楼 150 余幢，建筑面积 20 万平方米，修缮改造各类危房 10 万多平方米，工程总投资 1.3 亿多元。全县累计投入资金 2000 多万元，用于教育教学基础设施配备。财政共投入资金 140 万元，用于农村中小学和特殊教育教学仪器更新工程，投入 146 万元用于农村中小学现代远程教育工程。为全县残疾学生免费义务教育投入 15.2 万元，购置设备投入 10 万元。发展职业教育，优化高中阶段教育资源配置，将原县第三中学从普通高中学校改制为职业教育学校，并将学校从乡镇搬迁到城区办学。将县第二中学由单纯举办普通高中教育发展成为普通高中教育和职业教育并举，设立专门职高部。全县职业教育学校累计投入资金 2000 多万元，用于校舍、实训基地和实训基础设施建设。全县职业学校在校生 5900 人。

2007 年，建立普通高中家庭经济困难资助机制，2010 年调整为普通高中国家助学金。2009 年秋季学期起，对农村家庭经济困难学生和涉农专业学生免除杂费。2010 年启动农村中小学“211”工程，解决师生喝热水、吃热饭、冬季取暖和改厕治污问题。

人口和计划生育方面　2004 年县财政拿出启动资金 20 万元，用于“关爱女孩，扶困帮扶”工作。

从2005年每年募集不低于20万元的公益金。财政共投入资金277万元，用于乡镇服务站建设。县乡村计生人员工资，由县财政统一到银行发到个人账户。2006年，县财政局、县人口计生局研究制定《鄄城县“十一五”期间人口和计划生育事业经费投入规划》，确定全县计划生育经费总体投入规划、分级次投入规划，事业正常发展经费按不低于经常性财政收入增长幅度测定，平均每年约增长10%。至2010年，财政共投入资金608万元，用于“四术”免费；投入资金580.7万元，奖励农村计划生育家庭，使9068人得到奖励扶助。2006年奖励扶助金在每人每月30元的基础上，提高到每人每月50元，2009年又提高到每人每月60元。2007年又对55～59周岁的农村部分计生家庭实行奖励扶助制度。2009年又对特殊家庭进行补助。

文化方面 争取省拉动内需调控资金500万元，解决了各乡镇建设资金缺乏的问题。建农家书屋82个。为全县16个乡镇的农家大院提供篮球架、乒乓球台等健身设施28套，在县城主要健身路径配置体育健身器材38套。在全县16个乡镇、435个行政村建立基层服务点。全年共放映以爱国主义、乡村题材、科普教育为主的影片4265场。以丰富文化娱乐生活为主线，举办春节联欢晚会、广场农村文化艺术节等文体娱乐活动。围绕创建旅游强县工作，在第三次全国文物普查中，实地调查阶段共调查登记有价值的不可移动文物405处，行政村和自然村普查覆盖率达到100%，并以“优秀”等次成功通过省专家组验收。在2010年中国首届非物质文化遗产博览会上鄄城鲁锦荣获“中国首届非物质文化遗产博览会银奖”，为菏泽市在本次博览会上所获的唯一和最高奖项。与山东省文物工程公司签订《鄄城县苏述御史牌坊修缮保护工程协议书》，并于2010年11月18日顺利完成苏述御史牌坊第一阶段的修缮保护工程。对破损图书进行全面修缮和整合，申请、筹措资金购进新图书1000余册。重新拍摄录制国家级非遗项目商羊舞、鲁锦、砖塑的音像专题片3部。建有县级文化信息资源共享工程支中心1处。财政投入资金187万元提高广播电视功能。

行政政法方面 执行公检法等部门公用经费保障机制。1999年中央补助贫困地区公检法司专款，加大转移支付力度，财政共投入资金837.9万元用于改善政法单位的办公条件、办案条件和装备。科技投入30万元用于科技特派员示范工程和科技研究。2006年，实施高校毕业生“三支一扶”，进行支农、支医、支教、扶贫；实施村级活动场所建设，改善435个行政村的办公场所，确保了基层政权稳定。

工资统发 1991年至2000年9月，县财政对各单位人员工资实行年初报工资计划，增人增资时按编委五联单和人事局工资转移单办理，到年底统一核算，拨付到单位。从2000年10月起，由县财政统一代发全县机关事业单位人员的工资，对乡镇财所人员进行公开考试，实行会计委派制并对乡镇财政所人员工资由县财政统一发放；2003年对乡镇计划生育工作人员实行财政统一发放工资。在机构精简的基础上核定财政供养人员，完善银行代发工资制度。

企业财务管理 1991年以前，县级财政对企业的财务管理主要是对国有企业管理，1991—2000年，国有企业有的破产倒闭，有的承包租赁。从2005年起，县级财政对企业财务管理主要是针对民营企业进行监管和扶持。1993年，根据中央、国务院等关于行政事业单位兴办经济实体的规定精神，对行政事业单位兴办的经济实体的税收政策进行调整。2003年，根据国务院办公厅《关于在全国城镇集体企业单位开展清产核资工作的通知》有关规定，进行棉花企业清产核资工作。为适应社会主义市场经济发展要求，满足财政宏观管理需要，2003年出口贴息98870.46元，鼓励企业扩大出口创汇并及时收汇。2004年，国际市场开拓资金20万元，出口贴息113805元，全部用于鼓励企业扩大出口创汇。2004年企业财务实现了由手工快报向网上快报转变的重大变革。根据省经贸委、省财政厅2004年《关闭小企业中央财政专项补助资金管理办法》，补助关闭小企业和淘汰落后生产能力项目专项补助资金30万元。2006—2010年补助关闭小企业和淘汰落后生产能力项目专项补助资金共245万元。2005年开展国有企业工资内外收入监督检查工作。根据省财政厅《关于拨付开拓国际市场招商引资补助资金的通知》精神，2005年争取国际市场开拓补助专项经费30万元，主要用于出口企业国际市场开拓。2006—2010年收到国际市场开拓资金1254350元。2007—2010年收到上级提升企业技术装备水平和加大科技研发能力建设资金210万元。对补贴地区补贴险种的农作物，财政补贴标准为保费的80%，其余20%由农户承担。其中对30个欠发达县中央、省级财政承担70%，市、县级财政承担10%。2010年开始，实施小额担保贷款政策，对于小型微利企业贴息比例是企业50%，中央25%，地方25%。对于个人贷款项目贷款贴息全部有中央负担。

农业财务管理　1991—2005年，农业财政主要从事支农资金、农业综合开发、扶贫开发三项财务管理，推行项目资金公示制和项目实施招标制。农业综合开发在鄄城镇、凤凰、引马、彭楼、旧城、大埝、李进士堂、箕山、左营、什集、阎什、郑营、董口13个乡镇累计总投资11885.8万元，其中财政投资9185万元，中低产田改造治理面积39.7万亩。扶贫累计投资4600万元，其中财政投资2300万元。在沿黄等11个乡镇，重点发展中药材、养鸡、养牛、蔬菜、丰产林、架木等产业。2003年为大河公司提供贴息贷款300万元，带动了农民增产增收。

2006—2008年，开展三年支农资金整合试点工作，优化整合各方面、各渠道支农资金40732.215万元（上级财政资金11485万元，县财政资金591.215万元，项目单位投资7920万元，银行贷款9050万元，自筹资金11686万元），重点支持临商公路复线区中药材产业，以大埝乡为中心的鄄北、鄄东优质小麦生产区，沿黄畜牧、林业产业区及社会主义新农村建设。

2009年，争取上级农业资金2804万元（其中中央资金1588万元，省级资金1131万元，省以下财政资金85万元），集中支持农业基础设施建设、农业产业化经营、农业科技、农业生态、新农村建设试点五大类、20多个项目建设。

2010年，争取上级农业资金5002.345万元（其中中央资金2518.2万元，省级资金2376.245万元，省以下财政资金107.9万元），集中支持农业基础设施建设、农业生产资料补贴、农业科技、农业开发、扶贫开发、合作经济组织六大类，30多个项目建设。

2006—2010年，县农林水部门累计完成财政投资19882.56万元。全县增加农田林网30.7万亩，植树220万棵；发展节水灌溉面积11.4万亩，建优质商品粮基地21.6万亩，建设现代化农业示范区6000亩，共建桥、涵、闸4829座，打井2883眼，衬砌节水渠道60千米，架设输变电线路30千米；改善灌溉面积14.7万亩，扩大灌溉面积21.1万亩，新增和改善除涝面积3.42万亩，玉米良种补贴面积30万亩和小麦玉米良种补贴面积80万亩。扶持发展多种经营项目35个，累计投资5664万元，在旧城镇、大埝乡项目区建立优质专用小麦生产基地，在鄄城镇、箕山镇项目区建立有机蔬菜生产加工基地，在彭楼镇项目区建设中药材种植加工基地、沿黄项目区建设林下种养基地、大埝项目区建设小麦良种种植基地，郑营乡项目区又建立甜叶菊生产基地，这些生产基地和加工企业的建立，使项目区初步形成基地＋企业＋农户的产业链条，项目区农民年人均纯收入比非项目区高出800多元左右，耕地亩收入达到3000元左右。

基金管理　鄄城县自1997年开始征收基金，种类主要有工业交通部门基金、文教部门基金、土地有偿使用收入和其他部门基金。基金收入归地方政府所有，由财政部门统一负责征收管理。2003—2005年共实现基金收入总计5268万元，支出5268万元。基金收入主要是国有土地有偿使用收入，拨付各项成本后，其净收益缴入同级国库，纳入政府性基金管理，专项用于城市基础设施建设和土地开发整理。2006—2010年政府性基金收入总计53595万元，收到上级补助收入14075万元，政府性基金支出62005万元，上解上级支出216万元，结转下年度5449万元。

会计事务管理　会计事务管理股于1991年正

式成立，具体负责全县内行政、事业、企业以及其他经济组织的会计事务管理工作。1991 年 1 月根据山东省发布的《会计证管理办法》，第一次对会计人员发放会计证。1992 年评审会计专业技术资格，分会计员、助理会计师、会计师三级。1993 年取消评审制度，实行考试制度。1997 年发放新的会计证。1998 年 7 月开始，对持有会计证的人员进行继续教育培训，至 2010 年培训 2 万余人。2002 年会计证统一更名为会计从业资格证，为 800 多人换发新证。至 2010 年发放证书 1663 人，年检 2000 多人。2001 年以后建立会计人员信息数据库，全县会计人员 1600 多人，至 2010 年全县会计人员 2000 多人，其中持证人员 1600 多人，中专以上学历 1500 多人，初级以上会计专业技术职称 500 多人，注册会计师 10 多人。1998—2010 年培训初级会计电算化合格人才 300 多人。

财政财务监督 1991 年成立鄄城县税收财务物价大检查办公室，1993 年撤销并入企业股，1996 年恢复县税收、财务、物价大检查办公室，1998 年取消，变更为财政监督室。1991 年起每年部署一次税收、财务、物价大检查。至 1997 年，共查出各种违纪金额 1430 万元，入库金额 812.8 万元。此后，检查重点由检查型监督向服务、管理型监督转变，检查方式由单纯的事后监督转变为事前、事中、事后监督相结合的方式。

2000 年起每年进行一次会计信息质量检查。2001 年进行预算收入征管质量检查，2004 年进行全县税源调查，调查登记各类企业、事业单位 299 户，查出欠缴、漏缴各种税款 317.6 万元，入库 317.6 万元。2005 年进行纳税检查，检查企业 44 户，查补应缴各种税款 96.8 万元，入库 96.8 万元。

住房公积金管理 1992 年 8 月，县财政局成立房改资金管理股。1995 年县出售公有住房工作正式开始时，房改办公室挂靠在房产管理局，公有住房出售资金由其收取和管理。1995 年，有部分单位开始缴存住房公积金，由房地产管理局和建设银行联合管理。1997 年 4 月，按照上级要求，财政局房改资金管理股更名为县住房公积金管理中心。1998 年，房地产管理局将公有住房出售资金管理工作移交财政局房改资金管理股。1999 年 11 月，房地产管理局和建设银行联合管理的 14 个单位的住房公积金 178 万元移交财政局管理。

2002 年，国务院修订《住房公积金管理条例》，菏泽市住房公积金管理中心成立，各县区公积金管理中心更名为管理部，各项工作由县区财政局代管。2003 年 12 月，市政府下发《关于在全市范围内全面推行住房公积金制度的意见》，自此住房公积金制度在鄄城全面推开，县乡两级财政供养单位自当年 12 月开始缴存，单位和个人的缴存比例各为工资基数的 5%。2004 年 12 月，市政府办公室下发《关于加强中央和省驻菏单位住房公积金管理工作的通知》，要求尚未建立公积金制度的单位必须立即建立。经过财政局的督促，驻鄄城单位全部建立公积金制度，单位和个人的缴存比例为工资基数的 5% ～ 15% 不等。2005 年，执行住房公积金制度的单位 180 个，正常缴存人员 13525 人，正常月汇缴额 123 万元，全县累计收取公积金 3422 万元，累计支付 473 万元，结存 2949 万元；根据市政府办公室文件要求，鄄城县公积金管理机构人财物上划到市住房公积金管理中心统一管理。

2006—2010 年，全县共缴存公积金 14623.89 万元，新增缴存人员 3750 人；支取公积金 3799 人次，支付金额 3263.78 万元，其中销户支取住房公积金共 1505 人次，销户支取金额 1176.56 万元；因住房消费原因提取 2294 人次，提取金额 2087.22 万元。至 2010 年底，正常交纳公积金的单位 185 个，正常交纳公积金的人员 15802 人，公积金缴存余额 14076 万元。2006—2010 年，住房公积金鄄城管理部仍在县财政局内办公。

经济建设财务管理 1997 年，经济建设股成立，负责经济建设财务管理。1998 年至 2005 年通过市财政拨付国债资金 7977.82 万元，其中国债资金专项资金 3327 万元，国债转贷资金 4650.82 万元，主要用于以下几个方面：

黄河滩区搬迁村庄基础设施建设工程项目，总投资规模 2664.2 万元，其中滩区安全建设资金

1300万元，转贷资金750万元，地方自筹641.2万元。涉及李进士堂、葛庄、西双庙、旧城、左营、董口、临濮7个乡镇，93个村庄、20891户、67700人。道路硬化52059米，硬化面积368184平方米，修建下水道2.7万米，架高压线路2万米，安装路灯3500米，另外有自来水、有线电视、桥涵公厕等。

农村电网和城网改造项目，投资总规模19413万元，其中国债转贷资金3036.82万元，农行贷款16376.18万元。农网改造前，鄄城虽有2条110千万输电线路，即110千万菏泽赵楼—鄄城输电线路和110千万郓城水浒—鄄城北关输电线路，但供电可靠性得不到保障。新建110千万信鄄线和110千万信东线后，县城供电可靠率达到99.95%，电压合格率达到98.35%；新增用电负荷8600千瓦，比同期用电量增长30.5%；线损平均降低0.6个百分点。

1998—2005年，拨付商品粮基地建设和国家大型优质小麦生产基地专项资金1102.38万元，新打机井609眼，建井房250座，节水灌溉面积48000亩，治理三干渠12.5千米及配套建筑物23座，新建良种加工储备中心1处，购置农机具630台套。

2004年，国家建立粮食直接补贴机制，由原来补贴流通部门改为直接对种粮农民直接补贴。2004年和2005年两年全县共发放补贴资金2406万元。2006年，在对种粮农民直接补贴的基础上增加柴油、化肥增支综合补贴，全县共发放补贴资金2614.44万元，其中粮食直补1297.95万元、综合补贴1316.49万元。2007年，国家建立农资综合直补机制，由原来柴油、化肥增支综合补贴改为对种粮农民农资综合直接补贴，全县共发放补贴资金4182.89万元，其中粮食直补1315.97万元、农资综合直补2866.92万元。2008—2010年继续对种粮农民粮食直补和农资综合直补，2008年全县共发放补贴资金8175.89万元，其中粮食直补1319万元、农资综合直补6856.89万元；2009年共发放补贴资金7934.44万元，其中粮食直补1322.88万元、农资综合直补6611.56万元；2010年共发放补贴资金7873.96万元，其中粮食直补1325.74万元、农资综合直补6548.22万元。

1998—2005年，使用国债资金1102.38万元，主要用于水利、人畜饮水工程建设，解决25个村庄，22303人的人畜饮水问题。2008年，使用国债资金2698万元，主要用于县人民医院、妇幼保健院建设，乡镇中心卫生院建设，县污水处理工程建设，水利、人畜饮水工程建设。2009年，使用扩大内需国债投资资金2642万元，主要用于防护林工程建设，农村沼气项目建设，农村饮水安全工程建设，大型灌区续建配套和节水改造项目建设，乡镇卫生院建设，节能循环和污染治理工程建设，廉租住房项目建设，农村公路建设。

2003—2005年，农村公路建设共完成投资1225万元，其中，使用国债资金1063万元，配套162万元，建设农村公路106.3公里，使325个自然村，48个行政村通了沥青路，解决了181750人的出行难问题。

2009年，为落实中央关于扩大内需、促进经济平稳较快增长的政策措施，确定采用信贷融资方式，鄄城承接山东省扩大内需重点建设项目调控资金（以下简称省调控资金）8736万元，分为4个批次下达。第一批省调控资金为1327万元，主要用于农村饮水安全工程建设，苏泗庄灌区续建配套与节水改造工程建设，孙寨沟风沙片综合治理，乡镇兽医站基础设施建设，左营乡病房综合楼项目。第二批省调控资金为4000万元，主要用于第一中学教学楼、学生宿舍楼建设项目，技工学校改扩建设备购置项目，县工业园区小学建设项目，职业教育中心基建及内配项目，城市污水管网工程，乡镇文化站建设项目。第三批省调控资金为2000万元，主要用于菏泽华意化工有限公司1万吨二氯异氰尿酸钠产业化技术升级改造项目。第四批省调控资金为1409万元，主要用于县利民小区100套廉租房建设、苏泗庄灌区续建配套与节水改造工程、阎什中心卫生院扩建病房综合楼项目、农村饮水安全工程建设。

社保基金管理 1998年5月，县财政局社会保障股成立，主要担负全县社保基金管理职能。鄄城县社会保险基金有6种，即企业养老保险、失业保险、机关事业养老保险、医疗保险、农村养老保险、工伤保险；管理的专项资金有城镇居民最低生活保障线资金和下岗职工基本生活及再就业资金。

1998年，企业职工基本养老保险基金完成收入842万元，支出761万元，实现当年结余81万元；失业保险基金完成收入54万元。1999年，实行城镇居民最低生活保障制度，当年财政支出55万元，领取最低生活保障金人数达到1.5万余人次。至2005年，累计发放最低生活保障金1120万元，享受最低生活保障人数达到29.4万余人次。2010年，企业职工基本养老保险基金收入4918万元，支出5516万元；机关事业单位养老保险收入12188万元，支出11618万元；农村养老保险收入19万元，支出35万元；失业保险收入121万元，支出486万元；工伤保险收入203万元，支出111万元；基本医疗保险收入3460万元，支出3323万元；新型农村合作医疗基金收入8299万元，支出8415万元。

2007年5月1日，正式实施新型农村合作医疗制度，从即日起，农民就医住院也可以享受医疗报销，当年，全县有57.6万农民参加新型农村合作医疗，县级财政配套资金576万元，归集资金共计2880万元；为农民报销医疗费用1450万元，有效缓解了农民就医难、看病贵问题。2010年，新型农村合作医疗投入资金7331万元，其中中央、省补助5132万元，市级财政补助383万元，县级财政补助1816万元，参合农民66.6万人，参合率达到99.9%。至2010年，累计已有78万多人次农民享受到合作医疗补助，累计支出金额8415万元，覆盖农业人口数、参合人数、筹资总额、补偿金额均达到市政府要求。

2007年7月1日，全面启动农村最低生活保障制度，当年发放低保资金369.5万元，符合农村低保条件的农民24638人享受到农村低保待遇。农村低保保障补助标准由每人每月60元提高到75元，城市最低生活保障补助标准在每人每月85元的基础上，调整到100元，城乡“低保”家庭基本实现应保尽保。2010年，城市低保人员3726人，农村低保人员30285人，财政共拨付城市低保资金469万元，农村低保资金2548万元，保障了城乡最低生活保障对象的基本生活需求。

2009年，城镇居民基本医疗保险制度全面实施。鄄城作为城镇居民医疗保险省第四批试点县，2008年出台试点方案，2009年制度正式开始运行。至2009年，全县城镇居民参保人数达到2.7万人，参保率42.3%，归集资金445万元，为城镇居民报销医疗费用42万元。至2010年，全县城镇居民参保人数达到5.7万人，参保率46.2%，累计支出179万元。城镇无职业的老年人、中小学生及困难人群全部被纳入制度保障范围。城镇居民医疗保险制度的推行，标志着全民医疗保障制度体系全面建立。

第五节　国有资产管理

1992—2005年间，国有资产管理按照“国资部门—主管部门—行政事业单位”三个层次的国有资产监管体系，以产权管理为主线，理顺国家所有、分级监管、单位占有使用的产权关系，落实国有资产保全责任；做好企、事业单位产权登记年检、变动、注销登记工作，建立健全国有资产管理台账，强化国有资产产权管理和产权变动监管；将各类报表严格按要求如期上报市财政局；严把资产处置审批关、评估关和处置收入的监督关。

1998年，为明晰产权关系，转换企业经营机制，依法对25家国有企业进行改制，其中9家出售，4家租赁，12家采取股份合作制的形式。

2005年，根据市委、市政府财政综合改革会议精神及《关于加强市直国有资产管理工作的通知》和《关于加强市直机关事业单位国有资产管理和经营的意见》，对县直行政事业单位国有资产管理和经营工作进行改革。当年完成对县直各单位国有资产清查、核实和移交，共移交国有资产总价值14036万元（因房产和部分土地价值没有经过中介机构评定，其价值不包括在内）。其中土地面积3758982平方米；房屋建筑面积313648平方米；车辆 173 辆，价值约 2305 万元；办公桌椅 38866 套，价值约 604 万元；空调 1093 台，价值约 273 万元；电脑 2126 台，价值约 822 万元；电视 553 台，价值约 130 万元；照相机、摄像机及其他监控设备 112 台（套），价值约 336 万元；专用设备 2383 套，价值约 3634 万元。

2006—2010 年，执行《关于对行政事业单位国有资产处置的暂行规定》和县政府《鄄城县公务小汽车处置暂行办法》，处置收入按照“收支两条线”的原则上交预算外，把闲置车辆调剂到需车单位。绝大多数行政事业单位主动将国有资产的增减情况如实上报国资局，县国有资产管理局按照财政或主管部门批复，及时调整账务，予以全面真实反映。每年对全县行政事业单位的资产进行一次统计，至 2010 年，共统计全县国有资本 60476 万元，其中房屋 34752 万元，面积 6760152 平方米；土地价价值 4173 万元，面积 2751823 平方米；车辆 327 辆，共 3948 万元；设备 17203 万元。实现横向“财政部门—主管部门—行政事业单位”、纵向“省—市—县—乡”管理框架，及时掌握行政事业单位资产的规模、分布和使用情况。加强非经营性资产转经营性资产的管理，并按“收支两条线”的原则专户储存。加大行政事业单位国有资产监管力度，确保资产安全完整。理顺国家所有、分级监管、单位占有使用的产权关系，健全国有资产保全责任，将各项管理工作落实到实处。

第六节 政府采购

政府采购的范围：凡是使用财政性资金（含预算资金、预算外资金）购买的货物、工程和接受的服务均属于政府采购范围；政府采购的方式主要有：公开招标、邀请招标、竞争性谈判、询价采购、单一来源采购方式。

2000 年，第一次政府采购为询价采购，为统计局采购电脑 1 台。2000—2005 年，共组织实施采购活动 120 批次，完成政府采购支出 633 万元，节约财政资金 64 万元，节约率 10%。2006—2010 年，共组织实施采购活动 484 批次，完成政府采购支出 4897 万元，节约财政资金 539 万元，节约率 11%。由于县乡财政没有财力安排采购预算，绝大部分采购资金是由使用单位自筹，因此，政府采购还存在着规模小、范围窄的情况。

第七节 会计集中核算及报账制

鄄城县会计核算中心设 3 个县直核算组，2 个乡镇核算组。每组设稽核会计、记账会计、出纳会计 3 个岗位，由工作人员 2 人兼任。2003 年 11 月底试运行。县直行政事业单位、人民团体和有财政拨款的其他单位的财政拨款，上级财政及有关部门的专项拨款，财政专户的收费收入，各种政府性基金，往来款项和其他资金收支业务均纳入会计核算中心统一核算。2005 年，统管县直单位（含各种专项资金账户）账套共计 222 个。2010 年，县会计核算中心累计统管账套 574 个，其中县直单位（含各种专项资金账户、全县各中小学校）账套共计 476 个，乡镇账套 98 个。

县直会计集中核算 2003 年 11 月，鄄城县会计核算中心根据县委、县政府《关于在县直行政事业单位实行会计集中核算的意见》，将 205 个行政事业单位的银行账户全部取消，只在鄄城县中兴信用社设立单一账户，由会计核算中心统一管理；单位会计岗位一律取消，只设报账员 1 人。单位报账员具体负责本单位的财务收支业务及备用金的领取、核销和会计资料的传递等。会计核算中心对单位的支出实行备用金制度。按照单位的性质和现金管理条例规定，对单位逐一核定 1000 ～ 5000 元的固定备用金和一定数额的临时备用金。对政府采购目录内的支出项目转入政府采购办公室统一采购。根据“收支两条线”管理原则，单位所有收入一律缴入财政专户管理，财政对单位拨款直接拨付到会计核算中心设立的单一账户。各单位的现金、转账、汇兑等资金结算和经费的拨入、支出、往来款项的收付等由会计核算中心统一办理。2007 年 1 月，对全县中小学校财务统一纳入县核算中心管理，2008

年4月，县教育局会计核算中心成立后，全县小学财务核算从县会计核算中心全部划归教育局会计核算中心管理。2008年9月，根据岗位职责需要对会计核算工作重新设岗，设立县直核算组2个，乡镇核算组2个，出纳组1个，每个核算组设稽核会计、记账会计各1人，出纳人员从核算组分离出来成立出纳组设出纳会计3人，使岗位职责更加明晰，确保了财政资金安全。

乡镇报账制 2005年7月，根据《菏泽市人民政府办公室关于乡镇收支统一实行报账制管理的通知》《鄄城县人民政府关于乡镇财政财务实行会计集中核算的意见》精神，在会计核算中心增加2个乡镇核算组，工作人员由财政局内部调剂。将全县16个乡镇的财政总预算、政府机关经费、乡镇中心校、乡镇中小学等乡直部门的所有账户取消，合并在会计核算中心单一账户统一管理，取消会计岗位。每个乡镇设报账员3人，即总预算报账员、政府机关报账员和教育系统报账员。总预算报账员和政府机关报账员由县财政委派财政所长和委派会计担任；乡镇教育系统报账员由中心校报账员担任。乡镇收支的领报、备用金的管理、报账程序和会计档案的管理等和县直会计核算大体相同。2007年增设了小城镇建设专户等。通过专户核算确保了财政资金的安全，充分发挥了财政资金对农业、农村各项事业的支持。

第二章 国 税

第一节 国税体制改革

国税地税分设 1994年7月，鄄城县税务局根据中央分税制改革的需要和《菏泽地区税务局组建筹备组关于鄄城县税务局组建两个税务机构实施方案的批复》，将鄄城县税务局分设为鄄城县国家税务局和鄄城县地方税务局；国税人员分流税务局人员的65%，地税人员分流35%；国税系统实行垂直管理，机构设置、人员编制、经费管理、干部任免等按《国家税务系统组织条例》管理，地税系统按县委、县政府有关规定办理；同时，合理划分税务局财产。7月底完成全县国税局、地税局分设工作，8月24日开始运转。

税收会计 2001年7月，全省国税系统全面推行CTAIS征管软件。为适应税收征管改革和税收会计电算化的需要，县国税局于2002年7月实行税收会计县级集中核算，撤销7个基层分局核算单位，重新整合、设置税收会计机构、会计人员。设置计划征收局，下设会计核算岗、会计稽核岗，负责指导、管理税收会计工作；对税收资金流转情况进行会计核算；负责税票销号，办理有关的税款入库和退库等业务。计划征收局会计核算计账方法、会计科目的设置、税收会计核算程序以及会计报表等遵从税收会计制度的规定。

2003年，税库银联网试运行，依托计算机网络技术改革传统的缴库方式，税款缴库、资金划转、对账销号等工作全部通过网络由计算机自动处理，税款当天征收当天入库，基本实现零在途。

2005年8月，成立计划统计科，全面应用CTAIS2.0征管软件、TRS会统报表系统、TRAS重点税源调查分析系统。负责税收计划、会计、统计管理工作；负责具体编制、分配税收计划；负责指导组织收入工作，分析、检查和预测税收计划执行情况；组织并检查税款入、退库；对税收数据进行统计和分析，编报各种税收会统报表；研究国民经济运行与税收收入的关系，分析税收负担及结构，并对其变化情况进行追踪监测；负责税源资料的调查

鄄城县国税局　（2010 年　摄）

和测算，进行税收分析，监控管理重点税源；负责欠税情况的调查、统计，核算。2008 年，鄄城县国税局共组织税收收入 1.37 亿元，同比增长 17.42%，增收 2038 万元；2010 年，组织收入 2.08 亿元，同比增长 18.51%，增收 3245 万元。

税票管理　1991—1994 年，除缴款书和收入退还书格式、尺寸全国基本相同外，其他各种票证的格式、尺寸各不相同，而且缴款书和完税证是按各个税种分别设计，山东省票证种类达 30 多种。

1994 年 9 月，国家税务总局统一全国 21 种税收票证和章戳的使用范围、格式、尺寸、填写要求。1998 年 3 月和 5 月，国家税务总局颁布《税收票证管理办法》和《税收票证统一式样》，按类别分为 13 种税收票证，6 种其他凭证和 4 种票证专用章戳，增加了税收转账专用完税证、当场处罚范款收据和退库专用章。

税收票证管理由县国税局计划征收科（局）负责。税收票证管理做到："一清"，即票清离岗；"三禁"，即持票人外出征收税款严禁票证离身，严禁带票回家，严禁带票参加与票证无关的活动；"四专"，即专人保管、专库、专柜存放、专袋携带；"六防"，即防盗、防火、防潮、防虫蛀、防鼠咬、防丢失。

在税收票证开具中，税票的"废票率"（指当期作废票证数量占当期开具的全部票证的比例）不超过 3%，"错票率"不超过 1%。

2001 年 7 月 1 日中国税收征收管理系统（英文简写 CTAIS）上线运行后，所有税收票证管理纳入信息化管理。该系统中票证管理子系统主要包括票证领发、票证使用、票证核算、票证审核与检查、票证查询等模块。2004 年 1 月 1 日全省推广应用税收票证管理软件，促进了税收票证管理的科学化、精细化。2006 年 1 月，全国统一简并税收票证，对税收行政性收费项目实行"收支两条线"管理，征收的税收行政性收费全部上缴中央国库。2007 年 1 月，在全面运行税库银系统的基础上，实行电子转账完税证，进一步简化税收票证，节约了税收成本。2010 年，鄄城县国税局采取三项措施，进一步强化发票管理。加强发票票种核定管理。对初次领购增值税专用发票的新办企业，严格根据注册资金配比核定最高开票限额和限量。纳税人领购发票后，税源管理部门建立健全巡查询问制度，深入了解纳税人经营规模、场地、仓储、资金流动情况，对于发现的问题及时向税政和办税服务厅反馈。加强失控发票管理。严格按照失控发票快速反应机制规定，及时采集失控发票数据，按照时限和流程处理认证时失控发票以及认证后失控发票。推进发票数据仓库建设。建立覆盖所有发票种类的数据仓库，加强发票数据分析监控，进一步完善发票代开证明查验机制，防范纳税人化整为零、流动代开。

第二节　税收优惠

征前减免　1995 年，校办、福利、外商企业一般产品办理先征后退增值税 298198 元。1996 年，福利企业退增值税 197280 元，其他减免 170.7 万元。1997 年，办理增值税期初库存抵扣税款和福利企业税收退税 205 万元。1998 年，办理增值税期初库存抵扣税款、福利、校办、外资企业税收优惠 121 万元。

2002 年，办理各项征前税收减免增值税 1838.4 万元，其中农业生产资料减免 314.6 万元，饲料减免 80.1 万元，良种减免 15.6 万元，废旧物资回收（包括废旧人发、废钢材等）1428.1 万元。免征涉外企业和国外企业所得税 76.9 万元，准予弥补以前年度亏损 65.77 万元。

2003 年，办理各项征前税收减免增值税

2310.1万元，其中农业生产资料减免232万元，饲料减免185.7万元，良种减免15.7万元，废旧物资回收（包括废旧人发、废钢材等）1863万元。免征涉外企业和国外企业所得税69万元，准予弥补以前年度亏损120万元，核销银行贷款呆账损失2000万元。2004年，全县国税系统共办理征前减免1988.1万元，其中增值税减免1805.4万元（饲料274.8万元，种子、农药、农业生产资料210.9万元，废旧物资1319.7万元），企业所得税减免108.3万元，涉外企业所得税减免74.4万元。2005年，国税办理征前减免1527.3万元，其中增值税减免1420.5万元，企业所得税减免91万元，涉外企业所得税减免15.7万元。民政福利企业退税4.8万元。

2006年，办理各项减免退增值税1467万元，其中福利企业即征即退7万元，农业生产资料免税426万元，饲料免税134万元，粮食免税785万元，废旧物资免税115万元。免征企业所得税515万元，免征涉外企业和国外企业所得税38.9万元。

2007年，办理各项减免退增值税3247.3万元，其中福利企业即征即退35.6万元，资源综合利用产品即征即退300.1万元，农业生产资料免税403.5万元，饲料免税117.6万元，粮食免税1763万元，废旧物资免税627.5万元。免征企业所得税169万元，免征涉外企业和国外企业所得税46万元。2008年，办理各项减免退增值税1121.2万元，其中福利企业即征即退146.7万元，资源综合利用产品即征即退164万元，农业生产资料免税490.1万元，饲料免税101.7万元，粮食免税15.1万元，废旧物资免税152.8万元，宣传文化部门免税50.8万元。免征企业所得税574万元，免征涉外企业和国外企业所得税110.2万元。2009年，办理各项减免退增值税3064.86万元，其中残疾人企业即征即退122.56万元，资源综合利用产品即征即退61.89万元，农业生产资料免税865.77万元，饲料免税139.17万元，粮食免税1088.52万元，农民专业合作社免税4.6万元，再生资源财政返还844.24万元。免征企业所得税21.5万元，免征涉外企业和国外企业所得税61.4万元。

2010年，办理各项减免退增值税3171.2万元，其中残疾人企业即征即退119万元，资源综合利用产品即征即退121.9万元，农业生产资料免税721.8万元，饲料免税161.1万元，粮食免税1750.4万元，宣传文化部门免税166.7万元，再生资源财政返还130.3万元。免征企业所得税25.6万元，免征涉外企业和国外企业所得税36万元。

个体户增值税减免 2003年3月4日菏泽市国税局下发文件，决定菏泽市自2003年1月1日提高个体户增值税起征点，销售货物由月销售额600元提高到2000元，销售劳务由月销售额300元提高到1500元，按次纳税由每次（日）50元提高到150元，全县1400户个体工商户免予征收增值税。

2004年5月山东省国税局下发文件，自2004年6月1日起将个体户增值税起征点统一提高至最高点，即销售货物的起征点提高至月销售额5000元，销售应税劳务的起征点提高至月销售额3000元，按次纳税的起征点提高至每次（日）200元，全县达到起征点的户数仅363户，910户个体工商户再次免予征收增值税。

2004年6月后，个体业户增值税起征点政策没有发生变化。伴随着经济的增长，个体纳税经营规模逐渐加大，个体业户达起征点户逐步增多，到2007年，个体达起征点业户达到在741户，对903户未达起征点个体工商户免予征收增值税。2008年对914户未达起征点个体工商户免予征收增值税；2009年对932户未达起征点个体工商户免予征收增值税。2010年，1766户个体户共享受增值税减免80.96万元。

出口货物退税 1994年税制改革后，具有进出口经营权的生产企业和委托外贸企业代理出口货物退还出口货物所耗用原材料已缴纳的增值税。2002年1月1日起，生产企业自营或委托外贸企业代理出口自产货物，增值税一律实行“免抵退”税管理办法。

1999年10月，鄄城县建融化工有限公司成为第一家办理出口退税登记的企业。2000年开始办理出口退税业务，至2005年，共有21家办理出口退税业务。从2006年开始，全县出口企业迅速发展，企业户数、出口额、免抵退税额都有较大幅度的增长。2008年，由于世界性的金融危机影响，企业出口受到一定影响，国家从宏观调控的角度出发，多次提高部分商品的出口退税率，鼓励企业出口创汇。鄄城出口企业户数逐年增加、企业规模逐年扩大、企业出口额逐年增长，到2010年免抵额和退税额都创历史新高，促进了外向型经济和地方经济的发展。2010年，共有78家企业办理出口退税认定，有58家企业有出口业务，比前5年同比增长176%。

2000—2010年鄄城县免抵调库额及出口退税额情况表

表16-2-1　　单位：万元

年　度	免抵调库额	出口退税额	备　注
2000	—	166	先征后退办法
2001	—	368.11	先征后退办法
2002	150.5	100	免抵退税办法
2003	668.5	610	免抵退税办法
2004	614.7	3385.1	免抵退税办法
2005	899	1823.4	免抵退税办法
2006	1447.73	2435.81	免抵退税办法
2007	2665.66	2964	免抵退税办法
2008	1669.81	2555.43	免抵退税办法
2009	3077.24	3643.39	免抵退税办法
2010	3689.49	5234.4	免抵退税办法
合计	14882.63	23285.64	—

1994—2010年鄄城县国家税收统计表

表16-2-2

年　份	收入（万元）	年　份	收入（万元）
1994	4620	2003	6286
1995	2131	2004	10376
1996	2115	2005	9549
1997	2139	2006	11268
1998	2106	2007	14366
1999	1787	2008	15403
2000	2533	2009	17526
2001	3574	2010	20770
2002	4270	—	—

第三节 税务稽查

1994年7月成立国税局稽查分局。1994年11月成立县检察院驻鄄城县国税局检察室。1997年11月，县检察院驻鄄城县国税局检察室被鄄城县公安局国税案件侦察队取代。1998年10月稽查分局更名为稽查局。

1992年，稽查立案10起，查补税款10万元，追回税款、滞纳金、罚款20万元。与驻税务局检察室、公安局配合，突击侦破了一起假税票案件。1992年，菏泽地区税务局在全区征管工作会议上推广了鄄城县稽查工作经验。1993年，查补税款、滞纳金、罚款52万元。1998年，农村分局部分增值税一般纳税人由于管理不规范、财务不健全，第4季度处罚补税400万元。

2001年，县国税局开展整顿和规范税收秩序工作，查补各税78万元。2002年查补入库税收收入40.1万元。2003年年初，菏泽市部分县区接连发生虚开增值税专用发票案件，全市开展手工版专用发票清理检查。鄄城共查补入库税款130万元。6月6日，全市国税稽查基础工作现场会在鄄城召开。2004年共查补入库税款228万元，稽查部门查补入库62万元，税务管理部门日常评估查补入库税款166万元。2004年4月，在全省国税稽查工作会议上，鄄城县国税局作《积极推行绩效考核，全面提升稽查工作先进水平》的典型发言，并作为经验材料在会上交流。

2005年2月至4月，全市国税系统开展裘皮行业税收专项检查。鄄城县企业自查、县局检查共补缴税款670余万元。3月，全市国税系统开展“双打双防”（打击和防范虚开增值税专用发票和出口骗税案件）活动，鄄城县进出口公司骗取出口退税169万元等6起大要案被查处，2004年以前没有发现和查处过骗税案件。

2007年县国税局在重点行业和重点环节开展税收专项检查和税收专项整治工作，从严、从快查处举报案件，全县共检查纳税人51户，查补入库税款、罚款、滞纳金287万元。2008年，全县稽查查处各类涉税案件16户，查补入库税款26万元。2009年，重点对房地产及建筑安装业，药品经销行业开展税收专项检查工作，共查补税款182万元。

2010年，县国税局开展打击制售假发票专项检查工作，共检查纳税户数40户，采集发票份数1896份，查出有问题发票189份，违反发票管理办法开具、使用的纳税户补缴增值税款5000余元，罚款3000余元，共查补入库税款2.4万元。

2001年，鄄城县国税局被评为省级文明建设先进单位。2002年，鄄城县国税局城区分局被评为全省国税系统文明建设先进单位。2003年，鄄城县国税局郑营分局被评为全省国税系统文明建设先进单位。2004年，鄄城县国税局被评为省级档案管理先进单位，全省减免税普查先进单位。

第三章 地 税

第一节 地税改革

税收会计 1991—1995年，税收会计属于单式记账，只对征收数、入库数、退税数等进行序时核算。1995年8月21日，国家税务总局颁发《税收会计核算办法》，从1996年1月1日，整个地税系统全面推行税收会计改革，实行复式记账。1997年7月29日，山东省地方税务局出台《山东省地方税务局税收会计核算工作规程（试行稿）》，规定了税收会计核算的一般原则、税收会计科目、税收会计凭证、税收会计账簿、税收会计报表等详细内容，鄄城地税局划分入库单位、上解单位、双重业务单位和混合业务单位，分别实行各自的会计程序。1998 年 10 月 27 日，国家税务总局印发《税收会计制度》，从 1999 年 1 月 1 日开始，鄄城地税局按照新的《税收会计制度》进行会计核算，每年开展全面税收会计检查工作。2003 年开始，鄄城县地税系统全面开通税收征管软件，其中包括税收会计核算系统，2005 年又进行升级，工作效率和准确性进一步提高。2010 年 8 月 23 日正式开展财税库银税收收入电子缴库横向联网工作，通过电子网络系统办理税收收入征缴入库等业务，税款直接缴入国库，实现税款征缴信息共享的缴库模式，提高了税款征缴工作效率，方便了纳税人缴税。

税票管理　1994 年，国地税分设后，国家税务总局对税收票证种类进行统一和规范。1995 年 2 月 1 日，省局贯彻总局文件时，明确了 13 种票证，规定了税收票证的意义种类、税收票证设计、税收票证填写、税收票证审核、票证工作的报告制度等。

1998 年 4 月 21 日，菏泽地区地方税务局印发《税收票证填写说明》，又于 1999 年 2 月 8 日对《税收票证填写说明》进行修改，1999 年 7 月 13 日菏泽地区地方税务局转发《山东省地方税务局税收票证管理实施办法》，以上文件均对税收票证管理工作进行明确规定，使票证管理工作逐渐走向制度化、规范化，鄄城县地税局会计部门均及时行文予以转发，并提出明确要求。1999 年 1 月 1 日新版税收票证启用，旧版税收票证于 1999 年 7 月 1 日停止使用，新版税收票证大部分都设计了微机和手工两种，新票证的启用提高了票证填开效率和准确率，有效杜绝了开票中的徇私舞弊现象。2004 年，鄄城县地税局又要求凡正常纳税户必须杜绝手工开票，税票管理得到进一步规范。

2010 年 1 月 1 日，按照上级统一部署，顺利运行税收票证管理系统，实现了税收票证领发、结报、缴销等一系列票证业务的电子化，摆脱了记账、结账、报表等工作的手工操作，提高了票证管理工作效率。按照上级规定要求，鄄城县地税局设立专用票证库房，建立各种票证账簿，制定税收票证管理制度、税收票证安全管理值班制度等，平时加强监督检查。票证管理人员调换都要进行严格的票证交接，未发生一起票证丢失现象。鄄城县地税局在全市地税系统税收票证使用管理检查评比中均取得较好成绩。

第二节　税种管理

1994 年 8 月国、地税分设后，鄄城县地方税务局主要负责征收营业税、城建税、固定资产投资方向调节税、个人所得税、房产税、土地使用税、印花税、筵席税、土地增值税、屠宰税、企业所得税、教育费附加、社会治安费、水利基金、车船税、资源税。从 2000 年 1 月 1 日起暂停征收固定资产投资方向调节税。从 2002 年 6 月 18 日起，停止征收屠宰或者收购的屠宰税，截至 2010 年，税种无任何变化。

企业所得税　企业所得税以纳税人在一个纳税年度内的收入总额减去准予扣除项目后的余额为应纳税所得额，实行比例税率，税率为 33%。对年应纳税所得额 3 万元以下（含 3 万元）的，减按 18% 的税率计税；对年应纳税所得额在 3 万元以上 10 万元（含 10 万元）以下的，减按 27% 的税率计税。

地方国有企业、集体企业、私营企业缴纳的所得税由地方税务局负责征收和管理。

2008 年 1 月 1 日，《中华人民共和国企业所得税法》《中华人民共和国企业所得税法实施条例》同步实施。内、外资企业适用不同税法的历史结束。截至 2010 年，企业所得税无任何变化。

新税法将新的税率确定为 25%。非居民企业在中国境内未设立机构、场所的，或者虽设立机构、场所但取得的所得与其所设机构、场所没有实际联系的，应当就其来源于中国境内的所得缴纳企业所得税，适用税率为 20%。对符合规定条件的小型微利企业，实行 20% 的优惠税率。对国家需要重点扶持的高新技术企业，减按 15% 税率征收。

新的企业所得税制将现行企业所得税以区域优惠和外资优惠为主的格局，转为以产业优惠为主、区域优惠为辅、兼顾社会进步的新优惠格局。税法确定的税收优惠的主要内容包括促进技术创新和科技进步、鼓励基础设施建设、鼓励农业发展及环境保护与节能、支持安全生产、促进公益事业和照顾弱势群体，以及自然灾害专项减免税优惠政策等。

个人所得税 1993年10月31日，八届全国人大常委会四次会议通过《全国人大常委会关于修改〈中华人民共和国个人所得税法〉的决定》，同日发布新修改的《中华人民共和国个人所得税法》(简称税法)，1994年1月28日国务院配套发布《中华人民共和国个人所得税法实施条例》。1999年8月30日第九届全国人民代表大会常务委员会第十一次会议决定第二次修正，并于当日公布生效。

个人所得税是以个人（自然人）取得的各项应税所得为征税对象所征收的一种税。凡在中国境内有住所，或者无住所而在境内居住满一年的个人，应就其从中国境内和境外取得的所得，依法缴纳个人所得税；在中国境内无住所又不居住或者无住所而在境内居住不满一年的个人，只就其从中国境内取得的所得，缴纳个人所得税。

下列各项个人所得，应纳个人所得税：

1. 工资、薪金所得：适用超额累进税率，税率为5%至45%；

2. 个体工商户的生产、经营所得：适用5%至35%的超额累进税率；

3. 对企事业单位的承包经营、承租经营所得：适用5%至35%的超额累进税率；

4. 劳务报酬所得：适用比例税率，税率为20%。对劳务报酬所得一次收入畸高的，可以实行加成征收，具体办法由国务院规定；

5. 稿酬所得：适用比例税率，税率为20%，并按应纳税额减征30%；

6. 特许权使用费所得：适用比例税率，税率为20%；

7、利息、股息、红利所得：适用20%的比例税率；

8. 财产租赁所得：适用20%的比例税率；

9. 财产转让所得：适用20%的比例税率；

10. 偶然所得：适用20%的比例税率；

11. 经国务院财政部门确定征税的其他所得。

2005年10月27日，第十届全国人大常委会第十八次会议审议《个人所得税法修正案草案》，通过全国人大常委会关于修改个人所得税法的决定，每月收入额减除费用由800元提高到1600元，于2006年1月1日起施行。

2007年12月29日，十届全国人大常委会第三十一次会议表决通过关于修改个人所得税法的决定。2008年3月1日起个人所得税每月收入额减除费用由1600元提高到2000元。截至2010年，个人所得税情况无任何变化。

营业税 营业税是对在中国境内提供交通运输业、建筑业、金融保险业、邮电通信业、文化体育业、娱乐业、服务业等应税劳务、转让无形资产或者销售不动产征收的一种税。

营业税实行比例税率，税率范围3%～20%不等。对个人出租住房，自2008年3月1日起不区分用途，在3%税率的基础上减半征收营业税。2009年1月1日，新修订的《中华人民共和国营业税暂行条例》《中华人民共和国营业税暂行条例实施细则》同步实施。

土地增值税 土地增值税是一种对转让国有土地使用权、地上建筑物及其附着物所取得的增值额为征税对象，依照规定税率征收的一种税。

土地增值税以转让房地产所得取得的增值额为征税对象。对以继承、赠与等方式无偿转让的房地产不征税。

纳税人转让房地产所取得的收入减除扣除项目金额后的余额，为增值额。

土地增值税实行四级超率累进税率：

1. 增值额超过扣除项目金额50%的部分，税率为30%。

2. 增值额超过扣除项目金额50%、未超过扣除项目金额100%的部分，税率为40%。

3. 增值额超过扣除项目金额100%、未超过扣除项目金额200%的部分，税率为50%。

4. 增值额超过扣除项目金额200%的部分，税率为60%。

印花税　在中华人民共和国境内书立、领受规定应征税的各种证、照、凭证、簿据的单位和个人都是印花税的纳税人。同一凭证上两方或两方以上当事人签订并各执一份的，应当由各方按所执一份各自全额纳税。由代理人代办经济凭证，则凭证当事人的代理人有代为纳税的义务。具体税率、税额的确定如下：

1. 购销合同：包括供应、预购、采购、购销结合及协作、调剂、补偿、易货等合同，按购销金额万分之三贴花。

2. 加工承揽合同：包括加工、定作、修缮、修理、印刷、广告、测绘、测试等合同，按加工或承揽收入万分之五贴花。

3. 建设工程勘察设计合同：按收取费用万分之五贴花。

4. 建筑安装工程承包合同：按承包金额万分之三贴花。

5. 财产租赁合同：包括租赁房屋、船舶、飞机、机动车辆、机械、器具、设备等，按租赁金额千分之一贴花。税额不足一元的按一元贴花。

6. 货物运输合同：包括民用航空、铁路运输、海上运输、内河运输、公路运输和联运合同，按运输费用万分之五贴花。单据作为合同使用的，按合同贴花。

7. 仓储保管合同：按仓储保管费用千分之一贴花，仓单或栈单作为合同使用的，按合同贴花。

8. 借款合同：银行及其他金融组织和借款人（不包括银行同业拆借）所签订的借款合同，按借款金额万分之零点五贴花。单据作为合同使用的，按合同贴花。

9. 财产保险合同：包括财产、责任、保证、信用等保险合同，按投保金额万分之零点三贴花。单据作为合同使用的，按合同贴花。

10. 技术合同：包括技术开发、转让、咨询、服务等合同，按所载金额万分之三贴花。

11. 产权转移书据：包括财产所有权和版权、商标专用权、专利权、专有技术使用权等转移书据，按所载金额万分之五贴花。

12. 营业账簿：生产经营用账册，记载资金的账簿，按固定资产原值与自有流动资金总额万分之五贴花。其他账簿按件贴花五元。

13. 权利许可证照：包括政府部门发给的房屋产权证、工商营业执照、商标注册证、专利证、土地使用证，按件贴花五元。

资源税　资源税以各种自然资源为课税对象，为了调节开采资源存在的级差收入并体现国有资源有偿使用而征收的一种税。

凡在中华人民共和国境内开采税法规定的应税矿产品和生产盐的单位和个人为资源税的纳税义务人。鄄城主要资源税为黏土资源税，1元/平方米。

屠宰税　1. 凡屠宰猪、羊、牛等牲畜者，均应交纳屠宰税。

2. 自养、自宰、自食的牲畜，免纳屠宰税；如有出售者，其出售部分，仍应纳税。

3. 耕畜、运输畜、种畜、乳畜、胎畜、幼畜，应予保护。各省（市）人民政府，得依据当地经济特点及人民生活习惯，自行订定保护及屠宰许可办法。

4. 屠宰税，按牲畜屠宰后的实际重量从价计征，税率为10%。不能按实际重量计征之地区，得规定各种牲畜的标准重量，从价计征。

5. 屠宰税纳税肉价，由当地税务机关按日或按期调查公告之。

6. 屠宰税由税务机关征收；距离税务机关较远之地区，得委托区、乡（村）人民政府或合作社代征，但不得采用包征办法。

7. 屠宰牲畜，须向税务机关或代征机构报验纳税，经检验发给完税证并于肉上加盖验戳后，始准出售；如认为有碍卫生者，应禁止出售，不予征税。

8. 凡专营或兼营屠宰业者，均应于开业前向工商管理机关及税务机关申请登记，歇业时并须办理撤销登记。

9. 各省（市）人民政府可以对于辖区少数民族的宗教节日屠宰牲畜许可及免税。

固定资产投资方向调节税 固定资产投资方向调节税征税范围亦称固定资产投资方向调节税“课税范围”。凡在中华人民共和国境内用于固定资产投资的各种资金，均属固定资产投资方向调节税的征税范围。各种资金包括：国家预算资金、国内外贷款、借款、赠款、各种自有资金、自筹资金和其他资金。固定资产投资，是指全社会的固定资产投资，包括：基本建设投资、更新改造投资，商品房投资和其他固定资产投资。

1991 年 4 月 16 日国务院发布《中华人民共和国固定资产投资方向调节税暂行条例》，从 1991 年起施行。自 2000 年 1 月 1 日起新发生的投资额，暂停征收固定资产投资方向调节税。

房产税（外资企业缴纳城市房地产税） 房产税是以房屋为征税对象，按照房屋的计税余值或出租房屋的租金收入征收的一种财产税。

房产税由产权所有人缴纳。产权属于全民所有的，由经营管理的单位缴纳。产权出典的，由承典人缴纳。产权所有人、承典人不在房产所在地的，或者产权未确定及租典纠纷未解决的，由房产代管人或者使用人缴纳。私有出租房屋应缴纳的房产税，由税务机关确定出租者自缴或租用者代缴。

房产税的税率及计税依据如下：

1. 自用房产按房产原值减除 30% 后的余值依 1.2% 计征；

2. 租赁房产按租金额依 12% 计征。

开征房地产税之城市，由中央人民政府财政部核定，未经核定者，不得开征。

房地产税由产权所有人交纳，产权出典者，由承典人交纳；产权所有人、承典人不在当地或产权未确定及租典纠纷未解决者，均由代管人或使用人代为报交。

房地产税依下列标准及税率，分别计征：

1. 房产税依标准房价按年计征，税率为百分之一；

2. 地产税依标准地价按年计征，税率为百分之一点五；

3. 标准房价与标准地价不易划分之城市，得暂依标准房地价合并按年计征，税率为百分之一点五；

4. 标准房地价不易求得之城市，得暂依标准房地租价按年计征，税率为百分之十五。

2008 年 12 月 31 日，国务院公布第 546 号令，自 2009 年 1 月 1 日起废止《城市房地产税暂行条例》，外商投资企业、外国企业和组织以及外籍个人依照《中华人民共和国房产税暂行条例》缴纳房产税。

城镇土地使用税 凡在城市、县城、建制镇和工矿区范围内使用土地的单位或个人都是土地使用税纳税人。鄄城县征收标准为，县城每平方米 1.6 元，建制镇、工矿区每平方米 1 元。

2007 年 1 月 1 日新修订的《中华人民共和国城镇土地使用税暂行条例》施行。根据《山东省人民政府关于调整城镇土地使用税税额标准的通知》，鄄城县调整为：

一级土地每平方米：4.4 元 / 年；

二级土地每平方米：3.2 元 / 年；

建制镇土地每平方米：2.4 元 / 年；

工矿区土地每平方米：2.4 元 / 年。

根据 2006 年《山东省人民政府关于调整城镇土地使用税税额及工矿区征税范围的通知》，鄄城县工业园区划为工矿区达到征收城镇土地使用税条件，分别是：鄄城县工业园区、鄄城县环城工业园区、鄄城舜王城中药现代科技园。

车船使用税（外资企业缴纳车船使用牌照税） 车船使用税是以车船为征税对象，向拥有并使用车船的单位和个人征收的一种税。凡在中华人民共和国境内拥有并且使用车船的单位和个人，为车船使用税的纳税义务人。

船舶的适用税额，依照《船舶税额表》计算。车辆的适用税额，由省、自治区、直辖市人民政府在“车辆税额表”规定的幅度内确定。

车船使用牌照税是对行驶于国家公共道路的车辆、航行于国内河流湖泊或领海口岸的船舶，按其种类、大小，实行定额征收的一种税。凡在中华人民共和国境内拥有并使用车船的外侨和外商，中外合资经营企业、中外合作经营企业和外国企业，外国船舶和外商租用中国船舶，按规定缴纳船舶吨税的，不缴纳车船使用牌照税。车船使用牌照税原则上以车船使用人为纳税人，如有租赁关系，拥有人与使用人不一致，可由双方确定纳税人；双方未确定的由使用人纳税。

2006年12月27日，国务院第162次常务会议通过《中华人民共和国车船税暂行条例》（中华人民共和国国务院令第482号），自2007年1月1日起施行。1951年9月13日原政务院发布的《车船使用牌照税暂行条例》和1986年9月15日国务院发布的《中华人民共和国车船使用税暂行条例》同时废止。

鄄城县车辆税目税额表

表16-3-1

税　目	计税单位		年税额	备　注
载客汽车	每辆	大型	600元	乘坐人数大于或等于20人的汽车（包括电车）
		中型	480元	乘坐人数大于9人且小于20人的汽车
		小型	420元	乘坐人数小于或等于9人的汽车
		微型	240元	车长小于等于3.5米，发动机气缸总排气量小于等于1升的汽车
载货汽车	按自重每吨		96元	包括半挂牵引车、挂车
三轮汽车 低速货车	按自重每吨		60元	—
摩托车	每辆		60元	—
专项作业车、轮式专用机械车	按自重每吨		96元	专项作业车是指装置有专用设备或器具，用于专项作业的汽车。轮式专用机械车是指具有装卸、挖掘、平整设备的轮式自行机械。

鄄城县船舶税目税额表

表16-3-2

计税单位	年税额（每吨）	备　注
净吨位小于或者等于200吨，	3元	拖船是指专门用于拖（推）动运输船舶的专业作业船舶。 拖船按照发动机功率每2马力折合净吨位1吨计算征收。
净吨位201吨至2000吨	4元	
净吨位2001吨至10000吨	5元	
净吨位10001吨及其以上	6元	

2007年7月1日后执行，7月1日前按原规定税率执行。

城市建设维护税　城市建设维护税（以下简称城建税）是国家对缴纳增值税、消费税、营业税（以下简称“三税”）的单位和个人就其缴纳的“三税”税额为计税依据而征收的一种税。现行的《中华人民共和国城市维护建设维护税暂行条例》是国务院于1985年2月8日发布，并与同年1月1日起实施的。

城建税实行差别比例税率，即按照纳税人所在地的不同，实行不同档次的税率。具体为：

1. 纳税人所在地为城市市区的，税率为7%；

2. 纳税人所在地为县城、建制镇的，税率为5%；

3. 纳税人所在地不在城市市区、县城或者建制镇的，税率为1%。

烟叶税　2006年4月28日，《中华人民共和国烟叶税暂行条例》（中华人民共和国国务院令第

县人民广场税务宣传教育 （2007 年 摄）

464 号）公布施行。在中华人民共和国境内收购烟叶的单位为烟叶税的纳税人。纳税人应当依照本条例规定缴纳烟叶税。《条例》所称烟叶，是指晾晒烟叶、烤烟叶。烟叶税的应纳税额按照纳税人收购烟叶的收购金额和规定的税率计算。烟叶税实行比例税率，税率为 20%。烟叶税由地方税务机关征收。

鄄城县地方税务局从 2000 年 1 月 1 日起暂停征收固定资产投资方向调节税，推动了投资增长。从 2002 年 6 月 18 日起停止征收屠宰或者收购的屠宰税，一定程度上减轻了农民负担。

至 2010 年，鄄城县地方税务局主要负责企业所得税（金融、保险除外）、个人所得税、营业税、土地增值税、印花税、资源税、房产税、城镇土地使用税、车船税、城市建设维护税、烟叶税的征收管理以及教育费附加、地方教育附加、文化事业建设费、残疾人就业保障金等地方附加费金的代收工作。1994 年，机构分设时纳税户数 273 户，2010 年，全县纳税人增加至 4352 户，地税收入从 1994 年的 590 万元增至 2010 年的 28161.6 万元。

1994—2010 年鄄城县地税分税种完成情况表

表 16-3-3 单位：万元

项 目	1994	1995	1996	1997	1998	1999	2000	2001	2002	2003	2004	2005	2006	2007	2008	2009	2010
营业税	424.3	445.8	504	519.2	409.3	615	746.2	801	880.4	1189	2312	3535	7934	9341	9322.4	14373	18186
企业所得税	17.6	356.9	417	570.6	31.7	226	41.5	1393	442	26.2	44.6	88.5	69.5	50.4	252.5	683.7	553.6
个人所得税	14.5	29.4	73	210.3	300.2	233	304.2	329	444.1	333.8	437.1	318	258.9	361.6	515.9	808.1	1008
房产税	36.5	46.9	62.8	57	66.9	89.7	88.8	92	108.8	145.3	118.1	121	146.8	235.1	377.3	304.8	545.7
车船税	1.1	3.1	10.9	60.3	126.2	120	192.6	193	307.6	508	680.9	1253	1966	1923	1676.3	1941	2275.3
印花税	3.4	6.9	5.3	12.4	10.5	21	15.1	8	5.2	8.2	9.6	164	81.2	78.8	142.6	123.8	179.9
资源税	—	—	—	—	—	—	11.8	9.7	71.2	190.3	237.1	309	576	3181	1413.6	2362	1379.7
土地使用税	16.9	16.2	26.2	42.8	43.3	39.3	41.4	41.2	59.8	144.8	118.9	124	112.4	276.5	1320.5	989.3	1096.5
土地增值税	—	—	—	—	—	—	—	—	172.1	15	78	363	719.6	1313	279.9	388	347
城建税	50.8	40.1	69.4	70.9	86.6	54.2	62.3	69.7	99.5	219.1	191.8	266	460.4	600	656.7	890.5	1229.6
固定资产方向调节税	44.3	95.5	127	150.1	180.4	116	19.9	—	268.4	—	—	—	—	—	—	—	—
屠宰税	2.3	121.4	162	52.5	91.3	55.1	290.8	147	7.6	—	—	—	—	—	—	—	—
教育费附加	—	—	—	8.8	3.3	22.9	45.2	53.3	54.8	65.1	132.2	212	350.1	487.3	483.4	696.6	965.3

续表 16-3-3

项　目	1994	1995	1996	1997	1998	1999	2000	2001	2002	2003	2004	2005	2006	2007	2008	2009	2010
地方教育附加	—	—	—	—	—	—	—	—	—	—	—	44.5	117	162.3	160.7	232.7	328.1
文化事业建设费	—	—	—	—	—	—	1.1	1	1	—	—	—	0.3	0.2	5.7	3.9	6.2
地税罚没收入	—21.6	1	0.1	0.2	—	—	—	—	—	—	—	—	0.9	0.6	2.6	1.5	0.4
残保金收入	—	—	—	—	—	—	—	—	—	—	—	—	—	—	29.6	67.8	60.3

第三节　征收管理

1994 年，国地税分设以后，鄄城县地税局加强税收征收管理，稳步推进征管改革。1998 年 4 月 10 日，鄄城县地税局按照“以纳税申报和优质服务为基础，以计算机网络为依托，集中征收，重点稽查”新的征管模式要求，在每个分局设立“一厅三股”，即办税服务厅、综合股、税收征管股、税务检查股，明确职责范围，逐步建立起以计算机网络为依托的现代化征管格局。1999 年 6 月至 8 月，县地税局开展税务登记换证工作，全县共换证 3216 户，清理漏管户 122 户，补税款罚近 15 万元。2000 年 2 月 15 日，在县局和分局统一安装使用省局开发的征管软件，先后举办 3 期微机培训班，培训人员 180 人次。2001 年 5 月 1 日，新税收征管法颁布实施，鄄城县地税局进行广泛宣传。2002 年，推行“以票控税”，通过消费者索取发票参与刮奖和举报发票违章有奖的双重奖励机制，有效减少或防制经营者不开发票、拒开发票等代替发票的违章现象，发票使用量增加 1 倍，增收税款 30%，同时做好税控装置推广应用工作。2004 年，根据《山东省地方税务局委托代征税款管理办法》，对个体双定户推行“双委托”，即由地税机关委托农村信用网点代收税款，纳税人委托农村信用联社网点代缴税款的申报征收管理方式，税款同期增长 15.8%。落实“抓大控中定小”指导思想，科学划分大、中、小三类纳税人。加强征管责任区建设，划定建立三级征管责任区，其中一级责任区 1 个，二级责任区 10 个，三级责任区 36 个。2005 年，成立纳税评估办公室，推行纳税评估，全县共明确纳税评估专职人员 24 人，全面应用纳税评估软件。2006 年，按照《山东省地方税务局税收管理员规范》文件精神，推行税收管理员制度，落实税收管理员职责任务，建立税收管理员工作业绩考评机制。2007 年，根据省、市局要求，县局制定《征管数据质量办法》《数据质量考核办法》，努力实现全县数据管理的规范化，为数据大集中提前做好充分准备工作。2008 年，按照山东地税税收征管信息“大集中”工程总体实施方案要求和实施进度计划，对全县地税系统全员进行系统培训。1 月 1 日大集中系统正式上线后，为确保申报征收正常运行，对全县所有登记业户的税务登记、税种登记、财产登记信息等进行全面检查核对，对信息不全、错漏处进行修改。按照省地税局要求，对全县 3271 户个体户进行定期定额认定，并对达不到起征点户进行认定，确保了大集中系统高效、有序的运转。2009 年，按照省、市地税局部署，根据《补提类税金清理检查清册》和“纳税人补提类税金自查核实登记表”，对纳税人进行实地核实，逐笔核实自查情况，填制“补提类税金自查核实情况登记表”，并经纳税人确认。共计检查企业 33 家，查补税款 24 万余元。2010 年，财税库银横向联网系统正式上线运行，与银行系统沟通协调，推进财税库银横向联网工作。全县企业签订税库协议 691

户，占应签订企业总户数的95%，个体签订税库协议1918户，占达起征点户数的96%。

第四节 税收执法

1994年，国地税机构分设，县地税局成立稽查分局。1994—1998年，税务稽查按照税务稽查对象确定及管辖、税务稽查实施、税务稽查审理、税务处理决定执行等稽查程序严格进行税务稽查，累计检查纳税人350户，查补入库税款280万元。1999年，坚持选案、稽查、审理、执行“四分离”制度，以查促管、以查促收，全年共查处各类纳税人105户，查补税款60万元。2000年，对档发加工贩运户、制刷户、拼板厂、木业加工户、舜王城中药材市场、窑业进行重点稽查，共查补入库税款14.8万元。对30多户重点税源大户进行全面检查，共稽查入库税款近50万元，罚款28.5万元。2001年，在企业所得税汇缴工作中，共检查企业100余家，查补各项税款及罚款80.1万元。2002年，实施执法责任追究制度，由监察室与业务科室联合每月对各分局进行检查。2004年，坚持依法治税，依率计征，注重规范税收执法程序，未出现一次税务行政复议和诉讼案件。2005年，深入开展税收专项检查，共检查19户，查补、自查入库税款共计7.29万元、滞纳金2899.56元、罚款4808.20元。2006年，共检查15户，查补、自查入库税款共计14.5万元、税款19994元、滞纳金2193.3元、罚款31665.5元。2007年，共检查17户，查补、自查入库税款3787580.87元、滞纳金3609.51元、罚款43925.43元。2008年，共检查15户，查补，自查入库税款708565.29元、滞纳金14972.75元、罚款46180.72元。2009年，共检查18户，查补、自查入库税款203095.95元、滞纳金36908.78元、罚款100079.26元。2010年，共检查16户，查补、自查入库税款78735.99元、滞纳金81512.71元、罚款76125.49元。

税收执法现场 （2008年 摄）

第十七编

金融

JIN RONG

1986年5月1日前，中国人民银行鄄城县支行既是管理全县金融的行政机关，又是办理信贷业务的经济组织。此后，人民银行鄄城县支行专门行使中央银行职能，主要负担对全县各金融机构的领导、管理、协调、监督、稽核工作，不再直接办理对企业和个人的存款、贷款业务。1992年国家外汇管理局鄄城县支局成立，与人民银行鄄城县支行实行一个机构两块牌子。1993年12月，根据《国务院关于金融体制改革的决定》，人民银行鄄城县支行的主要职能调整为制定和实施货币政策，保持货币币值稳定，对金融机构实行严格监管，维护辖区金融机构安全、有效运行。具体包括金融监管、信贷管理、发行货币、资金清算、经理国库、外汇管理等职能。1995年3月18日《中华人民共和国人民银行法》颁布，全县金融机构监管工作走向法制化、规范化。2003年12月起不再行使金融监管职能，金融监管职能交由中国银行业监督管理委员会菏泽监管分局鄄城办事处行使。

1993年3月，中国银行鄄城支行成立，主要经营外币外汇业务。2006年6月更名为中国银行股份有限公司鄄城支行。1994年4月，中国农业发展银行鄄城县支行从中国农业银行鄄城县支行分设成立，主要业务范围是向承担粮棉油收储任务的国有粮食收储企业和供销社棉花收储企业提供粮棉油收购、储备和调销贷款。此外，还办理中央和省级政府财政支农资金的代理拨付，为政府设立的粮食风险基金设立专户并代理拨付。中国建设银行鄄城县支行2005年10月更名为中国建设银行股份有限公司鄄城支行。2006年10月，中国工商银行鄄城县支行更名为中国工商银行股份有限公司鄄城支行。2007年3月，邮政储蓄银行成立。

鄄城县农村信用合作社成立于1954年，1979年5月交由中国农业银行鄄城县支行管理，1996年与农业银行脱钩，1997年起中国人民银行鄄城县支行开始承担对农村信用社的监管和行业管理职能。2003年，农村信用社与中国人民银行脱钩，归地方政府管理，成立省级信用联社，统一管理辖区农村信用社。2005年12月31日鄄城县农村信用社联合社改为县级一级法人。1993年1月鄄城县城市信用社成立，2001年3月在规范整顿的基础上，鄄城县城市信用社并入鄄城县农村信用社联合社管理。

1991年，全县各项存贷款余额分别为18562万元和36519万元。2010年，全县各项存贷款余额分别达到773303万元和438733万元，分别为1991年的41.66倍和12.01倍。2000年前，各银行主要依靠手工处理账务，2000年以后，各银行机构开始大量使用电子计算机处理账务，金融电子化迅猛发展。2004年，中国银行鄄城支行设置安装第一台ATM机。2010年，全县ATM机42台，普通POS机239台，电话POS机251台，网银用户12242户，电话银行及手机银行发展到2209户，银行卡发卡量达278887张，个人银行账户380373户，单位银行账户2960户。

1996年4月，成立中保人寿保险公司鄄城县营业部，与中国人民保险公司分业经营。1999年5月更名为中国人寿保险公司鄄城县营业部，2003年8月更名为中国人寿保险股份有限公司鄄城县支公司。2010年，全县共有中国人寿保险、新华人寿、太平洋人寿、中国人民财产保险、泰康人寿等28家股份有限公司下属机构。人寿保险1996年保费收入70万元，赔付金额23.69万元。2010年保费收入10669万元，赔付金额9742.36万元。财产保险1991—2010年累计保费收入108049.11万元，赔付金额7601.41万元。

第一章 银行业务

第一节 货 币

货币发行 中国人民银行鄄城县支行作为中央银行的分支机构，担负着全县货币发行、调拨和流通管理任务。1987 年 4 月，鄄城县境内开始发行流通第四套人民币，面额为 100 元、50 元、10 元、5 元、2 元、1 元、5 角、2 角、1 角九种，与第三套人民币等值混合流通。1999 年 10 月 1 日第五套人民币 100 元券开始在鄄城县内流通发行，2000 年 10 月 16 日发行第五套人民币 20 元券，2001 年 9 月 1 日发行第五套人民币 50 元券和 10 元券，2005 年 8 月 31 日发行 2005 年版第五套人民币。2000 年 4 月 29 日根据业务需要，中国人民银行鄄城县支行发行库撤销，人民币发行职能集中到中国人民银行菏泽市中心支行。全县各金融机构对外支付的人民币在本系统内自主调拨解决。各种流通纪念币在民间均有一定收藏，并且群众自发形成了钱币收藏协会，金银纪念币收藏不多。

中国人民银行鄄城县支行 （2010 年 摄）

1991 — 2000 年鄄城县货币发行回笼情况表

表 17-1-1

单位：万元

年 度	投 放	回 笼	净投放
1991	14796	4238	10558
1992	13836	2777	11059
1993	13089	1146	11943
1994	19451	4308	15143
1995	26750	9200	17550
1996	31781	11806	19975
1997	34725	13434	21291
1998	32568	14589	17979
1999	45634	18138	27496
2000	15557	8289	7268

反假币工作　人民银行鄄城县支行会同各商业银行及公安、工商行政管理部门组成反假人民币工作领导小组，定期召开反假币联席会议，研究部署全县反假币工作。各商业银行及储蓄所、营业所都配备兼职反假币工作人员，形成严密的反假币网络。

人民银行鄄城县支行注重开展人民币反假宣传工作。1996年8月，首次组织开展全县“反假币宣传周”活动，并且每年都在菏泽国际牡丹花会和鄄城人发风情节期间，组织开展“反假币宣传周”，向群众广泛宣传人民币知识和反假币知识，提高了群众识别假币的能力。1991—2005年，全县柜面共收缴假币9570张，金额55.41万元；协助配合公安机关开展反假币侦破工作，共协助公安机关侦破假币案件22起，缴获假币2134张，面值15.72万元，抓获犯罪嫌疑人40余人。2006—2010年，全县金融机构柜面共收缴假币6127张，金额53.32万元；共协助公安机关侦破假币案件10起，缴获假币1356张，面值10.35万元，抓获犯罪嫌疑人30余人。

金银饰品管理　1982年9月21日，国家恢复金银饰品销售。1994年1月，鄄城县振华金店成立，是经人民银行山东省分行批准的鄄城县境内唯一一家经营金银饰品的金店。2000年1月1日，县人民银行停办黄金、白银收购业务。2002年6月，随着国家金银管理制度的调整，放开金银饰品经营许可，金银制品不再作为特种商品进行管理。2006年县建设银行开办纸黄金业务，2007年县工商银行开办“如意金”业务。全县金银饰品店逐年增加，2010年，全县金银饰品店发展到6家。

第二节　存　款

全县各项存款主要包括企业存款、财政性存款、农业存款和居民储蓄存款等。1991年全县各项存款余额18562万元，2000年138295万元，2005年273697万元，为1991年的14.7倍。2010年773303万元，为1991年的41.6倍。各项存款大幅增加，城乡居民收入稳步增长，经济实力逐步增强。

企业存款　主要包括工、商企业的结算户存款和专项存款。1991年，全县企业存款2316万元，2000年，全县企业存款14145万元。2005年，企业存款19936万元，占全部存款的7.3%，2010年，企业存款52977万元为1991年的22.87倍。

财政性存款　主要包括财政存款和机关团体存款。2000年，全县财政性存款396万元，2005年，财政性存款2926万元，占全部存款1.07%。2010年，财政性存款18145万元，占全部存款的2.35%。

农业存款　主要包括农村集体存款、乡镇企业存款及个体私营业户存款。1991年全县农业存款265万元，2000年农业存款2034万元，2005年农业存款余额7716万元，占全部存款的2.8%。2010年农业存款274万元。

农业银行鄄城县支行　（2010年　摄）

储蓄存款　主要包括活期储蓄存款、定期储蓄存款、定活两便存款和零存整取存款四种。1991年，储蓄存款14215万元，占全部存款的76.58%。1988－1995年，对三年期以上的整存整取储蓄存款开办保值储蓄业务。1991年以后，鄄城县人民收入稳步增长，储蓄存款也逐年增长。2005年，全县城乡居民储蓄存款余额23.11亿元，占全部存款的84.46%，人均存款2893元。2010年，全县城乡居民储蓄存款余额达65.35亿元，占全部存款的84.51%，为1991年的45.97倍。

1991—2010年鄄城县金融机构存款统计表

表 17-1-2 单位：万元

年 度	存款余额	其 中			
		企业存款	财政性存款	农业存款	储蓄存款
1991	18562	2316	-263	265	14215
1992	27734	4812	-178	378	20346
1993	31365	5103	-151	412	23752
1994	49498	6523	-143	698	38276
1995	66810	5306	-120	730	59400
1996	82072	9375	-729	485	72215
1997	100859	9629	146	424	88395
1998	116403	10359	34	712	101667
1999	130632	13531	2071	554	11011
2000	138295	14145	396	2034	120709
2001	156052	15806	607	949	136783
2002	174247	15510	170	2499	151601
2003	194195	12001	145	4284	171746
2004	229857	15481	3632	6162	197907
2005	273697	19936	2926	7716	231153
2006	343328	27549	6809	10274	285418
2007	407077	31082	6692	14661	334244
2008	512314	35204	7204	17771	435811
2009	621909	44390	8473	21251	524478
2010	773303	52977	18145	274	653502

第三节 贷 款

全县各项贷款主要包括工业贷款、农业贷款、乡镇企业贷款和个体私营企业贷款。1991年，各项贷款余额36519万元，2000年，贷款余额124531万元，2005年，贷款余额149972万元。银行贷款在企业资金来源中所占比重一直保持在40%～60%之间，是企业进行生产经营活动的融资主渠道。

1992年，全国出现一定程度的经济过热，人民银行鄄城县支行贯彻国家适度紧缩的货币政策，有效地抑制了经济过热。1997年国家制定扩大内需方针，1998年以后，人民银行鄄城县支行贯彻执行稳健的货币政策，优化贷款结构，引导金融机构贷款重点投向纺织、化工、人发、中药材、农业等支柱产业和项目，促进了鄄城县经济结构优化和调整。

1994年之前，人民银行对各专业银行和信用社贷款实行规模管理，下达贷款计划，各专业银行和信用社在贷款规模内发放贷款。1994年以后，国家取消规模管理制度，人民银行不再向专业银行和信用社下达贷款规模，取而代之的是专业银行和信用社资产负债比例管理，即根据市场需求，在资产负债比例许可的范围内自主发放贷款。

2002—2006年，人民银行实行稳健的货币政策，2007年转为适度从紧的货币政策。2008年8月以后，在国际金融风暴的冲击下，国内经济经形

鄄城县农村信用社　（2010 年　摄）

势发生巨变，货币政策转向适度宽松，加大投入、拉动内需，促消费、保增长成为宏观调控的目标。人行鄄城县支行及时调整工作思路，制定《关于贯彻实行适度宽松的货币政策实现鄄城信贷增长新突破的意见》，重新调整信贷目标规划，明确信贷工作重点，要求各金融机构强化措施，加大工作力度，促进信贷增长有较大突破。至 2010 年，全县金融机构累计发放贷款 124326 万元，同比多投放 52691 万元，其中农业贷款累计投放 76813 万元，同比多投放 26379 万元，有力地支持了县域经济应对国际金融危机，实现了又好又快发展。

2009 年，人民银行鄄城县支行继续执行适度宽松货币政策，加大对县域经济的支持力度，制定印发《关于做好 2009 年货币信贷工作促进鄄城经济平稳较快发展的指导意见》《关于贯彻执行适度宽松的货币政策实现鄄城信贷增长新突破的意见》和《金融支持大项目建设的意见》，并通过召开经济金融运行分析会、行长联席会、银企交流会等，引导金融机构顺应政策导向，加大对大项目建设、中小企业、“三农”和服务业等方面的信贷支持力度，实现了贷款合理增长和结构的进一步优化。2010 年，人民银行鄄城县支行推动政银企三方联手，采取六项措施着力破解中小企业融资难问题：建立重点企业经营信息动态数据库，争取和指导全省第一家助保金贷款业务在县建行成功试点，按月（季）召开银企对接会，实施中小企业培植计划，改善中小企业融资担保条件，推广中小企业融资新产品。全年金融机构对中小企业贷款累放额是前三年总和的 1.1 倍，单个企业最大融资额由 2009 年末的 3200 万元上升到 12800 万元。

1991—2010 年鄄城县金融机构贷款余额统计表

表 17-1-3　　　　单位：万元

年　度	贷款余额	其　中			
		工业贷款	农业贷款	乡镇企业贷款	个体私营企业贷款
1991	36519	9324	8782	1790	76
1992	44832	10638	9710	2165	93
1993	45468	13342	10213	2743	105
1994	63812	13578	11632	3145	261
1995	84354	15998	12535	4970	123
1996	95774	17860	14499	4994	290
1997	115150	19088	17286	2843	540
1998	129129	19386	21526	2830	2249
1999	115885	14220	26585	3775	4550
2000	124531	9336	29078	4663	149
2001	133010	9079	37117	8469	228
2002	150064	8482	47803	11482	90

续表 17-1-3

年　度	贷款余额	其　中			
		工业贷款	农业贷款	乡镇企业贷款	个体私营企业贷款
2003	164444	8477	58464	14242	87
2004	159017	7623	65369	16353	128
2005	149972	870	72861	21742	20
2006	210863	11962	92271	34864	10
2007	253840	12394	125253	35110	248
2008	248269	3500	131129	13889	1109
2009	321840	5150	165799	18627	5410
2010	438733	9276	308681	11562	29214

同时，人民银行鄄城县支行不断加大信贷支农力度，引导农村信用社发放小额农户贷款，1999年以后，累计发放支农再贷款5亿元，有力地支持了鄄城县“三农”发展。

为支持农村信用社改革和发展，2004年4月，人民银行鄄城县支行向鄄城县农村信用社联合社发放6600万元中央银行专项票据，促使农村信用社完善法人治理结构，加强内部管理，提高经营指标，待农村信用社经营机制达到兑付条件后予以兑付。2007年10月成功兑付鄄城县农村信用合作联合社6600万元的专项中央银行票据，帮助农村信用社卸下历史包袱，实现了经营机制转变。

第四节　债　券

1993年以前，国债由人民银行代理发行、兑付，此后国家改革国债发行方式，由国有商业银行认购、承销发行。由于国债较同期银行利率高，且免收利息税，深受群众欢迎，2000—2005年，境内国债发行数量不多。境内还存有少量1990年之前发行的国库券，有些被群众收藏。

第五节　结　算

1991年鄄城县金融系统银行结算方式主要有银行汇票、商业汇票、银行本票、支票、汇兑、委托收款6类。同城结算方式中使用较多的是支票和委托收款，银行本票使用很少，异地结算方式中使用最多的是汇兑、银行汇票和委托收款。1996年1月1日，《中华人民共和国票据法》实施，鄄城县各金融机构银行汇票、银行承兑汇票、贴现和再贴现业务逐步开展起来。1996年10月，中国农业银行鄄城县支行率先开通电子联行系统。1997年12月1日，根据人民银行颁发的《支付结算办法》，恢复托收承付结算方式，增加信用卡结算工具。1999年，实现全市同城资金清算，支票流通使用范围扩大到菏泽市全境，并为各金融机构电子汇划系统建立起横向连接高速枢纽。2002年后，全县各银行、信用社均开通电子汇划系统，资金汇划当时到账，信汇方式减少，传统的电汇方式被电子联行取代。2002年10月，实现中央银行会计核算管理四集中，即核算集中、数据集中、档案集中、事后监督集中。2005年3月，大额支付系统在人民银行鄄城县支行上线运行，7月，税务、国库、银行实现横向联网，标志着鄄城县现代化支付系统建成并成功运行；年末，鄄城县各金融机构汇划资金在全国范围内实现即日到账。

人民银行鄄城县支行负责管理全县金融机构结算业务，包括银行账户管理和柜面监督管理。1994年10月9日，中国人民银行颁布实施修订后的《银行账户管理办法》，规定存款账户分为基本存款账户、一般存款账户、临时存款账户和专用存款账户。2003 年 9 月 1 日，增设个人银行结算账户，放宽银行结算账户的开立条件，取消对异地开启账户的限制。2005 年，全县开立银行结算账户 664 个，个人银行结算账户 120473 个，资金往来日趋增多，经济活动日益活跃。

金融支付结算基础设施发展迅速，现代化支付结算设施和工具不断涌现。2010 年，全县 ATM 机 42 台，普通 POS 机 239 台，电话 POS 机 251 台，网银用户 12242 户，电话银行及手机银行发展到 2209 户，银行卡发卡量 278887 张，个人银行账户 380373 户，单位银行账户 2960 户。

第六节　外汇管理

外汇指定银行建设　1998 年以前，鄄城县非贸易外汇收入很少，主要是鄄城籍台胞向亲故零星汇款，1998 年后汇款有所增加。2005 年，全县有外汇指定银行中国银行鄄城支行和工商银行鄄城支行 2 家，外汇存款 79 万美元。2010 年，全县外汇存款 115 万美元。随着涉外经济的发展，鄄城县外汇指定银行建设提上议事日程。2006 年 11 月 29 日至 2010 年 2 月 25 日，相继指定如下银行为专门办理外汇业务的银行：2006 年 11 月 29 日指定中国银行鄄城支行，2006 年 11 月 30 日指定中国工商银行鄄城县支行，2009 年 10 月 21 日指定中国邮政储蓄银行有限责任公司山东省菏泽市鄄城县支行，2010 年 2 月 25 日指定中国农业银行股份有限公司鄄城县支行。

外汇业务拓展　2009 年 6 月 18 日前，鄄城县外汇管理局办理的业务单一，难以适应经济发展形势的需要。

2009 年 6 月 18 日后，菏泽市外汇管理中心支局将外汇核销业务下放到鄄城县支局办理，对于推动当地涉外经济发展起到积极促进作用。

鄄城县支局独立办理出口收汇核销业务后，鄄城县在异地办理业务的涉外企业纷纷回迁，企业数量规模迅速膨胀，2010 年，新增涉外企业 18 家，总数达到 71 家；据不完全统计，全县涉外收入 1825 笔，2837.9 万美元。

第二章　保　险

第一节　人寿保险

险种　1996—2005 年，主要有分红型、投资理财型、健康型、传统型保险和附加险、学平险、团体意外伤害险等险种，具体包括：国寿鸿瑞两全保险（分红型）、国寿鸿星少儿两全保险（分红型）、国寿千禧理财两全保险（分红型）、国寿鸿寿年金保险（分红型）、国寿鸿运少儿两全保险（分红型）、国寿鸿丰两全保险（分红型）、国寿鸿宇两全保险（分红型）、康宁终身保险、康宁定期保险、国寿康恒重大疾病终身保险、国寿少儿两全保险、国寿英才少儿保险、国寿独生子女两全保险、子女教育保险（A）、子女教育保险（B）、国寿子女教育婚嫁备用金保险、祥和定期保险、国寿如意两全保险、国寿 99 鸿福两全保险、国寿松柏养老保险、国寿松鹤养老保险、国寿金色夕阳养老保险（A）、人身意外伤害保险、人身意外伤害综合保险、建筑工程人身意外伤害保险、驾乘险、国寿学生幼儿平安保险、国寿学生幼儿平安保险附加意外伤害医疗保险、国寿学生幼儿平安附加住院医疗保险、妇幼幸福健康保险、母安子福保险、附加意外伤害保险、附加医疗保险、附加意外伤害生活津贴保险、附加住院医疗保险等。个人代理业务占全县寿险市场的93%。2003年以后，开办的险种有国寿美满一生年金保险（分红型）、国寿美满人生年金保险（分红型）、国寿金鑫两全保险（分红型）、国寿鸿鑫两全保险（分红型）等。

2006年开办个人分红，2007年开办金彩明天A、金彩明天B、瑞鑫两全、鸿福两全、鸿丰B，2008年开办安享一生，2009年开办智力人生、福星少儿、鸿盈两全、福禄尊享，2010年开办福瑞两全、福禄满堂保险。

2010年，公司开办保险业务主要有金彩明天A款（分红型）、金彩明天B款（分红型）、瑞鑫两全（分红型）、福星少儿（分红型）、鸿盈两全（分红型）、国寿鸿丰两全（分红型）、福禄尊享（分红型）、福禄满堂（分红型）等80多种产品。

鄄城县人寿保险公司　（2010年　摄）

收入与赔付　1996年，保费收入70万元，赔付金额23.69万元；2000年，保费收入420万元，赔付金额19.56万元；2005年，保费收入5039万元，赔款支出131.25万元；2010年，保费收入10669万元，赔付金额9742.36万元。个人获赔金额较大者3万～11万元。

1996—2010年鄄城县人寿保险公司保费收入与赔付统计表

表17-2-1　　单位：万元

年　度	保费收入	理赔件数	赔付金额
1996	70		23.69
1997	156	21	18.98
1998	217	34	25.36
1999	334	26	17.83
2000	420	38	19.56
2001	886	56	31.92
2002	1653	86	22.38
2003	3600	153	57.55
2004	4768	258	109.32
2005	5039	301	131.25
2006	6400	370	392.78
2007	7179	450	683.05
2008	10745	561	821.23
2009	8880	552	884.84
2010	10669	653	9742.36

第二节 财产保险

险种 1991年，经营主要险种有农业保险、家庭财产保险、车辆保险、企业财产保险和村干部综合险5个险种。随着经营范围不断扩大，至2005年增加到车辆保险、企业财产保险、家庭财产系列保险和各种责任保险、人身意外伤害保险、货物运输保险、种植保险、养殖保险、产品质量保证保险、现金保险、计算机保险、健康保险、农用变压器保险等4大类和附加险近100个险种。

收入与赔付 1991—2010年，累计保费收入108049.11万元，累计赔付7601.41万元。初期主要赔付领域为农险、车险、学生意外险等；以后伴随着业务总量和险种的增加，赔付的主要领域逐步转向责任险、企业财务保险、校方险等。1993年秋，全县25个乡镇大面积遭受洪灾，一次性赔款530万元。2001年9月29日，鄄城县植物油厂东风货车发生碰撞，赔付13.2万元。2002年3月8日，鄄城县富春乡鲍鹏屯解放货车发生碰撞，赔付14万元。2003年12月12日，申某一车发生碰撞，赔付16.44万元。2004年11月27日，鄄城镇孙店庄侯某一车发生碰撞，赔付11.80万元。2010年3月27日，鄄城县鸣宇纺织有限公司发生火灾，一次性赔付90.86万元。

1991—2010年鄄城县财险公司收入与赔付统计表

表17-2-2 单位：万元

年 份	保费收入	赔付金额
1991	194.24	158.3
1992	240.07	184.65
1993	321.53	817.33
1994	268.4	146.39
1995	330.3	128.35
1996	417.86	257.35
1997	500.11	266.03
1998	600.02	289.72
1999	520.06	276.39
2000	540.08	291.21
2001	569.01	293.96
2002	450.32	308.69
2003	501.07	335.81
2004	516.56	308.56
2005	603.53	379.63
2006	654.0	342.61
2007	731.25	415.69
2008	897.79	632.21
2009	1049.2	651.89
2010	1488.11	1116.65

第十八编

经济管理

JINGJIGUANLI

改革开放以后，鄄城县经济得到快速发展，实现了由计划经济向市场经济的重大转变，相应的县内经济综合管理机构也不断得以充实和完善。1991 年，鄄城县经济综合管理的职能主要由县计划委员会、县统计局、县农村社会经济调查队、县工商行政管理局、县物价局、县审计局、县技术监督局、县土地管理局等部门承担。20 多年间，随着市场经济体制改革的不断深入，县经济综合管理的部门设置也随之调整。1994 年县经济研究中心并入县计划委员会，2002 年县计划委员会更名为县发展和改革局，2010 年县经济协作办公室并入县发展和改革局；县农村社会经济调查队于 2007 年撤销，同时成立国家统计局鄄城调查队，人员由原鄄城县农村社会经济调查队转任；鄄城县物价局于 1993 年更名为鄄城县物价管理办公室，隶属于县工商行政管理局，1996 年恢复物价局，2002 年县物价局再更名为县物价管理办公室，隶属于县发展改革局；1994 年，县技术监督局更名为县技术监督中心并退出政府组成部门，1996 年重新改为县技术监督局并隶属县政府，1997 年更名为县质量技术监督局。截至 2010 年，县质量技术监督局、县工商行政管理局、县农调队、县国土局先后实行中央或省以下垂直管理；1991 年安全生产监督管理职能归属于县劳动局安全监察股（挂鄄城县安全办公室牌子），2000 年由县劳动局改设在县经济贸易委员会，2001 年成立鄄城县安全生产监督管理局，具体负责全县范围内的安全生产监督。2005 年，县安全生产监督管理局列入县政府工作部门，并成立县安全生产监察大队。

第一章　计　划

第一节　体制改革

1992 年 10 月后，国家计划管理体制融入市场成分，1993 年 11 月，国家计划以市场为基础，总体上实行指导性计划。1991—1995 年，全县工业生产计划主要是指导性计划，经历了由重数量、产值到重效益、质量的变化，企业逐步走向市场，按照市场规律组织生产经营。农业生产除棉花收购和商品粮调拨是指令性计划，其他均属指导性计划。农业以市场为导向，以发展“高产、优质、高效”为目标，调整种植业结构和农业内部结构，市场农业得到较快发展。对社会商品零售、主要商品销售、农产品采购和供应实行指导性计划管理，对粮油等农产品实行市场调节，对化肥、农药、地膜、食盐等工业品实行供销社专营和资格审查专营。1992 年开始物资部门经营的 18 类物资价格全部开放，全县只有少量用于粮棉油奖售和计划内扶贫、救灾化肥、柴油。工业所需原材料全部通过市场自筹解决。固定资产投资不论资金来源如何，都按计划严格控制，不准擅自扩大建设规模、资金规模和搞计划外工程。用于基建的资金，必须经财政部门审查并签署意见后存入建设银行，按基建程序上报审批，批准后方可列入专项资金开支，并按国家规定办理征地审批手续。对技术改造项目管理，也列入固定资产投资计划，不准借技术改造之名搞基本建设，凡由国家和省预算内投资建设的项目实行指令性计划。对自筹资金安排的基建项目，实行指导性计划。

1996—2000 年，全县工业计划主要是指导性计划，企业经过改制走向市场，并按现代企业制度开始运作。固定资产投资仍按计划严格控制。1997 年 10 月中共十五大以后，更新计划观念，改进计划方法，建立宏观调控体系，强化宏观调控能力，调控的重点是合理确定国民经济和社会发展的战略目标。搞好经济发展预测，总量调控，重大结构与生产力布局规划，集中必要的财力、人力、物力进行重点建设，综合运用经济杠杆，改革财税、金融、投资和计划体制，促进经济更好更快发展。

“十五”期间，鄄城县抓住影响经济和社会社会发展的突出矛盾和问题，推进经济体制改革。以转变政府职能为重点，推进行政管理体制改革；以理顺产权关系为重点，深化国有企业改革，推进现代企业制度建设；围绕社会主义新农村建设和巩固税费改革成果，进一步完善经济调节机制；深化就业收入分配和社会保障制度改革，建立健全合理的社会利益分配格局和有效的社会风险应对机制。“十一五”时期，加快推进行政管理体制改革，完善国有企业改革，发展非公有制经济，深化农村综合配套改革，发展要素市场，推进财税、金融、投资和价格改革，加大就业收入分配和社会保障制度改革力度，深化科技教育文化卫生体制改革，继续深化涉外经济体制改革。

第二节　计划编制实施

“九五”计划编制实施　1994 年 9 月，编制《鄄城县国民经济和社会发展第九个五年规划发展纲要草案》（1996—2000 年），1995 年 9 月进一步讨论修改，鄄城县委九届二次全委扩大会议讨论并原则通过。纲要草案提出，“九五”时期国民经济和社会发展的总任务是：继续坚持“一个中心，两个基本点”，以建立社会主义市场经济体制和转变经济增长方式为目标，强化农业基础，发展工业和第三产业，保持经济总量稳步增长，培植优化合理的高级产业结构体系，提高经济和社会发展的总体质量，把鄄城县建成全国商品粮生产基地、全国生态经济示范区、全国观光旅游胜地、全省农副产品综合加工基地、全区畜牧良种繁育基地。

计划安排到 2000 年，国民生产总值达到 35 亿元，年均增长 20%；其中一、二、三产业年均增长率分别是 13%、31%、34%；地方财政收入达到 1.5 亿元，年均增长 21%；农民人均纯收入 3000 元，职工年平均工资 5500 元。

“九五”期间，全县贯彻落实中共十五大精神，坚持以经济建设为中心，解放思想，干事创业，国民经济和社会事业快速发展。

2000 年，全县生产总值达到 17.06 亿元，比 1996 年增长 23.43%，其中一、二、三产业分别达到 10.85 亿元、2.66 亿元、3.55 亿元，比 1996 年增长分别达到 20.4%、19.37%、30.52%。地方财政收入达到 0.78 亿元，年均增长 12.6%。以推进农业产业化为突破口，建成了一批农业企业，提升了第一产业的整体水平。人发加工、中药材加工、林产品加工等产业作用日益明显，第二产业得到迅速发展。以发展大型超市和连锁店为突破口，形成了一批中小型流通企业，第三产业日益活跃。产业结构比为 62 ∶ 15 ∶ 23。

“九五”期间，继续把民营经济作为富民强县的重点，坚持思想上放胆、工作上放手、形式上放开、政策上放宽、收费上放低，民营经济总量规模、产业素质、经营水平迈上新台阶。2000 年，全县民营业户达到 0.65 万户，从业人员达到 6.8 万人。2000 年，规模以上固定资产投资达到 7.6 亿元，年均增长 21.6%。农村和城区电网逐步覆盖，供电能力进一步增强。农村公路进展顺利，交通状况逐步得到改善。水利建设进一步加强，农业机械化水平有了较大提高。城市规模、现代化水平和辐射带动

修筑农村公路

能力不断提高，城镇化水平达到 18.8%。

“九五”期间，共取得重大科技成果 56 项，40% 的科技成果得以推广应用，科技在经济增长中的作用达到 25% 以上。各类教育全面发展，中小学建设五年累计投资 2400 万元，办学条件得到进一步改善。医疗卫生事业不断进步，就业和社会保障工作取得新进展，社会救助体系日趋完善。文化、体育、广播电视等各项社会事业取得新成就。

“十五”计划编制实施　2000 年 12 月底，编制出《鄄城县国民经济和社会发展第十个五年计划纲要》（以下简称《纲要》），并经县十四届人代会五次会议讨论通过。《纲要》草案提出，“十五”时期国民经济和社会发展的总任务是：坚定不移地贯彻党的基本路线，牢固树立发展才是硬道理的思想，立足鄄城县经济欠发达的实际，借助经济全球化和信息化的历史机遇，以加快发展为主题，以提高人民生活水平为根本目标，进一步解放思想、更新观念、加大环境治理力度。努力推进经济结构的战略性调整，着力培植战略优势产业，发展区域特色经济；全面提高经济素质，显著增强竞争能力；全力加速经济增长，不断壮大整体实力；努力增加居民收入，改善人民生活质量，为基本实现现代化奠定坚实基础。

计划安排到 2005 年，国内生产总值达到 28 亿元，年均增长 15%，其中一、二、三产业分别达到 11.2 亿元、5.86 亿元、10.94 亿元，年均增长率分别是 5%、22%、18%；固定资产投资累计完成 40 亿元，年均增长 22%；地方财政收入达到 1.7 亿元，年均增长 24%；农民人均纯收入 3000 元，年均增长 7%，职工年平均工资 5500 元，年均增长 8%。

2005 年，全县生产总值达到 34.62 亿元，年均增长 15.21%，其中一、二、三产业分别达到 14.52 亿元、11.73 亿元、8.37 亿元，年均增长分别达到 5.93%、33.88%、19.19%。产业结构由 2000 年的 62 ∶ 15 ∶ 23 演进为 2005 年的 42 ∶ 34 ∶ 24。地方财政收入达到 1.23 亿元，年均增长 16.2%；农民人均纯收入 3016 元，年均增长 14.5%；居民储蓄余额 26.44 亿元，年均递增 20%；商品零售额实现 19.63 亿元，年均递增 15%。

“十一五”计划编制实施　2005 年底，编制出《鄄城县国民经济和社会发展第十一个五年总体规划纲要》（以下简称《纲要》），并经县十五届人代会五次会议讨论通过。《纲要》草案提出，“十一五”期间鄄城县国民经济和社会发展的指导思想是：以邓小平理论和“三个代表”重要思想为指导，贯彻落实中共十六大和十六届五中全会精神，坚持以科学发展观统领经济社会发展全局，紧紧抓住“突破菏泽”历史性机遇，以改革开放、科技进步为动力，以经济结构调整、转变增长方式为主线，以提高人民生活水平为根本出发点，加快工业化、城市化、农业现代化进程，促进经济快速发展，努力构建社会主义和谐社会。

“十一五”计划重要指标：全县生产总值达到 79.2 亿元，年均增长 18%，其中第一产业增加值达到 18.53 亿元，年均增长 5%；第二产业增加值达到 39.84 亿元，年均增长 28%；第三产业增加值达到 20.83 亿元，年均增长 20%。产业结构由“十五”末的 42 ∶ 34 ∶ 24 调整为 24 ∶ 50 ∶ 26，二三产业增加值占生产总值的比重增加 18 个百分点。非公有制经济增加值比重达到 80%。规模以上固定资产投资达到 95 亿元，年均增长 25%。地方财政一般预算收入达到 3.05 亿元，年均增长 20%。出口创汇达到 10000 万美元，年均增长 29%；实际利用外资达到 3700 万美元，年均增长 47%。社会消费品零售总额达到 45 亿元，年均增长 18%。物价涨幅控制在 4% 左右。城镇化水平达到 34% 以上。城镇登记失业率控制在 4% 以内。农民人均纯收入达到 4640 元，年均增长 9%。人口自然增长率控制在 6.7‰以内，总人口控制在 82.6 万人以内。化学需氧量（COD）控制在 2238 吨以下，年均消减 5%。二氧化硫排放量控制在 3573 吨以下，年均消减 4%。

在全面实现“十一五”规划基础上，再经过十年的努力，到 2020 年，全县生产总值达到 240 亿元，年均增长 13%；人均生产总值 3800 美元，地方财政收入达到 15 亿元。经过积极努力，争取早日实现全面小康社会目标，并与全市、全省同步实现现代化，把鄄城建设成为经济全面繁荣、市场体系完善、社会文明和谐、人民生活富裕的生态型文化旅游县。

“十一五”期间，鄄城国民经济持续快速健康发展，综合经济实力和竞争力显著提高，被评为中国最具投资价值绿色生态县。2010 年，全县生产总值达到 73.26 亿元，年均增长 18.1%，比“十五”期间加快了 2.8 个百分点，人均地区生产总值达到 9419 元，一、二、三产业增加值分别达 19.56 亿元、33.98 亿元和 19.56 亿元，产业比由 2005 年的 42 ∶ 34 ∶ 24 调整到 24.9 ∶ 44.6 ∶ 30.5。金融机构存款余额达到 62.19 亿元、贷款余额达到 43.62 亿元，分别比 2005 年增加 52.85 亿元、20.62 亿元。地方财政收入由 2005 年的 1.23 亿元增加到 4 亿元，年均增长 26.7%。全县五年累计完成固定资产投资 193 亿元，经济发展后劲不断增强。完成社会消费品零售总额 55 亿元，年均递增 18.8%。农民人均纯收入达到 5639.37 元，比 2005 年增加 2241.63 元。

修建农村水利基础设施

第三节　重点项目建设管理

鄄城黄河公路大桥　该项目以鲁计重点〔2005〕406 号文件批复，由杭州道远集团投资兴建，总投资 9.1 亿元，长度 4975 米，双向 4 车道。2006 年 12 月正式开工建设，2015 年竣工通车。

舜王城中药科技园　该项目由新疆汇通（集团）

黄河公路大桥

股份有限公司投资兴建，总投资 20.8 亿元，建成中药现代化科研开发基地，现代化中药人才培训基地，中成药、中药饮片产业化基地，绿色中药材种植基地。2006 年 6 月开始建设。

城区电网改造　该项目由国家投资，总投资 6400 万元，2003 年开始建设，2006 年完成。

农村电网改造　该项目由国家投资，总投资 1.3 亿元。于 1999 年开始建设，2003 年完成。

农村公路建设　该项目由国家投资，总投资 2147 万元。2003 年国家下达批复计划，至 2009 年，已经实现全县 98% 的行政村通柏油路。

国家商品粮基地建设　该项目由国家投资，总投资 2000 万元，于 1997 年开始建设，2000 年完成，主要建设内容为修桥、打井和建设良种中心等。2003 年，国家发改委以〔2003〕924 号文批复国家大型优质小麦基地建设，该项目为国家商品粮基地建设续建工程，总投资 423 万元，于 2004—2005 年建成，并通过市级验收。

鄄城（潍坊）工业园　该项目 2005 年开始建设，总投资 20 亿元，占地 16 平方公里，年产值 30 亿元，利税 3 亿元，年增加地方财政收入 5000 万元。2007 年投资 10 亿元的一期工程完工，17 个项目有 15 个项目建成投产。

苏泗庄灌区节水改造　该项目总投资 5647 万元，主要建设内容为修建桥、涵、闸等，截至到 2010 年完成投资额 1500 万元。

污水处理厂　该项目总投资 7171 万元，2008

年投资 3700 万元的主体工程完成并正式运营。

第二章　统　计

第一节　体制改革

1991 年，全国农村统计方法制度进行重大改革，实行农村基层一套表制度，内容涉及农林牧副渔生产情况以及农田水利、农业机械、农村社会、科技、文教卫生等各个方面，所有报表均由乡镇统计站负责收集、审核、汇总、上报。

1992 年，根据国务院《关于实施新国民经济核算体系方案的通知》，按照菏泽地区统计局要求开始分步实施。新国民经济核算体系分社会生产核算表和经济循环账户两大部分。社会再生产核算表包括国内生产总值及其使用表、投入产出表、资金流量表、国际收支平衡表、资产负债表 5 张，基本表、人口平衡表、劳动力平衡表、自然资源平衡表、重要商品资源使用平衡表、财政信贷资金平衡表、综合价格指数表、企业部门产出投入表 8 套表，经济循环账户包括国内生产总值账户、国民可支配收入及支出账户、投资账户、对外交易账户、资产负债账户 5 个国民经济账户和生产账户、收入分配及支出账户、投资及金融账户、资产负债账户 4 个国民经济部门账户。

1993 年，根据国家和省统计局部署，推行国家新统计报表制度。新统计报表制度由基层表和各专业综合表两部分组成。基层表由企业行政单位填报，综合表由计算机汇总形成。基层表按照行业性质分为农林牧渔业企业报表、工业企业报表、建筑业企业报表、交通运输业企业报表、批发零售贸易业及餐饮业企业报表和固定资产投资统计基层表。

1992—2000 年，编制国内生产总值及其使用表。1998—2000 年，试编资产负债表。2005 年，进一步改进国内生产总值核算方法，建立完善统计检测和评价制度。

2008—2010 年，统计方法制度进一步改革：地区生产总值下算一级。国家现行 GDP 核算制度为“分级核算”，通过本次改革，地区生产总值将下算一级。其基本思路是采用不变价 GDP 的增量分摊法，即以国家测算的不变价 GDP 增量为各省的总控制数，在各省之间进行分摊，然后根据各省分摊到的不变价 GDP 增量计算各行业的增长速度和现价增加值。GDP 核算可比价计算基期由 2005 年调整为 2010 年；流通消费价格和工业品价格统计的调查基期统一调整为 2010 年。工业增加值核算由生产法改为收入法。现行规模以上工业增加值核算使用生产法，即从生产角度衡量工业企业在核算期内新创造的价值，通过从总产出中剔除生产中间环节投入的产品和劳务（中间投入），从而得到增加值的方法。统计标准提高。主要是提高规模以上工业企业和投资项目的统计标准。工业企业规模以上划分标准，由年主营业务收入 500 万元及以上提高到 2000 万元及以上；投资项目统计起报点由 50 万元提高至 500 万元，500 万元以下项目不再纳入固定资产投资统计范围。统计报表和指标的调整变化。能源统计扩大了范围，增加了指标；服务业统计得到加强，新增文化服务业、物业管理及房地产中介服务统计；调整规模以下工业抽样调查范围和样本；加强对 R&D（研究与试验性发展）活动的统计，增加反映 R&D 活动情况的统计内容；对社会和环保统计报表制度的部分指标进行调整。

第二节 统计调查

统计调查是政府统计的一项基本任务，是对社会经济现象数量方面的调查研究活动。常用的统计调查组织方式主要有定期统计报表、普查、重点调查、抽样调查、典型调查及其他方式。定期统计报表中，包括工业、商业、建筑、交通、金融、劳动工资等20多个专业的月报、季报、半年报、年报等任务。重点调查、抽样调查、典型调查等有1%人口抽样调查、第三产业调查、残疾人调查、基本单位调查等。普查包括农业普查、人口普查、经济普查等。这是统计科学性和统计工作统一管理和要求，也是统计资料准确性、统一性、可比性、连续性的可靠保证。1991—2010年，全国共进行1次工业普查、2次农业普查、2次人口普查、3次基本单位普查、2次第三产业普查、2次经济普查。形成大量高质量的统计资料，为全县社会经济、文化的发展提供了依据。

第一次第三产业普查 1993年，全县进行全国第一次第三产业普查，普查的范围是从事第三产业的所有单位和第一、二产业中附属的第三产业单位，从事第三产业的个体户。普查的主要内容为反映第三产业发展规模，生产（经营）活动成果，实物资产情况，重点行业活动等指标。鄄城县被评为省级先进县，受到省普查办表彰。

工业普查 1995年，全县进行第三次工业普查，对全县工业企业、集体所有制工业，外资工业、乡镇工业等企业的产品产量、销售与库存、资产、利税、费用、职工人数等方面300多个指标进行统计调查。此次调查于1996年结束。通过这次调查，摸清全县工业经济基本情况，对加强宏观调控、制定“九五”经济发展规划和2010年的长远发展，促进全县工业经济持续、健康、快速发展，有重要意义。

农业普查 1996年，进行第一次全国农业普查，普查对象是全县范围内各种类型的农业生产经营单位、农村住户、行政村、乡镇和乡镇企业。普查内容分为10个类型，共计38个项目，678个指标，普查指标的标准时间分时期指标、时点指标。时期指标的标准时间为1996年1月1日至1996年12月31日，时点指标的标准时间为1996年12月31日。普查工作历时3年多，分为3个阶段，准备阶段(1996年)；普查登记阶段（1997年）；数据处理，数据分析和普查总结阶段（1997年7月至1998年底）。普查阶段，全县普查员1200人对16个乡镇、440个行政村，进行入户登记、填表、汇总，摸清了全县农业和农村的真实情况。

2007年，进行第二次全国农业普查，对全县范围内的农业生产经营情况，农村住户、行政村、乡镇和乡镇企业进行一次大规模清查，摸清了第一次农业普查后全县农业农村的真实情况。

基本单位普查 1996年开展第一次基本单位普查，范围为县境内所有法人单位及所属的产业活动单位，包括各类企业法人、事业法人、机关法人和社会团体法人，主要内容为单位的基本信息、主要属性、基本经济活动、其他信息等四项内容。普查的标准时间为1996年11月1日，调查年度为1996年。分为普查准备（1996年7月至9月），登记、审核、汇总、上报（1996年9月至11月），普查资料开发利用和工作总结（1996年12月至1997年）3个阶段。

2001年，全县进行第二次基本单位普查，调查年度为2001年，标准时间为2001年11月10日至25日，准备时间为2001年9月至10月，登记、汇总、上报时间为2001年11月，普查资料开发和工作总结时间为2001年12月至2002年。

第五次人口普查 2000年，全县进行第五次人口普查，调查指标由第四次人口普查的21项增加到26项，普查登记的标准时间为2000年11月1日零时。普查结果显示：全县204459户，人口715684人，其中男365585人，女350099人，分别占总人口的51.1%、48.9%，全县总人口比第四次人口普查的人口增加29381人，增长4.28%，年平均增加2938人。2010年，开展全国第六次人口普查，对全县的人口构成、性别、民族、文化程度、年龄结构、人口密度、人口分布等情况进行详细普查。

经济普查　2004年，进行第一次经济普查，普查对象为从事第二、三产业活动的全部法人单位，产业活动单位和个体经营户。普查范围包括除农业外的19个国民经济行业门类，90个行业大类，378个行业中类，875个行业小类。标准时间为2004年12月31日。普查工作历时3年多，分为3个阶段：准备阶段，主要做好宣传培训工作；普查登记阶段，主要是深入基层，实地普查；质量控制，数据处理及汇总阶段，主要做好审核、录入数据的真实性。1360多名普查人员对全县16个乡镇进行入户登记、填表、汇总、摸清全县第二、三产业的个体户的真实情况。

2008年，开展全国第二次经济普查，经济普查工作覆盖二三产业的各个行业，共90个国民经济行业大类和900个小类，涉及辖区内的每个法人单位、产业活动单位和个体工商户，共清查登记法人单位2550家，产业活动单位547家，个体经营户29141户。

第三节　统计信息自动化

1991年，统计实现点对点计算机远程传输业务，统计数据自动转换，计算机在统计上开始普及应用。1995年，统计工作自动化建设快速推进。过去的各级手工汇总逐步上报的工作方法被微机操作上报软盘的科学方法所代替，县统计局设立微机室，有微机操作人员4人，586微机1部，386微机2部，286微机1部，打印机3部，统计数据处理工作基本实现现代化。除对工业、农业、交通运输、物资能源、商贸的年报、季报、月报使用计算机进行数据分类、汇总和分组处理外，还完成了投入产出调查、工业普查、第三产业普查等大型普查和抽样调查等庞大业务的处理工作。1996—1998年，实现与地区统计局数据网络传输和处理的自动化，开展统计月报、统计信息的网上查询和重大公共信息的发布工作。2002—2005年，配备配置较高的高效微机，实现省市县三级联网和统计数据自动化处理与网上统计信息的动态发布。2005年，鄄城统计信息港建成，为统计信息的形成和发布提供了便利，使大量的统计信息通过网络走向社会，为各级领导人的宏观决策，社会各界参与社会经济的管理和发展及各种高新技术的开发研究提供优质服务。2006—2010年，统计部门加快统计信息化工程建设，进一步推进统计工作现代化。对统计人员和计算机管理人员进行强化培训，保证统计信息化建设的进行和统计信息应用系统的有效运行。开通广域网和局域网，建成县乡企三级联网，健全乡镇统计网络，基本实现统计信息采集、处理、传输、储存现代化，提高了统计工作效率和准确度。

第四节　统计法制

1991—1995年，县统计局执行《中华人民共和国统计法》和《山东省统计管理条例》，查处在统计数据上弄虚作假统计违法行为，共执法检查110多个单位，其中对12个单位进行了不同程度的处罚。

1996年，县统计局配合地区统计局执法小组对5个县直企业进行统计执法检查，对查出的虚报、漏报等统计违法行为进行纠正处理。

1998年，县统计局实行全员执法，分三组对全县45个单位进行执法大检查，对屡次迟报、拒报统计报表的单位进行重点查处，立案14起，结案14起。打击了统计违法行为，提高了统计数据质量。

2004年，县统计局法规股用3个月时间对全县28个单位的统计报表上报情况进行重点检查。对问题严重的7个单位给予警告、通报批评，并限期责令改正。用法律手段规范了全县的统计工作，保障了统计数据的质量。

2008年，县统计局法规股用2个月时间对全县32个单位的统计报表上报情况进行重点检查，确保了统计数据的及时性和准确性。

2010年，县统计局坚持利用年报会、培训会、统计上岗培训、工作会等对全县统计人员进行统计法知识的宣传和培训，增强统计人员依法统计意识；

利用广播、电视等新闻媒体，借助张贴标语等多种形式宣传统计法；开展统计执法检查工作，让统计法制意识深入人心，确保数据的准确性和及时性。

第五节　统计服务

通过统计数据、资料和信息，全面综合地反映鄄城国民经济和社会发展水平、规模、布局、速度、比例和效益，为各级党政机关决策和宏观调控，为企事业单位的经济管理提供依据，为社会公众了解情况，参与社会经济活动及科学研究提供资料，在实际工作中，县统计局突出抓了信息资料的时效性、连续性和准确性。从1991年起，统计局每年都把当年的统计资料收集整理并编印成《鄄城县国民经济统计资料》，及时反映全县社会经济的运行情况，为各级领导和社会各界提供了科学的统计数据。为增强服务效果，提高服务质量，逐步强化统计分析和信息工作。1991—2005年，先后印发《鄄城统计》《统计简报》共266期，向各级党政部门和社会各行各业提供数据资料35万字。其中1995年印发《统计简报》30期；1997年印发《鄄城统计》36期；1998年印发《统计简报》42期；2000年印发《统计简报》20期、《鄄城统计》20期、《鄄城人口普查简报》16期；2003年印发《鄄城统计》42期、《经济普查统计简报》20期；2004年编印《鄄城统计》20期；2005年印发《鄄城统计》38期；2008年编印《鄄城统计》42期;2010年编印《鄄城统计》45期,《鄄城经济形势分析汇编》4期,《统计指标解释简明书》2期。

随着现代化信息技术的广泛应用,2004年“鄄城统计信息港”建成，鄄城社会经济信息通过网络服务大众。随着经济的发展，统计工作在国民经济发展中的地位愈来愈加重要，县领导人对统计工作的要求也愈来愈高。县统计局立足为县域经济的发展当好参谋，定期对经济发展中的热点、难点问题进行专题调查研究，如进行月度行业经济发展分析和预测、召开季度经济发展相关部门例会、定期进行专项经济发展调研等；做好全县经济运行监测，及时向县领导人提供重要经济指标统计数字和近期经济发展动态预测报告。2007年，鄄城率先在全市建成经济活动基本单位名录库系统，全县的经济活动单位可以在名录库中一览无余，方便了社会各界的业务查询和经济发展方面的数据需求。县统计局对县直各单位、乡镇和基层企业有求必应，经常下乡镇，到企业进行工作调查和指导，较好地发挥了统计监督职能。

第三章　农村社会经济抽样调查

第一节　抽样调查项目

1991年的抽样调查项目比较简单，主要是住户、产量、农经三个专业。其后逐渐增加了小康监测、地方农业全面统计、畜牧调查、中间消耗等常规调查项目。2005年抽样调查项目，有住户、产量、乡基本情况（简称乡卡）、村基本情况（简称村卡）、农业全面统计、畜牧调查、价格调查、畜禽调查、面积调查、中间消耗调查、服务业调查等。2010年的抽样调查项目，有住户、产量、畜牧调查、农产品市场价格调查、服务业调查、农产品生产价格调查、粮食产量中间消耗调查、农民工季度从业情况调查、农作物播种面积调查。

第二节　调查网点抽选

调查队的多数数据直接来源于调查网点，网

农调人员深入田间地头核查产量

点建设是农调工作的重要组成部分。网点的抽取是按照随机抽样的原则，以行政村人口、耕地面积、人均收入等主要指标进行由高到低排队，然后由计算机抽选网点。先抽选行政村，然后再抽取调查户。网点抽出后，一般5年内保持稳定，任何单位和个人不得随意调整调查点，以保持数据的相对稳定性。按照国家规定，网点每5年轮换一次，在全县范围内重新抽选调查点，建立新的调查村、调查户，开始新一轮调查工作。

农调人员深入调查网点核实材料

1991年，代表国家的网点抽选方案是对全县所有行政村的近三年的收入、粮食产量、耕地进行由低到高排队，按照半距起点等距抽样的原则，随机抽选10个住户调查点，15个产量、畜牧调查点；用同样的方法，各乡镇抽选代表本乡镇农村经济发展水平的3个村30户调查，网点可以重合，主要是以畜牧点为基础，建立住户点。2005年，国家实行多目标抽样方法，即按照不同级别，根据不同的调查目的抽选各自的调查网点。为满足全省调查需要，在全省范围内抽取代表全省农村经济发展水平的调查网点；市独立抽取代表全市经济发展水平的调查网点；县、乡网点的调查同样是采取这种方法。不同的调查项目，采取独立设点的方法进行调查，即住户各级有自己的调查网点，畜牧中的牛、羊、猪、禽等都有各自的调查点，产量中的小麦面积、小麦产量、玉米面积、玉米产量、棉花面积、棉花产量等都有相对独立的网点作支撑。鄄城调查网点中，有国家和省的调查点，有代表市的调查点，有代表全县和乡镇的调查点。这种调查的优点是数据反映的更加真实、准确，在调查经费保障方面，按照省政府的规定，调查经费实行分级负担，国家和省的调查网点经费分别由国家、省财政负担，代表市级的调查网点经费由市财政解决，代表县调查网点的经费由县财政负担，代表乡镇的调查网点经费由乡镇财政解决。

2005年，设在鄄城的各级调查网点主要分布如下：代表国家和省的调查点分别是，住户点10个，产量、畜牧点21个；代表全市的调查点分别是，住户点10个，产量、畜牧点15个；代表全县的调查点主要是住户调查点15个，产量点15个，畜牧点5个；代表乡镇的调查点每乡3个行政村，每村10户。对于调查数据的管理，国家实行数据垂直上报，调查数据为法定数据。对于调查任务，国家和省直接布置任务，基层调查队直接入户调查，直接上报。其主要目的就是节约经费、提高效率、减少干扰。

2010年，设在鄄城的各级调查网点主要分布如下：住户网点分布：红船镇冀庄村、箕山镇六合村、箕山镇仪楼村、什集镇和庄村、什集镇赵坊村、富春乡范庄村、富春乡郝庄村、董口镇申庄村、郑营镇郝庄村、郑营镇东街村。产量、面积调查网点分布：鄄城镇前李桥、什集镇和庄村、什集镇杨岗村、旧城镇东魏庄、旧城镇武西庄、旧城镇杨屯村、阎什镇孙庄村、阎什镇路垓村、红船镇孙老家村、阎什镇张志门村、董口镇常庄村、董口镇兰庄村、董口镇大位庄、彭楼镇枣林店、彭楼镇什李村、富春乡许庄村、富春乡高奎庄。畜牧调查网点：左营乡杨集村、左营乡朱庄村、李进士堂镇小辛庄、李进士堂镇许堂村、箕山镇高屯村。

第四章　经济技术协作

第一节　物资协作

1991—2005年，县经协办以串换物资，调剂余缺，支援全县工农业生产为目的，帮助企业和乡镇采购急需的工农业原材料和紧俏的生产、生活用品，物资协作总额达9130余万元，包括汽油、柴油、落地原油、钢材、木材、煤炭、纯碱、水泥、化肥、彩电、自行车、棉籽皮、白糖及一些先进生产设备，其中1991—1995年5160余万元，1996—2000年2720余万元，2001—2005年1250余万元。计划经济向市场经济过渡阶段，物资协作额出现下滑趋势。2006—2010年，物资协作总额1.6亿元，其中2006—2008年为鄄城黄河公路大桥建设采购物资及设备近亿元。

第二节　资金技术与人才协作

根据鄄城县经济建设“三缺一低”现状，县经协办把引进资金、技术与人才作为工作重点，1991—2005年，通过建立的几十家信息网络和100多个市地县友好协作单位，共引进各类先进生产技术80多项，资金近10亿元，人才交流200多人次。1991年，从台湾甲成有限公司为县陈王酿酒有限公司引进万吨玉米酒精和万吨蛋白饲料生产线2条，资金147.98万美元，技术人员3人；从北京华洋公司为县地毯厂引进生产技术1项，资金1300万元，代培技术人员5人。1992年，从德国英特克尔国际公司为县地毯厂引进机织提花地毯先进生产线1条，资金980.6万元，技术人才4人。2001年从广东番禺引进高级油脂生产项目1项，与县植物油厂达成协议资金1000万元，人才交流30余人次。2004年，从河南路桥工程投资有限公司引进资金9.1亿元，用于建设鄄城黄河公路大桥项目，2005年11月20日试桩成功。人才交流近百人次。2006—2010年，引进各类先进技术近百项，人才交流200余人次。

第五章　审　计

第一节　国家审计

自1991年以后，特别是1994年《中华人民共和国审计法》颁布实施以后，县审计局提出并坚持“促进财政增收节支，促进企业提高经济效益，促进机关廉政建设，促进宏观调控措施落实”的工作目标要求，全面履行审计监督职能。1991—2010年，累计完成审计项目1209个，促进增收节支9746万元。

财政审计　自1994年《中华人民共和国审计法》颁布赋予审计机关对本级预算执行情况进行审计监督职责后，县审计机关加强县乡财政收支审计，重点审计财政预决算真实性情况、预算外资金和财政信用资金管理使用情况。在加强部门预算、政府采购、会计委派、财政统一核算、收支两条线、调整财政收支结构、完善财政体制改革、强化财源建设等方面发挥了重要作用。共审计预算执行单位269个，查出违规违纪金额38863万元。向县委县政府提交审计结果报告，受县政府委托向县人大常委会提交审计工作报告，成为政府运筹经济、人大加强监督的重要依据。自1991年起，对乡镇财政每年审一半，两年审一遍。通过审计，共查出乡镇财政单位违规金额15234万元，有效遏制了乡镇财政财务收支中的不正之风。

金融审计　根据上级审计机关安排和统一部署，1997—2005年，连续对农村信用社进行审计。在摸清家底的基础上，重点查处挪用信贷资金、违规经营不正当业务、不良资产比例过高等问题。分别查出违规违纪金额1678万元、1876万元、1893万元、2018万元、2134万元、2676万元、7614万元、7936万元、6988万元。2010年，配合市审计局对农村信用社进行审计，规范信贷秩序。

企业审计　1991—2010年，开展企业审计和审计调查128项。其中1998年对粮油集团总公司、鄄城县酿造总厂、鄄城华达纺织集团、鄄城县金兰实业公司等21家企业进行审计；1999年对金蓝实业公司、自来水公司、建融有限公司等6家企业进行审计。2000年对正虹饲料公司、人民商场、天生食品有限公司、味精厂、赛布罗羊绒公司等20家企业进行审计和审计调查；2002年对县供电公司、热电厂、生产公司、酒精厂等6家企业进行审计；2003年对生产公司、自来水公司、味精厂、植物油厂等8家企业进行审计；2004年对供电公司进行审计。在企业审计中，不断深化审计内容，改进审计方法，开展内部控制制度测评审计和效益审计，帮助企业分析影响经济效益的原因，查找经营管理中的薄弱环节，监督企业资产、负债和损益的真实、合法、有效，促进企业提高管理和效益水平。

行政事业单位和专项资金审计　采取抓重点单位、重点行业、重要项目和重点资金的审计方法，着重对使用财政资金多、罚没收入收费多的部门单位进行审计，开展了对公安、交警、法院、交通、公路、计生、教育、卫生、民政等系统的行业审计。并把行政事业单位管理的专项资金作为审计的重要方面，组织对全县救灾救济资金、社会捐赠资金、社会养老保险金、教育费附加、科研三项经费、林业资金、扶贫资金、黄河滩区搬迁资金、住房公积金、水利资金、福利彩票资金、医疗保险金、城建资金等专项资金进行审计。2010年，加强对涉农资金、社会保障资金、医疗卫生资金、救灾资金、新农合医疗保险资金、土地出让金等资金审计，涉及县林业局、财政局、土管局、民政局、卫生局、县医院等12个行政事业单位。通过审计，进一步规范资金管理程序，提高资金使用效益。

干部任职经济责任审计　自1995年起，特别1997年以后，实施领导干部任职经济责任审计，经过实践、总结、完善，逐步发展成为干部任职全程审计监督制度，成为客观评价领导干部任职经济责任的一种经常性审计制度。审计部门按照《山东省机关事业单位和国有企业法定代表人离任审计条例》，创造性地开展工作，共完成经济责任审计项目255个，审计单位255个，涉及人员255人，为干部提拔任用提供了重要依据。其中，1999年离职9人，重用3人；2000年离职2人，重用1人；2001年离职40人；2002年平调9人，晋升5人，离职14人；2003年平调4人，晋升7人，离职8人；2004年平调16人，晋升8人，离职2人；2005年平调15人，离职8人；2006年离职5人，平调5人，重用3人；2007年离职12人，平调5人，重用7人；2008年离职10人，重用3人，平调4人；2009年平调3人，重用5人；2010年离职6人，重用6人，平调24人。

第二节　内部审计

1991年、1995年、2000年、2005年，内部审计机构分别为12个、16个、20个、22个。2010年，全县建立内审机构35个，配备内审人员65人。在内审工作中，坚持“抓点带面”的工作思路，树立了县粮食局、县电信局、县农村信用社、县医院等多个成绩突出、特点鲜明、有说服力和启发性的内审工作典型，推动内审工作开展。1997年县粮食局审计科被评为全省内审工作先进单位，2005年县农村信用社被评为全省内审工作先进单位。2008年县医院、县供电公司被市评为内部审计先进单位。

第三节　社会审计

1994年4月，建立县审计师事务所，完善审计体系，加强社会审计力量，社会审计队伍不断壮大。1999年12月，县审计师事务所顺利实现脱钩改制，更名为鄄城县新正有限责任会计师事务所。在审计局的指导和监督下，抓住机遇，拓宽服务领域，逐步开展资金验证、资产评估、年检、基建审计、企业审计等业务活动。1991—2005年，共完成委托项目1490个，查证资金123092万元，为鄄城经济发展作出积极贡献。

第六章　工商行政管理

第一节　企业登记

1991年，全县登记在册国营、集体企业88户，注册资金1333万元，个体工商户4342户，注册资金360万元。1992—1994年，登记在册国营、集体企业607户，注册资金10589万元，个体工商户18956户，注册资金1435万元。

1995年，新登记注册有限责任公司17家；国有、集体企业66家，其中法人23家，营业登记43家；变更登记94家。1996年，新登记有限责任公司23家；企业法人26家，营业登记38家；变更登记74家；年检373家，其中企业法人163家，营业登记210家。1999年，鄄城县工商局在菏泽地区率先成立企业登记代理所。

2001年，新登记企业58户，其中法人企业21户，营业登记23户，公司登记14户，变更登记340户，注销45户。2001年7月正式设立鄄城县企业登记代理中心，负责企业登记代理工作。2002年4月，启用新版营业执照。自2002年5月1日起，新登记、变更及补发营业执照的非公司企业法人及其分支机构和个体工商户、私营企业（不含公司企业法人）均使用新版营业执照；同月，鄄城县工商局成立企业注册局，12月，企业注册局被共青团菏泽市委、菏泽市工商局授予青年文明号称号。至2003年5月1日，在变更登记和2003年验照、年检工作中将旧版个体工商户和非公司企业法人营业执照换发完毕。

2002年，企业登记注册总数447户，其中公司127户，非公司企业法人112户，分公司24户，分支机构营业单位142户，个人独资企业37户，合伙企业5户。个体工商户新登记840户，实有5239户。

2003年，登记注册工作坚持严格审查登记材料，严格掌握前置审批，严格核定登记事项，严格执行登记程序，严格执行登记时限，严格落实登记审核责任制。登记注册企业144户，其中国有集体企业26户，私营有限公司91户，分公司15户，

鄄城县工商局　（2010年　摄）

个人独资企业3户，合伙企业9户，个体工商户登记1197户，企业变更登记91户，注销登记26户，换发企业营业执照400余套，个体工商户营业执照2361户，企业年检617户。对超期报送年检材料和超期年检处罚76户。

2004年2月，鄄城县工商局制定《关于注册登记管理工作实行“一审一核”制和“一审核准”制的意见》，简化办照程序，提高工作效率，同时将工商登记业务全部迁入鄄城县审批中心。全年共办理企业登记315户，变更265户，登记个体工商户2175户，其中委托工商所登记个体工商户1950户，完成1100户企业档案的扫描工作。

2005年，继续深化创新企业登记管理方式，全面下放个体工商户登记管理权限，对个体工商户登记权限下放到工商所后的登记工作进行规范和完善。县工商局转发菏泽市工商局《关于进一步降低市场准入创新执法方式服务经济发展的若干意见》，规范登记行为，提高登记效率。是年，共办理企业登记121户，企业年检462户，企业变更46户，注销登记29户。私营企业登记160户。个体工商户登记2134户，个体户验照8000余户，查处无照案件27件。

2006年，共办理各类企业289家，总注册资本金近5亿元，其中有限责任公司115家，非公司企业法人84家，营业性单位72家，年检企业740家，为350家企业办理变更登记手续，为78家企业办理注销登记手续，发展个体工商户961户。2007年，共登记各类企业205家，总注册资本金近2亿元；为306家企业进行变更、注销登记；对908家企业进行年检。2008年，共办理各类企业登记280家，总注册资本金近12亿元；年检各类企业1074户，网上年检率100%；全县新办理个体工商登记574户，个体工商户验照3442户；培育发展农民专业合作社38家，农村经纪人66户；创建“守合同重信用”企业、“文明诚信民营企业”“文明诚信个体工商户”“消费者满意单位”等66家，其中省级4家，市级19家，县级43家。2009年，办理各类企业网上年检1166户，实现企业网上年检率100%，通过年检共规范企业登记前置审批条件226户，注销13户。

2010年，开展个体工商户营业执照清理整顿活动，对那些已经停止经营的个体工商户进行全面彻底清理，共注销4360户，吊销4775户。截至12月，全县共有各类企业2109户，其中：内资企业726户，私营企业1259户，农民专业合作社124户；个体工商户12117户。是年，新发展各类企业303户，其中，内资企业44户，私营企业196户，农民专业合作社63户；个体工商户1933户。

第二节　经济合同管理

合同监管　1991年，鄄城县开始推行经济合同示范文本，主要有工矿产品购销合同、农副产品购销合同、建筑工程施工合同、加工定作合同、居间合同、加工承揽合同、仓储保管合同、建筑工程安装合同、财产租赁合同、行纪合同。1992年，帮助企业完善合同管理制度，健全合同管理机构，先后在鄄城县建筑工程公司、广厦建筑工程公司、鲁西制药厂等20多家企业建立合同领导小组，帮助制定相关制度，规范企业的签约、履约行为。1994年，在合同鉴证工作中发现鄄城县某粮食企业与东北某单位签订的一份大豆合同为无效合同，协助该粮食企业及时中止履行，挽回17万元特大经济损失。1997年，成立鄄城县建筑工程执法检查办公室，主要查处未签订合同、合同条款是否齐全、是否办理鉴证手续、是否按照约定的时间履约等。

2001年以后，加强对涉农合同的监管，帮扶“订单农业”发展，坚持涉农服务与监管并举，通过实施合同帮扶，规范指导签约行为，对经销假冒伪劣农资、坑农害农、订单合同欺诈等行为予以严厉查处，为订单农业创造了良好的市场环境。

开展争创“守合同 重信用”企业活动 1991年起开展。1993年4月，鄄城镇建筑安装工程公司、鄄城县酒厂被评为山东省第二届“重合同 守信用”企业。

2004年，鄄城县被菏泽市工商局评为“重合同 守信用”企业18家，鄄城县建筑工程总公司、菏泽广厦建筑工程公司被山东省工商局评为“守合同 重信用”企业。2005年，被菏泽市工商局评为“重合同 守信用”企业16家，省级“重合同 守信用”企业2家。2006年，山东九州农药有限公司等3家企业被认定为省级“守合同重信用”企业，14家企业被认定为市级“守合同 重信用”企业。2007年，新发展省级“守合同 重信用”企业2家，市级4家。2008年，创建“守合同重信用”企业、“文明诚信民营企业”“文明诚信个体工商户”“消费者满意单位”等66家，其中省级4家，市级19家，县级43家。2009年14个企业被评为“守合同 重信用”企业，其中，省级1家，市级13家。2010年，16个企业被评为“守合同 重信用”企业，其中，省级1家，市级15家。

合同仲裁 1991年，按照《中华人民共和国经济合同法》规定，经济合同仲裁全面实行“协议仲裁”制度。年内鄄城县经济合同仲裁委员会因工作成绩突出，被评为山东省仲裁工作先进单位。同年，菏泽地区工商局在鄄城召开合同仲裁工作现场会。1993年开始，经济合同纠纷实行两条腿走路，按一裁一复议的程序终局裁决，无仲裁协议的，仍按一裁两审的程序办理。1991—1995年，共调解、仲裁经济合同纠纷1860起，合同总金额9870万元。1995年10月，根据《中华人民共和国仲裁法》规定，仲裁工作开始从工商职能中分离出去，鄄城县经济合同仲裁委员会撤销。

2006—2010年，以信用建设为中心，开展“守合同 重信用”企业评选活动，山东九州农药有限公司等3家企业被认定为省级“重合同 守信用”企业，20家企业被认定为市级“重合同 守信用”企业。规范抵押担保行为，对因企业改制债权、债务转移，产权不明等不符合条件的坚决不予办理抵押登记手续。

第三节 商标广告管理

注册商标管理 1991年以前，商标注册施行核转制度，全县通过全县工商局核转注册的商标共73件。1994年，全县共有注册商标120件，主要涉及食品、饮料、白酒、化工机械等行业，建立商标验证和注册商标备案制度。1997年，全县共有注册商标156件。1999年，注册商标178件。截至2005年，全县共有注册商标260件，涉及食品、饮料、白酒、木材加工、农副产品、餐饮、服务等十几个行业。2006—2010年，共注册商标170件。县工商局分别于1991年、1992年、1997年、2000年、2001年、2004年举办商标法律法规培训班61期，培训企业商标管理人员269人，发放宣传材料4000余份，帮助35家企业建立商标使用及管理档案，登记注册商标印制单位15家，定期对商标印制单位的承接档案进行检查，共查处违法印制商标案件6起。

未注册商标管理 1991—2005年，共查处冒充注册商标案件19起，涉及食品、饮料、日用品10余个行业。2006—2010年，共查处冒充注册商标案件16起，涉及食品、饮料、日用品8个行业。

商标专用权保护 1991—1993年，重点整治白酒市场商标侵权行为，共查处制假窝点6处，没收冒用他人商标的散装白酒2800多公斤，侵权瓶盖3200多个。1994年，开展商标侵权专项整治，共查处假冒白酒2300瓶，假冒香烟300余条，侵权糖果纸200公斤，假冒商品案值近20万元。没收假冒农药3000瓶，侵权商标标识180张。1998—2002年，全县共计查处商标侵权案件26件，罚没款项13万元。2003—2010年，开展假冒“奇强”洗衣粉、“宝洁”系列产品以及“王守义十三香”“伊利”“蒙牛”饮料等多次专项治理活动，共立案查处侵权案件68起，没收侵权商品930件（箱），没收侵权商标标识2000余件。每年还利用“3·15消费者权益保护日”、元旦、春节、中秋节等节日进行假冒伪劣商品集中展示。

著名商标评选　2000—2010年，鄄城工商局强化服务，指导企业科学、规范地使用商标，协助企业开展省著名商标申办工作。2004年，鄄城县华格尔日用化工厂“华格尔”商标被评为“山东省著名商标”。2005年，鄄城赛布罗羊绒制品有限公司“赛布罗”商标被评为“山东省著名商标”。2006年，山东华意化工有限公司“福瑞德”商标被评为“山东省著名商标”。2010年，鄄城县嘉鑫糖业有限公司“嘉鑫”商标被评为“山东省著名商标”。

广告登记审查　1991年，鄄城县共有广告经营单位3家，分别是鄄城县电视台、鄄城县古泉广告装潢公司、鄄城县印刷厂。2004年，督促4家广告经营企业、9家广告个体经营户建立广告承接登记台账，实行广告承接专人审查。2005年，鄄城县共有广告经营企业4家，个体广告经营户9家。是年，鄄城县工商局举办广告法律法规培训班2次，发放广告法律法规宣传资料3000余份，参加培训人员140人次，为广告经营企业培训广告监督管理员31人。2006—2010年，共办理户外广告登记152件，举办广告审查员培训班5起，参训人员70余人。

1991年，建立户外广告登记台账，当年审查户外广告33条次，至2005年，共计审查户外广告发布申请700余份，核准发布户外广告620条，其中墙体广告430条，车体广告80条，查处未经登记擅自发布户外广告23条。2006年，开展店堂、户外广告专项治理活动，对牌匾广告中含有违法内容的10余家单位进行预警，对牌匾广告内容合法的23家单位予以审查登记，并核发统一编号的“店堂牌匾发布登记证”。2007—2009年，监测广告200多条，查处违法广告50起。2010年，做好新闻媒体发布广告的日常监测工作，每天24小时不间断监测。根据“两会”期间人大代表的提议，开展为期一个月的医疗药品广告专项整治活动，立案查处未经登记擅自发布户外广告的违法案件8件。

2000年起，定期审查电视台广告播出节目。至2005年，共监测各类电视广播广告1200条，发现涉嫌违法广告140条，发出限期整改通知书68份，立案查处电视违法广告14起，责令改正30起。2006—2010年，共监测各类电视广播广告600条，发现涉嫌违法广告52条，发出限期整改通知书40份，立案查处电视违法广告16起，责令改正29起。

专项清理整治　1997年，在户外广告专项整治中，共清理违法设置的户外广告20条次。2004年，在全县范围内开展“打虚假、树诚信”广告专项整治行动，重点整治药品、保健食品、医疗3类广告。至2005年，共监测各类广告1200条，先后立案查处鄄城县某医院、鄄城县某医疗单位违法发布医疗广告16起，查处鄄城县2家大药房等发布违法药品广告27条次，共没收违法印刷品3000余张，罚没款9.1万元。

2006—2010年，县工商局严厉查处商标侵权案件，在巩固保护注册商标专用权行动成果的基础上，加大对侵犯食品、药品、农产品及驰名商标和著名商标案件的查处力度，严厉打击商标侵权行为；加大对电视媒介发布的广告的监管力度，继续把关系群众身心健康和违法问题易发的药品、医疗、保健食品等广告作为整治重点，依法查处未经登记擅自发布户外广告和擅自改变已登记户外广告内容的违法行为，有效遏制严重损害消费者权益的违法广告。

第四节　市场监管

1991年，城区共设8处市场。

1995年，根据1994年度评选和命名的省、地、县级文明市场，把全县城乡市场分别划分为一、二、三、四级。舜王城中药材市场、陈王商场为一级市场；郑营、阎什、董口、红船、箕山、什集市场为二级市场；彭楼、凤凰、葛庄、引马市场为三级市场；

其余为四级市场。

1996年、1997年，开展市场巡查，推行市场规范化管理。1998年，要求各类有形市场必须在重要位置设置固定的市场监督服务亭（台），并配备专人值班，设置公平秤、投诉箱和便民服务箱，公布监督投诉电话，公示在岗人员照片、姓名和编号，以便于监督。

1999年，对城区市场实施"净化管理、退路进店和退路入市"工程，各专业市场经营者证照齐全、度量衡器符合规定等7项规范。乡镇市场杜绝"三道街"和"拦路摊"，严格划行归市，固定摊位明码标价，亮照经营，计量器具符合规定。2000年，对市场日常监管中发现存在问题较多但又不够进行处罚的市场，进行预警。2001年，按照上级要求，市场管办脱钩。

开展畜产品专项检查 （2010年 摄）

2004年，投资10万元配备1辆食品质量检测车和必要的食品检测设备，成立食品质量检测中心。对城区各农贸市场、商场超市、各乡镇农村集贸市场销售的蔬菜、肉类、水产品进行检测，重点检测食品中的农药残留、二氧化硫、亚硝酸盐、甲醛等含量是否超标。对消费者举报投诉的食品，需要当场进行检测的，流动检测车及时赶赴现场进行检测处理。

2010年，在郑营成立三江二手车交易市场，主要经营各种二手面包车、轿车等车型，发布二手车交易信息，年成交额50余万余元。

开展化肥专项整治 （2010年 摄）

粮食市场管理 1991—1993年，紧密配合全县夏粮收购，做好夏粮市场管理工作，维护夏粮收购市场秩序。1994年，遵照中共中央、国务院和国家工商总局、国家粮食储备局文件精神，对全县25个乡镇、30家粮食批发企业进行清理整顿，为粮食批发企业重新换发营业执照。1997年7月，山东省工商局下发《关于加强粮食市场管理的紧急通知》，鄄城加强对粮食市场的监督检查，落实各项粮食购销政策。1998年10月，国家工商总局下发《关于立即开展坚决打击不法粮商维护粮食收购秩序专项斗争的紧急通知》。11月6日，山东省工商局下发《关于对个体、私营粮食业进行清理整顿、严厉查处非法收购粮食等违规行为的紧急通知》，要求重点查处个体、私营和其他非国有粮食收储企业非法收购粮食的行为，坚决管住、管好粮食收购秩序。1999年，按照国务院和山东省人民政府搞好粮食流通体制改革的要求，突出抓了粮食市场监管，加强对粮食批发企业的资格审查，严肃查处非法经营粮食行为，对以前核发涉及粮食购销的营业执照进行逐个排查，符合条件的予以保留，不符合条件的限期办理变更登记或注销登记，培育、规范粮食市场。

2000年，按照国务院《粮食收购条例》要求，推行"一月一报、三账一卡"等制度，完善粮食收储企业、加工企业、用粮企业档案，开展粮食市场执法检查。全年共查处非法收购粮食案件30余起，涉案粮食45吨，国家粮食改革方针政策得到较好落实。2001年，严格规范粮食交易活动，严查流通市场中违法违章行为和擅自收购行为。共查处非法收购、倒卖小麦、玉米案件65起，查处非法收购小麦120吨。2002年4月，山东省工商局、山东省粮食局下发《关于认真落实国务院和省政府有关深化粮食流通体制改革政策进一步做好粮食市场管理工作的通知》，2004年8月，山东省工商局又制定查办流通领域粮食案件的意见，县工商局均进行贯彻落实。2005年后，鄄城不再有专业粮食市场。

棉花市场管理 1991年9月18日，国务院下发《关于贯彻国务院棉花会议精神加强棉花市场管理的通知》，要求棉花由供销社统一收购，统一经营，不开放市场，不实行价格双轨制。1994年10月，山东省工商局下发《关于进一步加强棉花市场管理的通知》，鄄城县工商局按照通知要求，严禁非法抢购、加工棉花，严厉打击倒卖棉花的违法行为，对非法小轧花机、土打包机进行彻底清理。

深入基层宣传棉花收购政策 （2010年 摄）

2004年10月，山东省工商局下发《关于进一步加强棉花市场管理工作的紧急通知》，要求整顿规范棉花收购加工主体资格；规范棉花经营行为，推进棉花经营者信用管理制度。1991—2005年，全县共查处棉花违法违规案件500多起，查获非法收购棉花1500多吨。2005年后，随着鄄城县棉花种植面积大幅减少，棉花收购加工企业一棉厂、二棉厂、三棉厂全部倒闭，棉花市场管理不再进行。

农资市场管理 1991—1994年，鄄城县工商局联合县公安局、县物价局、县技术监督局、县供销社等单位，多次对全县经营化肥、农药、农膜等农业生产资料的单位进行检查整顿。1995年，对全县135户经营化肥、农药、农膜等农业生产资料的单位进行清理整顿。对清理出的51户不具备农资经营资格的企业，取消其农资经营资格，要求其及时办理变更或注销登记手续。1996年，依据《农作物种子生产经营管理暂行办法》，进一步加强农作物种子管理，实行许可经营，凡从事商品农作物种子生产的单位和个人，必须到农业行政主管部门申请领取“农作物种子生产许可证”，持证进行生产经营。1997年，县工商局下发《关于加强农作物种子市场管理的通知》，严格实行农作物种子“两证一照”制度，即“农作物种子证”“农作物种子质量合格证”和“营业执照”。1998年，加强对农资流通秩序的整顿，对农资经营实行统一进货、统一报价、统一调拨、统一核算，推行售货信誉卡制度，稳定农资市场秩序，保障了农民生产资料的市场供应。1999—2005年，相继开展10次“打假保春耕、打假保秋种”专项治理活动，共查处假化肥900余吨、假农药3600余瓶、假种子200多吨。2006年，开展“打假护农保春耕”活动。联合质检部门，共检查农资经营点47家，查处制售假冒伪劣农资案件82起，捣毁制假窝点3个，查获假冒伪劣化肥400余吨、农药350公斤、种子15600公斤和假冒轴承、农机配件400余件。2007年，县工商局专门成立农资监管中队，召开全县农资经营户大会，发放《致广大农资经营者的一封信》1500余封，基层所指导辖区内230户农资经营户逐一落实“两账、两票、一书、一卡制度”。同时对农药、化肥、种子市场进行长效治理，查处违法违规经营农资户13家，查处不合格化肥280多吨，没收假冒种子1300余公斤，没收劣质农药77公斤，受理农民群众投诉54起，成功调解劣质化肥纠纷1起，补偿农民经济损失1.1万元，对责任人罚款3万元。在处罚中坚持先没收不合格农资，再实施罚款的原则，尽量杜绝不合格化肥和农药流入市场。2008年，在春耕、夏播、秋收等季节，以种子、化肥、农药、农机具、农膜等为重点，对农资市场进行多次全面专项整治行动。全年共查处违法经营农资案件60件，受理、调解处理农民群众因农资产品引起的投诉12起，为农民挽回经济损失共计17.6万元，有效地净化了农资市场。2010年，出动执法人员562人次，检查各类农资经营点310户，并与各类农资经营户签订责任状、承诺书等。取缔无照经营26户，查处不合格种子案件47起、不合格化肥案件59起，为农民挽回经济损失90万余元。

成品油市场管理 1991年，重点检查各石油站（点）的证照是否齐全、建站是否符合设计规范、消防安全设施是否完备、有无重大事故隐患、进货渠道是否合乎标准、是否缺斤短两等。1994年4月，国务院批准《关于改革原油、成品油流通体制意见》后，全县出现了国营、集体、个体经营成品油热的局面，各种加油站（点）大量出现。1995年，县工商局配合石油公司等有关部门对全县所有从事石油、成品油经营业务的加油站、零售网点进行专项整治。1997—1999年，先后出台《企业登记前实地考核制度》《新登记企业回访制度》《成品油市场规范化管理制度》《加油站（点）规范化考核达标制度》，促进成品油市场规范化。2000年，根据国务院办公厅转发《小炼油厂和规范原油成品油流通秩序意见》精神，按照全省整顿和规范成品油流通秩序工作会议和《山东省清理整顿加油站工作实施细则》要求，6月至9月，对全县各成品油经营单位供油合同条件及进货渠道进行严格审查，依法进行合同鉴证，避免成品油走私行为，保障国家主渠道的畅通。2001—2005年，在对全县成品油经营单位进行年检的同时，对新登记开办成品油经营单位进行严格审核，防止加油站乱批乱建、盲目发展等问题发生。加强对成品油市场的专项检查，对重点路段和群众反映强烈的加油站的油品质量进行抽查，共查处无证经营18户，清理取缔从事非法经营的加油站10户，立案查处违法成品油案件6起。2006年，开展成品油市场专项整治。共取缔无“成品油零售经营批准证书”和无“营业执照”擅自经营的成品油经营户15家，端掉私自生产加工成品油黑窝点1处，查处销售劣质成品油的企业2家。2007—2010年，共查处无证经营60户，清理取缔从事非法经营的加油站26户，立案查处违法成品油案件19起。

药品市场管理 1996年，根据菏泽地区行署办公室《关于在全区迅速开展医疗秩序和药品市场整顿的通知》精神，开展药品市场专项治理活动，对非法行医、制假售假、虚假宣传等违法行为进行严肃处理，共取缔非法行医5户，查获假劣药20余箱，查获虚假宣传材料2000余份。

机动车市场管理 1994年，鄄城县工商局设立机动车辆交易和运输市场管理所，对全县从事运输经营业务的车辆进行登记管理，注册登记1000余户。1995—2005年，随着经济发展和人民生活水平逐步提高，从事运输业务的机动车市场也逐年得到发展，2005年审批个体运输户2000余户。2006年、2007年，每年审批个体运输户300余户。2008年，取消工商管理费后，到2010年，每年审批的个体运输户100户左右。

经纪人市场管理 1995年8月，山东省人大常委会和国家工商局分别颁布《山东省经纪人管理条例》《经纪人管理办法》，县工商局对劳务市场进行3次清理整顿，规范职业介绍所51户，取缔无证照经营。2000年，对经纪人经营情况进行全面清理检查，对全县的劳务市场、房地产中介市场进行专项整治。2005年，鄄城共发展经纪人160多人，并核发了“经纪资格证”。2006—2010年，共发展经纪人30多人，并核发“经纪资格证书”。

第五节　经济检查

打击投机倒把 1991年，打击投机倒把工作以查处假冒伪劣商品为重点，共组织6次集中检查，全年共查结各类经济案件89起，其中万元以上案件2起，千元以上案件12起，罚没款8万元。查获劣质成品油20吨，劣质轴承120件，假酒4500瓶，假种子4.5吨，劣质电线200余捆，非法出版物3200册。

1996年，开展查处不正当竞争行为，全县公平交易机构检查误导欺骗消费者行为。在元旦、春节节日市场整治时，发现城区繁华地段多起利用“买一赠一”“厂价直销”“大甩卖”等虚假宣传误导消费者，对8起倾销假冒伪劣商品的不正当竞争行为依法进行查处。1999年，在春、秋两季开展“打假护农月”专项治理活动，在元旦、春节、中秋节、国庆节期间对制售危害群众生活和身心健康的假冒伪劣家用电器、饮品、食品，特别是注水肉、病死肉禽等行为，依法进行严厉打击。查处假酒1200件，假烟360条，注水、病死生熟肉禽1.2吨，劣质食品950件，不合格饮料324箱。

2001年，与菏泽市工商局联合查处某单位利用农网改造的优势强制农民使用其提供的电表、电线等商品的限制竞争案，罚没款60余万元。2002年，查处某防疫站皮肤性病防治中心等4个单位虚假宣传案，是年，共查处不正当竞争案件10起，案值260余万元。2003年，针对白酒、啤酒等酒类行业在推销商品时，以回收瓶盖、酒盒盖等商品包装物兑付酬金的商业贿赂行为进行查处，共立案查处此类不正当案件6起。是年，共查处不正当竞争案件12起，案值300余万元。2004年，严厉打击制售假冒伪劣行为，查扣防冒侵权白酒3200余件，假冒种子2000公斤，假烟60箱，假冒包装物1.2万余个，假冒名牌瓶盖3.5万余个及其他假冒物资一宗。6月，接北京康普药业有限公司举报，查获假冒该公司“康普二号”花生叶面喷施肥300箱，1.5万袋，价值8万余元，没收商标标识6000套，罚款8600元。此外，还对“皮尔卡丹”“圣大保罗”“老人头”等商标侵权行为进行了查处。是年，共查处不正当竞争案16起，案值280万元。2005年，查处不正当竞争案件16起，与菏泽市工商局联合查处限制竞争案2起，共计涉案金额320万元，没收侵权白酒2330件，侵权服装520件，侵权包装物12000余套，商标标识10万多套。8月10日，接群众举报，联合县公安局、县药监局对河南省一企业在本县箕山镇杨老家蛊惑上千名群众集会，销售“蛇力康”保健品虚假宣传的行为进行查处，当场查获“蛇力康”等保健品400盒，宣传材料3400份，退还消费者货款3500元，避免消费者经济损失2万余元，罚没款12000元。2003—2005年，县公平交易局连续三年被山东省人事厅、山东省工商行政管理局联合授予“先进集体”称号。2008年1月，国务院废止《投机倒把行政处罚暂行条例》，辖境内此项工作结束。

专项治理　1993年上半年，山东省人民政府召开全省打击走私工作电话会议。5月19日，县工商局查处一起重大轿车走私案，6辆韩国产“大宇牌”轿车在旧城黄河渡口被查获，依法对当事人罚款18万元。

1994—1997年，查处走私贩私重点是进口摩托车、彩电、照相机、旧服装等，4年共查获走私贩私物品价值260万元，罚没款近100万元。

1998年7月，全国打私工作会议召开，山东省工商局、山东省烟草专卖局下发《转发国家工商局、烟草专卖局关于整顿卷烟交易市场秩序，严厉打击卷烟走私贩私活动的通知》，县工商局在全县范围内开展严厉打击卷烟走私贩私，深入清理整顿卷烟交易市场专项治理活动。2000年，联合县公安局、县烟草公司查获走私贩私“万宝路”“555”等假烟价值90多万元，依法对责任人移交司法机关追究刑事责任。

2001年，根据全国打私综治办《2001年全国打击走私工作要点》通知精神，鄄城县决定开展打私专项治理活动，重点对全县医疗单位进口的医疗设备进行检查。2002年，继续开展严厉打击走私贩私活动，全年查获走私医疗器械、盗版光盘、电脑软件、手机充电器、电池等物品一大宗。2003年，开展“打黄扫非”和电话机市场整顿活动，查获走私光盘、手机货值13万余元，查扣假劣手机、复新手机121部，查扣走私贩私汽车、摩托车配件等一大宗。2004年，开展对市场经营秩序进行专项整顿，欺行霸市的不法分子12人受到严厉处罚。2005年11月《禁止传销条例》颁布实施后，鄄城县工商局加大对禁止和打击传销行为的宣传力度，共出动宣传车36辆次，执法人员85人次，张贴宣传标语20余幅，悬挂过街条幅12幅，发放宣传材料586份，并通过电视台利用一周时间发布禁止传销的公告和举报电话。12 月初接群众电话举报，相继对林枫服饰、完美洗化在鄄城从事传销活动进行严厉查处，现场遣散参与传销活动的人员 46 人，查获并销毁传销宣传材料 200 份，光盘 23 盘。

2003 年春夏之交抗击非典型肺炎期间，市场一度出现抢购防治“非典”药品、食品、粮油等现象，一些不法分子趁机扰乱市场经济秩序，县工商局及时开展抗击“非典”商品市场的专项整治活动，共出动检查车辆 300 余台次，执法人员 800 余人次，立案查处各类案件 36 件，对 3 家医院、6 家超市、15 家药品经销公司进行整顿，取缔流动饮食摊点 74 户，立案查处哄抬物价违法行为 8 件，维护了市场稳定。

2006 年，根据上级指示和学生家长的反映，开展学校周边环境专项治理，取缔流动摊点 264 个；对全县 20 余所中小学校的学生使用教辅材料进行检查，共查出非法出版书籍和盗版辅导材料 2 万余册，总价值近 8 万余元。

2007 年，鄄城工商局以整顿和规范市场经济秩序集中整治及产品质量与食品安全专项整治活动为契机，针对不同季节、不同领域，开展食品、建材、农资、商业贿赂、虚假广告、学校周边环境等进行多项专项治理活动，先后查获假冒伪劣商品、食品、农资一大宗。

2008 年，先后开展多次节日食品、夏令食品、儿童食品专项整治，查处 1000 余件不合格啤酒、110 箱劣质饮料等大批伪劣食品。“三聚氰胺”事件发生后，县工商局迅速行动，果断处置，加班加点对全县市场进行拉网式清查，先后出动执法人员 1238 人次，检查企业和个体工商户 1530 余家，处置问题乳制品 170 余公斤，消除了对全县的不利影响。2009 年，开展网吧专项整治行动 22 次，出动执法人员 100 余人次，立案查处网吧违法经营案件 20 件，取缔黑网吧 4 家；开展食品、饮料、白酒等专项治理，仅查处不合格啤酒一项就达 1 万余件；开展兴奋剂生产企业、成品油、粮食、棉花、煤炭、废旧金属、劳务输出、医疗机构、安全生产等多项专项治理工作。共查处商标案件 18 起，没收侵权商标标识 2000 余件；监测广告 300 多条，查处违法广告 15 起；查处无照经营 120 户，补办营业执照 96 户，取缔 26 户；查处无证无照成品油经营户 15 家，不合格成品油经营户 12 家，无证无照粮食经营户 8 家，无照经营诊所 10 家。

2010 年，开展无照经营专项整治行动，对各类经营户逐门逐户进行检查，摸清经营户行业分布，并登记造册。在整治过程中，执法人员始终坚持以“疏堵结合，以疏为主”的原则，做到方法灵活，措施得力，共注销 4360 户，吊销 4775 户。特别是对无照经营的“黑网吧”进行重点治理，组织开展寒假、暑假两次专项整治行动，对投诉、举报的案件每案必查，每查必果，全年接到各类群众投诉举报 14 件，出动执法人员 86 人次，立案查处网吧违法经营案件 23 件，取缔黑网吧 8 家。

第六节　消费者权益保护

1990 年 6 月，成立鄄城县消费者协会，并设立办公室处理日常工作和投诉，基层乡镇设 19 处分会。各级消费者组织立足职能，开展消费咨询，受理消费者投诉，截至 2001 年，共受理消费者投诉 5800 起，为消费者挽回直接经济损失 280 多万元，接待来信来访 9000 多人次，散发宣传材料 10 万余份，支持消费者起诉 35 起，解决消费者重大纠纷 300 起，评选出消费者满意单位 150 家，较好地维护了消费者的合法权益。鄄城县消费者协会在每年 3 月 15 日，都与其他单位联合举办大型纪念活动，纪念 3·15 国际消费者权益日。

2002 年 6 月之前，消费者权益保护工作一直由鄄城县工商局经济检查所和鄄城县消费者协会负责。2002 年 6 月，鄄城县工商局成立消费者权益保护科，同时成立“12315”申诉举报指挥中心，消费者申诉、举报电话开通，鄄城县“12315”申诉、举报网络开始运作。2004 年，全县共建设村级 12315 申诉举报联络站 111 个，并配备兼职联络人员。

2004 年，消费者权益保护科向社会发布消费维权警示3次，并于3月在万家福超市前举办假冒伪劣商品展览，设立3处咨询台向群众宣传消费维权知识，发放宣传材料5000余份。是年，消费者权益保护科共受理消费者申诉128件次，接到举报40件次、接收咨询80件次，调解150件，查处重大消费维权案例10件，为消费者挽回经济损失10万多元。

2005年，全县各工商所相继建立“12315”申诉、举报联络站，配备专职或兼职联络员。同年11月，市工商局正式开通全省“12315”申诉举报系统。消费者投诉的重点主要是家用电器，如电视机、电冰箱、洗衣机、空调、通信器材等方面；家用机械类主要集中在摩托车、电动车、自行车等方面；日用百货类主要集中在服装、鞋袜、洗涤用品、化妆用品、烟、酒、饮料、食品、家具等方面；农用生产资料类主要集中在种子、农药、化肥、柴油等方面。是年消费者权益保护科共发布消费维权警示5次。“3·15”纪念活动期间，散发宣传材料5000多份，接受群众咨询200多人次，受理群众投诉20多起。

开展消费者权益保护法普法宣传活动

2006年，举行“纪念3·15国际消费者权益保护日”活动和3·15晚会，全面启动“12315”进农村、进社区工作，初步构建“横到边，纵到底，上下联动，内外联合”的三级申诉举报体系。2007年，全面启动12315“六进”工程，在全县120个行政村成立由村支书、村主任任联络员的12315申诉举报联络点，构筑扎根基层、贴近群众的消费维权体系。全年共受理消费者咨询630件，申诉180件，举报300余件，查处案件130多起，为消费者挽回经济损失80余万元。

2008年，加大“消费与责任”年主题活动的宣传力度，在“3·15”消费者权益保护日举办隆重的纪念宣传活动，共散发宣传材料3400多份，接受群众咨询156人次，受理消费者投诉10多起；在各类新闻媒体发表新闻稿件17份，发布消费警示6件，提高消费者的安全消费意识；共受理消费者申诉案件804件，处结率100%，消费者满意率98%，为消费者挽回经济损失76万余元。

2009年，继续举办“3.15”消费者权益保护日纪念宣传活动。是年，共受理消费者申诉案件1755件，处结率99%，为消费者挽回经济损失80余万元。

2010年，全县14个乡镇建立消费者协会分会、消费者维权服务站和“12315”投诉举报站226个，建立面92%，农村基层消费维权网络基本形成并逐步规范。在各市场、商场超市、酒店宾馆、社区醒目位置安装“消费维权公示牌”284块，为及时有效处理各类消费纠纷起到积极作用。

第七章 物 价

第一节 价格管理

1991年，放开部分商品价格，调整自来水价格，生活用水0.40元/立方米，企业及团体用水0.47元/立方米；对鄄城县酒厂的“曹盛陈酿酒”进行定价并报菏泽地区物价局批准执行；在董口乡进行农村电价改革试点，在全县试行分类综合电价。1992年，放开红麻、机电设备等121种商品价格，实行市场调节，扩大了实行国家指导价的商品范围。1993年，根据县水库投资、引水成本，审核县水库对菏泽发电厂供水价格，并向菏泽地区物价局申报获得批复，为0.45元/立方米；同年取消化肥统一综合零售价，实行尿素最高销售限价1200元/吨；对全县各经营单位更换商品标价签，落实企业定价自主权。1994年，调整原油、天然气、成品油价格，不法商贩借化肥、成品油流通体制改革和粮食购销体制改革之机哄抬价格，为抑制通货膨胀，开展价格普查35次。1995年，对23种（类）商品和服务价格进行监审，节日期间在电视台公布粮油及其制品、肉、蛋、菜、水产品的监审价格，平抑市场物价，全县商品零售价格总水平比1994年同期上升15.1%，涨幅比上年回落11.1%。

1996年，全国粮食价格改革，提高定购粮食价格；为缓解供水企业困难，调整自来水价格：生活用水0.67元/立方米，机关团体用水0.82元/立方米，基建、饮食服务用水0.97元/立方米。1997年，县物价局联合卫生局、医药公司下发《关于药品价格管理的实施意见》，规范药品价格秩序；同年，对全县餐饮业实行价格等级管理，评出一级店26个，二级店12个，按等级分别确定菜肴、酒水等毛利率和综合差率。1998年，《中华人民共和国价格法》颁布实施，县物价局开展大型宣传活动；为进一步缓解供水企业困难，县物价局首次主办由政府、供水企业、用户参加的价格听证会。

1999年，确定鄄城县热电厂临时上网电价为0.42元/千瓦时。2000年，调整自来水价格，居民生活用水每立方米0.95元，工业、行政事业用水每立方米1.10元，经营服务、特种用水每立方米1.3元。

2001年，调整鄄城县水库向菏泽电厂一期工程供水价格：0.83元/立方米。2002年，全县实现城乡居民生活用电同价，到户价0.52元/千瓦时；同年，鄄城县物价局被评为全省价格信息服务工作先进单位。2003年，对防治“非典”药品和相关商品实行价格干预措施，对防治非典型肺炎的药品、消毒液、口罩等商品和服务价格实行最高限价；3月，鄄城县物价局受国家计委监测中心表彰，被评为2002年度市县价格法规政策公布工作先进单位。2004年，服务天生药业有限公司产品的价格申报，使其顺利完成在省物价局的价格备案，为企业产品销售打开通道；为应对价格异常波动，县政府成立应对价格异常波动工作领导小组，制定《价格异常波动应急预案》。2005年，为建立适应污水处理产业化的成本补偿和价格形成机制，在城区实施污水处理收费：居民生活、行政事业单位用水0.70元/立方米，工业用水0.80元/立方米，经营服务及特种用水0.90元/立方米。

2006年，对县医院自制剂成本进行监审，并制定《鄄城县物价局价格成本监审规则》。2007年，鉴于国家两次上调黄河下游渠首工程供水价格及开征营业税，调整鄄城县水库向菏泽电厂供水价格为0.95元/立方米。2008年，调整引黄灌区农业用水终端水价，调整后价格为每亩次8.00元。2009年，密切关注“手足口病”“甲型 H1N1”相关药品和化肥、鲜活农产品的价格动态，及时应对突发状况，稳定市场价格总水平。

2010 年，按照法定程序，分别召开价格听证会，调整城区出租车起步价为含 2 公里、3.5 元 / 车次；调整城区自来水价格：居民生活用水基本水价为 1.20 元 / 立方米，非居民生活用水基本水价为 1.45 元 / 立方米，特种用水基本水价为 1.65 元 / 立方米。

第二节　价格鉴证

1994 年，山东省物价局、山东省高级人民法院、山东省司法厅、山东省公安厅印发《山东省诉讼案件和非诉讼案件中物品（收费）价值认定暂行规定》，鄄城县启用“山东省物价局物品（收费）价值认定业务专用章”，开始开展价格认定工作，主要工作范围是接受公、检、法等司法机关委托，对涉及刑事、民事、价格纠纷等案件中的物品进行价值认定。由价格信息中心负责物品（收费）价格认定。1995 年，启用山东省物价局、山东省高级人民法院、山东省司法厅统一监制的认定文书。1998 年，国家计委印发《涉案物品价格评估人员持证上岗暂行办法》和《涉案物品价格鉴定人员资格管理实施细则》，实行涉案物品价格鉴定人员持证上岗制度。1994—1998 年，共受理司法机关及其他行政机关的涉案物品价值认定 108 起，认定价值 480 多万元。1999—2001 年，受理价值认定 263 起，认定价值 667 万元。在涉案物品价值认定基础上又相继开展抵押保险物、交通事故损失的价值认定工作。

2000 年，人事部、国家计委印发《价格鉴证师执业资格制度暂行规定》，价格鉴证业务实行价格鉴证师执业资格制度。同年，县物价局、交警大队联合印发《关于规范交通事故车物定损工作的通知》。2002 年，《山东省涉案物品价格鉴证条例》颁布实施，将价格鉴证工作纳入法制化轨道。鄄城县物价局价格认证中心有 3 人通过价格鉴证师资格考试，取得价格鉴证师资格。同年，受理各类价格鉴证 96 件，鉴证总额 260 万元。2003 年，省物价局印发《山东省价格鉴证操作规范（试行）》。7 月 1 日起，起用省高级人民法院、省人民检察院、省公安厅、省司法厅、省物价局联合监制的“山东省涉案物品价格鉴证（认证）委托书”和“山东省涉案价格鉴证（认证）结论书”。同年，受理各类价格鉴证 108 件，鉴证总额 146 万元。2004 年，受理各类价格鉴证 115 件，鉴证总额 167 万元。2005 年，受理价格鉴定 98 件，鉴定总额 134.6 万元；受理价格认证 3 件，认证总额 216 万元。鄄城县物价局被评为 2004—2005 年度全省价格信息服务工作先进单位。

2006 年，省物价局印发《山东省价格鉴证操作规范》（2006 年修订版），自 2006 年 7 月 1 日起执行。同年，受理各类价格鉴证 118 件，鉴证总额 346 万元。2007 年，受理各类价格鉴证 134 件，鉴证总额 402 万元。2008 年，受理各类价格鉴证 129 件，鉴证总额 380 万元。2009 年，受理各类价格鉴证 160 件，鉴证总额 436 万元。2010 年，山东省人民政府办公厅印发《山东省价格争议调解处理办法》和《山东省价格鉴证援助办法》。同年，受理各类价格鉴证 156 件，鉴证总额 208 万元。

第三节　收费管理

1991 年，《山东省行政性事业性收费管理条例》颁布实施。对行政性事业性收费进行全面清理，共清理整顿行政事业性收费项目 250 项，取消非法、不合理收费项目 26 项。1992 年，山东省物价局、山东财政厅制定颁发《山东省收费许可证管理办法》。县物价局分期培训各收费单位收费人员 460 人，经考试合格颁发“收费员证”，换发“收费许可证”253 个。1993 年、1994 年，国家计委、财政部分三批公布取消的收费项目共 192 项，省政府公布取消的收费项目 61 项，县物价局对照目录清理、取消收费项目 76 项。从 1993 年开始，对“收费许可证”实行年度审验制度。1995 年，审验收费单位 248 个，取消收费项目 8 项，降低收费标准 72 项。

1996 年、1997 年，通过年审，换发“收费许可证”366个，培训收费人员479人，核发“收费员证”479个。1999年，对个体工商户施行“收费明白卡”制度，发放明白卡1000多份；同年，鄄城县物价局被山东省物价局评为收费管理工作先进单位。2000年，审验收费单位300个，审验收费总额3800万元。

2002年，换发新式“收费许可证”408套，培训收费人员486人。同年，全县农村中小学实行“一费制”收费制度，农村小学每生每学年120元，农村初中每生每学年230元。12月，自筹资金在全县所有行政村设立涉农价格和收费公示栏。2003年，审验收费单位360个，审验收费总额3910万元。在县直执法收费单位设立公示栏65个，价目表4个，电子触摸屏4个，电子显示屏2个，提高了收费政策的透明度。2004年，将民办教育的学校收费纳入收费管理，核发“收费许可证”。全县中小学收费实行“一费制”。2005年，换发新式“收费许可证”389套，换发“收费员证”466个。同年，物价办和政府督察室、法制办组成联合工作组，对全县收费项目和收费标准进行集中清理整顿，依法取消不合理收费项目33项，降低收费标准72项，并印发《鄄城县现行收费项目和收费标准》500册，免费发放到企业和群众手中。

2006年，全县行政事业性收费总额3830.40万元，占全县财政收入的32.74%，比2005年降低17.18%。2006年，审验收费单位389个，审验收费总额3980万元。2007年，审验收费单位385个，审验收费总额4111万元。2008年，换发新式收费许可证420套，换发收费员证606个；审验收费单位420个，审验收费总额4400万元。2009年，审验收费单位415个，审验收费总额4308万元。2010年，审验收费单位411个，审验收费总额4107万元。

第四节 监督检查

物价大检查 1991—1997年，每年第四季度开展一次物价大检查，对国家的价格政策执行情况进行检查，共开展大检查7次，查处价格违法案件350多件，实现经济制裁180多万元，其中没收违价所得110余万元，罚款20余万元，退还用户50余万元。

市场价格检查 每年3月至5月组织对化肥、农药、农膜、柴油等农用生产资料价格进行检查。在春节期间，对粮油、肉、蛋、菜等同群众密切相关的日用工业品价格进行监督检查，加强节日市场价格监管，安定群众生活。每年“五一”“十一”、春节期间，整治药品医疗、交通运输等与人民群众关系相关的商品和服务价格，严肃查处乱加价、乱收费等价格行为，规范市场价格秩序。

价格专项检查和重点检查 1991—1997年，价格监督检查的重点是监管与人民群众生产、生活密切相关的农业生产资料、粮、棉等主要农副产品收购价格，石油、电力、邮政、自来水等重要商品价格以及教育、卫生、交通、公安、土地、工商、民政等重要行业的行政性事业性收费。7年间，共查处各类价格违法案件280多件，没收违法所得80多万元。1998—2000年，开展粮食、电力、教育收费、药品和医疗收费专项检查，查处价格违法案件130件，查出违法金额300多万元，收缴财政140多万元，退还群众20多万元。

2001年，国家计委印发《价格行政处罚程序规定》，统一价格监督检查文书；同年，鄄城县价格举报电话“12358”开通；开展电力、教育、土地和住房建设专项检查，查处价格违法案件49件，实施经济制裁64.2万元，其中上缴财政42.6万元，退还用户21.6万元。2002年，先后开展涉农价格和收费、外出或外来务工人员收费、工商和集贸市场收费、药品和医疗服务价格专项检查，查处价格违法案件66件，实施经济制裁36.8万元。2003年，开展农业生产性费用和农民建房收费专项检查，查出不合理收费7项，违价金额13.6万元。4月至5月，针对部分商家借预防传染性非典型肺炎之际乱涨价行为，检查有关生产经营单位178多家，实施经济制裁4.38万元；同年，鄄城县物价检查所被国家计委命名为“规范化基层物价检查所”。2004年，会同县教育局、纠风办、监察局等7部门，对全县中小学教育收费情况进行联合检查。共检查学校75所，查出违价金额32.8万元；开展医疗服务、药品价格、生产资料专项检查。同年，鄄城县物价检查所被山东省物价局命名为“规范化物价检查所”。

2005年，开展农资价格、涉农收费、教育收费、药品和医疗服务价格专项检查。共查处价格违法案件150件，查出违价金额265万元，实施经济制裁63.74万元，其中退还群众16.6万元，上缴财政47.14万元。同年，开展“价格诚信单位”评选活动。国美家电、三联家电、南街村家电、恒通超市、人和超市、家和超市、康健医药公司7家单位被授予“县级价格诚信单位”称号，崇兴商场顺利通过省级“价格诚信单位”验收。

2006年，开展全国化肥价格和涉农收费、教育收费、药品和医疗服务价格专项检查；开展出租车行业收费重点检查。共查处价格违法案件74件，查出违价金额204.104万元，实施经济制裁98.4178万元，其中没收违法所得59.38万元，退还群众38.7378万元，罚款0.3万元。同年，鄄城县物价检查所被评为“全省价格监督检查先进集体”。2007年，开展全国农资价格和收费、全国教育收费专项检查；开展全国药品和医疗服务价格重点检查。共查处价格违法案件54件，查出违价金额181.35万元，实施经济制裁83.50万元，其中没收违法所得36.46万元，退还群众45.75万元，罚款1.29万元；3月，开展“价格服务进万家”活动，同年，鄄城县物价检查所被评为“全省价格监督检查先进集体”。2008年，2月开展全国惠农价格和收费政策落实情况的专项检查；5月开展“手足口病”相关的中药、中成药价格检查，开展明码标价、“价格服务进万家”活动；6月开展“三夏”期间汽柴油、化肥价格监管；9月开展粮食收购政策落实情况专项检查；11月开展全市案卷评查工作及全国教育专项检查，全年共查处价格违法案件48件，查出违价金额196.87万元，实施经济制裁87.06万元，其中没收违法所得37.19万元，退还群众49.47万元，罚款0.4万元；同年，开展“价格诚信单位”评选活动，百货大楼、家和超市和邦建医药公司被授予“县级价格诚信单位”称号，鄄城八方家电通过市级“价格诚信单位”验收，鄄城县物价检查所被评为“全省价格监督检查先进集体”。2009年，开展涉农价格和收费政策落实情况、涉企、中介服务收费的专项检查；开展“价格服务进万家”活动；关注“手足口病”“甲型H1N1”相关药品和化肥、鲜活农产品价格动态，稳定市场价格总水平。全年共查处价格违法案件35件，查出违价金额60.5万元，没收违法所得27.5万元，退还群众33万元，罚款0.8万元。同年，鄄城县物价检查所被评为“全省价格监督检查先进集体”。2010年，开展全国行业协会收费、教育收费、涉农、涉企价格和收费政策落实情况和“手足口病”防控期间医药价格及医疗服务收费的专项检查；全年共查处价格违法案件30件，查出违价金额61.2万元，没收违法所得20万元，退还群众41.2万元。同年，制定《鄄城县物价局价格违法案件审理委员会工作规则》，鄄城县物价检查所被评为“全省优秀价格监督检查所”。

第八章 质量技术监督

第一节 标准化管理

1991—2010年，鄄城县对234家企业的406种新产品进行登记，其中国家标准198项，行业标准173项，企业标准262项。产品标准的覆盖率从1990年的不足50%增至2010年的99%，标准覆盖也从传统的工农业产品、工程建设，向高新技术、信息产业、环境保护、职业卫生、安全与服务等领域扩展，同时在农业标准化、信息技术标准化、能源标准化以及企业标准化等方面都有较大进展。

1991年，鄄城县技术监督局根据国家技术监督局的统一部署，组织开展食品标签通用标准实施工作。对鄄城县5个行业的9家企业，3家大商场和5个食品批发采购部进行摸底检查，在9家生产企业的110种食品标签中，只有19种符合国家标准要求，3大商场和5个批发部的食品标签只有15%符合标准要求。鄄城县技术监督局采取办班培训、专题指导等形式对全县范围内食品生产、经销企业进行宣传贯彻，并定期进行监督检查。1991—2005年，鄄城县质量技术监督局组织8次大检查，检查96个生产企业使用的287种标签，合格率80%；检查107个经销单位的616种食品标签，合格率57%。

农业标准化工作。2002年，为山东凤祥集团生产的肉食鸡、冷冻鸡2个产品申请无公害农产品认证。2003年建立一个农业标准化示范区（市级）——绿色大地果业有限公司。

从1994年开始办理组织机构代码证书以后，至2010年，共办理组织机构代码证书1097家。

1998年开始实行商品条码工作，到2010年发展商品条码系统新成员22家。

2007年，帮助彭楼镇创建中药材国家级农业标准化示范区，帮助左营乡创建速生丰产林国家级农业标准化示范区。

2008年，为彭楼镇、左营乡申报《甜叶菊栽培技术规程》《丹参栽培技术规程》《杨树速生丰产林栽培技术规程》3项农业地方规范，并批准发布为菏泽市推荐性农业地方规范。同时，为鄄城精一坊鲁锦织造有限公司申报《鲁锦纺织技术规程》山东省地方标准，为鄄城精一坊鲁锦织造有限公司申报标准化良好行为企业，并一次验收合格成为AA级企业。

2009年，开展“千家企业标准化提升服务工程”活动，选择60家基础企业，6家管理企业，1家创新企业为服务对象，全部建立企业档案。与县旅游局、县发改局共同申报全市唯一一家“孙膑旅游城服务标准化试点项目”，负责起草编制《孙膑旅游城服务规范》市级地方规范。

2010年11月，彭楼镇中药材国家级农业标准化示范区、左营乡速生丰产林国家级农业标准化示范区通过国家标准委验收。

第二节 计量管理

根据《中华人民共和国计量法》、《强制检定的工作计量器具检定管理办法》以及2004年颁布的《山东省计量条例》，按照省、市质量技术监督部门的安排部署，对用于贸易结算、安全防护、医疗卫生、环境监测列入《中华人民共和国强制检定的工作计量器具目录》内的55项111种计量器具开展检定工作。1991—2005年，每年检定地台案秤2000台左右，加油机61台，保障粮食、棉花收购、商贸经营和市场的公平交易。同年增设血压计检测

开展计量设备专项检查

台，年检血压计 120 台。1992 年，增设压力表检测台，年检压力表 360 台，并逐年配合区（市）计测所，对全县 B 超机、脑电图机等大型医疗设施进行检测，保障群众的身体健康和生命安全。

2006—2010 年，每年检定地台案秤 2500 台左右，加油机 66 台，血压计 120 台，保障市场交易秩序和群众身体健康。2010 年 6 月，新建单相电能表、三相电能表计量标准，并对县供电公司检定的电能表进行复核检定。

1991—2010 年鄄城县计量器具检定情况统计表

表 18-8-1

年　度	衡器检定（台件）	合格率（%）	年　度	衡器检定（台件）	合格率（%）
1991	1450	85	1992	1580	87
1993	1640	88	1994	1662	87
1995	1730	89	1996	1820	90
1997	1943	91	1998	2059	90
1999	2180	89	2000	2235	90
2001	2386	92	2002	2450	91
2003	2480	90	2004	2460	89
2005	2490	89	2006	2520	92
2007	2532	94	2008	2510	93
2009	2590	93	2010	2632	95

第三节　质量管理

1991—2000 年，随着国家相关质量管理方面法律、法规的颁布和完善，鄄城县技术监督局管理职能扩大到流通领域，对全县的所有企业，包括商业、企业的产品质量进行监督管理，对市场商品实行监督抽查制度。

从 1992 年起，对生产企业实行定期监督检查制度。根据上级文件精神，采取一系列有效措施，如对商业企业采取清柜台、进货验收制度等，对实行工业产品生产许可证的企业加强指导，督促其办理生产许可证，对流通领域加大查处力度，并将监督检查及定期监督检查结果通过新闻媒体向社会公布，打击制售假冒伪劣产（商）品的违法行为。2010 年产品质量监督抽查合格率从 1991 年的 70% 上升到 85%。

从 2001 年 7 月起，国家加强食品生产企业管理，对与群众生活密切相关的食品实行市场准入制度。凡是实行食品生产许可证的企业，必须办理食品生产许可证，否则，不允许生产、销售。为了鄄城企业不受损失，帮助企业申办食品生产许可证，

深入企业开展质量检查 （2010 年 摄）

2010 年全县 24 家企业取得食品生产许可证。

2002 年，按照国际惯例，在全国推行质量管理体系认证，鄄城县有 7 家企业通过 ISO9001 质量管理体系认证。

从 2002 年起，鄄城县质量技术监督局退出流通领域的质量监管，工作重点转向从源头抓质量，对全县生产企业的质量进行管理，成立区域监管站，实行区域监管责任制，由监管站对辖区内的所有企业实行巡查制度，并建立信息完善的企业电子档案，对企业的经营行为，随时记入电子档案，并将企业分成 A 级、B 级、C 级分类管理，有效制止劣质产品的生产，从源头上提高产品质量。2005 年，山东鄄城赛布罗羊绒有限公司生产的“罗羊”被批准为山东名牌产品，实现鄄城山东省名牌产品零的突破。

2006 年，推进实施名牌战略，重点培育山东汉祥鲁锦工艺品织造有限公司、鄄城县华格尔日用化工厂，“汉祥”牌鲁锦被评为山东省名牌产品，使鄄城县的山东名牌产品达到 2 个。2007 年，帮助晨鸣板材有限公司生产的人造板申请国家免检。石玉臣烧羊肉等 6 家企业生产的产品被评为“菏泽十大名吃”；帮助鄄城圆通铝合金有限公司等 3 家企业通过 ISO9001 质量管理体系认证。2008 年，推进产品质量电子监管网工作，九洲农药、民强肥业、亘古泉啤酒、阳光木业、赛布罗羊绒有限公司等 23 家企业纳入产品质量电子监管网。2009 年，帮助汇康食品等 12 家企业通过 ISO9001、HACCP 等管理体系认证。2010 年 3 月，山东汉祥鲁锦有限公司生产的鲁锦再次被评为山东名牌产品。

第四节 安全监察

2001 年 9 月，根据国务院机构调整工作的要求，特种设备安全监察工作从劳动局划归质量技术监督局管理。

2001 年 4 月至 12 月，集中人力、物力对全县所有锅炉、压力容器、气瓶、压力管道、电梯、起重机械厂内机动车辆进行普查、注册、登记、建档，同时建立动态管理数据库，设备项目的变更可在数据库中显示出来。在普查、注册、登记、建档过程中发现一大批“土锅炉”“土容器”，这些设备主要集中在小板厂、小浴池中，存在严重事故隐患，随时都有发生爆炸的危险。鄄城县质量技术监督局采取有力措施对这些“土锅炉”“土容器”进行强行拆除报废处理，彻底消除事故隐患。

检查企业安全生产设备 （2010 年 摄）

2001—2005 年，共举办司炉工、锅炉处理工、起重工、压力容器操作工等特种作业人员培训班和管理人员研讨班 5 期，培训人员 270 人。

2006—2010 年，共举办司炉工、锅炉处理工、起重工、压力容器操作工等特种作业人员培训班和管理人员研讨班 10 期，培训人员 580 余人。学员既掌握设备工作理论，又掌握实际操作技能，提高安全操作的水平和反事故能力。

第五节　行政执法

1991年起，每年“3·15”国际消费者权益日和“质量月”期间，都组织法律法规宣传和咨询服务活动，利用散发宣传材料、举办真假商品展览、设立咨询台、投诉台、编发新闻报道等多种形式，全面宣传《中华人民共和国质量振兴纲要》《中华人民共和国标准化法》《中华人民共和国产品质量法》《中华人民共和国计量法》《中华人民共和国消费者权益保护法》等法律法规，提高全民质量法制意识。开展打假治劣、保护名牌产品活动，加大技术监督行政执法力度，严厉打击制售假冒伪劣行为，特别是对与人民群众密切相关的产品（如农药、化肥、种子、家用电器、电线电缆、医疗器械、食品等）不断进行集中整顿，查获大批假冒、伪劣商品、无证产品和国家明令淘汰产品。至2005年，共查处假冒伪劣产（商）品28类1230种，累计货值1860余万元，为群众挽回直接经济损失580余万元；标准、计量、质量、纤检、锅炉、特种设备等共立案3660起，严厉打击制假售假和坑害群众现象。

2008年，开展重点产品、建材、农资和柴汽油专项整治活动，结合奥运食品专项整治和救灾物资的质量监管，加大执法打假工作力度，共办理行政案件94起，其中立案案件82起、现场处罚案件12起，涉及质量案件22起、生产许可证案件17起、计量案件14起、代条码案件5起、特种设备案件5起。

检测产品质量

2010年，除按照上级部门统一安排开展农资、建材、食品等专项整治活动外，重点加强计量、特种设备安全专项执法工作。全年共查处各类违法案件216起，未出现一起诉讼、复议案件。年内重点加强对计量违法行为查处，针对消费者对加油站计量问题投诉较多的情况，开展加油站计量监督专项检查，查处加油站计量违法案件6起，特别是查处多起加油站计量作弊案件，涉案金额共计5万余元。适时组织开展特种设备安全检查工作，采取日常检查和专项治理整顿相结合的方法加大检查力度，开展液化气充装站、起重机械、压力管道、电梯、锅炉等专项检查活动。

第九章　国土资源

第一节　土地使用制度改革

1991年4月，全县土地管理工作会议明确提出要继续深化土地使用制度改革，广泛开展农村宅基地有偿使用。在坚持社会主义公有制的原则前提下，变土地无偿、无限使用为有偿、有限使用。土地使用制度改革的主要内容是推行农村宅基地有偿使用。是年，土地使用权制度改革取得较大进展，全县25个乡镇和64%的行政村开展农村宅基地有偿使用，超过菏泽地区规定指标4%，节约土地百余亩。开展乡镇企业用地有偿使用试点，县政府出让面积14.12万平方米，为全县推行城镇国有土地有偿出让、转让提供了经验。1992年，继续治理整顿土地市场，加强城镇国有土地行政划拨使用权的转让、出租、抵押管理工作。同年，全县农村宅基地有偿使用的行政村占行政村总数的90%，累计节约土地1000余亩，在一定程度上缓解了人地紧张的矛盾。24%的乡镇实行乡镇企业用地有偿使用改革，“三资”企业用地全部实行有偿出让，为城乡建设开辟了新的资金来源，培育规范了地产市场，促进了土地资源的优化配置。1993年，继续扩大土地出让范围，对新增建设用地，首先是商业、金融、旅游、服务业、商品房屋和涉外工程等经营性用地，全部实行出让制。政府对土地实行统一规划、统一征用、统一开发、统一出让、统一管理。加强划拨土地管理，清理整顿土地隐形市场，制定合理地价。1993—1995年，国有土地使用权有偿出让的范围不断扩大，除政策规定的党政机关、军事、教育等用地采取划拨方式提供用地外，其他一律实行了有偿出让，累计出让国有土地24宗，面积1246亩。乡镇企业用地有偿使用试点比例逐年提高，全县18个乡镇进行有偿使用试点，占乡镇总数的72%。1995年，县政府下发《关于加强农村宅基地管理的意见》，各乡镇都采取了对村内空闲宅基地收归集体管理和对宅基地超占部分收取承包费的办法，把农村宅基地纳入有序管理的轨道。

1996年5月，全县土地管理工作会议召开，会议要求继续深化土地使用制度改革。坚持政府统一规划、统一征用收购、统一开发、统一储备、统一出让的“五统一”土地管理制度，实行政府对一级土地市场的高度垄断，提高了政府调控土地市场的能力；继续扩大城镇国有土地出让范围；推进小城镇土地使用制度改革；加强对超标准和空闲宅基地的承包管理。1996—1998年，全县实现土地使用由无偿、无限期、不流动向有偿、有限期、可流动的转变。实现政府收益1000万余元，对划拨土地使用权转让、出租、抵押转移的3宗，面积0.7公顷，收取出让金15万元；开展存量用地有偿使用工作，介入企业改制、规范处置土地资产，继续开展农村超标准宅基地和村内空闲地统一收回、统一承包使用工作。1999年，继续扩大有偿使用范围，培育规范土地市场。2000年，鄄城县人民政府就土地储备的范围、运行程序、运作方式、土地储备的主要政策、机构设置及职责作出明确规定。2001年，土地储备机构正式成立，县政府专门就土地征用、土地储备、土地收益分配问题出台文件，土地资产经营取得一定进展。2002年，临濮大沙河土地开发项目被列为国家平原地区土地开发重点项目。2004年项目动工建设，2005年完成，新增耕地344公顷。2003年，对全县经营性建设用地实行招标、拍卖、挂牌方式公开出让，当年实现土地收益600万元。2004年，对工业项目用地的投资密度、容积率等作出具体规定，推进了土地节约集约利用。2005年，继续加强土地资产管理，以市场手段配置土地资源，对鄄三路、鄄二路南段地段的土地予以收回、重新出让，推动了城市改造。

征收片区听证会

2006年，省重点项目左营、大埝、箕山土地整理，省补助项目临濮、董口土地开发，开始施工。全年出让土地51宗，面积共881亩，收取土地出让金8426万元，政府土地纯收益5999万元。2007年，继续深化土地征用制度。在潍坊工业园二期工程项目用地、德上高速公路征地，以及临商公路复线征地，执行“两公告一登记”制度，对拟征用土地发布《征用土地公告》和《征地补偿、安置方案公告》，对征用后的土地及时进行补偿登记。开展城镇建设用地增加与农村建设用地减少相挂钩试点工作，申报项目2个，总规模212.32公顷。全年公开出让22宗，面积21公顷，其中拍卖3宗，挂牌19宗，政府取得土地纯收益6173.46万元。2008年，总投资6000万元的阎什镇新农村建设与基本农田整理项目，被批准为省示范项目。共出让土地12宗，面积9.6公顷，出让金1.13亿元，政府纯收益7900万元。省政府批准鄄城征地28.38公顷，重点保证黄河堤防工程、黄河大桥及鄄城工业园区等大项目建设用地。引马乡挂钩试点项目通过国土资源部批准，正在加快实施进度，整个项目实施后解决城镇用地指标76公顷。

2009年，推进集约用地，重点对开发园区工业用地进行清理整合，盘活存量土地1236亩。严查违法违规用地，顺利通过土地违法违规专项整治行动和第九次卫片检查验收。全县第二次土地调查工作进展顺利，已建成数据库，通过省厅核查，上报国家第二次土地调查办公室。全面实行土地储备、公开出让制度，强化地价管理及土地市场动态监测，实现土地收益1.2亿元。

2010年，全县耕地面积1009954.5亩，基本农田面积854501.9亩，达到市政府下达的责任目标要求，在2009年市政府科学发展考核中名列第二。实施完成国家、省投资开发整理项目2个，新增耕地2116亩，实现耕地总量动态增长。全县共公开出让土地14宗，面积45.3公顷，土地收益1.88亿元。全县土地利用总体规划修编，顺利通过省政府验收，更新城区46平方公里基准地价。

第二节　土地规划

1993年，依据《中华人民共和国土地管理法》第十五条关于“各级人民政府编制土地利用总体规划”的规定和国务院办公厅转发国家土地管理局《关于开展土地利用总体规划工作报告的通知》要求，县政府下发《关于编制土地利用总体规划的通知》，成立鄄城县土地利用总体规划编制工作领导小组，县政府办公室、计委、农委、土管局、城建委、经委、农业局、林业局、水利局、水产局、河务局、财政局、环保局等相关部门为成员单位。5月开始，12月编制完成《鄄城县土地利用总体规划》（规划期1990—2000年），规划确定2000年全县耕地面积103.6万亩，开发复垦耕地面积2.11万亩，非农建设用地增加1.68万亩，其中占用耕地0.99万亩。规划编制成果受到省、地土地利用总体规划办公室肯定，为全县经济社会发展和土地利用起到积极推动作用。

国土局党组办公会议

1996年，对《鄄城县土地利用总体规划（1990—2000年）》进行修编，并编制1996—2010年土地利用总体规划，全县25个乡镇首次编制乡镇土地利用总体规划，对全县经济社会发展和土地利用更具指导性。

2009年2月，对《鄄城县土地利用总体规划》进行第二次修编（规划期为2006—2020年）；11月通过市专家评审，2010年5月通过省政府审查。

第三节　地籍调查及证书检验

自1993年起，对县城区开展地籍调查，调查面积30.17平方公里，并进行初始土地登记，颁发土地使用证。1995年，对颁发的土地使用证进行检验。

随着经济社会发展和城镇化建设步伐的加快，城区面貌发生巨大变化，原调查成果已不符合实际状况。2005年又启动城区地籍调查，成果上报省国土资源部门。

第四节 测绘管理

1991年，鄄城县域内保有测绘标志83个，其中原国家测绘局大地测量队在鄄城县域内布设二等锁点6个（分布在吴楼、陈庄、罗河口、西窦庄、宋庄、三道街，并架设37米钢标），三等锁点2个，四等锁点5个；一级掌控点25个，二级掌控点8个，以上是三角控制点。同时，大地测量队在鄄城布设一等水准点3个，二等水准点8个，三等水准点4个。控制点分布均匀，密度合理。

2005年，山东省国土资源厅第一测绘院在鄄城县域内布设C级GPS控制点6个。同年，国家测绘局第二大地测绘队又在县域内布设二等水准点10个。省第一测绘院布设3等水准点6个（和GPS点共用）。这些精度较高的现代化水准点都具有西安80坐标系的坐标，衔接了新旧坐标系之间的联系，方便了两套坐标的换算。西安80坐标系的采用，使测绘为各大中小工程开展提供了测量基础。同时，县国土资源局配合市国土资源局，编绘鄄城县域内各乡镇政区地图。2008年，编制完成《鄄城县地图》，填补了鄄城历史上缺少大比例尺标准地图的空白。

第五节 行政执法

法规宣传 自1991年开始，鄄城县国土资源局将《中华人民共和国土地管理法》《中华人民共和国矿产资源管理法》作为向群众广泛宣传的重点内容。利用“6•25全国土地日”、县组织的“普法活动月”等，开展土地法规宣传，把每年6月定为全县“土地法规宣传月”，每年10月定为全县“矿产法规宣传月”。截至2010年，累计发放国土资源法律法规宣传手册、报纸等宣传材料25万余册（份），利用电视台宣传国土资源法律、法规200余次，在县城主要路段悬挂过街横幅500多条，设法律咨询台150余次，在各乡镇村及主要公路书写宣传标语5000多条。

专项清理整顿 1991年，县土地管理局成立监察股，采取专职与兼职相结合的办法，建立了一支素质较高的监察队伍，形成全县三级监察网络。各乡镇也由分管土地的副乡镇长与土地管理所所长任监察员，乡镇土地管理员任助理监察员，组成乡镇级班子。在建立健全组织网络的同时，逐步制订土地监察制度，加强土地信访工作，对违法违章用地和造成土地荒芜的有关人员做出处理，实行对建设用地的跟踪监察和全程管理。1992年3月，县土管局下发《在全县全面实行建设用地巡回监察制度的通知》，重点监察用地单位和个人执行法律、法规、政策和利用保护土地、权属变更等情况。对违法违章案件，做到发现于苗头、处理于萌芽、解决于基层。全县违法违章占地案件由原来的6.5%下降到3%。县土地管理局直接指导巡回监察，以镇为单位按月进行。县土地管理局按月通报全县，并对乡镇监察对象进行抽查、验收或对口复查，将实施情况和成效纳入考核、评比范围。1993年夏收夏种阶段，对辖区内国家、县属乡镇村企业用地进行全面监察，立表登记，建立台账，共查出8个单位征而未用耕地99.74亩。对其余暂不基建、可以种植的耕地，与有关单位订立“复耕保证书”。1994年，通过巡回监察，共立案查处违法用地案件129起，涉及面积24.34亩，查处结案127起，涉及面积24.32亩，结案率达98.5%。其中4起申请人民法院执行。1995年，为加强土地管理，强化土地执法监察，组织开展创建土地管理“无违法批地、无

深入一线开展土地执法检查

违法管地、无违法用地”的“三无”镇活动。1997年，根据国务院《关于进一步加强土地管理，切实保护耕地的通知》，对辖区内1991年以后各类建设用地以及农村宅基地用地情况进行全面清查。共查出各类违法用地346宗，面积566.7亩。至1998年，违法用地单位全部依法补办用地手续。1999—2002年，进一步健全县、乡、村三级土地监察网络，继续开展土地巡回监察。

2003年，县政府印发《治理土地市场秩序工作方案》，对土地市场秩序进行治理整顿，共清理出1999年前违法占地94宗，经查实依法办理用地手续9宗，立案调查处理37宗，按临时用地或农业结构调整用地有关政策进行处理40余宗；清理出1999年后违法占地28宗，对其中17宗依法进行处罚，清理出个体工商户用地213宗，依法全部完善用地手续。2004年，根据省国土资源厅《关于认真清查违法用地妥善解决历史遗留问题，完善用地审批手续的通知》精神，对土地违法案件进行清理查处。截至2005年，全县共清理违法占地122宗，面积125452.66平方米；依法处罚后，完善用地手续。2005年，组织开展矿产秩序专项治理整顿，对全县63座砖瓦窑厂进行全面清理，关闭在城市开发区附近的6座砖瓦窑场，节约土地240亩。

2006年，巩固整顿和规范矿产秩序活动成果，配合省地勘单位，完成富春、凤凰、引马3个地勘项目，探明煤层埋深在900米以下，由于勘探程度不够，未确定煤炭的面积和储量。完成矿产资源专题规划初稿编写工作，编制矿产资源总体规划。2007年，对无证勘查开采、越层越界开采等违法行为，进行拉网式检查，全县57个砖瓦窑厂的采矿权发证率达到100%，年检率和合格率都达到100%。2008年，县政府出台《鄄城县矿产资源整合方案》，第一批12个砖窑场全部关闭。2009年，成立矿产资源勘探开发中心，山东省国土厅委托菏泽市国土局对鄄城张村地区28平方公里的盐岩矿勘查项目，依据招、拍、挂形式实现探矿权注册。2010年，编制《鄄城县国土资源地质灾害防治预案》，县政府发布实施《鄄城县地热资源管理办法》，规范地热资源开发秩序。夏庄盐岩矿正在进行实地钻孔勘探，将探明岩层、构造、资源种类及储量。富春、宋楼两个煤田普查项目，将开始勘探工作。

第十章　安全生产监督管理

第一节　责任落实

1991年，劳动安全由县劳动部门负责，以加强法制建设和贯彻预防为主的方针为重点，落实安全生产责任制，制定劳动安全管理办法，政府、企业和法人逐级签订责任书，定期检查，督促落实。2002年10月，县安监局提出在县安全生产委员会的统一领导下，由安监局综合监管，各部门具体负责，横向到边，纵向到底；以层次管理为主要手段，设定县政府、政府职能部门、乡镇政府、经营单位的四级网状管理模式，确立“属地管理”“谁主管、谁负责”“谁审批、谁负责”的原则。

2004年1月召开全国安全生产工作会议，国务院首次提出，要在全国建立安全生产控制指标体系，并在《国务院关于进一步加强安全生产工作的决定》中作为专项内容加以表述。后来，国家安全生产监督管理总局在《关于建立安全生产控制指标体系的意见》中将安全生产控制指标体系分为七项全国性控制指标和七项分省区控制指标。其中，分省区指标为：各类事故死亡人数、亿元国内生产总值死亡率、10万人死亡率（地、县级为万人死亡率）、工矿企业死亡人数、工矿企业10万人死亡率（地、县级为万人死亡率）等。2004年8月以后，鄄城县开始使用安全生产控制指标体系，并对当年的安全生产主要控制指标项目进行清理和统计。2005年年初，县政府首次与16个乡镇及交通局、建设局、公安局、教育局、质监局等36个县安委会成员单位和华意化工、建融化工、康泰化工有限公司等25家企业签订《安全生产目标责任书》，县安委会将市政府安全生产控制指标分解下达到各乡镇和有关部门，研究制定《安全生产目标责任考核办法》。2005年以后，县政府逐年与乡镇政府、县安委会成员单位及企业签订《安全生产目标责任书》，把安全生产控制指标纳入考核内容，对发生较大以上事故的单位，实行安全生产"一票否决"，形成强有力的约束机制。2008年以后，安全生产目标责任考核纳入科学发展观综合考核体系。2010年，完善县安委会挂牌督办制度，对全县12家存在较大以上安全隐患的纺织企业实施挂牌督办。

第二节　宣传培训

1993年6月7日，鄄城县第一个全民参与的安全生产宣传活动周动员大会举行。全县各乡镇、县直各单位、有关企业的主要负责人、各界群众共2300人左右参加会议。这次安全生产宣传活动周历时7天，出动各种宣传车辆40余台，悬挂宣传标语130余幅。1993—2001年，安全生产宣传教育主要突出有关行业实体法律、法规的社会性宣传和教育，以及行业基本操作技能、规范及安全常识的普及教育和宣传。形式上以每年的"安全生产宣传周"集中宣传咨询活动为主，政府有关行业主管部门在活动现场设宣传展板和咨询台或服务台，有关单位和各乡镇派出专门的安全生产宣传车辆赴全县乡村进行巡回广播，营造氛围。9年间，全县共开展安全生产集中宣传活动周9次，累计向社会各界发放宣传资料近2万份；举办各类安全培训班38期，9000余人次得到培训，职工的整体素质和安全意识普遍提高。

2002年6月被确定为全国"安全生产月"。从6月1日开始，全县各乡镇、县直有关单位、各企业按照县委、县政府统一部署，纷纷采取行动，掀起了由全社会共同参与的第一个"安全生产月"宣传教育活动高潮。6月3日上午，县委、县政府组织召开"安全生产月"集中活动大会，社会各界共7300人参加会议。会前，由县安监局牵头，组织经贸、交通、国土、公安、交警、消防、质监、建设、卫生、气象、教育、供电等部门和单位，设立安全知识咨询台、宣传栏，为前来观看的广大群众提供咨询服务。这次大会为以后每年的安全生产月活动开了好头，并提供了有益的经验。2005年6月，县政府在全县举办第四个"安全生产月"活动，主题是"遵章守法，关爱生命"，共印发宣传资料和手册3万余份，设宣传台18个，出动宣传车37台，悬挂、张贴标语500余条，张贴宣传挂图300余幅，群发安全生产手机短信800余条，并组织2000余人次的干部职工参加了全国"安康杯"安全知识竞赛活动。2002—2010年，全县共开展安全生产月活动9次，累计投入10万多人次，投资60万元，发放各种宣传资料8万余册（份），设立咨询服务台180多个，展出各种宣传展板400多张，发放安全警示教育知识读本5万套，动用宣传广播车辆近400台，悬挂宣传标语1100多条。此外，县安委会办公室利用新闻媒体传播有关安全生产理论知识，宣传人

在鄄城人民广场开展安全生产法制宣传教育活动
（2009年　摄）

身安全防护知识，提升全民安全保护意识，强化全县安全文化理念。

2010 年，为进一步加强全县安全生产政务信息工作，县安委会办公室开始编制《安全生产简报》，及时报道全县各行业、各领域安全生产工作信息。同年，累计编发 48 期，分别抄报给副县级以上领导人及各乡镇和县安委会成员单位，推动安全生产工作。

2004 年 1 月，《国务院关于进一步加强安全生产工作的决定》要求，所有生产经营单位的主要负责人、安全生产管理人员、重要工种作业人员、特种作业人员，以及所有从业人员等，都要接受必要的、标准规范的安全生产技术培训和技能操作培训，以及有关的安全生产法律法规知识学习培训，经考试合格持证上岗。鄄城县安监局成立以后，除了组织生产经营单位有关人员实施安全生产有关法律法规及部分操作规程教育培训工作外，还负责部分特殊工种的操作技术和技能教育培训工作，主要有电工作业、金属焊接及切割作业、企业内机动车辆驾驶、登高架设作业、制冷作业、危险物品作业等。2002—2010 年，县安监局不断强化安全教育培训的基础性地位，累计组织各类生产经营单位主要负责人、安全管理人员、特种作业和其他岗位人员培训 64 期，培训各类人员达 27800 余人（次），全县高危行业主要负责人、安全管理人员和特种作业人员培训持证率达到 100%。

安全生产联席会议

第三节　行政许可实施

依据《中华人民共和国安全生产法》《安全生产许可证条例》等法律法规规定，县安检局 2005 年开始实施安全生产相关许可，加强安全生产源头管理。是年，县华意化工股份有限公司等 8 家危化品生产企业取得“安全生产许可证”，引马乡鲁兴花炮厂取得烟花爆竹“安全生产许可证”，顺昌土杂品有限公司取得“烟花爆竹经营（批发）许可证”，43 家砖瓦窑厂取得“安全生产许可证”，17 家加油站取得“危险化学品经营许可证”。2008 年，为 70 家企业换发“安全生产许可证”和“危险化学品经营许可证”，并新增危化企业 9 家，新增砖瓦窑厂 14 家，新增加油站 6 家。2005—2010 年，累计为 79 家企业办理“安全生产许可证”，其中非煤矿山企业 57 家，危险化学品生产企业 21 家，烟花爆竹生产企业 1 家（因产业结构调整，2010 年县政府予以关闭）；办理“危险化学品经营许可证（甲证）”33 家、“危险化学品经营许可证（乙证）”14 家；办理“烟花爆竹经营许可证”批发企业 2 家、常年零售 19 家，临时零售累计 1787 家。2010 年，在一般工商贸领域，严格依据《山东省工业生产建设项目安全设施监督管理办法》相关规定，完成 14 家工业生产建设项目的安全设施审查。

第四节　执法监察

安全监察　1991—1995 年，县劳动部门以加强法制建设、贯彻预防为主的方针为重点，突出安全检查、执法及对特种作业人员的安全培训，组织参与不同形式的检查 40 多次，查出事故隐患 200 余件，提合理化建议 120 余条。受理查处事故 20 余起，给事故责任人 6 人警告或行政记大过处分，对单位进行经济处罚。举办特种作人员培训班，培训 300 余人，达到持证上岗。1996—2000 年，继续贯彻落实安全生产法律法规，加强安全制度建设，落实安全生产责任制，政府、企业和法人逐级签订责任书，定期检查、督促落实，促进了生产发展。2005年11月，鄄城县安全生产监察大队成立。2006年，共检查危化企业90余家次，对其他生产经营单位检查140余家次，排查各类事故隐患699处，当场整改302处，限期整改397处，隐患整改率为92.8%；责令停产停业整顿或停产停业11家；集中打击非法烟花爆竹生产和销售行为，有效遏止了全县各类安全生产违法违规行为。

2010年5月，县安监局制定下发《关于安全生产监管委托执法的意见》，在全市率先推行委托执法，将简易程序的处罚、行政强制等5项行政执法权进行下放，解决乡镇安监中队有职无权问题。11月，县委、县政府联合下发《关于进一步加强乡镇安全生产监管队伍建设的通知》，规定“各乡镇安监站配备专职工作人员3～5人，其中，设站长兼中队长1人，其余为工作人员兼队员”，“乡镇安监站实行县安监局和乡镇政府双重领导。县安监局负责业务指导，乡镇政府负责落实办公场所、办公经费和日常管理。乡镇政府要确保所配专职工作人员的稳定，站长的任免和专职工作人员的调整，需要征得县安监局的同意”。至年底，全县安全生产执法监察中队专职执法人员73人全部到位，“安全生产行政执法资格证书”持证率100%。

2010年，开展安全生产4次重点行动和重点时段安全检查，相继组织开展烟花爆竹、安全培训、危化品、劳动防护等多项专项检查，累计检查各类生产经营单位2022家次，其中执法检查危险化学品企业528家次、烟花爆竹企业372家次、非煤矿山企业152家次、工商贸企业863家次，其他107家次；查处各类事故隐患2294项，整改隐患1224项，责令停产停业17家，回收入库烟花爆竹1030箱。

打非治违 县安监局对非法、违法生产经营行为始终保持“高压”态势，在危险化学品、非煤矿山、烟花爆竹、一般工商贸等重点领域持续深入地开展了“打非、治违、抓责任”专项行动。2007年，“打非治违”专项行动以高危行业领域非法使用安全生产许可证、擅自生产经营建设、未经验收擅自组织生产及违反建设项目安全设施、违反职业卫生“三同时”规定、瞒报谎报事故、拒不执行安全监管监察指令、无证上岗、隐患排查治理制度不健全等各类非法违法行为重点，不断加大联合执法力度。全年累计组织集中行动6次，出动执法车辆31辆次，执法人员170余人次，取缔非法生产经营单位点12处，其中化工生产点4处，经营点7处，燃气供应点1处。2009年，开展加油站专项行动，查扣加油机主板13件，显示器9件；并下达督办通知7份，要求属地乡镇加强监管，严防死灰复燃。2005—2010年，全县共查处各类非法违法行为237起，其中无照或证照不全非法从事生产经营行为141起，取缔关闭无证无照生产经营单位85家。

综合监管 2003年以后，每年组织各乡镇、各相关部门开展四次安全生产集中行动，针对特定时期和不同季节的安全生产特点，每年协调组织各有关部门开展全县安全生产大检查。2007年，与国土、工商等部门联合对工业园区内的12家非煤矿山企业实施关闭或取缔；与公安消防、工商、技术监督等部门联合检查危险化学品使用单位7家，与消防、财办等部门联合检查公共聚集场所5家，共查出安全隐患70余处，现场整改52处，下达“整改指令书”12份。2010年，在道路交通、公众聚集场所、危险化学品、烟花爆竹、非煤矿山、建筑施工、一般工商贸、中小学校、锅容管特等10个重点行业和领域深入开展全县性的安全生产大检查、专项督查和安全生产专项整治工作。

第五节 安全标准化创建

2007年，省、市开始推进企业安全标准化创建工作。鄄城华意化工有限公司作为安全标准化创建试点企业，在省级考核验收中一次通过，并获得88.68分的优异成绩，名列全省第一。2008年，全县在非煤矿山、烟花爆竹、危险化学品等行业（领域）全面开展安全标准化建设。在总结华意化工先进经验的基础上，以点带面，建融化工、康泰化工有限公司等5家危化品生产企业、2家砖瓦窑厂和1家烟花爆竹批发公司安全生产标准化建设分别通过省、市验收。至2010年，全县共有18家危险化学品生产企业、35家非煤矿山企业、2家烟花爆竹批发经营企业通过三级以上安全标准化验收。

第十一章　食品药品监督管理

2002年5月，鄄城县药品监督管理局成立，下设综合办公室和稽查队。2004年10月，更名为食品药品监督管理局。2005年底，局设办公室、药检室、药品室、稽查队、市场监督室、食品协调办公室、财务室，有公务员14人，事业人员9人，工勤人员2人。2009年12月，由省垂直管理下划地方政府管理。2010年5月，划入由县卫生局承担的餐饮服务许可和餐饮服务环节食品安全监管以及保健食品、化妆品卫生监督管理职责，转入人员23人。局设办公室、政策法规股、餐饮服务食品安全监管股、保健食品和化妆品监管股、药品安全监管股、药品市场监管股、医疗器械监管股，行政编制16人。2010年9月，县食品药品稽查大队成立，县药品检验所更名为县食品药品检验所，同为局下属事业单位。2003—2010年，先后5次被省文明委、省食品药品监督管理局授予文明单位、先进单位称号。

第一节　药品监管

2002年5月，监督实施国家药品管理法律法规、地方性药品管理法规规章，监督实施国家药品法定标准和中药炮制规范。2003年，审核转报药品生产企业、经营企业、医疗机构制剂许可证，药品零售企业许可证。2004年，开展食品药品放心工程规范化建设和基础设施建设。2005年，开展“3•15”保护消费者合法权益宣传、“拒绝违法药品、医疗器械、保健食品虚假广告”、每周一次电视新闻等宣传活动，发放饮食、用药安全方面宣传材料万余份。全年出动稽查人员1190人次，出动稽查车辆800车次，检查药品生产、经营、使用单位1124个，当场行政处罚1012起，立案143起，查处假劣药品品种36个。

2006年1月1日起，加大对药品经营企业及医疗机构使用处方药未凭处方销售处方药行为的处理力度。3月，启动食品药品监督网和药品供应网建设，由县政府牵头，药品、卫生部门协作，从源头上杜绝假劣药品食品进入鄄城市场。7月10日至16日，开展“安全用药、合理用药集中宣传周”活动。9月，创新行政执法办案“环环认责制”，避免办案过程中出现办案拖沓现象；同月，举办为期4天的基层涉药人员药事法规和业务知识培训班。10月，对辖区内所有的药品批发、零售企业进行专项监督检查，严把药品流通关。当年还开展乡镇一级零售药店GSP认证工作。2007年1月，印发《鄄城县食品药品监督管理局药品安全突发事件应急处置预案》。6月5日，下发《关于成立鄄城县严厉打击制售假劣食品药品违法犯罪活动领导小组的通知》《中共鄄城县委鄄城县人民政府关于建立严厉打击制售假药违法犯罪活动长效机制的意见》，使打击制售假药违法犯罪活动规范化、法制化，体现了“地方政府负责、部门指导协调、各方联合行动”的方针要求，县乡财政建立相应打假经费保障机制和举报奖励兑现机制。6月至7月，开展药品专项打假行动，办理打假案件3起，涉案货值1.4万元，没收假药79瓶，空心胶囊26.5千克，空塑料瓶35千克，以及制假设备胶囊夹板19套。8月，成立整顿和规范药品市场秩序专项行动领导小组，加强药品生产、经营、使用环节的监督管理。同月，“菏泽市二级药品安全突发事件应急演练”在鄄城成功举行。9月，与县卫生局联合下发实施《关于建立预防假劣药品流入药品使用单位长效监管机制的意见》。11月，召开全县药品广告主、广告经营者和电视台广告部等部门参加的广告整治座谈会，决定对电视媒体发布的药品广告进行严格监督。2008年2月，举办辖区内25家医疗机构培训班，培训人员1000余人次。3月，组织集中销毁日常监督检查中查封扣押的假劣药品、过期失效药品活动，销毁药品183个品种，其中自制品种17个，标值5.6万元，是全县销毁假劣药品、医疗器械品种和数量最多的一次。6月，到梁山学习打假经验，制订鄄城打假工作方案，分为5个阶段推进打假工作。7月，与药品企业联合，建立兴奋剂专项治理长效机制。11月，对舜王城中药材专业市场进行专项整治，重点整治个别商户经销违禁中药材，超范围经营药品行为。通过明查与暗访相结合，查处案件3起，查处毒性中药材生川乌等品种32千克，空心胶囊16.5千克。9月至12月，开展药品专项整治工作，检查大型医疗机构和药品经营单位20家，对其中没有严格执行GSP的12家药品经营企业下达责令改正通知书，罚没款自9月底的34万元增加至48万余元，使全县医药市场得到进一步净化。2009年3月，开展药品质量专项检查行动，以确保手足口病防治工作有充足、优良的药械供应。6月16日，召开全县药品使用质量规范化管理工作会议，学习贯彻《山东省药品使用条例》《山东省药品使用质量管理规范》。8月1日，召开全县医药企业负责人座谈会，就监管部门如何提高服务效能、服务企业进行座谈。10月，在县公安局配合下，捣毁制售风湿病假药窝点1处。在当事人制假场所查获自制药面18千克，空心胶囊4.5千克，原料药瓶618个，粉碎机1台，自制成品货值5200余元。10月至12月，协调县食品药品安全委员会各成员单位，开展为期3个月的食品药品安全专项集中整治行动，出动执法人员1330人次，车辆534车次，检查食品药品生产、经营及餐饮单位1435家，抽样检测68批次，查处案件55起，涉案货值43.2万元，罚款5.5万元，责令整改212家，依法取缔16家，进一步规范全县食品药品市场秩序。

2010年3月，组织全县医疗机构从药人员健康检查活动。5月至6月，打击以工业氧（或压缩气体）冒充医用氧的违法行为，在全县范围内对医疗机构医用氧的使用情况和购入渠道开展监督检查。6月，制定2010年药品抽验计划。

6月至7月，为保障高风险医疗器械产品质量和安全，开展高风险医疗器械产品专项检查活动。8月，组织局干部职工开展药品检验技能比赛。12月1日，菏泽中药材产业发展研讨会暨舜王城中华药都项目推介会召开，会议邀请国家及省专家学者就菏泽及鄄城县中药材种植、贸易、加工等产业发展方向进行研讨，并对舜王城中华药都项目进行推介，向来自全国各地的与会企业详细介绍鄄城中药材发展产业政策及舜王城中华药都的开发经营理念。

第二节　食品监管

2004年，开展食品药品放心工程、规范化建设和基础设施建设，制定全县食品安全综合监管政策、工作规划，开展多次食品安全管理综合检查和专项监督检查。2005年，建立500余人的食品安全信息员网络，从县乡到行政村层层签订食品安全责任书，并组织每个乡镇党委政府进行食品安全检查工作达7次以上，出动执法人员3000人次，查处违法案件108起，其中联合办案2起，捣毁制售假劣窝点5个。2007年进行食品安全专项整治。2009年3月31日，与县工商、质监、卫生等部门联合执法，对各医院附近的食品摊点、小超市、小饭店和临时餐饮经营摊点进行检查，整治手足口病防治期间食品市场。5月24日启动食品安全法宣传月仪式，发放各种宣传材料6500余份，解答群众咨询2500人次。

2010年12月，制订《鄄城县餐饮服务环节食品安全事故应急预案》。

第 十 九 编

中共鄄城地方组织

ZHONGGONGJUANCHENGDIFANGZUZHI

鄄城县境内中共党组织最早活动出现于1935年，同年成立中共傅楼党支部，隶属于中共范县县委领导。1939年9月，随着濮鄄分治，经中共鲁西区党委郓西地委批准，成立中共鄄城县委，下设组织、宣传、统战、民运等部。抗日战争、解放战争时期，随着对敌斗争和工作需要，先后成立中共鲁西二地委实验区委员会、中共鄄西工委、鄄东南县级地方组织等地方党组织，领导鄄城人民对敌斗争并取得最后胜利。中华人民共和国成立后，中共鄄城地方党组织不断健全，并带领全县人民取得了社会主义建设的新成就。“文化大革命”结束后，中共鄄城党组织得到恢复发展，鄄城县进入改革开放新时期。1991年，县委提出要使鄄城经济飞跃发展，必须坚定不移地走“加强农业、强化工业、依靠科技、大上乡镇企业、发展第三产业”的路子。为确保党政机关清正廉洁，1993年县纪委监察局提出加强新时期党的廉政建设意见，全面加强反腐倡廉建设。1994年，县委进一步加强对计划生育基本国策贯彻落实情况的监督检查，制定《人口与计划生育目标管理责任书》并完善考核意见。1995年，县委结合全县农业发展现状，提出并出台关于农业种植业结构调整的意见，大力发展棉花、蔬菜、水果等经济作物的种植，促进农民增收，加快农业发展。1997年，为进一步搞活全县工业发展，县委出台意见，坚持因厂制宜，一厂一策，有针对性地开展全县企业改革，尽最大力量激活企业市场活力，推动鄄城县域经济发展。2000年，县委出台进一步加强招商引资工作意见，要求所有县级领导和县直部门负责人都要包企业、包项目，并带头到发达地区招商引资，通过东西结合，培育高新技术产业，推动全县经济发展。2005年，为最大限度地挖掘机关、事业单位工作人员聪明才智和创造力，县委制定关于鼓励党政机关、事业单位工作人员参与经济发展的意见。2009年，鄄城县委为进一步加大招商引资和大项目建设工作力度，决定将2009年定位为“大项目建设和招商引资活动年”，动员社会各界力量，借助省委开展“东西帮扶”有利时机，加强与潍坊市的合作联系，全面助推鄄城工业经济发展。为进一步促进全县旅游业发展，2010年，县委作出关于进一步加快全县旅游业发展的重大决策，以打造“省级旅游强县”为目标，重点推进孙膑旅游城、毂林尧陵、沙土庙等景区建设。全县工业经济、交通建设、教育卫生、社会生活等各方面均取得丰硕成果。

县委通过党代会、书记办公会、党委常委会议、联席会议等决定全县党政重大事项。

第一章　中共鄄城县委员会

第一节　县委领导机构

1990—2012年，中共鄄城县第八次、第九次、第十次、第十一次、第十二次、第十三次代表大会先后召开，分别选举产生第八届、第九届、第十届、第十一届、第十二届、第十三届中共鄄城县委员会，陈兴之、祝传收、邵好学、岳滨、任仲义、谷瑞灵分别当选中共鄄城县委书记。

1989—2015年中共鄄城县委书记、副书记、常委任职情况表

表 19-1-1

届 次	职 务	姓 名	任 期	籍 贯
第八届	书 记	陈兴之	1989.03—1994.09	济宁市嘉祥县
		祝传收	1995.01—1995.03	成武县
	副书记	管元道	1985.10—1991.06	郓城县
		贾学英	1987.01—1991.06	鄄城县
		段连湘	1989.03—1993.02	巨野县
		陈利发（挂职）	1989.10—1991.05	—
		王少亮（挂职）	1991.05—1992	—
		常贵民	1991.07—1995.01	巨野县
		张汉民	1991.07—1995.03	东明县
		卞维平	1995.01—1995.03	河南省范县
		张本进	1995.01—1995.03	曹 县
	常 委	曾昭金	1985.10—1993.01	郓城县
		王忠美	1986.01—1993.01	鄄城县
		刘起朝	1986.08—1995.03	鄄城县
		张汉民	1989.10—1991.07	鄄城县
		李念学	1989.08—1993.01	郓城县
		史大成	1990.02—1995.03	鄄城县
		魏丙渠	1990.02—1995.01	鄄城县
		任茂廉	1993.01—1994.06	鄄城县
		刘爱钦	1993.01—1995.01	郓城县
		卞维平	1993.01—1995.01	河南省范县
		孙秀芝（女）	1993.01—1995.03	鄄城县
		范天柱	1995.01—1995.03	鄄城县
		赵豪情	1995.01—1995.03	东明县
		丁志刚	1995.01—1995.03	定陶县
第九届	书 记	祝传收	1995.03—1998.01	成武县
		邵好学	1998.01—1998.03	定陶县
	副书记	张汉民	1995.03—1998.01	东明县
		卞维平	1995.03—1998.01	河南省范县
		张本进	1995.03—1998.03	曹 县
		钟方平（挂职）	1995.11—1996.11	—
		乔廷龙	1998.01—1998.03	东明县
		赵豪情	1998.01—1998.03	东明县
		陈庆勇	1998.01—1998.03	郓城县

续表 19-1-1-1

届　次	职　务	姓　名	任　期	籍　贯
第九届	常　委	刘起朝	1995.03—1997.12	鄄城县
		史大成	1995.03—1998.03	鄄城县
		孙秀芝（女）	1995.03—1998.03	鄄城县
		范天柱	1995.03—1998.03	鄄城县
		赵豪情	1995.03—1998.01	东明县
		丁志刚	1995.03—1998.03	定陶县
		冯瑞卿	1995.03—1998.03	鄄城县
		董　超	1996.01—1997.01	鄄城县
		陈永勤	1996.03—1998.03	江苏阜宁县
		李宗起	1997.12—1998.03	牡丹区
		李安现	1998.01—1998.03	郓城县
第十届	书　记	邵好学	1998.03—2002.12	定陶县
		岳　滨	2002.12—2003.02	阳谷县
	副书记	张本进	1998.03—2001.03	曹　县
		乔廷龙	1998.03—2001.03	东明县
		赵豪情	1998.03—1998.03	东明县
		陈庆勇	1998.03—2003.02	郓城县
		任仲义	2001.03—2003.02	郓城县
		丁志刚	2001.03—2002.09	定陶县
		刘中琴（女）	2001.03—2003.02	牡丹区
	常　委	孙秀芝（女）	1998.03—2001.02	鄄城县
		丁志刚	1998.03—2001.03	定陶县
		冯瑞卿	1998.03—2003.02	鄄城县
		陈永勤	1998.03—1999.01	江苏阜宁县
		常洪峰	2001.01—2003.02	牡丹区
		姜守民	2001.03—2003.02	单　县
		史同立	2001.03—2003.02	巨野县
		李书京	1998.03—2001.03	鄄城县
		吴　振	2002.12—2003.02	牡丹区
第十一届	书　记	岳　滨	2003.02—2006.01	山东阳谷县
		任仲义	2006.01—2007.1	郓城县
	副书记	任仲义	2003.02—2006.01	郓城县
		陈庆勇	2003.02—2006.12	郓城县
		赵豪情	2003.02—2004.04	东明县
		姜守民	2004.03—2006.12	单　县
	常　委	姜守民	2003.02—2004.03	单　县

续表 19-1-1-2

届 次	职 务	姓 名	任 期	籍 贯
第十一届	常 委	史同立	2003.02—2007.01	巨野县
		吴 振	2003.02—2007.01	牡丹区
		李长山	2004.03—2007.01	鄄城县
		王保华	2004.12—2007.01	曹 县
		朱瑞军	2005.01—2006.12	单 县
第十二届	书 记	任仲义	2007.01—2011.11	郓城县
		谷瑞灵	2011.11—2012.01	定陶县
	副书记	朱瑞军	2006.12—2012.01	单 县
		谷瑞灵	2009.05—2011.11	定陶县
		史同立	2011.01—2012.01	巨野县
		张乾山	2011.11—2012.01	定陶县
	常 委	史同立	2007.01—2011.11	巨野县
		吴 振	2007.01—2012.01	牡丹区
		李长山	2007.01—2012.01	鄄城县
		王保华	2007.01—2012.01	曹 县
		孟令选	2007.11—2012.01	郓城县
		周生林	2010.01—2012.01	鄄城县
		张代卿	2011.01—2012.01	定陶县
		周长革	2011.12—2012.01	郓城县
		冯艳丽（女）	2011.12—2012.01	成武县
		王铁军	2011.12—2012.01	曹 县
第十三届	书 记	谷瑞灵	2012.01—	定陶县
	副书记	张乾山	2012.01—	定陶县
		史同立	2012.01—2013.09	巨野县
		袁红兵	2013.09—	东明县
	常 委	吴 振	2012.01—2013.09	牡丹区
		王保华	2012.01—	曹 县
		孟令选	2012.01—2015.10	郓城县
		张代卿	2012.01—2012.05	定陶县
		周长革	2012.01—2014.01	郓城县
		冯艳丽（女）	2012.01—	成武县
		王铁军	2012.01—2014.01	曹 县
		韩耀辉	2012.01—	单 县
		张学明	2012.03—	山东莱州
		邹德刚（挂职）	2012.05—	菏 泽
		杜长江（挂职）	2012.05—	菏 泽

续表 19-1-1-3

届　次	职　务	姓　名	任　期	籍　贯
第十三届	常　委	侯养学	2013.12—	鄄城县
		王新国	2013.12—	巨野县
		黄正光	2013.12—2015.04	单　县

第二节　县委工作机构

1990 年 4 月，撤销农村工作部，设立政策调查研究室、保密委员会办公室、精神文明建设委员会办公室、下派干部管理办公室。1992 年 1 月设立社会治安综合治理委员会办公室。1993 年 2 月撤销下派干部管理办公室。1994 年 1 月，全县进行机构改革，县委设五大部门：县委办公室、组织部、宣传部、统战部、政法委。撤销组织员办公室、党史资料征集研究委员会办公室、打击严重经济犯罪领导小组办公室、县直计划生育办公室，成立广播电视中心。保密委员会办公室与保密局合署办公。社会治安综合治理委员会办公室与政法委合署办公，档案局退出政府序列实行局馆合一体制。

1996 年 5 月，鄄城县委政策调查研究室改称为鄄城县委政策研究室。1997 年 6 月，机要科改称县委办公室机要局，单位级别由股级升为副科级。1995 年 8 月，重新设立县委党史资料征集研究委员会。1996 年 4 月，鄄城县信访室改称鄄城县信访局。1996 年 5 月，鄄城县广播电视中心改称鄄城县广播电视局，实行站台合一体制。1996 年 6 月老干部工作办公室改称老干部局。1996 年 7 月设立鄄城县委电教中心。1996 年 11 月，县委党校由科级单位提升为副县级单位，成立中共鄄城县党校委员会。1997 年 10 月，重新设立县委台湾工作办公室。1999 年 8 月，县委党校与技校合并，实行一套班子两块牌子，承担两种职能。

2002 年 7 月，县委机要局升格为正科级单位，督查科升格为县委督查室（正科级单位），成立县农业领导小组办公室。2005 年 6 月，成立县维护稳定领导小组办公室。

2005 年，县委工作部门有县委办公室、县委组织部、县委宣传部、县委统战部、县委政法委、县委县直机关工委。

2010 年，县委工作部门有县委办公室、组织部、宣传部、统战部、政法委、县直机关工委、党校、党史委、信访局、保密局、机要局、对外宣传办公室、网络办公室、广播电视局、老干部局、精神文明办公室、台湾工作办公室。

第二章　中共鄄城县纪律检查委员会

第一节　县纪委领导机构

1991—2010 年，中共鄄城县第八次、第九次、第十次、第十一次、第十二次代表大会分别选举产生中共鄄城县第八届、第九届、第十届、第十一届、第十二届纪律检查委员会，张汉民、刘爱钦、刘起朝、丁志刚、刘中琴（女）、朱瑞军（女）、田中原、王保华先后任书记。

1989 — 2015 年鄄城县纪委书记、副书记任职情况表

表 19-2-1

届 次	职 务	姓 名	任职时间	籍 贯
第八届	书 记	张汉民	1989. 10 — 1991. 7	东明县
		刘爱钦	1993. 1 — 1995. 1	郓城县
	副书记	吴复荣	1984. 5 — 1995. 3	鄄城县
		察时东	1984. 5 — 1992. 10	鄄城县
		孙建平	1989. 6 — 1993. 2	鄄城县
		马心田	1993. 3 — 1995. 3	鄄城县
		王思峰	1993. 3 — 1995. 3	鄄城县
		张崇记	1994. 1 — 1995. 3	鄄城县
		张仁宽	1994. 1 — 1995. 3	鄄城县
第九届	书 记	刘起朝	1995. 1 — 1998. 1	鄄城县
	副书记	马心田	1995. 3 — 1996. 6	鄄城县
		王思峰	1995. 3 — 1998. 1	鄄城县
		张崇记	1995. 3 — 1996. 5	鄄城县
		张仁宽	1995. 3 — 1998. 1	鄄城县
		沈 震	1995. 4 — 1998. 1	鄄城县
		周德琦	1997. 1 — 1998. 1	鄄城县
第十届	书 记	丁志刚	1998. 1 — 2001. 3	定陶县
		刘中琴（女）	2001. 3 — 2003. 2	牡丹区
	副书记	王思峰	1998. 1 — 2002. 9	鄄城县
		张仁宽	1998. 1 — 2001. 5	鄄城县
		沈 震	1998. 1 — 2002. 9	鄄城县
		周德琦	1998. 1 — 2003. 2	鄄城县
		张孔学	2002. 9 — 2003. 2	鄄城县
第十届	副书记	石启华	2002. 9 — 2003. 2	鄄城县
第十一届	书 记	刘中琴（女）	2003. 2 — 2005. 1	牡丹区
		朱瑞军（女）	2005. 1—2006. 12	单 县
	副书记	周德琦	2003. 2 — 2005. 9	鄄城县
		张孔学	2003. 2—2007. 1	鄄城县
		石启华	2003. 2—2007. 1	鄄城县
		周方林	2005. 9—2007. 1	鄄城县
第十二届	书 记	田中原	2007. 1—2009. 12	郓城县
		王保华	2010. 1—2011. 1	曹 县
	副书记	张孔学	2007. 1—2012. 1	鄄城县
		周方林	2008. 12—2015. 7	鄄城县

第二节　县纪委工作机构

1991年，中共鄄城县纪律检查委员会设办公室、审理室、教育室、信访室、检查室。1993年5月与鄄城县监察局合署办公，撤销检查室，增设监察一室、监察二室、综合室、廉政室、执法监察室。2005年，有12个内设机构：办公室、信访室、案件审理室、宣传教育室、纪检监察一室（1993年5月设立）、纪检监察二室（1993年5月设立）、监察综合室（1993年5月设立）、党风廉政室（1993年5月设立）、执法监察室（1993年5月设立）、纠风办（2002年9月设立）、行政效能投诉中心（2004年9月设立）、政策法规室（2004年12月设立），其中纠风办、行政效能投诉中心为正科级单位，其余各室均为副科级单位。2006—2010年，增设1个科室和8个统一管理派驻机构，主要包括：干部室（2009年12月设立），第一派驻纪检组、监察室（2010年6月设立），第二派驻纪检组、监察室（2010年6月设立）、第三派驻纪检组、监察室（2010年6月设立），第四派驻纪检组、监察室（2010年6月设立），第五派驻纪检组，监察室（2010年6月设立），第六派驻纪检组、监察室（2010年6月设立），第七派驻纪检组、监察室（2010年6月设立），第八派驻纪检组、监察室（2010年6月设立），其中干部室为副科级单位，派驻纪检组、监察室为正科级单位。

第三章　党员代表大会和县委重要决策

第一节　党员代表大会

中共鄄城县第九次代表大会　1995年3月7日至9日在县剧院召开，出席会议的代表358人。大会的主要任务是：以邓小平建设有中国特色社会主义理论和党的基本路线为指导，回顾总结县第八次党代会以后的工作，研究确定全县下一阶段经济建设、社会发展的目标任务和加强党的建设措施，选举产生中共鄄城县第九届委员会，选举产生中共鄄城县纪律委员会，动员全县广大党员和人民群众，深入贯彻落实中共十四大和十四届三中、四中全会精神，解放思想，实事求是，抓住机遇，加快改革开放和经济建设步伐。县委副书记张汉民致开幕词，县委副书记张本进致闭幕词，县委书记祝传收作题为《认清形势　开拓前进　为夺取我县两个文明建设的新胜利而奋斗》的工作报告。大会选举产生县委委员25人，候补委员5人，县纪律委员会委员15人。经中共菏泽地委批准，中共鄄城县委常务委员会由11人组成。

大会提出了今后五年的发展任务和目标。

任务：以建设有中国特色社会主义理论为指导，坚定不移地贯彻执行党的基本路线，进一步加强党的建设，处理好改革、发展、稳定的关系，继续强化农业，大力发展工业，加速发展第三产业，推动经济结构调整和总量扩张，提高全县财政实力和人民收入水平，使全县综合实力进入全省中等县市行列，城乡人民生活基本实现小康。

目标：国民生产总值到1999年达到35亿元，年均增长21.9%；工农业总产值达到60亿元，年均增长26%，农业总产值15亿元，年均增长9.8%，县级财政收入过亿元，年均增长12.8%以上。一、二、三产业比调整为41.9∶38.7∶19.4，全县出口创汇到1999年达到8000万美元，“三资”企业达到50家，实际利用外资突破1亿美元。人口自然增长率控制到5‰以内，人均国民生产总值达到4200元，城镇居民收入达到3000元，农民人均纯收入达到2000元。

中共郓城县第十次代表大会 1998年3月20日至21日在县剧院召开，出席会议的代表286人。大会的主要任务是：以邓小平理论和中共十五大精神为指导，从郓城实际出发，认真总结县第九次党代会以后的工作，研究确定以后五年全县经济、社会发展和党的建设等方面的奋斗目标及主要任务，选举产生新一届中共郓城县委和县纪委领导机构，动员全县人民按照“发展经济，优化秩序，增强素质”的基本方针，进一步解放思想，振奋精神，团结苦干，讲求实效，稳中求进，努力把全县两个文明建设全面推向新世纪。县委书记邵好学作题为《发展经济 优化秩序 增强素质 把我县两个文明建设全面推向新世纪》的工作报告。大会选举产生县委委员29人，候补委员6人，县纪律委员会委员15人。经中共菏泽市委批准，中共郓城县委常务委员会由13人组成。

大会提出了今后五年的工作指导思想和目标。

工作指导思想：高举邓小平理论伟大旗帜，全面贯彻落实十五大精神，坚持“发展经济，优化秩序，增强素质”的基本方针，以小康建设为总抓手，继续稳固农业，突出发展工业，大力发展个体私营经济和第三产业，提高对外开放水平，加强精神文明建设和党的建设，提高全民的整体素质，促进全县经济快速发展，各项社会事业再上一个新水平。

目标：到2002年国内生产总值达到41亿元，年均增长21%；地方财政收入达到1.61亿元，年均增长25%。

中共郓城县第十一次代表大会 2003年2月11日至13日在县剧院召开。出席会议的代表286人。大会主要任务是：高举邓小平理论伟大旗帜，以“三个代表”重要思想和中共十六大精神为指导，从郓城实际出发，认真总结县第十次党代会以后的工作，研究确定郓城下一阶段经济、社会发展与党的建设方面的奋斗目标和工作重点，选举产生新一届中共郓城县委和纪委，动员全县人民进一步解放思想，与时俱进，务实创新，团结拼搏，为加快郓城经济全面发展而努力奋斗。县委书记岳滨作题为《务实创新 团结奋进 为加快郓城全县发展而努力奋斗》的工作报告。大会选举产生县委委员29人，候补委员6人，县纪委委员15人。经中共菏泽市委批准，中共郓城县委常务委员会由11人组成。

大会提出了今后五年的工作指导思想和目标。

指导思想：高举邓小平理论伟大旗帜，深入贯彻落实十六大精神，认真实践“三个代表”重要思想，以加快发展为主题，以招商引资为主线，大力发展工业，加快发展民营经济和第三产业，巩固优化农业，全面加强精神文明建设和党的建设，与时俱进，奋发有为，开创郓城各项事业新局面。

目标：到2007年国内生产总值年均递增14%，其中第一产业年均递增5%，第二产业递增25%，第三产业递增20%；一二三产业占国内生产总值比重调整到28 ∶ 31 ∶ 31。地方财政收入达到2.5亿元，年均递增22.5%。

中共郓城县第十二次代表大会 2007年1月19日至21日在县剧院召开，出席会议的代表286人。大会主要任务是：坚持以邓小平理论和“三个代表”重要思想为指导，深入贯彻中共十六大和十六届三中、四中、五中、六中全会精神，回顾总结县第十一次党代会以后的工作，研究确定未来五年郓城经济社会发展和党的建设目标任务，选举产生中共郓城县第十二届委员会、纪律检查委员会，动员全县中共党员和广大干部群众，进一步解放思想，与时俱进，开拓创新，奋发图强，积极谋求新发展，全力实现新跨越。县委书记任仲义作题为《谋求新发展 实现新跨越 为建设富裕和谐文明新郓城而努

中共郓城县第十二次代表大会 （2007年 摄）

力奋斗》的工作报告，大会选举产生县委委员 29 人，候补委员 6 人，县纪委委员 21 人。经中共菏泽市委批准，中共鄄城县委常务委员会由 11 人组成。

大会提出了今后五年的工作指导思想和目标。

指导思想：坚持以邓小平理论和“三个代表”重要思想为指导，以科学发展观统领经济社会发展全局，以全面建设小康社会和构建社会主义和谐社会为目标，以经济建设为中心，以招商引资和大项目建设为主攻方向，大力实施工业兴县战略，全面加强经济建设、政治建设、文化建设、社会建设和党的建设，建设富裕、和谐、文明的新鄄城。

目标：到 2011 年，全县生产总值达到 95.5 亿元，年均增长 18%。规模以上固定资产投资达到 118 亿元，年均增长 25%。地方财政一般预算收入达到 3.66 亿元，年均增长 20%。出口创汇达到 12000 万美元，年均增长 29%；实际利用外资达到 5400 万美元，年均增长 47%。可持续发展能力增强，单位能耗比下降 25%，资源利用效率不断提高，生态环境明显优化。

第二节　县委重要决策

1991 年 1 月，中共鄄城县委书记陈兴之在县委八届三次全体（扩大）会议上提出要使鄄城经济飞跃发展，就要坚定不移地走“加强农业，强化工业，依靠科技，大上乡镇企业，发展第三产业”的路子。

1992 年 1 月，县委提出进一步加强农业和农村工作的意见；4 月，县委、县政府提出关于全县精神文明建设工作的意见；5 月，提出关于行政单位兴办经济实体的意见；6 月出台鼓励新上固定资产投资项目和引进、吸收资金的若干规定（试行），鼓励社会各界新上项目，吸引外来投资，促进鄄城经济超常规、跳跃式发展。同时，对新上项目实行优惠政策，对新上项目的企业负责人、项目引进人和提供信息人给予现金奖励。

1993 年 4 月，县委提出加强和改进宣传思想工作的意见；9 月，县委、县政府转发县纪委、县监察局关于党政机关保持清正廉洁的规定；12 月，县委提出加强政治协商、民主监督，充分发挥政协作用的意见。关于党政机关保持清正廉洁的规定，提出禁止在公务活动中接受和赠送礼品，严禁用公款吃喝送礼、挥霍浪费，严禁公费旅游；坚决制止在证券活动中的不法行为；不准借兴办经济实体搞权利经商；党政机关干部不准从事第二职业；不准参与走私贩私活动；坚决制止利用职权谋取私利；坚持实事求是的原则，反对弄虚作假，搞形式主义。

1994 年 5 月，县委出台党政干部抓党风廉政建设责任制的意见；7 月，出台关于《人口与计划生育目标管理责任书》执行情况的考核办法及奖惩意见；12 月，县委出台关于加强党校工作的意见。关于《人口与计划生育目标管理责任书》执行情况的考核办法及奖惩意见，对乡镇考核计划生育率、女性初婚晚婚率、工作动态及综合统计合格率；考核县委、县政府与县公安局、县民政局、县计生委签订的责任书中的各项指标；考核平时工作情况等作出明确规定。同时规定考核办法、计分办法、奖惩标准和奖惩办法等。

1995 年 9 月，县委、县政府出台关于农业种植业结构调整的意见。该意见提出具体的任务目标就是“四扩一压两增”，即大力扩种棉花、蔬菜、桑园、林果，压粮田面积，增加农民收入、增加财政收入。其总体思路是：优化种植模式，发展立体农业；实行区域化种植，发展特色农业；发展支柱产业，促进种植业的专业化、产业化。并对种植业结构调整提出具体措施。

1996 年 1 月，县委批转《关于组织县人大代表评议县人民政府和县人民法院、人民检察院工作的报告》；3 月，提出关于 1996 年反腐败工作的意见；12 月，县委、县政府提出进一步做好扶贫工作的意见；同月，县委、县政府出台关于党政群机关、事业单位主要负责人离任经济责任审计的意见。规定对党政群机关、事业单位主要负责人在调任、转任、轮换、退休等离任前，对其任职期间的财政、财务收支情况进行监督、评议，从而确定其经济责任。

1997 年 3 月，县委、县政府提出关于村级组织用人制度综合改革的意见；4 月，出台“九五”

时期农村小康村建设的意见；6月，出台切实做好减轻农民负担工作的实施意见；9月，出台进一步加快县属工业改革的意见和关于城乡最低生活保障制度的决定和在全县积极开展计划生育“三结合”工作的实施意见。在进一步加快县属工业改革的意见中，提出坚持三个有利于，大胆闯试；坚持解放思想，实事求是；坚持因厂制宜，一厂一策；坚持不限制、不争论的原则，结合全县企业现状进行改革，并对企业改革制定切实可行的政策措施。

1998年4月，县委、县政府出台关于全县党风廉政建设和反腐败工作意见；8月，县委出台关于全县农村实行村务公开民主管理的实施意见。明确分三个阶段进行，宣传发动，搞好调查摸底，培训好业务骨干；组织实施，完善村财乡管，合理分工、明确责任，设立村务公开栏，建立健全民主管理组织，明确公开内容，规定公开方法；建章立制。

1999年1月，县委、县政府出台关于切实做好延长土地承包期工作的实施意见；4月，出台关于治理环境优化秩序的若干规定；8月，出台进一步加快全县“普九”工作步伐的意见。关于治理环境优化秩序的若干规定，提出以打霸斗争开路，对“三难五乱”和城市脏、乱、差进行彻底治理。内容涉及收费罚款管理、城市市容环境卫生交通管理、城镇建筑装卸经营秩序管理。

2000年4月，县委、县政府出台关于招商引资工作的决定；同月，出台关于县六大部门领导人、县直部门负责人包企业、包项目的意见。关于招商引资工作的决定，明确了全县全年招商任务，同时对书记、县长、县级领导干部、县直各部门、各乡镇都明确招商任务。对招商引资重点作了规定，如：引进新项目；启动现有企业，活化现有资产；发挥沿边优势，发展特色产业；借助东西结合，培育高新技术项目。同时，制定了奖惩办法和优惠政策。

2001年2月，县委、县政府出台关于乡镇规模调整工作的实施意见；3月出台对全县招商引资、出口创汇工作的奖惩决定；8月，出台加快城市开发建设的实施意见；12月，出台关于进一步加强计划生育工作稳定低生育水平的意见。在加快城市开发建设的实施意见中，提出按照“高品位规划、高标准建设、高起点配套、高水平管理”的总体要求，走“招商引资、综合开发”经营城市的发展路子，对护城河、鄄二路南段、鄄三路北段、新世纪广场等进行开发。并对拆迁、补偿、安置工作作了详细规定。同时，对开发商实施优惠政策。

2002年4月，县委、县政府出台关于纠正部门和行业不正之风优化经济发展环境的若干规定；同月，出台进一步加快民营经济发展的决定和关于招商引资的优惠政策；7月，出台关于加强对党政“一把手”监督管理的意见，以及关于鄄城县党政机关机构改革实施意见和关于开展加强行业作风建设优化经济发展环境民主评议活动的实施意见。关于招商引资的优惠政策，明确对招商引资企业或项目，享受土地方面、税收方面的优惠，对招商引资企业给予重点保护和服务，对一些重点的招商引资项目实行一事一议，特事特办，具体项目具体研究。同时，对县内资金新上项目，按照优惠政策执行。

2003年4月，县委、县政府出台切实做好非典防治工作的意见；6月，出台关于国防动员工作的意见；9月，出台深入开展农村基层组织建设“三级联创”活动的实施意见；12月，出台建设“平安鄄城”的意见。深入开展农村基层组织建设“三级联创”活动的实施意见，是在贯彻“三个代表”重要思想，在深入开展创建“五个好”村党支部和“五个好”乡镇党委的基础上，开展创建农村基层组织建设工作先进县活动，逐步建立健全和落实党建工作责任制，全面加强和改进党的领导，整体推进全县农村基层组织建设工作。

2004年5月，县委、县政府出台关于以科学发展观为指导，大力推进工业化进程的决定；7月，出台关于工业经济的考核办法。关于以科学发展观为指导大力推进工业化进程的决定，其主要措施是打好企业改革攻坚战，全面启动企业内部活力；努力扩大工业投入，加快膨胀经济总量；加快企业技术创新步伐，提高核心竞争力；实施骨干带动战略，培育骨干企业；发展生态工业，构筑循环经济。

2005年1月，县委、县政府出台关于开展以实践“三个代表”重要思想为主要内容的保持共产党员先进性教育活动的实施意见；3月，出台关于建立突发性群体事件应急处置预案的意见；12月，出台鼓励党政群机关、事业单位工作人员参与经济发展的意见。其中，鼓励党政群机关、事业单位工作人员参与经济发展的意见，主要目的是，进一步营造党政群机关、事业单位工作人员解放思想、敢为人先、干事创业的浓厚氛围，真正把党政群机关、事业单位工作人员推向经济建设的前沿阵地，充分发挥他们的聪明才智，最大限度地挖掘蕴藏在机关、事业单位中的生产力，以带动和促进全县经济快速发展。

2006年1月，县委确定2006年县委工作要点，总的要求是：以邓小平理论和“三个代表”重要思想为指导，深入贯彻落实中共十六大和十六届三中、四中、五中全会精神，以科学发展观统揽经济社会发展全局，贯彻市委、市政府“一二三四”的工作重点，坚持以改革开放为动力全力加快经济发展，全力推进社会主义新农村建设，全力构建“和谐鄄城”,全力推进“平安鄄城”建设,全面加强党的建设；4月,县委、县政府提出关于搞好“四四四一”工程，推进社会主义新农村建设实施方案；6月，县委出台关于进一步加强人民政协工作的意见，充分发挥人民政协在社会主义物质文明、政治文明和精神文明建设中的重要作用，推动政协工作在新的起点实现新的发展;12月,县委、县政府出台鄄城县实施《中华人民共和国公务员法》工作方案，详细规定了公务员法实施范围、实施方法和步骤，对参照公务员法管理的工作作了详细规定和说明，重点是做好公务员登记、职务与级别确定和工资套改工作。

2007年3月，县委、县政府出台关于鼓励党政群机关、事业单位工作人员参与经济发展的意见，强调为进一步调动全县党政群机关、事业单位工作人员投身经济建设主战场的积极性，最大限度地挖掘蕴藏在机关、事业单位中的生产力，提倡离岗参与经济发展；4月，县委、县政府提出关于进一步加强村镇建设工作的意见，切实加强对村镇规划建设工作的管理；6月，县委出台关于在全县开展进一步解放思想、干事创业大讨论活动的实施意见，通过大讨论活动，达到在解放思想中统一思想，在统一思想中进一步解放思想，进一步在全县形成招商引资和大项目建设的强大合力，形成求实创新、真抓实干的强大动力；6月21日，县委、县政府出台关于加快发展农民专业合作经济组织的实施意见，进一步明确加快发展农民专业合作经济组织的指导思想、目标任务、基本条件和基本原则。

2008年3月，县委出台关于县乡领导干部2008年度定期公开接待群众来访的实施意见，按照“属地管理，分级负责”“谁主管、谁负责”和“一岗双责”的原则，坚持有访必接、有接必果，努力把群众反映的合理诉求解决在基层、化解在萌芽状态。4月，县委出台关于开展“万名干部下乡”活动的实施方案，提出从全县16个乡镇中分别选择3个好乡镇和3个差乡镇，从全县439个行政村（社区）中分别选择36个好村（社区）和36个差村（社区），从全县国有企事业单位中分别选择3个好企事业单位和3个差企事业单位进行调研;4月21日，县委、县政府出台关于进一步加快全县旅游业发展的意见；5月，县委、县政府出台关于建立计划生育利益导向机制的实施意见；9月，县委、县政府出台关于进一步加强新时期人民调解工作的意见；9月16日，县委、县政府出台关于进一步加强人民法庭、公安派出所、司法所建设的意见（试行）。

2009年1月，县委、县政府出台关于开展“大项目建设和招商引资活动攻坚年”的意见，强调为进一步加大招商引资和大项目建设工作力度，促进鄄城经济更好更快发展，决定将2009年定为“大项目建设和招商引资活动攻坚年”；2月，县委、县政府出台关于鼓励外出务工返乡人员创业发展的意见，提出为充分发挥外出务工返乡人员资金、技术、信息等优势条件，鼓励外出务工返乡人员在家乡创业发展；4月，县委、县政府出台关于进一步加强安全生产工作的意见；5月，县委、县政府出台关于进一步加强大项目建设推进工作的意见；6月，县委、县政府出台关于对县直部门招商引资项目给予税收奖励的意见；9月，为加快推进城中村改造步伐，改善城区群众人居环境，提高城市化水平，推动经济发展和社会进步，全面建设小康社会，县委、县政府专门出台关于加快城市规划区内村（居）改造的意见（试行）。

2010 年 2 月，县委出台关于开展“五争”活动着力加强基础组织建设的意见，决定在全县基层党组织、党员、农村基层干部、大学生村官中开展以争当“红旗乡镇党委”、争创“发展杯”、争当“红旗手”、争创“奉献杯”、争当“优秀大学生村官”为主要内容的“五争”活动；3 月，为全面贯彻落实《中共中央关于加强和改进新形势下党的建设若干重大问题的决定》，充分发挥机关党组织和广大党员在经济社会发展中的重要作用，确保县委、县政府的各项部署落到实处，根据《中国共产党章程》、《党和国家机关基层组织工作条例》和中央、省委有关文件精神，结合全县实际，县委提出进一步加强全县机关党的建设实施意见；4 月 2 日，县委、县政府印发《创建山东省旅游强县活动实施方案》的通知，主要目标是到 2011 年 9 月底，把鄄城创建成山东省旅游经济强县；4 月 23 日，县委、县政府出台关于鄄城县人民政府机构改革的实施意见，坚持精简统一效能，与省、市政府机构改革相衔接，探索实行职能有机统一的大部门体制；8 月，县委出台关于深入推进创先争优活动的决定，开展争先创优活动。

第四章　纪检监察

第一节　信访举报

1991 年，发挥“信息、反馈、监督、保障”职能，受理来信来访 221 件次，属于纪检业务范围的 91 起，办结 90 起，办结率 98.9%。1994 年，实行“一、三、六”信访工作制度，开展“热点热线”活动，受理来信来访 213 起，处结 207 起。1995 年，建立并形成以委局为枢纽、乡镇为基础、村厂等基层单位为源头的三级信访信息网络，拓宽、畅通了信访举报受理渠道、办理渠道、监督管理渠道和回复渠道。1996 年，狠抓基层信访工作，加强对信访案件的督办，共受理来信来访 125 件次，全部处结。1998—2002 年，实行纪委常委轮流接访、定期报告等制度；对涉及来信来访的领导干部实行函询谈话制度；对乡镇信访工作实行目标化管理、百分制考核，5 年共受理群众来信来访 698 件（次），处结 691 件，处结率 99%，优质结案率 95%。2003 年，共受理群众来信来访 195 件（次），纪检机关处结 106 件，转其他职能部门办理 89 件；结合群众反映，办理函询谈话 13 人（次）。2004 年，围绕创建“平安鄄城”，做好来信来访的接待和督办、查办工作，共受理群众来信来访 112 件，全部处结。2005 年，围绕新信访条例贯彻落实，提倡和鼓励实名举报，严肃查处打击报复举报人的行为，共受理群众来信来访 119 件，并全部处结。2006 年，建立领导接访制度、定期下访等工作制度；公布信访室、投诉中心、纠风办等 3 部举报电话，并在网络上专门设立举报网站；共受理信访举报 58 件（次），全部处结，信访案件与 2005 年相比下降 30%。2007 年，按照全省信访举报工作目标化管理的要求，把处理初信初访、提高一次性结案率作为信访工作的出发点和落脚点，深入农村、企业，调查摸底，现场化解矛盾，共接待处理群众来信来访 242 件（次），处结率 100%。2008 年，开通全国统一的“12388”信访举报电话，制定“12388”举报电话工作制度；以“关注三农、服务发展”为主题，开通 3 部“民生热线”，建立“三定”责任制、问题落实责任制、责任追究制等一系列制度；共受理群众来信来访135件次，属纪检部门办理范围内63件次，初信初访办结率95%，对实名举报答复率100%，重复访和越级上访率分别控制在5%以内。2009年，研究出台《关于进一步严肃纪律确保鄄城社会稳定的意见》，对涉及稳定的9类问题提出处理办法，并成立“维护稳定工作小组”；推行信访双向承诺制和实名举报答复制，制作“信访双向承诺制”和“实名举报答复制”文书；坚持纪委常委定期接访、定期下访和重点信访问题领导干部包案工作制度；完善基层自发形成的“说事日”制度；共接待受理群众来信来访131件（人）次，初信初访一次办结率达到99%，实名举报答复率100%。

全县纪检监察工作座谈会

2010年，深入开展“信访监督年”活动，制定出台《鄄城县纪检监察信访监督年活动实施意见》，明确信访监督的范围、对象、方式方法及办理程序，建立基层信访监督组织网络；制作《信访监督审批表》、《信访监督谈话记录》和《信访监督结案表》；共受理群众信访举报106件（次），开展信访谈话15次，信访件的处结率达到97%，同时，注重发挥基层纪委的办案积极性，转办、交办案件的办结率达到98%。

第二节 案件审理

县纪委审理工作按照“事实清楚、证据确凿、定性准确、处理恰当、手续完备、程序合法”的方针要求，对案件快审快结，不压案、不积案，并注重证据的准确性和手续的完备性，保证了案件审理质量。1991—2005年，审理违纪案件1723件，处分党员干部1394人，其中警告和严重警告1009人、撤销党内职务95人、留党察看178人、开除党籍112人；处分非党员329人，其中警告48人、记过73人、记大过65人、降级64人、撤职60人、开除留用察看19人；由于法院改判原因，出现1起申诉案件，并进行了复议。自2005年起，根据省、市纪委要求，实行乡镇所办案件交由县纪检监察机关审理工作制度，共审理乡镇案件192起。2006—2010年，审理违纪案件540件，处分党员干部546人，其中警告和严重警告442人、撤销党内职务11人、留党察看42人、开除党籍51人。

第三节 案件查办

1991年，重点查处经济执法部门党员干部贪污案件及党员领导干部违反计划生育政策案件，全年立查案件136起，其中党员干部贪污案件及党员领导干部违反计划生育政策案件96起。1994年，重点查处违反财经纪律和失职渎职案件，全年立查案件52起，其中违反财经纪律和失职渎职案件26起，挽回经济损失38万元。1996年，立查各类案件111起，处分党员干部83人，挽回经济损失70余万元。1998—2002年，下发《关于对各乡镇、县直各单位查办案件工作任务量化的通知》，实行领导包案责任制，建立办案责任制，加大对大案要案查处力度；共立查各类违纪案件590起，结案589起，其中涉及副科级干部和万元以上大要案68起，处分党员干部501人，为国家和集体挽回经济损失1200余万元。2003年，在继续加大对大要案查处力度的同时，提高自办案件质量，共立查各类违纪案件118起，其中自办案件50起，大要案18起。2004年，以深入开展反腐败斗争和加强党风廉政建设为依据，继续加大大要案查处力度．共立查各类违纪案件120起，党纪处分110人，其中涉及科级干部及万元以上经济案件7起。2005年，出台

《反腐倡廉联席会议制度》，健全与司法机关、行政执法机关联合办案机制，立查各类违纪案件 97 起，党纪处分 86 人，其中涉及科级干部及万元以上经济案件 6 起，挽回经济损失 280 多万元。2006 年，按照“党要管党、从严治党”要求，突出重点，强化措施，严惩了一批腐败分子，共立查各类案件 110 起，涉及科级干部及万元以上经济案件 14 件，党纪处分 144 人，挽回经济损失 115.96 万元；同时深入开展治理商业贿赂专项工作，立案查处商业贿赂案件 6 起。2007 年，坚持以“查清问题、惩治腐败、挽回损失、维护稳定、促进发展”为指导方针，共立查各类违纪违法案件 110 起，其中自办案件 27 起，大要案 11 起；党纪处分 119 人，其中，警告处分 84 人、严重警告 17 人、撤销党内职务 2 人、留党察看 2 人、开除党籍 14 人；政纪处分 6 人，其中警告处分 3 人、撤职 2 人、开除 1 人；为国家和集体挽回经济损失 300 多万元。2008 年，完善“两规”“两指”案件和“四书”制度，大力推进审理助辩、乡案县审工作，出台《关于案件审理工作中实施内部辩护的意见》，加强对审理工作的监督制约，对乡镇纪委所办 60 起案件严格把关，提出补充证据、完善材料建议 40 余次，保证乡镇纪委办案质量；共立查各类违纪违法案件 99 起，其中大要案 17 起，党纪处分 91 人，其中党内警告 58 人、党内严重警告 25 人、留党察看 2 人、开除党籍 6 人、政纪处分 4 人，为国家和集体挽回经济损失 270 多万元。2009 年，出台《办案工作程序和行为准则》，全面推行审理助辩工作；履行保护职能，为 3 名受到失实举报的党员干部澄清事实；结合全县春季计划生育集中活动，严查计划生育工作人员弄虚作假等行为，先后处理相关责任人员 4 人；共立案查办各类违纪违法案件 133 起，党政纪处分 115 人，涉及科级干部 8 人，移交司法机关案件 7 起，为国家和集体挽回经济损失 420 多万元。2010 年，贯彻落实上级纪委关于严格依纪依法办案的意见，坚持“二十四字”办案方针，注重从信访局、县长热线和司法机关筛选案件线索，联合办案。初核违纪线索 93 起，立案 93 起，其中大要案 22 起，对 3 人采取“两规”措施；审结案件 88 起，处理 88 人，给予开除党籍处分 6 人，移交司法机关 5 人；尤其是严肃查处县公安局副科级以上干部 2 人收受贿赂、为执法对象提供“保护伞”的案件，在全县引起震动，收到良好的政治、法纪和社会效果。

第四节　领导干部廉洁自律

1991 年，开展“清理干部职工在城区违规建私房”活动，清理违规私房 612 户。1994 年，实行干部廉政档案和个人生活重大事项申报制度，组织全县 28 个党委和 62 个党组召开民主生活会。1996 年，开展对公费住宅电话清理活动，取消公费住宅电话 72 部，对 153 部公费住宅电话实行定额管理。1998—2002 年，为制止公款吃喝不正之风，重点推行“一控三定”制度，即控制总额，定标准、定地点、定陪人数量；根据市纪委《关于取消专控商品后加强小汽车购置管理的通知》要求，通过控制车辆编制、资金来源审计、纳税、申报审批和挂牌落户等五关，查处擅自购车或弄虚作假购车的行为，共取消申报购车 36 部，节约资金 500 余万元；开展清理党政机关干部借欠公款工作，通过自查自报、组织检查，共收回借用公款 400 多万元。2003 年，开展清理党政机关、事业单位违反规定用公款为个人购买商业保险工作，共清理出违反规定用公款为个人购买商业保险金额 19.7 万元，涉及违规人员 898 人，责令退保金额 19.7 万元；对春节、中秋节期间印制、发售各种代币购物券进行检查清理，共查收、销毁代币券（卡）1500 余张，价值 5 万元。2004 年，清理虚报冒领工资补助问题，先后共清理核查全县 148 个单位（含二级单位）的财政供养人员 19381 人，受理群众举报 36 起，查实 27 起，查出违规违纪人员 413 人，清理后每年为县财政节省支出 280.5 万元。2005 年，下发《关于党政主要负责同志向社会做廉政承诺有关事项的通知》，建立县委常委、副县长同分管部门主要负责人谈话制度；下发《关于单位购置和处理车辆的暂行规定》和《关于严格禁止公款内部吃喝、公款旅游、婚丧事大操

农村基层党风廉政建设座谈会

大办、赌博的通知》；开展了“清理整顿违规建购干部职工住房”活动。

2006年，制定《落实党风廉政建设责任制责任分工意见》，明确28个牵头责任部门和50个配合责任部门所担负的50项党风廉政建设和反腐败工作任务；出台《鄄城县委落实党风廉政建设责任制考核办法》，定期调度检查，及时进行通报，基本形成“纵到底，横到边”的责任制体系；对部分乡镇和县直单位执行党风廉政建设各项规定情况进行检查，下发监察建议书12份，收缴扶贫解困资金3.3万元；清理超标车辆1辆，追缴违纪资金4万元；对12辆公有旧车进行估价拍卖；取消计划购车3辆，为国家节约资金约50余万元；清理干部职工违规购建住房活动涉及单位90个，其中34个单位存在违纪问题，查实违规购建住房1700户。2007年，制定《关于2007年全县党风廉政建设和反腐败工作实施意见》，将全县反腐倡廉工作分为7个方面重点工作和52项具体任务，明确各项工作任务的牵头单位、责任单位的职责。2008年，开展“做勤廉表率、促科学发展”主题教育活动，组织召开专题学习讨论会议670余场次，集中播放电教片86场次，撰写学习心得2500余篇，党员参与率达97%。2009年，出台《部门落实党风廉政建设责任制工作规范》《部门落实党风廉政建设责任制检查考核评分标准》和《关于落实党政领导干部问责制工作实施意见》，成立“落实党政领导干部问责制”领导小组办公室；进一步加强公务车辆管理，对编制内车辆购置实行“以旧换新”制度，下发《关于冻结公务用车审批的通知》，取消计划购车4辆，要求降低更换车辆标准2辆，节约资金约100万元。2010年，开展“反腐倡廉制度建设年”活动，围绕党员领导干部廉洁自律，先后制定《关于严禁婚丧事宜大操大办的暂行办法》《进一步规范招待审批制度的规定》《关于进一步严格公务用车审批的通知》《关于对旧有公务车辆进行公开拍卖的暂行规定》《鄄城县党政机关、企事业单位招待费审批制度》《关于党政机关、企事业单位公务用车自查申报制度》《关于党员领导干部严禁婚丧事宜大操大办的意见》等一系列规范性文件，及时转发中共菏泽市委《关于市县乡党委（党组）书记党风廉政建设责任制责任追究暂行办法》，初步形成按制度办事、让制度管人的反腐倡廉制度体系。

第五节　党风廉政宣传教育

1991年，开展“学党章、正党风”教育活动，下发在全县开展教育活动的意见，举办各类培训班139期，培训理论骨干2578人，并组织全县24093名党员进行考试。1994年，重点完善电化教育，协调督促全县90%的乡镇和55%的县直单位配备放像设备，县纪委组织在全县轮流播放50多部教育片。1996年，开展“学条规、守纪律、做表率”活动，举办各类培训班5期，播放电教片40多部，组织全县2万多名干部参加中纪委举办的“党纪政纪条规知识竞赛”。1998—2002年，相继组织开展“学理论、学《条例》”“以案论纪”“学党章、守纪律、正党风”“理想信念、廉政纪律”等大型专题教育活动6次，组织召开廉政勤政事迹巡回报告会20余场次，全县受教育党员干部达6万人次；在县电视台开辟廉政教育专栏，并利用县、乡、村三级电教网络，开展电化教育，全县党员受教育面达95%以上。2003年，在全县党员干部中开展“艰苦奋斗、廉洁从政”和“端正思想、纠风反腐”教育活动。2004年，成立由组织、宣传、文化等部门参加的党风廉政宣传教育联席会议，在全县范围内开展“为民、务实、清廉”教育活动。2005年，将宣传教育工作和保持共产党员先进性教育活动有机结合，在全县党员干部中组织开展“廉洁奉公、执政为民”教育活动；在各部门、各单位党政主要负责人中开展“读百篇文章、做廉政楷模”读书思廉活动。2006年，以树立正确的权力观、政绩观、利益观和科学发展观，坚定理想信念，强化宗旨意识为中心，在全县党员干部中广泛开展“勤政廉政、科学发展”教育活动、学习贯彻党章和社会主义荣辱观教育活动，发放教育读本1800份，影像光盘480张；在全县纪检监察系统开展“做党的忠诚卫士、当群众的贴心人”主题实践活动和“讲学习、强素质、树形象、创一流”教育活动；向全县中小学和机关单位推荐优秀廉政歌曲和“八荣八耻”歌曲18首；举办反腐倡廉文艺汇演、“天地间有正气”演讲比赛、学党章知识竞赛等活动8次，受教育的党员干部达1万多人次；组织435名科级领导干部参加警示教育活动，集体观看《王怀忠的两面人生》《蜕变》等警示教育片；向全县领导干部发送廉政短信50条；编发“读书思廉”文章12篇；悬挂廉政公益广告牌56个，制作高品质廉政公益宣传栏6个。2007年，学习贯彻胡锦涛所倡导的八个方面良好风气，按照“八个坚持、八个反对”的要求，在全县党员领导干部当中开展“算好清廉八笔账、树立正确权力观”专题教育活动；开展廉政文化建设示范点创建活动，在居民小区、人民路、人民广场等场所设立廉政宣传栏22个，廉政公益广告牌94个；8月，在人民广场举办“2007清廉之夏廉政电影展播”活动，连续放映反腐倡廉题材电影8场，干部群众2万多人受到教育；9月，举办大型广场廉政文艺汇演，演出反腐倡廉题材节目20个，干部群众5000余人现场观看演出。2008年，在全县党员干部中组织开展学习贯彻“两个条例”、《中华人民共和国公务员法》及《行政机关公务员处分条例》等党政纪条规和法律法规；全年编印《读百篇文章、做廉政楷模》简报24期；组织播放省、市反腐倡廉警示教育片、纪录片光盘120多张；在县电视台和县人民广场大屏幕开办“廉政剧场”，播出廉政电视剧16部；上报网络评论文章40篇，为《廉政菏泽》投稿30篇；举办廉政书画展，参展作品160多副，干部群众4000多人参观展览，并出版廉政书画作品集——《古城水墨》；编排《八荣八耻戏曲联唱》《以廉政促和谐戏曲联唱》等廉政文艺节目；在全县160辆出租车贴上“廉政格言警句车贴”，使之成为廉政文化宣传车。2009年，下发《关于在全县党员干部中开展“加强党性修养、弘扬优良作风”教育活动的意见》；组织开展“扬正气，促和谐”全国优秀廉政公益广告展播活动和廉政征文活动。2010年，组织全县党员干部开展《四项监督制度》专题学习活动，并对参加学习的党员干部进行考试；在全县党员干部特别是领导干部当中，深入开展“学准则、做表率”专题教育活动，在鄄城电视台公开各级主要领导干部的廉政承诺，接受群众监督；开通《廉政手机报》，每周一上午向全县副科级以上干部发廉政短信一条；始终把廉政文化建设作为党风廉政教育重要抓手，通过六大主题，推进廉政文化“六进”工作；在鄄城电视台开辟廉政专栏和廉政剧场，及时报道全县纪检监察工作；开展领导干部公开廉政承诺、强农惠农政策之窗、廉政知识讲座及展示党员干部风采的影视剧、展播廉政公益广告等工作；培植县工商局、县国税局、县供电公司、第十二中学、大黄庄、红船村等15个廉政文化示范点，在全县营造“以廉为荣、以贪为耻”的社会风尚。

第六节　政务公开

1998年4月，成立鄄城县政务公开领导小组及其办公室，下发《关于在全县农村推行村务公开、民主监督的通知》，以村务公开为形式，以“村财乡管”为载体，创造性地对全县439个行政村实行“村财乡管”，加强了基层民主建设。2004年4月，成立鄄城县行政服务中心，23个部门进驻中心办公，105项行政许可项目纳入中心，实行“一站式”服务。2005年9月，县政府下发《鄄城县人民政府关于进一步推行政务公开的意见》，为进一步规范和完善政务公开工作提供了保障。2007年，加强对政务公开工作的监督管理，执行《鄄城县政务公开考核办法》，发放农村基层党风廉政建设实用手册200余本，政务公开、村务公开和厂务公开工作取得新的进展。2008年，强化监督制约，推进权力阳光运行。贯彻落实《政府信息公开条例》，把“鄄城信息港”政府门户网站列为公开政府信息的重要途径，开设政务信息、政务公开等专栏；坚持把群众最关心、最需要了解的“权、钱、人、事”等事项公开作为政务公开检查的重点；进行政务公开集中检查活动2次，对13个单位出现的问题提出整改意见。2010年，继续深化政务公开、厂务公开、村务公开和公共企事业单位办事公开；召开由全县经济管理、执法执纪部门股级以上干部，大项目属地乡镇副科级以上干部和村、社区全体干部参加的千人大会，对阻碍大项目顺利开展的20起典型违法违纪案件进行通报；组织全县20余个经济管理、执法执纪部门公开承诺，公开各单位的工作职责、服务项目、办理时限；围绕《廉政准则》的学习、贯彻、落实，深入开展“学准则、做表率”专题教育活动，利用电视、广播、网络等媒介，公开各级主要领导干部的廉政承诺。

第七节　执法监察

1991年，全县开展农村财务清理工作，共清理违规违纪资金218万元。1994年，对机构改革中撤、合、并、转单位的财产、行政事业单位收费情况和行政企事业单位个人借用公款情况进行监督检查。1996年，对农民负担进行执法检查，发现案件线索3起，提出监察建议115条。1998—2002年，先后对粮食流通体制改革、建筑工程项目以及国债资金、社会养老保险金、中小学校危房改造资金、扶贫资金管理使用情况等开展专项执法监察，共查出违纪资金4668万元，为国家挽回经济损失498万元。2003年，进一步完善招投标制度，对招投标过程实施全程监督，有效保证了招投标过程的公开、公正、公平。2004年，对土地市场进行治理整顿，会同国土资源、农业、审计部门开展对征用农民集体所有土地补偿费管理使用情况的监督检查，共检查土地12宗，涉及应补偿费1347.8万元，提出监察建议11份，协助建章立制27项。2005年，制定下发《关于对建设工程招标投标工作实施监督的暂行办法》和《关于对经营性土地使用权招标拍卖挂牌出让实施监督的暂行办法》，对2003年以后全县中、小学危房改造资金的管理和使用情况及农村公路工程建设招投标和资金管理使用情况开展专项执法监察。2006年，开展教育经费、征用农民土地补偿资金、低保资金、城镇职工社会保险资金等管理使用情况的监督检查，并针对检查中发现的问题向8个单位下达监察建议书，帮助被查单位建章立制32条；制定《关于支持干事创业加快经济发展的意见》，加大对“三难五乱”以及行政不作为、乱作为的查处力度；按照《关于对重点事项实施提前介入加强监督的意见》要求，对16家建筑工程、水利工程、公路建设、土地平整、支农资金的整合等招投标情况进行监督，对7宗国有土地“招拍挂”情况进行监督；修改带有不合法条款的招标文件11份35条，制止不合法招投标1起。2007年，联合有关部门开展环境保护专项治理活动，对未通过环评验收的4家企业进行整改，对不符合国家产业政策的2家企业下达关停通知，补办环评手续企业62家；针对支农惠农政策落实情况，开展“百村调查”活动，发现问题涉及五大类24个；开通3部“民生热线”电话，受理各类投诉举报案件16起。

县纪委到县直单位巡查纪律

2008年，对自来水城网改造工程、洙赵新河清淤治理工程、沙河治理工程、水厂建设工程、自来水“村村通”工程、节水灌溉等水利工程等开展监督检查；配合环保局继续开展“整治违法排污企业，保障群众健康”环保专项行动；加强对抗震救灾资金物资的监管，配合市检查组对全县抗震救灾款物管理使用情况开展专项检查；加强对工程招投标、事业单位招考工作人员等进行全程监督，确保公平、公正；开展执法监察工作2项，涉及单位36个，涉及金额3800万元，查出违规资金210万元，纠退86万元，提出监察建议25件，协助建章立制7项。2009年，开展优化经济发展环境集中整治活动；加大对公职人员逾期贷款的清缴力度；开展“小金库”专项治理；开展房地产开发领域专项治理工作；开展对全县各乡镇教育系统人员及工资情况的专项检查。2010年，开展“优化大项目建设环境百日会战”专项活动，立案查处各类违法违纪问题20起，党政纪处分20人；围绕扩大内需促进经济增长政策落实开展监督检查；开展工程建设领域突出问题专项治理，全县共排查工程建设项目77个，收缴税款2803万元，各项建筑规费1622.768万元；开展国有资源和资产管理情况专项检查，下发监察建议书15份；全面开展涉农专项资金管理使用情况检查，立查农村基层干部违纪案件28起，党政纪处分28人，追缴虚报冒领农业补贴违纪款10.8万多元；开展家电下乡补贴专项检查活动，检查组深入全县42家家电销售点和购买农户家中展开摸底调查，发现各类违纪线索20多条。

第八节　纠正不正之风

1991年，下发《关于废止部分收费、罚款、集资项目的通知》，取消收费项目27个，罚款项目19个。1994年，纠正考试录取工作中的不正之风。1996年，治理公路“三乱”和公款吃喝不正之风。2002年9月，鄄城县纠风办成立，出台《关于规范上路查车行为的若干规定》，实行税费明白卡制度；加强对税费明白卡的日常审核监督工作；在全县各大医疗机构推行药品定点招标采购制度。2003年，出台《关于进一步优化经济发展环境的若干规定》；推行进企业收费执行“两证一书一卡”制度、装卸人员持证上岗制度以及对运输农副产品车辆发放“绿色通行证”等制度；组织开展“解放思想、优化环境、加快发展”大讨论；从县人大代表、政协委员及社会各界聘请多名监督员，监督检查全县行政执法部门及其工作人员履行职责情况。2004年，对全县42个行政执法部门、经济管理部门及窗口服务单位在政务公开、依法行政、治理三乱、提高服务质量和工作效率等方面进行民主评议。2005年，出台《关于建立乡镇治理经济发展环境督查机制的意见》、《关于支持干事创业加快经济发展的意见》和《关于优化鄄城潍坊工业园环境的若干规定》；根据潍坊工业园建设的实际，实行“车辆特别通行证”制度。2006年，规范涉企收费行为，出台《关于规范进企业检查收费行为的通知》；优化经济发展环境，先后开展了全县集中治理公路“三乱”专项治理活动、政风行风评议活动，共受理查处各类扰乱经济发展环境案件40余起，处理违纪违规人员25人。2007年，开展“百家企业走访”活动，收集企业的意见和建议144条，建议县委出台《关于开展经济发展环境集中整治活动的实施意见》和《关于优化县工业园区建设环境的若干规定》等相关政策规定；开展企业评议部门及其工作人员的“双评”和行风政风评议活动；开展医药购销和医疗服务中的不正之风和义务教育阶段乱收费的专项治理活动，治理和纠正损害群众利益的不正之风。2008年，组织开展企业“双评”和民主评议行风两项活动；进一步强化对软环境的监督，在晨鸣板材有限公司等18家企业和知名商户中建立软环境举报站，在16个乡镇设立80多个农民负担监测点，逐步完善政风行风监督网络，搭建县、乡、村三级监督平台。2009年，制订出台《关于优化经济发展环境集中整治活动的实施方案》，集中开展“百家企业走访”、清理行政审批事项、行政服务中心建设、整顿执法队伍、企业“双评”、大项目周边环境专项治理、公路“三乱”治理、涉企检查收费等九项活动；出台《大项目全程代理服务制度》《企业生产经营“宁静日”制度》《企业生产经营环境监测点制度》《鄄城县2009年度民主评议政风行风工作实施方案》《关于对大项目建设中有关违纪违法问题实行有奖举报的通告》等文件。2010年，开展“优化大项目建设环境百日会战”活动，深入全县42个在建大项目建设工地、16个乡镇、15个重点招商部门和所有大项目属地村庄调查走访，立案20起，党政纪处分20人；联合卫生主管部门出台《全县新型农村合作医疗机构医疗器械和药品采购招标暂行办法》，杜绝药品随意加价，侵害群众利益现象；开展医疗卫生系统药价虚高专项治理，对存在违反国家药品价格政策的22个单位下发监察建议书；全面启动“家电下乡”政策落实情况专项治理，联合公安、国税等部门，深入全县42个家电经销网点、16个乡镇财政所，列出单子，摸清底子，对2009年以后国家787万元“家电下乡”补贴资金逐笔核对；联合政法机关开展“打黑除恶”专项活动，依法逮捕涉案人员40余人；建立健全“政企联席会议”制度、成立入企检查会审委员会、企业“宁静日”制度、环境监测点制度等四项优化经济发展环境长效机制；进一步完善企业“双评”和重点岗位科股长评议工作长效机制。

第九节　行政效能建设

县行政效能投诉中心于2004年9月30日正式成立，其主要职责为：受理投诉人对行政机关和行使社会管理职能的事业单位及其工作人员有关行政效率、服务质量、工作作风等行政效能情况的投诉；调查处理行政机关和行使社会管理职能的事业单位及其工作人员不履行或者不正确履行职责的行为；受理政府交办的其他事项。2004年，对《中华人民共和国行政许可法》贯彻实施情况进行监督检查，公布行政效能投诉电话、工作职责、受理范围，受理群众的投诉举报7起，处理责任人9人。2005年，对全县44个有行政许可事项的行政机关逐一进行全面检查，对有关单位存在的许可制度不健全、许可程序不规范、票据管理不严、超标准收费和搭车收费等问题，逐单位进行纠正整顿，并协助有关部门建章立制，规范管理。规范投诉受理登记、受理投诉统计和投诉信件转办等工作程序。同时，通过电视传媒向企业和个人发放“明白纸”，向社会公示关于行政效能投诉电话、受理范围、处理程序等相关知识。2006年，治理行政服务“窗口”效率低下、“门难进、脸难看、事难办”和“吃拿卡要，不给好处不办事，给了好处乱办事”等损害群众利益的行为，组织明察暗访5次，发现问题8个，及时批评教育6人，责令整改单位3家，帮助建章立制3家，建议辞退1人；受理各类涉及行政效能的投诉40多件，立案处理12起，追究责任25人。2007年，出台《关于对重点事项实施提前介入加强监督的意见》《关于对工程建设项目设计变更进行公开听证加强监督的意见》《关于严格控制全县事业单位擅自举债行为的意见》等文件；开展《中华人民共和国行政许可法》贯彻落实情况监督检查，对政府规范性文件、行政许可主体和行政许可事项开展专项清理，共清理许可项目45项；加强行政服务大厅内部建设，共有21个部门的143个行政许可项目和16个收费项目进入服务大厅；加强对《党政领导干部选拔任用工作条例》执行情况的监督检查；对9家建设工程、3项水利综合开发项目、2项土地平整建设工程的招投标和8宗土地招拍挂进行监督，对招标文件中13条不合法条款提出修改意见，纠正规避招投标1起。2008年，建立发展环境投诉（包括行政相对人的投诉）受理、查处、快速反馈机制，加强效能督查，会同县委、县政府督查室，组织明察暗访10多次；督促单位建立健全规章制度，推行岗位责任制、服务承诺制、限时办结制、首问负责制、一次性告知制等；全年受理效能投诉60件，办结率100%。2009年，加强行政服务中心建设，实行“一站式”审批、“一个窗口”对外服务；召开行政执法、经济和社会管理等共39个部门的主要负责人参加的县行政服务中心建设专题会议；落实《大项目全程代理服务制度》，为大项目投资人免费代办从项目立项到开工建设各类审批手续。2010年，以贯彻落实《中华人民共和国行政许可法》为契机，推动行政效能建设，制订《鄄城县2010年〈行政许可法〉检查方案》，对全县37个具有行政审批职能的单位进行检查，审核行政审批事项235项，其中行政许可事项229项，已开展的行政许可事项171项，收费许可42项，年审年检48项；制定出台《关于2010年作风建设、行政效能建设、反腐倡廉建设等三项工作考核办法》，对各乡镇和县直各部门“三项”工作进行量化和细化，明确考核标准和奖惩办法，确保各项工作争先创优；为进一步推进反腐倡廉工作，县委、县纪委研究成立科技防腐领导小组，制订实施方案、出台了相关意见。

第十节　机关建设

1993年，县纪委与县监察局合署办公。2005年，共有12个内设机构。2006年，围绕加强干部队伍自身建设，强化教育，完善制度，规范管理，建立和完善机关绩效考核办法、首问负责制、财务制度、调研工作制度等一整套科学合理的规章制度。2007年，结合县纪委换届选举，执行中央《党政领导干部选拔任用工作条例》，进一步优化常委会班子的年龄结构、知识结构，将一批德才兼备、想干事、能干事的干部充实进纪委常委会；针对新任基层乡镇纪委书记业务普遍生疏的问题，坚持“跟班学习”制度，通过“以会代训”的方式，建立纪委书记例会制度；在委局内部开展“周二讲堂”学习模式。2009年，按照中纪委等五部委《关于加强地方县级纪检监察机关建设的若干意见》和《关于县级纪检监察机关办公办案装备配置标准和实施办法的通知》要求，完善各项管理制度和监督制约机制，落实学习计划、学习制度、培训规划和考核办法；在全县纪检监察系统深入开展“学习王瑛同志，做党的忠诚卫士”主题实践活动；同年12月设立干部室，为副科级单位。2010年，开展“做党的忠诚卫士、当群众的贴心人”主题活动；加强学习型机关建设，全面实施“三个五”素质提升工程；继续完善“周二讲堂”学习模式；深入落实中纪委9、10号和省纪委32号文件精神，探索纪检监察干部队伍管理方式方法，完善干部选拔任用机制，加大干部轮岗、交流力度，推行纪检监察干部资格准入制度；加强纪检监察系统干部作风建设；按照中央纪委和省、市纪委的部署要求，积极稳妥地推进纪检监察机构派驻、实行统一管理工作，研究制定《中共鄄城县委、鄄城县人民政府关于实行县直部门纪检监察机构统一派驻管理的实施意见》，按照“职能相近、业务相关、归口派驻、统一管理”及“归口派驻与个别派驻相结合”的原则，集中设立8个统一管理派驻纪检组、监察室，各派驻纪检组、监察室为正科级级别。并实现集中办公。同时，出台《派驻机构业务工作管理办法（试行）》，加强派驻机构的自身建设和管理工作。

第五章　组　织

第一节　干　部

干部管理权限　1991年5月，县委组织部下发文件，修订县委和县委组织部管理的干部职务名称表，适当扩大县委管理的干部范围，进一步明确干部管理权限。县委负责县直部门、乡镇、县属企业科级、副科级干部的管理。县委组织部管理的职务包括：各乡镇团委书记、副书记，妇联主任、副主任，科协主席、副主席；县委办、组织部、宣传部、政法委、县委党校、老干部局、档案局、信访办的各科科长、副科长；县委股级组织员；县委统战部、县委党史委、县政协各委（室）、县直计生办、县工商业者联合会秘书；县直机关团委书记、妇联主任；县总工会、共青团鄄城县委、县妇女联合会、县科学技术协会各部（室）部长、副部长、主任、副主任；县人民法院各庭（科、室）庭长、副庭长，科长、副科长，主任、副主任，检察员；县公安局各科（室、队、所）科长、主任、队长、指导员、所长，公务员单位工会主席、副主席（主任）或事业单位工会副主席（主任）；县直正副科级单位下属的厂、站、公司的专职党支部书记；县直各部门妇女委员会主任、副主任；县教育局、县教师进修学校、县技工学校、县第二中学、县第三中学团委书记。1991 年以后，干部管理权限基本不变。

干部状况　1991 年，全县有干部 7671 人，其中女干部 1470 人，少数民族干部 25 人。大学及以上学历 469 人，大专 1553 人，中专 3988 人，高中及以下 1661 人；中共党员 4333 人，无党派 2507 人；25 岁以下 1036 人，26 ～ 30 岁 1155 人，31 ～ 35 岁 776 人，36 ～ 40 岁 884 人，41 ～ 45 岁 1082 人，46 ～ 50 岁 1253 人，51 ～ 54 岁 842 人，55 ～ 59 岁 642 人；行政机关干部 2496 人，事业单位干部 4187 人，企业单位干部 988 人。

1996 年，全县有干部 8520 人，其中女干部 1980 人，少数民族干部 28 人。大学以上 617 人，大专 2812 人，中专 3980 人，高中及以下 1711 人；中共党员 5023 人，无党派 2703 人；25 岁以下 1137 人，26 ～ 30 岁 1655 人，31 ～ 35 岁 970 人，36 岁以上 5358 人。

2000 年，全县有干部 10991 人，其中机关 2725 人、企事业单位 8266 人，女干部 3267 人，少数民族干部 35 人，中共党员 4473 人。大学及以上学历 1309 人，大专学历 4463 人，中专 4455 人，高中及以下 764 人；35 岁以下 5507 人，36 ～ 45 岁 3086 人。

2005 年，全县有干部 13236 人，其中机关 1868 人、事业单位 11269 人、企业单位 99 人，女干部 4654 人，少数民族干部 31 人，中共党员 4979 人。大学及以上学历 2119 人，大专学历 5737 人，中专 4972 人，高中及以下 408 人；35 岁及以下 6352 人，36 ～ 40 岁 2316 人，41 ～ 45 岁 1772 人，46 ～ 50 岁 1299 人。

2010 年，全县有干部 18766 人，其中公务员 2136 人、事业单位人员 16630 人，女干部 7420 人，少数民族干部 39 人，中共党员 6105 人。大学及以上学历 4131 人，大专学历 6752 人，中专及以下 7883 人；35 岁及以下 6197 人，36 ～ 40 岁 5099 人，41 ～ 45 岁 2509 人，46 ～ 50 岁 2332 人，51 ～ 54 岁 1427 人，55 岁及以上 1202 人。

县领导深入基层调研组织工作

全县干部队伍总数，从 1991—2010 年呈现逐年上升趋势，之后随着用人制度的改革，机关事业单位编制的逐步控制，干部队伍总体数量得到有效控制，年龄文化结构日益改善，干部队伍整体素质明显提高。

干部教育　1991 年，干部教育工作实现由学历教育为主向强化理论学习，提高从事经济工作的能力为主的转变，提出干部教育工作要面向新形势，学习新内容等主张。年内，选调副县级领导干部 2 人和科级领导干部 7 人参加省、市委举办的马克思主义理论进修班，选调正科级干部 4 人参加地委举办的中青年干部培训班，同时，对乡镇副书记、副乡镇长进行岗位培训。1991 至 1995 年 5 月，共选调县级领导干部 8 人和科级干部 35 人到省委党校进行理论培训。

1995 年，制定《鄄城县干部培训规划》，对干部教育培训工作的指导思想、任务目标及培训方式提出更高要求，当年举办4期邓小平建设有中国特色社会主义理论培训班，对副科级及以上领导干部700多人进行培训。12月底，举办全县农村党支部书记培训班，利用3天时间，在县委党校进行集中培训。全年共举办培训班10期，培训干部1600人。1996年，在县委党校举办中青年干部和科级后备干部培训班，120人参加。全年共举办培训班9期，2830名干部参加培训或学历教育。1996—1997年，举办8期科级干部培训班和县、乡政工人事科长培训班，重点对《党政领导干部选拔任用工作暂行条例》进行培训，并实行考试制度，把干部的"考学"纳入干部考察范围，把干部的培训学习情况纳入干部考察提拔任用中。1997年，印制各类学习材料2800余册，下发市委组织部统一印制的理论学习书籍1200册。1999年，对干部教育的形式、内容和机制进行探索，举办各类培训班25期，培训干部2300人次。聘请省、市级以上专家教授18人，作报告和授课11场。举办以经济发展为中心内容的系列知识讲座4期，培训干部728人次。

2000年，结合改革、发展的新形势，特别是随着东西结合，"突破菏泽"战略的实施，干部教育培训的形式和内容有了较大变化，着眼于理论素养提高、知识更新、作风转变、加快发展主题，举办一系列培训班。举办计算机应用能力培训班13期，其中培训党政机关、企事业单位干部3820人。举办农村基层干部培训班4期，培训410人次。2001年，举办县、乡领导干部培训班、农村基层干部培训班6期，培训干部850人。2002年，举办3期"三个代表"重要思想骨干培训班，培训干部340人。举办中共十六大精神、世界贸易组织知识、经济体制改革等专题讲座5期，聘请省、市专家教授8人，培训干部1100人次。按照"大培训、大提高"要求，2003—2005年，先后选派县级领导干部4人和科级领导干部20余人赴胶南市、崂山区挂职学习锻炼，同时，初步探索了"部门联动巡讲"的干部培训方式。2006年，在县委党校分别举办县直科级领导干部十六届六中全会精神学习班和全县科级领导干部警示教育培训班，980多人次参加培训。2007年，举办县直科级领导干部培训班和全县乡镇科级领导干部培训班。2008年，先后举办全县科级干部培训班、全县理论骨干培训班、中青年干部培训班、新录用公务员及新进事业单位人员培训班、全县农村远程教育管理者培训班、入党积极分子培训班和全县村党支部书记培训班，培训1021人次。2009年，制定出台《科级干部教育培训学分制登记管理办法》，完善学分管理机制，推进干部教育工作。2010年4月，组织全县20强企业、六大产业排头兵企业主要负责人以及部分经济部门主要负责人共43人，赴清华大学参加鄄城县企业家领导决策研修班。开展"名师送教"活动，分别开展公务员心理健康与压力管理和经济管理创新专题讲座，科级干部和企业管理人才865人参加培训。2010年，全县共培训干部13920人次，其中中央、省、市调训干部33人次，县委党校举办各种培训班10期，培训干部1286人次，各职能部门举办各类培训班52期，培训干部11736人次。

干部人事制度改革 1991年以后，特别是1995年中共中央颁发《党政领导干部选拔任用工作暂行条例》以后，围绕"扩大民主、强化交流、推进改革"的思路，先后探索实行公开考选、推荐竞选的选人用人机制。1996年，县委、县纪委、县人大、县政协机关进人实行公开考选。同年4月，在全县公开考选机关工作人员23人。1997年，公、检、法部门实行中层干部竞争上岗，当年有75名政法干警走上中层领导岗位。2004年9月，实行党政领导干部公开选拔制度，面向菏泽市公开选拔10名副科级领导干部。同时，在全县树立"以发展论英雄、凭德才用干部"的用人导向，激发各级干部干事创业积极性，在全县形成风正、气顺、心齐、一心一意谋发展的浓厚氛围。2009年2月，实行公开竞争的办法选拔14个单位正职。12月，实行"两公开四差额"的方式选拔9名乡镇党委书记和乡镇长。2010年，在干部调整中，对列入全市第一、二季度大项目观摩停车点的19个责任单位，优先进行干部调整，提拔3名正科级和14名副科级干部。为进一步推进干部人事制度改革，提高选人公信度和群众满意度，参照《菏泽市直部门正职领导干部选拔任用工作试行办法》，采取公开竞争的方式分2个批次选拔正科级干部13人和副科级干部6人。

后备干部队伍建设　1991—1994年，县委重点对农村后备干部进行正规化学历教育。1995年以后，按照干部“四化”方针和德才兼备的要求建立后备干部队伍，逐步完善民主推荐、党委（党组）研究、组织部门考察核定的后备干部推荐选拔程序。对确定的后备干部采取集中办班、下派挂职锻炼等方式，进行重点培养。1995年7月，全县确定科级后备干部118人，1997年提拔副科级后备干部35人。2000年，全县有科级后备干部230人，2003年245人，2005年268人，2008年320人，2010年356人。

培养选拔女干部　1991年，全县有女干部1470人，其中科级33人。1996年，全县有女干部1980人。2001年2月，乡镇规模调整，在精减领导干部职数、分流干部的同时，重点提拔充实女干部，当年提拔9名女干部进入乡镇党委、政府班子，确保每个乡镇班子都有1名女干部。2003年成立县妇女儿童工作委员会办公室，加强对培养选拔女干部工作的领导。采取学历培训，岗位培训和短期培训等形式，加强对女干部培训。2005年，全县有女干部4654人，占干部总数的35.16%，行政机关有科级女干部63人，占同类干部总数的8.27%。2010年，全县有女干部7420人，占干部总数的39.6%，其中科级女干部61人。

干部监督　1991年，干部监督的主要形式有：群众评议，县纪委、县委组织部派员参加下级党委、党组民主生活会，干部谈话，设立举报箱收集社会各界对干部的反映，干部考察了解等。1995年以后，结合年度考核实行考核监督，逐步探索组织监督、群众监督、法律监督、审计监督等多种渠道干部监督机制。1999年3月，县委组织部和县审计局联合召开贯彻《山东省机关事业单位及国有企业法定代表人离任审计条例》座谈会，各乡镇、县直等部门共100多人参加会议，当年结合干部调整对18名领导干部进行任职审计，其中县级3人，科级15人。采取不定期对乡镇和县直部门的主要领导干部进行任中审计。每年7月，都组织县级领导干部、乡镇和县直科级主要领导干部填报“个人收入申报表”，建立干部收入申报档案，增强领导干部廉洁自律意识。运用“谈话、打招呼”制度，加强对干部的日常警示教育，建立干部考察考核反馈制度，对发现的问题及时反馈、函询、面谈，使干部本人清楚认识自己的缺点和不足，把问题消灭在萌芽状态。在干部的提拔使用过程中，及时收集纪检、监察、信访、计生、检察院等部门的意见，防止用人失察失误现象发生。2000年，为加强干部监督工作，建起由乡镇和14个执法执纪部门领导干部组成的39人干审联络员队伍，对联络员举办2期干部监督业务知识培训班。2001—2005年，共对58名县直、乡镇主要负责人进行离任审计，对96个单位的正职领导干部进行任中审计。2005—2010年，共对76名县直主要负责人和24名乡镇主要负责人进行离任审计。

老干部工作　*老干部状况*。1995年全县离休干部742人，2000年582人，2005年478人。2010年，全县共有离休干部345人，分布在全县16个乡镇和39个县直部门。其中，行政事业单位255人，企业单位90人；抗日战争时期97人，解放战争时期248人；厅（局）级待遇1人，县（处）级待遇74人；老干部年龄最大的97岁，最小的79岁，平均年龄82岁。

老干部政治待遇。1991—2010年，县委始终把落实老干部政治待遇和加强思想政治工作结合起来，逐步形成一套行之有效的制度，即阅读文件制度、重大会议邀请老干部代表参加制度、通报工作情况制度、重大节日走访慰问制度、参观考察工农业生产制度、老干部信访制度等，深入细致的思想政治工作使老干部更加关心政治、关心全县工农业生产和经济发展，参与意识和奉献意识明显增强，为稳定和发展做了大量工作。

老干部生活待遇。1991—2010年，随着改革开放不断深化，经济社会全面发展，老干部生活待遇逐步得到提高。1991—1995年，老干部待遇本着从优原则，在衣食住行方面提高了基数，因重病住

院，都能据实报销；为生活不能自理的老干部178人审批了护理费，为部分老干部调整住房，为抗日时期参加工作的离休干部45人办理了子女农转非户口。1996—2000年，重点解决自收自支事业单位老干部工资发放和“两费”（离休费和医药费）拖欠问题。期间开展集中清欠活动2次，共清理拖欠老干部“两费”520万元。根据中央办公厅文件精神及省委、市委要求，于2003年7月建立老干部“三个机制”，即离休费保障机制、医药费保障机制和财政支持机制。全县离休干部离休费按时足额发放；无论党政事业还是企业单位老干部全部纳入县医疗统筹，医疗统筹金人均5000元/年，至2010年，统筹金每人每年8000元。“三个机制”运行正常，老干部“两费”基本得到保障。自1984—2003年开展健康查体和“亲情服务”活动，每年都组织老干部在干休所健康疗养，共组织184期，参加10500余人次。2004年以后，根据上级有关“组织老干部活动确保安全”的精神，并结合老干部“双高”期实际情况，经县领导人同意，决定不再进行集中健康疗养，而是改为在县医院健康查体。每年查体历时2个月，分期分批进行。县委老干部局及干休所全体工作人员组织、协调，做好服务工作。县直有关单位和各乡镇都做到专车接送，指定专人负责此项工作，全程陪同妥善搞好服务。查体后为每位离休干部建立一个病历档案，实行动态管理，跟踪服务。县委老干部局坚持节假日慰问、探望患病老干部、为老干部过生日等亲情服务活动，受到老干部欢迎和好评。安置的外地离休干部，原工作单位定时组织人员走访看望；老干部离休费和医药费、公用经费、特需经费，按规定及时足额邮寄。县委老干部局为易地安置的老干部明确管理单位，和本县老干部一样参加学习，一样参加健康查体。春节期间，老干部局还携带礼品登门走访慰问，和本县老干部享受同等待遇。

老干部文体活动。针对老干部群体居住分散的特点，1991—1995年，在全县建立老干部活动室和门球场多处，并成立老年人体育协会、花鸟协会、书画协会等老年娱乐团体，使越来越多的老干部逐渐加入进来。每年“五一”“十一”、老人节都组织老年人门球赛，举行文艺表演、书画展、花鸟展等庆祝活动。

2000—2005年，组队参加苏鲁豫皖“将军杯”门球邀请赛；组队先后到菏泽、东明、成武、曹县等地参加太极拳、太极剑比赛、钓鱼比赛、老年门球赛及老年人风采大赛等，并获得多种奖项。

根据省、市要求，2005年6月成立老年大学和老干部活动中心机构，为县财政全额拨款正科级事业单位，10月老年大学举行开学典礼。老年大学开设书法、绘画、音乐、舞蹈、养生保健、太极拳、电子琴等课程。按照能者为师、互教互学的原则，聘请从工作岗位上退下来的人员任教。每周二、三、四、五、六上午集中上课，学员发展到300余人，各项教学活动开展较好。老年大学成为老干部继续学习科学文化知识、了解县情、有所作为、愉快生活的地方。

2006—2010年，先后组织老干部到共产主义小社区——河南临颍南街村，冀鲁豫边区革命纪念馆、山东庆云、聊城、泰安，河南开封、清河，陕西西安等地参观考察，老干部开阔了眼界，受到了教育。2010年开工建设老干部活动中心。

发挥老干部作用。1995年，为更好发挥老干部作用，县委成立由老干部10余人组成的县委议事组。议事组每年活动6次，每次议事至少参加县委常委1人，老干部结合与会领导人分管工作，或看或议，提出合理化意见和建议；围绕东西帮扶、环境卫生、综合治理、廉政建设和党的建设等热点问题进行讨论评议。1999年、2002年，县委两次对县委议事组成员进行调整充实。2000年，在菏泽地区“双先”表彰会上，县委议事组被授予“老干部先进集体”称号。各乡镇老干部分别选出联络员1人，作为上传下达和本乡镇老干部各项活动的组织联络者，协助乡镇党委开展老干部管理服务工作。2001年全县“三个代表”重要思想学习教育活动和2005年全县“保持共产党员先进性教育活动”，县委分别聘请一部分老干部做社会监督员。2005年以后，全县行政执法部门为经济发展服务情况进行民

主评议时，县纠风办特意请县委议事组老干部填写评议问卷。相当数量的老干部被公、检、法、工商、税务等执纪执法部门聘为义务监督员。多数老干部根据自身情况从事社会公益活动，参与到社会治安、民事调解、宣传党的各项方针政策、做群众工作、教育关心下一代等工作中去，受到社会一致好评。

第二节　党　员

党员队伍　1991年，全县有党员24721人，其中男性22320人，女性2401人；大专学历以上1786人，初中及以下16439人，文盲3861人；年龄在35岁以下的6385人，36～55岁的12357人，56岁以上的5979人。1995年，全县有党员27105人，其中男性24454人，女性2651人；文化程度大专以上2099人，初中及以下16913人，文盲3550人；年龄在35岁以下的7038人，36～55岁的13721人，56岁以上的6346人。针对党员队伍年龄偏大、文化程度偏低、结构不尽合理的实际，根据县委组织部的总体规划，把发展年轻党员工作作为基层党建工作的一项长期性任务，把具体任务分解到每个村党支部，纳入乡镇和村两级党组织领导班子任期目标和党建工作责任制，实行分级负责，层层抓落实，保证村发展年轻党员工作能够深入持久地开展下去。2000年，全县有党员30543人，其中男性27408人，女性3135人；文化程度大专以上3978人，初中及以下16002人，文盲2285人；年龄在35岁以下的8411人，36～55岁的14758人，56岁以上的7374人，党员队伍年龄结构和知识结构有较大改善。2005年，全县有党员32007人，其中男性28867人，女性3140人；文化程度大专以上5162人，初中及以下17356人；年龄在35岁以下的9731人，35～55岁的15269人，56岁以上的7007人。党员队伍的年龄结构、性别结构、知识结构比较合理。2010年，全县有党员33697人，其中男性30111人，女性3586人；文化程度大专以上5874人，高中文化15913人，初中及以下19532人；年龄在35岁以下的4197人，36～55岁的14511人，56岁以上14989人。

党员发展　1991年，按照“坚持标准、保证质量、改善结构、慎重发展”的方针和《中国共产党发展党员工作细则》，把“一线、一流、青年”作为发展的重点，完善发展程序，制定规章制度，使发展党员工作从入党积极分子的确定、培养、考察、培训、审批等，都有章可循。1994年，发展农民党员339人，机关企事业单位党员173人；1997年，发展农民党员651人，机关企事业单位党员133人；1998年，发展农民党员617人，机关企事业单位党员173人；2002年，发展农民党员524人，机关企事业单位党员131人；2004年，发展农民党员664人，机关企事业单位党员142人，其中35岁以下259人，高中以上文化程度226人，女性党员124人；2005年，发展农民党员676人，机关企事业单位党员131人，其中35岁以下173人，高中以上文化程度253人，女性党员142人，非公有制企业发展62人；2010年，全县共发展预备党员659人，其中农村党员511人，机关企事业单位党员148人，培养入党积极分子1266人，举办入党积极分子及预备党员培训班2期。

2005年3月，县委组织部制定《关于做好新形势下发展党员工作的意见》，实行发展党员票决制，在确定非党积极分子、发展预备党员、预备党员期满转正时，采取无记名投票的形式确定是否半数通过。7月，转发市委组织部《关于在先进性教育活动中进一步做好先进分子入党工作的意见》；8月，县委组织部又制定下发《关于实行党员发展工作责任追究制度的通知》，进一步明确党员发展工作中各级党组织的职责、工作失误的责任追究标准。农村党员发展工作中，注重对致富能手、回乡知识青年、转业军人的培养；企业党员的发展，以业务骨干为重点。2010年，在入党积极分子中实施“温暖计划”，开展“八个一”活动。即：精读一遍党的基本知识等有关书籍、每月至少做一件好事、每月至少看一部党员教育专题片、每季度向党组织汇报一次思想动态、每半年撰写一份思想总结、组织党员每半年对入党积极分子进行一次评议活动、对入党积极分子进行一次光荣事迹教育、党委每半年举办一次入党积极分子培训班。

党员管理 1991年以后，全县统一建立民主评议党员制度、党的组织关系管理制度、党费管理制度等各项制度，并挂牌上墙，接受群众监督。严格党内生活制度，统一印发“三会一课”记录簿。1998年，转发中共中央组织部《关于中国共产党党费收缴、管理和使用的规定》，统一台账和党费收缴登记簿，每半年检查一次执行情况。为改善农村老党员的生活条件，2004年，县委办公室和县政府办公室转发《省委办公厅、省政府办公厅转发省委组织部等部门〈关于妥善解决农村老党员、离任村干部和城镇无职业老党员生活困难问题的意见的通知〉的通知》，提高全县中华人民共和国成立前老党员的生活补助。2008年，在全县广大党员中倡导交纳“特殊党费”抗震救灾活动，累计交纳“特殊党费”89.1273万元。2010年，为全县1027名困难党员建立“民生档案”，其中中华人民共和国成立前农村老党员400人、困难党员627人。全县共发放农村老党员生活补助115万元、困难党员慰问金及慰问品15万元。

第三节 基层党建

基层党组织 1991年，全县有党委27个，党组67个，总支部32个，有机关支部116个，事业支部187个，企业支部80个，农村支部516个，其他支部34个。1995年，全县有党委27个，党组66个，总支部33个，有机关支部124个，事业支部119个，企业支部75个，农村支部505个，其他支部139个。2000年，全县有党委27个，党组52个，总支部35个，有机关支部123个，事业支部137个，企业支部86个，农村支部458个，其他支部113个。2005年，全县有党委23个，党组35个，总支部41个，有机关支部137个，事业支部156个，企业支部125个，农村支部435个，其他支部444个。2010年，全县有党委24个，党组51个，总支部38个，有机关支部148个，事业支部158个，企业支部177个，农村支部434个，其他支部23个。

农村党组织建设 1990年，县委把加强后进村党组织建设作为农村党建工作的重点。由县委组织部与乡镇党委一起，对每个村进行调查分析，制订促进转变方案。1991年，开展农村党支部达标升级活动，全县有505个支部参与，455个党支部达到上级组织部门规定的标准，达标率90.1%。1994年，整顿贫困后进村党支部62个，选拔40多名经济能人进入党支部。1995年，全县505个农村党支部中，一类支部140个，占27.7%；二类支部221个，占43.8%；三类支部104个，占20.6%；后进支部40个，占7.9%。1996年，各乡镇普遍推行“村财乡管”和以“结穷亲、找富路、共同发展奔小康”为主题的系列帮扶活动，同年2月，全县派出驻村整顿工作队104个，人员305人，选派机关干部17人到村挂职。1998年，县委制定《关于加强农村基层党组织建设的意见》，从县乡两级抽调工作人员189人，组成27个工作队驻村整顿，并实行县委常委包乡镇责任制。1999年，制定《关于创建“六好”乡镇党委的意见》，开展创建“六好”乡镇党委活动。制定《关于乡镇年度考核工作的实施细则》，建立乡镇考核机制。2004年，集中开展保持共产党员先进性教育活动试点，村“两委”换届选举农村党员现代远程教育活动。县委建立远程教育中心，各乡镇成立远程教育管理站，各村建立远程教育终端接收站点。2005年，制定《关于在全县农村党员开展“设岗评星”和在农村党支部中开展“争创红旗”活动的意见》，在第三批先进性教育活动中深入开展“设岗评星”和“争创红旗”活动。有456个支部、20747名党员参与活动，评选出“星级党员”100人、“五好镇党委”3个和10个农村“红旗党支部”，并进行隆重表彰。按照市委要求，从2008年4月开始至7月20日，全县组织开展两批“万名干部下乡”活动，活动涉及全县16处乡镇136个行政村（社区）和9个国有企事业单位，市县乡三级共派驻下乡干部673人。活动开展过程中，工作组共排查问题2096个，并对排查的问题坚持边查边改，活动结束前共解决问题1819个。为深入推进“万名干部下乡”活动，使之涵盖更广、运作时间更长、取得成效更大，县委提出建立县乡领导干部包村长效机制，县几大班子领导带头包村，从县乡两级选派1317名干部组成439个包村工作组，实行全覆盖长期包村。为完善县乡领导干部包村长效机制，在全县开展“便民联系卡、服务千万家”活动，培养一个好班子，选准一条致富路子，搞好一个村庄规划，做好一批实事好事，建立一支治安巡逻队伍，把干部包村工作全面推向深入。2009年，开展学习实践科学发展观活动，围绕“科学发展、奋力争先”这一主题，明确“五个贯彻始终”的工作思路，把学习教育贯彻始终，把解放思想贯彻始终，把边学边改、解决突出问题贯彻始终，把为民办实事、办好事贯彻始终，把健全机制体制贯彻始终，在求实效上下功夫。以开展“共话科学发展，共建和谐鄄城”活动为载体，开展“我为鄄城经济发展献一策”等活动；落实“万名干部下乡”长效机制，开展“访贫问苦、访贤问计、访企问乱”为主要内容的“三访三问”活动和送科技、送农资、送政策“三下乡”活动；以第三批学习实践活动为契机，乡镇机关开展“为民服务五到户”活动，农村（社区）开展“进百家门、认百家人、知百家情、办百家事、暖百家心”活动，中小学校开展“五看、五比、五争”活动，乡镇卫生院开展“暖民心、解民忧”爱心义诊活动，“两新”组织开展“热爱企业讲奉献，立足岗位争一流”活动，真心倾听民心、了解民意，问政于民、问计于民，学习实践科学发展观活动取得阶段性成效。2010年，高标准完成第二轮村级活动场所建设任务，县财政补助建设资金54万元，29个经济条件较好的县直部门结对帮扶援建村62万元。制订《第二轮村级组织活动场所建设进展情况评分标准》，对村级组织活动场所建设实行百分制考核，对建设进度实行积分制记分，每周一排名，每周一通报。2010年10月，全县53个活动场所全部投入使用。推行农村党员群众“说事日”制度。规定每月1日和15日为“说事日”，通过干部“问”事、村民“说”事、集中“议”事和党员“评”事，着重解决群众在经济发展中的难事、影响和谐稳定的急事、要求服务的实事和新农村建设中的大事。推行“说事日”制度以后，全县村党员干部主动为群众办实事、好事659件；接受党员群众反映的土地承包、宅基纠纷、宗族矛盾等问题1276起，办结1172起，办结率达91.8%；信访案件明显下降，比上年同期下降37.5%。

企业党组织建设　1991年，县委出台《关于加强企业党的建设的意见》，加强党对企业的领导，进一步确立企业党组织的政治核心地位。

1995年11月，举办企业领导干部培训班，邀请多名专家教授、厂长经理对全县518名中层以上企业领导干部进行了集中培训。2004年，把人民商场作为先进性教育活动试点单位，开展“党员示范岗”“爱心捐款”和“支部下设党员第一例”活动。2005年，选择20个经济基础较好的单位与困难企业和企业3名特困党员结成帮扶对子，开展“帮一联三”活动。2006年，制定《关于建立健全国有企业党建工作责任制的意见》，充分发挥企业党组织的战斗堡垒作用和党员的先锋模范作用。2008年，专门下发《关于认真做好企业党建工作的通知》，开展调查摸底，建立党建情况台账，并及时搞好党员组织关系的接转工作。

非有公制经济组织及民间组织党组织建设　1990年后鄄城县逐步出现非公有制经济组织，至1999年非公有制经济组织数量增多，规模较大。1999年，制定《关于加强私营企业和股份制企业党建工作的意见》，加强新经济组织中的党建工作。2001年，在317家非公有制经济组织中，符合建立党组织条件的26家全部建立党组织。对146家仅有个别党员的企业和130户党员工商户，按照就近和自愿原则重新明确了组织关系。在全县6所社会力量举办的学校建立党组织。2005年，制定《关于进一步加强新型经济社会组织和城市社区党建的工作的意见》，至年底，15个新型经济组织建立党组织，建立5个社区党总支。2010年，全县共有非公有制企业党支部85个。

1991—2010年中共鄄城县基层党组织分布情况表

表 19-5-1　　单位：个

年度	党委	党组	总支部	党支部				
				机关支部	事业支部	企业支部	农村支部	其他
1991	27	67	32	116	187	80	516	34
1992	27	67	32	119	169	89	516	56
1993	27	66	33	121	153	93	516	67
1994	27	66	33	121	136	91	516	106
1995	27	66	33	124	119	75	505	139
1996	27	63	33	125	125	78	505	131
1997	27	61	34	125	125	76	505	129
1998	27	58	34	125	129	79	461	136
1999	27	54	35	123	134	84	461	128
2000	27	52	35	123	137	86	458	113
2001	23	50	37	122	141	87	420	55
2002	19	26	18	140	139	76	461	502
2003	21	26	30	141	143	87	459	508
2004	23	26	38	135	156	109	435	449
2005	23	35	41	137	156	125	435	444
2006	23	53	37	142	150	172	434	12
2007	23	53	37	149	136	173	434	16
2008	23	53	38	150	135	174	434	23
2009	23	53	38	150	158	175	434	23
2010	24	51	38	148	158	177	434	23

第六章　宣　传

第一节　新闻宣传

1991年4月20日，县委宣传部邀请《大众日报》《菏泽日报》《曹州晚报》等三家新闻媒体新闻记者8人到鄄城集中采访，宣传鄄城的经济建设工作，提高了鄄城的知名度。

1993年6月15日，召开全县新闻宣传报道工作会议，在全县掀起新闻宣传报道热潮。1996年10月，为9名长期从事新闻宣传工作的农民通讯员转成合同制。

2003年2月，新闻稿件《黄河冰上大营救》在《人民日报》《大众日报》《菏泽日报》重要版面大篇幅进行登载，谱写了一曲干群鱼水情。3月，新闻稿件《好人啊！请救救孩子》在《菏泽日报》头版头条发表后，引起社会的强烈反响，由县委宣传部牵头，开展为小任伟爱心捐助活动，通过广泛宣传发动，至5月底，共收到社会各界爱心捐款6万余元，为救助小任伟争取了宝贵的时间和资金。

2005年年初至2006年6月，围绕保持共产党员先进性教育，开展新闻宣传，先后在《大众日报》《菏泽日报》等媒体刊发新闻稿件120多篇，推动了先进性教育活动的开展。

2009年至2010年6月，围绕贯彻落实科学发展观活动，组织通讯报道员在市级以上媒体和网站发表新闻稿件230多篇，并邀请大众日报社、菏泽日报社等报社记者到鄄城采访20多人次，刊发有深度、高质量稿件30多篇，宣传鄄城县在贯彻落实科学发展观活动中的经验和做法。同时，围绕县委、县政府的重大工作部署，在招商引资、大项目建设、城市建设、新农村建设等方面进行集中宣传报道，成功组织开展人发风情节等大型活动的对外宣传工作，及时有效地把鄄城县的特点、亮点、优势宣传出去，推动了全县“三个文明”健康有序发展。

“八五”至“十一五”期间，县委宣传部在采取激励措施，调动新闻宣传工作者积极性的基础上，加强新闻报道员队伍建设。聘请《大众日报》《菏泽日报》的编辑、记者对全县新闻报道员进行业务培训，共举办培训班26期，参加市级以上培训人员450人次；为《大众日报》选送高素质报道员参加培训52人次。此期间，共在市级以上报刊发表稿件1.2万余篇，其中省级以上新闻媒体2100余篇，《菏泽日报》头版820篇，其中头条158篇。在《大众日报》和《菏泽日报》的上稿数位居全市前列。电视宣传方面，中央台上稿23件，专题片10件，省台上稿150多件，市台上稿2400件，位居全市前列。

第二节　社会宣传教育

围绕县委、县政府在经济建设上的重大决策和措施，在招商引资、发展特色经济、计划生育、种植业结构调整、城市建设等各项工作中进行全方位的宣传报道，宣传经济建设和改革开放的成就，典型经验以及在富民兴鄄过程中出现的典型人物、典型事迹，激发全县人民投身改革和建设的积极性。

1991年2月，组织成立社会主义教育巡回报告团，到乡镇巡回宣讲党的方针政策和国际形势。1992年4月，在全县开展解放思想加快经济发展大讨论。1995年，结合世界反法西斯战争和中国抗日战争胜利50周年纪念活动，开展爱国主义主题教育。1997年，组织开展迎接香港回归祖国宣传活动。1999年，组织大规模庆祝中华人民共和国成立50周年、迎接澳门回归祖国宣传活动。2002年，采取举办报告会、培训班、理论宣讲等形式，宣传中共十六大精神。2003年4月，宣传预防、防治传染性“非典”知识，共印发宣传明白纸10余万份，悬挂横幅标语300余幅。

根据内宣和外宣并重原则，加大对外宣传力度，宣传鄄城的资源优势，投资环境，对外开放战略，经济建设成就，名优产品和鼓励外商投资的优惠政策。2004年、2005年、2006年，连续举办三届孙膑文化旅游节，进一步扩大鄄城的影响，增强台胞和海外侨胞及外商到鄄城投资的积极性。

文明习惯养成从娃娃抓起

2006年，开展社会主义荣辱观教育活动，在全县中小学生中开展"八荣八耻"演讲比赛。2007年，推进公民道德建设，以诚实守信为重点，实施公民道德普及教育工程，利用各种宣传教育阵地和系列教育活动，推动基本道德规范建设，使之更加深入人心，组织"文明公民，从我做起"实践活动，县直驻城干部、群众、中小学生、青年志愿者、巾帼文明队成员1000余人走上街头，开展公民道德宣传活动；倡导讲文明、讲道德"从我做起、告别不文明行为"签字活动等。在中小学生中开展"小公民道德知识竞赛""少儿文化周""我做环保小卫士"知识竞赛、征集公民道德歌谣、"百名文明学生标兵"评选活动。2008年，围绕招商引资和大项目建设工作，制作高标准永久性宣传牌20块，灯箱宣传牌200块，墙体标语200余米。2009年，精心组织"迎国庆、迎全运、讲文明、树新风"活动。为搞好中华人民共和国成立60周年庆祝活动，组织全县尤其是文明单位开展丰富多彩的庆祝活动，热情讴歌中华人民共和国社会主义建设所取得的辉煌成就，宣传全县60年来发生翻天覆地变化。举办鄄城县电业杯"迎国庆、迎全运、讲文明、树新风"文明礼仪知识比赛，在全县培育崇德尚礼的文明风尚。2010年，重点围绕县委、县政府提出的"787工程"，制作播出反映大项目建设、工业园企业发展现状、城市建设、严打整治、打黑除恶、综合治理、政企联席会等方面的专题片、宣传栏。

第三节　干部理论教育

1991年，重点进行马克思主义理论学习和反和平演变教育。1992年，组织全县党员干部学习邓小平视察南方重要谈话，兴起解放思想、扩大开放大讨论。1993年，组织党员干部学习《邓小平关于建设有中国特色社会主义论述专题摘编》《邓小平文选》第三卷，《中共中央关于建设有中国特色社会主义市场经济体制若干问题的决定》。1996年，组织党员干部学习中共十四届五、六中全会精神和江泽民《关于正确处理社会主义现代化建设的若干重大关系》《领导干部一定要讲政治》等讲话。1997年，组织党员干部学习中共十五大精神。1998年，贯彻落实《中共中央关于在全党深入学习邓小平理论的通知》，组织全县党员干部学习邓小平理论。1999年，全县开展以讲学习、讲政治、讲正气为主要内容的"三讲"教育活动。2001年，全县开展"三个代表"重要思想学习教育活动。2002年，组织学习中共十六大精神。2003年6月，结合省、市工作会议精神，开展"解放思想，抢抓机遇，干事创业，加快发展"大讨论。2004年7月，县委宣传部与县委组织部联合开展纪念中国共产党成立83周年永葆共产党员先进性知识竞赛活动。2004年10月，县委组织部、宣传部、党校联合举办全县副科级以上领导干部学习中共十六届四中全会精神轮训班，对全县500多名副科级以上领导干部进行系统培训。2005—2006年，在全县党员干部中深入开展保持共产党员先进性教育活动。2008—2009年，在全县党员干部中开展学习贯彻中共十七大精神和学习实践科学发展观活动。2009年9月，县委宣传部与县委组织部联合开展纪念中华人民共和国成立六十周年知识竞赛活动。2010年7月，县委组织部、宣传部、党校联合举办建设学习型党组织轮训班，对全县500多名副科级以上领导干部进行系统培训。

"八五"至"十一五"期间，始终贯彻落实省委加强学习的精神，以学习贯彻"三个代表"重要思想和中共十六大、十七大精神为主要内容，重点抓好保持共产党员先进性教育活动和学习实践科学

领导干部专题学习会（2010年　摄）

发展观活动，使广大干部群众的思想得到进一步解放。坚持区分不同对象、分层施教的原则，进一步完善领导干部学习制度，创新理论宣传方法和载体，为县委理论学习中心组专门购买学习书籍、制定学习计划，每人撰写了不少于3万字的学习笔记，围绕学习内容进行专题讨论发言，进行深刻的思想剖析，思想进一步统一。

第四节　党员教育

1991年，在行政企事业单位党员中进行马克思主义理论学习和反和平演变教育。1992年，组织全县党员深入学习邓小平视察南方重要谈话，开展解放思想、扩大开放大讨论。1993年，组织全县党员学习《邓小平关于建设有中国特色社会主义论述专题摘编》《邓小平文选》第三卷。1996年，组织党员学习中共十四届五中，六中全会精神。1997年，组织党员学习中共十五大精神。1998年，贯彻落实《中共中央关于在全党深入学习邓小平理论的通知》，组织全县党员干部学习邓小平理论。1999年，全县开展以讲学习、讲政治、讲正气为主要内容的“三讲”教育活动。2001年，全县开展“三个代表”重要思想学习教育活动。2002年，组织学习中共十六大精神。2003年6月，在行政事业单位党员中开展“解放思想，抢抓机遇，干事创业，加快发展”大讨论。2004年7月，县委宣传部与县委组织部联合开展纪念中国共产党成立83周年永葆共产党员先进性知识竞赛活动。2004—2005年，结合党员先进性教育，在全县党员中分三批开展先进性教育活动。2006年，巩固先进性教育活动成果，加强对党员经常性教育。2007年，组织党员学习中共十七大报告精神。2008—2009年，组织党员学习中共十七届三中全会精神，开展解放思想大讨论活动，贯彻落实科学发展观。2010年上半年组织农村党员学习落实科学发展观，开展创先争优活动，组织全体党员学习中共十七届五中全会精神。

开展党员专项学习教育　（2011年　摄）

“八五”至“十五”期间，在继续抓好党员教育工作老典型的同时，又培养一批党员教育工作新典型，建起一批高标准党员活动室，2003年彭楼、李进士堂、红船3个镇的党员活动室被命名为省级先进党员活动室；2004年旧城、大埝、临濮3个乡镇的党员活动室被命名为市级党员活动室。其间，充分利用党员活动室、基层党校广泛开展党员教育活动，举办培训班800多期，培训党员干部5万多人次。2008—2009年，开展学习贯彻落实科学发展观活动，全县23个党委、978个党支部33108名党员参加学习活动。2010年，全县27个党委工委、978个总支支部、33697名党员参加学习活动。

第五节　企业政治思想工作

“八五”至“十五”期间，重点实施企业爱国主义教育。1991年，组织县直企业参加市里举办的厂歌大赛。1993年，在县直单位开展以爱国主义教育为主题的黑板报展评活动。1998年，组织实施以爱国、爱厂、爱岗为主题的电视片展播活动。2002年，广泛开展选拔推荐爱国、爱厂、爱岗先进模范人物活动。2005年，为纪念抗日战争和世界反法西斯战争胜利60周年，在县直企业中开展爱国主义知识竞赛。1992年年初，组织第一批企业政工职称评审工作，至2005年，共评审晋升高级职称24人次，晋升中级职称239人次；助理政工师和政工员469人次。2006—2010年，共评审出晋升高级职称6人，中级职称7人，推动了企业政治思想工作开展。

2006年、2007年、2008年、2009年、2010年，

开展百城万店无假货活动。

第六节 文化活动和文化建设

1991 年起，每逢“七一”“十一”等重大节日，县委宣传部都组织文艺演出庆祝活动，每年 4 月都组织文艺下乡活动。

2004 年 5 月，举办“突破菏泽，走进鄄城”大型文艺演出，并在山东卫视频道播放。以打响孙膑牌、唱好发展戏为宗旨，2004 年、2005 年、2006 年连续三年，全力筹划举办 3 届国际孙膑文化节，文化节活动内容丰富多彩，影响广泛，逐步成为代表鄄城形象的一个品牌，对外宣传鄄城的一个窗口，展示鄄城风采的一个平台。自 1991 年起，每年都举办春节联欢晚会、元宵烟花晚会、“三下乡”、花鸟展、全县唢呐大赛和迎“七一”大型文艺演出及书画展等活动。同时，各种文体活动异常活跃，每年“五一”都举办乒乓球比赛和篮球赛。文艺创作成果丰富，不少作品在全国颇有影响的报纸杂志上发表。广大美术、书法工作者积极创作，踊跃参加各种活动。2005 年，省美协、书协举办“山东省纪念抗日战争胜利 60 周年大型作品展”，鄄城报送作品 15 幅；为山东省文史书画研究会举办的“丹青书历史、彩墨颂和平”纪念抗日战争胜利 60 周年书画大赛报送作品 10 幅。2005 年 6 月，县作协完成换届工作，新成立美协、书协、音协等协会，并出版《牡丹文学》鄄城专刊。各协会人才队伍不断扩大，2010 年，各协会会员平均在 100 人以上，市、省、国家级会员不断增加，在国家、省、市级比赛中不断获奖。

第七节 《鄄城宣传》创办

2002 年 6 月，由县委宣传部主办的《鄄城宣传》正式创办，至 2010 年共开办 138 期。半月一期，设 4 个版面，其中一版为鄄城要闻，及时报道县委、县政府重大决策部署、县领导重要活动等；二、三版均为综合新闻，分别刊载全县各级各部门在发展经济、构建和谐社会、开展平安创建等方面的新举措、新经验、新成就等；四版为副刊，主要刊载各行各业涌现出来的先进典型人物、社会新闻及诗歌、散文等。《鄄城宣传》分发范围为县委、县政府主要领导、县直各部门、各乡镇，属免费赠阅刊物。2012 年，易名为《鄄城报》，对开四版大报，每周编发 2 期，成为鄄城的主要媒体之一。

第七章 精神文明建设

第一节 思想道德建设

成年人思想道德建设 1991 年，开展“学先进、讲奉献、树新风”活动，全县向灾区捐款 2.7 万余元，衣服 6.3 万件，做好人好事 2 万多人次。1992 年，开展十二大行业职业道德教育，全县举办讲座 12 期次，参训人员 3600 人次，成绩合格率 96% 以上。1993 年，利用广播、电视进行广泛宣传，对 16 个行业的干部职工进行职业道德教育，参加人员 2600 余人次，合格率达 96.5%。1994 年，开展“争星夺杯”活动，全县涌现出先进标兵 18 人，16 个系统单位参与地区“争星夺杯”活动。1995 年，开展“爱家乡、比贡献、学英雄、树新风”活动，全县举办报告会、演讲会 10 余次，激发了广大干部群众为振兴鄄城建功立业的积极性。

2002 年，《公民道德建设实施纲要》（以下简称《纲要》）颁布后，县委制定下发《中共鄄城县委关于贯彻落实〈公民道德建设实施纲要〉的意见》；县文明委召开学习《纲要》精神动员会，全县上下掀起学习、宣传、贯彻《纲要》热潮。通过举办“以德治国”理论座谈会，开辟公民道德建设专题栏目，举办《纲要》精神学习培训班，召开公民道德建设工作现场经验交流会等形式，倡导“爱国守法、明礼诚信、团结友善、勤俭自强、敬业奉献”基本道德规范。在党政机关，主要围绕“立党为公、执政为民”这一根本，结合全县开展的保持共产党员先进性教育活动，重点进行遵纪守法、科学发展观、廉政勤政方面的教育，建设诚信政府，争做人民满意的公务员。在企业，主要围绕诚实守信、提高产品和服务质量，结合省市文明办开展的评选“文明诚信企业”活动，县文明办联合县工商局、经委、国税局、地税局、质量技术监督局等单位，在全县开展评选“文明诚信企业”活动。在全体公民中，主要围绕《公民道德建设实施纲要》，加强社会公德、职业道德、家庭美德建设。同时制定完善文明公约、市民守则、乡规民约和各行各业服务规范、岗位守则，引导公民自我教育，提高道德修养。

2006年，在全县倡导“爱国守法，明礼诚信，团结友善，勤俭自强，敬业奉献”基本道德规范；继续加强“诚信鄄城”建设，配合工商等部门在全县开展“诚信企业”“诚信经营户”评选活动。

2007年，以行政和企业服务窗口的诚信建设为示范，全面推进政府诚信和企业诚信建设。组织全县22个政府部门特别是直接服务群众的行业主管部门和执法部门，结合“创建文明机关、做人民满意公务员”活动，在电视上公开服务承诺，增加工作透明度，自觉接受社会监督，重点解决政务不公开、承诺不兑现、执法不严、作风不实、效率不高等突出问题。配合工商等部门在全县生产、流通、服务等领域，广泛开展创建“文明诚信企业”“文明市场”“文明诚信个体工商户”“文明示范窗口”“百城万店无假货”活动，重点解决制假售假、欺诈经营、虚假宣传、不守合同、偷逃骗税等突出问题，做到诚信经营、文明服务。县文明委组织开展“文明公民，从我做起”实践活动，县直机关驻城干部1000余人及部分群众、青年志愿者、巾帼文明队成员走上街头，开展公民道德宣传，倡导讲文明、讲道德“从我做起、告别不文明行为”签字活动。在窗口服务行业开展以“以德经营、诚实守信”为内容的“文明商店”评选活动；在农村开展“五好文明家庭”“十星级文明户”“双文明户”“好媳妇、好婆婆、好儿子”等评选活动。同时引导广大市民参加各种社会公益活动，参与无偿献血、慈善救助、赈灾帮困、助残助学和其他经常性社会捐助活动。参与全国和省市道德模范评选活动，鄄城有2人获菏泽市道德模范称号，7人获菏泽市道德模范提名奖。

2008年，坚持以建设社会主义核心价值体系为根本，以践行荣辱观为核心，推进社会公德、职业道德、家庭美德和个人品德建设，开展群众性精神文明创建工作。联合县妇联开展鄄城县首届“十大优秀母亲”和“十大好媳妇”评选活动，配合工商等部门在全县生产、流通、服务等领域，开展创建“文明诚信企业”“文明市场”“文明诚信个体工商户”“文明示范窗口”“百城万店无假货”活动，重点解决制假售假、欺诈经营、虚假宣传、不守合同、偷逃骗税等突出问题。会同县科协组织开展2008年度“科普示范社区”创建活动，在全县培养先进典型，以点带面，促进全县科普工作的开展。

2009年，倡导爱国、敬业、诚信、友善等社会主义道德规范，组织实施社会公德、职业道德、家庭美德、个人品德“四德工程”。坚持面向基层、重在推动工作原则，做好第二届道德模范评选推荐工作，评选出一批“助人为乐、见义勇为、诚实守信、敬业奉献、孝老爱亲”道德模范，并从中推荐部分候选人参加全市、全省道德模范评选。

2010年，按照《公民道德建设实施纲要》要求，继续推进思想道德建设各项工程。

未成年人思想道德建设　1991年后，逐步建立健全学校、社会、家庭三结合的未成年人教育网络。团县委、县妇联协同相关部门，实施“家庭育苗”工程，举办家长学校培训班，通过讲座、座谈会、交流发言等方式交流经验，提高家长教育水平；

各中小学采取召开家长座谈会，发放学业通知单，打电话等方式及时向家长通报学生的在校表现，帮助他们搞好家庭教育。政法部门通过印发宣传手册，向辖区家长宣传要告诫孩子提高防范意识和安全意识。公安、司法等部门与学校建立警民共建，实施“校园教育”工程，派出所负责人担任学校法制副校长，法制辅导员定期不定期到学校进行法制教育，通过法律宣传、以案说法等多种形式，教育学生知法、懂法、守法。实施“环境净化”工程，加大净化网吧和经营性文化经营场所力度，集中查处违法经营网吧和色情、暴力、封建迷信和伪科学音像图书等出版物。

2005年，健全完善党委统一领导、党政群齐抓共管、文明委组织协调、有关部门各负其责、全社会参与的领导体制和工作机制。对全县未成年人思想道德状况进行调研，查找出全县未成年人思想道德方面存在的问题，先后出动执法人员80余人次，检查网吧20多家，对4家违规网吧进行严肃处理，共查处非法出版物200多期，查缴盗版教辅、书籍和音像资料1000余册（套），净化了未成年人成长环境。加强文化市场管理，研究制定《鄄城县关于加强文化市场管理的规定》，对演出市场进行规范和管理，保证文化市场洁净。2005年7月，组织全县青少年参加“心系祖国、健康成长”读书活动演讲比赛，培养青少年爱国情感。

2007年，进一步完善学校、社会、家庭“三结合”的未成年人教育网络，团县委、县妇联、政法部门通过多种方式交流经验，提高家长教育水平，提高未成年人安全意识，净化未成年人成长的社会环境。通过专题教育活动，培养广大青少年学生正确的人生观、价值观，继承和发扬中华民族的传统美德。

2009年，组织全县未成年人开展“向国旗敬礼、做一个有道德的人”网上签名寄语活动和“做一个有道德的人”实践活动，全县中小学生踊跃参与。组织活动示范点开展好道德教育实践活动，用示范点带动面上工作。鄄城县第十二中学被省文明办确定为全省首批“做一个有道德的人”主题活动联系点。清明节在全县组织开展网上文明祭英烈活动。

学校组织开展卫生大扫除活动

2010年，联合县教育局等部门，在全县中学组织开展“放飞梦想、导航人生”绿色手机文化主题教育活动。

第二节 “文明鄄城”建设

2005年4月5日上午，在县人民广场举行2000多人参加的“文明鄄城，从我做起”主题活动启动仪式。县委常委、宣传部部长吴振宣读《文明鄄城从我做起——致全县人民的倡议书》；学生代表、市民代表、窗口行业代表、商场代表分别发言；县国税局、地税局等24家窗口服务单位在现场组织开展以“向群众承诺、建文明鄄城”为主要内容的宣传服务活动；青年志愿者200余人在现场及城区主要街道散发《文明鄄城从我做起——致全县人民的倡议书》。在活动分会场烈士陵园、鄄城镇一完小、县第十二中学举行“发扬革命传统、共建文明家园”宣誓仪式，参加学生2000余人。在全县组织开展创建“文明民营企业”“文明个体工商户”“百城万店无假货”“文明诚信企业”及“好家庭、好儿媳、好儿子”评选活动。

2006年，围绕文明鄄城建设，组织开展“文明鄄城，从我做起”演讲比赛活动；结合中共中央总书记胡锦涛提出的“八荣八耻”，在全县开展“知荣辱、树新风”宣传教育活动；为庆祝建党85周年，组织开展“全县廉政、爱国歌曲歌咏比赛”。

2007年，明确“文明鄄城”建设八个方面的重点工作：以人为本，立德践行，深化全民思想道德建设；美化城市，整治环境，塑造文明鄄城新形象；文明经营，共铸诚信，加强行业作风建设；繁荣文化，寓教于乐，着力推进文化建设；家庭熏陶，社会帮助，优化未成年人健康成长环境；城乡共建，村镇齐抓，引导城市文明向乡村文明延伸；纠建并举，打防结合，创建平安鄄城；集中力量，强劲造势，营造良好舆论氛围。围绕文明鄄城建设，组织开展“激情信念与文明相伴建和谐家园”演讲比赛，全县 34 个单位的选手参加初赛。根据县委、县政府关注民生、构建和谐社会，在全县大力实施“双十”工程工作要求，组织开展全县 22 个文明服务行业窗口展示活动。每个单位参加工作人员 6 人，统一工作装，佩戴绶带，医疗单位提供义诊设备，重点展示单位形象、工作人员服务水平及行业精神风貌。参展单位现场发放服务项目、服务承诺、单位介绍单页或彩页等相关宣传资料。开展“文明鄄城”测评工作，全县 49 个部门单位参与 17 项一类指标、138 项二类指标的测评，促进了文明鄄城工作的开展，增强了全县广大干部群众的文明意识。

2008 年，以文明生态村建设为龙头，加快社会主义新农村建设，重点做好文明单位帮建“农家书屋”工作。全县第一批共确定省市级文明帮建单位 19 家，帮建农家书屋 21 个，书屋总数量约占全县行政村的 12%，其中图书 1000 册以上的书屋 10 家，200 册以上的 11 家。书屋总面积 4000 平方米，桌椅 400 余张，电视机 21 台，电脑 21 台，VCD21 台。共投入资金 20 余万元。共有藏书近 20000 册，包括农业科技类、政治法律类、医学健康类、文学艺术类等 20 多个种类，《人民日报》《大众日报》《农民日报》《菏泽日报》《牡丹晚报》等 10 多种报纸，《支部生活》《科技园地》《农民之友》《婚姻与家庭》等多种期刊，音像出版物 110 种。

2009 年，组织“迎国庆、迎全运、讲文明、树新风”活动，为搞好中华人民共和国成立 60 周年庆祝活动，组织全县尤其是文明单位讴歌全国和鄄城社会主义建设取得的辉煌成就。征订发行学习“迎国庆、迎全运、讲文明、树新风”文明礼仪知识读本。举办鄄城县电业杯“迎国庆、迎全运、讲文明、树新风”文明礼仪知识比赛，在全县培育崇德尚礼的文明风尚。开展文明城市、文明单位、文明村镇和文明行业等文明创建活动，制定完善省级文明单位考核标准细则，对照标准每半年对全县省级文明单位考核一次，所得名次纳入年终考核，作为文明单位优胜劣汰的依据。以窗口行业和公共服务行业为重点，倡导全县窗口服务单位广泛开展“讲职业道德、树行业新风”活动，争创“文明服务示范窗口”“文明优质服务标兵”，为人们提供周到、细致、便捷、优质的服务。

全县文明大讲堂

2010 年，在全县组织开展评选表彰“文明诚信示范单位”活动，评选表彰 32 家企业为“鄄城县文明诚信示范单位”。组织召开全县文明创建现场观摩会，现场观摩了县供电公司、县国税局的文明创建情况，对获得 2009 年度省、市级文明单位、文明机关、文明村镇称号的单位颁发了奖牌。县供电公司、县国税局等 6 个单位在会上作典型发言。组织开展“城乡文明共建”活动。做好共建单位市信用社、市农行和彭楼镇前牟村、凤凰乡花李庄村的对接工作，市农信社、市农行帮助被帮扶村建设了文化大院，购置了健身器材及图书、书橱、电视机、VCD 等，丰富群众的文化生活。同时，联合科技部门在共建试点村建设了文明科普宣传栏。

第三节 文明创建活动

1991年，组织开展文明村镇、文明单位、文明机关、文明社区创建活动。在城镇普遍开展“两讲三创”活动，编印简报6期，出动宣传车20余次，张贴、悬挂各种标语和横幅500余条，办黑板报、宣传栏600余期，广播、电视开辟专栏，举办专题讲座。1991年，申报省级文明单位1个，上报地区级文明单位2个，评选县级文明单位30个。1992年，城镇各单位把改善服务态度，提高服务质量作为“三讲两创”的重点，广泛开展“服务在机关”“微笑在商店”“满意在医院”等各具特色的竞赛活动。1995年，全县有省级文明单位7个，地区级文明单位16个，县级文明单位205个。

2000年，鄄城县被菏泽市命名为创建文明活动先进县。在城区，以硬化、净化、美化、亮化为重点，实施文明城市形象工程。开展以“争创文明小区”“争做文明市民”“创文明单位”为主要内容的文明创建活动，在城镇特别是以乡镇驻地为重点，搞好创建村镇活动，基本形成以城带乡、城乡联动、城镇乡村协调发展的创建格局。在农村，以推广文登经验为重点，实施“六好村”工程，继续推进“十星级文明户”评选活动。

2005年，按照中央文明办和省、市文明委创建全国、全省、全市文明城市、文明村镇、文明单位的工作部署，组织开展文明城市、文明村镇、文明单位、文明机关、文明示范窗口的创建工作。红船镇被评为全国、全省文明村镇，县河务局被评为省级文明单位，县国土局被评为省级文明机关，县信用社、农发行、交警队被评为市级文明单位，县农业局、文体局、房管局被评为市级文明机关。

2006年，继续加大群众性精神文明创建活动力度，全面提高城乡文明程度。继续组织开展文明城市、文明村镇、文明单位、文明机关、文明示范窗口创建工作。到年底，全县共创建全国文明村镇1个，省级文明单位9个，省级文明机关5个，省级文明村镇2个，市级文明单位33个，市级文明机关5个，市级文明村镇3个。

2007年，在文明村镇建设中，坚持把改善农村环境、培育文明乡风作为提高农村文明程度的着力点，突出诚信建设和优质服务，以强化社会责任为导向，向社会公布“诚信公约”，创建诚信品牌。县房管局推进中介、物管企业建立诚信档案；工商行业完善公示制度，将服务承诺通过上墙等形式向群众公示。“百城万店无假货”等创建活动继续深化。当年，全县新申报省级文明单位1个，省级文明机关1个，省级文明村镇1个，市级文明单位2个，市级文明机关3个，市级文明村镇3个。

“社会主义核心价值观”报告会

2008年，制定完善全县省级文明单位考核标准，根据《山东省文明单位管理条例》，对全县10个省级文明单位考核内容进行量化。按照标准对全县10个省级文明单位上半年精神文明建设工作进行考核。全年全县新增省级文明单位2个，省级文明机关1个，省级文明村镇1个，市级文明单位1个，市级文明机关1个，市级文明村镇3个。

2010年，继续开展群众性文明创建活动，加强对文明单位、文明机关、文明村镇创建工作的监督指导，对文明单位每半年进行一次考核，促进全县文明创建工作的开展，全县有省级文明单位18个，市级文明单位35个。

第四节 移风易俗

1991—1995年，在全县范围内开展“五提倡、五反对”（提倡相信科学，反对封建迷信；提倡正当娱乐，反对聚众赌博；提倡合理消费，反对大操大办；提倡自尊自爱，反对不讲道德；提倡计划生育，反对早生超生）活动，净化了社会空气。同时广泛开展繁荣群众文化生活的活动，仅1994年就放映有影响力、有教育意义的影片15部，举办文艺晚会5次，同时举办画展、菊展，书法、美术新人新作展，丰富群众的精神文化生活。1995年，在农村开展争创“双文明户”“三无村”活动，促进了农村精神文明建设。为贯彻“双百”方针，坚持“二为”方向，组织有关单位定期、不定期地清理整顿文化市场，开展“扫黄打非”活动，全年收缴淫秽录像带60余盒、黄色书籍200多册。

2002年，对全县封建迷信场所进行集中治理，拆除村头小庙500余座，取缔封建迷信场所50余处。之后，每年组织“科技、文化、卫生、计划生育、法律”五下乡活动，丰富群众的文化生活。在县直和驻城中小学举办“发对封建迷信，倡树文明新风”大型图片展。

2009年，开展“三下乡”“四进社区”活动。制订《鄄城县“三下乡”“四进社区”活动方案》。组织文化、卫生、科技、司法等部门，广泛开展文化下乡、科技下乡、卫生下乡和文体进社区、科教进社区、卫生进社区、法律进社区活动。3月，联合文化部门，组织创作一批以宣传消费者权益为主题的节目，利用各乡镇大集巡回演出；联合县科协组织农学会、林学会、畜牧兽医协会、水利学会、中医学会、护理学会、科技工作者60余人，开展科技下乡活动，共发放科技宣传资料1万余份，发放科技新品种5000余份，咨询300余人次。4月至5月，组织创作人员创作宣传中共十七届三中全会精神的文艺作品，精心编排一台高档次的文艺节目，利用节假日到全县各乡镇村庄巡回演出，共演出6场。全县半年共组织文艺下乡演出活动13场次。继续开展文明单位帮建“农村书屋”活动。原有书屋进一步提高档次，完善标准，并新增帮建书屋11家。6月，卫生系统组织开展为期一周的“三夏”卫生支农活动。各医疗卫生单位到户、到田间地头为广大农民提供便捷医疗服务，确保广大农民在“三夏”大忙期间患病得到及时诊治。全县共下派医疗队7个，医护人员36人，免费义诊8200多人次，免费发放药品价值1.2万余元，出动车辆49次。系统城市医疗机构7家共支援16家乡镇卫生院和1个社区。

2010年，组织文化、科技、卫生等部门开展春季“三下乡”活动。全县共抽调医术精湛的医护人员共计890余人次，下乡义诊，下派医疗队56次，义诊4300余人次，免费发放药品价值约1.65万元，免费急诊52人次。“三夏”期间万名医务工作者参与卫生支农活动。在全国科普日、全国科普周、科普之春（夏、秋、冬）活动中组织全县涉农协会的科技人员和科普志愿者16人开展下乡活动22次，举办实用技术培训班88期，培训农民2万余人次，发放技术明白纸2万余份。共组织送文艺演出40余场，送图书下乡1300余册，送电影下乡100余场，足迹遍及全县各个乡镇，深受广大农民群众的喜爱。

第八章　统战与对台事务

第一节　统　战

党外干部和非党知识分子工作　1991 年、1996 年县委统战部会同县委组织部先后拟定并下发《关于选拔培养党外干部的意见》《关于进一步做好选拔培养党外干部的意见》。

2002 年以后，统战、组织部门建立健全党外后备干部档案，根据“一职二备”要求，初步建立一支 90 余人的党外青年后备干部队伍。2005 年 7 月召开全县党外干部培养选拔工作会议，印发《关于进一步做好培养选拔党外干部工作的意见》，在全县营造重视培养选拔党外干部工作的氛围。当年县直机关干部调整中，县委统战部物色推荐的党外后备干部 4 人中有 3 人被县委提拔为副科级领导干部。是年，全县党外干部由 1995 年的 3807 人增加到 7900 人，其中党政机关 276 人，企事业单位 7624 人。党外干部实职安排 33 人，其中副县级干部 14 人，科级干部 2 人，副科级 10 人。2007 年县乡换届，新提拔党外领导干部 4 人，其中副县级 1 人，正科级 1 人，副科级 2 人。2008 年 4 月县直部门负责人调整，党外领导干部赵艳红被任命为县司法局局长，实现县政府组成部门正职党外干部任职上的突破。

海外统战　1948 年鄄城县赴台人员有 320 人，2005 年有 276 人，二、三代台胞 2630 人左右；县境内有台、侨胞亲属 3000 多人。1991—2010 年，共接待到鄄城探亲、旅游观光、经贸洽谈的港、澳、台同胞和侨胞和外商 2100 余人次。“三胞”支援家乡建设，办电、办学、救灾等捐款累计 100 余万元。

1991—1995 年，县委统战部组织县属企业和“三胞”参加菏泽地区海外联谊会第一届一、二、三次和第二届一次理事会议。利用这个渠道，使鄄城县企业与美国、日本、加拿大、巴西、澳大利亚、新西兰等国家及中国台湾、香港地区建立联系。1996 年组织县属企业和部分乡镇参加菏泽地区海外联谊会第二届二次理事会和菏泽国际牡丹花会。以后每年借助中国林交会、菏泽牡丹花会、鄄城人发风情节、鄄城孙膑旅游文化节的机遇，协助有关部门，开展联谊招商、经贸洽谈活动。

2002 年，台湾曹植基金会为鄄城残联捐赠三轮车 10 辆，价值 1 万元。2004—2006 年，台湾台塑集团董事长王永庆以华阳股份有限公司的名义，在菏泽市捐建数所明德小学，每所学校投资 40 万元，在鄄城什集、阎什、箕山、郑营等乡镇建 4 处完小，并全部投入使用。

2007 年，台属张明创办的企业—山东省鄄城县方源轴承化工有限公司，是鄄城县规模较大的优秀台属企业。公司总资产 900 万元，拥有职工 168 人，产值 2000 多万元，年纳税额 80 余万元，张明当选省“百名优秀台属企业家”。

2009 年 11 月 21 日，鄄城 7 位企业家赴台进行经贸考察、交流活动。

政协换届筹备　根据全国政治协商会议精神，县政协的换届筹备工作，由县委统战部会同县委组织部、县政协党组进行。1992 年 11 月至 1993 年 3 月，按照《中国人民政治协商会议章程》和上级组织、统战部门关于政协换届的要求，进行五届政协的筹备工作，五届政协共设 17 个界别，委员总数 189 人，其中非党 118 人，委员组成符合上级要求。1997 年 10 月至 1998 年 3 月，按照《中国人民政治协商会议章程》和省、地关于政协换届的要求，进行六届政协的筹备工作。六届政协共设 15 个界别，委员总数 188 人，其中非党 113 人，委员组成符合上级要求。2002年8月至12月，进行七届政协的筹备工作，七届政协委员总数210人，其中非党126人，共设16个届别，与六届政协相比增设了社会福利与社会保障界，委员组成符合换届要求。2007年11月至12月，进行八届政协的筹备工作。政协委员总数271人，其中非党166人，约占委员总数的61%；妇女委员68人，占委员总数的25%，比例高于上界；少数民族委员和宗教界委员10人，比例不低于上届；新的社会阶层代表人士安排委员65人，安排人数高于上届。

第二节　对台事务

交往交流　1988年起，回乡探亲、旅游的台胞日益增多，到2010年，邀请菏泽旅台同乡会会长高秉涵，知名人士王心亮、任育才、罗锋、贾鹏、陈正民等台胞1500余人次到鄄城参观、考察，接待珠海和厦门等地12个台胞观光团224人。2008年，抓住奥运年契机和鄄城孙膑文化旅游节举办机遇，扩大鄄台人员往来规模，争取更多的台湾同胞到鄄城旅游、参观、考察，增进了解和共识。赴台探亲人数达到215人，其中结婚嫁到台湾的有6人。

2009年，利用省工商联系统组团赴台商务考察契机，由县工商联党组书记带队，7位企业家赴台进行经贸考察、交流活动。台胞回乡定居按照“从严掌握、妥善安置”的原则，对符合定居条件的，按政策规定妥善安置。1990—2010年，批准定居台胞9人（健在1人）。

对台宣传　适应对台工作形势要求，会同有关部门利用对台宣传资源，开展对台宣传工作。2004年，配合省、市委台办，组织稿件、图片，编辑出版第一部大型入岛宣传图书《走进山东》。2006年4月，经县委研究决定，成立县委对台宣传和涉台教育工作指导协调小组。同时按照中央、省、市委部署和要求，会同有关部门利用对台宣传资源，开展对台宣传工作，广泛影响和争取台湾民心。加强对县乡领导干部、涉台部门、对口行业和青少年学生的涉台教育，以报纸、电视、党校为阵地，通过培训班、座谈会、专家讲座等多种形式，开展对全社会的涉台宣传教育工作。

每年春节前夕，开展向台湾同胞发送贺年片或慰问信活动，2000—2010年，发送贺年卡287份、慰问信650封，使台胞直观地感受到殷殷故乡深情。2005—2010年，结合中国国民党、亲民党、新党领导人先后访问大陆，两岸关系缓和的有利时机，持续开展“一封信”活动，号召全县台属向在台亲人写信，宣传鄄城改革开放成果，加强联系，增进亲情。

对台经贸　招商引资。抓住“突破菏泽、加快鄄城发展”机遇，发挥台办自身联系广泛的优势，开展“走出去，请进来”对台招商工作。2006—2010年，共组织人员赴济南、平阴、北京、天津、上海、郑州、厦门、福州等地，开展各种招商引资活动5次，促成台胞到鄄城考察投资。借助中国林交会、菏泽牡丹花会、鄄城人发风情节、鄄城孙膑旅游文化节的机遇，协助有关部门，开展联谊招商活动，共引进项目8个，其中台资企业4个：1993年台胞吴耀三投资的安台食品有限公司；2001年，台湾省国文国际贸易有限公司徐立义投资100万元，兴建菏泽台联家具装潢有限公司；2004年，引进台资企业菏泽尧王发制品有限公司，项目投资额1000万元，注册资金100万元，11月投产;2005年，引进鄄城双樱发制品有限公司、菏泽广源木业有限公司。

经贸洽谈。2006年，县委、县政府成立由分管副县长任组长，县台办、外经贸办主要负责人为副组长的领导小组，多次召开领导小组成员调度会，从大会宣传、会务、布展、项目筹备到台商的邀请都进行精心安排。县台办充分利用自身优势，4年发动台胞、台属向岛内协会、企业和个人发出邀请函689封。每次都由县委副书记或副县长带队，组织数名台商及县直有关单位、各乡镇人员赴潍坊参会参展。

台资企业管理与服务。每年第二季度深入台资企业，走访慰问，调查研究，了解生产经营状况，提出合理化建议，竭诚尽责。2009年，按照省、市台办深入开展“台胞台企服务年”活动实施意见要求，协调各有关部门特别是与台胞台商台企服务密切的工商、税务、金融、公安、司法、民政、教育、卫生、劳动保障等部门，增强服务意识，按照职责分工，落实中央惠及台湾同胞的各项政策措施，为他们到鄄城参观访问、旅游、投资、生活等提供更加广泛、细致、有效的服务。加大台商投诉案件调处力度，妥善应对和处理涉台突发事件，维护台胞和台企合法权益。

台属工作 推动台属经济的发展。至2010年，台属联谊会成员达35人，部分台属在台办支持和帮助下，发展生产，创办企业，率先走上富裕之路。在台属中持续开展“学技术，比发展”活动，向台属印发致富信息，传授致富技术，大部分台属在此项活动中获得收益。在对台属思想引导和教育方面，开展“自尊、自爱、自重、自强”活动，发现和培养运输大户王伟、饲料大户孙士昌等台属致富典型。2008年，鄄城台属企业家张明被省台办评选为“百名优秀台属企业家”。加强台属赴台前教育。1991—2010年，与公安局配合，做好215名赴台探亲、旅游人员的行前教育和归后随访工作。对每位赴台亲属，教育指导他们严格执行涉台纪律。配合市委台办，完成市台属联谊会的换届工作。2009年，鄄城推荐提名的3名人选均成功当选，其中，台属企业家张明当选副会长，孙士昌、王维当选常务理事。

涉台稳定 加强对台胞的法制宣传和教育，让台胞知法、懂法、依法办事，守法经营，同时做好对保护台胞权益的宣传指导工作。按照属地管理、分级负责的原则，做到早发现、早处理，防患于未然。按照全省处理涉台突发事件工作会议和山东省“涉台突发事件处置预案”要求，建立健全处理涉台突发事件领导和工作机制，提高处理涉台突发事件的法制化、科学化和规范化水平。加强台办系统和有关部门干部对涉台突发事件政治敏锐性、政策策略性和工作时效性教育，提高对做好涉台突发事件处理意义的认识。从管理、服务入手，做好基础、基层工作，协调相关部门加强对暂住台胞、考察团组的安全管理，防止发生涉台安全问题和政治敏感问题。至2010年，无一例重大涉台突发事件发生。

赈灾捐款 2008年，四川汶川地区发生特大地震灾害，县台办工作人员共向灾区捐款2次，1050元；并动员在鄄城台胞、台商发扬中华民族的传统美德，向震灾地区伸出援助之手，在台胞王吾素组织下，在鄄城台胞赈灾捐款5万元。

第九章 政 法

第一节 自身建设

县政法委指导督促政法各部门建立和完善政治学习和业务学习制度，采取集体学习与讨论相结合、分组学习与自学相结合、业务竞赛与考试考核相结合、在岗培训与离岗进修相结合等多种方式学习，干警政治和业务素质明显提高。1995年全县政法干警大专以上文化程度者185人，2005年达460人，占在岗人员的93.1%。

集中教育整顿 1993年，县委政法委制订《全县政法干警思想、纪律、作风整顿实施方案》，开展思想、纪律、作风整顿。1994年，开展“百日整顿、百日学习、百日争创先进”活动；1995年县委批转政法委《关于加强政法队伍建设的意见》，开展贯彻落实中央“三条禁令”活动，开展向孔繁森、任长霞、苗卫民、张长路等英模人物学习活动，在政法队伍中反腐倡廉、做合格政法干警。1998年，开展“揭、摆、查”整顿活动。2000年，组织开展“人民满意政法干警”“人民满意政法单位”活动，重

全市公安工作现场会在鄄城召开

政法联席会议

点开展警民共建、警务公开、司法公开、联合接访、涉法涉诉案件集中清理、执法督查、行风评议、为群众办好事实事等项活动。2004 年，开展“保持共产党员先进性教育活动”。2005 年，开展“规范执法行为，促进执法工作公正和社会主义法治理念教育活动”。1991—2005 年，全县政法干警有 150 人次荣获个人一、二、三等功，或被上级部门通令嘉奖，有 1000 人次被评为全国、省、市、县先进工作者。

执法检查　1991 年，对违纪违法干警 11 人分别作了行政警告、行政记过、开除党籍、开除公职处理。1993 年，查处内部干警违纪违法案件 5 起，处理 5 人。1995 年以后，在政法部门先行搞好自查的基础上，每年都组织开展执法大检查活动，在公、检、法系统中共查出问题案件 90 余件，全部进行了限期改正。同时，加大对违法违纪干警的查处力度。1991—2005 年共处理违法违纪干警 30 余人，并将其中不适宜再做政法工作的人员清除出政法队伍。

第二节　基层组织建设

1991 年，全县 25 个乡镇中有 21 个乡镇配备政法党委委员（副科级）。1992 年，全县 25 个乡镇全部成立综治委、综治办，853 个行政村建立社会治安综合治理领导小组，并成立综治办。2003—2004 年，加强乡镇综合组织建设，16 个乡镇全部设立综治办专职主任（副科级），健全综治委，综治委主任一律由乡镇党委书记或乡镇长兼任。2005 年，又在 16 处乡镇建立调解中心。同时，还在乡镇建立治安联防队，在各行政村成立治安保卫队（打更巡逻队）。1991 年后，乡镇派出所、司法所、法庭开展规范化、正规化、标准化建设，1995 年基本完成。2000 年，对基层司法所进行体制改革，在乡镇建立法律服务所。2003—2004 年，对基层法庭进行改革，建立中心法庭制。2005 年，狠抓基层派出所的“三基”（抓基层、打基础、苦练基本功）建设。至 2005 年 12 月，全县 16 个乡镇全部建立综治委（办），并配备综治办专职领导及工作人员 85 人。440 个行政村全部建立综治办，配备专兼职工作人员 926 人。成立调解中心 16 处，乡镇治安联防队 16 支 218 人，村级治安保卫队（打更巡逻队）3541 支 21218 人，村调解委、治保委各 440 个。健全乡镇派出所 16 个，中心法庭 4 个，司法所 16 个，法律服务所 10 个。

第三节　社会治安综合治理

坚持“打防并举、标本兼治、重在治本”的方针，遵循“属地管理”“谁主管谁负责”原则，坚持党的领导，紧跟上级部署，结合全县实际，突出重点，注重实效，落实社会治安综合治理领导责任制和目标管理责任制，逐级签订责任书，严格进行考核奖惩，建立健全决策目标、执行责任、考核监督体系。建立、维稳、严打、防范、整治、排调、管理、运行、保障、创建、考核工作机制。落实一票否决和责任追究制度，加强基层政法、综治、普法、帮教、治保、调解、巡逻等组织的规范化建设，并调整充实人员，配备专门力量，形成县、乡、村三级健全的工作组织网络，保障了工作开展。

打击刑事犯罪 1991年，开展以打击盗窃、抢劫和拐卖人口为重点的专项斗争。1992年，开展整顿路边店、打击卖淫嫖娼、铲除罂粟、禁止毒品、反贪污贿赂的斗争。1993年，重点打击农村犯罪活动和坑农害农事件。1994年，开展打击车匪路霸和三次严打专项斗争。1995年，先后组织打击走私贩私、打拐、扫黄打非斗争，重点抓大要案侦破。8月30日，破获鄄郓结合部特大盗窃、抢劫系列案。1991—1995年，组织公捕公判大会43次，教育群众，震慑犯罪。按照以打保稳、以打促稳工作思路，始终坚持“严打”斗争不动摇，对各种刑事犯罪活动保持高压态势，先后组织开展“破要案、打团伙、追逃犯”，打拐，打击严重暴力犯罪、流窜犯罪、带有黑社会性质流氓恶势力犯罪，打击“两抢一盗”，打击地痞村霸、车匪路霸，“打假”，打击黄赌毒，打击走私贩私，“夏季、冬季百日会战”“三大战役”“天网行动”、冬季严打、春季严打、秋季严打以及反贪污贿赂等一系列专项斗争和集中行动。1991—2005年，共打掉各类犯罪团伙509个，抓获犯罪嫌疑人2293人；破获各类刑事案件7847起，抓获犯罪嫌疑人1294人，逮捕2269人，判刑1365人。实现“命案必破”“命案全破”目标，较好地稳定全县治安秩序。

矛盾纠纷排查调处 按照有牌子、有办公场所和设施、有制度、有经费保障和工作人员专职专用“四有一专”的要求，加强基层调解组织、队伍和乡镇调解中心建设，形成了县、乡（镇）、村三级健全的调解网络。2005年，全县16个乡镇全部建起了标准化、规范化的调解中心。依此为依托，坚持集中排查调处与经常性工作相结合，制度化地开展矛盾纠纷排查调处工作。1991—2005年，全县共调处矛盾纠纷24603起，调处成功率达到96.7%。通过调解工作制止群体性上访45起2680人，防止民转刑案件835起2615人。同时，在政法系统开展“大接访”和创“三无”以及涉法涉诉案件集中清理活动。1995—2005年，共处理信访案件5400件（次），其中处理集体访58起3600人次，对65起涉法涉诉案件，逐一采取消化处理措施，至2005年底全部处理完毕。

开展创建活动 1995年起，在全县范围内开展创建模范村（单位）、遵纪守法模范户、遵纪守法户以及帮教户评选挂牌活动，至2000年底，全县共评出模范村376个、模范单位245个、遵纪守法模范户1678户，遵纪守法户173934户，帮教户1042户，并通过对帮教户的帮教，使892户帮教户转化为守法户。2003年12月，县委、县政府成立建设“平安鄄城”工作领导小组，下发《关于建设“平安鄄城”的意见》，在全县范围内开展平安县、平安乡镇、平安单位、平安学校、平安企业、平安家庭创建活动。

城乡治安防范 1991年，按照“预防为主”方针，在城乡狠抓“三防”（人防、物防、技防）工作。1995年，在全县范围内集中开展“一、三、四、五、六”治安防范工程建设，即建立一个指挥中心，狠抓派出所、治保会、保卫科三个基层单位建设。搞好户口、车辆、公共场所、消防四项管理，抓好警务区、安全小区、治安岗亭、安全片、安全村五项基础建设和巡警队、联防队、打更队、经济民警队、护厂护院队、保安队六支队伍建设，并逐步予以加强和完善。2005年，从社会上招录协警100人，充实到城区巡逻一线，提高了城区见警率和防范能力。率先在全市建起“三台合一”工作机制，提高了技防水平。落实国务院《企事业单位内部保卫工作条例》，重新在全县35个县直重点单位恢复重建保卫科，并配备在编工作人员，进一步落实单位值班制度，重新规范设立警务区、治安岗亭、治安堵控点、110报警点，投放治安巡逻车沿城区街道24小时不间断巡逻。推行治安责任片制度和小区“建岗安锁”防范工程，在城区形成点线面相结合、动静相结合的无缝隙治安防范格局。在农村进一步健全治保会，建立白天守家护院队和夜晚打更巡逻队，实行“十户联防”和“治安中心户”联防以及村与村联防和专业化防范机制，并与民警包村相结合，形成了警民结合、联防互动的农村防范体系。城乡治安防控水平和能力显著提高，可防性案件明显下降，人民群众的安全感明显增强，群众对治安满意率达到 95% 以上。2006—2010 年，继续完善治安防范机制和措施，群众对治安满意率逐渐上升。

治安治理与管理　1991—2010 年，先后开展治安落后村、落后区域、学校及其周边环境、企业及其周边环境、道路交通、集市贸易、城区装卸市场、停车场、网吧游戏厅歌舞厅等娱乐场所、工业园区、非法出版物、卫生医疗秩序等 12 项治安专项治理活动，并结合治理活动，对各类霸头进行打击，对各种突出问题进行滚动式整治，治安落后面逐年减少。同时，经常性地开展安全生产、消防、食品卫生等专项检查活动，加强对安全生产的监管，加大对各种安全隐患的排查力度，并加强督查整改。此时期，全县无重特大安全生产事故和治安灾害事故发生。

第十章　县直机关工委

第一节　基层组织建设

1991 年，新建党支部 5 个，充实调整 34 个，到期改选 150 个。1992—1994 年，新建党支部 20 个，调整 65 个，定期改选 283 个，发展党员 400 余人。1994 年，根据新形势的要求，组织党员开展机关党建理论研讨活动，收到论文 114 篇，5 人作大会发言。1995 年，调整基层支部 23 个，充实调整人员 31 人，选配支部书记 8 人。1995 年，县直机关党委共有党总支 28 个，独立党支部 41 个，党员 4911 人。贯彻落实《中国共产党和国家机关基层组织工作条例》，加强总支、支部班子建设。1996—2000 年共审批换届总支 19 个，支部 86 个，健全了党的基层组织。表彰先进党总支、支部 100 多个，优秀共产党员 500 余人，促进了创先争优活动开展。落实“三会一课”制度，做好党费的收缴、管理、使用工作，加强对党员的教育和管理。2000 年，县直机关党委共有党总支 19 个，独立党支部 29 个，党员 4157 人。2001—2005 年，县直机关工委着重建立健全基层党组织班子，及时督促任期届满的总支、支部按时进行换届改选，及时充实调整不健全的总支、支部，先后审批换届改选党总支 47 个，党支部 317 个，新建党总支 6 个，党支部 18 个，调整总支、支部成员 785 人，保证了党的基层组织的相对稳定，班子健全，工作协调，具有较强的战斗力。2006—2010 年，先后审批换届改选党总支 51 个，党支部 335 个，新建党总支 3 个，党支部 41 个，调整总支、支部成员 657 人。

第二节　党员发展

按照党章规定和“坚持标准，保证质量，改善结构，慎重发展”的方针，重视做好经常性党员发展工作，坚持入党自愿和个别吸收的原则，成熟一个发展一个。每年都制定详细的发展计划，在工作中严格履行培养、考察、审批等入党手续，重视发展一线职工和妇女入党，改善了县直部门党员的结构。1991 年，发展党员 79 人，组织入党积极分子 156 人进行为期 5 天的培训，建立业余党校 2 个，党员活动室 2 个。每年在县委党校举办一期入党积极分子培训班，进行党章、党史、时事政治、党的基本路线和基本知识教育，明确入党动机，端正入党态度，较好地培养和保持一支素质高、数量足的入党积极分子队伍。1995 年 8 月，在党校举办为期 5 天的培训班，对发展对象进行辅导。是年，共纳新 248 人。1996—2000 年，举办入党积极分子培训班 5 期，培训入党积极分子 900 多人，审批发展新党员 884 人。2001—2005 年，共培养入党积极分子 1811 人，发展党员 1661 人。2006—2010 年，共培养入党积极分子 1208 人，发展党员 583 人。

第三节　党员教育

1991 年，组织党员学习中共十三届六中、七中、八中全会精神，加强党员思想作风和组织建设。组织县直单位党员 3500 多人和入党积极分子 1800 多人参加庆祝建党七十周年党史、党的基本知识竞赛活动。针对企业中存在的“一手软、一手硬”问题，召开企业思想政治工作经验交流会，县直 4 个单位介绍了经验和体会。党委一班人下去调查或指导工作一年达 40 人次，写调查报告 10 篇。1992 年，组织学习邓小平南方谈话。1995 年，围绕“抓住机遇，深化改革，扩大开放，促进发展，保持稳定”工作大局，开展党员电化教育工作。举办学特色理论、学党章“双学”知识竞赛。4 月，广泛开展“学习孔繁森、争当好公仆、立足岗位建功业”活动，共组织召开演讲会、报告会、讨论会 120 余场次。组织党员参加义务劳动 8000 多人次，节约资金 20 多万元。其中 6 月 27 日挖排水沟 4000 多米，节约资金 5 万多元；为庆祝中国共产党成立 74 周年，评出先进党支部 49 个，其中受县委表彰的 12 个，模范党员 199 人，其中受地委表彰 3 人，受县委表彰 39 人。1996—2000 年，县直机关绝大多数单位党组织把电化教育纳入机关党建和党员教育的总体规划，加大人力、物力、财力投入，在“硬件上档次，软件上水平”上加大工作力度，形成了党员电化教育网络。2001—2005 年，始终坚持以党章为准则，以邓小平理论和“三个代表”重要思想为指导，贯彻中共十六大和十六届三中、四中全会精神。全面落实科学发展观，围绕加强党的执政能力建设和先进性建设，促使党员树立共产主义理想，坚定走有中国特色社会主义道路的信念，提高坚持党的基本理论和基本路线的自觉性，模范执行党的路线、方针和政策。使党员牢固树立全心全意为人民服务的宗旨，密切联系群众，廉洁奉公，遵纪守法。通过学习，使党员严格按照党章规定认真履行义务，正确行使权利，在改革和建设中建功立业。在党员中实行目标管理，开展“争先创优”活动，增强党员的压力感、责任感。每个党员的目标要求高于党员的表现现状，无论是谁，完成目标都得付出一定努力。使党员感到“轻轻松松当不好党员”，从而更严格地要求自己。2009 年 3 月 6 日，启动县直部门学习实践科学发展观活动。县直机关共有党员 6115 人参加学习实践活动，各参学单位贯彻落实上级党委部署，严格活动步骤、活动内容、活动标准，一丝不苟、扎实深入地做好学习调研、分析检查、整改落实等阶段的工作。共组织集中学习培训 569 次，举办各类讲座、培训班 483 次，撰写调研报告 118 篇，召开专题民主生活会 96 次。达到“党员干部受教育、科学发展上水平、人民群众得实惠”的要求，推动全县经济社会发展。

第四节　群团工作

民兵工作　1991 年以后，县直机关工委围绕民兵预备役调整改革工作重点，对民兵进行政治教育，加强民兵组织建设，基本达到营、连组织健全，干部配齐，设施配套，制度完善，活动经常，圆满地完成兵役登记、民兵整组、预备役登记、应急分队建设、军事训练、站岗执勤等任务。在一年一度的征兵工作中，严格把好政审关、身体关，不徇私情，保证了新兵质量，无一例责任退兵。

团员工作　县直机关团委坚持建功育人，提高县直机关青少年政治、思想、道德、文化素质，带领团员青年投身县直机关、企业改革开放和现代化建设，以“青春立功”活动为主线，全面实施和深化“跨世纪青年文明工程”“跨世纪青年人才工程”和“青年致富工程”，热心为青年搞好服务，不断加强县直机关共青团组织基础建设、团的各项事业得到发展。县直机关团工委书记牟进华1998年被团省委授予青春立功活动三等功。2010年，机关团工委按要求积极参加各种会议和活动，完成工作任务。主动组织青年志愿者在重大节日开展青年志愿者服务。

妇女工作　1991年,县直机关妇联评选出"三八红旗手"100人,五好家庭50户,"三八先进集体"5个,"八五"巾帼建功先进个人20人。建立39个妇委会，开展"争做贤内助""家庭教育知识竞赛"等活动。1993年，组织广大妇女开展为灾区儿童、妇女送温暖活动，捐款1600余元，衣服1500余件，本子600本，笔760支，书包35个。1994年3月7日,举办"巾帼风采"演讲会。发展妇女党员50人，培养妇女对象150余人，宣传"九五"世界妇女第四次代表大会和《内罗毕战略》，宣传山东省妇女"九大"精神，印发宣传提纲1000余份，举办各种类型政治学习培训班，培训妇女2500余人。配合第一个国际家庭年，深化家庭文化建设，促进社会文明进步。评出地区"三八"红旗集体1个,"三八"红旗手3人，地区优秀女企业家、岗位明星各1人。2010年，在县直机关工委倡导下，建立妇联系统通讯员队伍，构筑宣传教育网络；组织开展母亲节主题纪念活动；培养和宣传优秀妇女典型事迹。落实女干部培训计划；开展为妇女服务活动，为妇女提供咨询和服务。

第十一章　政策研究与保密

第一节　政策研究

县委调研室(1996年5月改称县委政策研究室，简称县委政研室）作为综合文字材料部门，1991年以后，积极参与政务，努力为县委提供优质高效服务，促进县委正确决策和政策实施，发挥"人才库""智囊团"的重要作用。在完成县委领导讲话、各类汇报和县委文件、县委办公室文件起草把关任务的同时，县委政研室学习和掌握党的政策最新变化，注重了解国内外重大事态变化，广泛深入地了解全县社会经济的发展动态，紧紧围绕县委中心工作，围绕全县招商引资、工业兴县、农业产业化、服务业发展、市场建设、平安建设、和谐社会建设和党的建设等方面，撰写了一批质量较高的调研报告、专题文章在中央、省、市各级报刊上发表，一部分被上级党委政研机关评为优秀调研成果，并为上级领导决策提供了参考。

1991年3月，《强化队伍建设　促进农村工作开展——红船镇农村调查》《在治理整顿中腾飞——鄄城县酒厂调查》《抓好四项措施　搞好吨粮开发——大埝乡连庄村调查》发表于地委调研室编印的《春满牡丹乡》。《郑营乡张于庄行政村计划生育连续三年实现四个"百分之百"的启示》5月发表于地委办公室《情况反映》,《关于粮食生产的调查与思考》获全省调研成果二等奖,《关于围村林改造的调查与思考》获全省调研成果优秀奖。

1992年3月,《大埝乡冀庄村银耳生产调查》《凤凰乡大周寺村苹果生产情况调查》《宋楼乡科普工作调查》《梁屯乡棚菜生产情况调查》发表于地委调研室编印的《小康之路》。《实施正确措施　促进经济发展》4月发表于《菏泽大众报》,《关于鄄城县专业市场建设的调查与思考》《围绕经济抓党建，抓好党建促发展——梁屯乡调查》获全区优秀调研成果二等奖。1993年10月,《关于鄄城县对"三乱"开展专项治理的调查》发表于《菏泽大众》报。

1995年，《发展市场经济的重要一环》获全省调研成果二等奖，《加大措施　促进外向型经济的快速发展》发表于《菏泽通讯》第 4 期，《立足当前 放眼长远 努力加快经济发展步伐》《抓住机遇 启动活力 扎扎实实地做好改革开放试点工作》发表于省体改委《体改纵横》第 6 期，《关于如何增强县属企业活力的探讨》发表于《山东企业管理》第 1 期，《牢牢抓住〈牛鼻子〉——干部队伍建设调查》发表于《菏泽日报》。《关于乡镇企业的调查与思考》《关于县属企业走出困境的调查与思考》1996 年获全区优秀调研成果奖。《冲不垮的堡垒——李进士堂镇抗洪救灾调查》1996 年 10 月发表于《菏泽通讯》第 4 期。《关于鄄城县进出口权的调查与思考》1997 年获全区优秀调研成果奖。《关于新形势下农业和农村工作的调查与思考》1998 年获全省调研成果一等奖。《变上访为下访 下大力维护社会稳定》1999 年发表于《山东通讯》第 2 期。《关于做好新形势下农村信访工作的思考》发表于 1999 年《菏泽通讯》第 4 期。《小木板拼出大产业——1999 年鄄城县什集镇和庄工业小区调查》发表于 1999 年《菏泽通讯》第 5 期。

2003 年，《明确目标 突出重点 努力加快经济发展步伐》发表于《菏泽通讯》第 1～2 期。12 月，《关于鄄城县人发产业情况调查》发表于《特区行政与突破菏泽研究》。

2004 年，《鄄城人发何时成为支柱产业》发表于《山东内参》第 6 期。2005 年，《菏泽市人才强市战略问题与对策研究》获菏泽市科技进步二等奖，《关于鄄城县中药材产业的调研报告》获全市优秀调研成果奖，《关于鄄城县林木产业的调研报告》获全市调研成果二等奖。2008 年，《当前影响我县大项目建设发展环境的突出问题及对策》和《关于我县化解信访户问题的调查与思考》获全市调研成果三等奖。2009 年，《关于鄄城县农民工返乡回流情况的调查报告》获全市调研成果一等奖。2010 年，《关于鄄城县什集镇沙沃行政村经济社会发展情况的调研报告》获全市调研成果一等奖。

第二节 保 密

保密法规宣传 1991 年，编发《保密法规汇编》和有关宣传材料，常年举办保密法规培训班，定期进行培训，每期培训结束后进行有关保密法规、知识测验。定期组织全县领导干部观看保密教育录像片，每年举行保密宣传月活动，举办电视保密知识讲座，让广大干部职工了解和知悉《中华人民共和国国家秘密法》（以下简称《保密法》）及配套法规的具体内容和要求，并用以指导工作、规范自己的行为。2010 年是《保密法》颁布 22 周年，为各单位统一订购《保密法》（修订版）154 册，《保密法解读》共 56 册，《保密法》宣传挂图 38 页，《保密法》颁布宣传挂图 37 张，在《鄄城宣传》开辟专栏，分期刊登新修订保密法的内容。

保密制度建设 1990 年 7 月，县保密委员会制发《副科级以上领导干部保密制度》。1991 年 7 月 17 日，制发《关于机要文件收发、交换、传递、管理的意见》。1991 年 9 月 10 日，制发《关于做好保密要害部门（部位）保密工作的实施意见》。1992 年 6 月 5 日，制发《鄄城县涉外保密工作暂行规定》，县保密局会同县工商局、公安局、文化局、轻工业局等部门联合制发《关于执行中央国家六部门查处泄密案件协调配合办法的意见》。1997 年 3 月 20 日，制发《关于印发“三五”普法期间保密法制宣传教育计划的通知》。1999 年 1 月 4 日，制发《计算机信息系统保密管理暂行规定和通讯、办公室自动化、计算机审批暂行办法的通知》。2000 年 3 月 15 日，制发《计算机信息系统国际互联网保密管理规定》。2001 年 6 月 11 日，制发《关于加强保密工作依法行政的意见》。2002 年 8 月 12 日，制发《关于加强手机使用保密管理的通知》。2003 年 7 月 11 日，制发《关于禁用涉密计算机上国际互联网的通知》等。同时，各单位也制订了有关专项保密制度。

保密执法检查 1991—2005 年，坚持每年 2 次保密检查和专项检查。如定期对废品收购站进行保密检查；保密普法检查；联合县工商局、公安局对私营、个体打印复印户进行保密检查；对执法“保密范围”情况进行检查；对有关保密要害部门进行检查；对计算机、网络、高考试卷、移动储存介质进行保密检查等。

1997年11月开始，签订《保密要害部门、部位管理责任书》。明确各单位的保密要害部位，并提出管理意见。在此基础上，由县委分管保密工作的领导人同各单位分管负责人共同签订《保密要害部门、部门管理责任书》，截至2010年，共签订责任书2000余份。明确保密要害部门、部位领导责任、责任人及职责，建立起保密岗位责任制，强化了岗位管理。1994年，县保密局对全县私营企业及个体印刷、复印户进行注册登记和备案管理。2008年9月，对全县涉密计算机安装计算机涉密软件，共安装60余台，安装杀毒软件672台。

2010年，组织网络保密专项检查活动，要求各涉密单位按照要求进行自查，然后组织技术人员抽查涉密单位计算机的违规外联监控安装情况，重装涉密计算机违规外联监控软件32次，按照绝密、机密、秘密三级对计算机实施分类管理，对计算机内部存在或者潜在的木马病毒进行查找、清理，并对存在的问题下达限期整改通知，净化办公环境，降低泄密风险。

第十二章 党 校

第一节 体制演变

1995年6月前，鄄城党校为正科级单位。1995年6月，被省委组织部、省编制委员会批准为中专体制，规格为副县级，1996年11月成立党委。1999年10月，与鄄城县技工学校合并，实行“一个班子，两块牌子，两种职能”，即在做好党校工作的同时，办好技工教育。

第二节 党员干部教育

党员干部培训 县委党校的主要培训对象是县直企事业单位科级领导干部，乡镇副科级领导干部，农村党支部书记和村委会主任，青年科级后备干部和农村青年后备干部等，另外根据党的中心任务举办宣传党的路线、方针、政策和研讨重大理论现实问题的研讨班。1991—1993年，对全县农村党支部书记轮训一遍，自1994年起，对农村党支部书记和村委会主任进行轮训，乡镇和县直单位科级领导干部分期分批到党校参加培训或轮训，新提拔的副科级干部任职前到党校参加相应培训。1992年和1995年分别举办一期青年后备干部培训班，共计126人。1991—1995年，每年举办培训班5—8期，平均参训1500余人次。1996—2005年，每年举办培训班7～10期，平均参训2000余人次。培训班以马列主义、毛泽东思想、邓小平理论和“三个代表”重要思想为中心内容，把党的路线、方针、政策作为重点，把市场经济知识、党建知识、科技

青年党员干部培训（2012年 摄）

知识、法制知识、廉政建设、党性修养以及人口理论、环境保护、土地资源作为必修内容，把重大理论和现实经济和社会发展作研讨重点，着力提高广大党员干部的政治理论水平、政策水平、党性修养和实际工作能力。2006—2010年，每年举办主题培训班6～8期，培训的主要内容以科学发展观、中共十七大报告、新农村建设、法制建设、县域经济、国际国内形势等为主。2010年，通过“名师送教”活动，培训正副科级干部700余人，培训经济管理干部、企业负责人160人。

学历教育 1991年12月，党校干部业余中专班82人毕业。1991年起，举办辽宁刊授党校大专班，学制2年，政治理论专业1991年招生175人，1992年招收180人，1993年招收197人。1994年，招收省委党校农村党员干部经济管理大专班157人，省委党校本科班95人。1995—1997年，党校每年招省委党校本、专科班经济管理专业230余人。1998年增办中央党校函授本、专科法律专业。当年4个班次合计招生达到380余人。在校生达到650余人。1999—2005年，党校每年都把业余学历教育作为拓宽干部教育、提高干部素质渠道，每年招生都在200人左右。2005年，党校毕业本、专科学员累计2350余人，在校生470余人。2006—2008年，党校业余学历教育招生521人，根据上级文件要求，2008年以后，县级党校业余学历不再招生，2008级本专科学员230人分别于2010年和2011年6月毕业。此外，为培训全县党政事业单位中的优秀职工，改变职工身份，经县委、县政府批准，1998年和1999年连续举办2届干部中专班，每届招收120人，共计240人，这两届学生于2000年和2001年毕业，在县内享受干部身份待遇。

县委党校办公场所一角 （2010年 摄）

其他教育 党校充分利用师资和设备资源为社会培养人才。从1998年开始，举办计算机培训班，每年培训机关企事业单位工作人员300余人。从2000年开始，培训下岗职工，每年培训下岗职工500余人。另外，每年为社会培养计算机、钳焊等专业技术人员200余人。2008—2010年，充分利用技校的教育资源，严格按照要求，进行了农民工、失业人员、创业人员、进城务工人员进行短期培训，每年举办8～10期，40多个班次，每年平均培训4000余人次，2010年培训人数达5612人次。

基础设施建设 1991—1995年，党校总占地面积26亩（含家属院），公用建筑面积1996平方米（学员宿舍、办公室、大礼堂、伙房）。1995—1999年，建筑面积1516平方米。1999年和技校合并后，总占地约60亩，公用建筑面积约5500平方米。2001年，投资65万元建高标准餐厅伙房1座，建筑面积700平方米。2002年，投资25万元，购置微机50台，建设高标准微机室。2003年，更新报告厅桌椅、音响，安装了空调。2004年投入15万多元，建设电工、电子实验室，钳焊实习室和机电实习室，配置了相应的实验、实习设备。2005年，投入16万多元对学校院墙大门进行改造，并将教学办公大楼粉刷一新。学校设有中央党校远程教育网C级站和省委组织部农村党员干部远程教育网站。2008年4月至2009年3月，投资120万元，建宿舍楼1座。

理论科研 党校一贯重视理论科研工作，制定了相应的科研工作制度。自1997年起，每年教师都有科研成果或论文发表在省、市级相应刊物和著作上。1993年论文2篇，参编著作1部，1994年论文3篇，1995年论文2篇，1996年论文3篇，参编著作1部，1997年论文4篇，1998年论文4篇，1999年论文5篇，2000年论文10篇，2001年论文12篇，2002年论文13篇，参编著作2部，2003年论文12篇，参编著作2部，2004年论文13篇，参

集体研究教材　（2011 年　摄）

编著作 2 部，2005 年论文 12 篇。其中有 18 篇论文获市委宣传部、市社科联、市委党校等单位颁发的优秀论文奖。2006—2010 年，共有 45 篇科研论文在市党校系统论文评选中获奖。2010 年，两篇调研报告经省科研课题组审查验收通过。

2005 年 12 月，被评为山东省委党校函授教育先进学区，山东省党校系统信息化建设先进单位。2008 年 11 月，被评为菏泽市党校系统先进单位。2010 年 12 月被评为菏泽市技校系统短期培训先进单位。

第十三章　信　访

第一节　来信来访

1991—2010 年，县信访局共受理群众来信 1718 件，来访 7783 起 59729 人次，其中集体访 1676 起 48816 人次，结案率 92.5%；领导批示和上级要结果的重点案件 107 件，全部处结，结案率 100%。

1991—2010 年，群众信访反映问题在不同阶段呈现不同的特点。1991—1995 年，群众上访反映计划生育、农民负担、种植业结构调整问题突出；1995—2002 年，反映农民负担、村班子和村财务问题突出；2002—2005 年，反映责任田、宅基地纠纷、涉法案件问题突出；2006—2010 年，反映工资福利及社会保险、土地征用租用及补偿、宅基地管理及纠纷、基层班子、村干部作风及村财务管理、环境保护、责任田调整及纠纷、小麦直补款、城镇规划建设及拆迁补偿、农村卫生室建设及新农合报销、刑事治安案件及涉法涉诉、民政优抚及低保问题比较突出。对群众来信来访反映的问题，按照有关政策和法律法规，及时妥善予以处理。

1991—2010 年鄄城县信访情况统计表

表 19-13-1

年　度	来访（起）	人　次	其中集体访（起）	人　次	来信（件）	结案率
1991	165	1856	77	3159	110	87%
1992	344	4893	63	2370	98	89%
1993	304	3944	78	3992	89	93%
1994	263	3182	75	3561	95	82%
1995	309	4732	65	3150	94	88%
1996	580	7245	214	6850	197	83%
1997	406	6148	133	5599	131	86%

续表 19-13-1

年　度	来访（起）	人　次	其中集体访（起）	人　次	来信（件）	结案率
1998	283	1785	43	1272	56	93%
1999	366	1597	78	1171	66	95.5%
2000	316	2190	75	1847	118	96%
2001	285	2399	63	2026	64	97.5%
2002	350	2790	82	1985	68	95%
2003	387	2830	94	2245	62	97%
2004	415	2254	30	1627	83	98.1%
2005	379	1286	58	870	45	98.5%
2006	427	1690	59	1064	87	97.3%
2007	470	1775	78	1240	51	98.4%
2008	922	3352	147	2164	80	95.6%
2009	503	2547	109	1926	53	96.3%
2010	336	1234	55	798	71	97.5%

第二节　信访法规宣传

从 1991 年起，鄄城县确定每年 5 月为信访法规宣传月。专门成立宣传教育活动领导小组，由县委副书记任组长，县委政法委书记、县委办公室主任、分管信访的副县长任副组长。每年 5 月初，县委、县政府召开信访法规集中宣传教育活动动员大会，全县各级各部门采取多种形式，对国务院《信访条例》《山东省信访规定》《中华人民共和国游行示威法》《中华人民共和国行政复议法》《中华人民共和国治安管理处罚条例》等法律、法规进行广泛宣传。2005 年 5 月，新的《信访条例》颁布实施，县信访局及时通过电视、报纸、宣传单进行宣传，使群众知信访、懂信访、依法信访。1991—2010 年，共散发宣传材料 16 万余份，全县出动宣传车 400 多车次，复制录像带、录音带 300 多盒，举办各种培训班培训人员 2000 多人次，电视讲座 15 次。

第三节　基层信访

按照信访工作重心下移要求，着力解决有人办事，有地方办事，能办成事的问题，由被动接访向主动下访转变。努力实现农村发生的问题不出乡镇，单位发生的问题不出单位，系统内发生的问题不出系统，县内问题不出县。1998 年 12 月，乡镇一级设立信访办公室，配备副科级信访办主任。1999 年 7 月，在村一级，结合村两委换届选举，配备信访民调员，形成县、乡、村三级立体的信访工作网络和信访信息网。为强化乡镇稳定工作力量，2004 年 3 月，各乡镇成立由信访、司法、民政、土管、经管站五部门人员组成的维稳办公室，由分管副书记任组长，信访办主任任副组长。乡镇维稳办负责不安定因素的排查，村级信访民调员的培训，法律法规的宣传和信访案件的调查和处理，信访户回访和信访户稳控工作。县直部分部门如县公安局、检察院、法院、国土资源管理局、计划生育局等设立专门的信访科室，配备专兼职信访干部。从 1989 年开始，逢农历四、九县城大集，县委、县人大、县政府、县政协等领导人轮流到人民来访接待室接待群众来访。自 2007 年开始，在全县范围内开展县、乡领导干部定期公开接访活动。参加公开接访的领导范围：县委常委；县人大常委会主任、副主任；县政府副县长；县政协主席、副主席；乡镇党委、

县领导接访　（2011 年　摄）

人大、政府领导班子成员；县直各部门领导班子成员。按照“属地管理，分级负责”“谁主管、谁负责”和“一岗双责”的原则，坚持有访必接、有接必果的要求，在接待日内使上访群众人人受到领导接待，信访事项件件得到依法处理，努力做到应该在乡镇、系统解决的问题不到县，应该在县解决的问题不到上级党委、政府或部门，努力把群众反映的合理诉求解决在基层、化解在萌芽状态。

重大信访案件处理，实行逐案落实领导人包案责任制，逐案成立专案工作组，逐案确定处结时间，逐案落实稳控责任。实行处结报告制度，对处结的案件要求必须由乡镇及县直有关部门主要负责人签字后报县信访局。严把结案质量关，坚持“五个不结案”，即问题调查不清不视为结案；处理不到位不视为结案；处理意见不落实不视为结案；没上访人回访意见不视为结案；结案后又因同一问题再上访的不视为结案。坚持解决问题与思想稳控工作相结合，为群众解决实际问题。

第十四章　党　史

第一节　党史编纂

1995—2005 年，先后 3 次为《中国共产党山东省菏泽地区组织史资料》（中华书局出版）编纂鄄城卷，内容上分 1987—1994 年、1995—1999 年、2000—2004 年 3 个阶段，合计 150 万字，收录全县副科级以上组织机构及副科级以上干部，小型Ⅱ以上企业负责人任职情况，记述了机构建撤升降和人员更替情况。2005—2006 年为《当代菏泽人》（中央文献出版社出版）编纂鄄城卷，收录中华人民共和国成立以后曾在鄄城担任正县（团）级及以上职务者〔含离休后享受副厅级以上待遇、正高级专业技术职务、驻鄄城全国人大代表、政协全国委员会委员、全国劳动模范、全国先进生产（工作）者及华东劳动模范、市级以上专业技术拔尖人才及鄄城籍在外地工作符合上述条件者共 256 人〕，100 万字。2003—2004 年，编纂出版《中共鄄城历史大事记（1927—2004）》（中华书局出版），40 余万字，主要记述 1927—2004 年中国共产党在鄄城的早期活动；中共鄄城县委贯彻执行党的路线、方针、政策，进行新民主主义革命、社会主义革命和现代化建设的重大活动、重要事件；在中共鄄城县委领导下，县纪委、县人大、县政府、县政协、县人武部及主要群众团体在全县有影响的活动；全县工农业及社会各项事业等方面取得的重大成就和主要成果；县党政领导机构和领导人以及行政区划的重大变动；上级领导人在鄄城的重要活动等。此书 2005 年被中共菏泽市党史委评为精品工程。2009 年参与编纂《菏泽 60 年（1949—2009）》（银河出版社出版），2010 年参与编纂《菏泽建市 10 年大事记》（银河出版社出版）。

第二节 党史宣传

1991—2010年，在《菏泽日报》发表党史纪念文章12篇，在《鄄城宣传》发表文章20篇。举办农信杯、电业杯党史知识竞赛、演讲比赛10次，举办党史知识讲座6次、30余场。

第十五章 档 案

第一节 设备与馆藏

1991—2010年鄄城县档案局（馆）实行局馆合署办公。1991年鄄城县档案局（馆）建筑面积288平方米、两层档案楼1座，砖木、钢筋、水泥结构，库房窗户为钢筋木窗、双层玻璃。2005年省档案局拨款15万元扩建钢筋、混泥土结构两层库房楼1座，建筑面积245平方米。1991年馆内配有档案橱123个，温湿度自动纪录仪1部，防火水缸3口。1992年配备去湿机、吸尘器各1部，灭火器4部，防盗自动报警器1部。1995年配备照相机、复印机、打字机、放大机各1台。2003年配备空调2部。2006年更新了办公桌椅等设备。2008年购置铁皮档案橱10个。2009年配备微机、打印机各1部。2010年投资3万元修缮档案库房，新建大门，加强了安全措施。

1991年馆藏90个全宗，案卷15104卷，其中文书档案10579卷，科技档案58卷，专业档案3206卷，会计档案466卷，印膜档案343卷，声像档案401卷，照片档案15卷，族谱档案36卷。永久卷3944卷、长期卷2596卷，短期卷4039卷，另有资料8475册。1998年增加全宗15个，新进文书卷4492卷。2004年建立名人档案100卷。2005年增加全宗2个，新进文书卷3620卷。2009年重点对破产企业的档案加强管理，共接收文书档案120卷，会计档案860卷。至2010年全宗总数增加到107个，案卷24296卷，其中文书档案18691卷，科技档案58卷，专业档案3206卷，会计档案1326卷，印膜档案343卷，声像档案401卷，照片档案15卷，族谱档案36卷，名人档案126卷。永久卷12056卷、长期卷2596卷、短期卷4039卷，另有资料10227册。

第二节 机关、团体、企事业档案

1991年全县有档案室215个，城建档案馆1处。专职档案干部97人，兼职128人。由于县直部门机构改革、部分科局合并，乡镇合并，企业破产等因素，至2010年全县有档案室120个，配备管理员232人，其中专职人员87人，兼职145人。

1991年全县有达到省三级管理水平档案室21家，达到省二级管理水平10家；1992年达到省二级管理水平的有23家，达到省三级管理水平的7家。1994年有2个档案室升级，1998年有8个档案室升级，2003年全县35家档案室达到省优秀等次，2004年16家档案室达到省一级档案室标准。到2010年全县有5家跨入省特级管理行列，14家跨入省先进或一级行列，24家跨入市先进管理行列，企业档案管理有9家跨入省市先进行列。另外还建有科技档案室、专业档案室、名人档案室。科技档案主要包括设备档案、工艺品档案、基本建设档案、测绘、水文、地震档案、科研档案。专业档案有政法档案、地名档案、人口普查档案、声像档案等。为不断提高全县档案干部的整体素质，1991—2010年先后举办业务培训班8次，培训2660余人次。

第三节　档案利用

档案局（馆）利用现有档案资源为社会和群众提供服务，1991—2010年共接待干部群众12950余人次，查阅档案资料28960余卷（册）。2000年为中央档案馆全国革命历史档案编写了鄄城县委、县政府等全宗革命历史档案的全宗介绍。根据工作实际，撰写学术论文32篇，其中在国家级学术刊物上发表4篇，省级16篇，市级12篇，获省市档案学术成果奖17项，编写档案利用实录400余篇。2003年开展名人档案资料征集和归档工作，建立名人档案室，截至2010年已收集700余人的档案资料，建立名人档案120余卷。同时加强档案编研工作，于2005年编纂出版了《鄄城人物志》一书，收录鄄城县古今人物600余人。2009年，为展示鄄城县自中华人民共和国成立以后特别是改革开放以来各行各业的建设成果，利用档案馆馆藏档案，县直各单位、各乡镇档案室、宣传部新闻科、社会团体和个人保存的照片，征集图片千余幅，资料近20万字，编辑出版《新中国档案——辉煌鄄城》，受到社会各界好评。

第 二 十 编

地方国家权力机关

DIFANGGUOJIAQUANLIJIGUAN

1949年11月，鄄城县召开第一届各界人民代表大会。至1953年，共召开4届12次会议。1954年，根据《中华人民共和国宪法（草案）》规定，鄄城县召开历史上的第一届全县人民代表大会。至2010年，全县先后召开16届人民代表大会，举行46次全体代表会议。

1981年，鄄城县第八届人民代表大会依法设立常务委员会，人民代表大会制度得以完善。2010年，鄄城县人民代表大会常委会下设办公室、研究室、人事代表工作室、信访室、财政经济工作委员会（包括城建环保工作）、内务司法工作委员会、教育科学文化卫生人口工作委员会（包括民族宗教工作）、农业与农村工作委员会。县人大常委会自成立以来，按照《中华人民共和国地方各级人民代表大会和地方各级人民政府组织法》第四十四条规定行使14项职权，主要包括决定重大事项权、监督权和任免权。1991—2010年，鄄城县人大常委会共召开133次常务会议，作出重大决议、决定183项，任免"一府两院"和人大常委会机关工作人员1286人次，免职291人次，接受辞职43人次，撤职1人，根据《全国人大常委会关于完善人民陪审员制度的决定》，共依法任命人民陪审员54人。同时，县人大强化对"一府两院"的法律监督和工作监督，指导人大代表加强与基层一线群众的联系沟通，在协调社会各界人士共同推进全县政治、经济、文化等领域的现代化建设方面发挥了桥梁和引领作用。

第一章　县人民代表大会

第一节　十二至十六届县人大会议

1991—2010年，鄄城县共召开5届人民代表大会，按照其届次顺序排列为鄄城县第十二届、第十三届、第十四届、第十五届、第十六届人民代表大会。

第十二届人民代表大会　本届大会共召开3次会议。

第一次会议　1990年2月21日至24日举行。

第二次会议　1991年3月7日至10日召开。出席会议代表325人，列席代表109人，特邀代表16人。会议听取并审议《鄄城县人民政府工作报告》，县计委《鄄城县1991年国民经济和社会发展计划草案的报告》、县财政局《鄄城县一九九〇年财政决算和一九九一年财政预算草案的报告》，县人大常委会、县人民法院、县人民检察院工作报告，并通过相应决议。会议期间，大会受理议案79件，作为议案处理的6件，转为意见、建议处理的73件，代表直接提出建议、批评和意见131条。

第三次会议　1992年3月11日至14日召开。出席会议代表324人，列席116人，特邀16人。会议听取并审议《鄄城县人民政府工作报告》，县计委《鄄城县一九九二年国民经济和社会发展计划草案的报告》、县财政局《鄄城县一九九一年财政预算执行情况和一九九二年财政预算（草案）的报告》，县人大常委会、县人民法院、县人民检察院工作报告，并通过相应的决议。会议代表提出议案51件，作为议案处理7件，转为建议、批评和意见处理44件，代表直接提出建议、批评、意见84条。

第十三届人民代表大会　本届大会共召开5次会议。

第一次会议　1993年3月13日至17日召开。出席会议代表323人。会议听取并审议《鄄城县人民政府工作报告》，县计委《鄄城县一九九二年国民经济和社会发展计划执行情况及一九九三年国民经济和社会发展计划（草案）的报告》、县财政局《鄄城县一九九二年财政预算执行情况和一九九三年财政预算（草案）的报告》，鄄城县第十二届人民代表大会常务委员会、县人民法院、县人民检察院工作报告，并通过相应的决议。大会受理议案40件，作为议案处理8件，转为建议、批评和意见处理32件。会议选举张福连为鄄城县第十三届人大常委会主任，董允彦、杨化杰、王在乾、汪孚臣、仪春江、刘圣聚为副主任。选举王培思、皮连仲、刘开胜、刘利钦、杜希全、李书京、苏玉（女）、张存占、张仲卿、吴昌英为鄄城县人大常委会委员。选举常贵民为鄄城县人民政府县长，任茂廉、范天柱、谢朴君、张诗文、任崇尚为副县长。选举张吉勇为县人民法院院长，刘树田为县人民检察院检察长。选举常贵民、朱贵芹、汪孚臣、王培思、侯翠贞（女）为出席省第八届人民代表大会代表。

第二次会议　1994年3月15日至17日召开。出席会议代表323人。会议听取并审议《鄄城县人民政府工作报告》，县计委《鄄城县一九九三年国民经济和社会发展计划执行情况及一九九四年计划（草案）的报告》、县财政局《鄄城县一九九三年财政决算和一九九四年财政预算（草案）的报告》，县人大常委会、县人民法院、县人民检察院工作报告，并通过相应的决议。会议代表提出议案54件，作为议案处理5件，转为建议、批评和意见处理49件，代表直接提出的建议、批评和意见40件。

第三次会议　1995年3月3日至6日召开。出席会议代表330人，列席代表53人，特邀代表10人。会议听取并审议《鄄城县人民政府工作报告》，县计委《鄄城县一九九四年国民经济和社会发展计划执行情况及一九九五年计划（草案）的报告》、县财政局《鄄城县一九九四年财政决算和一九九五年财政预算（草案）的报告》，县人大常委会、县人民法院、县人民检察院工作报告，并通过相应决议。大会受理议案76件，作为议案处理5件，转为建议、批评和意见处理71件。会议补选李念学为鄄城县人大常委会副主任、补选刘建勇、赵东湘为鄄城县人大常委会委员，补选张汉民为鄄城县人民政府县长。

第四次会议　1996年3月7日至10日召开。出席会议代表340人。会议听取并审议《鄄城县人民政府工作报告》，县计委《鄄城县一九九五年国民经济和社会发展计划执行情况及一九九六年计划（草案）的报告》、县财政局《鄄城县一九九五年财政决算和一九九六年财政预算（草案）的报告》，县人大常委会、县人民法院、县人民检察院工作报告，并通过相应的决议。会议代表提出议案78件，作为议案处理7件，转为建议、批评和意见处理71件。会议补选王培思为鄄城县人大常委会副主任，补选郭心斋为鄄城县人大常委会委员。

第五次会议　1997年3月4日至7日召开。出席会议代表339人。会议听取并审议《鄄城县人民政府工作报告》，县计委《鄄城县一九九六年国民经济和社会发展计划执行情况及一九九七年计划（草案）的报告》、县财政局《鄄城县一九九六年财政决算和一九九七年财政预算（草案）的报告》，县人大常委会、县人民法院、县人民检察院工作报告，并通过相应决议。会议代表提出议案80件，作为议案处理9件，转为建议、批评和意见处理71件。会议补选钱朝一为县人大常委会副主任，补选姜全升为县人民法院院长，补选韩念元为县人民检察院检察长。

第十四届人民代表大会　本届大会共召开6次会议。

第一次会议　1998年3月3日至7日召开。出席会议代表267人，驻县城副县级以上离、退休干部应邀列席会议，县属各部、委、办、局主要负责人，县属科级以上独立事业单位主要负责人，不是县十四届人大代表的乡镇人大主席团主席或副主席，县人大常委会各科室负责人，中央、省、地驻鄄城单位的主要负责人和县六届政协委员列席会议。会议听取并审议《鄄城县人民政府工作报告》，县计委《鄄城县一九九七年国民经济和社会发展计划执行情况及一九九八年计划（草案）的报告》、县财政局《鄄城县一九九七年财政决算和一九九八年财政预算（草案）的报告》，县人大常委会、县人民法院、县人民检察院工作报告，并通过相应决议。大会受理议案63件，作为议案处理7件，转为建议、批评和意见处理的56件。会议选举范天柱为鄄城县第十四届人大常委会主任，杨化杰、杨松梅（女）、汪孚臣、刘圣聚、钱朝一、史大成、祝贵阁为副主任。选举马少力、刘利钦、刘建永、苏玉（女）、杜希全、张存占、张忠卿、陈泽诗、周俊玉（女）、赵东湘、秦毅、郭心斋、韩萍（女）为鄄城县人大常委会委员。选举张本进为鄄城县人民政府县长，乔廷龙、杜学杰、马延涛、侯永信、刘中琴（女）、赵广华为副县长。选举姜全升为鄄城县人民法院院长，韩念元为县人民检察院检察长。选举朱关兴、徐光璞（女）、张本进、张忠卿、周俊玉（女）、刘利钦为出席山东省第九届人民代表大会代表。

第二次会议　1999年3月10日至12日召开。出席会议代表266人。驻县城副县级以上离、退休干部应邀列席会议，县属各部、委、办、局主要负责人，县属科级以上独立事业单位主要负责人，县十四届人大代表的乡镇人大主席团主席或副主席，县人大常委会各科室负责人，中央、省、地驻鄄单位主要负责人和县六届政协委员列席会议。会议听取并审议《鄄城县人民政府工作报告》，县计委《鄄城县一九九八年国民经济和社会发展计划执行情况与一九九九年计划（草案）的报告》、县财政局《鄄城县一九九八年财政决算和一九九九年财政预算（草案）的报告》，县人大常委会、县人民法院、县人民检察院工作报告，并通过相应决议。会议代表提出议案73件，作为议案处理的7件，转为建议、批评和意见处理的66件。会议补选张忠卿为县人大常委会副主任，补选陈登云为县人民政府副县长。

第三次会议　2000年1月18日至20日召开。出席会议代表264人。驻县城副县级以上离、退休干部应邀列席会议，县属各部、委、办、局主要负责人，县属科级以上独立事业单位主要负责人，不是县十四届人大代表的乡镇人大主席团主席或副主席，县人大常委会各科室负责人，中央、省、地驻鄄城单位主要负责人和县十届政协委员列席会议。会议听取并审议《鄄城县人民政府工作报告》，县计委《关于鄄城县一九九九年国民经济和社会发展计划执行情况及二〇〇〇年计划（草案）的报告》、县财政局《关于一九九九年财政决算和二〇〇〇年财政预算（草案）的报告》，县人大常委会、县人民法院、县人民检察院工作报告，并通过相应决议。会议代表提出议案70件，作为议案处理4件，转为建议、批评和意见处理66件。

第四次会议　2000年12月21日至22日召开。出席会议代表263人，列席代表18人。大会根据《中华人民共和国全国人民代表大会和各级人民代表大会选举办法》及菏泽地区人大工委《关于菏泽市第十五届人民代表大会代表选举问题的通知》精神，选举产生鄄城县出席菏泽市第十五届人民代表大会代表50人，其中地直机关在鄄城县参加选举的出席菏泽市第十五届人民代表大会代表11人。

第五次会议　2001年3月27日至29日召开。出席会议代表268人。驻县城副县级以上离、退休干部应邀列席会议，县属各部、委、办、局主要负责人，县属科级以上独立事业单位主要负责人，不是县十四届人大代表的乡镇人大主席团主席或副主席，县人大常委会各科室负责人，中央、省、地驻鄄单位主要负责人和县十届政协委员列席会议。会议听取并审议《鄄城县人民政府工作报告》，县计委《关于二〇〇〇年国民经济和社会发展计划执行情况及二〇〇一年计划（草案）的报告》、县财政局《关于二〇〇〇年财政决算和二〇〇一年财政预算（草案）的报告》，县人大常委会、县人民法院、县人民检察院工作报告，并通过相应决议。会议代表提出议案43件，作为议案处理3件，转为建议、批评和意见处理40件。会议补选孙秀芝、赫宪明为鄄城县人大常委会副主任。补选任仲义为鄄城县人民政府县长，陈庆勇、朱瑞军（女）、孙占民为鄄城县人民政府副县长。

第六次会议　2002年3月1日至3日召开。出席代表266人。驻县城副县级以上离、退休干部

应邀列席会议，县属各部、委、办、局主要负责人，县属科级以上独立事业单位的主要负责人，不是县十四届人大代表的乡镇人大主席团主席或副主席，县人大常委会各科室负责人，中央、省、地驻鄄城单位的主要负责人和县十届政协委员列席会议。会议听取并审议《鄄城县人民政府工作报告》，县计委《关于鄄城县二〇〇一年国民经济和社会发展计划执行情况及二〇〇二计划（草案）的报告》、县财政局《关于鄄城县二〇〇一年财政决算和二〇〇二年财政预算（草案）的报告》，县人大常委会、县人民法院、县人民检察院工作报告，并通过相应决议。大会受理议案56件，作为议案处理3件，转为建议、批评和意见处理53件。会议补选苏庆和、侯立贵为鄄城县人大常委会委员。

第十五届人民代表大会 本届大会共召开5次会议。

第一次会议 2003年1月13日至16日召开。出席会议代表267人。驻县城副县级以上离、退休干部应邀列席会议，县属各部、委、办、局主要负责人，县属科级以上独立事业单位主要负责人，不是县十五届人大代表的乡镇人大主席团主席或副主席，县人大常委会各科室负责人，中央、省、地驻鄄城单位主要负责人和县七届政协委员列席会议。会议听取并审议《鄄城县人民政府工作报告》，县计委《关于鄄城县二〇〇二年国民经济和社会发展计划执行情况及二〇〇三年计划（草案）的报告》、县财政局《关于二〇〇二年财政决算和二〇〇三年财政预算（草案）的报告》，县人大常委会、县人民法院、县人民检察院的工作报告，并通过相应的决议。会议代表提出议案54件，作为议案处理7件，转为建议、批评和意见处理47件。会议选举范天柱为鄄城县人大常委会主任，孙秀芝（女）、张忠卿、赫宪明、谷存修、李长山、李建刚为副主任。选举于海亭、王凤芹（女）、任保忠、苏玉（女）、苏庆和、李建新、李保东、张卫华、张春联（女）、张景进、周凤斋、侯立贵、姚树成、秦毅、常俊海、彭海波为第十五届人大常委会委员。选举任仲义为鄄城县人民政府县长，陈庆勇、赵广华、陈登云、孙占民、田中原为副县长；选举张逢继为鄄城县人民法院院长，韩念元为鄄城县人民检察院检察长；选举鄄城县出席菏泽市第十六届人民代表大会代表49人，其中市直机关在鄄城县参加选举的出席菏泽市第十六届人民代表大会代表8人（后根据工作需要又补选3人）。

第二次会议 2004年2月3日至5日召开。出席会议代表265人，列席代表61人，特邀代表19人。驻县城副县级以上离、退休干部应邀列席会议，县属各部、委、办、局主要负责人，县属科级以上独立事业单位主要负责人，不是县十五届人大代表的乡镇人大主席团主席或副主席，县人大常委会各科室负责人，中央、省、地驻鄄城单位主要负责人和县七届政协委员列席会议。会议听取并审议《鄄城县人民政府工作报告》，县计委《关于县二〇〇三年国民经济和社会发展计划执行情况及二〇〇四年计划（草案）的报告》、县财政局《关于二〇〇三年财政决算和二〇〇四年财政预算（草案）的报告》，县人大常委会、县人民法院、县人民检察院工作报告，并通过相应决议。会议代表提出议案51件，作为议案处理4件，转为建议、批评和意见处理47件。

第三次会议 2005年1月10日至1月12日召开。出席代表265人。驻县城副县级以上离、退休干部应邀列席会议，县属各部、委、办、局主要负责人，县属科级以上独立事业单位主要负责人，不是县十五届人大代表的乡镇人大主席团主席或副主席，县人大常委会各科室负责人，中央、省、地驻鄄城单位主要负责人和县七届政协委员列席会议。会议听取并审议《鄄城县人民政府工作报告》，县计委《关于鄄城县二〇〇四年国民经济和社会发展计划执行情况及二〇〇五年计划（草案）的报告》、县财政局《关于鄄城县二〇〇四年财政决算和二〇〇五年财政预算（草案）的报告》，县人大常委会、县人民法院、县人民检察院工作报告，并通过相应决议。会议代表提出议案41件，作为议案处理4件，转为建议、批评和意见处理37件。会议补选冯瑞卿、张存占为鄄城县人大常委会副主任，补选王厚元为鄄城县人民检察院检察长。

第四次会议　2006年3月4日至6日召开。出席会议代表267人，列席人员91人，特邀人员18人。县属各部、委、办、局主要负责人，县属科级以上独立事业单位主要负责人，不是县十五届人大代表的乡镇人大主席或副主席，县人大常委会各科室负责人，中央、省、市驻鄄城单位的主要负责人和县七届政协委员列席会议。会议听取并审议《鄄城县人民政府工作报告》，县发展计划局《关于鄄城县二〇〇五年国民经济和社会发展计划执行情况与二〇〇六年计划（草案）的报告》、县财政局《关于鄄城县二〇〇五财政预算执行情况和二〇〇六年预算（草案）的报告》，县人大常委会、县人民法院、县人民检察院工作报告，并通过相应决议。会议代表提出议案41件，作为议案处理7件，作为建议办理34件。会议补选宋文启为鄄城县人大常委会主任，补选王有杰为鄄城县人民政府县长，补选王厚元、范宗魁、周生林为鄄城县人大常委会副主任，补选仵宗立为鄄城县人民法院院长，补选李爱国为鄄城县人民检察院检察长。

第五次会议　2007年2月5日至6日召开。出席会议代表273人，列席人员80人，特邀人员17人。县属各部、委、办、局主要负责人，县属科级以上独立事业单位主要负责人，不是县十五届人大代表的乡镇人大主席或副主席，县人大常委会各科室负责人，中央、省、市驻鄄城单位主要负责人和县七届政协委员列席会议。会议听取并审议《鄄城县人民政府工作报告》，县发展计划局《关于鄄城县二〇〇六年国民经济和社会发展计划执行情况与二〇〇七年计划（草案）的报告》、县财政局《关于鄄城县二〇〇六财政预算执行情况和二〇〇七年预算（草案）的报告》，县人大常委会、县人民法院、县人民检察院工作报告，并通过相应决议。会议代表提出议案37件，作为议案处理13件，作为建议办理24件。会议补选聂林为鄄城县人大常委会副主任。

第十六届人民代表大会　至2010年，本届大会共召开4次会议。

第一次会议　2007年12月13日至15日召开。出席会议代表278人，列席人员32人，特邀人员20人。县属各部、委、办、局主要负责人，县属科级以上独立事业单位主要负责人，不是县十六届人大代表的乡镇人大主席或副主席，县人大常委会各科室负责人，中央、省、市驻鄄城单位主要负责人和县八届政协委员列席会议。会议听取并审议《鄄城县人民政府工作报告》，县发展和改革局《关于鄄城县2003年—2007年国民经济和社会发展计划执行情况与2008年—2012年计划（草案）的报告》、县财政局《关于鄄城县2003年—2007年财政工作情况和2008年—2012年财政工作发展目标（草案）的报告》，县人大常委会、县人民法院、县人民检察院工作报告，并通过相应决议。会议代表提出议案52件，作为议案处理3件，作为建议办理49件。会议选举宋文启为鄄城县人大常委会主任，谷存修、王厚元、范宗魁、周生林、聂林、王凤芹（女）为副主任。选举于海亭、王东（女）、史宝玉、仪传珍、任保忠、刘善杰、苏庆和、苏华、李香云（女）、杨克亭、吴金林、宋书君、张卫华、周凤斋、皇甫忠言、赵艳红（女）、秦毅、徐增宪、常俊海、彭海波为第十六届人大常委会委员。选举王有杰为鄄城县人民政府县长，李长山、孟令选、孙占民、肖云（女）、张代卿、尘峰为副县长。选举仵宗立为鄄城县人民法院院长，李爱国为鄄城县人民检察院检察长。选举鄄城县出席菏泽市第十七届人民代表大会代表53人，其中市直机关在鄄城县参加选举的出席菏泽市第十七届人民代表大会代表13人。

第二次会议　2009年2月2日至3日召开。出席会议代表280人，列席人员54人，特邀人员19人。县属各部、委、办、局主要负责人，县属科级以上独立事业单位主要负责人，不是县十六届人大代表的乡镇人大主席或副主席，县人大常委会各科室负责人，中央、省、市驻鄄城单位主要负责人和县八届政协委员列席会议。会议听取并审议《鄄城县人民政府工作报告》，县发展和改革局《关于鄄城县2008年国民经济和社会发展计划执行情况与2009年计划（草案）的报告》、县财政局《关于鄄城县2008年预算执行情况和2009年预算（草案）的报告》，县人大常委会、县人民法院、县人民检察院工作报告，并通过相应决议。会议代表提出议案40件，作为议案处理17件，作为建议办理23件。

第三次会议 2009年7月14日至15日召开，出席会议代表278人，会议选举谷瑞灵为鄄城县人民政府县长，补选郭兆雷为鄄城县人大常委会委员。

第四次会议 2010年1月30日至2月1日召开，出席会议代表278人，列席人员59人，特邀人员17人。县属各部、委、办、局主要负责人，县属科级以上独立事业单位主要负责人，不是县十六届人大代表的乡镇人大主席或副主席，县人大常委会各科室负责人，中央、省、市驻鄄城单位主要负责人和县八届政协委员列席会议。会议听取并审议《鄄城县人民政府工作报告》，县发展和改革局《关于鄄城县2009年国民经济和社会发展计划执行情况与2010年计划（草案）的报告》，县财政局《关于鄄城县2009年预算执行情况与2010年预算（草案）的报告》，县人大常委会、县人民法院、县人民检察院工作报告，并通过相应决议。会议代表提出议案39件，作为议案处理11件，作为建议办理28件。会议补选侯养学为鄄城县人大常委会副主任。

县人大十六届四次会议现场

第二节 代表选举

选举委员会 根据《中华人民共和国全国人民代表大会选举法》（以下简称《选举法》）和《山东省县乡两级人民代表大会选举实施细则》的规定，县人民代表大会代表的选举，在本级人民代表大会常务委员会的领导下，由县选举委员会具体组织实施。选举委员会设办事机构——选举办公室，主要任务是负责选举文件的收发、印刷、档案管理、总结交流经验、编写简报、起草文稿以及后勤事务工作等。下设组织组、宣传组、选民登记组。组织组的主要任务是负责划分选区、选区人事安排，代表名额的提出和分配，候选人的提出、汇总和公布安排选举日程，掌握选举结果，发放代表证。宣传组主要负责起草宣传计划和宣传提纲，编写学习宣传材料，培训选举干部，掌握思想动态，开展宣传活动。选民登记组主要负责选民资格审查，进行选民登记，公布选民名单，发放选民证，处理有关选民资格的申诉。

名额分配 1990—1992年，全县代表名额为321人；1993—1997年，全县代表名额为323人。1998年，按照《选举法》和《山东省县乡两级人民代表大会选举实施细则》规定，县级人民代表大会名额基数为120人，每5000人可以增加代表1人。按照人口数，并经省人民代表大会常务委员会确定，鄄城县代表总额为267人。2003—2007年按照人口数，并经省人民代表大会常务委员会确定，鄄城县代表总额为265人。2007年年底，按照人口数，并经省人民代表大会常务委员会确定，鄄城县代表总额为278人。至2010年未变。

按照农村每一代表所代表的人口数四倍于城镇每一代表所代表的人口数进行名额分配，同时从实际情况出发，工人、干部、农民、科技人员、爱国民主人士等，各占适当的比例和数量。

选区划分 按照《选举法》的有关规定，选区按居住状况、生产单位、事业单位、工作单位划分。每次换届选举前，先行划分选区，原则上按照每一选区代表1～3人进行划分。2003年，换届选举时共划分154个选区。2007年，换届选举时共划分154个选区。

选民登记 选民登记按选区进行，经登记确认的选民资格长期有效。每次选举对上次选民登记以后新满 18 周岁、被剥夺政治权利期满后恢复政治权利的选民，予以登记，对选民经登记后迁出原选区的，列入新迁入的选区的选民名单；对死亡的和依照法律被剥夺政治权利的人，从选民名单上除名。按照规定，选民名单在选举日的 20 日前公布，实行选民发证、凭证参加投票选举。

代表候选人的提出和正式代表候选人的确定 代表候选人的提出，由各选区选民和各政党、各人民团体联合或单独，选民 10 人以上联名推荐三种方式提名推荐。选举委员会汇总后，在选举日 15 日以前公布，并由该选区选民小组反复酝酿、讨论、协商，选举委员会根据大多数选民的意见，确定正式候选人名单，并在选举日 5 日前张榜公布。

代表资格审查 根据法律规定，直接选举产生的县人大代表资格，由鄄城县人大常委会代表资格审查委员会审查，报县人大常委会确认。县人大代表资格审查的内容主要有：选区投票选举的代表候选人名额是否符合法定差额比例；各政党、各人民团体推荐的代表候选人和选民 10 人以上联名推荐的代表候选人是否都列入初步代表候选人名单，并于选举日的 15 日以前张榜公布；是否有未经依法提名的人列入代表候选人名单；正式代表候选人名单是否经过选民反复酝酿协商，按照较多数选民的意见确定的；一个选区参加投票选举的选民是否超过全体选民一半以上；当选代表是否获得法定票数。代表资格审查委员会逐人逐项审查后，向县人大常委会提出代表资格审查报告，经审议通过后予以公告；再由选举委员会填写当选代表登记表，发给当选代表通知书和代表证。

代表比例构成 鄄城县第十二届人民代表大会（1990—1992）：1900 年 2 月 21 日，召开第一次会议，出席县人大代表 321 人。其中工人代表 25 人，占 7.8%；农民代表 178 人，占 55.5%；干部代表 64 人，占 19.9%；解放军代表 1 人，占 0.3%；知识分子 53 人，占 16.5%；中共党员 139 人，占 43.3%；少数民族代表 6 人，占 1.8%；妇女代表 78 人，占 24.3%。

鄄城县第十三届人民代表大会（1993—1997）：1993 年 3 月 15 日，召开第一次会议，出席县人大代表 323 人。其中工人代表 29 人，占 9%；农民代表 179 人，占 55.4%；干部代表 61 人，占 18.9%；解放军代表 1 人，占 0.3%；知识分子 53 人，占 16.4%；中共党员 185 人，占 57.2%，非党代表 138 人，占 42.8%；少数民族代表 4 人，占 1.2%；妇女代表 74 人，占 22.9%。

鄄城县第十四届人民代表大会（1998—2002）：1998 年 3 月 12 日，召开第一次会议，出席县人大代表 267 人。其中工人代表 28 人，占 10.5%，农民代表 127 人，占 47.6%；干部代表 58 人，占 21.7%；解放军代表 1 人，占 0.3%；知识分子 53 人，占 19.9%；中共党员 172 人，占 64.4%；非党代表 95 人，占 35.68%；少数民族代表 4 人，占 1.4%；妇女代表 58 人，占 21.7%。

鄄城县第十五届人民代表大会（2003—2007）：2003 年 1 月 13 日，召开第一次会议，出席县人大代表 265 人。其中工农代表 158 人，占 59.6%；干部代表 67 人，占 25.3%；解放军代表 1 人，占 0.4%；知识分子 39 人，占 14.7%；中共党员 171 人，占 64.5%；非党代表 94 人，占 35.5%；少数民族代表 3 人，占 1.1%；妇女代表 64 人，占 24.2%。

鄄城县第十六届人民代表大会（2008—2011）：2007 年 12 月 13 日，召开第一次会议，出席县人大代表 278 人。其中工农代表 158 人，占 56.8%；干部代表 76 人，占 27.2%；解放军代表 2 人，占 0.7%；知识分子 42 人，占 15.1%；中共党员 191 人，占 68.7%；非党代表 87 人，占 31.3%；少数民族代表 4 人，占 1.4%；妇女代表 68 人，占 24.5%。

第三节　代表联系和活动

代表联系 按照从实际出发，本着“就近组织，方便活动，条块结合，以块为主”的原则，历届人大常委会把保持与代表密切联系，倾听代表意见和要求，注重发挥代表作用作为一项重要举措。

1993—1997 年，县人大常委会围绕贯彻实施《代表法》，认真办理在每年一次的代表大会期间代表所提议案、建议、批评和意见，做好人大代表信访工作，组织代表视察调查等活动，发挥代表作用，采用召开代表座谈会、个别走访等多种形式，每年同代表联系一次，了解代表工作、学习、生活情况，倾听他们的意见和要求。1996 年，县人大常委会组织县、乡人大代表对“一府两院”31 个单位工作进行评议。这是第一次开展代表评议活动，效果良好。

1998—2002 年，县人大常委会通过各项制度加强同代表联系。坚持常委会组成人员分工联系代表制度，每年利用走访、慰问、召开座谈会等方式，与驻鄄城省、市和县人大代表普遍进行联系，听取意见和要求。坚持邀请代表列席常委会会议制度，听取他们对有关工作的意见和要求。对全县代表在履行职责中提出建议和要求，使代表任务明确，主动地开展各项工作。为全县人大代表和部分乡镇人大代表订阅报刊资料，及时向代表转发有关信息，通报人大工作情况，为代表发挥作用提供服务。

2003—2007 年，县人大常委会将省、市、县、乡四级代表划分为 175 个学习活动小组，民主推选正副组长。2007—2010 年，县人大常委会将省、市、县、乡四级代表划分为 123 个代表活动小组，民主推选召集人和联络员。根据《鄄城县人大常委会联系县人民代表大会代表办法》，建立和完善县人大常委会主任、副主任、委员及机关科室联系人大代表制度，采取普遍联系与重点联系相结合、分组联系与个别走访联系相结合的形式，每年对县人大代表走访联系一次，或单独走访，或召开座谈会，或直接到代表小组，了解他们工作、生活情况，听取他们对人大常委会和“一府两院”工作意见。坚持人大代表列席常委会会议制度。每次常委会例会都根据审议议题，邀请相关行业人大代表 4 ～ 5 人列席会议，听取他们的意见。建立重大情况通报代表制度。对全县一个时期经济建设和社会发展中的重大决策，常委会都及时通报代表，使代表们知情知政，以便协助政府更好地推进工作。积极处理代表来信来访。对来信来访中反映的重大问题，常委会主任、副主任亲自过问，认真负责地与有关部门搞好调查工作，妥善进行处理，并及时给予答复。日常工作中，凡是人大代表来信来访要求做到：必须由人代室与信访室一同受理，必须向主任汇报受理情况；必须向主任会议汇报办理情况；必须回访征求意见。

县人大代表视察新农村建设

代表活动 主要有视察（包括个人持证视察）、调查、检查和评议等形式。常委会组织视察活动，主要围绕人民代表大会和常务委员会会议议题以及人民群众普遍关心的问题进行。视察时，听取有关机关或部门汇报，进行现场视察；或者直接深入基层，听取群众意见和要求。常委会组成人员和代表可提出建议、批评和意见，但不直接处理问题。对视察中提出的建议、批评和意见，有关机关、组织必须研究处理并负责答复。1991—2010 年，县人大常委会共组织各类视察活动 320 次，分别对农民负担、流通体制改革、县属工业企业改制、下岗职工再就业、内外河防汛、城市建设、工会法贯彻落实、基层法庭建设、“非典”防治、禽流感防治、招商引资大项目建设、农业产业结构调整、教育工作情况、《中华人民共和国食品卫生法》贯彻落实情况、安全生产工作情况、旅游业发展工作情况、网吧管理等工作进行视察，督促“一府两院”解决工作中存在的突出问题。2003 年后，每年都组织省、市、县人大代表对民营经济开展 1 ～ 2 次视察活动，针对视察中发现的资金短缺、发展不平衡、技术创新能力不足、招商引资力度不够等问题，建议县政府大力培植重点骨干企业，广开融资渠道，优化发展环境，在现有基础上做好抓投入扩大规模、抓营销占领市场、抓征管搞好税收工作，进一步优化政策，

县人大代表赴企业调研生产情况

完善措施，加大力度，促进民营经济更快更好地发展。组织人大代表对“一府两院”的工作进行评议，对依法任命的国家机关工作人员进行述职评议，监督国家机关及其工作人员，使之不断提高法制观念，增强法律意识，忠于职守，廉洁勤政，创造性地开展工作。1991 年以后，多次组织省、市、县人大代表对由县人大任命的县政府工作人员和垂直管理部门负责人进行评议，每次评出的前三名优秀工作人员分别被授予“模范公务员”或者“优秀工作者”称号。2009 年，县人大常委会组织省、市、县人大代表对县政府组成部门进行评议，被评为信任单位的，由县人大常委会通报表扬，并颁发奖牌，被评为信任等次前三名的单位主要负责人授予“优秀工作者”称号。

第二章　县人大常务委员会

第一节　任期　机构　职权

任期　1991—2010 年，鄄城县第十二、十三、十四、十五、十六届人民代表大会分别选举产生相应届别人大常务委员会。第十二届人大常委会任期 1990 年 2 月始至 1993 年 3 月止，组成人员 17 人。第十三届人大常委会任期 1993 年 3 月始至 1998 年 2 月止，组成人员 17 人。第十四届人大常委会任期 1998 年 3 月始至 2003 年 1 月止，组成人员 21 人。第十五届人大常委会任期自 2003 年 1 月始至 2007 年 12 月止，组成人员 23 人。第十六届人大常委会任期自 2007 年 12 月开始，组成人员 27 人。

机构　1991 年至 2010 年 4 月，鄄城县人大常委会下设办公室、组织科、文教科、法制科、农业科、财经科、信访科。2010 年 5 月起，鄄城县人大常委会下设办公室、研究室、人事代表工作室，信访室、财政经济工作委员会（包括城建环保工作）、内务司法工作委员会、教育科学文化卫生人口工作委员会（包括民族宗教工作）、农业与农村工作委员会。2010 年底，有工作人员 34 人（含主任）。

职权　鄄城县人大会常委会依照《中华人民共和国地方各级人民代表大会和地方各级人民政府组织法》第四十四条规定行使 14 项职权，主要包括决定重大事项权、监督权和任免权。1991—2010 年，鄄城县人大常委会共召开 133 次常务会议，作出重大决议、决定 183 项，任免“一府两院”和人大常委会机关工作人员 1286 人次，免职 291 人次，接受辞职 43 人次，撤职 1 人。根据《全国人大常委会关于完善人民陪审员制度的决定》，共依法任命人民陪审员 54 人。

1990—2012年鄄城县人大常委会主任、副主任任职情况表

表 20-2-1

届次	职务	姓名	任职时间	籍贯
十二	主任	张福连	1990.2—1993.3	鄄城县箕山镇
	副主任	董允彦	1987.3—1993.3	鄄城县鄄城镇董楼村
		杨化杰	1987.3—1993.3	鄄城县箕山镇杨庄
		王在乾	1987.3—1993.3	鄄城县彭楼镇付堂村
		汪孚臣	1984.5—1993.3	泰安市镇文街
		仪春江	1990.2—1993.3	鄄城县大埝乡仪楼
		刘圣聚	1990.2—1993.3	聊城市莘县古云集乡
十三	主任	张福连	1993.3—1998.3	鄄城县箕山镇
	副主任	董允彦	1993.3—1998.3	鄄城县鄄城镇董楼村
		杨化杰	1993.3—1998.3	鄄城县箕山镇杨庄
		王在乾	1993.3—1998.3	鄄城县彭楼镇付堂村
		汪孚臣	1993.3—1998.3	泰安市镇文街
		仪春江	1993.3—1998.3	鄄城县大埝乡仪楼
		刘圣聚	1993.3—1998.3	聊城市莘县古云集乡
		李念学	1995.3—1995.4	郓城县
		王培思	1996.3—1998.3	鄄城县箕山镇苗屯
		钱朝一	1997.3—1998.3	鄄城县鄄城镇
十四	主任	范天柱	1998.3—2003.1	鄄城县阎什镇沈口村
	副主任	杨化杰	1998.3—2001.3	鄄城县箕山镇杨庄
		杨松梅（女）	1998.3—2003.1	鄄城县郑营乡
		汪孚臣	1998.3—1999.3	泰安市镇文街
		刘圣聚	1990.2—2001.3	聊城市莘县古云集乡
		钱朝一	1998.3—2003.1	鄄城县鄄城镇
		史大成	1998.3—2003.1	鄄城县鄄城镇东街
		祝贵阁	1998.3—2001.3	郓城县
		张忠卿	1999.3—2003.1	鄄城县什集镇
		孙秀芝	2001.3—2003.1	鄄城县箕山镇孙花园
		赫宪明	2001.3—2003.1	牡丹区白虎集
十五	主任	范天柱	2003.1—2006.3	鄄城县阎什镇沈口村
		宋文启	2006.3—2007.12	鄄城县左营乡宋海村
	副主任	孙秀芝（女）	2001.3—2006.3	鄄城县箕山镇孙花园
		张忠卿	1999.3—2006.3	鄄城县什集镇
		赫宪明	2001.3—2006.3	牡丹区白虎集
		谷存修	2003.1—2007.12	鄄城县箕山镇谷庄村
		李长山	2003.1—2004.6	鄄城县阎什镇

续表 20-2-1

届次	职　务	姓　名	任职时间	籍　贯
十五	副主任	李建刚	2003.1—2004.6	鄄城县什集镇
		冯瑞卿	2005.1—2007.2	鄄城县凤凰乡
		张存占	2005.1—2006.3	鄄城县阎什镇刘楼村
		王厚元	2006.3—2007.12	单县李新庄镇刘洼村
		范宗魁	2006.7—2007.12	鄄城县引马乡范庄
		周生林	2006.3—2007.12	鄄城县左营乡杨堂村
		聂　林	2007.2—2007.12	牡丹区北顺城街
十六	主　任	宋文启	2007.12—2012.1	鄄城县左营乡宋海村
	副主任	谷存修	2007.12—2011.1	鄄城县箕山镇谷庄村
		王厚元	2007.12—2012.1	单县李新庄镇刘洼村
		范宗魁	2007.12—2012.1	鄄城县引马乡范庄
		周生林	2007.12—2010.2	鄄城县左营乡杨堂村
		聂　林	2007.12—2012.1	牡丹区北顺城街
		王凤芹（女）	2007.12—	鄄城县富春乡赵仟庄
		侯养学	2010.2—2012.1	鄄城县凤凰镇西陈庄

第二节　县人大常委会重要会议

第十二届人大常委会　共召开常委会议 19 次。

第十次会议　1991 年 6 月 26 日至 27 日召开，会议听取县政府农村提留方案，县计划生育委员会、乡镇企业局工作情况，县工业局关于开展“质量品种效益年”活动情况，县教育局关于《中华人民共和国义务教育法》贯彻实施情况，县技术监督局关于《中华人民共和国计量法》和《中华人民共和国标准化法》实施情况的汇报，并作出审议意见。根据县长段连湘提请，决定任命季国臣、李宗康为县人民政府副县长。

第十九次会议　1992 年 6 月 24 日至 27 日召开，会议采取开会和视察相结合的方法，先后视察防汛工作、《中华人民共和国企业法》的贯彻情况，分别听取县黄河河务局、县水利局、县城建委、县棉办、县经委关于以上各项工作情况的汇报，并进行讨论和审议。

第十三届人大常委会　共召开常委会议 25 次。

第一次会议　1993 年 3 月 13 日召开，会议根据县长常贵民的提请，任命新的一届县政府工作人员 45 人。按照《鄄城县人大常委会人事任免办法》的规定，这次被任命干部全部到会进行口头述职。县委书记陈兴之、副书记李念学出席述职会议。

第二次会议　1993 年 6 月 11 日召开，会议决定《鄄城县关于切实减轻农民负担的若干规定》由县政府颁布实施。会议听取并审议县农业局关于 1992 年全县农民负担监督管理工作和清理情况，县农委关于农业科技服务情况，县工业局关于《全民所有制工业企业转换经营机制条例》落实情况，县水产局关于水产开发情况的汇报。

第十八次会议　1995 年 8 月 24 日召开，会议听取县政府关于 1995 年上半年国民经济和社会发展计划及财政预算执行情况的汇报，并审议通过鄄城县人民政府关于《鄄城县城乡规划建设管理暂行规定》的补充规定，同时代表们还在审议中针对农业基础薄弱、种植结构不尽合理、工业企业流动资金紧张等问题，提出要继续优化农村经济结构，大力发展农村经济，加快农业基础设施和市场体系建设，增强农业抗御自然灾害和市场风险的能力等意见。

第二十五次会议　1996年6月27日至28日召开，会议采取视察与汇报相结合的方法进行。与会人员先后察看箕山乡、大埝乡、阎什镇、郑营乡、临濮乡、董口乡部分村庄的农电管理、农资供应及价格执行情况，听取各乡镇负责的汇报，审议县电业局关于农电管理及价格执行情况的汇报，县联社关于农业生产资料供应价格执行情况的汇报。

第十四届人大常委会　共召开常委会议36次。

第九次会议　1999年4月29日召开，会议听取审议县政府关于全县重点项目建设情况及《中华人民共和国妇女权益保障法》贯彻实施情况、县技术监督局关于执法情况的汇报。

第二十三次会议　2001年3月12日召开，会议表决通过杨化杰、刘圣聚、祝贵阁辞去县人大常委会副主任职务的申请，张本进辞去县人民政府县长职务的申请，杜学杰、刘中琴辞去县人民政府副县长职务申请。会议决定任命任仲义为县人民政府副县长、代县长。

第二十五次会议　2001年4月27日召开，会议听取县药监局关于《中华人民共和国药品管理法》贯彻实施情况，县卫生局关于全县医疗卫生改革工作情况，县教育局关于《中华人民共和国义务教育法》贯彻实施情况的汇报。

第三十四次会议　2002年6月25日召开，会议听取县政府关于全县农村税费改革、招商引资、县属工业运行、县级财政预算执行及其他财政财务收支情况审计的汇报和县法院、县检察院、县公安局队伍建设情况的汇报，并进行审议。

第三十六次会议　2002年10月16日召开，会议听取审议县政府关于县十四届人大第六次会议代表议案、建议办理情况，《中华人民共和国人口与计划生育法》贯彻实施情况，民营经济工作情况，村民委员会换届选举工作情况的汇报和报告。

第十五届人大常委会　共召开常委会议39次。

第三次会议　2003年4月22日召开，会议听取审议科技推广、工商工作、质量技术监督工作和社会保障体系建设工作情况的汇报，审议通过《鄄城县人大常委会评议工作暂行办法》和《鄄城县人大常委会关于对司法机关个案监督的暂行办法》。

第四次会议　2003年5月9日召开，会议听取审议县政府关于全县非典型肺炎防治工作情况汇报。

第十一次会议　2004年4月28日召开，会议听取审议县政府关于旅游工作情况，关于经济环境治理工作情况，关于社会治安综合治理创建“平安鄄城”工作情况汇报。

第十三次会议　2004年6月28日召开，会议听取审议关于民营经济发展情况，关于《中华人民共和国传染病防治法》贯彻实施情况汇报。

第二十次会议　2005年8月19日召开，审议通过《鄄城县人大常委会二〇〇五年对县政府部门、垂直管理部门负责人进行述职评议工作的实施方案》。

第二十一次会议　2005年11月14日召开，会议的主要议程是:（1）听取和审议县政府关于《鄄城县城市总体规划（2005—2020)》编制情况的汇报；（2）听取和审议县政府关于提请审议《鄄城县城市总体规划（2005—2020)》的议案，并通过《鄄城县人大常委会关于通过〈鄄城县城市总体规划（2005-2020)〉的决定》。

第二十二次会议　2005年12月27日召开，会议听取和审议县人民法院关于民事审判工作情况的汇报，县人民检察院关于反贪、渎职犯罪情况的汇报，县政府关于社会治安及综合治理、“四五”普法、禽流感防治工作情况汇报。

第二十四次会议　2006年1月15日召开，会议表决通过任仲义辞去县人民政府县长职务的申请，陈庆勇、赵广华辞去县人民政府副县长的申请，张逢继辞去县人民法院院长职务的申请，王厚元辞去县人民检察院检察长职务的申请。会议决定任命王有杰为县人民政府副县长、代县长，姜守民、肖云为县人民政府副县长，仵宗立为县人民法院审判员、审判委员会委员、副院长、代院长，李爱国为县人民检察院检察员、检察委员会委员、副检察长、代检察长。

第二十五次会议　2006年2月21日召开，会议讨论通过县人大常委会工作报告（审议稿），听取关于县十五届人大四次会议筹备工作情况的报告，县十五届人大三次会议代表方案、建议办理情况的报告，作出召开县第十五届人民代表大会第四次会议时间的决定，讨论通过县十五届人大四次会议建议议程（草案），县第十五届人大四次会议主席团、秘书长建议名单（草案），县十五届人大四次会议议案审查委员会主任委员、副主任委员、委员建议名单（草案），县十五届人大四次会议建议列席人员范围。

第二十六次会议　2006年4月3日召开，会议审议通过县人大常委会2006年工作要点，听取和审议县政府关于城区道路建设、旅游工作情况的汇报和县政府关于《中华人民共和国环境保护法》《中华人民共和国水污染防治法》贯彻实施情况的汇报。会议决定刘福斌、岳国峰挂任县人民政府副县长。

第二十七次会议　2006年6月27日召开，会议听取和审议县政府关于2005年县级财政预算执行和其他财政收支情况审计报告，县政府关于“五五”普法规划及《鄄城县2006—2010年依法治县规划》情况的汇报，县政府关于工业生产情况和《中华人民共和国药品管理法》《中华人民共和国城市规划法》《中华人民共和国建筑法》贯彻实施情况汇报，表决通过鄄城县人民代表大会常务委员会《关于在全县公民中开展第五个五年法制宣传教育的决议》和《关于〈鄄城县2006—2010年依法治县规划〉的决议》。

第二十八次会议　2006年8月29日召开，会议听取和审议县政府关于县十五届人大四次会议代表所提议案、建议办理，招商引资，2006年上半年国民经济和社会发展计划执行，2006年上半年财政预算执行，《中华人民共和国农业法》贯彻实施，林业产业化情况的汇报，审议县政府《关于提请审议〈鄄城县旅游发展总体规划（2006—2020）〉的议案》，审议通过县人大常委会《关于批准我县旅游发展总体规划（2006—2020）的决定》。

第二十九次会议　2006年10月27日召开，会议听取和审议县政府关于推进社会主义新农村建设、公安工作情况的汇报，县人民法院关于审判监督工作情况的汇报，县人民检察院关于法律监督工作情况的汇报，县政府关于调整财政预算的报告。

第三十二次会议　2007年1月29日召开，会议听取和审议县政府关于提请审议《鄄城生态县建设规划的议案》，审议通过《鄄城县人大常委会关于通过鄄城生态县建设规划的决定》，听取和审议《鄄城县人大常委会关于县十五届人大五次会议筹备工作情况的报告》，审议通过《鄄城县人大常委会关于县十五届人大四次会议议案、建议办理情况的报告》，作出《关于召开鄄城县第十五届人民代表大会第五次会议时间的决定》，审议通过《鄄城县人大常委会工作报告（报告稿）》，鄄城县十五届人大五次会议建议议程（草案），鄄城县十五届人大五次会议议案审查委员会主任委员、副主任委员、委员建议名单（草案），鄄城县十五届人大五次会议主席团、秘书长建议名单（草案），鄄城县十五届人大五次会议列席人员范围。会议决定任命李长山、李建刚、张代卿为鄄城县人民政府副县长。

第三十六次会议　2007年8月31日召开，会议听取和审议县政府关于县十五届人大五次会议议案、建议、批评和意见办理情况、2007年上半年国民经济和社会发展计划执行情况、2007年上半年财政预算执行情况的汇报，审计通过鄄城县选举委员会组成人员名单（草案），县直及各乡镇选举委员会组成人员名单（草案），《鄄城县人民代表大会常务委员会关于鄄城县县、乡两级人民代表大会代表选举时间的决定（草案）》，《鄄城县人民代表大会常务委员会关于2007年县、乡人大换届选举工作安排意见（审议稿）》，《鄄城县人民代表大会常务委员会关于各乡镇人民代表大会代表名额分配方案（草案）》。

第三十八次会议　2007年11月26日召开，会议任命孟令选、尘峰为鄄城县人民政府副县长。

第三十九次会议　2007年12月3日召开，会议听取和审议县人民政府关于《中华人民共和国人口与计划生育法》贯彻实施情况、新型农村合作医疗工作开展情况、养老保险工作情况汇报，县选举委员会关于换届选举工作情况报告，审议通过县人大常委会代表资格审查委员会关于县十六届人大代表的代表资格审查报告、县人大常委会工作报告（审议稿），听取和审议关于县十六届人大一次会议筹备工作情况报告，审议通过关于县十五届人大五次会议代表议案、建议办理情况报告，作出关于召开鄄城县第十六届人民代表大会第一次会议时间决定，审议通过县十六届人大一次会议建议议程（草案），县十六届人大一次会议主席团、秘书长建议名单（草案），县十六届人大一次会议议案审查委员会主任委员、副主任委员、委员建议名单（草案），县十六届人大一次会议建议列席人员范围。

第十六届人大常委会 至2010年，共召开常委会议19次。

第一次会议 2008年1月18日召开，会议审议通过县人大常委会2008年工作要点，县人大常委会关于加强人民监督员工作的意见（草案），表决通过县十六届人大常委会代表资格审查委员会组成人员建议名单、主任会议提请任命的人民监督员建议名单。会议决定李庆明挂任县人民政府副县长。会议任命新一届县政府组成人员共24人。

第三次会议 2008年6月27日召开，会议听取和审议县人民政府关于2007年县级预算执行和其他财政收支情况的审计报告、县人民政府关于民营经济和林业产业化工作情况汇报。

第四次会议 2008年8月26日召开，会议听取和审议县人民政府关于县十六届人大一次会议代表议案建议办理情况、2008年上半年国民经济和社会发展计划执行情况、2008年上半年财政预算执行情况的汇报。

第七次会议 2009年1月20日，会议听取县人大常委会代表资格审查委员会关于县十六届人民代表大会代表变动情况等多项报告。会议决定聘任时伟为鄄城县人民政府科技副县长。

第十二次会议 2009年8月19日召开，会议听取和审议县政府关于县十六届人大二次会议代表所提议案建议办理情况、2009年上半年国民经济计划和财政预算执行情况、社会治安工作情况汇报。

第十七次会议 2010年5月13日召开，会议听取和审议县政府关于强农惠农政策落实情况、环境保护工作情况报告。

第十八次会议 2010年6月29日召开，会议听取和审议县政府关于2009年财政预算执行和其他财政收支审计报告以及畜牧业发展工作情况报告。

第十九次会议 2010年8月30日召开，会议听取和审议县政府关于2010年上半年国民经济和社会发展计划执行情况、2010年上半年财政预算执行情况、“十项民心工程”进展情况的报告。

第三章 工作监督

第一节 财经工作监督

财经工作监督主要包括经济工作监督、国民经济计划和财政预算监督。鄄城县人大常委会自1991年第十二届人大常委会至2010年第十六届人大常委会期间，共听取审议县政府财经工作汇报112次，组织财经工作方面的视察47次。

国民经济计划和财政预算监督 1991—2010年，鄄城县历次人代会都把国民经济和社会发展计划、财政预算执行情况列入重要议程，组织代表认真审议，并作出相应决议。人大常委会一般于每年年中、年底两次听取政府计划和财政部门的工作汇报。在常委会召开之前，县人大财经科首先深入到计划、财政、税务、经济管理等部门进行调查了解，写出详尽的调查报告，提交县人大常委会。每年年底和下年年初组织代表对计划、财税进行视察。在每年的人民代表大会召开之前，计划和财政部门把当年计划、预算执行情况和下年计划、预算（草案）提前送交县人大财经科审阅，并请提出修改意见和建议。县人大常委会一般于每年的第一季度末听取财政局关于财政决算报告，并审查批准。在预算执行中，如因特殊情况需要增加支出或减少收入，使原批准预算需要进行调整的，财政部门在每年10月底将预算调整报告提交常委会审查批准。

经济工作监督　监督方式主要是听取并审议政府及各部门工作汇报，形成相关决议决定。同时，组织对经济工作的视察检查和调查研究，有针对性地提出问题。

1991—2010年，县人大常委会先后就鄄城县人民政府关于经济环境治理、《鄄城县税收征收管理办法》实施、全县经济工作运行、县属工业企业深化改革、农村税费改革、招商引资、国民经济和社会发展计划执行、县级财政预算执行及其他财政财务收支情况审计、民营经济发展、城市总体规划编制、全县安全生产、城区道路建设、环境保护、水污染防治等情况听取汇报40余次，并就有关工作进行视察，形成决议或提出问题。

第二节　教科文卫人口工作监督

教育工作监督　县人大常委会不定期组织部分省、市、县人大代表和常委会组成人员对全县教育工作进行视察，并多次听取县政府关于《中华人民共和国义务教育法》贯彻实施情况汇报，促进全县教育事业健康、快速发展。1992年3月，县十二届人大常委会第十六次会议讨论审议鄄城县人民政府实施《中华人民共和国义务教育法》的规定。1994年10月，县十三届人大常委会第十二次会议听取教育工作情况的汇报。会议要求进一步加大对教育投入，确保教育事业稳步、健康发展。2001年4月，县十四届人大常委会第二十五次会议听取县教育局关于《中华人民共和国义务教育法》贯彻实施情况的汇报。1999—2003年，针对视察中发现的骨干教师大量外流，本科以上师范类毕业生招聘难严重影响教学质量等问题，主任、委员、代表们建议：要尽快研究制定稳定教师队伍的有关政策，拿出切实可行的措施，解决优秀教师外流和高学历师资引进难的问题，防止教师队伍优秀人才出现断档现象。县政府高度重视，制定优惠政策，研究办理措施，通过公开招聘择优录取的形式，一次性解决了158名教师的编制问题，在一定程度上缓解了师资紧张的压力，遏止了优秀教师外流。2004年10月，县十四届人大常委会第十五次会议听取审议县政府关于《中华人民共和国义务教育法》贯彻实施情况汇报。2006年10月25日，县人大常委会对《中华人民共和国义务教育法》实施情况进行视察。视察人员先后实地察看4个乡镇和城区的12所中小学校。听取了汇报并进行审议讨论。肯定成绩的同时指出存在的问题。提出以下意见和建议：广泛深入地做好《义务教育法》的宣传工作；大力加强教师业务培训，提高教师业务素质；加强教育环境的综合治理，保障义务教育健康发展；全面落实好“以县为主”的农村义务教育管理体制，建立义务教育经费的投入保障机制。2008年9月24日，县人大常委会对《中华人民共和国义务教育法》贯彻实施情况进行视察，视察人员先后实地察看5个乡镇及城区6所中小学校开展情况。听取政府有关部门的汇报并进行座谈、讨论。存在的主要问题：经费投入不足，中小学房屋改造任务仍然十分艰巨；教师队伍整体素质有待进一步提高。建议：努力增加县乡财政对义务教育的经费投入，改善办学条件，促进义务教育健康发展；多渠道筹措资金，加快城区中小学校新建和扩建，从根本上解决城区适龄儿童少年的入学难和班额过大的问题；加强师资力量培训，全方位提高教师队伍素质。2009年9月11日，县人大常委会组织驻鄄城县省、市人大代表对全县职业教育发展情况开展调研，代表们先后到鄄城县第一职业中专、县职教中心进行调查，听取县政府关于职业教育工作的汇报，在肯定工作成绩的同时，也指出存在的问题：职业教育资源相对不足，财力投入少；师资力量缺乏，业务水平偏低；对口高职院校招生规模连年缩小，造成生源不足。建议要求：注重搞好职业教育发展规划，明确职业教育发展的目标和措施；调动各级财政加大对职业教育的投入，努力提高教学质量和办学水平；加强师资力量队伍建设，吸纳高等职业院校毕业生任教；搞好人才市场调研，合理调整职业学校专业设置。2010 年 9 月 16 日，县人大常委会对全县义务教育和职业教育工作进行视察。视察人员先后察看三完小、二中、左营中小学、辛桥完小、职业教育中心、实验小学等。在县政府三楼听取汇报并进行发言座谈。肯定教育工作成绩的同时，指出存在的一些问题，提出建议如下：各级政府依法落实基础教育“以县为主”的管理体制，努力增加各级财政对教育投入，改善办学条件；解决城区入学难，班额大的问题；尽力解决好职业学校师资力量缺失的问题；努力提高职业学校教学质量和办学水平；及时充实城乡中小学教师队伍。

科技工作监督　1992 年 10 月，县十三届人大常委会第二十一次会议听取县政府关于科技工作及科技兴农情况汇报。

1996 年 10 月，县十三届人大常委会第二十七次会议审议通过《鄄城县科学技术发展规划纲要》，并作出相应的决议。决议要求县政府切实加强对科技工作的领导，进一步提高全民的科技意识和科技素质，在全民中树立起“科技是第一生产力”的思想意识，搞好现有科技成果的推广和应用，重视解决技术人才等问题。县政府高度重视，在全县各乡镇配备了专职科技副乡镇长和科技村主任，形成上下贯通的科技成果推广体系，增强全民科技意识，促进经济增长方式的转变，为鄄城经济发展注入新的活力。

1997 年 4 月，县十三届人大常委会第三十次会议听取县科技局关于“科技三项”经费落实情况的汇报。

1999 年 11 月，县十三届人大常委会第十二次会议听取县人民政府关于“科教兴鄄”战略实施情况的汇报。

文化工作监督　1996 年 8 月，县十三届人大常委会第二十六次会议听取县文体委关于鄄城县人文资源开发工作情况汇报。

1998 年和 2003 年，县十四届、十五届人大常委会分别听取县政府关于加强文化市场管理情况的报告和文体局工作情况的报告。会议认为，全县文化市场有了较大发展，活跃和丰富了城乡人民群众的文化生活。但是，由于管理队伍、管理技术和手段与文化市场的发展不相适应，文化市场中不良倾向特别是网吧管理失控现象较为严重。会议要求县政府加大文化市场治理力度，切实整顿文化市场秩序。深入开展网吧专项整治活动，严厉查处网吧接纳未成年人行为，坚决取缔黑网吧；切实搞好教辅教材市场的治理和整顿，强化监督检查；加强部门协调配合，齐抓共管，把文化市场管理工作落到实处。

2004 年 4 月，县十五届人大常委会第十一次会议听取并审议县政府关于全县旅游工作情况的汇报。

2005 年 4 月，县十五届人大常委会第十八次会议听取审议县政府关于旅游工作情况的汇报。

2009 年 3 月 27 日，县人大常委会对全县网吧管理工作进行视察。通过视察对网吧治理工作取得的成绩给予肯定，但也发现存在网吧违规接纳未成年人现象；仍有个别无证经营的黑网吧；部分网吧存在消防安全隐患等问题。建议和要求：进一步加大对法律法规的宣传和网吧业主的教育；要求有关职能部门加强对青少年学生远离网吧的教育，让他们认识到网瘾带来的危害；加大联合执法力度，对网吧实施综合治理；加强网吧视频监控和网吧安全巡视管理。

2010 年 10 月 25 日，市人大常委会副主任汤建梅一行到鄄城视察旅游工作。视察组先后察看阎什沙土庙，红船镇孙膑家庙，箕山镇孙膑旅游城等旅游景点，听取全县旅游工作汇报，对鄄城旅游业发展给予充分肯定，并对下步工作提出建议。

医疗卫生工作监督　1994 年 10 月，县十三届人大常委会第十二次会议听取县政府关于全县卫生工作情况的汇报。

2001 年 4 月，县十四届人大常委会第二十五次会议听取县政府关于《中华人民共和国药品管理法》贯彻实施情况和全县医疗卫生改革工作情况汇报。

2003 年 5 月，县十五届人大常委会第四次会议听取县政府关于“非典”防治工作情况的汇报，会议通过鄄城县人大常委会《关于贯彻落实〈中华人民共和国传染病防治法〉加强非典防治工作的决定》。

2004 年 6 月，县十五届人大常委会第十三次会议听取审议县政府关于《中华人民共和国传染病防治法》贯彻实施情况汇报。

2004 年 9 月，为全面贯彻落实《中华人民共和国食品卫生法》，确保“中秋”“国庆”两节期间食品卫生安全，让全县人民过一个欢乐、祥和的节日，县人大常委会组织部分人大代表视察全县的食品卫生工作，针对视察中发现的市场上出售注水畜禽肉、假冒伪劣食品等问题，要求县政府迅速组织卫生、工商、屠宰办、技术监督等单位，联合开展一次以严厉打击注水畜禽肉、假冒伪劣食品为主要内容专项治理活动，并以此为突破口，进一步整顿全县食品市场，确保人民群众身体健康。

2005 年 6 月，县十五届人大常委会第十九次会议听取县政府关于卫生工作汇报，会议充分肯定近些年医疗卫生工作取得的成绩，同时也针对医疗卫生工作的现状，提出健全基层医疗卫生组织，加强农村医疗卫生事业，整顿医疗市场秩序，转变医德医风，从根本上解决看病难、看病贵等问题。

2005 年 12 月，县十五届人大常委会第二十二次会议听取和审议县畜牧局关于禽流感防治工作情况汇报。

2007 年 8 月 2 日，县人大常委会组织部分驻鄄城的市人大代表及县人大常委会组成人员对县新型农村合作医疗情况进行视察。发现的问题：新农合政策还没有完全到位；乡镇卫生院和部分医疗机构负债太重，配套设施不完善；报销过程繁琐、周期长，重大疾病报销比例偏低；卫生技术力量薄弱、个别非法行医现象屡禁不止。提出意见和建议：加强对新农合医疗制度的宣传，强化新型农村合作医疗管理、规范运行机制。进一步完善配套政策和措施。加强监管，严厉打击非法经营活动。

2008 年 3 月 25 日，县人大常委会对全县《中华人民共和国食品卫生法》贯彻实施情况进行视察，视察人员实地察看人民路菜市场、温泉大酒店、华联超市、县一中食堂等经营情况，听取相关部门关于食品卫生监督工作情况汇报，并进行认真分析讨论，肯定工作成绩，并指出当前食品卫生状况不容乐观。有些经营人员卫生意识差，特别是中小餐饮业问题十分突出。一些食品企业及个体生产经营者，受利益驱使，见利忘义，坑害群众事件时有发生。建议：强化对《中华人民共和国食品卫生法》的宣传；加大执法打击力度，从严监管，以严治理；强化食品卫生执法监督队伍的素质，文明执法，严格执法。

2010 年 3 月 26 日，县人大常委会对县政府新农合及乡镇卫生院、室工作进行视察。视察人员先后察看鄄城镇孙店卫生室、郑营信义卫生室、凤凰花李庄卫生室，红船、左营卫生院的建设及规范化管理情况。听取相关部门汇报并进行讨论，对卫生工作取得的成绩给予充分肯定，但也指出存在的问题和不足：新农合报销结算效率需进一步提高，报销限额制度有待改进；存在虚抬药价现象；乡村卫生室医疗基础设施相对落实；基层医疗人员业务素质和职业道德素质有待进一步提高。意见和建议：加强政策宣传，增强群众参合意识，提高参合率。加强基层医务人员的培训和职业道德教育，提高医疗服务水平。进一步加大药品价格和药品质量监管，防止套取新农合基金现象发生。

人口与计划生育工作监督　2009 年 7 月 16 日，县人大常委会对县政府计划生育清理核查工作开展情况进行实地视察，听取相关部门汇报并进行讨论，提出建议和要求：加大计划生育政策宣传，控制违法生育力度，严格管理，抓好落实；加强干部职工计划生育管理，严格责任追究，以这次活动为契机，清底理边，建章立制，推动计划生育工作再上新台阶。

第三节　农业工作监督

1991年10月，县十二届人大常委会第十二次会议听取县政府关于全县水利工作和经济林开发工作情况汇报。1992年6月24日至27日，县十二届人大常委会第十九次会议采取开会和视察相结合方法，先后视察全县防汛工作、棉花生产工作情况，分别听取县黄河河务局、水利局、棉办、经委等四个职能部门各自工作情况汇报，并组织讨论和审议。1992年8月，县十二届人大常委会第二十次会议听取审议县政府关于《鄄城县生态农业建设规划》和棉花收购准备工作情况汇报。1993年6月，县十三届人大常委会第二次会议听取县政府就制定《鄄城县关于切实减轻农民负担的若干规定》有关问题进行的说明，与会人员进行认真的讨论修改，并一致通过规定，由县人民政府颁布实施。会议听取并审议县农业局关于1992年全县农民负担监督管理工作和清理情况汇报；县农委关于全县农业科技服务情况汇报；县水产局关于水产开发情况汇报。1993年8月，县十三届人大常委会第四次会议听取县政府关于林业工作情况的汇报；县河务局、水利局关于全县黄防、内防工作情况的汇报；县政府关于1993年遭受特大暴风雨灾害和核实自救情况的汇报。1995年6月，县十三届人大常委会第十七次会议听取和审议县人民政府关于《中华人民共和国农业法》和《中华人民共和国农业技术推广法》贯彻实施情况、全县农业和农村经济运行情况以及减轻农民负担工作情况的汇报。1998年6月，县十四届人大常委会第三次会议首先对全县农民负担情况进行视察，并听取县政府关于全县“减负”工作情况汇报。针对农业基础薄弱、种植结构不尽合理等问题，会议提出继续优化农村经济结构，大力发展农村经济，加快农业基础设施和市场体系建设，增强农业抗御自然灾害和抵御市场风险的能力。2001年6月，县十四届人大常委会第二十六次会议听取减轻农民负担情况、农业产业结构调整情况和水产开发效益情况汇报。会后还视察全县农民负担情况。2002年4月，县十四届人大常委会第三十三次会议听取审议县政府关于《中华人民共和国土地管理法》贯彻实施情况和全县农业结构调整工作情况汇报。2002年6月，县十四届人大常委会第三十四次会议听取县政府关于全县农村税费改革情况的汇报，并进行审议。2003年10月28日，县十五届人大常委会第七次会议听取和审议县政府关于土地管理法贯彻实施情况汇报。2004年2月，县十五届人大常委会第十次会议，听取县政府关于禽流感防治情况的汇报；3月，组织常委会组成人员对林业产业化生产情况进行视察；5月，对防汛工作情况进行视察；6月，对农民减负情况进行视察；7月，对农业税征收情况进行视察。2005年6月，县十五届人大常委会第十八次会议，8月第十九次会议，10月第二十次会议，先后听取审议县政府关于村民委员会换届选举、农民减负政策落实、农业结构调整、农业产业化等工作情况汇报。对禽流感防治工作、农业产业化等工作进行集中视察。2006年5月，对畜牧工作情况进行视察；7月，对《防洪法》贯彻实施情况进行视察。2007年5月，县第十五届人大常委会第三十三次会议听取审议县政府关于推进社会主义新农村建设意见汇报；7月，对防汛工作情况进行视察；12月，县第十五届人大常委会第三十九次会议听取审议县政府关于新农合工作情况汇报。2008年5月，对县政府关于《中华人民共和国防洪法》贯彻实施情况进行执法检查，并对畜牧工作情况开展视察；6月，县十六届人大常委会第三次会议听取县政府关于民营经济工作情况和林业产业化工作情况汇报；7月，对农业结构调整情况进行视察；8月，对农田水利建设情况进行视察；10月，县十六届人大常委会第五次会议听取县政府关于新农村建设工作情况的汇报。2009年3月，对农业结构调整工作情况进行视察；5月对《中华人民共和国防洪法》贯彻实施情况进行视察；6月，对农业产业化龙头企业生产情况进行调研；9月，对畜牧工作情况进行视察。2010年4月，县十六届人大常委会第十七次会议，听取审议县政府关于强农惠农政策落实情况汇报；5月，配合市人大农工委对《中华人民共和国农业机械化促进法》及相关法律法规进行执法检查；6月，县十六届人大常委会第十八次会议听取审议县政府关于畜牧业生产工作情况的汇报；7月，省人大常委会对农机专业合作社发展情况进行调研。8月，组织常委会组成人员对防洪法贯彻执行情况和全县农田水利基本建设情况进行视察。

第四章　法律监督

推进依法治县是县人大及其常委会主要职责。历届常委会始终致力于促进和保障宪法与法律在全县贯彻实施，不断强化法律监督，并取得明显成效。

第一节　执法检查

1991—2010年，县人大共组织各类执法检查活动100余次，先后对《中华人民共和国企业法》《中华人民共和国劳动法》《中华人民共和国人民防空法》《中华人民共和国食品卫生法》《中华人民共和国义务教育法》《中华人民共和国人口与计划生育法》《中华人民共和国土地管理法》《中华人民共和国环境保护法》《中华人民共和国民办教育促进法》《中华人民共和国农民承担费用与劳务管理条例》《中华人民共和国行政诉讼法》《中华人民共和国妇女权益保障法》《中华人民共和国文物保护法》《中华人民共和国科技进步法》《中华人民共和国法官法》《中华人民共和国检察官法》《中华人民共和国消费者权益保护法》《中华人民共和国城市规划法》《中华人民共和国防洪法》《中华人民共和国治安管理处罚法》《中华人民共和国道路交通安全法》《中华人民共和国传染病防治法》《中华人民共和国药品管理法》《中华人民共和国房地产管理法》《中华人民共和国就业促进法》《中华人民共和国突发公共卫生事件应急条例》《中华人民共和国物业管理条例》《中华人民共和国城市房屋拆迁管理条例》等90余部法律法规的贯彻落实情况进行执法检查，针对执法检查中发现宣传不到位、有法不依、执法不严等问题提出各类建议和意见200余条，推动上述法律法规在鄄城的实施。

第二节　人事任免

县人大常委会依照《中华人民共和国地方各级人民代表大会和地方各级人民政府组织法》，任免地方国家机关工作人员。县人大常委会人事任免的职权范围，除任免县人大常委会办事机构的负责人员外，在县人民代表大会闭会期间，决定副县长的个别任免；在县长、县法院院长和县检察院检察长因故不能担任职务的时候，从本级人民政府、人民法院、人民检察院副职领导人员中决定代表的人选；决定县人民政府组成部门的主任、局长的任免；任免县人民法院的副院长、庭长、副庭长、审判委员会委员、审判员；任免县人民检察院的副检察长、检察委员会委员、检察员。

1993年，县十三届人大常委会第一次会议，依照宪法、地方组织法的有关规定，制定实行《鄄城县人大常委会人事任免办法》，对任免对象和范围、任免程序、干部管理以及人事任免应坚持的原则进行明确规定。1998 年 3 月 27 日，县十四届人大常委会第一次会议，根据修改后的《中华人民共和国地方各级人民代表大会和地方各级人民政府组织法》规定，对该办法作了补充完善，制定《鄄城县人民代表大会常务委员会人事任免暂行办法》，使人大常委会人事任免工作逐步走向规范化和制度化。

坚持法定程序 严格按照法定程序，确保任命干部符合人民群众的意愿和要求。任免前，常委会召开情况通报会，组织部门到会详细介绍情况，解答有关问题，常委会党组表明意见，并配合做好解释和说明，把工作做在前面，以便得到常委会组成人员的理解和支持，使党委的意图得到自觉贯彻落实。并坚持任前见面制度和法律考试制度，增强拟任干部的法律知识，增强其依法行政、公正执法的观念和自觉性。常委会表决前，由拟任人员作供职发言，让常委会组成人员“知名、知人、知情”。任免案通过后，履行规范的手续，向被任命人员颁发任命书，批复提请任免机关，并通过常委会文件和新闻媒体公告等形式向社会公布，使任免工作庄重、严肃，保证程序合法。

发扬民主 常委会在审议任免案时，充分尊重组成人员的民主权利，在详细介绍拟任人选情况的基础上，留有充足时间讨论、酝酿。表决任免案时，采取无记名投票方式，常委会组成人员按照自己的意志慎重表决，保证其民主权利依法正确行使。

跟踪监督 新任干部在任职前作供职报告，提出任职后的工作思路、措施和任期目标。县人大常委会通过听取任职工作汇报、述职报告，开展视察、调查、检查等途径，了解掌握被任命干部履行职责情况，及时发现指出问题，督促改进工作。离职前，监督支持审计部门进行离职审计。

县第十二届至第十六届人大常委会，共依法任命和决定地方国家机关工作人员 1286 人次，免职 291 人次，接受辞职 43 人次，撤职 1 人。根据《全国人大常委会关于完善人民陪审员制度的决定》，共依法任命人民陪审员 54 人。

第三节 听取汇报

1992 年 10 月，县十二届人大常委会第二十一次会议先后听取和审议县法院关于开展刑事审判工作及保护妇女儿童合法权益情况的汇报，县人民检察院关于打击经济犯罪情况汇报。1993 年 10 月，县十三届人大常委会第五次会议组织学习《山东省实施〈中华人民共和国全国人民代表大会法〉实施办法》，听取和审议县人民政府关于“二五”普法教育和依法治县工作情况的汇报。1994 年 6 月，县十三届人大常委会第十次会议，听取和审议县政府关于《鄄城县依法治县总体规划》实施情况的汇报。同年 12 月，县十三届人大常委会第十三次会议，听取和审议县法院 1994 年民事审判工作情况汇报，县检察院关于经济检查工作情况的汇报，县公安局关于全县社会治安情况汇报。1995 年 12 月，县十三届人大常委会第二十一次会议听取和审议县政府关于“二五”普法教育和依法治理工作情况的汇报。1996 年 12 月，县十三届人大常委会第二十八次会议听取和审议县公安局关于当前社会治安工作情况汇报，县法院关于行政审判工作情况汇报，县检察院关于经济检查工作情况汇报，县法制办关于“二五”普法规划及说明。1997 年 12 月，县十三届人大常委会第三十五次会议听取和审议县法院关于刑事审判工作情况的汇报，县检察院关于反贪污贿赂工作情况汇报，县公安局关于社会治安工作情况汇报，县司法局关于全县“三五”普法工作情况汇报。1999 年 12 月，县十四届人大常委会第十三次会议听取和审议县法院关于民事审判工作情况的汇报，县检察院关于打击经济犯罪情况汇报，县公安局关于社会治安情况汇报，县司法局关于“三五”普法工作情况汇报。2001 年 8 月，县十四届人大常委会第二十七次会议听取和审议县检察院关于《山东省司法工作人员违法办案责任追究条例》贯彻实施情况的汇报。2001 年 10 月，县十四届人大常委会第二十八次会议，听取和审议县司法局关于《鄄城县在公民中开展法制宣传教育的第四个五年规划》和《鄄城县 2001—2005 年依法治县五年规划》

报告。2003 年 12 月，县十五届人大常委会第八次会议，听取和审议县法院关于经济审判工作情况的汇报，县检察院关于打击经济犯罪工作情况汇报，县政府关于社会治安和“四五”普法工作情况汇报。2004 年 12 月，县十五届人大常委会第十六次会议，听取和审议县政府关于《中华人民共和国行政许可法》贯彻实施情况的汇报。2006 年 10 月，县十五届人大常委会第二十九次会议，听取和审议县法院关于审判监督工作情况汇报，县检察院关于法律监督工作情况汇报，县政府关于公安工作情况汇报。2007 年 10 月，县十五届人大常委会第三十七次会议，听取和审议全县“五五”普法工作情况的报告，县法院关于刑事审判工作情况报告，县检察院关于反渎职侵权工作汇报。

2008 年 12 月，县十六届人大常委会第六次会议，听取和审议县政府关于社会治安和“五五”普法工作情况报告，县法院关于执行工作情况报告，县检察院关于反贪污贿赂工作情况报告。2009 年 8 月，县第十六届人大常委会第十二次会议，听取和审议县政府《关于社会治安工作情况的汇报》。2009 年 12 月，县第十六届人大常务委员会第十四次会议，听取和审议县法院关于商事审判工作情况的报告，县检察院关于开展诉讼监督工作情况报告。2010 年 10 月，县十六届人大常委会第二十次会议，听取和审议县政府关于社会治安和“五五”普法工作情况报告，县法院关于执行工作情况报告，县检察院关于宽严相济刑事司法政策执行情况报告。

第四节　个案监督

2003 年 4 月，县十五届人大常委会第三次会议通过《鄄城县人大常委会关于对司法机关个案监督的暂行办法》（以下简称《暂行办法》）。2007 年 4 月，县十五届人大常委会第三十四次会议，又对《暂行办法》进行修订。

2003 年以后，本着“监督不办案和集体行使

县人大代表调研检察工作

职权”的原则，县人大常委会对受理的不服司法机关处理的 16 起案件，对上级人大机关转办或影响较大的 7 起案件进行个案监督，分别下达法律监督建议书，并督促有关部门依法进行办理，维护法律的尊严。

第五节　规范性文件备案审查

为加大对行政机关抽象行政行为的监督，自 2009 年 1 月，县人大常委会开始对县委、县政府联合发布的、县政府发布的、县政府办发布的以及各乡镇人大发布的规范性文件进行备案和审查。

2009 年 4 月，制定和完善规范性文件备案制度和审查制度。2009 年 10 月 21 日，县第十六届人民代表大会常务委员会第十三次会议，审议通过《鄄城县人民代表大会常务委员会规范性文件备案审查规定》。

2009 年以后，县人大常委会加强宣传、精心组织、严格备案、认真审查。至 2010 年，共备案规范性文件 32 份，对所备案的文件全部进行审查。并对审查出的 1 份“问题文件”责成有关部门予以废止，确保行政机关的行政行为正确适当。

第五章　乡镇人大

第一节　乡镇人大代表选举

1992年11月，25个乡镇人大根据县人大分配名额，共选举乡镇人大代表1684人（任期1993—1995年）。其中工农代表60%，知识分子15%，干部不超过20%，党员不超过60%，妇女代表不低于20%。

1996年1月，25个乡镇换届选举，共选举乡镇人大代表1440人（任期1996—1998年）。其中，干部、知识分子326人，占22.6%；工农占1114人，占77.4%；党员866人，占60%，非党574人，占40%；妇女代表207人，占21.3%；少数民族代表4人，占0.3%。

1999年2月，25个乡镇换届选举，共选举乡镇人大代表1463人（任期1999—2001年）。其中，工农代表1123人，占76.8%；干部340人，占23.2%；党员856人，占58.5%，非党607人，占41.5%；妇女311人，占21.3%；知识分子52人，占3.6%；少数民族代表4人，占0.3%。

2002年1月，16个乡镇换届选举结束，新选举乡镇人大代表1110人（任期2002—2004年）。4月底，相继召开第一次代表大会，选举乡镇人大主席16人（8人专职，8人兼职）、副主席21人；选举乡镇长16人、副乡镇长45人。

2005年，乡镇人大换届选举，选出乡镇人大代表1463人（任期2005—2007年）。

2007年11月25日，县乡人大同时换届，新选出乡镇人大代表1148人（任期2008—2011年）。

第二节　乡镇人大机构设置

1989年前，全县各乡镇配备人大联络员。1989年5月，根据《山东省人大常委会地区联络组暂行工作条例》规定和菏泽地区人大工作会议精神，经县委研究，在全县25个乡镇建立人大工作处（为正科级单位），一般配备3～5人，其中主任1人，副主任 1—2人，乡镇人大工作开始逐步走上正规化、制度化。1996年，乡镇人大工作处改名为乡镇人大主席团，乡镇人民代表大会选举产生各乡镇人大主席、副主席，任期3年。2005年8月，根据山东省人大常委会办公厅对规范乡镇人大机构名称的精神，全县各乡镇人大机构名称统一规范为“××乡镇人民代表大会”。2007年年底换届时改为任期5年，实现五级人大任期相同（同步换届）。2007年底，全县16个乡镇换届共选举产生各乡镇人大主席16人，2009年，各乡镇都配备人大专职工作人员。乡镇人大接受县人大及其常委会的工作监督和指导，组织代表开展视察、检查、评议等活动，较好地发挥监督职能。作为鄄城人大的一个重要组成部分，乡镇人民代表大会在加强基层人民政权建设和全县经济和社会各项事业全面发展方面作出了积极贡献。

鄄城县志

下卷

1991—2010

鄄城县地方志编纂委员会办公室 编

方志出版社
Publishing House of Local Records

目　录

上　卷

第一编　建置　区划

第二编　人　口

第三编　自然环境

第四编　黄河　水务

第五编 城乡建设 环境保护

第六编 交通 邮电 电力

第七编 经济综述

第八编 农 业

第九编 林 业

第十编　畜 牧 业

第十一编　特色产业

第十二编　工　业

第十三编　乡镇企业　民营经济

第十四编　招商开发　东西结合

第十五编　商业　贸易

第十六编　财政　税务

第十七编　金　融

第十八编　经济管理

第十九编　中共鄄城地方组织

第二十编　地方国家权力机关

下　卷

第二十一编　地方国家行政机关

第二十二编 政协地方组织

第二十三编 群众团体

第二十四编 政 务

第二十五编 公安 司法

第二十六编 武 装

第二十七编 教 育

第二十八编 科 技

第二十九编　文化　体育

第三十编　伏羲文化

第三十一编　尧舜文化

第三十二编 旅 游

第三十三编 卫 生

第三十四编 社会生活

第三十五编 乡镇概况

第三十六编　人　物

附　录

第 二 十 一 编

地方国家行政机关

DIFANGGUOJIAXINGZHENGJIGUAN

中华人民共和国成立之后，县级政权先后称为县人民政府、县人民委员会、县革命委员会、县人民政府。1991 年，县人民政府设置政府职能部门 75 个，1994 年明确县政府工作部门 25 个，2002 年县政府工作机构为 24 个，2010 年县政府工作部门为 24 个。

1984 年，县政府办公室设立，具体负责县政府日常事务，协调落实县政府决定事项和县长交办事项。2010 年，县政府办公室设置 6 个职能股室，分别是值班室（挂县政府应急管理办公室牌子）、信息股、电子政务股、人事股、计生股、行政股，共有工作人员 49 人。政府法制方面，1990 年成立县法制局，为正科级行政单位，具体负责起草、审查、备案县人民政府制发的规范性文件，并负责行政复议和应诉，1994 年 1 月，县法制局改为县法制办公室。外事侨务方面，重点做好鄄城侨胞登记，通过召开座谈会、恳谈会及印发宣传手册等加强外事侨务工作，扩大联络，推动对外交流。史志工作方面，重点做好《鄄城县志》编纂工作，于 1996 年完成第一轮县志，并在次年被国家新闻出版署评为 1996 年度国家书刊印刷优质产品。2006 年 8 月，第二轮《鄄城县志》编纂工作开始。同时开展年鉴编纂地情资料库建设、旧志整理以及为省市有关书籍撰稿等工作。

第一章　鄄城县人民政府

第一节　县政府工作部门

1991 年，鄄城县人民政府有县长 1 人，副县长 5 人，政府职能部门 75 个。1994 年 1 月 10 日，县委联席会议通过《鄄城县县直党群机构设置方案》，县政府工作部门 25 个：政府办公室、经济贸易委员会、农业委员会、计划委员会、城乡建设环境保护委员会、科学技术委员会、教育委员会、文化体育委员会、计划生育委员会、公安局、司法局、民政局、人事局、劳动局、财政局、税务局、交通局、水利局、卫生局、审计局、工商行政管理局、土地管理局、统计局、乡镇企业局、对外经济贸易委员会。2002 年，县政府进行机构改革，设置工作机构 24 个：政府办公室、发展计划局（挂县物价局牌子）、经济贸易局（挂县对外贸易经济合作局牌子）、教育局、科学技术局、监察局（与县纪律检查委员会机关合署，不计政府机构个数，下同）、民政局、公安局、司法局、财政局、人事局（县机构编制委员会办公室与其合署）、劳动和社会保障局、交通局、水务局、农业局（挂县林业局牌子）、文化体育局、卫生局、计划生育局、审计局、统计局、建设局（挂县人民防空办公室牌子）、国土资源局、环境保护局、粮食局。2005 年，撤销县国有资产管理局；将县发展计划局改组为县发展和改革局；不再保留县经济体制改革委员会办公室，将其职能划入县发改局；将县粮食局由县政府工作部门成建制转为事业单位，归口县发改局；将县安全生产监督管理局列为县政府工作部门；将县卫生局承担的食品、保健品和化妆品的监管职能划入县食品药品监督管理局；将县计划生育局更名为县人口和计划生育局；将县民族宗教事务办公室由在县委统战部挂牌改为在县政府办公室挂牌。县政府工作机构设置为：政府办公室、发展和改革局、经济贸易局、教育局、科学技术局、监察局、民政局、公安局、司法局、财政局、人事局、劳动和社会保障局、交通局、水务局、农业局、文化体育局、卫生局、人口和计划生育局、审计局、统计局、建设局、国土资源局、环境保护局、安全生产监督管理局。2010年，按照《关于鄄城县人民政府机构改革的实施意见》文件要求，组建县经济和信息化局，挂县商务局牌子，不再保留县经济贸易局，设立县商务办公室，为经信局内设机构，不再保留县对外贸易经济合作办公室和县财贸办公室，将其职责整合划入县商务办公室；组建县人力资源和社会保障局，不再保留县人事局、县劳动和社会保障局，县机构编制委员会办公室列入党委机构序列；组建县住房和城乡建设局，挂县城市管理局牌子，不再保留县建设局，将县城市管理行政执法局更名为县城市管理局，设立县规划局；县交通局更名为县交通运输局；县食品药品监督管理局列入县政府工作部门；不再保留县新闻出版管理办公室，将其承担的新闻管理职责和县广播电视局的行政管理职责，整合划入县文化和体育局；撤销县人民政府驻北京办事处，设立县城市建设开发办公室，为政府办公室内设机构；县民政局不再挂县双拥工作办公室牌子，县双拥工作仍由县民政局承担；将县农业综合开发办公室划入县财政局；撤销县人民政府经济技术协作办公室，其职责划入县发改局所属的县重点项目办公室；撤销县黄河滩区开发治理办公室，其职责划入县水务局。县政府机构改革后，设置工作部门24个：政府办公室、发展和改革局、经济和信息化局、教育局、科学技术局、公安局、监察局、民政局、司法局、财政局、人力资源和社会保障局、安全生产监督管理局、国土资源局、住房和城乡建设局、交通运输局、水务局、农业局、文化体育局、卫生局、食品药品监督管理局、人口和计划生育局、审计局、环境保护局、统计局。

第二节　县政府领导成员

1991—2010年，经县人民代表大会选举，成立鄄城县第十二届、十三届、十四届、十五届、十六届人民政府，段连湘、常贵民、张汉民、张本进、任仲义、王有杰、谷瑞灵先后任县长。

1989—2012年鄄城县政府县长、副县长任职情况表

表21-1-1

届　别	职　务	姓　名	任职年月	籍　贯
第十二届	县　长	段连湘	1989. 4—1993. 2	巨野县
	副县长	李念学	1989. 9—1993. 1	郓城县
		任茂廉	1989. 11—1993. 3	鄄城县鄄城镇
		刘爱钦	1989. 11—1993. 1	郓城县
		谢朴君	1989. 11—1993. 3	单县
		范天柱	1981. 1—1993. 3	鄄城阎什镇
		田洪顺（挂）	1990. 2—1991. 5	
		黄保起（挂）	1991. 5—1993. 1	
		季国臣（挂）	1991. 6—1991. 10	
		李宗康（挂）	1991. 6—1991. 11	
		姜秀华（挂）	1991. 8—1992. 10	
		段镇铭（挂）	1991. 11—1992. 11	

续表 21-1-1-1

届　别	职　务	姓　名	任职年月	籍　贯
第十三届	代县长	常贵民	1993.2—1993.3	巨野县
	县　长	常贵民	1993.3—1995.1	巨野县
		张汉民	1995.1—1998.2	东明县
	副县长	任茂廉	1993.3—1994.6	鄄城县鄄城镇
		范天柱	1993.3—1998.3	鄄城阎什镇
		谢朴君	1993.3—1995.1	单县
		张诗文	1993.2—1998.3	鄄城阎什镇
		任崇尚	1993.2—1998.3	鄄城彭楼镇
		郝海轮（挂）	1994.3—1995.10	
		姜英奇（挂）	1994.3—1995.10	
		徐金波（挂）	1994.3—1995.10	
		魏丙渠	1995.1—1998.3	鄄城凤凰乡
		杜学杰	1995.2—1998.3	郓城县
		李安现	1995.2—1998.3	郓城县
		于洪春（挂）	1995.11—1996	
		武援朝（挂）	1995.11—1996	
		马延涛	1997.5—1998.3	东明县
第十四届	代县长	张本进	1998.2—1998.3	曹县
	县　长	张本进	1998.3—2001.2	曹县
	代县长	任仲义	2001.2—2001.3	郓城县
	县　长	任仲义	2001.3—2003.1	郓城县
	副县长	乔廷龙	1998.3—2001.3	东明县
		杜学杰	1998.3—2001.3	郓城县
		马延涛	1998.3—2000.8	东明县
		侯永信	1998.3—2002.10	牡丹区
		刘中琴（女）	1998.3—2001.3	牡丹区何楼
		赵广华	1998.3—2003.1	鄄城临濮镇
		李永刚（挂）	1998.5—1999	
		杨义庆（挂）	1998.5—1999	
		董庆裕（挂）	1998.6—1999	
		陈登云	1999.3—2003.1	巨野县
		陈庆勇	2001.3—2003.1	郓城县
		朱瑞军（女）	2001.3—2003.1	单县
		孙占民	2001.3—2003.1	鄄城临濮镇
第十五届	县　长	任仲义	2003.1—2006.2	郓城县
	代县长	王有杰	2006.2—2006.3	定陶

续表 21-1-1-2

届别	职务	姓名	任职年月	籍贯
第十五届	县长	王有杰	2006.3—2007.12	定陶
	副县长	陈庆勇	2003.1—2006.2	郓城县
		赵广华	2003.1—2006.2	鄄城临濮镇
		陈登云	2003.1—2007.1	巨野县
		朱瑞军（女）	2003.1—2004.12	单县
		孙占民	2003.1—2007.12	鄄城临濮镇
		田中原	2003.1—2007.1	郓城县
		秦英魁	2005.5—2007.10	单县
		姜守民	2006.2—2006.12	单县
		肖云（女）	2006.2—2007.12	聊城市道口铺乡
		李长山	2006.12—2007.12	鄄城阎什镇
		李建刚	2006.12—2007.11	鄄城什集镇
		张代卿	2007.1—2007.12	定陶
		孟令选	2007.11—2007.12	郓城
		尘峰	2007.11—2007.12	单县
		张廷林（挂）	1999.4—2002.1	
		王彤宇（挂）	2000.7—2002.5	青岛即墨市
		李季孝（挂）	2002.1—2003	
		吉兴亮（挂）	2004.2—2006.3	山东临朐
		赵兴书（挂）	2004.2—2006.3	山东蓬莱
		吴祥云（女）（挂）	2004.2—2005.2	福建厦门
		嵇建勇（挂）	2004.11—2007.12	山东潍坊
		陈运成（聘）	2005.2—2006	成武
		宗兆礼（聘）	2005.11—2007	山东滕州
		刘福斌（挂）	2006.4—2008.3	青岛
		岳国峰（挂）	2006.4—2008.3	黑龙江肇州
第十六届	县长	王有杰	2007.12—2009.5	定陶
	代县长	谷瑞灵	2009.5—2009.7	定陶
	县长	谷瑞灵	2009.7—2011.11	定陶
	副县长	李长山	2007.12—2012.1	鄄城阎什镇
		孟令选	2007.12—2015.10	郓城
		孙占民	2007.12—2012.1	鄄城临濮镇
		肖云（女）	2007.12—2016.12	聊城市道口铺乡
		张代卿	2007.12—2011.1	定陶
		尘峰	2007.11—2011.12	单县
		韩耀辉	2011.1—2012.1	单县

续表 21-1-1-3

届　别	职　务	姓　名	任职年月	籍　贯
第十六届	副县长	时伟（聘）	2009.1—2011.4	鄄城阎什镇
		刘福斌（挂）	2007.12—2008.3	青岛
		岳国峰（挂）	2007.12—2008.3	黑龙江肇州
		李庆明（挂）	2007.12—2011.1	山东寿光

第二章　政务实施

第一节　县政府职权

加快政府职能转变，全面履行经济调节、市场监管、社会管理和公共服务职能。全面落实中央宏观调控方针，主要运用经济、法律手段和必要的行政手段，引导和调控经济运行，调整和优化经济结构，发展对外经济贸易和区域经济合作，加快精细化工、农副产品加工、人发等主导产业及县域经济发展，实现经济增长、就业增加、物价稳定、农民增收等目标。

加强市场监管，完善行政执法、行业自律、舆论监督、群众参与相结合的市场监管体系，建立健全社会信用体系，实行信用监督和失信惩戒制度，整顿和规范市场经济秩序，建设统一、开放、竞争、有序的现代市场体系。

履行社会管理职能，完善社会管理政策和规范性文件，依法管理和规范社会组织、社会事务，妥善处理社会矛盾，大力建设平安鄄城，维护社会秩序和社会稳定，促进社会公正。加强城乡基层群众性自治组织和社区建设。培育并引导各类民间组织的健康发展，充分发挥其作用。依法建立健全各种突发公共事件应急机制，提高政府应对公共危机的能力。

强化公共服务职能，完善公共服务政策，健全公共服务体系，关注民生、改善民生，努力提供公共产品和服务，加快社会公共事业改革，推进部分公共产品和服务的市场化进程，建立健全公共产品和服务的监管和绩效评估制度，简化程序，降低成本，讲求质量，提高效益。

第二节　县政府领导人职责

县政府由下列人员组成：县长、副县长、县政府党组成员、县长助理、办公室主任、县政府组成部门主要负责人。县政府实行县长负责制，县长领导县政府的全面工作。副县长、县政府党组成员、县长助理、办公室主任协助县长工作。常务副县长协助县长主持县政府日常工作。县长因公外出和出国访问期间由常务副县长主持县政府的全面工作。县长召集和主持县政府全体会议、常务会议、县长办公会议，讨论决定县政府工作中的重大事项。副县长、县政府党组成员、县长助理、办公室主任按各自分工负责处理分管工作。对工作中的重要情况和重大事项，及时向县长报告。受县长委托，可负责其他方面的工作或者专项任务，并可代表县政府进行外事活动。

县政府办公室主任在县长领导下，负责安排处理县政府的日常事务工作，协调落实县政府决定事项和县长交办的事项。县政府工作部门受县政府统一领导，在本部门的职权范围内行使职责。县政府各局（办）局长（主任）负责本部门、本单位的工作。审计局在县长领导下，依照法律规定独立行使审计监督权，不受其他行政机关、社会团体和个人的干涉。

第三节　工作制度

维护县委的领导，重要事项及时向县委请示汇报。以下重大事项须向县委请示报告：全县经济和社会中长期发展规划、县政府阶段性工作情况，以县政府名义上报市政府的重大请示事项，涉及全局性的重大改革措施，重大建设项目，需要县委组织协调的重大事项，涉及群众切身利益的重大问题，须向县委报告的其他重要事项。

县政府领导人和县政府部门负责人深入基层，调查研究，了解情况，指导工作，解决实际问题。在县内检查、考察工作和调查研究，最大限度减少陪同和随行人员；简化接待礼仪，不搞层层陪同和对口陪同，一律不搞边界迎送和警车开道。除县委、县政府统一组织安排的重要活动外，县政府领导人不参加剪彩、典礼等应酬性活动；不出席乡镇政府、县政府部门召开的各类表彰会、座谈会。除国家、省、市重点工程项目、高新技术项目、重大对外合作项目及有重要社会意义的活动外，县政府领导不出席部门（单位）举办的各类庆典活动。

县领导陪同省市领导调研城建工作

市直部门、外市县来宾到鄄城检查或考察工作，由对口部门负责陪同接待，县政府领导人原则上不全程陪同。

邀请县政府领导参加的内外事活动，一律由县政府办公室统一安排。各乡镇政府、县政府各部门不得直接向县政府领导发送请柬。邀请县政府领导参加内外事活动的，应填写“县政府领导活动呈报单”，提前7天报县政府办公室。县政府办公室应按程序送政府办公室主任审示后，报县政府领导审定。

乡镇和政府部门负责人向县政府领导汇报工作，应先与政府办公室联系，办公室与领导联系后，约定汇报时间。未经县政府领导同意，不得直接进入领导办公室。

对县政府领导活动的宣传报道从严掌握，一般性的会议、活动原则上不报道。

严格遵守中央、省市委和县委有关廉政建设的规定，严格要求亲属和身边工作人员，不得利用特殊身份拉关系、谋私利。

坚决执行县政府的决定，如有不同意见在县政府内部提出，在没有重新作出决定前，不得有任何与县政府决定相违背的议论和行为；代表县政府发表讲话或文章，以及个人发表涉及未经县政府研究决定的重大问题及事项的讲话和文章，事先须经县政府同意。

副县长、主任出差（出访）、休假，应事前请示县长，由县长明确代行其职责的领导。出差（出访）、休假返回后，应向县长报告。

各乡镇乡镇长出差或出访、休假3天及以上的，应事前报告县长。县政府部门主要负责人出差（出访）、休假3天及以上的，副职出差（出访）、休假7天及以上的，应事前报告分管副县长；部门主要负责人出差（出访）、休假7天及以上，副职出差（出访）、休假10天及以上的，需报请县长批准。

认真履行职责，实施政务公开，规范行政行为，强化服务观念，树立规范服务、清正廉洁、从严治政的新风。对属县政府社会管理职能及与人民群众密切相关的行政决策事项、政策规定、审批程序、办事标准等，及时向社会公开。对职权范围内的事项要按程序和时限积极主动地办理，对不符合规定的事项不予办理；不用公款相互送礼和宴请，不接受下属部门及各乡镇政府的送礼和宴请；对因推诿、拖延等造成影响和损失的，追究责任；对越权办事、以权谋私等违规、违纪、违法行为严肃查处。

第四节　会议制度

县政府实行县政府全体会议、常务会议、县长办公会议、县政府专题会议和周安排月调度会议制度。

县政府全体会议由县长、副县长、县政府党组成员、县长助理、办公室主任和县政府各组成部门主要负责人组成，由县长召集和主持。会议的主要任务是：传达上级党委、政府和县委的重要指示、决定、会议精神，以及县人民代表大会及其常委会的决议、决定；讨论决定县政府工作中的重大事项；总结和部署县政府的重要工作；讨论需要由县政府全体会议决定的其他事项。

县政府全体会议原则上每半年召开一次，根据需要可安排有关部门、单位主要负责人列席会议。

县政府常务会议由县长、副县长、县政府党组成员、县长助理、办公室主任组成，由县长召集和主持，或由县长委托常务副县长召集和主持。县政府常务会议组成人员超过半数时方能召开。会议

县政府全体会议

的主要任务是：传达上级党委和政府的重要指示、决定和会议精神，以及县人民代表大会及其常委会的决议、决定，研究提出贯彻意见；听取县政府重要工作情况的汇报；讨论通过提请县人民代表大会及其常委会审议的政府工作报告、重要事项报告和请示；讨论通过由县政府制定和发布的决定、命令以及重大行政措施；研究全县国民经济和社会发展的长期规划和年度计划，以及年度财政收支预算安排情况、执行情况的调整意见等；讨论决定县政府各部门、各乡镇政府、街道办事处请示县政府的重要事项；讨论需要县政府常务会议决定的其他事项。

县政府常务会议一般每月安排一次，如有需要可临时召开。根据需要可安排有关部门、单位主要负责人列席会议。

县长办公会议是一种议事形式。由县长召集并主持，副县长、县政府党组成员、县长助理、办公室主任、办公室相关副主任参加，必要时请县政府相关部门负责人列席。研究处理县政府日常工作中的重要问题和重大专项问题，交流重要工作情况。

县政府周安排、月调度会议。周安排会由县长、副县长、办公室主任组成。周安排会一般每周周一召开。会议的主要任务是：副县长说明本周工作安排，包括工作进度和工作时间；县长通报有关工作情况，结合副县长的工作安排提出要求。目的是沟通情况，了解全局，强化协调，提高效率。周安排会由县长召开和主持。

月调度会由县长、副县长、县政府党组成员、县长助理、办公室主任组成。月调度会一般与每月一次的县政府常务会议同时召开。主要任务是副县长每月作一次工作小结，将本月工作完成情况与年度工作目标进行对照，看是否达到了时间进度和目标要求，并提出下月的工作安排、工作目标和主要措施；县长通报有关工作情况，提出工作任务。会议的主要目的是对照目标，检查进度，交流经验，推动工作。

县政府专题会议由县长、副县长、县政府党组成员、县长助理、办公室主任召集，县政府有关部门负责人出席。涉及两位以上县政府领导分管工

作的，可以分管牵头部门的副县长为主共同召集会议。会议的主要任务是：研究协调县政府领导分工职责范围内的专门问题；协调解决分管部门之间有意见分歧的问题；研究协调需提交县政府集体研究决策的有关问题。县政府专题会议（含现场办公会议）凡涉及资金、项目、机构编制安排的，严格按照规定的审批权限和程序办理。

提请县政府全体会议、常务会议讨论的议题，由县政府分管领导协调提出明确处理意见，经办公室主任审定后报主持会议的县政府领导确定。

县政府全体会议和常务会议的组成人员如有特殊情况不能出席会议的，须向县长请假；如对议题有意见或建议，可在会前提出。县政府部门主要负责人必须按要求参加会议，确因特殊情况不能到会时，本人必须提前向县政府办公室说明情况，明确代替出席会议人员，并向县长请假。因特殊情况不能按要求参加县政府其他工作会议的，本人必须提前向县政府办公室说明情况，向会议召集人请假，必要时应向县政府主要领导请假；未经批准不得缺席或安排他人替代。

县政府全体会议、常务会议纪要由县长或常务副县长签发；县政府专题会议纪要由主持人签发。县政府讨论决定的事项，宜于公开的应及时报道，新闻稿须经县政府办公室主任或副主任审定，必要时报县长审定。

实行会议审批制度，县政府及各部门召开的工作会议，要减少数量、控制规模、严格审批。应由部门召开的工作会议，不得以县政府或县政府办公室名义召开，不邀请乡镇政府、街道办事处负责人出席，确需邀请的须报县政府批准。县政府部门召开的专业性会议和座谈会等，一般不邀请县政府领导参加，会后可将会议情况向县政府领导汇报。县政府部门召开的全县性重要会议，如确需邀请县政府领导出席、讲话，有关部门应事先提出要求和方案，经县政府办公室主任审核提出意见，报县长同意后，由县政府办公室统筹安排。

县政府全体会议、常务会议、县长办公会议和周安排月调度会议由县政府办公室具体承办，县政府专题会议按内容由有关部门承办，县政府办公室协办。

县政府全体会议、常务会议和县长办公会议确定须由部门办理的事项，由县政府办公室向主办单位发出“催办通知”，各有关单位要认真执行，及时办理，并将会议决定事项的落实情况向县政府领导报告。

第五节　文件审批制度

各乡镇、部门报送县政府的公文，必须严格按照《国家行政机关公文处理办法》和《山东省实施〈国家行政机关公文处理办法〉细则》的规定程序办理，除县政府领导交办事项和必须直接报送的重大事项外，不得直接向县政府领导个人报送公文。各乡镇、部门报送县政府审批的公文，由县政府办公室按照程序呈批，重大事项报县长审批。

县政府报送上级政府审批的公文和县政府发布的规章、决定、命令，向县人民代表大会及其常委会提出的议案、人员任免等，由县长签署。

以县政府名义发文，经县政府分管副县长审核后，由县长签发或委托副县长签发。以县政府办公室名义发文，由县政府办公室主任签发；如有需要，可核报县长签发。县政府领导审批公文，对有具体请示事项的，应签署明确意见；对一般报告性公文，圈阅表示“已阅知”。

严格控制县政府发文数量。县政府各部门要认真履行各自的行政职责，属部门职权范围内的事务，由部门自行发文或联合发文，不得要求县政府批转或县政府办公室转发；确需由县政府或县政府办公室发文的，由部门草拟文稿，并提前5个工作日送达县政府办公室，由县政府办公室按程序办理。

未经县政府批准，县政府各部门、各直属机构不得直接向乡镇政府、街道办事处正式行文。属于业务性较强或行业性的重要工作，或其他需县政府同意的事项，报经县政府领导审定后，可加“经县政府同意”字样由部门行文。

加快电子政务建设，提高公文办理效率。各

部门需要请示县政府的事项，提前做好调研和相关协调工作。县政府办公室接办后，一般事项应在5个工作日内给予回复；特殊情况在10个工作日内给予回复。部门之间征求意见或会签公文时，除主办部门另有时限要求以外，协办部门一般应当在5个工作日内予以回复。县政府办公室转有关部门办理的公文，凡明确提出时限要求的，各部门应当在规定的时限内办理完毕。

第六节　重要会议

1991年10月26日，全县抗旱秋种紧急会议召开，县委县政府主要领导人，各乡镇党委书记、乡镇长，水管站长，县直有关部门负责人参加会议。县长段连湘总结前段抗旱秋种情况，肯定10月18日宋楼抗旱秋种现场会以后的工作：截至10月25日，全县播种58万亩，占任务的72.5%。指出抗旱秋种工作中存在的问题：旱情继续发展，日趋严重；时间紧迫，到立冬只有13天时间。要求集中领导、集中民工、集中时间，开源清淤，最大限度地引用黄河水；全民动员，土洋结合，充分挖掘利用地下水；县乡村户多方筹资，尽力增加水利配套机械；搞好节约用水和套种行、播种与查补苗结合，大干13天，种好晚麦30万亩。

1992年2月8日，全年第一次县政府办公会议召开，县长段连湘回顾总结1991年工作情况，明确当年政府工作指导思想和基本任务。要求调整农村产业结构，加强农田水利建设，完善双层经营机制，大力发展乡镇企业，提高农业综合生产能力；优化工业内部结构，做大做强纺织化工，狠抓技术改造，改善外部环境，力争工业超常规发展；拓宽鄄五路、开通鄄四路、开挖三支沟，抓好城市建设重点工程；开辟董口大豆市场、大埝银耳市场，做好商品流通；力争财政收支平衡；计划生育继续实行“一票否决权”，推动全县经济社会长足发展。

1993年3月24日，全县金融工作会议召开，县长常贵民肯定上年金融工作取得的成绩，要求认真贯彻央行提出的货币信贷方针，集中资金保重点、保急需，提高资金使用效益，防止低水平重复建设和经济过热现象；在促进企业机构转换机制上、金融市场建设上、健全金融机构体系上有突破，以“三个有利于”标准坚定不移地搞好金融改革开放；稳定农业、支持农业发展，促进加快经济结构调整，支持第三产业发展，支持发展外向型经济，集中资金保重点建设，继续大力发展保险事业，促进全县经济上新台阶。

1994年5月26日，全县对外开放、企业产权制度改革和发展个体私营经济动员大会召开，会议传达贯彻省、地对外开放工作会议精神，安排部署鄄城对外开放、企业产权制度改革和个体经济工作。县长常贵民出席会议并讲话，指出当前和今后一个时期，鄄城对外开放要突出三个重点：抓好现有外商投资企业；以引进独资为主，多渠道招商引资，建立“五结合”（项目招商与金融招商相结合、政府招商与企业招商相结合、走出去招商与请进来招商相结合、外出学习考察与招商相结合、公有制招商与多种经济成分招商相结合）的招商机制；重点利用国际贷款。企业产权制度改革工作要以转换企业经营机制，增强企业活力为目标，以现有乡镇办以上工商企业为重点，以先出售、后改制为主要形式，逐步把具备条件的企业改组为股份合作制或股份制企业，同时坚持分类指导，一厂一策，做好企业的租赁、拍卖、破产、兼并，组建有限责任公司和企业集团，引进外资嫁接改造等工作。关于发展个体私营经济工作，要求统一思想认识，放宽放活政策。在政策上，做到“三不管一不收三鼓励”（三不管：不管什么人都可以搞、不管什么都可以搞、不管有没有证照都可以搞；一不收：对新开业的个体私营企业年底前不收税费；三鼓励：鼓励农民进城务工经商、鼓励城镇待业青年自谋职业、鼓励机关办实体）；在服务上，有关部门要为个体经济搞好服务，改善优化环境；在保护企业上，实行保护卡制度；在资金上，要与国有企业一样对待，银行部门要一视同仁。

1995年10月10日，全县城市经济工作动员大会召开，县长张汉民作讲话。指出城市经济工作要抓住工业和流通两个重点，推行“三改一管”（改革、改造、改组、管理），压缩行管人员，深化企业改革，开展百日奋战劳动竞赛，增加销售形式，抓好扭亏增盈，多渠道筹措资金，抓住销售旺季，压缩库存，回笼资金，抓好棉花收购及加工，决战第四季度，确保“八五”计划的如期完成。

1996年2月1日，全县城市经济工作会议召开，县长张汉民发表讲话。总结回顾1995年城市经济工作情况，指出存在的较为突出的问题，确定当年主要指标：乡及乡以上工业销售收入达到9亿元，增加值达到2.6亿元，实现利税6500万元，社会消费品零售总额2.6亿元，商业、粮食、供销、物资四系统净增利润70万元，第三产业增加值达到3.5亿元，县级地方财政收入4000万元。要求推进经济体制和经济增长方式转变，抓好县属工业的改革，搞好流通企业的发展，实现乡镇企业突破性发展，加大招商引资力度，做好财税金融工作，加快基础设施建设步伐，实现“九五”开门红。3月30日，全县计划工作会召开，县长张汉民要求把握1996年国民经济和社会发展计划安排的特点：作为“九五”开局年，各项计划指标明显提高，增幅加大，国民生产总值要达到16.6亿元，增长18.5%，其中工业、农业、三产产值分别增长36.5%、19%、19%；全社会固定资产投资大，要达到3.5亿元，相当于过去15年生产性投资总和；农业产业结构调整力度加大，畜牧、果品、桑蚕、瓜菜、水产五大支柱产业产值分别达到4.8亿元、2.1亿元、1.2亿元、1.7亿元、1.1亿元，增幅分别为53%、21%、18%、23%、41%，农业总产值占比达到60%以上。成立县宏观调控委员会，搞好综合协调，抓好基建和技改，加大投入，资金、政策向支柱产业和重点项目倾斜；制订科学的衔接计划，制定切实可行的措施，分工负责、分线作战、严格考核、严格奖惩，不折不扣地完成计划。

1997年10月15日，县属工业经济调度会议召开，县长张汉民回顾总结1—9月县属工业经济运行情况，查找分析存在的困难和问题。要求学习贯彻中共十五大精神，深入开展“外学邯钢内学鄄纺”活动，深化企业改革，强化营销，加大技改力度，拓宽融资渠道，强化企业管理，处理好改制和正常生产的关系，全力决战第四季度，确保全年各项任务目标的完成。

1998年9月18日，全县“三秋”暨中药材生产动员大会召开，县长张本进要求树立六种观念（良种增产、小麦早种增收、深耕精播增产、间作套种增产、配方施肥增产、抗旱抢种），增强科技种田意识；基层干部带好头，搞好技术保障，摆正三个方面关系（政府和群众利益、增加财政收入和农民致富、科技素质和发展生产），打好以中药材为主结构调整攻坚战。

1999年3月1日，全县城市经济工作会议召开，县长张本进总结1998年城市经济运行情况，确定当年任务目标。要求抓住济南市帮扶机遇，做好结合文章；实施“工业立县”战略，扩大规模，培植骨干，深化改革，强化管理，开拓市场，推动工业上水平；大力发展个体经济；培植财源、勤俭办事、抓好机构改革，确保财政增收；搞好城市公园、东肖庄一期、地热资源开发、黄河公路大桥等基础设施建设，彻底治理“三乱”和打霸专项斗争，优化发展环境，为鄄城经济的快速发展作出新贡献。

2000年1月21日，全县三级干部会议召开，县长张本进总结1999年经济工作，肯定在调整优化经济结构、做好东西结合文章、提高经济运行质量、优化经济发展秩序、加强对经济工作领导等方面取得成绩，指出一产比重大，二、三产比重较小，农业产业化程度低，企业数量少、规模小、缺乏自我发展能力等问题，明确国内生产总值完成15.26亿元、全社会固定资产投资5.6亿元，通过济南市帮扶力争达到6亿元、社会消费品零售总额5.77亿元、实际利用外资879万美元、地方财政收入5775万元，通过济南市帮扶力争达到6026万元、农民人均纯收入2021元的目标。要求树立大开放意识，优化发展环境，调整优化农业内部结构，大力发展农副产品加工业；深化企业改革，加大资产重组力度，加大技改和产品开发力度；加快膨胀木材加工、人发、地毯、中药材加工等行业民营经济；

制定优惠政策、培育流通企业市场机制、搞活流通领域，加快发展内外贸易；加大征管征收、强化预算约束、科学合理支出，确保财政收支平衡；做好水库二期、沿黄公路、孙膑旅游城、农村电网改造、计划生育等各项工作，把全县国民经济和社会事业推向一个新台阶。

2001 年 12 月 6 日，全县对外开放工作会议召开，主要任务是贯彻落实中央、省、市外资工作会议精神，研究落实利用“入世”机遇，扩大对外开放，加快鄄城经济发展的工作措施，进一步做好当前和今后一个时期的招商引资和外贸出口工作。县长任仲义回顾 1 月至 11 月的招商引资和外贸出口完成情况，要求把握“入世”机遇，加快经济结构的战略性调整，稳定一产、主攻二产、提升三产；把握利用好经济全球化带来的国际市场重组和国内产业转移的机遇，集中力量，再掀招商引资新高潮；培养外向型企业，提高出口产品的质量档次，加快出口商品基地建设，变间接出口为自营出口，进一步做好外贸出口工作。

2002 年 4 月 2 日，全县奖惩兑现大会召开，会议对在 2001 年的招商引资、民营经济、优化环境三项工作中做出突出成绩的先进单位和个人进行表彰奖励；并对当年的这三项工作进行重点部署。县长任仲义发表讲话，要求加大精力投入，增强针对性，突出招商重点，培植壮大优势产业，努力推动招商引资向纵深发展；扩大民营经济规模，培植壮大骨干企业，突出特色产业优势，力促民营经济快速发展；加大治理整顿力度，从政策环境、法制环境、服务环境、人文环境、政治环境等方面让投资经营者舒心安心。

2003 年 1 月 7 日，鄄城县全县经济工作会议召开，会议确立当年全县经济工作指导思想是：深入贯彻落实十六大精神，突出“加快发展”这一主题，以“四增一稳”（群众增收、财政增长、投入增加、就业增多、社会稳定）为目标，以优化结构、对外开放、财源建设、治理环境为主攻方向，全面加快工业化、民营化、外向化、城市化和农业产业化进程，促进国民经济健康快速发展，努力开创鄄城经济活力更旺、效益更高、规模更大、实力更强的新局面。3 月 11 日，鄄城县政府成员扩大会议召开，县长任仲义主持会议并作讲话。要求各乡镇政府、县政府各部门认清形势，把全县上下的思想统一到“加快发展”上来，一心一意抓发展，千方百计促发展，全力以赴加快发展；突出重点，把握好政府工作的主攻方向，要全力以赴扩大投入，集中精力培植财源，加大力度调整经济结构，靠上力量促进就业，积极优化发展环境；抓紧抓好抓落实这一关键环节，领导干部带头抓落实，建立抓落实的保障机制，形成抓落实的整体合力；切实加强新形势下的政府自身建设。

2004 年 2 月 18 日，全县经济工作会议召开，动员全县上下进一步解放思想，开拓创新，奋发图强，集中精力投入到经济建设的主战场，努力推动全县经济实现超常规、高速度、跨越式发展。县长任仲义全面总结 2003 年的经济工作，对 2004 年经济工作提出了国内生产总值达到 21.46 亿元，增长 16%；完成固定资产投资 20 亿元，增长 54%；地方财政收入达到 10936 万元，增长 20%；社会消费品零售额达到 9.43 亿元，增长 15%；农民人均纯收入达到 2200 元，增长 9% 的具体目标。并要求强化招商引资、发展壮大工业、强化三农工作、发展现代物流、发展民营经济、提高城市化水平，深化企业、财政体制管理、事业领域改革，优化经济发展环境，提高新形势下领导和驾驭市场经济的能力，确保全年经济工作任务目标圆满完成。

2005 年 3 月 22 日，全县招商引资表彰暨动员大会召开，县长任仲义要求全县上下看到 2004 年成绩同时，更要看清工作中存在的问题和在全省全市所处的形势，增强抓好招商引资紧迫感；突出工作重点，全面掀起招商引资高潮，继续加大宣传力度，充分挖掘各方关系、灵活运用各种方式、突出抓好专业招商、加快项目提报进度、突出建好工业园区，千方百计抓好出口创汇，优化招商引资软环境；加强领导，完善责任机制，认真研究政策，做到统筹兼顾、严格奖惩，确保招商引资的目标任务落到实处。

2006年4月4日至7日，全县财源建设工作会议召开，会议前三天全县各级领导干部到江苏邳州、沭阳、宿迁，聊城高唐、阳谷实地考察学习重点项目、骨干企业、园区开发、城市建设等方面的经验。7日召开会议，县长王有杰指出，明确提出以大项目建设为主攻方向，搞好招商引资和园区建设，抓好人民路、建设路延伸工程建设；优化经济发展环境，国土、电力、工商、环保、交通、公安、监察等部门立足自身职能，靠上靠前服务；积极推进银企合作，努力做大做强工业企业。同时，加快发展三产，发展现代服务业，突出抓好旅游业，加快孙膑旅游城建设及2A级景点申报工作，认真组织实施“万村千乡”市场工程，做好经营城市的文章，加大国有资产管理和经营力度，多措并举，开辟财源建设渠道；依法清理整顿财经秩序，努力实现财政状况的根本性好转。

2007年3月23日，全县审计工作会议召开，县长王有杰总结2006年审计工作，强调围绕财政增收节支，加强预算执行和管理情况的审计，严格规范“收支两条线”管理，堵塞支出管理漏洞，加强财政收入征管和转移支付资金的审计，规范财政财务管理。围绕加快经济发展，加强对基础性、公益性建设投资项目审计，提高政府投资效益，严格执行先审概算，后审决算，不经审计不准开工，不予拨款。围绕新农村建设，加强涉农专项资金、农村基础设施建设项目、农村普教、医疗卫生、社保、文化等社会公共事业资金的审计，确保国家支农惠农政策落实到位。围绕优化经济环境，加强对经济管理部门、经济监督部门、执法执纪部门、干部群众关心关注的热点部门的审计监督，严肃查处乱收费、乱罚款、乱摊派的违规行为，严厉打击扰乱市场经济秩序的不法行为，促进部门依法行政。围绕健全完善领导干部监督机制，加强经济责任审计，促进领导干部依法履行职责。

2008年3月8日，全县政府全体成员（扩大）会议召开，县长王有杰要求：认清形势，统一思想，增强加快发展的责任感和紧迫感。把握关键环节，以大项目建设为重点，全力破解土地和资金等瓶颈制约，高度重视环保工作，切实抓好节能降耗，加快推进工业化，以管理建设为龙头，加快推进城镇化，以改善民生为重点，抓好劳动就业、社会保障等关系民生的各项社会事业，重视抓好安全稳定，做好信访和矛盾纠纷调处工作，以培植财源、增加收入为重点，确保财税增收，以争先创优为目标，优化发展环境，推动整体工作上档次、上水平。找准政府工作坐标定位，突出领导干部带头、强化调度、权责统一、提升标准、突出重点、一岗多责，狠抓各项工作的落实。从严治政，严格工作、财经、人事纪律，确保政令畅通。勤政务实廉洁，注重加强学习，改进工作作风，坚持依法行政，树立政府良好形象。

2009年5月21日，全县领导干部会议召开，代县长谷瑞灵在会上提出“八个坚持”：坚持维护县委的权威；坚持抓中心促发展，抓好招商引资、大项目建设和经济运行，抓好城市建设、开发区建设、新农村建设和旅游产业的发展，抓好优化发展环境，通过发展增加财政收入、增加农民收入；坚持关注改善民生，着力解决群众关心的热点难点问题，搞好社会治安综合治理，坚决打击欺压百姓、横行乡里的村痞街霸及强装强卸、强买强卖的各类建筑霸、路霸；坚持真抓实干；坚持团结协调，正确处理与县委、县人大、县政协之间的关系，在政府班子中坦诚相待，同舟共济，集思广益，做到在政治上相互信任、在思想上相互交流、在工作上相互支持，努力创造和谐舒畅、扬长避短、优势互补、群策群力的工作局面；坚持争先创优，做到有先进我们就争、有冠军我们就夺、有红旗我们就扛、有第一我们就拿；坚持依法行政，依法管理经济和社会事务，坚持集体决策，坚持社会公正公平，认真听取社会各界的意见和建议，不断提高政府决策的民主化、制度化水平，建设法治政府；坚持廉洁从政，严格执行部门综合预算、政府采购、土地招拍挂、经济责任审计等各项制度，坚持勤俭节约，把有限的资金用到发展经济和改善民生上，在党风廉政建设责任制上发挥带头作用，做到堂堂正正做人、扎扎实实做事、清清白白做官。

县领导调研农村工作（2010 年　摄）

2009 年 7 月 24 日，全县第一次政企联席会议召开，县长谷瑞灵作讲话。充分提高对搞好政企联席会议重要性的认识，指出这是政府职责所在，是企业发展的需要，是进一步增强县直各部门服务意识的需要，是拉近政府和企业距离，增进了解、友谊、感情的需要，是鄄城经济发展大局的需要。县直、政府各部门要正确理解认识政企联席会议，正确理解企业提出的问题，认识到企业提出的问题都是应该予以解决的问题，部门、乡镇对承诺解决的问题要厉行承诺，按时完成，政府各部门进一步增强服务意识、转变工作作风，主动地、创造性地给企业搞好服务。给企业提出要求，要理解政府和政府各部门的工作，守法经营，诚信经营，企业有什么困难、有什么问题都可以给政府提出来，政府有最大的诚心去解决。

2010 年 4 月 7 日，全县政府成员（扩大）会议召开，县长谷瑞灵作讲话，要求认清形势，坚定信心抓落实；突出重点，强化措施抓落实。以开展“大项目建设攻坚年”为重点，加快推进招商引资和大项目建设，进入开发区项目，投资必须在亿元以上，建筑面积在 5 万平方米以上；以发展六大产业和实施“311”企业成长计划为重点，重点发展化工、医药、纺织、农副产品加工、人发、机械加工六大产业，年内棉纱生产规模达到 60 万锭，规划实施好占地 1000 亩的人发产业园；加快膨胀骨干企业，加快实施“311”企业成长计划，即到 2012 年，全县主营业务收入过 10 亿元企业达到 3 家，过 5 亿元企业达到 10 家，过 1 亿元的企业达到 100 家；加强企业家队伍建设，组织 20 强企业、六大产业前五名企业负责人和六大产业协会会长到清华大学进行培训；以实施“七八七”工程为重点，即七大片区开发、八大道路建设、七大环境提升共 22 项重点工程，总投资 23 亿元，加快推进城市建设；以发展农村经济为重点，加快推进小城镇和新农村建设，规模以上农副产品加工企业达到 98 家，重点抓好 32 个示范村新农村建设；以增强保障为重点，抓好财税金融工作；以改善民生为重点，全力以赴抓好十大民心工程建设。分解任务，强化责任抓落实。真抓实干，转变作风抓落实。廉洁从政，一岗双责抓落实。

第七节　行政审批

1991 年至 2002 年 6 月，鄄城县行政审批事项由各职能部门依法实施，其审批办法、程序、范围形式各异。2002 年 7 月，《鄄城县人民政府关于对行政审批事项施行集中办理的决定》公布施行，推进行政审批制度改革。2002 年 8 月鄄城县行政服务中心正式挂牌办公。首批入驻部门和单位 33 个，审批项目 380 项，进驻工作人员 110 人。县行政服务中心为县政府临时常设机构，集中办理县级许可审批事项，施行政府行政审批集中办理制度。并制定《鄄城县行政服务中心行政审批事项办理暂行办法》，对即办件、承诺件、联办件、补办件、退回件等 5 个办件类型的基本程序作出明确规定。

2010 年，鄄城县行政服务中心进驻审批单位有县工商局、公安局、农机局、发改局、物价办、商务办、质监局、卫生局、林业办、畜牧局、气象局、规划局、住建局、交通局、国土局、文体局等 16 家单位，工作人员 38 人。

第八节　政务督查

1992 年，县政府办公室设立督查科，主要办理领导人批示件，编发《政务督查》简报，办理县人大代表议案建议和政协委员提案，及涉及县政府重要会议落实的督查。2002 年 7 月，督查科更名为县政府督查室，为县政府办公室内设机构（正科级单位）。县政府督查室内设政务督查股、两案办理股、县长公开电话受理中心。主要工作是：重点抓好县委、县政府重大决策和重点工作的贯彻落实，编发督查简报，省市县领导批示件的督促办理，人大代表议案建议和政协委员提案的督促办理，市、县长热线的督促办理，县重要工程建设进度的督导以及领导临时交办的其他工作的办理等。自成立共办理领导批示件 1200 余件，市、县长热线电话问题 8500 余件，办结率达 100%，办理人大代表议案建议和政协委员提案 2800 余件，满意率达 98% 以上。

第九节　后勤接待

行政后勤接待主要分为机关内部办公、生活设施建设管理和公务接待两部分。

机关内部办公和生活设施建设管理方面，主要包括组织处理后勤事务和各类业务活动，办公室办公物品的购置和配备，政府机关基建维修和水、电、暖供应及政府机关环境卫生、绿化、美化工作。从 1992 年起，投资 4 万元修建县政府大门一座及铁栏杆式院墙 70 米。投资 5 万余元建立 9 间车库；投资 5 万余元建筑木结构房屋 16 间。投资 10 余万元修建、维修下水道 1500 米，维修房屋 500 余间次；维修水道电线 3500 余次；更换高压线路 4500 余米。投资 15 万元安装县政府办公楼冬季供暖设备。投资 2 万余元更换茶水锅炉 4 台；投资 20 余万元装修县政府办公楼及二、三楼会议室等。

公务接待方面，本着热情接待、勤俭节约、统一安排、分口对待的原则做好公务接待工作。一般由政府办公室主任或分管副主任负责传递接待对象信息，接待人员按照办公室领导批示拟定接待方案，呈办公室主任或分管副主任审核，征求县领导意见无异议后，印发活动方案或接待手册。对重要接待任务召开专门会议，讨论接待方案，各有关部门或办公室各科室按要求分工负责。上级领导或贵宾到鄄城从事公务活动，按照对口迎送及陪同原则，由政府办公室主任或分管副主任组织协调。重大接待任务根据不同情况妥善安排。接待完成后，负责接待人员把每月接待负责的次数、地点、用款数额等情况，报办公室主任或分管副主任审批，之后按财务制度程序办理。

第三章　信息调研与网站建设

第一节　材料综合

县政府综合调研室主要负责县政府的文字综合和调查研究工作，起草县长副县长讲话、县政府工作报告及有关文件，撰写调研报告、典型材料等。围绕县政府不同时期的中心工作，对县政府和群众关心、关注的重点、热点、难点问题，按照定性和定量分析研究相结合、总结性调研和超前性调研相结合、综合性调研与典型性调研相结合的原则，采取专人调研和集体调研相结合的办法，研究问题，总结经验，提出建设性建议，为县政府科学决策提供依据。

第二节　信息调研

1991 年，围绕县政府中心工作，为县“八五”计划的编制，继续贯彻治理整顿和深化改革方针，开展调查32次，形成调研材料35篇，其中有22篇被地区级以上书刊或会议采用。全年撰写修改讲话、报告58篇，典型材料12篇。

1993年，共开展基层调查200余人次，形成调查报告25篇，其中被地区级以上刊物、会议采用18篇；编发《鄄城通讯》12期，刊载论文、调查报告16篇；组织起草文件、撰写领导讲话、典型材料60多万字。

1994年，围绕农业产业化、地方财源建设、棉花生产等方面开展调研230人次，形成调查报告32篇，有3篇被菏泽地区行署采用。编印《鄄城通讯》13期，起草修改领导讲话80篇、大型会议材料20篇，把关部门材料55篇。

1995年，重点对个体私营经济、工业企业改革、农业产业结构调整、劳动人事制度改革进行调研，开展调查35次，形成调研报告33篇，被菏泽地区行署采用8篇，被《菏泽日报》等报刊采用21篇，撰写修改领导讲话115篇，修改把关部门材料100余篇。

1998年，重点围绕农民增收、再就业、企业改制、个体私营经济发展等进行调查研究，共组织深入基层220人次，为领导决策提供合理化建议28条，形成调查报告23篇，被菏泽地区行署采用11篇，被上级报刊采用18篇；撰写典型材料70余篇、领导讲话110篇，编印《鄄城通讯》15期。

1999年，重点围绕推进农业产业化和培育新的经济增长点、膨胀骨干企业和企业创新、招商引资、企业改革、优化环境等进行调研80多次，形成调查报告22篇，被菏泽地区行署采用8篇，被上级报刊采用10篇;撰写典型材料42篇，编印《鄄城通讯》14期，撰写修改领导讲话120篇，修改把关部门材料70余篇。

2001年，围绕政府领导和群众关注的招商引资、民营经济、城市建设、环境保护等重点、难点问题，共深入基层调研240人次，为领导决策提供合理化建议35条，撰写调查报告20篇，刊发《鄄城通讯》18期。制发政府各类文件220件，撰写修改领导人讲话和各类汇报材料180余篇，整理会议记录60余篇。在菏泽市政府《内部情况通报》《菏泽日报》《人民日报》等刊物上发表文章9篇。调查报告《关于彭楼乡中药材产业发展情况的调查》《纤纤细发梳就特色大产业》发表在《内部情况通报》上，引起市、县领导重视。《关于我县农村税费改革的调查和几点思考》《实施碧水工程，保护生态环境》分别刊发在《人民日报》和《菏泽日报》上，推广了经验，扩大了影响。

2002年，抓住县委、县政府中心工作，参与调查280人次，完成调研报告22篇，编发《鄄城通讯》17期，7篇调研报告被市级以上报刊采用，3篇被省级以上报刊采用。制发各类文件265件，撰写修改领导人讲话和各类汇报材料260篇，整理会议记录60余篇。

2004年，围绕实施“突破菏泽”战略，进行调查研究和文字综合工作，完成调研课题15个，形成调查报告20篇，撰写其他类型文章26篇，在市及市以上报刊发表文章4篇；编发《鄄城通讯》16期、《内部参阅》4期；起草领导讲话、汇报材料500余篇，近100万字。撰写的《小架木撑起大市场》在《鄄城通讯》印发后，在全县引起很大反响，撰写的《全力实现鄄城经济的突破性发展》《集中打造新兴旅游经济强县》分别在《中国国有资产管理报》和《齐鲁人物》等报刊上发表，扩大了鄄城的对外影响。

2005年，以招商引资、大项目建设为中心，组织完成调研课题13个，撰写调查报告18篇。制发各类文件261件，起草撰写领导人讲话和各类汇报材料600余篇，120多万字，在市级报刊发表各类署名文章5篇，印发《鄄城通讯》18期、《内部参阅》6期，整理会议记录90余篇。撰写的《河北安国中药材生产考察报告》和《河南淇县畜牧业生产情况考察报告》，对全县中药材和畜牧业发展起到了较好的指导作用。《全力打造县域经济两大品牌》《加快龙头企业建设推进农业产业化进程》2篇调研报告在《鄄城通讯》刊发后，得到县领导充分肯定。向市选送参加评比调查报告15篇，有2篇获二等奖，3篇获三等奖，4名撰稿人荣获“全市政府系统调研工作先进工作者”称号。

2006年，围绕招商引资、政府提速、农民增收、结构调整、发展民营经济、乡镇财源建设等主题，完成调研课题13个，调查报告19篇，为领导科学决策提供了有力依据。《关于加快全县服务业发展的调查报告》《五轮驱动，促进县域经济大发展》《关于全县产业集群的调查报告》3篇调研文章被评为市三等奖。撰写的《人发税负调查》和《畜牧业生产调查》，为全县人发和畜牧业生产发展起到了较好的指导作用。撰写的《加快林业产业开发，培植壮大支柱产业经济》，给全县农业结构调整提供了示范典型。撰写的《鄄城县关于支农资金整合的调查报告》，获得市政府好评。

2007年，组织完成调研课题12个，撰写调查报告22篇，其中2篇获市二等奖，3篇获市三等奖，2人荣获“全市政府系统调研工作先进工作者”称号。《共识化共为 共享求共赢 多措并举 扎实推进和谐鄄城建设》在《决策参阅》上发表；《多措并举 扎实推进和谐鄄城建设》在《山东政报》上发表；《增强自主创新能力 全面推进创新型城市——鄄城县创新型城市建设调查》《鄄城县新农村建设调查与思考》《凝心聚力求发展 共同致富建新村——鄄城县引马乡大黄庄新农村建设调查》《多措并举 齐头并进 培养造就新一代农民——鄄城县培养造就新型农民调查》《中药材产业考察报告》在《菏泽政务》上发表。

2008年，先后开展、完成调研课题14个，调查报告25篇，其中《中药材产业考察报告》获得山东省调研成果三等奖、菏泽市二等奖；《鄄城县新农村建设调查与思考》《培养造就社会主义新农村新型农民调查》获得市调研成果三等奖。撰写的《关于加快鄄城工业发展的思考》，在菏泽市委《研究与参考》（第5期）和国家级刊物《企业界》上发表；撰写的《破解经济制约因素 加快推进项目建设》在菏泽市委《菏泽通讯》上发表。为配合菏泽市四大基地一大产业建设，分别撰写了关于鄄城县农副产品加工、机电化工、人发、商贸物流、文化旅游等产业调查报告；为加快招商引资工作，撰写《关于全县招商引资工作情况的调查报告》；为突出反映改革开放以后鄄城县各行各业和人民生活的巨大变化，撰写《鄄城县改革开放三十年发展变化》；同时撰写《关于我县空心村情况的调查报告》《倾力打造生态县城 确保污染不进鄄城》的调查报告，总结鄄城县在土地、环保等方面取得的成绩。

2009年，开展调研课题15个，撰写调查报告27篇，撰写的《关于加快鄄城县精细化工产业发展的调查和思考》，在菏泽市委《研究与参考》（第3期）和国家级刊物《企业界》上发表；撰写的《强化措施 奋力赶超 全力推进经济社会更好更快发展》在《山东经济战略研究》（2009年第12期）上发表；撰写的《加强政策引导扶持发展壮大化工产业》在山东省政府《决策参阅》（第49期）上发表；撰写的《强化措施创优环境努力推进鄄城经济更好更快发展》在菏泽市政府《工作情况交流》（第13期）上发表；撰写的《鄄城县推进乡村卫生一体化管理的主要做法》《鄄城县四大举措推进返乡农民工创业》《负重奋进奋力赶超 全力推进经济社会更好更快发展》《逆境中求突破 危机中促发展——对菏泽沃蓝化工有限公司实现逆势发展的调查》在《菏泽政务》上发表。

2010年，组织完成调研课题18个，撰写调查报告28篇，其中《发挥资源优势 创建旅游强县》在国家级刊物《科学发展观与新形势下基层党的建设》上发表；《突出重点 抓住关键 全力推进招商引资和大项目建设》《加快污水管网建设 促进污染总量减排》《夯实基层基础工作 全面提升统计水平》在市政府《菏泽政务》上发表；撰写的《抓载体 增效益 全力推动鄄城工业快速发展》《强力推进七八七 奏响城建主旋律》《创新思路 精心组织 着力推进集体林权制度改革》《鄄城县农村专业合作经济组织的调查与思考》得到市、县有关领导的好评；向省、市政府上报调研及内参稿件20篇，其中《新农村建设中不应忽视抗震设防问题》被市政府有关领导人批示。

第三节　政府网站建设

2005 年，鄄城县政府网站体系初步建成。县政府及其各部门开始以此为渠道，主动向公众发布县政府部门机构组成及其职能、各类政策法规和规章制度、县政府重大决策、县政府及其各部门办事制度、办事程序和各项工作进展情况等各类政务信息。随后，根据政府网站运行情况，逐步健全完善《鄄城县政府信息公开办法》《鄄城县政府信息公开工作考核评议制度》《鄄城县政府信息公开保密审查制度》等一系列规章制度。政务信息公开工作走向制度化、规范化、常态化，政府网站成为政务公开重要窗口和建设服务政府、效能政府重要平台。2005—2010 年，共发布信息 11324 条。其中，机构职能类信息 513 条，政策法规类信息 796 条，决策规划类信息 738 条，业务工作类信息 9080 条，其他类信息 197 条。

遵照菏泽市人民政府办公室关于加快全市电子政务专网建设的通知，2002 年，按照“标准统一、设置合理、功能完善、安全可靠”的总体要求，全县电子政务专网正式建设开通，基本形成省、市、县三级党政机关互联互通、公文交换、资源共享、协同办公的基础网络平台和信息交换平台。至 2010 年，共接受国务院、省、市政府明传电报 2683 份，文件、内部情况通报等各类公文 3224 份。同时，下联各乡镇政府、县政府部门等的电子政务专网得到初步规划，满足各单位应用业务需求，具备密码管理、信任体系、网络管理、容灾备份、数据管理、信息交换、协同办公、应急指挥等各项功能，支持跨乡镇、跨部门、跨系统的网上办公业务应用，支持数据、语音、视频等应用。

鄄城县人民政府网

第四章　政府法制

第一节　规范性文件制发备案

1992 年，起草、审查鄄城县人民政府制发的规范性文件 4 件；2009 年，审查、备案鄄城县人民政府制发的规范性文件 2 件，审查、备案鄄城县人民政府办公室制发的规范性文件 5 件，备案、审查政府部门规范性 3 件。2010 年，审查、备案鄄城县人民政府制发文件 2 件，审查、备案鄄城县人民政府办公室制发文件 2 件，备案、审查政府部门规范性 2 件。1991—2010 年，共审查县政府、县政府办公室规范性文件 200 件，县直各行政部门规范性文件 160 件，提出法律建议 236 条，修改 240 条，禁止出台文件 4 件，废止部门规范性文件 2 件，规范性文件发布后均在规定时间内向市政府（地区行署）备案。

第二节　行政复议应诉

1991年，受理行政复议案件2件。2008年，受理行政复议案件13件，不服公安机关行政处罚决定申请复议12件，维持9件，撤销1件，自动撤回申请2件；不服工商局行政强制申请复议1件，撤销1件；代理县政府复议2件，撤销2件；代理县政府参加行政诉讼1件，具体行政行为被撤销1件。2010年，受理行政复议案件16件，其中不服公安机关行政处罚决定申请复议12件，均予以维持；不服鄄城镇处理决定申请复议的2件，维持1件，不予受理1件；不服鄄城县工商局具体行政行为申请复议2件，终止1件，维持1件。代理县政府参加复议7件，具体行政行为维持1件，撤销2件，驳回当事人申请4件。1991—2010年，县法制办共受理行政复议案件218件，涉及公安、国土、交通、城市建设管理、房产、盐务、民政等行政机关，其中维持具体行政行为136件、撤销具体行政行为为43件、申请人撤回申请的39件，受案率为97%，结案率为100%。同时还代理县政府参加行政诉讼70件，指导政府部门参加行政复议20次。

第三节　行政执法规范化建设

规范性文件清理　2004年，对全县1990年以后以县政府、县政府办公室名义制发的规范性文件进行一次全面清理。11月25日，以鄄政发〔2004〕28号文件向社会公布继续有效的县政府规范性文件77件、县政府办公室规范性文件41件。1991—2010年，对县政府、县政府办公室制发的规范性文件进行4次清理和6次常规清理，共清理规范性文件1658件，建议废止114件、建议修改65件。

行政处罚主体清理　1998年、2004年、2010年，先后3次对全县行政处罚主体进行清理，并把依法具有行政处罚主体资格的单位向社会公布，其中依法具有县级行政处罚主体资格的单位25家，中央、省垂直的行政机关依法具有县级行政处罚主体资格的单位11家，法律法规授权的依法具有县级行政处罚主体资格的单位14家，行政机关的分支或派出机构在法律法规授权范围内具有行政处罚主体资格单位51家。

行政许可项目清理　2004年7月1日，《中华人民共和国行政许可法》实施以后，对全县行政许可事项进行清理，保留并公布有法律依据行政许可项目227件。

执法人员主体资格审查　根据《山东省行政执法证件管理办法》规定，1998年初次申领行政执法证的行政执法人员1659人。2001年，县政府办公室转发《山东省行政执法错案责任追究办法》，监督执法人员的执法行为有章可循。至2010年，共培训执法人员1.2万人次，办理山东省行政执法证2780件（含离开岗位作废的证件），其间对持证人员的持证资格每2年审验一次，确保执法人员的主体合法。

城市管理相对集中行政处罚权申请　2004年12月30日，鄄城开展城市管理相对集中行政处罚权工作得到山东省人民政府批复；2010年9月28日，在全市率先申请城市管理相对集中行政处罚权向乡镇延伸，得到省政府批复。

第四节　行政执法监督检查

1996年，建立行政处罚“罚缴分离”制度，组织全县18个乡镇人民政府和47个县直行政执法部门签订代收代缴协议书。

1997年，建立行政复议应诉资格和听证主持人资格制度，经考试审查，全县27人取得行政复议应诉资格证、听证主持人资格证。至2010年，共有执法人员82人先后取得行政复议应诉资格证，执法人员82人先后取得听证主持人资格证。

1999年，开展第一次行政执法案卷检查，检查卷宗90份，纠正不当行政行为10起。2007年，对全县所有行政执法单位开展行政执法案卷检查，检查卷宗200余件，提出法制建议170项，纠正不当行政行为59起。至2010年，共检查执法卷宗900件，发现违法行政行为220起，纠正行政不当行为165起。

开展行政执法过程中的检查，1997年11月至12月，重点检查主要执法机关公安、工商、税务、国土、计生等部门260次，2003年2月至3月，专项检查医药、建材、涉农、公路三乱等领域45次，现场指导执法行为186次，有效避免违法行政行为100起，避免提起行政诉讼20起。2005年，根据省、市要求，建立行政执法首长监督检查制度，为全县行政执法部门主要负责人办理行政执法监督检查证49人次。

第五节　政府法制宣传

1991年，主要对《中华人民共和国行政复议条例》《中华人民共和国行政诉讼法》进行广泛宣传学习。1995年、1996年，加强对新《中华人民共和国国家赔偿法》《中华人民共和国行政处罚法》的培训学习。自1998年起，每2年对行政执法人员进行一次公共法律知识培训。2010年，县法制办编纂《行政执法人员培训法律法规汇编》，供行政执法人员学习。1991—2010年，先后开展依法行政、领导学法日、行政执法持证上岗、行政处罚“罚缴分离”制度、行政许可法学习宣传活动，重点对《中华人民共和国宪法》《中华人民共和国行政复议条例》《行政复议法》《中华人民共和国行政诉讼法》《中华人民共和国国家赔偿法》《行政处罚法》《中华人民共和国立法法》《中华人民共和国行政许可法》《山东省行政复议条例》《依法行政实施纲要》等法律法规进行学习宣传培训。

1991年，开展广播讲座两次15期，电视讲话3次，张贴宣传标语640幅，挂图悬挂150张，举办宣传栏20期，发放学习宣传材料1200册，街头宣传法律5次，解答法律咨询4200人。2004年，邀请省法学会理事、宪法学会会长、省政府法律顾问刘和海，省法制办主任、省政府副秘书长、山大客座教授高存山对全县科级以上领导干部就宪法和政府法制进行培训。至2010年，共举办法律培训班45期，接受教育的负责人和行政执法人员达1.3万人。

1991年5月，创办《法制工作信息》，定期制发政府法制工作简报，及时反映政府法制信息，为领导依法行政提供参考。1992年9月，鄄城县被省政府评为依法行政先进单位。

第五章　外事　侨务

第一节　对外宣传

1991—2010年，县侨务办积极发挥自身工作职能，将鄄城丰富的旅游资源和招商引资优惠政策编印成册，分别赠送出境人员和外来侨胞，扩大对外宣传。编写《关于开发鄄城人文资源培植旅游产业的设想》，向县领导专题汇报，千方百计扩大旅游业的影响，力争旅游资源早日开发，使旅游业早日成为鄄城经济发展的支柱产业。

第二节　出国管理

利用接待外来人员和出境人员办护照的机会，赠送宣传材料，宣传鄄城丰富的旅游资源和招商引资的优惠政策，广泛了解国内外经贸信息。严格出国手续。对出境人员先严格考察、政治培训，实行经济风险抵押，然后申办护照，回国后，及时收回护照。

第三节　外事侨务管理

贯彻落实中央省市外事工作会议精神，定期走访外资企业，了解其经营情况，帮其排忧解难。建立在鄄城侨胞登记制度和座谈会制度。定期召开归侨、侨眷座谈会，宣传侨法，了解掌握侨情，及时帮助归侨、侨眷解决生活、生产经营中遇到的问题，并鼓励他们多与海外眷属加强联系，互通有无，增进感情。通过《甄氏族谱》《舜河侨刊》的宣传，吸引大批海外甄氏族人多次到鄄城认祖归宗和经贸考察。加强同侨眷联系，诚心为侨属侨眷排忧解难。加大对外联络，扩大对外交流。做好外事侨务工作，充分发挥外事侨务为经济发展的职能作用。落实好侨法规定的各项政策，千方百计为侨属、侨眷办实事。

第六章　地方志

第一节　县志编纂

《鄄城县志》编纂工作始于1983年，经过征集资料、纂修志稿、评审修改，1996年9月出版。征集资料阶段，组建专业志领导小组62个，配备修志人员180人，全县共完成专业志51部、750万字。史志办人员查阅县档案馆资料5100卷，摘抄资料200余万字；赴北京、上海等地档案馆、图书馆、博物馆查阅、摘抄资料35万字。在北京、天津、杭州等地召开座谈会10余次，访问老干部100余人，在县内召开座谈会40余次，获得口碑资料6万字。发信函300余封，回收资料7.5万字，聘请专家撰写志稿及考证文章13万字。查阅《濮州志》《曹州府志》《兖州府志》《山东通志》《二十四史》等历史典籍650册2700卷，摘抄资料100余万字。1987年完成征求意见稿，1989年完成修改稿，1991年完成续编稿，将原来下限1985年延至1990年，1992年9月完成评审稿。1993年10月，召开《鄄城县志》评审会议，省、地领导及史志专家、部分鄄城籍在外老干部、菏泽地区各县史志办主任主编、鄄城县主要领导人、县志顾问等100余人参加。经县人民政府、县史志编委会初审，地区史志办再审，报省史志办终审定稿，1996年9月出版发行。《鄄城县志》设25编、145章、405节，另有概述、大事记、附录，共计120万字，彩色图片60余幅，志、传、记、图、表、录诸体并用，结构严谨，文字简介流畅，全面翔实地记载鄄城政治、经济、文化、社会、风俗诸方面的历史与现状，充分反映鄄城的地方特色及时代风貌，是了解鄄城古今的一部地方百科全书。1997年11月，被国家新闻出版署评为1996年度国家书刊印刷优质产品。

全县史志工作会议

2006年8月，续修《鄄城县志（1991—

2005)》动员会议召开，下发《鄄城县志（1991—2005)》实施方案，会后举办短期撰稿人员培训班。2010年年底，搜集资料100余万字，初稿形成。2011年，决定将下限延至2010年。

第二节　年鉴编纂

1996年年初，开始编纂第一部《鄄城年鉴》（1991—1995年），经过拟定实施意见、栏目设置与撰写分工，印发县政府编纂实施意见，召开编纂工作会议，搜集、催征、撰写、总纂稿件，拍摄图片，1997年6月出版发行。年鉴共分21个大部类，80万字。2001年3月，开始编纂第二部《鄄城年鉴》（1996—2000年），篇目设置与第一部相近，2002年3月出版发行。

第一部《鄄城年鉴》在1997年11月山东省年鉴学会举办的“裕隆杯”年鉴评比中，被评为综合奖特等奖、美术装帧特等奖、条目编写特等奖、框架设计一等奖。1998年12月被国家新闻出版署评为1997年度国家书刊印刷优质产品。县史志办于2001年3月被山东省政府办公厅、省人事厅授予“全省地方史志工作先进集体”称号，并按表彰大会要求散发经验材料300余份。第二部《鄄城年鉴》被菏泽市社会科学联合会评为菏泽市优秀社会科学成果二等奖。

2013年创刊《鄄城年鉴》单年卷，实现了一年一鉴，连续出版《鄄城年鉴》2013年卷、2014年卷、2015年卷、2016年卷、2017年卷。编纂出版的志书多次获“全省优秀年鉴”“全省优秀志书成果奖”。

参加全省史志工作电视会议

第三节　地情网站建设

2005年，根据省史志办要求，开始鄄城县地情资料库建设，录入《鄄城县志》《鄄城年鉴》内容。2006年10月，实现省市县三级资料库联网，在全国各大网站都可以通过索引形式在线查阅鄄城资料。县史志地情网站包括县情动态、史志动态、招商引资、历史文化、风土人情等多个板块。动态内容每周更新，固定栏目内容定期更新。地情网站内容丰富，对宣传鄄城历史文化、良好投资环境，助推鄄城经济社会发展起到积极作用。

鄄城县地情网

第四节　《濮州志》重印

2005年，重印明万历九年《濮州志》，校勘标注清康熙年间《濮州志》。两个版本均为线装书，16开本，正文用安徽宣纸，用黄色耿绢签条、包角，打书根，封面用小圆龙蓝色花绫。明版本由进士李先芳纂修，是全国仅存的手抄孤本，体例完备，手写小楷十分精美，六册一函套，500 余筒页，函套用冰梅蓝色花绫。清版本由张实斗修，南洙源纂，仅有两家大图书馆有藏，七册一函套，600 筒页，函套用梅花锦绫，均具有较高的史料价值和收藏价值。

第 二 十 二 编

政协地方组织

ZHENGXIEDIFANGZUZHI

1981 年 1 月，中国人民政治协商会议山东省鄄城县委员会成立。至 2010 年，县政协委员会经历七届换届选举。其中，第一届至第四届每届任期 3 年，第五届至第七届每届任期 5 年。

鄄城县政协成立以后，按照《中国人民政治协商会议章程》有关规定，做好政协委员的参政议政工作。1983 年，县政协成立学习委员会，组织全县政协委员学习党的政策方针，加强与基层的联系沟通；做好委员提案工作，1991—2010 年，共提出提案 2394 件，提案办复率达到 100%，有效地发挥了提案在全县经济社会发展中的重要作用；组织委员深入基层开展视察、调研活动，1991 年以后，深入到学校、药材市场、农业水利、企业、宗教场所等地考察，并有针对性地提出合理化建议。鄄城县政协在推动全县经济社会发展，维护政治稳定，推进文史工作，巩固和扩大爱国统一战线等方面发挥了重要作用。

第一章　政协鄄城县委员会

第一节　县政协领导成员

1990—2012 年，政协鄄城县委员会先后召开第四届、第五届、第六届、第七届、第八届、第九届会议，分别产生第四届、第五届、第六届、第七届、第八届、第九届委员会，陈心义、刘起朝、任仲义、宋文启、陈庆勇、冯瑞卿、李长山先后任主席。

1990—2012 年鄄城县政协主席、副主席任职情况表

表 22-1-1

届　次	职　务	姓　名	任职时间	籍　贯
第四届	主　席	陈心义	1990. 2—1993. 3	鄄城县
	副主席	李德勤	1990. 2—1993. 3	鄄城县
		杨松梅（女）	1990. 2—1993. 3	鄄城县
		邵效雄	1990. 2—1993. 3	上海市
		王永玉	1990. 2—1993. 3	鄄城县
		徐遂忠	1990. 2—1993. 3	单　县
		范道春	1992. 3—1993. 3	鄄城县
第五届	主　席	陈心义	1993. 3—1998. 3	鄄城县
	副主席	范道春	1993. 3—1994. 4	鄄城县
		杨松梅（女）	1993. 3—1998. 3	鄄城县
		邵效雄	1993. 3—1998. 3	上海市
		王永玉	1993. 3—1998. 3	鄄城县
		徐遂忠	1993. 3—1998. 3	单　县

续表 22-1-1-1

届次	职务	姓名	任职时间	籍贯
第五届	副主席	杨化俊	1996.3—1998.3	鄄城县
		张广钦	1997.3—1998.3	鄄城县
		祝贵阁	1997.3—1998.3	鄄城县
第六届	主　席	陈心义	1998.3—2000.1	鄄城县
		刘起朝	2000.1—2003.1	鄄城县
	副主席	刘起朝	1998.3—2000.1	鄄城县
		邵效雄	1998.3—2001.3	上海市
		王永玉	1998.3—2001.3	鄄城县
		徐遂忠	1998.3—2003.1	单　县
		杨化俊	1998.3—2001.3	鄄城县
		张广钦	1998.3—2003.1	鄄城县
		张存占	2001.3—2003.1	鄄城县
		张传力	2002.2—2003.1	鄄城县
		李学谦	2002.2—2003.1	郓城县
第七届	主　席	任仲义	2003.1—2005.1	郓城县
		宋文启	2005.1—2006.3	鄄城县
		陈庆勇	2006.3—2007.2	郓城县
		冯瑞卿	2007.2—2007.12	鄄城县
	副主席	张存占	2003.1—2005.1	鄄城县
		张传力	2003.1—2006.3	鄄城县
		李学谦	2003.1—2003.12	郓城县
		霍崇玉	2003.1—2007.12	鄄城县
		肖　云（女）	2003.1—2006.3	聊城市
		马少力	2003.1—2007.12	鄄城县
		邢玉军	2003.1—2007.12	鄄城县
		赵广华	2006.3—2007.12	鄄城县
		李书勤	2006.3—2007.12	鄄城县
		聂　林	2006.3—2007.2	牡丹区
		张春联（女）	2007.2—2007.12	鄄城县
第八届	主　席	冯瑞卿	2007.12—2012.1	鄄城县
	副主席	赵广华	2007.12—2012.1	鄄城县
		霍崇玉	2007.12—2012.1	鄄城县
		马少力	2007.12—2011.1	鄄城县
		邢玉军	2007.12—2012.1	鄄城县
		李书勤	2007.12—2012.1	鄄城县
		张春联（女）	2007.12—2012.1	鄄城县
		陈文增	2011.1—2012.1	鄄城县

续表 22-1-1-2

届　次	职　务	姓　名	任职时间	籍　贯
第九届	主　席	李长山	2012.1—	鄄城县
	副主席	赵广华	2012.1—	鄄城县
		张春联（女）	2012.1—	鄄城县
		陈文增	2012.1—	鄄城县
		张景进	2012.1—	鄄城县
		赵艳红（女）	2012.1—	鄄城县
		祝传新	2012.1—	鄄城县

第二节　县政协工作机构

1991—2010年，中国人民政治协商会议山东省鄄城县委员会内设机构有办公室、学习提案委员会、祖国统一联谊委员会、经济科技委员会、文教卫生委员会、文史资料委员会。

第二章　政协会议

第一节　四至八届县政协会议

县政协第四届委员会　本届共召开3次会议。

第一次会议　1990年2月20日召开。应参加委员189人，因事、因病缺席14人，出席委员175人。会议听取县委书记陈兴之的讲话。听取和审议县政协副主席王永玉代表县政协第三届常务委员会作的工作报告。听取审议政协鄄城县第三届委员会提案审查委员会关于三届一次会议以来的提案办理情况的报告和四届一次会议提案审查情况的报告。会议选举陈心义为政协第四届鄄城县委员会主席，李德勤、杨松梅、邵孝雄、王永玉、徐遂忠为副主席，选举常务委员29人。通过县政协四届一次会议各项决议，列席鄄城县第十二届人民代表大会第一次会议。

第二次会议　1991年3月6日至10日，在县委大会议室召开，出席委员173人。会议由县政协主席陈心义主持，县委书记陈兴之出席会议并讲话，听取并审议县政协副主席王永玉所作的常委会工作报告，审议县政协关于四届一次会议提案办理情况报告，列席县第十二届人民代表大会第二次会议，听取并讨论《政府工作报告》，通过提案审查情况的决议和关于常委会工作报告的决议及各项会议决议。

第三次会议　1992年3月10日至13日，在县委大会议室召开，出席委员179人。会议由县政协主席陈心义主持，县委书记陈兴之出席会议并讲话，听取并审议县政协副主席王永玉所作的常委会工作报告，审议县政协关于四届二次会议提案办理情况报告，列席县第十二届人民代表大会第三次会议，听取并讨论《政府工作报告》，通过提案审查情况决议和关于常委会工作报告决议及各项会议决议。补选范道春为第四届委员会常委会委员、副主席。

县政协第五届委员会 本届共召开5次会议。

第一次会议 1993年3月12日至17日，在县委大会议室召开，出席委员189人。县委书记陈兴之出席会议并讲话。听取并审议县政协主席陈心义所作的常委会工作报告，审议并通过县政协关于四届会议提案办理情况报告，列席县第十三届人民代表大会第一次会议,听取并讨论《政府工作报告》,选举第五届委员会主席、副主席、常委会委员，通过五届一次会议的各项决议。

第二次会议 1994年3月14日至17日，在县委大会议室召开，出席委员189人。会议由县政协主席陈心义主持，县委书记陈兴之出席会议并讲话，听取并审议县政协副主席王永玉代表县政协第五届常委会向大会所作的工作报告，听取审议县政协关于五届一次会议提案办理情况报告，列席县第十三届人民代表大会第二次会议，听取并讨论《政府工作报告》，通过提案审查情况决议和关于常委会工作报告决议及各项会议决议。

第三次会议 1995年3月2日至5日，在县委大会议室召开，出席委员189人。会议由县政协主席陈心义主持，县委书记祝传收出席会议并讲话，听取并审议县政协副主席王永玉所作的常委会工作报告。听取审议县政协关于五届二次会议提案办理情况报告，列席县第十三届人民代表大会第三次会议，听取并讨论《政府工作报告》，通过提案审查情况决议和关于常委会工作报告决议及各项会议决议。

第四次会议 1996年3月6日至10日，在县委大会议室召开，出席委员190人。会议由县政协副主席杨松梅主持，县委书记祝传收出席会议并讲话，听取并审议县政协主席陈心义所作的常委会工作报告，听取审议县政协关于五届三次会议提案办理情况报告，列席鄄城县第十三届人民代表大会第四次会议，听取并讨论《政府工作报告》及两院的工作报告，通过提案审查情况决议和关于常委会工作报告的决议及各项会议决议。大会增选杨化俊为第五届委员会常委会委员、副主席。

第五次会议 1997年3月3日至6日，在县委大会议室召开，出席委员189人。会议由县政协副主席杨化俊主持，县委书记祝传收出席会议并讲话，听取并审议县政协主席陈心义所作的常委会工作报告，听取审议县政协关于五届四次会议提案办理情况报告，列席县第十三届人民代表大会第五次会议，听取并讨论《政府工作报告》及两院工作报告，通过提案审查情况决议和关于常委会工作报告决议及各项会议决议。大会增选祝桂阁、刘希堂为第五届委员会常委会委员，增选祝桂阁、张广钦为第五届委员会副主席，选举刘希堂为第五届委员会秘书长。

县政协第六届委员会 本届共召开5次会议。

第一次会议 1998年3月2日至5日，在县委大会议室召开，出席委员188人。县委书记邵好学出席会议并讲话。会议听取并审议县政协主席陈心义所作的常委会工作报告，听取审议县政协关于五届五次会议提案办理情况报告，列席县第十四届人民代表大会第一次会议，听取并讨论《政府工作报告》及两院工作报告，通过提案审查情况决议和关于常委会工作报告决议及各项会议决议。大会选举陈心义为第六届委员会主席，刘起朝、邵孝雄、王永玉、徐遂忠、杨化俊、张广钦为第六届委员会副主席，刘希堂为第六届委员会秘书长。

第二次会议 1999年3月9日至12日，在县委大会议室召开，出席委员188人。县委书记邵好学出席会议并讲话。会议听取并审议县政协副主席刘起朝代表县政协第六届常委会向大会所作的工作报告，听取审议县政协关于六届一次会议提案办理情况报告，列席县第十四届人民代表大会第二次会议，听取并讨论《政府工作报告》及两院工作报告，通过提案审查情况的决议和关于常委会工作报告决议及各项会议决议。

第三次会议 2000年1月17日至20日，在县委大会议室召开，出席委员188人。县委书记邵好学出席会议并讲话。会议听取并审议县政协主席陈心义所作常委会工作报告，听取审议县政协关于六届二次会议提案办理情况报告，列席县第十四届人民代表大会第三次会议，听取并讨论《政府工作报告》及两院工作报告，通过提案审查情况的决议和关于常委会工作报告决议及各项会议决议。补选刘起朝为第六届委员会主席。

第四次会议　2001年3月26日至29日，在县委大会议室召开，出席委员188人。县委书记邵好学出席会议并讲话。会议听取并审议县政协主席刘起朝所作常委会工作报告，听取审议县政协关于六届三次会议以来提案办理情况报告，列席县第十四届人民代表大会第五次会议，听取并讨论《政府工作报告》及两院工作报告，通过提案审查情况的决议和关于常委会工作报告的决议及各项会议决议。补选张存占为第六届委员会副主席。

第五次会议　2002年2月28日至3月2日，在县委大会议室召开，出席委员188人。县委书记邵好学出席会议并讲话。会议听取并审议县政协主席刘起朝所作常委会工作报告，听取审议县政协关于六届四次会议以来提案办理情况报告，列席县第十四届人民代表大会第六次会议，听取并讨论《政府工作报告》及两院工作报告，通过提案审查情况的决议和关于常委会工作报告的决议及各项会议决议。补选张传力、李学谦为第六届委员会副主席。

县政协第七届委员会　本届共召开5次会议。

第一次会议　2003年1月12日至15日，在县剧院召开，出席委员210人。县委书记岳滨出席会议并讲话。会议听取并审议县政协主席刘起朝所作常委会工作报告，听取审议县政协关于六届会议以来提案办理情况报告，列席县第十五届人民代表大会第一次会议，听取并讨论《政府工作报告》及两院作报告，通过提案审查情况决议和关于常委会工作报告决议及各项会议决议。大会选举任仲义为第七届委员会主席，张存占、张传力、霍崇玉、肖云、马少力、邢玉军为第七届委员会副主席，高尚义为第七届委员会秘书长。

第二次会议　2004年2月2日至4日，在县剧院召开，出席委员210人。县委书记岳滨出席会议并讲话。会议听取并审议县政协副主席张存占所作常委会工作报告，听取审议县政协关于七届一次会议以来提案办理情况报告，列席县第十五届人民代表大会第二次会议，听取并讨论《政府工作报告》及两院的工作报告，通过提案审查情况决议和关于常委会工作报告的决议及各项会议决议。

第三次会议　2005年1月9日至11日，在县剧院召开，出席委员210人。县委书记岳滨出席会议并讲话。会议听取并审议县政协副主席张存占所作常委会工作报告，听取审议县政协关于七届二次会议以来提案办理情况的报告，列席县第十五届人民代表大会第三次会议，听取并讨论《政府工作报告》及两院的工作报告，通过提案审查情况决议和关于常委会工作报告决议及各项会议决议。补选宋文启为第七届委员会主席。

第四次会议　2006年3月3日至5日在县剧院召开。县委书记任仲义出席会议并讲话，会议听取并审议县政协主席宋文启所作的常委会工作报告，听取审议县政协关于七届三次会议以来提案工作情况的报告和本次会议提案审查情况的报告。审议通过了本次会议各项决议。列席了县第十五届人民代表大会第四次会议，听取并讨论了《政府工作报告》及其他有关报告。补选陈庆勇为第七届委员会主席，赵广华、李书勤、聂林为副主席。

第五次会议　2007年2月4日至5日在县剧院召开。县委书记任仲义出席会议并讲话，会议听取并审议县政协副主席赵广华所作的常委会工作报告，听取审议县政协关于七届四次会议以来提案工作情况的报告和本次会议提案审查情况的报告。审议通过了本次会议各项决议。列席了县第十五届人民代表大会第五次会议，听取并讨论了《政府工作报告》及其他有关报告。补选冯瑞卿为第七届委员会主席，张春联为副主席。

县政协第八届委员会　至2010年，本届共召开3次会议。

第一次会议　2007年12月12日至14日，在县剧院召开，出席委员267人，会议听取并审议县政协主席冯瑞卿所作的常委会工作报告，听取审议县政协关于七届会议以来提案办理情况报告，列席县第十六届人民代表大会第一次会议，听取并讨论

《政府工作报告》及两院工作报告，通过提案审查情况的决议和关于常委会工作报告的决议及各项会议决议。大会选举产生第八届鄄城县政协常委，选举冯瑞卿为第八届县政协主席，赵广华、霍崇玉、马少力、邢玉军、李书勤、张春联为副主席，杨爱民为秘书长。

第二次会议　2009年2月1日至3日，在县剧院召开，出席委员269人。会议听取并审议县政协主席冯瑞卿所作常委会工作报告，听取审议县政协关于八届一次会议以来提案办理情况报告，列席县第十六届人民代表大会第二次会议，听取并讨论《政府工作报告》及两院的工作报告，通过提案审查情况决议和关于常委会工作报告的决议及各项会议决议。大会增选李超杰、徐兴闪为第八届县政协常委。

第三次会议　2010年1月30日至2月1日，在县剧院召开，出席委员271人，会议听取并审议县政协主席冯瑞卿所作常委会工作报告，听取审议县政协关于八届二次会议以来提案办理情况报告，列席县第十六届人民代表大会第三次会议，听取并讨论《政府工作报告》及两院工作报告，通过提案审查情况的决议和关于常委会工作报告决议及各项会议决议。大会增选陈文增、董淑秀为第八届县政协常委。

县政协八届三次会议（2010年摄）

第二节　政协委员界别构成

政协换届时，各单位参加政协委员提名推荐，统战部门对推荐的委员名单进行综合评定，并同各推荐单位协商，形成建议名单，再将建议名单报到政协常务委员会进行协商，经常务委员过半数同意通过，成为政协委员。第四届及第八届政协委员由中国共产党、无党派民主人士、共青团界、工会界等17个届别构成。

1991—2010年鄄城县政协历届委员界别构成情况表

表22-2-1

届别构成	四　届	五　届	六　届	七　届	八　届
中国共产党	16	18	16	25	32
无党派民主人士	6	1	-	-	6
共青团界	7	5	5	7	8
工会界	8	11	6	6	11
妇联界	13	12	13	13	21
文化艺术界	4	5	8	8	8
科学技术界	17	14	11	5	10
社会科学界	4	5	7	13	16
农业界	58	60	54	33	40
教育界	28	24	23	25	27
医药卫生界	14	14	15	18	22

续表 22-2-1

届别构成	四　届	五　届	六　届	七　届	八　届
少数民族界	4	4	4	3	4
宗教界	2	3	2	4	6
特邀	5	2	-	-	17
工商联界	2	3	6	6	15
三胞眷属	1	1	5	6	6
经济界	-	9	13	36	42

第三章　参政议政

第一节　委员学习及活动

1983 年 6 月，县政协成立学习委员会，并根据委员界别和地域等情况及时调整学习小组，以县政协正式文件下文任命学习小组组长，采取灵活多样学习方法和学习形式，在坚持自学的基础上，把学习同考察视察结合起来，同调查研究结合起来，同参政议政结合起来，丰富学习内容。1991 年，编辑《鄄城政协会讯》10 期计 3300 余份，推广箕山乡、临濮乡学习小组学习经验。1992 年，召开工作会和经验交流会 4 次，印发《鄄城政协会讯》等学习材料 3800 余份；下发学习通知，统一组织学习 6 次。1993 年，推选部分政协常委到庐山进修学习，学习政协工作如何为市场经济服务的新理论、新成果、新动向。1994 年，组织委员树立“三个有利于”思想，把握“解放思想、实事求是”精髓，提高委员贯彻党的路线方针和政策的自觉性和坚定性。1995 年，学习张家港精神、孔繁森先进事迹，促使委员全方位为经济建设中心服务。1996 年，努力建设高素质政协队伍，开展政协委员讲政治，增强为改革、发展、稳定服务自觉性活动。1997 年，有 2 篇介绍乡镇政协工作学习经验文章被《联合日报》采用。1998 年，有 5 篇反映县政协学习、视察、开展民主监督方面的信息和 1 篇政协委员事迹的文章被《联合日报》刊登。1999 年，听取国际国内形势报告，召开座谈会，声讨美国为首的北约轰炸中国驻南斯拉夫联盟大使馆的暴行。2000 年，开展“三讲”教育，践行“三个代表”重要思想学习活动。2001 年，开展“学党章、正党风、守纪律”教育活动。2002 年 9 月，开展政协委员维护社会政治稳定，自觉服从和服务于国家改革、发展稳定大局，组织开展庆祝中国人民政治协商会议成立五十周年活动。2003 年，举办政协委员轮训学习班，学习政协基本知识，提高委员履行职能本领。2004 年，学习政协章程，并在全县政协委员中开展“学习章程知识竞赛活动”。2005 年，开展保持共产党员先进性教育活动，制定、完善《鄄城县政协委员会加强机关建设的规定》《关于加强县政协委员自身建设的意见》《政协鄄城县委员会管理办法》等 7 项规章制度，巩固学习成果，完善学习机制，深化学习活动。2006 年，《中共中央关于加强人民政协工作的意见》下发后，及时组织委员召开会议，就新形势下如何更好地坚持共产党领导的多党合作和政治协商制度，更好地服务于全县政治、经济和社会各项事业的发展，进行学习和探讨。2007 年，定期组织读书会、座谈会、情况

县政协委员参政议政 （2009 年 摄）

通报会，并为委员提供学习资料。各专委会结合界别特点，组织多种形式的学习活动，做到学习与参政议政、献计出力有机结合。2008 年，针对大部分委员是刚入会的新委员实际，加强对委员履职能力培训，制定《关于建立县政协委员学习组的意见》，划分 14 个县直学习组和 16 个乡镇学习组，重点学习《中共中央关于加强人民政协工作的意见》和省、市、县委实施意见精神，并为全县政协委员 271 人分别订阅《联合日报》和《春秋》杂志，让广大政协委员通过学习“一报一刊”进一步熟悉政协业务知识，了解政协工作。

2009 年 3 月，全县深入学习实践科学发展观活动动员大会召开后，及时召开主席办公会，成立由县政协主席任组长的学习实践科学发展观活动领导小组，制订《县政协关于开展深入学习实践科学发展观活动的实施方案》，设立活动办公室，配备档案盒、文件夹、DVD 播放器等学习设备，采取集中学习与自学相结合的方式，定期开展学习经验交流会，确保学习活动取得实效。2010 年，为每位政协委员发放《政协知识》读本，利用不同会议、不同形式学习中共十七届四中、五中全会精神，胡锦涛在人民政协成立 60 周年大会上的讲话精神及全国、省、市人大、政协会议精神。

第二节　政协提案

1991—2005 年，县政协委员、参加政协会议的各人民团体、政协各专门委员会，充分利用提案参政议政，围绕鄄城经济和社会发展中的重大问题，以及人民群众普遍关注的热点、难点问题，积极建言献策，共提出提案 1718 件，其中经济建设方面 1085 件，文教卫生方面的 265 件，精神文明、社会法制方面 191 件，其他方面 177 件。审查立案提案 1517 件，作为一般建议 201 件。各提案承办单位从建设社会主义民主政治的高度出发，把办理提案工作列入重要议事日程，加强领导、完善制度，认真办理，注重解决实际问题，提案办复率达到 100%，有效地发挥了提案在鄄城社会经济发展中的重要作用，委员满意或基本满意率达 96% 以上。

2006—2010 年，共提出提案 676 件，其中经济建设方面的 50 件，文教卫生方面的 393 件，精神文明、社会法制方面的 143 件，其他方面的 90 件。审查立案提案 626 件，作为一般建设的 150 件。提案办复率 100%，委员满意或基本满意率达 100%。

1991—2010 年鄄城县政协提案办理情况表

表 22-3-1　　单位：件

届　次	提　案			分　类				备　注
	提案数	立案	建议	经济	文卫	法制	其他	
四届二至三次会议（1991-1992）	201	179	22	101	57	19	24	
五届（1993-1997）	497	461	36	321	85	48	43	
六届（1998-2002）	524	481	43	333	72	42	77	
七届一至三次会议（2003 — 2005）	496	396	100	330	51	82	33	

续表 22-3-1

届 次	提 案			分 类				备 注
	提案数	立案	建议	经济	文卫	法制	其他	
七届四至五次会议（2006-2007）	271	246	0	25	141	65	40	0
八届一至三次会议（2008-2010）	405	380	2	5	252	78	44	6

说明：法制类包括党风廉政、民主法制、劳动人事、计划生育、政协统战、减负等。

第三节 视察调研

鄄城县政协主席、常委、各专门委员会部分委员通过单独或联合有关部门进行实地视察调研，听取工作汇报，了解熟悉情况，肯定成绩，指出问题，提出建议，督促落实，推动发展。1991 年 1 月中旬，联合调查全县棉花生产情况，在肯定棉花生产的同时，提出要解决包括种子、农药、管理、技术等诸多方面的问题，以及政策要连续、稳定，表彰先进、推广经验等建议。3 月，对县政协提出的《关于建立棉花机防队的建议案》落实情况进行跟踪调查。7 月上旬，分别对三个不同时期建立的 10 所乡镇医院，以及上、中、下三种类型的 9 个行政村卫生室就农村卫生事业的发展情况进行专题调查，了解全县农村三级医疗网建设情况。1992 年 5 月中旬，对全县果品生产情况进行调查。1993 年 6 月 30 日，县政协会同县教育局就义务教育情况，尤其是城区适龄儿童入学难和小学生上学难问题，到鄄城镇一完小、二完小和县实验小学进行实地考察，提出要统筹规划、多渠道筹集资金、合理布点建校、多方办学等建议。

1994 年 9 月 10 日，视察、考察舜王城中药材市场、阎什镇果品市场，了解政协委员提案“建立我县中药材市场、果品市场”的落实情况和全县专业市场建设及运营情况。

1995 年 5 月 30 日，对城区内一完小、二完小、实验小学、鄄城双语学校和县直机关幼儿园进行视察。针对适龄儿童“入学难”和在校学生“上学难”，提出一定要立足长远、通盘考虑、慎重决策、立即行动，高标准、高起点，采取一步到位的方法，快建校，建好校的建议。9 月 4 日，对棉花收购准备情况进行调查，提出政府出面组织协调相关职能部门及时解决资金问题，加强市场管理，加强棉花收购站建设，从多方面为棉农做好服务工作的建议。

1996 年 1 月，对师资调配有关问题进行调研视察。针对师资缺编、工资缺口大、教育政策不配套等问题，提出制定切实可行的调配政策、缩小乡与乡之间的差别、管好用好教育经费、提高师资队伍素质的建议。4 月至 7 月，对台、侨胞情况进行全面调查。7 月，围绕种植业结构调整工作，对旧城、陈良、张志门、麻寨、鲁王仓 5 个乡进行调查。提出要加大宣传力度、建立健全服务体系、做好土地管理工作、搞好水利配套建设和资金落实的建议。

1998 年 6 月 23 日，视察县公安局行政拘留所、看守所，提出要加强法制宣传教育、加强干警思想政治教育及法制教育、加强监督监察工作、多破影响较大的恶性案件等建议。7月 3 日至 9 日，对“三资”企业进行调查。针对合同履约率差、企业急功近利、部分企业管理人员文化水平低不适应市场经济发展等问题，提出严把审批立项关、克服重引进轻管理思想、充分利用鄄城县被外经贸部赋予进出口经营权优势等建议。7 月 8 日，对城区环卫工作进行视察。

1999 年 7 月 2 日，对治理环境、优化秩序工作进行全面视察。提出要搞好治理环境和优化秩序的协调、实行责任制、尽快疏通环城河、抓紧筹建行政服务大厅的建议。8 月 10 日，对县“普九”工作进行视察。针对“普九”工作认识不到位、校舍不足、资金缺口大、中小学危房没有彻底消除、内部配套设施缺口较大、经费投入不足等问题，提出加大宣传力度、广开融资渠道、严把教师入口关等建议。9月2日至3日，对董口乡前园、军屯进行调查，了解少数民族经济发展情况。9月上旬对全县畜牧生产情况进行视察。9月10日，对提案“大力推进农业产业化的有关建议”落实情况进行视察。针对中药材生产提出加强政府领导、因势利导、以规模种植和示范带头户影响带动、搞好信息服务等建议。

2000年3月25日，对鄄城镇、董口、梁屯等6个乡镇“普九”情况进行视察。4月27日，对城市环境卫生状况进行全面视察，提出加强宣传提高公民的城市环境卫生意识、落实责任制加强对沿街餐饮户管理、把城市森林化列入议事日程、对沿街建筑建设严格把关、适当加大对环卫投入等建议。5月16日，对农业产业结构调整情况进行视察，实地察看了梁屯、麻寨、引马、李进士堂等乡镇蔬菜、中药材和林果生产情况，提出加大产业结构调整力度、搞好科技示范园、任何时候都不能放松农业生产等建议。9月21日，对城区中小学校进行全面视察，针对班额过大，拥挤严重，对私立学校管理不严，素质教育没能很好落实等问题，提出采取多种形式办学、加强对私立学校的管理、加强教师队伍建设等建议。10月20日，对政法工作情况进行全面视察，提出加强法制宣传提高全民法制观念、保证办案经费、加大对杀人抢劫卖淫嫖娼犯罪的打击力度、案件审理实行限时制度等建议。

县政协委员陪同上级领导视察旅游工作

（2000年 摄）

2001年7月至8月，对全县“三资”企业进行专题调查。9月7日，对城区中小学进行全面视察，提出加大对国办学校投入、为学校发展创造良好环境的建议。2002年5月22日，实地视察16个乡镇民营经济发展情况，给予充分肯定。7月至8月，深入各乡镇了解掌握全县宗教情况。8月14日，对食品卫生工作进行视察。2003年4月20日，对全县工商行政管理工作进行视察，提出进一步加强市场监管和市场培育等建议。9月16日，对国家税务局、地方税务局税务征管情况进行视察，在肯定工作的同时，提出搞好税收征收宣传工作、准确预测税收增长点、做到应收尽收又要涵养税源等建议。

2004年5月20日，对全县文化产业发展情况进行调研，提出创新机制多干实事、互惠互利不断壮大文化产业等建议。7月至8月上旬，对全县优化经济发展环境情况进行调研；9月25日，对全县计划生育工作进行专题调研，提出县、乡两级财政共同负担计划生育奖励资金、逐步提高对计划生育户的奖励标准并直接发放到农户等建议。

2005年5月初，对农业发展、农民增收情况进行调研和视察，提出进一步优化农业结构、努力提高农业产业化水平、重点培植科技示范户、搞好信息技术服务、创建示范园、健全农技网络保障农技推广科研资金等建议。5月31日，县政协组织教育界委员对2005年高考备考工作进行视察。6月23日，对公路干道建设情况进行视察，指出要确保按时高质量完成施工任务、把路肩绿化及配套设施搞好。7月13日，对广播电视工作进行视察，提出牢牢把握舆论宣传的正确导向、把镜头对准经济发展主战场、打造金牌栏目、抓好队伍建设等建议。7月20日，对国税工作进行视察，提出在法律法规允许范围内做到应收尽收减少税源流失、进一步加强队伍建设等建议。7月下旬，对民营经济发展情况进行调研。提出加强管理在提高企业素质上寻求新突破、以特色产业带动其他产业发展在构筑发展布局上寻求新突破、搞好服务在优化发展环境上寻求新突破等建议。8月上旬，对全县外资企业进行调查，提出重视外资企业作用、抓住政策性调整机遇促进外资企业出口创汇、进一步优化企业发展环境、强化现有外资企业管理提高企业综合水平、进一步亲商扶商安商吸引外商到鄄城投资等建议。8月12日，对环保工作进行全面视察。视察了北方发制品有限公司、奥斯卡发制品有限公司、欧瑞发制品有限公司、恩必福化工有限公司、华意化工有限公司等8家企业，提出县环保局加强队伍建设、加大执法力度、提高全社会环境保护意识等建议。9月9日，对工商行政管理工作进行视察，提出进一步树立服务意识、对违法经营予以坚决打击、妥善解决内部问题等建议。11月13日，视察公安工作，提出树立建设平安和谐鄄城理念全力打造平安和谐新鄄城、党委政府更多支持公安工作、营造全社会关心支持公安工作氛围的建议。12月14日，视察交警工作，提出继续加强干警队伍建设、公正执法、围绕经济发展和招商引资工作搞好服务、加强交通安全管理的综合整治工作等建议。

2006年，针对农村宅基地存在的土地利用率低下、宅基地分配不均、建设随意性强、宅基地登记发证存在遗留、村庄规划滞后等问题开展调查，并提出建议。3月31日，视察林业工作，从提高认识，加大宣传力度；完善政策，加快林业发展步伐；突出重点，强化分类管理；科技兴林，完善林业科技服务体系方面提出意见。5月，针对经营性网吧的现状和存在问题，会同文化、公安、消防部门，就

县政协委员视察地税工作　（2010年　摄）

未成年人上网、营业时间、上网登记、消防安全等工作进行详细调研，形成调研报告。6月8日，针对黄河防汛，先后到旧城黄河防汛物料仓库、旧城北滩生产堤、李进士堂大罗庄险工和左营黄堤施工现场，针对存在问题及黄河治理开发与管理现代化提出建设性意见和建议。8月，针对建设新农村的发展环境、基础条件和面临难点，旅游业发展现状和存在问题，分别组成调研组，深入各乡镇，形成调研报告。

2007年3月，视察计划生育工作，建议认清严峻形势，加强措施，严管重管。5月，视察公检法工作，提出为经济建设保驾护航，搞好信息研判，搞好科技强警，继续提高自身素质，做到执法为民等建议。6月，视察公路建设情况，先后到鄄七路—东环、巨鄄路指挥部和巨鄄路施工现场，建议进一步增强公路建设的责任感和紧迫感，明确任务，落实责任，加快公路建设进程，加强干部队伍建设。8月，视察新型农村合作医疗推行情况，先后到董口、临濮、什集、富春卫生院及部分卫生室详细察看。10月，先后到外环路、董口浮桥及黄河公路大桥施工现场，听取县政府副县长孙占民通报建设情况。11月，就旅游资源开发情况，先后到孙膑旅游城、孙老家、历山庙、雷泽湖、尧陵等景点察看。

2009年3月，组织委员实地到红船镇计划生育服务站、大黄庄村计生协、县计划生育指导所，就计生工作进行视察。3月24日开始，历时3个月，分别对全县16个乡镇、15个县直重点招商部门2006年以后的招商企业逐一进行调研，查看企业投资规模、生产运营状况，了解企业占地、用工、租金、税金缴纳等情况，并同招商单位进行座谈，分析存在问题，理出一些共性问题，在认真总结基础上形成调研报告，得到县委采纳。

2010年6月22日，到箕山镇新建项目龙达纺织有限公司进行调研，就项目二期建设、职工技术培训、福利待遇、环保卫生、消防安全等方面提出具体指导意见。6月24日，就新农村建设情况及大项目施工进度先后到红船镇南孙庄村、红船新村、上海欧亚生物科技有限公司施工现场实地察看。6

月 28 日，先后到李进士堂镇黄河险段、旧城浮桥就抗洪防汛进行调研，指出要增强忧患意识，高度重视，强化责任，全力以赴。8 月 16 日，组织医药卫生界及乡镇委员代表对全县新农合工作进行调研，提出做好新农合政策宣传、突出执政为民理念、加大对套取新农合基金的查处力度、搞好卫生系统长期规划、加强卫生系统效能管理建议。9 月 30 日，调研计划生育工作，建议做好计划生育工作政策宣传、建立完善优惠政策导向机制、集中活动与常规管控紧密结合、注重提升计生干部队伍素质。

10 月 25 日，先后视察左营中学、左营明德完小、城区三完小，建议加大城区小学扩建新建力度、加强优质师资队伍交流配置、统筹布局各个学校辐射范围、确保校舍建设工程质量、注重学生德智体全面发展。11 月 1 日，视察大项目建设、城市建设、

县政协委员视察城建工作

道路建设，先后到历山公园、温泉片区、泰丰纺织有限公司、鄄箕公路、临商公路改造等施工现场，听取县委副书记、县长谷瑞灵从工业经济、大项目建设、城市建设、道路建设、发展环境方面的工作通报。

第四节　祖国统一联谊活动

1991 年 11 月，组织三胞眷属委员开展“写家书、报平安、讲形势、求共识”活动，使港澳台侨胞更多地了解国家对外政策；1992 年 4 月，组织全县三胞眷属开展“三引进”（引进一项技术、引进一个项目、引进一批资金）活动，向港澳台侨胞寄“一封信”，为发展外向经济牵线搭桥；对回族群众一年一度的开斋节，安排专人慰问，并帮助少数民族群众解决实际问题；通过利用每年的春节、中秋节等机会，举办少数民族和港澳台胞眷属座谈会、全县各界人士迎春茶话会等 10 余次。

1995 年 5 月，组织开展“六个一”（发一封信、传递一个信息、介绍一个来访团组、推荐一个项目、引进一批资金、推销一种产品）活动；召开少数民族及港澳台侨胞眷属座谈会、迎春茶话会等 10 多次；通过每年参加回民开斋节，处理侵害少数民族群众利益事件 3 起，减少民族纠纷；在每年的牡丹花会期间，通过开展联谊交友活动，共接待来访团体 9 个，计 280 人次；接待回乡探亲和旅游考察海外同胞 53 人次；组织经济界委员参加经贸洽谈会 3 次，共 25 人次；1997 年香港回归前夕，召开全县各界人士迎香港回归大型座谈会，举办“庆七一迎回归”书画展。

1998 年，对在鄄城定居的台胞进行走访慰问，宣传国家对台政策，并开展向台胞发一封信活动；召开少数民族和港澳台胞眷属座谈会、迎春茶话会等 10 余次；通过每年参加回民开斋节，宣传民族宗教政策。先后接待港澳台胞来访团体 2 个，共 23 人次。

2005 年 6 月，建立港澳台侨胞知名人士档案卡，增强同海外人员的联系，宣传鄄城招商引资政策；走访慰问定居台胞 5 次，接待港澳台侨胞 27 人次；召开三胞眷属及知名人士座谈会、迎春茶话会等 6 次，参加每年一度的回民开斋节；并组织参加每年召开的京九沿线促进政协联谊工作会。

1991—2005 年，共召开以祖国统一联谊为内容的座谈会 52 次，走访慰问定居港澳台侨胞 18 次，接待港澳台侨胞 143 人次，发出三胞眷属及海外同胞信件 7000 余封。

2006 年，开展“关于鄄城县少数民族民营经济发展情况”“宗教事务条例在鄄城县的实施情况”的调研，提出合理化建议。2008 年，针对董口镇军屯回民村出现的争议问题，由县政协副主席李书勤

牵头成立工作组，配合董口镇深入该村做工作，化解矛盾，理顺关系。同时，为该村协调资金 4 万元用于学校改造，改善该村办学条件。2009 年，利用传统节日，召开港澳台胞及少数民族知名人士座谈会。2010 年，参加回民开斋节，加深同他们的联系和交流，宣传党的路线方针政策，做好协调关系、化解矛盾、凝聚人心、凝聚人气的工作。

第五节　文史资料工作

第四届政协出版发行《鄄城文史资料》第四、第五辑。第四辑于 1991 年 9 月出版，为纪念辛亥革命 80 周年的专辑，共 10 万余字；第五辑于 1992 年 12 月出版，为诗歌专辑，共 7 万余字。

第五届政协出版发行《鄄城文史资料》第六、七、八辑。第六辑于 1994 年 5 月出版，为史料文章，12 万字；第七辑于 1995 年 7 月出版，为纪念抗日战争胜利 50 周年的专辑，11 万字；第八辑于 1997 年 4 月出版，为史料文章，10 万字。

第六届政协出版发行《鄄城文史资料》第九、十辑。第九辑于 1999 年 6 月出版，为史料文章。第十辑于 2001 年 9 月出版，为史料文章，20 余万字。

第七届政协出版发行《鄄城文史资料》第十一、十二辑，第十一辑于 2003 年 8 月出版，为许平安撰文的专辑，9 万余字；第十二辑于 2005 年 12 月出版，为周方林撰文的《鄄城史萃》专辑，13 万字。

2007 年，完成《鄄城文史资料》第十三辑、《三乡一城》《鄄城历代诗词选注》《陈台诗刊》第九至十二辑、《鄄城民俗》等书出版发行工作。2008 年，完成《陈台诗刊》第十四辑出版发行工作；2009 年，文史资料第十四辑《兵圣孙膑》出版发行。2010 年，完成《陈台诗刊》第十五辑的出版发行，完成《鄄城县政协志》出版准备工作。

第四章　乡镇政协

1988 年 7 月，根据上级指示精神，经县委研究同意，在 13 个乡镇（鄄城镇、梁堂乡、箕山乡、李进士堂乡、旧城镇、左营乡、大埝乡、梁屯乡、引马乡、彭楼乡、临濮乡、富春乡、郑营乡）派设政协工作联络员。1989 年，在全县 25 个乡镇改设乡镇政协工作办公室，办公室主任为正科级干部，副主任为副科级干部，原任乡镇政协联络员职务免去。2002 年初，乡镇政协工作办公室撤销。

乡镇政协在组织县政协委员学习党的路线方针政策，开展视察调研考察等活动，建言献策，支持经济企业界委员领办经济实体，带动农民脱贫致富；反映社情民意，协助乡镇党委、政府做好协调关系、化解矛盾、理顺情绪工作，维护社会稳定和谐等方面发挥了重要作用。

第 二 十 三 编

群众团体

QUNZHONGTUANTI

郓城县工会、共青团、妇联、科协、文联、残联、工商联等社会团体围绕县委、县政府不同时期的中心任务，按照各自的章程开展活动，拓展各自领域的工作，自觉当好党和政府联系人民群众的桥梁纽带，为郓城县政治经济和社会发展发挥了重要作用。

郓城县工会主要从组织建设、职工合法权益维护、技术革新和劳动竞赛、职工教育和文体活动等方面开展工作。至2010年，共建立438家工会组织，发展工会会员41955人。共青团郓城县委在组织建设、青少年思想教育、青工青农、学校共青团和先锋队建设等方面得到进一步加强，同时在青少年权益维护、希望工程等方面取得长足进步。1991—2010年共青团郓城县委共召开5次团代会，2006年郓城县被评为省级团建先进县，连续5年被评为市级红旗团委。郓城县妇联共有75个县直妇委会，16个乡镇妇委会，423个村妇代会，为做好全县妇女工作奠定组织基础。救助贫困儿童、贫困母亲、贫困大学生、慰问贫困党员，启动“春蕾计划”助学工程，使得300余名贫困女孩继续完成学业，实现梦想。全县妇联在家庭文明建设和服务经济建设方面取得较大进展。郓城县科学技术协会以科普组织建设、科普宣传、科技培训、科技推广、青少年科普活动、学术活动为重点开展工作。1991—2010年举办各种形式的科技讲座8000多次，组织技术致富报告讲座23次，建有农业技术研究会360个，发展会员5900人，有力推动全县科技科普工作。郓城县文学艺术联合会成立于1998年10月，下属各专业文化团体分别从事文艺活动或学术研究，丰富全县人民群众文化生活。郓城县残疾人联合会以残疾人康复事业为重点，同时注重帮助残疾人就业，维护残疾人合法权益，至2010年，全县共做白内障复明手术6003人，婴儿瘫矫治手术431人，就业培训残疾人11900人。县残联组织4个盲人曲艺队，在全县各个乡镇巡回演出300多场。郓城县工商业联合会（商会）自1989年恢复至2010年，先后成立郓城县面粉商会、郓城县酒业商会、郓城县养牛商会、郓城县通讯商会、郓城县人发商会等。此外，县工商联以服务会员企业、参政议政、光彩事业活动为重点积极开展工作。为提高民营企业管理人员的管理水平和法律意识，2003—2010年，先后联合县工商局、县民营办、县公安局等部门共组织24个法律培训班，45场座谈会，参会人员1520人次，深入企业调研30次，帮助会员企业解决存在困难和问题，并为会员提供信息、人才、法律、融资等服务。

第一章　工　会

第一节　组织建设

1993年，重点抓党政机关建立工会工作，全县共有30个党政机关建立工会组织。1994年始，重点抓乡镇企业、外商投资企业和私营企业组建工会工作。2000年以后，坚持“哪里有职工，哪里就要建立工会组织”的原则，按照“边建会、边规范”的方式，把建立工会组织与成立经费审查委员会、女职工组织结合起来，促进基层工会规范化建设。2005年后，根据全国总工会提出的“组织起来，切实维权”的工作方针，把每年的5月、6月作为集

到基层指导工会建设

中建会月，把提高工会组建率、职工入会率作为工会工作的重中之重。2007年7月，县总工会争取县委支持，对全县16个乡镇的工会干部进行调整和任命，共配备乡镇工会正、副主席32人。至2010年年底，全县党政机关事业单位和16个乡镇共建立工会组织438家，发展工会会员41955人，配备专兼职工会干部917人。其中党政机关工会 46 家、事业单位工会 87 家、国有集体及控股企业工会63家、非公有制企业 242 家。

第二节　职工合法权益维护

1991年后，全县各级工会抓民主管理制度的完善和提高，开展民主管理达标活动，落实职代会职权。1996年，凡以公有制为主体的企业都依法建立健全了职代会制度，实行公司制的企业也做到职代会和股东会并存，职工代表依法参加董事会、监事会，企业的重大决策、生产经营方案、工资分配方案、福利基金使用、住房分配方案等均交职代会讨论通过。全县有115个单位对领导干部进行民主评议。1999年，在全县企事业单位推广厂务公开工作。2010年，全县职代会建会率和建立厂务公开制度的国有及控股企业达到100%，事业单位达到95%以上，已建会的非公有制企业达到90%。共验收职代会合格星、先进星42家，其中2003年度合格星单位18家，先进星单位2家；2004年度合格星单位11家，先进星单位1家；2005年8家单位达到创建星级职代会标准。2006年，合格星单位9家，申报全市职代会先进星1家。2010年，全县共有232家企业签订集体合同，219家企业签订女职工专项集体合同，196家企业签订工资集体协议。从2002年起，落实菏泽市有关文件精神，推进工会与政府联席会议制度和劳动关系三方协调机制，从立法参与和政策制定上维护职工群众的合法权益。

2004年6月22日，鄄城县总工会困难职工帮扶中心成立，9月开展全县“一对一”结对帮扶活动，16名县党政负责人和80个党政机关、企事业单位与困难职工结成帮扶对子，利用3年时间让帮扶对象基本脱贫。推进送温暖工程的经常化、制度化和社会化，工作中坚持重点与一般、生活救助与精神鼓励、解决根本问题与暂时困难相结合的帮扶原则，每年的中秋节、元旦、春节，县工会都筹措资金救助特困职工、困难劳模。1991—2010年，累计发放慰问金80余万元，救助特困职工1万余人次，困难劳模200余人次。开展再就业工作和“工友创业活动”，至2010年，共培训下岗失业人员 5000余人次，实现下岗失业职工再就业2800人，4名下岗职工成为山东省“工友创业”先进个人。

2006年，在全县开展“劳动关系和谐企业”创建活动，制定《鄄城县总工会关于开展创建“劳动关系和谐企业”活动的意见》，并以县委办公室文件形式下发到各乡镇党委、人武部、县委各部委、县政府各部门党组（党委），各人民团体党组。2010年，全县共有180家企业，万名职工参与“劳动关系和谐企业”创建活动，15家企事业单位被评为市级劳动关系和谐企业，50家企业被评为县级劳动关系和谐企业，11家企业获得市五一劳动奖状，12家企业负责人获得市五一劳动奖章。

第三节　技术革新和劳动竞赛

1991—2010年，立足企业实际，开展群众性技术革新、技术攻关、发明创造、提合理化建议、职工职业技能大赛、劳动竞赛等活动。2004年由县河务局职工崔彬、任文振自行设计的LXS2001-1型流动量测验无线传输处理系统和史鲁健、赵地刚

到企业生产一线慰问

自主研发的环刀取样机分别被评为全市职工百项科技创新成果一等奖和三等奖；2005 年鄄城县农广校校长刘同彬的 20+40 模式高产栽培技术推广荣获菏泽市职工技术创新成果优秀奖。至 2010 年，县总工会共征集科技创新成果 392 项，直接创经济效益 278 万元，收集合理化建议 6 万条，采纳 2.6 万条，实施 2 万条，为企业节约资金 1600 余万元；2004 年始，每年开展 10 个工种的职工职业技能大赛；至 2010 年，全县职工参与大练兵活动 6.5 万人次，共选拔出参加菏泽市职工技能大赛选手 240 人，20 人取得优异成绩，荣获“菏泽市技术能手”“菏泽市十大技术标兵”等称号，2 人被授予“菏泽市五一劳动奖章”，1 人享受菏泽市劳动模范待遇。

1991—2010 年，开展“工人先锋号”“优质服务窗口”“青年文明岗”“文明执法百日赛”及职工节约环保行动、“安康杯”等各类竞赛活动 230 次，全县 350 家企事业单位参加活动，参与职工 2 万人，鄄城县总工会 5 次获评全市“安康杯”竞赛优秀组织单位。

第四节　职工教育和文体活动

1994 年，组织全县职工学习中共十四届三中、四中全会精神，全县各级工会组织办黑板报 120 期，学习专栏 682 期，召开座谈会 58 次，写心得体会 6754 篇，举办学习班 18 期，知识竞赛 11 次，参加人数 8300 余人次。1995 年，学习贯彻《中华人民共和国劳动法》（以下简称《劳动法》），全县各级工会共办黑板报 1021 期，学习宣传栏 744 期，召开座谈会 48 次，写心得体会 3815 篇，举办学习班 28 期，知识竞赛 16 次，参加人数达 3480 人次。1996 年，组织全县职工把学习张家港、学习邯钢精神同学习贯彻中共十四届六中全会精神结合起来，举办《劳动法》学习班 2 期，办学习中共十四届六中全会精神专栏 28 期，写心得体会 1028 篇。1997 年，开展欢迎香港回归知识竞赛，96 个单位、4753 名职工参赛。1999 年，为庆祝中华人民共和国成立 50 周年和澳门回归，举办“学、忆、话、迎”（学理论、忆光辉历程、话改革、迎世纪钟声）系列教育活动，563 名职工参加。2001 年，在全县职工中开展“三新”（新世纪、新起点、新形象）主题教育，共发放学习材料 1000 余册，举办知识竞赛 8 次，召开座谈会 70 次，举办全县职工演讲比赛 3 次。2003 年，学习宣传贯彻中共十六大、中国工会十四大精神，开展《中华人民共和国工会法》（以下简称《工会法》）司法解释，共制作宣传条幅 30 余幅，标语 80 条，制作宣传栏 124 期，黑板报 70 期，集中学习 50 场次，参加学习工会干部 200 人次，职工 5000 人次，参与《工会法》司法解释知识竞赛答题 1000 人。2004 年始，开展“创争”（争创学习型组织，争当知识型职工）活动和职工职业道德“双十佳”工作。2005 年后，开展“学振超，练绝活，强素质，创一流”“当好主力军、建功‘十一五’、和谐奔小康”“识大体、顾大局、当主人、作贡献”等主题活动。1991—2010 年，共举办各类知识竞赛 300 次，各类工会干部教育培训班 80 期，演讲比赛 100 次，办黑板报 2500 期，召开座谈会 820 次，开展爱国主义教育讲座 70 次，写心得体会 83980 篇。每年还通过选送工会干部外出进修学习等形式，提高职工业务素质和理论水平。

1991—2010 年，利用节假日举办歌舞、卡拉 OK、歌曲、戏曲、文艺汇演等比赛、演出 200 余场次，象棋、围棋、乒乓球、篮球等比赛 100 余场次，丰富了职工业余文化生活。

第五节　自身建设

1991—2010 年，举办各类工会干部培训班 120 期，累计培训人员达 8000 人次。加强工会理论政策研究，推动工会理论创新，共编发《鄄城工运简报》600 余期，上报市总工会调研报告 200 余篇，为《山东工会年鉴》供稿 20 篇。加强工会机关作风建设，坚持工会工作重心下移，服务基层、服务职工群众，克服工作中存在的机关化、行政化倾向。依法收缴、管理工会经费。

2006 年 1 月 1 日起，对党政工关系隶属鄄城县管理的国有、非国有控股、集体、股份制、民营等企业的工会经费收缴委托地方税务部门代收。同时，对工会经费加强审查监督，管好用好工会经费，防止了违规违纪现象的发生。

第二章　共青团

第一节　组织建设

1991 年，全县基层团委 62 个，团总支 87 个，团支部 1258 个，共青团员 33561 人。坚持“团要管团”和“从严治团”要求，对团员进行党的基本理论、方针政策、革命理想信念教育，引导团员在各自岗位上发挥先锋模范作用。在保证质量前提下，团员队伍稳步增长，1995 年全县有共青团员 35522 人。2000 年全县有共青团员 37652 人，占青年总数的 25.2%。至 2005 年，全县共有基层团委 62 个，团总支 55 个，团支部 1119 个，专职团干部 72 人，共青团员 38019 人。2010 年，全县有基层团委 62 个，团总支 87 个，团支部 1558 个，共青团员 44216 人，占青年总数的 25.2%。

农村团组织按照“组织随人走，团在实体建”和党建带团建、全团抓基础的原则，集中力量抓农村团支部的整顿和建设。2004 年 12 月，鄄城团县委把握全县第八届村“两委”换届时机，依法推动全县 73.5% 的行政村团支部书记进了村“两委”。中央政治局委员、十届全国人大常委会副委员长、中华全国总工会主席王兆国，山东省委书记张高丽给予充分肯定。2005 年 3 月，有重点地在一些流通行业建立流动团支部，加强对流动团员的管理。2005 年 4 月，共青团鄄城县委落实团中央《关于进一步加强团的基层组织建设的决定》，开展“万名团干部抓基层”活动，巩固、活跃了团的基层组织建设。2005 年 10 月 14 日，菏泽市“党建带团建”现场会在鄄城召开，中共菏泽市委副书记贾凤英对鄄城团县委的工作给予充分肯定并号召全市共青团系统学习。2006 年，鄄城县被评为省级团建先进县，连续 5 年被授予市级红旗团委荣誉称号。

第二节　青少年思想教育

1992 年 3 月，在全县青少年中开展“颂扬先进事迹，继承革命传统”教育活动。1999 年 5 月，以社会主义革命和建设的历史特别是改革开放以后取得的伟大成就为内容，开展青少年“迎接新世纪、创造新业绩”的主题教育活动。2000 年，在全县巡回播映爱国主义影片《英雄儿女》《钢铁是怎样炼成的》等 15 场次，举办传统教育讲座 25 场。2001 年，在全县广泛开展学习“三个代表”重要思想活动。2003 年清明节期间，团县委、县教育局、县民政局联合组织驻县城及附近乡镇中小学生 1000 余人在烈士陵园隆重集会，进行革命传统教育活动。

校园思想教育

2004年6月，团县委、县教育局、县交警队和县财险公司联合举办“财险杯”全县中小学生安全知识竞赛。2005年9月，团县委、陈王酒业联合举办“陈王杯”全县中小学生“我向父母说句心里话”演讲比赛。团县委坚持每年清明节、青年节、建党节、国庆节等节日，开展祭扫烈士墓、集体入团仪式、演讲比赛、主题晚会和联欢会，强化对青少年的爱国主义、集体主义、社会主义教育，提高广大青少年思想政治觉悟。2006年7月，为更好地在全县青少年范围内有效宣传艾滋病防治知识，团县委联合卫生局、教育局组织开展了艾滋病防治知识“一二三四五”宣传活动启动仪式。2007年5月，举行全县青少年“知荣辱、树新风”主题教育活动启动仪式，有效加强了青少年的思想道德教育，培养了青少年良好的行为习惯。2008年，在四川汶川发生“5·12”特大地震后，团县委在第一时间下发文件，要求各单位以实际行动支援灾区、奉献爱心。随后，为弘扬抗震救灾精神，团县委对全县青少年开展爱国主义教育，特别邀请刚从灾区凯旋的市消防支队赴灾区救援队代表作英雄事迹报告，以亲身经历，讲述一幕幕感人至深的故事，为青少年上了一堂深刻的爱国主义教育课。2009年10月，抓住“迎全运、庆国庆”纪念中华人民共和国成立60周年这一有利时机，动员全县青少年大力践行社会主义荣辱观，参与和谐文化建设。以“我与祖国共奋进”主题教育实践活动为主要载体，加强青少年思想政治教育。2010年清明节之际，团县委联合县教育局、县民政局组织开展驻城中学新团员入团宣誓仪式，近600名新团员在烈士陵园内隆重集会，进行革命传统教育活动。

第三节　青工青农

1994年4月，举办首届“鄄城县十大杰出青年”评选活动，至2005年，共进行6次“鄄城县十大杰出青年”评选活动。1997年3月，评出“十大青年致富标兵”“百名青年致富大户”，同时授予鄄城县“新长征突击手”称号。1998年12月，在全县农村开展首届“乡村青年文化节”活动。1999年，鄄城被确定为省级跨世纪青年农民培训试点县，团县委做好培训组织发动、计划实施工作，建立“适龄学员花名册”“学员登记卡”，至2000年，已有4万余名农民接受了1～2门实用技术培训，提高了农村青年科技素质。同年10月，根据“团促产业、产业兴团”的总体部署，全县25个乡镇分别根据当地特色产业由乡镇团委牵头建立青年科技示范基地，团县委统一进行挂牌。2000年4月，团县委、县委宣传部、县广电局联合举办首届“鄄城县十大杰出青年农民”评选活动，李福建等10人当选。同年7月，创办青年再就业职业介绍所和知音婚姻介绍所。为帮助全县团员青年解放思想、干事创业，2003年10月和2004年6月，团县委在县剧院举行2次大规模报告会，全县2000多名团员青年参加，中共鄄城县委书记岳滨2次为团员青年作报告。2003年11月，团县委与济南团市委联合，在济南成功举办“鄄城县主导产业产品济南推介会”，菏泽市副市长杨永昌、鄄城县委书记岳滨出席会议，济南市100余名青年企业家参加，并到鄄城实地考察。2004年，在全县深入开展争创“青年文明号”和争当“青年岗位能手”活动；12月，“全省青年企业家鄄城行”活动成功举行，中共菏泽市委副书记马平昌应邀出席，团省委副书记王磊带领全省20余名青年企业家到鄄城考察洽谈，共签约项目8个，投资额达3亿元。2005年4月，团县委和县农信社联合举办小额贷款扶持创业青年启动仪式，本次活动共扶持30名创业青年，贷款总金额213万元。2004年2月，共青团鄄城县委被团省委评为“青春创业行动先进单位”，12月被团省委评为“团建先进县”，同年被团中央评为“劳务输出先进单位”。

第四节　学校共青团

1991年，团县委、县教育局加强对学校共青团工作的管理和规范，全县学校共青团工作得到稳步发展。1995年，全县范围中学团组织利用暑假开展“知我家乡，爱我家乡，建我家乡”实践教育活动，“成才之路”实践教育活动向纵深发展。1996年4月和9月，团县委2次组织驻县城中学生开展“建文明鄄城，共青团当先，红领巾当先”活动，为创建文明卫生城作贡献。1998年，实施“农村中学生回乡创业计划”和“金钥匙科学竞赛活动”。2000年，开展“新世纪读书计划”活动，推动青少年读书活动形成热潮。2004年，联合县教育局、县音乐舞蹈家协会举办首届鄄城校园歌手大赛，活跃了青少年学生的文化生活。根据新形势下由“应试教育”向“素质教育”转变的要求，以能力培养为工作重点，实践教育活动为主要工作方式，各中学都建立了中学生共青团学校，通过活动提高团员思想素质，加快团组织发展。学校共青团在团县委、县教育局的双重管理和领导下，立足实际，开拓创新，使全县学校共青团工作进入历史最好时期。2005年，组织实施全县中小学生“百日节约献爱心”活动，鼓励每位学生每天节约一分钱，百天节约一元钱，设立救助基金，救助贫困学生，并建立长效机制。2006年，在全县各个学校设立法制课堂，教育广大学生知法守法，自觉维护自身合法权益。2007年，在全县开展维护公共卫生启动仪式，引导广大青少年从自身做起，养成良好习惯，并通过自身行动影响周边人群。2008年，汶川“5·12”特大地震发生后，团县委部署募捐活动，尤其是教育系统踊跃捐助，共筹集善款30万元。2009年，在全县学生中间开展“我向父母说句心里话”活动，加强子女与父母之间的沟通和交流，增强相互理解和信任，为孩子健康成长创造良好的家庭氛围。

第五节　少先队

为贯彻《山东省少先队辅导员管理条例》，做好少先队辅导员培训管理工作，1991—2010年共举办辅导培训班120多次，培训辅导员600余人次。其中，有380人被评为“优秀辅导员”，50人被评为“市级优秀辅导员”。1994年，建队节期间评选出首届鄄城县“十佳”少年。1999年，少先队工作围绕素质教育，以“五自（自理、自学、自律、自护、自强）”教育为中心，全面实行“雏鹰奖章争章卡”制度，在农村开展“养羊养兔、订报买书”教育活动。同年6月，举办“鄄城县首届少先队军事夏令营”活动，丰富少年儿童暑期文化生活，增强他们的国防意识；9月，开始实行少先队辅导员资格证书制度。

清明节少先队员祭奠烈士

2005年4月，团县委、县教育局和鄄城镇三完小联合举办“全县少儿现场绘画比赛”，通过学习科普知识、小征文评选、小制作展览、“五自”知识竞赛，举办科技、爱国主义夏令营等形式，引导少年儿童学会观察，学会思维，培养学科学、爱科学的兴趣以及自立能力。为培养少年儿童爱党、爱祖国、爱家乡、爱学校、爱生活的精神面貌。

2010 年 7 月 4 日，在鄄城一中组织召开暑假期间小学生教育活动会议，重点培养少年儿童的社会公德、职业道德、家庭美德和个人品德。

第六节 青少年权益维护

1991 年，开展《山东省未成年人保护条例》宣传活动。1993 年，完善青少年维权组织网络建设，并继续开展“维三权、扫三盲”活动。1996 年 1 月，与执法部门配合，开设青少年法庭，由专职团干部兼任少年法庭的特邀陪审员，对未成年人犯罪进行审理，开展“维三权、扫三盲”活动，重点抓好“寄去一片情，温暖一颗心”为主题的劝学帮教工作。为预防和减少青少年犯罪，营造青少年健康成长的社会环境，1999 年 5 月在全县广播系统开展创建“优秀青少年维权岗”活动。2001 年 3 月，鄄城县法律援助中心与团县委联合设立“未成年人法律援助联络中心”，机构设在团县委。2004 年，联合县公安局、县文化局开展创建“青少年安全放心网吧”活动，引导青少年文明上网，不断完善“优秀青少年维权岗”；落实《中华人民共和国未成年人保护法》和《中华人民共和国预防未成年人犯罪法》，增强青少年自我保护的法制意识。5 月，组织开展全县贫困失学儿童大调查，对 2000 余名单亲、孤儿等贫困学生开展登记。2005 年 6 月，鄄城县关心下一代工作委员会组织开展“关爱女孩”、学校周边环境治理等活动，维护青少年学生权益。2006 年 9 月，为进一步加强青少年的安全知识教育，提高防范意识，增强自我保护能力，保障青少年身体健康和生命安全，团县委、县教育局、县交警队、县保险公司联合举办以“保护生命、平安出行”为主要内容的“财险杯”全县青少年安全知识竞赛活动。2007 年 6 月，团县委、县文化局、县公安局、县工商局联合开展“安全网吧专项治理”活动，规范全县内的网吧管理，取缔无牌无照非法经营的黑网吧，促进青少年健康成长。2009 年，以“希望工程—让孩子们都上学”为主题开展救助贫困失学青少年活动。同时，推进青少年新世纪读书助学行动，争取优秀贫困大学生奖学金和其他各类济困助学活动，为更多贫困青少年提供受教育的机会，最大限度地保障其受教育的权益。

第七节 希望工程

2004—2010 年，拓宽筹资渠道，不断扩大社会影响，全县共兴建希望小学 5 所，救助贫困学生 2650 人，资助贫困高中生 68 人圆梦大学。特别是 2008 年四川汶川发生特大地震后，团县委部署募捐活动，共筹集善款 30 万元，救助汶川都坝乡中学生 600 人。

第八节 历次团代会

1991—2010 年，共青团鄄城县委共召开 5 次团代会。

共青团鄄城县第十一次代表大会 1992 年 6 月 9 日至 10 日召开，出席代表 219 人，选举产生共青团鄄城县第十一届委员会委员 33 人，候补委员 14 人，常委 7 人，书记 1 人。通过《关于在农村青年中广泛开展争创“青年小康之家”活动的决议》。

共青团鄄城县第十二次代表大会 1995 年 5 月 29 日至 30 日召开，出席代表 198 人，选举产生共青团鄄城县第十二届委员会委员 33 人，候补委员 6 人，常委 7 人，书记 1 人。通过《关于在农村青年中广泛开展争当“青年致富能手”活动的决议》。

共青团鄄城县第十三次代表大会 1999 年 3 月 12 日至 13 日召开，出席代表 189 人，选举产生共青团鄄城县第十三届委员会委员 33 人，候补委员 6 人，常委 5 人，书记 1 人。通过《关于在农村青年中广泛开展争当“青年科技示范户”活动的决议》。

共青团鄄城县第十四次代表大会 2004 年 3 月 9 日至 10 日召开，出席代表 201 人，选举产生共青团鄄城县第十四届委员会委员 35 人，候补委员 7 人，常委 5 人，书记 1 人。通过《关于在农村青年中广泛开展争当“优秀创业青年”的决议》。

共青团鄄城县第十五次代表大会 2010年11月30日召开，出席代表114人，选举产生共青团鄄城县第十五届委员会委员29人，候补委员5人，常委7人，书记1人，副书记1人。

共青团鄄城县十五届委员会委员

第三章 妇 联

第一节 组织建设

1991年，鄄城县妇女联合会设办公室、儿童部、权益部、法律顾问处，全县25个乡镇各配备妇联主席1人。2001年，乡镇妇联合并为16个，510个村妇代会合并为461个，有县直妇委会70个。2010年，县妇联设办公室、儿童部、权益部、城乡发展部、组织宣传部，县直妇委会75个，乡镇妇联16个，村妇代会423个。

为加强妇联组织自身建设，提高妇女干部素质，1991年，县妇联下发《关于培养选拔女干部工作的意见》，并召开各乡镇党委书记会议，就培养选拔女干部工作进行部署。县妇联深入县直各单位和乡镇，登记造册核实女干部实际情况，分类培训和推荐。11月，县妇联举办全县优秀妇女干部学习班，聘请县党校理论教员讲解党史及党的基本理论知识，并作《当代妇女干部应具备的素质》专题讲座。1992年，县妇联组织向各级党政、组织部门推荐选拔女干部，落实县委《关于培养选拔女干部工作的意见》精神，对妇联人才库女干部进行考察。6月，举办全县专职妇女干部理论及法律培训班。1995年，向组织、人事部门推荐优秀妇女干部37人，举办学习班、培训班6期，组织女干部外出培训86人，召开座谈会3次，共培训妇女干部200余人。1998年，全县25处乡镇妇联全部参加地区妇联举办的培训班，县乡两级妇联共举办妇女干部培训班26期。1999年5月，县妇联举办为期10天的乡镇妇联干部培训班，并组织学员赴河南南街村考察；7月至8月，县妇联又组织妇联干部30余人参加全国妇联举办的培训班。2002年，县妇联下发

“两癌”健康讲座

《关于进一步加强妇女组织自身建设的意见》。2003年，各级共举办妇女干部培训班23期，座谈研讨会3期。

2004年，县乡妇代会召开，妇联组织进一步健全。2005年，县妇联与县委组织部联合下发《关于加强县直单位妇女组织建设的意见》，70个县直单位的妇委会得到完善。2006年，县委下发《关于加强全县妇女工作的意见》，加强妇女工作的领导。2006年，举办县乡两级妇女干部培训班16期，受训人员500余人。2008年，县妇联响应市妇联号召，组织实施了“5万新型女农民的培训计划”和“500名农家女上网知识培训计划”。2009年，县妇联下发《关于开展深入学习实践科学发展观活动的实施方案》和《深入学习科学发展观活动的整改落实方案》，并组织县直妇委会主任和乡镇妇联主席26人到外地进行创业新理念参观学习。2010年，全县共有12人参加市级以上妇女干部培训。

第二节　妇女儿童权益维护

1991年、1993年至2000年，每年“三八”“六一”节假日，通过走上街头，悬挂标语，发放宣传单，入户调查咨询的形式向全社会进行《中华人民共和国妇女权益保障法》《中华人民共和国劳动法》《中华人民共和国婚姻法》《中华人民共和国母婴法》《中华人民共和国未成年人保护法》《中华人民共和国义务教育法》等宣传教育，强化维权社会环境。1992年，组织全县妇女干部学习公安部、全国妇联有关文件精神，增强妇女儿童自身保护意识。2001—2005年，对《中华人民共和国妇女发展纲要》《中华人民共和国儿童发展纲要》《中华人民共和国女职工劳动保护规定》等有关法律、法规政策进行宣传，共举办法律培训班40期，上街宣传咨询活动20余次，发放法律宣传资料5万余份，受教育群众达30万余人次。2006年，县妇联下发《关于印发〈鄄城县妇联系统开展法制宣传教育第五个五年规划（2006—2010年）〉的通知》，对全县妇女干部进行了为期一周的学习培训。2009年，县妇联对全县妇女婚姻状况进行入户调研。2006—2010年，为做好《妇女发展纲要（2001—2010）》和《儿童发展纲要（2001—2010）》阶段监测评估工作，走上街头宣传10余次，发放宣传材料3万余份，悬挂宣传横幅10余条。

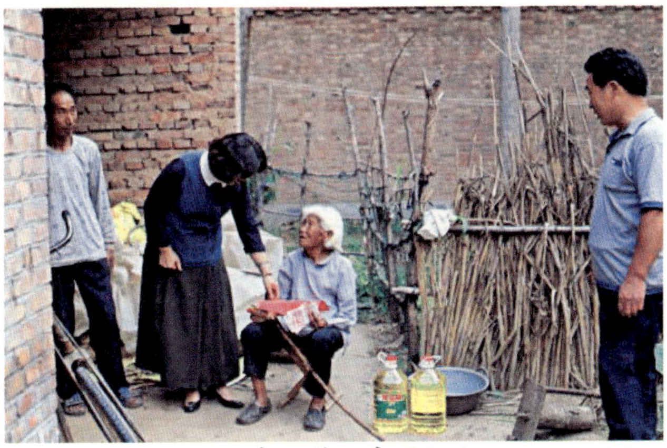

深入基层慰问贫困妇女

县妇联针对家庭暴力现象，于2001年3月与县法院联合成立家庭暴力致伤鉴定中心，于2002年10月与县公安局110等联合成立“110家暴报警台”。2003年7月，县妇联、县综治办、县公安局、县检察院、县法院、县司法局联合开展“优秀妇女维权岗”活动。2005—2010年，县妇联与县综治办联合开展“平安家庭创建”活动，坚持以家庭为主体，以社区为基本单位，广泛发动妇女群众和家庭成员积极参与，全县评选出100户“平安家庭户”，2个“平安社区”，发放“平安家庭”宣传材料和倡议书8000余份，县妇联与148家服务中心联合举办3场法律咨询现场活动。2008年联合县教育局在丛园小学建立留守儿童站；2010年联合县司法局成立妇女儿童法律联络站，县妇联联合县公安局消防支队开展构筑社会消防安全“防火墙”宣传教育活动。

1996年、1997年，围绕《鄄城县妇女发展纲要（1996—2000）》和《鄄城县儿童发展纲要（1996—2000）》，在县乡两级举办培训班30期，培训人员2030人。1998年9月进行终期监测评估。2000年8月，鄄城县作为全省县级NPA（NPA是围绕《妇女儿童发展纲要》的一种培训计划宣传活动，为达到

"两纲"发展目标的计划，制定NPA社会动员培训计划，涵盖妇女的五期保健、健康查体、儿童教育和儿童营养、艾滋病的防治等方面的知识。NPA分为县、乡、村三级培训计划）社会动员项目培训的六个试点县之一，举办县、乡、村三级培训班512期，受训人员16万人次，并发放跟踪调查表5000份，覆盖县直各单位、部分乡镇和村庄，完成了NPA社会动员项目在鄄城的执行，为《妇女儿童发展纲要》目标的实施夯实了基础。2002年7月，县政府下发《鄄城儿童发展规划》（2001—2010年）和《鄄城妇女发展规划》。县妇儿工委分别下发目标职责分解书，并于2005年10月对全县各级实施"两纲"情况进行中期监测评估。2005年年初，妇儿办制定在每年的"三八"和"六一"期间"鄄城县为妇女儿童办好十件实事"的实施方案；每年的"三八"期间，县妇儿工委与县妇幼保健院联系，为各单位女工免费提供讲课和咨询服务，开通咨询热线，重点宣传婚前检查、孕产期和育儿期有关知识；为全县农村妇女进行妇科病普检，提高农村妇女对妇科常见病知识的知晓率，提高关爱自身健康，注重保健意识。每年"六一"前夕，县妇儿工委协调有关单位，分别深入到乡镇及驻城幼儿园进行慰问，重点慰问贫困儿童，并赠送图书和慰问金。县妇儿工委下发《关于开展"巾帼助教、扶助春蕾"活动》文件，使贫困女童受到资助。此外，开展受助儿童回访活动，建立资助活动动态跟踪档案，为广大资助者更好地与受助儿童手拉手创造便利条件。"六一"节当天，县妇儿工委组织成员单位在鄄城广场等场所举行形式各异的庆祝活动。同时，每年3月、6月为"两纲"宣传月，利用报纸、电视、电台等新闻媒体，向全社会宣传，每年"三八"期间召开表彰会，在电视台开辟"巾帼风采专栏"节目。通过举办法律讲座，法律培训班、"两纲"知识竞赛、组织妇女儿童代表参加"我做合格小公民"演讲比赛和"反家庭暴力"万人签名活动，使"两纲"知识深入人心。同年，实施"春蕾计划"，全县累计接受县内外捐款30余万元，救助失学女童1024人，有800人完成小学学业。普及家教知识，50%以上的学校、幼儿园开办了家长学校。2006—2010年，救助贫困儿童300余人、贫困大学生15人、贫困母亲20人，慰问贫困党员4人，共计15万余元。县妇联从2007—2010年与鄄城师范学校联合启动"春蕾"助学工程，使300多名贫困女孩完成学业。

第三节　家庭文明建设

1991年，县妇联与县广播电台合作，以"家庭新风"为专题陆续编播10户"五好家庭"先进事迹。春节期间，县妇联印刷《移风易俗，做喜事新办的带头人》倡议书500份，发放到县直机关女青年手中。1992年5月，县妇联组织妇女近5000人参加全省"恩威杯"家庭思想道德知识竞赛活动，宣传社会主义伦理道德观，倡导文明、健康、科学的生活方式。"五一"节与县工会联合举办"自尊、自信、自立、自强"新时代女性演讲活动，全县共有妇女163人参加演讲；1994年3月，县妇联下发《关于开展"94国际家庭年"庆祝活动的意见》，对"国际家庭年"宣传庆祝进行布置。10月，县妇联在全县范围内开展"尊老敬老好儿女金榜赛"活动。1998年，县妇联在全县开展"美在家庭、富在家庭"活动，县委办公室下发《关于转发鄄城县妇联〈关于在全县小康村建设中广泛开展"美在家庭、富在庭院"活动的意见〉的通知》，11月3日，县妇联在鄄城镇南街召开"美在家庭、富在庭院"现场会。1999年5月，县妇联在李进士堂乡召开"美在家庭、

送春联下乡

富在庭院”现场会；8 月，举办“好军嫂”座谈会；10 月，在全县范围内开展“百名好媳妇”评选表彰活动，召开好媳妇报告会，并联合老干局举办庆“九九”尊老敬老联欢会。2004 年母亲节期间，县妇联拍摄专题片《永不褪色的爱》，报道了一位好母亲及一位好媳妇苏兆莲的事迹。2004 年元旦，联合有关部门成功举办鄄城县首届集体婚礼，倡扬社会主义文明新风。2005 年，“八一”期间，县妇联和县委宣传部、县人武部、县民政局联合开展首届“十佳好军嫂”“十佳兵妈妈”评选表彰活动。县妇联每年利用“三八”“六一”等重大节日，举办全县妇女工作表彰会、巾帼事迹报告会。1991—2005 年，共宣传表彰先进集体 750 个，先进个人 3598 人，五好文明家庭 2888 户。2006—2010 年“三八”节期间，表彰“三八”红旗手共计 552 人，表彰先进集体 96 个，优秀妇女干部 96 人，“巾帼文明岗”60 个，“巾帼岗位明星”60 人，“五好文明家庭户”322 户。2006—2010 年，县妇联联合县民政局开展庆“八一”表彰暨联欢大会，表彰好军嫂 40 人，兵妈妈 40 人；2008 年，县妇联联合县精神文明建设委员会办公室开展鄄城县首届“十大优秀母亲”和“十大好媳妇”评选活动，表彰 20 人。同年，县妇联联合县环保局、中国人寿保险股份有限公司鄄城分公司开展“节能减排家庭社区行动”，在全县评选出 10 户“节能环保家庭”和 2 个“节能环保社区”。2010 年 8 月，开展家庭道德教育宣传实践月活动，树立文明风尚，净化社会环境，践行环保理念。

第四节　服务经济建设

农村“双学双比”活动　1991 年，县妇联下发《关于在全县妇女中开展以“银花杯”为重点的“六大杯”竞赛活动的意见》，在农村继续以“双学双比”竞赛活动为龙头，开展“银花杯”“吨粮杯”“庭院致富杯”“三八绿色工程杯”“巾帼扫盲杯”活动；在城镇开展“巾帼建功杯”竞赛活动。年终共表彰“银花杯”100 人，“吨粮杯”50 人，“庭院致富杯”50 人，“三八绿色工程杯”50 人，“巾帼扫盲杯”50 人，“巾帼建功杯”50 人，各种先进集体 30 个。10 月，县妇联组织妇女 3000 人参加省果树专家舒怀瑞举办的技术培训班；4000 人参加“双学双比”竞赛使用技术培训，联合县农业局培训 19 期；举办扫盲班 1 期，脱盲人数 25 人；省级女能手 3 人，女农民技术职称评定获中级 2 人，初级 138 人。1992 年，县妇联与土肥站联合成立“翠竹”技术推广中心，25 个乡镇全部成立“双学双比”竞赛活动服务中心，为搞好信息服务，编发《万科信息》。1993 年 4 月，县妇联在引马乡召开“双学双比”现场会。1997 年，县妇联组织有一定文化、有一定致富能力的贫困妇女 24 人参加由省妇联、省扶贫办举办的珍珠长毛兔培训班；根据省妇联《关于在“九五”期间实施十万农家女十项新技术推广培训计划的意见》，在全县妇女中进行十大新技术的培训推广，各级妇女组织全年共举办学习班、培训班 60 余期，学习技术 10 余种。1999 年 11 月，县妇联召开“双学双比”现场会。2000 年，县妇联与县农业局联合建立农村妇女科技培训指导中心，并在各乡镇、有条件的专业村建立培训点。全县 90% 以上的妇女参加实用技术培训班，3000 名妇女获绿色证书，1500 名妇女获女农民技术员职称。

2000 年 10 月，县妇联组织召开全县妇女畜牧养殖现场会。2001 年 11 月，县妇联组织召开全县肉鸡养殖现场会。2004 年 7 月，在鄄城召开全市农村妇女科技致富现场经验交流会。2008 年，县妇联在引马乡、红船镇等乡镇对农村妇女进行甜叶菊种植技术培训。1991—2005 年，在电视台开辟科技女状元风采录专栏 20 余期；全县 17 处科技服务站开展“巾帼科技鄄城行”活动，送科技下乡 50 多次，发放科技明白纸 10 万余份，受益妇女达 3 万人；开展“吨粮赛”“银花赛”“三八”龙头项目创建、“三八”绿色工程建设和争当“巾帼科技致富带头人”等竞赛活动，并同“科技致富女状元”“双学双比女能手”多种评选活动结合起来。至 2005 年，全县共表彰“双学双比女能手”1500 人，“科技致富女状元”150 人。2006—2010 年，全县获“双学双比”女能手 40 人，农村创业女状元 20 人，县妇联培养和扶持妇女创业女老板 42 人。

城镇“巾帼建功”竞赛活动 1997 年，县妇联下发《关于在县直窗口单位开展争创“巾帼建功示范岗”活动的意见》，专门制定考评标准；9 月，在国税局直属分局征收大厅召开争创巾帼建功示范岗现场会。2000 年，县妇联制定《巾帼文明示范岗、巾帼文明示范岗标兵管理办法》，并与县人事局联合下发《关于评选表彰巾帼文明示范岗、示范岗标兵和巾帼岗位明星的意见》。2001 年 11 月，参赛岗负责人在县医院召开争创“巾帼文明示范岗”现场会。2002 年，县妇联组织召开全县“巾帼文明岗”事迹报告会。2004 年，“巾帼文明示范岗”更名为“巾帼文明岗”，10 月，县妇联组织争创“巾帼文明岗”的 28 个单位进行参观评比并进行现场交流。2006—2010 年，县妇联对全县争创“巾帼文明岗”的单位召开现场交流会 3 次。

社区“巾帼社区服务工程” 1997 年，县妇联召开 3 次下岗女工代表座谈会，引导她们摒弃“等、靠、要”的思想，主动走出家门，寻找自我生存自我发展的门路。县妇联于 2001 年 11 月创办“鄄城县爱心大姐服务中心”，主要职能是婚姻介绍、法律咨询、致富信息指导、对外输出妇女富余劳动力等。2002 年，与劳动局联合举办下岗女工计算机知识培训班 6 期，186 名女工取得计算机初级证书。2004 年，县妇联联合赵敏服装学校、梦峰培训基地举办服装、计算机等技术培训班。至 2005 年，全县共安置下岗女工 2000 人，先后帮助 6000 余名下岗女工重新转岗、就业。2007 年，县妇联和建民技校联合，先后对 2000 余名下岗妇女进行编制技术培训，帮助她们找到致富路。

服务妇女创业 2003 年 7 月，县妇联一班人专程赴青岛、青州等地走访慰问鄄城打工妹，制作《走出家乡的鄄城妹》专题片。2004 年春节期间，县妇联拍摄外出务工及回乡创业典型专题片。县妇联四次召开妇联干部专题会议，并分赴 16 个乡镇召开动员大会，激发妇女参与劳务输出的积极性。3 年输出妇女劳力 3000 余人。2004 年 6 月，县妇联组织成立鄄城县女子招商队，两年时间招商队成员共引进项目 18 个，资金达 1.5 亿元。2007 年，县妇联联合农村信用社联合下发《关于开展“信贷助推百万农村妇女创业行动”工作的实施意见》和领导小组通知，扶持帮助农村妇女创业发展，加快增收，促进新农村建设。2007—2010 年，县妇联联合农村信用社先后为 38 名创业女性提供小额贷款 1469 万元。

电子商务创业培训

第五节　妇女代表大会

1991—1995 年召开一次全县妇女代表大会。

2004 年 3 月 5 日，鄄城县第九次妇女代表大会召开，大会通过题为《全面贯彻“三个代表”重要思想，团结动员全县妇女为加快鄄城发展而努力奋斗》的工作报告，并向全县妇女发出“解放思想、干事创业、加快发展”的倡议，选举产生新的妇女联合会，主席张春联，副主席刘冬霞，委员 35 人。2009 年 4 月，鄄城县妇女代表王东、张敏、刘冬霞、赵艳红、马爱云、王亚娟、潘丽等 18 人参加了菏泽市妇女第九次妇女代表大会。

第四章　科　协

第一节　组织建设

鄄城县科学技术协会于 1991 年 11 月 28 日召开第三次代表大会。会议选举产生委员 45 人，常委 13 人，主席 1 人，副主席 2 人。科协成立科普部、学会部、咨询部、办公室，配备专职干部 11 人。1991 年，25 个乡镇配备专职干部 25 人，委员 197 人，全县配备科技网长 143 人。县级协会发展到 12 个，拥有会员 597 人。全县各行政村均建立科协组织，配备主任 943 人。其中专职 337 人，兼职 606 人，并解决了待遇问题。全县专业技术研究会由 1990 年的 143 个发展到 154 个，会员 2535 人。建立科普服务部 26 个，乡镇科普学校 25 处，村夜校 265 个，成为农村科普主要活动阵地。县酒精厂科协、味精厂科协相继成立，配备专职干部 2 人，委员 10 人。全县形成以县科协为枢纽，县级学会为纽带，乡镇科协为骨干，村科协为基础，农村专业技术研究会为依托，科普学校为阵地，科委服务部为窗口的上下贯通，左右相连的科普服务网络。

2001 年 2 月，全县乡镇撤并，乡镇科协组织由 25 个随乡镇调整为 16 个。至 2010 年，各乡镇科协一直保持有专职科协主任 1 人，兼职科协工作者 2～3 人，负责开展乡镇科协工作。2010 年，县科协仍保持三部一室机构设置，有在职人员 6 人。全县共 11 个县级学会。2000—2010 年，全县农村经济发展迅速，农业技术研究会蓬勃兴起，至 2010 年年底，全县发展农业技术研究会 242 个，会员 3815 人。

第二节　科普宣传

1991 年，县科协充分发挥科普宣传车的作用，深入到各乡镇和部分村庄巡回宣传达 140 次（天），下发科技资料 1500 本，宣讲植树造林，果园管理，小麦、玉米、棉花栽培管理技术和激素的使用方法及计划生育工作，深受群众欢迎。

2005 年，争取上级扶持资金 16 万元，筹集社会资金 16 万元，在全县行政村建设高标准宣传栏 463 个，在全省率先完成科普村村通宣传栏建设任务。鄄城县科协 2005 年被山东省科协、山东省财政厅评为“科普村村通建设先进单位”。此后，县科协每年都加强对原有宣传栏的管护工作，同时不断加强宣传栏建设，截至 2010 年，全县各乡镇科普宣传栏建设覆盖率达 100%，各行政村覆盖率达到 97%。

2010 年，县科协着力通过科普巡展开展科普宣传工作，共制作《食品安全知识》《小麦春季管理技术要点》《中学生科普常识》等科普展板 200 余块，结合放科普电影的形式巡回展出 20 余次，

深入基层进行科普宣传

受教育者达 5 万余人次。

1991—2010 年，利用科普讲座、放科普电影、宣传栏、宣传车送科技下乡等形式，宣传科学思想，推广新的科技知识和科技成果，共发放科技资料 60 万份，受益人数 60 万人次。

第三节 科技培训

1991—2010 年，举办各种形式的科技讲座 8000 多期（次），组织技术致富报告团 23 次，其中 1995 年培训农业函授大学学员 1052 人次，大多数学员较好地掌握了 1～2 项实用技术。1996—2010 年，利用科普挂图到乡镇集市开展宣传活动 46 次，组织实用技术宣讲团到乡镇、村、集市、生产现场宣讲 230 场次，举办畜牧、瓜菜、林果、中药材、蚕桑方面内容培训班 370 期，直接培训 13.5 万人，七成学员掌握了 1～2 项实用技术。2010 年，充分利用基层党校、科普夜校、远程教育等阵地，对农村党员，基层干部，农技协会会员，科技带头户开展农村实用技术培训，举办各类技术培训班 300 多期（次），直接受训人员 30 多万人次。根据农时季节到各个示范村进行培训 100 余期，培训人员 4 万人次。

第四节 科技推广

1991—2010 年，引进推广新技术 53 项，开展科技咨询 3.6 万人次，传递致富信息 2000 余条，销售小麦、玉米、中药材、瓜菜果良种 200 余吨，推广农药、激素、微肥 1 万余吨。其中以 1998 年县科协新技术推广中心推广甘农有基肥成就最为突出，一年累计推广肥料 4600 吨。

1991 年，县园艺学会与山农大等科研单位挂钩，积极推广老果园低产开发和苹果幼树丰产栽培技术，全县苹果幼园结果率提升至 10%，老苹果低产开发 2 万亩，由亩产 200 公斤提高至 1100 公斤，其中凤凰乡大周寺村五年生红富士平均亩产达 3500 公斤，亩收入达 1.5 元。

1995 年，全县共推广激素 15.7 万亩（科协推广 4.8 万亩），总增值 150.2 万元，宋楼乡种棉 1.3 万亩，全部喷施助壮素，平均单产 71.15 公斤，总产 185 万斤，化控比不化控亩增皮棉 12.5 公斤，增产率为 21.5%，总增产皮棉 32.5 万斤，增值 97.5 万元。

2000—2003 年，在玉米高产攻关中，推广鲁丹 981、郑丹 958 良种等新品种面积达 16.77 万亩，其中科协推广 6.28 万亩。郑营镇夏玉米 4000 亩，平均单产 620 公斤，总产 250 万公斤，增产 75 万公斤，增值 37.5 万元。什集镇（沙土地）高产玉米 3000 亩，平均单产 455 公斤，总产 144 万公斤，比 2002 年同期亩增产 130 公斤，总增产 39 万公斤，增值 19.5 万元。

指导农村农业生产

为提高肥料利用率、减少施肥次数，减轻环境污染，2010 年，县科协利用召开现场观摩会等方式推广缓控释肥“种肥同播”技术，当年缓控释肥推广扩大到全县 17 个乡镇 300 余个行政村约 8 种作物，达到帮助农民群众省工省时、高效增产目的。

第五节 青少年科普活动

1991—2010 年，共组织青少年“四小”发明、青少年科普知识竞赛、青少年科技创新大赛等科普活动 93 次，参与人数达 13000 余人次，活动共征集小论文、小发明、小制作、小创造 1306 项，获

开展科普进校园活动

市级以上奖励449项。随着素质教育的推进，科普活动规模日益扩大，活动参与学校和参与人数每年都有大幅上涨。1995—1997年，全县“四小”发明比赛征集各类创作达85项，获市级以上奖励达20项，全县开展“讲文明、讲卫生、破除封建迷信”征文活动3次，共征集中小学生作文400余篇，评选出50篇优秀作品。

1999年后，为进一步培养青少年养成学科学、爱科学、用科学的良好习惯，各项科普活动异常活跃。县科协联合县教育局、县妇联、团县委等部门，每逢“六一”儿童节、科普活动周、全国科普日等重要时间都开展“庆节日、献科技”活动。2008年科普活动周期间，鄄城县科协联合鄄城县教育局开展了航空、生物、数学等青少年科普常识大型科普巡展活动，并结合放科普电影在全县各中小学校轮回巡展，2009年共巡展150次，播放科普电影200余场，收集中学生科技幻想作文3000余篇，征集到科技辅导教师关于科普教育的论文400余篇。

2010年，青少年科技创新大赛中，共征集科幻画、科技小发明、小制作,179项，参与人数、作品数量和质量为历年之最。其中，鄄城一中郭子渝创作的《假如拥有脑移植技术，则科学家现在……》、实验小学李洋制作的《元宵闹花灯》、三完小吕哲制作的《菊花》等36项作品获得市级奖励。2010年，鄄城县科协被评为菏泽市青少年科技创新大赛优秀组织单位。

第六节　学术活动

1991—2010年，围绕工、农、医、教等行业组织献计献策活动32次，参与活动人员具有中级以上职称的达1600人，共提出合理化建议200多条，其中160余条受到县政府和各科局重视。1998年，县畜牧兽医学会提出的“关于加强我县畜牧生产管理意见”，2005年县农学会提出的“关于加强我县高产高效优质农业的建议”，分别被县政府采纳。20年间，共征集农学、医学、畜牧兽医学等各类学科学术论文600余篇，其中400余篇在市级以上会议或刊物上交流发表。2006—2010年征集的学术论文多达260篇。

为繁荣学术，激发科技人员的创新热情，自2001年开始菏泽市开展自然科学优秀学术成果评选，至2010年，鄄城县共征集医学、农学、林学、水产、兽医学等各科目论文1000余篇，获得市级奖励323篇。2010年，在菏泽市第十届优秀学术成果评选中，鄄城县共推选120篇学术论文参与评比，为历年之最，其中疾病防控中心徐先起《鄄城县手足口病疫情分析》、县医院葛秋梅《妇产科护理常见风险分析及措施研究》等5项作品获得菏泽市一等奖，为历年成绩最为突出的年份。

第五章　文　联

鄄城县文联成立于1998年10月，直属协会有1995年成立的鄄城县作家协会、2005年成立的鄄城县美术家协会、书法家协会、音乐家协会。

文联重点组织作家、艺术家进行各种学习和讨论；每年组织春节文艺晚会、庆祝教师节等各类文艺演出；举办五一、国庆节书画展等各种艺术展览；召开2005年孙膑思想与经济社会发展研讨会、2008年鄄城经济发展论坛等各类学术研讨会、座谈会；举办旨在培养文艺新人的各种文学艺术讲座、讲习班。鼓励并组织作家、艺术家深入各单位、乡镇，进行参观访问和调查研究，逢年过节送书画下乡，并为其提供必要的协助。

鄄城县文联致力于维护宪法赋予文艺工作者的一切权益，在其正当权益受到侵犯时，依法采取保护措施。鄄城县文联加强与全市、全省乃至全国文艺界作家、艺术家的联系，促进国内外文化艺术的交流。

组织书法家赴农村开展迎春送对联活动

鄄城籍省级以上作家协会会员一览表

表 23-5-1

姓　名	性　别	籍　贯	会员资格
石耿立	男	什集镇什集村	中国作协会员
张晓楠	男	鄄城镇柳园村	中国作协会员
李超杰	男	临濮镇临濮村	山东省作协会员
黄贤清	男	什集镇黄口村	山东省作协会员
殷修亮	男	郑营镇靳庄村	山东省作协会员
李志国	男	什集镇和庄村	山东省作协会员

鄄城县作家作品一览表

表 23-5-2

作　者	作　品	体　裁	刊物或出版机构	出版时间
石耿立	《新艺术散文概论》	文论	山东教育出版社	1997 年
	《新艺术散文美学论》	文论	济南出版社	1998 年
	《悲哉，上将军》	散文	《北京文学》	入选“2009年中国当代文学最新作品排行榜”；并入选《散文选刊》2009年度华人优秀散文、华人优秀散文排行榜，列“2009年中国散文排行榜”第二位；被《新华文摘》2009年13期选载
	《遮蔽与记忆》散文集	散文	文汇出版社	2009年7月出版，2010年9月入围第五届鲁迅文学奖
	《赵登禹将军的菊与刀》	散文	新华文摘	2007年第22期；列“2007年中国随笔排行榜”第六位
	《义士墓》	散文		“2006年中国散文排行榜”第六位

续表 23-5-2-1

作　者	作　品	体　裁	刊物或出版机构	出版时间
石耿立	《遮蔽与记忆》	散文	文汇出版社	2009 年 7 月
	《缅想的灵地》	散文	《北京文学》	“2010 年中国当代文学最新作品排行榜”，并入选《2010 年中国随笔精选》（“中国作协”编选），并被《散文选刊》《中外文摘》等国内多家知名刊物和网站转载
张晓楠	《叶子》（组诗）	诗歌	《文艺百家》	1993 年 3 月
	《在雪地上行走》（组诗）	诗歌	《人民文学》	2003 年 1 月
	《林间童话》（组诗）	诗歌	《儿童文学》	2004 年 5 月；入选《21 世纪中国文学大系·2004 年卷》
	《叶子的快乐》（组诗）	诗歌	《山东文学》	2005 年 2 月
	《秋天的小诗》（组诗）	诗歌	《儿童文学》	2005 年 9 月
	《苏醒的村庄》（组诗）	诗歌	《少年月刊》	2005 年 1 月；入选《2005 年中国儿童文学》
	《燕子，是春天的箭簇》（诗三首）	诗歌	《儿童文学》	2006 年 1 月；入选《21 世纪中国文学大系·2007 年卷》
	《绿色的胸臆》（外二首）	诗歌	《儿童文学》	2007 年 7 月
	《与田鼠一块回家》（组诗）	诗歌	《少年文艺》（江苏）	2007 年 10 月
	《记忆的边沿》（组诗）	诗歌	《少年文艺》（上海）	2008 年 11 月
	《麦茬：记忆的梳子》（组诗）	诗歌	《儿童文学》	2008 年 9 月
	《雨点，天书逃下的文字》（外四首）	诗歌	《中国教育报》	2008 年 3 月
	《绽放花朵的笑容》（组诗）	诗歌	《儿童文学》	2009 年 1 月
	《一起去钓鱼》（外一首）	诗歌	《少年文艺》（上海）	2009 年 2 月；《儿童文学选刊》选载（2009.6）
	《乡村吆喝》《组诗》	诗歌	《少年文艺》（江苏）	2009 年 2 月
	《乡村温情》（组诗）	诗歌	《儿童文学》	2010 年 4 月
李超杰	《暮色看海》	散文	《时代文学》	2005.6
	《中秋记忆》	散文	《时代文学》	2006.3
	《李超杰文学作品选》		大众文艺出版社	2006.4
	《登泰山》	诗歌	《中国诗文优秀作品选》	2006.6
	《红枣断想》	散文	《山东文学（下半月）》第 8 期	2007

续表 23-5-2-2

作　者	作　品	体　裁	刊物或出版机构	出版时间
黄贤清	《家族长死了》	诗歌	《百花文艺》	1990 年全国大学生写作比赛三等奖
	《山的童年》	诗歌	《中原文学》	全国首届铜爵杯诗歌大赛优秀奖
	《故乡》	诗歌	《青年作家》	2004 年
	《时间的叶子》	诗集	中国戏剧出版社	2004 年 12 月
	《秋之意象》（三首）	诗歌	《星星》诗刊	2005 年 12 月
	《家在农村》（外一首）	诗歌	《星星》诗刊	2006 年 11 月
	《在麦田里静听》	诗歌	《时代文学》	2007 年 4 月
	《改道的河流》（二首）	诗歌	《山东文学》	2013 年 11 月
	《飞了七十年的子弹》（组诗）	诗歌	山东省委宣传部、山东省作协	2015 年 8 月全省抗战胜利七十周年征文优秀作品奖
叶春风	《春风诗选》	诗集	人民日报出版社	2004 年 10 月
周方林	《时光与影》	散文集	时代文艺出版社	2005 年 10 月
李志联	《我带爷爷去理发》	散文	《联合日报》	2005 年 3 月 24 日
	《我师如母》	散文	《联合日报》	2005 年 1 月 13 日四版
殷修亮	《稻草人》	诗歌	《青春诗歌》	1998 年 3 期
	《游》	诗歌	《青春诗歌》	1999 年 6 期
	《年末》	诗歌	《扬子江》	2001 年 9 月 1 日
	《雨夜》外一首	诗歌	《绿风》	2005 年 64 期
王乃国	《画“0”》	诗歌	《儿童文学》	1993 年 5 期
	《“您”字用法歌》	诗歌	《当代小学生》	1999 年 6 期
张　杰	《寻找》	小说	《文艺百家》	1997 年 3 期
	《散文二题》	散文	《山东文学》	1997 年 4 期
	《张村片断》	散文	《山东文学》	1998 年 4 期
	《流亡的质髓》	散文	《山东文学》	1999 年 2 期
	《乡村变奏》	散文	《山东文学》	1999 年 8 期
	《听不见河谣》	散文	《文学世界》	2000 年 3 期
	《聆听巴赫》	散文	《视周刊》	2002 年 9 期
	《听不见河谣》	散文	《红豆》	2004 年 1 期
	《天籁之音》	散文	《湖南日报》	2004 年 6 月 11 日
黎　涛	《“蛮爷”的愤怒》	小说	《农民日报》	1999 年 7 期
	《请柬》	小说	《微型小说选刊》	2000 年 4 期
	《悄悄地爱你》	散文	《山东文学》	2000 年 9 期
	《税是一道靓丽的风景》	散文	《作家报》	2004 年 9 月 15 日
周广良	《橄榄果》	诗集	中国戏剧出版社	2000 年 8 月

第六章　残　联

第一节　残疾人康复

以县人民医院、县中医院和箕山镇丁庙眼科医院为残疾人康复医疗点，1990—2010 年，共做白内障复明手术 6003 人，婴儿瘫矫治手术 431 人，语训聋儿 119 人，各类残疾人参与康复训练 519 人，为 45 人配备助听器，帮助残疾人佩戴助视器 86 个，为截肢患者安装假肢 70 具，供应残疾人用品用具 3260 件。2005—2010 年，每年坚持开展残疾人社区和家庭康复工作。

第二节　残疾人就业

1991—1996 年，郓城县残联兴办社会福利综合加工厂等福利企业 7 处，累计总产值达 500 万元，利税 70 万元，提取福利基金 3 万元，安置残疾人 80 多人。1997 年，郓城县开展分散按比例安置残疾人就业工作，收取残疾人就业保障金 135 万元，至 2010 年，共安排残疾人就业 456 人。举办缝纫、电脑、电气焊等培训班 78 期，参加培训残疾人 11900 人，外出打工谋职残疾人 3400 多人。

为残疾人免费送轮椅仪式

第三节　残疾人合法权益保护

1996 年 6 月，县政府办公室下发文件，作出对农村丧失劳动能力的残疾人减免农业税、提留款和义务工等社会负担的规定。至 2005 年，为残疾人减免提留款 1812 万元，义务工 398 万个。为残疾学生减免学杂费 122 万元，为持有“残疾人医疗优待证”的 4500 多名残疾人减免医疗费 6.6 万元。对 60 周岁以上的 650 多户共 670 多名残疾人实行五保供养，对 60 周岁以下 650 多户共 730 多名残疾人纳入特殊救助。通过各种助残活动使 11000 多名残疾人权益得到实际保障。

2001 年 6 月，县残联与县司法局联合成立郓城县残疾人法律援助联络室，与 30 名残疾人签订法律援助协议书。至 2010 年，共为 26 名残疾人提供法律援助和咨询。郓城县无障碍设施建设工作起步，郓三路和人民广场铺设盲道 3.8 公里。

第四节　残疾人文体活动

县残联适时组织残疾人开展各种各样的文体活动。1993 年，选出 2 名肢体残疾人参加省残疾人体育比赛选拔赛。1999 年选出 3 名肢体残疾选手参加全省残疾人乒乓球比赛。2005 年县聋哑学校学生表演的舞蹈节目参加山东省残疾人文艺汇演，并获得优秀奖。县残联组织 4 个盲人曲艺队在全县各个乡镇巡回演出，至 2010 年，演出 300 多场，观众达 10 多万人。

第七章 工商联

第一节 组织建设

鄄城县工商联始建于1952年，“文化大革命”期间被迫解散，1989年恢复。1991年3月，召开第四届会员代表大会，新发展会员142人。同年7月，根据《关于批转中央统战部〈关于工商联若干问题的请示〉的通知》精神，对第四届会员进行调整，保留会员34人，新发展会员119人。1993年7月，召开第五届会员代表大会。1994年4月“鄄城县工商业联合会”同时称“鄄城县商会”。1995年成立鄄城镇、麻寨乡商会和鲁西舜城中药材商会。1995年，全县会员212人，其中个体工商户110人，私营企业89家，“三资”企业3家，团体会员10人。

1997年6月，鄄城县工商联第六届会员代表大会召开，私营企业家刘利钦被选为会长，副会长中私营企业家的比例在60%以上。2000年，全县25个乡镇全部建立商会，共有会员1080人。麻寨乡商会改为“鲁西舜王城中药材同业公会”。

2004年4月，鄄城县工商联第七届会员代表大会召开，选举产生执委36人，秘书长1人，会长、副会长19人，民营企业家菏泽华意化工有限公司董事长苏华当选商会会长。2005年，全县16个乡镇全部顺利召开商会换届大会，全县共发展会员1677人。

2007年4月，鄄城县工商联第八届会员代表大会召开，选举执委44名，主席1人，副主席23人，秘书长1人，菏泽华意化工有限公司董事长苏华当选为主席。

根据市委对全市各县工商联“一二三”工程要求，2010年12月2日，召开鄄城县工商联第八届三次执委会议，选举政府副县长肖云（女）为主席（兼），菏泽华意化工有限公司董事长为常务副主席。

2003年，成立鄄城县面粉商会、鄄城县酒业商会、鄄城县养牛商会；2007年，鄄城县通讯商会成立；2010年，成立鄄城县人发商会、化工商会、副食商会、板材商会。同年，山东九洲农药有限公司、山东汇康食品有限公司等5家会员企业获得菏泽市工商联、市委统战部、市人社局、市工商局、市总工会联合授予的“优秀中国特色社会主义建设者”称号（同时授予“五一劳动奖章”）。2004—2010年，鄄城县工商联连续7年被评为山东省工商联系统先进单位，舜王城中药材商会、什集镇商会、郑营镇商会等12家基层商会被评为山东省工商联基层组织五好商会。2002—2010年，共有32家会员企业被市工商联评为“优秀会员企业”。

第二节 服务会员企业

1991年，县工商联多次召开执委（扩大）会、非公有制经济代表人士座谈会、工商业者培训会，走访私营企业和个体工商户，开展思想政治工作。1992年，从全县选择50家非公有制经济大户为重点联系对象。1993年将这些代表人士基本情况进行登记造册，表彰宣传运用其中典型带动整个非公有制经济代表人士队伍健康成长。1996—2000年，工商联召开执委会5次、非公有经济代表人士座谈会10次，走访调查186人次，掌握思想动态，研究、深化思想政治工作。2003年以后，贯彻《国务院关于鼓励支持和引导个体私营等非公有制经济发展的若干意见》，进一步加强非公有制经济人士的思想政治工作，推动非公有制经济持续健康快速发展。

为提高民营企业管理人员的管理水平和法律意识，2003—2010年，多次联合县工商局、民营办、公安局等部门举办24个法律培训班，召开45次座谈会，参会1520人次，深入企业调研30次，听取会员的意见和建议，帮助会员解决存在的困难和问题。为会员提供信息、人才、法律等服务，协调帮助企业解决实际问题。每年春季组织会员企业赴济南、菏泽招聘企业人才，先后组织参加招聘会8次，帮助企业招聘人才1020人。在会员企业中进行人才、技术需求调查摸底，每年菏泽牡丹花会、中国林交会期间，组织规模企业进行经贸洽谈、考察活动。提供法律服务，县工商联与亘古律师事务所达成协议，常年为会员企业提供咨询和服务，帮助解决一些经济纠纷案件。2004年，鄄城县亘古律师事务所通过法律途径帮助鄄城县娜丽莎发制品厂追讨债款200余万元。多次组织企业、银信部门牵线搭桥开展活动，为促进相互发展和交流合作创造平台。2007年，协调鄄城工商银行为山东冠通铁塔有限公司、山东长江纺织集团、李进士堂恒通浮桥发放贷款1300万元。2006—2010年，在《鄄城宣传》《统战工作》宣传刊物上刊发信息235条，并增设专刊8期，2007年在鄄城电视台黄金时间开辟“企业家风采录”专题8期，宣传企业的社会贡献、诚实守信、关爱员工典型事例。2008年，配合市工商联、菏泽日报社多方努力宣传，动员山东长江纺织集团、鄄城天涯家具有限公司、青岛普来特电器有限公司等17家企业踊跃参加《菏泽商会》大型画册出版发行。组织企业走出去，开展对外交流、学习。从“中国(菏泽）林交会”举办以来，每年组织企业参展林交会。2006年 6月，组织会员企业山东鲁昌食品有限公司、青岛普来特电器（鄄城）有限公司等8家企业，参加由省工商联、省外经贸厅和香港贸发局在香港举办的“2006鲁港经贸活动周”，共签订利用外资协议（意向）4项，总投资5000万元。同年8月20日至27日，县工商联率领部分民营企业参加在辽宁阜新举办的全国“资源型城市转型”大会，强化企业家们的求变思维模式，开拓战略发展眼光，给自己企业长远发展定位有了清晰的认识。10月，组织菏泽泓亚发制品有限公司、鄄城欧亚发制品有限公司等人发界10余家会员企业参加首届许昌国际人发风情节，与部分客商达成合作意向。2009年11月5日，带领山东柏斯莱特照明电器有限公司、鄄城阳光木业有限公司等四家会员企业赴济南参加“2009年山东省——山口县（日本）经贸洽谈会”，鄄城县参会企业分别与日本对口企业进行了友好、周密的交流和协商，当天，鄄城县3家企业与日本企业签合作意项书，其中，鄄城县阳光木业有限公司与日本株式会社扇产业双方负责人达成到鄄城企业考察意向。2010年10月，组织鄄城阳光木业有限公司、鄄城天涯家具有限公司、青岛（鄄城）普来特电器有限公司等7家会员企业与市联领导赴台湾参加“鲁台商会合作年暨产业对接洽谈会”。

2010年4月，带领山东冠通铁塔有限公司、山东汇康食品有限公司赴新疆喀什地区、西藏拉萨进行考察。2010年7月，菏泽华意化工有限公司、陈王酒业有限公司等十几家县工商联会员企业赴清华大学领导决策研修班进行学习、培训。

第三节 参政议政

1994年5月，县工商联会同县委统战部对全县非公有制经济进行专题调查，写出《加快发展鄄城县个体私营经济之我见》《鄄城县非公有制经济调查》等调查报告，县委、县政府依此作出《鄄城县发展私营经济的规定》和《鄄城县发展个体、私营经济决定》，菏泽地委统战部转发全区各县委、县政府参照鄄城县以上规定和常委会决定执行。1995年，县工商联会员中，有省人大代表1人、县人大常委会副主任1人、常委2人，县政协常委3人、县政协委员17人，省工商联常委1人，省民营企业家2人，菏泽地区商会副会长2人、理事6人、副秘书长1人。2003年，在县人大、县政协换届选举中，县非公有制经济代表人士当选为县级人大代表16人、市人大代表7人、市政协委员3人、县级政协委员39人，还有5人被县委、县政府任命为科技副乡长、副书记职务。2005年10月，在全县优化经济发展环境大会上，县委首次邀请全县民营企业家代表参加评议大会，直接评议全县经济执法部门和有关人员，民营企业家与县领导、乡镇领导干部评分各占三分之一，畅通了参政议政渠道，提高了企业家的政治地位，此项做法形成长效机制。2005年，在保持共产党员先进性教育活动和制定鄄城县“十一五”规划目标中，组织召开3次民营企业家座谈会，在政协会议上以工商联组织或成员个人名誉提交的提案共8件，其中落实6件，纳入县委、县政府决策3件。

2008年，全球金融危机爆发后，为更好地及时了解企业发展状况，支持和服务鄄城县内“全市五百强企业”发展壮大，鄄城县工商联建议县委、县政府建立政企联席会议制度，增进政府和企业交流，为政府支持企业发展提供一个平台。政企联席会议每周五召开一次，由一名副县级干部主持，会上，企业负责人与职能部门负责人面对面交流，零距离沟通，对企业提出的制约企业发展的有关问题，进行现场办理，不能现场办理的，答复限期完成。

2009年5月，县工商联在充分调研的基础上，向县委、县政府提出面向企业家公开招聘招商局局长的建议。县委、县政府认真研究工商联意见并在县委常委会议上专门研究此项工作，实施企业家招商引资工程。7月，通过公开选拔，工商联主席、菏泽华意化工有限公司董事长苏华，县工商联副主席山东九州农药有限公司董事长李会勤，县工商联副主席山东沃蓝化工有限公司总经理刘东杰，县工商联副主席、鄄城吉祥谷实业有限公司董事长王建鲁，县工商联执委、菏泽泓坤纺织有限公司总经理陈杰，县工商联驻会副主席王殿军被聘为县专职招商局一局局长。根据项目投产后的规模、效益、贡献等进行综合考察，完成任务的享受一定的政治和经济待遇。

鄄城县工商业联合会（商会）第八届会员代表大会

第四节　光彩事业活动

1994年，县工商联召开五届三次执委（扩大）会，通过在全县非公有制经济界开展“向社会送一份真情、献一份爱心、做一份贡献”光彩事业活动的决议。1995年，印发刘瑞林、刘利钦两位副会长关于中药材种植加工和植桑养蚕、走共同富裕之路的先进典型材料，并在《齐鲁工商报》《山东统一战线》刊物上刊登《山东人在北京》和《李宪云致富不忘众乡亲》等文章，在会员中进行学习、宣传、推广，引导广大会员开展互利互惠的以扶贫为主的光彩事业活动。据不完全统计，全年工商联会员向社会公共事业、贫困户等捐款80余万元，增加社会效益500余万元，受到山东省工商联和菏泽地区工商联表彰。

1996年8月，董口等5个沿黄乡镇遭受洪水灾害，非公有制经济人士主动支援灾区，会长刘利钦率先捐赠价值3000余元食品慰问舟桥部队官兵，副会长李宪云从北京用专车运送6万元的食品捐赠给灾区群众；陈王商场200户个体营业者捐款2.5万元，董口乡军屯村裘皮制革厂在本村受灾的情况下捐赠价值6000元的清真食品；大华公司捐款1.5万元，中瑞食品公司捐款8000元，山东《齐鲁工商报》专题进行报道。1995—2000年，工商联会员向社会公共事业等捐款捐物共计150余万元。

2000—2005年，县工商联为民营企业光彩事业活动建档立案，全县非公有制经济代表人士为各项社会公益事业累计捐款250万元。2003年“非典”

期间，菏泽华意化工有限公司、山东九洲农药有限公司等民营企业家向社会捐款捐物达100多万元；2005年3月下旬，全县28位民营企业家为鄄城县临商公路改造重点工程一次性捐款近5万元。2005年，省人大代表、县工商联副会长李慧芹一次捐出20余万元救助中华人民共和国成立前老党员、老复员军人和贫困大学生。2001—2005年春节之际，乡镇商会和20家会员企业开展春节送温暖、献爱心活动，走访慰问100户困难家庭和困难学生300人，累计捐款捐物达100万元。

2008年5月，四川汶川发生里氏8.0级特大地震，县工商联及时组织捐款，率先在全县范围内开展“向灾区献爱心”活动，倡议各乡镇商会、各同业商会、会员企业等开展捐款捐物献爱心，共有100余家会员企业参与，据不完全统计，捐款捐物折合资金共100万元，赢得社会好评。其中山东冠通铁塔有限公司组织全体职工捐款7000多元，鄄城圆通窗业有限公司全体员工捐款4000余元。2009年9月，在庆祝第25个教师节暨表彰大会上，会员企业青岛普来特（鄄城）有限公司为2008年在教学工作作出突出成绩的学校和教师颁发了奖品——普来特电动车30余辆。

第二十四编

政务

ZHENG WU

县人事局作为县政府职能部门，主要承担全县机关事业单位机构编制管理、工作人员的考核录用、调配任免、工资福利、离退休审批、职称评聘等职能。1991年，全县县直行政机构96个，核定行政编制1414人，事业编制2867人。2010年，县人事局与县劳动和社会保障局合并，成立县人力资源和社会保障局，县机构编制委员会实行单列，划入党委机构序列。

1991年，鄄城县劳动局负责企业用工计划调配、培训、劳动仲裁、劳动工资、就业、劳动保险等工作。1994年3月设劳动监察处，1996年8月设职业介绍所。1999年5月，在县劳动局基础上成立鄄城县劳动和社会保障局。执行国家劳动就业法律法规，有效解决城镇新增劳动力就业问题，对下岗失业人员和农村劳动力转移进行职业技能培训，促进就业和再就业，为下岗失业人员从事个体经济或自主创业者落实再就业优惠政策。有计划地对外输出劳动力，鄄城县先后被省、市授予农村劳动力转移先进单位，中央电视台《新闻联播》、中央电视台经济频道均对鄄城县劳务输出情况进行过报道。

县民政局作为县政府职能部门，1991—2010年，先后组织开展9次村委会换届选举，加强了基层政权建设。在全县农作物多次遭受旱灾、涝灾、冰雹时，及时发放救济款、实施安居工程、减灾救助工程等进行有效救助。对全县贫困户发放扶贫资金扶持项目使他们脱贫致富。对农村特困户、农村五保对象、伤残军人、城市低保对象、农村特困学生进行医疗救助和资金救助。建立健全五保供养机制，五保供养走在全市前列。建立城乡最低生活保障线制度，对符合条件者，及时足额发放保障金。做好退伍军人安置和军休干部管理工作，落实军休干部政治待遇和生活待遇。每年开展拥军优属活动，为军人军属和优抚对象解决实际困难，为优抚对象落实各项优抚政策，鄄城被省、市命名为“爱心献功臣”先进县、双拥模范城。2000年，鄄城实现全省婚姻登记联网，婚姻登记处2001年被评为山东省“先进婚姻登记处”，2005年被民政部命名为“全国婚姻登记机关规范化建设示范窗口单位”，2007年、2008年获“全国婚姻登记规范化单位”称号。

老龄工作组织机构逐步健全，老年优待各项政策逐步得到落实。

第一章　编制　人事

第一节　编制　机构

编制核定　1991年，鄄城县县直行政机构96个，核定编制1414人：其中县委工作部门14个，核定编制151人；县纪委设5室，核定编制23人；人大常委会设6科1室，核定编制23人；县政府工作部门50个，核定编制736人；县政协设5委1室，核定编制24人；群团机关4个，核定编制35人；政法部门4个，核定编制382人；人武部设5科1室，核定编制27人。乡镇25个，核定编制795人。全县事业单位255个，其中科级17个，副科级11个，股级227个，自定事业编制2867人。

1993年，县乡机构改革后，鄄城县县直党政机构精简合并为40个，其中县委工作机构5个，政府工作机构25个，按照党章、宪法及其他规定

鄄城县人社局

设置机构10个，乡镇25个，核定县直党政群机关行政编制650人；人武部、法院、检察院、公安局、司法局专项编制378人；25个乡镇共核定编制795人。1999年4月，菏泽地区机构编制委员会核定鄄城县县直行政编制663人，政法专项编制415人，25个乡镇核定行政编制904人。

1999年5月，菏泽地区机构编制委员会分配给鄄城县县直全额和具有行政收费职能的事业编制1228人，原自定编制核销。2001年，鄄城县乡镇由原来的25个精减合并为16个，核定编制904人，实际下达830人。2002年，中共菏泽市委、菏泽市人民政府核定鄄城县县直党政机构41个，其中县委工作部门7个，部门管理机构2个，政府工作部门23个，人大、政协、群众团体及其他机构9个；各类事业单位540个，县直195个、乡镇345个。核定县直党政群机关行政编制520人；公、检、法、司核定政法专项编制385人；16个乡镇核定行政编制655人、全额事业编制540人。2003年分配给鄄城县中小学编制7307人。2005年，鄄城县县直行政机构41个，行政编制519人，实有在职人员606人；16个乡镇行政编制655人，实有在职人数530人，政法机关专项编制392人，在职574人。各类事业555个，县直197个、乡镇358个，总编制数13577人，实有在职人员16562人。

2006年，鄄城县县直行政机构41个，行政编制564人，实有在职人员590人；16个乡镇行政编制655人，实有在职人数540人；政法机关专项编制524人，在职577人。各类事业555个，县直单位213个、乡镇单位342个，总编制13577人，实有在职人员16508人。

2007年，鄄城县县直行政机构41个，行政编制564人，实有在职人员692人。16个乡镇行政编制655人，实有在职人数519人，政法机关专项编制524人，在职573人。各类事业鄄城县559个，县直217个、乡镇342个，总编制数13621人，实有在职人员16445人。

2008年，鄄城县县直行政机构41个，行政编制570人，实有在职人员727人。16个乡镇行政编制655人，实有在职人数461人，政法机关专项编制524人，在职534人。各类事业编制全县556个，县直231个、乡镇325个，总编制数13577人，实有在职人员16569人。

2010年，鄄城县县直行政机构43个，行政编制586人，实有在职人员753人。16个乡镇行政编制609人，实有在职人数477人，政法机关专项编制557人，在职551人。各类事业编制全县536个，其中，县直233个、乡镇303个，总编制数13665人，实有在职人员16757人。

机构改革 1991—2010年，鄄城共进行重大机构改革4次。

1993年党政机构改革 1993年8月开始，12月底基本结束。县直党政群部门按照“精简、统一、效能”的原则，根据实际工作需要设置机构、确定职能、核定编制、配备职数，建立起新型高效的县级行政管理体制和运行机制。坚持“政企分开、政事分开”的原则，将主要从事经营及生产服务活动和主要承担社会服务职能的主管部门成建制地转为企业性经济实体和事业性服务实体。真正将属于企业的生产经营管理职能交还企业，将属于事业的社会性、公益服务性的职能交还事业，将属于市场调节的职能转移到市场。经过撤销、合并、转体，全县党政群工作部门由90个精简为40个，减少50个，精简56%；全县党政群机关工作人员由1547人，精减为650人，减少897人，精减58%；乡镇行政人

员由950人，精减为800人，精简16%。1996年，为深化县乡机构改革，县委增设老干部局、信访局2个部门管理机构，县政府将农业局、林业局、环保局、技术监督局、物价局由事业改为行政，为县政府工作部门，将粮食局由企业改为行政，为县政府职能部门。至此，县直党政群工作机构共48个。

2002年党政机构改革　2002年4月，根据中共菏泽市委、菏泽市人民政府批复意见，鄄城进行了县乡机构改革。重点是转变职能，调整组织机构，精简人员，完善行政运行机制，稳妥地做好富余人员的分流工作。同年9月底基本结束。县直党政群工作部门由48个减至41个，精简14.5%，行政人员由750人减至575人，精简23%；乡镇行政机构由6个减至3个，精简50%，行政人员由1198人减至965人，精简19.4%；乡镇事业机构全县由18个减至6个，精简66.6%，事业人员由1360人减至850人，精简37.5%；县乡两级共分流918人。

2005年部门机构改革　2005年6月，根据《中共山东省委、山东省人民政府关于市县政府机构改革实施意见》和《市委办公室、市政府办公室关于印发〈鄄城县人民政府机构改革方案〉的通知》，鄄城县进行县政府机构改革。改革的主要内容是：1. 深化国有资产管理体系改革。根据省委、省政府规定，县政府不单独设立国有资产监督管理机构。企业国有资产监督管理职能移交县经济贸易局，受县政府授权县经济贸易局代表国家履行出资人职责，承担企业国有资产监督管理职责；机关事业单位国有资产监督管理职能由县财政局承担；机关事业单位国有资产的运营交县国有资产经营管理有限公司。撤销县国有资产管理局。2. 完善地区经济调节体系。将县发展计划局改组为县发展和改革局，作为县政府综合研究拟订经济和社会发展政策、进行总量平衡，指导经济体制改革的宏观调控部门。将县经济体制改革委员会办公室职能划入县发展和改革局，不再保留县经济体制改革委员会办公室。将县粮食局由县政府工作部门成建制转为事业单位，归口县发展和改革局，由县政府授权履行部分行政管理职能。原有行政编制收回。3. 为进一步加强全县安全生产监管体制建设，强化对安全生产的监管，提高安全生产监管工作的权威，将县安全生产监督管理局列为县政府工作部门。4. 强化对食品安全的监管。为切实加强食品安全的综合监督、组织协调和依法查处职能，将县卫生局承担的食品、保健品和化妆品的监管职能划入县食品药品监督管理局。5. 推动人口与计划生育工作的综合协调。将县计划生育局更名为县人口和计划生育局。6、理顺工作关系。将县民族宗教事务办公室由在县委统战部挂牌改为在县政府办公室挂牌。

2010年县政府机构改革　2010年4月，根据《中共中央、国务院关于地方政府机构改革的意见》《中共山东省委、山东省人民政府关于市县（市区）政府机构改革的意见》《中共菏泽市委、菏泽市人民政府关于县级政府机构改革的指导意见》，鄄城县进行县政府机构改革。重点是着力转变政府职能，理顺职责关系，明确和强化责任，调整优化组织结构，规范机构设置，完善管理体制，严格控制机构编制。县政府机构改革后，设置工作部门24个。组建县经济和信息化局，挂县商务局牌子，将县经济贸易局（县对外贸易经济合作局）的职责，划入县经济和信息化局，不再保留县经济贸易局（县对外贸易经济合作局）；设立县商务办公室为县经济和信息化局（县商务局）内设机构；将县对外贸易经济合作办公室和县财贸办公室的职责整合划入县商务办公室，不再保留县对外贸易经济合作办公室和县财贸办公室。组建县人力资源和社会保障局，将县人事局的职责、县劳动和社会保障局的职责，整合划入县人力资源和社会保障局，不再保留县人事局、县劳动和社会保障局；原与县人事局合署的县机构编制委员会办公室列入党委机构序列。组建县住房和城乡建设局，挂城市管理局牌子，将县建设局（县人民防空办公室、县城市管理行政执法局）的职责划入县住房和城乡建设局（县城市管理局），不再保留县建设局（县城市管理行政执法局）；将县城市管理行政执法局更名为县城市管理局，县人民防空办公室为县住房和城乡建设局内设机构；设立县规划局，为县住房和城乡建设局所属科级事业单位。县交通局更名为县交通运输局。县食品药品监督管理局列入县政府工作部门。将县广播电视局的行政管理职责、县新闻出版管理局办公室承担的新闻出版管理职责，整合划入县文化体育局，不再保留县新闻出版管理办公室。撤销县人民政府驻北京办事处，其职责、编制和人员划入县政府办公室；设立县城市建设开发办公室，为县政府办公室正科级内设机构。县民政局不再挂县双拥工作办公室牌子，县双拥工作仍由县民政局承担。将县农业综合开发办公室划入县财政局，为县财政局所属科级事业单位，其行政职能交由县财政局承担。撤销县人民政府经济技术协会办公室，其职责、编制和人员划入县发展和改革局所属的重点项目办公室。撤销县黄河滩区开发治理办公室，其职责、编制和人员划入县水务局所属全额事业单位。保留设置县政府办公室（挂县民族宗教事务办公室牌子）、县发展和改革局（挂县物价局牌子）、县教育局、县科学技术局、县公安局、县监察局（与县纪律检查委员会机关合署）、县民政局、县司法局、县财政局、县安全生产监督管理局、县国土资源局、县水务局、县农业局（挂县林业局牌子）、县文化体育局、县卫生局、县人口和计划生育局、县审计局、县环境保护局、县统计局。

第二节　干部管理

干部状况　1991 年，全县党政群机关、企事业单位共有干部 3807 人，其中机关 830 人，事业 3707 人，中专学历以上 1421 人。1994 年，全县共有干部 5839 人，其中机关 1326 人，事业 4513 人，大专学历以上 3620 人。1996 年以后，由于大中专毕业生分配、军转干部安置以及吸收录用干部等因素，干部数量增加较快。1997 年全县共有干部 6218 人。

2000 年以后，由于大中专毕业生进入机关及事业单位实行“公开招聘、择优录用”的政策，县乡机关录用公务员计划由省里掌握等原因，全县机关事业单位除接收军转干部 37 人以外，基本没增加干部；同时又实行内部退养干部政策，工作人员只出（内退）不进，造成机关事业单位干部断层，年龄偏大，老中青干部比例失调，干部队伍缺乏生机和活力。

2006 年以后，机关事业单位进人，实行凡进必考。录用公务员须参加国家、省统一组织的公务员录用考试，事业单位进人须参加县统一组织的事业单位人员招聘考试。2006 年，全县干部达到 11259 人，其中机关 2293 人，事业 8897 人，企业 69 人。机关事业干部大学以上学历 1534 人，大专 5088 人，中专 4453 人，高中以下 184 人。2006—2010 年，全县共录用公务员 91 人，其中乡镇 77 人，县直 14 人；事业单位通过公开招考招聘 631 人。

干部来源　主要有吸收录用干部、大中专毕业生和军队转业干部三部分。

吸收录用干部　1992 年从机关及事业单位在编工人中招收录用 77 人。1996 年到 2005 年，鄄城县按照上级政策，有计划地吸收录用了部分干部，共 1262 人。其中民师转招 1035 人，区内计划外毕业生转区内干部 225 人，录用省优秀农民企业家、省级先进企业负责人 2 人，采取的主要方法是组织推荐与自愿报名相结合，坚持“公开、公正、公平”原则，通过文化考试和考核，择优录用。2006 年以后，机关事业单位进人，实行凡进必考。录用公务员须参加国家、省统一组织的公务员录用考试，事业单位进人须参加县统一组织的事业单位人员招聘考试。

大中专毕业生分配　1991—1997 年，所有到鄄城县的毕业生在县教育局报到，分配计划在县大中专毕业分配工作领导小组领导下，由县教育局和县计划委制定。由于体制变化，从 1997 年开始，师范类毕业生由教育部门负责，非师范类毕业生由人事部门负责。按照“学以致用，专业对口”的原则，1997—1999 年，人事部门计划分配非师范类毕业生 1056 人（本科 33 人，专科 214 人，中专 809 人）。从 2000 年开始，大中专毕业生不再实行单一的计划分配制度，就业政策变为“公开招聘，择优录用”。2000—2005 年，到鄄城报到的非师类大中专毕业生共2128人，安置到机关事业单位520人。2006—2010年，到鄄城报到的大中专毕业生共5806人，其到机关事业单位就业改为“凡进必考”，通过考试考核，到机关事业单位工作毕业生1553人。

军队转业干部安置　军转干部安置，贯彻公平、公正、公开的原则。岗位安置要采取指令性计划安置的方式，以工作需要为主，兼顾本人意愿，确保军转干部人尽其才、各得其所。1991—2010年，全县共安置军转干部近150人。接收安置的原则是充实加强基层，具体安排上：师团职军转干部是安置的重点，主要充实到党政机关领导班子，担任相应的领导职务；营职或立二等功以上或从事飞行、舰艇工作或长期在边远艰苦地区服役，参加“抗洪抢险”等急难险重任务的军转干部，主要安置到公检法司第一线，特别是分配到公安系统的军转干部，90%都充实到了基层派出所；连级以下军转干部主要安置到县政府系统及下属事业单位；技术干部尽量安排到专业对口的岗位。随着社会民主化进程的推进，军转干部安置工作也逐渐公开透明。2002年，鄄城县被市委、市政府授予“军转安置先进单位”。从2003年开始，实行考试与考核相结合、从高分到低分，由军转干部挑单位的办法。1991—1995年，全县共接收计划安置军转干部21人，其中营职5人，连排职12人，技术干部4人。1996—2006年，全县共接收计划安置军转干部78人，其中团职2人，营职26人，连排职39人，技术干部11人。2007—2010年，全县共接收计划安置军转干部7人，其中团职1人，营职2人，连排职3人，技术干部1人。

随着部队体制、编制改革的不断深化，从2001年开始接收自主择业军转干部。到2005年，共接收自主择业军转干部5人。他们的工资（退役金）由国家财政负担，但要纳入安置地政府公务员管理范围，享受除工资以外的公务员待遇（如医疗保险、住房补贴、取暖降温费、独生子女费等）。军转安置部门要帮助他们解决再就业、子女入学等问题，加强对他们的管理和服务工作。到2010年，共接受自主择业军转干部近100人。

干部调配　县人社局负责党群系统外的一般干部的调配和股级干部的任免工作。调配的范围是：干部跨县调动；县内各系统间的调动；干部调入调出机关事业单位等。1997年，县政府以鄄政发〔1997〕27号文件进一步规范和明确干部任免程序和条件。1998—2010年共调整干部480人，任免股级干部1350人。承办经县委同意、县长提名、报县人大常委会任免的工作人员76人；承办经县委同意、县政府任免的工作人员154人。从2003年开始，根据事业单位改革的意见，逐步推行竞争上岗和事业单位股级干部聘用制，聘用干部563人。

第三节　档案管理

1991年，县人事局管理干部档案3807份，2000年干部档案4402卷，2010年干部档案6000余份，其中在职干部档案4000余份，离退休干部档案2000余份。

干部档案工作是组织人事工作的基础，县人社局坚持“科学规划、目标管理、典型引路、整体优化”，干部档案管理水平明显提升，在推进组织工作科学化进程中发挥了积极作用。按照全省推行干部档案目标管理的总体要求，坚持早起步、高标准的原则，建立健全规章制度，不断对干部人事档案进行系统整理，档案管理实现微机化，所有干部档案信息都输入微机系统，查找和使用方便、安全，干部档案内容不断得到充实，基本上适应干部工作需要。同时，发挥干部档案管理功能，严把干部任前档案审核关，严把干部档案转递入口关，严把干部档案管理使用关，保证了干部档案规范、有效管理，维护了组织人事工作的严肃性和公正性。2002年，档案室被山东省确定为二级档案管理部门。

第四节　继续教育及各项考试

继续教育　自1997年始，全区对机关事业单位工作人员开展继续教育培训，鄄城根据全区统一安排积极开展工作，组织机关事业单位工作人员通过集中宣讲、业余自学等多种方式参加继续教育培训。同时，宣传省、市文件精神，加强领导，强化激励约束机制，提高参训人员积极性，特别是2005年《山东省专业技术人员继续教育条例》实施以后，培训人员大幅度增加。至2010年，累计组织全县党政群机关事业单位11万多人次参加继续教育培训学习。根据省市规定，坚持继续教育与晋级、续聘、考核等紧密结合，对组织完成培训任务不好的部门和单位，年度考核时降低“优秀”等次比例，对不参加培训或培训考试成绩不合格人员，年度考核不能评为“称职”（合格）以上等次，通过一系列激励约束机制，提高了全县公务员执政能力和专业技术人员专业技能。

2001—2010年鄄城县继续教育培训情况表

表24-1-1

年　度	学习题目	参加培训人数（人）
2001	知识产权保护概论	7756
2002	创新理论与创新经营	9042
2003	医学信息检索及应用	9374
2004	终身教育与学习型社会	9550
2005	科学发展观	9679
2006	专业技术人员权益保护	9876
2007	保护人类生存环境是我们共同的责任	10042
2008	心态决定成败	10265
2009	做人做事有能力	10587
2010	低碳经济与可持续发展	10716

自1997年始，组织对继续教育证书进行验证审核。对于评聘中级以上专业技术职称的专业技术人员，经验证审核后，将继续教育证书收齐、整理好，统一到市人事局进行审验盖章。对于评聘初级专业技术人员的继续教育证书，也在规定时间内，进行验证审核。到2010年，共审核11万多件。

考试　随着人事考试的发展，各类专业技术职称逐步以考代评，1991—2010年，全县专业技术人员参加经济、会计、审计、执业药师、资产评估师等各类专业技术资格、执业考试及职称外语、计算机应用能力考核等共78600人次，取得各类合格证书5300余本。在各类执业资格报名考试中，执行有关政策规定和报名条件，严格进行报考资格条件的审查，将报名时需要的报名表、毕业证、身份证、资格证等的原件和复印件，统一送到市人事局审验。对报名参加各类考试的考生，每次都做到报名手续齐全，无差错。

2000年，国家将普通院校毕业生就业由原来的计划分配改为市场自主择业，机关事业单位进人必须严格坚持“逢进必考”原则进行。在各类考试工作中，根据各单位的编制和增人计划，制定报名、考试、体检、考核等程序，按照“公开、公平、竞争、择优”原则，严格考试程序、完善考试制度，通过高标准聘请外地专家出题、外地教师监考、阅卷、外出面试或请外地考官等，每年都为全县教育系统、卫生系统、县直机关事业单位等考选一批事业编制工作人员。至2010年，共招考1553人充实全县各类事业单位。

第五节 人才引进

1989 年 7 月，县政府制定《关于为企业引进人才的几项政策规定》；1992 年 9 月，县政府制定《关于引进人才技术和调动现有科技人员积极性的优惠政策》,促进了全县人才交流工作。1993 年 7 月，县人事局制定《关于为企业定向培养专业技术人才的实施意见》，1993—1995 年先后在西北纺织工学院、青岛大学、山东农业大学等高等院校培养纺织、化工、机电、自动化专业学生 300 人，加强了企业技术力量。2002 年 10 月，县政府下发《鄄城县人事代理暂行办法》，2002—2005 年共为 58 个用人单位的流动人员 510 人办理了人事代理手续。2006—2010 年共为 100 多个企事业单位的流动人员 2135 人办理了人事代理手续。

鄄城县自 2000 年开展引进人才计划，2000 至 2005 年共引进国外专家 39 人次，高等院校专家教授 37 人次，2006—2010 年引进国外专家 47 人次，高等院校专家教授 85 人次。2005 年鄄城县人事局被山东省人事厅授予“引智工作先进集体”荣誉称号。

第六节 职称评聘

1991 年，职称评审工作由县科委负责。1994 年移交县人事局。专业技术职务分为高等学校教师、科学研究人员、实验人员、中等专业学校教师、中学教师、小学教师、技工学校教师、工程技术人员、农业技术人员、经济专业人员、会计人员、统计人员、卫生技术人员、体育教练、新闻专业人员、翻译人员、播音员、出版专业人员、图书文博档案资料人员、海关专业人员、工艺美术人员、艺术人员、律师、公正等系列。高级专业技术职称一般应有大学本科以上学历；中级专业技术职称一般应有大专以上学历和相应的实际工作能力；初级一般应有中专以上学历。晋升高级专业技术职称需担任中级专业技术职务（累计聘任年限） 5 年以上；晋升中级专业技术职称一般需担任初级职务（累计聘任年限） 5 年以上、个别为 4 年以上；晋升助理级专业技术职称，需大学本科毕业后从事技术工作满 1 年以上，大学专科毕业后从事技术工作满 3 年以上，中专毕业取得员级职称后从事本专业工作满 4 年（护理专业满 5 年）以上。国家正规院校全日制毕业生，在各种所有制企、事业单位专业技术岗位上满一年，经单位人事部门考核合格，可直接认定相应的专业技术职称。1999 年，在鄄城镇教委、县医院、林业局 3 个单位开展评聘分开试点工作，2000 年，在全县全面展开。2002 年设立专业技术人员管理办公室（行政，副科级）。2010 年，全县共有高级职称专业技术人员 1737 人，中级职称专业技术人员 9325 人，初级职称专业技术人员 15341 人。根据省市统一部署，2008 年全县事业单位开始实行岗位设置管理，应纳入岗位设置管理事业单位共有 128 个，编制数为 14562 人。至 2010 年，完成岗位设置方案审批的单位 127 个，实有人数 16630 人。岗位设置共核定岗位数 15699 个，其中，管理岗位 1960 个，专业技术岗位 12143 个，工勤技能岗位 1596 个。专业技术人员管理办公室还负责高层次人才选拔，如享受政府特殊津贴、山东省有突出贡献的中青年专家的选拔推荐。

1991—2010 年鄄城县职称晋升情况统计表

表 24-1-2　　单位：人

年份＼类别	高　级	中　级	初　级	年份＼类别	高　级	中　级	初　级
1991	-	20	84	2001	85	568	1106
1992	1	151	747	2002	82	376	718
1993	65	472	2155	2003	82	394	898
1994	38	469	483	2004	103	405	1019
1995	20	291	645	2005	113	403	921
1996	18	47	89	2006	105	388	497
1997	36	279	509	2007	96	260	501
1998	59	285	542	2008	71	109	380
1999	97	547	738	2009	69	143	876
2000	70	611	522	2010	40	129	577

第七节　工资福利

1993 年，全国进行第三次工资改革。工资制度确定工资的正常晋升机制后，依据鲁人薪〔1996〕13 号，从 1995 年 10 月机关事业单位工作人员根据两年考核结果，晋升一级职务工资档次。从 1997 年 10 月调整机关事业单位工作人员工资标准，机关行政人员基础工资由 90 元调整到 110 元，事业单位人员和机关工人调整职务（岗位）工资标准，见习期人员也相应调整见习期工资标准。从 1998 年 7 月机关事业单位津贴补贴简化归并，由原来的每人每月 90 元增加到 125 元。

2001 年 1 月和 10 月，根据国务院文件又两次调整工资标准。1 月，机关行政人员的基础工资由 180 元提高到 230 元，级别工资标准作了相应调整，事业单位和机关工人调整职务（岗位）工资标准。10 月，调整机关事业单位工作人员职务工资标准，见习期人员也相应调整了见习期工资标准。

2003 年国务院决定，从当年 7 月 1 日起，调整机关事业单位工作人员工资标准，增加机关事业单位离退休费。各职务工资起点标准由 100 元～850 元分别提高到 130 元～1150 元，其他各职务工资档次标准相应提高，事业单位工作人员工资构成中的固定部分调整后，新的部分按照国家规定的工资构成比例相应提高。同时为机关事业单位工作人员工资构成中的固定部分调整后，新的部分按照国家规定的工资构成比例相应提高。同时为机关事业单位离退（职）休人员增加离退（职）休费。

2006 年，全国进行第四次工资改革。按照中共十六大关于“完善干部职务与职级相结合的制度，建立干部激励和保障机制”的精神和《中华人民共和国公务员法》规定，进一步推进事业单位分配制度改革，建立符合事业单位特点、体现岗位绩效和分级分类管理收入分配制度。经国务院批准，从 2006 年 7 月 1 日起，机关事业单位进行第四次大的工资制度改革。主要内容：机关公务员实行职级工资制，其基本工资有职务工资和级别工资构成；机关工人实行岗位技术等级（岗位）工资制，其基本工资由岗位工资和技术等级（职务）工资构成。事业单位实行岗位绩效工资制，岗位绩效工资由岗位工资、薪级工资、绩效工资和津贴补贴四部分构成，其中岗位工资和薪级工资为基本工资。

随着全县经济较快发展，为使广大干部职工

充分享受到经济发展成果，至2010年县委、县政府每年都为干部职工增加部分工资及各类津贴补贴，干部职工收入有较大幅度增加。

第八节　离退休干部管理

2002年8月，工资福利股升格为副科级单位，更名为工资福利与离退休管理办公室。人事局老干部股归并于工资福利与离退休管理办公室。

1985年至1993年工资制度改革期间，随着国家经济体制改革不断推进，取消粮油统购统销制度，离退休人员增加离退休费主要是发放物价补贴、生活补贴、职务补贴、地方福利补贴。1993年工资制度改革，离退休人员按同职务同条件在职人员模拟套改工资后相应增加离退休费，其后至2006年工资制度改革前，离退休人员随在职人员工资调整相应增加11次离退休费。2006年工资制度改革，离退休人员未按同职务同条件在职人员模拟套改增加离退休费，而是按职务直接增加离退休费。离退休人员待遇归并为三部分七大项：第一部分是基本离退休费，包括退休时基本离退休费、退休后增发基本离退休费、工改保留补贴；第二部分是补贴，包括生活补贴、住房补贴；第三部分是其他，包括离休干部护理费、特殊津贴（特级教师津贴、劳模荣誉津贴）。2006—2010年，规范津贴补贴，增发住房补贴，存在多年档案工资全部发放到位。

第九节　公务员管理

公务员过渡　1996年8月，全县召开推行公务员制度工作会议，印发《鄄城县推行国家公务员制度实施方案》。同年9月，全县各级国家行政机关中除工勤人员以外的工作人员和其他行使国家行政职能从事行政管理活动的单位中除工勤人员以外的工作人员共有1846人分别在3个考点参加过渡考试，免试288人，共有41个县直单位和25个乡镇2134人参加首批过渡，其中县直1014人，司法机关296人，乡镇824人，职位设置在机构改革“三定”的基础上按照《菏泽地区国家公务员职位分类工作实施意见》搞好职位分类，合理设置职位，包括领导职位和非领导职位。

公务员登记　2006年11月，根据《中华人民共和国公务员法》《菏泽市实施〈中华人民共和国公务员法〉工作方案》精神，制订《鄄城县实施〈中华人民共和国公务员法〉工作方案》。按照《鄄城县公务员登记实施方案》精神，拟定鄄城各单位公务员登记工作方案，经党组（党委）研究同意后报县实施公务员法领导小组办公室审核。经审核批准后，按规定程序组织实施，确定登记对象。根据上级文件规定，单位党组（党委）集体研究确定登记对象，填写“公务员登记表”。经单位党组（党委）研究确定的登记对象，由本机关主要负责人在公务员登记表“所在机关意见”栏中签署“同意”意见并签名，加盖单位党组（党委）印章后，按照机关分类及管理权限报县委组织部或县人事局审核，由市委组织部和市人事局审批，最后报省备案。当年全县县乡（镇）党委机关、县乡（镇）人大机关、县乡（镇）行政机关、县政协机关、县审判机关、县检察机关、县工商联机关共有行政编制1742个，登记备案在职人员1295人，登记时已办理内部退养手续的离岗人员560人，暂缓登记人员11人。2008年6月，根据市委组织部、市人事局统一安排，经过资格考试，对全县党政机关符合条件的170名工作人员进行补充登记。

公务员考核　年度考核每年年底进行，根据《中华人民共和国公务员法》《山东省公务员考核实施办法（试行）》由单位统一组织实施。

1999年，鄄城县人民政府印发《关于〈鄄城县行政奖励表彰规定〉的通知》，奖励表彰工作严格按照文件规定进行规范化管理。严格评选条件，严格报批程序，严格评选比例。每年年底，对全县各部门各单位中有强烈事业心和责任感、有良好的职业道德、有较强的群众基础、本职工作和经济发展工作有突出成绩的集体和个人，该记功的记功，该奖励的奖励，让想干事、会干事、能干事、干成事的人得到应有的奖励。发挥奖励工作的激励作用和先进典型的榜样作用，调动全县各部门各单位工作人员的积极性和创造性。同时也对一些不干事、不作为、扰乱鄄城投资环境，给鄄城经济发展抹黑的集体和个人给予严肃惩处，为全县经济社会快速发展保驾护航。2010 年全县公务员参加考核 1014 人，其中优秀 189 人，称职 798 人，试用期不定等次 27 人。

第十节　大中专毕业生就业

毕业生就业工作自 1997 年划归人事局管理，按照当时有关文件要求，将 1997 年、1998 年、1999 年到鄄城报到的大中专毕业生，按照“专业对口、面向基层”原则派遣到各有关单位，人事部门计划分配非师范类毕业生 1056 人（本科 33 人，专科 214 人，中专 809 人）。

自 2000 年起，普通院校毕业生就业由原来的计划分配改为市场配置，执行省、市毕业生就业政策，发挥政府职能作用，运用市场手段为毕业生就业提供各项服务，基本完成了毕业生就业由计划分配体制到市场就业体制的过渡。通过搞好大中专毕业生需求情况调查，为企事业单位提供毕业生资源信息，制定就业指导方案，组织大中专毕业生和用人单位参加省、市、县毕业生供需见面会，接收大中专毕业生报到、就业指导、派遣、落户、政策咨询等，促进大学生就业。负责大中专毕业生档案审查、传递、管理等。2000—2005 年，到鄄城报到的非师范类大中专毕业生共 2128 人，共安置大中专毕业生到机关事业单位就业 520 人。

2006 年，“山东高校毕业生就业信息网”开通，全省毕业生就业服务与管理工作主要在“山东高校毕业生就业信息网”上进行。省内各类用人单位凡接收毕业生均需先在该信息网上发布信息，有关手续全部使用该信息网办理。毕业生到事业单位就业，坚持“公开、公平、竞争、择优”原则，实行“凡进必考”。2006—2010 年，到鄄城报到的大中专毕业生共 5806 人，通过考试考核，共有大中专毕业生 1553 人到机关事业单位工作。

2000—2010 年，通过参加毕业生就业市场会、毕业生自主联系、事业单位公开录用考试等形式，共有大中专毕业生 2073 人实现正式就业，其余全部实现自由择业和灵活就业。

第二章　劳动与社会保障

第一节　就业再就业

1991 年以后，劳动就业方针为“国家政策引导扶持，社会提供帮助服务，劳动者靠自己的努力实现就业”。《中华人民共和国劳动法》于 1994 年 7 月颁布，1995 年 1 月施行。企业依法自主招用职工，自主选择用工形式。1997 年，调整为“劳动者自主就业、市场调节就业、政府促进就业”，彻底废止了国家“统招、统配”就业政策，市场机制基本建立。2000 年《山东省劳动力市场管理条例》颁布实施，企业完全拥有招工自主权，企业可以依法自主确定招工时间、数量、对象、工资分配和工资水平，不再受户籍性质的局限，招工手续的办理相应简化。2004 年开始为乡镇、个体、私营企业办理招工手续。城镇就业渠道由主要依靠国有企业吸纳为主，逐渐转变为以发展非国有经济为主，同时实施企业养老保险扩面，乡镇、个体、私营企业吸收大量劳动力，有效解决了城镇新增劳动力就业问题。

1995 年，为促进失业职工和企业富余职工的安置，组织实施“再就业工程”，以优惠政策，鼓励企业安置和个人自谋职业。1997年，适应国有企业改革，贯彻“鼓励兼并、规范破产、下岗分流、减员增效和实施再就业工程”方针，下岗失业人员凭“再就业优惠证”可享受税费减免、免费职业培训和社保补贴等优惠政策，2002—2008年，共为3450人办理“再就业优惠证”，平均每年为从事个体经营或自主创业的下岗失业人员600多人减免税收15.8万元，减免行政事业性收费46.24万元。凡符合规定的再就业优惠政策均落实到位。

第二节 劳动力管理与劳务输出

劳动力管理 1991年至1995年10月有两种企业用工形式，一是合同制职工，二是固定职工。随着《中华人民共和国劳动法》实施，1995年10月实行全员劳动合同制度。1991—2010年共签订劳动合同8万余份，处理、调解劳动争议案件160余起。职业培训工作采取从县外请进来、从县内走出去、长短结合、内外结合的方法，本着实用原则，1991—2010年举办各类培训班348期，累计培训75060人次。从2007年起，培训范围由原来的国有集体企业下岗失业人员扩大到农村劳动力培训，培训种类由原来的职业技能培训增加了创业培训。鼓励下岗失业人员和外出农民工返乡创业，以创业带动就业。职业技能培训专业主要有计算机、电气焊、服装、烹饪、机械、驾驶等。2007年进行农村劳动力转移培训3380人，下岗失业人员培训2460人，为外出民工办理“职业资格证书”1935人。自2002年4月县职业技能鉴定中心成立以后，进行职业技能鉴定发放职业资格证书3000人次。2008—2010年，每年培训人数突破万人，提升了就业困难群体的职业技能，促进了就业再就业。

劳务输出 鄄城县是人力资源大县，县内企业大部分为国有、集体企业，企业用工严格实行计划用工，主要解决城镇新增劳动力就业问题。为解决县内富余劳动力就业问题，鄄城县较早实施劳务输出工作，1992年成立劳动局职业介绍所，开始收集外地用工信息，与青岛三湖制鞋有限公司对接，每次用10余辆大巴车向青岛输送工人。1993年7月，为青岛三湖制鞋有限公司一次输送1500人；菏泽火车站专门为鄄城准备农民工专列，创全区一次性输出之首。随着劳动力市场放开，2003年在青年路东段设立“鄄城县劳动力市场”，经审批的10家民办中介机构入驻集中办公，山东聊城，河南濮阳、范县、清丰、滑县等周边地区劳动力主动到鄄城报名，全县从事劳务输出中介的经纪人达200余人。

2004年，实施省委、省政府“西输东接”工程，先后与济南、青岛、潍坊建立对口劳务协作关系，成功举办4次“西输东接劳务招聘大会”，鄄城县外出务工人员分布到天津、北京、上海、苏州、深圳等20多个大中城市，在外务工人员达20万人，年创收在14亿元以上。省劳动保障厅、菏泽市人民政府分别授予鄄城县“农村劳动力转移先进单位”,2004年2月7日中央电视台《新闻联播》、2005年11月中央电视台经济频道对鄄城县劳务输出工作均进行专题报道。

第三节 工人工资

1991—1999年，企业工人工资以八级类别管理为主，1999年7月推行岗位技能工资制，2005年底全县各类企业均实行岗位技能工资制。

1991年，全县企业工人6096人，年平均工资1680元；1999年，全县企业工人有12943人，实行岗位技能工资制后，年平均工资4560元；2005年，全县企业工人14404人，年平均工资多8400元；2010年，全县企业工人35600人，年平均工资18480元。

1991—2010年鄄城县城镇职工年均工资情况统计表

表 24-2-1

年　份	工资（元）	年　份	工资（元）
1991	1680	2001	5820
1992	1740	2002	6480
1993	2280	2003	6870
1994	3156	2004	7560
1995	3288	2005	8400
1996	3360	2006	10640
1997	3540	2007	11760
1998	4104	2008	13200
1999	4560	2009	15600
2000	5040	2010	18480

第四节　劳动监察

1991年，县劳动局联合公安、工商等部门开展企业用工形式、安全生产、劳动保护、工资及社会保险等专项检查。1995年颁布实施《中华人民共和国劳动法》（以下简称《劳动法》）后，成立专项劳动执法队伍成为现实需求，1996年设立劳动监察处，配备专职监察员2人，兼职监察员8人。劳动监察处坚持宣传劳动保障法律、法规和规章，督促用人单位贯彻执行；依法纠正和查处违反劳动保障法律、法规或者规章的行为。对用人单位贯彻执行《劳动法》等法律法规情况、与劳动者订立劳动合同的情况、遵守禁止使用童工规定的情况、遵守女职工和未成年工特殊劳动保护规定的情况、支付劳动者工资和执行最低工资标准的情况以及参加各项社会保险和缴纳社会保险费等情况依法进行检查、督促和处理。1999年和2002年对黄河纺织有限公司等4家企业进行专项监察，收缴入库养老金40万元。至2005年年底共签发《行政处罚决定书》150余份，促缴入库社保基金500余万元，纠正违规事项达40余宗，帮助企业修正厂规厂法200余款。2005年后，监察工作重心转向劳动力市场秩序的整治和农民工工资清欠，平均每年开展一次劳动力市场秩序的专项整治活动，共取缔非法黑中介10余处，纠正3家使用童工企业及个体；通过监行鉴定劳动合同2.1万人次，处理违法违纪公务人员及事业单位人员15人的人事关系和工资待遇，年平均处理60多起行风热线、市（县）长热线电话及群众工作办公室、信访局转办案件以及群众举报投诉案件，总涉案金额达319万元，保护了当事人的合法权益，维护了社会稳定。

第五节　养老保险

机关事业单位养老保险　1996年县政府《关于印发〈鄄城县机关事业单位工作人员社会保险暂行办法〉的通知》，规定自11月起实施机关事业单位养老保险制度，当年有65个县直财政全额拨款的机关事业单位参加保险。参保单位及其工作人员缴纳社会保险费，缴费比例为单位负担在职人员的工资与离退休人员养老金（在实施机关事业单位养老保险后，离退休人员的离退休费被称为养老金）之和的22.5%，在职工作人员个人负担其工资额的2%。1996年，参加机关事业单位养老保险的单位有65个，参保人数5123人，当年征缴养老保险费102万元。2000年7月，参保范围逐渐由原县财政全额拨款单位扩大到自收自支和企业化管理事业单位。2000年参保人数为6212人，离退休人数为1234人，征缴养老保险费870万元，发放养老金750万元。2006年，全县39个自收自支和企业化管理事业单位，共参保人数达15617人，离退休人数为1699人，年征缴保险费2440万元，发放养老金2279万元；2007年7月，参保范围扩大到乡镇党政机关及镇属事业单位，当年新增参保人员9216人，参保人数为18517人，离退休人数4130人，年征缴保险费5775万元，发放养老金5318万元；2009年，养老保费征缴达10236万元。2010年，养老参保人数19896人，离退休人数4803人，共征缴保险费12189万元，发放养老金11617万元。

2000年离退休人员人均领取养老金每人每月600元，2005年为900元，2010年为2150元。

1996—2010年鄄城县机关事业单位养老保险金收支情况表

表24-2-2

年　度	基金征缴（万元）	年末参保人数（人）	退休人数（人）	养老金支出（万元）
1996	120	4537	997	0
1997	457	4537	1003	464
1998	504	4701	1095	498
1999	742	4809	1100	540
2000	896	5123	1234	752
2001	1289	5505	1276	1195
2002	1376	6772	1295	1250
2003	1671	7136	1306	1415
2004	1804	7505	1523	1642
2005	2064	8456	1654	1913
2006	2440	9301	1699	2279
2007	5775	18517	4130	5318
2008	8900	18347	4248	8344
2009	10236	19096	4631	9582
2010	12189	19896	4803	11617

农村社会养老保险　1994年，鄄城县民政局成立农村社会养老保险管理处，1995年实施农村养老保险制度，当年有11810人参保，收缴保费373万元。1996年，新增参保3799人，收缴保费78万元。1997年，只有402人参加保险，收缴保险费8万元。1997年54人领取养老金，平均每人每月领取3.7元。至2010年年底，累计参保人数20319人，有2178人领到养老金，年发放养老金19.6万元，全县农保基金滚存结余810.23万元。

2000年后，农村养老保险处对老农保参保人员进行逐一审核，建立规范档案。2009年，国务院颁布《关于开展新型农村社会养老保险试点的指导意见》，之后农村养老保险被称为新农保，2011年鄄城开始实行新型农村养老保险制度，凡60周岁以上农村老人均可领到养老金。

1995—2010年鄄城县农村社会养老保险金收支情况统计表

表24-2-3

年　度	参保人数（人）	收缴保费（万元）	领取人数（人）	养老金支出（万元）
1995	11810	373	0	0
1996	15609	78	0	0
1997	16011	8	54	0.2
1998	16032	4	147	0.8
1999	16035	2	257	2
2000	16066	3	461	3
2001	16095	0.3	246	3
2002	16098	1	804	9
2003	16099	2	1493	12
2004	16172	8	2373	19
2005	20319	36	3474	41
2006	21454	40	4780	52
2007	21810	23	6245	64
2008	22071	17	7740	78
2009	22212	9	9695	95
2010	22484	18	11873	115

第六节　医疗保险

1991年至2000年5月，公费医疗人员主要包括机关事业单位工作人员。2000年5月，县公费医疗管理办公室从卫生局析出，转由县劳动和社会保障局管理，挂鄄城县医疗保险管理处牌子。2003年实施医疗保险制度，当年9899人参加保险，征缴医疗保险费211万元，为参保病人住院报销费用67万元。2004年新增15779人，征缴保费263万元，报销保费183万元。至2005年，全县设立定点医疗机构7处，参保单位198个，参保范围为城镇所有干部职工，参保人员31148人，险种分为基本医疗保险、大额救助2个，交费比例为单位交保费的5%、个人交保费的2%，大额救助每人每月交费4元。基本医疗保险报销额度为住院起付点到2.4万元，参加大额救助的最高报销15万元。2010年，参加医疗保险人总数为46500人，征缴医疗保险费1454万元，参保的1905人报销医疗保险费1185万元。

为解决城镇无单位人员医疗保障问题，2009年起实施城镇居民医疗保险制度，当年参保人数22642人，征缴保险费381万元；2010年，参保人数达65284人，征缴保险费626万元，基金支出155万元。

第七节　失业保险

2000年8月实行失业保险，当年参保单位96个（均为国有、集体企业单位），人员12973人，收缴失业保险费60万元，无失业登记人员。从2002年起，先后为部分企业和工商银行鄄城支行、中国银行鄄城支行、石油公司鄄城支公司等企业分流人员办理失业登记手续，按时为失业人员发放失业金，保障了他们的基本生活。同时对其进行了职业技能培训和免费职业介绍等，促进失业人员再就业。2005 年，参保单位 198 个，参保人员 2003 人，年征缴失业保险金 126 万元，失业登记人员 531 人。2006 年，全县机关单位工勤人员和事业单位工作人员纳入失业保险范围，2010 年，新增参保 9165 人，全县总参保人数 22160 人，征缴失业保险费 550 万元，为 1041 名失业人员发放失业金 800 多万元，基金结余 300 多万元。

第八节 工伤保险

2004 年 12 月实行工伤保险，参保范围包括国有、集体、民营、私营企业及企业化管理的事业单位。当年有 6010 人参加保险，收缴工伤保险费 2 万元；2005 年，参保人数 3500 余人，年征缴基金 25 万元，支付工伤职工医疗费 7 万元。工伤保险基金支付主要包括参加保险人员因工受伤、死亡而产生的工伤医疗费、至四级工伤人员伤残津贴、一次性伤残补助金、生活护理费、丧葬补助金、供养亲属抚恤金、一次性工亡补助金、工伤职工劳动能力鉴定费、职业康复费、辅助器具费、疾病与工伤因果关系鉴定费、法律、法规规定的用于工伤保险的其他费用。2010 年，全县参保 28546 人，征缴保险费 204 万元，工伤保险基金支出 111 万元。

第九节 下岗、离退休职工基本生活保障

从 1997 年 10 月起，对全县下岗职工进行登记。1998 年国有、县以上集体企业改制。为搞好下岗职工基本生活保障和促进其再就业，县劳动部门成立再就业服务中心，设在鄄城县就业办公室。当年有下岗职工 1936 人；2000 年增至 2600 人。从 2000 年起，企业下岗职工管理开始向失业保险处过度，并称之为下岗失业人员。2005 年后称为失业人员(即与职工所在单位解除劳动关系)。

自 1998 年起，下岗职工在再就业服务中心登记的享受相关生活保障和实现再就业服务，超过 3 年仍不能实现再就业的，纳入民政部门最低生活保障对象进行管理。在再就业服务中心管理期间，下岗职工保障金筹集实行“三三制”，即企业、财政、社会捐助各负担三分之一，县财政供养人员在发放工资时，每人均按工资额捐助 2%，至 2000 年共筹措资金 770 万元，按时发放生活保障金，保障下岗职工基本生活。同时加强下岗职工技能培训、职业介绍和再就业指导等工作，2003 年后，又相继出台再就业优惠政策，为下岗失业发放“再就业优惠证”，促其自谋职业、自主创业。

1991 年至 2000 年 6 月，企业离退休人员养老金发放实行差额结算，即企业向劳动保险事业处缴纳的养老保险费扣除该企业离退休人员应领取的养老金，由企业为其离退休人员发放养老金。由于很多企业经营困难，开始拖欠社会保险费的同时，拖欠企业离退休人员养老金。2000 年 7 月，企业离退休人员养老金实行社会化发放，即所有参保企业离退休人员的养老金由劳动局劳动保险事业处直接发放。

1991 年，养老金征缴额为 89 万元，2000 年增加到 828 万元。2005 年，全县参保企业 104 家，参保人员 14404 人，离退休职工 2627 人，年征缴额 2456 万余元。2010 年，全县参保企业 200 家，参保人员 26006 人，离退休职工 3579 人，年征缴 4615 万余元。企业离退休人员养老金发放标准 1991 年为每人每月 146 元，1995 年增加到每人每月 213 元，2000 年每人每月 336 元，2005 年增加到每人每月 645 元，2010 年达到每人每月 1283 元。

1991—2010 年鄄城县企业职工养老保险金收支情况表

表 24-2-4

年　度	参保人数（人）	退休人数（人）	基金收缴（万元）	养老金支出（万元）
1991	6096	1440	89	232
1992	10667	1694	338	297
1993	11057	1694	335	265
1994	11057	1686	353	318
1995	11556	1884	483	482
1996	11853	1882	831	771
1997	12940	1834	782	821
1998	12940	1834	785	799
1999	12943	1876	828	1100
2000	12943	1876	757	1086
2001	12902	1792	1130	1467
2002	12860	1976	987	1844
2003	12965	2108	1405	1607
2004	14613	2440	1937	1534
2005	14404	2627	2456	2070
2006	15617	2674	2764	2227
2007	16279	2744	3732	2972
2008	18877	3175	3329	3556
2009	24656	3309	3955	4365
2010	26006	3579	4615	5514

第三章　民　政

第一节　基层政权建设

1991 年，鄄城县共 25 个乡镇，设 901 个村民委员会。1993 年 5 月，按照《中华人民共和国村民委员会组织法》（以下简称《村委会组织法》）要求，全部进行换届选举。9 月，在全县开展村民自治示范活动和创建模范乡镇、模范村（居委会）活动。12 月，在县委党校对全县村委会主任进行岗位培训。1996 年 3 月，指导全县 25 个乡镇的 870 个村进行第五届村委会换届选举工作。1999 年，贯彻落实新的《村委会组织法》及《山东省村民委员会选举办法》，对全县467个村依法进行换届选举，完成460个，占总数的98.4%，其中7个村委会、2个居委会由于条件不成熟没有进行。2000年初，在县委党校分两批对村、居两委会成员1380人进行岗位培训。2001年，鄄城县被山东省民政厅命名为“全省村民自治模范县”。2002年，对435个村民委员会依法进行换届选举。2003年，引马乡大黄庄村被省民政厅命名为“模范村民委员会”。2003年7月，鄄城镇5个居委会改称为社区居民委员会；9月，全县成立5个社区，分别为崇兴社区、虹桥社区、古泉社区、乐园社区和东昌社区。2004年3月，对全县435个行政村进行第八次村委会换届选举，完成428个，有7个行政村没有进行换届选举，组成临时村委会。2004年7月，引马乡土车刘村被菏泽市委组织部、市民政局命名为“全市村民自治模范村”。 2006年，全县435个行政村均设立村务公开栏，有98%的村达到市民政局要求的“五有”标准:即有一块公开栏，有一本记事簿，有一个意见箱，有一个民主议事小组，有一个村务监督小组。同时，启动以“民政大院”为主要内容的基层民政组织网络建设工作。2007年11月，对全县的435个行政村进行第九次村委会换届选举工作，完成429个，有6个行政村没有进行换届选举，组成临时村委会。2008年年初，对新当选两委成员在县委党校分两批进行了培训。2007年，崇兴社区被评为“全省和谐社区建设示范单位”；2008年为4个社区争取办公场所建设资金80万元，协调有关部门开展社区建设示范创建活动，拓宽就业渠道，推动社区服务业规模膨胀和社区居民生活质量不断提高。2009年3月，5个城市社区建设高标准办公和服务用房，面积达到300平方米以上，综合服务厅使用面积达60平方米。在引马乡大黄庄村和红船镇红船村进行农村社区试点工作，12月，全县共17个农村社区挂牌成立。2010年，全县共规划110个农村社区，新建48个农村社区，年底全部建成启用。

第二节　救灾救济及五保供养

救灾　1991年，全县农作物受灾面积64万亩，受灾人口23万人，对全县11200人进行临时救济，共发放救灾款87万余元。1992年，旱灾严重，降雨量较往年偏少50%，全年农作物受灾面积93万亩，经济损失7000余万元，共发放救灾款150余万元。1993年，全县连降暴雨，造成农作物受灾82万亩，民房倒塌6000余间，经济损失达2.5亿元，全年共计救济灾民14652人，发放救灾款260余万元。1994—1995年，旱灾、病虫害、霜冻灾严重，农作物大面积减产，受灾面积达63万亩，绝产10万亩，直接经济损失1.3亿余元，共发放救灾款180余万元。1996年8月，黄河洪水泛滥，流量达7800立方米/秒，沿黄7乡镇全部漫滩，造成农作物大面积绝产，树木死亡，直接经济损失达3.1亿余元，发放救灾款600余万元。1997年，全县大旱，从5月至7月，鄄城中北部的16个乡镇没有降雨，因干旱没有播种的秋作物15万亩，旱死春播作物5.6万亩，经济损失1.2亿元，共发放救灾款200余万元。1999—2002年，全县大部分地区先后发生旱、涝、虫、冻等自然灾害，农作物累计受灾面积达165万亩，成灾92万亩，粮食减产15万吨，直接经济损失3.2亿元，4年共发放救灾款730万元，救济63800人次。2003—2005年，全县涝灾严重，年降雨量较往年增加60%，降雨期间，多数低洼村庄大面积积水，部分房屋倒塌，县民政局实施“万户安居工程”，每户补助1600元，2005年年底活动结束，全县共救助群众建房5万余间，发放建房资金800余万元。2006年抓了“万只兔”减灾救助工程。董口林场租地19亩，投资72万元建兔舍130间，其他功能用房17间，并按市商检局出口基地的要求配备服务设施，年出栏商品兔6万只以上，经济效益达60余万元，救济全县贫困户500户，近2000人。2007年，新建兔舍20间，新增兔笼200个；存栏1万余只，一年经济效益达到50余万元，6月18日，中央电视台《新闻联播》节目对这一工程建设进行报道。2008年，开展援助汶川地震救灾活动。接收捐款300万元，捐物折款37万元，全部汇往灾区。2010年，共发放春荒生活救助资金59万元，面粉200吨，临时救助特困群众200余人，发放救助金20余万元，有效解决了春荒期间灾区困难群众生活。

救济 1991—1995年，扶贫和救济工作的重点是采取无偿贷款和有借有还等形式，发放扶贫资金37万元，帮助贫困户从事养殖、种植、加工、编织等项目，使全县1715户、4230人脱贫致富；其中出资20万元购买1000只山羊发放到500户贫困户手中。1997年，全县成立社会救助中心，拓宽救济金的来源渠道，扩大救济范围，走出救济工作社会化的新路子。1998年，开展“手拉手、心连心”社会互助扶贫救助活动，共帮扶贫困户75户、3211人。1999—2000年，实施县党政负责人和全县1000名副科级干部与1000名农村特困户结对帮扶活动，共投入帮扶资金30万元。2002年，成立县社会捐助接收中心，当年接受社会各界捐款18.7万元，衣被1.5万件。2003年、2004年开展社会捐助活动，共募集资金56.2万元。2005年7月，县慈善总会成立，当年开展2次捐款活动，募集善款85.6万元。2006年共募集善款75万元。2007年募集善款近百万元，鄄城募捐善款数额在全市第一，共救助贫困中小学生150人，大学生100人，特困教师28人；县民政局出台《鄄城县农村医疗救助制度建设实施方案》和《鄄城县农村医疗救助实施细则》，对因大病重病的农村特困户、农村五保对象、伤残军人、城市低保对象等患者100余人进行医疗救助，解决医疗费8万余元，免费为先天性心脏病患者7人进行手术，解决医疗费21万元。救助特困大学生100人，发放救助金近20万元；为白内障患者16人免费实施“爱心复明手术”；救助孤残儿童30人。2009年，募集善款近百万元，救助特困大学生120人，共计发放救助金40余万元；对特困中小学生120人进行救助，共发放救助金24.6万元。对大中小学生救助的范围之广、人员之多、金额之大、调查工作之细致均创下历史纪录。同年，县民政局出台《鄄城县农村重大疾病医疗救助实施细则》，大病救助水平城市年人均救助水平提高到3800元，农村人均救助人平提高到2800元。累计救助城乡大病510人次，发放救助金142万元；提供临时救助70余人次，发放临时救助金20余万元；免费为先天性心脏病患者5人进行手术。2010年，募集慈善资金110余万元，为“夕阳扶老、朝阳助学”提供资金保障；同时，配合市民政局开展“周行一善”、“爱心复明”和先心病康复手术等活动，救助城乡大病对象500余人，发放救助金200余万元，同时设立了城乡低保定点医院。

五保供养 1991年，全县共有敬老院16个，集中供养五保老人311人，集中供养标准人均年生活费500元。1995年，为旧城镇敬老院配备取暖设备，当年旧城敬老院被评为省级模范敬老院。2000年，全县各乡镇都落实五保经费乡镇统筹，全部五保对象做到应保尽保，集中供养标准人均1200元，分散供养标准人均550元。2002年，实施“星光计划”，全县建起星光老年之家7处，其中4个社区老年之家设床位50张，并设有健身房、娱乐室、阅览室、卫生室等。2004年，对全县五保对象进行普查，全县共有五保对象4758人，均进行建档填卡，实行五保供养台账，并纳入微机管理。2005年，根据省政府五保供养工作会议精神，高度重视敬老院改扩建工作，投入资金和物料折款1000余万元，改扩建敬老院房屋1150间，新增床位2003张，总床位达到3400余张，确保了全县五保对象入院率在70%以上。2006年，投资75万元，建房120间，维修90间，使可利用房间达到2600间，可容纳3500多人。2007年，共拨付敬老院建设资金230万元，新建房屋170余间，维修房屋90间，新增加床位400余张，同时，为全县16处敬老院配备床、沙发、橱子、茶几、棉被等生活用品，共计1500余套。鄄城五保供养率在全市率先达到70%。

2008年，共投资80余万元，使全县敬老院达到房屋1700间，床位2800张。加强星级敬老院建设，共推荐一级4个，二级9个，三级3个，处于全市先进行列。

2009年，建立健全五保供养机制，全县五保

启动县敬老工程建设

对象4758人，其中集中供养3200人，分散供养1558人，集中供养率达到70%；投入30万元为8个乡镇敬老院安装防暑取暖设施；3月，全市敬老院建设现场会在鄄城召开；11月17日，副省长郭兆信到旧城镇敬老院进行检查指导，对鄄城的做法给予充分肯定。2010年，全县农村五保对象4797人，集中供养率达到70%，五保供养标准分别按集中供养每人每年2000元、分散供养每人每年1200元，足额列入县级财政预算。

最低生活保障　2000年1月1日，县民政局制定《鄄城县城市最低生活保障实施细则》和《鄄城县农村最低生活保障实施细则》，开始实行城镇居民最低生活保障制度。同年，农村最低生活保障线制度建立实施，对年收入不足600元的贫困农民给予最低生活保障补助，每人补足600元；2000年底，向城区389户、853人发放最低保障金8.8万元。2001年，有396户、880人领取城市最低生活保障金，1487户、1850人领取农村最低生活保障金，全年发放城乡最低生活保障金144.9万元。2003年，全县共有2663户、8760人领取城市最低生活保障金，1526户、1917人领取农村最低生活保障金，并为200户城市低保家庭实施了慈善超市救助，每人救助200元。全年共发放城乡最低生活保障金270.9万元。2004年，全县共有1693户、4846人领取城市最低生活保障金，4889户5835人领取农村最低生活保障金，全年共发放城乡最低生活保障金210.6万元。2005年，鄄城县最低生活保障办公室正式成立，并实施了社会化发放。低保标准有所提高，实施给予月收入不足140元的城市贫困居民最低生活保障，每人补足140元。2005年，共为1363户、4379人低保对象发放保障金194.7万元。2005年，出台《鄄城县大病医疗救助实施细则》，发放慈善超市救助卡200个，发放救助金4万元，为重大疾病患者62人实施大病救助。2006年共为城市低保对象3835人发放保障金208万元。2007年，共为城市低保对象3845人发放保障金276.8万元；共为农村低保对象24022人发放保障金328万元。2008年，共为城市低保对象3850人发放保障金346.5万元；共为农村低保对象24775人发放保障金1189.2万元。2009年，共为城市低保对象3555人发放保障金442.86万元；共为农村低保对象25158人发放保障金1811.38万元。为重大疾病患者202人实施大病救助，发放救助金30万元。2010年，共为城市低保对象3626人发放保障金468万元；共为农村低保对象30285人发放保障金2551万元。

第三节　退伍军人安置和军休干部管理

城镇退伍军人和转业志愿兵（士官）安置　1991年，非农业户口的新兵使用全省统一制发的“非农业户口”字样的优待安置证；2002年起，根据民政部《关于认真贯彻落实国务院、中央军委〈征兵命令〉和〈退伍通知〉要求，进一步加强和规范优待安置工作的通知》和《关于下发〈优待安置证〉管理和使用问题的通知》精神，严格控制优待安置证的发放和管理，入伍前凡没有“非农”字样优待安置证的，退伍后一律不安排工作，由入伍所在地按社会待业青年对待。1991年以后，按照《中华人民共和国兵役法》《退伍义务兵安置条例》《中国人民解放军现役士兵服役条例》等法律法规的规定及上级有关文件要求，对城镇退伍军人和转业志愿兵（士官）采取“公开、公正、公平、择优”的原则，实行安置政策、安置计划、考试考核成绩“三公开”的方法，阳光操作，实行社会监督。2005 年，国务院《关于进一步做好城镇退役士兵安置工作的通知》，要求坚决落实已安置城镇退役士兵的工作岗位。因接收单位原因导致城镇退役士兵不能按时上岗的，应当按照国务院、中央军委有关文件精神，从当地安置部门开出介绍信当月起，接收单位要按照不低于本单位同工龄职工平均工资的 80%，逐月发放生活费。2010 年，国务院、中央军委《关于加强退役士兵职业教育和技能培训工作的通知》要求各级政府要将职业教育和技能培训经费列入财政预算，组织引导退役士兵免费参加职业教育和技能培训。1991—2010 年，全县共接收安置城镇退伍军人和转业志愿兵(士官)2533 人，并全部为其安排工作，上岗率达 80% 以上。

农村退伍军人安置 1991—2010 年，全县共接收农村退伍军人 6300 人，开发利用军地两用人才 5985 人，开发利用率达 95% 以上，并为他们安排了汽车驾驶、计算机操作、电焊工、厨师、修理工、木工、养殖等职业。为 105 名复退伤残军人、12 名荣立二等功的退伍军人办理“农转非”手续，并安排了工作。

军休干部管理 1991 年，县军休所共有军休干部 7 人，其中离休干部 3 人，退休干部 4 人。1991—2005 年接收军休干部 4 人，其中副团职 2 人，营职以下 2 人。1996 年，为丰富军休干部的文化生活，新建活动室 2 间，门球厂 1 个。1998 年，鄄城县军休所经省民政厅验收确认为“军休所达标单位”。2004 年，在活动室、阅览室内增添文娱器材、书籍，满足老干部需要。2005 年，军休所共有军休干部 11 人，其中离休干部 3 人，退休干部 8 人，累计发放离退休干部费 220 余万元。2006 年，军休所共有军休干部 10 人，其中离休干部 3 人，退休干部 7 人。2010 年，新接军队退休干部 3 人，军休所共有军队离退休干部 13 人。为丰富军休干部的文化生活，每年都组织老干部外出参观学习 1 次，开展老年活动 2 次，走访慰问 3 次。2006—2010 年，军休干部在上级组织的各类比赛中，两次取得第一名，三次取得第二名。2010 年，投资 5000 元新购置沙发和茶几，增添了活动器材，满足了老干部学习活动要求。每年发放离退休费 80 余万元，较好地落实了军休干部的政治待遇和生活待遇。

第四节 拥军优抚

拥军 1991—1993 年，在全县范围内开展“固我长城、关心子弟兵”活动，县直各单位、各乡镇及社会各界开展拥军活动，3 年间，为驻鄄部队购买取暖煤 300 吨，面粉 100 吨，蔬菜 5 吨。“八一”、春节期间，县委、县人大、县政府、县政协、县法院、县检察院负责人带队走访慰问驻鄄城部队及烈军属，为优抚对象修缮房屋 200 余间，为驻鄄城部队培训两用人才 300 余人，帮助驻军子女入学 10 人，就业 3 人。1994—1998 年，在全县及驻军部队中开展“军民双向服务活动”及军人优先服务活动，制作“军人军属优先”和“优抚对象优先”标牌 400 余块，制定《鄄城县双拥工作领导小组成员单位职责》，社会各界开展为驻军服务活动，与特困军人结成帮扶对子，帮助他们解决生产、生活中的困难。确定县中医院为县重点优抚对象定点医院，实行“三优三免”优惠政策。5 年共组织文艺团体进军营慰问演出 20 余场次，赠送部队科技图书 2 万余册，免费为驻军查体 10 余次。驻鄄城部队参与鄄城建设，开展“千户奔小康”活动。1999—2000 年，在全县范围内开展“爱心献功臣”活动，两年间共为各类优抚对象、特困军人家属建房 300 余间，较好地解决了优抚对象住房难问题。2000 年，鄄城被省政府命名为“爱心献功臣”先进县。2001 年，在县粮食局军供站实施拥军“米袋子”工程，全力做好军粮供应工作。2002 年，在鄄城镇柳园村专门划出土地 18 亩，实施拥军“菜篮子”工程；同年，在县实验中学、县图书馆实施拥军“书橱子”工程，丰富驻鄄城官兵的物质、文化生活。2003 年，为县人武部统筹资金 120 万元，修建高标准的营房和民兵训练基地、内部餐厅、俱乐部，配齐文化、体育设施等，为 17 个基层武装部配备微机。2004 年，

全县“拥军优属”表彰大会

划拨土地26亩用于县消防大队及武警中队搬迁工作；同年，县司法局在县人武部设立“维护军人军属合法权益中心”，当年为军人军属提供法律咨询200余人次，调解纠纷30余起，处理涉军案件7起，维权10起，挽回经济损失50余万元。2005年，拨款12万元为人武部建起集作战、视频、会议室、学习室于一体的多功能会议室，投资3万余元帮助县武警中队搞好“四配套”建设。同年在原来县双拥工作领导小组办公室基础上，成立专门的双拥办公室，配备专人负责日常工作。1997年、2000年、2003年，鄄城县三次获得菏泽市“双拥模范县”荣誉称号，实现争创“双拥模范城”三连冠。2006年，重新调整鄄城县双拥工作领导小组，成立县双拥工作办公室，开展以爱国主义为核心的双拥和国防教育活动，累计军训学生11500人，举办军民联欢会20余场次，张贴拥军标语150条，制作永久性双拥宣传标牌30个。开展科技、文化、法律“三进军营”活动，赠送科技资料2000余份，各类图书2.1万多册，举办法律讲座200余场次，促进了部队科学化、正规化建设。2007年，元旦、春节期间，县委书记、县长带队走访慰问市军分区、市武警支队、市消防支队、驻鄄部队官兵、重点优抚对象、复退军人集中的特困企业及特困伤残军人和特困军属，发放慰问金15万余元。举行春节拥军优属座谈会与解决实际问题结合起来，进一步密切了军政、军民关系。2008年元旦、春节、“八一”期间，发放慰问金20多万元。在省、市组织的优抚工作检查和双拥复查中，鄄城都得到充分肯定，维护了全省“双拥模范县”荣誉。2009年，巩固扩大全省“双拥模范县”成果，发放慰问金30余万元。

2010年为确保省级双拥模范城二连冠，县委、县政府调整充实双拥工作领导小组，做到机构、经费、人员“三落实”。在鄄城电视台开设双拥和国防宣传专题节目，录制《孙膑故里双拥情》专题片，编印《孙膑故里鱼水情》宣传画册，投资5万余元在人民路设置永久固定性宣传标牌40余块，布设双拥一条街。规范完善各类双拥档案资料，充实软件，加强硬件，促进了全县双拥创城工作开展。

优抚　1991—1995年，共为153户优抚对象解决了住房困难，385户优抚对象解决了生活困难，275名优抚对象解决了治病困难。共向20019户优抚对象发放优待金558.7万元，其中义务兵412.3万元，老复员兵定补发放率达到100%。2002年，县政府下发《鄄城县拥军优属工作的若干规定》，农村义务兵家庭优待标准为当地人均收入额的100%，城镇义务兵家属优待标准每户不低于400元，优待期限为2年。烈属、伤残和老复员军人、带病还乡军人优待标准分别不低于上年农村人均收入的50%和30%。同时对在乡的“三属”革命伤残军人和老复员军人给予农业税减免照顾，同年为全县失业伤残军人180人办理了改领抚恤金手续。2003年，为享受定量补助的复员军人、带病还乡军人875人重新核定了定期定量补助，为10人恢复复员军人身份，为5人办理伤残军人和提高伤残等级手续。2004年6月，县政府下发《关于建立优抚对象抚恤补助标准自然增长机制的通知》，规定享受定期抚恤的革命伤残军人、“三属”以及在乡老复员军人抚恤补助标准，以上年度抚恤标准为基数，每人每月增加5元，所需资金由同级财政列入预算，及时拨付。同年，将全县六级以上革命伤残军人375人纳入医疗保险。2005年，县政府印发《鄄城县优抚对象优待统筹金管理办法》，确定优抚对象优待金标准不低于上年度人均收入的70%，“三属”、残疾军人、老复员军人、病退军人优待金标准不低于上年全县人均收入的30%，全年为全县残疾军人

775 人、“三属”459 人、老复员军人 875 人、病退军人 224 人发放各类抚恤金、定期补助金 600 多万元。同年，民政局、卫生局依托县中医院、乡镇卫生院城区和乡镇共挂牌设立 17 处“优抚医院”，制定《在乡优抚对象医疗补助管理办法》，各定点医疗单位对优抚对象实行先挂号、优先诊疗、优先住院、优先结账；免收挂号费、院内会诊费；检查费、床位费减免 10%，各种治疗费减免 20%。2004 年开始，国家第五次换发伤残证。2005 年，对全县在职、在乡的伤残军人 775 人重新换发伤残证。1991—2005 年，共计为 65 人调整伤残级别。2005 年，全县共有伤残军人 775 人，其中在职 502 人，在乡 273 人。2001 年，省政府提高特等、一等伤残军人护理费标准，对二等伤残以上残废军人仍统一实行公费医疗，免费享受因伤残需配备的工具，乘坐国营交通工具半价优惠，还有其他特殊照顾。2005 年，省政府调整一级至四级伤残军人护理费标准规定，因战、因公一级和二级残疾的每人每月不低于 410 元；因战、因公三级和四级残疾的每人每月不低于 330 元；因病一级至四级残疾的每人每月不低于 240 元。1991—2005 年累计发放优待金 1212 万元，其中义务兵 525 万元，老复员军人定补发放率达 100%。2006 年，全县批准享受定期抚恤的烈、公、病“三属”451 人，年定期抚恤金 137 万元；批准享受定期生活补助费的复员军人 882 人，带病还乡退伍军人 224 人，年补助金 220 余万元；伤残军人 768 人，年抚恤金 368 万元。自 2001 年批准建立重点优抚对象补助自然增长机制以后，每年新增预算经费近 20 万元。2007 年，落实各项优抚政策，重点抓好《军人抚恤优待条例》等政策法规的贯彻落实，继续完善优抚对象抚恤补助标准自然增长机制，做好从部队回乡革命伤残人员重新评定伤残等级工作，把符合低保条件的重点优抚对象纳入低保，切实解决退伍军人的后顾之忧。共办理伤残人员新增手续 5 例、提残手续 2 例、补证手续 3 例。实施临时救助“三属”、老复员军人、残疾军人、现役军人家属等 44 例，共发放临时救助款 10 余万元。2008 年，共为重点优抚对象建房 200 余间，发放建房资金 10 余万元。对在乡老复员军人 875 人每人每月发放生活补助费 215 元，定补面 100%；对带病回乡退伍军人 293 人及参战退役人员 1639 人每人每月发放 100 元生活费；对 600 户现役军人家属进行了优待；对六级以上伤残人员 200 多人配备轮椅或手摇三轮，为残疾军人 5 人安装了假肢及辅助器具；对所有“三老”优抚对象实施了数额不等的医药费减免和医疗救助。2009 年，重点抓《军人抚恤优待条例》等政策法规的贯彻落实，继续完善优抚对象抚恤补助标准自然增长机制，投资 10 余万元为特困优抚对象进行危房改造。2010 年，把符合低保条件的重点优抚对象 200 余人纳入低保，通过实行合作医疗和优抚医疗保障的“双保”形式，在资金来源上采取合作医疗、自然减员经费、个人负担“三结合”办法的基础上，依托社会医院设立优抚对象康复医疗中心，解决优抚对象治病难问题。开展优抚对象“一站式”即时结算服务，建立和完善优抚对象医疗保障体系。

残疾军人、伤残人民警察、伤残国家机关工作人员、伤残民兵民工残疾抚恤金标准表

表 24-3-1　　单位：元 / 年

残疾等级	残疾性质	抚恤金标准
一级	因战	28690
	因公	27780
	因病	26870
二级	因战	25960
	因公	24600
	因病	23680

续表 24-3-1

残疾等级	残疾性质	抚恤金标准
三级	因战	22770
	因公	21410
	因病	20040
四级	因战	18670
	因公	16850
	因病	15490
五级	因战	14580
	因公	12750
	因病	11840
六级	因战	11390
	因公	10780
	因病	9110
七级	因战	8660
	因公	7740
八级	因战	5470
	因公	5010
九级	因战	4550
	因公	3640
十级	因战	3190
	因公	2730

说明：从 2010 年 10 月 1 日起执行

烈属、因公牺牲军人遗属、病故军人遗属定期抚恤金标准表

表 24-3-2　　单位：元 / 年

	烈　属	因公牺牲军人遗属	病故军人遗属
城镇	8850	7940	7480
农村	5360	5130	4910

说明：从 2010 年 10 月 1 日起执行

老复员军人、病退军人、参战人员、参核人员生活补助标准表

表 24-3-3　　单位：元 / 年

老复员军人（抗日战争时期入伍）	老复员军人（解放战争时期入伍）	病退军人	参战人员	参核人员
5200	4700	2640	2640	2640

说明：从 2010 年 10 月 1 日起执行

烈士褒扬 1991年，郓城县革命烈士陵园占地2.2万平方米，建筑面积1300平方米，纪念馆面积420平方米。陵园内建有纪念大厅、郓南战役无名烈士墓、凉亭、纪念碑、宣传栏、干部骨灰堂等。纪念大厅内展有革命烈士宣传画片100余幅及21名烈士英勇事迹。1992年，投资13万元，新建无名烈士墓2座，立纪念碑2块、石狮2只，绘制陵园简介示意图，陵园布局更加合理，环境更加幽静。

开展纪念烈士活动

2003年，多方筹资50多万元，对烈士陵园进行改扩建。2005—2010年，筹资30多万元对烈士建筑物、围墙、凉亭进行维修、刷新，对围绕陵园人行道、烈士墓碑进行了改造和维修，植树种花500余株，更新草皮600平方米，使之成为“花园式”“开放式”的爱国主义教育基地。1998年、2005年，县革命烈士陵园分别被菏泽地区行署、菏泽市人民政府批准为“菏泽地区爱国主义教育基地”和“菏泽市爱国主义教育基地”。

第五节 县乡行政区划、地名管理和勘界

区划调整 1992年，将梁堂乡的万全庄、大赵庄、李楼、南庄、罗吴庄、魏庄、东赵庄、樊庄、东张庄，富春乡苏屯、南宋庄，凤凰乡孙店共12个行政村划归郓城镇管理。1993年，经省政府批准，撤销阎什口乡，改设阎什镇。1994年，经省政府批准，撤销什集乡，改设什集镇。1996年，经省政府批准，撤销箕山乡，改设箕山镇。2000年，经省政府批准，撤销李进士堂乡，改设李进士堂镇。2001年，经省政府批准，撤销董口乡，改设董口镇。2001年，全县合并乡镇，将梁堂乡划归到郓城镇，葛庄乡划归到旧城镇，西双庙乡划归到董口镇，梁屯乡划归到什集镇，麻寨乡划归到彭楼镇，鲁王仓乡划归到郑营乡，张志门乡划归到阎什镇，宋楼乡划归到箕山镇，陈良乡划归到左营乡。2002年，经省政府批准，撤销临濮乡、彭楼乡，改设临濮镇、彭楼镇。2010年，经省政府批准，撤销郓城镇，以原行政区域设立古泉街道办事处和陈王街道办事处，古泉街道办事处机关驻原郓城镇政府，陈王街道办事处机关驻东昌社区居委会；撤销凤凰乡，以其原行政区域设立凤凰镇，镇政府驻原凤凰乡政府；撤销郑营乡，以其原行政区域设立郑营镇，镇政府驻原郑营乡政府。

地名管理 2000年5月和2004年4月两次再版郓城县政区图和郓城县城区图。共设置、更换城乡街路门牌35945块；开通郓城县地名网，在县委、县政府各设立地名触摸屏1块，2005年，郓城被民政部命名为千年古县。

勘界 1997年，根据国发〔1996〕32号文件《国务院关于开展勘定省、县两级行政区域界线工作有关问题的通知》和鲁政办发〔1996〕122号文件《关于贯彻国发〔1996〕32号文件做好勘定省、县两级行政区域界线工作的通知》精神，郓城以郓政办字〔1996〕28号文通知，成立郓城县勘界工作领导小组，勘界工作正式开始，2001年结束，共勘定鲁豫线郓城濮阳段34.6公里，郓城范县段47.4公里，涉及临濮、董口、旧城、李进士堂、左营5个乡镇、132个行政村。郓菏线93公里，郓郓线87公里，涉及7个乡镇、63个行政村，99个自然村，共埋设双立花岗岩界柱17块。

2006年，按照国务院《行政区域界线管理条例》（国务院令第353号）、民政部《省级行政区域界线联合检查实施办法》、民政部《关于做好2006年度行政区域界线联检工作的通知》的规定以及《山东省、河南省联合检查鲁豫行政区域界线实施方案》文件要求和安排，对已勘定的鲁豫行政区域界线范县、濮阳县、郓城县段的实地管理情况进行联合检查；起草并上报《关于河南省濮阳县、山东省郓城

县行政区域界线联合检查工作的情况报告》。

2006年，由鄄城县牵头，郓城县配合，两县组成联合检查组，对已勘定鄄郓线的实地管理情况进行联合检查。通过检查，边界线走向及其两侧地形地貌和标志物均无变化，边界地区生产生活稳定，群众和睦相处，安居乐业。

2008—2010年，由牡丹区牵头鄄城县配合，两县组成联合检查组，对已勘定鄄菏线的实地管理情况进行联合检查。

第六节　婚丧管理

婚姻登记　1991年，根据民政部《婚姻登记办法》，全县各乡镇都成立婚姻登记处。1991—1995年，共办理结婚登记33128对，登记合格率100%。1996年，根据省政府规定，将乡镇婚姻登记职能上收。1997年7月，成立鄄城县婚姻登记处，7月18日挂牌办公。当年，办理结婚登记5320对，查禁违法婚姻5起。1998年，在全区率先实现婚姻登记微机管理，共办理结婚登记6120对，登记合格率100%，晚婚率98%。1999年，办理结婚登记5902对，登记合格率100%，晚婚率98.3%。2000年，实现全省婚姻登记联网，按照省《婚姻登记档案管理暂行规定》，将全县婚姻登记档案全部输入微机，婚姻登记档案室达到省婚姻档案管理二级标准，被市政府评为先进婚姻登记处。2001年，被评为山东省“先进婚姻登记处”。2003年10月，新《婚姻登记条例》实行后，立即组织婚姻执法人员进行培训学习。2003年、2004年分别登记5894对、5915对，合格率100%。2005年，投资10余万元对县婚姻登记处进行重新装修和设备更新，对全体工作人员进行业务培训，当年被民政部评为“全国婚姻登记机关规范化建设示范窗口单位”，全年登记6035对，合格率100%。2006年，婚姻登记处规范化建设工作取得阶段性成果，登记员按辖区人口比例增至8人，全部为大专以上文化程度，登记机关办公面积扩展至280平方米，计算机增加到6台，形成局域网，完全具备数字化办公条件，是菏泽市唯一获得民政部、省民政厅表彰的婚姻登记处。2007年、2008年连续两年获得“全国婚姻登记规范化单位”称号。2007年5月，菏泽市民政局在鄄城召开婚姻登记规范化建设现场会；2008年6月，省民政厅在菏泽市召开婚姻登记工作现场会，鄄城县民政局婚姻登记处被确定为参观点。2009年，完成2003年以前婚姻登记处档案补录工作，为实现在线登记提供完整信息保障。2010年，是“十一五”期间婚姻登记规范化建设最后一年，7月登记处按省市意见及时对前几年工作作了总结，制作成光盘、电子材料汇总上报；年底对网络系统提升改造，安装光缆、配备交换机，确保2011年1月1日实现在线登记和全国联网。2006—2010年，共计登记结婚31723对，离婚2777对。

殡葬管理　1991年，火化尸体421具，1992年火化506具，1993年火化718具。1994年，县民政局筹集资金80余万元，更新火化炉，新建殡仪馆，硬化路面。1995年，县政府加强对殡葬工作管理，各乡镇均建有1处骨灰堂。

1996—2005年，火化率逐步达到96%以上，火化尸体数分别为1385具、2033具、3005具、4103具、4046具、4128具、4210具、4325具、4132具、4335具。改建和新建骨灰堂305处，平坟901个，推倒纪念碑56块，还耕土地15亩，村村都建有红白理事会。2005年，开始筹建新的殡仪馆，计划占地30亩，总投资500万元（预计2016年9月建成使用），是全市唯一的新建殡仪馆。2009年，开展殡改工作突击宣传月活动，发放宣传单一万余份，出动宣传车16辆到乡村进行宣传，营造殡改工作舆论氛围。纪检监察和民政部门联合下发《关于严禁殡改工作中“以罚代化”行为的通知》，同时加强村级红白理事会建设，制止婚丧事大操大办，完成2个乡镇、6个村移风易俗试点，推进全县精神文明建设。2006—2010年，火化尸体数分别为4421具、4550具、4610具、4780具、4960具。

第七节　社团登记

1991年，县民政局社团登记管理股根据《社团登记管理条例》规定，对社会团体进行清理整顿和登记管理，全县有县级社团26个，符合条件并已办理登记手续的17个，解散8个，撤销1个。全县有社团个人会员38680人，团体会员340个。1993年，17个社团均通过年度检查验收。1994年，对26个社团进行年度检查和标识、赋码准备，为26个社会团体制发更换印章，并顺利完成登记备案工作。1997年，按照全国第二次社团清理整顿工作的要求，对全县社团再次进行清理整顿，举办社团负责人培训班，完成民办非企业单位调查摸底工作。1998—2005年，审批成立社团16个，注销社团7个。其间，完成第二次民办非企业单位调查摸底工作，并对全县26个社会团体进行年检，对民办非企业单位进行复查登记，全县有依法注册登记民办非企业单位43个。2006年，鄄城电视台对“两个条例”进行集中宣传。2007年，对“三无”社团进行公告撤销。2010年，根据上级要求和安排，结合实际情况，对新社会经济组织进行摸底排查，对符合党建情况的社团建立党支部，2006—2010年，审批成立社团40个，注销社团7个。其间，对登记的社会团体和民办非企业单位调查摸底工作，并对全县68个社会团体进行年检，对12个民办非企业单位进行复查登记。2010年，全县共有社团58个，民办非企业单位24个。

第八节　福利彩票

1999年，鄄城首次发行赈灾即开型福利彩票，销量达500万元，筹集公益金80余万元，位列菏泽第一。2000年，根据财政部要求，即开型福利彩票发行不再实物兑奖，在即开型彩票出现下滑的情况下，2003年年底，由市福彩中心主办、鄄城县协办，在鄄城成功发行47万元，位列全市前茅。2000年5月，首次发行电脑福利彩票，当年销售46万余元，2001年销售200万元，2003年突破400万元大关，2004年略有下滑，但仍接近400万元，2005年，由于3D新玩法上市，销量首次突破600万元，达到630万元。自福利彩票发行至2010年，共销售福利彩票2600万元，提取福利基金280万元。2006年，全县福利彩票发行销售486万余元，2007年，经过大力宣传，销售额达到546万元;2008年，再创新高，达到862万元。2009年，彩票新玩法群英会上市，使全县福彩销售首次突破千万元大关，达到1667万元。2010年，全年销售1830万元。连续三年获得全市销量一等奖、进步奖和人均销量奖。

第四章　老龄事业

第一节　组织建设

1991年，鄄城县老龄问题委员会及办公室更名为鄄城县老龄委员会及办公室，内设秘书股和业务股。2002年，更名为老龄工作委员会及办公室，是负责全县老龄工作的议事协调机构。

1996年，全县16个乡镇均成立老龄工作委员会及办公室，并配备专兼职老龄工作干部。2000年，全县各行政村、社区居委会成立老年人工作委员会，形成县、乡（镇）、村（居）三级老龄工作组织网络体系。根据省市要求，2003年，全县统一将村老年人协会调整为村老年人工作委员会。

第二节 老年人优待

1991年，县政府制定《鄄城县关于实施〈山东省保护老年人合法权益若干规定〉的暂行办法》，县老龄办将该办法打印成册，由乡镇老龄办负责发放到户，共发放4.5万册。利用多种形式，宣传《中华人民共和国老年人权益保障法》《山东省维护老年人合法权益保障条例》《山东省优待老年人规定》等法律法规，提高全社会维护老年人权益的自觉性。2001年，建立政府督查制度，并通过发放老年优待证，促进老年法规政策落实。据不完全统计，1998—2007年，全县有8.6万多农村老年人被免除集体公益事业出资义务，有4万名70岁以上农村老年人被免除农业税和乡村公益事业金。同年，司法机关不仅对涉老案件“优先立案、优先审理、优先执行”，而且建立了老年法律援助制度，县司法局和县老龄办联合成立老年法律援助联络室，配备了为老年人提供法律援助的工作人员，将老年人作为重点保护和服务对象，优先提供各种便老服务。2001—2010年，全县有1900多名老年人获得司法救助和法律援助，减免诉讼费和律师服务费37万元。2002年，县中医院对持“老年人优待证”的老年人看病，在执行省优待政策基础上，扩大优待范围，增加优惠内容，在各种医疗检查费用方面，如化验、透视、B超、心电图、脑电图及各种治疗费、注射费、手术费等，一律按半价收费。县财政为百岁以上老年人每人每月发放100元长寿补贴金。2007年，省级财政为百岁以上老年人每人每月增发100元的长寿补贴金；医疗、交通、电信、银行、法律服务等行业普遍对老年人优先优惠照顾。

第三节 老年人基本生活保障

1991年，各级老龄机构在全县农村集中开展签订《家庭赡养协议书》工作。至2010年，全县农村有4.7万户、7.2万老年人签订《家庭赡养协议书》，协议书不仅有具体的物质赡养内容，还增加了精神赡养条款，绝大多数家庭兑现较好。

2005年，县委、县政府制定《关于进一步加强养老保障工作的意见》。2007年，鄄城县人民政府制定《关于进一步加快养老服务业发展的意见》，调动社会力量参与养老服务，探索建立与经济社会发展水平协调的养老服务体系，解决人口老龄化带来的社会问题。同年，县政府下发《进一步加强老年人才资源开发利用工作的意见》，鼓励和支持老年人才参与经济社会发展和社会公益活动。是年，初步建立农村社会养老保险制度，农村老年人1300多人开始领取养老金。

县领导到农村慰问贫困老人

2008年，农村“五保”老人供养由集体为主改为财政为主，提高了五保老人供养水平。

2009年，县政府出台《县级财政扶持城镇养老服务机构暂行办法》，鼓励养老服务业发展。同年，实施“银龄安康工程”，加强养老保障工作，提高广大老年人抗风险能力。

第四节 尊老敬老

1991年，县老龄委、工商局、税务局、劳动局、物价局、人民银行联合制定《关于大力兴办老年福利企事业的意见》，各乡镇、县直各部门通过多种途径为老年人提供信息和服务。为激励老年人参加“三个文明”建设，经常开展评选表彰老有所为先进典型活动，1991—2010年，县老龄委评选表彰模范老人470人，表彰敬老模范个人861人，敬老先进单位及好家庭407个。2007年，全县开展首届“十大孝星”和“十佳老人”评选活动，到2010年，共评选“十大孝星”110多人，“十佳老人”90多人。每年春节和“九九”老人节期间，县老龄委都会组织开展形式多样的敬老爱老活动。

2006年，县政府下发《关于利用闲置办公物品支援农村老年活动场所建设的通知》，县委办公室印发《鄄城县关于进一步加强农村老年活动场所建设管理的意见》。

2010年，全县有老年活动中心、室、站、点620多个，老年文化体育活动组织69个；同年，县政府制定《2010年全县老龄工作目标任务实行绩效百分制考核办法》。

第 二 十 五 编

公安　司法

GONGAN SIFA

鄄城县公安局主要负责全县的治安管理、打击犯罪、监所管理、消防、经济侦查、110报警服务等。在治安管理方面重点加强对户籍、身份证、暂住人口方面的工作，同时在特种行业管理、场所管理、出入境管理方面取得成效。县公安局贯彻依法“从严从重从快”方针，本着什么犯罪突出就打击什么犯罪、哪里犯罪严重就在哪里打击的原则，自1991年起，开展“破要案、打团伙、追逃犯”“严厉打击拐卖妇女儿童犯罪活动”“反盗窃”等专项斗争，2010年开展春季严打整治行动、命案侦查专项行动、打击“两抢一盗”专项行动、冬季严打整治集中行动等专项斗争。1997年《中华人民共和国刑事诉讼法》修改后，县公安局开始兼顾社会主义市场经济秩序犯罪的管辖。

鄄城县检察院稳步推进反贪污贿赂、反渎职侵权、侦查监督、公诉、监所监察、控告申诉、民事行政检查、职务犯罪预防等监察工作，并取得显著成效。2008—2010年，鄄城县检察院提出“固本强基、固强补弱、再攀新高”的工作思路，各项工作整体推进，全面发展，年终考核中均位列全市第二，连续三年荣获“全省先进基层检察院”称号。鄄城县的审判工作主要包含立案、刑事审判、民事审判、经济审判、行政审判、执行、告诉申诉审判、审判监督等内容。立案庭是1997年8月15日因告诉申诉庭被撤销后设立的，具有审判业务和管理工作两项职能。自1998—2010年，共立案11070件，无该立不立、立而不当案件。立案机构在立案、信访和流程管理方面的职能得到强化。1991年以后，鄄城县法院刑事审判继续贯彻执行“从重从快”和“依法从严”的方针，至1997年共审结各类刑事案件381件。2001—2010年，共审理刑事案件1168件。依法惩处了一批刑事犯罪分子，维护了全县的稳定。鄄城县司法局主要负责法制宣传、公证、律师、法律援助、基层司法行政等。1991—2010年，鄄城县司法局在全社会开展“二五”“三五”“四五”“五五”普及法律常识宣传教育、法律学历教育和法律援助行动。2006—2010年的普法工作中，全县有68万人（次）接受普法教育，人民群众的法律意识、用法能力有了明显提高。1991—2010年，县公证处共办理公证事项79821件，维护了司法公正，提高了司法公信力。

第一章　公　安

第一节　治安管理

户籍管理　1991年8月1日，对非农业户口实行县、乡（镇）、单位三级管理；2003年8月1日将管理权限下放到派出所，实行正常管理。1993年，逐步完善农村户口城市化管理，全面完成城镇户口规范化管理。实行常住人口属地管理、暂住人口证件管理、流动人口双向管理、重点人口严密管理、人口信息微机化管理，实现居住方位图、门牌、常住人口登记表、户口索引与户口簿相统一。1997年，继续推进小城镇户籍管理制度及农村户籍管理制度改革。1998年，为50余万人换发新式户口簿和常住人口登记表，2000年，全县25个派出所户政管理工作实行计算机前台办公，完成75万余人的新式身份证号码的编号输入及16周岁以下公民

县领导慰问公安干警

身份号码的赋号工作。对全县户口进行集中清理整顿，为全国第五次人口普查打基础。2002年，开始人口基本信息清理纠错工作，共纠正人口信息错误3万余人。2003年，推行户籍管理7项便民利民措施。2005年，更新户口管理系统软件，16个派出所实现户籍网上办公。2005年1月，进行户籍管理制度改革，取消农业、非农业户口划分，统称“居民户口”。 2009年，全县共有户籍人口839272人。

身份证管理 鄄城县从1988年 3月13 日开始办理第一代居民身份证，同年10月22日结束，共办理415000张，1999年起启用防伪居民身份证。2003年6月9日，与邮政局协商开通居民身份证快速传递业务，证件取回后，县城24小时内送达，农村36小时内送达。2006年1月1日开始办理第二代临时居民身份证，原临时居民身份证停止制作；同时开始集中换发第二代居民身份证，至10月20日，全县共办理第二代居民身份证25万余张。2008年，全县换发60121张。2009年 ，全县换发33309张。

暂住人口管理 根据山东省规定从1996年开始收取暂住人口管理费，2001年按照国家计委、财政部要求取消征收，只收取暂住证工本费。2005年全县共登记暂住人口2320人，发放暂住证762人。2009年1月，开始取消暂住证工本费。

特种行业管理 1991年，对特种行业发放特种行业许可证，并在公安机关备案。1993年、2001年、2005年分别进行3次大型治爆缉枪行动，销毁各类枪支7000余支，炸药50余公斤，消除了枪支隐患，为涉枪、涉爆、涉危单位建立档案并进行定期检查，确保安全。2007年，特种行业经营主签订责任书，落实责任制，开展治安检查，堵塞工作漏洞。2009年，对全县特种行业加大监督检查力度，落实旅客信息登记上传制度，全面落实各项管理措施。2010年，以宾馆等特种行业为重点，开展3次“净土”集中清查行动，共查处案件31起，治安处罚违法人员23人。

场所管理 1991年，公共场所管理基本处于空白。1999年，公共娱乐场所全部在公安机关备案，与业主签订责任书，落实治安管理责任制，并进行经常性治安检查，适时开展专项斗争，堵塞漏洞。2005年，对全县娱乐场所严格实行责任制，加大监督检查力度，督促落实各项安全措施。2009年，以加强公安信息化应用为契机，对全县2家二手手机门市及6家歌厅安装了电视监控系统，奠定了与公安机关联网的基础。2010年，加强日常管理和监督，开展公共场所集中整治活动，共整改隐患13处，查处治安案件18起，处罚违法人员15人。

出入境管理 1991—1996年，鄄城县出入境业务归属政保科管理，由2名民警专门负责。业务主要有：公民出国（境）管理，外国人和境外人员的常住、暂住登记管理，协助查处涉外案件，查控法定不准出入境人员和辖区内“三非”（非法入境、非法居留、非法就业）外国人员，并负责国家工作人员和法定不准出入境人员的双备登记工作，制作相关档案，联合县政府、派出所等相关单位对涉外单位人员进行业务培训与指导。1991—1996年共受理公民出国（境）约800人。

1997年7月，出入境管理科成立，主要职责是担负全县公民因私出国（境）申请受理，外国人和境外人员的常住、暂住管理登记，查控法定不批准出境人员和辖区内“三非”外国人，查处涉外事案件。2004年6月1日实行因私护照按需申领，结合鄄城因私出国（境）人员增多，香港、澳门、台湾人员及外国人到鄄城经商办企业、旅游观光、探亲访友等人员逐年增多情况，2002年8月，实行特殊身份人员登记报备制度，法定不批准出境人员的登记报备制度，计算机储存《国家特殊身份工作人员》信息8681条、《法定不批准出境人员》信息1108条，常住、暂住人员纳入派出所实有人口管理。至2010年，鄄城县出入境管理科共受理公民因私出国（境）5463人。

第二节　打击犯罪

打击刑事犯罪　1991年，贯彻依法“从严从重从快”的方针，本着打击突出犯罪、严重犯罪原则，先后组织开展“破要案、打团伙、追逃犯”“严厉打击拐卖妇女儿童犯罪活动”“反盗窃”等专项斗争，抓获各类违法犯罪分子1374人，摧毁各种犯罪团伙44个，挖出团伙成员172人，破获各类刑事案件223起，其中重大案件42起，逮捕139人，解救被拐卖妇女112人，抓获人贩子97人，收缴赃款赃物折款7万余元。1992年，组织“打流窜、追逃犯”和“打假”专项斗争，共抓获各类违法犯罪分子2584人，摧毁犯罪团伙40个，挖出团伙成员220人，破获各类刑事案件161起。其中重大案件29起，逮捕人犯109人，收缴赃款赃物折款21万余元。1993年，相继开展“打流窜追逃犯”“整治社会治安秩序”“反盗窃保麦收”“夏季社会治安攻势”“一个月的治安攻坚战”“冬季五十天的集中打击行动”等专项斗争和专项治理，共破获各类刑事案件157起，其中重大刑事案件44起，挖出犯罪团伙33个成员125人，抓获各类违法犯罪分子1850人，逮捕79人，缴获赃款赃物折款230万余元。1994年，开展以“打击车匪路霸、装卸村霸”和“打流、追逃”为主的专项斗争，麦收保卫战、打击盗抢机动车的专项斗争和整治农村社会治安秩序的斗争。全年共破获各类刑事案件472起，其中重大案件153起，摧毁各类犯罪团伙68个，抓获各类犯罪分子563人，批捕107人，缴获赃款及赃物折款200余万元。1995年，开展“严打整治”专项斗争、春季严打攻势、麦收安全保卫战、“夏季百日会战”“冬季百日攻坚战役”等活动。全年共破获各类刑事案件1232起，其中重特大案件433起，抓获各类犯罪分子717人，逮捕133人，摧毁犯罪团伙76个，抓获成员360人，缴获赃款、赃物折款141.2万元。1996年，组织开展打击团伙犯罪、流窜犯罪、毒品犯罪等专项斗争及7次集中收捕行动。破获各类刑事案件983起，其中重特大案件298起，抓获犯罪分子596人，抓获逃犯54人，摧毁团伙65个，查获团伙成员250人，解救被拐妇女、儿童45人。1997年，开展严打整治“冬季行动”“春季行动”和扫黄禁毒专项斗争。全年共破获各类刑事案件364起，其中重特大案件103起，抓获各类犯罪分子265人，逃犯24人，摧毁犯罪团伙30个，抓获团伙成员126人，逮捕58人，解救拐卖的妇女、儿童18人，抓获人贩子21人，缴获赃款赃物折款70万元，铲除罂粟6825株，缴获各类毒品1200克。1998年，开展春季严打整治斗争、夏季打霸扫丑战役、秋季破案追逃战役、冬季严打整治斗争及打抢反盗、扫黄打非、禁毒等专项斗争。全年共破获各类刑事案件521起，其中重特大案件203起，抓获各类犯罪嫌疑人384人，摧毁犯罪团伙22个，查处团伙成员84人，逮捕126人，抓获人贩子15人，解救被拐妇女、儿童16人，铲除罂粟1081株，缴获赃款赃物折款54.09万元。1999年，组织开展严厉打击暴力犯罪、流窜犯罪、带有黑社会性质的流氓势力等严重犯罪活动的专项斗争、夏季社会治安整治行动、以“破大案、挖团伙、打流窜、追逃犯”为重点内容的“百日破案会战”，开展缉枪治爆、打拐解救、追逃等专项斗争及8次集中清

抓获犯罪嫌疑人

查收捕行动。破获各类刑事案件316起，其中重特大案件99起，抓获犯罪嫌疑人272人，逮捕112人，劳教5人，摧毁犯罪团伙22个同，抓获成员86人，人贩子25人，解救被拐妇女、儿童20人，查缴鸦片1000余克，缴获赃款赃物折款60.4万元。2000年，开展打拐禁毒、打击拎包、绺窃、打击盗窃、抢劫机动车、"打黑除恶"专项斗争及"五四三"工程（即五项打击，四项治理、三项防范）。全年破获刑事案件328起，抓获犯罪嫌疑人346人，逮捕111人，摧毁犯罪团伙21个，查获成员75人，抓获人贩子18人，解救被拐妇女、儿童31人，其中越南妇女3人，铲除罂粟4865株，缴获鸦片膏1700克，缴获赃款赃物折款73万元。2001年，组织开展"打黑除恶""百日破案会战""反盗窃、反抢劫"等专项斗争。全年共破获各类刑事案件1167起，抓获各类犯罪嫌疑人551人，逮捕229人，打掉犯罪团伙35个，缴获赃款赃物折款51万余元。2002年，开展"反盗窃、反抢劫""春季严打攻势"等专项斗争。破获各类刑事案件528起，抓获犯罪嫌疑人368人，逮捕131人，追回逃犯46人，打掉团伙21个，挽回和避免经济损失283万余元。2003年，先后开展"春季严打攻势""反盗窃、反抢劫""反盗窃、打流窜""打击盗窃耕畜、羊只犯罪""冬季严打整治""全国指纹会战""严打整治百日破案会战"等专项行动，始终保持打击刑事犯罪的高压态势。共破获刑事案件469起，抓获各类犯罪嫌疑人292人，其中逮捕113人，摧毁犯罪团伙32个，涉案成员98人，缴获赃款赃物折款达100余万元。

武装演练

2004年，开展命案侦破、"打霸治痞""打丑战役"、打击盗窃牲畜、冬季严打整治集中行动等专项斗争。破获各类刑事案件420起，抓获犯罪嫌疑人265人，逮捕128人，抓获逃犯33人，避免和挽回经济损失171万余元。2005年，相继开展春季严打、打击"两抢一盗""打击严重暴力犯罪专项战役""打击盗抢牲畜、农机具等违法犯罪专项战役""打霸治痞专项战役""天网行动"、冬季严打整治集中行动等一系列严打整治专项斗争。破获各类刑事案件506起，抓获犯罪嫌疑人440人，逮捕179人，避免和挽回经济损失210万余元。2006年，开展春季严打整治行动、命案侦破专项行动、打黑除恶专项行动、冬季严打整治集中行动等专项斗争。破获各类刑事案件350起，抓获犯罪嫌疑人355人，避免和挽回经济损失471万余元。2007年，开展春季百日严打整治行动、追逃专项行动、打黑除恶专项行动、冬季严打整治集中行动等专项斗争。破获各类刑事案件573起，抓获犯罪嫌疑人357人，避免和挽回经济损失733万余元。2008年，开展百日严打整治行动、命案侦破专项行动、追逃专项行动、冬季严打整治集中行动等专项斗争。破获各类刑事案件913起，抓获犯罪嫌疑人555人，避免和挽回经济损失990万余元。2009年，开展春季严打整治行动、命案侦破专项行动、打击"两抢一盗"专项行动、冬季严打整治集中行动等专项斗争。破获各类刑事案件645起，抓获犯罪嫌疑人375人，避免和挽回经济损失336万余元。2010年，开展春季严打整治行动、命案侦破专项行动、打击"两抢一盗"专项行动、冬季严打整治集中行动等专项斗争。破获各类刑事案件638起，抓获犯罪嫌疑人328人，避免和挽回经济损失422万余元。

打击经济犯罪　1997年刑事诉讼法修改后，扰乱社会主义市场经济秩序犯罪案件划归公安机关管辖。1998年，经侦大队负责打击经济领域妨害对公司企业的管理秩序、破坏金融管理秩序、金融诈骗、危害税收征管、侵犯知识产权、扰乱市场秩序、侵犯财产等88种经济犯罪工作。2005年，共受理各类经济犯罪案件23起，立案16起，破案13起，移诉10起，11人，挽回经济损失100余万元，避免经济损失500余万元。

2006年，共受理各类经济犯罪案件27起，立案17起，破案15起，抓获犯罪嫌疑人17人，移诉8起，9人，挽回经济损失200余万，避免经济损失800余万元。

2007年，共受理各类经济犯罪案件25起，立案18起，破案17起，抓获犯罪嫌疑人20人，移诉9起，11人，挽回经济损失500余万，避免经济损失1000余万元。

2008年，共受理经济犯罪案件36起，立案18起，破案18起，抓获犯罪嫌疑20人，移诉7起，12人，挽回经济损失500余万，避免经济损失1100余万元。

2009年，共受理各类经济犯罪案件47起，立案33起，破案32起，抓获犯罪嫌疑人36人，逮捕9人，移诉9起，11人，挽回经济损失500余万，避免经济损失1.7亿元。

2010年，共受理各类经济犯罪案件43起，立案41起，破案38起，抓获犯罪嫌疑人40人，其中网上逃犯8人，逮捕14人，移诉15起，17人，挽回经济损失1000余万元，避免经济损失3亿元。

第三节　监所管理

看守所　鄄城县看守所始建于1957年，有监室10间，看守值班室1间，中队值班室1间，卫生室1间，办公室3间，伙房3间，岗楼2座。看守所由人民武装警察部队负责警卫，看守民警负责狱内管理。

1995年，在确保安全的前提下，从“法制化、制度化、科学化、规范化”入手，外学内创，实行“四个规范化管理”（规范在押人员一日生活、学习形式和内容、内务和训练、生活卫生管理）及“四个规范化教育”（法制教育、针对教育、典型教育、亲情教育），探索出一条在押人员一日生活程序化、内务活动军事化、全面管理规范化、教育挽救多样化的管理模式，克服硬件差、条件艰苦等困难，提出“硬件不足软件补”的工作思想，制定完善了《收押工作规范》《监控巡视值班制度》《七日跟踪教育制度》等50余项行之有效的规章制度。

看押期间，对在押人员实行人道主义管理，定期进行法制教育，让其树立重新做人的勇气，在生活方面，在押人员有固定生活费，1996年每人每月85元，并配有专职医生。1998年7月3日，召开全县政法系统学习鄄城县看守所现场会，1998年，看守所被授予集体三等功。1999年4月，菏泽地区公安局在鄄城县召开现场会，将鄄城看守所工作经验在全区政法系统推广。2004年7月，县委、县政府在鄄城县城西环路西、济董路南集中征地61亩，实行看守所、行政拘留所、武警中队、消防中队统一规划，统一设计，统一建设。看守所分为办公提讯楼、监室、围墙三部分。办公提讯楼紧靠监室南面，总体三层，局部四层，总建筑面积16896平方米，设有提审室、律师会见室、亲属会见室、伙房、办公室，欧式风格，功能齐全。监室总体一层，呈“T”字形，监室14间，总面积1449平方米，可关押220人。符合“坚固安全，方便管理，功能齐全，体现文明”的要求。2006—2010年，看守所共收押2164人。

拘留所　鄄城县拘留所始建于1980年，名称叫“鄄城县公安局行政拘留所”，位于鄄三路北段路西67号。由于当时条件所限，拘留所总面积不过612平方米。建拘留室6间。建筑面积200平方米，2000年扩建，拘留所土地面积866平方米。2001年新建配房3间，购置警车1辆。根据拘留所正规化建设和2005年“三基”建设要求，狠抓基层基础建设，2005年8月，拘留所配置微机1台，接通公安四级网，提高了信息化建设进程。同时加强软件建设，规范基础台账，实行被拘留人员每人一档制度，拘留所的工作逐步规范。2006年6月22日，更名为“鄄城县拘留所”。2006年，在全国范围内开展首次拘留所等级评定工作，为拘留所工作发展提供了一个新的平台。2007年12月，拘留所搬入新建办公楼。1991—2010年共收押人员14905人。拘留所实行分区管理、分级管理，按照拘留所工作规范和流程进行。通过对被拘留人员进行法律、法规，思想道德和文化教育，使被拘留人员反思自己的行为，认识到自己的错误，最终达到改正错误的目的。

第四节 消 防

1980年，鄄城县公安局设消防股，1983年1月，消防股转现役，隶属于武警菏泽地区支队消防大队，1991年1月，消防股升格为消防科，隶属于菏泽地区消防支队。1995年9月，依据县编委《关于建立鄄城县公安局消防中队的批复》，组建20人编制的消防中队。1996年3月由菏泽地区消防分局争取编外士兵10人，分配到鄄城消防队，租赁县外贸局办公楼一楼办公，承担全县的灭火工作。同年10月，县政府为消防中队购置一部东风141水罐消防车。因无法正常执勤，1997年消防中队移至公安局办公楼四楼办公。1997年6月，成立鄄城县公安消防大队。2002年6月消防队改为“公安专职消防队”，由政府出资从地方招收临时合同制消防员，消防中队的管理移交县公安局具体负责。2003年2月，原消防队编外现役士兵撤离。

2004年10月，鄄城公安专职消防队由菏泽市消防支队收回。2005年5月，在省、市、县三级政府及消防总队、支队大力支持下，鄄城县公安专职消防中队正式兴建，中队位于鄄城县城西部，青年西路与西外环路交界处，占地7.6亩，营房面积1500平方米。2005年11月14日消防中队落成入驻，结束了鄄城无消防中队营房的历史。

消防演练

鄄城县公安消防中队担负着全县的消防监督检查、建筑工程审核、验收及消防知识普及、灭火、抢险救援、处置突发事件等工作。

自消防中队建队至2010年，共扑救各类火灾、抢险救援2389余起，出动车辆4323余辆次，抢救和保护价值4165万余元。

重大火灾纪实 1996年10月，鄄城鲁西制药厂发生爆炸事故，炸死3人，直接经济损失约87万元。1997年11月，成功扑救什集供销商店特大火灾。

2000年5月鄄城城关镇南街二队古泉修配厂一运输液氯的槽车发生火灾，消防中队出警迅速，指挥得当，干部战士冒着生命危险，在无任何个人防护装备的情况下，迅速控制火势，防止了液氯泄漏，避免了一场重大人员伤亡事故的发生。2000年10月，旧城镇一土法炼油厂发生特大火灾爆炸事故，消防干警及时赶赴现场，一面组织扑救火灾，一面迅速抢救遇险人员和疏散周围群众，防止了势态进一步扩大。2004年11月20日3时05分，鄄城县党校大礼堂因一群社会青年玩火不慎发生火灾，因报警过迟，造成大礼堂全部烧毁。2005年3月7日5时许，鄄城建融有限公司，因火险隐患整改不彻底，电器线路老化短路，发生火灾，造成1、2号库房烧毁。过火面积628平方米，损失巨大。

2006年7月15日3时至5时，鄄城华意华工厂成品库二氯异氰尿酸、鄄城建融化工厂烘干车间三氯异氰尿酸钠因气温过高相继发生自然，造成大量有毒气体弥漫，严重威胁人民群众生命财产的安全，消防队到场后对其进行成功处置。

2007年12月23日，鄄城县罗庄贸易批发市场发生大火，经消防官兵奋力扑救终将大火扑灭。2008年4月2日15时，鄄城工业园区东部的青岛普来特电器有限公司鄄城分公司太阳能车间，因2名电焊工人违章操作发生火灾，造成直接财产损失78万元。2009年6月21日，鄄城县晓阳纺织厂一车间着火，经消防官兵奋力扑救保护住了其他生产车间，火灾造成直接损失50万元。2010年3月27日13时30，鄄城县鸣宇纺织有限责任公司前纺车间发生火灾，厂房过火面积 672 平方米，烧毁粗纱机 2 台、并条机 2 台和部分半成品及原料。

第五节　经济侦察

1998 年，县公安局经济文化保卫科负责打击经济领域妨害对公司企业的管理秩序、破坏金融管理秩序、金融诈骗、危害税收征管、侵犯知识产权、扰乱市场秩序、侵犯财产等 88 种经济犯罪工作。2000 年 8 月，县公安局经济文化保卫科更名为鄄城县公安局经济犯罪侦查大队，副科级建制，下设综合科、警卫科和 4 个中队。2005—2010 年，共受理各类经济犯罪案件 608 起，立案 451 起，挽回经济损失 6828 万元，避免经济损失 9412 万余元，抓获犯罪嫌疑人 280 人（逃犯 156 人），逮捕 87 人，移送起诉 196 人。坚持“打防并举、重要防范”原则，建立完善防控体制。2006 年，全县 30 家重点单位中的党政机关、供电供水及金融单位、学校等重点要害部门，安装电视监控等技防设施。经侦大队对要害部位的人员进行政治审查，使安全防范工作走在全市的先进行列，为经济发展创造一个良好环境。2007 年，为进一步加强对经济犯罪的打击力度，全力维护全县经济安全与稳定，经侦大队通过采取讲评案例、互动交流、业务指导等有效措施，不断提升经侦民警的业务素质和能力，提高案件侦办效率和质量。2008 年，以执法规范化建设和正规化建设为契机，制订《经济案件办案程序流程图》《经济案件集体通案制度》和《经侦队伍廉政建设和监督机制》，建立完善各项规章制度，规范民警执法行为，提升经侦队伍执法形象；坚持高起点、高标准，加强办公场所、办案设备等软硬件建设，促进经侦工作的程序化、规范化。同时，主动适应完善社会主义市场经济体制的要求，建立预防和打击经济犯罪的工作机制。加强与有关部门、单位的配合、协作，建立完善防范经济犯罪的预警机制、综合防控机制和协作机制，防范和减少了经济犯罪案件的发生。对各种侵害企业和群众利益的经济犯罪案件，特别是对事关经济安全领域的金融、财税等经济犯罪，事关民生、影响稳定的非法集资、非法传销等经济犯罪，破坏市场经济秩序的生产销售假冒伪劣商品、制贩假币、虚开运输货物发票、制售假发票等经济犯罪，集中优势警力，快侦快破，严厉打击，最大限度地为国家和企业挽回了经济损失。2009 年，加强对经济犯罪的预警宣传，组织民警深入企业、走访群众，充分利用电视、报纸、网络、标语、明白纸等载体，采取广泛宣传、办班培训等形式，让企业和群众了解经济犯罪的特点、防范措施等，提高了企业和群众防范经济犯罪的意识和能力。同时，严厉打击合同诈骗、职务侵占、挪用资金等影响企业发展的刑事案件，特别是对金融、涉税、诈骗等金额巨大、影响恶劣的大案要案和各级领导关注、批办的案件以及严重损害广大群众切身利益的案件，抽调精干力量快侦快破。2010 年，鄄城县公安局围绕服务经济发展、维护和谐稳定的工作大局，充分发挥职能作用，严厉打击经济犯罪，确保全县的社会稳定和社会主义经济的良性运行。

第六节　“110”报警服务

1990 年，“110”报警服务系统试运行。1991 年鄄城县公安局巡警大队正式成立，负责城区的接处警及案件侦查。1996 年巡警大队重新组建，从社会上招录大中专毕业生 25 人，除接受和侦查案件外巡警大队同时承担服务群众的职能，提出“有警必接，有险必抢，有求必应，有难必帮”的服务承诺。1997 年正式运行。2005 年，投资 120 多万元，巡警大队配备面包车 2 部，外线电话 1 部，头盔 19 顶，录音笔 2 个，摄像机 1 部；并面向全县大中专毕业生和退伍军人，招录巡防队员 108 人，充实加强巡警队伍。

2009 年，县公安局为接警大厅更换高配置电脑 2 台。110 报警服务台在打击犯罪、维护社会治安稳定、服务群众等方面取得良好社会效应，促进了公安机关快速反应能力的提高。

2005 年 2 月，投入资金 40 余万元，在全市率先实现“三台合一”，“三台合一”接处警系统是县公安局根据公安部《县、市级公安机关三台合一接处警系统技术规范》要求设计安装的，该系统将“119”“122”接警台并入“110”报警服务台，群众拨打“110”“119”“122”中任何一个号码，均由“110”报警服务台集中受理，“110”报警服务台民警可以统一指挥协调相关警力，及时处置，避免了原来重大或情况复杂警情，各警种协同处置效率低的问题，实现了集中接警，统一指挥，信息共享，快速反应。同时，这套系统还能够实现对恶意骚扰电话的拦截，并具有数字录音功能，能够对报警电话进行录音，对录音信息进行存储、查询、播放，大大提高接处警效率。“110”报警服务台负责全县的“110”“122”接警工作，对“119”进行监听。“110”报警服务台接警人员接到当事人报警后，按照一级接警、属地管理、就近派警的原则，进行指挥调度工作。“三台合一”后，为适应接警工作需要，县公安局在指挥中心调度科原有人员基础上，抽调优秀民警，并纳入交警大队 122 报警台接警人员，充实人员，整合警力，配备 110 值班接警人员 12 人。至 2010 年，“三台合一”共接警 49283 起，救助群众 4515 人，调解纠纷 5107 起，抓获违法犯罪人员 2258 人，提高了社会治安控制能力。

县公安局的指挥系统，分为三台合一指挥系统、GPS 卫星定位系统、CK 防盗系统。2006 年，“110”报警服务系统的运行，在打击犯罪、维护社会治安稳定、服务群众等方面，取得了良好社会效应，提高了公安机关快速反应能力。鄄城县公安局也一直信守着“有警必接，有险必抢，有求必应，有难必帮”的服务承诺。按照市局统一部署，推进警务信息化建设和深度应用为重点，在强化装备、强化培训、强化创新、强化应用、强化总结上下功夫，推动了 110 接处警工作进一步开展。

雪地巡逻

2007 年 1 月 10 日，与市局“110”指挥中心实现联机，并对 110 报警服务系统进行升级。

2008 年，县公安局继续深化 110 报警服务改革，广泛开展 110 宣传工作，加强对接处警工作人员的培训，严格 110 接警出警反馈、证据上传、经纬度录入，规范 110 处警人员着装携装标准；通过科学指挥调度，快速反应，全年破获各类刑事案件 586 起，抓获各类犯罪嫌疑人 260 人，抓获网上逃犯 126 人，严厉打击了刑事犯罪分子的嚣张气焰，有效净化了社会治安环境。无发生因接警不及时或服务态度问题而引起的被群众投诉事件。

2009 年，110 报警服务台共接报警电话 5276 个，其中有效报警 3115 个，无效报警 815 个。刑事类接报 919 起、治安类接报 819 起、火灾事故 118 起、交通事故 328 起、纠纷 94 起、求助 97 起、举报 18 起、其他报警 12 起；通过科学指挥调度，快速反应，全年共抓获违法犯罪嫌疑人 517 人，救助群众 238 人，调解纠纷 317 起。无发生因接警不及时或服务态度问题而引起的被群众投诉事件。

2010 年，为落实全市 110 规范化建设调度会议精神，县公安局先后开展“110”接警人员业务培训活动、“110”接处警“大比武”活动、“110”指挥长和接警员业务技能培训等活动，战训合一，提高了县公安局 110 接处警工作整体水平。通过科学指挥调度，快速反应，全年共破获刑事案件 797 起，逮捕 185 人，劳教 75 人，抓获上网逃犯 246 人，四项主要打击指标同比分别提高了 5.2、11.4、7.1、18.6 个百分点。省社情民意中心调查显示，鄄城群众安全感和对公安机关满意度同比分别提升近 7 个百分点。

第七节　交通安全管理

机动车辆管理　1991—2010 年，鄄城经济持续发展，各类机动车辆逐年增多。至 2010 年底，全县拥有机动车100155辆，其中大型客货车1590辆，中小型客货车21876辆，农用机动车25795辆，摩托车50894辆。

1991—1996年，县交警大队车管股有工作人员3人。1991年，车管股在全县组建40个驾驶员安全联络小组，发放安全学习卡，定期组织学习。1997年成立8名警力的车管所，同年成立鄄城县驾驶员协会，下设6个分会，各分会定期组织辖区驾驶员学习交通安全知识。为消除车辆事故隐患，实行每年检审机动车辆制度，1991—2010年，共检审机动车72902辆。2002年从社会各界聘请执法监督员8人，对执法民警进行监督。2003年，对机动车辆实行户籍化管理，对注册入户的机动车辆，执行《机动车登记规定》和《机动车登记工作规范》。审查购车发票、合格证和购置税、保险等法定证明和凭证是否齐全真实。并对注册车辆进行查验，核发机动车号牌、行车证和登记证书。车管所将车辆所有资料和车辆所有权人的相关资料信息输入微机，全国联网，并建档立卡，一车一档。对转出、转入和机动车所有权转移的车辆，在审核档案资料的基础上，还要审查变动的理由、原因和相关手续是否符合法定条件，堵塞盗、抢车辆变动所有权的漏洞。

1997年前，车管股只有2间不足50平方米的办公室，办事的群众只能在屋外等候。1997年交警大队办公大楼启用，在一楼设165平方米的车管业务大厅，购置办公用微机8台，建起微机房和档案室，基本达到正规化车管所标准。2008年10月在鄄11路南段西侧，建成2000多平方米规范化车辆管理所1处，车管业务、机动车检测、交通安全教育在车管所进行，提高了工作效率和服务水平，方便了群众。

道路交通秩序管理 1991年，治理公路“三乱”（乱查车、乱罚款、乱收费）和交通违章违法行为。在交警队伍内部，严禁“三乱”行为，并打击社会上出现的车匪路霸的违法活动。1992年，组建阎什、什集2个中队，负责道路巡逻值勤。随着道路机动车流量增大，1997年，组建4个交通民警巡逻中队，强化路面管控，规范执勤执法。对全县151公里省道，330公里县乡道路和1000公里村级公路实行路段承包责任制，领导干部包片、民警包段，逐级签订责任书，实行定岗、定人、定责，文明执勤，严格执法，热情服务。

1997年以后，坚持长期治理与集中整治相结合原则，开展以治理“双超”（超限、超载）和无证驾驶、酒后驾驶、超速行驶为重点的道路交通违法行为。在每年的春节、国庆节、国际劳动节和每年的菏泽国际牡丹花会、孙膑国际旅游节期间及2008年北京奥运会期间，进行集中治理。坚持教育与处罚相结合原则，对于情节轻微，未影响道路通行的，指出违法行为和危害，给予口头警告后放行，不予处罚。对严重交通违法行为，依照法定程序，限期到大队接受处理。民警在执勤执法活动中对交通事故致伤人员，在第一时间组织抢救，对其他原因突遇险情的群众及时进行救助。1991—2010年，救助群众390起，抢救遇险车辆48起。

2006年以后，每年开展以“预防重特大道路交通事故”“酒驾”、“双超”等为内容的交通安全集中整治活动，遏制重大交通事故发生，促进道路交通秩序好转。

每年麦收期间，集中警力清除公路上打场晒粮和违规摊点，确保公路交通安全。

重大交通事故 1991—2010年，随着各类机动车辆逐年增多，道路交通事故也呈上升趋势，共发生道路交通事故7821起。1991—1995年发生重大交通事故25起，1996—2000年发生重大交通事故40起，2001—2005年发生重大交通事故53起，2006—2010年发生重大交通事故57起，175起重大事故致死 186人，致伤4795人，直接经济损失1754余万元。重大交通事故上升的主要原因是部分驾驶人员安全驾驶技术水平不高，交通安全法制观念淡薄；道路状况与现代交通运输发展矛盾日益突出，机动车、非机动车、行人混合型道路交通，道路窄，车多人多，职能部门综合治理跟不上，导致事故发生率偏高。

道路安全宣传教育 2002年交警大队开展交通安全进社区、进学校、进家庭、进机关、进企业宣传活动，制作宣传图版，印发交通安全基础知识宣传单5万余份，为中小学生上交通安全课60余次。2004年5月《道路交通安全法》实施，与县教育局等单位组织千人路游队伍，在县委、县政府领导带领下，在城区进行一天的路游宣传。2004年以后，在每年农闲季节，聘请剧团等文艺团体下乡演出以《道路交通安全法》为主要内容的文艺节目。深入农村，播放交通安全光盘，10余万人收听收看。2006年，开展省委宣传部、省公安厅、省教育厅联合倡导的以“关注交通、保护生命”为内容的交通安全宣传活动。2007年，开展全国“生产安全月”道路交通安全宣传活动。2008年以后，开展倡导“文明行车，构建和谐交通”宣传教育活动。通过多种形式的交通安全法律法规的宣传活动，增强了广大交通参与者的交通安全意识和法制观念。

2004年以后被山东公安厅交通警察总队授予交通安全村1个，交通安全学校1个，交通安全企业2个。

交通设施建设 1991年，在郓2路增设2600米长的水泥隔离墩，实现人车分流。1993年在郓2路与青年路口架设自动交通指挥信号灯1处。2003年在郓2路与人民路交叉路口架设自动交通指挥信号灯1处。2004年，为扭转青年路交通秩序混乱局面，架设高隔离护栏3000米，在县实验中学和十二中校门口公路设交通减速带2处。2006年，在城区增设减速带2处，在主要交通路口设置交通标志牌、禁行牌、限速牌、分道牌、禁停牌、宣传牌。2006年以后，在城区主要交通路口架设自动交通指挥信号灯4处，在旧城警务工作站安装电子监控1处。2007年浇划城区路面交通标线2000多平方米，之后，每年复划一次。2010年，配合县城建局在人民路、建设路、郓5路安装交通护栏16000多米。上述交通设施建设，促进了交通秩序好转。

第二章 检 察

1991年，郓城县人民检察院内设办公室、政工科、刑事检察一科、刑事检察二科、经济检察科、法纪检察科、监所检察科、控告申诉检察科、技术科、档案科、税务局检察室、工业局检察室、商业局检察室。1993年5月增设郓城县农业银行检察室、郓城县供销合作社检察室、郓城镇检察室和法律政策调查研究室，为股级建制。1995年3月，设立反贪污贿赂局，下设侦查一科、侦查二科、侦查三科和综合预防科；撤销经济检察科。1996年1月办公地点迁至郓城镇人民路东段4号。1999年3月，设立驻什集镇检察室；撤销驻金融系统检察室。1999年5月，设立行政装备科、监察科。2005年1月进行机构改革，机构设置为办公室、政治处（内设人事科、宣传教育科、老干部科）、侦查监督科、公诉科、反贪污贿赂工作局（内设综合科、侦查一科、侦查二科、侦查三科）、渎职侵权侦查局（内设综合科、侦查一科、侦查二科）、政研室、监所检察科、民事行政检察科、控告申诉检察科、技术科、预防职务办公室（副科级单位）、监察室、行政装备科、档案科、警务科、机关事业服务中心、司法会计鉴定中心、驻郓城镇检察室、驻阎什镇检察室、驻什集镇检察室、驻箕山镇检察室。2005年6月28日，渎职侵权侦查局更名为反渎职侵权局。检察专项编制91人，在职干部职工90人，内退人员10人，离退人员27人。2006年，整修办公楼，建设办案、技术楼，更新部分办案车辆，购置办公自动化设备，改善办公条件。2008—2010年，县检察院连续3年荣获“全省先进基层检察院”称号。

第一节　反贪污贿赂

1991年，贯彻中央关于反腐败斗争总体部署，突出打击重点，以查办“三机关一部门”（即党政机关、行政执法机关、司法机关、经济管理部门）中的职务犯罪案件和侵害人民群众切身利益的案件为重点，依法履行检察职责。把群众反映强烈、亏损严重的供销、煤建公司等系统作为查处重点，共立查贪污贿赂案件16起；同时开展预防职务犯罪工作，帮助有关部门建章立制36项。1993年，贯彻“一要坚决、二要慎重、务必搞准”方针，依法查处一批贪污、受贿、挪用公款等职务犯罪案件。同时把发挥检察职能保护企业发展、为企业排忧解难列入工作议程。1994年，在打击经济犯罪的同时，探索在市场经济条件下为经济建设服务新途径，在9个重点企事业单位建立廉政共建联系点，聘任检察助理员21人。1991—1995年，共立查各类经济犯罪142案、170人，移送起诉30案、33人，移送免诉92案103人，为国家和集体挽回经济损失34万余元。1996年，以查办大案要案为重点，以查办党政机关、行政执法机关、司法机关和经济管理部门中的经济犯罪为主攻方向，全年查办“三机关一部门”犯罪案8件9人。1998年，查办最大受贿额受贿案——菏泽地区粮食局副局长南某受贿20万元案，最大额挪用公款案——县人民医院会计高某挪用公款30万元案。2000年，重点立查群众反映强烈、影响全县经济发展和社会稳定案件，在破产和改制的国有企业中，立案查处贪污贿赂案件9件，占全年立案总数的50%。1996—2000年，共立查各类经济犯罪121案、145人，其中“三机关一部门”中的犯罪49案，占立案总数的40.5%，为国家和集体挽回经济损失1500万余元。2001—2005年，共立查各类经济犯罪99案、130人，其中大案29件38人，大案率为30%；起诉95案116人，起诉率95.9%；为国家和集体挽回经济损失560万余元。同时立足检察职能做好预防职务犯罪工作。结合办案，加强对典型案件发案原因、特点和职务犯罪易发多发行业、领域犯罪态势的分析，及时建议有关部门健全制度、堵塞漏洞，开展个案预防、系统预防和专项预防。1996—2000年，共向有关部门提出检察建议198条。2001年，围绕案件从数量规模向质量效果转变和上半年工作定大局的工作目标，开展百日会战，到7月底，全面完成全年的立案任务。在预防职务犯罪工作中，深入金融、卫生、建筑等系统和部门开展法制宣传及警示教育活动，规范各乡镇和县直各部门“双防”（即预防违规违纪、预防职务犯罪）工作，“双防”工作经验、大型同步预防经验先后被省人民检察院在全省推广。2003年，按照市院大要案指挥中心的统一部署，抽调精干警力10余人，参与曹县橡胶助剂厂系列案件的查处，使案件有了较大突破。2006—2010年，共立查贪污贿赂犯罪案件59件101人。其中，贪污案件22件43人，贿赂案件6件6人，挪用公款案件31件52人。通过办案，追回赃款280余万元，为国家挽回经济损失1300余万元。在查办的59件贪污贿赂案件中，大案50件，占立案总数的84.75%。科级以上干部13人。根据群众举报，共查办贪污、挪用征地补偿款、惠农补贴款等款项的涉农职务犯罪案件23件47人，占立查贪污贿赂犯罪案件总人数的46%，涉案金额共计300余万元。县检察院将涉案款物追回后，全部返还群众。对罪行严重、拒不认罪、拒不退赃以及进行串供、毁证等妨害诉讼活动的，果断采取必要的拘留、逮捕等强制措施。其中：2006年，针对群众反映强烈的村级财务管理混乱、各类补偿资金不能及时足额

上级领导视察鄄城检察工作

发放到位等问题，立案查办损害农民利益的案件3件，并将追回的10余万元涉案款全部返还给群众。2008年，反贪工作呈现出大案多、窝案多、民生领域案件多和力度大、震动大、社会效果好的特点，在全县引起较大震动和反响。2010年，全年立查贪污贿赂案件10件20人，其中司法工作人员犯罪案件2件。

第二节　反渎职侵权

1991年，渎职侵权检察机构为法纪科。1999年9月更名为“渎职侵权侦查局”，为副科级单位，下设综合科和2个侦查科。2005年更名为“反渎职侵权局”。

1991年，学习《人民检察院直接受理的侵犯公民人身权利、民主权利和渎职案件立案标准的规定》，严格把握立案条件，立查各类法纪案件15起。1992年，主动和公安、司法等部门联系，将法纪案件的管辖范围等打印成书面材料发至全县各公安派出所、司法所。1991—1995年，共立案侦查法纪案73件88人，其中非法拘禁案25件33人，非法侵入他人住宅案30件35人；1993年7月，菏泽地区检察分院在鄄城召开全区法纪检察工作现场经验交流会。1996年，共立案侦查各类法纪案11件19人，其中，查处司法人员徇私舞弊案4件4人。在9月召开的全国检察机关第三次法纪检察工作会议上，鄄城介绍了工作经验。1997年《中华人民共和国刑法》修订以后，渎职侵权检察部门查处的渎职侵权犯罪案件主体必须为国家机关工作人员，管辖罪名达42个，案件数量有所减少，案件质量有较大提高，起诉率和判决率比往年都有所增长，法律监督职能得到充分发挥。1996—2000年，共立案侦查法纪案33件41人，其中玩忽职守案15件15人，徇私舞弊案5件5人，非法拘禁案5件5人，非法侵入他人住宅案3件3人。2001年，突出打击重点，立查各类渎职犯罪案9件9人。2001—2005年，共立案侦查法纪案25件31人，其中玩忽职守案10件10人，非法拘禁案6件12人，滥用职权案5件5人。2006年，全年共立查国家机关工作人员渎职侵权案件6件6人，其中失职致使在押人员脱逃案3件3人，刑讯逼供案1件1人，非法拘禁案2件2人。在查处案件的同时当年为国家挽回经济损失50余万元。2007年，共立查反渎职侵权案3案6人，其中徇私舞弊不移交刑事案件1案4人，非法拘禁案2案2人，2008年，共立案查处国家机关工作人员渎职侵权犯罪案件2案5人，其中非法拘禁案1案4人，非法批准征用、占用土地案件1案1人。2009年，立案查处国家机关工作人员失职渎职类案即玩忽职守案2件2人，国家机关工作人员利用职权实施的侵犯公民人身权利类案即非法拘禁案1件4人。2010年，反渎局办案人均数量居全市第一。全年共立查国家机关工作人员失职、渎职、侵权案件3件9人，其中玩忽职守案件2件4人，非法拘禁案1件5人。

第三节　侦查监督

1991年，侦查监督机构为刑事检察一科，2005年，机构改革时更名为侦查监督科。1991年，参加“打拐”“反盗窃”等专项活动，批捕准确率100%。1993年，对职务犯罪案件实行内部监督制约，对减少工作失误、防止冤假错案起到积极作用。1991—1995年，共受理各类提请逮捕414案726人，经审查批准逮捕和决定逮捕336案578人。1996年，与公安局、法院配合，开展“打团伙、抓流窜、追逃犯”专项活动，依法严厉打击各类刑事犯罪分子，主动向公安机关发出提请逮捕建议书，追捕漏报的犯罪分子，做到在批捕环节上不错、不漏、不枉、不纵。1996年，修改后的刑诉法实施，1997年，修改后的刑法实施，严格了批捕条件，增加了大量新的罪名。1998年，办理立案监督案8件8人。2000年，参与“严打”和扫除“黄赌毒”等专项斗争，办理立案监督案17件19人。1996—2000年，共受理各类提请逮捕447案677人，经审查批准逮捕和决定逮捕353案493人，不批准逮捕62案124人；立案监督12件，追捕20人，纠正违法50次。2001年和2005年，参与“严打”整治斗争，把打击锋芒对准有组织犯罪、带有黑社会性质的团伙犯罪及流氓恶势力，对准严重危害社会治安的杀人、抢劫、盗窃、强奸等暴力犯罪和拐卖妇女儿童等多发性犯罪，依法从快从重惩处各类犯罪分子。2001 年，共受理各类提请逮捕 176 案 246 人，经审查批准逮捕和决定逮捕 160 案 222 人，受理案件数和批捕人数为历年来最高。2003 年，准确把握批捕条件，实行介入引导侦查，使批捕准确率保持在 100%。2001—2005 年，共受理各类提请逮捕 722 案 957 人，经审查批准逮捕和决定逮捕 557 案 770 人，不批准逮捕 165 案 187 人；立案监督 62 件，纠正侦查活动违法 76 次。2006 年以后，把维护社会稳定、查办严重恶性案件作为工作重点，共批准逮捕故意杀人、强奸、抢劫等恶性暴力犯罪案件 29 件 36 人。根据省高检院下发的《关于在检察工作中贯彻宽严相济刑事司法政策的若干意见》，对轻微刑事案件探索和解对策，逐步建立刑事和解机制。建立妇女维权机制，对妇女涉嫌犯罪的案件，通过教育感化，依法从轻处理，可捕可不捕的不予批捕，共办理涉及妇女权益的刑事案件 100 余件，妇女合法权益得

县级干部警示教育

到充分保障。2006 年，共受理各类呈捕案件 152 件 198 人，经审查，批准和决定逮捕犯罪嫌疑人 106 件 138 人，依法不捕 46 件 60 人。工作中严把事实关、证据关、程序关和适用法律关，坚持宽严相济的刑事政策，最大限度地化解矛盾，促进和谐。2009 年，侦查监督科被评为菏泽市“优秀妇女维权岗”。2010 年，强化侦查诉讼职能，促进司法公正，共监督立案 15 件 15 人，监督撤案 32 件 32 人，追捕 13 人，追诉漏犯 19 人，追诉漏罪 6 条。

1991—2010 年鄄城县审查批捕情况统计表

表 25-2-1　　单位：案 / 人

年　份	受　理	批准逮捕	不批准逮捕	追　捕
1991	100/150	98/149	2/1	—
1992	56/103	55/100	1/3	—
1993	47/75	47/74	1/1	—
1994	56/96	55/95	1/1	—
1995	69/143	68/137	1/6	—
1996	87/151	85/148	2/3	—
1997	98/164	92/154	6/10	—
1998	90/152	87/145	3/7	7
1999	101/142	93/129	8/13	5
2000	99/131	77/97	22/34	8
2001	176/246	160/222	16/24	—
2002	129/167	97/131	32/36	—
2003	113/143	81/110	32/33	—
2004	130/165	97/132	33/33	13

续表 25-2-1

年　份	受　理	批准逮捕	不批准逮捕	追　捕
2005	174/236	122/175	52/61	—
2006	152/198	106/138	46/60	—
2007	158/231	124/174	34/57	—
2008	157/219	122/172	35/47	9/15
2009	200/272	139/201	61/71	3/3
2010	202/287	156/216	46/71	10/13

第四节　公　诉

1991 年公诉机构为刑事检察二科，2005 年机构改革时更名为公诉科。公诉科的主要职责是审查起诉，实行个人阅卷、集体研究、检察长决定的办案制度，对出庭支持公诉的案件，发表公诉词。1991 年，采取提前介入、互通情报、互相配合等多种方式，加强与县法院的协调配合，工作效率与案件质量提高。1993 年，派员出席法庭支持公诉工作取得了办理一案、教育一片和以案释法的社会效果。1991—1995 年，共受理各类审查起诉、免于起诉 408 案、690 人，依法报送菏泽地区检察分院审查 26 案 40 人，起诉到县法院 278 案 383 人，免于起诉 180 案 234 人，派员出席法庭支持公诉 225 案 304 人。1996 年，修改后的刑诉法实施，加大对公安侦查活动及法院审判活动的监督，防止错诉 1 案 1 人，改变公安机关定性 4 次，追诉 10 人，纠正违法 12 次。1997 年，对原来“重事实、轻程序”的情况予以纠正，庭审方式有了重大变革，增加了大量新罪名，取消了免诉权。1998 年，改变公安机关定性 6 件 6 人，追诉 2 人，追补漏罪 2 条。2000 年，在内部实行办案进度公示催告制度，缩短了办案周期。2000 年以后，相继实行主诉检察官办案制度、对于本院自侦部门自行侦查的案件提前介入制度，提高工作效率和案件质量。1996—2000 年，共受理各类审查起诉、免于起诉、不起诉 465 案、615 人，依法报送菏泽地区检察分院审查 26 案 46 人，起诉到县法院 286 案 357 人，不起诉 2 案 2 人，派员出席法庭支持公诉 235 案 279 人。2001 年，参与“严打”整治斗争，把打击流氓恶势力犯罪、带黑社会性质的团伙犯罪和杀人、抢劫、绑架等暴力犯罪作为工作重点，坚持从重从快原则，及时、准确地审查起诉了一批严重刑事犯罪分子。2003 年，实行介入引导侦查、庭前证据展示、普通程序简易审、多媒体示证等新的诉讼模式，准确把握起诉条件，有效提高了案件质量，使起诉准确率保持在 100%。2001—2005 年，共受理各类审查起诉、不起诉 605 案、832 人，依法报送菏泽市检察分院审查 27 案 46 人，起诉到县法院 453 案 616 人，派员出席法庭支持公诉 371 案 491 人。自 1991 年起，依法口头或书面纠正公安机关、审判机关违法 180 余次，改变公安机关定性 56 件 72 人，追诉 18 人，纠正漏罪 31 条，抗诉 2 件 2 人。2006—2010 年，共受理各类案件 776 件 1120 人。经审查，因案情重大、情节严重，依法报送菏泽市院审查起诉 30 件 51 人；事实清楚、证据确实充分、依法向县法院提起公诉 658 件 945 人，县法院均作出有罪判决，起诉准确率 100%；派员出席法庭支持公诉 444 件，建议法院适用简易程序审理 195 件。同时依法发行法律监督职责，依法纠正漏诉 51 人，依法改变公安机关定性罪名 32 条，向公安机关口头或书面提出纠正违法 136 件 164 人。审查法院刑事判决 632 件 895 人，经审查因审判机关审判程序违法提出抗诉 1 件，口头或书面提出纠正 65 次。在办案的同时，向有关发案单位或部门提出检察建议 41 件次，帮助他们建章立制，填补漏洞。适用刑事和解程序使 60 余对涉案人和解，建议法院从轻处罚 62 件 73 人，有效化解了社会矛盾，促进了社会稳定和谐。2006年，与公安局、法院密切配合，受理各类移送起诉案件165件238人，报送市检察院和移送他院7件20人，提起公诉107件144人，县法院均作出有罪判决。2008年，贯彻宽严相济的刑事政策，在全市率先制定《适用和解程序处理轻微刑事案件的规定》，对7类轻微犯罪案件依法不捕12人，不诉和建议法院从轻处罚19人。坚持专门机关和群众路线相结合，发挥社会力量在刑事和解中的作用，邀请人民监督员对和解过程进行监督，保证了和解过程的公平公正，受到省、市检察院肯定。2010年，公诉工作中，加强与公安局、法院的联系和沟通，通过提前介入、审前沟通、检察长列席审委会、提出量刑建议等方式，使起诉准确率保持在100%。10月，县人大常委会听取县检察院贯彻宽严相济刑事政策汇报，给予肯定。保障未成年人的合法权益，设立未成年犯罪嫌疑人心理疏导工作室，针对未成年人犯罪的心理特点，有针对性地进行心理疏导，帮助他们早日回归社会。

1991—2010年鄄城县审查起诉情况统计表

表25-2-2　　单位：案/人

年　份	受　理	报分院、市院	起　诉	出庭支持公诉	免予起诉或不起诉
1991	137/188	5/8	83/114	68/95	45/61
1992	96/126	4/9	48/64	40/45	41/46
1993	78/107	6/11	31/40	27/38	38/53
1994	93/122	5/5	41/59	32/45	37/48
1995	94/133	7/8	70/95	58/71	14/17
1996	129/184	7/20	60/84	48/63	55/73
1997	64/83	7/8	40/47	35/42	—
1998	94/124	4/6	69/91	60/82	—
1999	93/118	2/3	57/68	48/56	—
2000	119/137	8/11	69/84	52/56	—
2001	159/234	4/8	115/185	98/146	—
2002	129/171	6/10	107/144	94/118	—
2003	120/158	8/8	88/107	63/82	—
2004	67/92	2/3	59/76	48/62	—
2005	130/177	7/17	84/104	68/83	—
2006	139/183	6/19	117/153	86/	—
2007	141/208	3/3	123/175	76/	—
2008	128/178	7/12	104/142	77/	—
2009	190/279	7/9	130/202	101/	—
2010	178/272	7/8	184/273	104/	—

第五节　监所检察

1991年，开展菏泽检察分院提出的看守所百日安全竞赛活动，实现全年无事故目标。1993年开展“依法监督、文明管理”教育活动，保证了看守所秩序稳定。1991—1995年，共组织清狱67次，提出书面检察建议54条，纠正各类违法30余起，组织对在押人员教育88场次，进行监外执行犯检察200余人次。1996年，依法查处3起看守所干警玩忽职守、包庇犯罪案件和2起狱内在押人犯重新犯罪案件。1998年，通过开展驻所检察，纠正超期羁押等违法行为20起，清狱18次。2000年，办理服刑罪犯又犯罪案1件，制止在押人员自杀事故2起。1996—2000年，共组织清狱71次，提出书面检察建议87条，纠正各类违法85余起，组织对在押人员教育85场次；立案侦查监管人员犯罪4件7人，其中起诉2件2人，免诉2件5人；审查起诉服刑罪犯又犯罪案件1件2人，法院均作出有罪判决。2001年，坚持做好对在押人员的规范化管理和教育感化工作，书面或口头纠正超期羁押等违法行为60余件次，对全县外执犯53人进行了考察。2001—2005年，共组织清狱99次，提出书面检察建议102条，纠正各类违法71起，组织对在押人员教育48场次，审查起诉服刑罪犯又犯罪案件2件2人。2006年，办理失职致使在押人员脱逃案件2件2人，以在押人员脱逃事故为教训，落实驻所检察措施，监督看守所做好安全防范和文明管理工作。2007年，审查批捕服刑罪犯又犯罪案件2件5人，审查起诉服刑罪犯又犯罪案件2件6人，查办监管场所职务犯罪案件，初查1件1人。2008年，审查批捕监外罪犯重新犯罪1件，审查起诉1件；对九类重点案件全部进行建档，纳入重点监督。2009年，审查批捕监外罪犯重新犯罪1件，审查起诉1件；根据最高人民检察院、公安部在看守所开展监管执法专项检查活动精神，对看守所进行全面检查，维护在押人员合法权益；对2008年看守所呈报假释案件进行清理检查。2010年，批准逮捕服刑罪犯又犯罪案件1件1人，立案侦查贪污案件2件2人；开展维护在押人员合法权益专项活动、监外罪犯监督活动、社区矫正试点工作，在董口、大埝建立社区矫正试点。

第六节　控告申诉

1991年，开展受理举报和控告工作，受理群众来信来访28件，初查1件。1993年，控告申诉科与举报中心合署办公，重点解决企业改制、国有资产流失等问题，做好集体上访的息诉工作。1991—1995年，共受理群众来信来访278件，初查7件。1996年，加大初查工作力度，依法直接初查30件次，为国家和集体挽回经济损失36万余元。1998年，共受理群众来信27件次，来访18件次，电话举报4件次。2000年，坚持检察长接访制度，妥善处理人民群众来信来访，控申科被山东省人民检察院授予“省级文明接待室”称号。1996—2000年，共受理群众来信来访408件，初查172件。2001年，在县城及部分乡镇开展法制宣传教育、法律咨询及接访活动，发放宣传材料5000余份，接待咨询群众60人次。2004年，为确保“两会”及重大节日期间社会稳定，对重点信访案件，实行领导人包案制，依法妥善处理涉法信访案件，及时化解了一批矛盾和纠纷。2001—2005年，共受理群众来信来访192件，初查56件。2006—2010年，化解信访积案，妥善处理了一批涉检信访案件，依法返还扣押款项108905.54元，对信访人进行生活救助5900元，督促协调有关单位向信访人支付抚恤金40万元，支付赔偿金8万元，实现了“案结事了，息诉罢访”目标。参与“五长接访”、检察长接待日接访和院领导班子成员定期接访，妥善处理领导交办案件。开展下访巡访工作，会同有关部门在全县各乡镇设立民生检察联系点16个，聘请民生检察联络员17人，明确民生热线承办员1人，保障和改善民生，做好群众、信访、维稳和民生热线工作。2008年5月，制定《关于建立涉检信访评估预警制度的意见》，及时下发各业务部门贯彻落实。各业务部门明确预警负责人，尽最大限度把矛盾隐患和涉检信访风险化解在每一个办案环节。2009年9月，制订《鄄城县人民检察院处置紧急信访工作预案》。加强检察硬件建设，安装了视频接访系统、“12309”专用举报电话平台和检务公开触摸屏，设立检察长接待室、群众来访接待室、候谈室、情绪疏导室，开通安检、监控系统，方便群众投诉，确保接待安全。2007年3月，被山东省人民检察院评为“全省检察机关集中处理涉检上访问题专项整治活动先进集体”。2008年，控申举报接待室被山东省人民检察院授予“文明接待室”称号；2010年，被最高人民检察院授予“全国文明接待室”称号。

第七节　民事行政检察

1994年设民事行政检察科。当年办理全省首例民事行政抗诉案件，并经法院重新审理后获改判。1995年立案审查5件，提请抗诉1件。1998年共受理民事行政申诉案件16件，经审查立案9件，向法院提出检察建议6件，终止审查2件，转其他机关处理1件，服判息诉7件。2000年，立案审查28件，提请抗诉和建议提请抗诉20件，法院再审后改判16件。1996—2000年，共立案审查49件，提请抗诉33件，息诉29起。2001年，全年受理不服法院生效判决、裁定的民事、经济、行政申诉案29件，立案审查28件，提请抗诉21件，法院均作了改判。2003年，受理民行申诉案件11件，立案审查11件，提请和建议提请抗诉9件，向县法院发出再审检察建议1件。2001—2005年，共立案审查94件，提请抗诉68件，息诉39起，有效保护了申诉人的合法权益，维护了法律的公平、公正。2006—2010年，共办理各类民事行政申诉案件及检察创新案件113件，其中：民事案件100件，提请和建议提请抗诉案件26件，上级院采纳25件，采纳率为96%；建议法院再审案件54件，法院采纳51件，采纳率为94%；经审查不符合抗诉条件终止审查和不予立案20件，均做了当事人的息诉工作。行政申诉案件立案审查2件，1件建议市院提请省院抗诉，被省院采纳；一件不符合抗诉条件，向镇政府发检察建议，被镇政府采纳，维护了当事人合法权益。办理行政执法检察监督案件4件，对行政执法机关不作为或乱作为的情形进行有效监督，共向有关行政执法部门发出检察建议4份，有关单位均进行整改，并将整改情况书面回复。办理督促起诉案件7件，针对国有资产流失或可能流失造成损失的情况，向国有企业发督促收回国有资产的检察建议7份，为国家挽回经济损失400余万元。2007—2010年，在全市民行部门年终绩效考核中，已连续4年进入前三名；所办案件中，有2起案件被菏泽电视台作为构建和谐社会的典型案例予以播报。围绕群众反映强烈的农村债务、土地承包、违规建设，以及“执行难”“乱收费”“吃拿卡要”等问题开展专题调研，向县委和有关部门提出工作建议和意见，供相关部门参考，其中《关于开展行政执法检察监督工作的报告》，被县委办公室以文件形式在全县有关部门转发。2006年，立案审查民事行政检察案件12件，成功查办审判人员涉嫌职务违法2件3人。民事行政检察工作由原来单纯的受理民事行政申诉案件、符合抗诉条件的提请抗诉到再审检察建议的提出、行政执法监督的开展以及“民营企业维权中心”的成立、维护民营企业的合法权益；由单一工作向多元化工作发展，从多渠道、多方位、不同方面、不同层次服务于鄄城经济发展。2008年，民事行政检察部门针对外出务工人员法律知识匮乏、维权意识不强的状况，向外出务工人员发放《务工维权指南》，受到务工人员欢迎。2010年，以民营企业法律维权中心为服务平台，主动加强与企业的联系，深入企业考察调研，召开民营企业座谈会，共征集到加强检企联系、提供法律咨询、加大打击力度等意见建议6条，进一步完善优化发展环境的工作措施。

第八节　职务犯罪预防

2005年机构改革，设立预防职务犯罪办公室（副科级单位）。2006—2010年，预防办深入开展重点领域、重点行业和发案单位的预防工作，加强对预防经验和对策的研究，撰写预防调查报告62篇；开展法律宣传和警示教育活动，采取以案说法上法制课、举办预防职务犯罪图版展、大型法制宣传等警示教育活动196次；采取不同形式，开展预防咨询和行贿犯罪档案查询工作，为有关单位和部门工程建设提供预防咨询及举办街头法律咨询活动590次；受理对外行贿犯罪档案查询207次；结合本院查办的职务犯罪案件，进行职务犯罪案件剖析63件；先后向有关部门提出有针对性的检察建议66件，并件件回访落实；印发预防书籍1种、创办预防期刊1种，从源头上减少了腐败现象发生。农村公路改造、村村通自来水、农村中小学危房改造、农村基层卫生院建设等民生工程涉及交通、教育、卫生、水利等诸多方面，是当时群众最关心的问题，县检察院发挥检察职能，在工程的立项、合同的签订、资金的拨付、使用等容易引发职务犯罪的薄弱环节全面参与、重点监督。对工程建设过程中出现的违法违纪问题及时处理，对每个工程均实行廉洁准入制，通过提供行贿档案查询，有不良记录的投标企业，限制参与投标。并为民生工程提供预防咨询，举办警示教育活动。杜绝了腐败工程的出现，所有民生工程均实现“工程优质、干部优秀、资金安全、群众满意”目标。针对农村基层干部职务犯罪呈上升趋势，从而引发群众对农村干部腐败问题的上访现象不断增多的情况，预防部门发挥检察职能作用，从引发上访事件和诱发职务犯罪因素入手，创新农村职务犯罪预防工作，通过建议党委政府，把好“村干部的入口关”；健全财务管理制度，把好“农村财务收支关”；强化群众监督，畅通监督渠道，把好“群众监督关”等等一系列的措施，促进了农村政治稳定和经济发展。预防部门在鄄城县所辖乡镇建立群众工作联系点，开展调查研究，向党委、政府和有关职能部门提出消除隐患、强化管理的对策建议，促进社会管理创新。并通过联系点的建立，开展法律宣传和预防咨询活动，近距离地了解群众诉求，为群众提供便捷的法律服务，把矛盾化解在基层。为构建预防职务犯罪社会大格局，县检察院发展单位会员 37 个，个人会员 74 个，成立了鄄城县预防职务犯罪协会，指导和组织部署全县各部门开展预防职务犯罪工作。编印《预防期刊》，作为开展预防宣传和警示教育的重要载体。县检察院和县卫生局联合共同编写《鄄城预防工作》，下发全县 30 多个单位和部门，使干部职工掌握法律基本常识，增强自觉守法意识。2006 年，预防部门针对建筑工程领域职务犯罪多发趋势，加强对工程招、投标环节的监督，在乡镇卫生院“360”建设工程、“村村通”公路工程等开展专项预防。2008 年，先后在教育、国土、卫生和交通系统实行系统预防，开展廉政教育，帮助建章立制，堵塞漏洞，构筑使人不想犯罪、不能犯罪、不敢犯罪的思想道德防线、监督制约防线和法律威慑防线。2010 年，预防结合办案，向发案单位提出检察建议 23 件，提供预防、法律咨询 500 次，开展警示教育活动 92 次，受理行贿犯罪档案查询 186 次，开展预防调查，撰写有情况、有分析、有建议的预防调查报告 35 篇，为党委决策提供了参考。

第三章 审 判

第一节 立 案

立案庭是 1997 年 8 月 15 日因告诉申诉庭被撤销后设立的，具有审判业务和管理工作两项职能，当年共受理案件 1979 件，标的额 1808.23 万元，调处简易纠纷 15 件，收到来信 156 件次，接待来访 190 人次，提供法律咨询 143 人次。2000 年 5 月，印发《鄄城县人民法院审判流程管理操作细则》，6 月 10 日全院大立案开始运作，对立案、排期、送达、结案、督查作出进一步规范。1998—2005 年，共立案 18028 件，标的额达 31902.38 万元，收到来信 700 余件，接待来访 3800 余人次。

2006 年，强化立案机构在立案、信访和流程管理方面的职能，严格把握申诉、申请再审案件的立案审查范围，共立案 2119 件。成立信访工作领导小组，制定信访工作制度，建立“大信访”格局，共处理群众来信来访 237 人次，并尝试诉前调解工

郓城县人民法院

作，全年诉前调解案件 10 件。2008 年，坚持快速、及时的立案制度，规范完善便民利民措施，共立案 2056 件。实行首问负责制，全年共接访 69 件 132 人次。全部化解中央政法委交办的涉诉信访案件。全年共减免缓诉讼费 37964 元。2010 年，进一步规范立案阶段的流程管理，全面实现诉讼引导、审查受理诉讼收费、查询咨询、材料收转、判后答疑等“一站式”服务，共立案 2552 件。

2006—2010 年，无该立不立、立而不当案件。立案机构在立案、信访和流程管理方面的职能得到强化，共立案 11070 件。

第二节　刑事审判

1991 年，县法院刑事审判继续贯彻执行“从重从快”和“依法从严”方针，至 1997 年，共审结各类刑事案件 381 件。2001 年，县法院参与“严打”整治斗争，对有组织犯罪、带有黑社会性质的团伙犯罪及流氓恶势力，对严重危害社会治安的杀人、抢劫、盗窃、强奸等暴力犯罪和拐卖妇女儿童等多发性犯罪，依法从快从重惩处各类刑事犯罪分子。全年共审结 123 件 166 人，判处各类刑事犯罪分子 135 人，其中 10 年以上有期徒刑的 9 人，5 年以上不满 10 年有期徒刑的 25 人，不满 5 年有期徒刑、拘役、缓刑的 101 人。先后召开大型公判会 3 场次，小型公判会 5 场次，宣判刑事案件 81 件 93 人，旁听群众近 10 万人。2002—2004 年，共审结 297 件。2005 年按照上级部署，参与“严打”整治斗争以及打击“两抢一盗”等专项行动，严厉打击抢劫、绑架等暴力犯罪和侵财性、多发性犯罪，依法惩处一批犯罪分子。全年共审结 99 件 132 人，判处犯罪分子 126 人。1991—2005 年，县法院所审结案件全部做到事实清楚、证据确凿、定性准确、程序合法、量刑适当，上诉无发还、无改判、无因工作不当导致矛盾激化造成严重后果和越级上访的案件，无冤、假、错案。

2006—2010 年，共审结刑事案件 649 件。依法惩处一批刑事犯罪分子，维护了全县社会稳定。2006 年，共受理案件 109 件 145 人，审结 112 件 148 人（含 2005 年旧存案件）。推广刑事案件使用简易程序和普通程序简易审，提高审判效率。继续保持超期羁押案件零纪录。2008 年，共受理案件 104 件 143 人，审结 104 件 134 人（含 2007 年旧存）。判处 10 年以上有期徒刑 7 人，5～10 年有期徒刑 8 人，5 年以下有期徒刑 105 人，拘役 4 人，免于刑事处罚 6 人，撤诉 2 人，单处罚金 2 人。全年共受理刑事附带民事案件 16 件，全部调解结案。继续坚持“教育、感化、挽救”相结合的方针，抓好未成年人犯罪案件 13 件 14 人。2010 年，全年共受理刑事案件 184 件 264 人，结案 179 件 257 人。判处 10 年以上有期徒刑 35 人，5～10 年有期徒刑 58 人，5 年以下有期徒刑 126 人，拘役 24 人，免于刑事处罚 2，移送 2 人，单处罚金 10 人。刑事附带民事案件调解率达 91.3%，位居全市法院前列。

第三节　民事审判

1997—2010 年，县法院着重审理婚姻家庭、房屋宅基、损害赔偿、劳动争议、债权债务及赡养、扶养等面大量广的民事案件。县法院结合审判实践，主动参与基层社会治安综合治理工作，送法上门、送法下乡，开展法律宣传、法律咨询和司法建议活动，搞好公开审判，扩大办案效果。1991—1997 年，共审结民事案件 4065 件。1998 年，共审结民事案件 1206 件。对群体性诉讼案件重点审理，先后稳妥处理了红船镇综合加工厂拖欠 160 余户农民借款

县领导到县法院调研

纠纷、梁屯乡槊梢李庄土地使用权纠纷等一批有影响的案件。1999—2005年，共审结民事案件6854件，2000年，成立维护军人军属合法权益巡回法庭，依法维护军人军属权益。

2006年，共审结案件1011件。民事审判落实简繁分流制度，扩大建议案件受理范围，提高诉讼进度，适用简易程序审理案件785件，简易程序使用率达77.65%。立足化解和疏导矛盾，采用诉讼调解的方法解决纠纷，将诉前、诉中、诉后调解相结合，发挥调解工作的传统优势，做到“案结事了”。2007年，共审结案件835件，调解结案526件，调解率达63%。民事审判法官车文起被最高法院、司法部授予“全国指导人民调解工作先进个人”称号。强化《中华人民共和国物权法》的学习和培训，开展裁判文书评选活动，裁判文书制作质量明显提升。2010年，民事审判紧紧围绕“保增长、保民生、保稳定”工作主线，加大对涉及民生案件的审理，重点放在依法妥善审理好婚姻家庭、损害赔偿等案件，依法促进中央和国家有关民生政策的落实。全年共审结各类民事案件1092件。2006—2010年，共审结各类民事案件4821件，化解大量矛盾纠纷，收到良好法律效果和社会效果。

第四节　经济审判

1991年10月，经济审判工作的重点转移到为国营大中型企业和地方骨干企业服务上来。1991—2000年，共审结经济案件6068件。2001年，围绕经济建设中心，发挥依法调节、保护、规范经济活动的职能，审理各类经济纠纷案件，依法维护正常的市场秩序，共审结281件经济案件，结案标的额1431.07万元。审结企业租赁、承包、转让、买卖等经济纠纷案件21件，平等保护国有、集体和个体私营经济等市场主体的合法权益；审结农村土地、果园承包、假种子、假农药、假化肥等纠纷案件53件，稳定了农村承包关系，净化了农资市场，促进了农民增收和农业增效。审结金融纠纷案件207件，依法防范了金融风险。2002—2005年，共审结经济案件2769件。

为适应社会形势发展需要，2005年2月，经济审判庭改为民事审判第二庭，将经济审判的提法改为商事审判。2006年，商事审判落实院内审限制，加强审限管理。落实庭审方式改革有关要求，完善庭前准备和开庭审理程序，提高庭审质量。推行判前评断、判后答疑等辨法析理做法。全年共审理商事案件520件。2007年，加大破产案件审理力度，共受理破产案件4件，审结3件，实现“无震荡”破产，国家、职工以及其他债权人的利益得到维护。慎重审理涉企案件，妥善审理了鄄城黄河公路大桥投资有限公司指定清算组一案，使大桥建设顺利进行。该案被省法院指定为典型案例，在全省商事审判工作中作了经验介绍。全年共审结各类商事案件800件。2010年，商事审判审理借贷、租赁、建设工程合同、企业破产、改制等案件，有效化解利益纷争，及时消除制约经济发展的不利因素。全年共审结案件900件。2006—2010年，共审结商事案件3210件，为优化全县经济发展环境，服务全县工作大局发挥了保障作用。2010年，商事审判庭被省高院记集体一等功，被评为“全省商事审判工作先进集体”。

第五节　行政审判

1990年8月21日，县法院正式设立行政审判庭。1991—1997年，针对行政机关侵犯国有企业生产经营决策权、产品销售权、投资决策权等案件，依法从快审理，保障国有企业经营自主权，促进全县国有企业经营机制转换；加强对乱设卡、乱罚款、乱收费等阻碍商品生产、流通案件的审理，规范社会主义市场经济秩序。1991—1997年，共审结行政案件556件。1998年以后，行政审判围绕社会热点、难点问题，审理好农民减负、黄河滩区建筑物拆迁等影响大局稳定的案件，较好地执结了全县影响较大的东肖庄居民小区非法建筑强制拆除案件。加大对社会抚养费的征收力度，依法支持县计划生育工作，2005年上半年，在县计划生育局专门设立计划生育巡回法庭。1998—2005年，共审结行政案件1095件。

2006年，共受理行政诉讼案件144件，审结144件，受理非诉行政执行案件102件，执结103件（含2005年旧存）。审判中，坚持从促进依法行政和维护社会稳定大局出发，做好疏导和协调工作，及时化解矛盾，减少社会不稳定因素。2009年，依法妥善处理关系人民群众切身利益的行政案件，全年共审结土地行政登记、治安处罚案件99件。2010年，针对行政诉讼案件，开展案件回访、一案一建议活动，提出有针对性的司法建议，促进了行政执法水平提高。全年共受理行政案件112件，审结112件，结案率为100%。2006—2010年，共审结行政案件836件，既保护了行政相对人的合法权益，又促进了行政机关依法行政，减少了社会不稳定因素。

第六节　执　行

1982年10月成立执行庭。1991年，县法院对不履行法院生效裁判的被执行人5人，依法进行了拘留。当年，共执结案件36件。在执行中，针对不同执行对象，采取不同的执行措施，对坑农、害农、假种子、假化肥、假农药案件，优先予以执行，适时进行执行大会战集中执行活动。1992—2001年共执结案件2832件。2002年，县法院按照上级部署，建立起统一管理、统一协调、统一指挥的“三统一”执行工作新机制，申请执行不预交执行费，全年共受理各类执行案件179件，执结189件，执结标的额76.83万元。随着执行工作形势的不断变化，“执行难”问题逐渐成为一个社会难题。县法院在执行工作中，先后尝试了申请选择执行法官制度、执行裁决权与实施权相分离制度、执行听证制度、有偿举报制度等。2003—2005年，共执结案件677件，标的额1000余万元，执结率100%，执行工作实现良好循环目标。2005年2月，为适应执行工作的需要，执行庭改为执行局，下设执行一庭、执行二庭和综合室。

2006年，共受理执行案件233件，执结184件。按照最高人民法院部署，开展清理积案活动。县委下发支持法院工作的意见。召开全县解决执行难工作会议，县委政法委、县综治办、县人大、县政协相继下发有关文件，建立执行联动机制，促进执行工作开展。整个清理执行积案活动中，终结执行程序310件，中止执行374件。2008年，共受理执行案件476件，执结399件。推行执行长负责制，修订《执行长负责制及考核办法》《执行干警职责及管理办法》，“执行难”问题得到有效缓解。2010年，共受理执行案件335件，执结321件。在全市法院率先实行执行工作裁决权与实施权相分离的执行工作新机制，提高了执行效率，加强了执行工作内部之间的相互监督。2006—2010年，共执结案件1346件，最大限度确保当事人权益实现，维护了司法权威。

第七节　告诉申诉审判

1990年8月21日，为适应新形势新任务的需要，人民来信来访接待室改为告诉申诉审判庭，当年共立经济案件130件，民事案件82件，调处简易纠纷15件，接待来访879次，来信115件。1991年，县法院重点抓了依法审查告诉立案和复查申诉案件两项工作，复查刑事案件11件，其中改判3件，维持8件。当年共立经济案件130件，民事案件82件，调处简易纠纷15件，处理刑事自诉案件7件，接待来访82次，来信109件，在市中级法院检查中名列第三。

1993年，建立以告诉申诉、审判业务庭、各法庭组成的网络工作体系，逐步建立完善立案、信息反馈、检查考核、定期通报等制度。1994年，各种社会矛盾和问题日益增多，告诉申诉工作任务繁重，共接待人民来访81人次，处理人民来信50件，处理简易案件6件，审理复查案件8件。1996年4月6日，正式实施院长接待日制度。1995—1996年，共立案4734件，处理来信68件，来访347人次，提供法律咨询123人次，办理诉前调解28件，申诉申请再审案件13件，刑事自诉案件3件。随着社会形势发展和审判任务的变化，告诉申诉审判越来越不能满足审判和管理工作的需要，1997年8月15日，设立立案庭和审判监督庭，从而取代告诉申诉审判庭，告诉申诉审判由立案和审判监督分别负责。

2006年起，告诉申诉审判这一称谓取消。

第八节　审判监督

1997年8月15日，县法院设立审判监督庭。职责主要是依法审查刑事、经济、民事、行政再审案件，接待、审查并处理已经发生法律的判决、调解、裁定、支付令等法律文书造成当事人上访申诉案件，负责刑事、民事、经济、行政、执行已结案件的评查，依法办理行政赔偿案件等。当年评查案卷793件，对不合格卷宗及时予以纠正。2001—2005年共审结再审案件56件。

2006年，审判监督工作全面落实立审、审执、和审监分离，完善审判流程管理，强化不同诉讼环节的相互制约，落实案件质量评查制度，共评查卷宗1983件，及时发现并纠正案件裁判过程中的不规范做法。全年共受理再审案件6件，审结5件。当事人申请再审案件21件，经复查申诉听证案件18件。2008年，坚持有错必纠原则，审理检察机关抗诉或建议再审、当事人申请再审和上级法院发回重审的各类案件。全年共受理再审、重审、复查案件21件，审结21件。受理民事诉讼保全案件10件，结案10件。2010年，及时检查和纠正案件审判过程中存在的问题，确保办案程序合法，裁判实体公正。强化案件监督职能，实行案件评查、季度通报制度，把好案件归档关。通过严格的监督体系，提高了全院的办案质量。全年共受理再审案件27件，审结27件。2006—2010年，共审结再审、申诉等案件81件。

1991—2005年鄄城县法院审理案件情况表

表25-3-1　　单位：件

年　份	刑事案件	民事案件	经济案件	行政案件	执行案件
1991	90	437	230	5	36
1992	60	455	365	68	79
1993	43	543	225	9	34
1994	57	736	464	110	134
1995	75	512	2436	55	79
1996	56	556	300	103	310
1997	68	826	468	206	268
1998	96	1206	704	106	438
1999	116	1139	429	153	558
2000	128	1003	447	5 非诉讼执行97	607

续表 25-3-1

年　份	刑事案件	民事案件	经济案件	行政案件	执行案件
2001	123	902	281	65 非诉讼执行 59	325
2002	126	659	92	87 非诉讼执行 227	189
2003	97	794	909	122 非诉讼执行 37	307
2004	74	613	1469	132 非诉讼执行 24	246
2005	99	1744	299	105 非诉讼执行 181	124

2006—2010 年鄄城县法院审理案件情况表

表 25-3-2　　单位：件

年　份	刑事案件	民事案件	商事案件	行政案件	执行案件
2006	112	1011	520	145 非诉执行 103	184
2007	118	835	800	263	111
2008	104	905	510	114	399
2009	136	978	480	99	331
2010	179	1092	900	112	321

第四章　司法行政

第一节　普法教育

1991—1995 年，是全国在公民中普及法律常识的第二个五年规划（简称“二五”普法）时间。1993 年 3 月，鄄城县制订“二五”普法和依法治理实施方案。重点普及《中华人民共和国国家安全法》《中华人民共和国矿产资源法》《中华人民共和国未成年人保护法》《保守国家秘密法》《中华人民共和国妇女权益保障法》和《中华人民共和国工会法》。在普法工作中，采取条块结合的办法实施，专业法由主管部门负责，县普法办公室协调。1994 年，制订全县年度“二五”普法和依法治理工作实施方案，重点组织在校学生的普法教育，全县 88% 的中小学开设法制课。

1996—2000 年，是全国在公民中普及法律常识的第三个五年规划（简称“三五”普法）时间。普法教育重点对象是干部（特别是县级以上的领导干部，司法人员、行政执法人员）、青少年和企业经营管理人员。学习重点是有关市场经济的法律法规和专业法律知识，内容是《中华人民共和国公司法》《中华人民共和国合同法》《中华人民共和国商标法》《中华人民共和国产品质量法》《中华人民共和国行政处罚法》《中华人民共和国行政诉讼法》《中华人民共和国国家公务员暂行条例》。"三五"普法期间，县普法办举办法制讲座10余场，50余名干部进行任职前考试，26名干部参加第二学历法律教育，连续5年组织全县机关、企事业干部参加全省普法考试，近1万人次参考，及格率100%，全县优良率达95%以上。在校学生法制教育内容是《中华人民共和国宪法》《中华人民共和国预防未成年人犯罪法》《中华人民共和国义务教育法》及有关法律法规。2000年8月，有210所中小学配备专管法制工作的副校长，其他小学配备法制辅导员。

2001—2005年，是全国在公民中普及法律常识的第四个五年规划（简称"四五"普法）时间。2001年10月，鄄城县制定"四五"普法和依法治县实施规划。12月4日为第一个全国法制宣传日，鄄城县开展"四五"普法宣传一条街活动。发放普法教材1万余册，培训普法骨干300余人，开展了送法进社区、送法下乡、开展法律知识竞赛和法律宣传日、宣传月活动（每年的12月4日及每年的3月中旬至4月中旬）发放宣传单12万余份，现场解答5000余人次。利用7月1日、教师节、法制宣传月、12月4日宪法宣传日进行10次法律知识竞赛。

2006—2010年，全县共有68万人（次）接受"五五"普法教育，占应普对象总数的85%，其中领导干部和国家公务员（机关工作人员）普法率为100%，青少年学生普法率为100%，企事业经营管理人员普法率为92%，居（农）民普法率为50%，外来务工人员普法率为45%。开展普法宣传活动，悬挂标语，设立宣传咨询台，现场讲解法律、法规和政策条例，就群众关心的一些法律问题进行解答。发放法律明白纸1000余份，直接受教育干部群众达3000余人，举办行政执法培训班2期，培训人员200多人次。在全县30余个中学举办青少年法制宣传教育巡回报告会。开辟法制宣传栏160个，悬挂宣传横幅3500条，张贴宣传标语8500条，发放《山东省五五普法读本》4万余册。

司法宣传

第二节　公　证

1991—2005年，在农村重点办理老年人赡养、计划生育、宅基地使用权、土地承包（含坑塘、果园、林场承包）等公证1.1万余件。

2001—2010年，在城市以金融、房地产公证为重点，拓宽公证服务领域，办理抵押借款合同公证和房地产赠予、继承遗嘱等公证1500件；国土部门的国有土地使用权的出让和土地整理项目的招投标公证30件，参与省级以上重点投资项目招标投标活动公证20件。

1991—2010年，参与建筑工程的招、投标现场监督公证280件；办理涉外及涉港、澳、台公证884件。公证书均发往美国、日本、韩国、加拿大、法国、澳大利亚等40多个国家和地区使用，主要用于探亲、奔丧、结婚、定居、留学、谋职、继承、领取养老金和减免税等。

1991—2010年，县公证处共办理公证事项79821件，担任常年公证联络点95家，针对办理公证中发现的问题，向政府及有关部门提出司法建议140件，被采纳140件，接待来访2363余人次，处理来信468余件，拒绝公证150件，揭露和制止不法经济活动46件，避免损失1376万元，办理各类公证事项涉及金额达10亿元，经济合同履约率达99.8%以上。

第三节　律师工作

1991—2010年，亘古律师事务所律师共为县、乡两级政府，企事业单位、社团和群众组织、公民个人担任法律顾问813家次，代理民事诉讼案件2715件，经济诉讼案件1237件，行政诉讼案件207件，其中涉案金额近亿元，为委托方索回赔欠款6729万元，承办刑事辩护及代理386件，代理自诉案件117件，代写诉状、草拟合同4320余件，解答法律咨询12077人（次），办理非诉讼业务2652件，20年间律师为当事人避免经济损失6342余万元。

2000—2010年，律师参与8家企业改制，6家企业破产申请、清算、资产处置。为企业培训人员10人，为县医院、县一中等企事业单位上法制课286场（次），参加人数9859人（次）。

第四节　法律援助

2001年5月，县法律援助中心与县妇联、县残联、县老龄办联合设立法律援助联络室。

法律援助业务工作按照援助中心统一受理、统一审查申请人条件、统一监督检查法律援助的实施、统一指定法律援助人员的原则，为受援人员提供法律帮助。至2010年，全县组织律师、公证员、基层法律服务工作者共承办各类法律援助案件659件，法律援助咨询16751人次。

第五节　基层司法行政

司法所建设　1991年，全县共设立25个乡镇司法所，每个乡镇配备司法助理员1人。2000年，全县由25个乡镇合并为16个，全部配备司法所长，在专职人员中，属司法行政编制的25人，地方编制23人，股级16人，中共党员39人，大专以上文化程度18人。全县16个乡镇司法所合并成立后，其中省级规范化司法所11个，市级规范化司法所5个，有工作人员48人。各司法所都有独立的办公用房，交通、通信工具较齐全。2005年年初，县司法局配合乡镇政府对司法所的办公桌椅、制度标牌全部进行统一更换。20年间，司法所向乡镇政府提供法律建议1260条，被采纳920条；代乡镇政府起草审查、修改规范性文件667件；调解纠纷1740件，处理纠纷4655件。通过调解和处理纠纷，防止民间纠纷转化为刑事案件617起，1920人；进行法制宣传教育1010场，受教育群众178万余人次。全县司法所人员受到部级表彰1人，省司法厅表彰12人，市级表彰73人，受到当地党委、政府表彰的137人。

1991—2010年，共受理各种纠纷15900件，调解和处理15700件，调处成功率在97%以上，指导和协助基层人民调解委员会调解疑难纠纷8130件。

基层调解组织　1991年，全县共有人民调解组织444个。2010年，全县共有人民调解组织474个，达到一类标准的380个，占80%，二类标准的94个，占20%，没有三类调委会，总计有调解人员1919人，其中首席调解员23人，一级调解员65人，二级调解员290人，三级调解员1270人。至2010年，共调解各类纠纷25740件，调解成功24950件，占97%。通过调解疏导，防止民间纠纷转化为刑事案件330起9940人。

基层法律服务　1991—1999年，全县共设立法律服务所25个。2002年，全县精简为10个法律服务所。2003年，脱钩改制工作完成后，全县合并为3个法律服务所。

1991年，全县共有基层法律服务工作者46人，2003年减至11人。

1991年，全县基层法律服务业务收费总计1.2万元，2010年，全县基层法律服务所业务收费达到50万元，比1991年增长40.1倍。

2000年以后，县司法局对基层法律服务所主任全部实行聘任制，签定目标管理责任书，法律服务所实行人员聘任制和效益工资制，所主任同法律服务工作者签订聘用合同、定期考核、严格奖惩、内部管理初步实现规范化。

1991—2010年，全县基层法律服务所共办理诉讼、非诉讼法律事项6010件，挽回、避免经济损失1700余万元。2010年，鄄城有市级文明法律服务所3个，基层法律服务工作者先后有35人（次）受到市、县以上单位表彰。

刑释解教人员安置帮教 1998—2010年，全县共接收刑释解教人员1126人、安置1105人，安置率为97%；帮教1120人，帮教率99%；重新违法犯罪的5人，占0.8%。

"148"法律服务 2000年，县"148"协调指挥中心成立。至2010年，共接到咨询电话10315个，接待来访4105人次，案件分流666件。重视对社会弱势群体利益保护，"148"上门调解案件共192件，避免民转刑案件发生46件，避免非正常死亡13人次。

第 二 十 六 编

武 装

WU ZHUANG

1948年鄄城县人民武装部成立。1986年6月改归地方建制，1996年4月1日改归军队建制，称中国人民解放军山东省鄄城县人民武装部。1991—2010年全县共完成征兵任务8641人。鄄城县人武部在抓好国防教育、人民防空、军事训练、战备执勤、消防安全的同时，支援地方建设、兴修水利、防汛救灾。2004年鄄城县人武部被中共山东省委、山东省军区党委评为全省人武系统帮扶工作先进单位。2005年，鄄城县在原双拥工作领导小组办公室的基础上，成立专门的双拥办公室，支持人民武装部建设和民兵预备役工作。1997年、2000年、2003年，鄄城县三次获得菏泽市双拥模范县称号。2006年、2010年连续两次获得山东省双拥模范县称号。鄄城县人民防空办公室于2002年7月5日成立，2006年被市政府、菏泽军分区授予“通信警报社会化管理先进县”称号，2007年被市政府、菏泽军分区授予“人民防空建设先进县”称号，2008年、2009年，在市人防办年度目标责任制考核中被评为二等奖。

第一章　武装机构

第一节　人民武装部

1991年，鄄城县人武部设办公室、军事科、政工科、后勤科、民兵训练基地和民兵装备仓库，1996年4月1日改归军队建制，称中国人民解放军山东省鄄城县人民武装部，接受菏泽军分区和中共鄄城县委、鄄城县人民政府的双重领导。按照《中国人民解放军政治工作条例》规定建立党委，党委第一书记由县委书记兼任，县人民武装部主要领导分别任书记、副书记。部长参加县政府常务会议，政委参加县委常委会。县人武部为正团级单位，设军事科、政工科、后勤科、民兵训练基地和民兵装备仓库，各科为正营级，民兵训练基地和民兵装备仓库为副科级单位。编制现役干部12人，专武干部3人，地方干部职工13人。2005—2010年编制24人，配部长、政委、副部长各1人，下设军事科、政工科、后勤科、民兵训练基地和民兵装备仓库。其中现役9人（干部8人，士官1人），地方干部职工16人。1991年各乡镇分别设武装部，2001年2月合并乡镇，全县16个乡镇各设1个武装部。1997年7月增设粮油集团武装部。2002年6月，增设电业集团武装部。2010年，全县共有18个基层武装部。

1991—2012年鄄城县人武部部长政委任职情况表

表26-1-1

职　务	姓　名	任职时间	籍　贯	备　注
部长	张传力	1991.01—1994.06	山东鄄城	-
部长	张献国	1994.06—1996.03	山东东明	-
部长	王　平	1996.04—1996.06		未到任
部长	王敏禹	1996.06—1997.01	安徽	-
部长	邵新民	1997.01—1999.01	山东成武	-

续表 26-1-1

职　务	姓　名	任职时间	籍　贯	备　注
部长	孙祥和	1999.01—2002.01	山东微山	-
部长	战军涛	2002.01—2003.01	山东莱阳	-
部长	赵有信	2003.01—2005.12	山东莱芜	-
部长	杜卫东	2005.12—2006.12	山东济南	-
部长	张立德	2006.12—2009.01	山东招远	-
部长	展世平	2009.01—2011.03	山东德州	-
政委	史大成	1991.10—1996.03	山东鄄城	-
政委	陈永勤	1996.03—1999.01	江苏阜宁	-
政委	邵新民	1999.01—2000.01	山东成武	-
政委	常洪峰	2000.01—2003.01	山东菏泽	-
政委	战军涛	2003.01—2004.10	山东莱阳	-
政委	谢忠良	2004.10—2010.04	山东单县	-
政委	丁　斐	2010.04—2012.03	山东日照	-

第二节　武警中队

鄄城县武警中队初建于 1949 年 8 月，隶属于菏泽专区政治保卫队，12 月改为县公安队。1952 年 7 月改称中国人民解放军县公安中队，归属军事系统领导。1955 年 8 月改称县人民武装警察部队，归属县公安局领导。1957 年 8 月，又改属中国人民解放军，归属军事系统领导。1959 年 1 月，部队集体转业，中队官兵改为地方行政级别，属县公安局领导。1960 年 1 月改称县警察中队。1962 年改为现役制，改称公安中队，隶属中国人民公安部队菏泽专区公安大队领导，1966 年 5 月隶属县人武部领导。1976 年 1 月，改归县公安局领导，为现役，仍称县武警中队。1982 年 12 月，归属武装警察部队菏泽支队领导，至 2010 年未变。

县武警中队官兵牢记为人民服务宗旨，不辱使命，多次完成除奸保卫、武装看守、重大警卫、打击刑事犯罪、抢险救灾，救助地方群众等重大任务，多次受到上级表彰，先后被总队和支队表彰为“先进基层党组织”“学雷锋先进集体”“先进团支部”“军事训练先进单位”和“一级执勤中队”，1998 年被菏泽市支队评为“三无”活动先进单位，被菏泽市支队记集体嘉奖一次、记集体三等功一次，1999 年被菏泽市支队授予预防事故案件“三无”单位，2000 年被菏泽市支队授予“三无”先进单位。1994 年、1996 年、1997 年、1998 年、2003 年分别被总队评为“基层建设先进中队”，官兵先后有 18 人荣立三等功。

比武考核

第二章　兵　役

第一节　征兵工作

1991年仍执行1984年《中华人民共和国兵役法》，义务兵服役期限为陆军3年，海军、空军4年。服现役期满，根据军队需要和本人自愿可以超期服役，期限为陆军1～2年，海军、空军1年。征集对象和范围是：农业户口的青年，应具备初中以上文化程度；非农业户口的青年应具备高中（含职业高中、中专、技校）毕业以上文化程度。企业、事业单位具有高中毕业以上文化程度的工人和企业单位具有高中毕业以上文化程度的管理人员也可以征集。对女青年的征集仅限当年应届高中毕业生。征集年龄：男青年为当年满18～20岁，高中以上文化程度的青年放宽到21岁；女青年为18～19岁。男女应届高中毕业生年满17岁的，本人自愿也可以征集。征集条件，政治条件按照公安部、总参谋部、总政治部《关于征集公民服现役政治条件的规定》执行。体格条件按照国防部颁发的《应征公民体格检查标准》执行。征集办法，适龄青年必须在户口所在地应征，经政治审查、体格检查合格，由县人民政府征兵办公室批准入伍。批准时间一律填写12月1日，军龄从12月1日算起。战时遇有特殊情况，国务院和中央军委可以决定征召36～45岁的男性公民服现役。1991年征兵，在体检、入伍手续上有了新的规定。在体检上，按照国防部颁发的新的《应征公民体格检查标准》和《应征公民体格检查办法》执行。新标准和办法增加了尿样化验和心电图等项目，对身高、体重、血压、肝功等要求提高。在入伍手续上，《应征公民入伍批准书》一律由省征兵工作办公室印制、发放和管理。启用新的《应征公民入伍通知书》，按“非农”“农业”户口分别编号；从1991年12月1日起，实行“接收新兵专用卡”制度。

新兵训练

1991—1995年，加强了对城镇非农业青年征集数量的控制。

1997年征兵政策规定：“男青年为当年年满18至20周岁，高中毕业以上文化程度的青年可放宽到21岁。”在新兵体检化验上，规定对乙型肝炎表面抗原检查一律使用酶联免疫法检测。调整视力标准的对象是普通高中毕业的男女青年，具体要求是：右眼裸眼视力由4.9放宽到4.8，左眼裸眼视力由4.8放宽到4.6，其他体格检查标准仍按现行规定执行。

1998年12月29日始，执行新修订的《中华人民共和国兵役法》，义务兵服现役的期限由陆军3年，海、空军4年，均改为2年，并取消义务兵超期服役的规定。志愿兵实行分期服现役制度，从改为志愿兵之日起，至少服役3年，最高服现役期限一般不超过30年，年龄不超过55岁。1998年征兵在征集对象和范围上，提出要重视征集下岗、待业人员中符合征集条件的优秀青年入伍。1999年，征集新兵要求新兵中高中以上文化程度的达到50%以上。其年龄可放宽到21岁；大专以上文化程度的可放宽到22岁。

2000年，征兵要求高中以上文化程度的必须达到50%以上，调整了普通高中生的视力标准。征集女兵的文化程度由应届高中毕业生（含同等学历），改为只征集应届普通高中毕业生。要求从企事业单位多征集一些具有军地通用的专业技术青年入伍。对政审、体检工作提出了新的要求。2002年，教育部、公安部、民政部，中央军委总参谋部、总政治部联合发文《关于进一步做好从全日制高等学校在校学生中征集新兵工作的通知》，2003年，征集新兵规定上站体检数不得低于征集任务数的2.5倍，体检合格数量与征兵任务数之比不得低于1.4∶1，以保证定兵挑选余地。对应征青年核对“三证”（身份证、毕业证、户口本），实行“四访”（所在单位、学校、村委会、知情人），坚决杜绝“三假”（假年龄、假学历、假户口）青年应征。把好非农业青年入伍比例关。对非农业户口青年的征集数量，任何单位和个人不得以任何理由突破，不得占用农业户口青年指标征集非农业青年入伍。2005年，在征兵体检化验上增加了艾滋病、吗啡、冰毒的检查。2007年，征兵工作开始后，针对适龄青年外出务工多的实际情况，进行了广泛的宣传发动。当年，上站1000余人，经严格政审体检把关，合格570人，为部队输送优质兵员439人。2008年，全县共有895名适龄青年参加体检，体检合格500人，合格率55.9%，向部队输送新兵376人，解放军275人，武警部队101人，其中城镇户口97名，女兵3人，高中毕业（含职高、技校）299人，大专毕业28人，本科毕业2人，初中毕业50人，其中高中以文化程度占入伍新兵的72.5%，新兵质量远高于往年。2009年，共完成上级下达的征兵任务365人，其中应届高校毕业生39人。2010年，将普通农村义务兵优待金由每人每年400～700元提高到3000元，进藏进疆兵提高到5000元，实施全县统筹，民政部门统一发放。当年完成363名新兵征集任务。

1991—2010年，鄄城征兵均在冬季进行。

第二节　兵役预备役登记

兵役登记　1995年，根据《山东省征兵工作若干规定》的要求，在户口簿中统一标注兵役状况，将适龄青年应服兵役、免服兵役和不得服兵役的情况，用钢笔填写在户口簿的“兵役状况”栏目中，并压盖兵役登记专用章。

1996年6月21日，省政府、省军区印发《山东省兵役登记办法》。此办法共18条，其主要内容是：县（市、区）人民武装部兼该级人民政府的兵役机关，主管本行政区的兵役登记工作；每年的7月1日至9月30日为集中兵役登记时间；凡常住户口在本县，当年（12月31日）年满18周岁的男性公民，应当持本人身份证、户口簿和学历证明及其他有关证件，到户口所在地的乡镇、街道人民武装部兵役登记站进行兵役登记。1996年，鄄城县共有15365名适龄公民进行登记，占适龄青年总数的95%以上。应征公民有1800人，经过目测、初步体检，确定当年预征对象。

1998年12月，颁布修改后的《中华人民共和国兵役法》规定：“每年12月31日以前年满18岁的男性公民，都应当在当年9月30日前，按照县（市）兵役机关的安排，进行兵役登记。经兵役登记和初步审查合格的，称应征公民。应征公民应当按照县（市）兵役机关的通知，到指定的体格检查站进行体格检查。”同时规定对拒绝、逃避兵役登记和体格检查的，由市（县）级人民政府强制其履行兵役义务，并可处以罚款。2000年，按照《山东省兵役登记办法》设20个兵役登记站，兵役登记3060人，占适龄数的96.4%。2005年，根据《山东省兵役登记办法》，按照“一站三处”的设站标准，在兵役登记站设置登记处、查证处和体检处。在确定预征对象上，实行村推荐、乡审查、县批准的制度，按照政治、身体、年龄、文化、现实表现等情况进行分类排队，择优挑选。预征对象确定后，及时填写《预征对象通知书》，发放到预征对象手中，并张榜公布，接受社会监督。预征对象数量的确定，按上一年冬季征兵任务的 2.5 ～ 3 倍确定。全县已登记适龄公民总数 17879 人，应征公民总数 14962 人。

2006 年，从 6 月 20 日开始，9 月 5 日结束，历经 76 天，登记适龄公民总数 20743 人。全县应征公民总数 15754 人，非农业 847 人。从中择优确定预征对象 1260 人。

2008 年，登记适龄公民总数 21880 人。非农业 706 人，农业人口 21174 人，从中择优确定预征对象 1040 人，并根据菏泽军分区要求，从中确定 40 名各级各类院校应届毕业生。

2010 年，利用电视、横幅、标语、宣传栏、宣传车等宣传工具，宣传《中华人民共和国兵役法》《山东省征兵工作若干规定》《山东省兵役登记实施办法》，散发各种宣传材料共计 2 万余份，从县城到农村，从行政事业到企业，张贴《兵役登记通告》1 万多张。在县一中、鄄城二中、实验中学等校门口开设了临时流动兵役登记站和咨询站，宣传《中华人民共和国兵役法》和有关的征兵规定。当年登记适龄公民总数 15260 人。非农业 441 人。农业人口 14819 人，从中择优确定预征对象 990 人，并根据军分区要求，从中确定 30 名各级各类院校应届毕业生。

预备役登记　预备役任务主要是搞好生产，参加军政训练，做好各项战备工作；并随时准备转为现役部队，参军参战。1955 年《中华人民共和国兵役法》规定实行预备役制度，把预备役分为第一类和第二类，退役士兵服预备役为第一类预备役；未征集的应征公民和免役的应征公民，18 ～ 40 岁的，编为第二类预备役。1958 年“大办民兵师”及后来的“文化大革命”中，预备役制度被忽视。1981 年恢复预备役制度。1984 年《中华人民共和国兵役法》完善了这一制度，并把预备役人员分为预备役士兵和预备役军官。

鄄城县预备役工作从 1956 年开始，主要任务是将复员退伍军人和部分适龄公民，分别编入第一类、第二类预备役。

预备役军官来源主要包括：退出现役转入预备役的军官和文职干部，确定服军官预备役的退出现役的士兵、高等院校毕业生、专职人民武装干部和民兵干部、非军事部门的干部和专业技术人员。预备役军官分军事、政治、后勤和专业技术四类，任职年龄在 55 ～ 40 岁之间。

民兵预备役工作会议

1991 年，根据《中华人民共和国兵役法》《中华人民共和国预备役军官法》和上级有关加强预备役军官队伍建设的有关文件精神，鄄城县开始预备役军官登记、统计、建卡、立档工作。登记、统计的对象主要是对 1988 年 9 月以后，被授予军官军衔的转业干部。每年的 12 月 31 日为统计的标准时间，在转业干部的单位、职务确定并报到后进行登记统计。1989—1996 年期间转业的军队干部，由县（市、区）人武部进行登记、统计后，重新评定预备役军衔。评定工作由县委、县政府、县人武部的领导以及县委组织部、县人事局等部门组成评定领导小组，根据上级军事机关关于评定改授、授予预备役军官军衔的有关规定进行评定。1997 年，对全县预备役人员登记，纳入微机管理，士兵预备役登记统计工作也随之走向规范化、制度化。

2004 年 9 月，中共中央组织部、公安部、财政部、人事部、总参谋部、总政治部联合下发《关于做好预备役军官登记工作的通知》，要求县（市、区）人武部要建立健全统一制式的预备役军官登记管理的档案材料。2006 年 1 月 1 日，为加强预备役军官队伍管理，便于战时快速动员征召，经中央军委批准，制发启用新的《中国人民解放军预备役军官证》。1989—2010 年，鄄城多次为预备役军官授衔。

第三章　民　兵

第一节　组织建设

1991年，全县有民兵54537人。其中基干民兵6004人，分编为26个基干营（25处乡镇，每一乡镇为1基干营，县直机关学校为1基干营），下设基干连、基干排、基干班，普通民兵连918个。整个编组按照便于生产、便于执行应急任务进行。

1992年，根据中共中央、国务院、中央军委批转总参谋部、总政治部《关于新时期我军后备力量建设的几个问题》的精神，重点解决民兵组织漏建、人员漏编问题，进一步健全民兵组织。

1993年，根据上级要求，在“三资”企业发展民兵组织，在街道辖区范围内的国有小型企业、街道企业、各类批发零售市场、饮食服务行业，凡具备编组条件的都要建立民兵组织。不具备条件的，可跨单位分片编组。先搞试点，逐步推广。城市民兵要由上岗后训练改为上岗前训练。健全各种制度，确保城市民兵工作稳步开展。1994年提出，基层民兵连要开好“四个会”（支部扩大会、民兵和适龄青年会、支部委员会、民兵大会）。

1996年1月，成立由县委常委、常务副县长为组长，县武装部部长、政委等为副组长，县武装部有关科室、县政府办公室、县人事局负责人为成员的鄄城县民兵组织整顿领导小组。按照《民兵组织整顿实施办法》要求，凡政治、身体、年龄符合基干民兵条件的男青年在5人以上的行政村应建立民兵组织，5人以下3人以上的村可采取预编方法，逐步消灭基干民兵“空白村”。乡镇企业的民兵一般不跨企业编组。私营企业一般不建立民兵组织，也不得将乡村街道民兵组织成建制地建在个体、私营企业中。在这些单位就工的符合民兵条件的人员编入户口所在地民兵组织。1996年，鄄城县民兵总数73655人，普通民兵66674人，普通民兵连427个；基干民兵7081人，基干营26个，基干排183个，基干班764个，基干专业分队7个。

1998年1月，上级指示基干民兵编组要本着“有利于领导、有利于开展活动、有利于执行任务、有利于平衡负担”的原则进行调整。围绕适应“战场”和“市场”需要研究新情况解决新问题。5月，鄄城县根据中共菏泽地委、菏泽行署、菏泽军分区下发的《菏泽地区深化民兵工作调整改革实施方案》，制订《鄄城县深化民兵工作调整改革实施方案》，改革调整从12月20日开始，1999年3月11日结束。1998年，鄄城县基干民兵由7212人压缩到5601人（1999年最终压缩到4400人），新编民兵组织对口专业技术人员385人。全县另编基干连1个，基干排172个，班240个。集体企业、新兴企业以行业系统基干民兵组建面为61.8%，乡村基干民兵组建面为70.8%。在布局上，把县城、乡镇驻地作为组建基干民兵的重点，把铁路、公路沿线乡镇、黄河沿线乡镇作为组建基干民兵的重点地带。1999年12月，菏泽军分区提出要提高民兵队伍科技含量。2000年，菏泽军分区强调要进一步调整民兵布局，巩固调整改革成果，鄄城县民兵专业分队编组要达到民兵总数的15%左右。2001年，按照“五个有利于”继续抓好民兵整组工作。2004年，按照“优化编成结构，完善体制编制，充实骨干力量，理顺工作关系，落实各项保障，促进全面建设”要求，以配装专业技术分队、对口专业分队、民兵应急分队为重点，认真抓了城市民兵工作调整改革落实，健全巩固城市民兵组织，理顺各项民兵管理关系，明确了职责，完善了制度。通过调整，全县城市基干民兵达到全县民兵总数的25%以上。

2007年，坚持以新时期军事战略方针为统领，以反“台独”军事斗争准备为牵引，以《山东省后备力量建设发展“十一五”规划》和《菏泽市“十一五”期间基干民兵组建计划》为依据，贯彻落实全市民兵组织整顿工作会议精神，本着“科学、合理、精干、管用”的原则，对全县基干民兵组织布局重新进行规划调整。共编46个分队，基干民兵3516人，分区没有赋予鄄城组建作战队伍的任务，对勤务保障分队、应急队伍及其他队伍进行编组。共组建通信、军需物资保障、道路交通保障、公路运输保障、医疗救护、民兵装备维修6个勤务保障分队，共计337人。在县直单位组建1个125人的应急连，1个30人的供水设施抢修分队，分别在县直和旧城镇组建1个60人的防汛分队，在县供电局组建1个30人的电力设施抢修分队，（除红船镇外）在其他15个乡镇各组建1个40人的应急排，共905人。在县供电局组建1个90人的应急连，在鄄城镇组建2个120人步兵连，在彭楼镇组建1个150人的步兵连，在其他乡镇各组建1个120人的步兵连，分别在红船镇和什集镇组建1个57人的82迫击炮连，共2274人。

2010年，民兵整组工作从3月5日开始至4月1日结束。以军分区《2010年民兵组织整顿工作》指示和《菏泽市2010年基干民兵组建计划》为依据，着眼应对多种安全威胁、完成多样化军事任务和“平时服务、急时应急、战时应战”需要，调整组织布局、全面优化兵员结构，根据农村民兵外出打工多、县城和乡镇企业发展迅速的实际，继续加大城市民兵调整改革的力度，逐步形成以县、乡（镇）政府所在地和黄河沿线为重点的“两点一线”整体基干民兵组织布局，并注重向行业系统、向新兴第三产业、高新技术产业、非公有制企业和街道、社区及经济开发区进行全方位拓展，在县经济开发区组织民营企业组建民兵组织试点，把组织建起来，把人员落实好，扩大基干民兵覆盖面，消除城市民兵组织建设的“空白点”。同时，按照“压缩一块、拓展一块、稳定一块”的方式，采取部门编、行业系统编、属地编等多种灵活编组形式，因情而异，宜大则大，宜小则小，够班编班、够排编排，属地编兵，就地管理，并充分利用科技含量较高的产业相对集中在城区的优势，采取扩大编组范围，拓宽编组领域，放宽年龄界限等方法，提高专业对口率，使基干民兵的科技素质提升，组织结构优化。

第二节　政治教育

1991年，以中共中央、国务院、中央军委关于加强国防后备力量建设的一系列重要指示为依据，根据中央军委总政治部《关于参训民兵政治教育的意见》，对参训民兵主要进行党的基本路线、民兵性质任务、民兵光荣传统、依法服兵役、争当合格民兵五个方面的教育。总政治部《1993年民兵预备役政治教育意见》提出要抓好光荣传统教育。鄄城县武装部以《解放军报》发表的“发扬优良传统，保持老红军本色”的12篇社论和评论、总部和济南军区下发的有关材料为基本教材，组织广大武装干部和民兵预备役人员搞好军队优良传统教育，重点抓好党管武装的根本原则、服从中心的大局观念、劳武结合的工作方针和艰苦奋斗的革命精神等内容的教育，使武装干部和民兵预备役人员牢固树立一切行动听党指挥的观念、服从经济建设大局的观念和在经济建设中练兵的观念，正确处理“劳”与“武”、富民与强兵的关系，自觉围绕改革开放和经济建设这一中心，充分发挥民兵的骨干带头作用。

1996年，根据《参训民兵政治教育纲目》要求，分专职人民武装干部和基干民兵连（排）长、新入队基干民兵、民兵应急分队、专业技术分队、普通民兵几个层次进行教育。以毛泽东军事思想、邓小平新时期军队建设思想和江泽民关于国防建设的重要论述为指导，以提高民兵政治觉悟、增强民兵国防观念、培养合格后备兵员为目标，对民兵进行革命理论和思想教育，增强民兵政治上的坚定性和思想道德的纯洁性，打牢民兵政治合格的思想基础。1997年，结合香港回归和庆祝建军70周年，对民兵进行爱党、爱军、爱社会主义祖国和形势战备教育。1999 年，对民兵进行庆祝澳门回归和庆祝中华人民共和国成立 50 周年及形势战备教育。2000 年，对广大干部和民兵进行“三个代表”重要思想教育，理解“三个代表”重要思想的内涵，实践“三个代表”重要思想。2005 年 11 月，在保持共产党员先进性教育活动中，对民兵和民兵中党员进行党的宗旨、科学发展观、构建和谐社会为主要内容的建设社会主义新农村教育。2007 年，贯彻中共中央、国务院、中央军委《关于加强和改进新形势下民兵预备役政治工作的意见》精神，对民兵进行军队历史使命教育、理想信念教育、战斗精神教育和社会主义荣辱观教育，提高民兵预备役人员的思想政治素质和履行国防义务的自觉性。2009 年，结合学习实践科学发展观活动和庆祝中华人民共和国成立 60 周年活动，开展“忠诚于党、热爱人民、报效国家、献身使命、崇尚荣誉”的当代革命军人核心价值观主题教育；组织民兵学习贯彻中共十七大和十七届三中全会精神，参加社会主义新农村建设和扶贫帮困。2010 年，全县广大民兵预备役人员开展“双带双促”活动，发动和指挥民兵预备役人员参与地方经济建设、新农村建设和平安鄄城建设。

教育形式上，针对民兵既是民又是兵的特点，采取“民兵与群众，有分有合，分合结合”的方法，利用民兵例会、集训、重大节日进行教育，对民兵相对集中的单位，进行课堂教育。还利用民兵刊授、函授教育，电影、电视、广播、报纸、电化教学等途径进行教育。

第三节　军事训练

民兵军事训练　1984 年以前全部以乡镇为单位组织实施，从 1985 年起改为全部集中在县民兵训练基地由县人武部组织训练。1992 年，菏泽军分区要求鄄城训练基干民兵 628 人，其中步兵专业 50 人，60 迫击炮专业 30 人，82 炮专业 18 人，802 无后坐力炮 12 人，高射机枪专业 50 人，通信专业 30 人，其余为侦查专业；训练基干民兵干部 65 人，教练员 12 人。当年基干民兵训练优秀率为 37.5%，良好率 91.2%，及格率 100%。基干民兵干部训练成绩良好，教练员成绩较往年提高。

1994 年，鄄城民兵训练以邓小平新时期军队建设思想、中共中央十四届三中全会精神、中央军委扩大会议精神为指针，以新时期军事战略方针为指导，围绕打赢现代技术特别是高技术条件下局部战争需要，贯彻山东省军区指示精神，以提高训练质量为中心，以民兵干部和专业技术兵训练为重点，深化训练改革，打牢训练基础，全面提高军事素质，训练基干民兵 310 人。1995 年，重点进行民兵应急分队防爆技术训练和快速动员集结、处置各种突发情况演习，提高应付突发事件能力。1997 年，中央军委提出民兵要“严格要求、严格训练”，上级指示要正确处理工作、家庭、训练矛盾，确保人员、数量、内容、质量“四落实”。1998 年，改革民兵军事训练，理顺城区民兵工作领导关系，按照“以块为主、条条支持、条块结合”原则进行。

1999 年，菏泽军分区提出要严格按照新的民兵训练大纲要求，本着“训用一致、突出重点、分类施训、严格规范、勤俭练兵”原则，增大科技含量，开展科技练兵。鄄城制定《科技练兵三年规划》并开始实施。2000 年，鄄城民兵训练采取集训、随队方法，在民兵训练基地由县武装部组织实施。2001 年，贯彻菏泽军分区《关于组织民兵积极配合“严打”整治斗争指示》精神，鄄城民兵应急分队一连进行一次带预设情况的演练。依法治训，按纲施训，继续开展科技练兵，喊响“科技大练兵，一切为打赢”口号，并配备电脑、书籍、录像。

2002 年，菏泽军分区开始考核电脑在科技练兵中的应用。鄄城县武装部在民兵训练中增加 2 天的高科技军事知识培训。2004 年，菏泽军分区要求突出抓好民兵应急分队训练工作，提高整体军事素质和执行各种任务的能力，鄄城按照 2 个连、每连 125 人编制实施，按训练大纲和考核标准分 2 期进行。2005 年，做好反“台独”军事斗争准备，修订完善人武系统备战方案，突出科技练兵，严格按纲施训。参加菏泽军分区现役干部“四新”知识和业务技能学习培训。对9名新任职的专职武装干部进行业务、队列、战术、射击等科目训练。组织民兵应急分队进行防汛和维护社会稳定拉动演练，组织应急分队队员和党政机关干部进行实弹射击训练。2006年，共完成民兵训练任务总数776人，其中民兵应急分队250人，乡镇应急分队40人，专业技术分队291人，民兵干部45人，黄河防汛抢险队150人。训练中围绕上级下达的任务和内容，立足鄄城实际，着眼反“台独”事斗争准备特点，瞄准信息化战争，发扬传统军事训练优点，创新现代训练手法，练作风、练战术、练处突，提高民兵预备役部队整体作战能力。

2010年，为提高民兵教练员的“四会”教学能力，3月组织全县民兵教练员培训，开展试讲试教比武竞赛。5月，突出抓民兵应急分队集中训练，同时针对黄河防汛沿线长、险工险段多和抗洪抢险任务重的实际，指导240人的民兵防汛分队，开展防汛训练，参加2010年菏泽市防汛抢险学习，有关经验作法被菏泽军分区转发。

民兵、专武干部训练一般在冬春季、农闲时节进行，时间10天、20天、30天不等。

学生军训 根据《中华人民共和国兵役法》和教育部、财政部、劳动人事部、解放军三总部《关于高等学校、高级中学进行学生军事训练试点的问题的通知》，1986年8月16日，鄄城县人武部在鄄城一中进行学生军训工作，由驻鄄城部队派出军训教练。参训学生720余人，军训时间26天。1987年8月16日，派军训教官12人，在鄄城一中训练学生560人，军训时间14天。1990年，对鄄城一中和技校学生进行军事训练。1990年以后，鄄城的学生军训形成高潮。2001年6月，国务院办公厅、中央军委办公厅转发教育部、总参谋部、总政治部《关于在普通高等学校和高级中学开展学生军事训练工作的意见》，对学生军训的指导思想和目的、规划和要求、工作机构和师资配备、训练保障以及组织领导等问题作出明确规定。鄄城县学生军训全面展开，训练对象主要是高中、初中学生，军训多在暑假开学之初进行，时间15天左右。城区各中学的学生军训，统一纳入社会实践课程进行，学生军训内容和课时安排，按照重新修订的《高级中学学生军事训练大纲》执行。2003—2010年，对城区5所中学进行军训，每年训练入校新生3000人以上。

学生军训内容有队列中的单个军人徒手队列动作，班、排、连队形，整齐报数，集合与离散，队形与方向变换；56式半自动步枪的武器常识，简易射击原理，射击动作和半自动步枪的实弹射击。训练中坚持教练员和班主任老师跟班作业，加强训练场上的管理，贯彻“两严”方针，队列动作合格率达到100%，射击成绩及格率达到90%。

第四章 装备管理 后勤保障

第一节 装备管理

鄄城县民兵武器管理经历了1950年民兵个人保管、1978年民兵连保管、1981年公社人武部保管、1984年7月全县民兵武器收归县人武部民兵武器装备仓库保管、2003年集中菏泽军分区民兵武器装备仓库保管几个阶段。

1962年，鄄城县人武部修建存放武器80平方米仓库1座。1976年，建160平方米仓库1座；1977年9月，征用城关公社城关大队枣寨分支第五队土地6.3亩（在县城北、枣寨村东一里），用于建设民兵武器装备仓库。此后，一直根据上级军事部门指示精神，加强民兵武器装备仓库制度、设施建设。

1991 年，投资 28 万元，增建民兵装备仓库缓冲间、密闭门，改建技术区和生活区，完善配套设施，经自查达到仓库正规化标准，弹药存放实现规范化管理。1992 年 7 月，鄄城人武部再次对民兵装备仓库联防方案进行调整。1994 年，落实《武器装备工作条例》，以安全管理为核心重点抓了仓库保管员政治教育和业务培训，投资 6 万余元对仓库平顶进行改造，达到菏泽军分区规定标准。1995 年，县装备仓库保管员参加军分区集训和比赛，集体成绩名列全区第二，个人成绩名列全区第一，受到菏泽军分区通报表彰。同年，县民兵武器装备仓库达到山东省军区标准。

1996 年 2 月，菏泽地区编委、人事局、劳动局、财政局和菏泽军分区司令部联合下发文件，对各县民兵武器装备仓库和民兵训练基地有关问题作出规定。鄄城县民兵武器装备仓库配专武干部 1 人，担任仓库副主任，职务等级为副科局级，每个仓库编配职工 6 人，所需经费由同级财政解决，列民兵事业费科目。同年完成民兵武器重封工作，民兵武器装备仓库安装程控电话和闭路电视。1997 年，对民兵武器装备仓库围墙进行加固，在省军区和军分区技术人员指导下安装了脉冲电网。1998 年，继续抓《民兵装备仓库管理工作条例》和省军区《民兵装备仓库建设与管理规定》的落实，坚持以技术管理为中心，安全管理为重点，严格落实仓库的各项管理规定，抓好看管人员的教育训练，做到“百次检查无隐患”。

2000 年，投资 1 万余元，为鄄城民兵武器装备仓库安装多功能全方位电视监控报警系统。2002 年，投资 12 万元，购置 240 套被装及配套物品、160 套警棍、盾牌、头盔及其他设施，为军事科增配征兵、民兵预备役管理工作专用微机。

2003 年，坚持齐抓共管、管理与建设并重，制度与措施并举的原则，加强与菏泽军分区仓库的协调，加强民兵武器装备的提取、运输、使用、送交程序的管理，开展岗位练兵活动，提高仓库看管队伍的军政素质，确保了民兵武器装备的安全。8 月，鄄城人武部与菏泽军分区司令部动员科签订《关于鄄城县民兵武器装备集中到军分区民兵装备仓库管理的协议》，鄄城县民兵武器装备集中到军分区民兵装备仓库管理，鄄城县人武部在办公楼修建兵器室，用于存放现役、训练和民兵应急分队执勤用装备。

至 2010 年，鄄城县民兵武器装备管理连续 30 年无事故。

第二节　后勤保障

经费保障　1986 年 6 月，鄄城人武部转为地方建制，经费由地方财政支出，民兵事业费由山东省军区、菏泽军分区根据鄄城情况拨给。1996 年 4 月，鄄城人武部收归军队建制，后勤保障工作以军费保障为主，地方财政补充为辅，财务管理按照上级有关规定开展，军需供应按照上级规定的军需供应标准和计划保障人武部和年度征兵军需供应。

1995 年 9 月，县人武部根据上级关于财务管理工作的有关规定，在以往制度的基础上制定较全面的财务管理制度，坚持党委集体理财与专人负责相结合、量入为出、专款专用、厉行节约的原则，对财政收支实行预算、决算管理，对财政收支实行指标管理，用款结算、物资管理、差旅费、招待费、训练费、水电费、电话费管理等都有具体规定。1996 年 1 月总参谋部、总政治部、总后勤部下达《关于贯彻中共中央、国务院、中央军委〈关于县（市、区）人民武装部收归军队建制的通知〉的通知》，对人武部收归军队建制后的一系列后勤保障问题作了明确规定。人武部收归军队建制后缺编车辆，由各大军区纳入年度补充计划，在“九五”期间逐步安排配齐。其中，贫困地区人民武装部缺编、退役车辆，于近两年内优先安排补充和更新。后勤保障军需供给方面，人武部原按军队现行标准价拨供应装备、给个人和单位使用的被装物资，继续使用并连续计算使用年限。由于各种原因欠供物资不再补给。从

1996 年 4 月 1 日，人武部由军队按现行标准拨给供养器材费。人武部在编干部、战士及家属子女医疗保障，纳入军队医疗系统，实行就近医疗。通讯方面，军队下拨给人武部通讯经费。银行账户自收归军队建制起，一律按规定开设军队银行账户，待有关债务结清后，撤销原开设地方账户。

1998 年 11 月，济南军区联勤部印发《部队经费党委实行办法（暂行）》，将所有预算经费、历年结余经费、预算外经费捆在一起，由党委统筹安排，集中使用。财务部门主要依据党委意图搞好经费统筹安排，审查汇总编制单位年度总预算，组织实施经费保障和会计核算，监督经费开支，检查经费使用效益情况。根据经费保障范围和事业任务，将所有经费划为维持性保障费用和建设性发展费用两大类，分别实施核算管理。12 月，中共济南军区党委批转军区联勤部《关于进一步加强部队财务管理的有关规定》，要求完善党委管理财务制度，加强集中统一管理。建立完善党委议财管财制度，坚持经费“一支笔”审批制度，发展部队方向性生产，实行领导干部理财责任制。改进综合财务计划管理，实行预算“两级双向”控制。规范资金管理，确保部队经费供应。

2003 年 5 月，山东省军区下发《〈农村民兵、预备役部队预编人员训练补助经费使用管理暂行规定〉的通知》，明确该项经费为专项补助经费。农村民兵训练补助费，在中央财政、中央农村税费改革转移支付资金总额中单列，列省级财政支出，按民兵事业费管理渠道和办法进行管理，省军区依据年度训练任务作出年度经费使用计划，负责逐级下拨到县（市、区）人武部。农村民兵预备役人员训练经费的下拨标准，不分地区贫富差别、军兵种专业和训练难度大小，参训期间一律按民兵每人每天 40 元、预备役部队预编人员每人每天 20 元给予补助。农村民兵训练补助费用于农村民兵参训期间的误工补贴、训练伙食补贴、公杂费和预备役部队预编人员参训期间误工补贴。县（市、区）人武部是训练补助费直接开支单位。严禁截留、挪用、分割，保证专款专用。严格财经纪律，坚持党委理财，认真落实经费联审会签制度。每年 11 月底前向省军区写出专题报告。农村民兵训练补助费下拨后，严禁再以任何理由向农民摊派、收取训练费，下拨经费不足部分，各级积极协调地方财政解决。

2010 年，中共菏泽市委、菏泽市人民政府、菏泽军分区印发《关于县（市、区）人武部“六项经费”纳入县财政预算的决定》，要求各级要按照有关规定要求，重视、解决国防动员建设经费问题，为国防动员工作提供有力支持。对城市民兵训练费、征兵补助费、国防教育费、国防动员费、仓库维修管理费和人武部办公补助费等“六项经费”，各级要及时足额拨付，保证国防动员各项工作的顺利进行。

军需供应　*粮食供应*　1986 年 6 月至 1996 年 3 月，县人武部划归地方建制，粮食供应属地方计划。1996 年 4 月 1 日起，军粮供应关系隶属于菏泽军分区，供粮点由县粮食局予以保障。

被装供应　现役部队被装。1961 年以前，冬季是单一品种的棉衣。1963 年开始配发罩衣、紧身棉衣和绒衣。1965 年 5 月，配发六五式服装。1979 年 9 月，六五式军衣停止发放。1980 年改发七八式混纺单衣。1986 年县人武部划归地方建制后，从 1987 年起被装供应标准和办法是：县人武部的干部被装按现行陆军干部被装制式（不含帽徽、领章、肩章符号）标准价拨供应。县人武部的志愿兵、义务兵已转为职工，其被装从 1987 年起不再供应。县人武部所需被装和人武部专用帽徽、领章、肩章、专用符号，仍同原来申请办法，由县人武部根据编制干部实力和标准，填制被装领报证和人员花名册，然后由菏泽军分区负责价拨和发放，所需经费按文件规定由地方财政开支。同时，县人武部收回的被装旧品或折旧费，不再上交军分区，由县人武部掌握使用。被装发放由 1 年 2 次改为 1 年 1 次。1996 年 4 月 1 日，县人武部收归军队建制后，被装供应为八七式夏常服、大檐帽、衬衣、领带、帽徽、军种符号、军徽肩章和迷彩服，文职干部配发制式服装，全由菏泽军分区供应。2007 年 8 月 1 日，中国人民解放军全军统一换发新军装，新军装包括礼服、

常服、作训服和标志服饰4个配套系列，共644个品种。新式服装继续由菏泽军分区供应。

专职人民武装干部服装。1978年，专武干部每2年发1套工作服、1双普通胶鞋。1979年，工作服价拨六五式棉单衣，所需经费从民兵事业费中开支。1982年，根据山东省军区规定，专武干部工作服由价拨供应改为购置，每2年1套，所需经费仍由民兵事业费中开支。1997年，专武干部工作服改为军用制式服装，价拨供应。

预备役军官服装。根据中央军委关于1996年为预备役军官评授军衔的指示精神和总参谋部、总后勤部《关于预备役军官授衔后着装问题的通知》精神，由县人武部统一为授衔的预备役军官购置军服，服装费由预备军官所在单位负责支付。

第五章　拥政爱民

第一节　防汛救灾

1991年11月，遵照菏泽军分区《关于发动民兵参加农田水利基本建设的通知》要求，全县25个乡镇出动使用成建制民兵5万余人，动用土方108万立方米，完成乡办工程70余项。至12月初完成县办工程77.8公里，动用土方140.4万立方米。

1996年8月，鄄城发生较大洪水。鄄城人武部制订完善黄河防汛方案，向各乡镇武装部下达防汛指示，组织沿黄民兵进行黄河防汛综合演练，备齐防汛应急物资。黄河1号洪峰在8月上旬进入鄄城境后，鄄城人武部立即动员组织2万多民兵预备役人员投入抗洪抢险。共安全转移群众1.8万余人，抢运粮食和其他物资1.5万多吨，大牲畜9000多头，排除险情22处，加固堤坝6500多米，组织415个基干民兵班昼夜守护黄河大堤。10月，鄄城人武部被济南军区授予集体三等功。

1999年6月，根据菏泽地区行署办公室、菏泽军分区司令部印发的《关于引入民兵管理机制进一步加强黄河一线群众防汛队伍建设的通知》，鄄城建立7支民兵黄河抢险队（每队30人）。7月，各乡镇黄河抢险队重点进行组织指挥和队列、抢险技能训练。以后每年组织进行针对性演练。2003年9月12日，黄河汛情告急，李进士堂镇生产堤塌方80多米，县人武部迅速组织民兵200多人赶赴现场，抛投柳料80多车，搬运土石200多立方米，连续奋战8个小时，加固了生产堤，排除了险情。2004年7月黄河调水调沙试验期间，左营乡200余名民兵日夜守护在生产堤上。

2007年8月2日，因黄河上游调水调沙，黄河旧城段生产堤出现险情。在2个小时内迅速组织120余名应急分队队员奔赴险工段，日夜奋战在第一线，确保了黄河生产堤的安全，赢得县委、县政府领导的高度赞扬，得到省军区首长的高度评价，经验做法被菏泽军分区转发。

2010年5月，针对黄河防汛沿线长、险工险段多和抗洪抢险任务重的实际，组织240人的民兵防汛抢险分队，开展防汛训练，并参加2010年菏泽市防汛抢险演习，提高了防汛抢险能力。

第二节　军民共建精神文明

1992年3月，鄄城县人武部在全县民兵预备役人员中开展学雷锋活动，主要任务是带头健全各种社会化服务体系，开展扶贫帮困、助耕帮种、科技兴农，传播文明新风。7月，全县民兵预备役人员投入抗旱斗争。1994年10月，中共鄄城县委、鄄城县人民政府和鄄城县人武部印发落实菏泽地委、行署和军分区《关于深入开展民兵带建活动的决定》，开展富民工程、安民工程建设，“十无民兵连”“十星民兵家庭”活动和民兵带建示范点建设。1995年3月，根据菏泽地委、行署、军分区《关于深入开展民兵带建活动的决定》，鄄城县人武部制订实施“富民工程”“安民工程”“司春玉工程”方案，在帮助农民致富、维护治安、建设两个文明方面发挥了积极作用。1997年，鄄城县人武部干部职工自发捐款5000余元资助1名大学生，为杨马庄60名学生购置了学习用品，为滩区贫困户买衣送粮。同年，组织实施“116民兵拥军工程”，全县400多个富裕民兵与烈军属户结成帮扶对子，帮助烈军属户上项目。1998年，实施以“一兵带一户，一连带一村，一点辐射全县”的“一一一”规划，尤其是“116民兵拥军工程”，年内使全县军属户增收入600元。2000年，为军烈属户解决实际问题100多个，在箕山镇的杨老家、仪楼搞扶贫示范点，帮助种植枣树100多亩，石榴树苗50亩，建塑料蔬菜大棚50多个。2002年，鄄城人武部继续落实《人武系统扶贫建设三年规划》和《2002年度人武部扶贫帮困建设规划》，先后5次组织人武部干部职工捐款5800元，棉被10床，衣服47件。帮助彭楼镇枣林店村融资10多万元建设100亩中药材科技示范园，协调县公路局、彭楼镇、枣林店投资8万元，为枣林店硬化村道、街道3公里。2004年，鄄城县人武部政工科、富春乡人武部部长分别被中共山东省委、省军区党委评为帮扶工作先进单位和先进个人。

2004年3月，为落实中共山东省委、省政府突破菏泽战略，中共鄄城人武部党委作出《关于发动全县人武系统积极为加快鄄城发展做贡献的决定》，民兵预备役人员在经济建设和维护社会稳定等方面发挥了带头作用。

2006年，根据山东省军区和菏泽军分区有关意见，制定《关于组织发动全县人武系统积极参加社会主义新农村建设的实施意见》，主要工作任务是围绕“生产发展、生活宽裕、乡风文明、村容整洁、管理民主”的总要求，采取县人武部和每个乡镇武装部各确定一个村作为参建示范点的方法，重点做好六个方面的工作：建强联系村领导班子；加强民兵连和民兵活动阵地建设；指导村委会制订新农村建设规划；深入开展“六进村”活动；协调各方力量为村里办实事；组织民兵维护社会治安。

2007年，组织全体人员开展慈心一日捐和送温暖献爱心活动，捐款6000余元，衣物50余件（套）。

2010年，组织民兵预备役人员带头参加社会主义新农村建设，学习单县人武部组织民兵开展“一连带一村、一兵带四邻，促经济发展、促社会和谐”为内容的“双带双促”活动经验做法，鄄城县人武部制定《关于开展“双促双带”活动的实施意见》，要求在全县民兵预备役人员中重点培养一批自主创业的企业家和种植养殖、个体经营示范户，使之成为当地经济发展的增长点，带领群众致富的领头人，关心社会事业的热心人，民兵预备役建设的排头兵。在此基础上，每个民兵连带一个村，每个民兵帮带1～3户。经过3年的帮带，使帮带村经济发展水平明显提升，达到所在乡镇平均水平以上，村风、民风有明显好转；帮带户经济收入明显提高，达到全村平均水平以上，个人素质有较大长进，掌握1～2项技术。

第三节　“双拥”活动

中华人民共和国成立初期，鄄城成立以县长为主任、有关部门参加的拥军优属委员会，设立办公室。县以下政府均建立优抚委员会或小组，加强对拥军优属工作的组织和领导。在车站、商店、医院等到各种公共场所，现役军人、荣复转退军人、烈军属均受到优先照顾。每逢新年、春节、“八一”建军节，政府、群众团体及学校都有计划地组织干部、职工、学生、农民敲锣打鼓到部队驻地、军烈属、荣复军人家中进行走访慰问。利用会议、广播、电影、墙报、橱窗等多种形式广泛宣传拥军优属的意义。1994—1998年，在全县及驻军部队中开展“军民双向服务活动”，开展军人优先服务活动，制作400余块“军人军属优先”和“优抚对象优先”标牌，制定《鄄城县双拥工作领导小组成员单位职责》，社会各界开展为驻军服务活动，确定县中医院为县重点优抚对象定点医院，实行“三优三免”的优惠政策。1999—2000年，在全县范围内开展“爱心献功臣”活动，共为各类优抚对象、特困军人家属建房300余间，较好地解决了优抚对象住房难问题。2000年，鄄城被省政府命名为“爱心献功臣”先进县。2001年，在县粮食局军供站实施拥军“米袋子”工程，全力做好军粮供应工作。2002年，在鄄城镇柳园村专门划出土地18亩，实施拥军“菜篮子”工程。2003年，为县人武部统筹资金120万元，修建高标准的营房和民兵训练基地、内部餐厅、俱乐部，配齐文化、体育等设施，为17个基层武装部配备了微机。2004年，县法院设立涉军法庭，司法局在县人武部设立“维护军人军属合法权益中心”。2005年，拨款12万元为县武部建起集作战、视频、会议室、学习室于一体的多功能会议室，同年，在原来县双拥工作领导小组办公室的基础上，成立专门双拥办公室，配备专人负责日常工作；县、乡党委、政府较好地支持了人民武装部建设和民兵预备役工作。

1997年、2000年、2003年，鄄城县三次获得“菏泽市双拥模范县”荣誉称号。2006年、2010年连续两次获得“山东省双拥模范县”荣誉称号。

第六章　国防动员

1998年5月，鄄城县国防动员委员会成立，是在菏泽地区国防动员委员会和鄄城县委、县政府、县人民武装部领导下，主管全县国防动员工作的议事协调机构。1999年8月，下设县人民武装动员办公室、县经济动员办公室、县交通战备办公室和国防动员委员会秘书组。2003年6月，进行调整，设综合办公室、政治动员办公室、人民武装动员办公室、国民经济动员办公室、人民防空办公室和交通战备办公室。

第一节　国防教育

教育机构　1989年，鄄城县国防教育领导小组成立，1990年12月，根据《山东省国防教育条例》改为鄄城县国防教育委员会。由县委副书记、县长任主任委员，县委副书记、县政府副县长、县人武部政委任副主任委员，委员由县委办公室、县委宣传部、县政府办公室、县民政局、县教委、团县委、县工会、县妇联、县广播电视局主要负责人组成。国防教育委员会办公室设在县人武部政工科，负责日常工作，管理和使用国防经费。

教育活动　从1991年起，每年8月开展“国防教育宣传月活动”，县级领导干部每年坚持过军事日。2003年8月31日，全国人大常委会第二十三次会议通过《关于设立全民国防教育日的决定》，确定每年9月的第三个星期六为“国防教育日”。此后，每年“国防教育日”都开展国防教育活动。2004年4月，鄄城县国防教育基地创建，地点在鄄城县烈士陵园，2004年8月1日正式启用。每年清明节，组织全县县直机关、企事业单位工作人员、中小学学生到烈士陵园扫墓，瞻仰烈士，进行爱国主义教育和国防教育。2009年5月，鄄城县人武部围绕“筑牢钢铁长城，共建和谐社会”主题，在全县范围内开展为期一周的国防教育进学校、形势报告进单位、爱国教育进社区等宣传活动，通过分发宣传手册、聆听老红军，革命战士讲战斗故事、观看国防教育题材图片、影片等形式，使广大群众在耳濡目染中强化国防意识，形成全民关心支持国防的浓厚氛围。

2010 年 4 月，山东省国防教育基地“孙膑兵法城”命名揭牌仪式在鄄城县孙膑旅游城举行。菏泽军分区司令员刘峰宣读山东省人民政府授予孙膑兵法城为省国防教育基地的命令，省孙子兵法研究会执行会长、原省委常委、省军区政委赵承凤，省孙子兵法研究会常务副会长、省军区原副司令员张明友为教育基地揭牌，市委常委、政法委书记岳滨，市政府党组成员、特邀咨询童彩云，菏泽军分区政治部主任李树春，鄄城县人武部政委谢忠良、部长展世平及市直有关部门负责人出席揭牌仪式。5 月 31 日上午，鄄城县人武部与箕山镇武装部组织明德小学小学生 160 余人走进“孙膑旅游城”省级国防教育基地。

第二节　人民防空

人民防空工作实行政府和同级军事机关双重领导机制，并接受上级人民防空主管部门领导。2002 年 7 月，鄄城县人民防空办公室成立，是县政府序列内的行政职能部门，受县政府和人民武装部双重管理。2003 年 6 月，成为鄄城县国防动员委员会下设办公室之一。

人民防空教育　2003 年 3 月，与县教育局联合下发《关于在城区初级中学开展人民防空教育的通知》，开始在驻城 6 所初级中学初二年级设置人防知识教育课程，统一免费发放人防教材，配备人防专职教师；2003 年以后，每年受教育人数都在 3000 人以上，累计受教育中学生已超过 2.1 万人。人防知识考试及格率达 98%，优秀率 80%。2004 年 3 月，与县教育局联合下发《关于在城区初级中学进一步开展人防教育的通知》，从组织领导、教学制度、教学方法和督促检查等多方面进一步规范人防知识教育。2006 年，开展人防宣传教育进党校、进社区活动，在县委党校副科级青年干部培训班开设人防教育课，为五个社区统一发放人防知识宣传材料，累计受教育人数达到 5600 余人。11 月中旬，组织人防教师参加市人民防空办公室举办的“人防

防空宣传

教育展”。2007 年 4 月 7 日，组织城区初级中学生开展“人防杯”知识竞赛。2009 年 8 月，组织开展“庆祝中华人民共和国成立 60 周年暨人防宣传月”活动。同时，广泛发动机关、企业、学校等团体及广大人民群众参与省人防（民防）开展的“纪念中华人民共和国成立 60 周年人防民防知识有奖竞答”活动。2010 年 5 月 16 日，在县委党校礼堂，组织初中学生开展“关注人防，关爱生命”暨庆祝人民防空创立 60 周年演讲比赛；9 月 18 日，结合防空警报试鸣，组织实验中学初二（3）班开展防震演练。

“两防一体”建设　即防空防灾一体化建设。2003 年 7 月，根据城区总体规划，在城市建成区安装 7.5 千瓦电动警报器 4 台，分别安装在县自来水公司、县政府、县工商银行（旧址）、交警大队；10 月 12 日成功组织第一次防空警报试鸣。警报试鸣分防空警报、灾情警报两种。警报试鸣时间为上午 10：00。警报信号依次为预先警报、空袭警报、灾情警报和解除警报。预先警报鸣 36 秒、停 24 秒，反复 3 遍为一周期，时间 3 分钟；空袭警报鸣 6 秒、停 6 秒，反复 15 遍为一周期，时间 3 分钟；灾情警报鸣 15 秒，停 10 秒，鸣 5 秒，停 10 秒，反复 3 遍为一周期性，时间 2 分钟；解除警报连续鸣 3 分钟。2004 年 6 月，购置 ICOM700PRO 型 150W 单边带电台 1 部，实现与省市人防办的联网，保证了值班联络和图文传输。7 月，在县第十二中学安装 7.5 千瓦电动警报器 1 台；10 月 12 日组织第二次防空警报试鸣；同时，县政府办公室下发《关于成立鄄城县人防专业队伍组训领导小组的通知》《关于转发县人防办关于组建鄄城县人民防空专业队伍意见的通

知》，组建抢险抢修、医疗救护、运输、消防、治安、防化、通信七种专业队伍，平时为 240 人，战时扩编为2530人，并为各专业队举行授旗仪式。10月底，编制完成《鄄城县防空袭方案》，方案包括基本方案、十三种保障计划及附图，为平时进行人防战备建设，战时组织城区人民进行防空袭斗争提供了基础依据；同时，组织指导部分重要经济目标编制重要经济目标防护方案，2005 年年底，已完成县自来水公司、县人民医院 2 家。2005 年 7 月，在县经济开发区指挥部安装 7.5 千瓦电动警报器 1 台；在有线电视台安装有线电视警报鸣放系统 1 套，实现室外警报和室内有线电视警报同时播放，提高了鸣放效果，城区音响覆盖率达到 98%。7 月 11 日，菏泽市政府下发《关于在全市统一设定防空警报试鸣时间的通知》，确定每年的 9 月 18 日为全市统一的防空警报试鸣日。2006 年 5 月，编制完成《鄄城县热电厂防护方案》；10 月，编制完成《鄄城县城区疏散方案》，该方案由基本方案、五种保障计划和附件三部分组成，是鄄城县城区在未来战争中，保护国家和人民生命财产安定、消除空袭后果，保存战争潜力的总设想，也是平时进行人民防空准备建设和抢险救灾的重要依据。2007 年 7 月，为适应新时期国防战备要求，与城市建设和社会经济发展同步，修编完成《鄄城县防空袭方案》。2008 年 4 月，编制完成《鄄城县网通公司防护方案》；10 月，编制完成《鄄城县国家粮食储备库防护方案》。8 月，在县人防办（建设局）和县工业园亘古泉啤酒厂各设置 2 千瓦电声警报器 1 台（套）。2008 年，按照《国务院 中央军委 关于进一步推进人民防空事业发展的若干意见》要求和省、市的统一部署，加快“两防一体”步伐，即由人防向民防转变。把人防指挥平台明确为政府应急指挥平台，把人防疏散地域明确为政府应急疏散掩蔽场所，把人防专业队伍纳入城市应急救援体系。充分发挥人防警报体系在防灾救灾中的作用，警报设施施行社会化管理制度；落实人防无线电台使用管理规定，实行 24 小时战备值班；健全重要经济目标防护方案，落实防护措施；完善人防专业队伍训练大纲，加入民防突发事件应急处置元素，组织指导专业队伍按照大纲要求，完成训练时间、科目和内容；稳步推进人口疏散基地、疏散点建设。2009 年 3 月初，在沿黄河的临濮、董口、旧城、李进士堂、左营 5 个乡镇各设置 2 千瓦电声警报器 1 台（套）。通过警报信号发射中继站与城区 8 台（套）警报器实现统一控制、同步鸣响，初步提升了黄河滩区险情、灾情预知报警能力。

2010 年 4 月，依据《鄄城县防空袭方案》和《鄄城县城区疏散方案》，编制完成《鄄城县城区人口疏散安置计划》，该计划由疏散原则、十种保障措施和组织领导三部分组成，为在临战状态或平时出现突发事件情况下，有效组织城区人口疏散提供具体依据。11 月，县政府办公室下发《各乡镇组建人防民防志愿者队伍的通知》，要求各乡镇依据自身情况，尽量与乡镇安全保卫、民间组织、群防群治等组织相结合，设立一支由人防民防知识宣传小组、医疗救护小组、心理援助小组、应急抢险小组、治安维护小组、应急避难指挥小组等组成的乡镇人防民防志愿者队伍，以增强全县整体防空防灾能力。

“两建同步” 即推进人防建设与城市建设同步发展，抓好人防规划和行政许可项目审批工作。2006 年 4 月，在县行政服务中心设立人防窗口，印发行政许可办理程序明白卡，实行政务公开，并完善“一站式”服务。共承担 4 项许可项目，分别是：结合民用建筑修建防空地下室审批、拆除人民防空工程核准、拆除人民防空警报设施核准和开发利用人防工程和设施核准。2009 年 6 月，委托山东省城镇规划建筑设计院编制《鄄城县人防工程建设规划》和《鄄城县地下空间开发利用兼顾人防要求规划》，2010 年 10 月，规划获县政府批准通过。2006 年被市政府、菏泽军分区授予“通信警报社会化管理先进县”称号，2007 年被市政府、菏泽军分区授予“人民防空建设先进县”称号，2008 年、2009 年在人市防办年度目标责任制考核中被评为二等奖。

第二十七编

教育

JIAO YU

1991 年，全县有幼儿园 596 所，在园幼儿 16400 人；普通高中 3 所，在校学生 2441 人；初中 34 所，在校学生 20103 人；小学 424 所，在校学生 83232 人。

1994 年出现全县第一家民办初中。1995 年全县基本普及初等义务教育，年底扫盲工作通过省、地检查验收。1996 年 3 月成立鄄城县职业教育中心。2000 年，顺利通过“普九”验收，电化教育开始在全县各中小学校普及应用。从 2001 年起调整中小学布局，合理配置教育资源，充分发挥教师和教育设施的作用。2003 年鄄城一中建成东校区。2000 年鄄城三中改为职业高中，2004 年改为职业技术教育中心；2003 年鄄城县教师进修学校改为多功能职业中专；2004 年鄄城二中箕山校区改为职业中专；全县逐步形成普通教育、职业技术教育和成人教育协调发展的教育体系，管理体制、办学体制、学校内部管理体制、课堂教学改革不断深化，教育质量不断提高。至 2010 年，共投资 13071 万元，新建中小学教学楼、综合楼、学生宿舍等 188 幢，修缮改造各类危房 19.15 万平方米，新建校舍 12 万平方米，学校环境有了根本性变化。2010 年，全县有幼儿园 245 所，幼儿教师 627 人，在园幼儿 14279 人；中等职业、技工学校 3 所，普通高中 4 所，初中 28 所，小学 134 所，特殊教育学校 1 所，共有教职工 6953 人，在校学生 13.27 万人。

第一章　教育教学改革

第一节　管理体制改革

农村教育体制改革　1991 年，鄄城县基础教育管理体制是：乡镇中小学人事权、财权、校产等物权由县统一管理。1993 年，鄄城县基础教育管理体制发生重大变革，乡镇中小学财权、校产等物权，由县管划归乡镇管理，乡镇教师工资与教育经费等财政切块，乡镇之间教师余缺无法统一调整，缺编难以补充，随着乡镇财政日益困难，农村中小学教师工资拖欠问题越来越突出。另外，乡镇党委政府随意向教育系统安置不具备教师资格的人员现象也屡禁不止，农村基础教育工作受到较大冲击。

为促进农村基础教育改革与发展，2002 年国务院办公厅下发《关于完善农村义务教育管理体制的通知》，明确规定，农村义务教育实行“在国务院领导下，由地方政府负责，分级管理，以县为主”的体制。随之，省、市也相继下发一系列有关文件，2002 年，鄄城县“以县为主”的农村基础教育管理体制初步形成。

人事制度改革　1994 年，鄄城县进一步规范教育管理体制，扩大县政府教育统筹决策权、乡镇综合管理权、学校办学自主权，在全县推行校长选拔聘任制、教职工全员聘任制、岗位目标责任制为主要内容的“三制”改革。2001 年，鄄城县教育委员会、县人事局、县编办、县财政局联合下发《鄄城县教师聘用管理办法》，在全县开始实行校长选拔聘任制、教职工全员聘任制、校内结构工资制、岗位目标责任制为主要内容的“四制改革”，2001 年，全县参加竞聘教师 5112 人，落聘 61 人。2003 年，县教育局通过民主推荐、竞选演讲、组织考察、社会监督等程序，公开选拔富春中学、凤凰中学的领导班子，开始全县教育系统“公开竞选，公平竞争，择优聘任，聘期管理”人事制度改革。2008 年暑假，在彭楼中学实行“公推直选”选出新任校长，从此，在全县教育系统全面推行“公开竞选，公平竞争，择优聘任，聘期管理”和“公推直选”人事制度改革。

第二节　教学改革和对外交流

教学改革　1991 年，在县内部分初中、小学尝试单元整体目标教学经验。1992 年，县教研室倡导、组织，在县内部分学校实验建立教研网络。1993 年，在全县初中、小学推广单元整体目标教学经验，教师以单元为单位备课，每单元教学有目标，每节课有目标，堂堂要达标，重点要突出，环节要集中，倡导目标明确，精讲多练，生生达标，减少知识的负积累。1994 年，全县建立健全教研网络，成立县、乡、校三级教研网络。县教研室成立以学科教研员为组长，吸收部分学科带头人参加的主体教研组；乡镇中心校（教委）以中心小学为依托，分管副主任（或业务副校长）为组长，吸收部分学科骨干教师成立中心教研组。小学以学区为单位，以学区校长为组长吸收部分优秀教师为成员成立校级教研组，三级教研网络各自制定教研制度、教研计划，定期进行教研活动。全方位指导教师备课、授课和作业批改，深入开展“三检查”“三指导”“一示范”活动。“三检查”即教研员经常深入乡镇和学校，检查教案、检查作业、检查教学大纲的执行情况；“二指导”即指导教师备课、指导教师改进教学；“一示范”即为广大教师上示范课。教研员现身说法，每学期上一节示范课或研讨课。组织中学校长、乡镇教委业务主任和骨干教师赴泰安、新乡、南宁、承德等地参加“国家级目标教学研究会”。1995 年，在全县开展讲课、说课和评课活动；邀请市教研室岳彩珍、王长庚两位老师带领部分名师到鄄城讲课。1996 年 5 月，为进一步推广“单元目标教学”法，提高教学质量，县教研室邀请泰安市教研室教研员到鄄城讲座。这次教研活动涉及初中语文、数学、外语、物理、化学等学科。在全县小学开展“五四三”达标工程（五示范、四中心、三落实），县教研室制定具体的标准和评优方案，并组织人员进行分批分级验收，历时 4 年，至 2000 年年底，全县中小学全部达标。在全县小学教师中开展大练教学基本功活动，即普通话、三笔字（毛笔字、钢笔字、粉笔字）、简笔画基本功训练。1996—2000 年，分三个阶段达标。1997—1998 年先由乡镇教委组织人员对本单位教师进行达标评估，每年达标 50%；1999—2000 年，县教委抽调人员组成评估验收小组，分别对各乡镇进行评估验收，每年达标 50%；到 2000 年年底，95% 左右的小学教师通过评估验收，其中 35% 达到综合教育教学能力优秀标准的要求。1996 年，全县小学语文科在县实验小学进行“提前读写、双轨运行”实验。从一年级起就引导学生借助拼音进行阅读、写话训练；根据省教科所部署，选择鄄城镇一完小、左营乡中心小学、彭楼镇中心小学、临濮镇中心小学的 4 个教学班，进行“小学作文目标序列训练整体设计”课题实验。鄄城县组织有关人员编写其中第四册教材，在全省各实验区使用。实验于 2000 年 11 月通过“中国教育学会教育实验研究会”鉴定验收。1996 年以后，县教研室每年都组织一轮“送课下乡”活动。1998 年，根据省教研室的部署，全县中学语文科选择 4 个实验点，进行“以训练为主的教学新模式”实验。语文课堂从以教师讲析为主，从知识传授转变到能力训练。该项实验取得明显效果，鄄城县什集中学教师赵瑞芝获省级教改二等奖。1999 年 8 月，全县部分中学外语学科开始进行“张思中教学法”改革实验。鄄城县十二中被列为全国实验学校并挂牌。2000 年 3 月，组织开展“全县中小学系列达标课活动”。达标分三个步骤、两个周期进行验收。第一周期至 2002 年 12 月，全县教师 1968 人申请三级验收，合格 1840 人；第二周期至 2004 年 12 月，全县教师 2576 人申请验收，合格 2396 人。2001 年，县教研室组织部分英语科骨干教师参加省教研室重点课题“实验式教学模式”及初中毕业班“四位一体复习方法”实验与研究。2002 年，县中学语文科参加省教研室的“以学为主”教学模式的实验与研究，实验成果在省教研室“教科研成果展示会”上展出。2003 年，县教研室先后两次组织中学校长和骨干教师赴江苏洋思中学学习考察，并在全县推广其“先学后教、当堂训练”的教改经验；县教研室组织第一批“青年骨干教师”评选，全县共评选出小学“青年骨干教师”56 人，中学“骨干教师”65 人。2004 年,在全县中小学教师中开展“讲、说、评”活动，每位任课教师执教一节公开课，全县共评出乡镇（学校）级优质课 320 余节，县级优质课 150 节，推动了教研活动开展和课堂教学水平提高。2005 年，县教研室在全县中小学教师中开展“业务素质测试”活动；同年，这一经验被市教育局大面积推广。1991—2010 年，在全县中小学教师中进行教学能手评选 12 次，先后共评选出教学能手 1688 人,其中中学教师 680 人,小学教师 1008 人。

对外交流　1995 年 4 月，县教研室邀请市教研室岳彩珍、王长庚两位老师带领部分名师到鄄城讲课。自 1996 年起，县教研室在每年三四月份都要安排高中组教研员赴外地参加高考信息研讨会。1999 年 8 月，全县部分中学外语学科开始进行“张思中教学法”改革实验。鄄城县十二中被列为全国实验学校并挂牌。2001 年,县教育局组织中学校长、乡镇教委业务主任和骨干教师赴泰安、新乡、南宁、承德等地参加“国家级目标教学研究会”。2001 年，县十二中英语教师陈瑛执教的录像课在“全国目标教学录像课评比”中荣获一等奖，并于 2001 年 10 月被邀赴河北承德“全国目标教学研讨会”现场讲课。2002 年，县中学语文科参加省教研室的“以学为主”教学模式的实验与研究，实验成果在省教研室“教科研成果展示会”上展出。2003 年，县教研室先后两次组织中学校长和骨干教师赴江苏洋思中学学习和考察，并在全县推广其“先学后教、当堂训练”教改经验。2004 年 5 月，邀请洋思中学副校长秦培元及三位著名教师到鄄城介绍其教育新理念、教改新经验并现场讲课。2009 年，县教育局组织各乡镇中心校长、初级中学校长到日照、胶州等地学习先进经验。

第三节　社会办学

1985 年，中共中央颁布《关于教育体制改革的决定》，郭合祥创办第一所民办幼儿园——育红幼儿园,后逐步发展为英汉双语学校。1994 年 7 月，鄄城县第一所民办中学——山东省鄄城县鄄城镇第一私立育英学校创立。自此陆续有民办学校成立，至 2004 年达到最多。2005 年 12 月鄄城县私立丛园学校被山东省建设厅评为“山东省花园式单位”。由于生源减少、教学质量等问题，民办学校逐年减少，至 2010 年有丛园学校、双语学校、立人中学、育英中学 4 所。

2004 年郓城县民办学校基本情况统计表

表 27-1-1

学校名称	主办人	建校时间	占地面积（亩）	建筑面积（m^2）	总资产（万元）	2004年投入（万元）	教职工总数（人）	学生总数															总计
								小学							初中				高中				
								一	二	三	四	五	六	计	一	二	三	计	一	二	三	计	
郓城县双语学校	郭文胜	1994.6	90	16000	620	150	74	26	34	80	140	201	224	705	72	179	259	510	—	—	—	—	1215
郓城县立人中学	刘继成	2000.6	77.3	11000	720	30	101	—	—	—	—	—	—	—	—	—	—	—	980	820	1230	3030	3030
郓城县郓城中学	申存修	2003.5	120	23500	3392	1200	146	—	—	—	—	—	—	—	330	255	—	585	1340	1200	—	2540	3125
郓城县育英中学	赵庆东	1994.7	171	20000	750	150	242		25	65	133	283	509	1015	439	1026	1021	2486	364	535	—	899	4400
郓城县北城中学	窦红云	1997.4	100	18000	600	50	118	50	50	50	100	150	200	600	580	640	480	1700	—	—	—	—	2300
郓城县信诚中学	张在缔	2002.6	18.5	3200	197	12	24	—	—	—	—	—	—	—	315	345		660	—	—	—	—	660
郓城县育才学校	韩学勤	1999.6	40	16800	215	15	65	40	51	51	90	131	197	560	134	208	150	492	—	—	—	—	1052
郓城县利民学校	刘维亭	1999.4	102	4300	463	3	40	30	35	46	54	104	60	330	150	161	142	453	—	—	—	—	783
郓城县尧王学校	冯翠兰	1999.8	23	2600	143	10	44	60	90	90	120	120	120	600	50	100	90	240	—	—	—	—	840
郓城县丛园学校	张总之	2001.1	26	3600	250	10	34	26	34	68	158	211	319	816	—	—	—	—	—	—	—	—	816
郓城县跨世纪学校	李根才	2001.4	26	4724.01	282.15	4.15	53	51	58	122	125	141	124	621	70	127	—	197	—	—	—	—	818
郓城县鲁翔学校	窦同华	2001.6	50	6020	130	30	36	48	52	58	122	140	159	573	126	120	—	246	—	—	—	—	819
郓城县晨阳学校	韩福民	2003.6	45	3898	450	50	44	210	180	120	120	130	130	890	—	—	—	—	—	—	—	—	890
郓城县安台小学	吴耀三	2003.11	40	2160	82.6	10	23	70	86	76	80	90	54	456	—	—	—	—	—	—	—	—	456
郓城县翰林小学	孙明德	1998.7	12	857.5	60	8	15	48	46	43	45	41	40	263	—	—	—	—	—	—	—	—	263
郓城县孙膑武校	孙明韶	1993.11	25	4500	430	10	36	48	45	30	57	54	47	281	57	44	43	144	—	—	—	—	425
郓城县魏武武校	周登训	1996.2	25	3000	130	10	32	20	20	48	54	46	46	240	54	64	62	180	—	—	—	—	420
郓城县宝昌影视技击学校	仝海军	2000.4	18	7500	78	10	31	46	—	24	26	34	48	177	26	22	26	74	—	—	—	—	251
郓城县鲁西武校	李洪彦	1995.7	30	6200	183	23	20	12	18	20	25	26	30	131	35	38	40	113	—	—	—	—	244
合计	—	—	—	—	9175.7	1765.15	1178	—	—	—	—	—	—	8260	—	—	—	8080	—	—	—	6469	22809

第二章　基础教育

第一节　学前教育

1990年5月，根据山东省人民政府有关文件精神，托幼工作由妇联移交教育部门主管。同年，县政府下发文件，对全县托幼工作作了专门规定，调整县托幼工作领导小组，在县教育局设立托幼工作办公室，配备专职工作人员，负责全县幼教日常工作。各乡镇也相继成立托幼工作领导小组，乡镇教委领导小组具体负责托幼工作，并配备专职幼教辅导员，负责本乡镇幼儿园的日常管理工作，从此理顺幼教管理体制。

1992年，对全县幼师进行考核整顿，择优录用，为幼儿教师699人建立档案。同年县政府制定《鄄城县幼儿园管理办法》，明确规定各级各类幼儿园应接受县教育局的指导监督、指导和评估，并规定办园的职责、目标和方向。

2006年5月，县人民政府办公室制定《关于进一步加强学前教育工作的实施意见》，明确全县学前教育发展的目标任务是形成以县实验幼儿园为示范，以乡镇中心幼儿园为骨干，以校办和村办幼儿园为主体，个人办园为补充的发展格局。到2010年，城区学期三年幼儿入园率达到95%以上，农村学前一年幼儿入园率达到99%以上。0～6岁儿童家长及看护人员普遍受到科学育儿指导，科学育儿能力全面提高。2006—2010年，全县市级幼儿教学能手2人，县级教学能手6人，市级骨干幼儿教师8人，县级骨干幼儿教师15人，有16节课先后被选为市级优质课，反映幼儿教育教学及管理经验的优秀论文20余篇。2010年6月，有一名幼儿教师被山东省教育厅授予山东省学前教育先进个人称号。11月，鄄城县承办菏泽市幼儿骨干教师的评选活动。

2010年，全县幼儿教师共有627人，有幼儿教师编制42人，均为县实验幼儿园的幼儿教师；学校附设幼儿园的公办幼儿教师有91人，均为小学教师编制；其余的496人，均为农村幼儿教师和民办幼儿园的幼儿教师，农村幼儿教师年龄普遍偏大，民办幼儿园的幼儿教师有一部分为1991—2010年的幼师毕业生，有幼儿教师资格证的78人。

公办幼儿教师的工资待遇与小学公办教师同等对待，农村幼儿教师和民办幼儿园的幼儿教师工资从收取的幼儿保育费中解决，月平均工资为600元。

城区幼儿园　1991年，城区幼儿园有5所，幼儿教师36人，在园幼儿480人。幼儿园都配有适合幼儿特点的桌椅、玩具架以及必要的教具、玩具等。2005年，城区幼儿园有15所，幼儿教师197人，在园幼儿1859人。幼儿园有了与其规模相应的室外活动场所，配备了体育活动设施、教具、玩具、图书和乐器等。1991—2010年，学前教育形成以政府举办幼儿园为骨干和示范，以社会力量举办幼儿园为主体，公办与民办并存的发展格局。鄄城县实验幼儿园是鄄城县唯一一所公办幼儿园，是教育局直属事业单位。

乡镇幼儿园　1991年，乡镇幼儿园有591所，幼儿教师663人，在园幼儿15920人。幼儿园都配有适合幼儿特点的桌椅、玩具架以及必要的教具、玩具等。1995年，按照《菏泽地区乡镇中心幼儿园办园标准》，各乡镇重点抓中心幼儿园建设，各乡镇中心园相继成立。2005年，乡镇幼儿园有264所，幼儿教师390人，在园幼儿6751人。幼儿园有了与其规模相应的室外活动场所，配备了体育活动设施、教具、玩具、图书和乐器等。

2006 年以后，县政府将农村学前教育纳入本辖区国民经济和社会发展总体规划，县教育局结合本县建设社会主义新农村的总体目标，按照“规模办园、就近入园、大村独办、小村联办”的原则，加大幼儿园布局调整力度，合理确定服务范围，探索多元化办园模式。农村幼儿园按服务人口 3000 人以上，服务半径 1.5 公里以内设一所园的标准进行布局建设，努力形成一个乡镇建有一所独立设置的公办中心幼儿园、下设若干个农村幼儿园的学前教育网络。乡镇中心幼儿园建园率为 60%，农村学前一年普及率为 99%。

2009 年，鄄城县教育局贯彻《菏泽市教育局关于进一步加强农村学前教育工作的意见》，推进学前教育和谐、均衡发展。8 月，鄄城县教育局印发《关于规范办园行为防止和纠正小学化倾向等有关问题的通知》，要求从秋季开始，驻城小学和乡镇中心完小举办的学前班一律停止招生。由只招收学前一年幼儿的学前班改建为招收学前三年幼儿的完全性幼儿园。2010 年秋季开学时，各乡镇辖区内的学前班都改建为完全性幼儿园，按照《幼儿园工作规程》《幼儿园教育指导纲要》要求，端正办园指导思想，遵循教育规律，教学内容、形式和方法要符合幼儿身心发展特点，充分利用农村丰富的环境资源和乡土材料，以游戏为基本活动形式，寓教育于各项活动之中。

1991—2010 年鄄城县幼儿园情况统计表

表 27-2-1　　单位：所 / 个 / 人

年　份	幼儿园数	班　数	在园幼儿数	入园率		幼师数
				3～6 岁（%）	学前年（%）	
1991	596	638	16400	41.9	90	699
1992	625	667	15360	42	90.5	699
1993	651	703	16900	43	92	726
1994	656	695	15400	45	93.5	721
1995	531	587	16390	47	95	683
1996	526	580	16350	49	95	680
1997	513	567	17200	51	95.5	682
1998	490	532	14100	52	96	630
1999	426	458	13200	56	96	610
2000	312	352	9600	60	96.5	533
2001	307	348	8051	62	96	535
2002	296	340	8110	68	98	535
2003	278	362	7365	71	99	570
2004	286	370	8640	72	99	591
2005	279	368	8610	72	99	587
2006	275	410	10137	72	99.2	601
2007	270	439	11220	72.5	99.5	638
2008	267	452	12153	72.5	99.5	672
2009	259	483	13560	73	99.5	690
2010	245	510	14279	73.5	99.9	735

第二节　义务教育

义务教育实施　1991—1993年，全县掀起普及初等义务教育（小学阶段）的热潮。根据《中华人民共和国义务教育法》和山东省普及九年义务教育的要求，1990年，经鄄城县人大常委会通过，鄄城县人民政府宣布开始实施初等义务教育。1992年，鄄城县人大常委会通过《鄄城县关于实施〈义务教育法〉的有关规定》。对依法保障适龄儿童就学，义务教育学校的设置管理和维护，实施义务教育的步骤和程序，义务教育的师资、经费筹措，管理与奖惩等问题作了具体规定。各乡镇人民政府制定实施义务教育规划，颁布经乡镇人大通过的实施义务教育的办法和暂行规定。1993年，县政府、县教育局分别同各乡镇政府、教委签订实施义务教育责任书，依法保障适龄儿童入学接受规定年限的义务教育，全县所有乡镇政府向适龄儿童家长签发《入学通知书》，对不入学的签发《责令入学通知书》，依法强制入学。同时建立辍学报告制度，制止学生流失。1994年，鄄城县宣布实现初等义务教育。

1997—1999年，经过宣传发动，筹措资金，改善办学条件，扫除青壮年文盲，于2000年5月顺利通过省政府“两基”（基本普及九年义务教育，基本扫除青壮年文盲）评估团的验收，宣布鄄城县实现“普九”。小学、初中阶段的正常少年儿童入学率分别达到99.3%、98.7%；小学、初中阶段的辍学率分别控制在0.71%和1.4%以内。但实际上仍是小学五年制、初中三年制，鄄城县义务教育阶段仍是八年制。

为实现真正意义上的普及九年义务教育，2000年鄄城县教育局制订小学学制“五改六”实施方案，并报请菏泽市教育局批准，全县小学由五年改为六年自2002年暑假正式开始逐步实施。同时建立健全宣传教育、依法治教、目标责任、督导评估、奖惩激励运行机制，巩固提高“两基”成果。多方面投资，教育投入持续增长，满足中小学布局调整与农村中小学危房改造资金需求。坚持每年对教职工从德、能、勤、绩四个方面进行综合考评，实行教职工全员聘任制，鼓励支持广大教师参加自考、函授、脱产进修，全县中小学教师的学历达标率和学历层次逐年提高，教师综合素质增强，素质教育全面实施。落实国务院《关于深化教育改革全面推进素质教育的决定》，开全课程，开足课时，注重音、体、美和信息技术、健康教育等课程的开设；制订《鄄城县基础教育课程改革实施方案》，进行“通识培训”和中小学新教材培训，较好地落实了新的课程标准和教学计划；每年坚持举办全县中小学生运动会、中小学生科技作品展及大型文艺汇演等活动，组织参加“爱国主义读书活动”；落实国家、省、市关于学生“减负”指示精神，推动素质教育全面实施和教育教学质量较快提高。

2010年，义务教育阶段学生入学采取属地入学，小学新生入学实行就近划片安排入学，小学毕业生相对就近安排进入初中学习。新生必须在规定时间内，持《义务教育入学通知书》到校办理入学手续。因疾病或其他原因不能按时入学的适龄儿童、少年可以办理缓学证书；丧失学习能力的适龄儿童、少年可办理免学证书。对无故不按期入学的要根据《中华人民共和国义务教育法》由当地人民政府对其父母或者其他监护人批评教育，并采取有效措施责令送子女或者被监护人入学。适龄儿童、少年需要缓学、免学的，由其父母或监护人提出申请，经县教育局或者乡镇人民政府批准。因身体原因申请缓学、免学的，应当附具县教育行政主管部门指定的医疗机构的有效证明。

课程设置　小学课程设置　1991年，开设语文、数学、自然、体育、美术、劳动等6门课程。1992年开设思想品德、语文、数学、社会、自然、体育、音乐、美术、劳动等9门课程。2001年，全县部分三年级开设英语课，县教研室组织全县小学英语骨干教师成立英语中心教研组，定期召开教材、教法研讨会，交流经验，集体备课，观摩教学，解决课堂上出现的疑难问题，使全县小学英语教学正常有序地开展。2002年秋，鄄城县基础教育小学学制实行“五改六”。2003年暑假开学后，小学起始年级实施新课程改革，小学以综合课程为主。小学低年级开设品德与生活、语文、数学、体育、艺术（或音乐、美术），小学三年级以上增设信息技术课等课程。

初中课程设置 1991 年，初中开设思想政治、语文、数学、外语、历史、地理、物理、化学、生物、体育、音乐、美术、劳动技术等 13 科。2003 年，初中实行新课程改革，增设综合实践活动课（信息技术、研究性学习、社会实践活动）、地方课程、校本课程。

学制改革 2002 年暑假后，鄄城县各小学新招一年级为六年制；原在校的一、二、三年级，2002 年暑假开学后全部过渡为六年制的二、三、四年级；原在校的四、五年级合理分流，实行五、六年两种学制，使这两个年级的学生分别在 2002 年、2003 年、2004 年暑假后均有 2/3 的学生升入初中。

2002 年暑假后，一、二、三、四年级均使用九年制义务教育六年制教材；五年级使用五年制教材；六年级语文、数学使用过渡教材，其他各科均使用六年制教材。

鄄城县小学学制“五改六”从 2002 年开始实施，到 2004 年完成。

中小学布局调整 为合理布局教育资源，方便儿童少年接受义务教育，充分发挥教师和教育设施的作用，促进基础教育稳固发展，从 2001 开始调整中小学布局。5 万人口以上的乡镇设 2 所初中，5 万人口以下的乡镇设 1 所初中。2001 年，鄄城县初级中学由当时的 29 所，调整为 26 所。将董口镇军屯中学并到董口中学；阎什镇红旗中学、刘寺中学分别合并到阎什中学和张志门中学。完全小学由当时的 225 所合并为 194 所，教学点由 232 处合并为 133 处（其中含 80 处临时教学点）。2002 年，定点学校由 194 所调整为 179 所；教学点由 133 处调整为 103 处（其中含 43 个临时教学点）。2003 年，定点学校由 179 所调整为 157 所。教学点由 106 处调整为 90 处（其中含 13 个临时教学点）。2004 年，定点学校由 157 所调整为 138 所。教学点由 90 处调整为 94 处，临时教学点全部撤并。2005 年，定点学校由 138 所调整为 118 所。教学点由 94 处调整为 80 处，临时教学点全部撤并。2006—2010 年扩建中小学 4 所，异地新建 10 所，撤销 8 所。

第三节 高中教育

高中设置 1991 年，全县共有普通高中 3 所，即鄄城县第一中学（现在的西校区）、鄄城县第二中学（原校址在箕山镇）、鄄城县第三中学（原校址在什集镇）。1995 年，经鄄城县委、县政府同意，上报原菏泽地区批准，将鄄城县第十一中学（初中）和鄄城县第一职业高中合并为鄄城县实验中学，开始举办普通高中教育。2000 年，私立立人中学成立，该校占地 70 余亩，开始举办高中教育。在实行民办公助政策下，鄄城县第一中学于 2003 年开始扩大办学规模，在县城人民路东段征地 80 余亩，建立鄄城中学。2004 年，私立育英中学招收普通高中班。鄄城县第三中学开始搬迁进县城，举办职业教育，不再招收普通高中。2005 年，鄄城县第十二中学开始招收普通高中班。是年，全县共有普通高中 7 所，即鄄城县第一中学、鄄城县第二中学、鄄城县第三中学、鄄城县实验中学、鄄城县第十二中学、私立立人中学、私立育英中学。2006 年，私立育英中学停止普通高中招生。2007 年，鄄城县第十二中学停止普通高中招生。2008 年，鄄城中学停止招生，校区全部改为鄄城县第一中学东校区。2010 年，全县共有普通高中 4 所，即鄄城县第一中学、鄄城县第二中学、鄄城县实验中学、私立立人中学。

1991—2005 年，鄄城一中、鄄城二中、鄄城三中、鄄城县实验中学、私立立人中学高中教育教学工作均取得较好成绩。其中，2001 年，鄄城二中被评为市级规范化学校，鄄城一中被评为省级规范化学校。

课程设置 高中课程结构由学科课程和活动课程两部分组成，学科课程采取必修课和选修课两种形式。活动包括课外活动和社会实践活动。必修课开设政治、语文、外语、物理、化学、生物、历史、地理、体育和劳动技术共 11 科，选修课分两类，一种是单课性选修，在高一、高二年级开设，另一类是分科性选修，分文科、数学、体育，劳动在高中三个年级均为必修课。外语、物理、化学、生物、历史、地理等科在高一、高二年级为必修课。2004年，高中实施新课程改革。普通高中全面开设《课程方案》规定的语言与文学、人文与社会、科学、技术、艺术、体育与健康和综合实践活动八个学习领域的课程。学习领域包括科目有语文、数学、外语（英语、日语、俄语等）、思想政治、历史、地理、物理、化学、生物、技术（信息技术、通用技术）、艺术（或音乐、美术）、体育与健康等。各科目一般由若干个模块组成。每个模块通常为36学时，语文、数学、外语每个模块在一个学段内完成。人文与社会、科学领域的有关科目每个模块一般在一个学期内完成，必要时可在不增加学习的前提下，在本学习领域内将有关科目学时打通使用或调整开设顺序。音乐、美术、体育与健康每个模块为18学时。学校可根据需要调整技术领域中信息技术和通用技术的开设顺序。研究性学习活动高一、高二年级每周3学时，2学时在课内实施，一般连排使用；1学时安排在课余和假期时间进行，以学生自主完成为主。学校课程主要指《课程方案》的“选修学分II”。有条件的学校围绕各学习领域自主开发和安排教学内容，增加学校课程的开设量。

鄄城县第一中学　创建于1950年，位于县城西北隅。1990年由正科级升为副县级单位。1991年学校设办公室、教务处、政教处、总务处、团委、工会等处室，2008年增设信息中心、考核办，2010年增设艺体中心。

1991年有教学楼2座，实验楼1座，学生宿舍楼1座。1995年建成新实验楼，同年建成学生宿

鄄城县第一中学（2008年　摄）

舍楼2座，1997年建成办公楼，2002年建成学生餐厅。2002年在鄄六路东、人民路北建鄄城中学，2004年8月可容纳50个教学班的主体教学楼和男、女生宿舍楼竣工并投入使用，全部用来安置鄄城一中高三年级学生，共50个班，约4000人。2006年8月实验楼、办公楼竣工，校园绿化、硬化全面完工。2008年鄄城中学改为鄄城一中东校区。东、西校区占地200亩，总建筑面积8万余平方米。2010年有教学楼7座，各班配有多媒体教学设备，是全市最先进的教学设施；科技实验楼2座，装备理、化、生实验室12个，微机室6个，标准阅览室2个；融教师办公、图书、资料、阅览、音乐、美术、舞蹈为一体。综合办公楼2座，学生宿舍楼6座，内部管理规范，整洁卫生；标准运动场能承办各种综合及单项运动会；现代化多功能餐厅实现微机管理。学校购置闭路电视教学系统，添置电视节目编辑机，实现办公自动化，建立鄄城一中网站（www.jc.cn），发布教育教学信息。

1991年，全校有高中教学班26个1680人，高中教师205人，当年高考录取172人。2010年，有高中班126个，在校9000人，高中教职工540人，其中，高级职称80人，中级职称110人，当年升入大学本科院校1269人。

1991—2005 鄄城一中高中毕业、高考录取人数统计表

表 27-2-2　　单位：人

年　度	高中毕业	高考录取	
		本　科	专科、中专
1991	754	172	
1992	737	246	
1993	708	295	
1994	479	119	166
1995	488	190	369
1996	520	206	263
1997	560	251	254
1998	782	280	228
1999	971	315	501
2000	1031	460	604
2001	1052	508	438
2002	1294	655	706
2003	1764	549	1026
2004	2113	788	1201
2005	2210	798	1549

说明：1991 年、1992 年、1993 年毕业生含复读生及其他学籍人数，高考录取为所有录取人数。

2006—2010 年鄄城县一中高中毕业、高考录取人数统计表

表 27-2-3　　单位：人

年　度	高中毕业	高考录取	
		本　科	专　科
2006	2213	804	1013
2007	1850	791	901
2008	2402	1136	679
2009	2336	1458	1051
2010	2321	1269	1271

1992 年 12 月鄄城一中被评为山东省德育工作先进单位，1995 年被评为山东省教书育人先进单位，1997 年 5 月被评为全省教育财会先进集体，1998—1999 年被评为省级花园式单位，1999 年 12 月被评为山东省推行《国家体育锻炼标准施行办法》先进集体，2001 年 8 月被评为山东省教师职业道德建设先进集体，2001 年 12 月被评为山东省级规范化学校，2000—2002 年被评为山东省五四红旗团委创建单位，2006 年 2 月被评为省级绿色学校，2006 年 11 月被评为山东省心理健康教育先进学校。2006 年被评选为山东省级绿色学校。2008 年被评选为菏泽市教学师范学校、菏泽市平安学校、菏泽市先进基层党组织。2009 年被评为菏泽市师德建设先进集体、菏泽市学校民主管理先进单位、菏泽市中小学

德育工作先进集体。2010 年获得菏泽市五一劳动奖状、被评为山东省心理健康教育先进单位。

鄄城县第二中学 始建于 1952 年，位于县城东北箕山镇。2010 年全部迁入县城。

1991 年设校长室、办公室、教务处、政教处、团委、总务处，1996 年增设财务室、工会办公室。2001 年增设妇委会办公室，2006 年增设督查室、心理咨询室、群团办（团委、工会办公室、妇委会办公室并入），2010 年增设计划生育办公室。

1991 年有双层教学楼 1 座，实验楼 1 座，平房办公室 24 间，平房教室 24 间，学生宿舍 56 间，学生食堂 7 间，新建尊师亭 1 座。1998 年新建三层女生宿舍楼 1 座，1997 年、1998 年分别新建四层教学楼 1 座，2001 年新建四层男生宿舍楼 1 座。

2004 年，在县城鄄五路北段路东建普通高中分校，有四层教学楼 2 座，四层宿舍楼 1 座，平房 42 间，食堂 1 座，2005 年新建四层双面女生宿舍楼 1 座，2006 年新建两层办公实验楼 1 座，2007 年新建四层教学楼 1 座，2010 年增建食堂 1 座。

1993 年借鉴实施“精讲多练”教学法，2007 年,学习借鉴“讲学稿”授课模式,教师编制导学案，学生先学教师后教，效果显著。

1991 年全校有高中教学班 18 个 880 人，高中教师 76 人，当年高考录取 107 人。2002 年高考招生有较大变化，国家扩大本、专科高校招生计划，递增幅度约为 30%。2004 年县城分校开始招收高中一年级学生。2010 年有高中班 36 个，在校生 2210 人，

鄄城县第二中学 （2008 年 摄）

高中教职工 189 人，高级职称 47 人，中级职称 72 人。当年升入大学本科院校 124 人。1991—2010 年升入大学本科院校 1193 人。

1991—2010 年发表国家级、省级、市级论文分别为 57 篇、166 篇、78 篇，获奖 21 篇、52 篇、31 篇。2000 年被评为菏泽市规范化学校。2001 年被省文体委命名为“省级文体明星单位”。 多次获县委、县政府“教育教学贡献奖”。

鄄城县第三中学 始建于 1956 年，校址在县城正南什集镇，校园占地 57 余亩。2001 年 6 月起开办中等职业教育，普通高中 2006 年停办。2005 年 6 月学校由什集镇整体搬迁到县城西街正西 1.5 公里处，新校址占地 46 亩。1991—2005 学校设办公室、教务处、政教处、总务处、团委等科室。

1998 年学校在什集镇校区建成综合办公室 1 座，建筑面积 2000 平方米。2000 年建成教学楼 1 座，建筑面积 2100 平方米。

1991 年全校有高中教学班 12 个，700 余人，高中教师 60 余人。常年高中班数量 12 ～ 16 个，学生 800 ～ 1200 人。1995 年招生约 600 人，1997 年高考取得新突破，本科上线人数 50 余人。2006 年普高班 6 个，在校生 400 余人。1991—2006 年升入大专院校 1000 余人。

1996 年被中共鄄城县委、鄄城县人民政府授予“教育工作先进单位”称号，1998 年被菏泽地区教育局、人事局授予“教书育人先进单位”称号。2006 年被评为全市职教招生工作先进单位、菏泽市优秀青少年维权岗、菏泽市职业教育先进单位、2005—2006 年度菏泽市学校思想政治工作先进单位。2007 年被菏泽市评为职业教育先进单位。2008 年被评为菏泽市中小学生校外教育活动基地、菏泽市职业教育先进单位。2009 年被评为国家集体研究成果一等奖、菏泽市中职教学工作先进单位、菏泽市职业教育工作先进单位。2009 年度职业教育招生工作先进单位、2010 年度职业教育招生工作先进单位、2010 年度全市职业学校教学工作评估优秀单位。

鄄城县实验中学 1995 年 8 月，鄄城县十一中学和鄄城县第一职业高中合并成立鄄城县实验中

鄄城县实验中学（2009 年　摄）

学，南北学区（隔青年路）共占地 118.5 亩。位于县城青年路（今黄河街）西段。学校设学校办公室、政教处、教务处、总务处等处室，2010 年增设教科处、考核办和艺体部。

1998 年建教学楼 1 座，2004 年建现代化物理、化学、生物实验室各 1 个。2005 年建艺体楼 1 座，2006 年增加男生宿舍楼 1 座。

2004 年，确立“一切为了学生的发展，让每个孩子走向成功”育人理念和创建省级规范化学校目标。重视对艺体生的培养。 2005 年，开设俄语班 14 个、日语班 2 个。2010 年实施“底起点，高密度，小坡度”教学方法。

1996 年招收第一届高中生，6 个教学班，360 人。2005 年，实验中学共有 60 个教学班，在校学生达 4500 余人，教职工 258 人，其中高级教师 35 人，中级教师 113 人，共有全国、省、市、县级骨干教师、教学能手 61 人，另有研究生 2 人，在读教育硕士 2 人。2005 年高考，本科录取人数 114 人，比 2004 年翻两番还多。艺体类本科录取人数居全县首位，实验中学跨入全市 68 所高中学校前 16 名行列。2010 年，学校共有 48 个教学班，教职工 278 人，其中特级教师 1 人，全国“五一劳动奖章”获得者 1 人，高级教师 71 人、中级教师 98 人，全国、省、市、县骨干教师及教学能手 77 人，研究生 6 人，在读教育硕士 4 人。2010 年，高三毕业生在历年最少情况下本科录取 82 人。

1998—2010 年共升入本科院校 1290 余人，升入专科院校 1 万余人。

2003 年被评为市级精神文明单位、市级规范化学校。2005 年 12 月被山东省建设厅评为山东省“花园式单位”，被山东省地震局、山东省教育厅、山东省科学技术协会评为“山东省地震科普师范学校”，被菏泽市市政管理局评为“市级花园式单位”。2006 年 2 月被山东省公安厅、山东省安全生产监督管理局评为“全省优秀交通安全师范学校”，连续多年被评为鄄城县教育教学质量先进单位。2007 年获全市重点中学学生排球运动会优秀组织奖。2009 年被评为山东省艺术教育示范学校、菏泽市依法治校示范学校、菏泽市园林化学校。2010 年获第六届全市普通中学生排球运动会体育道德风尚奖。2011 年被评为全省“五五”教育普法工作先进集体、消防安全教育示范学校、青少年体育工作先进学校。2014 年被评为全县年度慈善工作先进单位。2015 年被评为全县消防安全“责任落实年”活动先进单位。

第四节　特殊教育

1994 年，鄄城县聋哑学校征地 14.3 亩，建校舍 20 间，砌围墙 400 米，大门 1 座，投资 76 万元，同年招收学生 17 人。1995 年，学校再次建房 15 间，投资 15 万元。2005 年秋，学校争取危房改造资金 30 万元，推倒危房 17 间，兴建教学楼 1 座。2006 年，学校修建操场 1 座，面积 900 平方米，硬化路面 1400 平方米，并先后为学生购买 3 台彩色电视机，1 台 VCD 和一部分体育器材。2008 年，省教育厅为聋哑学校配备钢琴、启智小博士、一对十二多功能语言训练机、电脑、健身器材等价值 60 万元的教学仪器。

2005 年，学校共有教学班 6 个，在校生 57 人，教职工 30 人，其中任课教师 22 人。教师队伍中本科学历 10 人，专科学历 14 人，绝大部分老师系特师毕业或经过聋哑教育专业培训，学历达标率 100%，专业合格率 90%。教职工中中学高级教师 2 人，小学高级教师 15 人，小学一级教师 12 人；受省级表彰的教师 2 人，受市级表彰的 4 人，受县级表彰的教师 16 人。2005 年 3 月，舞蹈节目《爱的奉献》赴济南参赛，获优秀奖。2010 年，学校共有教学班 9 个，在校生 86 人，教职工 30 人。教师队伍中本科学历 22 人，专科学历 6 人，绝大部分老师系特师毕业或经过聋教育专业培训，学历达标率 100%，专业合格率 90%。教职工中中学高级教师 3 人，小学高级教师 14 人，小学一级教师 11 人；受省级表彰的教师 4 人，受县级表彰的教师 14 人。1994—2010 年共培训聋哑学生 562 人。

1991—2010 年鄄城县中小学校情况统计表

表 27-2-4 单位：个 / 人 / 所

时 间	高 中			初 中			小 学		
	班数	学生数	所数	班数	学生数	所数	班数	学生数	所数
1991	38	2441	6	337	20103	34	2471	83232	424
1992	38	2438	5	343	20872	33	2203	87985	419
1993	38	2585	5	353	22941	33	2186	89395	390
1994	46	2950	5	362	27778	32	2674	88364	383
1995	18	3211	5	371	24397	33	2669	86561	376
1996	56	3707	4	398	25697	31	2214	83844	340
1997	64	4332	4	445	28941	30	2099	88033	356
1998	76	5301	4	450	29546	29	2073	87828	334
1999	86	6099	4	469	31750	29	2062	88184	323
2000	97	6538	4	473	33098	29	1996	89089	303
2001	115	7358	4	490	34155	29	1887	82944	253
2002	135	9133	4	502	33391	28	1834	79315	232
2003	151	10170	4	491	33686	28	1746	74700	217
2004	199	14897	3	477	32246	28	1668	69916	205
2005	218	16624	3	490	32877	28	1608	65285	205
2006	245	17000	5	622	36000	31	1776	71300	191
2007	88	16000	4	517	43800	27	1716	130900	158
2008	88	18000	4	520	35800	32	1718	73000	136
2009	214	15500	4	567	37000	28	1756	73400	134
2010	239	15820	4	562	31865	25	1798	79336	145

第三章 职业教育及成人教育

第一节 职业教育

1991年，全县有鄄城县技工学校、鄄城县第一农业技术中学、鄄城县第二农业技术中学等职业教育学校。2000年鄄城三中改为职业高中，2004年改为职业技术教育中心；2003年鄄城县教师进修学校改为多功能职业中专；2004年鄄城二中箕山校区改为职业中专。1991—2003年，鄄城县职业教育处于低谷阶段。2003年度职业学校在校学生包括毕业生在内共有780人。2004年县教育局改变招生办法，实行初三学生分流，即实行比普通高中提前考试、提前录取、提前入校，按1∶4的比例安排中等职业教育和普通高中教育招生计划，分流任务按初中学校初三毕业生人数的25%分配到各初中学校。2004年职业高中高一招生205人。在2005年1月21日召开的全市职业教育招生工作会议上，鄄城的经验得到菏泽市教育局肯定，并在全市推广。4月，全市职业教育工作调度会在鄄城召开。

2005年，鄄城县共有职业学校4所，分别是鄄城县职业中等专业学校、鄄城县第一职业中专、鄄城县职业技术教育中心、鄄城县民办双语职业高中。职业学校占地总面积256.8亩，建筑面积44265平方米，固定资产2725万元，仪器设备315.7万元，学生总人数4955人，所开专业有机电一体化、电子技术、计算机应用、数控技术、汽车运用、服装设计、物业管理等。

2010年，鄄城县共有职业教育学校3所，分别是鄄城县职业技术教育中心、鄄城县第一职业中专（以上属教育局管辖）和鄄城县劳动职业技术学校（属劳动局管辖，业务受县教育局指导）。

2006—2010年，鄄城县职业教育发展较快，县职业技术教育中心建成高标准综合大楼1所，高标准实习实训车间5所，并配备先进实习实训设备。县第一职业中专从箕山镇迁至县城，在原双语职业高中基础上，扩大校园面积，新建教学楼1座，实习实训车间7所，投资200万元购置实习实训设备。劳动职业技术学校新校区正在筹建。县职业学校招生人数每年达到2000人以上。通过参加国家、省、市级专业教师培训，县政府公开招聘，面向社会聘请等办法，各职业学校建起高素质的专业师资队伍，基本满足教学需要。教育教学质量不断提高，升学班毕业生在对口高职考试中升学率达98%，2006年有2人，2007年有4人，2008年有5人，2009年有9人升入本科职业院校。就业班就业安置率达97%。2006年，县第一职业中专被评为山东省重点职业学校、山东省中职毕业生就业培训基地。2009年7月县职业技术教育中心通过省级重点职业学校验收。2010年11月第一职业中专通过国家级重点职业学校验收。

鄄城县职业中等专业学校 1991年，鄄城县教师进修学校占地面积50余亩，建筑面积2630平方米，有高级教师21人，讲师39人。2003年8月，经菏泽市政府批准更名为鄄城县职业中等专业学校，是一所集教师培训、小学校长培训、成人教育、职业教育为一体的多功能学校。2005年，学校占地面积53.47亩，固定资产500万元，拥有现代化微机室、语音室、多媒体教室各1座，拥有18个班的教学楼、办公楼、实验楼各1座，实习训练基地1处，可同时容纳800人就餐的标准化餐厅1座，学校高级讲师20人，讲师25人。设有计算机应用与维修、电子技术应用、机电技术应用、焊接技术、汽车驾驶与维修、服装制作与工艺、数控技术、幼儿教育与会计等专业。2010 年 9 月，根据县政府统一安排，学校进行片区开发，学校占地面积为 11.35 亩。教职工 65 人，其中高级讲师 24 人，讲师 26 人。1991—2010 年，每年举办中小学校长业务培训班、中小学教师业务培训班、教师学历达标培训班、函授班、初中教师远程研修培训班等，每年培训几百人、上千人不等。

鄄城县第一职业中专　2001 年，鄄城二中箕山校区改为鄄城县第二职业高中，开始发展职业教育。2004 年，经市教育局批准，鄄城县第二职业高中更名为鄄城县第一职业中专。2008 年，与私立双语学校达成合并协议，学校开始自箕山镇迁入鄄城城区原私立双语学校职高部，2010 年 6 月，整体搬迁完成。

2001 年开始实施中等职业教育，从二中普通高中分流出 2 个班，学生 126 人，自普通高中选配和自聘专业教师 26 人。2007 年秋季起，国家对中等职业学校全日制在校农村学生和城市家庭经济困难学生实行国家助学金资助制度，资助标准为每生每学年 1500 元，国家资助 2 年，第三年实行学生工学结合、顶岗实习。2010 年，在校生最多，共 3783 人，教师 224 人（有部分教师兼任普通高中课程）。2001—2010 年，共毕业学生 5562 人，安排就业 3279 人，升入对口高职院校 2283 人。

2001 年招生时设文秘、法律 2 个专业，2003 年增设机电技术应用、计算机、护理专业，2004 年增设物流管理、临床医学专业，2005 年增设服装设计与工艺、焊接技术、数控技术专业，不再开设文秘、法律、物流管理、临床医学专业。2007 年增设会计专业，2010 年增设农村经济综合管理、农业机械使用与维护、现代林业技术、设施农业生产技术专业。

最初招生时有计算机实训室 1 间，2004 年增加机电、计算机实训室各 1 间，2005 年增加服装、电焊、数控车床实训室各 3 间，2007 年增加护理实训室 3 间。2010 年，机电技术应用专业有：XF-2003 型电工电子试验 39 台、PLC　40 台套、操作台 40 个计算机 56 台，机电一体考核装置 6 套，电子产品与调试考核 6 套，亚龙 YL-158-G 型现代电工技术实训考核装置 4 套，THPSL-2 编程控制器 1 套，双宗示波器 39 台。计算机应用专业有：计算机 746 台、多媒体设备 24 套等、核心交换机 4 台、存储服务器 4 个。稳压电源 8 个、服务器机柜 8。服装设计与工艺专业有：双人打板桌 40 台、烫台 12 台，缝纫机 42 台计算机 55 台、美术用具 80 多台套。密拷机 4 台、12 千瓦蒸汽发生器 1 台、电剪刀 2 台、裁床 2 个。双针机 1 台、多针机 1 台。数控技术应用专业有：数车 8 台、加工中心 2 台，数铣 8 台，普通车、铣、刨床 50 台套，计算机 112 台，CA6150A　10 台、FANUC 数控 6152 共 8 台。护理专业有：病床 22 张，人体模型 20 个，氧气瓶 10 个，计算机 54 台。人体器官、模型、标本若干。焊接技术应用专业有：二氧化碳焊机 16 台，整流焊机 40 台套等空气压缩机 2 台、台钳操作台 18 台。吊钩式抛丸清理机 1 台、喷塑房 1 个、烤漆房 1 个、空气等离子弧切割机 2 台。会计电算化专业有：会计电算化模拟 24 套，计算机 52 台。“工学一体化”会计模拟设备 4 个、收款机 2 个，模拟收款设备 2 套、用友财务训练机 2 套。

2001 年被山东省文体委授予山东省级文体明星单位，2006 年被山东省教育厅授予山东省重点中等职业学校，2007 年被山东省安监局授予山东省特种作业人员培训基地，2010 年被教育部授予国家级重点中等职业学校称号。

鄄城县职业技术教育中心　2001 年 6 月，鄄城县第三中学转办“鄄城县第三职业高中”，2004 年 12 月 15 日，“鄄城县第三职业高中”更名为“鄄城县职业技术教育中心”，2010 年 9 月 26 日，成立“鄄城县旅游职业中等专业学校”，设在鄄城县职业技术教育中心，实行“一校两牌”。2005 年 6 月学校由什集镇整体搬迁至县城西环路西经济林二场处，新校址占地 46 余亩。2006 年，学校在原来机构基础上陆续增设计生办、招生办、就业办、资助办、培训部、妇联、工会、保卫科、宿管科、机电交通部、信息工程部、工程技术部等科室。

职高学生最初来源为普通高中学生分流。职

鄄城县职业技术教育中心

高教师绝大部分从普高转岗而来，专业教师匮乏。2002年职高开始招生。2007年学校全部转为职业教育。2010年国务院下发《关于大力发展职业教育的决定》，省市县相继出台支持发展职业教育政策，学校规模不断扩大，2010年在校学生1000余人，教职工127人。2002—2010年共毕业学生4000余人，安排就业或自主择业3000余人，升入对口高职院校1000余人。

2002年开设计算机应用技术、机电一体化专业；2005年增设车工钳工专业，2007年增设数控技术与应用、护理专业，2010年增设服装设计、学前教育专业。

2009年建成综合楼1座，建筑面积6500平方米，2010年投资150余万元建造的汽车制造与维修、数控加工、服装设计、电气焊车、计算机5个高标准实训车间投入使用。

2009年、2010年，5次被菏泽市教育局授予年度职业教育教学、招生工作先进单位，职业教育工作评估优秀单位。2007年推进"协同式"教学法，承担教育部协同式教学课题研究，2009年获集体研究成果一等奖。

鄄城县民办双语职业高中 成立于2000年，该校占地30亩，教职工30人，有教学楼2座，能容纳20个教学班，固定资产800万元，在校生1000余人。2005年，鄄城县民办双语职业高中学校投资50万元，购置数控机床2台，普通车床10台，设有机电、数控、电气焊等热门专业。由于职业学校招生、发展等原因，与鄄城县第一职业中专合并。

鄄城县劳动职业技术学校 1988年鄄城县技工学校成立，隶属于县劳动局管理，1999年与县委党校合并，2009年经菏泽市教育局批准成立职业技术学校，业务上受县教育局指导。

1991年，鄄城县技工学校占地30余亩，有教职工36人，烹饪、酿造、商品经营专业在校生208人，当年电工、车工、钳工、中药炮制专业毕业生199人。1991—2010年，先后开办仓储、电工、车工、钳工、酿造、烹饪、化工、财会、商品经营、工民建、微机、服装加工、餐旅服务、林果加工、饲料加工、机电排灌、应用电子技术、钳焊、机电一体化、数控技术、服装制作等20余个专业，毕业生共计2799人。1991—1999年度毕业生被分配到全县企事业单位；2000—2010年度毕业生大部分被推荐安置到青岛、烟台、无锡、苏州等城市的大中型企业就业。

第二节　成人教育

农民培训 1991年，根据上级要求开始在各乡镇、各村建立农村技校，用于对农民进行国家有关"三农"政策传达及农业技术知识的培训。全县建乡镇农技校25处，村级农技校8处，至1993年村级农村技校达到71处，以后村级农村技校逐年增加，至2003年达到最多，为385处。培训能力也由最初的年培训三四千人到年培训四五万人，主要培训畜牧、养殖、花卉、大棚蔬菜、苗木繁殖、农副产品加工等技术课目，为农村培养了一大批科技致富带头人，为农村经济发展注入了活力，提高了农民的经济收入。2005年后，为适应农民外出务工需求，采取定单式对农民工进行技术培训，培训地点在县内各职业教育学校。2005年，培训780人；2006年，培训867人；2007年，培训894人；2008年，培训1995人；2009年，培训1676人；2010年，培训2420人。

扫盲 1991年11月22日，县政府召开全县扫盲工作预备会议。1992年4月22日，县政府召开全县扫盲工作会议，并下发《关于进一步开展扫除文盲工作的通知》，全县建立起各类扫盲班396个，采取夜校、长短班相结合等多种方式，开展扫除文盲、半文盲活动，全县共脱盲2.1万人。

1995年3月23日至25日，县政府组织工作组对申请扫盲验收的25个乡镇进行验收；9月，全县掀起扫盲高潮，共举办扫盲班420个，参加学习6952人，脱盲5811人；10月，在县公安局五楼会议室召开全县扫盲工作现场会。11月21日至23日，省政府教育督导室对鄄城县进行脱盲验收。1996年，统计脱盲3929人，非盲率98%。1999年，统计脱盲770人，全县剩余文盲580人，非盲率99.8%。2005年，全县非盲率100%。

函授教育　1991—2005年，函授教育由鄄城县教师进行修学校函授教育站负责。曲阜师范大学、菏泽师专、菏泽教育学院在鄄城招收中文、政治、历史、英语、数学、物理、化学、地理等专业的函授生。1994—2000年，共培训中师生973人。1995年、1996年、1997年连续举办学制为三年的中师班，共招收学生307人。1998年11月至1999年2月，共培训非师类小学教师46人，非师类中学教师26人。从2000年开始，鄄城函授站成为成人教育面授点。2001—2005年，函授专科学历毕业437人、函授本科学历毕业66人。2000—2002年，连续三年与师专联合办学，分别有专科中文288人、专科小学教育282人、法律27人毕业。

广播电视教育　1991年，电大教育由鄄城县教师进行修学校函授电大教育站负责。1994年9月至1996年6月，菏泽广播电视大学中文班40人，英文班毕业40人。1999年9月至2001年7月，菏泽电大1999级财税班脱产毕业40人。1999—2002年，为县地税务局招收成人专科班84人。从2005年开始，电大学习开始在鄄城办班，辅导学习、考试都在鄄城进行。2005年招收本科学员50人，专科学员16人。2006年招收本科学员36人，专科学员40人；2007年招收本科学员78人，专科学员137人；2008年招收本科学员35人，专科学员52人；2009年招收本科学员25人，专科学员36人；2010年招收本科学员83人，专科学员53人。

自学考试　参加自学考试人员主要是在职工作人员。自学考试专业有汉语言文学、法律、英语、教育管理、行政管理、护理学等几十个专业。自学考试学员基本上每年报考人数相对稳定，呈逐年下降趋势。考试地点由菏泽市自考办统一组织安排在菏泽市城区学校。2003年以前，每年考试2次，2004—2010年，除原来考试次数外，又增加了2次补考，每年共有4次考试。1991—2010年，全县自学考试本科毕业608人（其中2006—2010年毕业545人）、专科毕业人287人。

第四章　教师队伍

第一节　队伍状况

1991年，全县共有教职工5244人（含学校管理人员、后勤人员），其中公办教师2994人，民办教师2250人，升学民师37人。高中教师348人，初中教师1370人，小学教师3526人，其中女教师2018人。本科以上学历教师有856人，专科学历的教师有2037人，中师及中师以下学历的教师有2351人。1992年，全县有教职工5297人，公办教师3168人，民办教师2129人，转正民师79人，升学民师42人。其中，高中教师356人，初中教师1409人，小学教师3541人。1995年，全县有教职工5541人，公办教师3694人，民办教师1847人，升学民师45人，退养民师101人。其中，高中教师460人，初中教师1557人，小学教师3524人。

1997年，全县有教职工5567人，公办教师4050人，民办教师1517人，升学民师37人。其中，高中教师532人，初中教师1559人，小学教师3476人。2000年，全县有教职工6270人，公办教师5284人，民办教师1086人，升学民师107人。其中，高中教师710人，初中教师1573人，小学教师3987人。2001年，全县有教职工6509人，公办教师5626人，民办教师883人，升学民师203人。其中，高中教师796人，初中教师1624人，小学教师4089人。2003年后，全部为公办教师，共7100人。2005年，全县有教职工7108人，其中，高中教师1021人，初中教师1845人，小学教师4242人。其中女教师有3764人。本科学历的教师有1850人，专科学历的教师有3978人，中师学历的教师有1280人。2010年，全县有教职工6953人，其中普通小学教职工3986人，初中教职工1773人，高中教职工1081人，幼儿教职工39人，特殊教育教职工30人，进修学校教职工44人。

除民师转正以外，教师来源主要有大中专毕业生分配和面向社会招录的具有教师资格证的师范院校毕业生。

1991—2010年鄄城县教师队伍构成状况表

表27-4-1

年份	教职员工数（人）						
	总计	公办教师数	民办教师数	转正民师数	升学民师数	退养民师数	自然减员民师数
1991	5244	2994	2250	–	37	–	–
1992	5297	3168	2129	79	42	–	–
1993	5184	3173	2011	73	45	–	–
1994	5360	3398	1962	–	49	–	–
1995	5541	3694	1847	–	45	101	–
1996	5681	4127	1554	241	52	–	–
1997	5567	4050	1517		37	–	–
1998	5714	4465	1249	230	38	–	–
1999	5815	4622	1193	–	56	–	–
2000	6270	5284	1086	–	107	–	–
2001	6509	5626	883	–	203	–	–
2002	6303	6303	–	530	10	245	98
2003	7100	7100	–	–	–	–	–
2004	7160	7160	–	–	–	–	–
2005	7108	7108	–	–	–	–	–
2006	6891	6891	–	–	–	–	–
2007	6706	6706	–	–	–	–	–
2008	6926	6926	–	–	–	–	–
2009	6931	6931	–	–	–	–	–
2010	6953	6953	–	–	–	–	–

第二节　教育培训

中小学校长培训　1991—2010 年每年举办一期中小学校长培训班，由县教育局、县教师进修学校对中小学校长进行业务培训。1994 年、1996 年、2002 年中小学校长岗位培训 373 人，2003 年、2004 年小学校长提高培训 135 人。2007 年 1 月至 2008 年 12 月举办全县小学校长提高培训班，共培训小学校长 270 人；2009 年 4 月举办全县第三期小学校长提高培训班和第四期小学校长任职资格培训班，参训校长 127 人，培训时间一周；中学校长培训每年由市教育局统一组织安排。

1991—2010 年鄄城县中小学校长业务培训情况表

表 27-4-2

时　间	期　次	人数（人）		
		小　学	初　中	高　中
1991.4	第 1 期	50	10	1
1992.7	第 2 期	60	12	2
1993.3	第 3 期	40	10	1
1994.6	第 4 期	130	10	1
1995.8	第 5 期	140	13	1
1996.8	第 6 期	170	10	2
1997.4	第 7 期	130	12	1
1998.6	第 8 期	110	16	2
1999.8	第 9 期	96	18	1
2000.6	第 10 期	85	10	1
2001.7	第 11 期	80	7	2
2002.9	第 12 期	73	17	1
2003.6	第 13 期	75	31	1
2004.1	第 14 期	60	4	1
2005.8	第 15 期	58	8	1
2006.8	第 16 期	70	11	1
2007.8	第 17 期	98	5	2
2008.7	第 18 期	117	8	2
2009.8	第 19 期	223	21	3
2010.8	第 20 期	123	6	1

教师教育培训　1991—2010 年每年举办一期小学教师业务培训班。为教师学历达标，1994—2000 年培训中师毕业生 973 人，2001—2005 年专科函授毕业 537 人，本科函授毕业 36 人。1995 年、1999 年和 2000 年，县教育局组织对全县中小学教师 5000 余人进行通用基本功、学科基本功和综合能力培训。1996—1999 年，培训小学教师基本功训练骨干教师 56 人，2000 年培训小学教师综合能力训练骨干 75 人。2000—2003 年，举办二年制和一年制小学教师进修班 4 次、进修教师 221 人，举办小学教师计算机应用能力培训班 20 期培训 1400 人。

从 2007 年开始，高中教师实行暑期远程研修全员培训。初中教师远程研修培训从2009年暑假开始，举办语文、数学、外语骨干教师培训，2010年暑期举办语文、数学、外语、物理、化学、生物6科全员培训。9月举办全县500多人参加的中小学骨干班主任培训班，特聘请国内著名专家讲课。每年对于新聘任教师实行岗前培训。每年暑假期间，县教育局统一组织全体教师进行为期一周的校本培训。

1991—2010年鄄城县小学教师业务培训情况表

表27-4-3

时　间	期　次	人数（人）	时　间	期　次	人数（人）
1991.7	第1期	60	2001.9	第11期	151
1992.2	第2期	46	2002.9	第12期	144
1993.11	第3期	101	2003.8	第13期	54
1994.6	第4期	68	2004.9	第14期	60
1995.8	第5期	98	2005.8	第15期	58
1996.7	第6期	78	2006.7	第16期	101
1997.10	第7期	92	2007.8	第17期	126
1998.11	第8期	56	2008.8	第18期	116
1999.8	第9期	150	2009.7	第19期	686
2000.9	第10期	213	2010.8	第20期	506

教师自学助考　从2002年开始，每三年一届，当年报名499人。至2005年，本科自学助考毕业373人，专科自学助考毕业222人。2005年以后不再招收教师自学助考学生。

第三节　教师待遇

政治待遇　1978年中共十一届三中全会以后，县、乡党委、政府落实上级政策，教师社会地位不断提高。1991—2010年，每年教师节期间，县、乡党委、政府都举行教师节庆祝大会，对作出突出贡献的优秀教师进行表彰奖励，授予荣誉称号。同时组织走访慰问贫困教职工活动，形成全社会尊师重教氛围。至2005年，全县有7人被表彰为全国优秀教师或全国模范教师；37人被表彰为省级优秀教师、模范班主任、优秀教育工作者。

2010年，全县有教师党员1200余人，先后有150人次当选为县党代会代表、县人大代表，有96人次当选为县政协委员。

工资待遇　1995年前，鄄城县教师工资执行山东省《关于教师教龄津贴实施办法》（1985年10月发布），每年一月份增发，标准是：教龄满5年不满10年每月3元；满10年不满15年每月5元；满15年不满20年每月7元；满20年以上每月10元。从1987年10月起，小学、幼儿园、普通中学、农业中学、职业中学、工读学校、盲聋哑学校、弱智儿童辅读学校的教职工（不含校办工厂的工人），中等专业学校、技工学校、中等和初等成人教育学校（含教师进修学校）的专职教师，以及属于事业编制的少年宫、少年之家，少年科技站的专职教师、原为教师因工作需要调做上述单位行政管理工作的人员，各级教育行政部门所属教研室中按劳人（1988）8号文件规定聘任（或任命）为中小学教师职务的人员和聘任（或任命）为其他专业技术职务的教研人员，均提高工资标准10%。1994年，鄄城按照人事部、财政部《事业单位工作人员工资制度改革方案》实施意见执行中小学教师职务（技术）等级工资制，由职务（技术）等级工资和津贴两部分构成，在各单位工资总量构成中，职务（技术）等级工资部分占70%，津贴部分占30%。以后，鄄城相继执行国务院办公厅有关文件。乡镇学校执行1997年工资标准。2005年，县直学校执行1995年工资标准，2006年1月至7月，执行的工资标准是：机关实行职级工资制，事业单位实行职务（岗位）等级工资制，福利待遇是职务补贴加地方福利。7月后，根据省、市有关文件进行工资制度改革，公务员实行职级工资制，事业单位实行岗位绩效工资制。福利待遇（职务补贴加地方福利）执行到2009年9月，10月之后，职务补贴和地方福利取消，改为执行工作性津贴和生活性补贴。鄄城县教育系统工资标准按国家标准100%发放，工作性津贴和生活性补贴分三个标准执行，即县直一个标准，鄄城镇一个标准，其他乡镇一个标准。2010年8月，全县执行教职工统一福利待遇，从而实现全县城乡教师工资统一标准。自2006年7月1日工资改革之后，全县根据文件规定，实行正常晋升工资制度。

民办教师选招为公办教师后，不再实行见习期，直接领取相应的职务工资，不能调出教育系统，原则上仍在本校任教，确需调整学校或乡镇的，由县、乡（镇）教育部门统一调整，其工资待遇按同等条件的公办教师确定。

其他待遇　教师养老保险个人负担部分为2%，所在单位负担部分为22%；教师医疗保险个人负担部分为2%，所在单位负担部分为2%，大病资助4元/人月；教师住房公积金个人负担部分为5%，所在单位负担部分为5%。

第四节　职称评聘

职称评定　1987年，鄄城县教育职称改革领导小组成立，全县教育系统开始教师职称评定工作。1991年、1992年，菏泽地区没有组织进行高、中级教师职称评聘。1998年，菏泽地区人事局对不具备相应学历的人员评聘相应专业技术职务作出处理意见。1999年8月20日，省人事厅下发《山东省高级专业技术职务任聘资格破格申报指导条例的通知》，对中小学教师破格晋升中学高级的条件作出具体规定。2001年，鄄城县依照省、市有关文件对全县中小学进行岗位核定，开始在农村中小学设置中学高级岗位。2002年以前晋升中学高级（高讲）要经过初步评委、中评委、高评委，晋升中学一级（小学高级、讲师）要经过初评委、中评委，晋升初级由初评委评审。2002年实行一次性评委制度，高级由省高级评审委员会评审通过，市、县负责审核、推荐；中级由市中级评审委员会评审通过，县负责审核、推荐；初级由县初级评委会评审通过。2004年6月市人事局下发《教师系列中级专业技术职务任职资格破格申报条件的通知》，对中级破格申报条件亦作出明确规定。2004年省人事厅专设教育管理学科，允许学校管理人员评聘教师专业技术职称。1991—2010年，全县共评聘高级职务教师868人、中级职务教师5027人、初级职务教师8739人。

1991—2010年鄄城县教师专业技术职务评定情况表

表27-4-4　　　　单位：人

年　份	高级职务教师	中级职务教师	初级职务教师
1991	0	0	18
1992	0	0	227
1993	13	380	1043
1995	9	234	357
1996	14	196	1004
1997	23	286	593
1998	21	217	509
1999	56	471	507

续表 27-4-4

年　份	高级职务教师	中级职务教师	初级职务教师
2000	35	541	209
2001	62	554	743
2002	57	312	532
2003	56	277	521
2004	86	349	538
2005	84	325	426
2006	117	380	485
2007	74	227	351
2008	69	113	298
2009	56	82	220
2010	36	83	158
总计	868	5027	8739

教师聘用　1991—1997 年，凡具备高、中、初级教师职称者，全县每年都等额聘用。1998 年，以鄄城县第一中学、鄄城镇教委为试点开展教师职称竞争聘用工作，共落聘 12 人，其中，高级职务 2 人、中级职务 4 人、初级职务 6 人。1999 年，菏泽地区人事局下发《推行竞争聘任专业技术职务的实施意见》，全面实行评聘分开，竞争上岗，聘期原则上 1～2 年，鄄城县定为 2 年。2000 年开始实行中小学教师专业技术职务评聘分开，彻底打破评聘合一、评上职称就享受相应的工资待遇的传统做法。2000 年，全县共聘任高级教师 74 人、中级 1154 人、初级 3230 人。2002 年，全县共聘任高级教师 166 人、中级教师 2238 人、初级教师 3423 人，2004 年，全县共聘任高级教师 351 人、中级教师 2547 人、初级教师 3894 人。2005 年以后，鄄城县教师职务聘期改为 1 年，每年都开展教师岗位竞争聘用工作。2005 年，全县共聘任高级教师 384 人、中级教师 2793 人、初级教师 3823 人。

2000 年，全县共落聘 61 人。2002 年，全县共落聘 74 人。2003 年，由于防控“非典性肺炎”，没有组织进行教师职称聘任工作。2004 年，全县共落聘 89 人。2005 年，全县共落聘 92 人。从 2008 年起，全县教育系统实行岗位聘任，不再实行岗位落聘。

第五章　教育行政

第一节　教育经费

经费来源　县教育经费来源主要由各级政府财政拨款、社会团体和公民个人办学用于教育的经费、社会捐资集资办学经费、勤工俭学收入、事业收入等。

各级政府财政拨款的教育经费列入县财政预

算，由县财政局划拨到县教育局，再由县教育局划拨到县直各学校，农村学校由乡镇财政划拨。1991—2001年，各级财政共拨教育经费270631万元，其中教职工工资福利约占94.2%。2002年，全县教师工资由县财政统一发放。全县公办学校教育经费统一由县财政划拨，主要支付教职工的工资福利、基建维修、图书、设备等费用。2002—2005年，财政拨付教育经费21022万元，教职工工资福利占98%。2006年，各级财政共拨教育经费9599.2万元，其中教师工资福利8731.8万元，约占90.9%。2007年，各级财政共拨教育经费18020.4万元，其中教师工资福利13637.3万元，约占75.6%。2008年，各级财政共拨教育经费20407.7万元，其中教师工资福利15057.1万元，约占73.78%。2009年，各级财政共拨教育经费21422.2万元，其中教师工资福利15398.1万元，约占71.8%。2010年，各级财政共拨教育经费29195.10万元，其中教师工资福利20177.80万元，约点69.1%。

社会团体和公民个人办学用于教育的经费是指利用民办、公办民助、民办公助等形式吸纳社会资金用于教育的经费。20世纪90年代初，全县民办学校兴起，社会团体和公民个人办学投资数额日益扩大。1995年总投入4724万元，2002年总投入达到7699万元，2005年总投入10095万元。2006年，全县各社会团体和民办学校用于教育的总投入1870.1万元。2007年，全县各社会团体和民办学校用于教育的总投入682.7万元。2008年，全县各社会团体和民办学校用于教育的总投入1266.8万元。2009年，全县各社会团体和民办学校用于教育的总投入284.6万元。2010年，全县各社会团体和民办学校用于教育的总投入达到96.8万元。

事业收入主要是指收取义务教育阶段学生杂费和非义务教育阶段学生杂费、借读费、住宿费、电教费等费用，是学校开支的主要来源。1991年以前，事业收入主要是学杂费和住宿费。1992年后，由于学杂费、住宿费大幅度提高，择校费数额较大，教育事业收入增长较快。1992年，教育事业收入153万元；2004年，教育事业收入3822万元；2005年，教育事业收入4515万元；2006年，全县教育事业收入3779.8万元；2007年，全县教育事业收入2040.2万元；2008年，全县教育事业收入3066.8万元；2009年，全县教育事业收2493.4万元；2010年，全县教育事业收入3667.1万元。

经费支出　包括个人部分、公用部分和基建支出。个人部分主要是教职工工资福利、社会保障费、奖学金等；公用部分有公务费、业务费、设备购置费、修缮费等。1991—2010年，全县教育经费支出逐年增长，在全县财政支出中的比例保持上升趋势。

1991—2010年鄄城县教育投入、支出情况表

表27-5-1　　　　单位：万元

年度	教育总投入	教育总支出			预算内教育经费	预算内教育经费支出		
		小计	个人部分	公用部分		小计	个人部分	公用部分
1991	1429.5	1429.5	1187.8	241.7	867.9	867.9	858.2	9.7
1992	1796.9	1796.9	1442.2	354.7	1435.4	1435.4	1382.9	52.5
1993	2441.7	2441.7	2188.1	253.6	1057.7	1057.7	1037.9	19.8
1994	3193.7	3193.7	3054.2	139.5	1421.5	1421.5	1397.5	24
1995	4724.5	4724.5	3860	864.5	1632.3	1632.3	1604.5	27.8
1996	6136.2	6136.2	4024.7	6136.2	2284.4	2284.4	2197.6	86.8
1997	7548	7548	4189.4	3358.6	2936.5	2936.5	2790.8	145.7
1998	7995.5	7995.5	4658	3337.5	3437.8	3437.8	3319.4	118.4

表 27-5-1

年度	教育总投入	教育总支出			预算内教育经费	预算内教育经费支出		
		小计	个人部分	公用部分		小计	个人部分	公用部分
1999	9987.7	9987.7	5955.7	3932	4258.9	4258.9	3847.6	411.3
2000	7674.3	7674.3	4618.2	3056.1	3527.8	3527.8	3291.8	236
2001	9117.9	9117.9	4903.3	4214.6	4202.9	4202.9	3790.5	412.4
2002	7699.2	7699.2	4285.2	3394	4444.2	4444.2	4285.2	159
2003	8301.6	8301.6	4964.2	3312.4	5113.5	5113.5	4964.2	149.3
2004	9708.6	9708.6	5411.5	4297.1	5886.5	5886.5	5411.5	395
2005	10095.2	10095.2	5163.3	4931.9	5579.5	5579.5	5020.7	558.8
2006	13685.4	13685.4	8731.8	4953.6	9155.2	9155.2	8613.5	541.7
2007	20601.6	20601.6	14290.9	6310.7	17555.5	17555.5	13201.4	4354.1
2008	24333.7	24333.7	15057.1	9276.6	19664.3	19664.3	1384.3	5821.3
2009	24229.2	24229.2	15398.1	8831.1	20519.2	20519.2	14422	6097.2
2010	35347	35347	20177.8	15169.2	33537.9	33537.9	19052.6	14485.3

预算外经费 预算外经费主要指政府各主管部门利润留成和其他资金中用于各级各类学校的事业费和自筹基本建设投资。随着全县经济体制和教育体制改革，预算外教育经费不断增大。2001 年事业费收入 2438 万元，教育附加 53 万元；2002 年事业费收入 2827 万元，教育附加 54 万元；2003 年事业费收入 2970 万元，教育附加 60 万元；2004 年事业费收入 3241 万元，教育附加 93.5 万元；2005 年事业费收入 3852 万元，教育附加 103 万元。2006 年，全县教育事业收入 3779.8 万元，教育附加 446 万元。2007 年，全县教育事业收入 2040.2 万元，教育附加 520 万元。2008 年，全县教育事业收入 3066.8 万元，教育附加 686 万元。2009 年，全县教育事业收入 2493.4 万元，教育附加 883 万元。2010 年，全县教育事业收入 3667 万元，教育附加 1140 万元。

贫困生救助 在普及九年义务教育过程中，为防止学生因贫困失学、退学、辍学，全县各级各部门和各类学校进行了多种形式的贫困生救助。2000 年，全县行政、事业单位干部职工开展“爱心一日捐”活动，救助特困中小学生 5231 人。2002 年，省财政厅安排专款，向义务教育阶段家庭经济困难学生免费提供教科书，全县受益中小学生 2424 人。2003 年，县教育局发放义务教育贫困生助学金 55.6 万元。2004 年，县教育局发放义务教育贫困生助学金 60 万元，2005 年，县教育局发放义务教育贫困生助学金 60 万元。2006 年发放义务教育阶段寄宿生生活补助资金 63.5 万元，享受资助 2300 人。2007 年，发放义务教育阶段寄宿生生活补助资金 63.5 万元，享受资助 2266 人。2008 年，发放义务教育阶段寄宿生生活补助资金 86 万元，享受资助 2822 人。2009 年，发放义务教育阶段寄宿生生活补助资金 85 万元，享受资助 2400 人。2010 年，发放义务教育阶段寄宿生生活补助资金 192.5 万元，享受资助 5133 人。

2007 年秋季，开始对高中在校生中家庭经济困难学生进行救助，救助比例按在校生的 8% 计算，经费来源由省与各县按 8 ∶ 2 比例分担。是年，资助资金 58 万元，享受资助 1160 人。2008 年资助资金 141 万元，享受资助 2820 人。2009 年资助资金 128 万元，享受资助 2560 人。2010 年资助资金 128 万元，享受资助 2560 人。

2007 年秋季，开始对公办和民办的普通中专、成人中专、职业高中、技工学校全日制正式学籍的在校一、二年级所有农村户籍的学生和县镇非农业户口的学生，以及城市家庭困难学生进行救助，标准为每生每年 1500 元。2008—2009 学年发放贷款学生151人，共计发放金额73.6万元。2009—2010学年发放贷款学生859人，共计发放金额459.5元。2010—2011学年发放贷款学生1900人，共计发放金额1075.1万元。

农村义务教育经费保障机制改革　鄄城县从2007年秋季开始实行农村义务教育经费保障机制改革，执行比例按省、市、县8∶0.2∶1.8分担。2007年，全县义务教育阶段小学69728人，初中38428人，小学每生每年240元，初中每生每年340元，共计下拨资金3104万元。2008年，全县义务教育阶段小学70300人，初中43871人，小学每生每年295元，初中每生每年445元，共计下拨资金4689.5万元。2009年，全县义务教育阶段小学72081人，初中37871人，小学每生每年400元，初中每生每年600元，共计下拨资金5458.25万元。2010年，全县义务教育阶段小学74724人，初中33857人，小学每生每年400元，初中每生每年600元，共计下拨资金5351.25万元。

第二节　基础设施建设

校舍建设　1991—1993年，重点搞好城镇学校校舍改造工作，新建聋哑学校，改造、扩建鄄城一中、鄄城县第一职业高中、鄄城县第二职业高中、鄄城县教师进修学校。1994—2000年，以普及九年制义务教育为中心，继续推进农村和城镇校舍改造工作。在原来农村校舍改造工作的基础上，重点抓好乡镇初中和定点小学建设。从1994年6月至2000年5月，全县投入资金6600万元，新建校舍9万余平方米，扩大校园面积1600余亩，全县中小学校舍状况发生根本性变化。2001—2004年，开展中小学布局调整和危房改造工作，全县改造危房面积11.58万平方米，新建教学楼86幢，投入危改资金4816万元。2005年，全县改造危房面积1.57万平方米，新建教学楼12幢，投入危改资金1255万元。

1991—2005年，鄄城县中小学共新建教学楼98幢，改造危房13.15万平方米，完成投资6071万元。2006—2010年，全县农村中小学新建教学楼、综合楼、学生宿舍等90余幢，新建校舍近12万平方米，修缮改造各类危房6万多平方米，工程总投资7000多万元。

2008年汶川大地震后，中央、省、市、县高度重视校舍安全工作，2009年8月，鄄城县人民政府组织县建设局、教育局、水务局、公安局、地震局等相关单位抽调人员组成联合检查组，对全县各级各类学校依次进行安全排查，内容涉及校址安全、防洪安全、校舍建筑安全等。2009年，将新建校舍抗震烈度等级由7度提高至8度，并规划对危旧校舍分年度实施加固改造。2010年，新建左营中学、阎什中学等12所学校教学楼、综合楼、宿舍楼16座，建筑面积28207平方米，造价2066万元。

2010年鄄城县中小学新建项目统计表

表27-5-2　　单位：平方米、万元

项目名称	建筑面积	造　价
左营中学教学楼	2348	187
阎什中学教学楼	1755	112
阎什中学综合楼	1868	128
梁屯中学综合楼	2056	142
陈良完小综合楼	1401	90
县十二中宿舍楼	1752	88
鄄城镇辛桥完小综合楼	1401	90

续表 27-5-2

项目名称	建筑面积	造价
左营完小综合楼	1380	88
董口完小综合楼	1401	90
临濮北街完小综合楼	1308	84
富春中学综合楼	815	52
鄄城东城小学教学楼	2365	220
鄄城东城小学综合楼	4006	359
大埝合理完小教学楼	904	60
左营郭集完小教学楼	1833	171
红船完小综合楼	1614	105
合　　计	28207	2066

设施配备 1991年以后，为提高中小学教育质量，培养学生动手操作能力，1991—2000年，在“普九”迎接检查验收工作中，省、地、县、乡镇财政及各中小学都投入大量资金和人力，开展教育技术装备工作。2002年，全县2/3的小学达到“三机一幕”（电视机、录音机、投影仪、教学屏幕）进课堂，所有中学达到“四机一幕”（电视机、录音机、投影仪、电脑、教学屏幕）进课堂，所有中学及乡镇驻地小学教室配备了微机，20所中学及2所城区小学安装了“双控系统”（即双方控制）。投资159万元购置电教教材及电教软件。

1993年，电化教育在鄄城镇一完小开始应用。2000年，电化教育开始在全县各中小学校普及应用。2003年，全县所有中学实验室全部改造完毕，绝大多数建立微机室并联成局域网。

2005年，全县高中基本达到教育部制定的I和II类配备标准；全县初中基本达到教育部制定的II类配备标准、全县有19所小学基本达到教育部制定的II类配备标准。全县共有中学物理实验室31个，化学、生物实验室各3个。物理仪器室32个，化学和生物仪器室各30个，专职音乐教室和美术各5个，劳技室3个，科技活动室3个，多媒体教室4个。中学实验开课率95%，基本满足教学需要。

在“普九”迎验过程中，1999年，省财政投入180万元为鄄城县购置中小学理科仪器，音、体、美器材及体育器材；1999年省财厅拨付100万元的体育器材，2001年，济南市8所高校帮扶鄄城县120万元配套资金，其中：50万元购置理科仪器、30万元购置音美器材，20万元购置体育器材，20万元购置图书及仪器橱、图书橱、架。另外，每年到省、市争取实验配设备及资金充实到部分中小学校，总额40余万元。2007年，农村中小学远程教育工程投资220万元为电子备课室配备微机560台，安装了彩电、DVD播放设备125套；全县24所乡镇中学和16个乡镇驻地完小安装多媒体教室；2008年，配备微机2279台，达到最大班额人手一机，基本满足教学需要。2009年，配备微机1624台，县一中任课教师达到人手一机；安装多媒体教室9座，7所乡镇中学安装校园网。2010年，配备微机1184台。县十二中任课教师达到人手一机。安装电子白板教室5座。2009年，争取市教育局资金9万元配备仪器橱200个。2010年，改造实验室6个。

鄄城县第十二中学（2006年　摄）

第三节　收费管理

1991年，各学校按照省定标准，小学、初中、高中每人每学期分别收取8元、15元、25元学杂费。随着经济发展，学杂费逐年提高，个别学校乘机搭车收费。1993年，为落实国家、省、地有关制止中小学乱收费规定，全县统一收费标准。1996年，菏泽地区教育局下发《关于进一步制止中小学乱收费的通知》，县教育局下发《关于清理整顿中小学乱收费工作的意见》和《关于在全县普通中小学实行收费公示制度的通知》，部分学校实行收费卡公开制度。1998年，菏泽行署下发《关于坚决治理中小学乱收费等有关问题的通知》，地区教育局下发《1998年治理中小学乱收费工作意见》，收费实行“一证、一卡、两公开、四统一”（学校收费许可证，收费管理卡，公开收费项目标准和费用使用情况，统一收费时间、项目、标准、票据）。规定全区各中小学校收费标准为农村小学学杂费每学期每生30元，城市小学每学期每生40元；农村初中学杂费每学期每生55元，城市初中每学期每生65元；农村高中学杂费每学期每生160元，城市高中每学期每生180元，职业高中200元，职业中专500元。1999年，县转发省教委《关于进一步加强学校收费管理、切实减轻学生课业和经济负担的通知》，加大对全县各学校收费的监管力度。2001年，全县农村中小学收费实行“一费制”，小学收费120元，初中收费230元。2002年，收费标准下降，小学每学期每生95元、初中155元。2003年，成立规范全县中小学收费领导小组，下发《关于进一步规范中小学收费工作的实施意见》，规范学校收费行为，对中小学收费制度、项目、标准、办法及违规处理作出具体规定，组织专门力量对全县中小学收费情况进行拉网式排查，设立举报电话，接受社会监督。2004年，召开全县中小学收费专题会议，严格执行“一费制”收费办法，确立各校收费公示制度。2007年秋季以后，全县义务教育阶段实行免杂费、课本费政策，全县各高中收费严格执行上级规定的“三限”政策。2010年，全县各公办高中学校具体收费标准：各公办高中择校生除按规定缴纳正常学杂费外，还要一次性缴纳择校费。具体收费标准为：省级规范化学校每生最高不超过4000元；市级规范化学校每生最高不超过3000元；其他学校每生最高不超过1000元。

第四节　学籍管理

1991年，根据山东省教育厅颁布的《山东省中小学学籍管理条例》，全县中小学学籍管理采取分级负责制，高中学籍由学校与县教育局普教股和市教育局基教科管理，初中和县属小学学籍由学校与县教育局普教股管理，乡镇小学学籍由学校和乡镇教委（中心校）管理。普通高中、初中、县属小学新生办理入学手续后，由学校按统编学号造具名册，上报县教育局普教股备案，实行统一分级管理。2000年后，高中学生名册上报市教育局备案。在籍中学生建立学生档案，小学生建立学籍卡片。

高中生在户口所在地原则上不准转学。初中生、小学生在学区内不准转学，跨学区转学必须由学生家长向学校提出申请，经当地教育主管部门审查批准后，持学籍档案到转学学校办理。转学必须在同级学校之间进行，农村学校不得转入城市学校，一般学校不得转入省（市）规范化学校。学生因病等原因休学，小学生必须经乡级以上医院证明，中学生必须经县级以上医院证明，学校审查后方可休学。休学一般为1年，学生休学期间保留其学籍。高中生连续休学2年仍不能复学的应予退学，初中、小学生除丧失学习能力外不准退学。学生修业期满，经考核，达到合格要求，准予毕业，由学校颁发毕业证书。中小学毕业证书由省教委统一监制，初中毕业证书由县教育局审定备案，加盖钢印。高中毕业证书由市教育局审查备案，附加学生毕业会考成绩，加盖市教育局钢印。

1998年之前，义务教育阶段学校和高中段学校实行书面档案管理。1998起高中、初中阶段学籍实行信息化管理，2005年—2010年，义务教育阶段与高中阶段学校全部纳入山东省中小学学生信息管理系统实行信息化管理，加强中小学学籍管理，建立完善转学、休学、借读制度，控制和预防学生辍学流失，维护了教育教学秩序。

第五节 考 试

县内招生考试 1991—1997年，义务教育阶段学校招收初中生按照“划片招生，就近入学”原则，实行考试招生。1998年后，取消招生考试，小学毕业生直接升入初中。全县小学阶段各学校招生实行入学通知书制度，凡年满6周岁的适龄儿童可就近入学。

2010年，义务教育阶段学生入学采取属地入学，小学新生入学实行就近划片安排入学，小学毕业生相对就近安排进入初中学习。新生必须在规定时间内，持义务教育入学通知书到校办理入学手续。因疾病或其他原因不能按时入学的适龄儿童、少年可以办理缓学证书；丧失学习能力的适龄儿童、少年可办理免学证书。对无故不按期入学的要根据《中华人民共和国义务教育法》由当地人民政府对其父母或者其他监护人批评教育，并采取有效措施责令送子女或者被监护人入学。适龄儿童、少年需要缓学、免学的，由其父母或监护人提出申请，经县教育局或者乡镇人民政府批准。因身体原因申请缓学、免学的，应当附具县教育行政主管部门指定的医疗机构的有效证明。

中考 普通高考 *预选* 1991年招生工作沿用上年度政策，即无论初中考试、中专考试、还是普通高考（以下简称“高考”），在每年考前四五月份均要进行预选。省、市（区）、县、乡（校）层层分配预选指标，准备参加中考和高考的学生，均要先参加预选，预选合格者，方准参加报名考试。1993年停止高考预选，1997年废止中专预选。

招考政策 1991年，中考报名以乡镇为单位进行，高考报名以学校为单位集体报名，高考报名须于每年5月下旬在学校集体报名。2003年始，改在4月下旬报名。2005年后，考生报名时要填写《诚信考试承诺书》，进行政治思想品德考核、体育达标测试、体格检查、填报志愿等。报名条件有较大变化，原来中考考生年龄一般不得超过18周岁，高考考生年龄一般不得超过25周岁，已婚人员一般不允许报考。自2001年起，高考报名不再限制年龄、婚否。1991—1992年，大、中专招生考试实行预选，预选合格者报名参加正式考试。1993年取消高考预选。1995年，报考师范院校考生须进行面试，面试合格者方准报名考试。1997年废止中专预选。凡遵纪守法，具有高中毕业水平或同等学历，身体健康、未婚，25周岁以下的中国公民均可报名。1991—2001年，高考时间在每年的7月7日至9日。2002年改为7月7日至8日。2003年后，改为6月7日至9日。1991—2005年，高考监考实行教师异地交换，由本县教师与同地区的外县教师合作监场。1995年，考生在考试时，须在每科试卷指定位置统一按右手食指指纹。2003年，因防控“非典性肺炎”，全市各考区都设备用考点，各考点设备用考场。监考教师全部持证、挂牌上岗。2005年始，考场启动各类通信信号干扰系统、电子监控系统，加强考场管理。1991—1999年，高考成绩在每年7月24日以原始分公布，各高校根据考生成绩和考生志愿进行人工录取。2000年后，改为以标准分公布。2003年后，以原始分公布。高校招生实行计算机管理，远程网上录取。

初中中专招生考试由省统一命题。1991—1996年，中专招生实行预选，指标到县。1997年取消预选，考生档案改为卡片形式。2000年，建立考生电子档案。考试在每年的7月12日至14日。2003年，改为6月12日至14日。考试科目有语文、数学、外语、物理、化学、历史、地理、生物、政治9科。

1991年，普通高中招生考试试题由菏泽市教育局统一命题，招生学校自行组织招生（包括考试、阅卷、录取）。2002年开始，普通高中招生考试增加物理、化学、生物课的实验操作测试，测试成绩计入考试总成绩。2002—2003年均以满分10分计算，考试科目从物理、化学、生物三科中抽取一科进行考试。2004年开始信息技术考试，考试成绩以满分20分（百分制折合20%）计入高中招生总成绩。2004—2005年，实验操作成绩改为20分计入高中招生总成绩，考试方法同以往实验操作方法一样（计入高中招生正式总成绩）。2005年，中考由菏泽市教育局统一组织命题、考试、阅卷、录取，考试科目有语文、数学、外语、物理、化学、历史、地理、生物、政治、体育、信息技术等11个科目。2006年，普通高中招生考试于每年6月进行，考试科目有语文、数学、英语、物理（70分）、化学（50分）、思想品德、历史、地理、生物、体育、信息技术、实验操作。自2008年起实行指标生制度。

科类 科目设置　1991年，中考设普通中专，体育、音乐、美术等专业。普通高考设文史类、外语类、美术类、理工农医类、体育类、音乐类六大类。1994年，普通高考科类设置为九大类：普通文史类、普通外语类、美术类、音乐类、体育类、普理类、师范文史类、师范外语类，师范理工农医类；1997年，普通高考科类设置恢复为原来的六大类。2001年，外语类取消，高考科类变为五类。2005年，高考科类改为：文史类、艺术文类、体育类、理工类、艺术理类五大类。高考考试科目自1991—2001年，文史类、外语、美术、音乐考试科目为：语文、数学（文）、外语、历史、地理、政治。理工类、体育类考试科目为：语文、数学（理）、外语、物理、化学、生物、政治。2002—2005年，文史、美术、音乐考试科目改为：语文、数学（文）、外语、文科综合（包括历史、地理、政治）。理工类、体育类改为：语文、数学、外语、理综（包括物理、化学、生物）。初中中专的考试均在高考后进行，即7月12日至14日；后改为6月12日至14日。考试科目为9科，语文、数学、外语、物理、化学、历史、地理、生物、政治。2006年高考，山东省科类设置为文史、理工、艺术文、艺术理、体育五大类；科目设置为“3+X”考试模式，即语文、数学、外语、综合（文综、理综）。2007—2010年科类设置仍为文史、理工、艺术文、艺术理、体育五大类；科目设置为“3+X+1”模式，即语文、数学、外语、综合（文综、理综）、基本能力。

1991—2010年鄄城县大中专考试录取人数统计表

表27-5-3　　　　单位：人

年　份	本　科	专　科	高中中专	初中中专
1991	57	79	28	264
1992	74	172	25	289
1993	83	381	22	367
1994	127	201	21	476
1995	207	174	38	263
1996	218	223	75	293
1997	268	182	121	340
1998	294	243	138	423
1999	460	389	147	364
2000	520	728	165	264
2001	618	923	停止招生	71
2002	718	1374	停止招生	75
2003	671	2693	停止招生	224
2004	915	3135	停止招生	139
2005	1068	3738	停止招生	112

续表 27-5-3

年　份	本　科	专　科	高中中专	初中中专
2006	1129	2373	停止招生	85
2007	1079	2602	停止招生	38
2008	1424	3504	停止招生	35
2009	1682	3540	停止招生	16
2010	1474	2861	停止招生	10

第六节　大中专毕业生分配

1991—1999 年，根据山东省大中专毕业生安置有关政策，实行统一分配安排。1996 年以前，所有到鄄城县的毕业生都到县教育局报到，分配计划在县大中专毕业分配工作领导小组领导下，由县教育局和县计划委制定。1995 年，为完成鄄城县“普九”任务，解决中小学师资紧缺问题，县委、县政府研究决定，从 1995 年开始，1996 年、1997 年连续三年委托县教师进修学校，从中专落榜生中招收中师委培生 300 人，学制为 3 年，学习期满，成绩合格，颁发国家承认的中专学历证书，享受普通中等师范毕业生同等待遇。学生毕业后列入县统一分配计划，分配到本县乡镇小学任教。每生三年共交委培费 1 万元，入校学习时一次性交清。

由于体制变化，从 1997 年开始，师范类毕业生由县教育部门负责，非师范类毕业生由县人事部门负责。县教育局负责统一分配师范类毕业生直至 1999 年。2000 年起，鄄城县按照上级文件精神，大中专毕业生自主择业（包括师范类）。

1991—1999 年鄄城县大中专毕业生分配情况表

表 27-5-4　　单位：人

年　份	专科、本科	中　专	总　计
1991	119	263	382
1992	70	121	191
1993	62	123	185
1994	107	115	222
1995	141	128	269
1996	158	139	297
1997	89	129	218
1998	68	135	203
1999	134	221	355

第七节　教育督导

鄄城县人民政府教育督导室设立于 1993 年 2 月，1994 年 2 月撤并，后于 2004 年 8 月恢复，2010 年 1 月，由副科级升格为正科级单位。其主要职责为：贯彻执行国家有关教育督导工作的主要政策、法规、法律；统筹规划、组织实施教育督导工作，拟定全县教育督导评估工作的规章制度和实施方案，并组织实施；统一组织和开展全县各级各类教育工作的检查、评估、指导，并对督导范围内单位的教育工作进行综合评价；总结教育督导工作的经验，开展教育督导工作的科学研究；对教育工作中的重大问题进行调查研究，并定期向本级人民政府或上级教育督导机构汇报工作，提出意见和建议；完成本级人民政府或上级督导机构交办的其他各项工作。

1991—2002年，除迎接省、市综合督导检查外，对全县教育进行综合督导，表扬先进，督促后进。2003—2010年，除迎接省、市综合督导检查外，对全县教育督导方式由集中督导变为集中督导和专项督导相结合，以促进教育工作。

第二十八编

科技

KE JI

1991—2010 年，鄄城县制定科技发展实施方案、规划、计划、规定、办法、意见等 30 余项。科技兴农方面，先后推广、实施蔬菜日光温室栽培技术，棉花高产栽培技术，小麦、玉米等作物高产开发与新品种示范，林果栽培技术、畜禽良种选育技术、池塘养殖技术、食用菌技术开发、中药材栽培技术开发等，2000 年创建县高效农业科技示范园，2004 年重点实施鲁西黄牛良种产业化开发项目，2005 年实施鄄城县“科技特派员工程”，创建科技示范园、科技示范小区 40 余处，形成农业科技示范体系。2008 年实施粮食丰产科技工程，省内小麦专家对万亩高产科技园小麦进行实打抽测，平均单产创菏泽历史新高，进入国家先进行列。科技兴工方面，利用新技术对企业进行改造，在纺织、食品、机械、电子、化工方面，开发出新产品 30 余种。2010 年，全县高新技术产业实现产值 34.5 亿元，同比增长 28.7%，占工业增加值的比重为 20%，纳入全市高新技术产业产值统计范围的企业达到 34 家。20 年间全县取得市级以上奖励科技成果 140 余项。

第一章 科技开发

第一节 科技兴农

1991 年，重点推广无滴膜日光温室越冬黄瓜栽培技术，推广面积 100 亩，亩产量 5000 公斤，新增产值 200 万元；棉花高产栽培技术，使棉花亩产提高到 200 斤以上；应用“301”菌沤制有机肥技术，富士苹果高产优质栽培技术，鲁玉 10 号夏玉米高产配套技术，山农 48 小麦高产配套技术，葡萄高产技术；小麦 30 万亩中低产田技术开发试验，亩产平均达到 302.5 公斤。10 万亩春玉米开发，平均亩产达到 401.5 公斤；10 万亩夏玉米开发，亩产达到 253.5 公斤；无滴膜日光温室越冬黄瓜，亩产值达到 10800 元。1992 年，无滴膜越冬黄瓜新发展 210 亩，玉米单产达到 760 公斤，引马乡范庄 4000 亩棉花平均单产 75 公斤，梁屯赵坊 380 亩蔬菜平均亩产值 6000 余元。1993 年，重点对高产模式栽培、立体种植、日光温室、果树优质栽培、品种改良、食品保鲜、食用菌栽培等技术推广。其中，果树专用多元素营养块，是引进的山农大最新科研成果，生产的多元素营养块是果树专用复合肥料，具有营养成分全面，施用方便、肥效持久、价格低廉、增产增收效果好等特点，增产果品可达 20% 以上。1994 年，组织实施 10 万亩小麦开发、10 万亩果园开发、万亩桑园开发、畜禽良种和饲料资源开发、青山羊养殖、皮革羊绒制品开发、池塘养鱼高产技术开发、食用菌技术开发、中药材栽培技术开发等项目。其中 10 万亩小麦亩产达到 350 公斤，10 万亩果园开发，增产 2000 万公斤，增加产值 1200 万元。1995—1998 年，重点实施“30 工程”玉米高产开发与新品种示范，小麦良种高产示范技术项目，对全县小麦、玉米等粮食作物单产的提高和总产值的增加产生重大影响。开发基点大埝乡连庄村 20 亩泰 876161 小麦高产攻关田平均亩产 486.7 公斤，带动 2.5 万亩小麦平均亩产 347.3 公斤，夏玉米高产开发区 8.7 万亩，平均亩产 614.6 公斤，205 亩新品种攻关田平均亩产 757.6 公斤。在彭楼乡进行的小麦、蔬菜、玉米四作四收种植模式试验，亩收入 3106 元，经济效益增加 2 倍。鲁西种鸡厂通过采用新技术，每年向社会提供种鸡苗、父母代鸡苗，商品鸡苗100万只，种蛋100万枚，商品蛋80万公斤，年产值500万元，成为集育种、孵化、饲料配方、饲养管理、检测防疫、通电供水、综合利用于一体的现代化养殖企业。鄄城大山畜牧良种培育有限公司实施獭兔综合加工利用技术开发项目，每年加工利用獭兔200万只，增加群众收入8000万元。1999年，麻寨乡利用舜王城中药材市场优势，通过良种示范、综合栽培技术开发、病虫害科学防治，中药材走上稳产、高产、优质、高效发展路子，全乡1.16万亩中药材，亩均收入超过2000元。在这个乡的带动下，全县发展中药材5万亩，总产值过亿元；宋楼乡依靠科技进步发展蔬菜生产，发展大棚2000个，人均增收760元。2000年，创建县高效农业科技示范园，该园位于大埝乡境内，占地1000亩，设农作物良种繁育及现代农艺技术展示、高效瓜菜生产示范、中药材良种繁育、林果新品种培育及优质栽培示范花卉苗木基地、牧草种子基地六个功能区和一个综合农业技术服务中心。该园的建成，起到良好的带动辐射作用。2001年，农业方面：重点实施优质小麦丰产栽培技术、玉米新品种高产栽培技术、中药材优质栽培与病虫害综合防治技术开发；蔬菜方面：重点实施千芳、樱桃西红柿、红女圣果、无支架日光温室栽培七彩椒技术开发；林果方面：重点实施苹果套袋、葡萄套袋、凯特杏、寿桃、黑提葡萄、红嘎拉等优质果品开发；畜牧方面：重点实施梅花鹿、荷兰猪、孔雀、波尔山羊、珍珠鸡的养殖和紫花、川香松叶草的种植技术开发。2002年，重点培育优质葡萄试验示范基地、新科苗木繁育基地。优质葡萄试验示范基地共引进国内外优良葡萄品种14个，主栽品种为美人指、秋黑、森田尼无核，另有红提、奇妙无核、克瑞森无核、皇家秋天等作为示范替代品种。新科苗木繁育基地主要繁育优质果树苗、花卉和日光温室栽培优质桃、杏品种，创产值40余万元，利税10万元，在当地产生良好的示范带动作用。2003年，重点培育中药材试验示范基地，引种半夏、黄芪、黄芩、红花、金银花、丹参等中药材20余种，总结出一套适合全县气候特点的栽培技术和良种繁育技术；优质葡萄试验示范基地提供优质种苗20余万株，果实10余万公斤；科技示范企业—果品套袋厂，形成苹果、梨、桃、葡萄、柑橘等五大系列果品专用套袋，质量可靠，年实现产值420万元，创利税66万元。2004年，重点实施鲁西黄牛良种产业化开发项目，推广鲁西黄牛快速育肥技术，重点推广饲料添加剂使用技术；推广持续育肥技术，该技术具有饲料利用率高、饲养周期短、肉质好等优点。县鲁西黄牛保种场被市科技局认定为市级农业科技示范园。2005年，成立鄄城县“科技特派员工程”工作领导小组，组织实施“绿色鲜食葡萄标准化生产示范基地”项目，先后引进国内外名优葡萄良种16个，采用先进的种植模式和绿色无公害标准化管理技术，亩产葡萄1500公斤，每亩经济效益6000元以上。在示范园的带动下，全县种植户发展到34家，种植面积1000余亩。创建科技示范园38个，形成以沿黄乡镇为中心的速生丰产林，以彭楼为中心的中药材生产，以鲁西黄牛繁殖场为中心的牲畜生产，以什集、鄄城镇为中心的蔬菜生产，以旧城、李进士堂为中心的黄河滩区西瓜生产农业科技示范体系。2006年，实施科技特派员工程3项，下派科技特派员35人，与农民建立利益共同体2个，引进新品种21个，推广新技术16项。“绿色鲜食葡萄标准化示范基地建设”项目以金友优质葡萄研究中心为技术依托，采用“农户+基地”的管理模式，选用优良品种，严格执照绿色果品生产规程管理，进行标准化生产，生产出可与国外进口葡萄相媲美的绿色精品葡萄。中药材科技示范基地采用现代高产、优质、高效、生态农业管理技术，配自动节水系统20套，土地改良2.7万亩，营造农田防护林2.7亩万，建设中药材种苗繁育基地200亩，建设高标准中药材科技示范基地1000亩，中药材种繁育基地1000亩。打造成田成方、林成网、沟相通、渠相连、旱能浇、涝能排的高标准中药材种植样板。2007年，中药材科技示范基地建设面积发展到2000亩，主要品种有红花、丹参、芍药、牡丹、知母等10余个品种，甜叶菊种植示范基地按照“典型引导、示范带路”的工作思路，对提供种苗、签订合同、订保护价、保证收购的模式进行了推广，从安徽种植甜叶菊基地聘请技术专家5人，把技术送到田间地头，每周召开一次甜叶菊种植技术培训会，使种植户全面迅速掌握了种植技术。菏泽伊诺清真食品有限公司被评为市农业科技产业化龙头企业。2008年，下派科技特派员80人，建立利益共同体50个，吸纳安置农村劳动力5500人。实施“粮食丰产科技工程”，省内小麦专家对万亩高产科技园进行实打抽测：十亩高产科技攻关亩平均产量706.5公斤，创菏泽历史新高，成为继莱州、兖州后全省第三个单产突破700公斤的高产典型，达到全国先进行列。百亩高产示范田平均亩产量619.66公斤。2009年，高起点、高标准建设彭楼镇吉鑫养殖科技示范小区，该项目集蛋鸡饲养、鸡苗孵化、饲料加工、有机肥深加工为一体，自动上料、自动上水、自动刮粪、湿帘风机降温，全封闭运行，大大降低劳动强度，建设成从种鸡生产、蛋鸡养殖、有机肥制造到优质绿色鸡蛋销售一条龙现代化蛋鸡生产体系。

第二节 科技兴工

1991—1992年，全县企业共上改造项目44个。重点实施酒厂万吨玉米酒精、面粉厂日产120吨等级面粉、毛纺厂羊绒衫、酒厂万吨蛋白饲料、鲁西制药厂医药品试制、棉纺织厂3万纱锭改造等技改项目。其中县榨油厂生产的6YL-95A螺旋榨油机，新增产值120余万元，新增利税27余万元；县石油化工研究所助剂厂研制的JC-1缓蚀剂，年产达到500吨，产值300万元，利税60万元。 左营乡的维塑管，年产值350万元，创利税50余万元；永兴仪器厂研制的KDM型调温电热套，年产值达250万元，创利税60余万元。1993—1994年，在纺织、食品、机械、电子、化工等方面，开发出羊绒纱、羊绒衫、灵芝胶囊、低度酒、液压人力舵机、液压举升机、活性钙、感应电子节能开关、电子感应节水水龙头DK7725GA数控切割机床、YJ2·5型液压举升机等30余种新产品。1995年，山东华达纺织实业总公司与北京科达纺织研究所共同开发研制出的高支羊绒纱，以此做成的羊绒衫、丝盖绒衬衫，用高支羊绒纱制作的羊绒面料和羊绒四季服装在国内尚属首创，填补了国内空白，被国家科委列入国家级火炬计划和国家级星火计划、省十大重点火炬项目，并被菏泽地区列入高新技术产业8153工程，争取省科技周转金50万元；县兴达化工厂开发的食用菌系列保健食品被省科委列入星火计划项目。1997年，华达公司开发的绦棉100支纱新品种，填补了省内空白；县化工总厂与化工部西南研究院联合开发了异植物醇，县兴达化工总厂与山西中西药研究院共同开发研制D（一）一对羟基苯甘氨酸，中原液压舵机机厂生产的中小型轮船液压机被列入省星火项目产品，性能好、科技含量高，远销上海、江苏、广东等十几个省市与地区。在食品、电子、机械等方面，开发生产孙膑家酒、膨化洗衣粉、系列电热套、刨花板、杨木插板、正虹饲料等产品。2001年，重点实施“锌—空气”电池、塑膜套袋、细目铅镁粉、皮毛玩具、有机生态肥等等新产品开发。2003年，与中国科学院某研究中心联系，菏泽华意化工有限公司新上填补省内空白的二氯异氰尿酸钾、氰尿酸两个新产品，产量效益大幅度提高。2005年，狠抓华意化工、建融化工、恒源化工等企业的设备更新及技术改造，华意化工生产的二氯异氰尿酸钾被菏泽市政府评为全市第一批重点支持的高新技术产品。

同时，充分发挥国家级舜王城中药材市场优势，重点扶持舜生堂、泰山、良海三个中药材深加工企业开发新产品。晨鸣木业、凤凰木业、森昊木业等企业选上中高密度板加工项目，初步形成集科技木、密度板、杨木拼板、工艺品及高档家具为一体的木材深加工产业群。2006年，菏泽黄河纺织有限公司向高纱领域进军，新上15万锭高速、高效全流程精梳纱生产线，生产高支精梳棉纱。2008年，全县拥有自主知识权的企业达到 19家。普来特电器科技楼投入使用，下设太阳能研发部、电动车研发部、电动汽车研发中心，普来特电器有限公司被列入市级第二批科技创新型试点企业。2009年，菏泽华意化工、鄄城县康泰化工、菏泽亿能化工、山东鲁药制药有限公司被县委、县政府授予“鄄城县创新型企业”称号。2010 年，菏泽华意化工有限公司被省科技厅、省国资委、省总工会联合确定为省第二批创新型试点企业。

山东柏斯莱特公司（2008 年 摄）

第三节 高新技术产业

1997 年，鲁西制药厂被列为省高新技术企业，先后开发“巴氯芬”“三三宁”“泌尿舒”等新品种。2004 年，全县高新技术产业实现产值 21494 万元，发展市级以上高新技术企业 2 家，菏泽华意化工有限公司被省科技厅认定为省级高新技术企业；建融化工有限公司被市科技局认定为市级高新技术企业。2005 年，实现产值 24783 万元，华意化工有限公司生产的二氯异氰酸钾被市政府认定为全市第一批重点支持的高新技术产品。鄄城永兴仪器厂生产的教具，康泰化工、欧亚化工有限公司生产的氰尿酸、泰山中药饮片生产的中药饮片也属高新技术产品。2006 年，康泰化工、天邦化工、天一树脂、恒涛热能、泰山中药饮片加工等一批生产高新技术产品的 企业得到蓬勃发展，全县实现高新技术产业产值 4.33 亿元。2007 年，鄄城菱花味精有限公司、菏泽沃蓝化工有限公司、青岛普来特电器有限公司被认定为市级高新技术企业。高新技术产业实现产值 7.02 亿元，占工业增加值的 14.46%。2008 年，柏斯莱特照明有限公司、金威粉体有限公司被认定为市级高新技术企业。高新技术产业实现产值 12.07 亿元，占工业增加值的 20%。全县纳入高新技术产业产值统计范围的企业达到 18 家。2009 年，华昊硅业、欧亚化工、海特电子被认定为市级高新技术企业。纳入全市高新技术产业产值统计范围的企业达到 26 家。高新技术产业实现产值 18.6 亿元，占工业增加值的 31.2%。鄄城县中药材科技园以山东中医药大学为技术依托，大力种植本土特色中药材，被省科技厅命名为高新技术产业种植基地。华意化工技术研发中心被认定为省级企业技术中心。2010 年，全县高新技术产业实现产值 34.5 亿元，同比增长 28.7%，占工业增加值的 20%。纳入全市高新技术产业产值统计范围的企业达到 34 家。沃蓝化工集团、康泰化工、亿能化工、科达化工、阳成生物有限公司 5 家企业被新认定为市级高新技术企业。

第二章 科技成果

第一节 农业科技成果

1991—1992 年，推广棉花栽培新技术、苹果幼树早期丰产栽培技术、苹果低产田开发、农桐间作丰产栽培技术开发、营林措施防治大袋蛾技术、平原农业综合防护林体系开发、家禽、畜牧饲养新技术、无滴滴日光温室越冬黄瓜栽培技术、盖韭优质丰产技术开发、山药根结线虫病发生规律与防治技术、玉米单交种丹玉11号良种推广、早熟西瓜高产优质栽培技术、地膜覆盖、立体种植、全脂豆花加工等技术、作物优化配方施肥技术、蔬菜保护地配套生产技术、黄河滩地轻薄地综合开发利用等。1993年，推广小麦精播半精播综合丰产栽培技术、越冬韭菜优质高产高效栽培技术开发、配方施肥、果树控水、控冠、穴施基肥、果树多素长效营养基开发，中药材优质丰产栽培技术、草菇优质丰产栽培、脱毒果苗培育、立体种植等技术。1994—1995年，重点推广苹果套袋、麦棉一体化、夏棉矮化密植栽培、鲁西黄牛快速育肥、D041小麦新品种、大面积越冬韭菜优质高产高效栽培、果树多素长效营养基开发、脱毒果苗培育、"地下全素养根，地上气肥（CO_2）增碳""301"作物物秸秆快速还田菌种推广等技术。1996—1999年，重点进行"三〇工程"玉米高产开发与新品种示范、小麦良种高产示范进行小麦、蔬菜、玉米"四作四收"种植模式试验、节粮型兔的饲养推广研究、麦瓜棉立体种植技术开发、紧凑型玉米品种示范与推广。沙河沿线中低产田开发利用、中药材综合栽培技术、万亩劣质果园改造、肉食兔饲养，猴头、平菇、金针菇等食用菌栽培、加工技术，日光温室蔬菜栽培技术、果树矮化密植栽培技术，推广"冷配"技术、胚胎移植技术、黄牛快速育肥技术，小尾寒羊、青山羊改良技术，二氧化碳气肥、"301"菌种秸秆还田、作物良种繁育及提纯复壮技术，培肥地力及合理施肥技术、速生丰产林技术、旱作农业栽培技术、饲草青贮氨化技术。2000—2004年，农业方面重点实施小麦山农二号、济南17号、豫麦34号、PH85-16、876161，玉米掖单4号、掖单22号、登海1号、鲁单50，花生山东818、花生农大516及无支架日光温室七彩椒、红女圣果、绿宝石梨、樱桃西红柿的栽培技术开发；林果方面重点实施凯特杏、寿桃、黑提葡萄、红嘎拉苹果的栽培技术开发；畜牧方面重点实施紫花苜蓿、川香松叶草、荷兰猪、珍珠鸡、獭兔的种植、养殖和肉食品开发。2005年，引进试验推广农、林、牧、中药材等优良品种65个，重点引进推广杨树新品系、津绿4号西瓜、夏黑葡萄、黑美人西瓜等，重点推广中药材标准化（GAP）生产技术、绿色无公害果品生产及保鲜技术、丰产林速生栽培技术、种子包衣技术、农业节水灌溉技术、秸秆还田技术等。2007年，重点推广林下养鸡、林下养羊、林下双孢菇等技术。2008年，重点推广以合理增强密度、改种耐密型品种、改套种为直播、改粗放用肥为配方施肥、改人工种植为机械化为主要内容的玉米"一增四改"高产栽培技术。2010年，重点推广抗旱、施肥，促小麦生长技术，花生地膜覆盖机械化播种技术，小麦规范化播种暨玉米适时晚收技术。

第二节　工业科技成果

1991年，县石油化工研究所助剂厂研制的JC-1缓蚀剂、永兴仪器厂研制的KDM型调温电热套、县榨油机厂研制的6YL—95A型螺旋榨油机。1992年，县第二化工厂开发的GS-防锈漆涂料、县益寿食品厂开发的全脂豆花食品。1993年，县棉纺织厂开发的山羊绒系列产品、县科技开发中心研制的感应电子节能开关、电子感应水龙头，县榨油机厂研制的DK7725GA数控线切割机床、县黄河液压机械制造厂研制的YJ2.5型液压举升机。1994年，县中原液压机械厂研制的RYD-※※-WB型船用人力液压舵机系列产品、IC卡预付费电量控制器研制、生产绵羊皮磨砂革结合型大衣的研究。1996年，鲁西制药厂先后开发了"巴氯芬""三三宁""泌尿舒"等新药。1997年，县华兴科技产品开发公司研制的酒精除杂处理器、县兴达化工总厂与山西中西药研究院共同开发研制的D（一）一对羟基苯甘氨酸产品试制、县化工总厂与化工部西南研究院联合开发的异植物醇新产品试制、外来妹浓缩洗衣粉，县京九天福水热毯厂的电控循环水热毯技术开发、县精细化工厂开发的二氯异氰尿酸钾等。2009年，金威粉体科技有限公司开发的超细高纯SiO_2生产工艺。2010年，柏斯莱特照明电器有限公司研制的大功率低频无极灯研究与开发，山东阳城生物有限公司开发的L—蛋氨酸非水溶液酰化高效生产技术，海特电子厂研制 T5 节能灯。

第三节 获奖成果

1991 年，组织鉴定科技成果 12 项，其中有 1 项获得国家级奖励，5 项省级奖励，5 项地区级奖励。1992 年，申报科技成果 36 项，获地区级以上科技进步奖的有 28 项；引进推广重大科技成果 24 项，累计增加经济效益 6870 万元。1993 年，鉴定 23 项，有 8 项达到国内先进水平，6 项达到省级领先水平，9 项达到省内先进水平，有 6 项获得地区级以上奖励，年创产值达 4300 余万元，利税 800 万元。1994 年，鉴定 29 项，其中有 24 项获地区级以上各类科技奖，有 2 项获得地区科技进步一等奖，1 项获得国家食品展览会金奖，创产值 4900 万元，利税 810 万元。1995 年，共取得各类重大科技成果 29 项，其中有 8 项达到国内先进水平，17 项达到省内先进水平，有 7 项获得省级科技成果奖。1996 年，获地区级科技成果奖 12 项。1997 年，取得重要科技成果 16 项，有 4 项获得省级奖励，有 10 项获得地区级奖励。1997 年，共取得重要科技成果 16 项，其中有 4 项获得省级以上奖励。1998 年，取得科技成果 24 项，其中有 3 项获得地区级奖励。2000 年，取得科技成果 26 项，其中有 4 项达到国内先进水平，有 11 项达到省内先进水平，有 10 项获得地区级奖励。2001 年，取得重要科技成果 23 项，其在有 3 项达到国内先进水平，有 12 项达到省内先进水平，有 13 项获得地区级奖励。2002 年，取得科技成果 27 项，其中有 2 项达到国内先进水平，10 项达到省内先进水平，1 项获得省级奖励，8 项获得市级奖励。2003 年，取得科技成果 21 项，其中有 2 项达到国内先进水平，有 11 项达到省内先进水平，有 12 项获得市级奖励。2004 年，取得科技成果 15 项，其中有 1 项达到国内领先水平，3 项达到国内先进水平，有 8 项获得市级奖励。2005 年，鉴定科技成果 26 项，有 11 项获得市级科技进步奖，另外建立鄄城县专家数据库，共统计各类高级专家 90 人。2007 年，获市科技进步奖 12 项，2010 年，获市科技进步奖 7 项。

1991—2010 年鄄城县部分获奖成果（地市级以上）一览表

表 28-2-1

单　位	获奖项目	荣誉名称
县林业局	农桐间作丰产栽培技术开发试验研究	1991 年省农业厅科技进步二等奖、1991 年地区科委科技进步二等奖，入编《中国科技成果大全》
	轻沙薄地综合开发试验	1991 年省科委科技进步三等奖
县林业局	平原农区综合防护林体系开发试验	1991 年地区科委进步三等奖
	不同质地结构泡桐幼林生长规律研究	1991 年地区林学会论文三等奖
	苹果优质丰产技术开发试验研究	1991 年地区科委科技进步三等奖，入编《中国科技成果大全》
	轻沙薄地水产课题技术开发试验	1991 年省科委科技进步奖
	中低产鱼塘开发项目	1991 年省科委科技进步奖

续表 28-2-1-1

单　位	获奖项目	荣誉名称
县榨油机厂	ZL—75 型螺旋榨油机	1991 年 10 月、1994 年中国机械电子工业部部优产品，1991 年 10 月全国行业质量评比二等奖（最高奖）
正虹饲料公司	正虹牌 QF—001 猪高蛋白营养添加剂	1991 年 6 月国家星火奖、1991 年 11 月全国猪浓缩饲料质量评比第一名
县政府	黄河滩地轻薄沙综合开发利用研究	1991 年省科委科技进步三等奖、1992 地区科技进步一等奖
县果树站	鄄城县苹果低产园开发	1991 年地区科技进步二等奖
县政府	农桐间作丰产栽培技术开发试验研究	1991 年地区科技进步二等奖
县林业局	营林措施防治大袋蛾技术研究	1992 年区科技进步一等奖
	苹果 N.P.K 经济效益研究	1992 年农业经济技术研究会二等奖
	营林措施防治大袋蛾技术研究	1992 年地区科委科技进步一等奖
	苹果高产优质技术开发试验	1992 年地区星火计划二等奖
县农业局	20 万亩玉米综合增产技术	1992 年省农业厅农牧渔业丰收三等奖
县能源环保站	鄄城县临濮沙河区域生态农业试点创建研究	1992 年省农业厅科技成果一等奖
县永兴仪器厂	KDM 型电压连续可调控温电热套	1991 年地区科技进步三等奖
县技术开发中心	早熟西瓜优质高产栽培技术开发	1992 年地区星火二等奖
县林业局	营林措施防治大袋蛾技术研究	1992 地区科技进步一等奖
县果树站	鄄城县苹果低产园开发	1992 年地区科技进步二等奖
县政府	农桐间作丰产栽培技术开发试验研究	1992 年地区科技进步二等奖
县种子站	鄄城盖韭优质丰产技术开发试验	1992 年地区科技进步二等奖
县农技站	鄄城县十万亩夏玉米综合丰产技术	1992 年地区科技进步二等奖
县农技站	鄄城县三十万小麦精播半精播综合丰产栽培技术	1992 年地区科技进步二等奖
县水土保持办	鄄城县水土保持规划	1992 地科技进步三等奖
县农业局经管站	鄄城县花生施肥量及密度技术经济效益评价研究	1992 年地区科技进步三等奖
县土肥站	作物优化配方施肥技术推广及应用	1992 年地区科技进步三等奖
县农技站	蔬菜保护地配套生产技术试验研究	1992 年地区科技进步三等奖
县植站	山药根结线虫病发生规律与防治技术研究	1992 年地区科技进步三等奖
县种子站	玉米单交种丹玉 11 号良种推广	1992 年地区科技进步三等奖
县林业局	平原农区综合防治林体系开发试验	1992 年地区科技进步三等奖

续表 28-2-1-2

单 位	获奖项目	荣誉名称
县林业局果树站	黄河故道平原农区红富士苹果高产优质高效栽培技术试验研究	1993 年地区优秀科技论文一等奖
	黄河青年防护林一期工程	1993 年省科委科技成果推广奖
	苹果优质丰产技术开发	1993 年地区自然科学协会二等奖
	泡桐新品种引进与推广	1993 年地区自然科学协会三等奖
县农业局	10 万亩花生综合增产技术	1993 年省农业厅农牧渔业丰收三等奖
华达纺织集团丝羊绒女套装	丝绒缎	1994 年全国纺织产品展示会金奖
		1994 年全国纺织产品展示会银奖、1994 年第二届国际牡丹花会金奖、1994 年第八届全国发明展览会优秀发明奖、1994 年山东省第三届发明技术展览会优秀发明奖
县地管局	鄄城县土地利用规划	1994 年省地管局科技进步二等奖、1994 年国家土地管理科技进步三等奖
县林业局	黄河故道平原农区红富士苹果高产优质高效栽培技术试验研究	1994 年地区科技进步一等奖
山东金蓝实业公司	外来妹高级浓缩洗衣粉	1994 年山东第三届发明技术展览会优秀发明奖、1995 年第五届中国新技术新产品博览会优秀奖、1994 年地区科技进步一等奖
	诤友牌环氧大豆油	1995 年第五届中国新技术新产品博览会优秀奖
鄄城味精厂	谷氨酸发酵中噬菌体预测预报研究	1994 年地区科技进步二等奖
鄄城县酒厂	亘古泉窑泥培养新工艺	1994 年地区科技进步二等奖
	340 亘古泉特酿酒	1994 年地区科技进步二等奖
	440 亘古泉特酿	国家轻工业部 A 级产品
鄄城县酒厂	440 陈王酒	第三十届布鲁塞尔国际博览会金奖
县科技开发中心	无滴膜日光温室越冬黄瓜栽培技术示范	1994 年地区科技进步三等奖
县农技站	夏棉矮化密植栽培技术试验	1994 年地区科技进步三等奖
县农技站	大面积夏玉米综合增产技术开发	1994 年地区星火三等奖
县种子站	大面积越冬韭菜优质高产高效栽培技术开发	1994 年地区星火三等奖
旧城医院郭效芳	骨质增生丸治疗颈椎病 56 例分析	1995 年美国国际医学学术会议三等奖

续表 28-2-1-3

单　位	获奖项目	荣誉名称
县农业局	10 万亩玉米豆类间套综合增产技术	1995 年省农业厅农牧渔丰收三等奖
县林业局	黄河防护林二期工程	1995 年省科委科技成果推广奖
	地上全素养根、地下气肥增碳（CO_2）	1995 年地区科技进步一等奖
县林业局	曹州镜面柿丰产栽培技术开发及果园多功能高效营养槽技术研究	1996 年地区科技进步一等奖
县医院	胆汁引流预防急性有机磷中毒反跳的理论研究和临床应用	1996 年地区科技进步二等奖
县农业局	夏玉米规范化栽培技术的实践应用	1996 年地区科技进步三等奖
县农业局	“群体结构的人工调节”在夏棉生产上的应用	1996 年地区科技进步三等奖
县农业局	“群体结构人工调节”在小麦生产上的应用	1996 年地区科技进步三等奖
县医院	胆汁回收集装置的设计及临床应用	1996 年地区科技进步三等奖
县中医院	初产妇处女膜环放射状剪开术及指扩会阴缩短第二产程的临床应用研究	1996 年地区科技进步三等奖
华兴科技产品开发有限公司	酒精除杂处理器的研制	1997 年地区科技进步二等奖
红船镇 大埝乡 农技站	麦瓜棉立体种植技术开发紧凑型玉米品种示范与推广	1997 年地区科技进步三等奖
县医院	改良动静脉留置针闭式引流治疗婴幼儿外伤性硬脑膜下积液的研究，脑脊液置换仪的研制及应用	1997 年地区科技进步三等奖
县医院	连续硬膜外麻醉用于分娩镇痛的研究	1997 年地区科技进步三等奖
县医院	用 Cutler——Beard 法进行下睑重建术及 30% 双氧水暂封治疗瘘管型根尖周病的临床研究	1998 年地区科技进步二等奖
县医院	心先安小剂量肝素皮下注射治疗冠心病、心绞痛临床研究	1998 年地区科技进步二等奖
县二医院	新洁尔文计划生育研究	1998 年地区科技进步三等奖
县医院	米非司酮配伍米索前列醇用于死胎引产及 B 超监测下双氧水子宫输卵管造影治疗不孕症的临床研究	1998 年地区科技进步三等奖
县农业局	鄄城小麦亩产千斤乡镇技术开发	1998 年地区星火一等奖
县农业局	生态农业及秸秆互接还田综合技术开发	1998 年地区星火一等奖
县农业局	玉米种包衣技术及推广应用	1998 年地区星火二等奖
县农业局	60 万亩鲁麦 21 号高产栽培技术开发	1998 年地区星火三等奖
县农业局	鲁谷 10 号新品种的引进与推广	1998 年地区星火三等奖
县林业局	地下全素养根，地上气肥增碳（CO_2）	1997 年林业部三等奖
县林业局	果园多功能高效营养槽技术研究	1996 年区科技进步一等奖
县林业局	朱砂李低产园改造技术试验	1996 地区科技进步三等奖
县计划生育服务站	HCG 与 HMG 配合宫腔内人工授精治疗少弱精子症引起不育的临床研究	2002 年市级科技进步荣誉奖
县医院	小导管闭式引流持续负压吸引治疗自发性气胸与临床研究	2002 年市科技进步三等奖
县医院	脑卒中发病的年周期和日周期节律的临床应用研究	2002 年市科技进步三等奖
县医院	简易口吸式吸痰管的制作和临床应用研究	2003 年市科技进步三等奖
县医院	外伤性泪小管断裂吻合术的应用研究	2003 年市科技进步三等奖

续表 28-2-1-4

单　位	获奖项目	荣誉名称
县中医院	自制“T”型骨外固定器制作及应用研究	2003 年市科技进步三等奖
县医院	内镜鼻胆管引流术防治急性有机磷农药中毒反跳的临床应用研究	2004 年市科技进步三等奖
县农广校	鄄城县 23 万亩玉米种子包衣及配套增产技术	2005 年市科技进步二等奖
县农业综合服务中心	小麦、玉米双高效模式施肥技术研究与推广	2005 年市科技进步二等奖
县新世纪青年农民培训工程办公室	“20+40”模式高产栽培技术推广	2005 年市科技进步二等奖
县农广校	中药材新品种及配套栽培技术推广	2005 年市科技进步三等奖
县二院	月经周期的不同时期治疗乳腺癌对预后的影响	2005 年市科技进步三等奖
县中医院	细胞学检查与直肠癌早期诊断的临床研究	2005 年市科技进步三等奖
县医院	乳腺癌时辰化疗的临床观察与护理研究	2005 年市科技进步三等奖
县医院	组织标本印片瑞氏染色进行肿瘤细胞形态诊断的临床应用研究	2005 年市科技进步三等奖
县医院	bcl—2 基因蛋白在女性生殖系统癌的表达与预后关系	2005 年市科技进步三等奖
县医院	骨髓腔内注射抢救患儿的临床研究	2005 年市科技进步三等奖
县医院	自拟马钱子散治疗有机磷中毒迟发性神经病的疗效分析	2005 年市科技进步三等奖
县农广校	山药根结线虫病发生与综合防治技术研究	2006 年市科技进步三等奖
县农广校	新世纪青年农民科技培训工程在农业生产上的应用	2006 年市科技进步三等奖
县医院	脐静脉插管输注量子血抢救新生儿窒息	2006 年市科技进步三等奖
县医院	纳洛酮治疗小儿术后肠麻痹	2006 年市科技进步三等奖
县医院	改造静脉留置针治疗婴儿期硬脑膜下血肿	2006 年市科技进步三等奖
县中医院	QT 离散度与脑出血患者病情严重程度及预后情况的关系研究	2006 年市科技进步三等奖
县计生站	精子的体外处理对精子形态的影响及受孕结局的临床观察	2006 年市科技进步三等奖
县计生站	芪苓香山汤配合直肠用药和物理疗法治疗输卵管阻塞的临床研究	2006 年市科技进步三等奖
县医院	液氮冷冻甲基质治疗嵌甲的临床应用研究	2006 年市科技进步三等奖
县医院	纳曲酮联合还原型胱甘肽治疗酒精性肝病的临床应用研究	2007 年市科技进步二等奖
县医院	血管性痴呆与脑脊液中 SSAVP、β—EP、NSE 的相关性研究	2007 年市科技进步三等奖
县医院	中药保胎颗粒治疗反复早期自然流产对母体免疫平衡及内分泌功能的影响	2007 年市科技进步三等奖
县医院	复能剂突击疗法治疗急性有机磷中毒的临床研究	2007 年市科技进步三等奖
县医院	非营养性吸吮改善新生儿胃肠功能障碍的临床研究	2007 年市科技进步三等奖
县医院	音乐在偏瘫患者肢体康复训练中的应用探讨	2007 年市科技进步三等奖
县医院	碘酊浸泡丝线闭合缝扎加压治疗腱鞘囊肿	2007 年市科技进步三等奖
县医院	改良式雾化吸入沐舒坦预防早产儿呼吸窘迫综合征	2007 年市科技进步三等奖
县医院	关节镜辅助氩离子束治疗慢性上颌窦炎的临床研究	2007 年市科技进步三等奖
县医院	酒精中毒免血浆酶与心脏超声参数的相关性研究	2007 年市科技进步三等奖

续表 28-2-1-5

单　位	获奖项目	荣誉名称
县水利局机械化施工总公司	Excel 保存到数据库的研究	2007 年市科技进步三等奖
县水利局机械化施工总公司	中外全面预算管理借鉴研究	2007 年市科技进步三等奖
县国土资源局	鄄城县土地开发利用现状更新调查	2008 年市科技进步三等奖
县医院	间苯三酚联合催产素在活跃期产程中应用	2008 年市科技进步三等奖
县医院	简易制作蕈状器在低位直肠癌术中的临床应用研究	2008 年市科技进步三等奖
鄄城县金威粉体科技有限公司	超细高纯 SIO_2 生产工艺	2009 年市科技进步二等奖
县医院	C 反应蛋白与进展性脑梗死的相关性研究	2009 年市科技进步二等奖
县医院	熊去胆酸联合鼻胆管引流术防治急性有机磷中毒反跳的临床研究	2009 年市科技进步二等奖
县医院	心脑血管病发病的年节律与日节律的临床研究	2009 年市科技进步二等奖
县医院	大剂量丙种球蛋白联合环孢 A 治疗纯红细胞再生障碍贫血临床研究	2009 年市科技进步三等奖
山东柏斯莱特照明电器有限公司	大功率低频无极灯研究与开发	2010 年市科技进步二等奖
山东阳成生物科技有限公司	L—蛋氨酸非水溶液酰化高效生产技术	2010 年市科技进步二等奖
县中医院	中药健脾益肾利水安胎治疗羊水过多的临床应用研究	2010 年市科技进步二等奖
县医院	出血卒中血肿周围水肿带的临床研究及干预	2010 年市科技进步二等奖
鄄城县海特电子厂	T5 节能灯研究	2010 年市科技进步三等奖
县医院	流式细胞术检测乳腺癌外周血微转移的研究	2010 年市科技进步三等奖
县中医院	针刺中药结合治疗慢性前列腺炎的临床研究	2010 年市科技进步三等奖

第三章　科技管理

第一节　计划管理

1991 年，组织实施省、地、县科技计划 23 项，争取省市项目资金 42 万元，累计增产粮食 2420 万公斤，实现增加值 1980 万元；实施星火计划 6 项，新增产值 1800 万元，新增利税 520 万元，其中，全脂豆花技术开发，以长春工程食品研究所为技术依托，利用本地丰富的大豆资源，生产高营养的方便菜，保证大豆全价营养，除掉豆腥味，产品达到食品卫生标准，实现产值 240 万元，利税 30 万元。实施科技推广计划 10 项，增加产值 3200 余万元。1992 年，实施科技项目 42 项，其中计划内科技项目 31 项，科技发展计划项目 23 项，星火计划 8 项，科技总投资达到1266万元。承担省级以上项目6项，市级项目2项，争取项目资金共计473万元。1993年，实施感应电子开关、电子感应节水龙头、出口中药材优质丰产栽培技术开发试验、山羊绒系列产品开发、草菇优质丰产栽培技术开发试验、果树多素长效营养开发试验、脱毒果苗培育技术开发、数控线切割机床等项目。承担市级以上项目2个，县级18个，争取经费650万元。1994—1995年，实施各级各类科技计划24项，对县以上的重点项目实行挂牌管理，争取科技贷款875万元。1996年，实施地区以上星火、火炬项目17项。1997年，有13项计划分别被列入国家、省、地、县科技计划，争取上级补助资金20万元，争取科技贷款3400万元。其中D（一）一对羟基苯甘氨酸项目由山东兴达化工总厂承担，该生产工艺以乙醛酸、苯酚为起始原料，通过缩合、氨酸、酯化、混旋体拆分等步骤而成，具有原料易得、工艺路线短，反应条件温和、成本低、质量高等优点，年产300吨，实现销售收入8250万元，创利税3150万元。节粮型兔的饲养推广研究项目，以大山兔业养殖公司为龙头，通过改进改良长毛兔、肉食兔品种，优化饲养管理模式，提高其生产性能，成年长毛兔年产毛量由以前的600克，提高到1000克以上，全县新建养兔示范场10个，示范户1000个，发展专业户1万户，全县养兔业总收入达到2亿元。异植物醇试制项目，以化工部西南研究院为技术依托，吸收国外先进技术，以芳樟醇、二乙甲为基础原料，通过缩合、加成、氢化、加成，直接合成异植物醇，年生产300吨，实现销售收入8550万元，创利税3150元。1998年，实施国家、省级科技计划7项，争取无偿科技补助经费9万元，争取科技贷款940万元。省重点科技攻关项目“二十万亩中药材优质栽培试验”和“大山兔裘皮综合开发利用试验”，对县中药材生产、畜牧业发展具有很大的推动作用。2000年，组织有关部门和科技人员实施开发项目22项，取得经济效益2000余万元，利税300万元。其中高效农业科技示范园项目，占地1000亩，以山东农业大学、山东省农科院为技术依托，聘请8名教授组成技术顾问团。共设6个功能区：高效瓜菜生产示范区、中药材良种繁育示范区、林果新品种培育及优质栽培示范区、花卉苗木生产基地、牧草种子基地及综合农技术服务中心。政府免费进行技术服务，技术开发性投入由政府承担，生产管理由农户在技术人员的指导下按技术方案严格执行，政府提供销售方面的服务，示范园建成后直接经济效益增加300万元，社会经济效益达1亿元以上。2004—2005年，通过考察论证和外引内联，共实施开发项目21项，引进技术人才12人，申报科技计划5项，争取科技补助资金10万元。2006年，县种子公司承担的“丰川6号小麦新品种科研开发和创新”被列入省农业科技成果转化项目。该品种具有晚播早熟、矮秆抗倒、丰产优质、抗逆性强等优点，适于晚播早熟麦田、“20+40”模式、麦瓜棉间作套种，每亩净增收170元以上。2007年，“黄瓜网空隔离杂交制种项目”引进天津科润黄瓜研究所的技术，该技术引进优良黄瓜制种亲本，优质黄瓜专用肥，高效低毒农药，具有制种纯度高的优点。该项目的实施，带动了全县制种业向科学化、规范化、产业化的方向发展。2008年，“10万只规模集约化蛋鸡养殖场建设”“美国青提保护地无公害栽培技术研究与示范”“甜叶菊新品种种植与产业化开发项目”“轻型电动电视转播车”等6个项目被列入省、市级各类科技计划，共争取科研经费58万元。2009年，有4个项目列入省、市级各类计划，共取经费110万元。其中，普来特承担的“新混合动力轿车”作为县长项目列入市自主创新重大专项，“山东省中药材现代化科技产业（鄄城）示范基地建设体系研究”被列入省级科技计划，“蛋鸡标准化养殖推广与示范”被列入市科技特派员工程项目。2010年，“中药材高新技术特色产业基地及中药产业公共服务平台建设”被列入山东省“科技富民强县专项行动计划”，“鲁西斗鸡品种资源保护与开发”被列入省农业良种工程项目计划，菏泽鲁信光学科技有限公司承担的“高纯氧化二铝陶瓷靶材的研究及生产工艺”被列入山东省科技型中小企业创新发展专项扶持资金项目，柏斯莱特承担的“大功率低频无极灯研究与开发”被列入市技术创新提升工程重大专项，“彭楼镇前牟村蛋鸡规模化养殖研究”被列入市新农村建设科技计划项目，“道地中药材产业链技术开发”被列入市科技特派员工程项目，共争取研发资金250万元。

第二节　科技目标责任制考核

1998年，县委、县政府下发《关于乡镇科技目标责任制考核意见》，决定把科技工作纳入乡镇工作目标责任制的考核范围，考核对象为乡镇党委、政府及党政主要负责人和分管负责人，定期考核科技工作的领导落实、政策落实、规划落实、投入落实等情况。对乡镇的考核结果，作为衡量党政领导干部政绩和干部调配使用的主要依据之一。2000年，县科技领导小组组成5个考核小组，分别对全县25个乡镇进行科技进步目标责任制考核，重点是对各乡镇党委、政府对科技工作的重视程度、科技投入情况、科技管理机构与科技队伍建设情况以及新良种、新技术、新成果的推广和乡镇财政税收、支柱产业收入等方面的情况。各乡镇党政负责人科技意识增强，科技管理体系进一步完善，新技术、新良种覆盖率达到80%以上，科技投入有了显著提高。

第三节　科技政策

1991年，县政府出台《鄄城县“科技兴农”实施方案》，县科委制定《科技成果推广奖励办法》《关于对外引进实行优惠的若干规定》《关于实行企业技术考核奖惩办法》《关于加强技术市场管理工作的意见》。1992年，县政府制定《关于引进人才、项目、资金的意见》。1993年，县政府制定《鄄城县科技进步奖励条例》，县科委制定《关于加强科技宣传工作的意见》。1995年，县科委制定《鄄城县“九五”科学技术发展计划和2010年规划目标》《鄄城县“九五”科学技术发展规划纲要》。1997年，县委、县政府出台《中共鄄城县委、鄄城县人民政府关于加快科学技技术进步的决定》《中共鄄城县委、鄄城县人民政府关于（乡镇）党政领导科技进步目标责任制试行办法》等四个文件，县政府出台《鄄城县关于加强技术市场管理的意见》。县编委出台《关于乡镇成立科学技术工作委员会的通知》。1998年，县政府办出台《关于成立鄄城县农业科技专家顾问团的通知》、制定《鄄城县科学技术科学技术进步奖奖励办法（试行）》，并成立县科学技术进步奖评审委员会，印发《鄄城县科技成果鉴定办法》《鄄城科委小康村建设技术服务措施》。1999年，县科委下发《鄄城县科委关于做好选拔培养农民科技示范户工作的意见》《关于一九九九年度农村科学技术培训的意见》。2000年，县科委出台《鄄城县“十五”科技发展规划》《关于加强高层次人才培训、引进、使用工作的意见》《关于开展“科技宣传年”活动的通知》。2001年，县科委制定《鄄城县科委关于送科技下乡活动的工作意见》。2004年，县委、县政府制定《中共鄄城县委、鄄城县人民政府关于实施“科技特派员工程”的意见》。2005年，县科技局制订《鄄城县“科技特派员”实施方案》，派往大埝乡农业高效科技示范园、彭楼镇中药材科技示范种植基地、金友葡萄标准化种植基地科技特派员15人。制定《鄄城县“十五”科技工作总结及“十一五”科学发展计划》。2008年，县政府出台《鄄城县人民政府关于开展企业技术改造年活动的意见》、县科技局出台《关于开展“雷雨”“天网”知识产权技法专项行动具体实施方案》《关于进一步做好知识产权工作的有关规定》等文件。2010年，县委、县政府联合出台《中共鄄城县委、鄄城县人民政府关于实施技术创新提升加快高新技术产业发展的决定》、县政府办出台《鄄城县人民政府办公室关于印发鄄城县技术创新提升工程行动计划的通知》和《鄄城县人民政府办公室关于建立鄄城县技术创新提升工程联席会议制度的通知》，县科技局出台《鄄城县科技局“百企千项自主创新竞赛”活动实施方案》《鄄城县专利执法专项行动实施方案》。

第四章　知识产权保护

第一节　专利申请与授权

1991—2006 年，专利申报数量较少，1995 年申报 19 件，授权 5 项，是较多的年份。2007 年，市知识产权局出台扶持专利申请的优惠政策，调动了技术人员申请专利的积极性，随着全县工业化进程的加快，专利申请的数量和质量提高，当年申报 56 件，授权 3 件。2010 年申报 229（其中发明专利 35 件），授权 43 件（其中发明专利 43 件）。

1991—2010 年鄄城县专利申请情况一览表

表 28-4-1　　单位：件

年份	申报	授权
1991	1	-
1992	5	2
1993	8	2
1994	8	2
1995	19	5
1996	6	3
1997	1	1
1998	14	2
1999	7	14
2000	11	8
2001	10	6
2002	7	3
2003	7	6
2004	13	6
2005	8	5
2006	6	6
2007	56	3
2008	83	36
2009	71	48
2010	229	43

第二节　专利行政执法

县科技局每年都组织精干人员，对全县的药品、食品专利产品进行调查登记。1991—2010 年，共查处假冒专利 32 项，举办专利知识培训班 15 期，培训人员 2000 余人次，发放专利知识宣传资料 6 万余份。2003 年，信合万家福百货有限公司被市知识产权局认定为菏泽市“无假冒冒充专利产品商场”。2007 年，家和超市被省知识产权局评为省级“无假冒专利产品商场”。2008 年，恒通超市被评为菏泽市无假冒冒充专利产品市场。2010 年，大福源超市被认定为菏泽市“经销专利产品信得过单位”，老中医韩世昌获山东省“发明创业优秀奖”，山东柏斯莱特照明电器有限公司环形枚矩形无极灯的发明人董金令被授予“菏泽市优秀发明人”称号。

第五章　科技服务

第一节　科技市场

坚持“扶持、引导、放开、搞活”的方针，发展技术贸易机构，严格技术合同登记，促进技术商品流通。1991 年，各类技术贸易机构发展到 32 个，人员 240 余人，签订各类技术合同 75 份，合同金额 475 万元。全县县属工业企业发展科技研发机构 4 处，企业完成科研开发 50 余项，开发新产品产值达 1200 万元。1992 年，对全县 34 家技术贸易机构发放“技术市场贸易许可证”，技术贸易从业人员 493 人，加强对技术贸易机构的整顿检查，3 家技术贸易机构被吊销“技术贸易许可证”。1993 年，组织县科委人员参加技术市场管理业务培训，发放“技术贸易许可证”13 个，登记技术合同 20 份，吊销“技术贸易许可证”4 个，停止不合格技术贸易机构 3 个。1994 年，技术贸易机构发展到 60 个，登记技术合同 326 份，技术交易额达到 986 万元。1998 年，加强对县、乡农技、林果、畜牧等行业的技术市场的管理，发展科技服务、开发、信息、咨询、中介等技术贸易机构 132 家，从业人员 1530 人，提供各类技术服务项目 200 余项，传递科技致富信息 4800 条。2000 年，工作重点放在开拓技术市场、发展民营科技企业方面，技术贸易机构和民营科技企业发展到 142 家，从业人员 1640 余人。累计查处违纪经营机构 10 个，取消许可证 8 个，调解技术贸易纠纷 18 起，挽回经济损失 98 万元。2001 年，技术贸易机构和民营科技企业发展到 146 家，从业人员 1860 人，全年累计提供各类技术服务约 1 万人次，科技信息 1500 余条，技术中介 43 项，创经济效益 260 万元，累计查处违纪经营机构 8 个，取消许可证 5 个，调解技术贸易纠纷 12 起，挽回经济损失 76 万元。2002 年，新发展技术贸易机构 13 家，民营科技企业 3 家，实现经济效益 320 万元。2003 年，新发展技术贸易机构 12 家，查处违纪经营机构 9 个，取消许可证 6 个，调解技术贸易纠纷 12 起，挽回经济损失 90 余万元。2004 年，新发展技术贸易机构 16 家，查处违纪经营机构 7 个，取消许可证 4 个，调解技术贸易纠纷 9 起，挽回经济损失 110 万元。2005 年，查处违纪经营机构 2 家，挽回经济损失 3 万余元。

第二节　科技协作交流

1991—2010 年，坚持“走出去，请进来”原则，通过实施“借脑”工程，帮助企业、农村基层与高等院校、科研单位进行多层次、多渠道、多形式的协作与联合，或引进技术，或针对关键技术难题联合进行攻关，或邀请教授授课指导，或聘请专家长期蹲点，或委派企业技术人员深造，先后与山东大学、山东医药大学、山东农业大学、省农科院、化工部西南研究院、上海纺织大学等80多家单位建立长期合作关系。共引进新技术、新成果452项，引进高技术人才320余人次，参加各类新技术、新成果交流会、展示会、洽谈会42次，达成合同协议97项。1991—1993年，采取“借梯上楼”的办法，与外地高等院校、科研单位挂钩，引进他们的高新技术成果，把鄄城作为高等院校、科研机构的中试基地，与大专院校、科研单位联合办实体，建立与外地大院大所长期稳定的伙伴关系，开拓技术市场，促进外地高新技术长入鄄城县企业，先后与中科院、清华大学、天津大学、山工大、山东食品研究所等30多所高等院校、科研单位建立合作关系。对9项成果，组织有关部门和企业进行开发建设，通过各种渠道引进人才210人次，其中聘请省农科院宋园林教授、何启伟教授，山农大园艺系高级技师王杰民、教授郭传经，果林系教授束怀瑞专家等一批高技术人才，引进推广高产模式栽培、立体种植、日光温室、果树优质早丰栽培、品种改良、食品保鲜、食用菌栽培及机械、化工、纺织、电子等技术。1994年，县化工厂与福建师范大学、山东师范大学协作，开发出食用菌系列保健品，县技术开发中心电器试验厂与徐州技术开发中心协作，开发出电子感应开关，技术达到国内先进水平。鲁西黄牛快速育肥试验场高薪聘请三河养牛场技术人员作技术指导，从配料、喂养到防疫等环节，全部实行科学化管理。先后组织参加西安高校技术交易会、青岛国际第八届发明博览会，引进羊绒纺织技术、数控线切割机床制造技术液压技术等20多项技术。1995年，引进新技术新成果65项，引进境外技术人才73人。1998—1999年，引进提子葡萄、油桃，甜柿、银杏、冬枣等特优品种。2000年，县科委先后赴济南、平阴进行专项考察，并与省农科院专家座谈，在大埝乡创建鄄城县高效农业科技示范园，山农大余松烈院士、董庆裕教授、赵丙强博士等先后到园区指导工作。2006年，组织华意化工、华戈尔等有限公司参加菏泽牡丹花会期间的高新技术产品展示会，参加牡丹区第一届科技项目洽谈会，组织黄河纺织等企业参加中国北京国际科技产品博览会，组织华意化工等企业参加市政府举办的日本AOST—菏泽企业创新与经营管理培训班，在潍坊参加省知识产权局组织的专利管理知识培训班，赴福建南平参加市科技局组织的科技特派员工程培训班。2007年，引进天津科润黄瓜研究所的黄瓜网空隔离杂交制种技术，聘请制种专家马德华博士为技术指导，带动全县制种业向科学化、规范化、产业化的方向发展。2008年，开展产学研合作的企业有17个，联合建立各类研发机构11个，利用高新技术和先进实用技术改造提升传统产品6个。聘请山农大专家为科技顾问，重点推广测土配方施肥、小麦精播半精播、病虫害综合防治等技术。2009年，引进高技术人才32人，转化新成果14个，专利25项，签订技术合同21份。吉鑫养殖小区依托山农大专家，按照现代化生态养殖理念，科学规划，精心设计，高标准施工，建设现代化蛋鸡生产体系，实现蛋鸡饲养自动化、规范化、科学化、集约化和现代化。

第三节　科技推广

1991—1992年，农技推广服务机构发展到142个，发展村科技服务队（组）245个，发展各种研究会193个，建立县级科技示范乡镇9个，县级示范村57个，示范户620户，科技示范企业4家。1993年，建立县级科技示范乡2个，全县共引进新技术、新成果、新品种110项，增加产值4200万元，发展科技推广机构125个，从事科技推广人员388人。聘请省农科院蔬菜所宋园林教授、何启伟教授，山农大园艺系高级技师王杰民、教授郭传经，果林系教授束环瑞等专家，讲课19场次，并在红船、梁屯、葛庄、郑营等乡举办农民学习班。1994年，发展示范乡镇4个，示范村37个，示范户340户，示范田1万亩，示范果园10个。聘请山农大余烈松、束怀瑞等10余位教授到鄄城举办技术讲座。通过召开现场会、技术培训班，对口协作等多种形式，先后推广风机水泵调速驱动节电、稀土应用、汽油节油剂等新技术，起到节能降耗，提高生产力的良好效果。1995年，举办科技培训班113期，培训人员1.3万余人次，有1200余人达到农民技术员水平。1996至1997年，举办技术培训班980期，科技讲座1200余次，科技现场会96次，科普赶集87次，科技下乡58次，新发展科技示范乡1个，科技示范村30个，科技示范户1200户，科技示范企业2个。1998年，农业方面，推广二氧化碳气肥、配方施肥、小麦精播半精播技术、立体高产高效种植模式、301菌种、秸秆还田等一批新技术、新成果；引进推广鲁麦22、稳千一号、玉米登海1号、鲁单50、掖单22、掖单23等紧凑型品种。林业方面，引进美国提子葡萄、油桃、冬枣等特优果种；畜牧方面：推广冷配技术、胚胎移植技术、鲁西黄牛快速育肥技术、小尾寒羊改良等技术。1999—2003年，狠抓科技示范园、试验田、样板田建设。重点抓“县高效农业科技示范园”“优质葡萄试验示范基地”“新科苗木繁育”和“果品套袋厂”的培育工作。实施优质面包小麦技术开发，通过采取精播半精播和肥水后移等技术措施，万亩小麦亩产达到450公斤；实施波尔山羊杂交改良开发项目，为改善果品质量降低，果品病虫害，增强耐贮藏性，实施果品套袋技术开发，特别是多微孔塑膜果品套袋技术，避免果实与药物的接触，解决了现有塑膜套袋果前期易发生日烧，后期发生斑点病和酱果类套袋果易发生腐烂的技术难题，为生产无虫害果品提供技术保障。2004年，组织开展“科技活动周”“科技下乡”“保护知识产权周”“实施巾帼星火行动”等一系列活动；聘请省内外专家、教授举办果树、蔬菜、中药材、食用菌、畜牧等培训班64期，培训人员达1.5万余人次。2005年，狠抓科技示范载体建设，形成以沿黄乡镇为中心的速生丰产林，以彭楼镇为中心的中药材生产，以鲁西黄牛繁殖场为中心的畜牧生产，以什集、鄄城镇为中心蔬菜生产，以旧城、李进士堂为中心的黄河滩区西瓜生产的农业科技推广示范体系，并建立了与市场经济相适应的多元化、多渠道的农技推广服务体系。组织7人6次赴外地就科技管理知识、优质羊的饲养与技术推广、棉花栽培技术、绿化苗木的栽培技术与管理技术、大棚菜栽培与病虫害防治技术、果树栽培技术与病虫害防治技术进行培训。2006年，全县中药材种植技术冬季培训班聘请市高级中药师蒋立昶、安徽太和高效农业研究所所长宫先前、河北省安国市中药师张银亮、菏泽牡丹医药有限公司主任药师李光胜讲课，讲授菏泽市中药材生产的历史现状、有利条件和历史机遇、中药材常见品种的种植技术和方法，并现场解答学员提出的问题。2006年，举办农业实用技术培训班，先后邀请粮食、蔬菜、畜牧、中药材、食用菌等方面的技术专家进行授课，共举办16期，培训人员2000余人。市科技局在彭楼镇举办“农业科技巡回展”，市农业专家现场接受农民咨询，解答技术难题，参展单位展示了名优特良种、环保肥料和生物农药等高新技术产品。举办以“携手建设创新型国家”为主题的科技活动周。2007年，开展送科技下乡活动8次，散发科技宣传资料3万余份，举办林下种（养）殖、甜叶菊栽培、优质高产小麦栽培等方面的技术培训班，开展节约能源资源、保护生态环境、保障安全健康知识宣传活动。2008年，加强农村实用人才培训，因时因地制宜，培养“田秀才”“土专家”等乡土人才1600余人，创建新农村建设科技示范村40个，建立专业技术协会21个，推广农业新技术30余项，受益人达10余万人。大力推广配方施肥技术，举办培训班80余期，培训技术骨干2640人，培训农民2万余人次，发放技术明白纸3万余份，全县共有70万亩土地吃上了“营养套餐”。2009年，针春季气候干旱，通过举办科技讲座、深入田间地头、发放明白纸、现场解答技术难题等方式指导农民科技抗旱，共下派科技特派员42人，举办讲座20余次，推广实节水技术6项，现场解决技术难题30余项。4月底，全县小麦病虫害统防统治启动仪式在大埝乡小麦高效生态科技示范基地内举行。2010年，邀请省小麦专家开办专家电视讲座，组织农技科技人员分赴小麦高效科技示范基地开展现场技术指导，现场解答难题；重点推广抗旱、施肥，促小麦生长等技术；启动“百日科技服务行动”；启动国家棉花高产创建项目，严格按照技术规程实施，建立“万亩棉花高产创建示范片”，把良种、配方施肥、地膜覆盖等先进的棉花种植技术推广到村到户；组织召开花生地膜覆盖机械化播种演示会；召开配方施肥现场观摩暨技术培训会，邀请山东农业大学教授丁方军现场作“缓控施肥暨玉米配方施肥技术”专题报告，与会人员参观“鄄城县配方施肥粮食高产示范区和缓控施肥示范方”；举办养猪技术培训班，邀请华东农大技术专家就猪病防治等问题进行系统培训，全县100多个合作社会员和养殖大户参加培训；举办秋种、小麦高产创建及规范化播种技术培训班。邀请山农大董庆裕教授、省农业厅鞠正春博士及市农业局有关专家就小麦规范化播种技术、小麦测土配方施肥技术、小麦病虫草害综合防治技术作技术报告。1996年，鄄城被国家科委授予全国科技工作先进县称号。

第六章　气象预报

第一节　地面探测

1991年，观测项目有：云、能见度、天气现象、气压、温度、湿度、风、降水、日照、蒸发、雪深、雪压、冻土、地温（0、5、10、15、20厘米），以后根据山东省气象局文件要求业务不断变动。1993年，电接风自记只挑取日最大。1996年3月，增发人工增雨《重要天气降水观测指令报》。1998年2月调整降水量报观测时次。1999年1月1日，由辅助站改为一般站。2001年4月，开始编发天气加密报。2004年1月，执行新版《地面气象观测规范》，地面自动气象站与人工观测进行为期2年的双轨运行，地面自动气象站投入试运行。2005年1月起转入以自动站为主的双轨运行，并正式使用2004版地面气象观测业务软件。根据中国气测函〔2004〕163号和省气业函〔2005〕1号，2006年1月，地面自动气象站单轨运行观测。2007年1月，根据中国气象局业务技术体制改革方案改为鄄城国家气象观测站二级站。根据鲁气办发〔2008〕197号文改为鄄城县国家一般气象站。

第二节　仪器设备

地面仪器　主要有福丁式水银气压表，DYJ1型空盒气压计，苏式大、小百叶箱，套管式干、湿球温度表，套管式最高、最低温度表，温度计DWJ1型，湿度计DHJ1型，EL型风向风速计，20cm口径雨量器，虹吸式雨量计，量雪尺，称雪器，乔唐式日照计，小型蒸发器，套管式地面温度表，套管式地面最高、最低温度表，达尼林冻土器等，2000年增添观测用微机联想486，2001年微机为联想P3、2003年微机为联想奔腾4系列计算机。

通信设备　1995年，建立地—县局域网，可传输资料和信息，2001年，建立气象卫星单收站，结束了电报、电话传输资料的历史。

天气预报开展时间及预报工具方法　1993年，增设气象传真机，结合分析接收来的天气图作短期天气预报。1995年，通过地—县微机远程终端接收地区台发来的天气图等资料做预报。2001年，通过气象卫星单收站，接收的卫星云图、天气图及有关资料综合分析，做短、中、长期天气预报（主要是以市局预报为主要依据做订正预报）。

发布方式和服务手段 1991—1995年，建立气象警报服务网，以警报广播发布短期及灾害天气预报。1996—2005年，开通“121”“12121”气象信息自动答询系统电话服务。1998年，通过电视天气预报栏目向社会发布。

第三节 农业气象

1980年，农作物观测种类有：小麦、大豆、棉花、玉米、花生，并进行土壤湿度测定及发报。非固定地段土壤湿度测定主要是对全县部分乡镇选择代表地段进行墒情普查及发报。1991年，增加物候观测项目草本植物3种：蒲公英、苍耳、车前；木本植物4种：榆树、刺槐、枣树、楝树；鸟和昆虫有：家燕、青蛙、蚱蝉、蟋蟀。1996年，承担气象卫星遥感试验作物长势对比观测。2005—2010年，农业旬月报，以及农忙时的天气预报，对农业生产起到很大促进作用。

第四节 气象服务

1991—1995年，在全县完成气象警报网建设，城内部分企事业单位和18个乡镇大部分行政村共布设500多部气象警报接收机，每天定时发布天气预报、警报和有关情报。在公益服务上，定期或随时为政府领导提供决策气象服务，开展各农时关键季节（如小麦收获期、作物生长期及各季播种期等）和重要天气发生期（雷雨期、暴雨、大风、旱涝多发期）的天气预报及气象情报服务。1997—2000年，开展气象卫星遥感信息服务，即每年从11月至次年3月，定期将卫星遥感图（绿度值数值图）及苗情分析预测意见呈送县政府领导手中，为领导指挥农业生产提供详实的气象资料。1996年5月，开展庆典氢气球施放服务及建筑工程防雷设计审核和设施的检测工作。2004—2010年，人工影响天气作业9次，降雨量明显增加，促进了农业生产。

第七章 地震监测

第一节 地震设施

2004年12月，建强震台1处，配备强震监测仪器1台套。2005年12月，建地震电磁波、磁通门各1处，电磁波、磁通门监测仪器各1套。至2010年，地震局配有地震测震台1个，位于鄄城县旧城镇计生办院内，它已纳入山东省地震监测台网，主要测定地震发生的时间、地点和震级大小。强震台1台，位于鄄城镇梁堂家属院内，纳入省市地震监测台网，观测项目强震，用于测量加速度。观测站1个，位于鄄城县鲁西黄牛场院内，观测项目地磁。

第二节 观测网点建设

2005年，建地震宏观观测点10处，分布在鄄城镇、旧城、李进士堂、红船、临濮、董口等乡镇。2010年，共有地震宏观观测点17个，宏观观测员435人，观测网点建设达到上级要求。

第三节 地震预报

2004年，建立健全群测群防地震观测网，385

个行政村配备宏观观测员，负责地震前兆异常的观测预报。

第四节　防震减灾

2003年3月，成立鄄城县防震减灾工作领导小组和防震减灾指挥部，并对《鄄城县破坏性应急预案》进行重新修订，同时16个乡镇配备防震减灾助理员和灾情速报员。县地震局利用各种机会和大型场合搞好防震减灾宣传。分别制定防震减灾十五、十一五、十二五、十三五规划，建立健全防震减灾法律法规规章配套制度，健全执法队伍，2人拥有执法证，地震执法得到加强，建设项目的地震设防纳入基本建设程序，坚持每年2次执法检查。在宣传上，通过印制宣传资料、重要节日宣传，到农村、社区、企业、学校、医院宣传等形式，增强了人们的防震减灾意识，提高了全县防震减灾整体水平。同时，还结合共青团、消防队、河务局、供电公司等单位，组建地震救援队15支，2010年，全县志愿者达到400余人；联合教育局、卫生局等单位，下发防震演练文件，要求每个学校每学期防震避震演练不得少于2次。2006年，鄄城县被评为全省地震应急救援工作先进集体。

奖牌

第二十九编

文化　体育

WENHUA TIYU

鄄城县文化体育局和广播电视局为全县文化体育管理机构。县文化体育局辖文化馆、图书馆、人民剧院、电影公司、体育场、少年文化宫等10个基层事业单位。县文体局以丰富和活跃全县群众文化体育生活为主线，各项文化体育活动开展得有声有色。鄄城县文学创作、艺术创作、曲艺杂技、民间艺术、民谣和民间传说、戏剧与影视百花齐放，硕果累累。反映新时代、新生活的文学作品不断涌现。群众文化活动丰富多彩。民间传统艺术得到有效保护和创新，其中民间舞蹈“商羊舞”，民间工艺美术“鲁锦”“雕砖”于2008年6月列入国家非物质文化遗产名录。鄄城悠久的历史文化使得民谣和民间传说流传比较广，2009年7月，全县共有203首民谣和105篇民间传说录入《山东省非物质文化遗产资源普查资料汇编·鄄城卷》。加强文化市场管理，为青少年健康成长提供良好环境。体育设施不断完善，让全县人民“动起来”，全县体育事业保持健康发展势头。1991—2010年，鄄城县参加地区级以上比赛获得奖项多达120次，其中获国际比赛、国家级和省级比赛大奖30余次。陈丽于2006年分别取得多哈亚运会多项飞碟比赛个人冠军和团体冠军。

鄄城县广播电视设施和技术水平经历了由低级到高级，由模拟到数字，最终到摄、录、编、播全程数字化与网络化的发展历程，形成调频广播、电视、有线电视交融的广播电视网络，全县的广播电视事业得到蓬勃发展。1991—2010年，鄄城县广播电视台节目累计播出新闻和专题3万余条。2010年，在菏泽电视台《菏泽新闻》发稿480余件，其中部分稿件经菏泽电视台报送山东电视台和中央电视台播出。

第一章　文学艺术

第一节　文学创作

1991—2010年，鄄城县反映新时代、新生活的文学作品不断涌现。1997年5月，鄄城县作家协会成立。2005年11月，县作家协会换届，会员20人，截至2010年，有会员50人。

这一时期的文学创作活动，主要从两个方面入手：一是发动组织、培养了大批业余作者；二是文化馆创作人员参与创作，接待辅导作者5000多人次，帮助修改稿件1700余件，并将其中600余件推荐给各级报刊，其中在省级报刊上发表30余件，涌现了一批知名文学创作人员。

1991—2010年鄄城县出版著作书目情况表

表29-1-1

作　者	书　　名	出　版　社	出版时间
李铭慈	《走向新世纪》	新华出版社	1991.1
李永文	《中华灯谜大观》	明天出版社	1991.2
周方林	《孙膑初探》	黄河出版社	1993.3

续表 29-1-1

作　者	书　　名	出　版　社	出版时间
刘起朝	《孙膑故事集》	黄河出版社	1995. 4
李永文	《中华诗词灯谜》	山东人民出版社	1998. 2
康　征	《王学仲世界》	大众文艺出版社	1998. 5
周方林	《走近尧舜》	文联出版社	1999. 8
周方林	《走出困境》	内蒙古出版社	2000. 12
邵好学	《邵好学诗文集》	山东文艺出版社	2000. 7
康　征	《走近张海》	大众文艺出版社	2001. 3
李永文	《中国灯谜家大词典》	人民出版社	2002. 5
周方林	《论孙膑》	中国文史出版社	2004. 8
邓忠印	《鄄城人物志》	中国文史出版社	2004. 12
边文纪等	《鄄城历代诗词选注》	作家出版社	2004. 12
黄贤清	《时间的叶子》	中国广播出版社	2004. 12
李永文	《名人谜语故事》	山东人民出版社	2005. 1
周方林	《时光与影》	时代文艺出版社	2005. 6
张希磊	《文史故事汇集》	银河出版社	2000. 8
邵好学	《邵好学诗文集》	山东文艺出版社	2000. 8
康　征	《走近张海》	大众文艺出版社	2001. 3
李永文	《中国灯谜家大典》	人民出版社	2002. 5
李永文	《名人谜语故事》	山东人民出版社	2005. 1
李超杰	《李超杰文学作品选》	大众文艺出版社	2005. 4
周方林	《时光与影》	时代文艺出版社	2005. 12
张晓楠	《叶子是树的羽毛》	太白文艺出版社	2006. 6
周广良	《鄄城民俗》	中国文史出版社	2007. 6
陈德平	《龙都胜迹钩沉》	大众文艺出版社	2008. 9
张晓楠	《和田鼠一块回家》	明天出版社	2008. 12
李军主编	《菏泽文化丛书》鄄城卷	黄河出版社	2010. 4

第二节　艺术创作

美术　1991—2010年，群众美术发展较快，至2010年11月，全县拥有专业美术创作人员50人，业余爱好者400余人，其中省级美协会员4人。

1987年11月，鄄城县书画协会成立，会员34人。

2001年7月1日，尧王书画研究院成立，并在民政部门登记注册，会员80余人。成立时，举行庆祝建党80周年首届展览，展出作品436幅。

2003年10月，成立以农民和退休职工为主体的群众性美术组织——雷泽书画工艺美术协会。2000—2010年，县少年宫举办少儿美术学习班，培养少儿美术人才。

2005年4月，鄄城县老年书画协会成立。

鄄城县省级以上美术家协会会员一览表

表 29-1-2

姓　名	性　别	出生年月	籍　贯	会员资格	艺术职务
鲁　风	男	1939.11	左营乡杨屯村	中国美协会员	贵州美协副主席
祁麟云	男	1949	阎什镇	中国美协会员	国家一级美术师
刘德功	男	1962	李进士堂镇	中国美协会员	中国煤矿美协副主席
韩志冰	男	1965	陈王社区韩庄	中国美协会员	中国美术家网总裁 文化部中国艺术节基金会副秘书长
夏兴聚	男	1943.8	郑营夏海村	山东省版画协会员	高级研究馆员
徐景贤	男	1944.6	董口镇尹楼村	山东省美协会员	国家一级美术师
刘玉修	男	1945.3	董口镇黄瓜园	山东省美协会员	
察志勇	男	1955.2	什集镇察庄村	山东省美协会员	国家一级美术师
梁邦奎	男	1962.2	什集镇梁屯村	山东省美协会员	鄄城县美协副主席
李　达	男	1965	大埝乡斜李庄	山东省美协会员	中国宋庄油画协会理事长
刘昌盛	男		临濮镇刘屯村	山东省美协会员	曲师大副教授
刘　超	男	1969.1	郑营镇刘灿武村	山东省美协会员	菏泽市美协副主席 菏泽艺术学校校长
田言华	男	1970	富春乡和庄村	山东省美协会员	菏泽市艺术馆副馆长
李　强	男	1971.6	凤凰镇花李庄	中国工艺美协会员	
张光强	男	1970.3	鄄城镇枣寨村	山东省美协会员	
李志国	男		临濮镇天庙村	四川省美协会员	
杜山河	男	1967.7	箕山镇杨台庄	山东青年美协会员	
谌叶庆	男	1967	引马乡南街	山东青年美协会员	
宋　敏	女	1977	旧城镇千户宋楼	山东青年美协会员	

1991—2010 年鄄城县美术作品获奖及入展情况一览表

表 29-1-3

姓名	作品名称	主办单位	获奖入展情况	时　间
刘玉修	《春艳》	山东美协	入展	1992.10
刘玉修	《硕果》	中国老艺术家委员会	一等奖	1993.6
梁邦奎	《春韵》	山东省人事厅	二等奖	1993.11
刘玉修	《阅尽人间春色》	文化部	入展	1994.9
刘玉修	《游鱼》	江西书画风采报	发表	1994.12
刘玉修	《牡丹》	湖南书画艺术报	发表	1995.4
刘玉修	《牡丹》	湖南书画艺术报	铜奖	1995.8
董柱林	《国花飘香》	审计署、中国文联	优秀奖	1998
徐景贤	《风风火火牡丹乡》	中国书画报	铜奖	1999.10
田言华	《山水》	中国美协	入展	1999.11

续表 29-1-3

作　者	作品名称	主办单位	获奖入展情况	时间
察志勇	《虎》	中国画报出版社	入展	2000. 7
察志勇	《雄视天地间》	中国文联办公厅	入展	2000. 9
刘玉修	《冷艳》	省艺术馆、菏泽市文化局	入展	2000. 4
刘玉修	《牡丹写生稿》	省美协、山东画院美术馆	入展	2001. 1
刘玉修	《盛吉春花艳》	人民画报社	入展	2002
察志勇	《国画》	山东省艺术馆	铜奖	2002. 3
梁邦奎	《寒月双栖》	山东省文化厅	优秀奖	2002. 5
冯守真	《祝寿图》	中国老年书画协会	优秀奖	2002. 4
吴爱霞	《国画》	山东省艺术馆	三等奖	2002. 5
梁邦奎	《寒月情浓》	中国书画艺术委员会首届宁波艺术博览会	二等奖	2002. 6
吴爱霞	《春晓》	全国第十届群星奖	优秀奖	2002. 6
韩　永	《国色艳韵》	当代书画家编辑部	优秀奖	2002. 4
梁邦奎	《春风吹处紫雪飘》	山东美协	入展	2002. 12
侯涛龙	《国画》	陕西省美协	金奖	2002. 12
梁邦奎	《梅》	《共和国书画艺术宝鉴》编辑部	金奖	2005. 3
张光强	《花鸟》	山东省电视台	佳作奖	2005. 11
张光强	《春荫》	中国美协	入展	2006. 6
张光强	全国第六届工笔画大展	中国美协	入展	2006. 6
田言华	湖北省首届国画山水、油画学术展	湖北省美协	入展	2006. 10
田言华	《山水》	湖北省美协	入展	2006. 10
张光强	《阳春》	中国美协	入展	2007. 12
张光强	2007 年全国中国画作品展	中国美协	入展	2007. 12
谌叶庆	山东省迎奥运书画大赛	山东省美协	金奖	2008. 8
韩志冰	庆奥运国际美术大展	陕西省美协	优秀奖	2008. 8
谌叶庆	《山深鸟语哗》	山东省美协	金奖	2008. 8
韩志冰	《荷花》	陕西省美协	优秀奖	2008. 8
韩志冰	《荷花》	山西省政协	优秀奖	2008. 10
韩志冰	全国政协陕西省中国画展	陕西省政协	优秀奖	2008. 10
李　达	庆祝中华人民共和国成立 60 周年山东美术作品展	山东省文化厅、省文联省美协	优秀奖	2009. 10
梁邦奎	庆祝中华人民共和国成立 60 周年全国名家书画大展	内蒙古自治区文化厅中国书画家协会	优秀奖	2010. 2
梁邦奎	《南唐秋》	内蒙古自治区文化厅中国书画家协会	优秀奖	2010. 2
张光强	《雨过妍妍》	山东省美协	入展	2010. 9
张光强	山东省第十四届美术新人新作展	山东省美协	入展	2010. 9
梁邦奎	九阳杯山东省第四届中老年书画大赛	大众报业集团山东新闻书画院	铜奖	2010. 11

续表 29-1-3

作　者	作品名称	主办单位	获奖入展情况	时间
梁邦奎	《清凉世界》	大众报业集团 山东新闻书画院	铜奖	2010. 11
梁邦奎	《秋染南塘》	中国现代文艺出版社	银奖	2010. 12
梁邦奎	首届全国书画名家邀请展	中国现代文艺出版社	银奖	2010. 12

书法　1987 年 11 月，鄄城县书画协会成立。县文化馆和县书画协会每年组织一次书画展览，并选送部分作品参加地区展览。1992 年，书画协会换届，并在县老干部活动中心主办全县迎国庆书画展，展出书画作品 200 余幅。2005 年 11 月，书法协会与美术协会分离，成立鄄城县书法家协会，理事 10 人，会员 27 人，专业和业余书法人员 300 多人，国庆节、七一等重大节日均有大型书法展览。2000—2010 年，县少年宫举办少儿书法学习班，培养少年书法人才。

鄄城县省级以上书法家协会会员一览表

表 29-1-4

姓　名	性　别	出生年月	籍　贯	会员资格
张建军	男	1965. 3	阎什镇	中国书协会员
刘鲁旭	男	1982. 2	大埝乡	中国书协会员
汤　峰	男	1989. 2	郓城大谭乡	山东省书协会员
范宗奎	男	1956. 5	引马镇范庄	山东省书协会员
刘率东	男	1973. 10	彭楼镇	山东省书协会员
王玉兰	女	1943. 12	鄄城镇	山东省书协会员
崔庆寅	男	1942. 11	临濮镇临濮街	山东省书协会员
高贤益	男	1945. 4	董口镇	山东省书协会员
刘世平	男			山东省书协会员
石贤苍	男	1964. 8	李进士堂镇芝麻刘庄	山东省书协会员
刘希信	男	1940. 2	彭楼镇舜城	山东省书协会员
胡聚刚	男	1966. 7	古泉社区胡窑村	山东省书协会员
师占一	男			山东省书协会员
黄新启	男	1970. 4	鄄城镇张寺	山东省书协会员
史乃林	男	1940. 10	彭楼镇	山东省书协会员
卞景斌	男	1972. 5	曹县	山东省书协会员

1991 — 2010 年鄄城县书法作品获奖及入展情况一览表

表 29-1-5

姓　名	赛事名称	主办单位	获奖及入展情况	时　间
高贤益	“环境与发展”美术书法展	国家环保局	入展	1992. 12
孙运收	金杯现代书法篆刻作品邀请展	中国书画艺术大学	入展	1996. 12

续表 29-1-5

姓　名	参加项目	主办单位	获奖及入展情况	时　间
张延英	“迎香港回归”中国画大赛	中国书法家协会	金奖	1997.7
王玉兰	当代书画艺术家联谊会展览	中级书法院	入展	1997
王玉兰	中国作协文艺报社书画展	中国作协文艺报社	二等奖	1998
李自平	全国播联大赛	中国书协	三等奖	1999.5
李自平	全国民间工艺美术书法展	中国文联	精英奖	1999.9
李自平	纪念孔子诞辰二千五百五十年书法大展	中国美术国家协会		1999.9
赵宝民	全国“希望杯”书画大赛	上海当代书画杂志社	入展	2000.2
王炳敬	首届“水浒杯”中国书画作品大展	省艺术馆、菏泽市文化局	三等奖	2000.4
赵宝民	首届“水浒杯”中国书画作品大展	省艺术馆、菏泽市文化局	入展	2000.4
冯守真	首届“水浒杯”中国画作品大展	省艺术馆、菏泽市文化局	特别奖	2000.4
胡聚刚	第一届全国风景名胜楹联书法篆刻大展	湖南省书法家协会	入展	2001.1
李自平	新世纪中国书画艺术研讨会展览	中国艺术研究院文研中心	精品奖	2001.4
王玉兰	山东省书画大赛	山东电视台	入展	2002.3
刘世平	纪念毛泽东在延安艺座谈会讲话 60 周年大赛	中国中老年干部书画大赛	佳作奖	2002.5
黄新启	第六届山东省青年书法家篆刻作品展	大赛组委会	入展	2005.5
张光强	第十二届当代花鸟画邀请展	山东电视台	佳作奖	2005.11
崔庆寅	“百年小平”书法、诗词大赛	人民日报社	优秀奖	2006

音乐　1991—2010 年，鄄城音乐事业有较大发展。每逢春节、国庆节等重大节日，均有大型文艺活动。在这期间，为各类演出汇演和企事业单位文化活动创作音乐作品 160 余件，在省级以上报刊发表或获奖 10 件，市级报刊发表或获奖 60 余件。2005 年 11 月，鄄城县音乐家协会成立，理事 12 人，会员 22 人。

1991 — 2010 年鄄城县市级以上音乐作品获奖情况一览表

表 29-1-6

形　式	作品名称	赛事名称	主办单位	等　次	作　词	作　曲	时　间
歌曲	《天空飘来春姑娘》	全省农民歌手大赛	省文化厅	优秀奖	夏富源	江念慈	1991.6
歌曲	《紫燕回归》	地区汇演	地区文化局	二等奖	夏富源	申崇今	1991.9
歌曲	《青春在奉献中闪光》	地区第二届职工文艺调演	地区总工会 地区文化局	一等奖	夏富源	申崇今	1991.5
歌曲	《醉了人们醉了人心》	地区第二届职工文艺调演	地区总工会 地区文化局	三等奖	夏富源	刘昌银	1991.5
歌曲	《人生路》	地区第二届职工文艺调演	地区总工会 地区文化局	二等奖	夏富源	夏富源	1991.5
歌曲	《夜空中的新星》	地区第二届职工文艺调演	地区总工会 地区文化局	一等奖	夏富源	刘昌银	1991.5

续表 29-1-6

形　式	作品名称	赛事活动名称	主办单位	等　次	作　词	作　曲	时　间
笙独奏	《丰收的原野》	地区企业文艺汇演	地区宣传部 地区文化局	二等奖		张延英	1994. 8
歌曲	《追星星赶太阳》	地区企业文艺汇演	地区宣传部 地区文化局	优秀奖	夏富源	尹茂俊	1994. 8
歌曲	《前程越走越灿烂》	地区企业职工汇演	地区宣传部 地区文化局	优秀奖	夏富源	夏富源	1994. 8
歌曲	《俺为家乡织春光》	世纪之声全国征歌大赛	中国音乐家协会	三等奖	夏富源	尹茂俊	1997. 5
歌曲	《千家万户喜心窝》	地区计生文艺汇演	地区宣传部 地区文化局 地区计生办	二等奖	夏富源	申崇今	1997. 9
歌曲	《年轻姑娘多争气》	地区计生文艺汇演	地区宣传部 地区文化局 地区计生办	三等奖	夏富源	尹茂俊	1997. 9
歌词	《金风轻轻遍地吹》	发表于《群众艺术》	省艺术馆		夏富源		1998. 2
歌曲	《欢庆歌舞》	山东省“时风杯” 青年歌手大赛	省艺术馆	三等奖	尹茂俊	尹茂俊	2001. 9
歌曲	《幸福和谐洒人间》	全市计生文艺汇演	市计生局	三等奖	尹茂俊	尹茂俊	2003、7
歌曲	《福彩的情怀》	全市福彩杯文艺汇演	市委宣传部市民政局	一等奖	尹茂俊	尹茂俊	2005、6
歌曲	《爸爸不能没有你》	全国校园征歌	中国音乐家协会	三等奖	杨　勇 李洪涛	尹茂俊	2007、7
歌曲	《女孩的风光》	全市计生文艺汇演	市计生局	二等奖	尹茂俊	尹茂俊	2008、10
歌曲	《我们把你爱在心窝里》	山东省少儿征歌	山东省艺术馆	二等奖	尹茂俊	尹茂俊	2009、5

摄影　鄄城县艺术摄影爱好者较少。全洪江自1991年以后在省级报刊上发表作品35幅，市级报刊发表52幅。1993年，为纪念毛泽东100周年诞辰，举办摄影作品展览，展出作品240余幅。1994年，16幅作品参加省“镜中东南亚”艺术展，1995年，在地区举办个人摄影艺术展，展出作品138幅。

鄄城县摄影作品发表情况表

表 29-1-7

姓　名	作品名称	活动名称	主办单位	活动地点	获奖情况	时　间
全洪江	《姐妹》	“镜中东南亚”摄影展	山东省摄影家协会	济南	一等奖	1993. 5
全洪江	《千佛寺》	“镜中东南亚”摄影展	山东省摄影家协会	济南	二等奖	1993. 5
全洪江	《赶车》	“镜中东南亚”摄影展	山东省摄影家协会	济南	三等奖	1993. 5
全洪江	《春到人间》	“全国交通杯”安全摄影展	山东省摄影家协会	济南	二等奖	1992. 2
全洪江	《高原秋月》	全国19届摄影展	中国摄影家协会	北京	优秀奖	1999. 10

第三节 曲 艺

曲艺种类 县内流行的曲艺主要有山东琴书、山东落子、河南坠子、江苏大鼓、弦子大鼓、鱼鼓、木板大鼓等。

山东琴书 亦称“洋琴”。民国初年，侣朝君在旧城镇七里庙成立琴书班，其后又陆续出现了几个琴书班。流行书目多为小段，有《双锁柜》《王二姐劝母》《王林休妻》《王天宝下苏州》《马前泼水》《草船借箭》《庆端阳》《盗灵芝》《戏牡丹》等，20世纪60—90年代，山东琴书在鄄城城乡流传较广，2000年后因电视普及、电影放映，只有红船镇霍庄村琴书班仍坚持演出。他们结合新形势编写的计划生育等体裁的唱段，到各村演出受到欢迎。

山东落子 初名“蓬花乐”。元代丘氏收徒4人，分曾、柴、杨、张四门。初学道情，沿门演唱，乞讨谋生。原敲鱼鼓，后改为敲钹打板，唱腔豪放、粗犷。中华民国初年，有唱落子者数人。主要书目有：《三国》《响马传》《包公传》《七侠五义》《陈州放粮》《丝绒记》《何公子投亲》《王桂兰捉妖》《朱洪武放牛》等。中华人民共和国成立后至80年代最为兴盛，1995年后停止演出。

河南坠子 由河南的“道情”和“莺歌柳”合流而成。其唱腔、伴奏、乐器都有改革和创新，是流行全国的曲种之一。曲牌有上谱、下谱、垛子板、九腔十八调、七十二哼哼、八十二哎哎等。中华民国初年，丰县艺人潘教岭、路明到鄄城演唱坠子，由于曲调优美动听，原来的渔鼓、落子艺人纷纷改唱坠子。鄄城最初的坠子艺人是旧城皇城寺的姜合修和石楼的石延亮。90年代后结合党的政策创作的新段子较多。19世纪90年代后期演出活动日益减少，旧城北关的曹玉仙却一直坚持演出并多次参加菏泽地区汇演。1997年曹玉仙在菏泽地区计生文艺调演中获表演二等奖。2003年在菏泽地区曲艺汇演中获二等奖。琴书流行的书目有：《刘公案》《包公案》《呼延庆打擂》《丝绒记》《回龙传》《响马传》等。

渔鼓 原名鱼鼓，源自道家讲经曲调，故又名“道情”。北宋前，伴奏多用“简板”，南宋时吸收汉江渔家鼓为击节乐器，方有“渔鼓”之名，传入鄄城已有三四百年历史。渔鼓基本上为上下句结构，曲调质朴，风格粗犷，富于民间风味。唱腔调门有大官腔、小官腔、四平牌，两吸年、淮调等。流行书目有:《唐五探亲》《白绫记》《韩湘子渡林英》《孙膑拜寿》等，至2010年已停止演出。

江苏大鼓 也称苏北大鼓。1913年，红船集的曹永先在徐州西北90里敬安集会成村拜教永为师学习，将此曲种传入鄄城。曲调有下六音、慢板、快板，表演时用镇江鼓一面，五虎钢板一副。1957年，曹永先参加省曲艺汇演，演唱《古城会》获三等奖。流行曲目有：《南北宋》《大隋唐》等，2010年已停止演出。

弦子大鼓 中华民国初年，从冠城传入鄄城。其乐器为三弦、鼓、铜板。曲牌有架子板、上下韵、大花腔、小花腔、甩腔、怒瞎、磨瞎、十字、七字、扣紧等。主要书目有:《薛刚打朝》《杨金花夺印》《响马传》《刘公案》等，至2010年已停止演出。

木板大鼓 清道光年间传入鄄城。主要书目有：《杨家将》《呼家将》《包公案》等，后来也表演现代戏《平原游击队》等。武西庄的周振魁仍在坚持自己编写表演大鼓唱段。

木板大鼓演出 （2006年摄）

曲艺活动 1991—2010年，以山东琴书等为代表的传统曲艺艺术，演出越来越少，大多已停止活动，只有少数几支民间曲艺队还在坚持表演。旧城北关的曹玉仙于 1997 年表演的坠子《抓阄》，在地区计生文艺调演中获得二等奖，2003 年全市曲艺汇演中表演的《送王八》获二等奖。与之相对比的小品演出活动却较为活跃，县里有重大演出或市里参赛，都有小品节目，在各级比赛中也多次获奖。

曲艺小品创作　随着社会的发展，群众娱乐审美的多样性开始显现，小品艺术已成为群众非常喜爱的一种曲艺形式。1991—2010 年，小品创作非常活跃，共创作小品 260 多件，获市级以上奖励 80 余件，涌现出一批小品创作人员，如文化馆的张守唐、夏富源、张修建等。

1991 — 2010 年鄄城县曲艺作品获奖情况表

表 29-1-8

作　者	作品名称	形　式	活动名称	主办单位	等　次	时　间
张守唐	《好姑娘》	山东琴书	地区职工文艺调演	地区文化局	一等奖	1991.5
李　征	《寻找大成和慧芳》	小品	地区职工文艺调演	地区文化局	一等奖	1991.5
李　征	《离岗》	小品	省文艺作品评选	省文化厅	一等奖	1991.8
张修建	《四个老汉唱法官》	表演唱	省高院文艺汇演	省高院	一等奖	1998.9
夏富源	《装电话》	小品	地区文艺调演	地区文化局	创作奖	1995
夏富源	《黄河缘》	小品	省河务局文艺调演	省河务局	一等奖	1997.8
夏富源	《团圆饭》	小品	地区纪委文艺调演	地区纪委 地区文化局	二等奖	1996.9
张守唐	《抓阄》	坠子	全区计生文艺调演	地区计生委 地区文化局	二等奖	1997.8
夏富源	《过了这个村没有这个店》	小品	全区计生文艺调演	地区计生委 地区文化局	三等奖	1997.8
张修建	《光明行》	小品	地区文艺汇演	地区文化局	三等奖	2001.1
张正声	《送王八》	坠子	全市曲艺文艺汇演	市文化局	二等奖	2003.8
张修建	《老头、老婆和记者》	小品	全区文艺汇演	地区文化局	一等奖	1999.9
张修建	《二面瓜结扎》	坠子	全市计生汇演	市计生局 市文化局	优秀奖	2003、7
张修建 杨　勇	《买彩票》	小品	全市“福彩杯”文艺汇演	市民政局 市文化局	三等奖	2005、7

第四节　民间艺术

鼓吹乐　1992 年，全县有专业唢呐吹奏世家 23 家，唢呐艺人 132 人。临濮乡田铺村王继玉、郑营乡信义村周洪臣两家均为唢呐世家，王继玉之子王立华于 1999 年和 2003 年两次在菏泽唢呐比赛中获得一等奖。2004 年应中央音乐学院、中国音乐学院邀请，王继玉和王立华父子赴京演出传统曲目，得到专家好评。唢呐演奏的主要曲目有《百鸟朝凤》《闹雪灯》《凤阳歌》《朝天子》《山坡羊》《腊梅花》《春日歌》《鹁鸽谣》《一枝花》等，有时也演奏戏曲选

唢呐表演　(2000 年摄)

段或歌曲等。

古筝 在鄄城流传已有千年历史。传统筝曲有《高山流水》《汉宫秋月》《昭君怨》《风摆翠竹》《夜静銮铃》等。引马乡张堌堆村张应易，于1957年赴京参加全国第二届民间音乐舞蹈汇演获奖，并被吸收为中国音乐家协会山东分会会员。红船镇霍庄村的张孝论，演奏的古筝传统曲目《美女思乡》《高山流水》等受到各地专家的赞赏。1998—2010年，县文化馆每年在暑假期间举办古筝学习班一期，共培训学员500余人。

商羊舞 民间传统舞蹈，在鄄城流传已有千年历史，《论衡·变动》云："商羊者，知雨之物也，天且雨，屈其一足起舞矣。"于是，商羊舞便成了下雨的征兆。倘遇天旱无雨，村民则手持"响板"，身结鸟羽，模仿商羊而舞之。原为旧城杏花岗三官庙祈雨专用舞蹈，后来逐渐变为一种民间娱乐活动。1956年山东省民间音乐舞蹈汇演，荣获节目整理、演出二等奖。1995年11月县文化局和县广电局对这项古老的民间舞蹈进行重新排练，拍摄专题片，并于春节前播放。2005年县文体局对其进行保护性挖掘整理，拍摄照片40幅，对传承谱系进行考证记录，给老艺人建立档案，拍摄电视专题片。2008年6月，被列入国家级非物质文化遗产名录。

商羊舞（2006年摄）

担经 已有1000多年的历史，它是佛教音乐与本地民歌、戏曲等相融合而形成的一种表演艺术。担经表演时身穿彩衣，担着经挑，边唱边舞，十分好看。在阎什镇沙土庙会、彭楼镇适北口庙会和信义庙会上均有表演。2005年6月全县非物质文化遗产普查，共普查到担经表演队伍5支，表演者202人。

担经老人（2008年11月摄）

它常表现民间故事，民间传说，教育人们尊老爱幼，多做好事等。2009年10月，被列入省级非物质文化遗产名录。

抬阁 又名"抬架子阁"，是一种有故事情节的民间造型艺术。只有临濮崔楼的抬阁能表演，已很少活动。崔楼抬阁的特点是，方桌上可安放两组戏剧角色，称为"五架阁"。支架不露痕迹，角色似悬空起舞，给人以惊险奇妙之感。2005年11月，崔楼村举行大型抬阁活动，共绑阁6架，参加演出人员150人，观看群众2万多人。这次抬阁的故事有：《赵匡胤千里送京粮》《哪吒闹海》《吕洞宾戏牡丹》《关公斩貂婵》《白蛇与许仙》《秦琼背剑》。2009年10月，被列入市级非物质文化遗产名录。

抬阁（2006年9月摄）

马叉 民间杂技的一种。叉头闪亮夺目，铁环叮当作响，多种造型和特技表演优美动人。彭楼镇什李村是马叉活动的中心，全村有马叉20多杆，已流传20多代。马叉表演的造型有朝天一炉香、怀中抱月、鲤鱼打挺、泰山压顶、空中飞叉、背剑

空中飞叉　（2006 年 9 月摄）

等。1993 年、2003 年元宵节进城参加路游表演活动。2009 年 10 月，被列入市级非物质文化遗产名录。

雕砖　彭楼镇谢家北齐时即开始制作雕砖。雕砖具有鲜明的地方特色和民族特色，其内容丰富多样，常表现戏曲人物和戏曲情节。一般用于家庙、祠堂等仿古建筑物的门头和山花部位。技法以浮雕和圆雕为主，内容表现全靠作者的双手捏塑完成。因机械制作雕砖的兴起，雕砖传人谢学运停止了手工制作雕砖。2008 年 6 月，被列入国家级非物质文化遗产名录。

雕砖　（2007 年 7 月摄）

剪纸　主要流行于郓城东南一带，其代表人物是阎什镇辛集村人张月英。张月英自幼对剪纸艺术情有独钟，二十年潜心磨炼，剪纸艺术日臻成熟。2003 年，参加雷泽书画工艺美术协会，其精美作品被群众所了解。菏泽市民间艺术家协会及雷泽书画工艺美术协会特为她举办“张月英剪纸艺术展”，此次展览引起省市新闻媒体的关注，报纸、电台、电视台均为她做专题报道，剪纸艺术受到专家高度评价。她先后创作大型牡丹系列剪纸、清明上河图、红楼梦、水浒一百单八将等作品。剪纸作品多次参加菏泽国际牡丹花会和国际林交会以及 2004 年度的国际广交会，并被许多博物馆和艺术馆收藏。2008 年将中国百名奥运冠军肖像 100 米长卷捐献给中国奥委会。

第五节　民谣与民间传说

郓城历史悠久，文化灿烂。古迹古遗址遍布全县，历史文化名人见诸国史方志。民谣和民间传说流传较广。搜集整理民谣有 3000 余首，于 2009 年 7 月，精选出 203 首录入《山东省非物质文化遗产资源普查资料汇编・郓城卷》。它分为劳动歌谣、时政歌谣、仪式歌谣、情人歌谣、生活歌谣、历史传说歌谣、儿童歌谣和其他歌谣。这些歌谣或歌功颂德，或针砭时弊，或抑恶扬善，或忧伤欢乐。如时政歌谣，“八路军，不吃香，破袜子破鞋破军装，乌霉火，本打枪，没有子弹装格档”，虚贬实褒，表达了对革命者艰苦创业的衷心赞扬。儿童歌谣“小蚂嘎，尾巴长，娶了媳妇忘了娘”，对违背中华民族传统美德者给以辛辣的讽刺和无情的鞭挞。

民间传说搜集整理 2000 余篇，于 2009 年 7 月精选出 105 篇录入《山东省非物质文化遗产资源普查资料汇编•郓城卷》。共分为神话传说，人物传说，史事传说，地方传说，花、鸟、虫、鱼、农作物传说，工艺传说，风俗传说和鬼灵传说等。如尧舜传说，不仅证明“尧王身葬穀林”的真实性，而且表达了人们对举贤任能、天下为公精神的崇尚。

第六节　戏剧与影视

戏剧　流行于县内的剧种主要有山东梆子、柳子戏、两夹弦（北词）、四平调、大平调、枣梆、河北梆子、曲剧、豫剧等。

1993 年鄄城县普查各剧种流行区域情况表

表 29-1-9

剧种名称		主要流行乡镇
本地剧种	山东梆子	箕山、陈良
	柳子戏	凤凰、梁堂、红船
	北词两夹弦	红船
流入剧种	两夹弦、枣梆	引马、大埝
	大平调	旧城、郑营
	四平调	旧城、郑营
	曲剧	梁屯
	河北梆子	全县
	豫剧	阎什口、董口、临濮

鄄城县豫剧团是全县唯一的一支戏剧专业团体。1991 年后，由于电视机的普及和流行音乐的影响，演出愈来愈少，后来停止演出。剧团大部分演员转入企业单位工作，1996 年 6 月在原县豫剧团的基础上成立鄄城县文工团，归县文化馆管理，同时撤销鄄城县豫剧团。鄄城县文工团成立后，1997 — 2010 年送文化下乡演出 800 余场次，对宣传党的方针、政策和活跃群众文化生活起到推动作用。文工团主要演员孙鸿雁，1999 年，在河南电视台“梨园春”栏目获得金奖。

1999 年春，箕山镇艾庄村人艾胜国投资 2 万余元，招收演员 40 人，成立豫剧团。该团演员阵容强大，设备先进，主要以演出古装戏为主，长期活动于河南、山西、河北、山东等地。2003 年 5 月，该团在菏泽市戏剧汇演中获演出二等奖。2010 年仍活跃在广大农村地区。

进入 20 世纪 90 年代后，随着环境的变化，鄄城大部分业余剧团停演、解散。

影视 1997 年，梁山县人孙秋生在县城青年路东段路南，成立鄄城县京九影视学校。该校主要以教武术为主，招收学员 200 余人，每年向外输送武术影视表演人才 20 余人。

第二章　群众文化

第一节　社区文化

2004 年，鄄城城区成立崇兴社区、乐园社区、东昌社区、古泉社区和虹桥社区。各社区围绕建设幸福家园、和谐社会目标，成立自娱自乐为主的老年俱乐部，开展丰富多彩的社区文化活动。常年在各社区举行健身、娱乐等活动，每年的春节、国庆节、元旦等重大节日，均有大型文艺演出和体育健身比赛等活动。2010年，共有社区文体活动点15个，老年门球队13支，文艺宣传队、秧歌队、戏曲宣传队、舞蹈队各1支，还有乒乓球、台球、象棋队等，共举办参加各类文体活动150场次。

第二节　校园文化

1991—2010年，全县教育事业迅速发展，各中小学相继建立图书馆、音乐室、多媒体教室等学生活动场所，购置大批文体器材，成立文学社、书画社、艺术团等学生组织。学校还利用“六一”“教师节”、国庆节、元旦等节日举办画展、联欢会、诗歌朗诵等活动。2001年以后，县一中、县实验中学、县十二中等每年都要搞学生艺术节，举行文艺演出、书画展、记者采访、诗歌朗诵等活动，丰富了校园文化。

第三节　企业文化

1990年，鄄城陈王酒业有限公司有山东琴书曲艺队一支，骨干队员8人，他们平时在车间上班，活动时组织起来排练演出。其主要演唱传统琴书小段和新创节目。1991年春，该公司又成立一支规模较大的文艺宣传队，队员20余人，并购置了较为先进的音响设备和乐器。6月，该宣传队队员徐伟松在山东省“朱埠杯”农民歌手大赛上荣获一等奖。1996年，该公司两支文艺宣传队因企业效益下滑而停止活动。

1992年，山东鲁西制药厂成立文艺宣传队，有队员15人，配有电声乐器。次年该厂又成立书画社，有成员3人，两组织于1996年停止活动。

1992年年底，鄄城县纺织厂成立戏曲文艺宣传队一支，有队员15人，其队员大部分来自豫剧团。1993年又成立一支高跷队，发展队员20余人，每到重大节日或厂内联欢都举行活动。

2000年后个体私营企业迅速发展，县文化馆深入全县各企业与他们共同联欢，帮助企业搞各种文艺活动300余次，其中富春乡的私营企业文化活动搞得较好。

2001年12月，菏泽黄河纺织有限公司与县文化馆举行联欢活动，演出节目20多个，多数为职工自编自演，演出气氛十分活跃，演出后还进行了高跷表演。

至2010年，全县有25个基层企业单位建立职工俱乐部。俱乐部设有篮球场、乒乓球室、卡拉OK室、舞厅等，并有羽毛球、象棋等娱乐器材。每到劳动节、国庆节和新年，均有文艺活动和体育比赛。

第四节　农村文化

1991年，全县有文化站18个，工作人员18人，负责农村文化工作。全县建有农村文化大院28座，农村图书室60多所。每到年节，民间艺术舞龙、马叉、花船等均进行表演。20多支唢呐队和2个业余剧团长期活跃在农村。县文化馆积极组织“送文化下乡”活动，1997—2010年，共送文艺下乡演出500余场次，演出的小戏剧、小品、歌曲等，受到广大群众欢迎。

2009年，改建新建标准化乡镇文化站16处。

第三章　文化设施

第一节　文化馆

鄄城县文化馆隶属于县文化体育局，属全民事业单位，位于鄄城县鄄城镇人民路98号。编制13人，2010年，有工作人员21人，其中高级职称2人，中级职称7人，初级职称10人。内设办公室、非遗保护办公室、音乐股、美术股、群众文化辅导股、工会。1993年投资10万余元，购置现代化音响、灯光一宗。1996年自筹资金30余万建设文化办公楼1座，760平方米。建排练厅1处，300平方米。投资5万元，购置办公设施。1997年投资2万元购置中西乐器一宗，成立全县第一支电声乐队。

文化馆以丰富和活跃全县群众文化生活为主线，在日常文艺活动、重要节日和重大庆典文化活动的策划、辅导、组织、培训业余文艺骨干等方面做了大量工作。利用“文企联姻”、借助社会力量等方式筹措资金，搞好“送文化下乡、进社区”演出活动，年均20余场次；元宵节、“五一”“七一”“十一”、元旦、春节等重大节日均有文化馆组织策划的文化活动；挖掘和搜集整理民间文化遗产，搞好非物质文化遗产名录的申报和传承保护工作。2006年以后，商羊舞、砖塑、鲁锦先后被公布为市级、省级和国家级非物质文化遗产名录，各项目的代表性传承人均被批为国家级；2009年10月，二洪拳、三皇舞、担经被列入省级非物质文化遗产名录；抬阁、斗鸡、马叉、手工糖果饯、旋木被公布为市级非物质文化遗产名录；2009年7月，文化馆编辑出版非物质文化遗产书籍一套（《山东省非物质文化遗产资料汇编　鄄城卷》《山东省非物质文化遗产资源汇编　鄄城卷》2册、《山东省非物质文化遗产线索实物汇编　鄄城卷》），2010年4月，编辑出版《菏泽文化丛书鄄城县卷》。

第二节　图书馆

鄄城县图书馆在县城人民路西段，1989年12月成立。馆舍面积仅有60平方米，藏书约6000册，工作人员2人。1991年和1995年先后向省财厅争取资金，新建平房10间，增设书库、阅览室、采编室、资料室、办公室，增加办公设备，基本具备小型图书馆规模。

1999年4月新建面积为1000平方米的图文综合大楼。重新设置馆长室，配备电话、微机、传真机、打印机、成人阅览室、少儿阅览室、借书室、目录室、档案室等。藏书量增加到3万册，人员增加到20人。2000年响应国家人员分流政策，工作人员降到8人，其中中级职称4人、初级职称4人，都是大专以上学历。

鄄城县图书馆坚持“读者第一，服务至上”工作原则，每年春节搞一次“图书展销会”，为新年增加文化精神气息。在平时的工作中，采取开架借阅，预约借书，送书上门等服务方式。每周开放56小时，节假日对外开放，有持证读者1500多人，平均每年总流通人次为7000人，并且每年举办读书会1次，诗歌朗诵会1次，有奖竞猜1次，读者座谈会4次，年底评选优秀读者若干名。年终，开展送科技下乡赠书活动，成立科技兴农小组，深入到10多个乡镇调查，并撰写《建设科技阵地，服务管材经济》的调查报告，1996年和1997年连续两年对10个农业种植结构调整示范点、18个特困村进行“科技扶贫”，无偿送书150余种、农业科技致富书籍近5000册。新华社、地区电视台，菏泽大众日报及县电视台予以采访报道。

鄄城县图书馆每年举办1次基层管理人员培训班，进行职业道德教育和业务培训，通过考核颁发合格证书。至2010年培训业务人员40多人，帮助整理图书2万余册，收集个人作品11篇。

第三节 影剧院

人民剧院 位于县城鄄二路北段路西，护城河南部。1991年以后，县剧团演出滑坡，职工收入收不敷出。剧院本身承接大小不计其数的演出团体及接纳了在文艺界相当高的知名艺人，建起一幢住宿楼，解除了职工后顾之忧。在舞台设备上，添设了舞台音响，并购置了放映机、投影机等设施。

电影院 位于县城老城区南街路东。1991—1992年电影正常循环放映，拷贝正常发行。1992年以后由于电影市场行业滑坡以及多种因素的影响和制约，电影院影片不能正常循环演出，经济连续处于严重亏损状态。1999年7月放映楼被县城建委评为危房，停止使用。

农村放映队自1992年以后多数自动解散，造成拷片极少发行。

第四节 书 店

新华书店 1991年，新华书店设经理室、财务室、业务室、办公室、农村发行股、城区发行股，1995年增设书记室。1995年由副科级单位升为正科级单位。新华书店是省属全民所有制企业，实行自主经营、独立核算、自负盈亏的经营方式，经理为法人代表。

1991年，城区在原有2处网点的基础上，新设门市2处，农村设点6处，1995年，全县共有发行网点10处。网点大部分是自筹资金而建，也有一少部分为长期租赁。1997年7月建成红船镇营业楼，1998年7月建成箕山镇营业楼，1999年10月在县城建设路西段65号建成综合营业楼，2000年7月建成旧城镇营业楼，2004年2月在建设路东段29号建成仓库办公楼，逐步扩大营业面积，改善购书环境，加大科技投入，改进经营管理。1994年、2004年、2005年、2006年、2007年、2009年被评为菏泽新华书店先进单位，2005年、2006年被评为山东省新华书店先进集体。1995年鄄城县新华书店第一门市部被评为全区最佳门市部。2001—2010年连续10年保持市级文明单位称号。

1994年3月，在全县党政事业等单位发行《邓小平文选》1.1万余套，金额16万元；1995年3月发行《干部的楷模——孔繁森》8000册，金额3.2万元；1995年4月发行《邓小平同志建设有中国特色社会主义理论纲要》8000册，金额2.4万元。

1991—2009年鄄城县新华书店销售情况统计表

表29-3-1

年 份	销售册数（万册）	销售金额（万元）
1991	60	150
1992	80	180
1993	110	230
1994	180	360
1995	210	637
1996	377	1257
1997	517	1659

续表 29-3-1

年份	销售册数（单位：万册）	销售金额（单位：万元）
1998	476	1708
1999	494	1714
2000	557	2123
2001	483	1884
2002	298	1381
2003	292	1543
2004	289	1577
2005	234	1590
2006	191	1474
2007	223	1585
2008	269	1806
2009	279	1762

其他书店 1991—1995 年，全县个体图书专业户 16 处，各乡镇、工厂学校图书室 42 个，共有图书 4.6 万册，1996 年，个体图书户下降到 10 家。规模较大的有：

翰林图书城 2002 年 11 月开业，使用面积 130 平方米，工作人员 8 人，图书 2.8 万册，订报纸杂志 65 种，影碟 3000 多张，空调 2 台，微机 2 台，图书检测仪 2 台。办证读者 2000 多人，图书流动量为 1500 多册，月流动人次 1000 多人，大型书架 23 个，T 型影碟 8 个。

诸葛亮希望读书社 2004 年 10 月开业，使用面积 62 平方米，工作人员 3 人，图书 1.5 万册，订杂志 45 种，影碟 1800 多张，月图书流动量为 1200 多册，月流动人次为 900 多人，内设空调微机、电视各 1 台，大型书架 11 个，影碟架 6 个。

开心书斋 2002 年 5 月成立，使用面积 45 平方米，工作人员 2 人，图书 4800 多册，订杂志 40 种，影碟 1500 多张，月图书流动量为 1000 多册，月流动人次为 800 多人，内设空调、电视、VCD 各 1 台。

华中希望读书社 1996 年 5 月成立，使用面积 45 平方米，工作人员 3 人，图书 1.5 万册，订杂志 52 种，影碟 2620 张，月图书流动量为 1100 多册，月流动人次为 900 多人，内设空调 1 台，书架 11 个，T 型影碟架 6 个。

科迈尔希望读书社 2002 年 4 月成立，使用面积 45 平方米，工作人员 2 人，图书 5000 多册，订杂志 42 种，影碟 1000 多张，月图书流动量为 900 多册，月流动人次为 700 多人，内设空调、VCD、电视各 1 台，大型书架 8 个，T 型影碟架 4 个。

教育书店 2003 年 5 月成立，使用面积 23 平方米，工作人员 2 人，图书 4000 多册，文具用品 40 多种。

三维书屋 1998 年 8 月成立，使用面积 23 平方米，工作人员 2 人，图书 3000 多册，文具用品 50 多种。

翰院阁书屋 1998 年 5 月成立，使用面积 23 平方米，工作人员 2 人，图书 3500 多册，文具用品 40 多种。

益智图书屋 1999 年 6 月成立，使用面积 23 平方米，工作人员 2 人，图书 3200 多册，文具用品 40 多种。

第四章　文物管理

鄄城有3处省级文物保护单位，分别是穀林尧陵、历山古遗址、苏述御史牌坊；4处市级文物保护单位，分别是朖公家祠、苏氏宗祠、宋孝子堂、刘忠墓；35处县级文物保护单位。

第一节　文物保护单位

彭学舜德教碑　位于彭楼镇彭楼村十字大街西首，该碑立于1912年。碑高247厘米、宽80厘米、厚26厘米，鱼子石质。碑额饰交叉排列的两面五色国旗，两角饰三角云纹，两侧边各为四员线刻儒将人物图像，底边饰寿桃彩云。碑名为黄兴书写的“疙瘩隶”21字：“民国元年九月彭公讳学舜字赓唐德教碑黄兴拜书”。字迹端庄遒劲，为变体隶书中的精品。碑阴为新疆青海屯垦使前鲁军都督胡瑛撰文并书丹，颜体楷书，笔力浑厚。正文16行、行60字，除末行空格，共955字。

彭学舜（1840—1911），鄄城彭楼人，虽终身处士，但乐育英才，热心公益，倾向革命。是旧民主主义革命的积极支持者和拥护者。该碑既有书法上的艺术价值，又有研究中国近代史的资料价值。1991年12月县政府公布为文物保护单位。

箕颍桥碑　位于箕山镇箕山河东岸。碑高215厘米、宽81厘米、厚28厘米。正中斗方楷书“箕颍桥”三字。上款为：中华民国十七年岁次戊辰荷月中浣谷旦，下款为：明经进士素兰仪芳田书丹。书法雄劲浑厚，具有一定的历史价值和艺术价值。碑阴碑文377字，附捐钱人姓名和钱数。碑文记载了箕桥修桥经过。热心公益、助人为乐。其可贵之处在于不仅表彰了当事人，而且“有望于世之非诸君者皆诸君也”。这是一件记载鄄城人民具有文明

箕颍桥遗址　（2010年　摄）

传统的历史文物。1991年12月县政府公布为文物保护单位。

孝子堂石刻及旧址　位于董口镇董口村西黄河大堤脚下。宋显章，字文光，生卒年不详，约生活在明朝弘治、正德、嘉靖年间，世为濮州人，以性纯孝、崇正义闻名乡里。明世宗朱厚璁为表彰他的孝义之举，于明嘉靖年间敕建孝子堂，并有岭南黄佐撰文的乐章碑。1991年12月县政府公布为文物保护单位。

临濮亚圣孟夫子庙　临濮亚圣夫子庙由孟子五十四代孙孟思安始建于明正德三年（1508年），由六十二代孙孟闻山重修于明崇祯五年（1632年），1935年毁于黄水。原有殿堂、断机亭、棂楹三小门、墓门、应门、月池、水井各一，为当地一大胜景。1990年从原址出土有碑刻5栋，为明天启九年翰林院清查祭祀整理庙貌赐族人冠带衣巾碑、崇祯五年（1632年）知州刘锃新撰崇祯五年碑等。孟子五十四代孙孟思安原任陕西榆林道佥士，正德初告老还乡，经濮赴邹，因家乡有兵变滞留临濮，后其子克谐试于濮，补弟子员，遂世居濮水。虑于每年回邹丁祭路远不便，因而建亚圣孟夫子庙于临

濮，形成山东孟庙南北各一的局面，至今500余年。1991年12月县政府公布为县级文物保护单位。

膑公家祠 位于红船镇孙老家村。始建于明景泰五年，占地10亩，有正殿5间、东西厢房各3间，但于明崇祯年间遭兵火而毁。现存正房3间，孙氏家祠正房为砖木结构，硬山顶，屋顶花砖起脊，内容以荷花水禽为主。正房梁架为抬梁式五架梁结构，脊瓜柱下有角背支撑。靠北墙一米处有金柱两根，柱脚下有八角形俯莲纹柱础。金柱之间设有神龛，内悬孙膑传影。神龛前设有香案，供奉孙膑牌位，上书“齐国军师晋封左丞始祖孙公讳膑字伯灵暨配苏夫人之神位”。正房前置石碑2栋，分别为“始祖武圣功德碑”和“始祖武圣膑公家祠重修碑”，系1993年维修家祠时所立。门楼一座，系按照原貌重修，檐下悬“膑公家祠”木匾一块，系清代家祠旧物。门楼前新置石狮一对。1994年11月县政府公布为文物保护单位。

苏氏宗祠 位于什集镇北王召村，始建于明初，正房3间，东西厢房共6间，均为硬山顶，抬梁式木构架建筑，正房房梁为五架梁结构。突出特点是梁枋加工精细。正房门前置有“苏氏重修始族祠堂与族谱碑记”2栋，清光绪二十二年（1896年）八月立。石狮一对，与素面石座系整石雕刻而成，雄狮戏球，雌狮前胸两侧皆有小狮依偎攀附。双狮造型粗犷简练，稳重有力，风格朴实，为明初作品。

苏氏宗祠正房保存基本完好，虽经多次修缮，梁架结构仍保持了清代典型的建筑风格。其主要特点是：突出装饰、富于彩绘，梁枋加工精细，雕砖使用广泛，显示了古代建筑艺术与民间雕塑艺术的完美结合，是鄄城祠堂建筑中不可多得的精品。苏氏宗祠附属文物：明初石狮一对，光绪二十二年立“苏氏重修始祖祠堂与族谱碑记”一栋。1994年11月县政府公布为文物保护单位。

苏氏祠堂（2010年 摄）

明处士张鸿达墓碑 位于红船镇张口村东。碑座为赑屃，碑高380厘米，宽86厘米，厚27厘米。碑帽为透雕二龙戏珠，中嵌“圣旨”二字。碑身正面两侧雕有花纹，上款题字为：“大清道光六年岁次丙戌十月乙亥二十五日癸酉谷旦。”中间行书大字：“明处士张公鸿达配孺人暨累世之墓碑。”下款为：“十八世侄孙己卯科武举壬午科进士蒙皇上御笔钦点状元云亭同族人敬监。”张云亭，河南清丰人，道光二年武状元。明万历六年（1578年），其先祖张鸿达由清丰迁至张口。1994年11月县政府公布为文物保护单位。

明故苏恩墓 位于什集镇苏老家村。苏恩字君宠，生于明正统十二年（1447年），卒于明正德十六年（1521年），世袭平山卫指挥。苏恩是明代嘉靖年间的兵部尚书、都察院右都御史苏祐的父亲。苏祐于嘉靖三十二年（1553年）奉诰修建苏恩墓，嘉靖三十五年（1555年）竣工。石茔门上有苏祐亲题的“永言孝思”四字。其神道石刻2000年在文物管理所的指导下发掘出土。2001年苏氏族人自费恢复苏恩墓旧貌。现存诰命碑、石茔门、石人、石羊、石马等神道石刻，布局严谨，雕工精细，造型生动，神态栩栩如生，有较高的历史、艺术、科研价值，为研究明代石刻艺术、墓葬制度及鄄城历史提供了宝贵的实物资料。2002年3月25日县政府公布为文物保护单位。

史福斗德教碑 位于富春乡尹庙村南约300米，西距鄄菏公路100米，现保存完好。据碑文记载：史福斗“性温厚，理家勤俭，治事公正廉直，清以持身，和以持众，有夷惠之遗风”。他不仅个人品质出众，更为难得的是他乐善好施，有功于乡里。光绪八年，黄河于侯林决口，史福斗捐大钱五十千以助灾民输楷料，大大减轻了百姓负担。光绪三十四年倡建乡团，亲督民丁抓匪首田七及同伙送交官府惩治，使民众“胥庆安地”。史福斗因以上德行受到民众拥护和赞誉，山东巡抚也因之赏他“六品功德”以示褒扬。史福斗严以律己，勤俭持家，在乡里民众危难之际却能慷慨解囊，助民安渡时难，对维护社会稳定起到重要作用。该石碑不仅是记录历史的载体，更是中国传统美德的见证，具有较高的历史和研究价值。2004 年县政府公布为文物保护单位。

苏述御史牌坊　位于鄄城县西南 12 公里什集镇北王召村。牌坊主人苏述，字绍尼，万历丁未年进士，泰昌元年（1620 年）任浙江道监察御史，天启元年任陕西巡抚，天启二年赴云贵边，朝廷在其祖籍建石坊以示褒扬。苏述御史牌坊为全石质结构，通体雕刻，四柱三间结构，总宽度 9 米，高 10 米，正间宽 3.5 米，次间宽 1.3 米，四柱下均有夹柱扶持。全坊上下间架有致，搭配均衡匀称。工匠巧妙运用圆雕、透雕、浮雕、线雕等多种技法，使所雕人物、树木、山石、马匹、龙、狮、兽、花鸟、鱼虫无不惟妙惟肖，栩栩如生。牌坊正间梁中额枋上有长 3.4 米，宽 0.45 米的石匾，分别刻有“万历丁未科”及“浙江道监察御史苏述”，证实坊主人确为苏述无疑。苏述御史牌坊的精工细琢在当地群众的口碑中流传已久，人称“东南西北都看了，不如北王召的牌坊好”。2005 年，其雕琢工艺在现存牌坊中属佼佼者，苏述御史牌坊是菏泽市现存所有牌坊中时代最早的。它的构造布局合理，造型庄严雄伟，图案雕刻技法多样，线条流畅，内容丰富，用料沉稳厚重，与清代石坊相比，其建筑风格和雕刻艺术风格迥异，具有较高的历史、艺术、科学研究价值，是不可多得的石刻建筑珍品。2005 年 1 月县政府公布为文物保护单位。

苏述御史牌坊（2005 年　摄）

第二节　考古发掘

1992 年为配合京九铁路鄄城段的建设工程，菏泽文物工作队在阎什口乡三道街村开展了文物勘探及墓葬抢救发掘工作。整个工程历时 40 天，共布探孔 10 万个，普探面积 8 万平方米，重点勘探面积 2 万平方米，在地面以下 2.5 米左右发现明清时期的砖室墓 6 座，均按照文物保护的有关规定进行抢救发掘，获得一批陶器和铜镜、铜钱等文物资料。

1996 年鄄城孙膑旅游城开工建设，在旅游城建设工地范围内有 3 处县级重点文物保护单位，根据文物保护法的有关规定，省文物局委托菏泽地区文物处负责该工程的文物勘探调查工作。经过 20 余天的铲探调查，总钻探面积 2.5 万平方米，布探孔 2.6 万个，详细探明了亿城寺遗址的文化面貌，取得了宝贵的科研资料，为旅游城内文物的保护和建筑规划设计建设提供了科学依据。

苏恩墓位于鄄城县什集镇苏老家村东南 500 米。苏恩是明代嘉靖年间的兵部尚书、都察院右都御史苏祐的父亲。因历史上黄河决口冲刷和泥沙淤积，苏恩墓所属诰命碑、石茔门、石人、石羊、石马等神道石刻均深埋于地下。2003 年在文物管理部门的指导下，苏氏族人历时 10 余天，将神道石刻全部发掘出土，并吊装恢复了原貌。

苏述御史牌坊。苏述，字绍尼，万历丙午年举人，丁未年进士。历任尉氏县知县，浙江道监察御史，天启二年赴云贵边。因长途跋涉积劳成疾，于同年返回家乡养病，朝廷在其祖籍建石坊。苏述御史牌坊原深埋于地下 15 米。2003 年 6 月，北王召村街道开发，覆盖在牌坊上的柏油路面被耕翻拓宽，两侧的民房被拆迁。县文物管理所会同苏氏族代会，自 2003 年 7 月 6 日至 7 月 17 日，历时 10 余天，耗资近 15 万元，顺利完成苏述御史牌坊抢救发掘保护工程，将牌坊石构件全部清理出地面。2003 年 8 月，山东省文物鉴定委员会的专家鉴定小组到鄄城实地考察鉴定，给苏述御史牌坊签署了鉴定意见书。认为苏述牌坊为全省现存明代石雕牌坊中所仅见，具有较高的历史、艺术和科学研究价值。2004 年 12 月，文物管理所主持完成苏述御史牌坊吊装复原工程。

第三节　文物保护与管理

1991 年建立文物艺术档案三大类，44 卷。1993 年，制定鄄城县文物名胜保护区保护规划和文物名胜保护开发利用规划，报县土管局备案。

1995 年组建田野文物安全巡查队，定期巡查文物安全。开展经常性的田野文物调查工作。专业技术人员复核文物线索 60 余条，记录文字资料 5 万余字，拍摄照片 2000 余幅。2000 年依法公布全县 18 处保护单位的保护范围和建设控制地带。2004—2005 年申报尧陵、历山古遗址为第三批山东省文物保护单位。

为改善文物保护环境，1994 年和 1998 年文物库房搬迁 2 次，完善馆藏历史文物的鉴定、登记、建卡、上账工作。接收图书馆 4000 余册古籍线装书并整理分类、编号、登记后入藏。

第四节　鲁锦开发

鲁锦　即家织“粗花布”，因其配色鲜艳，花纹精美，故称“鲁锦”。鄄城农村妇女，均为纺织能手，代代相传，不断创新。其花样有长流水、风绞雪、迷魂阵、窗户棂上纱灯等。1995 年，文管所建立中国鲁锦艺术博物馆。1997 年组建鲁锦博物馆综合展厅向公众开放，接待海内外学者、新闻媒体、广大观众 6 万人次。鲁锦已从传统的民间织艺变成为一项产业，2005 年全县搞鲁锦开发的有 10 余家，从业人员 3000 人，2010 年从事鲁锦开发的有 20 余

鲁锦制作 （2006 年 10 月　摄）

家，从业人数达 1 万多人，许多产品远销海外，中央电视台、山东电视台曾多次到鄄城为鲁锦录制专题片。2008 年 6 月，鄄城鲁锦博物馆将其申报为国家级非物质文化遗产项目。

鄄城县鲁锦工艺品有限责任公司　2003 年 3 月成立鄄城县鲁锦工艺品有限责任公司，有 500 多台手工织锦机，从业人员 700 多人，年产手织鲁锦面料 75 万米，年度生产总值达 900 余万元，公司产品年销售额达到 600 万元。公司注册“精一坊”商标并使其成为鲁锦行业知名品牌。2005 年 2 月，公司被省旅游局确定为山东省 13 个“旅游商品研发基地”之一。2007 年 5 月，公司被山东工艺美术学院确定为校外实习基地，2008 年 6 月，公司申报的“鲁锦织造技艺”项目列入国家级非物质文化遗产名录。2009 年 2 月，公司被山东省文化厅命名为山东省文化产业示范基地。

公司产品适应现代人生活方式和审美情趣，有鲁锦面料、床上用品、艺术壁挂、餐厨用品、汽车用品、挎包手袋、服装服饰、旅游用品等 8 大类 500 多个花色品种。“精一坊”鲁锦 1996 年荣获山东省民间工艺美术品博览会金奖；2004 年荣获“金博士”杯全国农村青年工艺美术品制作大奖赛优秀奖；2005 年 1 月荣获“泉城杯”山东省第二届旅游商品创新设计大赛金奖。2005 年 12 月，“精一坊”鲁锦再次荣获第三届山东省旅游商品创新设计大赛金奖，成为全省唯一蝉联两届大赛金奖的产品。2008 年 9 月荣获中国家纺协会主办的手工纺织精品创意大奖赛银奖。2010 年荣获中国家纺协会主办的

手工纺织精品创意大奖赛金奖。

2009 年“精一坊”鲁锦代表山东鲁锦先后参加北京中国非物质文化遗产传统技艺大展，国务委员刘延东在公司产品展台前，看到鲁锦坎花包袱带后对公司董事长路维民说，“鲁锦很漂亮，鲁锦织造技艺是优秀的非物质文化遗产，你们一定要好好保护！”2010 年鄄城县鲁锦工艺品有限责任公司参加上海世博会山东活动周《齐风鲁韵—山东民艺绝技展示》，时任上海市委书记俞正声和山东省省长姜大明亲临展台参观指导，对山东鲁锦巧夺天工的织造技艺表示肯定。2010 年 10 月荣获中国首届非物质文化遗产博览会生产性保护银奖。

“鲁锦织造技艺”列入国家级非物质文化遗产名录

第五章　文化市场管理

第一节　网吧市场管理

1996 年开始出现网吧，当时只有 1 家。到 1997 年，网吧发展到 6 家，上网的人数也逐渐增多。2000 年以后，网吧得到快速发展，城区和乡镇的网吧迅速发展到 33 家，并且还存在一定数量的无证照的黑网吧。

县文体局文化市场管理站严格按照《互联网上网服务营业场所管理条例》和其他相关法律、法规规定，每年都开展针对网吧的专项治理行动，以打击和取缔“黑网吧”，制止“接纳未成年人进入”和“超时经营”等违法违规经营行为。以节假日和双休日以及中小学放学后的时段为管理重点。1996—2005 年共开展专项治理活动 20 余次，取缔无证照网吧 10 余家。每周对每户网吧不定期检查不少于 3 次。对于无证照以及违规的网吧业户给予暂扣等多种处分。网吧经营秩序得到有效规范。

第二节　音像制品市场管理

1980 年以后，随着业余文化生活和精神生活需求的增长，录放音机进入居民生活，磁带成为需求量较大的商品。但当时只有 2 家规模很小的复制和出售磁带的摊点。1986—1995 年录像放映点“录像厅”生意逐渐红火，当时城区就有规模较大的 8 家录像放映厅，每家录像厅兼营录像带的出租和出售，但总体上规模都不大。

1993 年以后，出现出租、出售磁带、CD、VCD 等光碟的音像门市。1995 年有音像门市 3 家，1999 年，有音像经营门市 20 多家。2005 年，有音像出租出售门市 12 家，其中连锁经营门市 2 家。但随着音像市场的发展，盗版音像制品在市场上出现。文体局文化市场管理站按照国家法律法规，开展对音像市场的监督管理和治理整顿。历年来共依法收缴盗版音像制品上百万张。计算机软件市场规模一直不大。文化市场管理站每年都对各电脑销售公司和音像门市内的电脑软件进行检查和清理。2006—

2010年，全县音像制品经营门市数量逐渐减少，由于音像制品销售数量减少、产品种类少、产品更新速度不能满足广大消费者的消费需求等原因，经营音像制品的门市和商户纷纷停业转行，至2010年，全县音像制品经营门市减少至4家，分别是生资音像社、红星音响大世界、鸿祥电子音像、爱书人音像超市。

对音像制品市场和软件市场，文化市场稽查队建立了有序的监督、检查工作机制，对城区的经营业户，每周至少对每个经营户进行1～2次的监督检查。不定期进行突击检查。对农村音像制品市场，文化市场稽查队通过公布举报电话，建立和乡镇的信息互联互通渠道，聘请农村文化市场义务监督员的办法，加强管理。对各乡镇驻地和集贸市场，开展“赶集”式专项治理整顿。

第三节　娱乐场所管理

20世纪80年代初出现卡拉OK和舞厅。卡拉OK机大部分设立在各大酒店的房间内，人们一般边吃饭，边唱歌。当时在夜市的主要街道旁边有10余处卡拉OK摊点，唱卡拉OK为一种时尚。

1995年以后，家庭购买VCD放映机和音响，各个酒店包间内的卡拉OK逐渐无人问津。

1990年，一位台湾省商人在县政府招待所二楼开办第一家舞厅。1995年县城四路出现“军港歌舞厅”，人民路等处出现“不夜城”歌舞厅，音响设施和房间设施比较简陋。2003年以后出现几家较大的量贩式歌舞厅，休闲娱乐更加方便舒适。2010年，鄄城县共有歌舞娱乐场所9家，分别为面对面文化传媒有限公司、金柜娱乐传播有限公司、金陵歌厅、未了情歌厅、华都宾馆歌厅、天上人间娱乐中心、天籁度假村歌厅、皇朝红枫歌厅、鄄城县滚石娱乐中心。

第四节　扫黄打非

文化市场管理站开设公开举报电话，建立每周不定期检查的长效工作机制。对全县范围内的音像制品经营单位进行严格的检查，严厉查处含有色情、淫秽、暴力等内容不健康的光碟，VCD等音像制品。对盗版的非法音像制品进行依法收缴，达到一定数量后送往省、市进行集中销毁。对批发和数量较大的案件，联合工商、公安部门按照法律程序依法进行联合办案。

平时严格检查、审核演出团体的演出资质和节目内容等相关手续。杜绝农村庙会、集镇等场所临时大棚演出。杜绝草台班子的演出行为。规范全县唢呐班等演出团体的演出行为。

对于卡拉OK经营场所，文化市场管理站通过不定期开展业主法律、法规培训，以增强其守法经营意识。通过不定期的检查，规范其经营行为。检查歌曲曲库的内容和画面内容，杜绝内容不健康和盗版的非法出版物的使用。

每年，文化市场管理站还联合县委政法委、县综治办、县扫黄打非办公室、县公安局等部门在全县范围内开展不定期的扫黄打非专项治理行动。多次联合教育、广电等部门在学校、广场等处，开展法制宣传、演讲比赛等各种形式的宣传活动，为保护知识产权，保证青少年健康成长起到一定作用。

第六章　广播电视

第一节　广播电视宣传

新闻和专题节目　鄄城广播电视局坚持“团结、稳定、鼓劲”和正面宣传为主方针，围绕县委、县政府中心工作，进行宣传报道。1991—1995年主要转播山东广播电台新闻、中央广播电台《新闻和报纸摘要》《鄄城新闻》。电台每天播音时间为8小时15分，自办节目时间为5小时45分，转播节目时间为2小时30分。电台设有《鄄城新闻》（15分钟），《鄄城农村》（20分钟），《城乡经济》（20分钟）。节目采取直播形式，每天播放3次，每周播放3次。1996—2005年，电视台先后开辟《鄄城新闻》《鄄城风情》《社会聚集》《法制社会》《综艺百花园》《鄄城风景线》《人口之窗》《科技园地》《双语之星大擂台》《一周视点》等栏目。1996年8月在黄河抗洪抢险救灾中，共采编新闻稿200余条，制作专题片4部，其中被省地采用91条，本台播出100条。1997年7月迎香港回归，1999年10月庆祝中华人民共和国成立五十周年，2000年12月迎澳门回归期间，县电视台开辟“迎港归”“庆祝新中国成立50周年华诞”“迎澳归”专题栏目。2002年开辟《学习宣传贯彻十六大精神》《喜迎十六大前进鄄城》《学习贯彻江总书记“七一”讲话》《学党章、守纪律、正党风》《在“三个代表”指引下》等栏目26个。2003年在新闻节目中先后开办《招商引资，发展经济》《政府提速》《致富之路》《新闻人物》《局长、书记话党风》《关注“非典”防治》《记者观察》等20多个栏目。在“非典”防治期间，根据鄄城与河南一河之隔的地域特点，采制《公安卫生联手防“非典”》《构筑防“非典”严密防线》《返乡人员住窝棚》等新闻和《关注“非典”走进富春》等专题均被中央台和省、市台采用，把“防非”措施手段及时宣传出去。在“东西结合”“种植业结构调整”“国企改革”“个体民营经济”“招商引资”“潍坊帮扶”“先进性教育”等全县中心工作中，电视台也都开辟了专栏，采制了大量新闻和专题稿件，集中作了宣传报道。2006年，共设有《鄄城新闻》《一周视点》《社会聚焦》《鄄城风景线》《科技园地》《人口之窗》《综艺麻辣烫》《荧屏导视》《下周荧屏》等9个栏目，《鄄城新闻》《一周视点》两栏目共播发新闻类稿件1300余件。制作播发各类专题文艺节目200多期。按照县委、县政府的要求把“突破菏泽”、加快鄄城发展作为宣传的重中之重。在《鄄城新闻》栏目中先后开设《建设大项目振兴工业经济》《时代先锋》《民营企业家风采》《行风之窗》《建设平安鄄城》等小栏目。专题部专门制作招商引资专题片《孙膑故里——山东鄄城》。2007年，先后在《鄄城新闻》栏目中开设《建设大项目实现新突破》《先锋颂》《关注民生、共建和谐》《整治发展环境、服务鄄城经济》《产品质量和食品安全专项整治行动》等小栏目。中共第十七次全国代表大会召开后，及时开设《学习贯彻十七大精神、实现鄄城又好又快发展》等栏目。同时专题部专门制作反映招商引资成果的专题片《新起点新突破、新跨越》《走进工业园》《大地生辉》等节目。2008年，在《鄄城新闻》节目中先后开设《建设大项目、实现新突破》《万名干部下乡》《抗震救灾》《便民联系卡》《先锋颂》《百日招商活动》等专栏。特别是汶川大地震发生后，为搞好全县社会各界捐助情况报道，加大抗震救灾新闻宣传力度。援建北川期间，通过电话采访鄄城在援建一线人员等方式，及时报道援建情况。《鄄城新闻》节目共播发208期，播出新闻1500余条。

围绕招商引资、大项目建设工作，策划《提升境界谈招商　众志成城促发展》访谈式节目以及《花开时节看招商》《外贸出口企业在压力中奋进》《鄄城镇大项目建设回顾》《孙膑文化添新姿》《百日决战》《抓招商　上项目　促发展》等节目。围绕“5·12”汶川大地震，策划制作《爱在这里传递》《情系灾区处处有爱》，记者赴灾区拍摄反映鄄城援助北川县灾区建设专题片《情系灾区爱在羌寨》和反映援建队员在灾区生活的日记体专题片《亲身投入的感动》等节目。还制播反映万名干部下乡工作的《干部下乡促发展》，反映科技创新的《科技创新瓜果飘香》，反映农民致富的《猪窝的变迁》《甜蜜的事业》《希望的田野》以及反映农村精神文化生活的《秧歌队扭出文明风》等节目。围绕改革开放30周年策划《30年来人与事—改革开放30年回眸》系列专题，制作播出《王老汉的土地情结》《一片绿改变两代人》等节目。共播发《今日鄄城》21期，《和谐家园》29期，《人口之窗》20期，制作其他专题5件。合计共制作专题片75期。

2009年，在《鄄城新闻》节目中先后开设《建设大项目、实现新突破》《科学发展求跨越》《优化发展环境、保障持续发展》《开展严打整治、建设平安鄄城》《城市建设》等栏目。突出抓了对贯彻落实科学发展观、城市建设、招商引资和大项目建设、平安鄄城建设、新农村建设以及关注民生构建和谐社会等方面的宣传报道。《鄄城新闻》共播出新闻1920条，《今日鄄城》《和谐家园》等专题栏目共播出各类专题宣传片62期。

2010年，在《鄄城新闻》节目中先后开设《建设大项目、实现新突破》《优化环境促发展》《城市建设》《开展“五争”活动》《先锋颂》《碧水蓝天专项行动》《加快城镇化建设》《创建旅游强县》《清理整合项目》《定目标，作表率，创一流》等十余个小栏目。报道主题突出科学发展、社会和谐。《鄄城新闻》节目共播发208期，播出新闻2100余条；《今日鄄城》共播发专题44期，制作其他专题6期；《和谐家园》共播发50期，《人口之窗》21期，制作其他专题3件。专题在节目选题上，紧紧围绕县委、县政府中心工作，特别是重点围绕县委、县政府提出的“787工程”，制作播出了反映大项目建设、工业园企业发展现状、城市建设、严打整治、打黑除恶、综合治理、政企联席会等方面的专题片。

1991—2010年县电视台《鄄城新闻》节目累计播出新闻和专题3万余条。

1997年4月开办科技宣传专题栏目《科技园地》，1996—2005年共开办300多期，播发科技信息2000余条，宣传致富典型90余个，专家讲座300余人次。1998年开办《综艺百花园》栏目，主要播出小品、歌曲、戏曲等文艺节目，并配合重大节日和重大活动制作播出一些专题文艺节目。2003年，在全市县级局第一个成功推出大型互动式现场娱乐节目《双语之星大擂台》，节目融知识性、娱乐性、趣味性于一体，成为观众喜爱的优秀栏目，吸引市内外大批戏曲、歌舞新人参与。2005年以后栏目相对稳定。2006年广播电台开播，广播电台除转播中央和省市新闻节目外，以自办节目为主，开办有《鄄城新闻联播》《农村新天地》《行风热线》等时政性栏目；《致富经》《供求热线》《生活小常识》《亲密爱人》等服务性栏目；《918温馨点歌台》《动感地带》《戏曲梨园》《欢乐八方》等娱乐性栏目。

社会新闻　2001年开办《社会聚焦》《鄄城风情》《鄄城风景线》栏目，主要宣传本地风土人情、民风民俗、名胜古迹及新人新事。2004年以“关注民生，服务大众百姓”为栏目宗旨，将《一周要闻》改版为《一周视点》，以社会新闻为主，报道群众关注的身边事、身边人，收到良好社会效果。

对外宣传　2001年，对外宣传工作在市广播电视局（台）新闻宣传中一直保持领先优势，部分节目被报送到省台、中央台播发，达到对外推介鄄城社会经济环境的目的。2002年以后，广播电视宣传工作连年被评为全市新闻宣传一等奖。2004年获得全市一等奖的第二名，创历史最好成绩，1996—2005连年获省电台集体记者二等奖。2006年，该局创作的新闻、专题节目有15件节目获奖。其中省广播电视学会二等奖1件、三等奖1件；省电视

广场夜晚灯光表演（2010年　摄）

纪录片学术奖二等奖1件；菏泽市新闻奖一等奖2件，二、三等奖10件。2007年，创作的广播电视新闻、专题节目及专业论文有18件获奖。其中首次参加山东省新闻工作者协会组织的地方台“山东新闻奖”专项奖评选，在菏泽市九县区获奖的11件作品中，《大喇叭变声》获得全市唯一的一等奖、《同一个梦想》获二等奖；另外，获省广播电视学会好新闻评选二等奖1件、三等奖1件；省电视纪录片学术奖二等奖1件；菏泽新闻奖一等奖2件，二、三等奖11件。2008年，在市电视台《菏泽新闻》栏目发稿260余件，其中头条、重要稿件40余件；在《百姓天天看》和《农事儿新说》栏目发稿120余件。在市台播出专题节目13件。2009年，在市电视台播发新闻稿件360余条，专题稿件18件。2010年，在市电视台《菏泽新闻》发稿480余件，其中头条、重要稿件40余件;在《百姓天天看》和《农事儿新说》栏目发稿120余件，其中部分稿件经市台报送到省台及中央台播出。专题在市电视台播出21件。

第二节　设备建设

为适应工作需要，县广电局采用新技术、新设备，提高采编播质量，扩大覆盖范围。1990年购置300W发射机一台，编辑机5850一套，索尼Z31摄像机一台，索尼F10一台，M3000两台，M9000三台。1994年购置编辑机9850一套，摄像机KY-17一台，KY-27一台，X2一台，驰上HC-390一台。1996年购置1KW发射机一台。1998年购置非线编6套，1999年2月建设110米电视自立塔一座，安装地面接收站一座。2001年购置DV-150P摄像机3台，2003年新购置DV-250三台，非线编上升为10套。2004年购置直播系统1套。2006年，投入10多万元，对铁塔进行高标准整体亮化。更换包装新闻片头、片尾，重新设计鄄城台标，制作宣传鄄城形象片。2007年，先后投资30多万元，架设光缆，购置一批先进编、播和发射设备，使停播10多年的鄄城人民广播电台重新开播。鄄城县广播电视局2007年2月被评为全省专项整治非法生产、销售、安装和使用卫星地面接收设施工作先进集体。2010年，购置发射机1部，更新部分采编播设备，对铁塔进行维护和高标准亮化，更新一批办公设备。电视信号、节目制作水平提高，办公软硬件设施得到有效改善。

第三节　有线电视建设

1994年10月建立有线电视台，1996年以后，有线电视在覆盖城区的同时，开始向农村发展。1998年投资40多万元，建成MMDS微波多路传输系统，实现有线电视信号全县覆盖。菏泽地区广电局于1998年投55.5万元建成菏泽至鄄城的有线广播电视光缆传输干线，线路全长37公里，并于1999年11月正式开通使用，传输中央加密、省有线台及地区台12套节目。2000年6月，鄄城县至各乡镇广电分配图，即三级网建设全面展开，县广播电视局成立信息网络中心，组织专门技术人员，进行线路设计和杆、线架设，年底，全部完成杆线的架设任务。2001年9月成立鄄城县广播电视网络传输中心，主要承担全县网络建设、传输覆盖、有线电视设计、安装管理和多功能开发。光纤总长度20公里，能传输32套电视节目，城区、农村有线用户6000余户。2003年，有线电视垂直到菏泽市分公司管理。

第四节 制度建设

为强化宣传管理和技术管理，广电局重视制度建设，1992年制定《广播电视条例》，1996年制定《节目带管理制度》《设备器材管理实施办法》《设备器材维修实施办法》，1998年制定《关于对新闻、专题、广告文艺节目进行审查的实施办法》《新闻专题节目评选办法》，2001年制定《关于加强广告工作管理的有关规定》,2002年制定《关于城区电视管理的有关规定》《新闻工作者职业道德》《新闻采访制度》《编播工作制度》《节目审查制度》《广告业务办理制度》《广告制作制度》，2003年制定《设备器材采购、领取实施办法》《机房工作制度》《线路维护管理制度》等。2007年以后加强对记者的教育管理，狠抓干部职工队伍作风建设，增收节支。对所播广播电视节目，建立层层审查把关制度，成立安全播出工作领导小组，制定广播电视安全播出应急预案。对违反《广播电视广告播放管理暂行办法》有关规定的广告进行督促整改，使广告播出制度化、合法化。

第七章 体 育

第一节 体育场地

1991年，县城有体育场1处、680平方米训练房1座。1997年，县体育场迁至鄄三路西侧，建设路北，占地面积49亩。2005年，建400米跑道田径场1座，足球场1个，篮球场1个。2005年，全县共有400米田径场6个，200米田径场63个，足球场1个，排球场6个，篮球场82个，室外乒乓球台218副，单双杠68副，门球场4个，室外轮滑场2个，篮球房1座，武术房4座。2006年，全县共有400米田径场6个，200米田径场63个，足球场1个，排球场6个，篮球场148个，室外乒乓球台331副，单双杠68副，门球场4个，室外轮滑场2个，篮球房1座。2008年，对鄄城县人民广场增设28套健身路径，同年6月在田径场里面新建篮球场1个，羽毛球场2个，健身路径10套。2009年8月，在富春乡建立健身广场1处，共安装健身路径25套，篮球架2副，乒乓球台5副，并且地面全部硬化，给周围的农民群众提供了健身娱乐的场所。2010年3月，在田径场里面新建五人制足球场1处。

观看比赛 （2005年 摄）

第二节 职工体育

职工体育主要是利用休息日、节假日等业余时间开展球类、田径等体育活动。

1994年，《全民健身计划纲要》颁布，鄄城在全县推广第八套广播体操。各单位筹建健身场所，如篮球场、健身房、乒乓球室等，职工体育得到发展。1996年7月与地区河务局联合举办“邮储杯”足球赛，10月举办“黄河杯”篮球邀请赛。1997年1月，举办“县直机关”象棋比赛，五一期间举办“邮电杯”职工篮球赛。1998 年，在全县范围内掀起职工运动热潮。县长张本进、副书记赵豪情上阵参加拔河比赛。2000 年五一节期间，举办全县干部职工篮球赛。2002 年 4 月，举办首届“地税杯”乒乓球职工赛，19 支队近百人参加，是多年来参赛队员最多的，以后每年五一期间都举行。2003 年，举办首届“冠军杯”足球赛，8 个代表队 100 多人参赛。全县干部职工篮球赛“建设杯”开幕。

2004 年冬季，举办职工篮球联赛，参赛队 10 支，历时 3 个多月。竞技体育向群众体育转变。2005 年 10 月 15 日，中国“千业杯”国际太极拳邀请赛在青岛开幕，鄄城县参赛选手王亚军荣获 D 组陈式 56 式竞赛套路一等奖，D 组传统太极拳二等奖；周志强荣获 C 组陈式竞赛套路二等奖，C 组传统太极拳一等奖；张常士荣获 D 组太极拳二等奖，D 组陈式 56 竞赛套路三等奖。

2006 年以后，职工体育活动主要是利用休息日、节假日等业余时间开展球类活动。2007 年全县举办体育社会指导员培训班，培训体育指导员 206 人，2008 年培训 215 人，2009 年培训 210 人。培训的项目有武术、健身舞蹈、太极拳、太极剑、太极柔力球、台球、健身气功等都是职工喜闻乐练的运动项目。被培训的这些体育指导员分布在城乡各个角落，带动了全县职工和群众体育的较快发展。其中锻炼站点人数较多的有鄄城县体育场的太极拳锻炼站点、县人民广场。2006 年，全县各大商场都组织开展做第九套广播体操，如大福源超市、上座商场、百货大楼等。2006 年 8 月 21 日至 10 月 30 日举办第一届“防空杯”全县篮球俱乐部联赛，掀起篮球运动高潮。

职工羽毛球赛参赛队伍（2004 年　摄）

获奖代表队等待领奖（2010 年　摄）

2007 年 4 月 22 日至 25 日，在体育场训练房举办首届“八方家电杯”乒乓球比赛。以后在每年的五一前夕都举办乒乓球比赛。2008 年 5 月 20 日，以喜迎奥运、构建和谐社会为主题，在县工会举办全县干部职工篮球赛。2009 年，举办回乡大学生参加的“匹克杯”篮球赛，首先实行俱乐部组与单位组分开进行，是一个创新。

2009 年 8 月 19 日至 25 日，由国家体育总局和河南省政府主办的第五届国际太极拳交流大赛在河南焦作举行，鄄城 9 名太极拳爱好者作为山东省二队代表队参加比赛，取得 2 块金牌、2 块银牌、5 块铜牌的好成绩。在 5 月至 9 月组队参加由省主办的百县篮球赛、千校乒乓球、万人象棋比赛，广泛组织开展全民健身活动。为迎接第十一届全运会，活跃全县干部职工的业余文体生活，提高全民健身科学健身意识，7 月 25 日至 10 月 28 日，组织第二届全县篮球俱乐部联赛，参与球队 18 个。并且在篮球赛开幕时举行全民健身活动汇演，参加的项目有空竹、太极拳、太极剑、太极柔力球和四项健身气功等。2010 年 4 月、8 月先后组织 3 次足球赛和篮球赛。

第三节　农民体育

全县民间体育活动项目较多，主要有武术、跳绳、踢毽子等。其中武术在农村最为普及。县内流行武术门派有梅花拳、大洪拳、二洪拳、佛汉拳等。这些拳种在民间都有广泛的群众基础。习者强身健体亦可防身。20世纪80年代末，农村武术运动达到前所未有的高潮。到90年代中期，农村出现篮球热。在鄄城南部，各村庄基本上筹建了篮球场，并组成篮球队，主要是在冬闲季节进行练习，春节期间组织比赛。进入21世纪，农民外出务工者增多，篮球运动在农村逐步衰退。农村有的传统体育项目如斗鸡、斗羊、舞龙、舞狮、马叉，主要是在春节和庙会期间进行比赛和表演。由于外出务工者增多，留守在农村的大多数是孩子和老人，针对这一现象，探索新的农民运动项目。2009年分别在富春乡和红船镇建立农民健身广场，广场主要有健身路径、篮球场和乒乓球台。通过健身广场的建设，农民体育继续得到发展。

第四节　武术学校

改革开放以后，为弘扬中华武术，振奋民族精神，培养武术精英，增强人民体质，鄄城相继兴办近20所武校。其中办学较好的有以下几所：

魏武武校　1994年6月，经县教育局批准成立的一所民办武校。学校固定资产达280余万元。学校建有标准化的教学楼、学生宿舍、学生食堂和标准化练功房2座。2005年学校发展到教职工37人，文科教师20人，其中高级教师3人，中级教师12人。武科教练12人，其中一级教练2人，二级教练7人。学生400多人，其中92人来自江苏、浙江、安徽、河南、河北、陕西、山西等地。武科有9个训练队，设有武术、拳击、散打、柔道、跆拳道、硬气功等6个专业。先后有120余人次参加全国性的比赛，夺得金杯20余樽，各种奖牌200余枚。为大中专体育院校输送人才540余人。

孙膑故里武校　1994年由孙膑71代孙，佛汉拳第八代传人孙学习创办。学校坐落在孙膑旅游城南50米处，校名由原国家副主席李德生题写。学校占地20余亩，固定资产530万元。拥有高标准教学楼1幢，可容纳12个教学班。宿舍楼1幢，可提供800名学生住宿。演武厅、浴池、餐厅齐全。并配有高标准微机室。

参加全国各级各类武术比赛获奖杯5个，奖牌124枚。向各武术院校推荐教练员58人。先后向北京体育学院、山东体育学院、山东武术学院、武汉警官大学、郑州铁路警官学院等10余所高等院校输送近300人。先后被国家、省级表演团录用72人。2005年该校与当地小学合并成集学前教育、小学、初中于一体的双轨制学校。

中州武校　1996年由张全银创办，学生最多时达到680余人，10个教学班。因管理等原因，于2005年停办。

体育中学　1986年9月创建。学校建有标准化运动场1个，多功能训练房1座，篮球场1个，标准化教室40多间，教学设施齐全。2000年发展到13个教学班。在校学生600余人。业余训练队有武术、篮球、田径、摔跤、举重5个，自2000年后，学校招生逐渐减少，2004年4月改为鄄城县第十三中学。向省级体工队及大专体育院校输送29人，市级运动学校100多人，大中型厂矿企业运动员百余人。

第五节　比　赛

1991—2010年，鄄城县参加市、省、国家、国际等各种比赛，集体或个人获市级比赛第一名至第六名120余次，获省、国家、国际级比赛奖励30余次。

1992—2002年鄄城县参加国家级、省级比赛成绩表

表 29-7-1

项　目	参赛名称	时间地点	名　次	获奖人员
摔跤	全国农运会	1992年5月　湖北	第五名	刘方
举重	省希望杯	1992年5月　日照	第六名	钱玉娥
武术	省希望杯	1992年5月	第二名	贾作见
举重	省希望杯	1992年5月　日照	第六名	钱玉娥
多项飞碟	亚洲锦标赛	1993年9月菲律宾	团体第一名	陈丽等
多项飞碟	亚洲锦标赛	1993年9月菲律宾	第三名	陈丽
四人旱船	全国七运会	1993年北京	第五名	苏现义
田径	全国七运会	1993年	第四名	王桂霞
柔道	山东省第九届柔道运动会	1994年山西	第一名	马领敏
柔道	山东省第三届农民运动会	1994年济南	第一名	马领敏
柔道	全国柔道锦标赛	1994年	第七名	马领敏
武术	全国锦标赛团体赛	1994年	团体第二名	艾圣华等
武术	全国大学生运动会	1995年	单项第三名	艾圣华
双人划艇	第三届城运会	1995年9月	第二名	汤爱敏
双人划艇	第三届城运会	1995年9月	第八名	苏秋华
四人划艇	锦标赛	1995年3月	第三名	苏现义
射击	省军区比赛	1996年4月	第三名	张海霞
柔道	全国农运会	1996年	第五名	马领敏
射击	世界锦标赛	1998年　西班牙	团体冠军	陈丽等
射击	世界锦标赛	1998年　西班牙	个人第五名	陈丽
柔道	全国摔跤邀请赛	1998年	第八名	马领敏
射击	全国射击总决赛	1999年上海	第一名	陈丽
柔道	省希望杯	2002年济南	第四名	王龙营

第六节　等级教练员

2010年，县体育场共有在职教练员14人。其中，一级教练员有6人，分别是：王广锋、董刚、马凯、陈月霞、王新刚、艾淑敏；二级教练员有8人，分别是：马领民、高尚强、张鹏、刘剑、赵波、李兵、周广利、高惠军。

第三十编

伏羲文化

FUXIWENHUA

伏羲是中华民族的共同祖先，被尊为中华人文始祖。他的名字，史书记载不尽相同，主要有皇羲、庖羲、包羲、太昊、伏戏、宓牺，史称其为“三皇之首，百王之先”。他开创了父系制度，加速了由母系氏族向父系氏族的过渡。他教人结网罟、训牲畜、作八卦、别婚姻、制嫁娶、别姓氏、制九针，是远古时期推动人类从原始走向文明的伟大始祖，他肇始了龙文化，是中华民族第一代“龙的传人”。伏羲文化由于历史悠久、历时久长、开启未来，被史学界尊为祖源文化、华夏文化源头活水。

第一章　伏羲桑梓

中华人文始祖伏羲生于鄄城、长于鄄城、肇造中华文明于鄄城。因此，鄄城素有“伏羲桑梓”“华夏祖庭”“中华龙源”之称，是中华古文明的重要发祥地之一。

第一节　伏羲故里在鄄城

在新石器时代，伏羲及其部落族人生活在鄄城境内的雷泽湖畔。考古发掘出土的文物主要有骨针、石斧等。

现存地表文物尚有伏羲殿、擎天阁、华胥故里遗址等。

鄄城对伏羲出生地的记载由来已久，因战乱兵灾大多遗失，现存较早的文字记载见于宋代的濮州《图经》，其后的明、清《濮州志》均记载，伏羲生于鄄城境内的雷泽湖畔。

华胥故里遗址

伏羲生于雷泽湖畔

雷泽湖，古泽名，古称夏泽，因泽中有雷神，又称雷夏泽，故址位于今鄄城县东南部。《尚书·禹贡》：“雷夏既泽，澭、沮会同。”澭水、沮水汇流注入而成。《山海经·海内东经》记载：“泽中有雷神，龙首人颊，鼓其腹则雷。”因此得名雷泽。

远古时期，雷泽湖畔，气候温和，水源丰沛、土地肥沃、物产丰富、宜于生存。纵横的河流罗织其间，水中游动着鱼虾蟹蚌；广阔的原野一望无际，地上奔跑着野兽，树上摇曳着果实。这些都为古代先民提供了饮食来源。起伏的土质高地、丘陵，不仅提供了丰富的食物，更有益于躲避洪水的侵袭，为先民提供了居住场所。优越的自然环境，吸引着原始族群来此定居与繁衍。当时，生活在这一区域的主要有华胥部落和雷夏部落两个母系氏族部落。华胥部落主要以采集为生，雷夏部落主要以渔猎为生。在长时间的生活中，随着各部落的壮大，两个部落开始了接触和融合，并激发出文明的火花。

两个部落的融合是从华胥部落首领华胥氏与雷夏部落中一名龙首人颊的男青年

战国雷泽湖位置图

开始的。相传，华胥氏在雷泽岸边采集食物时发现地上有一枚硕大的脚印，好奇心促使她踩了上去，就意感受孕，生下伏羲。蒙昧时代，没有婚姻制度，也无外族交往，都是族内群婚，人们只知其母，不知其父，所以假托神话，说与雷神结合生下伏羲、女娲。

伏羲的出生为两个部落的融合找到了接点，成了两个部落的纽带和亲情核心，再加上伏羲氏有结网、渔猎、画八卦等出众的才能，后被推举为两个部落的共同首领，自此实现了部落的大融合，二者合二为一，后人取华胥部落之“华”、雷夏部落之“夏”，合称“华夏部落”，以此开启了华夏文明的曙光。

伏羲生于雷泽，古籍多有记载：

先秦《山海经•海内东经》引用《河图》记载：“大迹在雷泽，华胥履之，生伏羲。”

东汉王符作《潜夫论》，其中《五德志》记载：“大人迹发雷泽，华胥履之，生伏羲，其相日角，世号太皞。”

宋《太平寰宇记•濮州•雷泽县》下引西汉《河图》记载：“大迹在雷泽，华胥履之，生伏羲。”

宋《太平御览•诗含神雾》记载：“大迹出雷泽，华胥履之，生宓牺。”

《孝经钩命诀》记载：“华胥履迹，怪生皇羲。”

《濮州志》记载：“雷泽在州之东南，舜尝渔其间。《禹贡》所谓‘雷夏即泽’是也。世称泽中有龙。”

《濮州志·帝系志》记载：“华胥履大迹于雷泽而生庖羲氏于成（今引马东北部），纪生有圣德。”

古雷泽在鄄城境内

在古籍记载中，古雷泽湖与历山、成阳及瓠子河相近。汉代雷泽在济阴成阳县西北。北魏郦道元《水经注·瓠子河》篇下载：“瓠河又左经雷泽北。其泽在大成阳县西北一十余里，其陂东西二十里，南北一十五里，即舜所渔也，泽之东南即成阳县。”

《水经注》雷泽图

唐《括地志》载：“雷泽在濮州雷泽县郭外西北。”雷泽县原为汉成阳县，隋代改置雷泽县，旧址在今鄄城县阎什镇阎什村与张志门村之间。

古雷泽湖在今阎什镇北部、引马镇南部、红船镇西部、郑营镇东部一带，自远古至唐末五代初一直在此地望。五代以后因地质作用、河流淤积等方面的原因，湖底抬高，湖面逐渐发生位移。据记载，唐代以前历山在其西南，以历山（今鄄城县阎什镇历山庙村）为坐标，北魏时雷泽在历山之东北十里。《水经注》说：“雷泽西南十许里，有小山孤立峻上，亭亭杰峙，谓之历山。”到宋代向西南渐移，已成为环绕历山的水泊了。宋《太平御览》载：“历山即雷泽中山也。”到了元代，雷泽已位移到历山西南，元张𧟌为历山虞帝庙撰写《舜祠记》碑文：“𧟌来游于鄄，知帝庙在雷泽之北。”明清时期，雷泽演变成东南西北走向的狭长水域，清代《山东通志》载：“雷泽在富春以南，东为瓠河集。”彭楼镇向阳村古称瓠河集，该村距富春四十余里。当时的雷泽湖已非远古时期的雷泽湖，宋建炎年间，古雷泽已淤积为平地，瓠子河、濮水等河流之水在其西南遗存成泽，宋、元、明、清所说的雷泽，是瓠子河、濮水及黄河水患的余渚，已不再是远古时代意义上的雷泽湖。

清代《山东通志》记载的雷泽湖是位移后的雷泽湖，其地望在今鄄城县刘家楼、纸坊、韩桥、连楼、张家桥一线的西南方向，即鄄城县的富春乡南部、彭楼镇西部、什集镇东北部、郑营镇大部、引马乡西部。据考证，这一带无宋元明三代的文化遗存，是波光粼粼的水面。这与《山东通志》记载的“雷泽在富春以南，东为瓠河集”正相吻合。

山河巨变，沧海桑田。历经沧桑巨变，雷泽湖发生了位移，瓠子河也经历了大的改道。《水经注》记载“瓠河又左经雷泽北”，两汉至西晋，瓠子河在雷泽北，向东流去。瓠子河源于濮阳北十里瓠子口，东流经榖林尧陵北、小成阳，与濮水交汇，经垂都，经雷泽北，再东流，经城都县城，再东南流分为两支，一支入大野泽，一支折而北上，经郓城县城东向北流。

汉瓠子河流向图

瓠子河原在雷泽湖北东流，后改道为从南流入县境。《濮州志·山川·瓠河》记载：“瓠子河自菏泽县陈家庄北入州境，折而西北，经刘家楼又东北经纸坊、韩家桥，又西北经连家楼至陈家庄与小流河会，两河合流又西北至张家桥与洪河会，又会流至沈家桥，境内行七十里入范县。”

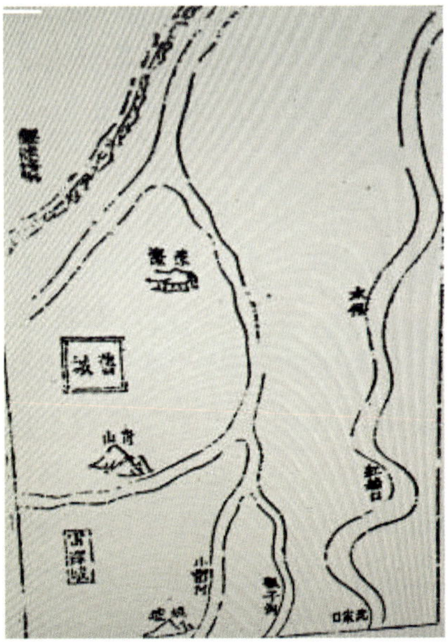
明代《曹州府志》瓠子河流向图

从记载中可以看出改道后的瓠子河在雷泽湖东面以西南东北方向斜绕而过，继而折身西北，文中提到的各村庄今日仍存，将这些村庄连接，就可以重现该河流的走向。彭楼镇刘大楼村北有明代都御史刘忠墓。《濮州志·古迹》载：“都御史刘公墓在城南八十里瓠水之阳。”瓠河在刘大楼村北、都御史刘忠墓之南呈东西方向流过，折而东北经张河涯村再北经过历山，再东北至韩家桥。

顺着这条线，可以看到宋元以后的雷泽湖在改道后的瓠子河以西。

由于古雷泽湖、瓠子河均发生了位移，其相互位置也发生了改变，但不管雷泽湖是在历山东北十余里，还是“在富春以南，东为瓠河集”，其地望均在鄄城境内。

此外，古籍记载雷泽湖地望常以成阳为参照，《水经注》记载：“雷泽在成阳故城西北，昔华胥履大迹处。”

唐初《括地志·濮州·雷泽县》：“雷夏泽在濮州雷泽县郭外西北。”该书又载：“濮州雷泽县，本汉成阳县，在州东南九十里。”

《水经注》：“瓠子河又左经雷泽北，其泽薮在大成阳西北十余里。”

《濮州志》记载：汉兖州济阴郡有鄄城县、成阳县、句阳县。对成阳县的注释是：“成阳在今州东南九十里。”

清代《曹州府志·舆地志·濮州》记载：“州东南六十里，本汉成阳古城，古之郕伯国也。”《濮州志》记载：在州南六十里，郕伯初封之国，汉置县，属山阳郡。《水经注》：“瓠河之北，有郕都城是也。”

以上记载清晰说明成阳县城、雷泽县城、成阳古城、城都城并非一个地望，雷泽县城、成阳县城为同一地，在古雷泽南，秦设城阳县、汉改名成阳县，隋开皇十六年改设雷泽县，史称大成阳，其地望在今鄄城县阎什镇阎什村与张志门之间；其北三十里有城都城，汉为县，伏羲时代称成，舜王曾居住于此，二年成邑，三年成都，西周为郕伯国都城，具体地望在今鄄城县引马乡东北、红船镇西南韩桥一带。成阳古城在鄄城县城南十二里、富春乡东北部，西二里为榖林尧陵，史称小成阳；清代《曹州府志》记载的成阳古城即此，自濮州即今之范县濮城镇东南方向六十里即为此地（详见第三十一编第三章第一节《尧葬榖林》）。无论地名如何变换，无论地望如何变迁，这几个与“成”有关的地方都在今鄄城县境内。

成阳在鄄城县境内，古雷泽在成阳西北十余里，其在鄄城境内无疑。宋以后雷泽的东南岸为瓠河集（彭楼镇向阳村），距鄄城东南边界尚有二十多里，也无疑在鄄城县。

雷泽湖是鄄城县的内陆湖泊，伏羲生于鄄城，鄄城是“龙的传人”起跑的地方，是华夏文明的源头所在。

第二节　龙文化的源头

龙文化的源头是雷泽湖。《山海经》记载："雷泽中有雷神，龙身人头，鼓其腹则雷。"晋郭璞注释：雷神即龙。龙文化的产生源于对龙的崇拜，这种崇拜从遥远的伏羲时代就开始了。传说伏羲生于雷泽湖，《帝王世纪》记载："太昊帝庖牺氏，风姓也。燧人之世，有巨人迹出于雷泽，华胥以足履之有娠，生伏牺于成，纪蛇身人首，有圣德。"伏羲有仰则观天、俯则察地、结网渔猎、绘制八卦的特殊本领，受到人们的崇拜，其长相有龙的特征，龙能携雷裹电、布雨生风，幻化无穷，人们把伏羲当做龙的化身，对伏羲的崇拜，渐渐演化为对龙的崇拜，进而演化为龙文化。

据文献记载，伏羲的形象如龙。《潜夫论》记载："伏牺其象日角，世称太昊。"《春秋合诚图》记载："伏羲大目，山准日角，而连珠衡。"《白虎通》记载："伏羲禄衡连珠，唯大目，鼻龙伏。"《史记五帝本纪正义》记载："雷泽有雷神，龙首人颊，鼓其腹则雷。"以上引文，说法大体一致，其意是雷泽中有雷神，鼓动肚子，就发出雷声。华胥在雷泽之滨，踩了龙的大脚印而受孕，生下伏羲。伏羲长得龙头人面，目大口圆，高高的鼻梁，形象如龙，认为他是龙子，为第一代"龙的传人"。

中国龙文化有两大重要标志，一是以龙为图腾。图腾是原始部落的的一种宗教信仰和徽标，它是在氏族公社发展中形成的，龙图腾起源于伏羲，除因伏羲形象如龙，还由于对龙的崇拜，华夏部落以龙为图腾。

龙文化的另一个重要标志是以龙纪官。"龙官八方，羲皇驭之。"伏羲时代，为管理部落事务，开始设立管理机构，并以龙纪官，以龙名师。《乾隆御批纲鉴》记载："太昊因龙马之瑞，故以龙名官，号为龙师。春官为青龙（又曰苍龙）氏，夏官为赤龙氏，秋官为白龙氏，冬官为黑龙氏，中官为黄龙氏。"《三坟》记载了各位龙官的分工：伏羲"命臣飞龙氏造六书，命臣潜龙氏作六甲，命降龙氏倡率万民，命水龙氏平治水土，命火龙氏炮治器用"。

伏羲领导的华夏部落不仅在思想上给予龙至高无上的崇拜，同时还把龙融入政治组织中，以不同肤色、不同功能的龙来命名官员，用不同的龙区分官员的权力和职责，使龙文化更加深入人心，并流传久远。

第三节　伏羲氏的迁徙

伏羲部族在古老的鄄城一带产生发展壮大后，为了使本部族有更大的生活空间，使生产进一步发展，伏羲及他们的继承者，带领一部分部族不断地探寻、迁徙，足迹遍布黄河流域、淮河平原、四川盆地、华东地区和云贵高原。

《帝王世纪》记载，伏羲氏传十五世，约五百年。第一代伏羲做了首领后，继承者承袭伏羲的名号，每代部落首领都称作伏羲。伏羲已从人名转化为部落首领的代名词。《遁甲开山图》和《补史记•三皇本纪》等书记载，伏羲氏之后，女娲代立。女娲氏没，大庭氏代立。"次有柏皇氏、中央氏、栗陆氏、骊连氏、赫胥氏、尊卢氏、祝融氏、混沌氏、昊英氏、有巢氏、葛天氏、阴康氏、朱襄氏、无怀氏凡十五代，皆袭庖牺氏之号。"史料和现有分布在全国各地的伏羲文化遗迹说明，伏羲不仅代表一个人，更代表一个时代。处于母系氏族社会向父系氏族社会过渡的时代，旧石器向新石器过渡的时代。这五百年间，随着部族的不断壮大，伏羲部落多次向四方迁徙。西至河南淮阳、陕西蓝田、甘肃天水，东至山东全境，北至东北三省、蒙古高原，南至云贵川，每到一处都称伏羲氏。五百年间，从外迁处留一部分人后再外迁，具体迁徙了多少次已无法全面考证，具体迁居多少个地点也无法全面考证，因此出现了多个伏羲故里。主要有甘肃成纪说，河南淮阳说，河北新乐说，云贵川说。这些说法不是没有一点依据，其依据就是历山、匏瓠、犬丘等地名，但没有一处拿出彼处有"雷泽"的佐证，晋代罗谧在《历山考》中说：

“雷泽不闻有二”，而“雷泽”又是华胥“履大迹生伏羲”处，由此可见其他说法是靠不住的。

以上诸多说法只是对伏羲后人四迁的佐证，提供了伏羲后人迁徙的大致路线。

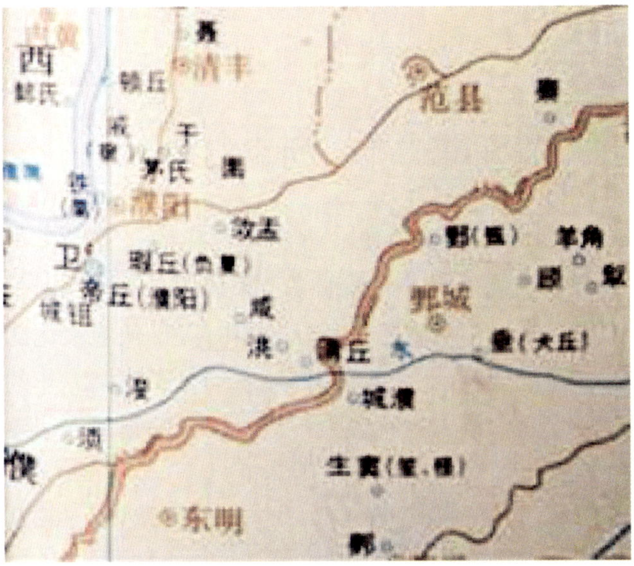

《水经注》鄄城周边古地名图

从《山海经》中可以看到伏羲后人迁徙之频繁、区域范围之广大。“伏羲生咸鸟，咸鸟生乘僖，乘僖生后照，后照生雇相。”伏羲后人迁徙以鄄城为中心，由近及远向四周辐射，第一次迁徙主要有三个地方，都是距雷泽较近的地方，咸鸟迁往鄄城西南部的咸丘，此地为龙山文化遗址，乘僖迁往鄄城东南部、巨野西南部的乘氏，此地汉代设乘氏县，为龙山文化遗址，雇相迁往鄄城东北，此处古有雇国，为龙山文化遗址。

三地的后人又外迁，分别迁往东西南北四面八方。迁往西部的一支后来发展成为轩辕氏、有熊氏等部落。一部分迁往南部，发展成为巴人。《山海经》:“雇相降处于巴，是生巴人。巴子五季流于黔，而黔生黑穴四姓。”又过五世，巴人入贵州，在贵州又分出四姓，迁往川汉。伏羲以后二千余年，进入尧舜时代，因特大洪水灾害，生存出现危机，就将共工、三苗、九黎等部落流放到边塞，今天的苗、黎、瑶等少数民族也尊伏羲为始祖，华夏各族一脉相承，血肉相连，都是伏羲的后人，即“龙的传人”。

第四节　伏羲的历史贡献

伏羲所处的时代是原始社会时期，他是一位从母系氏族社会向父系氏族社会过渡时期的代表人物，是中华文明的奠基人，他对中华文明的肇始作出巨大贡献。

伏羲所处的时代是原始社会时期，他是一位从母系氏族社会向父系氏族社会过渡时期的代表人物，是中华文明的奠基人，他对中华文明的肇始作出巨大贡献。

主要有：结网罟、养牺牲、兴庖厨、定姓氏、制嫁娶、刻书契、作甲历、创八卦等。他观察到蜘蛛结网得以捕食飞虫，从中受到了启发，用植物的纤维、动物的皮毛结网以捕鱼狩猎，生产工具的改进，促进了生产力的发展；教人吃熟食，结束了人类茹毛饮血的蒙昧状态；制定婚嫁制度，规定同姓的不能通婚，同部落的不能通婚，禁止群婚乱配，实行对偶婚，并把婚姻固定下来，提高了人口素质；伏羲通过观察自然，创出了八卦，开创了新的文明，八卦对中国传统文化影响深远，太极、八卦、周易、六甲、九星、风水等等皆源生于此。

第二章 伏羲文化研究

第一节 研究伏羲文化的意义

伏羲文化是中华文明的重要源头，具有鲜明的历史性、社会性和现实性。伏羲文化所反映的“阴阳相生、二元和合”等朴素辩证思想是后世“天人合一”理念的重要精髓之一。加强对伏羲文化的挖掘和研究，发挥其正能量，具有深远的历史意义和深刻的现实意义。可以从中汲取实现“中国梦”的精神力量，增强中华民族的认同感和凝聚力。

从历史学的角度看，随着“夏商周断代工程”的完成和夏商周年表的正式公布，“三皇”文化的研究将日益突出，中华文明史较为确切的年表将会从公元前2070年推向更早的年代。而20世纪50年代末在鄄城境内发现的距今4800年至8300年前的文化遗址，与有关伏羲氏族的传说故事及史料记载有着种种吻合，成为最终揭开中华文明本源之谜的有利条件。通过对伏羲及伏羲文化的深入研究，将把中华文明史推向更早的年代。从源流史的角度看，有利于进一步探究中华文明的源流发展过程，特别是龙文化的起源、传播和发展轨迹。伏羲文化所体现的哲学思维、科学走向、人文精神和创造精神，对于今天的自然科学和社会科学研究，具有十分重要的现实意义。伏羲文化的民族本源性和传播的广泛性，对于提高民族自信心，增强民族凝聚力，团结海内外华人，积极支持和参与国家建设，促进祖国和平统一维护世界和平与发展具有不可低估的重要作用。时代是进步的，文化是不断发展的，伏羲文化正以其固有的创造性和实践性，以其兼容并蓄的人文精神和认识世界的科学精神，感召着一批又一批龙的传人投身到祖国的建设发展和中华民族的伟大复兴中。

第二节 研究机构

鄄城是伏羲桑梓，对伏羲文化的研究由来已久。鄄城最早的志书是编纂于宋代的《濮州图经》，可惜已失，不可观瞻，相信一定有关于伏羲文化的研究与记载。今存最早的鄄城志书是明嘉靖六年的《濮州志》，该志对伏羲、雷泽有明确的记载，明清时期五修《濮州志》均沿用其说。

为更好地研究华胥、伏羲、女娲文化，鄄城县文史工作者和爱好者经上级有关部门批准成立了相应研究机构。

2007年初，鄄城县文史爱好者高秀春、李振一、郭大觉、刘希涛、黄贤清等人发起成立菏泽市伏羲文化研究筹委会，开始运作研究会成立的前期工作，他们三上北京，请教原农业部副部长杜子端，得到鼓励和支持。

2007年11月，菏泽市伏羲文化研究会经市民政局、文广新局批准成立，同月，成立大会在鄄城县彭楼镇适北口召开。来自全国各地的领导、专家、史志爱好者700多人参加了成立大会，大会选举原农业部副部长杜子端等为名誉会长，菏泽市政协常

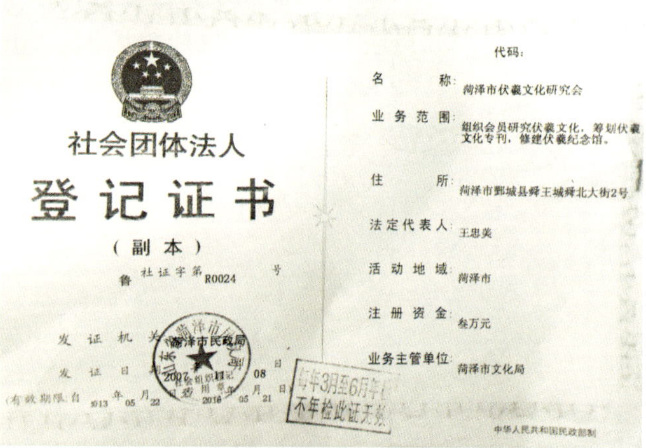
社会团体法人
登记证书
（副本）
鲁社证字第R0024号
发证机关：菏泽市民政局
发证日期：2007年11月08日
（有效期限自2013年05月22日至2016年05月21日）
每年3月至6月年检，不年检此证无效
代码：
名称：菏泽市伏羲文化研究会
业务范围：组织会员研究伏羲文化，筹划伏羲文化专刊，修建伏羲纪念馆。
住所：菏泽市鄄城县舜王城舜北大街2号
法定代表人：王忠美
活动地域：菏泽市
注册资金：叁万元
业务主管单位：菏泽市文化局
中华人民共和国民政部制

委、原市文化局长王忠美为会长，刘瑞林、张广钦、吴良训、刘继进、卢新文、李长山、李建刚、肖云、张晖、刘希涛等为副会长，李振一为秘书长，刘希堂、边文纪、陈德平、梁邦奎、黄贤清、师占一、路维民、高秀春、郭大觉为副秘书长。

菏泽市伏羲文化研究会的成立，激发了广大史志爱好者研究的热情，一些研究成果也相继见诸报端。陈德平撰写的《伏羲故里在鄄城雷泽湖畔》一文先后发表在《齐鲁晚报》《探索》，黄贤清撰写的《伏羲生于鄄城考》《华夏文明的源头—雷泽湖》发表在《探索》杂志并被多家网站转载，边文纪撰写的《伏羲初探》、李永文撰写的《千古文明话雷泽》、苏德彪撰写的《太昊伏羲考》等文章在社会上引起广泛影响，陈德平所著《雷泽钩沉》、苏德彪所著《鄄城荆玉史》等著作对伏羲文化均作了详细诠释。研究会开展了多项工作，期间出版简报4期，为工作开展起到了宣传和推动作用。

第 三 十 一 编

尧舜文化

YAOSHUNWENHUA

尧，伊祁氏，名放勋，五帝之一，鄄城人。《皇览》说:“甲申岁生于三阿南伊长孺家”,《史记》作者司马迁评价说:“其仁如天，其知如神，就之如日，望之如云。富而不骄，贵而不舒，百姓昭明，合和万国。”尧以钦、明、文、思四德安其民，睦九族，更以“禅让”的美德名扬天下，颇受人民敬仰和拥戴。尧死后，葬于穀林，即今鄄城县富春乡穀林尧陵。

舜，姓姚，名重华，五帝之一，鄄城人。舜是氏族社会后期部落联盟首领，建立虞国，史称帝舜、舜王。他对华夏民族的形成和发展，对中华民族优良传统的形成和发展都有着重大的影响。舜倡导为人、持家、做官、治国、平天下均以道德为本，开创了中华道德文化之先河。他“耕历山、渔雷泽、陶河滨、作什器于寿丘、就时于负夏”，在劳动中以自己的美德教化其他的劳动者，“舜耕历山，历山之人皆让畔；渔雷泽，雷泽之人皆让居；陶河滨，河滨之器皆不苦窳”，在舜的感召下，“一年所居成聚，二年成邑，三年成都”，舜凭自己的品德得到了人民的拥戴，给从政者树立了一个可敬的榜样。舜登上帝位后，举八恺、用八元，放四凶，重教化，使华夏民族步入了强盛期。《史记》载“天下明德皆自虞舜始”，有了舜帝，人们才有了明确的是非标准，中华民族传统美德才得以形成和不断发扬光大。

第一章　尧舜故里

鄄城是尧舜故里，帝尧、帝舜皆生于此，帝尧葬于此。在史书记载中，有的说尧生于常羊，有的说尧生于丹陵，有的说尧生于三河之南。常羊、三河之南、丹陵尽管地名不一，但地望为一，指三河之南的丹陵，即历山一带，在鄄城县境内。

关于舜的出生地有两种说法，一是孟子的“诸冯”说，二是应劭的“姚墟”说，两种说法其实是一个地望，即舜耕历山遗址北古姚墟，在鄄城境内。

尧、舜、鲧、禹、启为同一家族，其故籍均在鄄城县，古雷泽湖西岸。鲧封为崇伯，封地在雷夏泽的后面，称夏后氏，启建立第一个奴隶制王朝，史称夏朝。

第一节　庆都生尧

据《大戴礼记》记载，尧的母亲是陈锋氏女，名叫庆都，出生在斗维的郊野，这里经常有黄云覆盖。庆都渐渐长大，到十七八岁已是个漂亮的大姑娘，爱听兰石之操，履规矩之步，喜欢在常羊傍的河滨游观，这里经常有龙出现。一日早晨，龙背负着《河图》到来，图文的意思是“受上天的佑助”。龙的眉毛有八种色彩，须发长七尺二寸，面部上窄下宽，足踏着翼星。不一会阴风四起，赤龙使庆都有感而怀孕。庆都怀孕十四个月后生下尧。尧生下来就与凡人不同，长得龙颜日角，眉睫八彩。待尧长到十几岁的时候，庆都把河图交给了尧。这是一个典型的感生神话，尽管迷信色彩颇浓，却反映了古人对尧的崇拜。由于受西汉末年谶纬学说的影响，后世的《春秋合诚图》《竹书纪年》《帝王世纪》《太平御览》及山东省鄄城县穀林尧陵所立汉代《帝尧碑》《成阳灵台碑》均附和此说。

关于尧的出生地，《皇览》《帝王世纪》记载在三阿之南，但并没有说出具体地望。《皇览》说尧“甲申岁生于三阿南伊长孺家”。皇甫谧《帝王世纪》说：“尧初生时，其母在三阿之南，寄于伊长孺之家，故从母所居为姓也。”据历史学家沈长云先生考证，三阿、三河，实为一地，是指古羊里水、濮水及瓠子河在雷泽附近的流域，故称三河。羊里水河段称三河，在鄄城境内，东为城都城，西为垂都。《菏泽地区志》及《定陶县志》均记载：“三河之南伊长嬬家，相传在今鄄城境。”

以上典籍对尧的出生地的记载相同：鄄城县境内，三河之南，其具体地望，《帝王世纪》《竹书纪年》《符瑞志》又作出了回答。

《帝王世纪》：“帝尧陶唐氏，祁姓也。母庆都，孕十四月而生尧于丹陵，名曰放勋。”《竹书纪年》记载：“孕十四月而生尧于丹陵。”《符瑞志》记载：“庆都观于三河，常有龙随之……赤龙感之，孕十四月生尧于丹陵。”据考，三河之南、雷泽湖西岸古代为丘陵地貌，南北走向，历山为这带丘陵的制高点，丹陵是历山北侧的丘陵之一，为尧生处。

《帝尧碑》所载：“有神龙首出于常羊，庆都与赤龙交。”常羊，今鄄城县城东、凤凰镇南部，后为羊里亭，因羊里水自此流过而得名，为庆都观河受孕处，非尧王出生地。羊里水是一条古老的河流，孕育了多位圣贤。《归藏》《龙鱼合图》均记载“蚩尤出自羊水”，即鄄城雷泽畔的羊里水，在鄄城县域内留下常羊、羊里亭、羊（阳）晋城，羊角城等历史地名。

第二节　舜生姚墟

古籍记载帝舜是东夷人，对其故里的记载，大的范围是古代冀州、兖州，具体地望在诸冯、姚墟。孟子曰：“舜生于诸冯，迁于负夏，卒于鸣条，东夷之人也。”《史记·五帝本纪》则称“舜，冀州人也”。

远古时期，鄄城一带先后为华夏部落活动区域、东夷部落活动区域、冀州、兖州之域。

从《中国历史地图册》“中国古代传说及大禹治水图”中看，东夷部落的区域包括山东全部，江苏、安徽的北部，河南的东部、北部及河北南部。《濮州志》记载：“濮州，《禹贡》兖州之域。”鄄城为古兖州之域。《隋书·地理志》说：“兖州于《禹贡》为河、济之地……本冀州之域。”古代黄河、济水形成的夹角，在今豫东和鲁西南交界之地，本来为冀州之域。即《淮南子·地形训》《山海经·大荒北经》等书所言尧舜时的冀州。

古籍记载帝舜故里的具体地望在诸冯、姚墟。

最早记载帝舜生于姚墟的文献是在战国魏墓中发现的《竹书纪年》，晋代皇甫谧所著《帝王世纪》也载“生舜于姚墟”，《孝经·援神契》也说“舜生于姚墟”。《帝王世纪》记载：“舜，姚姓也。其先出自颛顼。颛顼生穷蝉，穷蝉有子曰敬康，敬康生勾芒，勾芒有子曰桥牛，桥牛生瞽瞍。瞽瞍妻曰握登，见大虹，意感而生舜于姚墟，故姓姚氏，字都君。”

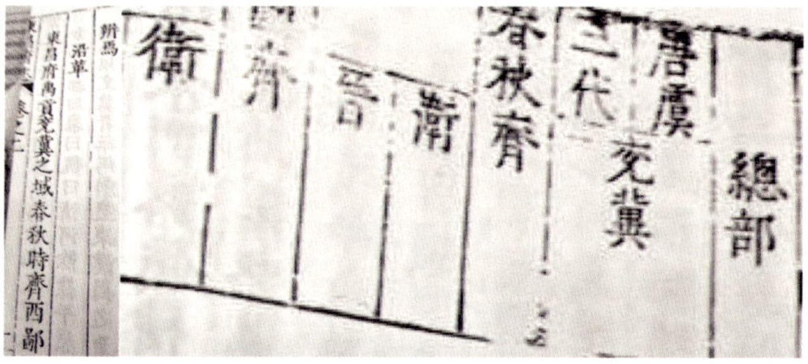

《东昌府志》关于鄄城县属于兖州、冀州之域的记载

孟子认为帝舜故里在诸冯，《孟子·离娄下》说：“舜生于诸冯，迁于负夏，卒于鸣条，东夷之人也。”

姚墟、诸冯，看似风马牛不相及的两个地名，其实是一个地望。

姚墟在历山北侧、古雷泽西岸，村旁岸边有诸多护栏，古人称为诸冯。《说文解字》说，冯，凭也，水边护栏。“诸冯”“姚墟”同为一地，二者的逻辑关系是姚墟的诸冯，或诸冯的姚墟。姚墟是护栏旁边的姚墟，诸冯是姚墟旁边的护栏，互为参照，同为一个地望。东汉应劭在《地理志》注释中说：“姚墟与雷泽近。”《孟子·正义》注说：“舜所生诸冯，在东河之东而未至东海。”古代的东海不是指今黄海，而是雷泽湖。《山海经》记载：“东海之渚中有神，人面兽身。”诸冯在河东的最东方，而又不到雷泽，那就是在雷泽西岸，紧紧靠近古姚墟，古人认为诸冯就是姚墟，二名一地。唐苏鹗撰《苏氏演义》谓“舜生于诸冯之姚墟”，其说当是。

姚墟又叫陶墟，坐落在雷泽湖的西南岸。《水经注》载，雷泽历山“山北有小阜，南属迤泽之东北（从南面看，雷泽在东北），有陶墟”。

宋司马贞《史记・索隐》记载：“舜母握登，于姚墟生舜，因姓姚氏，姚墟又作陶墟。”《孝经援神契》云“舜生于姚墟”；又云：“濮州雷泽县有历山、舜井，又有姚墟。”

清宣统《濮州志•帝纪》记载：“姚墟在濮州（今范县濮城镇）东南九十里。明确记载姚墟在濮州地界，不在曹州地界。

清乾隆年间刘藻修《曹州府志•古迹》亦载：“生舜于诸冯之姚墟，在濮州。”府志还绘有“濮州图考”，明确标出姚墟在濮州（今山东省鄄城县）东南部，历山北部、雷泽湖西南。

当时，濮州、菏泽县均隶属于曹州府，但阎什口村及其东南大片区域隶属曹州府菏泽县，不隶属于濮州，其西北隶属曹州府濮州，不隶属曹州府菏泽县，且从唐宋元明清文献所载，姚墟一直为濮州所辖，即鄄城县境内。清康熙十三年佟企圣修《曹州志》“古迹图”，也标注姚墟在历山舜庙遗址东北。

今鄄城南境有舜城集，世谓舜王城，有人称为舜生处，不准确。《史记•集解》载，刘熙曰：“舜之都当在尧都和丹朱城之南，今鄄城南境有舜城集，盖即舜都也。”舜王城可能是舜帝的都城。还有人说姚墟在鄄城县南境姚刘庄村，以唐朝宰相姚崇《姚墟考》为证，又以为该村多姚姓，据考，姚崇并未写过《姚墟考》，此文为假托之作，不足为据，又查阅该村姚氏家谱，现传至二十余世，显为明代移民建村，也不足为据。二者皆不可信，当以国史、方志为准。以上志书均指向一个地点，那就是历山东北、古雷泽湖西南，这里就是古姚墟、诸冯的地望，大概在今阎什镇历山庙村与张垓村之间，二村皆为龙山文化遗址。

第二章　穀林尧陵

第一节　尧葬穀林

穀林尧陵，又称尧冢、尧王墓，位于今山东省鄄城县城南 7 公里富春乡赵仟庄前。赵仟庄古称东穀林庄，明嘉靖六年所修《濮州志》记载：“穀林尧陵在县东穀林庄前。”清岳浚《改祀濮州尧陵奏议》称“尧陵实在濮州城东南六十里，古雷泽之东穀林庄前”。

尧葬穀林的记载，始见于秦朝吕不韦所编《吕氏春秋》，书中“节丧”篇曰：“尧葬于穀林，通树之。”东汉孟郁《尧庙碑》载：“闻帝尧陵在成阳。”魏晋时期的皇甫谧著有《帝王世纪》记载：“尧葬济阴成阳西北四十里，是为穀林。”三国《皇览》载：“尧冢在济阴成阳。”晋《地理志》城阳条下载：“雷泽，舜所渔，尧冢在西。”《通鉴辑览》载：“尧即位百载，崩于成阳，葬穀林。”北魏郦道元《水经注》将尧葬处，称为尧陵。“今成阳西二里有尧陵。陵南一里有尧母庆都陵，于城为西南，称曰灵台，乡曰崇仁，邑号修义，皆立庙。”

鄄城历史上有两个成阳，即大成阳、小成阳。伏羲生于成（今引马镇北），后发展为原始聚落，舜王曾在此居住，二年成邑三年成都，称作郕。周代初，周武王封其弟季戴于郕，为伯爵之国，史称郕伯国，西汉于此设城都县。《曹州府志》记载：“郕，姬姓周文王子武王封弟戴于成，为郕伯，其地为成阳，今濮州。”该国西邻卫国鄄邑，东接齐国，因国小力薄，常为齐、卫觊觎和攻击。周桓王二年（前

718 年）秋，“卫师入郕”，险些亡国。周庄王十年（前 687 年）“齐师围郕，郕降于齐师。”郕国灭。齐、卫分其国并虏其众，大部分被齐国掳至雷泽东南畔居住（历山东侧），小部分被卫国掳至鄄邑崇山之南穀林尧陵东二里居住，因二地均在原郕都之南，故称成阳。

战国时期，雷泽湖东南岸的成阳已形成较大村落。秦国统一中国后，实行郡县制，全国划分三十六郡，其中，东郡下辖 15 个县，分别是：濮阳、白马、长垣、燕县、酸枣、宛朐、定陶、成武、城阳、都关、鄄城、范阳、东阳、茬平、聊城。其中，城阳县治所在雷泽东南岸，历山东偏北。西汉时改城阳县为成阳县，为区分两个成阳，称成阳县城为大成阳，穀林尧陵东二里的成阳为小成阳。

《水经注》记载穀林尧陵就在小成阳西二里、大成阳西北四十里，并说明了穀林尧陵与大成阳、小成阳、雷泽湖之间的地理关系。《水经注•瓠子河》：“瓠河故渎，又东经句阳县之小成阳城北侧渎，《帝王世纪》曰：尧葬济阴成阳西北四十里，是为穀林。”又记：“瓠河又左经雷泽北，其泽薮在大成阳西北十余里。”

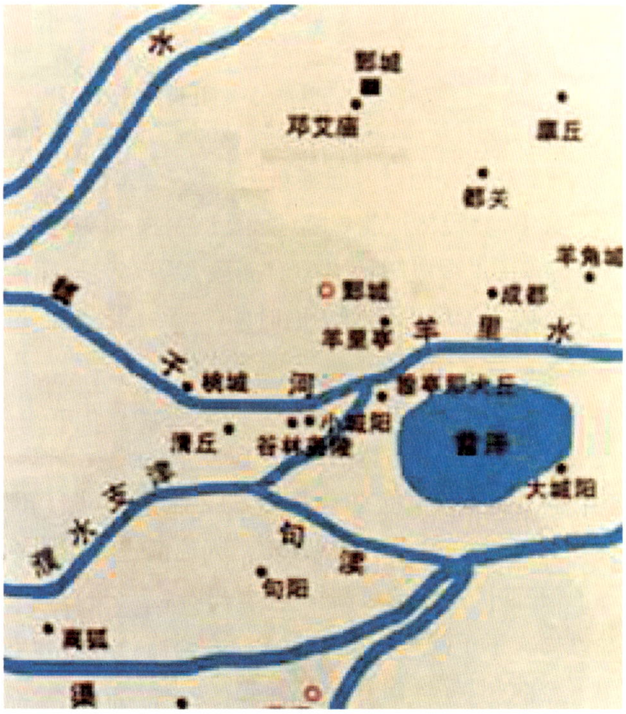

《水经注》大小成阳、尧陵图

汉成阳于西晋改称城阳县，隋开皇十六年改称雷泽县，金降为镇。西晋之前有两个成阳，西晋及以后只剩一个成阳，即尧陵东二里的成阳。西晋以后的书籍所记的成阳，专指此成阳，北魏郦道元称其为“今成阳”，《水经注》：“今成阳西二里有尧陵。”即此。该城因多罹水患，被淤积于地下，明清以来，称其为成阳古城，《曹州府志•舆地志•濮州》记载：“州东南六十里，本汉成阳古城。”

崇山又叫狄山，《山海经》记载：“尧葬狄山之阳。”崇山，原为崇伯鲧的封地，在雷夏泽西北。崇山是土质山丘，是夏王朝的肇基之地，后人俗称为王堌堆，到明代称崇兴集，其南为崇仁乡，清代为崇兴里，1931 年，濮鄄分治时于此设鄄城县，今为鄄城县城，尧陵在其南。

明《濮州志》载，穀林山“在州治（今鄄城县旧城镇）南四十里，有高阜见存，元学士吴律构富春园於其下”。富春园衍化为富春村名，延续至今。明王道《濮州帝尧祠碑记》载曰：“竹林本穀林遗址，其为尧陵也，盖无疑也。”明代，濮州一度属东昌府管辖，《东昌府志》把尧陵记作“帝尧墓”。

明代中后期，因尧陵遭水患，官员只得于周边择地遥祭，使尧陵地望产生讹误。清乾隆元年（1736 年），为正本清源，山东巡抚岳濬上《改祀濮州尧陵奏议》疏称：“尧陵实在濮州城东南六十里，古雷泽之东穀林庄前。陵前有享殿三间在焉。”“左为穀林寺，旧设祀田一百二十亩，濠地四十亩。州官春秋祭享。”乾隆元年，修葺厘正，定穀林为旧址。《大清一统志》载：“乾隆初，定穀林为尧陵，稽古正讹，万世恪守，嗣后祭告，率由旧章。”为尧陵争议画上了句号。

清乾隆二年（1737 年），经乾隆皇帝御批，由户、工二部查核，拨银六千三百九十四两，历时数年，重建穀林尧陵。《大清一统志》“唐尧陵”条记载：“陵高四丈五尺，广二十八丈。”

据清《濮州志》“尧陵古图”所示：尧陵为坐北朝南三进式长方形陵园，山门前立有“石门”牌坊，四周围砖墙。进门内两侧有东西更衣亭。二进院门为一正两偏，门内左右是东西偏厢房，其后建有“享殿”。殿后是第三进院，古松柏掩映下，陵墓巍然屹立。

清光绪三十二年（1906 年），濮州学正伊若珩撰文：“国有大庆，钦差至祭，祭田一百二十亩为春秋少牢之需。自黄河北徙，尧陵前后受冲，一切规模变为荒田……补种柏杨树四百株，切实看管，陵户原种六十亩，僧人原种六十亩，仍旧管理。旁有官厅三间，为主祭官更衣处。”

清宣统元年《濮州志》绘制的《尧陵古图》，大殿、偏殿、牌坊等建筑，清晰可见。

后因多罹水患和战火，尧陵古建筑在天灾和人祸中不断损毁，至 1962 年，已荡然无存，只剩坟茔一座和遍地古木。

1979 年县政府公布榖林尧陵为县第一批文物保护单位，并竖立了保护标志，保护范围为 6000 平方米。目前墓丘封土高 6.5 米，封土直径 30 米，并植松柏，新建砖围墙。明嘉靖二十四年(1545 年)，东昌府濮州知州薛孟“尧陵祭文碑”仍竖立在陵前大门内东侧。清光绪二十九年（1903 年）濮州知州缪润绂书“帝尧陶唐氏墓”碑立于陵前。近年，复制古碑若干。

2006 年 12 月，榖林尧陵被省政府确定为第三批省级文物保护单位。2015 年据尧陵古图准确找到了“榖林雲日”石牌坊。据考，地下尚埋葬大殿、偏殿等古建筑。

2015 年 10 月，在尧陵文物保护范围及建筑地带文物勘探中，菏泽市文物考古专家张启龙先生通过对勘探出土遗物的鉴定，确认了尧陵地下文化层的时代分期为：清代、汉代、东周、龙山文化。文化层厚度最厚达 8 米，其中龙山文化堆积厚度在 2～2.4 米。本次勘探的重要收获是发现尧陵修建在古遗址之上。勘探表明该遗址面积比尧陵的面积大得多，遗址平面呈椭圆形，南北最长约 440 米，东西最宽约 330 米，面积约 14.5 万平方米。

鄄城县城南 14 里、榖林尧陵东 2 里许，有古成阳遗址，又称小成阳，北魏郦道元称其为“今成阳”。《水经注》“今成阳西二里有尧陵”，即此。

第二节　尧陵祭祀

有史可查的尧陵祭祀起于汉代。汉宣帝刘洵（前 73 年）奉帝尧为祖宗，《东观汉记·光武帝纪》载，东汉光武帝刘秀于建武二年(26 年)祭榖林尧陵。《后汉书·光武帝纪》、《祭祀志》载，建武三年（27 年）、建武七年（31 年）两次再祭尧陵。

北宋熙宁元年（1068 年）濮州知州韩铎言“请敕本州致祭尧陵”。

明代濮州属东昌府，明嘉靖二十四年（1545 年）秋，东昌府濮州知州薛孟率百官致祭尧陵。祭文如下：

惟嘉靖二十四年，岁次乙巳，八月辛卯朔，越五日乙未，东昌府濮州知州薛孟等谨以一羊一豕致祭于帝尧陶唐氏之神。曰：惟神当天地气数之中，开万古文明之治，阐精一而心学之要，始传官天下，而揖逊之风始著。是以峻德则天而荡荡难名。放勋配地而悠久不息，殒落于二十八载之后，卜榖林之胜以幽居，既淹于数千百年之间，按榖林之迹而复见，允宜封表，崇祀无疆。孟等兹遇仲秋之届，用司笾豆之供，尚飨。

清乾隆元年，山东巡抚岳浚上疏《改祀濮州尧陵奏议》后，乾隆下旨：“定榖林为尧陵，稽古正讹，万世可守，嗣后祭告，率由旧章。”此后，榖林尧陵祭祀仪式不断。

乾隆二年（1737 年），皇帝遣翰林院侍读学士吴应枚致祭尧陵。祭文如下：

维乾隆二年，岁次丁巳，七月丁亥朔，越十有二日戊戌，皇帝遣翰林院侍读学士吴应枚致祭于帝尧陶唐氏之陵曰：自古帝王宪天出治，建极绥猷，德泽洽于万方，轨范昭于百世，朕纂承鸿绪，景仰前徽。兹于乾隆二年四月十六日恭奉。世宗敬天昌运，建中表正，文武英明，宽仁信毅，大孝至诚，宪皇帝主配飨，圜丘礼成，特遣专官，虔申昭告。惟冀永佑雍熙之盛，益昭安阜之隆。庶鉴精诚，尚其歆格！

乾隆十四年（1749 年），皇帝遣太仆寺卿阿兰泰致祭尧陵。祭文如下：

维乾隆十四年，岁次丁巳，六月初一日丁丑朔，越十三日乙丑，皇帝遣太仆寺卿阿兰泰至祭帝尧陶唐氏曰：朕唯帝王继天建极，抚世绥猷，教孝莫先于事亲，治内必本于治外。典型在望，缅怀至德要道之归；景慕维殷，心仪武烈文谟之盛。兹以边徼敉宁，中宫摄位，兹宁普号，庆洽神人；敬遣专官，用申殷荐。仰维歆格，永锡鸿禧！

省文物保护单位标志

乾隆十七年（1752年），皇帝遣鸿胪寺卿储麟趾致祭尧陵。祭文如下：

维乾隆十七年，岁次壬申，正月癸亥朔，越二十二日甲申，皇帝遣鸿胪寺卿储麟趾致祭帝尧陶唐氏之陵曰：惟帝王宪天作极，受箓承庥，教孝莫先于事亲，敛福用光乎继治，是彝是训，缅维至德要道之归；寿国寿人，允怀锡类推恩之盛。兹以慈宁万寿，懋举鸿仪；敬晋徽称，神人庆洽。爰申殷荐，特遣专官；冀鉴兹忱，永绥多福！

乾隆二十年（1755年），皇帝遣太常寺少卿鄂鼐致祭尧陵。祭文如下：

维乾隆二十年，岁次乙亥七月癸酉朔，越二十六日戊戌，皇帝遣太常寺少卿鄂鼐致祭帝尧陶唐氏曰：朕惟帝王建极，乘时绥猷。驭世制临，无外德威之远服者；神教化有原，孝道以尊亲为大。景典型于在昔，实天经地义之丕昭；宏佑启于方来，惟文治武功之交凛。兹以平定准葛尔大功告成，加上皇太后徽号，神人洽庆，中外蒙庥。敬遣专官，用申禋祀，伏惟鉴格！

清初稽古正讹以来，历次对尧王的祭告除因水患遥祭外均在穀林尧陵。朝廷遣大臣致祭帝尧与帝舜同时分别进行，乾隆二十年前的4次致祭尧陵均于祭舜时间相同，而后自同治十二年到光绪三十一年的8次致祭时间也均为同时。而从乾隆二十年至同治十二年相隔117年，因濮州水患，典籍尽失，致使祭尧谕文未能流传下来。据九嶷山谕祭帝舜文史资料载：乾隆二十五年、二十七年、三十七年、四十一年、四十五年、五十年、五十五年谕祭文7篇；嘉庆元年、五年、十四年、二十四年、二十五年谕祭文5篇；道光元年、九年、十六年、二十六年、三十年谕祭文5篇；咸丰二年、十年谕祭文2篇；同治元年谕祭文1篇。所以，祭帝尧的谕祭文还应有20篇，有待详察考证。

光绪年间皇帝曾七次遣使祭祀尧陵，分别为：

光绪元年（1875年）五月十四日，皇帝遣青州副都统春福在州治南择地设位遥望致祭。

光绪十三年（1887年）六月二十四日，皇帝遣青州副都统德克吉纳，因濮被水，在巨野县设位遥望致祭。

光绪十五年（1889年）七月二十三日，皇帝遣青州副都统德克吉纳，因濮被水，在济宁设位遥望致祭。

光绪十六年（1890年）十月初四日，皇帝遣青州副都统德克吉纳，因濮被水，在济宁设位遥望致祭。

光绪二十一年（1895年）三月二十二日，皇帝遣青州副都统德克吉纳，因濮被水，在郓城设位遥望致祭。

光绪二十九年（1903年）三月初四日，皇帝遣钦差大臣噶鲁岱致祭。

光绪三十一年（1905年）五月初三日，皇帝遣钦差大臣镇守山东等地方副都统宗室英瑞，因濮被水，在济宁设位遥望致祭。

清代祭祀尧陵的活动及祭文多载《濮州志·典礼志》及《尧陵祀典》。

据文献记载，历代皇帝遣使祭祀尧陵始于东汉建武二年（26年），终于光绪三十一年（1905年），长达1880年之久，祭祀次数无法做到完全统计。

第三节　尧陵碑刻

尧陵历史悠久，历朝历代地方官员在此刻碑纪念者众多，因年代久远，文献遗失严重，有据可查的有汉碑 4 栋、元碑 1 栋、明碑 2 栋、清碑 1 栋。其中明碑 1 栋、清碑 1 栋保存完好。

修尧庙碑

东汉桓帝永康元年（167 年）济阴太守孟郁复修尧庙，并立《修尧庙碑》，碑文 900 余字。碑文主要是叙述修庙的经过，其大意是：太守孟郁闻帝尧陵在成阳，遣户曹掾史，具中牢祠，常以甲子曰与西宫乐生俱诣大圣，陈上古之礼，舞先王之乐。修治大殿，地致璠瑚，配帝图象。招工募石，辉然俱至，各进奇巧，不日成之。诏书九月，三往大祠，诸所造作，焕然成就。陵地列种柏树，令吏卒养护。并“使府内百石□城吴讳升，字三君，守卫园陵。”

成阳灵台碑

东汉灵帝建宁五年（172 年）济阴太守审晃，成阳令管遵奉诏修尧祠及帝尧母灵台，并立《成阳灵台碑》，碑文 650 余字。文载：

庆都仙殁，盖葬于兹，欲人莫知，名曰灵台，上立黄屋，尧所奉祀。哀平之际，道小衰沮，遂遭亡新，礼祠绝矣。案经考典，河洛秘奠，汉感赤龙，尧之苗胄，常修尧祠，追远复旧，复治黄屋，推原圣意。归治黄殿，令月吉日，爯立规茔。上阙通天，户向少阳，前设大殿，俟神之堂。经之营之，不日成之。陵庙复崇，享大祀兮。

帝尧碑

东汉灵帝熹平四年（175 年），济阴太守张宠立《帝尧碑》，碑文 700 余字。文载：

考复旧典，造立灵庙，以太牢春秋秩祠。惟追慕圣烈，乃共立坛碑，刊碑纪石，以章圣德。故济阴太守刘郃，自以礼别枝布尧之裔胄，下车出俸□万，为祠醧弱。后太守张宠继以前绪，到官始初出钱二千敬致礼，祠临立坛碑。

成阳令唐扶碑

东汉灵帝光和六年（183 年），处士阎葵班于尧陵立《成阳令唐扶碑》。

汉代所立《修尧庙碑》《成阳灵台碑》《帝尧碑》《成阳令唐扶碑》，因年代久远，今已不存。但碑文已录入《隶释》《金石录》《四库全书•山东通志》《濮州志》中。

帝尧墓碑

元代尧陵有濮州尹徐世雄立《帝尧墓》碑，据《山左金石志》载:“碑高四尺一寸，广二尺五分。在濮州尧陵，石碑刻‘帝尧墓’三字，径一尺三寸二分。款题大元至元十四年（1277 年）冬至日。朝散大夫濮州尹高唐徐世雄立石。”

濮州帝尧祠碑

明嘉靖二十三年（1544 年），郑观凤立、王道撰《濮州帝尧祠碑》碑文言：

尧陵当在濮境无疑，且尧父帝喾墓在濮州顿邱，其母庆都墓在成阳灵台，而偃朱故城今名朱家阜者，又丹朱之所藏（葬）也。族藏之礼上古无有，而情则然也。尧从父母，子朱从尧，盖理势之可揆者。元人墓碣必有所据。则竹林本穀林遗址，其为尧陵也，盖无疑矣！彼其在曹与东平者，虽志载其名，官秩其祀，求诸左验如前所云者，蔑之闻也。岂当时穀林之事既襄，而旁近居民取其遗衣、弓、剑藏之，以系其考妣之思也耶！然而世远不敢质言矣。皇明嘉靖甲辰巡按监察御史莆阳郑公观凤至濮，诹询故实，慨想遗踪，若曰：“修葺帝王陵寝，迩来明诏屡颁，凡我臣工，所当祗奉，无敢失坠，思故，弗嫌与东平并祀也。”乃转行所司，订正讹称，封崇夷陇，拓其区域。护以周垣，仍取佛堂之宏壮可因者，撤而新之，以为享献之所。

薛孟祭文碑

明嘉靖二十四年（1545 年）秋，东昌府濮州知州薛孟率百官致祭尧陵，并立《祭文碑》。此碑刻至今完好，立于陵前神道之左。碑座为一赑屃，碑额为二龙戏珠浮雕，碑高 195 厘米，宽 84 厘米。碑文 162 字，清晰可辨（碑文见本志第二节尧陵祭祀）。

薛孟祭文碑

帝尧陶唐氏墓碑

清光绪二十九年（1903年）濮州知州缪润绂，原名裕绂，满族，汉军正白旗人，字东霖，曾任户部主事、濮州知州等职，他在濮州任上立《帝尧陶唐氏墓》碑1栋，“文化大革命”中曾被当作“四旧”搬掉用于打面机座数年。1978年复立于尧陵前，至今碑上仍留有4个直径5厘米的圆孔。

帝尧陶唐氏墓碑

第三章　舜耕历山

第一节　历山溯源

今鄄城县之历山，春秋时为卫地，战国属齐，西汉为济阴辖，隋置濮州置雷泽县，雷泽县至金贞元降为镇，其地并入鄄城县。隋、唐、宋、元、明、清皆属濮州管辖。纵观诸多文献记载，历山自古至今一直在鄄城境内。

鄄城境内的山，均为土山，又称堌堆，是远古先民聚落，为龙山文化遗址。有大有小，高低不一。鄄城县古有七十二堌堆，或称七十二山，最著名的有甄山、崇山、榖林山、富春山、历山、青山、箕山。甄山半环，颛顼以此建都；崇山为崇伯封地；榖林山为尧王陵寝；箕山为许由隐居处；历山为帝舜所居，耕稼、渔猎、制陶皆在近处。历山在历史的长河中渐渐损消，在北魏时还“孤立峻上，亭亭杰峙”，元代在历山之下建“历山书院”，清嘉庆初年历山“山高平地止二丈许”，至清末“莽无拳石”。历山消逝的原因缘于黄河无数次的泛滥，渐被淤埋。而今只留下地名历山庙，现为鄄城县阎什镇行政村名，村西有历山虞帝庙。

古籍对历山的记载很多：

《尚书·尧典》：舜耕于历山。

《郭店楚简·穷达以时》：舜耕于历山，陶埏于河浒，立而为天子，遇尧也。

《墨子·尚贤下》：是故昔者舜耕于历山，陶于河滨，渔于雷泽，灰于常阳。尧得之服泽之阳，立为天子，使接天下之政，而治天下之民。

《史记·五帝本纪》：舜，冀州之人也。舜耕历山，渔雷泽，陶河滨，作什器于寿丘，就时于负夏。

《史记》载：“舜耕历山（今鄄城县阎什镇历山庙村），历山之人皆让畔；渔雷泽（今鄄城东南部），雷泽上人皆让居；陶河滨，河滨器皆不苦窳。一年而所居成聚，二年成邑，三年成都。”

明《濮州志》载：“历山在州东南七十里，即虞舜躬耕之处，有舜庙。”

清代孙星衍，历官山东兖沂曹济道按察使。于嘉庆三年（1798 年）三月，行部曹南，谒历山虞帝庙，并作《历山虞帝庙碑铭》，铭文中说：“山高平地止两丈许，或言石为土掩，太甲冢竟迷无表识。”

1980 年 9 月，省地县三级文物普查人员对历山古遗址进行考查铲探。文化层堆积达 4.7 米，地表向下 1 米为扰乱层。1 米至 2 米为灰褐土，为汉至商周文化层；2 米至 4.7 米为灰黑土，属龙山文化层。地面采集和铲探获得 312 件遗物中有陶片、蚌片、人骨、木炭、金属冶炼渣等。由此推知：历山古遗址内涵为龙山、商、周、汉文化堆积。

始于春秋的历山虞帝庙正在修复，北京大学原副校长国学大师季羡林题写的“历山虞帝庙”匾额悬于山门，国家图书馆馆长任继愈题写的“舜耕历山古遗址”也立石庭中。2007 年，山东省人民政府将“历山古遗址”批准为第三批省级文物保护单位。

第二节　历山舜庙

历山虞帝庙，亦称历山舜庙，俗称舜王庙，始建于春秋。孔子曰：舜其大孝也欤！德为圣人，尊为天子，富有四海之内，宗庙飨之，子孙保之。魏曹植封鄄城王时，谒舜庙作《帝舜赞》，北魏温子升瞻仰帝舜庙作《舜庙碑铭》。元儒张壆，客居濮州；清孙星衍，历官山东；山阴柴揆，修《濮州志》；皆谒虞帝庙，树碑铭文传世。朝代更替，虞帝庙屡事兴修。至中华人民共和国成立初年，仍殿宇巍巍，像饰肃肃，帝舜及二妃娥皇、女英圣像供民朝拜。及至“文化大革命”，灵宫拆毁，圣像拆除，庙堂殆尽。

北魏文学家温子升（495—547），济阴冤句（今山东菏泽西南）人，能诗文，在当时北方文人中颇

国学大师季羡林题“历山虞帝庙”

省文物保护单位标志

有名望。曾谒历山舜庙，并作《舜庙碑铭》：“爰自先民，实存旧庙……灵宫肃肃，神馆微微。”可见历山之上先民为舜建庙，其历史之久远，至北魏时灵宫仍然肃穆，但神馆已经衰微了。传说，大禹不忘帝舜的功德，在历山舜耕处修建舜庙。

元代孔颜孟三氏集大成者张壆游历鄄城，并在鄄城小驻三年余，谒舜庙时作《虞帝庙碑》，碑文曰：“壆来游于鄄，知帝庙在雷泽之北，瓠河所经是为姚墟，亟往拜焉。平冈故渎，卑宫环堵，帝与二妃之神，恭已南面。上雨旁风，颓剥支柱，里人鸠工积材，彻而新之。峻宇崇墉，乃基乃构。门观严显，堂陛等彝，顾有记文，登诸乐石。”

此碑立于元至治三年（1323 年）七月，碑高 6 尺，宽 3 尺 2 寸 5 分。文 30 行，字径 7 分。篆额“虞帝庙碑”由郭贯题。张壆为重修舜庙落成题文并作《九歌三阕》，以颂舜德。

清代孙星衍在《历山虞帝庙碑铭》中说：“山上有虞帝庙，庙左侧有元至治三年张壆撰碑，象饰完整，盖明天启时毁于火，历国朝康熙、乾隆间，邑子某等屡事兴修，倾覆加筑祠垣，崇葺堂寝。乞

历山舜庙

余为文，纪事勒石。”

清末叶圭绶《续山东考古录·山考》将濮州（鄄城）之历山列入“古有今无之山”，称“是元时兹山尚在，今其地名历山庙”。

虞帝庙碑

1994年，鄄城县成立历山舜庙古迹恢复重建委员会，经一年多的募捐和筹款，在原舜庙遗址新建帝舜庙，期年而成。舜庙长80米，宽48米，占地面积3840平方米。由南向北以次为山门、正殿、寝殿。正殿内塑帝舜和娥皇、女英像。历山的百姓称舜为“舜王爷”，舜王两侧左立女英，面含笑意；右立娥皇，微带愠色；远立舜王未婚妻刘氏像，面带愁容，人称“苦奶奶”。偏殿中供奉舜王三子甄藩塑像，院中有《甄氏族庙祭文碑》，为舜之后裔甄氏族人所立。寝殿东有“龙泉舜井”，水井清纯，其味甘甜，传为舜耕历山时所掘，现有井亭护持。庙东南隅首有历山书院，为元代千奴所建。

明天启六年重修历山舜祠碑

世代相传，每年的古历二月初一至初三日为历山虞帝庙会。初一晚上开始燃放焰火，以怀念舜王。初二、初三两天，慕名而来的香客数万人井然有序地祭拜舜王及二妃。至于庙会起于何时，乡人也无法说得清。自“舜耕历山古遗址”正式成为省级文物保护单位，庙会的规模发展迅速，香火日盛。

虞帝庙 龙泉舜井

国家图书馆馆长 任继愈题「舜耕历山古遗址」

为弘扬帝舜文化，鄄城县拟重建舜庙，扩大规模，现正在筹划运作中。

第四章　尧舜文化研究

鄄城县是尧舜故里，积淀了丰厚的尧舜文化，县境内尧葬榖林、舜耕历山、雷泽龙都、姚墟故址文物遗存尤为丰富详实，在中国文明起源研究中有着极其重要的价值。但是由于历史的、地理的、人文的多方面原因，鄄城古代文化的辉煌被掩埋于历史的沉沙之中，远未呈现出应有的风采。为了深入发掘研究鄄城历史文化资源，寻中华民族之根，让鄄城走出山东，走向全国，开拓鄄城文化旅游产业，促进地域经济发展，2007 年 8 月经上级有关部门批准成立了鄄城县尧舜文化研究会。

鄄城县尧舜文化研究会的宗旨是以马列主义、毛泽东思想、邓小平理论和“三个代表”重要思想为指导，坚持历史唯物主义和辨证唯物主义观点，挖掘历史文化遗产，弘扬民族先进文化，为振兴鄄城经济文化服务。研究会是由自觉遵守本会宗旨的人士和热心参与本会工作的单位会员组成的学术性社会团体，成立之初有个人会员 54 人、单位会员 11 个。为了保证研究会工作的政治方向，加强党和政府对研究会的领导，按照社团管理规定，尧舜文化研究会在鄄城县民政局正式注册登记。

鄄城县尧舜文化研究会会长由县人大常委会主任宋文启担任，副会长由吴振、聂林、肖云、李书勤、李超、周方林担任，梁邦奎任秘书长，边文纪、陈德平、路维民任副秘书长。研究会下设办公室，办公室设在文体局，办公室主任由路维民担任。

鄄城县尧舜文化研究会成立后确定学术研究方向，制定年度工作专题内容和工作要点，指导会员投身尧舜文化研究，并策划实施了一系列业务活动。首先组织了鄄城县第一批省级文物保护单位历山古遗址、尧陵和苏述御史牌坊的保护标志揭碑活动，有力地扩大了鄄城尧舜古迹的社会影响。

2007 年 9 月，鄄城县尧舜文化研究会向会员发出关于积极配合第三次全国文物普查工作的通知，阐明第三次全国文物普查的重要意义，要求各位理事和会员把握机遇，把尧舜文化研究同文物普查工作紧密结合起来，按照鄄城县文物普查工作方案，发挥自身优势，从群众口碑和史籍资料中寻找有价值的文物线索，形成文字材料后报送尧舜文化研究会办公室。同时协助文物普查工作人员开展工作，保证高质量的完成文物普查任务。

2008 年秋，鄄城县尧舜文化研究会发出倡议，号召有志于恢复尧陵古迹的各界人士，献策献力，重刻尧陵古代石碑。历时 3 个多月，共筹集资金 6 万余元，组织古文专家周广良、边文纪、黄贤清、李永文等和书法家高贤益、王玉兰、石贤苍、范朝柱等，对古文献进行校对整理和书写，联系嘉祥石刻厂，成功修复了有代表性的古代碑刻 12 块，计有东汉《修尧庙碑》《帝尧碑》《成阳灵台碑》《唐扶颂碑》，明代《帝尧陵祠碑》，清代《改祀濮州尧陵奏议碑》《乾隆二年谕祭碑》《乾隆十四年谕祭碑》《乾隆十七年谕祭碑》《乾隆二十年谕祭碑》《同治十二年谕祭碑》《光绪年间谕祭实录碑》，兼建明代《祭文碑》全石碑亭，一并安置于榖林尧陵。本批古碑的复制，展示了榖林尧陵源远流长的文化脉络，进一步丰富了榖林尧陵的文化内涵。

2010 年 8 月，鄄城县尧舜文化研究会先后向县政府提出在历山公园内建设古鄄先贤堂和发掘党校礼堂地基石碑的建议。2011 年 3 月，县政府就党校石刻发掘工作及时作出批复，并拨付专款，安排鄄城县文物管理所组织专业人员迅速开展发掘工作。党校礼堂遗址石刻清理工作于 3 月 8 日正式启动，3 月 27 日结束。据统计，本次党校礼堂遗址共清理出石刻120件。其中碑刻64栋，碑座40个，条石16块。64栋碑刻中形态完整的25栋，残断但可修复的21栋，碑刻残件18件。碑刻时代跨度自明、清至民国共三个历史时期，其中明代石刻2栋，清代石刻59栋，民国石刻2栋。时代最早的为明天启六年重修永兴寺碑。在出土的64通石碑中，有整顿税收碑1栋，重修桥碑2栋，功德碑1栋，地契碑1栋，重修庙宇碑59栋。经过初步查看，以上碑刻分别来自鄄城城内和阎什、引马、红船、临濮、彭楼5个乡镇。通过对碑刻文字内容的研究，了解到该批石刻对鄄城古代历史、水文地理、税法契约、民间宗教信仰和明清石刻艺术研究都具有重要的参考价值，是不可多的的历史文化遗存。

鄄城县尧舜文化研究会会员研究成果频出，先后有20余篇尧舜研究文章在报刊上发表，副秘书长陈德平《龙都圣迹钩沉》、理事李永文《解读尧舜》《鄄城史话》3部专著先后出版。由秘书长梁邦奎、副秘书长路维民主编，鄄城县尧舜文化研究会办公室编印出版工作简报5期，收录研究文章30余篇，印刷发送至县直各单位累计1000余份，为尧舜文化研究工作开展起到了宣传和推动作用。

第三十二编

旅游

LV YOU

鄄城历史悠久，人文资源丰富厚重，为发展旅游业提供了得天独厚的优越条件。1997年5月成立鄄城县旅游局，1998年10月成立鄄城县孙膑旅游城建设管理处，与旅游局合署办公。2006年编制《鄄城县旅游业发展总体规划》，规划建设“五区三线一中心”旅游格局，即：远古文化旅游区、孙膑军事文化旅游区、军旅红色文化旅游区、民俗风情文化旅游区、齐鲁药都文化旅游区、黄河文化风景线、金堤绿色长廊风景线、沙河自然生态风景线和县城。2008年，县委、县政府出台《关于进一步加快发展旅游业的意见》，确立“工业立县、商业兴县、旅游强县、生态靓县”发展战略，对全县旅游业发展作出科学合理详细的开发建设规划。2008年孙膑旅游城建成正式对外开放。2010年11月鄄城被省政府命名为“山东旅游强县”，孙膑旅游城·亿城寺被评为国家AAAA级旅游景区。全县建成国家AAAA级景区2处，国家AA级景区2处，省级工农业旅游示范点各1处，逐步实现由旅游资源优势向经济产业优势的转变、由旅游资源大县向旅游强县的转变。

第一章　旅游资源

第一节　尧舜文化资源

尧舜文化是中华民族的发祥文化，尧舜的“揖让之德、和合之道、询谋之风、节俭之行”及其仁爱、诚信、谦恭、勤政爱民的美德历代备受推崇。尧舜当时生活的中心地带即菏泽市的鄄城、定陶、菏泽，最主要的是鄄城。

穀林尧陵　尧陵又称尧王墓，是帝尧陶唐氏的陵寝。《吕氏春秋》云：“尧葬穀林”，其址在鄄城县城南7公里的富春乡穀林，故名“穀林尧陵”。《大清一统志·唐尧陵》载：“陵高四丈五尺，广二十余丈，上有庙。”尧庙始修于东汉永康元年（167年），为济阴太守孟郁所建，有“汉济阴太守孟郁修尧庙碑”，全文900字，文载《山东通志》《曹州府志》《濮州志》和《金石录》。其后四修尧陵：东汉建宁五年（172年）济阴太守审晃修尧母灵台，立尧母灵台碑；东汉熹平四年（175年）济阴太守刘合修尧庙，立“帝尧碑”；明嘉靖初都御史陈凤梧委知州张寰重修尧庙；清乾隆元年（1736年）山东巡抚岳浚重修尧陵，因为“自金末河决，尧祀移于东平州芦泉山之阳，然尧陵自在穀林，不在东平”（《大清一统志》），“东平一陵，实属沿误，随委员查视，尧陵在濮州城东南六十里古雷泽之西穀林寺前，有享殿三间在焉”（《濮州改祀尧陵议》）。

关于尧陵规模，《水经注》云：“今成阳（今鄄城富春乡北）城西二里有尧陵，陵南一里有尧母庆都陵，于城为西南，称曰灵都，乡曰崇仁，邑号修义，皆立庙。四周列水，潭而不流，水泽通泉，泉不耗竭，至丰鱼笋，不敢采捕。前并列数碑，枯柏数株，檀榆成林。二陵南北，驰道径通，皆以砖砌之，尚修整。尧陵东、城西五十余步中山夫人祠，

尧妃也，石壁阶墀仍旧，南西北三面，长栎联荫，扶疏里余。中山夫人祠南，有仲山甫冢，冢西有石庙，羊虎倾低，破碎略尽，于城为西南，在灵台之东北。”由此可知，尧、尧母、尧妃均葬榖林。北魏时期，尧陵区还很完整。清嘉庆年间还有相当规模。据《濮州志》尧陵古图所示，尧陵为坐北朝南三进式长方形院落，四周围以砖墙。大门前有“石门”牌坊，东侧有房数间。大门外东侧有一口水井，再向东是“圣母殿”。大门内为第一进院落，两侧有东西“更衣亭”。第二进院门为一正两偏，门内左右是东西朝房，中央是圆形花园，其后是一座“享殿”。殿后是第三进院落，古松掩映之下，墓丘巍然屹立，墓前立石碑1座。

2010年，尧陵墓区面积6000余平方米，地势平坦。墓区原有松柏古树300余棵，1979年淤灌时全部淹死。尧陵封土直径15米，陵前立有清光绪二十九年（1903年）濮州知州缪润绂书“帝尧陶唐氏墓碑”和明嘉靖二十四年（1545年）八月濮州知州薛孟所立“尧陵祭文碑”各1栋，2006年，被山东省人民政府批准为省级文物保护单位。

尧城遗址 位于旧城镇东北十五里，李进士堂镇政府驻地。据《曹州府志》载：“尧城，在濮州东南三十五里，一名小城阳。”《濮州志》载：“尧城在濮州东南三十五里，《括地志》云：‘在鄄城东北十五里，’即此。”《史记·五帝本纪》所谓“尧辟位二十八年”之所。

尧母庆都陵 又名灵台，系帝尧生母庆都之墓，在鄄城县富春乡榖林尧陵正前方0.5公里，灵台上有唐尧灵台碑，汉建宁五年（172年）立。《皇览》《水经注》《录台碑记》《述征记》皆云：“庆都陵在城阳灵台。”位于汉城阳故城西南。

中山夫人墓 位于旧城镇陶堌堆村，黄河大堤东侧，中山夫人为尧妃。《濮州志·续古迹考》记载：“中山，相传尧妃，葬处在州治东南三十里武集里陶丘堌堆。”“新增濮州考古图”标明，陶丘有中山夫人墓。曾有一洞，人称双龙无底洞，后来被填平，仅存悬云水井1眼，水位高出农田。近年，当地群众恢复重建了玉皇庙大殿、山门，为仿古建筑，雕梁画栋，气势恢宏，殿内塑像栩栩如生，庙前树石碑5栋。

箕山古遗址 位于箕山镇箕山集东街垓子庙旧址。箕山为古代鄄城名山，但由于历史上黄河屡次决口，箕山逐渐淤没于地下。《濮州志·山川考》载：“箕山在州治东五十里，相传许由所居。”《史记》《汉书》中也均有许由隐于箕山的记叙。《濮州志》载“水在箕山东寺前环绕而北”，“黄店旧有许由庙，今已废。”

舜诞生地姚墟 位于彭楼镇阎什镇历山庙北部一带。《孟子·离娄章》云：舜生于诸冯、迁于负夏、卒于鸣条，东夷之人也。皇甫谧在《帝王世纪》说：“舜生于姚墟，因姓姚。”诸冯、姚墟实为一地二名。《濮州志》载：“姚墟在濮州东南九十里，援神契曰‘舜生姚墟’，应邵曰‘姚墟与雷泽相近’。”考雷泽县历代之归属，均属濮州管辖。

舜耕历山遗址 位于阎什镇历山庙村西，东距阎什镇2公里。《史记·五帝本纪》载：“舜生姚墟，耕历山，渔雷泽，陶河滨，作什器于寿丘，就市于负夏”。而姚墟、历山、雷泽均在鄄城县境内，河滨、寿丘、负夏均在鄄城附近。历山舜王庙建立在舜所耕历山古遗址之上，圣迹恢宏，影响深远。据古庙碑记载，东汉光武年间曾修复立碑，南北朝、唐朝、元朝、明朝、清朝皆有修复。元仁宗延祐五年（1318年）历山公（名千努，曾任荣禄大夫、平章政事等职）退居历山，效法舜帝造福乡里，“聚书万卷”，在历山舜王庙院内东南隅创建山东省文物保护单位历山书院，明清以后历山庙和历山书院逐渐损毁。

历山原系一座土山，历经黄河决口淤积，山势逐渐降低。1935年黄河决口，淤为平地。1980年省、地、县文物普查人员在历山古遗址地面采集和铲探，获得文物312件。铲探考查：文化层堆积厚3.7米，地表面下1米为扰乱层；1米至2米为灰褐土，为汉—周文化层；2米到4.7米为灰黑土，属龙山文化层，这些对中国古文化断代研究具有十分珍贵的价值。1998年以后，舜的后裔，海内外甄氏族人纷纷来函来人到历山庙认祖归宗，历山庙周围广大群众也自发修复历山庙，已建成寝宫殿、三皇殿、苦奶奶庙、龙泉舜井亭、周边院墙及山门等。

雷泽湖　即舜渔之雷泽，位于今彭楼镇、引马镇一带，现为菏泽电厂水库，水面占地4000亩。据《山海经》载："泽中有神，龙首而人颊，鼓其腹则雷，故名雷泽。"宋人蔡忱注曰："本雷夏泽也，因其神，名之曰雷夏"。雷泽之成因，《禹贡》说："雷泽即潴，灉沮会同。"其实，雷泽本自然湖，大禹治水时把它作为蓄水湖。清人何远《雷泽秋风诗》云："苍茫大泽远村墟，济水西来旧所潴"。郦道元在《水经注》中说："雷夏泽在成阳故城西北十余里，华胥（传说为伏羲之母）履大人迹处，东西二十余里，南北十五里，即舜所渔也。"《史记正义》引《括地志》："雷泽在濮州雷泽县廓外西北"；《汉书·地理志》："雷泽即济阴成阳，雷泽在西北"；《曹州府志》："雷泽在濮州东南六十里，本成阳故城，古之郕伯国也，汉县亦作成阳，北齐废，隋置雷泽县，唐宋因之，金省为镇"；《濮州志》："雷泽在州之东南，舜尝渔其间，禹贡所谓雷夏既泽是也。旧有雷泽城，昔雷泽县治在此，东汉改雷泽为成阳县"；《辞源》解释："雷泽，一是古泽名，即雷夏，在今山东菏泽东北，已淤；一是地史，乃古郕伯姬姓之国，汉置成阳县，属济阴郡，治所在今山东鄄城县境内，隋开皇十六年置雷泽县，以雷夏泽而名。"《中国古今地名大辞典》："雷泽县，汉成阳县，隋改置雷泽县，金省，故治所在今山东濮县东南。"

河滨　舜陶河滨之地，据考证在今旧城镇陶丘堌堆。舜曾为甄陶之职，古籍多有记载。"甄"古与"鄄"通，本义指制陶的工具，后因舜陶河滨之地，"一年成村，二年成邑，三年成都，"其地故得名为甄。也就是今天的鄄城县旧城镇，东汉陈留人圈称（字伯举）著《陈留风俗传》载："舜陶甄河滨，其后为氏。"宋代郑樵（字渔仲）著《通志·氏族略》载："舜陶甄河滨，其后为氏。"其意是说：帝舜在甄这个地方帮助部落的人制作陶器，他留下管理制陶的子孙便取"甄"作为姓氏。河滨，即鄄城境内的濮水之滨，"舜陶河滨"为今鄄城的陶丘堌堆。

第二节　孙膑文化资源

孙膑故里　孙膑字伯灵，战国时期著名军事家。《史记》载："膑生阿鄄之间。"据全国孙氏族谱及孙膑故里论证会鉴定分析考证，孙膑故里即今鄄城县红船镇孙老家村。围绕孙膑故里的开发建设，鄄城县委、县政府从1992年起，投资100万元，整修"孙氏祠堂"，新建"孙膑纪念馆"及"百名将军碑林"。孙氏祠堂坐落在孙老家村内，始建于明景泰五年（1454年），占地10余亩，正殿5间，东西厢房各3间，不幸于明崇祯年间遭兵火而毁。清道光年间重建家祠，祠堂3间，坐北朝南，占地70平方米，砖木结构，建筑形式古朴典雅，颇具民族传统风格。祠堂内设有神龛，正中供奉孙膑雕像，神龛两旁陈列孙膑后人牌位。祠堂前面有家祠碑1座，碑阳刻有"孙氏家祠序"，碑阴刻孙氏分支概况。此处为孙氏族人缅怀先辈的场所。孙膑纪念馆坐落村东200米，占地4500平方米，主建筑为孙膑纪念馆和碑林，纪念馆主殿5间，正中安放孙膑塑像，四面墙壁绘"孙膑放牛""田忌赛马""桂陵之战""马陵之战"等大型壁画6幅，西有"孙膑故里建设规划"大型沙盘，东西配殿各3间，东殿内陈列孙氏先人牌位，西殿内陈列孙膑著述及物品，大门上方悬一巨型匾额，上书"孙膑纪念馆"，为著名书法家马法冉所题。碑林为孙膑纪念馆的一个重要组成部分。孙膑故里确定在鄄城孙老家后，李德生、彭冲、耿飚、杨得志、张爱萍、迟浩田、杨成武等将军、专家、

孙膑故里　（2010年　摄）

学者、书法家为孙膑故里题词，县委、县政府决定建“百名将军碑林”“百名书法家碑林”，将他们的题词立碑纪念。已立碑62栋。

孙膑旅游城 孙膑旅游城坐落在鄄城县东北20公里处的箕山镇境内，占地978亩。有景点亿城寺、孙膑墓、羊左合葬墓、荆轲墓等，为AAAA级景区。

亿城寺：孙膑晚年隐居孙花园村，齐王念其功高，常派人前去看望，为安置其食宿，于村北建驿城，后改为“仪城”。旁有战国义士羊角哀、左伯桃、荆轲之墓，取其义士之意，故又名“义城”。魏晋时期佛教传入鄄城，北齐皇建元年（560年）在仪城旧城建寺，取“亿”安静之义名为“亿城寺”。明嘉靖三十七年（1558年）重修该寺，据《重修亿城寺碑记》载：该寺占地400亩，建有大佛殿、藏经阁、祖师殿、伽蓝殿、四大天王殿等五大殿，佛像万余尊，僧众千余人。1929年又重修一次，1946年土改时该寺被扒，仅有其遗址。九十年代重建。

亿城寺大殿（2010年 摄）

孙膑墓：孙膑归隐孙花园，死后葬于村北。明代，墓被黄河泥沙淤埋地下。1990年在村北向阳河东岸出土明嘉靖三十七年（1558年）重修亿城寺墓碑一块，上刻“膑墓址深邃”，经专家多方考证，确定孙膑墓址在此。孙氏族人重修坟茔，墓丘直径8米，封土高5米，四周砌以围石香炉。墓地面积1600平方米。四周砌青砖花墙，内植苍松翠柏。

羊左合葬墓：封土直径3米，高2米，墓室结构不详。墓前有清嘉庆十四年（1809年）所立“范县古义士左伯桃表墓碑”。碑高170厘米，宽46厘米，厚20厘米，方头抹角。碑阴无字，碑阳有碑文，

羊左合葬墓（2010年 摄）

记载了立碑时间、经过及羊左全交故事。相传战国时期燕国人羊角哀、左伯桃同往楚国求职，行至鄄邑，忽遇雨雪，盘费将尽，仅够一人生存，左伯桃将食物、银两给羊角哀，让其前往楚国，自己留此等候。羊至楚国作了上大夫，后至鄄邑寻找左伯桃，而左已因冻饿死在一树洞中。羊遂拔剑自刎，随人将羊、左二人合葬一墓。羊左全交的故事，千百年来广泛流传于民间。

第三节 古文化资源

城濮之战遗址 位于临濮镇临濮集。公元前632年，楚成王率陈、蔡等国的军队围攻弱小的宋国，宋向晋国求救，次年晋文公重耳派兵围攻楚的盟国曹、卫，晋楚两军在城濮交战，晋军大胜楚军，晋国确立霸主地位。

会盟台 又叫葵丘会盟台，位于旧城镇葵堌堆村，西邻黄河。春秋时期齐桓公曾在此与诸侯多次会盟。

齐桓公，姜姓，名小白，春秋时期齐国国君，公元前685至前643年在位。其间，励精图治，任用管仲为相，国力渐强，齐桓公成为春秋时期第一位霸主。他多次会诸侯，订立盟约。《左传·僖公九年》“夏，会（诸侯）于葵丘，寻盟，且修好，礼也”，“秋，齐侯盟诸侯于葵丘，曰：‘凡我同盟之人，既盟之后，言归于好。’”《春秋·庄公十四年》：“单伯会齐侯、宋公、卫侯、郑伯于鄄。”此处提到的“鄄”，即本县今旧城镇，而葵堌堆在旧城西南约3公里。《濮州志·古迹》载：会台在濮州（今河南省范县濮城

镇）东南25里，春秋齐桓公会（诸侯）于鄄即此。史书记载，葵丘与鄄不仅是诸侯多次会盟之地，而且筑有会盟台。会盟台倍受后人注目，会台、琉璃井成为古迹，不同时期的祠、庙也先后落成。据村老介绍，有桓公庙、关帝庙、龙王庙、奶奶庙、塔院寺等。其中以北宋状元宰相李迪告老还乡后所建塔院寺规模最大，寺内铸有七级铁塔。明正统十二年（1447年），李迪后人扩建庙院，占地16亩，另有庙地18亩，清乾隆十二年（1747年）进行重修，气势雄伟，每年四月初八为庙会。清咸丰五年（1855年），黄河自铜瓦厢决口改道之后的20年间没有堤防，河水一直漫流，葵丘堌堆紧邻河道，古建筑被冲毁，遗址也被深埋于地下，现仅存汉白玉柱杵一尊，明正统十二年（1447年）重修塔院寺庙碑一截。文物部门于1980年对葵堌堆古遗址进行调查分析，根据铲探得知，地表以下3米为淤积土，3米以下为文化层。从已获陶片中可知葵丘堌堆古遗址包含龙山文化时代商周和汉四个时期的遗存。1995年县文物管理所树立“葵丘堌堆塔院寺古遗址”石碑，现为县级文物保护单位。

庄子钓鱼台 位于临濮镇庄子庙村北0.5公里许。全国十大著名钓鱼台之一。战国时期，道家学派创始人庄周曾垂钓于此，故称“庄子钓鱼台”，简称“钓鱼台”。后人曾在钓鱼台上建庙以祀庄子，其村亦以此名为庄子庙。台上旧有观，唐玄宗天宝元年（742年）封庄子为南华真人，故改称南华观，《庄子》一书改称《南华真经》。因黄河决口，该台渐被淹没，清末时尚有4亩许一方高地，后被淤为平地，仅存遗址。1985年以后，鄄城县政府、临濮镇政府着手规划修复庄子钓鱼台。在当地群众的大力支持下，恢复修建了南华观，占地20余亩，主体建筑漆园大殿5间，为庑殿式仿古建筑，内塑庄周雕像，正中墙壁绘制太极八卦图，雄伟壮观。

曹植读书台 位于旧城镇杏花岗村西南，曹植为鄄城王时仿铜雀所筑，在此台上读书、吟诗作赋、会友。台前有十数级台阶，台上有读书厅、藏书室和会文亭，从住所王府到读书台通有长廊。20世纪40年代，曹植读书台尚有台基高出地面数尺，上有残砖碎瓦。

汲黯墓 位于箕山镇观寺王庄北500米处。1979年被公布为县级文物保护单位。汲黯字长孺，谥号周公，西汉济阴郡鄄城县人。先后为太子洗马、谒者、中大夫、东海郡太守、主爵都尉、淮阳太守。汲黯雄才大略，刚正不阿，主张正义，救世济贫。直言敢谏，多次当众指责汉武帝的过失。勤于政事，选贤任能，不拘小节，深受百姓爱戴。卒于淮阳太守任上。

亘古清泉井 位于鄄城老城区南北大街中段路西。清泉久远，不知年月。涓涓细流，常年不歇。东汉末年，曹操在此屯兵，为解决兵马用水，令士兵在泉眼处深挖坚砌，遂成此井，取名“亘古清泉”。后来人们不仅用泉水做饭沏茶，而且用以酿造酒醋。一次曹植饮过用亘古泉水酿造的酒之后写道：“归来宴平乐，美酒斗十千。”明万历四十八年（1620年）立碑1栋，上书“亘古清泉。”碑阴有捐资修井者百余人姓名，其中有山西、江西经商客人，当时此地称崇兴集。20世纪七八十年代，鄄城县“亘古泉”系列白酒声名远播。后为安全将井口封闭，亘古清泉碑经风雨剥蚀，字痕模糊。为县级文物保护单位。

亘古清泉 （2010年 摄）

刘忠古墓群 位于彭楼镇刘大楼村北，是明朝弘治年间都察院右副都御史刘忠及其家族墓地，总面积72亩，其中墓区占地13亩。刘忠（1428—1497），字摅诚，明代濮州（今彭楼镇刘大楼）人，官至右副都御使，晚年告老还乡，卒于故里，皇帝遣官御葬，墓前立“大明通议大夫右副都御史刘忠之墓”巨型石碑，并赠以石兽石俑。刘林声名由此显赫。嗣后，刘林还建起了山门。明清两代，刘林共保存下来石碑 14 栋。为县级文物保护单位。

万全庄石狮 位于县城东北约 3 公里，鄄箕公路南侧万全庄小学校大门两侧。清乾隆年间，万全庄葛家为光宗耀祖，修葛氏宗祠，请人雕琢石狮一对。石狮底座长 105 厘米，宽 50 厘米，高 117 厘米，除后面为素面外，其余三面均饰以精美浮雕，两狮底座共有六幅石刻，其中四幅长为 69 厘米，宽为 31 厘米，内容分别是：鲤鱼跳龙门，双狮戏球，双龙护灵芝和龙虎争斗，形态逼真，活灵活现，另两幅长为 31 厘米，宽为 21 厘米，内容分别为骏马奔驰和梅鹿漫步。这六幅浮雕故事均为汉民族北方民间的传统内容，既富有祥瑞之意，又具有装饰之美，狮座浮雕故事与狮身巧妙地结合，形成了独具匠心的一对艺术品。狮身呈蹲立式，长 165 厘米，宽 55 厘米，高 110 厘米，腰围 130 厘米。雄狮在左，足戏绣球，身上螺旋纹疙瘩 20 个，口中 28 齿；雌狮在右，身上螺旋纹疙瘩 20 个，口中 38 齿，腹下和背上幼狮神态各异，惜背上幼狮损坏，仅存残爪可见。双狮目睁口张，舌垂口外，神态自若，又不失威武气派，双狮颈上铃铛，经人多年抚摸，光滑闪亮，真实感较强。20 世纪末有人书对联一副："千古奇艺甲天下，万载风貌世无双。"后石狮被盗。

司马桥碑 位于什集镇北王召村北苏氏祖庙东侧，有明朝万历三十五年（1607 年）修刻的"司马桥记"石碑一块。苏氏第八世苏光泰撰文。苏光泰，字交宇，号来卿，万历戊子年举人。从二品大吏、苏氏第九世苏述书丹。苏述字绍尼，号彭符，北王召集人，系万历丙午年举人，丁未年进士，历官至陕西巡按，浙江道监察御史。石工铁笔乃嘉祥县韩登科。碑全高 372 厘米，宽 86 厘米，厚 34 厘米。由三个部分组成：碑座为龟形，全长 106 厘米，高 46 厘米，龟板头长 66 厘米，厚 26 厘米。碑身高 220 厘米，宽 86 厘米，厚 26 厘米。碑帽高 112 厘米，宽 93 厘米，厚 34 厘米。为二龙戏珠透雕，工艺细腻。正面下部正中雕一立匾，上书阴文篆体"司马桥记"。背面下部当中雕一方匾，阴文楷书"士庶题名"四字。碑身正面正文 18 行，每行 55 字，除空格，实有 719 字。边刻云纹牡丹图案。背面刻有捐资修建石桥人的姓名，边绘云纹花卉，字体较小，已剥蚀难辨。为县级文物保护单位。

第四节 生态旅游资源

黄河文化风景线 黄河穿越鄄城县 7 个乡镇、52.5 公里，沿线分布着庄子钓鱼台、城濮之战古战场、董口孝子堂、诸侯会盟台、曹植读书台、刘邓大军渡河处、杏花岗等人文景观，而且有沙洲落日、帆船点点、金凤展翅、黄龙转头、鲤鱼跳龙门等自然景观，还有许多美丽的传说。

金堤绿色长廊风景线 金堤，是清朝末年所修障东堤中间部分。金堤穿越鄄城 10 个乡镇，春暖花开时节，刺槐花洁白如雪，香甜之气沁人肺腑，蜂蝶飞舞其间；盛夏树木葱绿，遮天蔽日，凉风习习；金秋时节，落叶飘舞；隆冬，虬龙树挂，更堪与雾凇媲美。金堤沿线自西南向东北依次分布着庄子钓鱼台、城濮之战遗址、临濮亚圣孟庙、苏祐故里、司马桥碑、苏述御史牌坊、帝尧陵、孙膑故里等景点。

沙河自然生态风景区线 沙河西起黄河，向东穿越鄄城县 6 个乡镇，全长 30 公里，两侧岸边自然生成一望无际的芦苇荡，里面栖息着多种鸟类，一到早晨、傍晚，群鸟争鸣，满天飞舞，成为沙河独有一条风景线；河内盛产鲤鱼、黑鱼、鲇鱼、鳖、草鱼。

第二章　旅游开发

第一节　旅游景点开发

2006年，聘请曲阜师范大学编制《鄄城县旅游业发展总体规划》，规划建设“五区三线一中心”旅游格局，即：远古文化旅游区、孙膑军事文化旅游区、军旅红色文化旅游区、民俗风情文化旅游区、齐鲁药都文化旅游区、黄河文化风景线、金堤绿色长廊风景线、沙河自然生态风景线。2008年，县委、县政府出台《关于进一步加快发展旅游业的意见》，对全县旅游业发展作出科学合理详细的开发建设规划，制定特有的优惠政策，把旅游项目开发与城市建设、新农村建设、生态农业和观赏工业有机结合起来，重奖引资人，让利投资者，造福老百姓。2010年11月鄄城被省政府命名为“山东旅游强县”，孙膑旅游城·亿城寺被评为国家AAAA级旅游景区，结束了菏泽市没有AAAA级景区的历史。全县建成国家AAAA级景区2处，国家AA级景区2处，省级工农业旅游示范点各1处。2012年1月，县委县政府确立“工业立县、商贸兴县、旅游强县、生态靓县”发展战略，逐步实现由旅游资源优势向经济产业优势的转变、由旅游资源大县向旅游强县的转变。

孙膑旅游城·亿城寺景区　位于鄄城县箕山镇境内，距县城25公里，由台湾佛教人士募资修建，1995年动工建设，2008年4月正式对外开放，2009年被山东省旅游局评为国家AAA级旅游景区，2010年通过国家旅游局验收，晋升为国家AAAA级旅游景区。景区总占地978亩，总投资12.6亿元，占地面积999亩，总建筑面积24.7万平方米。整个景区是在古亿城寺、孙膑古墓遗址的基础上兴建的，由孙膑军事文化区、亿城寺、园林游览区三个区域组成。景区基础配套设施完善，综合接待功能齐全。至2010年，先后获国家AAAA级旅游景区、山东省国防教育基地、山东最具特色影视拍摄基地、菏泽市文化旅游产业示范基地、市级文明单位、市级风景名胜区和菏泽市魅力景点等称号，国家旅游局已将该景区列入国家首批12条旅游线路，成为全国最大的孙膑文化、孙膑兵法、孙膑世家、孙膑军事思想与科学研究基地和北方最大的佛教圣地。

孙膑旅游城鸟瞰图　（2010年　摄）

东山禅寺　位于县城孙膑路北段，2010年被评为国家AA级旅游景区，是由台湾天机法师投资兴建，经山东省人民政府批准，依法登记注册的佛教活动场所，于1997年11月4日完成佛像开光及落成竣工启用的现代化庙宇。该寺占地面积25亩，总投资5600万元，总建筑面积6800平方米，寺内主要建筑有山门、坐西朝东的歇山重檐式仿古建筑大雄宝殿、呈南北对称的厢房、讲堂、斋堂、接待室等服务设施。大雄宝殿内供奉佛祖释迦牟尼端坐佛像，高6.4米，樟木雕制，纯金箔贴渡而成，佛像神态端重、肃立，是众佛徒活动的地方。东山禅寺的落成，不仅为佛教居士提供良好的活动道场，也为鄄城增添了一处世人修身养性优美景点，是鄄

东山禅寺 （2010 年 摄）

沙土庙 （2010 年 摄）

城与海外联系的纽带，也是对外开放的窗口。

沙土庙 亦名观音寺，地处阎什镇阎什口村，2010 年被评为国家 AA 级旅游景区。该庙建于唐初，至今已千余载，数百年来一直为冀、鲁、豫、皖四省宗教活动中心，民间多年相传，“南京北京都走到，不如看看沙土庙”之说。沙土庙在“文化大革命”期间遭到破坏，于 1996 年重修，占地 20 余亩，建有各式殿阁百余间，雕塑千余尊，雄伟壮观，雕梁画栋，金碧辉煌。神佛雕塑神态逼真，造型各异。庙内供奉上至伏羲、神农、黄帝、尧、舜、禹、汤，下至中国历代明君良臣，集儒、佛、道三教为一庙。庙内又增设老年活动中心，书画工艺美术展室和文化娱乐设施， 每年古历正月十六日、三月三日、十月六日为沙土庙传统庙会，庙会会期长达六天，届时将有戏剧、杂技、民乐等民间传统文艺活动为庙会助兴，成一个宗教祭祀、旅游观光、休闲娱乐的场所的新景点。

孙膑故里 位于红船镇孙老家村，有明代建筑孙氏祠堂，新建了孙膑纪念馆、百名将军碑林、孙膑大六壬金口诀、兵师殿等建筑，内部配套设施基本完善，2010 年被评为国家 A 级旅游景区。

亘古泉啤酒有限公司工业旅游示范点 位于鄄城县工业园内，2010 年被评为省级工业旅游示范点。2007 年 3 月建成，占地面积 170 亩，总投资 2.1 亿元，建筑面积 3.6 万平方米，是菏泽市经济支柱企业、重点跟踪建设项目之一。年生产啤酒达到 14 万吨，年销售收入 3.8 亿元，利税 5000 万元。

农业旅游示范点 为舜王城中药科技文化园。

第二节 旅游商品开发

至 2010 年，全县以特色农副产品、民俗工艺品等为重点，开发食品、工艺品、玩具、服装等旅游商品四大类 20 余种。工艺品主要有根雕、剪纸、砖塑、桃木制品、鲁锦、孙膑竹简等，地方名吃主要包括什集烧羊肉、左营牛肉绿豆丸、马敬安红烧牛肉、鄄城绿豆粉皮等。

第三章 旅游服务与宣传

第一节 旅游服务

县委县政府加大旅游基础设施建设，提高了城市综合接待功能。健全旅游交通网络，在沿黄路、鄄巨路、济董路等旅游交通干线基础上，新修金堤路、旅游路，加宽改造县城至孙膑旅游城的道路，接通了孙膑故里、华胥部落遗址、雷泽湖、帝尧陵等景点通往主干道的旅游断头路，全县形成“鄄城二日游”旅游环线。至2010年，全县有鄄城第一大酒店、雷泽大酒店三星级酒店2家及温泉度假村二星级饭店1家，有贵宾楼、福庆隆、红枫大酒店、马敬安大酒店等星级餐馆10家。强化城市基础设施，完善城区交通干道中英文对照的交通指示牌及景区警示标志系统，规范公共信息图形符号。改善旅游购物条件。以特色农副产品、民俗工艺品等为重点，开发了左营绿豆丸子、什集烧羊肉、马敬安烧牛肉、鲁锦、根雕、孙膑竹简、剪纸等一批特色鲜明的旅游商品，2011年好客山东贺年会三项评选活动中，精一坊鲁锦当选“到山东不得不买的100种旅游商品”。1999年，成立鄄城县第一家旅行社——中国旅行社鄄城办事处。2010年，新增孙膑旅行社、天宇旅行社及康辉旅行社鄄城办事处，提高了旅游综合接待功能。

第二节 旅游宣传

为提高鄄城文化旅游知名度，让更多游客走进鄄城，2004年鄄城成功举办中国（国际）孙膑文化旅游节和人发风情节，开展了一系列文化、旅游活动，中央领导人、海外嘉宾、专家学者等多人参加，中央、省、市新闻媒体给予报道，展示了鄄城深厚的文化底蕴，在县内外产生广泛深远影响。

第三十三编

卫　生

WEI SHENG

1991—2010年，全县卫生系统管理体制改革，先后实行医院院长负责制、经费包干制、绩效工资制以及多种形式的经济、技术承包责任制，促进了医院良性发展。逐步建立健全县、乡、村三级卫生服务网络，医疗队伍不断发展壮大，医疗设施不断更新完善，选派医务人员到省内外大型医院学习进修，医疗技术水平不断提高。1991年，全县卫生系统共有医务人员1140人，其中医疗技术人员658人，拥有高级技术职称人员34人，中级技术职称人员167人，护师150人。2010年，全县有各级各类医疗机构293所，床位1300张；共有医务人员1870人，其中医疗技术人员1387人，拥有高级技术职称人员76人，中级技术职称人员315人，护师403人。

第一章　医　疗

第一节　医疗改革

1991年县中医院率先实施《技术经济责任承包制度》，1998年实行院长负责制下的院、科两级管理制度，建立以科室成本核算与医疗质量、工作质量、医德医风考核、工作量考核相结合的分配方式。2000年制定《优质服务奖惩办法》，2002年制定《关于加强行业作风整顿的实施意见》，2004年对1998年制度进行完善。

1995年县人民医院、1997年县中医院、1998年县第二人民医院等先后开通120急救电话，配备了救护车，24小时免费接诊，平时在门诊设置服务台为病人提供导医、咨询、解惑答疑等服务。

1998年，县第二人民医院实行量化管理模式，实行按劳分配、多劳多得的管理分配制度。

1999年县人民医院建立"成本核算、量化管理与岗位绩效相结合的院、科、职工三级分配制度"，2005年进一步对人事制度进行改革，合并、撤销部分科室，减少岗位43%。2007年县人民医院核算办归属财务科。2008年综合门诊部撤销；行管科室增加医保科；被服站归属总务科。2009年3月，离休医保科病房撤销，只设离休医保门诊；中医、理疗科由隶属门诊办管理，成为一个独立的科室。2010年3月内一科改称神经内科，内二科改称心内科，外一科改称普外、泌尿外科，外二科改称骨外、小儿外；CT、放射合称影像科；政工科改称人力资源科，审计科改为审计监察室，行管科室增加接访室和质控科。

第二节　医疗机构

1991年，县城有鄄城县人民医院、鄄城县中医院、鄄城县第二人民医院3所公立医院。2010年，全县共有各级各类医疗卫生机构293家，其中县（区）级综合性医院2家，中医医院、妇幼保健医院、疾病预防控制中心、卫生监督所各1家，乡镇卫生院16家，社区卫生服务中心1家，卫生服务站3个，村卫生室208个，社会办医院2家、个体诊所57个。

鄄城县人民医院　建于1949年2月，为全民事业单位。1949年建立时，为鄄城县人民政府卫生院，地址在县城老城区原百货大楼南邻新华书店处。1954年迁至老城区东南角（今县总工会处），改名为鄄城县卫生院。1959年7月改称鄄城县人民医院。1960年迁移至肖宁街5号，1983年在现址扩建，1986年门诊楼建成投入使用。1991年病房楼使用。1998年7月沿街办公楼启用。1998年10月实习生宿舍楼启用。2002年12月综合服务楼使用，2009

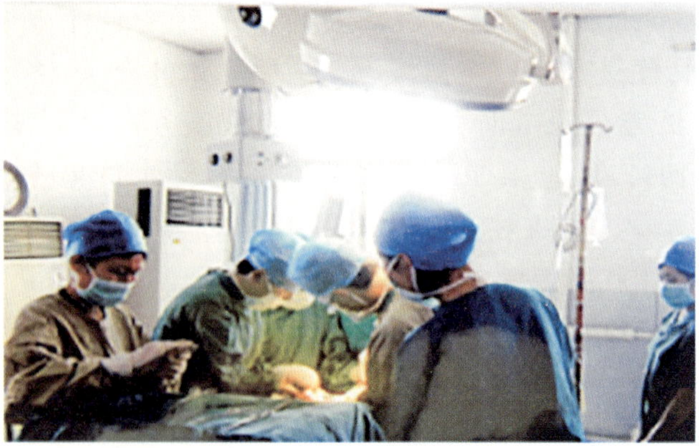

县医院进行新技术手术 （2005年 摄）

年5月，新扩建病房楼启用，医院建筑面积达到2.2万平方米。

1995年，县医院确立“以技术立院、管理治院、服务兴院”的工作方针和“一年打基础，二年上台阶、三年大发展”的奋斗目标，医院进行内部人事改革，对科室负责人进行测评和聘任，先聘科室主任，再聘护士长，聘任期限为一年半。按照二级医院标准，建立健全各项规章制度和各级各类人员岗位职责。

1996年，借鉴青岛市卫生系统先进经验，医院成立急救中心，开设扶贫病房，开通急救绿色生命通道。

1996年在全县率先开展二尖瓣狭窄扩张术，1998年率先开展嗜铬细胞瘤切除术、肺叶切除，2001年开展急性心肌梗塞溶栓治疗、胰十二指肠切除、脑出血微创治疗、甲状腺癌根除，2002年开展巨型肝癌切除、颅脑肿瘤摘除、放射介入治疗。开展新技术新项目130余项。

2005年，在职职工442人，其中医疗人员131人、护理人员149、医技人员52人、管理人员49人、其他65人，高级专业技术职称65人，中级职称174人；全年完成门诊量227527人次，出院15850人次，业务收入3994.5万元，资产5200万元。2010年，县人民医院共有在职职工513人，其中高级职称56人，中级职称236人，设置床位499张；完成门诊量28.699万人次，出院22025人次，业务收入11519万元，资产达1.64亿元。

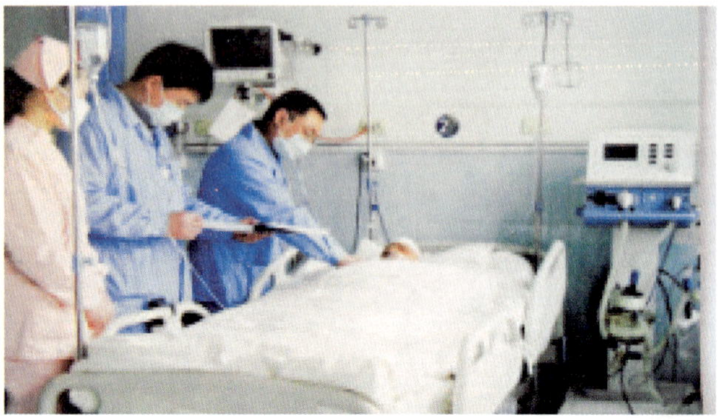

县医院重症监护室 （2005年 摄）

鄄城县第二人民医院 建于1950年，原为鄄城县城关卫生院，1988年10月改为鄄城县第二人民医院，上划县属管理。1991年，医院共有干部职工101人，开放床位80张，总收入179万元，其中业务收入161万元，固定资产111万元。1993年投资兴建四层病房楼，总建筑面积3201平方米。1994年被省卫生厅认定为一级甲等医院。

1998年，医院成立急诊科，购买救护车2部，开通急救绿色生命通道和急救电话“2428120”，同年被世界卫生组织和卫生部授予“爱婴医院”称号。

1999年10月，安装了暖气，实行集中供暖。2003年，对病房楼进行装修改造，同年购买呼吸机、头颅降温仪、微波治疗仪，建立心电工作站、牙科综合治疗台。2004年，成立保卫科。2005年购买洗衣消毒设备，新增设皮肤科、康复理疗科、特检科、政工科。业务收入达到702万元，总收入759万元，总资产达到1073万元。

2006年，医院新开展的微创治疗脑出血技术被卫生部“全国脑血管病防治办”确定为“协作医院”。

2007年，鄄城县肛肠病治疗中心在该院成立。

2010年，加强医疗质量的管理和人才培养力度，制订人才培养管理办法，有9名业务骨干到省市级医院进修学习。

同年，引进荷兰进口飞利浦HD11XE锐影彩超、进口麻醉机两部、大隐静脉曲张激光治疗仪、进口呼吸机心电监护仪12台，成立新生儿监护病房，总投资300余万元。

2010年，医院在职在编人数214人，上半年出院病人3206人次，门诊人次41294人次，上半年业务总收入 1108 万元。

鄄城县中医院　始建于 1987 年 6 月，位于县城建设路西段 162 号。1991 年有干部职工 44 人，副主任医师 1 人，主治医师 9 人，主管护师 2 人，会计师 1 人。设有中医内科、西医内科、骨伤科、针灸科、推拿科、眼科、检验科、药剂科、财务科、总务科，负责县直单位干部职工的公费医疗。设置病床 140 张。

1996 年 12 月 20 日该院被评为二级乙等中医医院。1997 年 10 月，与山东省中医药大学附属医院联合成立"鄄城县中医院矫形、正骨治疗中心"及"鄄城县中医院肛肠病治疗中心"。1998 年 9 月医技楼投入使用。10 月 31 日至 11 月 2 日由国际狮子会发起的"视觉第一中国行动"小组在中医院为白内障患者 78 人实施人工晶体植入手术。1999 年 1 月购进救护车 2 辆，开通"120"绿色生命通道，先后与山东武警总队医院、山东中医药大学附属医院、山东大学齐鲁医院、菏泽市立医院等展开多项技术合作。8 月完成第一例"胃大部切除术"。2000 年 7 月 31 日顺利完成首例"胃癌切除术"。

2001 年 2 月，购进救护车 2 辆，医院救护能力得到大幅度提高。2003 年 5 月门诊大楼投入使用。为二级综合性中医院，是全县中医医疗、教学、科研基地。

2007 年 5 月，与山东省中医药大学第二附属医院心脏外科中心、山东省慈善总会联合开展"爱心救助"工程，为全县患有先天性心脏病的患者免费或减免做心脏手术。当年，共为 42 名患者实施手术，其中免费手术 2 例，减免或半价手术 40 例，为患者节约医疗费用 40 余万元。9 月，与济南施尔明眼科医院、山东省慈善总会联合开展"爱心复明"工程，为鄄城老年白内障患者减免或半价实施人工晶体植入手术。

2010 年，医院有干部职工 192 人；其中专业技术人员 165 人；主任医师 3 人；副主任医师 9 人；主治医师 65 人；主管护师 22 人；护师 16 人；医师及医技人员 50 人。继续与济南施尔明眼科医院合作，为全县老年白内障患者开展白内障减免手术 860 例。至 12 月，免费手术 50 余例，减免或半价 300 余例，为患者节约医疗费用 10 万余元。

乡镇卫生院　20 世纪 90 年代全县拥有乡镇卫生院 16 处，其中中心卫生院 5 处，一般卫生院 11 处，在职干部职工 586 人，其中具有高级技术人员 2 人，中级技术职称 168 人，初级技术职称 374 人，拥有开放性床位 959 张。2008 年，设立鄄城县崇兴社区卫生服务中心，编制和人员由鄄城镇卫生院内部调剂。2010 年，全县设立乡镇卫生院 16 所，其中，中心卫生院 7 所（2009 年年底，郑营乡卫生院和什集镇卫生院分别升格为中心卫生院），一般卫生院 9 所，社区卫生服务中心 1 处。

2010 年鄄城县各乡镇卫生院基本情况表

表 33-1-1

卫生院名称	占地面积（平方米）	医用面积（平方米）	员工（人）	技术人员（人）			科室（个）	床位（张）	接诊（人次）	
				高级	中级	初级			门诊	住院
旧城镇	22000	8000	68	–	4	32	16	60	28000	2300
郑营镇	13000	2300	48	–	5	20	13	35	19000	840
左营乡	14000	5000	58	–	12	42	15	56	20000	2500
箕山镇	19200	7000	58	–	19	38	15	60	20000	2400
大埝乡	6200	1450	23	–	3	14	11	18	1000	700
李进士堂镇	16000	5000	42	–	2	18	13	30	18000	2300
红船镇	8500	5000	31	1	4	22	16	28	29000	1500

续表 33-1-1

卫生院名称	占地面积（平方米）	医用面积（平方米）	员工（人）	技术人员（人）			科室（个）	床位（张）	接诊（人次）	
				高级	中级	初级			门诊	住院
凤凰镇	6600	1200	43	-	2	41	15	22	20000	1500
引马乡	5400	1200	32	-	2	16	13	26	25000	1000
阎什镇	25000	8000	56	-	8	41	18	50	33800	2100
彭楼镇	6340	1600	56	-	12	42	15	36	27200	1280
什集镇	13000	1200	46	1	1	44	7	30	21000	910
富春乡	3587	1600	30	-	2	13	12	25	20000	850
临濮镇	6210	1500	53	-	8	28	13	30	26800	1300
董口镇	30000	5000	58	-	5	46	11	30	19000	800

乡村卫生室 1991年全县有村卫生室480个，乡村医生1023人，由县卫生局统一管理。

2004年1月1日，《乡村医生从业管理条例》实施，乡村医生经过相应注册及培训考试后，才能以正式执照营业。2005年，设村卫生室860个。

2008年9月，落实省卫生厅、财政厅《关于加快提升村卫生室服务能力的意见》，召开全县村卫生室规划建设大会。全县新规划卫生室208处，每个卫生室服务半径1.5～2.5公里，服务人口3500人左右，建筑面积120平方米以上，实行诊断室、治疗室、药房、观察室、康复室、预防保健室“六室分开”，有中医业务的实行“七室分开”。同时要求通水、通电、通路、通电话、通网络等。卫生室占地面积在1亩以上，院内地面绿化、硬化，建有男、女卫生厕所。卫生室人员实行优化组合、双向选择，竞争上岗，从业人员1100人，并统一办理了养老保险。

2010年全县新规划的208处村卫生室全面建成，实行新农合报销，通过省卫生厅、财政厅验收。

马爱云妇儿医院 2003年成立，属于民营医院，位于县城鄄五路北段，门诊楼和病房楼1.2万平方米，其中业务用房4000平方米。设妇产科、儿科、内科等科室和B超、化验、心电图、妇科治疗等辅助科室。在职职工80余人，其中高级职称6人，中级职称15人。床位50余张。

2010年，新建病房楼3600平方米，中央空调、电梯等设施配套齐全，病房有高档单间、双人间、普通房间。医院拥有大型X光机、进口彩超、四维B超、呼吸麻醉机、全自动生化分析仪、透乳仪、乳腺B超、钼钯仪、阴道颈TCT、内分泌检验仪、血HCG检测仪、微量元素检测仪、胃密度测量仪、血细胞计数仪、心电监护仪、高压氧气、婴儿保温箱、利普刀等30余台仪器设备，设中央胎心监护系统等。有职工168人，其中正副高级职称专家23人，设有外科、内科、儿科、妇科、乳腺科、疼痛科、特检科与门诊。7月被市卫生局审批为二级全科医院。

鄄城县交通骨科医院 属于民营医院，2003年成立的以骨科为主的专科医院，位于县城鄄四路北端，占地总面积5000平方米，建筑面积1500平方米，资产300余万元。

2010年，医院设内科、外科、骨科、微创外科、泌尿科、肛肠科、妇科、肝病科、结石科、皮肤科、疼痛科、不育不孕科及医学影像、医学检验等科室，配备遥控X光机、彩色多普勒诊断仪、体外冲击波碎石机、全自动生化仪、血液分析仪、红外乳腺扫描仪、电子数码阴道镜、盆腔炎治疗仪、激光治疗仪、全功能麻醉机、心电监护系统等。有医护人员55人，其中高级职称技术人员8人，中级职称技术人员8人。年门诊病人4万余人，住院病人2000人次。医院定期邀请省内权威专家、学者到院坐诊、讲学及同台手术。该院为全县首家无挂号费医院、无假日医院。

第三节　医疗队伍

1991年，全县卫生系统共有医务人员1140人，其中医疗技术人员658人，拥有高级技术职称人员34人，中级技术职称人员167人，初级技术职称人员277人，护理人员180人。县卫生系统通过组织举办学术讲座、技术观摩活动，各医疗卫生单位选送中青年技术骨干到上级医疗机构和医学院校进修学习，并与外地医院联合，聘请专家到鄄城坐诊或讲座，接收大专院校毕业生充实技术队伍。至2010年，全县医务人员1870人，其中医疗技术人员1387人，有高级技术职称人员76人，中级技术职称人员315人，初级技术职称人员582人，护理人员414人。

1991年全县有乡村医生1023人。2004年1月1日《乡村医生从业管理条例》颁布实施，县卫生局根据本县实际制定乡村医生培训计划，培训情况与本年度考核结果直接挂钩，并记入乡村医生个人档案。

2004年，全县集中开展乡村医生执业注册培训和考试考核，全县乡村医生注册建档1230余人，执业活动进一步规范化。2008年，凡进入新规划的村卫生室工作的乡村医生，本着自愿原则，按照资质及身体条件要求，本人申请，卫生局审核合格后，实行人员优化组合、双向选择，竞争上岗，并统一办理了企业养老保险。

2010年，全县有注册乡村医生1402人，乡村医生由乡镇卫生院一体化管理办公室统一管理，县卫生局结合县人社局为乡村医生统一办理企业养老保险。

1991—2010年鄄城县医疗卫生人员情况表

表33-1-2

年　份	人员总数（人）	专业技术人员数（人）				
		医　生			护理人员	
		高级	中级	初级	护师	护士
1991	1140	34	167	277	150	30
1992	1183	36	166	299	165	23
1993	1201	35	170	310	170	25
1994	1239	37	172	322	182	28
1995	1283	38	198	331	198	16
1996	1344	40	207	372	199	22
1997	1408	41	218	416	203	41
1998	1471	43	234	434	220	37
1999	1538	46	241	456	246	30
2000	1551	48	262	471	280	13
2001	1570	49	278	489	290	21
2002	1583	52	279	499	291	36
2003	1591	55	283	510	304	34
2004	1607	56	292	533	333	20
2005	1617	60	299	547	370	11
2006	1647	61	301	556	380	10

续表 33-1-2

年份	人员总数（人）	专业技术人员数（人）				
		医生			护理人员	
		高级	中级	初级	护师	护士
2007	1700	65	305	560	385	11
2008	1789	67	310	569	390	9
2009	1823	69	312	573	397	10
2010	1870	76	315	582	403	11

第四节　医疗技术

中医　从 1991 年起，县中医院先后与山东武警总队医院、山东中医药大学附属医院、山东大学齐鲁医院、菏泽市立医院等展开多项技术合作，对多发病、常见病，用针灸推拿、火罐针、理疗技术进行治疗。1994 年，实施疝气、阑尾炎、四肢骨折、甲状腺全切术，1996 年相继开展脾切除术、肝修补术和胃肠道癌切除手术，发明“医用压舌根套”，并获中华人民共和国专利局外观设计专利。1997 年 10 月，与山东省中医药大学附属医院联合成立“鄄城县中医院矫形、正骨治疗中心”及“鄄城县中医院肛肠病治疗中心”。1998 年 10 月 31 日至 11 月 2 日，由国际狮子会发起的“视觉第一中国行动”小组在中医院为白内障患者 78 人实施人工晶体植入手术。1999 年 8 月，完成第一例“胃大部切除术”。2000 年 7 月 31 日，顺利完成首例“胃癌切除术”。至 2010 年，县中医院开展先天性心脏病手术、子宫垂切和次切除术、卵巢肿瘤切除术等，并重点推行了中药穴位贴敷治疗哮喘、气管炎、肺心病等，受到患者欢迎。

西医　1991—2002 年，县人民医院先后引进“微创全颅血肿抽吸术”“小脑肿瘤切除术”“支气管镜检查”“关节灌洗术”等新技术。1992 年开展“头颅局部低温治疗脑出血”，1993 年开展“静脉留置针治疗自发性气胸”“先天性马蹄内翻足矫正术”等技术革新；2001—2010 年，先后开展“脑出血微创治疗”“心脏永久起搏器安装”“人工晶体植入术”等大型手术，引进“前列腺电切术”新技术。

1991—1995 年，第二人民医院先后开展子宫切除、剖宫产、脐胎瘤切除术，宫外孕妇科急症手术等。1995—2005 年，先后开展肺癌、食道癌、贲门癌、高压脑出血、外伤性脑出血及脑瘤切除术，股骨头置换、先髋造盖及四肢复杂骨折手术以及甲状腺癌、胃癌、结肠癌、直肠癌切除手术等。2005 年 9 月，县第二人民医院外科专家、副主任医师孟凡仁研究发明的《髋屈曲外展矫形器》获得国家专利。2006 年 10 月，医院新开展微创治疗脑出血技术。2007 年 10 月，鄄城县肛肠病治疗中心在该院成立。

第五节　医疗设备

1955 年，县人民医院配备第一台显微镜，1959 年购买第一台 30mAX 光机，1975 年购置心电图机。2000 年 11 月购置 TU-41 日立电视胃肠机 1 台；2000 年 11 月购置德国西门子中师王 3.0 彩超 1 台；2001 年 10 月安装烟台冰科生产的 BZY-4.5 医用制氧设备 1 套；2002 年 10 月购置美国柯达 CR-800 程控摄影机 1 台；2003 年 8 月购置 GE 通用电器生产的双排螺旋 CT 机台；2005 年 8 月购置 GE 通用电器生产的 PS-800+ 数字胃肠机 1 台；2005 年 9 月购置美国贝克曼生产的 LX-20 全自动生化分析仪 1 台；2005 年 12 月购置德国西门子小白杨彩超 1 台。2006 年 9 月购置意大利 MCAC 型臂 1 台。2007 年 5 月购置美国柯达 CR-850 程控摄影机1台；6月安装烟台冰科生产的BZY-7.5医用制氧设备2套。2009年10月订购日立EUB5500型彩超及高档0.4T日立永磁开放式核磁共振各1台。2010年1月购置4008B型血液透析机1台；3月购置Dassh400美国GE监护仪5台；6月购置德国沃尔夫腹腔镜1台；8月购置4008S型血液透析机2台；9月购置HF-120B型Leep刀1台、吞咽语言诊治仪1台、床旁X光机1台、尿沉渣分析仪1台、无分类血球分析仪2台；11月购置PS120型等离子灭菌器1台、多导睡眠监测系统1套、DMB-1.2型脉动真空灭菌器1台、QX2000型超声波清洗机1台、YG2型干燥机1台、DR、骨密度仪及DRX光机各1套，日本产全自动生化分析仪1台、购置飞利浦彩超1台、钬激光1台。至2010年，医院有医疗设备2754台件，总价值5533.14万元，其中万元以上设备413台件，价值4463.97万元，5万元以上设备169台件，价值4206.76万元。

1991年，鄄城县第二人民医院拥有大型500毫安电视胃肠机1台，脑电图机1台。1994年、1995年购买胃镜、全自动血球计数仪、尿液分析仪、三导心电图机、肠镜、电刀和自动麻醉机等设备。1999年12月，购买德国产西门子全身CT扫描仪，成立CT室。2001—2005年，引进彩超、红外乳腺诊断仪、半自动生化分析仪、血流变仪、脑彩超、三台套多功能心电监护系统、呼吸机、头颅降温仪、微波治疗仪、四分类日本产全自动血球计数仪和全自动尿液十项分析仪，建立心电工作站、牙科综合治疗台。2007年购买西门子双排螺旋CT机1台。2008年12月引进德国原装进口DR数字拍片机。2010年，引进荷兰进口最新飞利浦HD11XE锐影彩超、进口麻醉机两部、大隐静脉曲张激光治疗仪、进口呼吸机心电监护仪12台，成立新生儿监护病房。

1991年，县中医院拥有500毫安X光机、日本东芝B超机、动态心电图机、SA—B电脑预报仪等大型设备。1996—2000年，相继增添电视遥控摇篮设备、脑血流变图仪、脑地形图仪、红外乳腺分析仪、小儿恒温箱、心腹两用CT-B型B超机、颈颅多普勒、手术电刀、心电监护仪等先进的医疗仪器设备。2003—2005年，购置沈阳东软螺旋CT机、电视数字遥控肠胃机、全自动血球计数仪等。2006年，购置洗胃机1台、心电图机1台、心电监护仪1台、雾化吸入器2台、吸痰器2台、无影灯1个、手术床1套、手术电刀1套、B超1台、血球计数仪1台、尿液分析仪1台、半自动细胞分析仪1台、脑电图机1台、透乳仪1台、CT　1台、数字胃肠机1台、牵引床1台、六合治疗仪2个、频谱仪2个、TCD治疗仪4个、电麻仪4个。2007年，新增洗胃机1个、心电监护1台、雾化吸入器1台、无影灯1个、手术床1套、全自动生化1台。2008年新增心电监护1个、雾化吸入器2个、电麻仪2台、TDP治疗仪2台、心电图机1台、B超1台。2009年，新增500mA拍片机1台、心电监护1台、心电图机1台、中频治疗仪4台、电麻仪4台。2010年新增雾化吸入器2个、400全自动生化仪1台、彩超1台、透乳仪1台。

1991年，乡镇卫生院拥有B超机、生化分析仪、血球计数仪等简单仪器设备56台套，至2005年新增X光机、脑地形图仪、红外乳腺分析仪、颈颅多普勒等较大型仪器设备60余台套。2007年以后通过360工程、110工程、1127工程配置X光机、B超级、生化分析仪、红外乳腺分析仪、颈颅多普勒、呼吸机、心电监护仪等设备150余台套，乡镇卫生院服务能力提高。至2010年，全县乡镇卫生院共拥有各种仪器设备50台套，其中价值1万元以上的仪器设备20台套。

第二章 卫生防疫

第一节 计划免疫

疫苗管理 1991年，计划免疫疫苗有卡介苗、脊髓灰质炎疫苗、百白破三联制剂、麻疹疫苗、白破二联、乙脑疫苗，实行省、市、县、乡、村逐级计划供应，对疫苗使用、管理情况实行年报制度。县卫生局成立计划免疫领导小组，县防疫站配备冷链车、速冻柜、非药冷藏箱，乡镇防保站配备冰箱、冷藏箱、冰排等。2000年后，国家加大对计划免疫的投入，县乡防保设备进一步完善，疫苗管理逐步走上规范化。

预防接种 1991年，对预防接种制度进行完善，所有疫苗采取运转培训、检查总结报告制度。对新生儿实行一月内建卡建证制度、冷链设备管理和使用制度、计划免疫资料建档制度、生物制品管理制度，规范各级各类专业人员的岗位职责，实现县、乡、村三级质量控制，做到人、证、卡、接种一致。1991年、1995年分别实现包括脊髓灰质炎减毒活疫苗在内的计划免疫疫苗接种率达到85%，1995年以后四苗全程接种率都达到95%以上。

计划免疫规范化和示范化门诊建设 2000年，鄄城县被确定为省级计划免疫重点管理县。2001年，县政府出台《鄄城县人民政府关于加强儿童计划免疫管理的意见》。2004—2010年，全县计划免疫工作全面推行定时定点集中式预防接种，以巩固消灭脊髓灰质炎成果、控制麻疹为重点，落实乙肝疫苗纳入儿童计划免疫，做好预防接种安全注射，提高计划免疫规范化管理水平。在狠抓基础免疫工作的同时，开展脊髓灰质炎等疫苗的强化免疫和各种传染病的监督监测工作。2004年，卡介苗接种率均达98%以上；无C三联接种率均达96%以上；脊髓灰质炎疫苗接种率达98%以上；麻风二联、麻腮二联接种率均达93.6%以上；新生儿乙肝接种率均达99.3%以上；流脑、乙脑、麻疹、甲肝、接种率均达90%以上。2004年，各乡镇防保站从硬件、软件方面，加强门诊建设，当年通过省市验收。2005年，红船、彭楼防保站被确定为省示范化门诊，鄄城镇、左营、旧城、李进士堂、大埝、凤凰、引马、阎什、郑营、什集、董口、临濮、箕山13个乡镇防保站被确定为市级规范化门诊。2007—2010年，在箕山、左营、彭楼、红船4处省级示范门诊的带头下，其余乡镇计划免疫接种门诊条件进一步改善，预防门诊建设通过县卫生局验收，发放了山东省预防接种认证证书。2007年7月、2008年10月，各乡镇投资购买微机、打印机，办公自动化水平进一步提高，对0～6岁儿童发放金苗卡4万余个，全部实行微机化管理，确保了接种门诊对所有儿童的预约登记、及时接种，防止重种、漏种的发生，提高了计划免疫工作管理水平。

为加强乙肝控制，2009年、2010年，全县范围内实施补种乙肝疫苗项目，县卫生局、教育局、财政局联合下发鄄卫发200〔2009〕63号文件，要求各乡镇防保站、中心校、各中小学校、县疾控中心，落实山东省2009年补种乙肝疫苗项目实施方案，开展社会宣传动员、人员培训以及接种对象调查，10月完成8个年龄组乙肝疫苗补种摸底。全县实施接种工作计划分3批3年完成。8个年龄组共需补种乙肝疫苗96505人，其中应补种1针14807人；应补种2针16625人；应补种3针54102人。2010年，完成接种70184人。

第二节　重点传染病防治

传染性非典型肺炎　2003年，鄄城县成立防控非典型性肺炎领导小组，召开非典防治工作会议20次，制订《传染性非典性肺炎控制应急预案》等文件，开通“95120”非典咨询热线，坚持24小时值班，接受全县疫情报告和非典情况咨询。筹备资金200余万元，购进非典防治消毒剂、预防治疗用药、防护用品及呼吸机、监护仪等仪器设备，设置发热门诊、留观室、处置室、隔离室共计260间，床位250多张。“非典”防治期间，全县共登记外出返乡人员7万余人，全部进行体温检查，监测留观63389人，隔离观察发热病人2675人，晨检中小学生486万人次，消毒过往车辆9万多辆，并对50余家机关、企事业单位，200多个饭店宾馆，167个娱乐、美容等公共场所进行监测消毒。发放“非典”防治宣传材料20多万份，发放《传染病防治法规汇编》近万册，举办“非典”防治知识培训班3期，培训5000人次，举办大型 “非典”防治实战演习2次。

艾滋病　培训　落实《中国预防与控制艾滋病中长期规划（1998—2010）》，实施以健康教育和重点人群预防为重点的综合性防治措施。2006年，举办全县卫生系统艾滋病防治全员培训班，对全县16所乡镇卫生院，3处县直医疗卫生单位及大部分乡村医生进行培训、考试。参加培训的乡镇卫生院人员1106人，培训率为85%，县直医疗卫生单位人员643人，培训率为91%，乡村医生563人，培训率为70%，大大提高了艾滋病防治知识知晓率，受到市卫生局通报表彰。

宣传　2004年，成立“鄄城县人民政府防治艾滋病委员会”和高危人群预防工作队。12月1日“世界艾滋病日”，开展各种形式的宣传活动，安排、组织，免费发放、张贴艾滋病宣传海报、挂图1400余份（套），小册子4000余份。同年，引马乡发现一例艾滋病患者，市县疾控中心对发病病人进行调查和治疗，做到及时随访和按时发药物。并在该村进行艾滋病防治宣传，消除群众对艾滋病的恐慌心理。

防治　2005年2月，对有偿献血人员12人、外省嫁入鄄城372人进行艾滋病病毒抗体筛查，未发现阳性。10月10日成立艾滋病高危行为干预工作队，开展艾滋病自愿咨询检测，至2006年6月底，共求询人数54人，其中男性41人、女性13人，接受检测43人。

2007年，县卫生局责成县疾控中心成立高危人群预防工作队。落实上级政策，实行以自愿免费咨询检测为主的“四免一关怀”，至2010年12月，共完成艾滋病自愿免费咨询监测5800余人，对全县20余个重点场所高危人群360多人进行行为干预。12月1日“世界艾滋病日”，开展各种形式的宣传活动，免费发放、张贴艾滋病宣传海报、挂图1400余份（套），小册子6000余份。同年，县卫生局进行省防治艾滋病委员会组织的《中国预防与控制艾滋病规划（1998—2010）》评估检查工作。

2010年，对看守所新入重点人群，进行艾滋病病毒抗体检测，共检测480人次，未发现阳性，检测率达100%，培训监管场所有关人员56人。全年共免费自愿咨询检测586人，培训咨询员7人，发放VCT宣传材料600套，发放安全套598个。对县城内20家公共娱乐场所进行高危行为干预460人次，对高危目标人群，倡导健康的生活方式，并张贴宣传画200张，发放安全套800个。对男同性恋50人进行干预，发放宣传材料2种100份，安全套50盒，润滑剂50支，联系卡50张。鄄城原有艾滋病人1例，当年新报告5例艾滋病感染者和病人（其中2例已经转到外省居住管理，有一例艾滋病人死亡），对他们都做到了定时及时随访，进行道德和社会责任等方面的教育，帮助其解决一定困难。培训基层医务人员70人。是年鄄城被定为艾滋病监测哨点，共完成孕产妇调查监测426人份，HIV梅毒丙肝监测结果全部阴性；性病门诊男性就诊者调查监测403人，检出艾滋病感染者1例，梅毒2例，丙肝2例。

病毒性肝炎　1992年在出生儿童中开展乙肝

疫苗接种，1993年在儿童中推行甲肝疫苗接种，1995年，乙肝疫苗接种重点转向新生儿，1995—1999年，新生儿疫苗接种率提高到60%以上。2000—2003年继续开展以新生儿免疫乙肝疫苗接种及学龄前儿童和小学生甲肝疫苗推广，对HBsAg（乙肝表面抗原）阳性孕妇开展乙肝免疫球蛋白应用。2003年8月将乙肝疫苗纳入计划免疫管理，接种率提高到99.9%，对甲肝疫苗实行免疫保偿制，对全程接种人员实行5年免疫效果保偿。2008年5月实施适龄儿童免费接种甲肝疫苗，至2010年12月，全县共免费接种甲肝2.3万余人。

2009—2010年分别免费对1994—1995年、1996—2001年出生儿童进行了乙肝疫苗查漏补种，共补种乙肝疫苗156657人份，使乙肝疫苗和甲肝疫苗接种率提高到99.9%。

结核病 1987年，结核病防治由县医院划归县防疫站，成立鄄城县结核病防治所。1991年至1992年6月，共发现治疗结核病涂阳病人180例，涂阴病人87例，治愈率达85%。根据2001年全县结核病流行病学调查显示，全县肺结核患病率为6.41/10万，活动性肺结核病患者343人，其中传染性肺结核患者308人。1992年6月至2002年8月，实施世界银行贷款阳控结核病控制项目，其间共发现治疗涂阳肺结核病人3007例，其中，涂阳159例，涂阴726例，复治768例，治愈率94%。2002年9月至2005年12月实施CIDA—WHO（世界卫生组织结核项目）项目，共发现活动性肺结核病人1349例，其中新发涂阳病人831例，新发涂阴141例，复治涂阳377例，治愈率95%以上。2006年至2010年12月，共发现治疗结核病涂阳病人 1526例，涂阴病人383例，治愈率达95.4%，根据2006年全县结核病流行病学调查显示，鄄城肺结核患病率为6.21/10万，活动性肺结核病患者335人，其中传染性肺结核患者254人。2010年，全年共登记初诊患者3090人。其中，接受免费抗结核药物治疗的肺结核病人484人，系统管理484人。在系统管理的484人中，初治涂阳273例，复治涂阳80例；重症涂阴病人15例，初治涂阴病人116例。综合医院转诊结核病人转诊率达95%以上，传真到位率达86.1%；涂阳病人密切接触者筛查率达85%以上，结核病追踪及追踪到位率均在80%以上。4月，配合省市流调队做好第五次全国结核病流调工作，完成流调点1处，流调自然村7个，参加流调人员1995人次。

麻疹 1993年麻疹疫情纳入脊髓灰质炎监测系统管理，对麻疹实行零报告。1999年鄄城县开始麻疹疫情主动监测，对发现的麻疹病例进行个案调查、采集标本20余份，对密切接触者实行应急免疫。2006年，严格执行麻疹疫情纳入脊髓灰质炎监测系统管理，对麻疹实行零报告，根据卫生部消除麻疹工作意见，县委下发《加强麻疹控制指南》，县实行县、乡、村层层目标管理。2007年，县疾控人员主动到各医疗卫生单位询问病人，查找病案，提高了麻疹发现率，对发现的麻疹病例进行个案调查，采集标本，对密切接触者实行应急免疫。2006—2010年，鄄城麻疹疫情控制在较低水平。

霍乱 1991至2010年主要进行疫情监测、宣传教育工作。未发现霍乱病人，也未检测到阳性菌株。

脊髓灰质炎 1991—2005年，每年12月开展脊灰强化免疫服药活动。通过基础免疫、加强免疫、强化免疫，至2010年，鄄城未发现脊灰病例。

流脑、乙脑 1991—2010年流脑、乙脑疫苗接种率稳步提高，无流脑病例发生。

百白破 为提高免疫接种率和接种质量，以保护1周岁以下儿童为工作重点，百白破三联制剂接种率每年都保持在95%以上，百白破发病率逐年下降，其中白喉病例20年间未发现。

第三节 地方病防治

丝虫病 1989年全县基本消灭丝虫病。1996年调查3个乡镇18个行政村，血检11678人；蚊媒监测1个乡镇5个行政村，解剖淡色库蚊3489只，未发现微丝蚴感染的蚊虫，顺利通过省级考核、验收。2002年调查1个乡镇5个行政村，血检5460人，未发现微丝蚴阳性者。2003年，收集整理历年防治资料，建立档案。2006年，组织专门班子，收集整理历年防治资料，分类建档。2010年，调查4个乡镇21个行政村，血检19670人；蚊媒监测2个乡镇8个行政村，解剖淡色库蚊4537只，未发现微丝蚴感染蚊虫。

疟疾　鄄城属疟疾区，历史上曾多次流行。通过综合性防治，1989年后基本消灭了疟疾。1991—2004年，按照鲁西南五市地联防要求，做好发热病人的血检、流动人口管理等工作。2004年4月，对全县16所乡镇卫生院疟疾镜检员进行专项培训。2009年4月，对全县45名疟防人员进行疟疾防治知识培训，使其掌握疟疾防治知识和镜检技术。并血检发热病人4198人，占全县总人口的4.939‰，复检血片656张，占血片总数的15.8%，未发现疟疾病例。

1997年，省政府授予鄄城“基本消灭疟疾先进集体”奖杯（1997年　摄）

2010年，鄄城被确定为疟疾项目县，成立疟疾项目领导小组及其办公室，各乡镇卫生院、防保站、县直医疗卫生单位也都成立组织。全县设20个镜检站，覆盖每个乡镇。10月12日，举办由各乡镇卫生院院长、防保站长、镜检员、县直医疗卫生单位分管负责人及化验室负责人参加的疟疾防治知识及镜检技术培训班。是年，全县共血检发热病人3115人，占总人口的3.8%，复检血片320张，占血片总数的10.25%，未发现疟疾病例。

狂犬病　1991年，县卫生局下发《加强狂犬病疫苗管理的通知》，成立疫苗监督管理领导小组，开展狂犬病防治知识宣传和暴露人群狂犬疫苗免疫和伤口处理工作，推广疫苗新剂型。2004年，按照菏泽市统一要求，停止使用抗狂犬血清，伤口严重者使用人抗狂犬免疫球蛋白，当年鄄城没有发生狂犬发病病例。2006年以后推广疫苗新剂型，从普通水剂、冻干制剂浓缩疫苗和精制疫苗，保护率逐渐升高，全县狂犬病发病率保持在较低水平。

手足口病　2009年2月16日，鄄城县发现首例手足口病，县政府、县卫生局迅速制订《鄄城县手足口病防控方案》和《鄄城县手足口病健康教育方案》，成立手足口病防控工作领导小组及各级防控组织。2009年，全县报告手足口病例2294例，其中重症134例，死亡4例。县疾控中心专业人员深入到医院、社区、农村，对病例进行详细的流行病调查，对重症特别是死亡病例进行特殊调查和处理。完成个案调查表2294份，追踪随访出院病人2018人，撰写手足口病聚集性病例调查报告84份，重症病例调查报告65份，举办手足口病防治知识讲座15场次，疫情得到有效控制。2010年　全县报告手足口病728例，重症116例，无死亡病例。对病例进行详细的流行病学调查。完成个案调查690份，追踪随访出院病人728人，撰写手足口病聚集性病例调查报告3份，重症病例调查报告116份，定时上报防控动态，疫情得到有效控制。

甲型H1N1流感　2009年，县政府成立甲流感防控小组、流调小组。9月23日鄄城实验中学确诊4例甲流感病例，对确诊病例、所有密切接触者、发热病人进行详细流调；共流调密切接触者和发热病人98人，对其进行隔离观察治疗；并发放宣传单10万份，宣传画5000套。由于防控措施到位，疫情得到有效控制，无新发病例。

第四节　职业病防治

2002年，成立劳动卫生科，开始全县职业病防治工作。每年5月开展职业病防治宣传周活动，在城区繁华路段设立咨询点、展示牌，并向社会公布投诉咨询电话。2002年5月开展企业职业危害因素申报。根据申报内容，选择30个消毒点、41个噪声点进行监督监测，对监测不合格的点及时向企业通报，责令其限期整改。每年对重点企业（化工、皮革等企业）从业者进行健康检查，根据检查结果及时调离职业病禁忌症患者50余人。2010年，开展职业卫生“四个一”工程（即给企业送一部《中华人民共和国职业病防治法》手册，对劳动者开展一次职业卫生知识培训，指导企业建立一套职业卫生档案管理系统，与企业签订一份落实《中华人民共和国职业病防治法》责任书）活动和职业卫生“六进”宣传活动（即宣传进企业、进职业技术学校、进社区和农村、进交通站点和劳务市场）。通过发放宣传材料、张贴宣传画、设立展台、悬挂宣传条幅、深入企业等方式宣传贯彻《中华人民共和国职业病防治法》和《国家职业病防治规划（2009－2015年）》，普及职业病防治知识，提高用人单位和劳动者职业病防治法律意识，维护劳动者职业健康权益。

第五节　卫生监督执法

1991年，全县饮食服务从业人员查体1679人次，其中HbsAg乙肝表面抗原阳性86人。完成监测食品样品50份，报告监测数据4020条。完成食品、化妆品、公共场所、饮用水等样品检验1200余份，出具检验报告800余份；配合丝虫镜检血片1100多份，解剖库蚊150只；配合消杀科检测、消杀用品、一次性医疗用品1500余份。1992年，进行健康查体1693人，其中HbsAg阳性80人，检出1例肠道致病菌，肝功能异常9人，检测白酒样品60份，合格率38.3%；对县直及部分乡镇集中给水单位进行水质检验，抽检生活饮用水54份，全年完成检测食品及水质样品97份，报告检测数据40902条。1995年，新《中华人民共和国食品卫生法》颁布实施。全年完成健康查体23641人，并对携带HbsAg81人做了肝功及五项指标检查，食品及水质样品检测275份。

1997年，完成健康查体3421人，食品及水质样品检测260份，餐饮单位消毒效果监测262份，医疗单位消毒监测样品514份。2000年，完成健康查体2420人，食品及水质样品检测460份，餐饮单位消毒效果监测1100份。

2001年，重点做好食品卫生、公共场所卫生监督工作。进行电视报道4次、办板报11期，举办大型法律咨询3次、发放宣传单3000余份，培训从业人员3000人。完成健康查体2689人，查体率达98%，查出阳性21人，全部调离工作岗位。采集样品460份，合格率85%。公共场所从业人员查体260人，验证643个，监督监测2782户次。2002年，完成健康查体1780人，查体率达90%，查出阳性8人，全部调离原工作岗位。采集样品492份，发放卫生许可证638个。公共场所卫生从业人员查体306人，采集生活饮用水78个。新发卫生许可证62个、验证221个，监督覆盖率90%。8月26日接群众举报，与县公安局配合一举查获左营乡吴庄村一起从天津购置劣质油（工业油、饲料用油）冒充食用油销售案件，查获劣质油25吨。接着对县城馒头市场进行整顿规范，自行关闭加工点15户，取缔不合格2户，重新开业23户，实行统一面粉进货渠道、统一销售工具、统一工艺流程、统一穿工作服等，从根本上保证了馒头质量，使广大群众吃上放心馒头。2003年，公共场所卫生科从食品环境科分离，设独立的公共卫生科，全年采水27份。食品卫生工作组织各类检查20余户次、出动车辆400辆次、出监督人员200人次、监督1.1万户次、封存销毁各类假冒伪劣食品5000公斤，价值8万余元，查体2461人、办证423个，采集各类样品362个。对中小学生3.6万人进行预防性健康查体，印发有关材料10万余份，监测学校食堂16家，办理卫生许可证20余份，对学校食堂从业人员100余人进行查体。2004年，组织检查20余次，出动车辆300辆次，卫生监督员200人次，监督600户次，健康查体1800人，办验证120个。对中小学生3.5万人、对学校食堂从业人员200余人及学校食品卫生管理员50人进行卫生知识培训。对学校食堂进行监督检查，处罚10家卫生不合格单位，没收卫生不合格食品200余公斤并罚款；办理卫生许可证40份，进行食品从业人员健康查体300人。2005年，抽检各类样品362份，办验证683个，发健康证1600个，发放学习资料考试试卷2000余份，出动车辆600次，出动监督员 500 人次，没收销毁假冒伪劣食品 2000 余公斤，组织大型检查 2 次。对全县中小学生 3.5 万人进行健康查体。完成食品、化妆品、公共场所、饮用水等样品检验 3500 余份，出具检验报告 1200 余份；检测、消杀用品、一次性医疗用品达 3000 余份。

2010 年，完善行政许可制度，公共场所“三证一照”齐全，持证率 95%，公共用品消毒率 88%，卫生制度建立率 90%。对美容美发、住宿、洗浴场所等开展专项执法检查，加强重大活动及节假日的监督检查，出具监督文书 1000 余份，立案处罚 126 家，依法取缔 29 家，“五病”调离率 100%，确保了公共卫生安全。推行公共场所卫生监督量化分级管理，实行量化分级管理 21 家，其中 b 级 3 家，c 级 18 家，量化分级管理率 58.3%。全面落实《中华人民共和国食品安全法》，在全县先后组织开展“地沟油”专项整治、滥用食品添加剂及校园安全专项整治等活动，有效控制了食物中毒等食源性疾病发生。对全县医疗市场进行整治，全年共查处非法行医 100 余家，取消无证诊所 27 家，行政处罚 140 余家，没收药品、器械共计 40 余箱，罚款 14.6 万余元，维护了正常的医疗秩序。2010 年结核分枝杆菌镜检、OT 试验 458 人次，艾滋病病毒抗体初筛试验 2325 人次，麻疹、风疹病毒测定 526 人次，乙型脑炎病毒血清抗体测定 487 人次，甲肝抗体测定 814 人次，乙肝表面抗原、抗体，e 抗原、抗体，核心抗体测定 215 人次，阴道毛滴虫检验（悬滴法）115 人次，疟原虫检验 289 人次，蛔虫检验（加藤氏法）12 人次，蛲虫检验 168 人次，儿童、青少年体检 7.8 万人次，从业人员体检 814 人次。

第六节　乡镇防保站

1990 年 1 月至 1997 年 8 月，全县共设立 25 处乡镇防保站，1997 年 9 月，撤销乡镇防保站，设立乡镇卫生院防保股，2005 年 12 月，撤销乡镇卫生院防保股，设立乡镇防保站，为正股级全额事业单位。主要业务有国家免疫、健康教育、抗击“非典”、传染病报告、结核病防治、肠道门诊、手足口病预防、全国统一强化麻疹脊灰、15 岁以下乙肝查漏补种、食品卫生监督、打击非法行医、规范化一体化建设、新农合等工作。

1990 年后，每年 12 月 5 日至次年 1 月 5 日组织开展全国消灭脊灰炎强化疫苗 2 次。2003 年 4 月全体工作人员抗击“非典”。2006 年 7 月，配合卫生局开展食品安全大检查。2009 年 3 月，防控手足口病；12 月，组织实施扩大免疫规划（1994—1995 年）乙肝查漏补种活动。2010 年 11 月，组织实施扩大免疫规划（1996—2001 年）乙肝查漏补种活动。

第三章　妇幼保健

第一节　妇女保健

1991 年，县保健站配备医师 8 人，护理 4 人，推行科学接生、普及产前诊断。1993 年，普及新法接生率达 100%，产前检查率 90% 以上，围产期婴儿死亡率降至 2‰以下，孕产妇死亡率降至 3/ 万以下。

1994 年，加强围产期保健、孕产妇系统化管理及基层保健网的建设管理。全年完成门诊人数 8300 例，接生 180 例，引产 406 例，流产 700 例，女扎 58 例，住院 590 例，全县婴儿死亡率 13.1/ 万，孕产妇死亡率 1.9/ 万。开始婚前健康查体，购置心电图机等仪器设备，举办婚检人员学习班，派送化验人员 1 人、妇科医生 2 人到上级医院学习。

1995年，县政府下发《关于开展儿童健康查体的通知》，县妇联、县卫生局联合下发《妇女病查治工作的通知》。全年孕产妇住院分娩率为51%，新法接生率100%，高危孕产妇重点监护率为100%，新婚查体2008对，查出有病者117人，发病率为24.5%。

1998年，创建爱婴达标医院，妇幼保健院抽出骨干力量到各乡镇指导培训40次，培训基层妇幼人员60余人，鄄城县人民医院、鄄城县第二人民医院、阎什中心卫生院、左营中心卫生院被省卫生厅授予爱婴医院称号。对全县从事母婴保健专项技术服务人员进行培训考试考核，对接生员队伍进行整顿，开展新生儿疾病筛查。2000年，董口卫生院、箕山卫生院达到爱婴医院标准，创建为爱婴医院。

2002年9月，婚检站搬迁至民政局婚姻登记处办公，全年婚前健康检查3360对，检出各种疾病338人，提出合理的婚育医学指导意见，进行追踪科学指导治疗。12月，根据山东省卫生厅、公安厅关于统一实行"山东医学证明"计算机管理的通知，县保健院率先实行微机管理。落实《女职工、妇女保健工作规定》和《托儿所、幼儿园保健管理办法》，开展妇女病查治，对1680名已婚妇女进行健康检查，查出妇女常见病815人次，乳腺疾病268人，其他疾病47人。

2000年，对16个乡镇卫生院进行妇产科建设、母乳喂养、新生儿复苏、"出生医学证明"管理与使用、围产期保健与妇幼保健适宜技术的指导，提高产科妇幼卫生服务能力、抢救急危症能力。

2006年11月，建立鄄城县孕产妇死亡评审制度，制定评审方法，成立孕产妇评审专家组。

2006—2010年，共举办全县基层妇幼卫生队伍培训班12期， 培训640人次，指导推广新法接生，倡导住院分娩。2007年基本取缔非医疗单位接生员，98%以上的产妇在乡级或县级医疗、保健机构分娩。住院分娩的全面推行，使鄄城5年来无新生儿破伤风发生，孕产妇死亡降到了最低，推动了鄄城孕产期保健的深入开展，改善了孕产妇的健康水平。2010年住院分娩率达97.7%。

2008年12月，妇保院建设标准手术室，10日实施首例剖宫产手术。

2009年11月，实施重大公共卫生妇幼项目，即农村孕产妇住院分娩项目和农村妇女增补叶酸预防神经管缺陷项目。

2010年4月，成立全县妇幼项目办公室，实施公共卫生妇幼项目。实行孕前保健、孕产期保健、产后访视、3岁以下儿童系统保健一卡通服务。2010共办理妇幼保健卡5760张，实现从孕前保健到儿童保健全方位服务。

第二节　儿童保健

1991年、1992年为初级卫生达标做准备。1993年，为贯彻落实国务院颁布的《九十年代中国儿童发展规划纲要》，进行优生优育、母乳喂养、合理膳食、科学育儿宣传。

1994年，查体儿童1360余人，查出疾病324例。其中先天性心脏病3例，龋齿108例，气管炎11例，肺炎2例，佝偻病2例，贫血179例。1996年，举办全县《母乳喂养》《母婴急救》《新生儿窒息的预防和复苏》及儿童保健专项技术培训。1997年，结合开展创建爱婴医院活动，对全县0～6岁学龄前儿童进行查体管理。2002年，对17所幼儿园1359名学龄前儿童进行健康查体。2003年，进行《规范化门诊建设标准》和《妇幼卫生年报指导》培训，共培训160余人次。2004年3月，设立听力筛查办公室，当年新生儿听力筛查6701例，疑似儿童发病15人。自2004年4月1日开展听力筛查，共筛查15883人，其中听力障碍37例，发病率2.3%，进行了早期干预，早期治疗。2005年，根据《山东省托儿所、幼儿园保健管理办法》，对城区18所幼儿园学龄前儿童进行查体，实查3326人次，查出有病224人次。

2006—2010年，在县教育局配合下连续5年对学前儿童进行健康查体和评估分析，危害儿童身体健康的疾病主要有龋齿、佝偻病、营养不良、贫血等。

2001—2010 年鄄城县妇幼保健主要数据率表

表 33-3-1

项目＼年份	2001 年	2002 年	2003 年	2004 年	2005 年	2006 年	2007 年	2008 年	2009 年	2010 年
新生儿访视率	89%	93%	92%	89%	94%	79%	70%	83%	88%	98%
母乳喂养率	96%	95%	97%	96%	98%	98%	97%	98%	98%	98%
三岁以下儿童系统保健管理	78%	90%	91%	90%	89%	74%	97%	94%	95%	93%
7 岁以下儿童保健管理	76%	75%	84%	82%	86%	76%	77%	95%	95%	91%
新生儿死亡率	10.1‰	12‰	8‰	9‰	6‰	7‰	6‰	4‰	7‰	5‰
婴儿死亡率	6‰	7‰	8‰	6‰	7‰	4‰	8‰	5‰	8‰	6‰
孕妇早检率	92%	94%	91%	96%	94%	93%	82%	95%	94%	92%
孕产妇系统管理率	75%	84%	94%	91%	92%	63%	75%	94%	92%	92%
住院分娩率	99%	99%	99%	98%	99%	99%	95%	99%	99%	99%
新法接生率	100%	100%	100%	100%	100%	99%	98%	100%	100%	99%
孕产妇死亡率	12/十万	43/十万	24/十万	36/十万	无死亡	11/十万	46/十万	12/十万	无死亡	无死亡
婚检率	88%	90%	70%	35%	32%	28%	31%	34%	32%	30%

第三节 生殖健康

1991—1995 年利用广播、电视等媒体和标语多种形式，宣传《中华人民共和国母婴保健法》。1995—2005 年，举行生殖健康义诊 34 次，散发宣传单3.1万余份，宣传标语70余幅。义诊2.4万人次。

2000—2005 年，利用“三八”妇女节、世界卫生日、“5•20”母乳喂养日、“六一”儿童节、《中华人民共和国母婴保健法》实施日进行广泛宣传，并开展儿童体检、妇女病普查、同时开展计划生育、优生优育、生殖健康、妇女各期保健宣传。

2003 年，宣传新的《婚姻登记条例》，设立咨询台、制作宣传图板和发放材料，进行性道德、性生理、性科学、婚育知识、生殖健康和计划生育等方面的宣传教育，提高男女公民健康知识水平和自觉接受婚检的意识。

2005 年“三八”节进行以生殖健康为主题的电视讲座，同年 12 月 1 日，开展“以关爱生命，预防艾滋病”为主题的大型宣传活动。

2006—2010 年，妇幼保健院和县民政局配合，对参加婚检的育龄妇女实行孕产妇系统管理，共查体 1.2 万余对，占应查体人数的 35%，减少或避免了新生儿出生缺陷发生。

2007 年 8 月，与中国初级保健基金会合作，开展全县妇女病普查普治项目，共查治农村妇女 3 万余人，并对农村妇女健康状况进行分析评估，查出主要疾病为子宫肌瘤、卵巢肿瘤、盆腔肿瘤、盆腔炎性积液、乳腺增生、阴道炎、宫颈炎。2010 年 4 月，孕产妇系统保健工作在全县铺开。

第四章　爱国卫生

第一节　宣传教育

20 世纪 90 年代起开展爱国卫生集中活动月，每年都召开千人以上的动员大会，每年出动宣传车 10 台，参与治理卫生环境达 40 万人次，印发活动简报 3～4 期，县电视台都跟踪报道。

爱国卫生宣传教育主要围绕提高全民讲卫生、树新风意识开展，印发健康教育课本 10 万册，举办健康教育培训班 5 次，培训人员 200 余人，直接受教育达 62 万人次。发放卫生健康教育知识问卷 5000 多份，进行卫生知识知晓、卫生行为形成测试调查 4 次。1997 年，“5·31” 世界戒烟日和以后每年 5 月 31 日，开展卫生知识宣传，县防疫站、县妇联、县团委、县爱国卫生运动委员会办公室联合上街发放戒烟宣传材料，并开展无烟学校创建活动。2001 年，加强预防艾滋病宣传教育，教育广大干部群众勤洗手、常通风、晒衣被，养成良好的卫生习惯。2004 年，在公共场所发放张贴传染病防治宣传资料 5000 多份。2005 年，实施农村改厕试点建设，发放改厕宣传材料 1 万余份。2008 年、2009 年，抗击手足口病、甲流感，发放宣传材料 20 万余份。2010 年，开展清洁家园“预防疾病”活动，启动健康山东行动，发放宣传资料 5 万余份。

第二节　卫生城市卫生单位创建

卫生城市创建　1993 年 5 月，鄄城提出创建卫生城市目标，1994 年，全县落实责任目标，1995 年 10 月，鄄城通过菏泽地区卫生城评审委员会“地区级卫生城”考核验收。1996 年 4 月，被地区爱卫会命名为“地区级卫生城”。1999 年，提出创建省级卫生城市，城区发展规划走向规范化、科学化轨道。县成立城市综合治理指挥部，具体抓省级卫生城创建工作。1997—2000 年，对城区脏乱差现象进行治理，每年进行 3 次以上的大型集中清理活动。2001 年起，成立城市创建领导小组，抽出职能部门主要负责人和有关工作人员具体抓创城工作。每年对城区的卫生检查不低于 4 次，促进城市卫生环境改善和创城工作开展。

卫生单位创建　1995 年，开展评选卫生先进单位活动。10 月，鄄城县武警中队通过创建省级卫生先进单位评审验收，次年 5 月被省爱卫会命名为山东省省级卫生先进单位。1998 年，县委、县政府机关等 10 个单位被评为地区级卫生先进单位，受到市爱卫会的通报表彰。2004 年，县武警中队、县人民医院被评为省级卫生先进单位。2005 年，15 个单位被评为地市级卫生先进单位。2006—2010 年，有县房产管理局、县公路局、县国税局、县供电局、县一中、县移动公司 6 个单位被评为省级卫生先进单位，有 18 个单位被评为市级卫生先进单位。2009 年，引马乡被评为市级卫生先进乡镇。2010 年，县委、县政府下发《鄄城县创建省级卫生城工作实施方案》，各医疗单位建立健全卫生工作制度，创建工作取得显著成效，在全市检查验收中，鄄城医疗卫生单位取得 A 级信誉级别 15 家，在全市综合排名第二，在县区中排名第一。

第三节　农村改水改厕

1998 年，农村饮用自来水达 10%，饮用安全卫生水（手压井、含氟不超标的大口井及手压井）达

98.6%。1997 年，政府先后制定多项措施，每个乡镇都建成了改厕示范村。2005 年，实施农村改厕试点建设，当年全县改厕 5000 余户，改厕率达 36.5%，传统的高温堆肥、无害化处理率达 78% 以上。2007 年，全县干部职工捐款 120 余万元，用于农村改厕，共建成生态卫生厕所 3.2 万座，被市委、市政府评为全市农村改厕工作先进县区。鄄城农村改厕经验被省爱卫会全省推广。2010 年，鄄城积极争取重大公共卫生项目，结合新农村建设，采取以奖代补的形式，完成农村改厕 5800 座。

第四节　除四害

除“四害”（老鼠、蚊子、苍蝇、蟑螂），是爱国卫生的重要内容。1989 年，开展创建灭鼠先进县活动。1995 年，经菏泽地区无鼠害县鉴定委员会评审验收，达到无鼠害县标准要求，被命名为无鼠害先进县，受到表彰奖励。1996 年，秋季灭鼠活动再掀高潮，200 人灭鼠专业队，集中投放毒饵 4.5 万公斤，灭鼠 280 万只。

坚持单位自灭和消杀队统一消杀相结合的办法，在城乡每年重点开展蚊蝇灭杀活动，统一消杀主要是由县乡政府投资，县爱国卫生运动委员会办公室承办，由消杀服务人员实施，每年用药基本在 500 公斤左右，对净化环境卫生、预防疾病、保障人民健康发挥了积极作用。

1997 年，采取向上级争取消杀经费和市场运作方式，开展全县蚊蝇灭杀工作。2000 年后，每年用药 200 斤左右，县城和城乡居民区消杀面积达 40%。

第五章　社会卫生

第一节　红十字会救助

社会救助　1996 年，沿黄乡镇遭受水灾，县红十字会接受国际红十字会、国内红十字会捐助款物 30 余万元，发放到沿黄 1000 余户受灾群众手中。2001 年县红十字会为内蒙古雪灾捐款 4000 元。2004 年，为印度洋海啸受灾地区捐款 8000 余元。2002 年春节期间，开展以“温暖送千家，博爱在齐鲁”为主体的送温暖活动。2002—2005 年，先后救助新疆巴楚伽师地区遭受强烈地震灾害、菏泽市发生严重内涝、东明县滩区发生严重洪水灾害的 340 户群众，每户救助物资价值约 200 元。2008 年，为汶川震灾募集资金 127602 元，县红十字会获市红十字会“抗震救灾突出贡献奖”，县人民医院、县第二人民医院获抗震救灾先进集体奖，有 6 人获先进个人或优秀志愿者奖。2009 年 6 月，根据市红十字会要求，在全县卫生系统开展为大病特困群众募捐活动，共募集善款 11 万余元，10 月对引马乡高核村夏秦兰（夫妻两人均患癌症）、县医院“三无”病人、大埝乡杨岗村杨玉玺募集款 1.29 万元。2009 年 8 月，台湾省遭受严重台风灾害，县红十字会发动会员单位捐款，共募集 0.5 万元。2010 年 4 月 14 日，青海玉树地震发生后，发动会员单位向灾区捐款　3.59 万元。2010 年 5 月，县红十字会和邮政局联合开展“抗震救灾”邮资明信片义购认捐活动，会员单位共认购明信片 3 万枚，价值 6 万元。2010 年，在全县卫生系统募集善款 10 余万元，救助重大疾病患者 30 余人。

卫生救护　2009 年 11 月 4 日，县红十字会联合县医院和县电视台进行卫生救护知识讲座和模拟演练。2010 年 11 月，鄄城县红十字会在全县 14 所中小学校开展3000余人次的卫生救护培训，提高师生自救互救能力和防灾救灾意识。

第二节　无偿献血

1999年前，医疗用血主要通过卖血者提供，1999年，成立县无偿献血工作领导小组，利用广播、电视、宣传车等多种形式宣传无偿献血意义，鄄城县无偿献血工作一直走在全市前列。2000年，李海芬等3人获无偿献血金奖，李翠平等3人获无偿献血银奖，王福正等7人获无偿献血铜奖，胡丹丹等21人获无偿献血奉献奖。张圣伟、张海霞2003年获市无偿献血促进奖。2009年，菏泽市血站献血流动车每周四到鄄城接受全县群众无偿献血，每年献血5000余人次、献血量200余万毫升。

第六章　医政管理

第一节　医院管理

20世纪90年代，推行卫生体制改革，县内一些医院实行“综合性技术经济责任”承包制度。其形式是以上级主管部门—医院—科室的逐级承包形式。甲、乙双方以社会效益、技术效益、经济效益指标为内容签订承包合同。

2003年，全县医政管理执行《医疗机构管理条例》和《中华人民共和国执业医师法》，加强卫生技术人员执业资质管理，完成全县执业医师证书的首次发放、注册和变更工作，当年完成334人次。2005年依据《医疗机构管理条例》换发“医疗机构执业许可证”968家。

第二节　医师职业资格管理

1991—2005年，全县执业医师（执业助理医师）共计注册515人，护理注册427人。2004年起，县卫生局组织继续医学教育公共课程必修课培训考试，内容为《临床医护人员传染病防治培训教材及医院感染知识》《抗菌药物和麻醉药品合理应用》，考试及格率在98%以上。2006—2007年，开展《医学伦理学》培训；2007—2008年开展中医类必修课程培训；2008—2009年，开展《护士管理条例》培训；2009—2010年，开展《卫生应急工作手册》网上考试，及格率在99%以上。

2010年，全县共有卫生技术人员1519人，每千人拥有卫技人员1.83人，其中发放执业医师548人，执业助理医师202人，每千人0.89人；执业护士535人，每千人0.63人。注册乡村医生1402人。

第 三 十 四 编

社会生活

SHEHUISHENGHUO

1991—2010 年，随着全县改革开放不断深化，经济发展较快，社会生活发生很大变化。农村和城镇居民收入有较大增长，生活水平不断提高。城镇职工年均工资收入由 1680 元增长到 18586 元，农村居民人均纯收入由 587 元增长到 5639 元。城镇居民人均消费支出快速增长，农村居民人均生活消费支出由 447 元增加到 3563 元。衣食住行用各方面发生重大变化。精神生活不断充实，生活方式逐渐转向健康文明。全县居民生产生活习俗随时代发展呈现出鲜明的时代特点。方言保持相对稳定。

2003 年，建立县、乡（镇）、村三级宗教工作管理网络。按照《山东省宗教活动场所管理办法》规定对宗教活动场所进行管理，加强对非法宗教活动的治理。2005 年 7 月以前，民族宗教事务归统战部管理，2005 年 7 月以后归县政府办公室管理。鄄城县有 20 余个少数民族，人数最多的是回族，3790 余人。县委、县政府重视、支持少数民族经济和社会发展，在经济、教育、卫生等方面给予政策和资金支持，促进了民族团结和社会进步。鄄城县宗教派别主要有基督教、伊斯兰教、天主教。1994 年成立鄄城县基督教三自爱国运动委员会。2010 年，有基督教教众 5000 人，伊斯兰教教众 5200 人，天主教教众 200 人。佛教没有形成派别，东山禅寺为佛教活动场所，有佛教信徒 2000 人。

第一章　人民生活

第一节　农村居民生活

农民收入　由于全县对传统农业耕作方式改进、良种推广、农村劳动力转移、非农产业的发展及个体私营经济的崛起等，农民增收渠道变宽，致富手段增多。随着农业产业结构的调整，全县农民人均纯收入由 1991 年的 652 元，提高到 2010 年的 5639.37 元，年均增长 12%。从收入构成看，由 1991 年的人均总收入 844 元，提高到 2010 年的 6656.07 元，年均增长 11.48%。其中工资性收入由 1991 年的人均 15 元，提高到 2010 年的 2806.9 元，年均增长 31.7%；家庭经营收入由 1991 年的人均 800 元，提高到 2010 年的 3524.50 元，年均增长 8.12%。

农民消费支出　农民收入的增长，刺激和拉动了消费支出的增长，全县 1991 年农民人均生活消费支出为 447 元，2010 年人均消费支出达到 3562.77 元，年均消费支出增长 11.54%。其中食品支出由 1991 年的 252 元，增加到 2010 年的 1521.24 元，年均增长 9.93%；衣着支出由 1991 年的 50 元，增加到 2010 年的 252.83 元，年均增长 8.9%；文化教育支出由 1991 年的人均 12 元，增加到 2010 年的人均 142.63 元，年均增长 13.9%；医疗保健支出由 1991 年的人均 12 元，增加到 2010 年的人均 297.12 元，年均增长 18.4%。农民收入的增加刺激了农村消费，高档生活消费品逐渐走向农村家庭。洗衣机、电冰箱、空调、太阳能热水器、移动电话等高档消费品由 1991 年的空白，到 2010 年的百户拥有量分别为 88 台、42 台、12 台、16 台、212 部。摩托车每百户拥有量由 1991 年的 1 辆，增加到 2010 年的 60 辆；自行车由 1991 年的 132 辆，增加到 2010 年的 258 辆；彩电由 1991 年的 2 台，增加到 2010 年的 111 台。2010 年百户农村家庭电脑拥有量为9台。农民的生活水平由1991年的恩格尔系数56.38%，到2010年恩格尔系数42.7%。鄄城农民已由温饱基本实现小康。

农民住房 鄄城农民居住支出由1991年的人均28元，增加到2010年的人均725.28元，年均增长18.68%；房屋面积由1991年的人均15平方米，增加到2010年的人均24.7平方米，年均增长2.67%；农村住房开始由砖木结构向钢混结构发展，一些地方开始出现楼房。

农民储蓄 随着农民收入增长，农民手中的钱逐渐增多，储蓄额不断增加。1991年农民人均期末存款2元，2010年农民人均存款达到5407元。

1991—2010年鄄城县农村居民基本生活情况统计表

表34-1-1 单位：元

年度	人均纯收入	人均生活消费支出	人均居住支出	人均储蓄金额
1991	652	447	28	2
1992	570	512	20	4
1993	675	385	26.63	6
1994	1051	718	49.39	7
1995	1290	1006	106.28	9
1996	1651	1218	157.08	66
1997	1749	898	143.2	235
1998	1782	951	149.67	272
1999	1834	951	104.46	189
2000	1909	992	75.94	267
2001	1942	1129	153.91	325
2002	2098	1186	75.35	462
2003	2021	1367	149.58	509
2004	2565	1672	87.79	402
2005	3016	1989	153.34	357
2006	3403	386	251.97	772
2007	3924	2669	330.95	2974
2008	4458	3152	694.39	3679
2009	4894	3304	702.35	5135
2010	5639	3563	725.28	5407

第二节 城镇居民生活

城镇居民收入 城镇居民收入来源以职工工资为主。1991年全县职工年平均工资1680元，1995年全县职工年均工资3288元，2000年职工年平均工资5524元。2005年在岗职工年平均工资8640元，城镇居民人均可支配收入5230元。2008年城镇在岗职工年平均工资14393元。2010年城镇在岗职工年平均工资18586元，城镇居民年可支配收入11678元。

城镇居民消费 20世纪90年代初，城镇居民消费在衣食住行等方面都发生较大变化。衣着消费逐渐改变颜色单调、款式少、质地较差的状况，西服、皮鞋、毛衣消费增多。副食品、烟酒消费量增加。沙发、席梦思床、洗衣机、彩色电视机、电冰箱等高档耐用消费品消费增长。自行车、摩托车、电动自行车拥有量增加。以后，在住房、养老、医疗、教育等方面保持较高消费水平。尤其住房制度改革、居民小区出现以后，城镇居民住房消费支出有很大增长。随着每年升入高校学生人数增多，平均学费支出增长较快。随着城镇职工工资收入增长，食品消费中奶类制品消费增长较快，青少年、老年人奶制品需求量增大。通信消费支出增加。家庭固定电话逐步普及，小灵通、大哥大、手机数量不断增长。旅游支出、文化娱乐支出不断增长。录音机、影碟机、家用电脑、微波炉、饮水机进入多数家庭，少数家庭有了家用汽车。到2010年，城镇各方面消费保持旺盛势头。

第二章　民族　宗教

1991年以后，鄄城县委统战部负责民族宗教事务。2002年9月，在县委统战部设立民族宗教事务办公室。2005年7月，民族宗教事务办公室设在县政府办公室。2015年1月，民族宗教事务办公室改称民族宗教事务局，与县委统战部合署办公。

第一节　少数民族

少数民族人口分布　1990年全县有少数民族17个、2731人。2000年全县有少数民族3220人，有回族、蒙古族、藏族、维吾尔族、苗族、彝族、壮族、布依族、朝鲜族、满族、侗族、白族、土家族、哈尼族、仫佬族、仡佬族、瑶族、佤族、傈僳族、鄂温克族、鄂伦春族等21个少数民族，其中回族人数最多。

2005年鄄城县有少数民族20个，3960人，其中回族有3790人，主要分布在董口镇军屯、前园村，临濮镇南街，阎什镇西军集，鄄城镇南、西、北街。2010年全县少数民族人口达到5200余人。

少数民族经济　2001年起，县委统战部联合县工商局、县伊斯兰教协会对辖区内的4家清真食品生产加工冷藏厂、30家清真饭店及20余家清真食品摊点进行清理检查，对符合《山东省清真食品管理规定》经营条件的悬挂清真牌匾。2002年，伊斯兰肉制品公司、华格尔日用化工厂、金兰裘皮玩具厂3家企业落户董口镇前园村。

2004年，对全县少数民族经济进行调查，全县有清真糕点加工厂30多家、清真饭店20多家、个体工商户400多个。主要集中在食品加工、皮毛加工、日用品化工、餐饮服务行业。2005年，民族经济实现营业总收入8000多万元，创利税260多万元。规模较大的民族企业有菏泽伊诺清真食品有限公司，位于旧城程桥村；华格尔日用化工厂，位于董口镇前园村；菏泽伊绿园食品有限公司，位于董口镇前园村；穆斯林清真肉食品有限公司位于董口镇前园村。

至2005年，在民族村基础建设上，军屯、前园投入资金300多万元，进行村庄规划，铺设通往济董公路的柏油路，架设高压和低压电路，率先开通程控电话，安装有线电视，同时对清真寺进行修缮；在农田水利建设上，修建桥闸27座，打机井25眼，实现农田的水灌、井灌配套。

2010年，利用民族扶持政策向上级争取资金20万元，帮助军屯、前园2个民族村发展经济。

少数民族社会事业　2001—2005年，在县财政较为困难的情况下，投资30多万元，帮助前园小学建标准化学校，维修军屯中学校舍，购买了教学器材和微机。2个民族学校分别被县教育局评为

“规范化学校”和“教学先进单位”。2005年，全县有回民学校2所，教学班16个，在校学生700余人中回族学生560余人，教职工45人中回民教职工12人。历年回族适龄儿童入学率达100%，义务教育完成99.8%。

2004年，军屯、前园配备远程教育器材，进行远程教育试点，组织少数民族群众收看科技致富信息，学习科技知识和种植、养殖技术。至2005年，两个回民村建4处高标准卫生室。安装了有线电视，建起文化大院2座。前园村成为“双文明村”，被评为“全省民族团结进步模范村”。

2010年，协调有关部门落实少数民族教育发展资金，投资100多万元，帮助军屯小学建起3层教学楼共36间，购买了教学器材和微机。

2010年有610户少数民族参加新农合。当年改厕建沼气池260户；占地2.5万平方米，容纳60户的前园新村开工建设，18户建成入住。

民族团结 1991—2000年，县委统战部积极宣传民族政策，加强民族团结。开展一年一度的民族团结进步宣传月活动。拍摄1部少数民族电视专题片，在《菏泽日报》《鄄城宣传》登载宣传调研论文4篇，并对活动中涌现的先进个人、先进集体进行表彰奖励，至2005年共表彰先进集体4个、先进个人20人。

2001年，省委、省政府将每年10月确定为民族团结进步宣传月以后，利用电视台、《鄄城宣传》《统战工作》等新闻媒体在全县范围内宣传民族理论、民族政策、民族法律法规和民族基本知识。开展普法宣传员、阿訇、教师“三员”普法活动。2004年5月成立县民族工作领导小组，建立健全县、乡（镇）、村三级贯通的民族宗教工作信息网络，形成三级网络管理机制。2005年，成立预防和处置由民族、宗教问题引发的突发性群体性事件工作指挥部。在董口镇的军屯、前园村和阎什镇西军集成立民族团结促进会。

2008年、2009年，围绕贯彻《国务院办公厅关于严格执行党和国家民族政策有关问题的通知》精神和中央宣传部、国家民委《党和国家民族政策宣传教育提纲》工作要求，开展宣传月活动。

2010年《鄄城宣传》、鄄城电视台集中宣传报道民族团结进步模范先进事迹。

少数民族干部 2005年5月，全县共有在职少数民族国家干部33人，其中，回族30人，满族2人，蒙古族1人，男性21人，女性12人，占少数民族人口的0.9%；35岁以下（含35岁）8人，35岁以上25人；党员21人，非党12人；科级干部12人，一般干部11人；高级职称2人，中级7人，初级职称6人；大学文化程度6人，大专文化程度19人，中专以下文化程度8人。少数民族人口较多的董口镇，配备少数民族副书记，民族村干部均由少数民族群众担任，民族企业法人代表也由少数民族群众担任。有市、县少数民族人大代表4人、政协委员6人。

2010年，全县有少数民族干部24人，其中科级干部6人。少数民族人口较多的董口镇，配备少数民族副镇长1人，民族小学领导班子中均配备少数民族干部；3个民族村（居）中有2个民族村（居）的领导班子成员全部是少数民族干部。

第二节　宗　教

鄄城县境内主要有佛教、伊斯兰教、天主教、基督教等宗教派别。

佛教 1997年11月批准东山禅寺为佛教活动场所，有常住僧尼20余人，其中台湾2人，皈依信徒200余人。1999年12月，东山禅寺停止对外开放，2009年，东山禅寺正常开放。是年1月慈学法师因高龄，不能胜任主持事务，由释证威法师任主持。2010年有常住僧尼26人，其中台湾2人，皈依信徒2000余人。

基督教 1991—2010年，鄄城基督教信教群众5000～6000人，有长老1人，神学院毕业生2人，传道员35人，批准的活动场所有40处。

伊斯兰教 2005年，鄄城有回族伊斯兰信众3900余人，有清真寺4坊，教职人员中有阿訇5人，各清真寺都有健全的管理委员会。2010年鄄城有回族伊斯兰信众5200人，有清真寺5坊，阿訇5人。

天主教　1999年11月批准什集镇唐庄为天主教活动场所，有信徒200余人，分散在鄄城南与牡丹区交界乡镇。2002年活动场所被取消。2010年，信教群众200人。

宗教团体　1994年召开基督教代表大会，选举成立鄄城县基督教“三自”爱委会和鄄城县基督教协会，2003年11月换届。设主任1人，副主任2人，秘书长1人。至2010年未换届。

1994年成立鄄城县伊斯兰教协会，设主任1人，副主任2人，秘书长1人，委员5人。2008年1月26日进行换届选举。设会长1人，副会长3人，秘书长1人。

宗教活动场所管理　1991年在全县范围内开展以基督教为重点的宗教普查。撤并一些活动场所，规范活动内容。1994年利用3个月时间对全县宗教活动进行全面整顿，按照《山东省宗教活动场所管理办法》规定，将64处基督教活动场所撤并为38处，其中发证的32处，暂准予活动的6处。2003年成立县宗教工作领导小组，建立工作网络。2004年新增基督教活动场所8处。2005年基督教活动场所共40处。是年5月利用20天时间对基督教、天主教问题进行详细的调查摸底，取缔私设聚会点3处。

2006年，在城区建立基督教中心教堂，参加活动1000余人，在城区建立伊斯兰教清真寺，参加活动200余人。2009—2011年开展创建“和谐宗教活动场所”活动。

1991—2010年鄄城县部分年份信教人数情况表

表34-2-1

名称 年份	基督教	伊斯兰教	佛　教	天主教
1991	3200人	3500人	-	-
1995	3820人	3604人	-	-
2000	4609人	3786人	210人	179人
2005	6305人	3965人	305人	185人
2010	5000人	5200人	2000人	200人

第三章　习　俗

第一节　生活习俗

服饰　20世纪90年代初，开始注重穿衣打扮，有条件的男士着装喜欢穿西服打领带、穿皮鞋。秋冬季男女老少时兴穿毛衣毛裤，穿在内衣和外衣之间，多用毛衣针手工织成，也有少数用专门的毛衣机织成。20世纪90年代中后期，冬季，皮革上衣逐渐流行，有三纽扣小翻领式、矮领拉链式卡克式，多为黑色。春秋季，人们上身多数着休闲服，有拉链翻领、小翻领、松紧通领和拉链卡克式。其色调多为乳白色、灰色等。

冬季，羽绒服逐渐流行，有全身的和半身的，颜色款式多种多样，绝大多数都带有帽子，既轻便又保暖。夏季，中青年男女上身普遍着针织T恤衫，有细条纹、小密格、全绿、全黄等。其面料有天然纯棉、化学纤维、真丝等。结婚新娘，均系租赁婚纱礼服，一般为全白色或粉红色。

公安局、检察院、法院、税务局、交通局等部门均有制服，城镇小学、初中学生往往由学校统一制作单衣服装，不同学校、同一学校不同年级的学生服装一般颜色不同。

居民们越来越多地购买成衣，买布做衣服的人越来越少。

2010年之前几年开始，夏季不少年轻女性穿着露脐装、低腰裤，高跟皮鞋或高跟凉鞋，深秋及初冬穿细腿裤、皮靴，上衣或紧身或宽大，内里衣服露出一截，领口系纱巾作为装饰。夏天骑自行车或电动车，戴太阳帽、太阳镜，双臂套上一件单衣防晒，冬天则套上比较厚的衣服抵御寒风。

20世纪90年代起，皮鞋、皮凉鞋开始流行。由于健身需要，运动鞋、旅游鞋仍然倍受欢迎。在家庭尤其是晚上，穿拖鞋的时候较多。老年人穿布鞋者居多，老北京布鞋深受喜爱。袜子则主要穿尼龙袜、丝袜、机织线袜。女性穿短裙的时候一般穿肤色长筒袜。女性出门往往配以手提袋、挎包。

发型 男性以平头、青年头为主，2005年以后，一些20岁左右的男青年开始染发，以淡黄色为主，也有少数留较长头发的和烫卷发的。女性普遍留短发或长发，烫发的逐渐增多，除小学女生外扎辫子的女性较为少见。2010年之前几年，年轻女性时兴做拉直头发。

美容 20世纪90年代以后，去美容店护肤美容，护肤美容渐成时尚。美容的以青中年女性尤以青年女性为主，主要项目有增白、营养、去皱、祛斑、纹眉、纹眼线等。多数女性则购买化妆品，自己在家护理。年轻女孩时兴留长指甲。已婚女性也有美指甲的。

饮食 随着经济的发展，居民饮食结构、饮食观念不断变化，食物的范围越来越广，营养也越来越丰富。进入饮食范围的有小麦面、玉米面、大豆面，大米，用于熬粥的大米、小米、绿豆、红小豆、豇豆、红枣、地瓜、南瓜、花生米；蔬菜有大白菜、葱、甘蓝、菠菜、油菜、辣椒、韭菜、胡萝卜、辣萝卜、茄子、黄瓜、西红柿、土豆、笋瓜、瓠子、笋、芹菜、长豆角、芸豆、梅豆、蒜苗、洋葱、丝瓜、藕、黄豆芽、绿豆芽、黑豆芽、苦苦菜、豆腐、豆腐皮、人造肉、上海青油菜、山地芹菜、凉皮、海带、紫菜、虾皮、海米；猪肉、鸡肉、羊肉、鱼肉、牛肉、驴肉、兔肉、狗肉、鸭肉、鹅肉、鸽子肉、麻雀肉、虾米、蚕蛹，鸡蛋、鸭蛋、鹅蛋、鹌鹑蛋，糕点除除传统的月饼、饼干、桃酥、蛋糕、蜜角、三刀、金棍等外，又多了不少种类。水果有苹果、桃、梨、香蕉、橘子、枣、桑葚、猕猴桃、蛇果等等，多数四季不断供应。

平时以小麦面馒头、卷子、饼为主。由于生活节奏加快，城乡居民买馒头吃的人日益增多。进入21世纪，喜欢吃蒸大米的人越来越多。随着电饼铛等厨房用具进入家庭，随时可以加工面饼、菜饼等作为补充。包子、饺子成为普通食物。

早餐以馒头、卷子为主，玉米粥、米汤、疙瘩汤等为辅，配以小菜。不少人在摊点吃早餐，有油条、蒸包、水煎包、肉盒、烧饼、水饺、豆腐脑、米粥、胡辣汤等。午饭以馒头、米饭为主，一般家庭都做几样炒菜，蔬菜超市出售的肉丝、肉片使用方便，用得较多。城镇居民在摊点上买做好的小菜和熟肉食的也较为普遍。

晚饭俗称“喝汤”，主食多为馒头，多喝玉米面粥、米粥，根据季节不同加入南瓜或地瓜，吃菜也比较简单。

各种普通水果，成为日常辅食，饮用牛奶成为普遍现象。

由于对环境污染和农药残留的担忧，不少家庭开始在水里加入清洁精浸洗水果、蔬菜和生肉。

鄄城人待客热情，有亲友、客人到访，则素菜、荤菜数量均比平时多，常为双数，一般在4个以上。若是贵客，菜的数量和质量则更多更好。若是婚嫁喜宴，饭菜更加丰盛。农村多摆“三八席”（即24个盘子），城镇则多在酒店按多少元一桌标准定制。丧事招待和喜事大体差不多。20世纪90年代初，鄄城人多喝鄄城县酒厂生产的亘古泉老窖、魏公醉、陈王酒、特酿、曹盛等酒。随着鄄城县酒厂倒闭，转而喝外地生产的沱牌曲酒、张弓酒、金六福酒、扳倒井酒以及本地区（市）的御思香酒、花冠酒等。进入21世纪，消费白酒品种花色越来越多样，档次也越来越高。2010年前几年本县陈王酒等销量逐渐增大。鄄城男性居民吸烟的多，20世纪90年代初多吸菏泽卷烟厂生产的古今园、绿牡丹、发财等，后来吸大鸡、将军、云烟、红塔山、泰山、一枝笔、小熊猫、苏烟等品牌，档次越来越高。一般招待客人都有烟有酒。男性熟人在路上相遇或去哪里办事，在外工作的干部职工回家见到乡亲往往都要敬烟。招待客人、朋友聚会或喜宴往往要敬酒。由于过量饮酒、吸烟对健康不利，人们开始有所节制。饮水也经历了由大口井水到居民各家自打压井、到饮用自来水的过程。进入21世纪，饮用纯净水的人日益增多。待客用茶水或白开水。为了保健，不少人在水杯里泡枸杞、金银花、参片等饮用。

2010年之前几年，中小学生开始喜欢吃街头摊点做的煎饼、烤肠、掉渣饼等。

20世纪80年代，居民一日三餐主副食为馒头，荤、素菜，小米粥等。90年代，人们饮食讲究营养与保健相结合，并且根据自己的饮食习惯对主食进行调剂，早餐增加了豆汁、蛋类食品等，中晚餐精粉馒头、面条、水饺成为家常便饭。21世纪以后，吃窝头反而成为改善伙食。菜肴则一年四季以肉、蛋、鸡、鸭、鱼、海鲜和各种新鲜蔬菜为主，白酒、啤酒、牛奶普遍饮用，不少城镇家庭还配有饮水机。

居住　20世纪90年代初，城镇干部职工住房以单位计划分配为主，单位所建公房，以排房为主，间间相连，建筑式样、宽度、高度、标准一致。90年代中后期，实行住房制度改革，按房屋面积大小、新旧程度等折价，按职务、职称、工作年限等资历确定购买顺序，购买后办理房产证。不少单位统一购置宅基地，单位职工按照统一标准建平房或者二层楼房，由单位出资修建道路、下水道等公共设施，少数单位还有建房补贴。随着国家房改政策的不断深化，福利住房取消，住房实行商品化，县城逐步建成一批功能齐全、管理规范、环境怡人的住宅小区，每个小区一般建有4层以上楼房若干栋，每栋楼房均建有几十套房可供选择，多数住户按照自己的审美观点，对内部进行装修，地面铺瓷砖、大理石、花岗岩、木地板、地毯等。到2005年县城建成或在建小区10余处。

20世纪90年代，农村住房也都由原来的“平窗建”（用砖磊墙的高度与开门的那面墙所安窗户的下沿齐）改建为“混砖”（墙壁全部用砖垒成）的，多用条石打地基，改过去的木窗为钢筋玻璃窗，改过去的用秫秸或苇子棚顶为椽子加木板，覆以红瓦。以后又逐渐用钢筋打地圈梁，窗户逐渐采用铝合金窗户。进入21世纪，随着农用三轮车普遍进入农家，大门都建得越来越宽阔高大，方便出入。大门都用带对联的瓷砖装饰，很是气派。随着经济条件的改善，农村建二层楼房的逐渐增多。由于市场经济观念的增强，在乡镇驻地街道建二层楼做生意渐多。接近2010年各乡镇也开始建住宅小区。

器用　随着经济收入的不断增加，居民的日常生活用品也逐步向现代化、高档次方向发展，一些中高档家具进入家庭。

家具　20世纪90年代初个人加工衣橱、饭橱、床逐渐变为购买组合橱、席梦思床、组合沙发或木制联邦椅、茶几、写字台、折叠椅等。随着入住小区居民的增多，家具选用越来越讲究品牌、高档。

家用电器　20世纪90年代初黑白电视机逐渐被彩色电视机代替，电风扇基本普及，洗衣机也进入家庭。为了生活方便，电熨斗、电水壶、电饭煲、电炒锅等逐步使用。进入21世纪以后，部分家庭有了电脑。

厨具　20世纪90年代初，城镇居民做饭多使用蜂窝煤炉，铝制炒锅、蒸锅居多。以后逐渐使用煤气罐、煤气灶做饭。2010年前，使用电磁炉者大量增加。往往电磁炉与煤气灶并用。为减少吸入油烟，很多家庭都安装了抽油烟机。少数家庭还使用了微波炉和消毒柜。菜盆、锅多用不锈钢的。豆浆机、电饼铛广泛使用。农村居民也由最初的烧柴做饭改用蜂窝煤和烧柴做饭，不少家庭使用煤气灶，电磁炉也开始使用。

餐具　碗、盘子、调羹多数为细瓷、搪瓷制品。分餐用的汤勺、调羹也有不锈钢或塑料制品。筷子仍用竹筷。遇有喜事或丧事，开始使用一次性木制筷。酒具原来倒酒都是从酒瓶倒入酒壶再倒入酒盅，后来改为高脚小酒杯，公务招待一般用高脚大酒杯。由于倒酒麻烦，一般饮酒直接由酒瓶倒进喝水用的玻璃杯或一次性杯子。除少数敬酒场合用酒盅外，一般不再使用。

茶具　烧水多用铝壶，也有用不锈钢壶的。沏茶由白色陶瓷壶改为铝壶，有过滤茶叶的过滤网。茶杯也由瓷杯改为各式各样的玻璃杯。个人饮水多用玻璃杯、磁化杯、不锈钢保温杯等。遇有喜事或丧事，开始使用一次性塑料杯或纸杯。

床具　20世纪90年代初期，多数使用木床，上铺苇席或秫秸篾席。夏天为凉爽铺竹制凉席。少数人开始使用席梦思床垫和靠背。进入21世纪，城镇逐渐使用家具公司制作的床，一般带有床垫、床头装饰和床头柜，美观大方。床上用品丰富多样，太空被流行。2010年之前几年开始，以使用鲁锦（原来家织花布）床单为时尚。

照明　20世纪90年代初期，照明多用白炽灯泡和灯棍，以后节能灯，台灯逐渐增多。楼房则多使用吊灯、彩灯等。

出行　20世纪90年代初，县内居民出行多骑永久、飞鸽、凤凰、金鹿等牌大架自行车。以后逐渐改骑轻便自行车，也适宜少年学生和老年人。也有少数人骑摩托车或坐公共汽车。进入21世纪，摩托车使用普遍，农用三轮车也可载人远行。公共汽车数量增加，运营线路增多，出行更加方便。县城除人力三轮外有了出租车。个人购买面包车、轿车的增多。2010年，城乡居民骑脚踏三轮车的增加，骑电动三轮车的增多，电动自行车增加迅速，有代替自行车之势。居民安全出行、遵守交通规则意识增强。

通信　20世纪90年代初期，居民家庭电话开始增多，去邮局拍电报逐渐减少，仍用书信传递信息。随着程控电话快速发展，家庭电话逐步普及。“BP”机开始流行，最初的移动电话因为价格较贵被称为“大哥大”。县城和乡镇驻地街道都有IC卡公用电话。移动电话逐渐使用。进入21世纪，家庭电话基本普及，城镇干部职工、出外打工者基本人手一部小灵通或手机，部分家庭老人、中学生也配有手机。一部分城镇居民家庭拥有电脑，既可发送电子邮件，也可在QQ上交流，还可以视频。

第二节　生产习俗

农业习俗　1991—2010年，随着社会的发展，农业政策的变化，农业科学技术水平的提高，农业生产习俗有了显著变化。

阴历年后冬小麦开始返青时浇水，用柴油机、三轮车发动机做动力带动水泵，用胶管从河渠里抽水。抽水地点离需浇地块比较远的，往往接几十米甚至上百米长的塑料带，称“蛟龙带”或“水龙带”。多采取漫灌的方式。水源充足的，小麦收获前往往要浇3～4遍水。小麦灌浆前要浇一次水，俗称灌浆水。很多人在收获小麦前要套种玉米，往往再浇一次水，以利于玉米发芽、生长。施肥主要是施化肥，用带轮子的一条腿轻便铁耧，一人扶着耧把掌握方向，一人在前面拉。从小麦返青至收获一般要施3～4次肥。随着劳力外出打工日益增多，田间除草、翻地的人越来越少，有人使用灭草剂除草。打矮壮素强壮小麦秸秆，喷农药防治病虫害。收获小麦由以镰割为主到使用割晒机，由牛拉石磙打场，到拖拉机、三轮车打场，最后到多数人使用联合收割机收获。套种玉米多在小麦收获前一段时间，小麦长势差的地块套种较早，小麦长势好的地块多在收割前一周左右套种，小地块多铲坑填入1～2粒种子，大地块多用单腿带轮简易铁耧播种。种子基本年年使用新品种。由于玉米管理方便、高产，秋季作物以玉米为主成为种植习惯，其他除花生、地瓜，大豆种植面积稍大外，其余作物种植面积明显减小。玉米收获时玉米穗由人工手掰、玉米棵由用扳镢砍逐渐由收割机代替。

秋季作物收获后，开始用机械犁耕地、施肥，用播种机播种小麦，在春节前小麦一般要浇一次越冬水。小麦播期已普遍推迟，多在寒露前后，甚至推迟到霜降。彭楼、郑营、富春等乡镇村民有种植中药材的习惯。棉花营养钵育苗移栽，大蒜点播加塑料薄膜覆盖。随着农业机械推广普及，传统的犁、耙、砘子、石磙已少见，耧、镰刀、铁锨只在较小地块或零星农活时使用。农户养羊者较多，养猪的越来越少。因为不再用大牲畜耕地种地，养牛、驴等大牲畜的基本不见。出现了养牛为出售的专业村。鸡鸭多散养，出现了养鸡专业户。

手工业习俗　鄄城农村手工工匠生产历史悠久，门类繁多，各行各业都有自己的习俗。瓦匠一般由 10 ～ 30 人组成建筑队，出外建筑房屋，由施工员负责施工。瓦工有上工和下工之分，上工掂刀砌墙，下工搬砖和泥，按工日和技术分红。

扎纸匠是专为死者扎制纸屋的手艺人，旧时，子女为了表示孝心，父母死后，便找扎纸匠为其扎制纸屋、纸马、轿车、钱箱、摇钱树等物，焚于坟前或路上。死者子女须先与扎纸匠约好何日用物，扎纸匠必须按时制成，不得有误。其他“手艺人”还有小炉匠、白铁匠、皮匠、条编匠等等。

商业习俗　商品交易主要是在集市上进行。随国营商业逐步退出市场，个体商业逐渐发展，规模不断壮大，出现了商场、超市、连锁店、专卖店等，经营人员称老板、经理、董事长等。付款方式也发生了变化，除传统的一手交钱一手交货外，还可以利用现代电子技术进行刷卡销售服务，并出现了在互联网上购物。

第三节　岁时节日

传统节日　春节　农历正月初一，俗称过年。这天人们凌晨即起，放鞭炮，男女老幼穿新衣；祭神、祖；吃水饺；拜年：先直系长辈，后近族，再乡里。

元宵节　农历正月十五，俗称上元节，源于道教的三元说。这天人们挂灯，放烟花，踩高跷，扭秧歌，演大戏，热闹非常。

春龙节　农历二月初二。传说，冬至以后，龙进入了冬眠状态，经过冬天，到了惊蛰，春雷一响，龙就醒了，俗称二月二龙抬头。这天，人们习惯吃蝎豆和箕子。

寒食、清明节　每年清明节的前一天为寒食节（公历 4 月 4 日或 5 日），战国时期为纪念晋国贤臣、孝子介子推而形成。中华人民共和国成立后，这天人们祭祖、祭扫革命烈士墓。清明节，人们早起，到郊外踏青、放风筝、打秋千等。

端午节　农历五月初五，又称端阳节，相传是纪念楚大夫屈原的日子。这天人们吃粽子，佩香囊。

半年节　农历六月初一。这天，农民用新收成的麦子面包水饺吃，庆贺半年的丰收。

中元节　农历七月十五，相传是纪念地神，保佑五谷丰收。这天，多数家庭上坟祭慰亡灵。

中秋节　农历八月十五，又称团圆节。始于唐代，北宋时定八月十五为中秋节。这天，用月饼及各种水果为供品，人们祭月、赏月。中秋节成为人们相互馈赠礼品，增加交流的节日。

重阳节　农历九月初九，又称老人节。两阳相重，故名重阳节，是登高望远的日子。

寒衣节（又称祭祖节）　农历十月初一。一般有家祭和墓祭两种。十月初一之后，天气渐冷，在祭祀时除了食物等供品外，人们把纸做成的冥衣焚化，叫做给祖先送寒衣或烧包袱，表示孝敬、不忘本等。

腊八节　农历十二月初八，古称腊日，俗称腊八节。先秦起，是祭祀祖先和神灵，祈求丰收和吉祥。相传是释迦牟尼成道之日，也是佛教教徒的节日，称为佛成道节。人们习惯在这天喝腊八粥、吃腊八饭。

小年　农历十二月二十三，是民间传统送灶王爷升天的日子。各家各户，有的吃水饺，喝面条，摆上供品放鞭炮，饮酒庆贺。

除夕　农历十二月三十，又称除日、除夜、岁暮、岁尽、暮岁、大年三十等。这天是人们辞旧迎新的日子，家家清洁卫生、张灯结彩、贴春联、放鞭炮、吃团圆饭、祭祖、祭神等等。

公历节日　元旦　公历 1 月 1 日，俗称阳历年。

中华人民共和国成立后，采用公元纪年法，将1月1日称“元旦”。规定，届时公职人员放假一日。学校、机关、企业等皆张灯结彩，欢庆元旦。

妇女节　公历3月8日为“三八”妇女节，俗称“三八”节。1949年12月，将此日定为中国劳动妇女的节日。妇女组织届时举行庆祝活动。

植树节　公历3月12日。1979年，全国人大常委会作出决定，3月12日为植树节。每年此日，全国都要进行植树造林活动。

劳动节　公历5月1日即“五一”国际劳动节。1949年12月国家规定，5月1日为中国劳动人民的节日，每年是日，机关升国旗，悬灯结彩，以示庆祝。干部、职工放假1日。

青年节　公历5月4日即“五四”青年节。1949年12月，中央人民政府发布政令，规定5月4日为中国青年节，俗称“五四”青年节。这天，各机关、学校、企业均有庆祝活动，常举行入团仪式或联欢活动。

儿童节　公历6月1日即“六一”国际儿童节。这天，县内少年先锋队基层组织多于此日举行入队仪式，各小学、幼儿园也组织联欢、参观、习作展览等庆祝活动。

中国共产党成立纪念日　公历7月1日俗称“七一建党节”。中华人民共和国成立后，中共鄄城党组织每逢此日，常举行纳新仪式，或组织学习，进行革命传统教育。

建军节　公历8月1日即“八一建军节”。1927年8月1日，南昌起义爆发，建立了由中国共产党领导的人民武装。中华人民共和国成立后，中央人民政府政务院规定8月1日为中国人民解放军建军节。是日，民政部门和各机关、学校、团体，普遍进行拥军优属活动。

国庆节　孙中山开创的中华民国以10月10日为国庆节，俗称“双十节”。1949年10月1日中华人民共和国成立，以10月1日为国庆节。逢节，各机关、学校、企业均升国旗，挂彩旗，悬宫灯，贴标语，欢庆节日。

舶来节日　随着对外开放的不断扩大和深入，一些外来节日逐渐在国内流行。主要有：公历2月14日情人节；公历4月1日愚人节；公历5月第二个星期日母亲节；公历6月第三个星期日父亲节；公历12月25日圣诞节。

第四节　礼仪习俗

社交礼节　相见　典礼、会议等隆重场合普遍行鞠躬礼或举手礼。初见、初洽工作，主动热情地作握手礼（男、女握手，女方主动），并问您好。亲朋好友相见，不分男女行握手礼。行路中偶遇熟人或乡亲应止步或下车，以示敬意，并问您好。

迎客　宾客登门，需迎出门外，先握手问好，双手接礼物，说请或请进，客前主后入室，宾坐上首，主在下坐，双手奉献烟、茶。临别送至门外，握手道再见、再来、走好或慢走。

宴宾　城镇多在宾馆、饭店用圆桌，男女同桌就餐；农村多用方桌，客人、长者居首座，其他人以长幼或辈分依次就座。敬酒起立，双手捧杯，男女分席，父子不同席。

询问　询问他人姓氏称贵姓。询问男者称先生，询问女者称女士。现大多数人称呼师傅、老师、同志或者老板等。

求助　求人帮忙道劳驾。要人让路称借光。托人办事称拜求、拜托或麻烦，事后要言谢。

串门　一般叩门而入，不得无声闯入。在院中或门外先打招呼，主人应允后方可入室。春节串门问候春节好、过年好。入座时应长者先坐、幼者后坐。妨碍他人时应道声对不起。随着社会的文明进步，请进、请坐、您好、谢谢、再见、对不起、没关系等已成常用语。

聚会　20世纪80年代后，随着各式交际范围的扩大，社交性聚会逐步增多。90年代后，随着生活水平的不断提高，聚会名堂越来越多，多在宾馆、饭店进行，除老乡、同学、战友、同事聚会叙旧、联络感情外，还有欢送参军聚会、升学聚会、接风洗尘聚会、生日聚会、结婚纪念日聚会等等。

婚嫁　提亲　主要有两种方式：一种是经介

绍人（俗称媒人）介绍，根据男女双方年龄、文化程度、职业、品貌、家庭状况等从中撮合，使双方认识，恋爱开始。另一种是自由恋爱，两人认识并恋爱一段时间后，一般是男方托熟人做介绍人向女方正式提亲。随着社会的不断发展和网络的迅速普及，90年代中后期开始，逐渐出现了媒体征婚、婚介所介绍和网上恋爱等形式。

相亲　男女双方经过一段时间的交谈、接触、相互了解后，女方通过介绍人向男方说明，选定时间去男方相亲。男方送女方少量见面礼或纪念品等。

定亲　在相亲之后如双方无意见，征得父母同意可商定订婚时间。在订婚之时，男方摆请宴席，双方亲戚朋友纳资祝贺，男女双方改口。男方选购服饰、首饰送给女方，并送给对方一定数额的聘金，女方也要返回男方一定数额的礼金。

送好　结婚前月余，由男方请人择日书写年命贴，并备衣料，鸡、鱼肉，枣等一并用大红包袱由介绍人送给女方。女方在接到男方年命贴后，便请父母做被子备嫁妆，并在被、褥四角用红线串上枣、花生、栗子等，意取早生贵子，在结婚前一天或当天派人将嫁妆及陪送物品送往男方。

娶亲　男方备小轿车组成娶亲车队，娶新娘的婚车装扮的五彩缤纷。新郎穿礼服，由主事人主持先向长者鞠躬俗称行礼。后锣、鼓、鞭炮、喜乐响起，娶亲车队出发，新郎坐婚车。车队至女家门前，鸣鞭炮奏乐，女方备酒宴（茶座），由同辈男士作陪。宴罢，新郎把新娘抱上彩车。新娘要穿婚服或婚纱。新娘娶到男方家后，彩炮迎接，新娘由两位少女搀扶（称驾媳妇）。新郎领新娘踏上红地毯，宾客向新郎、新娘头上撒五彩碎彩纸及花彩带，以示美满幸福。

结婚典礼　设司仪一人主持，典礼程序由原来的一拜天地、二拜高堂、夫妻对拜、步入洞房有所增加，如拜东方、阳光普照、大地生辉、人财两旺、新郎新娘互送礼物等等。新娘当众叫公公、婆婆、爹娘或爸妈。礼毕，鞭炮齐鸣，放吉祥喜庆乐曲，新郎抱新娘入洞房。年少者，同事、同学即跟着闹洞房。

回门　新婚第三天，新娘回娘家，俗称“回门”；新郎随往拜见岳父母，俗称“认门”。是日，女家亲朋皆前往陪新郎饮宴，谓之“暖婿”。

喜庆　生子　俗称坐月子，妇女分娩次日，男方向女方娘家报喜。女方娘家人在6日、8日最晚12日，备米、面、鸡蛋、红糖、布料、幼儿衣帽、喜资前来祝福，俗称“送粥米”。90年代后，亲朋好友、同事、同学均可送米。贺礼日趋丰盛，宾主聚宴，分发喜糖和熟鸡蛋。婴儿满月，外祖母接至家中住数日，称度满月。

抢生日　幼儿快满一周岁时，提前一个月做生日（称抢生日）。外祖母、姑母、姨母、朋友，乡亲赠送喜资、玩具、幼儿衣服等，主人要设宴招待来客。

庆寿　20世纪80年代后，一般年逾50周岁者即开始庆寿，盛行家人、亲朋好友、同事、同学馈赠礼品，登门庆贺，设宴祝寿。

建房　农村建新房动土前有的先置供品奠祭，鸣鞭炮庆贺，亲戚朋友、乡亲送烟酒等祝贺。上梁时，绕房鸣放鞭炮（称上梁大吉）。建房完工，主家与工匠共进晚餐，举杯共饮，庆贺竣工。

乔迁　乔迁新居，宴请邻里（俗称温锅）。邻里赠礼物，以示欢迎。90年代以后，此俗盛行，亲朋好友、同事、同学皆可参与温锅，共贺乔迁之喜。

丧葬　丧葬之俗，应时代发展而不断变革。农村沿用木棺土葬。老人年过六旬，便为其备棺木，做送老衣。当老人病危时，便从病榻移至堂屋当门，穿好寿衣，头南脚北停放在灵床上，待其咽气、气绝，谓“寿终正寝”。即以麻系脚，谓“绊脚索”；将铜钱纳入口中，谓“噙口钱”；脸上盖以白纸，谓“蒙脸纸”；灵床前置谷草一把，谓“影身草”；焚化纸箔，谓“倒头纸”，亦称“冥币”。孝子守于灵床两侧，恸哭致哀，邻人皆忙于搭灵棚，报丧，做纸骨朵，制孝帽，糊白鞋。葬后三日“圆坟”，即子女为新坟添土，筑起较大而圆的坟墓。此后，三七、五七、百日、周年、二年子孙均至坟前烧纸哭祭。三周年为最后一祭，较为隆重，亲友皆到，礼仪略如丧葬之路祭。

现今境内已普遍推行火葬。火葬礼仪较简单，一般仪程为亲友与遗体告别、火化、开追悼会。骨灰盒放在骨灰堂，有的深葬于地下。但大部分火化后仍按旧俗骨灰入棺土葬。殡仪稍简，灵棚增放花圈、挽幛。宾客跪拜或鞠躬、默哀。

第五节　禁忌与陋习

禁忌　20 世纪 80 年代后，随着科学知识的普及和居民思想观念的更新，一些带着封建迷信色彩的禁忌逐渐被摒除，但新的禁忌也在形成。

居住、建筑禁忌　宅基忌选寺庙、祠堂、坟墓遗址和紧靠墓地的地方。宅基地忌南宽北窄意为“棺材宅”；忌南北狭东西长，房屋忌正冲道路或胡同口，忌南高北低。建房用料忌用桑木、楝木。建新坟忌妇女到现场。堂屋门不能直冲院门。

性别、辈分禁忌　晚辈取名，不得与长辈重字、同音。晚辈对长辈，忌直呼其名，忌对长辈拍肩、摸头。男子对弟媳、侄媳、孙媳等晚辈之间，忌相戏谑。

社交、待客禁忌　做客忌东张西望、乱翻乱找；餐桌上忌敲筷子敲碗；忌用筷子挟起菜肴又放下和乱在盘子里翻拣；忌吃东西吧嗒嘴并发出响声；忌剔牙；忌梨子一切两瓣给他人。除闺女、孙女、外甥女的女婿外，任何外来男子忌坐人家的床沿。

岁时禁忌　农历闰月年忌盖堂屋（时下有新宅不忌之说），传统有“蒙头年”（无春年又称滑年）忌结婚，但近年来逐渐淡化。二月二为“龙抬头日”，忌动刀剪，针线，以免“伤龙眼”“戳龙眼”。大年初一这天忌扫地、倒垃圾、借取东西、动剪刀、做针线；忌哭啼、吵架、吃药、看病、说不吉利话；忌太阳未出前倒洗脸盆、便盆、如厕。大年三十及正月初一，死了人忌声张。春节期间，忌打碎器物。

婚姻禁忌　孕妇忌在娘家或别人家分娩、近死尸，忌进新房、灵房。产后未满月忌串门、上井打水。孕妇忌食兔肉，俗以为食后生的孩子会兔唇。新生儿百日内忌剃胎发。除医生与家人外，下午及农历每月的初一、十五忌看病人。忌眼泪落在棺材上，陪祭人忌触碰棺木。父母去世，儿子“五七内”不剃头、刮胡须。3 年服孝期间，忌贴红春联。

其他禁忌　新婚做被褥和娶送新娘，忌用孕妇、寡妇和儿女不全者。百岁以上皆称九十九岁，忌称“百岁”，因百年之后是死亡的同义词。

陋俗　迷信　人们久病不愈或遇疑难之事，常请算命先生算卦，询问吉凶福祸。男女青年多测命运前程及婚嫁姻缘等。人们立宅院、建房屋或者选墓地、筑坟基等，事前要请风水先生看风水，寻宝地，求吉祥。富人家尤其讲究。婚娶、建房、乔迁、出远门等大多请人选择“黄道吉日”，以求平安无事或逢凶化吉。逢年过节，焚香、烧纸、磕头跪拜，祈求神灵保佑。家人病重，或遇灾祸，久婚无子等，则到神前进香、许愿、取神水、求神药，乞降吉祥。家人因病昏迷或小儿惊吓萎靡不振，便认为是“掉了魂”，就请巫婆、神汉或自家人“叫魂”。

赌博　赌博恶习难改，屡禁不止。虽严厉惩处，但仍有人沉迷其中，有的因赌博家庭不和，甚至妻离子散。境内主要赌具有骨牌、扑克和麻将等，活动场所越来越隐蔽。

看相　分看手相和看面相两种。往往在男女订婚之前看相，看是否命里相克、婚后是否能生财是否会出现外遇、家庭是否和睦等，从而决定婚事是否能成。也有孕妇看生男还是生女的，然后决定生下来还是做掉。也有出远门或者办事看相的。

看风水　一是看宅基地吉凶，房子应如何建，大门如何建，方位以及朝向等等，有何妨碍、如何破解。一是看坟墓风水，坟地如何选取，棺材如何安置，可保家人官运亨通、财源广进、诸事顺利等。

第四章　方　言

第一节　语　音

鄄城话与普通话很接近，但从音系上看，更接近河南话，属北方方言中原区。鄄城地处偏僻，交通不便，故能保留古音特点，如 [V] 声母尚存在于老年人读书音中。全县语音基本一致，唯南部与菏泽市接近处略有差异。

由于鄄城话与普通话音系接近，为方便起见，记音用汉语拼音字母，表音不准确时，用国际音标注明。

声韵调系统

声母 (23)　b 布奔白　p 坡平劈　m 马买木　f 书方扶　(v) 微维未　d 道代夺　t 泰同铁　n 乃南诺　l 来兰立　z 资精作　c 取仓促　s 须三飒　zh 支真直　ch 迟晨尺　sh 师申杀　r 日让肉　j 家江极　q 奇牵泣

[ȵ] 尼年溺　x 希献吸 g 歌官国　k 考康客 [ɣ] 爱安恶　h 豪杭喝　Φ 衣乌育

说明：

v，唇齿浊擦音，老年人读书音尚保存，只有“微惟维唯未味尾”等字。今已消失，变成 [u]。

ȵ，舌根鼻音。本方言 n 不拼 i、ü，代之以 [ȵ]。

ɣ，舌根浊擦音。普通话零声母开口呼的音节，本方言都是 [ɣ] 声音。

[ȵ][ɣ] 两个声母都用 [] 括起来，此为国际音标专用号，在同音字汇中省去 []。

z、c、s 比普通话略后，可与 i、ü 拼，即分尖团。

Φ，表示零声母。

韵母 (37)　Ï 资词思知池施日　i 皮提期益　u 普出图族　ü 居旅虚足　a 麻他沙法　ia 家暇牙鸭　ua 瓜花抓挖　e 车社鹅各　ie 借解写协　o 玻颇馍说　uo 多罗鹊卓　üo 脚缺靴岳　ai 来寨该塞　iai 皆界解涯　uai 怀帅快外　ei 配类革麦　uei 对催炊威　ao 保岛操袄　iao 标挑消腰　ou 斗奏守欧　iu 秋丢牛优　l 儿耳二　an 班丹甘岸　ian 边典仙烟　uan 端全穿完　üan 绢劝玄渊　en 分本阵恩　in 宾津禁音　uen 轮寻昆文　ün 均群训运　ang 邦汤桑昂　iang 良相墙羊　uang 庄光黄旺　eng 崩省冷庚　ing 兵听经英　ueng 冬龙葱翁　üeng 迥倾雄容

说明：

e 和 eng、ueng 中的 e 实为 [ə]

ai 实为 [ɛ]，ao 实为 [ɔ]

an 中的 n 发音不完全，a 不鼻化，为与后鼻尾区别，记作 [añ]

ang 中的 ng 发音不完全，a 不鼻化，为与前鼻尾区别，记作 [aỹ]。

声调详见下表：

调　类	调　值	例　　字
阴平	˩˧ 13	八 央 称 吃 抽 低 顶
阳平	˥˧ 53	拔 阳 成 池 稠 敌 寒
上声	˦ 44	把 仰 逞 齿 丑 底 喊
去声	˧˩˨ 312	罢 样 秤 翅 臭 地 汉

l，自成音节。

音变

变调　变调是在连读中实现的，这里只说两字连读变调，有两种情况，即成类的变调和特定的变调。

成类的变调：

上声 44+ 上声 44 ⇀ 42+44

老虎好歹洗脸打水洗澡

去声 312+ 阴、阳、上、去→ 21+ 阴、阳、上、去。

爱国面条道理大路

特定的变调：

“一”字的变调。“一”字单读是阴平声，在阴平字前变成去声，在其他声调前不变。例如：

一斤　一钱　一两　一磅

一天　一年　一响　一夜

一吹　一拉　一讲　一唱

各行第一个“一”字在阴平字前，变去声。读与“意”同。其余“一”字分别在阳平、上声、去声字前，仍读本调。

“不”字的变调。“不”字单读是阴平声，变调规律与“一”字同，例如：

不偏不倚　不慌不忙

不声不响　不折不扣

每条第一个“不”字都在阴平字前，变去声，读与“布”同；其他“不”字分别在阳平、上声、去声字前，仍读本调。

“多”字的变调。“多”字单读是阴平，作副词时变上声，意思是“很”，读与“朵”（上声）同。在其他情况下不变调。例如：

多高（很高，有多高？）

多长（很长，有多长？）

多远（很远，有多远？）

多俊（很俊）

多年轻（很年轻）

多好（很好）

轻声轻声也是在字词组合中实现的，两字组、三字组、四字组中都会出现轻声。例如：

包袱　衣裳　麦子　黄瓜　扁担

老实　痛快　味道　身份　疙瘩

以上各词语中，后一字都读轻声。

百十个　胡辣汤　胳肢窝　影门墙

以上各词语中，当中一字读轻声。

老奶奶　新媳妇　当院子　小学生

以上各词语中，最后一字读轻声。

甜不嗦的　愣二八即　慌慌张张

以上各词语中，第二、四字读轻声。

儿化　鄄城方言的儿化现象很普遍，每个韵母都可以儿化（包括自成音节的[1]）。儿化的作用与普通话相似，可以确定词性，如“画”与“画儿”、“小”与“小儿”；可以区别词义，如“头”与“头儿”、“眼”与“眼儿”。儿化的规律如下：

原韵母	儿化韵	举　例
e ie u a ia ua o uo üe ao iao ou iou	在原母后加卷舌韵尾	歌儿 ger 柱儿 zhur 花儿 huar
ai iai uai an ian uan üan ei uei en in uen ün	去掉韵尾 加卷舌韵尾	带儿 dar= 蛋儿 dar 格儿 ger= 根儿 ger
ang iang uang eng ing ueng iong	去掉韵尾 元音鼻化 加卷舌韵尾	堂儿 tar 梗儿 gēr
—i	—i 去掉后加卷舌尾	侄儿 zher= 针儿 zher 疵儿 cer= 七儿 cer 衣儿 ier= 音儿 ier 猪儿 zhuer= 锥儿 zhuer 鱼儿 üer= 云儿 üer

语音特点　鄄城音系与普通话大体相同，其差异可分两方面，一是声调差异，二是声韵差异。

声调差异　鄄城话与普通话的调类相同，但调值不同。详见下表。

调　类	调　值		例　字	
	普通话	鄄城话	普通话读音	鄄城话读音
阴　平	˦55	˩˧13	薅 hāo	薅 háo
阳　平	˧˥35	˥˧53	豪 háo	豪 hào
上　声	˨˩˦214	˦44	好 hǎo	好 hāo
去　声	˥˩51	˧˩˨312	号 hào	号 hào

声韵差异　尖音字：即 z、c、s 与 i、ü 或 i—拼成的字，普通话都读团音，声母是 j、q、x。如：即七西、足蛆须、煎墙星。

[ȵ] 与 i、ü 或 i—拼成的字，普通话的声母是 n。如：尼、女、娘、鸟、年、牛。

普通话读 shu 或 shu—的字：鄄城话声母是 f，如书、刷、水、栓、双。

一些古入声字：普通话读 ai、e 韵，鄄城话读 ei 韵。如：拍、麦、德。

现将声韵不同的字列举出来，以作对照。

鄄城话与普通话异音字（声韵不同）对照表

表 34-4-1

普通话读音	鄄城话读音	例　字
bai	bei	掰　白　百　柏
bao	bo	雹　薄
bi	bei	笔　毕
bo	po	波
bo	bei	伯
ce	chei	册　厕　测　策　侧
de	dei	德　得
fei	fi	飞　非　肥　匪　肺　费　废
ge	gei	革　格　隔
huo	hui	或　惑
he	hei	吓
ji	zi	迹 积 绩 即 疾 集 籍 挤 济 系 剂
jian	zian	煎 尖 剪 贱 荐 渐
jiang	ziang	将 浆 奖 蒋 匠
jiao	ziao	椒 焦 蕉 礁
jiao	zuo	嚼
jie	zie	节 疖 接 睫 截 姐
jin	zin	津 尽 进 晋
jing	zing	精 晶 井 净 静
jiu	ziu	揪 啾 酒 就
ju	zü	聚

续表 34-4-1-1

普通话读音	鄄城话读音	例　字
jun	zun	俊 峻 浚
ke	kei	克 刻 客
le	lei	勒 肋
mo	mei	脉 墨
ni	[ȵi]	妮 尼 泥 你 匿 腻 溺
nian	[ȵian]	拈 年 粘 碾 辇 撵 念
niang	[ȵiang]	娘
niao	[ȵiao]	鸟 袅 尿
nie	[ȵie]	捏 聂
niu	[ȵiou]	妞 牛 扭 纽 忸 拗
ning	[ȵing]	宁 拧
nü	[ȵü]	女
pai	pei	拍
qi	ci	七 妻 凄 漆 齐 荠 脐 砌
qian	cian	千 迁 签 前 钱 浅
qiang	ciang	枪 墙 蔷 抢 呛
qiao	ciao	锹 瞧 憔 俏 峭
qie	cie	切 且 窃 妾
qin	cin	亲 秦 寝 沁
qing	cing	青 清 晴 情 晴 请
qiu	ciu	秋 囚
qu	cü	蛆 趋
quan	cuan	全 泉
que	cuo	雀 鹊
se	shei	色 涩 啬 瑟
se	sei	塞
shui	fei	水 税 睡
shun	fen	顺 舜 瞬
shuo	fo	说
shua	fa	刷 耍
shuai	fai	衰 甩 帅 率
shuan	fan	栓 拴 涮
shuang	fang	双 霜 孀
shu	fu	书 梳 舒 枢 束 熟 暑 署 叔 术 述 鼠 黍 树 竖 恕
su	sü	俗 肃 缩 粟
suo	shuo	缩 所
te	tei	特 忒 忑

续表 34-4-1-2

普通话读音	鄄城话读音	例　字
xi	si	夕 西 昔 息 析 悉 锡 惜 习 席 媳 洗 玺 徙 细
xian	sian	仙 先 鲜 线 腺
xiang	siang	详 祥 翔 想 相 象
xiao	siao	肖 消 宵 萧 小 笑
xie	sie	楔 斜 写 撷 泄 谢
xin	sin	心 辛 新 芯 薪 信 囟
xing	sing	星 腥 醒 省 性 姓
xiu	siu	袖 秀 绣 锈
xu	sü	须 需 徐 序 叙 绪 婿 续 絮
xuan	suan	宣 喧 旋 漩 选 癣 镟
xue	suo	削 薛
xue	xie	血
xun	sun	旬 询 寻 巡 循
yao	üo	药 疟
zu	zü	足
ze	zei	则
zhai	zhei	摘 宅 择 翟 窄
e	ei	额 厄 扼

第二节　词　汇

这里不收全部鄄城话词汇，只就具有地方特色的常用词列举一些，按鄄城话标调，用“／＼—∨”分别表示阴阳上去，轻音不标调，每条略释义。

称谓

爹　dié　（父亲）

娘　ȵiáng（母亲）

爷爷　yè　ye　（祖父）

奶奶　nāi nai　（祖母）

大爷　dǎ ye（伯父、岳父）

大娘　dǎ　ȵiang（伯母、岳母）

叔叔　fū fu（父亲的弟弟）

婶子　shēn zi　（叔之妻）

姥爷　lāo ye　（外祖父）

姥娘　lāo　ȵiang（外祖母）

舅　jiǔ　（舅父）

妗子　jin zi　（舅母）

姑姑　gū gu（父亲的姊妹）

姑夫　gú fu（姑之夫）

姑奶奶　gú nāi nai（祖父的姊妹）

姑爷爷　gú yè yē（姑奶奶之夫）

姨　yì（母亲的姊妹）

姨夫　yì fu　（姨之夫）

表大爷　biāo da ye（父亲的表兄）

表叔　biāo fú（父亲的表弟）

哥哥　gē ge（兄）

兄弟　xióng di（弟弟）

姐姐　ziē　zie

妹妹　mèi　mei

表兄弟　biāo xióng dì（舅或姑的儿子，背称）

表姊妹　biāo zi měi　（舅或姑的女儿，背称）

姨兄弟　yì xióng di（姨的儿子，背称）

姨姊妹　yì zi měi　（姨的女儿，背称）

时间

清起来 cíng qī lai （早晨）

晌午 shāng wu （上午、中午）

恒恒 hèng heng（下午）

黑家 héi jia（夜晚）

夜个 yiě ge（昨天，鄄北语）

燕门儿 yǎn mer（昨天，鄄北语）

前门儿 ciǎr ge（前天，鄄北语）

前一儿 ciàn yer（前天，鄄南语）

大前儿个 dǎ ciǎr ge（大前天，鄄北语）

大前一儿 dǎ clàn yer（大前天，鄄南语）

明儿 mìnr（明天）

过明儿 gùo minr （后天）

大过明儿 dǎ gùo minr（大后天）

年时 niàn shi（去年）

过年儿 gùo niar（明年）

年下 ȵiàn xia（春节）

热天 ré tian（夏天）

冷天 lēng tian（冬天）

每儿年 mer ȵian（往年）

这会儿 zhě huer（现在）

那会儿 nǎ huer（那时候）

每儿每儿 mer mer（过去）

江才 jiáng cai（刚才）

方位处所

这合 zhè he（这里）

那合 nà he（那里）

当间儿里 dang jiar li（中间）

这半个儿 zhě bàn ger（这边）

那半个儿 nǎ bān ger（那边）

前头 ciàn tou（前边）

后头 hòu tou（后边）

堂屋 tàng wu（北屋）

厨屋 chù wu（厨房）

牛屋 ȵiù wu（饲养牲口的屋子）

当院子 dán yàn zi（院子）

影门墙 yīng men ciàng（大门里边的屏墙）

茅子 mào zi（厕所）

旮旯 gè lao（角落）

事物

天拉地儿 tián lā dir（太阳，太阳照到的地面）

月老娘 yúe lāo ȵiang（月亮）

月明地儿 yúe ming dir（月亮，月亮照到的地面）

冷子 lēng zi（冰雹）

雹子 bò zi（冰雹）

小小虫 siào siāo chong（麻雀）

麻嘎子 má gà zi（喜鹊）

老鸹 lào gua（乌鸦）

鹁鸽 bù ge（鸽子）

鸪鸪虫 gū gū chong（斑鸠）

草鸡 cāo ji（母鸡）

草鸭 cāo ya（母鸭）

草驴 cāo lü（母驴）

叫驴 jiào lü（公驴）

食牛 shì ȵiu（母牛）

犍牛 máng ȵiu（公牛）

犍子 jián zi（阉过的牛）

儿马 èr ma（公马）

儿猫 èr mao（公猫）

牙狗 yà gou（公狗）

牙猪 yà zhu（公猪）

豚猪 tùn zhu（阉过的猪）

脚猪 júe zhu（种猪）

骚虎 sáo hu（公羊）

落生 lúo shéng（花生）

红薯 hòng fu（地瓜）

玉黍蜀 yǔ fù fu（玉米）

洋柿子 yàng shǐ zi（西红柿）

扁食 biān shi（饺子）

糊涂 hù du（粥）

干粮 gán liang（馍，干的面食。鄄东话）

馍馍 mò mo（馒头）

窝窝 wó wo（馍的一种，半球型，内空）

豆囤子 dǒu dùn zi（食品，米面皮，豇豆

枣馅）

角子　júo zi（食品，面皮，菜馅，两头尖）

菜馍　cǎi mò（白面皮，菜馅，圆型）

油果子　yòu guō zi（油条）

果子　gūo zi（点心）

锅拍　guó péi（锅盖）

抹布　má bu（擦碗，蒸馍用的布）

泔水　gán fei（刷锅、碗的水）

筷笼子　kuǎi lòng zi（盛筷子的器具）

碗栈子　wān zhàn zi（盛碗的架子，用秫秸扎成）

锅铲子　gúo chān zi（刷锅用的铲子）

盖体　gài ti（被子）

铺体　pú ti（褥子）

汗褂子　hǎn guà zi（男褂）

布衫子　bù shán zi（女褂）

褯子　ziè zi（婴儿的尿布）

筲　sháo（水桶）

井绳　zing sheng（打井水专用的绳，多用柳树根做成）

轱轮儿　gū luer（车轮）

动作行为

摆摆　bāi bai（清洗衣物）

板啦　bān la（扔掉了）

包圆儿　báo yuar（全包下）

炖肉　māo rǒu（煮肉）

短路　duān lǔ（拦路抢劫）

短过来　duān guo lai（夺过来）

对啦　dūi la（抵消了）

扽　dǔn（断续地用力拉绳）

煺鸡　tǔi ji（用热水烫鸡，拔掉鸡毛）

喃　nān（用嘴吞吃粉状食物）

撂骨鲁　liǎo gú lur（摔跤）

截布　ziè bǔ（买布）

揪住　ziú zhu（紧抓住）

撮住　zuō zhu（用力抓住）

拽　zhuǎi（拉）

薅　háo（拔，薅草）

𢬵　kuāi（挎，如～篮子；搔，轻抓，如～痒痒）

跐　cī（用脚踩上去）

捎　shǎo（使牲口后退）

潲　shǎo（雨斜落，窗户潲雨；洒水，潲点水）

骟　shǎn（阉割，骟马）

捎　sháo（顺便带，捎信）

够　gǒu（伸手向上取物）

聒耳朵　gúo ēr dao（声音刺耳）

抠　kóu（用手指挖，抠出来；抠字眼）

磕　ké（碰，敲，使物出，～烟袋）

合拉　hè la（搅动）

摁　ěn（用手往下按）

捂　wū（用手遮盖）

焐　wū（包起来，使不散热）

咕容　gú yong（蠕动）

谷即　gú zi（蹲下）

口头词

腌而腌臢　á er á za（肮脏）

腌臢　á za（肮脏）

巴不得嘞　bá hu déi lei（事情的结果很合乎愿望）

扒扒查查　bā ba chà cha（吃力地往上爬）

扑扑楞楞　bú bu lěng leng（来回摆动的样子）

不含乎　bú hàn hu（不怕）

搬登　bán deng（挪动东西）

搬搬登登　bán ban déng deng（挪动了很多东西）

奔奔查查　bén ben cha cha（物面粗糙，不平滑）

别别楞楞　bǐe bie lěng leng（任性，不听话）

菜包子　cǎi báo zi（谓很笨的人）

出出瘪瘪　chú chu bǐe bie（性格内向，不开朗）

欻巴忽子　chuā ba hú zi（在市上抢夺食物的叫花子）

打桩　dā zhuáng（鸡将病死时缩头呆立的

样子）

嘟嘟囔囔　dú du nàng nang（小声地自言自语）

屙而咋　é er zá（不中用的脏东西）

咯咯嘣嘣　gé ge běng beng（象声词）

瓜瓜得得　guà gua déi dei（鞋或衣服太肥大，不可体）

哈乎了　há hū la（死了）

含含乎乎　hán han hū hu（说话不肯定）

黑黑得得儿　héi hei dei der（态度蛮横，训人）

猴持　hòu chi（捉弄人）

抠抠吃吃　kóu kou chí chi（干活很慢的样子）

鲁笨　lū ben（不聪明）

迷迷登登　mì mi déng deng（不清醒的样子）

楞而八即　lěng er ba zi（鲁莽，冒失）

脓脓即即　nòng nong zi zi（办事能力差，不果断）

七七蒙蒙　cí ci mèng meng（眼不好使，斜视的样子）

坷坷盘盘　ké ke pàn pan（路坎坷难走）

傻而瓜即　shā er guá zi（傻傻瓜瓜，不灵通）

塌眯　tá mi（上眼皮下垂，眼似睁不睁的样子）

偎偎弄弄　weí wei nǒng nong（办事不利索）

洋大二争　yàng da ěr zheng（若无其事，松松垮垮的样子）

枝里八杈　zhí li bá cha（树枝长得很乱，比喻指手划脚想打人的样子）

楞楞蹭蹭　lěng leng cěng ceng（干活不紧张，似干非干的）

第三节　语　汇

俗语

俗语是流行于民间的哲理性短语，是民众智慧的结晶。语言简练生动，富于文学色彩。现将流行于鄄城境内的俗语按音序排列如下：

A

按兵不动

爱情不能掺假

熬不中煮不烂

B

饱汉子不知饿汉子饥

比着葫芦画瓢

逼着哑巴说话

不到黄河不死心

不见兔子不撒鹰

不当家不知柴米贵

不是一个槽上的牲口（比喻两人性格不合，不能在一块生活或共事）

不经一事，不长一智

不吃那个馍也要蒸（争）那口气

C

馋咬舌头饿咬腮

车到山前自有路

拆了东墙补西墙

长木匠，短铁匠（木工下料要长，铁匠下料要短）

凑窝子蟠（fan）蛋（喻懒人办事爱将就）

吃亏人常在

吃着碗里，看着锅里（喻贪得无厌）

吃饭吃饱，干活干了

春雨贵似油

朝里有人好居官

D

大梁不正二梁歪

当了娘，耳朵长

大河里没水小河里干

大白天借不出干灯来（喻人吝啬）

打生不如混熟

打肿脸充胖子（喻不自量力，硬撑面子）

打虎先掰牙

打马骡子惊

打开窗户说亮话

打破砂锅璺（wěn）到底（追究到底）
打盆说盆，打罐说罐（就事论事）
倒了油瓶不扶（喻懒惰或不尽责的人）
刀快不杀来路人（对坦白认错的人要宽恕）
东扯葫芦西扯瓢（说话很多，语无伦次）
东一榔头，西一斧子
独木桥难沿
得了灶户上炕头（喻贪得无厌）
E
恶人先告状
耳听为虚，眼见为实
儿不嫌娘丑，狗不嫌家贫
二八月里乱穿衣
二八月里看巧云（形态奇巧多变）
F
翻脸不认人
父不入子房
夫妻没有隔夜仇
扶竹竿不扶井绳（势利眼）

G
干急不出汗
干冬湿年下
干打呼隆（雷声）不下雨
干打谷子湿打黍
干姜老头活一百
干啥说啥，卖啥吆唤啥
各扫门前雪
隔行如隔山
功到自然成
功夫不负有心人
狗皮袜子没反正
狗窝里放不住团子
挂羊头卖狗肉
过河拆桥
过日子比树叶还稠
光棍儿不吃眼前亏
胳膊别不过大腿
H
害人如害己
孩子哭了抱给他娘
旱天难下雨
好狗不叉（chà 挡）路
好了疮疤忘了疼
好货不如好行市
好亲不如近邻
好马不吃回头草
好鞋不踩臭狗屎
好心当成驴肝肺
好钢用在刀刃上
好人死在证人手里
河里没鱼市上看
花无百日红
花开也有花落时
花花世界，无奇不有
话是开心锁
还账如割痞（pī 肚子里的病块）
黄鼠狼子单拉病鸡
会说不如会听的
会的不难，难的不会
会推磨就会推碾
货是一张皮
活到老，学到老
活人不能让尿憋死
怀揣刀子口抹蜜
J
鸡飞蛋打
鸡毛飞不上天
鸡窝里飞不出凤凰
鸡多不嬎（fǎn）蛋，人多瞎胡乱，媳妇多了晚了饭
家丑不可外扬
家里土，地里虎
家有贤妻少生气
家有千口，主事一人
交个朋友多条路

娇儿无孝子
井水不犯河水
井里蛤蟆能见多大天
K
看景不如听景
哭了半天还不知谁死啦
L
来得早不如来得巧
癞蛤蟆别想吃天鹅肉
浪子回头金不换
老皇历看不得
六月里天，瓦不干
老鼠再大也怕猫
老王卖瓜，自卖自夸
老将出马，一个顶俩
良医门前病人多
M
马无夜草不肥
慢工出巧匠
没有不透风的墙
没了王子乱了蜂
没有过不去的火焰山
没有受不了的罪
苗怕胎里旱，人怕老来穷
N
拿着棒槌当针纫
牛毛出在牛身上
女大不可留
P
怕鬼偏遇鸡橛子（鸡橛子即勾命鬼）
跑了和尚跑不了庙

Q
千条河流归大海
前怕狼，后怕虎
前头有车，后头有辙
强扭的瓜不甜
青出于蓝胜于蓝
巧买哄不了拙卖的
巧媳妇难做无米之炊
轻来轻去搬泰山
清官难断家务事
情人眼里出西施
穷家难当
穷家难舍
R
人勤地不懒
人多不怯重
人穷志不短
人老骨头硬
人不伤心不掉泪
人心都是肉长的
人是衣裳马是鞍
人有名，树有影
人有脸，树有皮
人过留名，雁过留声
人外有人，天外有天
人哄地皮，地哄肚皮
人老弯腰，树老焦梢
人心隔肚皮，虎心隔毛衣
日久见人心
日子不可长算
肉烂在锅里
肉里不能掺假
S
杀鸡给猴看
三天打鱼，两天晒网
三个臭皮匠，顶个诸葛亮
上山容易下山难
上不归天，下不着地
生意好做，伙计难搁
省了盐，瞎了酱
师徒如父子
十雾九晴
十个指头有长短
失败是成功之母

是猫都吓老鼠
树大自直
树大招风
树大阴凉大
手大遮不住天
守着瘸子不说短话
水火无情
水大蒙不了船
谁家都有一本难念的经
T
天塌砸大家
贪多嚼不烂
听风就是雨
听话听音，刨树刨根
头三脚难踢
兔子不吃窝边草
W
万事开头难
剜到篮里就是菜
为人不说过头话
无本难求利
瓮里跑不了瘸鳖
X
县官不如现管
想巧就有拙
向理不向人
新官上任三把火
心急不能吃热米饭
心里没病死不了人
Y
牙错咬腮
严师出高徒
眼里下不去拳头
一棍子括八家
一心不可二用
一个巴掌拍不响
一家不说两家话
一辈子同学三辈子亲
一拃没有四指近
一瓶子不满，半瓶子咣荡
艺多不压身
有钱能买鬼推磨
有眼不识泰山
有枣没枣括一竿子
有状元徒弟，没状元师傅
远水不解近渴
远亲不如近邻
越渴越给盐吃
Z
宰相肚里磨舟船
真金不怕火炼
睁眼不看秤
争着不足，让着有余
纸里包不住火
知足者常乐
知人知面不知心
这山望着那山高
自己摔倒自己爬
钻过头去不顾腚
庄稼老头不识货，单拣大的摸

谚语

谚语是劳动人民生活经验和生产经验的总结，一般的上下两句，押韵，不一定对仗，但在内容上必须相互关联。

气象谚语

蚂蚁打窝，大雨要落。
蚂蚁成群，大雨来临。
鱼打漂，雨来到；鱼翻湾，要变天。
疮疤痒，雨要响。
瓮穿裙，大雨淋。
燕子低飞蛇过道，大雨不久要来到。
三天东南风，不用问先生（要下雨）。
云向东，一阵风；云向西，披蓑衣。
云向南，雨涟涟；云向北，一阵黑。
乱交云，雨淋淋；瓦碴云，晒死人。
清早烧霞，傍黑沤麻。

啄木鸟，叫三声，不下雨，就刮风。

太阳倒照，晒得猫叫（阴雨天如果傍晚出太阳，是晴天预兆）。

开门雨，闭门雪（早晨开始下雨，必下大雨；晚上开始下雪，必下大雪）。

早雾晴，晚雾阴。

早看东南，夜看西北（早晨东南天际生云，晚上西北天际有雨脚，都是下雨的预兆）。

日晕三更雨，月晕午时风。

风刮一大片，雹打一溜线。

八月十五云遮月，来年必定雪打灯。

时令谚语

雪打灯，好年景（元宵节下雪，兆丰年）。

寒食寒十天，早晚穿布衫。

小满椹子黑，芒种吃打麦。

枣发芽，种棉花。

桃花开，杏花败。

白杨叶，拍光光，满地里，耩高粱。

谷雨前后，种瓜点豆。

六月六，看谷秀。

麦子去了头，高粱漫了牛。

七月七，搓谷粒。

八月八，拾棉花。

有钱难买五月里旱，六月里连阴吃饱饭。

七月十五定旱涝，八月十五定收成。

过了七月节（七月十五），夜寒白天热。

立秋十八天，寸草结籽。

处暑三天遍地红。（高粱穗变成红色）

七月十五枣红圈，八月十五晒半干。

七月枣，八月梨，九月柿子乱赶集。

麦熟一晌，蚕老一时。

麦收时节松一松，风吹雨打一场空。

头伏萝卜二伏芥，三伏移栽大白菜。

白露早，寒露迟，秋分种麦正适时。

麦到芒种谷到秋（立秋），寒露才把豆子收。

霜降麦儿，鸡爪墩儿。

天长长不过夏至，天短短不过冬至。

吃了冬至饭，一天长一线。

冷在三九，热在中伏。

船走不等客，节气不等人。

一九二九不出手，三九四九凌上走，五九半，凌花散；春打六九头，遍地走耕牛；七九六十三，行路的君子把衣宽；八九七十二，黄牛成了市；九九杨花开，十九燕子来。

农事谚语

种地不上粪，等于瞎胡混。

要想高产，科学种田。

地无肥料不壮，马无夜草不肥。

庄稼老头活一百，不要忘了种早麦。

有钱买种，无钱买苗。

想吃高粱面，扒出根来看（锄高粱时，要扒去周围的土，露出根来）。

伏天划破皮，强似秋天犁一犁。

深耕细耙，草芽不发。

一亩园，十亩田。

入了伏，天天锄；立了秋，挂锄钩。

立秋不立秋，六月二十头。

治虫要早，除虫要了。

人勤地生宝，人懒地生草。

好种出好苗，好葫芦开好瓢。

种地选良种，一垅顶十垅。

家里土，地里虎。

扫帚响，粪堆长。

冷粪果木热粪菜，生粪上地连根坏。

旱豇豆，涝小豆，不旱不涝收绿豆。

寒露不刨葱，必定心里空。

湿打黍子干打谷。

麦盖三床被，枕着馒头睡。

陌头高地栽榆桑，杨柳宜在水坑旁。

地是刮金板，人勤地不懒。

桃三杏四梨五年，枣树当年就换钱。

桃养人，杏伤人，李子行里抬死人。

寸草铡三刀，没料也上膘（喂牲口的草要铡碎）。

不怕十天撵，就怕猛三赶（役使牲畜不要猛赶）。

卫生谚语

吃饭先喝汤，强似开药方。

饭后百步走，活到九十九。

锅台净，少生病。

酒多伤身，气大伤人。

午饭要饱，晚饭要少。

要想身体好，吃饭不过饱。

病从口入，祸从口出。

不干不净，吃了生病。

立如松，坐如钟，卧如弓，走如风。

饭后一杯茶，老来不眼花。

出汗不迎风，走路要挺胸。

恼一恼，老一老；笑一笑，少一少。

养是健康源，动是健康泉。

处世谚语

天下无难事，只怕有心人。

钢梁磨绣针，功到自然成。

不怕走得慢，就怕丢了襻（pǎn）。

跟着好人学好人，跟着巫婆子下假神。

为人不做亏心事，半夜叫门心不惊。

要想人不知，除非己莫为。

人往高处走，水往洼处流。

有理走遍天下，无理寸步难行。

根正不怕黄风摆，脚大不怕泥里崴（wāi）。

全家一条心，黄土变成金。

钱是光棍胆，有钱就有脸。

天有不测风云，人有旦夕祸福。

歇后语

歇后语是劳动人民所创造的一种示意性的熟语。它具有生动、形象、幽默、诙谐等特点，能够增强语言的表达力。这里选录一部分，按笔画排列于后。

1-5 画

一画：

谐音类

一条腿的裤子——成了裙（群）

一根灯草点灯——无二芯（心）

一个眼的长虫——瞎莽（蟒）

一头钻到青云里——碰到好云（运）气

比喻类

一头碰到南墙上——一点弯都不拐

一根绳拴两个蚂蚱——跑不了我，也蹦不了你

一个萝卜对个窝——没空

一口吃个胖子——办不到

一个巴掌拍不响——孤掌难鸣

二画：

谐音类

二指地上种小麦——不值得耩（讲）

二两棉花放到弓上——不值得弹（谈）

比喻类

二月二的龙——抬起头来了

十个指头挠痒痒——道道多

三画：

谐音类

小葱拌豆腐——一青（清）二白

飞机上点爆竹——鸣（名）声高远

飞机上挂暖壶——高水瓶（平）

比喻类

小孩的脸——说变就变

大姑娘坐轿——头一回

大年五更死个兔子——有它没它都过年

大水冲了龙王庙—— 一家人不认一家人

大海里捞针——难事

四画：

谐音类

水泼到柴上——浇薪（交心）

长虫进洞——钻眼（研）

五月里的大蒜——下苔（台）了

比喻类

六个手指挠痒痒——多一道子

王八吃秤砣——铁了心了

王八看绿豆——对上眼了

木匠吊线——睁一只眼，闭一只眼

乌鸦飞到猪身上——黑到一块了

五画：

对着镜子作揖——自己恭维自己

正月十五贴门神——晚了半月啦
白娘子（白蛇）吃酒——露了原形
出锅的豆腐——两面光
叫花子打算盘——穷打算
生锈的剪子——难开口
6-18 画
六画：
竹筛子盛水——漏洞百出
竹篮子打水—— 一场空
竹筒倒豆子——直来直去
八画：
比喻类
狗咬耗子——多管闲事
狗撵鸭子——呱呱叫
狗皮袜子——没反正
泥菩萨过江——自身难保
泥牛下海——没有一点音信
周瑜打黄盖—— 一个愿意打，一个愿意挨
庙里长草——慌了神
兔子的尾巴——长不了
兔子咬人——急了
茶壶盛水饺——肚里有倒不出
茶壶里泡黄连—— 一肚子苦水
钢梁磨绣针——功到自然成
姜太公钓鱼——愿者上钩
歪嘴骡子卖个驴价钱——都毁到嘴上了
项庄舞剑——意在沛公
娄阿鼠算卦——做贼心虚
剃头的挑子——一头热
看《三国》落泪——替古人担忧
九画：
哑巴吃扁食——心中有数
哑巴吃黄连——有苦说不出
秋后的蚂蚱——蹦不了几天了
十画：
高射炮打蚊子——大材小用
诸葛亮用兵——神机妙算
十一画：
谐音类
黄鼠狼想吃天鹅肉——妄想
猪鼻子里插大葱——装相（象）
梁山伯的军师——吴（无）用
比喻类
黄鼠狼给鸡拜年——没安好心
黄鼠狼看鸡——越看越少
黄瓜刷绿漆——装嫩
黄连树上弹琴——苦中作乐
猪八戒照镜子——自找难看
猪八戒照镜子——里外不是人
猪往前拱，鸡往后刨——各有招数
猪八戒下凡——投错了胎
阎王爷贴告示——鬼话连篇
做梦娶媳妇——想好事
猫哭老鼠——假慈悲
聋子的耳朵——摆设
骑着毛驴看唱本——走着瞧
萧何月下追韩信——谋士识良才
十二画：
谐音类
裁缝丢了剪刀——光剩一个尺（吃）
森林里烤火——就地取柴（材）
琵琶断了弦——没法弹（谈）
比喻类
黑瞎子照镜子——看那熊样
煮烂的鸭子——光剩个嘴硬了
十五画
比喻类：
瞎女婿拜岳仗——有眼不识泰山
瞎子点灯——白费蜡
擀面杖吹灰——一窍不通
十六画
比喻类：
鹦鹉学舌——人云亦云
瘸子的腿——就今了
十八画
癞蛤蟆想吃天鹅肉——心高妄想

第 三 十 五 编

乡镇概况

XIANGZHENGAIKUANG

1991 年鄄城辖 3 镇 22 乡，156332 户，617641 人，农民人均纯收入 651 元。之后，农村体制改革不断深入，乡镇机构多次调整，农村劳动力逐渐从事工、商、建、运等行业，农林牧渔业从业人员逐渐减少，农村经济社会发展步伐加快。2001 年，全县 25 个乡镇调整为 16 个：撤销梁堂乡、张志门乡、宋楼乡、葛庄乡、陈良乡、鲁王仓乡、西双庙乡、麻寨乡、梁屯乡，其行政区划整建制分别划入鄄城镇、阎什镇、箕山镇、旧城镇、左营乡、郑营乡、董口乡、彭楼乡、什集镇，将左营乡行政区划内的部分村庄划入李进士堂镇。2010 年，全县共有 12 个镇：鄄城镇、旧城镇、红船镇、箕山镇、阎什镇、彭楼镇、李进士堂镇、什集镇、董口镇、临濮镇、凤凰镇、郑营镇，4 个乡为左营乡、大埝乡、引马乡、富春乡，共 440 个行政村，5 个居民委员会，192578 户，716324 人，农民人均纯收入 5639.37 元。全县自来水受益村 357 个，通汽车村 440 个，通电话村 440 个，通电话户 76606 户。

第一章　镇

第一节　鄄城镇

境域　鄄城镇位于鄄城县中部，南接富春乡、郑营镇，北依旧城镇、大埝乡，西靠董口镇，东临凤凰镇。镇政府驻鄄三路北段 106 号。总面积 70 平方公里。

建置　清末至 1926 年称崇兴里，1927 年为崇兴区。1931 年为城关区，1940 年 3 月至 1945 年 8 月沦于日伪统治，解放战争时期为鄄城县九区，1949 年为一区，1957 年改为城关乡，1958 年改为城关人民公社，1982 年 10 月改为城关镇。1983 年 12 月城关镇分为城关镇和梁堂乡。1985 年 9 月更名为鄄城镇。1992 年，原属梁堂乡李楼、万全庄、东赵庄、南庄、魏庄、樊庄、东张庄、土桥、孟杨庄、王建场、大赵庄、东董楼、西董楼、罗吴庄 14 个行政村，属凤凰乡的孙店行政村，属富春乡的宋庄、苏屯行政村划归鄄城镇管辖。2001 年 2 月，鄄城镇和梁堂乡重新合并为鄄城镇。2010 年，全镇辖 5 个社区、47 个行政村，65 个自然村，6 万亩耕地，全镇总人口达到 10.1 万人，其中农业人口 5.23 万人。其中回族 42 人；非农业人口 4.9 万人。鄄城镇是全县政治、经济、文化、交通中心，为县人民政府驻地。

农业　鄄城镇适宜种植小麦、玉米、大豆、花生、谷子、瓜果、蔬菜等农作物。1991 年耕地 2.4 万亩，粮食总产 3.67 万吨，农民人均纯收入 780 元。1995 年，本镇立足县城近郊和城区优势，调整产业结构，实施城郊服务型农业，实现由粮、棉、油生产为主向以蔬菜、林果、畜牧水产养殖为主的转变。1998 年，全镇大规模调整农业种植结构，重点抓蔬菜、畜牧产业。2000 年年底，蔬菜生产面积近 1 万亩，畜牧业总收入 2100 万元。2005 年，全镇播种粮食作物 8.9 万亩，平均单产 470 公斤，总产量 4.18 万吨。机播机种率 95% 以上。2005 年全镇形成蔬菜、畜牧、林业三大主导产业。蔬菜生产以保护地栽培和反季节瓜菜生产为重点，大拱棚蔬菜栽培发展到 1200 个，主要集中在西何桥、东何桥、靳庄、北宋庄等村，露天蔬菜 3.5 万亩，分布全镇。此后，蔬菜生产继续保持区域化发展。2010 年，形成以西何桥、东何桥、靳庄、军屯等村为中心的千亩大棚蔬菜种植基地和以西阎庄、陈庄、辛桥、北宋庄、于营、常庄、北贾庄露地栽培基地，继续推广了黄瓜育种种植，取得较好的经济效益。畜牧养殖有赵口养猪场、褚庄养殖小区、青荷泉科技养殖有限公司等规模养殖场，2005年，各种规模养殖场16处，大牲畜存栏量2785头，猪2.8万头，羊4.5万只，家禽52万只，畜牧产值达4000万元，人均增收300元。2010年，全镇畜牧规模饲养场30个，饲养大户269户，生猪5.15万头，羊2.1万只，鸡80万余只。1999年形成胡窑桃树种植专业村，种植面积400亩。2002年建立篦子张庄保护地果树栽培示范基地，面积168亩。2005年，新造林面积500亩，林地面积2万亩，6万亩耕地基本实现林网化。2010年全镇森林覆盖率达到30%以上。

工业 1991年乡镇企业22家，主要行业有建筑建材、农副产品加工、铝合金制品等，年工业产值4000万元。此后，该镇工业开始由分散型向集约化、规模化发展，逐步形成以建筑安装为龙头，以人发加工、造纸、仪表制造、食品加工为主，多业并进的工业发展格局。1996—2000年，大力发展乡镇企业，全面推行企业改制，采取租赁、个人承包、股份制等多种形式。至2005年工业形成人发、化工、木材加工、建筑建材、面粉加工产业。主要企业有三林发制品厂，成立于2003年，主要产品是发制品；阳光木业有限公司，成立于2003年，主要产品为合成板；广源化工有限公司，成立于2005年，主要从事汽车燃料加工。其他小型企业216家，从业人员1824人。2002年，临商公路梁堂至西阎庄段两旁形成几百亩的架木加工市场集散地。2005年工业产值5.2亿元。2005—2010年，招商引资、大项目建设成效显著。2006年建立亿城酒业有限公司，主要产品为亿城酒、牡丹亭白酒系列；2007年建立鸣宇纺织有限公司，主要产品是纺纱；2008年，成立亘古泉啤酒有限公司，主要产品是亘古泉啤酒；2009年，成立华腾制造有限公司，主要产品为模具等；2010年，成立天一重工有限公司，主要产品为轿运车、自卸车、旅居车。2010年，全镇规模企业发展到17家，实现销售收入1.1亿元。

交通 1991—2005年，累计完成农村道路里程80公里。2001年，建成李楼至张店公路。2005年公路村村通达到80%以上，累计完成农村公路通路里程36公里。城镇建设中，开通鄄三路、鄄四路、鄄五路，2006—2010年，先后修建东外环、北外环、西外环、鄄七路、鄄九路、鄄十路、鄄十一路、城濮街、府前街和人民路、建设路延伸工程，城区道路基本形成“七横十三纵”的路网格局。2009年修建农村公路15公里；2010年修建13公里。

商业贸易 1996年起，先后建成兴达农贸市场、陈王商城、罗庄服装市场、圣达农机专业市场、鄄城建筑建材专业市场、东正蔬菜专业市场等，商业街纵横交错，商业网点星罗棋布，年交易总额近亿元。有人民商场、人和、家和、万隆、百货大楼等超市，大福源超市、尚座超市开业。2010年鲁西南商贸城启动建设。

邮电 2005年，全镇电话容量15500部，入户率达75%以上，移动通讯实现无缝隙覆盖。2010年，全镇电话容量17500部，入户率达80%以上，有线电视网覆盖镇村，农村电网改造全部完成。

基础教育 2005年，全镇有中学2所，私立中学2所，完全小学12所，其中私立完全小学2所。在校学生7200人，其中初中生300人，小学生6900人，在职教师520人，实施九年义务教育，初中入高中升学率达98%以上。鄄城镇中学于2004年新建教学楼1座，建筑面积558平方米，投资28万元；一完小于2005年新建教学楼1座，建筑面积640平方米，投资28万元；张店完小于2003年新建教学楼1座，建筑面积508平方米，投资20万元；军屯完小于2004年新建教学楼1座，建筑面积405平方米，投资24万元。2006年，新建辛桥完小；2009年共筹集资金406万元，为三完小、南城完小、万全庄小学等学校新建教学楼4座。又累计投资70余万元，为一完小、三完小等5处完小新装配多媒体教室、微机室，更新塑钢窗户、用电设备、办公用桌椅和课桌凳，绿化美化了校园环境，改善全镇中小学校办学条件。2010年，东城完小启动建设，总投资900万元。2010年，全镇有1所中学，11所完小，3个教学点，在校学生8880人，其中初中生320人，小学生8560人，在职教师608人。

卫生　2005年，卫生院1所，卫生室138个，医护人员241人。2010年，卫生院2所，卫生室49个，医护人员211人。

计划生育　2005年人口自然增长率6‰，计划生育率97.8‰。2010年人口自然增长率6‰，计划生育率88.9‰。

民间艺术　民间艺术有斗鸡、唢呐、斗羊、腰鼓等。

敬老院　2005年，幸福院有226位五保老人。2010年，敬老院有23位五保老人。

2010年鄄城镇办事处（行政村、社区）基本情况表

表35-1-1

办事处	行政村（社区）	自然村（居民小组）	人口（人）	耕地面积（亩）
南关办事处	袁庄	袁庄	578	607
		草场	304	410
		西贾庄	324	356
	郜庄	郜庄	452	367
	褚庄	褚庄	819	1229
		李堂	734	1059
		许庙	329	405
	宋楼	前宋楼	172	206
		后宋楼	788	827
	刘庄	刘庄	696	938
	宁业村	宁业村	622	842
		高庄	296	353
东关办事处	万全庄	万全庄	1371	2075
		田庄	112	156
	魏庄	魏庄	568	877
		南庄	197	216
	罗吴庄	罗吴庄	852	1399
		谭庄	144	290
	樊庄	樊庄	773	1185
	东张庄	东张庄	968	590
	东赵庄	东赵庄	380	470
	李楼	李楼（含周庄）	1216	1789
北关办事处	梁堂	梁堂	590	730
		马庄	319	405
	潘庄	前潘庄	466	556
		后潘庄	445	502
		于营	586	751

续表 35-1-1-1

办事处	行政村（社区）	自然村（居民小组）	人口（人）	耕地面积（亩）
北关办事处	梁庄	梁庄	354	525
		丁庄	175	237
	王清庄	王清庄	572	677
	军屯	军屯	512	696
	篦子张庄	篦子张庄	651	979
	熊楼	熊楼	535	521
	枣寨	枣寨	1580	1519
	王庄	王庄	616	670
辛桥办事处	辛桥	辛桥	864	1125
	陈庄	陈庄	942	1311
		北贾庄	278	319
	西阎庄	西阎庄	1239	1670
	常庄	常庄	932	1492
	北宋庄	北宋庄	902	1274
城南办事处	赵堂	赵堂	931	1361
	胡窑	胡窑	411	570
	王屯	王屯	716	800
		付庙	260	343
	白彦屯	白彦屯	788	1183
	白军庄	白军庄	626	794
		周庄	315	307
	石庄	石庄	593	714
城东办事处	孙店	孙店	1253	1888
	东董楼	东董楼	920	1348
	西董楼	西董楼	307	440
	苏屯	苏屯	754	936
	宋庄	宋庄	532	479
	前李桥	前李桥	1101	1456
	赵口	赵口	326	281
张店办事处	毛庄	毛庄	383	655
		春柳堌堆	246	429
	何桥	西何桥	525	645
		东何桥	285	363
		靳庄	267	331
	前张店	前张店	695	1410
	东阎庄	东阎庄	605	1130
		后张店	237	480

续表 35-1-1-2

办事处	行政村（社区）	自然村（居民小组）	人口（人）	耕地面积（亩）
张店办事处	任庄	任庄	833	1191
	杜庄	杜庄	245	269
	银刘庄	银刘庄	546	858
社区	崇兴社区	南　关	1861	0
		张　寺（含西肖庄）	721	779
	古泉社区	北　关	883	100
		西　关	1158	0
	东昌社区	王建场	741	576
		土　桥	700	909
		孟杨庄	350	339
	乐园社区	东　关	1063	24
		东肖庄	400	0
		王胡同	512	434
	虹桥社区	罗　庄	384	0
		姜　口	445	372
		黄　庄	240	38
		柳　园	1903	1836
		后李桥	520	482
		赵　庄	696	660

第二节 旧城镇

境域 位于鄄城县北部，东部、东北部与大埝乡、李进士堂镇接壤，南靠鄄城镇、董口镇，西部、西北部跨黄河与河南范县、濮阳毗邻，是全县第一大镇，素有“菏泽北大门”之称。总面积 97.5 平方公里。镇政府驻旧城集，南距县城 12.5 公里。

建置 旧城镇即“古鄄”所在地，是古老而文明的集镇。公元前679年，单伯会诸侯于该镇葵堌堆，东汉曹丕封其弟曹植为陈王，后改为鄄城王，并建有陈王读书台，1947 年刘邓大军在此横渡黄河挺进大别山。1991 年辖 49 个行政村，55 个自然村，5.4 万亩耕地，35562 人，1993 年将行政村合并为 8 个（旧城、屠庄、赵庄、西刘楼、东刘楼、杨屯、康屯、黄河），2001 年 2 月葛庄乡并入旧城镇，2005 年全镇辖 36 个行政村，94 个自然村，8.7 万亩耕地，6.3 万人，其中滩区、半滩区村庄 56 个，人口 4.8 万人。2010 年，全镇辖 36 个行政村，84 个自然村，68425 人，9.6 万亩耕地（滩区村庄搬迁，复垦部分土地；黄河改道冲积等因素使耕地面积增多）。

农业 1991 年耕地 5.4 万亩，种植小麦、玉米、大豆、花生、西瓜、蔬菜等农作物，粮食总产 1.44 万吨，农民人均纯收入 470 元。1993 年以后，不断进行种植业结构调整，发展果树瓜菜等经济作物，当年实施“万亩果园开发工程”，实现人均三分果。1995 年，以瓜菜生产为重点，村果管理上水平，花生种植做补充，具体实施了“1155”工程，即 1 万亩果园，1 万亩瓜菜，5000 亩瓜棉套，5000 亩大葱，培植起四大支柱产业，经济作物总收入达到 7000 万元，占种植业总收入的 70%。同时，发展畜牧业、水产业，畜牧业本着“优先发展牛羊业，大力发展养猪业，重点发展肉鸡业”的原则，实施“大户带动”“小区开发”“规模发展”战略，至 2000 年，形成畜牧专业村11个，畜牧小区21个，规模饲养场5个，饲养大户153户，开发水产养殖面积3000亩。2005年，耕地8.7万亩，粮食总产4.37万吨。主要经济作物有花生、蔬菜、西瓜。种植花生1.8万亩，总产0.38万吨；蔬菜1.2万亩，年总收入5812.6万元；西瓜0.8万亩，年总收入234.2万元。2005年全镇形成林畜两大产业。旧城镇地处黄河冲积平原，是全国著名的鲁西黄牛育种基地、山东省青山羊和小尾寒羊育种基地，全镇规模饲养场22个，畜牧专业村16个，养殖小区3处，养殖大户32户，标准畜存栏量1.8万头，大牲畜存栏2000头，羊5000只，猪3000头，鸡8万只，畜牧产值达360万元，人均增收600元。2005年，森林覆盖率达45%以上，丰产林2.6万亩，农田林网5.2万亩，年增加木材蓄积量近10万立方米。2010年，耕地9.6万亩，粮食总产8.5万吨。有畜牧专业村5个，规模饲养小区4个，规模饲养场7个，大牲畜存栏965头，羊1.45万只，猪1.2万头，鸡12只，畜牧业总产值2850万元。林业面积达到2.8万亩。2010年全镇农业总收入3.95亿元。

工业 1991年没有一家乡镇企业。1993年以后，制定发展乡镇企业的规划和目标，当年建起花生加工厂、纺织厂、预制品厂，1995年企业发展到580家，2000年形成食品、酿造、木器制作、面粉加工、地毯加工、水泥预制、金属铸造等多个行业。2005年，有民营企业35家，个体工商户1250户，年销售收入过千万元的企业1家：菏泽伊诺清真食品有限公司，2004年成立，主要产品是牛、羊肉制品加工。该企业是菏泽市在中东、欧盟有出口权的食品加工企业之一，也是菏泽市在马来西亚唯一有自由进出口权的农副产品加工企业。其他小型企业34家，从业人员1700人。林业产加销链条不断延伸，本镇是全省最大的架木集散地，有亿顺木业等8家木材深加工企业，木材运输专业村30个，从业人员8000余人，年人均收入达5000元。2005年，工业产值3.5亿元。至2010年，全镇形成木材加工运输、建筑材料、轻型材料生产等产业，有民营企业89家，个体工商户684户，总投资6亿元，工业总产值达到4.8亿元，实现工商税收2600万元。主要企业有鄄城利华木业有限公司、鄄城大诚新型建材有限公司、鄄城鲁信光学有限公司、鄄城浩泰纺织有限公司等支柱企业：鄄城浩泰纺织有限公司成立于2004年，主要产品为棉纱；鄄城鲁信光学有限公司2005年成立，主要生产二氧化锆、二氧化氯等光学材料；鄄城利华木业有限公司2006年成立，主要生产胶合板；鄄城大诚新型建材有限公司2009年成立，主要生产高楼水渣。2010年工业产值达到12亿元，实现工商税收1.1亿元。

交通 1991—2010年，累计完成农村道路里程120公里。1991年拓宽临商公路，铺设滩区石路4.8公里，修缮旧城黄河浮桥，贯通临商公路。1996—2000年，硬化临商公路—西刘楼—徐王庄—东刘楼，黄河大堤—姬庄，临商公路—西刘楼村内等4条村级道路，以及黄河北滩七街、陈庄等8个村的道路。至2010年10月，对全镇大部分农村道路进行翻修硬化处理，修建旧城村、安庄村、杨屯村、南桥村、七街村、宋楼村公路。

村镇建设 1991年，投资110万元用于镇驻地建设，拓宽街道33米，硬化路面4.5公里，修筑下水道4.5公里，旧城街道全部绿化，1995年被县委、县政府评为小城镇建设第一名。1996—2000年，结合小城镇建设和小康村建设，对镇驻地主街两侧的建筑实行统一规划，同时，拓宽硬化西刘楼、葵堌堆、姬庄等村街道，在黄河北滩对七街、黄河、陈庄等8个村的街道及村内道路全部进行硬化。2005年，加大镇区内公共绿地和道路两旁种植行道树力度，提高绿化覆盖率，完善给排水系统建设，加快小城镇水管网延伸的建设速度。2006—2010年，确定西刘楼、聂庄、马庄、任庄、吴楼、姜楼、袁庄、西周楼为新农村建设试点村，全部实现通路、通水、通电、通邮等六通一平，并安装了路灯。至2010年，千祥苑小区建设初步成型。

邮电 2000年新建邮电大楼一座，2005年，全镇电话容量6200部，入户率80%，移动、联通通讯网点6个，有线电视网只限于镇政府驻地。2010年，全镇电话容量达到5000余部，有线电视网覆盖率达到60%。

基础教育　1994年，投资150万元兴建镇中学新校，1995年建起高标准教学楼1座，1999年、2002年、2005年投资400多万元，新建校舍138间，改造危房298间，扩建操场2.1万平方米。2005年全镇有2处中学，12所完小，6个教学点，在校学生9860人，其中初中生2200人，小学生7660人，在职教师320人，实施九年义务教育，新建项目学校1处。2010年，全镇有2所中学，8所完小，5个教学点，在校学生6312人，其中初中生1356人，小学生4956人，在职教师560人。

卫生　2005年，有卫生院2所，卫生室103个，医护人员163人。2010年有卫生院1所，卫生室13个，医护人员226人。

计划生育　2005年人口自然增长率控制在6‰以内，计划生育率达90%以上。2010年人口自然增长率0.66%，计划生育率达到91%。

民间艺术　民间艺术有唢呐、剪纸等。

敬老院　1991年，投资57万元建起仿古式敬老院1座，占地10亩，建房屋56间，被山东省民政厅命名为省级先进敬老院，2005年有393位五保老人，2010年有298位五保老人。

2010年旧城镇行政村基本情况表

表35-1-2

管　区	行政村	自然村	人口（人）	耕地面积（亩）
	旧城	旧　城	4620	5437.97
		崔　庄	451	484.22
	北关	北　关	1027	1143.29
		北桑庄	384	579.8
	高庄	高　庄	784	1124.52
		老宅庄	448	1223.66
	康屯	康　屯	1522	2829.32
		王　楼	406	724.48
	七街	七　街	907	1859.36
		新旧城	255	597.97
		尹　庄	196	307.72
		黄　河	875	2179.6
		陈　庄	256	486.9
		武张庄	464	897.15
		北李庄	691	1197.26
		熊　庄	111	197.17
		梅　庄	190	423.7
	大邢庄	大邢庄	801	1803.17
		北葛楼	309	713.75
		巩　庄	697	2317.18
		北王庄	323	753.72
大石庄管区	屠庄	大石庄	981	1817.75
		屠　庄	956	1674.69
		冯　庄	467	679.87

续表 35-1-2-1

管　区	行政村	自然村	人口（人）	耕地面积（亩）
大石庄管区	赵庄	赵　庄	756	1375.56
		辛　庄	564	985.26
		南　庄	237	465.2
		黄　堂	546	666.09
		周　庄	344	579.59
东刘楼管区	东刘楼	东刘楼	1540	3020.63
		陈　楼	—	—
		刘李楼	549	994.95
		徐王庄	911	1535.59
	南葛楼	南葛楼	642	1279.96
		申　庄	620	1192.84
		史　口	253	478.77
西刘楼管区	西刘楼	西刘楼	1105	1798.2
		聂　庄	489	885.02
		马　庄	472	729.31
		任　庄	354	517.05
		南　桥	490	710.96
	七里庙	七里庙	540	891.89
		南桑庄	432	613.64
		南李庄	499	819.49
西南管区	杨屯	周　桥	1694	2623.54
		杨　屯	1146	1822.72
		蒜张楼	701	830.92
	葵堌堆	葵堌堆	1293	1925.57
	姬　庄	姬　庄	886	933.01
葛庄管区	葛　庄	葛　庄	1046	1021.97
	车　庄	车　庄	644	758.5
	武　集	武　集	910	1063.52
	李庄	大李庄	825	997.78
		桑　庄	538	672.28
		后李庄	486	531.7
吴楼管区	吴　楼	吴　楼	806	1193.05
	姜　楼	姜　楼	710	1221.19
	宋　楼	宋　楼	963	1931.82
	芦庄	芦　庄	507	799.8
		殷　庄	481	675.79
		张　庄	412	549.74
		刘　庄	295	376.72

续表 35-1-2-2

管　区	行政村	自然村	人口（人）	耕地面积（亩）
谭庄管区	谭庄	谭　庄	719	1017.01
		张显庄	740	1171.21
	王桥	王　桥	545	957.97
		南王楼	388	703.11
		董　庄	450	544.52
	程桥	程　桥	473	794.37
		袁　庄	358	762.54
		兵马庄	499	697.65
周楼管区	东周楼	东周楼	888	1645.42
	西周楼	西周楼	1203	2416.88
	武西庄	武西庄	1768	3315.37
	三合村	三合村	877	1995.02
	毛　洼	毛　洼	727	1550.01
	王　庄	王　庄	596	1055.87
		囤李庄	227	379.38
贾庄管区	贾　庄	贾　庄	948	1694.53
	安　庄	安　庄	2117	2817.52
	杨马庄	杨马庄	698	634.78
	龙庄	龙　庄	300	438
		于　庄	299	640.72
		黄　庄	250	251.27
		崔　庄	172	172.7

第三节　红船镇

境域　位于鄄城东部，东邻郓城县，南接阎什镇，西连引马乡，西北、北部与凤凰镇、箕山镇接壤，总面积 48.6 平方公里。镇政府驻红船集，西距县城 17 公里。

建置　1957 年成立红船乡，1958 年划归引马人民公社，1978 年建红船人民公社，1983 年 12 月改为红船镇至今。1991 年辖 38 个行政村，58 个自然村，30504 人，55174 亩耕地。2005 年辖 25 个行政村，58 个自然村，3.3 万人，54525 亩耕地。2010 年辖 25 个行政村，58 个自然村，3.5 万人，55256 亩耕地。战国时期著名军事家孙膑出生于该镇孙老家村，有孙膑家祠等历史古迹。

孙膑家祠（1995 年　摄）

农业　1991 年，耕地 55174 亩，适宜种植小麦、玉米、高粱、大豆、花生、谷子、瓜果、中药材、蔬菜等农作物，粮食总产 2 万吨，农民人均纯收入805元。本镇盛产粮、棉、瓜、果、菜，1991—1995年对种植业结构进行调整，促使粮、棉、瓜、菜向"区域化种植、规模化发展、产业化经营"的方向发展，并注重发展畜牧业和水产业。2000年，形成林果、瓜菜两大支柱产业，成为林果生产基地、黄金梨生产基地，畜牧、水产成为重要主导产业，畜牧业总收入1600万元，水产开发面积2500亩，总收入1100万元，占农业总收入的25%。2005年耕地54525亩，粮食总产2.37万吨。2005年，全镇已形成林果、畜牧、瓜菜三大支柱产业，特别是林业取得突破性发展，全镇林地面积2.2万亩，林木覆盖率达36%，用材林树种主要有杨树、泡桐、槐树、楝子树等，果园面积7875亩，总产量达6000吨。畜牧养殖以家庭散养逐步向规模化饲养发展，各种规模养殖场12处，大牲畜存栏量2010头，猪1.8万头，羊6.5万只，家禽32万只，畜牧产值达52万元。瓜菜种植面积2.44万亩，总产量5.45万吨。2010年，耕地55256亩，粮食总产2.7万吨，全镇支柱产业为种植业，特色农业是小麦、玉米、花生。全镇林地面积1.7万亩，林木覆盖率达32%，果园面积6000亩，总产量5700吨。瓜菜种植面积3200亩，总产量1500吨。各种规模养殖场17处，大牲畜存栏量3200头，猪4300头，羊6100只，家禽1.2万只，畜牧产值190万元。

工业 1991—1995年，红船镇重视发展乡镇企业，先后建起了地毯加工、塑料薄膜生产、建材预制、畜产品加工、果品贮藏与保鲜、真空纤维过滤器生产、花炮生产等140多个企业，年创产值2667万元以上。至2005年，隆起了经济园区、县原三棉厂、红船村三大企业群体，构建起能源化工、裘革制衣、纺织、医药助剂、设备制造五大产业体系，民营企业24家，新办一般纳税人23个。木器、扫帚、豆腐、建材、地毯等加工业成为第二产业的"五大亮点"，先后形成霍坝、南孙庄、张堌堆木器加工等各类专业村12个、专业户1500多户，新增个体工商户600多户，在全镇形成"一村一品、多村一业、家家有项目、人人有活干"的经济发展格局。2005年工业产值1.2亿元。2010年，民营企业26家，个体工商户600个。工业总投资1.4亿元，工业产值5600万元，实现利税1100万元。年销售收入过千万的企业是：鄄城恒泰裘革制品有限公司，2005年12月成立，主要产品为皮毛制品；菏泽科达化工有限公司，2006年4月成立，主要产品为破乳剂；山东鄄城临东化工助剂有限公司，2006年5月成立，主要产品为亚氨基二乙酸；菏泽亿能化工有限公司，2006年5月成立，主要产品为二氯；菏泽西格玛化工有限公司，2006年8月成立，主要产品为硝呋太尔；鄄城兴顺木业有限公司，2007年10月成立，主要产品为胶合板。

交通 1991—2010年累计完成农村公路通路里程30公里，先后为李庄、梁楼、霍庄、聚合楼、霍坝等7个村硬化村级公路22公里，公路村村通达到80%以上。

小城镇建设 2000年实施驻地小城镇建设，拓宽硬化镇驻地东西大街1500米，沿街两侧新建两层以上楼房600余间，完善各类基础配套设施建设，实现小城镇的绿化、美化和亮化，卫生院门诊楼、供销社商贸楼全面竣工投入使用。全镇改厕686户、改灶146户，红船、李庄、南孙庄等4个村完成改水工作，苗庄、霍庄等村完成村庄规划。

邮电 2005年，全镇电话容量达到7500部，入户率达到60%以上，移动通信实现无缝隙覆盖，有线电视网覆盖镇村，农村电网改造全部完成。2010年全镇电话容量为3400部。

基础教育 2005年全镇有1所中学，6所完全小学，在校学生3400人，其中初中生1100人，小学生2300人，在职教师280人，实施九年义务教育，素质教育全面展开，新建红船、张口、联合、梁楼、刘桥、孙堂、孙老家等7所完小，新建教学楼、电教楼6座。2010年，全镇有1所中学，9所完小，在校学生3400人，其中初中生1100人，小学生2300人，在职教师280人。

卫生 2005年，有卫生院1所，卫生室42个，医护人员85人。2010年有卫生院1所，卫生室7个，医护人员37人。

计划生育 2005年人口自然增长率控制在6‰

以内，计划生育率达到82%。

民间艺术　民间庙会、书法协会等社团组织相继建立，书法、绘画、糖人等民间艺术蓬勃发展。

敬老院　为实现农村老人集中供养，2005年投资20万元对原幸福院改建扩建，新建房屋20间，修缮30间，满足了100多位五保老人晚年生活要求。

2010年红船镇行政村基本情况表

表35-1-3

管　区	行政村	自然村	人口（人）	耕地面积（亩）
中管区	红船村	红船村	4250	5296.8
		小王庄	—	—
	孟庄	陈　庄	899	1403.8
		后孟庄	—	—
	李庄	于　庄	1152	1544.7
		郑　庄	—	—
		李　庄	—	—
	苗庄	郭　庄	742	1144.7
		阎　庄	—	—
		苗　庄	—	—
	宋庄	前宋庄	1335	2447.2
		后宋庄	—	—
		卞　庄	—	—
	温刘黄	温　庄	1029	2215.1
		刘　庄	—	—
		圣寺黄庄	—	—
		黄　庄	—	—
	马庙	郭　庄	967	1860.7
		马　庙	—	—
		杜　庄	—	—
		王　庄	—	—
		豆　庄	—	—
	于邵庄	南于庄	983	1826.8
		邵　庄	—	—
南管区	刘桥	刘　桥	1069	1933.8
	南孙庄	前孙庄	854	1458
		后孙庄	—	—
	霍坝	霍　坝	1448	2172.8
	毛屯	毛　屯	467	1193.8

续表 35-1-3

管　区	行政村	自然村	人口（人）	耕地面积（亩）
南管区	朱林屯	朱林屯	1225	2296.1
		樊　垓	—	—
		杨　庄	—	—
	大冯庄	刘　庄	730	1974.6
		大冯庄	—	—
	董庙	董　庙	410	707.1
	张堌堆	张堌堆	2210	4139.6
		新张堌堆	—	—
	梁楼	前梁楼	1693	3251.4
		中梁楼	—	—
		后梁楼	—	—
北管区	孙老家	孙老家	2205	4220.4
		胡　庄	—	—
	高河涯	高河涯	836	1780.5
		草庙王庄	—	—
		侯　庄	—	—
	韩桥	前韩桥	1002	1475
		韩　桥	—	—
	冀庄	冀　庄	833	1261
		侯　桥	—	—
	霍庄	霍　庄	1391	2160
		后孟庄	—	—
		霍　桥	—	—
	聚合楼	聚合楼	382	606.7
		仇　庄	—	—
	张口	张　口	1152	1808.1
	孙堂	孙　堂	2079	4712
		刘　庙	—	—
		侯胡同	—	—

第四节　箕山镇

境域　位于郓城县东北部，西靠凤凰镇，东邻郓城县，南接红船镇，北依大埝乡和左营乡，总面积71平方公里。镇政府驻箕山集，距县城15公里。

建置　1957年建箕山乡，1958年称箕山人民公社，1983年12月改称箕山乡。1991年辖 34个行政村，49个自然村，29932人，42598亩耕地。1997年3月撤乡设镇。2001年2月宋楼乡并入箕山镇。2005年，辖27个行政村，88个自然村，53010人，6.78万亩耕地。2010年，全镇辖27个行政村，71个自然村，5.8万人，6.8万亩耕地。有孙膑旅游城、箕颖桥、许由洗耳洞、张大庙、汲

孙膑旅游城兵圣门　（郑强　2005 年　摄）

黯墓等文化古迹。

农业　箕山镇农业基础较好，适宜种植小麦、玉米、高粱、大豆、花生、谷子、瓜果、中药材、蔬菜等农作物。箕山河、张庙沟等河道横贯全境，水浇条件好。1991 年耕地 42598 亩，粮食总产 17458 吨，农民人均纯收入 728 元。1991 年以来，开始大力发展林果业，至 1995 年果园面积达 5000 多亩，植桑 1.2 万亩，扩大蔬菜、油料等经济作物种植面积，全乡粮经比例达到 5 ∶ 5。1998 年大规模调整农业种植结构，确立了杂果、蔬菜两大支柱产业，支柱产业总收入 3500 万元，占农业总收入的 39.7%，同时，抓了畜牧业、水产开发两大辅助产业，至 2000 年累计水产开发面积 3000 亩。2005 年耕地 6.78 万亩，粮食总产 2.96 万吨；主要经济作物有果品、中药材、花生、蔬菜，果品种植面积 1000 亩、中药材种植面积 1200 亩，年总产量 2.6 万吨，种植花生 1 万亩，年总产 400 万公斤，蔬菜 500 亩，年总收入 700 万元。2005 年，全镇已形成畜牧业、林业开发两大支柱产业，建立养羊、养牛、养猪专业村 12 个，规模饲养小区 15 个，规模饲养场 25 个，大牲畜存栏 4218 头，羊 53907 只，猪 1.6 万头，鸡 542332 只，畜牧业总产值 1.3 亿元，林业面积达到 1.38 万亩。2005 年，全镇农村总收入 6527.5 万元。2009 年全镇农村总收入 2.5 亿元。2010 年耕地 6.8 万亩，粮食总产　2.4 万吨，全镇支柱产业是农作物生产，主要粮食作物为小麦、玉米，种植面积分别为 64538 亩和 54358 亩，年总收入 31842 万元，特色农业是露地蔬菜和冬暖式蔬菜大棚，露地蔬菜种植 350 亩，蔬菜大棚 22 个。2010 年，畜牧业有专业村 12 个，规模饲养小区 8 个，规模饲养场 22 个，大牲畜存栏 560 头，羊 26096 只，猪 20846 头，鸡 604063 只，畜牧业总产值 5252 万元，林业面积 1.5 万亩。2010 年全镇农村总收入 2.7 亿元。

工业　从 1991 年开始，箕山镇采取镇办、村办、镇村联办等多轮驱动措施发展乡镇企业，地毯加工业成为支柱产业，平原地毯公司成为乡骨干企业。到 1995 年年底，乡镇企业发展到 360 家，规模较大的有铝合金装潢公司、自行车零件厂、京九化工有限公司、鲁艺地毯厂等，年产值 1.5 亿元，占工农业总产值的 64%。1996—2000 年建天坦地毯厂、燃料厂、灰粉厂、生态肥厂，2000 年年底，全镇已建起轻工、化工企业 50 余家。至 2005 年工业形成林木加工业、裘皮加工业等产业，民营企业 13 家，个体工商户 355 户；主要企业有：鑫盛木业有限公司、合力纺织有限公司、鑫河纺织有限公司，分别于 2002 年、2002 年、2004 年成立，总投资 2.6 亿元，主要产品是板材和纱线。2005 年工业总产值为 2.7 亿元，实现工商税收 1075 万元；2009 年工业总产值为 18.2 亿元，实现工商税收 980 万元；2010 年工业产业有纺织、林木加工、裘皮加工，民营企业 67 家，个体工商户 1896 户，主要企业有：2006 年建立的鄄城县诚信地毯有限公司、鄄城县君民发制品有限公司，主要产品有地毯、档发等；2007 年兴建的鄄城鼎海商贸有限公司、远景发制品有限公司和家美服饰有限公司，主要产品为发制品；2008 年兴建的北辰纺织有限公司、金维纺织有限公司、建林发制品有限公司和祥和发制品有限公司，主要产品为棉纺织品、裘皮饰品等；2009 年兴建的鄄城聚强木业有限公司、祥天发制品有限公司、鼎融工贸有限公司、润德工艺品有限公司及泰和兴工贸有限公司，主要产品为木制品、发制品、内衣和劳保用品；2010 年兴建的山东恒泰机械制造有限公司、龙达纺织有限公司和清湖鞋业公司，主要产品有棉纱、成衣和鞋类。2010 年工业总产值为 14.2 亿元，实现工商税收 1400 万元。

交通 1991—2010年，累计完成农村道路里程75公里，1997年硬化陈庄至任陈庄、郭刘庄路面，1998年硬化杨庄至高屯、刘南垓、张庙、鸭子王、箕红公路，1999年硬化杨庄、张口、艾庄、大井店、刘店公路，2000年硬化箕山工业区、冯胡同、刘店公路，2002年硬化谷庄街道，2003年硬化孟庄公路，2004年硬化田厂、牛沙沃、前王等村级道路，2005年年底，全镇基本达到村村通公路。2010年，箕山东街、后寨村街道、箕山至水堡段道路进行硬化，鄄箕路升级改造工程全线开工。

小城镇建设 1995年，结合镇驻地小城镇建设，新建楼房2400多间，备战路招商街两侧基本实现楼房化，老街从原来11米、拓宽至26米，修筑下水道2500余米，完善了风景树、路沿石等其他配套设施，新型小城镇骨架基本形成。1996—2000年，结合小康村建设，对全镇51个自然村进行规划，对箕山、谷庄、后寨、杨老家、大陈庄、前王唐垓等村进行高标准规划。2009年箕山镇王顾庄整村搬迁工程开工建设。2010年，位于箕山村村东、鄄箕路路北的一品华府商居小区破土动工，至2010年年底完成4幢高层楼房的主体工程，工程仍在建设当中。

邮电 2005年年底，全镇电话容量达到5069部，移动、联通通信达到全覆盖，有线电视网仅覆盖镇政府驻地，电网改造全部完成。2010年，全镇电话容量2700部，有线电视网覆盖村包括箕山村、谷庄村和后寨村，有线电视用户370余户。

基础教育 2005年全镇有3所中学，10所完小，15个教学点，在校学生5700人，其中高中生1200人，初中生1500人，小学生3000人，在职教师368人，实施九年义务教育。投资610万元，新建校舍87间，改造危房380间，扩建操场20亩，2000—2005年，共投资500多万元，建设7所完全项目小学，总建筑面积6300平方米。2010年，全镇有2所初级中学，10所完小，15个教学点，在校学生4400多人，其中初中生1300人，小学生3100人，高级中学鄄城二中校部迁往鄄城县城，在校学生中，普高学生2300人，职高学生1400人。

卫生 2005年有卫生院1所，卫生室15个，医护人员98人。2006年，镇卫生院建成投资74万元、建筑面积1050平方米的综合门诊大楼，引进先进医疗器械，抓了乡村卫生室一体化管理，卫生防疫、妇幼保健事业健康发展。2010年，有卫生院1所，卫生室15个，医护人员185人。

计划生育 2005年人口自然增长率0.55%，计划生育率达到85%。2010年人口自然增长率为3.9‰，计划生育率88.2‰。

民间艺术 有秧歌等民间艺术。

敬老院 2005年，敬老院有187位五保老人。2010年敬老院有8位五保老人。

2010年箕山镇行政村基本情况表

表35-1-4

管　区	行政村	自然村	人口（人）	耕地面积（亩）
中管区	箕山村	箕山村	7618	1666
	谷庄	谷庄	1619	2004
	后寨	后寨	1542	1225
	王顾庄	王顾庄	692	1085
	后张庄	后张庄	783	1256
		鲍庄	428	548
	贾吴庄	贾吴庄	757	1216

续表 35-1-4-1

管　区	行政村	自然村	人口（人）	耕地面积（亩）
西管区	仪楼	仪楼	1986	2882
	冀庄	冀庄	1031	1688
	妙屯	高庄	278	397
		妙屯	1072	1549
	杨老家	杨老家	1510	1875
		艾庄	923	1291
		张河口	566	680
		叶庄	722	831
	刘南垓	刘南垓	563	1109
	冯胡同	冯胡同	827	1060
	西彭庙	西彭庙	645	931
	彭庙	彭庙	701	1017
旅游城管区	宋楼	宋楼	1045	1470
		吴楼	646	934
		袁庄	555	733
		牌坊楼	784	1161
		吴兴言	582	1031
		吴店	392	504
		前张庄	360	634
	东徐垓	东徐垓	589	819
		胡庄	660	753
		尹庄	543	1020
		谢庄	245	410
	孙花园	东吴楼	371	506
		李胡同	593	590
		张大人	346	334
		侯垓	488	467
		孙花园	664	752
		唐垓	391	298
南管区	连楼	连楼	724	1134
		高河涯	509	671
		裴楼	304	480
	鸭子王	田厂	693	1031
		硕子陈	421	532
		鸭子王	921	1618
		孟庄	570	883
	王榔头	王榔头	1118	1946

续表 35-1-4-2

管　区	行政村	自然村	人口（人）	耕地面积（亩）
南管区	郭刘庄	黄庄	259	362
		后王庄	416	666
		郭庄	440	659
		蔡庄	385	554
		杨庄	348	523
		任陈庄	368	521
		刘庄	454	875
	高屯	高屯	1192	2130
		崔庄	196	303
	大陈庄	大陈庄	1057	1366
	张庙	张庙	986	1723
东管区	吴老家	吴老家	1261	1683
		贾庄	297	486
		王老垓	455	555
		王后垓	882	866
		丁庄	419	655
		聂菜园	236	276
	孙垓	孙垓	1006	1599
		王中垓	607	758
		王南垓	864	1107
		铁炉孙	507	856
		观寺	592	1235
	六合	六合	835	1046
		前王庄	341	619
		牛沙窝	268	436
		南王庄	458	713
		宋庄	239	456

第五节　李进士堂镇

境域　李进士堂镇位于鄄城北部，地处山东、河南两省交界处，北隔黄河与河南省范县为邻，东连左营乡，南邻大埝乡，西接旧城镇，2010 年总面积 46 平方公里。镇政府驻李进士堂村，南距县城 15 公里。

建置　清末至 1956 年属旧城区，1957 年建李进士堂乡，1958 年改属旧城人民公社，1978 年分属旧城、左营人民公社，1983 年 12 月复设李进士堂乡，2000 年 4 月撤乡建镇。1991 年有 14 个行政村，32 个自然村，2.15 万人，35651 亩耕地。2005 年全镇辖 16 个行政村，35 个自然村，2.8 万人，4.1 万亩耕地。2010 年，全镇辖 16 个行政村，35 个自然村，2.96 万人，4.1 万亩耕地。李进士堂历史悠久，因明代嘉靖进士李先芳曾居住于此而得名。

农业　1991 年耕地 35651 亩，农作物以小麦、玉米为主，粮食总产 4.71 万吨，农民人均纯收入 465 元。1995 年调整产业结构，重点发展粮棉菜、畜牧业、林果业，调整畜产品结构，重点发展小尾寒羊和鲁西黄牛两大畜种，实施黄河滩区高效肉羊开发技术，创出一条在农业区发展小尾寒羊规模化、工厂化养殖的新路子，林果业重点发展经济林，1991—1995 年共扩大经济林面积 7000 亩，实施“两区”种植，即以石楼、宋楼为中心的苹果种植区和以杏花岗为中心的 5000 亩杏树种植区，成为全县名特优稀杂果面积最大的一处。2000 年，主要经济作物是瓜菜，种植面积达 1.34 万亩，成为支柱产业，年总收入 3216 万元，占农业总收入的 49%。同时，抓好畜牧业。2004 年被批准为扶贫镇，因地处黄河下游，水草丰富，镇政府把项目放到滩区，主要规划是植树养畜，当年植树 1.5 万亩。发展生态农业，初步形成“上林下草，以草养畜，林畜一体化”的格局。2005 年，耕地 4.1 万亩，粮食总产 6.58 万吨。2005 年已形成小麦、玉米、畜牧业、林业等支柱产业，小麦种植面积 39795 亩，总产量 13624 吨，玉米种植面积 11175 亩，总产量 5264 吨。全镇规模饲养场 3 处，完成吴庄、石楼 2 个养殖小区的建设，养殖大户 6 余户，大牲畜存栏 723 头，羊 8231 只，猪 3216 头，鸡 9.6 万只，畜牧产值达 1088 万元，人均增收 389.2 元。优化种植业结构后，有代表性的特色产业是林业、瓜菜，林业种植面积 6780 亩，瓜菜等高效经济作物种植面积 6000 亩，亩收入 2360 元，农民人均增收 472 元。为推动农村经济走专业化、规模化发展，镇组织组建各种专业协会，2005 年年底已建成的有“芝麻刘养貂协会”“田楼养羊协会”和“苏门楼西瓜协会”。2009 年，鄄城县孟喜农机服务专业合作社、鄄城县富旺养殖专业合作社相继成立。至 2010 年全镇农业、畜牧业、林果业、渔业四大格局基本形成。2010 年耕地 4.1 万亩，粮食总产 7.1 万吨。主要农作物为小麦、玉米，主要经济作物为花生、棉花、瓜菜，种植面积达 2 万亩，年总收入 5000 万元。畜牧业重点发展小尾寒羊和鲁西黄牛两大畜种，有专业村 1 个，规模饲养小区 2 个，规模饲养场 4 个，大牲畜存栏 826 头，羊 9100 只，猪 0.4 万头，鸡 10.2 万只，畜牧业总产值 1400 多万元，林业面积达到 4.2 万亩。2010 年全镇农村总收入 2.6 亿元。

工业　1991 年乡镇企业较为薄弱，主要行业有窑厂、毛刷厂、石蜡厂等，工业产值 560 万元。2000 年年底，全镇有 12 家乡镇企业。2003 年工业初具规模，形成化工、食品加工、木材加工等主要产业，民营企业 26 家，个体工商户 631 户，其他小型加工企业 11 家，从业人员 1876 人。2005 年，工业形成化工、食品产业。有民营企业 2 家，个体工商户 10 户。主要企业有 2 家：菏泽天帮化工有限公司，2003 年 5 月成立，主要产品为医用中间体；菏泽利康食品有限公司，2003 年 8 月成立，主要从事肉类加工。2005 年工业产值达 3102 万元。税收 615 万元。至 2010 年工业形成化工、食品加工、木材加工等主要产业，民营企业 10 家，个体工商户 200 多户，主要企业除菏泽天帮化工有限公司、菏泽利康食品有限公司外，招商引资企业达到 5 家，主要有：格莱美发制品厂，2006 年成立，主要从事发制品加工生产；2007 年成立沪联化工厂；2008 年成立恒茂纺织有限公司；2009 年成立绿色玮美农牧发展有限公司；2010 年建成投产瑞藤户外家具有限公司。2010 年总投资 150 余万元，工业总产值 5.8 亿元，实现工商税收 1200 万元。

交通　1991—2010 年，累计完成农村道路里程 61 公里。1999 年先后为田楼、盐店、大辛庄、小辛庄、十三庄、大罗庄修通了路和街道，全镇实现村村通公路，2000 年年底，沿黄公路横穿本镇全境，2004 年架设大型黄河营运浮桥，改善了交通条件，方便了鲁豫两省人员物资的交流。2006—2010 年，新增农村硬化道路 18 公里，相继修建镇工业园区道路、盆刘庄新村道路、府前街，2008 年、2010 年重修镇南北大街。

小城镇建设　1996 年，结合黄河滩区村庄搬迁，按照小城镇建设标准和“万人新村”的五纵七横十二条主街的规划进行建设，在主街道两旁建成各式商业楼 226 座，1999 年完善配套设施建设，实现了通电、通自来水、通柏油路、通电话、通下水道、通有线电视，并进行高标准绿化，2005 年，沿街 416 座两层以上楼房竣工投入使用。新农村建设中，2005 年完成改厕 260 座，改灶 96 座。2007 年开始十年城镇规划，在镇驻地建进士佳苑小区，进行盆刘庄、吴庄新村建设、进士新村及商贸物流中心建设。2010 年完成进士佳苑前三栋楼建设，盆刘庄新村初见规模，进士新村清障工作已经完成。

邮电 2005 年，全镇电话容量 2500 部，入户率达到 40%，移动、联通覆盖全镇。2010 年，全镇电话容量达到 2600 部，有线电视网覆盖率达 20%。

基础教育 1991 年全镇有 1 所中学,6 所完小，6 个教学点。2005 年全镇有 1 所中学，8 所完小，5 个教学点，在校学生 2430 人，其中初中生 550 人，小学生 1780 人，在职教师 146 人，新建项目学校 1 所。2007 年，晨阳学校合并入李进士完小， 2008 年，李进士中学斥资 50 多万元新盖教学楼 1 座，引进图书 1 万多册、微机 20 余台， 2010 年新建篮球场 1 处。2010 年全镇有 1 所中学，5 所完小，6 个教学点，在校学生 2500 人，其中初中生 500 人，小学生 2000 人，在职教师 145 人。

卫生 2005 年有卫生院 1 所，卫生室 8 个，医护人员 24 人。2010 年有卫生院 1 所，卫生室 8 个，医护人员 65 人。

计划生育 2010 年人口自然增长率控制在 0.6% 以内，计划生育率达到 96%。

民间艺术 有秧歌、商羊舞等民间艺术。

商羊舞动作“二龙吐须”

敬老院 2005 年新建幸福院 1 处，占地 15 亩，住房 30 间，有 46 位五保老人，2010 年有 48 位五保老人在敬老院得以妥善安置。

2010 年李进士堂镇行政村基本情况表

表 35-1-5

管　区	行政村	自然村	人口（人）	耕地面积（亩）
6	16	35	29604	41028.39
许堂管区	许　堂	许　堂	1102	1155.32
		高　庄	620	848.49
		焦　庄	567	680.55
		张油坊	380	475.59
	宋　楼	宋　楼	980	1413.6
		韩　楼	675	938.67
		盆刘庄	761	899.21
芝麻刘庄管区	芝麻刘庄	芝麻刘庄	1634	2580.7
		石　楼	1040	1470.4
	吴　庄	吴　庄	932	1218.81
		徐　桥	583	871.6
	寨王庄	寨王庄	924	1070.7
		杨　庄	711	769.1

续表 35-1-5

管　区	行政村	自然村	人口（人）	耕地面积（亩）
大罗庄管区	陈　庄	陈　庄	603	935.9
		刘　庄	564	665.6
		焦　庙	450	698.8
		大王庄	313	362.7
	大罗庄	谌周庄	510	498.1
		大罗庄	968	1205.3
	十三庄	十三庄	1842	1775.3
边庄管区	边　庄	边　庄	719	968.8
		芦　井	602	1245.85
	苏门楼	苏门楼	1423	2485.04
	尖堌堆	尖堌堆	988	1278.2
		盛　庄	716	680.4
李进士堂管区	李黄庄	李黄庄	991	1503.55
		张　庄	519	738.26
	李进士堂	李进士堂	860	1080.4
		刘　口	360	385.37
		周李庄	674	816.2
	马　桥	马　桥	1196	1716.84
田楼管区	小辛庄	小辛庄	1088	1389.82
	田　楼	田　楼	1477	2421.4
		盐　店	892	1948.53
		大辛庄	940	1845.29

第六节　董口镇

境域　位于鄄城县西部，北接旧城镇，东临鄄城镇与富春乡，南依什集镇与临濮镇，西与河南省濮阳市接壤，总面积 93.25 平方公里。镇政府驻董口村，东距县城 10 公里，南距菏泽市 39 公里。

建置　1928 年为濮县董口区，1940 年 3 月为鄄城县第五区，1942 年 10 月为鄄西办事处二区，1944 年 3 月为鄄城县二区，1949 年 8 月改为七区，1957 年为董口乡，1958 年为董口人民公社，1983 年 12 月复称董口乡，2001 年 2 月与西双庙乡合并成董口乡，2001 年 11 月撤乡建镇。2005 年，全镇辖 33 个行政村，95 个自然村，58186 人，83153 亩耕地。2010 年，全镇辖 31 个行政村，95 个自然村，56351 人，83102.29 亩耕地。有回、汉 2 个民族，军屯、前园为两个回族聚集村。辖区内有宋孝子堂等文化古迹。地下水资源丰富，据探明地下水温度达 80℃以上，极具开采价值。

农业　1991 年耕地 8.1 万亩，农作物以小麦、玉米、大豆、花生、棉花为主，粮食总产 5 万吨，农民人均纯收入 780 元，是农民经济收入的主要来源。2005 年耕地 8.3 万亩，粮食总产 7.8 万吨。2005 年，全镇已形成林业、畜牧业两大支柱产业，丰产林种植面积近 2 万亩，全镇规模饲养场 22 处，养殖小区 13 处，养殖大户 1200 余户，大牲畜存栏 7000 头，羊 8 万只，猪 4 万头，鸡 160 万只，畜牧产值可达 6400 万元，人均增收 260 元。全镇开发水产面积5000亩。推行种植业结构调整，扩大经济作物种植面积，发展蔬菜、中药材生产，尹楼等村发展蔬菜种植面积3000亩，周场等村发展金银花种植面积2000亩，亩收入1000元，农民人均增收300元。2006—2010年，继续扩大经济作物种植面积，发展蔬菜、中药材生产，尹楼等村发展蔬菜种植面积3500亩，周场等村发展金银花种植面积3500亩，亩收入1480元，农民人均增收600元。2010年耕地7.5万亩，粮食总产3.8万吨。畜牧业发展规模饲养小区3个，规模饲养场16个，大牲畜存栏8700头，羊5600只，猪2600头，鸡1.5万只，畜牧业总产值9881.19万元。林业面积达到3.15万亩。

工业 1991年乡镇企业30家，主要行业有肉食、皮毛加工，工业产值1300万元。2005年工业已初具规模，形成裘革制品、毛发加工、木材加工、肉食加工四大产业，民营企业285家，个体工商户1100户。年销售收入过千万的企业3家：新华毛发制品有限公司，2003年成立，主要产品是鬃尾、毛发；鲁西洗毛有限公司，2001年成立，主要产品是羊毛、骆驼毛等清洗；伊绿园食品有限公司，2005年成立，主要产品是脱水蔬菜加工；裘革制品公司16家，冷库3座，130多家小型木材加工企业，从业人员6000余人，工业产值达2.1亿元。2006—2010年，民营企业达32家，个体工商户1552户，主要企业有：鄄城民生纺织有限公司，2006年成立，主要产品为涤棉6535、32支；鄄城兆龙纺织有限公司，2007年成立，主要产品为21支、24支棉纱；山东阳成生物有限公司，2008年成立，主要产品为精致谷氨酸、三氮唑-3-羧酸甲酯；菏泽通源煤业有限公司，2009年成立，主要产品为精洗煤；山东柏斯莱特照明电器有限公司，2010年成立，主要产品为照明设备。2010年总投资3.5亿元，工业总产值7.2亿元。

交通 1991—2010年，累计完成农村道路里程201公里，1994年、1996年分别硬化军屯、前园至济董路公路，2001年修通沿黄公路，2004年改造济董公路， 2005年全镇33个行政村基本实现村村通公路。

小城镇建设 2001年实施镇驻地小城镇规划以后，累计投资800多万元，电信大楼、工商办公大楼、国税地税办公楼、商业街等490余座两层以上楼房全面竣工投入使用。2010年新农村建设中，新建邢屯新村和双庙海华嘉园。

邮电 2005年，全镇电话容量达到9000余部，入户率达到65%以上，移动、联通通信实现无缝隙覆盖，电网改造全部完成。2010年，全镇电话容量达到1000部，有线电视网覆盖率13%。

基础教育 2005年，全镇有中学2所，13所完小，6个教学点，在校学生7000人，其中初中生2600人，小学生4400人，在职教师480人，实施了九年义务教育，新建项目学校6所。2010年全镇有2所中学，13所完小，6个教学点，在校学生5763人，其中初中生873人，小学生4890人，在职教师432人。

卫生 2010年有卫生院1所，卫生室16个，医护人员108人。

计划生育 2005年人口自然增长率控制在6‰以内，计划生育率达到99%以上。2010年人口自然增长率5‰，计划生育率达到99%。

民间艺术 董口、田铺唢呐等民间艺术经久不衰。

敬老院 2010年，投资30多万元对幸福院进行改建扩建，新建房屋21间，修缮36间，满足了75位五保老人的生活要求。

2010 年董口镇行政村基本情况表

表 35-1-6

管　区	行政村	自然村	人口（人）	耕地面积（亩）
董口管区	董口	董口村	1795	2286.5
		董口 678 队	668	438.43
	仝堂	仝堂	1112	1835.9
		薛庄	591	821.47
	申庄	申庄	745	909.12
		位庄	410	710.53
		张楼	485	898.28
大位庄管区	大位庄	大位庄	460	708.53
		周厂	294	446.79
		胡庙	247	302.32
		王庄	476	688.21
		东冯庄	854	1202.5
		西冯庄	735	1027
	刘田庄	刘田庄	955	1200.8
	张海	张海	1417	2151.7
	吕胡同	吕胡同	584	989.72
张桥管区	张桥	西桥	698	1327.9
		前桥	656	1021.1
		张村	918	1777.9
		东桥	481	699.26
		后桥	780	1035.4
	陈马庄	陈庄	586	837.66
		马庄	698	907.27
田铺管区	刘鸭子	刘鸭子庄	1001	1211.2
		杜庄	301	475.84
	兰庄	前田铺	982	1399.7
		王潭	400	543.81
		兰庄	557	728.11
		柳园	382	496.14
	后田铺	奋李庄	422	533.43
		后田铺	857	1125.3
王楼管区	王楼	王楼	650	1057.81
		常屯	567	996.22
		红庙屯	392	517.57
		宋庄	425	673.15

续表 35-1-6-1

管　区	行政村	自然村	人口（人）	耕地面积（亩）
王楼管区	杜阁	杜阁	768	1290.25
		阎庄	655	947.47
		康屯	281	458.03
	邢屯	邢屯	1165	1873.6
		任庄	622	804.02
		前张庄	345	496.55
许孙汪管区	韩楼	韩楼	1041	1453.58
		许孙汪	661	842.56
	金庄	金庄	719	820.67
		宗庄	131	225
		李孙汪	510	627.49
		西宋楼	148	167.24
	后园	后园	815	945.8
		西李庄	700	1016.35
		军屯	1197	831.37
	前园	前园	1183	1065.14
黄河管区	许楼	许楼	1160	4129.36
		小屯	514	996.13
		西张庄	349	336
	代堂	代堂	455	1187.55
		郝楼	494	1115.28
		朱庄	148	288.6
		石寨	219	569.4
	刘庄	刘庄	425	139.61
		鱼骨	644	1487.64
		赵李营	340	462.44
		营房	778	855.63
		张孙汪	167	38.87
双庙管区	双庙	双庙	713	864.46
	王坡楼	王坡楼	773	1328.29
		东吕庄	594	930.14
	常庄	常庄	315	455.07
		前高庄	255	345.2
		史庄	291	330.53
		东姬庄	499	582.42
		西姬庄	387	483
		后高庄	202	346.32

续表 35-1-6 -2

管　区	行政村	自然村	人口（人）	耕地面积（亩）
双庙管区	常庄	烟墩	255	257.01
		李庄	250	478.85
		王尧	266	441.11
		五里后	252	428.18
		华佗庙	280	391.75
大张庄管区	韩桥	东韩桥	381	635.46
		西韩桥	581	866.32
		高楼	370	685.81
		李楼	367	607.8
		韩庄	405	722.44
	宋楼	后宋楼	701	1038.17
		前宋楼	207	340.39
		藏庄	549	889.05
		大张庄	757	986.43
	尹楼	尹楼	1503	2383.21
吕庄管区	吕庄	吕庄	640	968.79
		路屯	455	587.49
		花园	486	666.26
	崔泗庄	崔泗庄	937	1395.48
		皮泗庄	472	451.87
		新泗庄	199	200.56
	朔庄	邓庄	508	958.45
		北朔庄	686	902.96
		南朔庄	600	749.88

第七节　临濮镇

境域　位于鄄城西南部，地处山东、河南两省交界处，北邻董口镇，东连什集镇，南接菏泽牡丹区高庄镇、李村镇，西靠黄河与河南省濮阳市梨园乡接壤，是鄄城西南的门户和历史重镇。总面积58平方公里。镇政府驻临濮集，东北距县城20公里。

建置　临濮因临古濮水而得名，是鄄城较古老的重要集镇之一。春秋时期称为城濮，诸侯多次会盟于此，著名的晋楚城濮之战就发生在这里。宋末元初称小濮，隋、唐、宋、金曾在此设临濮县。1928年为濮县临濮区，1942年10月为鄄西办事处三区，1944年2月为鄄城县八区，1957年建临濮乡，1958年为临濮人民公社，1983年12月复称临濮乡。1991年辖43村民委员会，47个自然村，33424人，5.3万亩耕地。2002年10月撤乡设镇。2005年，全镇辖24个行政村，54个自然村，37670人，其中非农业人口1782人，5.1万亩耕地。2010年，全镇辖24个行政村，52个自然村，40701人，5.2万亩耕地。辖区内有黄巢安营古址、庄子庙钓鱼台、东岳大帝青铜像等文物古迹。

农业　1991年，耕地5.3万亩，农作物以小麦、玉米、棉花、大豆、花生为主，粮食总产2.4万吨，农民人均纯收入582元。2005年，耕地5.1万亩，平均单产470公斤，总产量突破3.29万吨，农民人均纯收入2817元。2002年以后，临濮镇培植林业、畜牧两大支柱产业，并对种植业结构进行调整，由单一的粮食种植业调整为多种经营农业。至2005年年底，已营造速生丰产片林2.5万亩，其中滩区完成1.3万亩，非滩区完成1.2万亩，在公路沿线两侧500米到1000米范围内，发展丰产片林8000亩，形成农田林网4.5万亩，建设绿色通道12千米，全镇林材蓄积总量达到35万立方米。全镇规模养殖场达18个，专业村9个，养殖小区2处，大牲畜存栏达到0.67万头，猪5万头，羊10万只，畜牧业产值5600万元，占农业总产值的35%，农民人均增收300元。2002—2005年，杨庄村发展蔬菜和西瓜种植；南街村引进沾化冬枣，2005年亩收益在5000元以上；户屯、马堂、联合村进行林下养羊、林下养鸡、林下种蘑菇，收到较好效果。2010年耕地5.2万亩，平均单产470公斤，总产量突破4.16万吨，主要经济作物有棉花、花生、大豆，种植面积为：棉花1万亩、花生1.2万亩、大豆1万亩，年总产量为5300吨，年总收入3600万元，其中棉花为农业支柱产业。全镇规模养殖场6个，专业村3个，养殖小区3处，大牲畜存栏1921头，猪0.7万头，羊4.6万只，鸡5万只，畜牧业产值2600万元。全镇林业面积达到2.6万亩，林材蓄积量达40万方。2010年，全镇农村总收入1.85亿元。

工业 1991年乡镇企业4家，主要行业有地毯加工、机械零件制造，工业产值510万元。至2005年，工业形成旋皮、制板等产业，民营企业4家，个体工商户187户。丰富的林木资源带动了加工业、贩运业的发展，全镇已形成植树造林、旋皮加工、板材生产、下脚料再加工的林业产业循环经济模式。2005年，投资2500万元的森昊木业有限公司、投资2700万元的广源木业及森鑫木业等大中型木材加工企业落户临濮，森昊木业有限公司生产超强加厚多厘板，产品全部出口；广源木业利用木材加工的下脚料生产木质纤维素（木粉）；森鑫木业加工厂是临濮镇最大的一家木材购销、旋皮加工民营企业。旋皮加工专业户、加工厂点260多家，从事木材加工、贩运人员达2500多人，已形成以临濮东街行政村、户屯行政村为中心的木材购销贩运市场，年木材消耗量达50万立方米。2005年工业产值5000万元。2007年，投资5500万元的华奥木业有限公司等大中型木材加工企业落户临濮，华奥木业有限公司生产超强加厚多厘板，产品全部出口。2008年，成立山东沃蓝生物有限公司。2009年，成立菏泽昌源食品有限公司、鄄城恒源纺织有限公司、鄄城源洋华工有限公司。至2010年，工业形成以食品加工、木材加工、休闲家具生产为主导的产业，有民营企业32家，个体工商户1580户，全年总投资35600万元，工业产值9220万元。

交通 1991—2010年，累计完成农村公路通路里程97.5公里，1993年修建临濮至白虎公路、临濮街干道公路，2004年修建临濮至户屯、临濮至李楼公路，2005年修建临濮至杨庄公路、临濮镇刘屯段公路，2007年修建楼子庄段、赵刘庄段公路，2008年修建孙寨段、杨楼段公路，2009年修建防汛公路，2010年新建南街小区公路。2010年公路村村通达到99%以上，全镇“五纵五横的”公路网格局初步形成。

小城镇建设 2002年镇驻地拓宽硬化南北商贸街2000余米，建商品楼房200余间。2005年镇驻地实施亮化工程，沿街安装路灯。2008年临濮镇杨庄新村奠基。2009年新农村建设样板性工程“临濮新村”开发建设。2010年临濮南街别墅小区开发建设。镇驻地商贸街和各类商品经营楼房规划整齐，工业园、建材、木材等经济园区和专业市场设施齐备。

邮电 2010年全镇电话容量达到4800部，入户率达到60%以上，移动通信实现无缝隙覆盖，有线电视网引入农村，覆盖率30%，农村电网改造全部完成。

基础教育 2005年全镇有1所中学，13所完小，1个教学点，在校学生5086人，其中初中生1056人，小学生4030人，在职教师214人。实施九年义务教育，新建项目学校1处。相继建成临濮五中、北董庄完小、李楼完小等 8 处中小学校。2010 年全镇有 1 所中学，8 所完小，5 个教学点，在校学生 4220 人，其中初中生 1200 人，小学生 3020 人，在职教师 340 人。2010 年投资 60 余万元用于南街完小、北董庄完小等学校危房改造。

计划生育　2005 年人口自然增长率控制在 0.56% 以内，计划生育率达到 98.6% 以上。2010 年人口自然增长率控制在 0.39% 以内，计划生育率达 86.5% 以上。

卫生　2005 年加强公共设施建设，当年投资 65 万余元改造中心卫生院门诊大楼。有卫生院 1 所，卫生室 44 个，医护人员 85 人。2010 年有卫生院 1 所，卫生室 8 个，医护人员 100 人。

民间艺术　民间艺术有鲁锦加工、抬阁等。

抬阁

敬老院　幸福院占地 6 亩，房屋 19 间，生活设施齐全，有五保老人 35 人。

2010 年临濮镇行政村基本情况表

表 35-1-7

管　区	行政村	自然村	人口（人）	耕地面积（亩）
临濮管区	临濮南街	南街	1890	1937
		阎庄	651	649
		陈庄孟庄	576	836
	临濮东街	临濮东街	736	701
	临濮西街	临濮西街	952	1044
	临濮北街	临濮北街	1075	1167
	张庄	张　庄	255	245.5
		牛　庄	465	626.7
		崔　庄	920	722.8
户屯管区	李楼南	李楼南	1035	1663.2
		温　庄	302	489.8
	李楼北	李楼北	1357	1619
		中李庄	366	416
	柳洼	柳　洼	1138	1709
	杨庄	杨　庄	1155	1717
		天　庙	702	894
		双　庙	588	770
	户屯	前　拐	343	602
		后　拐	383	480
		东　拐	449	953
		黄　营	824	1378

续表 35-1-7

管　区	行政村	自然村	人口（人）	耕地面积（亩）
刘屯管区	孙寨	孙　寨	1492	2534
		白　庙	315	561
	刘屯	刘　屯	1983	2882
		崔　楼	1909	3523
		高清寨	956	1278
	曹庄	曹　庄	885	1206.2
		西孙庄	196	290.8
杨楼管区	赵刘庄	赵刘庄	989	833
		李马楼	—	373
		江苏坝	600	252
	联合村	苏泗庄	1283	414
		辛　庄	169	114
		姜　庄	360	340
		韩　庄	270	220
	西杨楼	西杨楼	428	535
		北李庄	347	460
	许　庄	许　庄	714	1092
	东杨楼	东杨楼	1475	1675
北董庄管区	马　堂	马　庄	422	584
		西马堂	643	830
		东马堂	744	744
		东刘屯	305	570
	楼子庄	楼子庄	1539	2091
	北董庄	北董庄	1223	2122
范庄管区	东孙庄	东孙庄	630	975
		安　庄	225	271
		后樊庄	558	751
	前范庄	前范庄	694	906
		庄子庙	796	1043
		小　屯	412	513
	南董庄	南董庄	907	1406

第八节　什集镇

境域　位于鄄城南部，东邻彭楼镇，北依郑营镇、富春乡、董口镇，西靠临濮镇，南接菏泽市。总面积 76.4 平方公里。镇政府驻什集村，距县城 15 公里。

建置　1949 年 8 月为鄄城九区，1957 年建什集乡，1958 年成立什集人民公社，1983 年 12 月社改乡，1991 年辖 42 个村民委员会，60 个自然村，

32191人，4.11万亩耕地。1994年12月撤乡设镇，2001年2月梁屯乡合并入什集镇。2005年，辖21个行政村，105个自然村，6.1万人，7.06万亩耕地。2010年，全镇辖22个行政村，105个自然村，6.6万人，7.23万亩耕地。辖区内有苏述御史牌坊等文化古迹。

农业　1991年，耕地4.11万亩，种植小麦、玉米、大豆、花生、谷子、瓜果、蔬菜、中药材等农作物，粮食总产1.34万吨，农民人均纯收入613元。1998年，全镇大规模调整农业种植结构，确立了中药材、木材加工两大支柱产业。2000年年底，种植白芷、丹参、板蓝根、山药等中药材8000亩，年总收入1600万元。2005年耕地7.06万亩，粮食总产5.15万吨。2005年，形成蔬菜种植、木材加工两大支柱产业，全镇蔬菜种植面积2.1万亩，亩收入3000元，木材加工年收益55家，年收入600万元。种植中药材2000亩，年总收入800万元。丰产林面积3000亩，林网面积4万亩。全镇规模饲养场8处，养殖小区1处，养殖大户25户，大牲畜存栏1000头，羊30120只，猪3.2万头，鸡20万只，畜牧产值达3760万元，人均增收320元。2010年耕地7.2万亩。粮食总产13.10万吨。农业支柱产业是粮食和蔬菜种植，其布局为东粮西蔬。经济作物是蔬菜、棉花、花生、中药材，种植面积分别为：蔬菜2万亩、棉花4000亩、花生2.2万亩、中药材4000亩，年总产量为2.29万吨，年总收入5800万元。2010年畜牧业有专业村4个，规模饲养小区6个，规模饲养场13个，大牲畜存栏1300头，羊3.6万只，猪3.4万头，鸡13万只，畜牧业总产值1.5亿元。林业面积达到5000亩。2010年全镇农村总收入3.2亿元。

工业　1991年，乡镇企业2家，主要行业有弹簧加工业、林业、档发业，工业产值12.5万元。2000年，全镇初步形成“五个专业区，两个经济区”的格局。五个专业区是：以康丰为轴体的木器加工专业区，以沙沃为轴体的弹簧鬃刷加工专业区，以陈大庙为轴体的食品加工专业区，以大山养殖公司为轴体的畜牧养殖专业区，以什集为轴体的商业服务专业区；两个经济区是：以和庄为核心的工业小区，以李桥为核心的经济小区。个体私营企业发展到698家，个体工商户930户，完成工业产值7800万元，实现利税820万元。教学仪器、弹簧鬃刷个体民营经济蓬勃发展。2005年，工业产业有纺织、服装加工、木材加工，个体私营企业780家，个体工商户1200户。年销售收入过千万元的企业2家：山东长江纺织集团有限公司及菏泽东海纺织有限公司，分别成立于2003年和2004年，主要产品为棉纱。其他小型企业26家。完成工业产值8600万元，实现利税960万元。2010年，工业形成以纺织、木材加工为主的产业，民营企业130家，个体工商户2050户，2010年总投资7.8亿元，主要企业除山东长江纺织集团、菏泽东海纺织有限公司外，有2006年成立的鄄城富源木业有限公司、鄄城县皇马纺织有限公司、菏泽市鲁粮液酒厂。2010年工业总产值12亿元。

交通　1991—2010年，累计完成农村道路里程140公里。1993年拓宽镇政府驻地中心大街。1995年硬化拓宽什集至麻寨和什集至梁屯的乡间公路。2001—2002年修通梁屯至北王召公路，2003—2004年修通香范庄至老临商公路、什集到麻寨公路。2005年硬化大王庄、河申王庄、祝楼、杨岗、察庄，2007年硬化康刘庄，2008年硬化祝楼—李楼路段。

小城镇建设　2000年实施镇驻地小城镇建设，年底新建楼房48幢，建筑面积1.8万平方米，基建总投资1000余万元。建立建材、布匹两大专业市场。2000年被省政府确定为中心镇。自2002年起，政府每年投资1000多万元进行城镇建设，一座初具规模的小城镇已经形成，2003年被山东省政府评为全省环境优美乡镇。2006—2010年，小城镇建设发展势头迅猛，2009年12月通过《什集镇加快推进新型城镇化建设实施方案》，城镇化建设速度加快。2009年启动王吴庄新村建设，规划占地70亩，现住旧村240亩，建设完毕后，可节约土地170亩，复垦耕地170亩，改造新建农村危房76间。2010年5月，什集镇万佳新村开工建设，规划在镇驻地北面、临商路两侧进行集中建设，规划占地面积30

万平方米。2010 年 9 月，规划在镇驻地以北，临商路两侧，占地 100 亩，建筑面积 6.6 万平方米的商贸物流中心一期项目开始建设，2010 年年底前一期项目交付使用。2010 年 11 月，以聚居和庄行政村为主的华康新村开工建设，规划在镇驻地南面、临商路东侧进行新村建设，占地 40 亩，总建设面积 3.5 万平方米。在镇驻地规划长 3 公里的示范街，街道平坦，人行道统一铺装，安装高标准路灯，实施绿化、亮化、美化工程，修建下水道。依法清理占道经营、乱搭乱建等现象，统一规划门市外观形象和广告牌；组建环卫队伍，占地 7 亩的垃圾填埋点投入使用。

按照村镇规划体系，规划“一镇 10 村”，首先选择初步具备条件的梁屯、吴店、王吴庄、察庄、王坊 5 个行政村进行中心村建设，将 30 多个自然村合并为 5 个新村，建成后可节约耕地 1 万亩左右。其余行政村相继进行建设。在新农村建设中按照统一规划、统一设计、加快建设，最终形成布局合理、整洁优美、功能齐全的社会主义新农村。

邮电 1998 年，1400 门光缆全线接通，中国移动公司和中国联通公司菏泽分公司在此建立通讯基站。2000 年，安装电话 1200 余部。2005 年，年程控电话装机量达 8000 多部，程控电话、移动电话入户率达 97%，有线电视入户率达 32%，110 千伏和 35 千伏高压线路纵贯全镇。2010 年，全镇电话容量达到 5800 部，有线电视网覆盖率 70%。

基础教育 2005 年全镇有 2 所中学，12 所完小，6 个教学点，在校学生 8400 人，其中初中生 2200 人，小学生 6200 人，在职教师 440 人。实施九年义务教育，新建项目学校 6 处。2010 年全镇有 2 所中学，11 所完小，8 个教学点，在校学生 7000 人，其中初中生 1900 人，小学生 5100 人，在职教师 420 人。2005—2009 年，总投资 300 万元对什集村中心小学、北王召中心小学、牛楼中心小学、李楼中心小学进行翻建和扩建。2005 年 4 月，总投资 80 万元，为什集中学兴建一座实验楼。2009 年 4 月，总投资 120 万元，为什集中学兴建一座宿舍楼。2010 年 4 月，总投资 140 万元，为梁屯中学兴建一座综合楼。

卫生 2005 年有卫生院 1 所，卫生室 72 个，医护人员 128 人。2010 年有卫生院 1 所，卫生室 15 个，医护人员 131 人。

计划生育 2005 年人口自然增长率控制在 5‰ 以内，计划生育率达到 97.8%。2010 年人口自然增长率 4.03‰，计划生育率 86.6%。

民间艺术 有舞龙、舞狮等民间艺术。

民间龙狮舞 （1995 年 摄）

敬老院 2005 年幸福院（1982 年成立）有 36 间房屋，75 位五保老人。2010 年敬老院有 73 位五保老人。

居民生活 2000 年，全镇人均拥有粮食 520 公斤，人均纯收入 1910 元。2005 年，农民人均纯收入 3218 元， 住房砖瓦化率 98.5%，部分农民盖起了小楼，拖拉机、客运车、汽车、机动三轮达 4300 部，占农户的近 50%。2005 年，全镇农村自来水入户率达到 35%。2010 年，农民人均纯收入 6400 元。

2010年什集镇行政村基本情况表

表35-1-8

管　区	行政村	自然村	户　数	人口（人）	耕地面积（亩）
一区	什集	什集东	787	532	340
		什集西	—	364	249
		什集北	—	573	430
		周庄杏行	126	435	538
		东苏庄	64	217	297
		西苏庄	67	257	298
		彭　庄	76	293	517
		西马庄	82	261	550
		唐　庄	170	669	720
		垓　子	138	482	519
		孙沙沃	204	688	624
二区	梁屯	梁　屯	316	1257	1285
		辘　湾	201	692	603
		赵　坊	179	660	626
		李　庄	76	266	232
		石　庄	97	333	240
		林　庄	146	543	500
	吴店	吴　店	244	812	1337
		朱　店	100	419	583
		中　马	123	449	640
		西　马	124	495	583
三区	康丰	康　丰	317	1087	1789
		西陈庄	139	485	626
	和庄	和　庄	47	178	272
		崔　庄	140	481	708
		河申王	146	407	643
		杨　庄	166	565	830
		西刘庄	131	522	739
	大王庄	大王庄	264	1085	1507
四区	杨岗	杨　岗	486	1681	2733
		高　庄	144	518	826
		黄　庄	165	651	955
		王　庄	163	572	947
	康刘庄	康刘庄	245	958	1168
		朱　庄	148	512	546
		周　庄	159	531	831

续表 35-1-8-1

管　区	行政村	自然村	户　数	人口（人）	耕地面积（亩）
五区	北王召	北王召	201	805	629
		东史庄	110	450	500
		西史庄	204	730	862
		周范庄	201	731	686
		姜白庄	136	521	392
		席　炉	80	307	208
		西　拐	76	278	223
	苏老家	苏老家	360	1379	1724
		苏华庙	300	1080	1461
		西辛庄	73	284	291
		王　谭	111	407	556
	王吴庄	王吴庄	177	562	584
		马　厂	142	502	756
		抄纸范庄	133	505	620
		中崔海	122	425	558
		张天仕庄	56	186	211
		东张庄	97	337	566
		西张庄	116	372	614
		东崔海	92	314	430
		西崔海	64	372	223
		潭坑施庄	174	626	530
六区	祝楼	祝　楼	116	420	552
		花　园	195	657	868
		温　海	329	1111	1249
		于　庄	21	68	125
	雪山寺	李　楼	105	342	580
		雪山寺	169	613	888
		后苏庄	165	526	692
		苗　庄	35	166	247
		塑梢李庄	133	464	578
	香范庄	香范庄	286	996	1383
		周大庙	197	689	956
	牛楼	前牛东	133	518	530
		前牛西	—	602	781
		西牛东	312	252	385
		西牛西	—	253	383

续表 35-1-8-2

管　区	行政村	自然村	户　数	人口（人）	耕地面积（亩）
七区	黄　口	黄　口	260	833	1120
		吴　庄	126	418	506
		李　桥	125	381	388
		席　庄	54	190	164
	陈大庙	陈大庙	284	960	852
	王坊	王坊东	295	467	817
		王坊西	—	464	811
		东孙庄	65	245	355
		西孙庄	72	287	445
		孙　楼	117	381	607
		程　楼	91	334	466
		石　楼	69	270	378
	沙沃	东沙沃	133	530	822
		西沙沃	179	695	841
		许胡同	119	474	819
		东刘庄	112	373	629
	东刘庄	东肖庄	106	381	592
		东辛庄	65	142	269
		荣　庄	155	566	833
		卫　庄	89	329	393
八区	孙砦	孙　砦	161	587	943
		南马庄	113	549	752
		乔　庄	249	1021	1613
		南陈庄	120	483	688
		南肖东	251	551	677
		南肖西	—	405	576
	察庄	察庄东	372	512	652
		察庄西	—	687	837
		二合东	323	495	581
		二合西	—	572	585
		东　寺	153	239	401
		西　寺	—	359	419

第九节　彭楼镇

境域　位于鄄城县东南部，东、东北部与阎什镇相邻，南部与牡丹区都司镇、黄岗镇接壤，西部与什集镇毗邻，西北部与郑营镇隔大沙河相望。总面积 79 平方公里。镇政府驻彭楼村，北距县城 18 公里，南距菏泽市 25 公里。

建置 在抗日战争和解放战争时期先后属鄄城县适北口区、巨菏县、临泽县二区，1940年属郓南县三区，1944年，临泽县一分为二，东南为郓巨县，西部仍为临泽县，彭楼归郓巨县，1949年先后为鄄城县十二区、十区，1957年建彭楼乡，1958年撤销该乡，其地分属什集、阎什口2处人民公社，1978年建立彭楼人民公社，1983年12月社改乡为彭楼乡，2001年2月，彭楼乡和麻寨乡合并为彭楼乡。2002年10月，撤乡设立彭楼镇，其行政区域和人民政府驻地不变。1991年辖32个村民委员会，39个自然村，29108人，39988亩耕地。2005年全镇辖44个行政村，73个自然村，71805亩耕地，6.2万人。2010年全镇辖44个行政村，81个自然村，7.2万亩耕地，6.38万人，全部为汉族。辖区内有舜王故里、刘林墓、雷泽湖水库等文化古迹及著名的舜王城中药材市场。

农业 1991年耕地39988亩，农作物以小麦、玉米、花生为主，粮食总产2.12万吨，农民人均纯收入625元。1995年开始对种植业结构进行调整，发展高效市场农业，1998年全乡大规模调整种植业结构，确立了中药材为主要支柱产业，畜牧、水产开发为两大辅助产业，2000年全乡种植白芷、板蓝根、丹参、草红花等中药材6000亩，占农业总收入的36.3%，畜牧业占农业总收入的20.7%。1996—2000年，累计水产开发面积2000亩，其中形成规模的有西牟庄鱼塘、藕池开发、王堂的高产藕池开发等。2005年全镇共复种粮食7.1万亩，平均单产470公斤，总产量突破3.4万吨。2005年，全镇已形成中药材、畜牧、水产、林业四大支柱产业。彭楼镇中药材实现了生产产业化，2001年以后年均发展中药材2万余亩，形成10多个过百亩的药材种植基地，带动全镇4个药材加工专业村、360个药材加工专业户。2005年，全镇新发展规模养殖场、养殖小区13处，大牲畜存栏量1829头，生猪存栏量1.85万头，羊存栏量6.8万只，家禽存栏量40万只，畜牧产值4200万元，人均增收515元。新造林面积5000亩，林地面积发展到2.6万亩，全镇7.1万亩耕地全部实现农田林网化，全镇森林覆盖率由1991年的18%上升到30%以上。立足境内10多公里长的大沙河资源优势，全镇水产开发面积6000亩，其中高产高效鱼塘4000亩。2010年，中药材、畜牧、水产、林业仍为四大支柱产业。2010年，耕地7.2万亩，复种粮食7.1万亩，平均单产501公斤，总产量突破3.5万吨。畜牧养殖以家庭散养为主逐步向规模化饲养发展，2009年建设前牟养殖小区，实现自动化上料。2010年，大牲畜存栏量129头，生猪存栏量0.85万头，羊存栏量6.8万只，家禽存栏量85万只，畜牧产值1.1亿元。2010年林地面积发展到3.6万亩，森林覆盖率上升到35%以上。

工业 1991年乡镇企业3家，主要行业有酒厂、玻璃厂、塑料厂、磷肥厂，工业产值18万元。至2005年迅速发展起药材加工、人发加工两大产业，民营企业80余家，发展中药加工厂120余家，总投资3.1亿元，拥有各种生产设备300余台，年加工药材3000余吨，年创产值1.8亿元，以山东鄄城中药现代科技园、山东舜生堂中药饮片有限公司、山东菏泽泰山中药饮片有限公司为龙头，发展药材加工专业村4个，专业户360户，从业人员2000多人；以欧亚工艺品有限公司、美华发制品有限公司为龙头，形成人发加工户24家，个体工商户568个，从业人员1700余人。年销售收入过千万的企业是菏泽华鲁饲料有限公司，成立于1999年2月，主要产品是加工饲料。其他小型加工企业10家。2005年工业产值2.4亿元。至2010年，药材加工、人发加工两大产业蓬勃发展，全镇民营企业总投资达到15.3亿元。在原来乡镇企业的基础上，红旗威斯特专用车有限公司、山东嘉通机械制造、鼎融工贸有限公司等大项目在县工业园区落户，其中红旗威斯特专用车有限公司成立于2009年5月，该公司依托山东大学机械工程学院车辆研究所产品开发技术优势，承担省内外专用车、特种车及挂车的新产品、新技术开发和新材料推广应用。山东嘉通专用汽车制造有限公司建于2010年，投资12亿元，占地600多亩，由全国最大的民营挂车生产企业—梁山通亚汽车制造有限公司与河南鑫舟浮桥有限公司共同兴建，主要产品为半挂车、全挂车、高压清洗车、旅居车、水泥泵车等100余种的专用车，建成投产后，年可生产专用车2万余辆。2010年工业总产值为3.6亿元。

交通　1991—2010年，累计完成农村公路通路里程183公里。1991年，全镇仅硬化彭（楼）什（集）路、彭（楼）阎（什）路两条镇级公路，自2000年起公路建设力度逐步加大，2000年硬化环乡公路，原彭楼乡32个行政村全部实现村村通柏油路；2001年修通东至220国道、西至临商公路的经济大道；2004年、2005年，全镇44个行政村、81个自然村全部实现村村通柏油路；同年，临商公路复线纵贯彭楼镇南北。2010年修通至郭北口的伏羲文化路，并完成镇中心街的改造，临商公路复线拓宽改造工程完成。

小城镇建设　自2001年实施镇驻地小城镇规划，至2010年全面实施镇驻地小城镇建设，累计投资3.6亿元，电信大楼、邮电大楼、供销社商贸楼等580余座两层以上楼房于2004年全面竣工投入使用，“四纵三横”的小城镇框架初步形成，城镇基础设施日益完善。2010年，康润花园住宅小区、王堂新村、枣林新村、刘楼新村等相继开工建设，部分完成，改善了农村居民生活环境。

邮电　1996年安装800门电话程控交换机，1998年电话光缆进村，2005年，全镇电话容量达到8000部，入户率达到60%以上，移动通讯实现无缝隙覆盖，有线电视网覆盖镇村，农村电网改造全部完成。2010年，全镇电话容量达到7000部，有移动电话1.3万部。

基础教育　2010年，全镇有2所中学，14所完全小学，在校学生7200人，其中初中生2800人，小学生4400人，在职教师390人，实施九年义务教育。彭楼中学教学楼、阶梯教室、综合楼、麻寨中学教学楼、王集、彭楼完小等学校的教学楼全部竣工。

卫生　2005年有卫生院1所，卫生室67个，医护人员112人。2010年有卫生院1所，卫生室18个，医护人员180人。

计划生育　2010年全镇人口自然增长率控制在6‰以下，计划生育率达到98%。

民间艺术　刘林、马关庙、什李等民间庙会活动频繁，马叉、担经等民间传统竞技项目蓬勃发展。2008年乡镇文化站建成，成为全镇学习、娱乐的好地方。

敬老院　2005年，投资20万元对原幸福院改建扩建，新建房屋20间，修缮30间，居住100多位五保老人，实现了农村老人集中供养。

居民生活　2005年，农民人均纯收入达到3005元，镇村储蓄总额1.25亿元，人均储蓄2000余元。彩电、冰箱、洗衣机、摩托车、电动车等消费品进入百姓家，有的农户还购置了家庭轿车等高档消费品。2010年，农民人均纯收入达到5704元，镇村储蓄总额2.5亿元，人均储蓄4000余元。

2010年彭楼镇管区基本情况表

表35-1-9

管　区	自然村	户　数	人口（人）	耕地面积（亩）
彭楼管区	彭楼	355	1544	1359
	付堂	146	588	760
	孙楼	320	1458	1542
	王堂	120	532	366
	葛庄	122	531	329
	谢庄	153	670	560
	王庄	92	451	454

续表 35-1-9-1

管　区	自然村	户　数	人口（人）	耕地面积（亩）
彭楼管区	张河涯	140	606	736
	王集	472	2088	1452
	孙庄	107	411	506
三李管区	史庄	75	348	508
	董庄	270	1297	1524
	苏庄	231	1033	1429
	枣林店	258	1209	1623
	任庄	301	1154	1315
	前李庄	193	857	866
	中李庄	140	624	520
	田庄	206	797	794
	后李庄	98	394	365
	张庄	141	831	584
舜城管区	吕庄	81	329	301
	向阳	498	1931	2238
	前杜庄	234	1080	1111
	马庄	107	493	565
	舜城集	292	1740	1406
	刘举人庄	150	529	521
	西南刘庄	217	1217	1222
	郭北口	313	1388	1683
什李管区	刘楼	179	747	905
	刘大楼	116	1218	956
	香店	168	768	721
	马寺	192	922	973
	前刘垓	219	931	1163
	什李	547	2416	2358
	后刘垓	399	1692	1821
	西孙庄	81	358	396
郭老庄管区	东林庄	81	295	348
	李集	174	766	864
	郭老庄	265	1194	1574
	前牟庄	145	672	589
	西牟庄	141	624	689
	郭对旧	283	1181	1269
	东南刘庄	226	979	858

续表 35-1-9-2

管　区	自然村	户　数	人口（人）	耕地面积（亩）
郭老庄管区	王胡同	83	384	339
	刘庄	110	426	509
	唐杜庄	187	1043	990
	郭水坑	288	1516	1435
	大林庄	237	1071	1189
	郭庄	155	590	848
麻寨管区	糖牛楼	313	1356	1392
	陶庄	104	415	364
	麻寨	182	858	804
	东范庄	272	1130	951
	刘升庄	152	643	743
	西范庄	164	833	862
	王菜园	117	431	439
	北高庄	273	1105	1247
	周洼	97	384	395
	韩庄	92	407	329
	胡庄	89	398	389
何庄管区	东匡庄	102	494	466
	梁庄	134	617	740
	谷庄	71	346	372
	何庄	356	1496	1731
	马关庙	195	798	645
	囤李庄	192	774	741
	南高庄	192	758	856
	西匡庄	105	445	493
	西张庄	73	319	459
	马楼	197	904	839
	齐堂	84	414	480
	秦庄	181	729	918
	后杜庄	215	809	940

第十节　阎什镇

境域　位于鄄城县东南部，西连彭楼镇、郑营镇，北接引马乡、红船镇，东邻郓城县，南与菏泽市接壤，总面积 73 平方公里。镇政府驻阎什口村，北距县城 19 公里，南距菏泽市 35 公里。

建置　宋太宗时，此处临赵王河，阎氏十口逃荒至此地安家，故取名阎什口。抗日战争和解放战争时期，曾隶属临泽县，1940 年属郓南县三区，1944 年，阎什镇属郓巨县二区，1949 年，郓巨县撤销，阎什口划归鄄城县第十区，1957 年成立阎什口乡，1958年为阎什口人民公社，1983年12年社改乡，阎什口公社一分为二，分为阎什口乡和张志门乡。1991年，辖25个村民委员会，62个自然村，29916人，39487亩耕地。1993年11月，撤乡设阎什镇。2001年2月，阎什镇和张志门乡合并为阎什镇。2005年，全镇辖30个行政村，87个自然村，6.5万亩耕地，53408人，其中回族275人。2010年，全镇辖34个行政村，87个自然村，64235亩耕地，54534人，其中回族285人，主要居住在西军集村。辖区内有历山文化遗址、沙土庙旅游景点、雷泽水库、雷泽革命纪念馆等文化古迹和名胜景点。

农业 1991年，耕地68837亩，农作物以小麦、玉米、大豆、棉花为主，粮食总产2.01万吨，农民人均纯收入520元。2005年，耕地6.5万亩，粮食播种面积8.9万亩，平均单产470公斤，总产量4.18万吨。2005年，全镇形成丰产林、畜牧、中药材、蔬菜四大支柱产业。2005年，新造林面积5500亩，林地面积发展到2.5万亩，6.3万亩耕地全部实现林网化，全镇森林覆盖率达到30%以上。畜牧养殖以家庭散养逐步向规模化饲养发展，至2005年，全镇规模饲养场20处，养殖小区3处，养殖大户25户，大牲畜存栏量1765头，猪存栏量1.8万头，羊存栏量6.5万只，家禽存栏量32万只，畜牧产值4518万元，人均增收900元。中药材种植面积1800亩。瓜菜生产以保护地栽培和反季节瓜菜生产为重点，发展冬暖式蔬菜大棚250个，露天蔬菜3500亩。苗木花卉以火车站科技示范园为中心，向四周辐射，2004年发展牡丹、玫瑰等高档花卉1000亩。2005年发展桃、梨、杏等名特优杂果1200亩，建立王胡同保护地果树栽培示范基地，发展大棚杂果85棚。2006—2010年，农业种植结构向高效、集约化农业示范区发展。2010年，耕地6.42万亩，粮食总产4.27万吨，全镇以丰产林、畜牧、中药材、蔬菜为四大支柱产业，2010年新造林面积1800亩，林地面积发展到2.8万亩，6.5万亩耕地全部实现林网化，全镇森林覆盖率达到30%以上；畜牧养殖有专业村2个，规模饲养小区5个，规模饲养场25个，大牲畜存栏542头，羊1.8万只，猪1.12万头，鸡13万只，畜牧业总产值4518元；中药材种植面积1800亩；发展冬暖式蔬菜大棚450个，露天蔬菜3500亩。2010年，全镇农村总收入1.8亿元。

工业 1991年乡镇企业29家，主要行业有农具生产、农机维修、家具加工、木材加工、地毯加工等，工业产值1691万元。至2005年发展起旋皮加工、家具加工、板材加工三大产业，民营企业58家，工业产值为1.94亿元。2006—2010年，旋皮加工、家具加工、板材加工三大产业进一步发展，2010年年底有民营企业96家，个体工商户720户。旋皮加工厂发展到550余家，形成鄄巨公路两侧长达5公里的旋皮生产加工带，总投资9600万元，年加工木材40万立方米，年创产值2.5亿元；以天涯家具、鲁西家具、富豪木业等家具生产企业为龙头，发展规模家具加工企业38家，木椅加工专业村5个，加工户1200多户，从业人员6000余人，总投资8500万元，年生产木椅130万把，沙发、餐桌2.5万套、办公及套房设施3万套，年创产值2.2亿元；以聚森木业、弘盛木业、润源木业、腾祥木业为制板龙头，发展板材企业48家，胶合板、刨花板生产线56条，年生产各种板材25万立方米，年创产值2亿元。2009年10月开始规划建设占地面积564亩的聚森木业园，至2010年年底，总投资3.6亿元，厂房建设面积10.2万平方米，其他辅助建筑面积1.2万平方米。该项目主要生产中、高密度纤维板、高档酚醛清水覆膜板等板材，主要企业有润德甲醛、鑫昊木业等。聚森木业园的建设运营，促进新增旋皮加工厂160余家，带动了本镇运输业、服务业等第三产业的快速发展，拉动了林木产业整体上规模、个体上档次，形成了木业园带动产业聚集区、产业聚集区辐射专业村的特色产业发展格局。年销售收入过千万元的企业4家，主要是：鄄城县天涯家具有限公司，成立于1994年5月，主要产品为成品家具、办公设施等；鄄城昌华皮革有限公司，成立于2003年4月，主要产品为皮革、皮衣等；鄄城县弘盛木业有限公司，成立于2003年9月，主要产品为建筑模板、胶合板；鄄城县润源制板有限公司，成立于2005年12月，主要产品为建筑模板、胶合板。2010年工业总产值3.2亿元，实现工商税收1250万元。

交通　1991—2010年，累计完成农村道路里程180公里。1993年修通硬化阎什至彭楼公路，1994年硬化阎什至引马公路，1995年硬化阎什至鄄城火车站公路，1996年修通阎什至楚集村级公路，2000年修通硬化阎什至贾庄、鄄巨路至水库公路，2004年修建刘楼至红旗行政村二级公路，2003年修建鄄巨经前寺至220国道，2005年修建鄄巨路至杜垓，2005年12月全镇村村通公路达80%以上，全镇“井”字形、“米”字形路网格局初步形成。2006年修建沈楼至荣堂、贾庄公路，2007年修建阎集至鄄巨公路，2008年修建历山庙到鄄巨公路，2009年修建东刘寺至鄄巨公路、220国道。

小城镇建设　1993年着手对镇驻地进行规划，拓宽硬化环乡路和东西、南北两条主要中心街道，1994年对鄄城火车站进行开发，1995年开始小城镇建设，1996—2000年，结合小康村建设，对全镇64个自然村进行规划，拓宽硬化张庄、贾庄等村街道；结合小城镇建设和火车站开发，对西环路、中心大街进行开发建设，建起高标准楼房，硬化火车站广场， 2005年，镇中心舜耕大街和府东路全线开通，沿街两侧新建两层以上楼房650座，卫生院门诊楼、供销社商贸楼全面竣工投入使用。为加快城镇一体化建设步伐，2008年制定《阎什镇城镇总体规划》，按照规划，将形成“一镇六村”新格局，城镇化建设的重点是建设一处广场、一个工业园、规范整治两条商业街。占地38亩的人民广场已完成拆迁和规划；规范整治两条商业街，一条商业街已基本完成整治任务，另一条商业街已拆迁完毕。2009年全面启动新农村建设，至2010年年底，有3个村进行合村并点建设，阎什村建成165户；红旗村建成220户，申魏庄村建成40户。

邮电　1998年电话光缆线扯拉进村，2000年建邮电大楼，同时，联通、中信公司建立基地站，建成手机信号接收塔，2005年全镇电话容量达到7500部，入户率达到60%以上，移动通讯实现无缝隙覆盖，农村电网改造全部完成。2010年，全镇电话容量达到2.5万部，入户率达到98%以上，有线电视网覆盖镇村。

基础教育　2005年全镇有2所中学，11所完全小学，在校学生7200人，其中初中生2800人，小学生4400人，在职教师390人，实施九年义务教育，素质教育全面展开。2010年全镇有2所中学，11所完全小学，在校学生7596人，其中初中生3430人，小学生4166人，在职教师365人，2005—2010年新建三道街、阎什完小、红旗完小、沈口完小等8所完小教学楼，至此，11处完小全部实现楼房化。

卫生　加强公共设施建设，2004年建设卫生院门诊大楼，2005年有卫生院1所，卫生室53个，医护人员124人。2009年投资110万元的卫生院门诊楼投入使用。2010年有卫生院1所，村级综合卫生室15个，医护人员130人。

计划生育　2010年人口自然增长率控制在0.6%以内，计划生育率达到95%。

民间艺术　2010年，民间庙会、书法协会等社团组织相继建立，书法、绘画、剪纸等民间艺术蓬勃发展。

敬老院　为实现农村老人集中供养，2005年投资20万元对原幸福院改建扩建，新建房屋20间，修缮30间，有100多位五保老人。2010年敬老院有75位五保老人。

居民生活　2005年，农民人均纯收入达到3016元，2001—2005年年均增长7.3%。2005年，针对荣堂、东杨庄、西杨庄三个村人畜饮水含氟量高、味苦难以入口的情况，投资27万元打440米深井一眼，进行人畜饮水改造，家家通上自来水，解决了2000多人吃水难问题。2010年农民人均纯收入5800元，2006—2010年期间年均增长9%。实施村村通自来水工程，2010年年底通水率达到80%以上。

2010 年阎什镇行政村基本情况表

表 35-1-10

管　区	行政村	自然村	人口（人）	耕地面积（亩）
阎什管区	阎什	阎什	3095	2011
		李庄	266	251
		黄庄	140	230
		周花园	153	139
		南陈庄	533	554
	甄庄	甄庄	441	566
		苏庄	278	340
		祁庄	426	409
	贾庄	贾庄	2188	2254
		孔位庄	194	220
	杨庄	东杨庄	647	855
		西杨庄	598	833
	桑树刘	桑树刘	358	594
		王胡同	347	369
	张垓	张垓	786	898
	荣堂	荣堂	550	901
红旗管区	路垓	路垓	512	842
		新路垓	664	1001
	东军集	东军集	801	955
		新军集	102	125
	周楼	周楼	633	1013
	陈庄	陈庄	691	1098
	西军集	西军集	671	777
	山西李庄	山西李庄	454	560
	红旗	历山庙	552	612
		肖庄	440	357
		刘尧	123	150
		东郭庄	387	330
		赵庄	196	244
		付庄	128	178
		东彭庄	354	376
		西彭庄	661	671
		中彭庄	190	199
		刘双楼	1068	1453
		常庄	670	874
		李庄	444	555

续表 35-1-10-1

管　区	行政村	自然村	人口（人）	耕地面积（亩）
红旗管区	红旗	西郭庄	288	378
		商庄	330	608
		王非庄	626	896
		侯庄	178	335
		吴庄	238	193
申魏庄管区	申魏庄	西张庄	562	504
		东张庄	260	245
		魏杨庄	224	288
		魏楼	222	287
		中魏庄	285	421
		前魏庄	562	615
		申庄	411	243
		申刘寺	180	88
		王菜园	365	494
		牛桥	877	961
		牟庄	1434	1079
		姚刘庄	366	357
		打席张庄	643	655
	三道街	高垓	3788	364
		刘庄	558	577
		高庄	537	347
	楚集	楚集	1113	1101
		牛庄	223	186
	苏庙	苏庙	792	831
	阎庄	前阎庄	171	184
		后阎庄	477	477
刘寺管区	刘楼	刘楼	2038	2227
		白腊园	192	125
	苏集	苏集	1135	1102
	阎集	阎集	893	812
		南贾庄	147	154
		龚集	241	296
	前刘寺	前刘寺	2113	2573
	后刘寺	后刘寺	698	895
	中刘寺	中刘寺	776	1185
	东刘寺	东刘寺	483	739

续表 35-1-10-2

管区	行政村	自然村	人口（人）	耕地面积（亩）
张志门管区	张志门	张志门	1848	2234
张志门管区	张志门	于庄	377	461
张志门管区	张志门	铁庄	782	897
张志门管区	申庄	申庄	1183	1478
张志门管区	周垓	周垓	1546	2312
张志门管区	杜垓	杜垓	543	773
张志门管区	杜垓	后周垓	205	270
张志门管区	杜垓	后杜垓	110	172
沈口管区	沈口	沈口	1907	2317
沈口管区	沈口	辛集	529	641
沈口管区	沈口	吕庄	527	696
沈口管区	沈楼	沈楼	1154	1851
沈口管区	刘垓	刘垓	799	1373
沈口管区	范庄	范庄	490	944

第十一节　凤凰镇

境域　位于鄄城县城东，西为鄄城镇，南接郑营镇和引马乡，东邻箕山镇和红船镇，北靠大埝乡，总面积 48.52 平方公里。镇政府驻凤凰店村，西距县城 6.5 公里。

建置　明洪武年间，杨氏从山西洪洞县迁于此地建村，因当时此地为河套突出地带，野柳丛生，每当初夏，柳絮飘飞，故取名风花店，后演变为凤花店、凤凰店。清末至 1926 年，为濮县凤花店里，1941 年为鄄城一区，1949 年 8 月改为二区，1957 年改为凤凰乡，1958 年后其地分属箕山、引马、城关 3 处人民公社管辖，1978 年建凤凰人民公社，1983 年 12 月改为凤凰乡。1991 年辖 24 个行政村，54 个自然村，3.13 万人，53856 亩耕地。2005 年辖 23 个行政村，53 个自然村，3.76 万人，耕地面积 5.23 万亩，人均耕地 1.47 亩。2010 年撤乡建镇，辖 24 个行政村，56 个自然村，3.8 万人，5.4 万亩耕地。

农业　凤凰镇地势平坦，土壤肥沃，适宜种植小麦、玉米、大豆、地瓜、棉花、高粱、谷子、瓜果、中药材、蔬菜等农作物。1991 年耕地 53856 亩，粮食总产 1.96 万吨，农民人均纯收入 664 元。1995 年以后，不断调整种植业结构，发展高产高效作物，至 2000 年，以优质小麦、高档果品、水产开发、蔬菜种植、畜牧生产为重点的产业结构调整框架已基本构成。全乡优质小麦区域化种植面积达到 2 万亩，新发展高档果品 500 亩，新开发坑塘 550 多亩，蔬菜种植面积达到 9000 亩。2005 年，耕地面积 5.23 万亩，粮食总产 2.21 万吨。2005 年全乡形成果品、畜牧、蔬菜三大产业。果品种植面积 2800 亩，亩收入 8000 元。全镇发展毛白杨 8000 亩，速生杨 2000 亩，杨粮、粮田间作 1.2 万亩，绿色通道 30 华里。有李楼、大陈楼等养殖专业小区 5 处，规模饲养场 17 个，大牲畜存栏 6900 多头，猪 18500 头，羊 46688 只，家禽 20 多万只，畜牧产值达 1110 万元，人均增收 300 元。注重发展大蒜／西瓜／玉米三种三收模式的发展，在酒店张、铁炉张、花李庄、王店庄、大周寺等村培育出全县面积最大的无公害大蒜生产基地，2005 年大蒜生产基地面积 3000 亩，亩收入 1500 元，蔬菜种植面积 2600 亩，亩收入 2000 元。2010 年，耕地 5.4 万亩，粮食总产 2.5 万吨，其中小麦成为农业支柱产业。主要经济作物有西瓜、大蒜，种植面积为2000亩、5000亩，年总产量为2000吨、2400吨，年总收入200万元、960万元。2010年有养殖专业村2个，规模饲养小区2个，规模饲养场2个，大牲畜存栏0.2万头，羊2.6万只，猪1.9万头，鸡20万只，畜牧业总产值900万元。林业面积达到1万亩。2010年全镇农村总收入1.5亿元。

工业　1991年乡镇企业16家，其中砖瓦制造业15家，建筑业1家，工业产值950万元。此后，重点培植龙头企业，1995年有华鲁纸箱厂、金丝地毯公司、木器厂、石蜡厂、针织厂5个龙头企业，全镇乡镇企业达到485家，个体私营经济快速发展，达到1255家。2000年，重点项目和企业有菏泽凤凰日用化工有限公司、倡硕高效果业开发中心、菏泽生态农业科技有限公司、彩凤林业有限公司、宏源木业有限公司等。2005年工业初步形成人发、化工、纺织三大产业并举的发展格局，民营企业60家，个体工商户1253户。年销售收入过千万元的企业有6家：鄄城县欧瑞工艺品有限公司，成立于2001年，主要生产人发产品；欧亚化工有限公司，成立于2003年，主要生产化工产品；富荣发制品有限公司，成立于2003年，主要为人发产品；新志畜产品有限公司，成立于2003年，主要产品为裘皮服装；建融化工有限公司，成立于2004年，主要生产化工产品；鄄城众诚皮革有限公司，成立于2004年，主要产品为裘皮服。其他小型企业86家，从业人员960人。2005年年底工业总产值4600万元，完成工商税收1097.7万元。2010年有民营企业103家，个体工商户505户，总投资5.6亿元。工业形成电器产业，主要企业是青岛普来特电器有限公司，2005年成立，主要生产太阳能热水器、电动自行车、灯具、电动一太阳能轿车等产品。2010年，工业总产值1.6亿元，实现工商税收2300万元。

交通　1991—2010年，累计完成农村道路里程约75公里，2004年修通了酒店张庄至张美坤、大陈楼至凤凰、朱庄至十二路、东大户至东侯楼、大户至西侯楼公路，当年全乡基本实现村村通公路，2005年修通邢庄至杨庄、花李庄至大陈楼公路。2009年人民路东延、建设路东延，修通城濮街。

小城镇建设　2001年实施小城镇规划，2002年加大小城镇开发力度，到2005年年底共建标准商贸楼160座，共3000多间。辖区内百货、服装、农产品、建材等集贸市场，通讯、餐饮、加工、储藏、服务、运输、维修等个体私营经济快速发展，营业收入9000多万元，创利税4300万元。2006—2010年，大户村对商贸街道路进行绿化亮化，2010年9月，凤凰新村开始建设。

邮电　2005年，全乡电话装机量2600部，入户率35%，移动、联通通讯基本实现无缝隙覆盖，电网改造完成。2010年，全镇电话容量达到6000部，有线电视网覆盖率达30%。

基础教育　1991年全乡有1所中学，15所完小，16个教学点。2005年全乡有1所中学，7所完全小学，在校学生4600人，其中初中生1000人，小学生3500人，在职教师190人，实施九年义务教育，素质教育全面展开。2005年年底新建的四个项目学校周寺完小、西侯楼完小、许集、凤凰中学的教学楼全部竣工。2005年投资200万余元进行教育基础设施改造，新建校舍56间，改造危房70多间。2010年，全镇有1所中学，7所完小，在校学生5100人，其中初中生1200人，小学生3900人，在职教师190人。

卫生　2005年有卫生院1所，卫生室35个，医护人员125人。2010年有卫生院1所，卫生室53个，医护人员110人。

计划生育　2005年人口自然增长率控制在1.27%以内，计划生育率达到62.2%以上。落实独生子女奖励优惠政策，对全乡1600户独生子女户按每月10元的标准发放奖励，对全镇60岁以上的计划生育户每月每人发放50元的奖励。2010年人口自然增长率1.25%，计划生育率达到65.1%。

民间艺术　有秧歌、剪纸等民间艺术。

敬老院　为实现农村老人集中供养，2005年投资20万元对原幸福院改建扩建，新建房屋14间，修缮16间，有35位五保老人。至2010年敬老院有39位五保老人。

居民生活1 2005年农民人均纯收入4174.6元，人均占有粮食650公斤，乡村储蓄总额为7350万元，居民人均储蓄金额930元，存款超过5000元的占总户数的38%。99%的农户盖起砖瓦房，部分农民盖起了小楼。2010年农民人均纯收入6100元。

2010年凤凰镇行政村基本情况表

表35-1-11

管　区	行政村	自然村	人口（人）	耕地面积（亩）
大户管区	大　户	西大户	1805	1982.85
		东大户	483	475.9
		后大户	717	603.36
	龙堂寺	东　寺	939	1184.96
		西　寺	697	1143.45
	西侯楼	西侯楼	977	1187.28
		边　庄	631	814.75
		水坑杨	297	397.27
		水坑王	297	407.8
		枣树杨	354	492.2
凤凰管区	凤　凰	凤　凰	1385	1732.69
		周　庄	418	629.8
		齐　屯	384	385.41
	朱李庄	朱　庄	537	967.2
		李　庄	420	645.1
		西冯垓	448	723.1
		东冯垓	292	491.5
	李　楼	李　楼	1268	1850.95
		西陈庄	837	1053.8
	鲁　楼	鲁　楼	525	727.93
		寨王庄	352	663.13
	三合村	三合村	1095	1504.41
古屯管区	古　屯	古　屯	1123	1816.56
		赵　庄	519	649.7
		邢　庄	305	499.49
	两半张庄	两半张庄	1308	2031.97
	杨　庄	杨　庄	742	1152.84
		驸马张庄	381	616.91
	崔柳行	崔柳行	820	1311.61
		华佗李	289	431.4
	王菜园	王菜园	591	966.19
		于　庄	456	502.03
		张美坤	618	910.4

续表 35-1-11

管　区	行政村	自然村	人口（人）	耕地面积（亩）
许集管区	许　集	许　集	2261	3174.4
		阎　屯	359	599.46
	大周寺	前　寺	491	582.4
		后　寺	669	751.83
	酒店张庄	酒店张庄	1032	1469.26
		铁炉张庄	409	469.12
	花李庄	花李庄	895	1162.65
		王店庄	265	322.56
	东侯楼	东侯楼	1087	1482.31
		蔡　庄	644	838.33
	东侯楼	靳　庄	333	372.89
		冯　庄	690	826.6
大陈楼管区	大陈楼	大陈楼	1322	1884.49
	樊　庄	樊　庄	632	994.68
	徐　垓	徐　垓	1249	2222.34
	郝　堂	郝　堂	764	1062.94
		杜　庄	351	573.49
		张海屯	240	255.4
	孙尚庄	孙　庄	535	657.75
		尚　庄	703	928.15
	老陈庄	老陈庄	715	1069.7
		刘　庄	500	767.66
		前陈楼	373	470.32

第十二节　郑营镇

境域　北邻郓城镇，西接富春乡，南临彭楼镇、什集镇，东与引马乡、凤凰镇、阎什镇接壤。总面积 75 平方公里。镇政府驻地郑营村，位于县城南 9 公里处。

建置　郑营镇为明洪武年间洪洞县迁民郑氏、郎氏、吴氏所建。解放战争期间，曾改名为尚义镇，后又改为郑营乡。清末至 1927 年为濮县东、西郑村里，1928 年为郑营区。抗日战争和解放战争时期，属巨菏县、临泽县一区（刘灿武庄），1949 年属郓城县十一区（刘灿武庄），1957 年建郑营乡。1958 年成立郑营人民公社，1978 年划出三个大队归富春人民公社，同时由什集划入 2 个大队。1983 年 12 月划分为郑营乡、鲁王仓乡。1991 年全乡辖 40 个村民委员会，48 个自然村，4.37 万亩耕地，28041 人。2001 年 2 月，鲁王仓乡并入郑营乡。2005 年全乡辖 30 个行政村，73 个自然村，7.5 万亩耕地，5.2 万人。2010 年撤乡建镇，全镇辖 30 个行政村，73 个自然村，7.6 万亩耕地，5.3 万人。

农业　郑营镇农业基础较好，地势平坦，土地肥沃，南二分干渠、三分干渠、箕山沙河贯穿全境。1991 年耕地 4.37 万亩，农作物以小麦、玉米、棉花、花生为主，粮食总产 3.48 万吨，农民人均纯收入 600 元。1998 年以后，全乡进行种植结构调整，大力发展林业、畜牧养殖业、水产养殖和高效农业。2005 年耕地 7.5 万亩，播种面积 6.7 万亩，粮食平均单产 470 公斤，总产量 3.18 万吨。2008 年，粮食总产 3.21 万吨，增长 2.7%；2010 年，全镇耕地面积 7.6 万亩，播种面积 6.75 万亩，粮食平均单产 500 公斤，总产量 3.37 万吨。2005 年，全乡建成沿临商复线、鄄巨公路、金堤、箕山河等 8 条绿色长廊及钟楼、杨胡同、牛楼、刘灿武等 12 处丰产林基地，新造林面积 6000 多亩，全乡林木覆盖率达到 30% 以上。2006—2010 年，全镇新造林面积 1 万余亩，林木覆盖率达到 35.4%。2005 年，全乡各种规模养殖场 20 处，大牲畜存栏量 1500 头，猪存栏量 2.3 万头，羊存栏量 7.1 万只，家禽存栏量 45 万只，畜牧产值达 9.8 万元，人均增收 89 元。水产种养面积 3000 余亩。2010 年全镇鼓励群众发展养殖业，有专业村 5 个，规模饲养小区 10 个，规模饲养场 30 个，大牲畜存栏 2200 头，羊 7.8 万只，猪 3.1 万头，鸡 60 万只，畜牧业总产值 11.2 万元。

工业 1991 年乡镇企业 12 家，主要有人发加工、髪尾加工、羽绒加工、旋木加工、轴承加工等行业，产值 35.8 万元。1996—2000 年，个体私营经济发展较快，全乡形成人发、皮毛、髪尾、羽毛、轴承、机械配件等经营加工门类，民营企业从无到有，仅 2000 年新上个体企业 16 家，其中人发企业 12 家。2005 年，工业以人发、髪尾、羽绒、化工为主要行业，全乡引进项目 22 个，到位资金 1.6 亿元，新增固定资产投入达到 2.8 亿元，各类工业企业发展到 100 多家，其中规模以上企业 10 家，外资企业 4 家，年销售收入过千万的企业有 3 家：高峰发制品厂，1995 年成立；兴达发制品厂，1995 年成立；发都发制品有限公司，1998 年成立，3 家企业的主要产品为人发制品。全乡形成人发加工、羽绒加工、髪尾加工、轴承购销、弹簧加工等各具特色的专业村 20 个，发展个体工商户 3000 多户，从业人员达 2 万多人。2005 年，全乡财政收入 688 万元，工业产值 3.02 亿元，工商税收达 1600 万元。2006—2010 年，全镇重点抓招商引资和大项目建设，引进大项目 46 个，各类工业企业发展到 120 多家，其中规模企业 19 家，外资企业 6 家，年销售收入过千万的企业有 9 家，过亿元的 2 家：康泰化工有限责任公司，2004 年成立，主要产品为化工产品三氯氰尿酸；兴达发制品厂，2005 年扩建，主要产品为人发制品。全镇在形成人发、羽绒、髪尾等特色的基础上，化工企业蓬勃发展，成为全镇的支柱产业。2010 年，实现工业增加值 3.5 亿元，增长 11.8%。实现产品销售收入 10.5 亿元，增长 9%。实现利税 0.8 亿元，增长 10.3%。

交通 1991—2010 年，累计完成农村公路通路里程 120 多公里，1999 年修通硬化郑营至富春乡的乡级公路，2005 年临商复线、鄄巨路修通，同年全镇 80% 以上村庄实现村村通公路，全镇“井”字形、“米”字形路网格局已初步形成。2009 年打通文化路，同时搞好硬化（9 米宽），2010 年新修冯庄、碱曹庄、陈水坑、南孙庄等“村村通”公路 20 公里。

小城镇建设 2004 年小城镇建设全面开始，镇驻地按照三纵四横的规划进行建设，镇驻地中心大街按照欧式一条街标准建设，沿街两侧建两层以上楼房 130 余座。2009 年完成人民路、文化路和鄄巨路两侧新建楼房 240 间，开发建设 5600 平方米。2010 年启动 2 个村的新农村建设；2010 年 6 月启动中心村建设；2010 年 8 月完成西坑、苏桥、韩庄、尹庄、旗杆张庄 5 个村的农村公路建设和郑营街北头金堤干渠上的危桥改造工作。

邮电 2005 年，全乡电话容量达到 8000 多部，入户率达到 60% 以上，移动通讯实现无缝隙覆盖，农村电网改造全部完成。2010 年，固定电话用户 8548 户，移动电话用户 25600 户，电话普及率达 78 部 / 百人，互联网用户 237 户。

基础教育 1991 年全乡有 1 所中学，10 所完小，12 个教学点。2005 年全乡有 2 所中学，8 所完全小学，19 个教学点。2005 年在校学生 5400 人，其中初中生 1300 人，小学生 4100 人，在职教师 390 人，实施九年义务教育，素质教育全面展开，初中入高中升学率稳居全县各乡中学榜首。2010 年全镇有普通中学2所，在校学生1470人，小学18所，在校学生4400人，在职教师420人。

卫生 2015年有卫生院1所，卫生室30个，医护人员41人。2010年有卫生机构33个，其中，医院1所，卫生防疫机构1所，村级卫生室31个。各类卫生机构共有床位56张，卫生技术人员79人，其中执业医师61人。

计划生育 2010年人口自然增长率控制在6‰以内，计划生育率达100%。

民间艺术 民间庙会、武术协会等社团组织相继建立，书法、绘画、剪纸等民间艺术蓬勃发展。

敬老院 为实现农村老人集中供养，2005年投资20万元对原鲁仓乡政府院改建扩建，新建房屋10间，修缮50间，满足了100多位五保老人晚年生活要求。2010年镇政府出资5万元对养老院进行整治，扩大了住房面积，居住环境也得到改善，有150余位老人在敬老院生活。

居民生活 2005年，农民人均纯收入达到3150元，2001—2005年间年均增长7.5%，乡村储蓄总额1.2亿元。2010年，农民人均纯收入达到5661元，增长11%，镇村储蓄总额2.1亿元。居民居住条件、消费结构有所改善，人民生活总体上达到低水平的小康。

财政税收 2005年农业总产值2.66 亿元。2008年，全乡实现生产总值10.5亿元，增长9%。实现财政总收入1500万元，按可比口径比上年增长7.3%。税收总收入2800万元，增长7.5%。2010年，全镇地区生产总值增长17%，达到5.16亿元；规模以上固定资产投资增长25%，达到4.7亿元；地方财政收入增长16%，达到1868万元。

2010年郑营镇行政村基本情况表

表35-1-12

管区	行政村	自然村	人口（人）	耕地面积（亩）
郑营管区	西街	西街	1367	1419.62
		碱曹庄	674	746.11
	东街	东街	1407	1351.35
		张于庄	406	477.27
	钟楼	钟楼	1089	1447.18
	董庄	董庄	1320	1771.99
		梁庄	350	399.18
	小垓	小垓	1068	1133.73
	夏垓	夏垓	881	1485.68
		北赵庄	788	1186.31
	李园	李园	723	944.21
	王屯	王屯	1062	1629.30
		李海	401	656.49
	河李庄	河李庄	1206	1811.17
		冀齐庄	469	963.22
	刘庄	刘庄	669	733.62
		马洼	390	581.22
	陈水坑	百户屯	373	454.51
		南赵庄	572	724.61
		陈水坑	1640	2229.94

续表 35-1-12-1

管　区	行政村	自然村	人口（人）	耕地面积（亩）
郑营管区	赵　堂	赵　堂	929	1295.04
	刘灿武	刘灿武	2675	4690.13
	韩　屯	韩　屯	980	1357.29
	前靳庄	前靳庄	655	1082.40
		后靳庄	710	1023.78
工业园管区	西　曹	西曹庄	833	1093.55
		东曹庄	661	799.95
		前曹庄	573	972.14
		帽曹庄	717	1075.92
	信　义	信　义	1345	2098.67
		夏　庄	459	766.64
		北张庄	594	753.43
	孙　庄	北孙庄	737	798.62
		韩　庄	528	512.77
		尹　庄	724	1008.78
		苏　桥	640	910.46
	刘堌堆	刘堌堆	897	1528.71
	前董湖	前董湖	623	929.93
		后董湖	417	538.61
		侯　湖	616	842.48
陈集管区	罗　口	罗　口	577	935.26
		岳　庄	201	424.11
		南孙庄	569	943.64
	李　楼	李　楼	562	776.38
		西张庄	281	365.23
		郝　庄	651	808.74
	陈　集	陈　集	307	354.55
		果子园	609	647.98
		田　庄	753	988.06
		仇　庄	774	921.83
		黄　庄	111	189.58
	牛　楼	牛　楼	1789	2273.37
	陈　庄	陈　庄	701	1046.37
		朱　庄	346	558.10
	张　口	张　口	995	1483.47
鲁仓管区	鲁　仓	鲁　仓	1575	2030.42

续表 35-1-12-2

管　区	行政村	自然村	人口（人）	耕地面积（亩）
杨胡同管区	西于庄	西于庄	491	699.60
		东于庄	733	891.90
		杨胡同	915	1151.05
		王　庄	251	365.57
		苗　庄	236	315.62
	西王尹	西王尹	645	905.99
		东王尹	405	657.73
		李　庄	635	965.02
		刘　寺	754	1118.28
	冯　庄	冯　庄	852	1392.54
		付　庄	351	532.81

第二章　乡

第一节　大埝乡

境域　位于鄄城县东北部，北依李进士堂镇、左营乡，东靠箕山镇，南邻凤凰镇、鄄城镇，西接旧城镇，总面积 43 平方公里。乡政府驻大埝村，距县城 12 公里。

建置　大埝村为清光绪年间吕氏彦亮所建，因位于临河埝上故名。抗日战争和解放战争时期，此地属鄄城县四区、五区管辖。1950 年分属许堂、张楼、夸杨庄、石黄店等乡。1958 年分属旧城、左营、城关、箕山 4 处人民公社。1978 年成立大埝人民公社，1983 年 12 月改称大埝乡至今。1991 年辖 42 个村民委员会，49 个自然村，30569 人，47060 亩耕地。2005 年全乡辖 21 个行政村，42 个自然村，32186 人，4.7 万亩耕地。2010 年，全乡辖 21 个行政村，42 个自然村，4.7 万亩耕地，35155 人。

农业　1991 年耕地 47060 亩，主要农作物是小麦、玉米、花生、瓜果、蔬菜等，粮食总产量 1.81 万吨，单产 318 公斤，农民人均收入 816 元。1991—1995 年，重点抓粮棉生产，粮食生产主要是小麦、玉米的高产开发，棉花是主要经济作物，1993 年调整种植业结构，1994 年大力发展高产高效农业和市场农业，粮经比例面积由 1993 年的 7 ∶ 3 调整为 5 ∶ 5。畜牧业开始形成与市场经济需求相适应的商品型生产结构和农工商一体化的经营格局，1995 年畜牧业总收入占农业总收入的 55%。1996—2000 年，小麦良种繁育和瓜菜种植成为两大支柱产业，年总收入 3560 万元，占农业总收入的 47%。2000 年畜牧业总收入 1450 万元，占农业总收入的 19.7%。2005 年耕地 4.7 万亩，粮食总产 3.68 万吨，单产 805 公斤。2005 年，全乡形成种植业、畜牧业两大支柱产业，小麦和玉米种植面积共 47000 亩，收入 7520 万元，规模饲养小区 7 个，养羊、养鸡、养猪专业村 12 个，养殖大户 48 户，大牲畜存栏 1308 头，羊 4.9 万只，猪 9753 头，鸡

17.4万只，畜牧产值达3295万元，人均增收580元。种植蔬菜1500亩，年总收入2400万元。林业种植面积7800亩。此后，全乡农业生产继续保持区域化、专业化发展模式，形成以棉花为主要经济作物、以小麦、玉米高产创建及畜牧养殖为支柱产业的农业结构布局。2010年耕地4.7万亩，粮食总产达4.1万吨，棉花种植面积2000亩，年总产量300吨，年总收入1200万元。畜牧业实现规模化、区域化、科学化养殖，形成1个规模饲养小区，2个养殖专业村和7个规模饲养场，大牲畜存栏1473头，羊15276只，猪0.87万头，鸡7.5万只，畜牧业总产值2450万元。林业面积6000亩。2010年，全乡农村总收入达到2.38亿元。

1995年，承担山东省“三〇”工程小麦良种繁育高产开发项目，1996年承担山东省“三〇”工程玉米开发项目，连庄、王菜园成为山东省七个小麦、玉米良种繁育高产开发基地之一，面积2000亩。1997年，被地委、行署评为“粮食生产产业化示范乡”，成为菏泽市重要的优质小麦和小麦良种繁育基地。2005年小麦良种繁育面积为1．5万亩，经济效益比传统农业每亩增收500元。2009年，推广“一增四改”配套增产技术，增创出小麦、玉米小面积亩产分别716.9公斤、914.1公斤的全市高产纪录，并相继承担鄄城县现代农业项目小麦产业新品种展示、高效模式栽培、控释肥及肥效试验和小麦高产创建的县级十亩、百亩高产攻关。

工业 1991年乡镇企业8家，主要从事化工、地毯加工业，工业产值1620万元。1994年深化企业改革，转变经营机制，产权制改革和开放型经济有了新的进展。1995年实现乡镇企业和个体私营经济的突破，乡镇企业总产值达5800万元，其中个体私营企业总产值达5000万元。1996—2000年先后成立化工厂、种兔繁殖厂、面粉厂、木材加工厂等加工企业21个。2001—2005年，12个外资企业落户大埝，总投资1.08亿元。2005年年底，工业产业主要是地毯、化工、木业，民营企业48家，个体工商户700户，从业人员1.2万人。主要企业有聚鑫木业有限公司，成立于2005年6月，主要产品为板材；鄄城朝阳纺织有限公司，成立于2005年11月，主要产品为棉纱。乡企业在固定资产投资、现价总产值、营业收入、出口产品交货值、利润总额、上缴税金为14066万元、32146万元、27425万元、1100万元、2586万元、326万元。工业总产值15000万元，年工商税收600万元。至2010年，工业形成木材加工、医药加工、麦草加工等产业，有民营企业34家，个体工商户286户，总投资4亿元，主要企业有鄄城沃宏木业有限公司、鄄城福森木业有限公司，均成立于2006年，主要产品为木材加工；鄄城海森特木业有限公司成立于2007年，主要产品为木材加工。2010年工业总产值达到3.8亿元，实现工商税收1400万元。

交通 1991—2010年，累计完成农村道路通车里程120公里。1991年拓宽硬化街道2条，1992年硬化乡驻地路面5.7公里，2000年硬化大埝乡工业区公路，2002年硬化南李庄街道，2003年硬化合理张庄街道公路，2005年对全乡18个行政村道路、街道进行硬化。实现村村通公路。2006年10月，对全乡道路进行翻修硬化处理。

小城镇建设 1991—2005年，大埝乡结合小康村建设，对全乡21个行政村进行规划，高标准对连庄、东魏庄、大埝等村进行规划，建设粪尿分集式卫生厕所830座。1999年，结合小城镇建设，乡政府驻地新建楼房900多间，主街两侧实现楼房化，老街从原来11米拓宽至21米。2006—2010年，尹楼、连庄、张楼、俊李庄4村实行规划建设，全部实现通路、通水、通电、通邮，并安装了路灯。

邮电 2000年新建邮电大楼，安装程控交换机，村村架通通信光缆，联通、中信公司建成手机信号接收塔，新型小城镇骨架已基本形成。2005年，全镇电话容量达5200部，入户率达67%，移动、联通实现全覆盖，有线电视入户率达40%，电网改造全部完成。2010年，全乡有线电话达到3000余部，无线电话1.5万余部，有线电视网覆盖率达到50%以上。

基础教育 1991年全乡有1所中学，14所完小，13个教学点。2005年全乡有1所中学，6所完小，4个教学点，在校学生2493人，其中初中生815人，小学生1678人，在职教师202人，新建项目学校4所。1996年以来，投资402万元，为全乡6处小学建起高标准教学楼，扩建操场20亩。通过国家"普及九年义务教育"验收。2009年，扶助南苏楼完小、合理完小建设教学楼，完成张楼完小操场扩建。2010年，全乡有1所中学，5所完小，4个教学点，在校学生3326人，其中初中生654人，小学生2672人，在职教师201人。

卫生　2005年有卫生院1所，卫生室25个，医护人员68人。2010年有卫生院1所，卫生室9个，医护人员60人。

计划生育　2005年人口自然增长率6.8‰，计划生育率达到98.4‰。2010年人口自然增长率3.9‰，计划生育率达到89.6‰。

民间艺术　民间艺术有秧歌、剪纸等。

敬老院　2005年，幸福院改建扩建工程完成，新建房屋48间，有132位五保老人，2010年有58位五保老人。

2010年大埝乡行政村基本情况表

表35-2-1

管　区	行政村	自然村	人口（人）	耕地面积（亩）
中片区	大　埝	大　埝	665	726
		吴　庄	418	542
		朱　庄	432	618
	东　店	东　店	1215	1470
		西　店	660	841
	冀　庄	冀　庄	1528	2035
	杨河口	杨河口	2026	2398
	立　屯	东立屯	804	1115
		西立屯	1019	1547
南片区	南苏楼	南苏楼	1362	1771
		梅　坊	820	1113
	常　楼	常　楼	1146	1408
	仪　楼	仪　楼	1635	2320
		金　桥	471	573
	西魏庄	西魏庄	522	808
		俊李庄	746	949
	合　理	合理张庄	1321	1683
		后张庄	340	411
	王菜园	王菜园	1181	1523
	连　庄	连　庄	864	1051
	家斜李庄	家斜李庄	724	881
	杜刘赵	赵　庄	431	545
		刘　庄	370	374
		杜　庄	432	505

续表 35-2-1

管　区	行政村	自然村	人口（人）	耕地面积（亩）
南片区	刘双楼	刘双楼	967	1315
		南石庄	670	1059
		南李庄	378	565
北片区	石黄店	石黄店	1523	2128
		军王庄	655	944
	许黄店	许黄店	1203	1678
		义和村	812	1065
	东魏庄	东魏庄	1136	2052
		阎　庄	339	488
		冯　庄	242	304
	张　楼	张　楼	1248	2183
		陈　楼	599	890
		九家村	375	519
	尹　楼	尹　楼	728	1189
		陶　楼	549	1026
		北苏楼	458	720
	堌堆寺	堌堆寺	579	914
		陈堤口	619	816

第二节　引马乡

境域　位于鄄城县城东南部，东邻红船镇，南接阎什镇，西靠郑营镇，西北与凤凰镇毗邻，总面积 44.5 平方公里。乡政府驻引马集，西距县城 12 公里。

建置　清末至 1927 年为濮县东、南、北引马里，1928 年为引马区，1940 年属郓南县三区，1944 年属郓巨县七区，1949 年属鄄城县三区，1957 年建引马乡，1958 年成立引马人民公社，1978 年划出 26 个自然村归凤凰人民公社，58 个自然村归红船人民公社。1983 年 12 月改为引马乡至今。1991 年有 44 个行政村，61 个自然村， 27792 人，46731 亩耕地。1997 年将 44 个行政村合并为 18 个。2005 年全乡辖 6 个管区，18 个行政村，49 个自然村，32162 人，46380 亩耕地。2010 年全乡辖 6 个管区，18 个行政村，49 个自然村，34866 人，49201 亩耕地。

农业　引马乡是典型的农业乡镇，地沙质薄，农作物夏季以小麦为主，秋季以玉米、大豆、棉花为主。1991 年耕地 46731 亩，粮食总产 3.4 万吨，农民人均纯收入 541 元。1991—1995 年，棉花生产在经济作物种植中占有优势，1995 年植棉达 2.1 万亩。2005 年植棉 7020 亩，产量 602 吨。引马乡素称“果品之乡”，1995 年果园面积发展到 1.2 万亩，2000 年果园 4500 亩，实现新老果园的更新换代。2005 年果园面积 7185 亩，产量 10661 吨。2005 年耕地 46380 亩，种植优质小麦 4 万余亩，单产由 2001 年的 400 公斤上升到 550 公斤。粮食总产 4.8 万吨。2005 年，引马乡已形成林业、畜牧业二大支柱产业，全乡“粮、经、林”比例为 5 ∶ 2 ∶ 3。经济林和农田林网由 2001 年的 1000 亩发展到 2005 年的 2.6 万多亩，林木覆盖率达 38%，形成沿金堤干渠、三分干渠、一支渠、二支渠、三支渠经济林带，10公里引阎公路两侧各100米、86公里村级公路两侧各50米的路域绿化带，高垓、安庄、营子等村有5500亩的速生丰产林。2001—2005年，引马乡畜牧养殖发展迅速，2005年年底，全乡规模养殖户200余户，高垓、安庄、邵垓、寺东刘、王庄等村建成规模较大的畜禽养殖场12处，牛存栏量3000余头，羊1.6万只，猪1万余头，鸡40万只。畜牧产值达320万元，人均增收100元。进一步培植蔬菜、中药材、花卉等产业，2000年起以引马南街1000亩蔬菜种植为基础，黄庄、纸坊500亩的中药材基地和营子300亩的花卉科技示范园为重点，积极拓展"品牌农业"，加快农业产业化进程。2006—2010年农作物冬、夏两季以种植冬小麦为主，秋季以种植玉米为主，种植少部分（5%）花生、大豆、棉花，多用以满足本户农民自用。农作物种植机械化程度进一步提高，小麦耕种及收获已基本完全达到机械化，主要以大型拖拉旋耕机、小型拖拉播种机、大型联合收割机、机动三轮运输车等机械为主，玉米的播种、收获因机械效能低，主要以人力使用简单工具为主。2010年全乡耕地5万余亩，种植冬小麦5万余亩，单产平均500公斤，玉米平均单产510公斤，粮食总产量5万余吨。2010年果园面积少于100亩，产量少于一吨。2006—2010年引马乡在原来的基础上，进一步培植蔬菜、中药材、花卉等产业，以申河口西瓜种植村作为重点，拓展"品牌农业"。林业以护村速生杨树林，路、河边护田速生杨树带为主，林木覆盖率达38%，形成10公里引阎公路两侧、90公里村级公路两侧的路域绿化带。

工业 1991年乡镇企业1家，为木制品加工业，工业产值5万元。2001年以后，着力培育一批工业项目。2001—2005年，先后有NBF工艺品公司、引马制品公司、宏伟发制品厂、雅汇发制品公司、汇东发制品厂、三同发制品公司、鑫易泰工艺品公司、福聚发制品公司、诚发发制品公司、欧来亚木业公司、恒信包装公司、鲁兴花炮厂、中佳饲料厂等13家企业落户引马投产运营，总投资5000多万元。2005年工业产业已形成人发加工、木制品加工业，民营企业11家，个体工商户1500户。年销售收入过千万元的企业有2家：雅汇发制品有限公司，2002年成立，主要产品为人发制品；恩必富工艺制品有限公司，2004年成立，主要生产人发制品。人发个体加工经营户500余家，从业人员达1000余人，成为著名的人发之乡。有卞寺、李桥、邵垓、韩堂、陈刘庄、马刘庄等6个木业加工专业村和张班庄粉条加工专业村。2005年工业产值达9000万元，企业工商税收为693万元。自2006年起，引马乡加大招商引资力度，以规模以上工业起家，企业规模扩大，技术不断改进，固定资产投资加大，用工人数每年以20%的速度递增，年销售收入以25%的速度增长，企业排污治污能力加大，基本达到国家标准。2010年，工业形成人发、纺织产业，有民营企业21家，个体工商户169户。年销售收入过千万的企业有6家：菏泽引马发制品有限公司成立于2001年；菏泽雅汇发制品有限公司成立于2002年3月；鄄城福聚发制品有限公司成立于2004年4月；鄄城恩必富工艺品有限公司成立于2004年；菏泽三同发制品有限公司成立于2005年3月，鄄城骏昊档发加工厂成立于2007年5月，其主要产品为人发制品、纺织品。2010年，工业产值达14.6亿元，实现工商税收2100万元。

交通 1991—2010年，累计完成农村道路里程200公里，2004年新修硬化道路42公里，2005年拓宽硬化道路34公里，打通纸坊至张志门、张楼至郑营、北街至凤凰、窦庄至红船等和周边乡镇的通道，全乡形成"五横四纵"的交通格局，改变了引马偏僻落后的交通状况，2006年实现自然村的"村村通"公路，部分村庄实现"街街通"。

小城镇建设 1991年，对全乡各村（除乡驻地南街、北街外）进行统一规划。到2005年，全乡90%以上的村庄实现排房化，大黄庄、邵垓、陈刘庄等48个村实现标准排房化，80%的村庄修建了下水道，70%的村庄安装了路灯，30%的村庄进行了绿化，大黄庄、土车刘等村800余户群众用上了自来水。全乡各村布局合理规范，街道宽敞整洁，胡同笔直有序，房屋整齐划一。通过村庄规划，全乡节约耕地9000余亩。2000—2003年，对乡驻地（南街、北街）进行小城镇建设，新开通硬化大街3条，并在3条主要大街两侧建成集居住商贸于一体的二层楼房建筑175座。

邮电 2005年，全乡电话容量4100部，入户率55%。移动通讯覆盖全乡，联通覆盖部分村庄，有线电视网覆盖乡镇驻地，全乡电网改造完成。2010年，全乡电话容量2200部，有线电视网覆盖率为5%。

基础教育 2005年全乡有1所中学，6所完小，3个教学点，在校学生2500人，其中初中生600人，小学生1900人，在职教师160人。新建项目学校1处，2004年和2005年新建小学教学楼4幢。2001—2005年，全乡小学适龄儿童入学率分别为90%、91%、94%、96%和98.6%，初中辍学率分别在5%、4%、3.5%、3%和2%以内。2010年全乡有1所中学，4所完小，5个教学点，在校学生3331人，其中初中生1055人，小学生2276人，在职教师185人。

卫生 2005年有卫生院1所，卫生室34个，医护人员52人。2010年有卫生院1所，卫生室10个，医护人员55人。

计划生育 2005年人口自然增长率控制在0.6%以内，计划生育率达98%以上。2010年人口自然增长率0.5%，计划生育率为92%。

民间艺术 有南街秧歌队、安庄唢呐演奏团等民间艺术团体。

敬老院 2005年投资27余万元对敬老院进行规范化建设，满足了10位五保老人的生活要求。

2010年引马乡行政村基本情况表

表35-2-2

<table>
<tr><th>管　区</th><th>行政村</th><th>自然村</th><th>人口（人）</th><th>耕地面积（亩）</th></tr>
<tr><td rowspan="8">引马管区</td><td rowspan="2">南　街</td><td>南　街</td><td rowspan="2">2109</td><td rowspan="2">2244</td></tr>
<tr><td>袁　庄</td></tr>
<tr><td rowspan="3">北　街</td><td>北　街</td><td rowspan="3">2145</td><td rowspan="2">1718</td></tr>
<tr><td>杨　庄</td></tr>
<tr><td>吕　庄</td><td>810</td></tr>
<tr><td rowspan="3">土车刘</td><td>土车刘</td><td rowspan="3">1257</td><td rowspan="3">1746</td></tr>
<tr><td>连李庄</td></tr>
<tr><td>楼李庄</td></tr>
<tr><td rowspan="11">前进管区</td><td rowspan="4">马　庄</td><td>东马庄</td><td rowspan="4">1842</td><td>838</td></tr>
<tr><td>西马庄</td><td>535</td></tr>
<tr><td>许　庄</td><td>421</td></tr>
<tr><td>后赵庄</td><td>505</td></tr>
<tr><td rowspan="3">张班庄</td><td>张班庄</td><td rowspan="3">2232</td><td rowspan="2">1463</td></tr>
<tr><td>郭　庄</td></tr>
<tr><td>王　庄</td><td>446</td></tr>
<tr><td rowspan="4">韩　庄</td><td>东韩庄</td><td>1458</td><td>848</td></tr>
<tr><td>西韩庄</td><td rowspan="3">1458</td><td>397</td></tr>
<tr><td>梁　庄</td><td>669</td></tr>
<tr><td>前赵庄</td><td>155</td></tr>
<tr><td rowspan="2">高垓管区</td><td rowspan="2">高　垓</td><td>高　垓</td><td rowspan="2">1592</td><td rowspan="2">2493</td></tr>
<tr><td>张　楼</td></tr>
</table>

续表 35-2-2

管　区	行政村	自然村	人口（人）	耕地面积（亩）
高垓管区	南王庄	南王庄	1818	1065
		南杨庄		684
		苗　庄		689
	安　庄	安　庄	1414	1090
		西杨庄		348
		马　庄		464
		刘　庄		
	张　堂	张　堂	1306	1121
		西李庄		547
申河口管区	申河口	西申河口	1126	1537
		东申河口	1449	945
		纸　坊		1311
	陈刘庄	陈刘庄	1910	1350
		寺东刘		352
		寺东杨		955
	邵　垓	邵　垓	2229	1212
		韩　堂		1098
		贾　庄		752
范庄管区	范　庄	范　庄	1580	1085
		郝　庄		1528
		胡　庄	674	823
		阎李庄		749
	营　子	营　子	1068	790
		中营子		477
		西营子		249
向阳管区	大黄庄	大黄庄	1526	1983
		朱　庄		1204
	向　阳	卞　寺	1899	2191
		宋　庄		
		李　桥		1072
		东窦庄	1842	2253
		西窦庄		973
	郭　楼	郭　楼	1458	1088
		冯　庄		591
		前张庄		837
		后张庄		

第三节　左营乡

境域　位于县城东北部，东邻郓城县，南接箕山镇、大埝乡，西靠李进士堂镇，北与河南省范县毗邻，总面积78平方公里。乡政府驻左营，距离县城17公里。

建置　抗日战争时期，属河南范县五区，1941年改属鲁西二地委实验区，1942年10月划归郓城县十区，1946年6月属郓北县十区，1949年6月改属鄄城县十区，1949年10月调整为五区，1957年成立左营乡，1958年改为左营人民公社，1983年12月社改乡为左营乡，2001年3月陈良乡并入左营乡。1991年辖39个村民委员会，49个自然村，31426人，4.6万亩耕地。2001年全乡设8个管区，2005年设为5个管区，辖23个行政村，60个自然村，4.2万人，6.4万亩耕地。2010年，全乡辖23个行政村，61个自然村，48527人，6.4万亩耕地。

农业　农作物夏季以小麦为主，秋季以玉米、大豆、棉花为主。1991年耕地4.6万亩，粮食总产8000吨，粮食单产390公斤，农民人均纯收入504元。1995年开始调整农作物种植结构，将粮经作物比例调整为6∶4，重点发展瓜、棉、菜，搞好良种繁育，发挥滩区饲草资源丰富的优势，发展畜牧业，石庙鲁西黄牛专业村成为黄河滩区有名的养殖村。植树造林，1995年实现大地林网化、网络规范化，在滩区种苹果树1500亩。开发水产业，1995年坑塘面积1000亩，2000年达到4800亩。2001—2005年，发展优质高效农业，“粮、经、林”比例5∶2∶3，粮食单产和面积一直稳定在510公斤左右和3.5万亩，总产量分别达2万吨、2.3万吨、1.5万吨，1.8万吨、2.4万吨。2005年耕地6.4万亩，粮食总产2.4万吨。经济作物主要发展棉花、西瓜，以孙沙沃、葛庄、左北为中心，年植瓜棉间作800余亩。

2005年全乡已形成林业、畜牧业两大支柱产业，林业生产自2001年每年以4000亩的速度发展，到2005年已形成生产堤、黄河堤、沿黄堤、防汛路、左箕路“三路二堤”的林网格局，生产林面积达25万亩，其中2004年与泰安太阳纸业有限公司签订种植合同纸材林4000亩；畜牧业自1995年开始呈梯状向上发展，到2005年已扶持发展2个特色养殖小区和8个规模养殖村，左南村和义和村是特色养殖小区，年出栏貂6000余只，其中左南村有全市最大规模养貂户；以陈良、杜庄、韩庄为中心的周边村庄，成为肉鸡饲养规模村，年出栏肉鸡50万只，2005年全乡蛋鸡存栏量达15万只；2001—2004年全乡小尾寒羊分别达到1.8万只、1.5万只，由于受市场影响，到2005年减少到9000只；2001年扶持发展周楼、赵庄、陈良、方庙4个鲁西黄牛示范村，当年存栏量达9800头。2005年畜牧产值4000万元，人均增收3452元。2006—2010年，农业种植结构发生显著变化，经济作物和蔬菜面积逐步提高，粮、经比例达到4∶6。2010年耕地6.4万亩，粮食总产1.7万吨。主要经济作物有棉花、花生、大豆、西瓜、山药、桑蚕、苗木，主要经济作物种植面积为：棉花种植面积1.5万亩，总产量0.1万吨，年收入500万元，2010年棉花成为农业支柱产业，其布局主要分布在黄河滩区、管寺村、石庙村、中义村；花生种植面积0.6万亩，总产量0.09万吨，年收入为280万元；大豆种植面积0.2万亩，总产量0.03万吨，年收入150万元；西瓜种植面积1.2万亩，总产量1.8万吨，年收入为120万元；山药、桑蚕、苗木年种植面积分别达到300亩、500亩、600亩，年收入12万元。

2010年畜牧业逐步向规模专业化发展，形成“一大特色　南北发展　”的局面，有专业村6个，规模饲养小区5个，规模饲养场7个，其中有左南养貂特色养殖小区，南有陈良、方庙养殖专业村，北有付庄、双李庄养猪养鸡规模饲养小区，大牲畜存栏120头，羊1.1万只，猪2.5万头，鸡40万只，畜牧业总产值2000万元。林业面积达到1.8万亩。2010年全镇农村总收入1.5亿元。

工业　1991年乡镇企业较为薄弱，主要行业为砖窑厂、毛巾厂等，工业总产值1650万元。至1996年砖窑厂、化工厂、针织厂、面粉厂发展到32家。1999年，全乡兴办起轧钢、食品、木材、养殖、建筑等行业，主要企业有：宏昌钢材厂、长江绿豆丸厂、孙氏绿豆丸食品加工厂、红星板材厂。至2001年乡镇企业发展到45家。2001年开始注重招商引资工作，2002—2003年增加木材加工、钢材企业，2004年、2005年分别把过千万元项目润德发制品有限公司、金鑫羊绒制品有限公司引入县工业园区。2005年年底，企业数量发展到154家，其中外资企业达12家，个体工商户达到87户。工业总产值8000万元，企业工商税501万元。2006—2010年，工业向区域集中发展，主要向县工业园区引进大项目，2007年引进投资1200万元路通车友服务有限公司，2008年引进投资3000万元的泰宇家纺有限公司，2009年引进投资1.2亿元圣润纺织有限公司，2010年引进投资1.2亿元的泰丰纺织有限公司。

2010年工业形成以纺织为主导的产业局面，民营企业16家，个体工商户215户。总投资3.6亿元，工业总产值达到0.9亿元，实现工商税收1200万元。

交通运输　1991—2005年，累计完成农村道路里程60公里，1999修建沿黄公路，2001—2004年全乡村村通工程铺设柏油路21公里，2005年修建防汛路，到2005年已建成“三纵二横”公路网，主要干道有沿黄路、左箕路、鄄左路、左陈路、陈良至红船路，公路通车里程达42公里。2006年修建乡驻地主干道，2008年分别修建中义村、丁阳寺村、八孔桥村、孙沙窝村、宋垓至王庄村共涉及8个村的街道，2009年重新修建箕山至左营公路及沿黄公路，2010年重修方庙至杜庄公路。1998—2005年，左营、陈良两地开通城乡客车18辆，方便了城乡客流运转， 2001年、2003年、2005年全乡个体运输车辆分别达到210辆、340辆、410辆，有力地促进了城乡物流业的发展。

小城镇建设　2000—2004年对左北、左南、陈良、葛庄、杨堂等村进行整治规划，于左北、左南开发建成二层楼居民商业街，对路面进行加宽硬化，形成路宽24米、长2.1公里，集居住、商业于一体的楼房建筑区。2002年对左北、左南、陈良主街道各拓宽5米，并重新硬化，增进了集市贸易繁荣。2005—2006年对乡驻地左北居民小区进行规划建设，住户达到52户，2007年对乡驻地左南示范街进行建设，新增住户16家。2010年3月，对左营商贸街进行开发建设，形成了商贸住户一体二层楼，可容纳商户32家，居民住户达到45家，扩大左营集市贸易。2010年孔庄进行整建制搬迁，规划建设一个占地30亩的居民新村。2010年3月陈良在原陈良乡政府院位置进行中心村建设，到2010年12月底主体工程全部完工，有沿街门市10家，住户65家，并计划到2020年，陈良周边红庙、王垓、杨庄、铁李、宋庄5个村全部搬进中心村。

邮电　2005年，全乡电话容量3500部，入户率达38%，移动、联通通信网覆盖全乡。2010年，全乡电话容量达到1800部，有线电视网覆盖率为0.5%。

基础教育　1991年全乡有1所中学，5所完小，6个教学点。2005年全乡有2所中学，8所完小，6个教学点，在校学生5218人，其中初中生1582人，小学生3626人，在职教师321人，实施九年制义务教育。2010年全乡有2所中学，8所完小，16个教学点，在校学生5890人，其中初中生1652人，小学生4238人，在职教师365人。

卫生　2005年有卫生院1所，卫生室60个，医护人员97人。2010年有卫生院1所，卫生室16个，医护人员118人。

计划生育　2005年，人口自然增长率控制在6‰，计划生育率达98%。2010年，人口自然增长率7‰，计划生育率达到85%。

民间艺术　民间艺术有舞狮、唢呐、花鼓、扬琴、坠子书。

敬老院　2007年4月，对幸福院进行改建和扩建，建筑面积达510平方米， 2010年有24位五保老人。

2010年左营乡行政村基本情况表

表 35-2-3

管　区	行政村	自然村	人口（人）	耕地面积（亩）
左营管区	左　南	左　南	1492	1634.3
		贾　庄	402	555.74
	左　北	左　北	1759	1924.4
	双李庄	双李庄	1554	2940.71
		朱　庄	379	524.23
	胡　楼	胡　楼	1113	1704.6
		宋　亥	532	735.03
		常　庄	580	683.93
		罗　楼	489	734.1
丁阳寺管区	八孔桥	八孔桥	2006	2282.57
	丁阳寺	丁阳寺	1129	1524.3
		马　庄	737	934.2
		郭　集	654	1132
		李　庄	670	1098.57
	管　寺	管　寺	1358	1780.68
		刘卜庄	970	723.08
		李天开	791	831.65
吕庙管区	吕　庙	吕　庙	755	1221.72
		孙　庄	353	315.63
		王　庄	714	897.73
		张孔庄	203	262.5
		冯　庄	374	423.63
	北　赵	北　赵	650	959.22
		韩　庄	282	589.61
	王户庄	王户庄	1237	1783.29
		杨　集	689	996.25
		宋　庄	156	253.84
	郭　庄	郭　庄	615	933.26
		杨　堂	952	1285.05
	杨　屯	杨　屯	591	862.59
		魏　庄	635	852.98
	周　楼	周　楼	962	1381.18
	方　庙	方　庙	1128	1501.92

续表 35-2-3

管　区	行政村	自然村	人口（人）	耕地面积（亩）
中义管区	孙沙沃	孙沙沃	911	1139.12
		葛　庄	773	913.6
	中　义	中　义	824	566.42
		后张庄	264	269.09
		王鸭子	728	965.31
	史　庄	史　庄	360	627.96
		刘　庄	434	567.4
		夏　堂	447	654.79
		蒋　寨	898	1371.2
	石　庙	石　庙	1635	3052.17
	付　庄	付　庄	1140	1157.32
		付　坑	473	736.1
		付　楼	711	1086.37
		王　集	715	814.43
陈良管区	陈　良	陈　良	2554	3270.49
	李　集	李　集	917	1108.34
		刘　庄	352	241.06
		苗　庄	292	473.66
		刘李村	224	
	杜杨红	杜　庄	806	1050.19
		杨　庄	459	603.24
		红　庙	440	527.18
	杨　台	杨　台	1276	2153.08
		铁李庄	542	619.69
		义　和	491	626.05
		杨　楼	225	281.86
		孔　庄	501	627.31
		南赵庄	376	567.47

第四节　富春乡

境域　位于鄄城县城南部，北为鄄城镇，南接什集镇，东邻郑营镇，总面积 45.74 平方公里。乡政府驻富春村，距县城 8 公里。

建置　1957 年建富春乡，1958 年撤销该乡，其地分属郑营、什集、董口 3 处人民公社管辖；1978 年底成立富春人民公社；1983 年 12 月改称富春乡至今。1991 年辖 4 2 个村民委员会，54 个自然村，33329 人。2005 年全乡辖 17 个行政村，55 个自然村，3.4 万人，4.3 万亩耕地。2010 年辖 4 个管区、17 个行政村、55 个自然村，36195 人，4.2 万亩耕地。辖区内有穀林尧陵等文化古迹。

农业　富春乡地势平坦，土壤肥沃，适宜种植小麦、玉米、大豆、地瓜、棉花、高粱、谷子、瓜果、中药材、蔬菜等农作物。1991年耕地4.2万亩，粮食总产量2.9万吨，农民人均纯收入643元。1995年，全乡形成粮、棉、林、菜、中药材等专业性区域化生产基地，全乡废旧坑塘利用率达到90%以上。1999年，大规模调整农业种植结构，确立中药材、水产开发两大支柱产业。到2000年年底，全乡已发展中药材6000亩，主要品种有牡丹、芍药、白芷、红花、山药等，年总收入800万元；开发藕鱼塘200亩，年总收入400万元。2005年耕地4.3万亩，粮食总产3.36万吨，发展三倍体毛白杨8600亩，速生杨2100亩，杨粮、粮田间作1.5万亩，绿色通道40华里。2002年农业种植结构又进行调整，至2005年年底，全乡发展起畜牧、果品、蔬菜三大产业，支柱产业是畜牧业，有规模饲养场27个，前冯屯、李胡庄、郝庄等养殖专业小区5处，大牲畜存栏量8000多头，猪存栏量34300头，羊存栏量54370只，家禽243358只，畜牧产值达7000万元，人均增收240元，种植黄桃160亩，水果产量1009吨，种植蔬菜3765亩，总产量12550吨。注重中药材种植，赵庄等村种植牡丹、芍药600亩，亩收入1600元，农民人均增收30元。2006—2010年，农业种植结构仍以良种作物种植为主。2010年耕地4.3万亩，粮食总产3.72万吨。农业支柱产业是小麦、玉米，主要经济作物为花生、棉花，种植面积各为3000亩、5000亩，年总产量为320吨。2010年畜牧业平稳发展，有专业村10个，规模饲养小区6个，规模饲养场12个，大牲畜存栏150头，羊2万只，猪1.5万头，鸡5万只，畜牧业总产值9800万元，林业面积达到5300亩。2010年全镇农村总收入1.8亿元。三分干、箕山河、刘寺沟等河道横贯全境。

工业 1991年有乡企业1家，主要生产农药，工业产值10万元。1995年投入资金600万元，新建企业182个，其中乡办4个，村办15个，新创产值2500万元。1996—2000年，全乡兴办起人发、农药化工、餐饮服务、木器加工、教具加工及畜牧养殖等行业。2001—2005年发展“人发、化工、纺织”三大支柱产业，至2005年底，初步形成人发、化工、纺织三大产业并举的发展格局，全乡规模较大的企业达56家。2005年，实现工业产值5.8亿元，完成工商税收1486万元。至2010年，工业形成以人发、化工为主的产业，民营企业45家，个体工商户1040户，全乡规模较大的企业8家，其中年销售收入过千万的企业8家：2000年4月山东九洲农药公司成立，主要产品为农药；2000年5月菏泽北方发制品有限公司、2001年5月菏泽奥斯卡发制品有限公司、2001年6月鄄城县庆顺发制品厂、2003年菏泽鑫宇发制品有限公司、2003年4月鄄城泓亚工艺品有限公司等较大规模的人发加工外资企业先后成立，主要产品为发帘、发套、人发深加工；2004年成立菏泽沃蓝化工有限公司，主要产品为氰尿酸、硫酸铵；2004年9月菏泽裕丰纺织有限公司建成投产，主要产品为棉纱。2010年，实现工业产值13.6亿元，完成工商税收3665万元。

交通 1991—2010年，累计完成农村道路里程55.2公里，1995年年底，开通尧王环乡路，1996年修通尧王路（临商公路—富春乡冀庄村），1998年修通富春—郑营公路，2002年重修尧王环乡路，2003年修建文化路、开发区路，硬化临商富春加宽路段，2004年硬化全乡通往各行政村的主路段，2005年全乡基本实现村村通公路。

商业贸易 富春乡在辖区内发展百货、服装、农产品、建材等集贸市场，1999年投资60多万元建设“中国富春人发皮毛市场”一座，交易面积15亩，主要经营人发、皮毛、马尾、猪鬃、鸡鸭鹅毛等，来自全国各地的人发购销户云集于此，每日交易人数可达2000多人，交易量2．5万公斤，成交额160万元，是全国最大的人发购销集散地。

小城镇建设 自2000年加大小城镇开发力度，在尧王路两侧建起高标准楼房，至2005年，共建标准商贸楼3000多间，通讯、餐饮、加工、储藏、服务、运输、维修等个体私营经济快速发展，全乡个体工商户达1245户，营业收入9600多万元，创利税4500万元。

邮电 2005年，全乡电话容量达到4862部，入户率达到62%，移动、联通通信覆盖全乡，电网改造完成。2010 年全乡电话容量达到 6343 部，有线电视网覆盖率达 92.5%。

基础教育　2005 年全乡有 1 所中学，11 所完全小学，在校学生 4458 人，其中初中生 1200 人，小学生 3258 人，在职教师 236 人，1991—1995 年投资 65 万元、1999—2000 年投资 120 万元进行教育基础设施改造，共新建小学 8 处，新建校舍 210 间，改造危房 160 间，实施九年义务教育。四个项目学校是富春、北富春、北周楼完小、高庄完小，北周楼完小、高庄完小的教学楼 1999 年和 2004 年分别竣工，富春、北富春的教学楼于 2005 年竣工。2010 年全乡有 1 所中学，11 所完小，5 个教学点，在校学生 4012 人，其中初中生 912 人，小学生 3100 人，在职教师 269 人。

卫生　2005 年有卫生院 1 所，卫生室 39 个，医护人员 58 人。2010 年有卫生院 1 所，卫生室 20 个，医护人员 106 人。

计划生育　落实奖励优惠政策，对全乡 1750 户独生子女户按每月 10 元的标准发放奖励，对全乡 60 岁以上的计划生育户每月发放 50 元的奖励，2005 年人口自然增长率控制在 6.5%，计划生育率达 98.6%。2010 年人口自然增长率 0.18%，计划生育率 95%。

敬老院　为实现农村老人集中供养，1992 年投资 42 万元建起乡幸福院，2005 年投资 20 万元进行改建扩建，新建房屋 14 间，修缮 16 间，至 2010 年该院有 25 位五保老人。

民间艺术　有秧歌（白集、卢庄、富春、妙庄）和唢呐（何庄村）等民间艺术。

居民生活　2005 年，全乡人均占有粮食 750 公斤，农民人均纯收入 3092.93 元，人均存款 960 元，存款超过 5000 元的占总户数的 38%，99% 的农户盖起砖瓦房，电视机、电风扇等家电基本普及，组合家具拥有量达 78%；拖拉机、客运车、汽车、机动三轮车达 3900 部，部分农民盖起小楼。2010 年，农民人均纯收入 4785 元。

2010 年富春乡行政村基本情况表

表 35-2-4

管　区	行政村	自然村	人口（人）	耕地面积（亩）
富春管区	尹　庙	尹　庙	705	1020.1
	许　庄	许　庄	816	922.8
	富　春	富　春	1532	1606.91
		姜　庄	472	901.69
		张　庄	288	379.1
		大井石庄	755	935.5
		董　集	168	275.1
	杨　楼	前席李	316	558.7
		后席李	266	387.8
		李大常	758	1102.5
		杨　楼	890	1476.2
		孙　庄	228	385.7
	白　集	白　集	852	875.9
		霍　庄	655	956
		南周楼	416	722.8
		张　庄	515	768.5

续表 35-2-4

管　区	行政村	自然村	人口（人）	耕地面积（亩）
张油坊管区	张油坊	张油坊	1210	1889.2
		王　庙	535	561.4
		何　庄	285	375.4
	冀　庄	冀　庄	1126	1388.3
		李　庄	287	412.05
	高　庄	高　庄	767	785.9
		任　井	326	339.7
		前冯屯	896	1259.1
		后冯屯	512	652.4
	清水潭	清水潭	931	1149.5
		大于庄	851	1491.1
		胡　窑	135	141.5
		刘　庄	257	356.7
鲍鹏屯管区	郝　庄	郝　庄	889	926.5
		冀顺村	276	237.9
	赵仟庄	前赵仟庄	381	327.7
		后赵仟庄	812	1002.9
	白　草	白　草	495	663.2
		叶　庄	488	720.7
		常　庄	496	699.2
	鲍鹏屯	鲍鹏屯	897	1169.9
		北周楼	428	507.4
		红妙屯	613	742
范庄管区	范　庄	范　庄	667	750.8
		仝仁庄	803	875.75
		李胡庄	456	457.09
		妙　庄	409	651.4
		刘　庄	612	958.8
	北富春	东富春	968	1265.1
		西富春	674	916.5
	高奎庄	高奎庄	812	1081.9
		洼李庄	746	1039.5
	大史庄	大史庄	1035	1623.9
		崔　庄	213	340.9
		窦　庄	365	469.4
		蜂　窝	252	286.2

1991 年、2010 年乡镇地区生产总值、财政收入、农民年人均纯收入情况表

表 35-2-5

	地区生产总值（万元）1991/2010	财政收入（万元）1991/2010	农民年人均纯收入（元）1991/2010
鄄城镇	4214/240000	183.02/	780/8000
旧城镇	2227/58000	78/1685	473/4523
红船镇	6212/100000	26.16/1300	688/5620
箕山镇	3260/169000	60/1170	728/4232
李进士堂镇	3600/72000	58.2/1270	581/4870
董口镇	2525.3/76000	25.16/2438	650/5261
临濮镇	4540/24800	50/1560	470/4960
什集镇	6647/65000	107/2100	612/6400
彭楼镇	7100/85000	49/	594/5704
阎什镇	5300/68000	/996	407/5800
凤凰镇	6585/	90.5/2300	646/6100
郑营镇	4076.4/51600	124/1868	615/5661
大埝乡	/87000	58.2/	816/5160
引马乡	2770/178000	57/	410/3500
左营乡	5860/25000	/1250	530/4150
富春乡	5650/150500	39.2/1300	730/4785

第三十六编

人物

RENWU

人物传略

（以卒年为序）

伏羲 伏羲是中华民族的共同祖先，被尊为中华人文始祖。伏羲，风姓，他是华胥之子、女娲之兄，是龙的第一传人，生于雷泽湖畔（今山东省鄄城县境内）。

他的名字，史书记载不尽相同，主要有皇羲、庖羲、包羲、太昊、伏戏、宓牺，史称其为“三皇之首，百王之先”。他开创了父系制度，加速了由母系氏族向父系氏族的过渡。他教人结网罟、训牲畜、作八卦、别婚姻、制嫁娶、别姓氏、制九针，是远古时期推动人类从原始走向文明的伟大始祖，他肇始了龙文化，是中华民族第一代“龙的传人”。

从历代典籍的记载看，伏羲的贡献主要有以下几个方面：一是创立八卦，开启了中华民族的文化之源。伏羲八卦中所蕴含的“天人谐和”的整体性、直观性的思维方式和辩证法思想，是中华文化的原点；二是教民渔猎，提高了人类的生产能力。同时教民驯养野兽，这就是家畜的由来；三是变革婚姻习俗，倡导男聘女嫁的婚俗礼节，使血缘婚改为族外婚，结束了长期以来子女只知其母不知其父的原始群婚状态；四是始造文字，用于记事，取代了以往结绳记事的形式；五是发明陶埙、琴瑟等乐器，创作乐曲歌谣，将音乐带入人们的生活；六是将其统治地域分而治之，而且任命官员进行社会管理，为后代治理社会提供借鉴。

女娲 女娲是华胥氏之女、伏羲氏之妹，《春秋谱》记载：“华胥生男曰伏羲，生女曰女娲。”《山海经·内东经·郭注》中说：“华胥履大迹生伏羲”华胥于雷泽岸边（山东省鄄城县境内）踩了龙迹，

生下了伏羲和女娲。

华胥氏生下伏羲女娲后，华胥部落和雷夏部落实现了融合，合称华夏部落，华胥氏担任华夏部落首领，及华胥氏年迈，将首领之位传给伏羲氏，伏羲氏年迈将首领之位传给其妹女娲氏。上古时期，华胥部落已形成相当大的规模，被后世称为华胥国，到伏羲时代其首领被后人看做是皇、是帝，伏羲被称为羲皇、春皇、春帝，享有“三皇之首，百王之先”的盛誉，女娲被称为娲皇、帝娲、女阴、女皇、女帝、女希氏、神女、阴皇、阴帝、帝女等，史记称其为女娲氏。因华胥、伏羲、女娲均姓风，又称女娲为风皇、凤皇。《帝王世纪》载：“女娲氏，亦风姓也，承庖牺制度，亦蛇身人首，一号女希，是为女皇。”

女娲名叫风里希，也写作凤里牺，女娲是中华民族的共同人文始祖，是中华民族的母亲。女娲文化源远流长、博大精深，内容丰富，是史前文明和中华民族优秀的传统文化，也是已经开展的中国史前文明探源的重要研究对象。

学者们从《山海经》《淮南子》《楚辞》《风俗通义》《水经注》《独异志》《太平御览》等古籍的研究中得出结论，认为神话传说人物之一的女娲，最突出的业绩是“抟土造人”“炼石补天”“制笙簧”和“置婚姻，合夫妇”等。

抟土造人。传说女娲用黄土仿照自己造成了人，创造了人类社会。《太平御览》：女娲在造人之前，与正月初一创造出鸡，初二创造狗，初三创造羊，初四创造猪，初六创造马，初七这一天，女娲用黄土和水，仿照自己的样子造出了一个个小泥人，她

造了一批又一批，觉得太慢，于是用一根藤条，沾满泥浆，挥舞起来，一点一点的泥浆洒在地上，都变成了人。

神农 又称炎帝，是远古时期部落联盟的首领尊称，号神农氏，又号魁隗氏、连山氏、列山氏，别号朱襄（尚有争议，也有说朱襄氏部落曾有三代首领尊号炎帝），古雷泽（今山东省鄄城县）人。

传说姜姓部落的首领由于懂得用火而得到王位，所以称为炎帝。从神农起姜姓部落共有九代炎帝，神农生帝魁，魁生帝承，承生帝明，明生帝直，直生帝氂，氂生帝哀，哀生帝克，克生帝榆罔，传位五百三十年。

炎帝所处时代为新石器时代，炎帝部落的活动范围在黄河中下游，在羊里水一带时部落开始兴盛。

相传炎帝牛首人身，他亲尝百草，发展用草药治病；他发明刀耕火种创造了两种翻土农具，教民垦荒种植粮食作物；他还领导部落人民制造出了饮食用的陶器和炊具。

传说炎帝部落后来和黄帝部落结盟，共同击败了蚩尤。

华人（不仅汉族）自称炎黄子孙，将炎帝与黄帝共同尊奉为中华民族人文初祖，成为中华民族团结、奋斗的精神动力。

炎帝被道教尊为神农大帝，也称五穀神农大帝。

蚩尤 《归藏·启筮》篇记载说："蚩尤出自羊水，八肱八趾疏首。"蚩尤生于羊里水（今山东省鄄城县境内），相传他牛首人身，背生双翅，有铜头铁额，八条胳膊，九只脚趾，是牛图腾和鸟图腾氏族的首领，善造兵器，本领非凡。

蚩尤是炎帝的后继者，他与女娲、伏羲氏、东夷族血脉相承，黄帝战败炎帝榆罔后，形成了炎黄同盟。蚩尤不服从榆罔的统治，起兵反抗并自称炎帝，率领东夷部八十一个部落迎击炎黄联军。他率领东夷部落联盟大军从鄄城出发，一路追杀炎帝的大军，一直追到涿鹿的阪泉，在那里将炎帝团团围住，不断发起攻击，赶走了炎帝榆罔，遂在阪泉建都。《路史•后记四•蚩尤》记载"阪泉氏蚩尤……居于浊鹿，兴封禅，号炎帝。"后来，炎帝榆罔带领炎黄联军卷土重来，在涿鹿阪泉大败蚩尤。蚩尤战败后退守家乡鄄城，继续带领所剩的九黎部落抵抗炎黄联军。后战败，被杀于历山，有史书记作"黎山"，尸身被分解，一部分葬于东平，一部分葬于巨野，今二地皆有蚩尤墓。后黄帝尊蚩尤为"兵主"，即战争之神。他勇猛的形象仍然让人畏惧，黄帝把他的形象画在军旗上，用来鼓励自己的军队勇敢作战，其它部落见蚩尤像不战而降。

蚩尤在华夏发展史上，占有重要的历史地位作用。蚩尤败后，部族人流散，大部分归附黄帝，一部分则向他处迁徙，东夷蚩尤族系大致沿三股路线从黄河流域往南迁徙。其一，从鄄城南下，经河南商丘地域下江苏、安徽、杭州湾地界。其二，经河南南部的南阳、泌阳、信阳地域南下湖北、湖南地界，部分由此转入西南地区或南粤地区。其三，进入四川地界，而后扩散于西南地域。由此推动华夏融合，推动华夏文明在长江及以南地域传播。今天江南苗瑶各族的先祖是黄河下游东夷族系的炎帝蚩尤氏，被苗族人视为族神。

尧 姓伊祁，名放勋，今山东鄄城人。中国远古时期部落联盟首领。帝喾之子，母为陈锋氏，五帝之一。十三岁辅佐兄长帝挚，封于陶地。十五岁改封于唐地，号为陶唐氏。十八岁，尧代挚为天子，定都平阳。尧立七十年得舜，二十年后，尧老，舜代替尧执政，尧让位二十八年后死去，葬于穀林（今山东鄄城县富春乡赵仟庄村南）。

尧命羲和测定推求历法，制定四时成岁，为百姓颁授农耕时令。测定出春分、夏至、秋分、冬至。尧设置谏言之鼓，让天下百姓尽其言。

帝尧德高望重，人民倾心于帝尧。他严肃恭谨，光照四方，上下分明，能团结族人，使邦族之间团结如一家，和睦相处。尧为人简朴，吃粗米饭，喝野菜汤，得到人民的广泛爱戴。被后世儒家奉为圣明君主的典型。

舜　父系氏族社会后期部落联盟首领，历来被列入“五帝”之中，奉为华夏至圣。

传其称号为有虞氏，姓姚又姓妫，名重华，字都君，谥曰“舜”。因国名“虞”，故又称虞舜。他是帝颛顼的六世孙，自五世祖穷蝉起都是平民。帝舜从小受父亲瞽叟、后母和后母所生之子象的迫害，屡经磨难，仍和善相对，孝敬父母，爱护异母弟弟像，深得百姓赞誉。舜生于姚墟（今山东鄄城），辛勤耕稼于历山（山东鄄城），渔猎于雷泽（今属山东鄄城），在河滨烧制陶器，在寿丘（今山东曲阜）制作日用杂品，在顿丘、负夏一带经商做生意。因品德高尚，在民间威望大。

他在历山耕田，当地人不再争田界，互相谦让。人们都愿意靠近他居住，两三年即聚集成一个村落。当时部落联盟领袖帝尧年事已高，欲选继承人，四岳一致推举舜，于是，尧分别将自己的两个女儿娥皇、女英嫁给舜，让九名男子侍奉于舜的左右，以观其德；又让舜职掌五典、管理百官、负责迎宾礼仪，以观其能。皆治，乃命舜摄行政务。

舜选贤任能，举用“八恺”“八元”等治理民事，放逐“四凶”，任命禹治水，完成了尧未完成的盛业。传说他巡狩四方，整顿礼制，减轻刑罚，统一度量衡。要求人民“行厚德，远佞人”，“直而温，宽而栗，刚而毋虐，简而毋傲”，孝敬父母，和睦邻里。在其治理下，政教大行，八方宾服，四海咸颂舜功，因而《史记•五帝本纪》称“天下明德皆自虞帝始”。《中庸》子曰：“舜其大知也与！舜好问而好察迩言，隐恶而扬善，执其两端，用其中于民。其斯以为舜乎！”传去世于南巡途中苍梧之野，葬于江南九嶷山（今湖南永州）。

计然　一名计钳，又名计倪，原姓辛，名文子，故又名辛钘，春秋时期著名思想家。其先祖是晋国逃亡的公子，避居于葵丘濮上（今鄄城县旧城镇葵丘堌堆村），生卒年月不详，据《史记》《汉书》记载，与范蠡为同时人，约生活在公元前六至公元前五世纪间。然天资聪慧，博学强记，满腹经纶，尤善于出谋划策，著有《万物录》13 卷。然学业有成，漫游列国。到了楚国，楚平王问治国之策，然回答说：“用高尚的道德纠正低下的邪恶，就能使国家安定。要使人人去注意道德修养，天下安定，关键在于君主一人。因此，当君主的对百姓恩德深厚，国家就会兴旺；暴虐积怨，国家就要灭亡。唐尧、虞舜以仁德治天下，百姓拥戴，国家昌盛；夏桀、商纣虐待百姓，众叛亲离，国破家亡。”楚平王听后很客气地说：“我知道如何做可使国家安定富强了。”但未能重用计然。然又到了越国。范蠡知道计然是一个道德高尚很有才干的名士，就拜他为师。当时越国刚被吴国打败，越王勾践卧薪尝胆，誓志报仇灭吴，问计于范蠡，蠡荐然于勾践，然献策说：“一个国家要应付战争，必须有所储备。而储备战争物资又必须选择适当时机，这正如知道货物的生产季节和社会需求的关系，就能看清楚货物的供需行情一样。干旱时要预先准备船，水大时要预先准备车。国家要长治久安，须兼顾农工商利益，谷物每斗 20 钱，农民就要吃亏，每斗卖到 90 钱，商人就无利可图。商人无利可图，货物就不能在市场上流通，国家税收就要减少；农民无利可得，良田就无人耕种，荒地就无人开垦。因此，谷物每斗最高不超过 80 钱，最低不少于 30 钱，那么农民与商人都有利可得。平均出售的谷物随价的高低而起伏。关卡上的税收和市场上的货物都不缺乏，这就是治国的道理。关于囤积货物的原则应是，购进质量好，适销对路又容易久藏的货物，以物换物时，容易腐败或腐蚀的货物，就不要久藏以求高价。看货物的有余与短缺，就可知道物价的涨跌。上涨到极点就会下跌，下跌到极点又会上涨。价涨时，就要把囤积的货物像低贱的粪土一样尽快卖出去；价跌时，就要把便宜的货物如珍贵的珠宝一样迅速地购进来。财物货币要像流水一样长流不断，循环往复。”勾践很高兴地采用了计然的治国策略，施行 10 年，国富民强，兵精粮广，遂灭吴称霸天下。范蠡感叹地说：“计然的策略有 7 条（一说 10 条），越国仅采用了 5 条就灭吴称霸，既然这些策略在治理国家大事上行之有效，我想用在治理家事上也是一样啊！”于是辞官退隐，乘扁舟、泛五湖，定居于陶（今定陶），用计然之策经商，不几年，便成为百万富豪，号曰陶朱公。然留有《计然子》15 卷。

庄子 姓庄，名周，字子休（亦说子沐），宋国瓠河蒙人（今山东鄄城），先祖是宋国君主宋戴公。他是东周战国中期著名的思想家、哲学家和文学家。创立了华夏重要的哲学学派庄学，是继老子之后，战国时期道家学派的代表人物。

庄周因崇尚自由而不应楚威王之聘，生平只做过宋国地方的漆园吏。史称“漆园傲吏”，被誉为地方官吏之楷模。庄子最早提出“内圣外王”思想对儒家影响深远，庄子洞悉易理，指出“《易》以道阴阳”；庄子“三籁”思想与《易经》三才之道相合。他的代表作品为《庄子》，其中的名篇有《逍遥游》《齐物论》等。与老子齐名，被称为老庄。

庄子的想象力极为丰富，语言运用自如，灵活多变，能把一些微妙难言的哲理说得引人入胜。他的作品被人称之为“文学的哲学，哲学的文学”。据传，又尝隐居南华山，故唐玄宗天宝初，诏封庄周为南华真人，称其著书《庄子》为《南华真经》。

孙膑 字伯灵，战国时期著名军事家。齐国鄄邑人，《史记》载：“膑生阿鄄之间。”据考，即今鄄城县红船镇孙老家村。膑乃兵圣孙武后裔，聪慧伶俐，好文尚武，幼习孙武兵法，后与庞涓同师于鬼谷子，涓先膑下山做了魏惠王的将军。庞涓自知才能不如孙膑，召膑前来魏国，暗施毒计、处以膑刑，并在脸上刺字，想使他终身成为废人。

齐国使者淳于髡来到魏国首都大梁（今河南开封），孙膑偷偷约见齐使，说动齐使暗中用车子把孙膑拉到齐国，齐将田忌以宾客相待。田忌多次与齐国诸公子赛马皆输，求计于孙膑。孙膑发现他们的马虽分上、中、下，但速度相差不大，于是对田忌说：“你尽管大胆比赛，我能使您赢。”比赛时，孙膑说：“用您的下等马与他的上等马比，拿你的上等马和他的中等马比，拿您的中等马和他的下等马比。”三局赛完，田忌输一局胜两局，赢得千金。于是田忌把孙膑推荐给齐威王，齐威王向孙膑咨询兵法，对答如流，于是请他为军师。

周显王十六年（前 353 年），魏国围攻赵国都城，赵国抵挡不住，请求齐国出兵援助。齐威王要拜孙膑为将，孙膑推辞说：“我是受过刑的人，为将有损齐国威望。”齐威王听从了孙膑的意见，命田忌为将军，孙膑为军师，作战时，让孙膑坐车随军出谋划策。田忌要领兵去赵国，孙膑说：“排解两方的斗殴，不能用拳脚将他们打开，更不能上手扶持一方帮着打，只能因势利导，乘虚而入，紧张的形势受到阻禁，就自然化解了。现在两国攻战正酣，魏国精兵锐卒倾巢而出，国中只剩老弱病残，您不如率军急袭魏国都城，占据交通要道，袭击他们空虚的后方，魏军一定会放弃攻赵回兵援救。这样我们一举两得，既解了赵国之围，又给魏国国内以打击。”田忌听从了孙膑的计策，魏军果然从邯郸撤兵，齐军在桂陵（今菏泽市境内）大败魏军。

周显王二十六年（前 343 年）十二月，魏与赵攻韩。韩向齐国求救。齐国派田忌领兵直扑大梁，魏将庞涓闻讯撤兵而回。齐军已进入魏国腹地，孙膑对田忌说："魏、赵、韩那些地方的士兵向来剽悍勇猛，看不起齐国；齐国士兵的名声也确实不佳。善于指挥作战的将军必须因势利导，扬长避短，《孙武兵法》说：从一百里外去奔袭会损失上将军，从五十里外去奔袭只有一半士兵能到达。"于是便命令齐国军队进入魏国地界后，做饭修建10万个灶，第二天减为5万个灶，第三天再减为2万个灶。庞涓率兵追击齐军3天，见此情景，大笑着说，"我早就知道齐兵胆小，进入我国三天，士兵已逃散一半多了。"于是丢掉步兵，亲率轻兵精锐日夜兼程追击齐军。孙膑在退兵中估计魏军的行程当晚将到达马陵，马陵道路狭窄而多险隘，可以伏下重兵，便派人刮去一棵大树的树皮，在白树干上书写6个大字："庞涓死此树下！"再从齐国军队中挑选万名弓箭手夹道埋伏，约定天黑后一见有火把亮光就万箭齐发。果然，庞涓在夜里赶到那棵树下，看见白树干上隐约有字，便令人举火照看，还未读完，两边箭如飞蝗，一齐射下，魏军大乱，溃不成军。庞涓自知败势无法挽回，便拔剑自尽，临死前叹息说："让孙膑这小子成名了！"齐军乘胜大破魏军，俘虏了太子申。

晚年孙膑回到鄄邑老家，在孙花园（今宋楼乡孙花园村）设馆授徒，钻研兵法战策，终成《孙膑兵法》不朽之作。《汉书·艺文志》记载，《孙膑兵法》共89篇，图4卷。1972年4月山东临沂银雀山出土《孙膑兵法》残简440余枚，经整理仅存30篇1.1万余字。《孙膑兵法》继承和发展了战国前期丰富的战争实践经验，不但是一部宝贵的军事理论著作，而且对政治斗争、经济建设、商业交流都有指导作用，成为世界人民的宝贵财富。

汲黯（?—前108），字长孺，西汉济阴郡鄄城县人，官至中大夫。

黯先世有宠于卫君，曾七世为卫国大夫。汉景帝时，黯为太子洗马。武帝即位，黯为谒者。一次武帝派他去河南处理失火事件，他看到河南贫人万余家苦于水旱灾害，有的竟父子相食，便以钦差身份，发河南仓粟以赈灾民，回朝后请治矫制之罪。武帝认为他做得对，原谅了他，拜为中大夫。

黯性情耿直，多次诤谏，不得久留朝内，迁为东海郡太守。黯以清静为治，慎重选拔官吏，岁余东海大治，召为主爵都尉，列于九卿。黯刚正不阿，敢于据理力争，多次当众指责汉武帝过失。一次，武帝颁布察举文字的诏令时，说："吾欲云云。"黯当即对说："陛下内多欲而外施仁义，奈何？欲效唐虞之治乎？"弄得武帝无言以对，愤然罢朝，公卿都为汲黯捏一把汗，武帝私下对左右说："汲黯也太憨直了！"有人劝汲黯不要这样任性，他说："天子设公卿辅佐之臣，难道是叫咱们阿谀奉承，使主上堕落为昏君的吗？我在这个位子上，就不能为了保全自己，使朝政受损失！"武帝听后称赞说："古有社稷之臣，像汲黯这个样子，就算差不多了。"

武帝欲用武力征服匈奴，汲黯主张和亲，多次诤谏，武帝渐有疏远之意。后多次出征得胜，更不听汲黯和亲的劝阻。一次，匈奴浑邪王率众来降，武帝欲派车2万乘迎送，长安令调不出那么多马，武帝欲斩之，汲黯说："长安令无罪，只有杀了我，百姓才肯出马，而且匈人叛其主而降汉，令各县依次徐徐转送就是了，何必兴师动众，劳民伤财。使天下不安呢？"武帝默不作声，长安令免于死罪，而武帝不满汲黯日甚。丞相公孙弘、廷尉张汤阿谀奉迎，和汲黯时有磨擦。公孙弘想借故杀汲黯，对武帝说："右内使部中贵人的亲族多，很难治理，非德高望重的老臣不能胜任，请调汲黯为右内使吧？"然汲黯做右内史多年，终未出差错，公孙弘等找不到杀人的借口。

元狩五年（前118年），朝廷推行五铢钱，民间偷铸以楚地最甚，淮阳是通向楚地的要道，武帝乃起用汲黯为淮阳太守。初，伏谢不受印绶，数召才赴任，十年而卒。谥家周公，葬于鄄（今鄄城县箕山镇观寺王庄北一里许有汲黯墓遗址，为县级文物保护单位）。据《汲氏总族谱》记载，明代河南宪副使瞿师雍以汉汲黯长孺公、范文正公、包孝肃公、岳武穆王有功于陈，乃于陈州（河南淮阳县）为之建“四贤祠”，以褒其恩德。

因汲黯忠贞不二，武帝封黯弟汲仁为九卿，黯子汲堰为诸侯相，黯外甥司马安为九卿。

吴隐之 （?—414），字处默，东晋濮阳鄄城人，官至度支尚书，著名廉吏。

隐之美姿容、善谈论、博涉文史，以儒雅标名。父早逝，事母至孝。家境贫寒，虽每日喝粥从不受不义之财。母逝，隐之每早泣，行人亦为之流涕。太常韩康伯与之为邻，其母尝谓康伯：“汝若居铨衡，当举如此之。”后康伯为吏部尚书，遂举隐之为辅国功曹。时兄坦之为袁真功曹，真被桓温打败，坦之被俘即将杀头。隐之拜见桓温。请以身赎兄，温认为隐之是难得的忠义之士，放坦之、奏拜隐之为奉朝请、尚书郎，后调任晋陵太守，历任中书侍郎、国子博士、太子右卫卒、领著作郎、右卫将军等职。隆安（397—402）中，朝廷想革除岭南的弊端，任隐之为龙骧将军、广州刺史，假节领平越中郎将。赴任途中行至距广州20里处的石门，遇一山泉，当地人皆说喝了此泉之水就会变得贪婪无比，故名“贪泉”。隐之对家人说：“如果压根没有贪污的欲望，就不会见钱眼开，说什么过了岭南就丧失了廉洁，纯属一派胡言。”说着走到泉边舀了贪泉的水就喝，并赋诗一首：“古人云此水，一歃怀千金，试使夷齐饮，终当不易心。”上任后，廉洁奉公，清简勤苦，始终不渝，所食不过是稻米、蔬菜和干鱼，穿的是粗布衣衫，住处的帐帷摆设均交到库房，有人说他故意摆样子，隐之笑而不语，仍一如既往。部下送鱼，每每剔去鱼骨，隐之对其媚上作风非常厌烦，喝斥惩罚后赶出帐外。

隐之洁身自好，从不沾官府钱财，并乐善好施，所领赏赐皆分给亲戚朋友，其妻仍像贫家妇一样纺线织布。初，隐之为奉朝请，谢石请为军主簿，闻其嫁女，知其贫，令送橱帐，使者至，方见婢女牵犬卖之。自广州卸任回家，其妻买沉香一斤欲送亲朋故友，隐之见了，认为来路不明，夺过来扔到水中。隐之在战争中曾被卢循俘获，后释放回归故里，家中只有六间茅屋与简陋的篱笆院墙。刘裕要给他车牛、另盖新屋，隐之坚辞不受。元兴初年（402年），朝廷下诏，高度褒扬吴隐之的节操和政绩，晋升为前将军，赐钱50万、谷千斛。后又升度支尚书、太常、领军。义熙八年（413年），告老还乡，朝廷赐钱10万，谷300斛，授光禄大夫加金章紫绶。义熙九年（414年）溘然长逝。追赠左光禄大夫加散骑常侍。子延之为鄱阳太守。延之及其后人，皆牢记隐之教诲，以清正廉明为传家之宝。

王元感 唐濮州鄄城人。高宗时擢明经高第，后调任博城丞。纪王李慎为兖州都督，命其子东平王李绩拜元感为师。武则天天授（690—691）中，迁左卫卒府录事兼直宏文馆转四门博士。时武后欲封嵩山，元感与韦叔夏等奉诏起草仪具，众推元感主笔。元感虽年老，益好学，所著有《纠谬》《春草振滞》《礼绳愆》等百余篇，当时在长安很流行。祝钦明、郭山恽、李宪等章句家，恶元感讥诋先儒，多次责难，元感不为所屈。魏知古看了所著之书后，赞叹说：“五经指南也。”徐坚、刘知几、张思敬等都尊崇元感，联合推荐，朝廷于是下诏褒扬，以为儒宗，升任太子司仪郎兼崇贤馆学士。中宗时以东宫官属加朝散大夫。

王仙芝 （？—878）唐濮州鄄城县（今鄄城县旧城镇）人。唐末农民起义领袖。唐朝后期，朝政腐败，官吏豪强大量吞占农民的土地，苛捐杂税多如牛毛。河南、山东黄河两岸水旱灾害连年不断，农民无法生活，群起反抗。僖宗乾符元年（874年），王仙芝聚众数千人，在河南长垣率众起义，自称“天补平均大将军兼海内诸豪都统”，发布檄文痛斥唐朝官吏贪暴，赋敛繁苛，赏罚不平。次年（875年）攻占濮州、曹州、郓州，饥饿的农民纷纷响应，争相投奔起义军，队伍很快发展到数万人。是年冤句人黄巢起兵响应，与之合兵，率众转战于山东、河南一带。乾符三年（876年）九月，攻陷汝州，活捉汝州刺史王镣，乘胜围攻郑州，久攻未克，遂改变策略，避实就虚，迂回作战，南下湖北，连克蕲州、鄂州、宋州、安州、随州、复州、荆州等地，并分兵进击江西。起义军声势越来越大，唐朝统治者惊慌失措。是年十二月，唐朝统治者对义军实行怀柔政策，由蕲州刺史裴偓和招讨副使宦官杨复光出面诱降，许王以左神策押牙兼监察御史，王仙芝几次发生动摇，终因黄巢等将领及部众极力反对，“仙芝畏众怒，遂不受命”。但起义军内部已出现分裂，黄巢率众北上，返回山东，王仙芝仍转战南方。乾符五年（878 年）二月，在湖北黄梅被唐军曾元裕部包围，王仙芝战死，余部由尚让带领北上投奔黄巢，继续进行反唐斗争。

张全义　（852—926）初名居言，又名宗奭（朱温赐名），字国维。濮州临濮（今山东鄄城）人。唐末五代时期将领。

张全义世代为农，后加入黄巢起义军。黄巢攻入长安建立大齐政权，任命他为吏部尚书、充水运使。黄巢起义失败后，他到河阳（今河南孟县）投降唐将诸葛爽，屡立战功，诸葛爽表请朝廷任他为泽州（今山西晋城）刺史。唐昭宗赐其名张全义。

光启二年（886 年）十月，诸葛爽病死，大将刘经与张全义立诸葛爽之子诸葛仲方为留后。刘经与诸葛爽另一大将李罕之争夺洛阳渑池（今属河南），张全义与李罕之结为同盟，进攻刘经，结果被刘经打败。他与李罕之退保怀州（今沁阳），并向李克用求援。在李克用所派援军的联合进攻下，刘经大败。于是李罕之自领河阳节度使，任命张全义为河南尹，治理洛阳。

朱温挟唐昭宗东迁洛阳前，令张全义修缮洛阳宫殿，他十分尽力。朱温打算篡唐时，他担心朱温对他不放心，就主动避让权位。朱温就调他为天平军节度使、守中书令，封为东平王。唐昭宗被弑后，又将他调回仍任河南尹，兼忠武军节度使、判六军诸卫事。

朱温建梁称帝后，又令张全义兼河阳节度使，进封魏王，赐名宗奭。张全义则一直小心谨慎，竭尽全力辅佐。

后梁末帝朱友贞时，梁都开封被后唐庄宗李存勖攻占，他从洛阳赶去觐见，泥首待罪。由于在后梁时他常通过其弟张全武秘密与后唐方面交往，所以李存勖待他很客气，抚慰久之。张全义一方面表示自己“曾栖恶木，曾饮盗泉，实有瑕疵”，改去朱温所赐宗之名，并请李存勖洛阳行郊天之礼，公开表示效忠新朝；另一方面又通过关系，厚赂李存勖的皇后刘氏，使刘皇后认他为义父。

张全义在后唐备受尊崇，先被封为魏王，后改封为齐王，任命为守太尉、中书令、河南尹并兼领河阳。

同光四年（926 年）二月，赵在礼据魏州发动兵变，李存勖打算亲自征讨，大臣们则主张派李嗣源前往，李存勖本不答应，最后在张全义的力荐下才同意。可是李嗣源到魏州后便与变兵合流。张全义闻变后，忧惧不食而死，终年七十五岁。

天成（926—930）初，册赠太师，谥号“忠肃”。

葛从周　字通美，五代濮州鄄城人。一次跟随朱温攻打蔡州，朱温从马上摔下，从周把马让给朱温，自己步行战斗，身上受伤多处，使朱温得救。后来跟随朱温攻打兖州，赶走朱谨，被任为兖州留后。命他攻打山东各地，五日内连续攻占邢、洺、磁三州。刘仁恭率兵攻打魏州，魏州守将罗绍威向朱温求救，朱温命从周率五百骑兵救魏。从周用“围魏救赵”之计，攻打沧州，与仁恭大战于老鸦堤，仁恭大败，遂定魏地。朱温即位，国号梁，拜从周左金吾上将军。梁末帝即位，拜昭义节度使，封陈留郡王。

翟光邺　字化基，五代濮州鄄城人。其父景珂为后梁永定驿守，抗拒后晋入侵，战死。光邺 10 岁时，为晋兵掠去，后逃至唐。唐明宗很喜欢他，常常让他跟随左右，官至青州防御使。契丹灭晋，以光邺为曹州知州。周打败契丹，拜光邺为宣抚使、枢密副使，出知永兴军。

光邺沉默多谋，事继母极孝。虽做高官，从不贪财，家舍清贫肃然，以与宾客饮酒聚书为乐。临政宽严简明，处事果断。临终告诫左右：“以尸归洛，无久留，烦军府。”既卒，州人上书请求立祠留葬，不许。

钱守俊 (930—1010)，宋濮州雷泽（今鄄城县东南）人。年少勇武，曾聚众坡泽中，称“转陂鹘”。后周显德年间，入伍为铁骑兵。宋太祖即位后，随征淮南，战紫金山，下寿春，缴获战船千余艘，后攻克关南。乾德 (963—967) 中，授殿前班都知。一次领兵攻太原，战斗刚开始，左足中箭，守俊拔箭前进，格斗不已。回师后，改任东西班指挥使，迁马步军副军都头。太平兴国四年 (979 年）率师屯定州，防御北边契丹，不久移屯赵州。后从征范阳，回师路上与敌相遇，战于徐河，斩首千余，夺马百匹。雍熙三年 (986 年），田重进从飞狐道出兵北征，守俊以偏师为援，边骑云集，守俊按甲从容进战，敌大败。淳化三年 (992 年），迁单州团练使，翌年迁齐州。当时河西蕃部内乱，命守俊以副都部署镇其地，后徙屯石州。有人言守俊年老多病，握重兵守边不称其职，太宗下诏命守俊还京，授左领军卫大将军，领潘州防御使，权金吾衔。大中祥符三年 (1010 年）卒，年 81 岁。守俊多次征战，前后受伤 36 处。景德 (1004—1007) 中，录其子允庆为奉职郎，弟守信为崇义副使，守荣为内园使。

张詠 (944—1014)，字复之，宋代濮州鄄城人，官至工部、礼部尚书。

詠自幼刚强自信，不拘小节，好为奇计，自号乖崖，取“乖则违众，崖不利物”之意。太平兴国五年 (980 年），濮州推选举子赴京考进士，众议首推詠，张詠致书刺史，首推夙儒张覃，众人都称赞张詠谦让的风格。是年，张詠中进士，任鄂州崇阳县县令。有一吏自库中出，耳鬓巾中有一钱，问之乃库钱，詠命杖之，吏大怒说：“一钱何至杖？既杖我，能斩我乎？”詠援笔判说：“一日一钱，千日千银，绳锯木断，水滴石穿。”亲自仗剑斩之。后李沆、宋浞、寇准连荐张詠有才，调为湖北路转运使，归峡二州水递夫，就转太常博士。太宗闻知张詠有才干，提为枢密直学士，同知银台通进封驳司兼掌三班院，后任益州知州。时值李顺起义失败，张詠上书呈请令起义农民各归乡里种植。战乱刚过，到蜀做官多不带家属，张詠在任四年，奉调入京，临行，令其婢仆择配，出嫁侍姬仍处女。

张詠体察民情，关心百姓疾苦。咸平二年 (999 年），以工部侍郎外任杭州。是年灾荒，许多人靠贩卖私盐过活。依法捕获数百人，张詠法外施恩，尽皆释放，有下属请求说：“不严办，恐怕禁止不住。”张詠说：“钱塘十万户，百分之八九十没饭吃，如果不贩卖私盐谋生，一旦聚众造反，祸患更大。等到秋粮成熟，再依法严办。”

张詠秉公断案，深受百姓敬仰。一青年诉讼与姊婿争家财，姊婿说：“岳父临终，内弟才 3 岁，我受岳父委托掌家产，岳父有遗嘱。待内弟成人，他得三分，我得七分。”张詠阅遗嘱后感慨地说：“你岳父是个聪明人。如果当初说叫你内弟得七分，那么你内弟早死在你手里了。”张詠把财产的七分断给青年，其余三分给其姐夫。杭州城内沈章告其兄沈彦分家产不公，张詠草草搪塞之，沈彦称赞张詠断案高明。半年后，张詠过其家门，见兄弟贫富迥异，乃令其兄弟交换宅地产业，沈彦有苦难言。

咸平五年 (1002 年），张詠因以前治蜀政绩优异而又任职益州。真宗对张詠说：“得卿在蜀，朕无西顾之忧矣。”

大中祥符三年 (1010 年），江南旱灾，真宗命张詠充任升、宣等 10 州安抚使，进工部尚书转礼部。真宗得知张詠头部生疮，很怜悯，令人驰马召回，因疮未能面见真宗，乃 3 次上书，陈述丁谓、王钦若阿谀奉迎，助长朝廷奢侈之风，大兴土木，致使国库空虚，民财枯竭的罪行，提出“不杀此二贼，无以谢天下”。

张詠曾说：“事君者廉不言贫，勤不言苦，忠不言己效，公不言己能，斯可以事君矣。”大中祥符七年 (1014 年），年 70 而卒，赠左仆射，谥忠定。著有《乖崖文集》10 卷。

徐休复 字广初，宋濮州鄄城人。太平兴国初 (976 年）进士及第，任大理评事、通判，六年 (981

年）充两浙东北路转运使，后知明州。九年（984 年）知广州。后加枢密院直学士，赐金紫。休复与转运使王延范不和，乃奏王私养术士，有谋反之心，朝廷遣内侍阎承翰与休复协同查办，遂斩王延范。端拱初（988 年）加谏议大夫，召为户部使。淳化元年（990 年），迁给事中，后出知青州、移潞州，脑生疮而卒，年 53 岁。

高弁 字公仪，宋濮州雷泽人。幼聪慧好学，从师种放、柳开。至道（995—997）中，举进士，累官侍御史。因谏修玉清昭应宫，降知广济军。后知单州、邢州，为盐铁判官。弁性孝友，其为文多师六经、《孟子》，所著《帝则》3 篇，流传世间。

马元方 字景山，宋濮州鄄城人。淳化三年（992 年）进士及第，为韦城县主簿。累迁殿中丞、户部使。元方为官清正，惠施于民。一次，上奏朝廷说："方春民贫，请预贷库钱，至秋令以捐输官。"朝廷准奏，行之果然便国利民，于是下令推行各路府州县。升知徐州、郓州、京东转运使，迁太常少卿、右谏议大夫、权三司使，为枢密院直学士，至兵部侍郎。

徐起 字豫之，宋濮州鄄城人。进士及第，知隰川县，后知楚州，擢广西路刑狱提点，开封三司度支判官。一次陪伴契丹使者，回朝上奏说："使者所过，将吏皆出郊旅贺，城邑为空。"皇帝准奏，下诏禁止。出为荆湖北路转运使。部下有一小官，杀人被捕入狱，其部下欲劫狱救之，起听说后，马上把小官处死，将其部下分别调到外州县。徙江西、知徐州，兼转运使。有一年徐州灾情严重，灾民啼饥号寒，起令大户募捐，共得小米 70 万斛，不但解决了徐州灾民的生活困境，还把剩余的捐粮转移到其他灾区，保全了千百万灾民的生命。起徙知兖州，时有都巡检虐待所属士兵，士兵手挚兵器拥入庭衙，势将暴乱，起临危不惧，从容不迫地对士兵晓之利害，平息了这场骚乱。事后起查明情况，处理了为首的闹事分子，罢免了都巡检。后迁秘书监，知湖州。

李迪 （971—1047）字复古。其先祖赵郡（今河北赵县）人，曾祖李在钦因避乱举家南迁，定居于濮州（今鄄城县旧城）。

迪刻苦而聪慧，性沉稳而有雅度，深得散文学家柳开的欢喜宠爱，曾赞日："此公日后必为天下栋梁之材。"

宋真宗景德二年（1005 年）举进士第一，钦点状元，出任将作监丞，后知郓州，召还京师，以尚书员外郎为三司盐铁使，擢知制诰。

迪机智多谋，体恤民情。宋真宗东封泰山，闻悉亳州"盗贼"横行，打家劫舍，剽掠城邑，官军久攻未获，遂命迪出知亳州平息"盗贼"。迪到任后尽撤进剿官兵，派密探侦知内情，亲率官兵围剿，一举擒获，亳州遂安。进官为右谏议大夫、集贤院学士，知永兴军，不久徙陕西都转运使。

迪知人善任。吐蕃椈斯啰侵犯边境，秦州守将曹玮请求增兵，真宗以为曹玮怯懦，想另选秦州守将。迪认为曹玮多谋善断，谨慎务实，可出兵助玮。真宗听从李迪的意见，发关右兵助之，曹玮在三都谷果然大胜椈斯啰。真宗闻报大喜，问迪道："卿何以知曹玮一定能获胜呢？"迪答曰："椈斯啰军队长途跋涉，远途而来，虽然椈斯啰派人于边营声言某日克下秦州，以此激怒曹玮，引其出击，但曹玮勒兵不动，坐待椈斯啰到来，此为以逸待劳，因而必胜，臣因此而知之。"自此真宗愈加器重宠信李迪。

真宗欲任李迪为太子太傅，迪因太宗时未曾立保傅，只兼太子宾客。真宗诏令太子以太傅之礼对待李迪，并加平章礼部侍郎。

真宗患病，难理朝政，宰相寇准提议皇太子总揽军政大事，丁谓说："以后皇上身体康复，朝廷关系如何处置？"李迪说："太子监理国事，古已有之。"支持皇太子监国。皇太子于资善堂处理日常事务，大事请示真宗，真宗甚喜，遂拜迪为吏部侍郎兼太子少傅，同中书门下平章事、景灵宫使、集贤殿大学士。丁谓擅权用事，挑拨离间，屡向真宗进谗言。天禧三年（1019 年）寇准遭贬，李迪愤怒地说："迪起于布衣，今位至宰相，有心报国，犹死不恨，怎能依附权贵而只求个人安危呢？"自此与丁谓益加对立。一次，真宗召集大臣议论中书、门下二府长官兼任东宫官，李迪说："东宫官属不当增加，臣不敢受此诏命。宰相丁谓擅权专政，欺上瞒下，力结朋党林特、钱惟演等人而嫉妒寇准。林特之子杀人，逍遥法外，寇准无罪而遭贬斥，钱惟演靠裙带关系干预朝政，曹利用、冯拯结党营私，祸根都在丁谓。臣愿与丁谓同时罢相职并交御史台弹劾驳正。"真宗大怒，同罢李、丁二人，贬迪出知郓州，次日，丁谓复诏为相。

乾兴元年（1022年）仁宗即位，刘太后垂帘听政，丁谓再进谗言，贬寇准为曹州司户千军，以"寇党"之名贬迪为衡州团练使。丁谓命人跟踪迫害，赖部下邓余护送安抵衡州。后丁谓败露，李迪渐渐受到重用，起为秘书监，历知舒州、江宁府、兖州、青州，后召至京师任兵部侍郎、知河南府，不久以尚书左右丞知河阳。明道二年（1033年）刘太后病卒，仁宗亲政，召迪为资政殿学士，判尚书都省。不久，又拜同中书门下平章事、集贤殿大学士。

迪曾为仁宗太子宾客，此次重新被起用，自以为受不世之恩，所以尽心尽力辅佐仁宗，但却为宰相吕夷简忌恨，二人渐生矛盾。景祐二年（1035年）二月，知兖州范之风被人弹劾，仁宗命李、吕二人同理此案。吕密奏仁宗，说迪党庇范之风，仁宗不辩清白，即将迪罢相，为刑部尚书，后又出知亳州、相州、密州、徐州等地，改户部尚书知兖州，复拜资政殿大学士。迪曾感慨仕途，对人说："迪不自量，自以为与圣主仁宗有相知之情，又自比唐代宋璟，视吕夷简为姚崇，力图振兴朝政，却不知他们竟如此待我，真令人伤心啊！"

赵元昊进犯延州，延州武备薄弱，守将均设法逃避。迪不顾高龄，请求守边，仁宗赞扬李迪的爱国壮志，但不同意他守边，任李迪为彰信军节度使，统帅天雄军，徙青州。翌年，以太子太傅致仕。仁宗多次派人慰问，想召见他，均以疾辞谢，年77岁寿终。赠司空，谥文定，仁宗亲撰其墓碑，因其以亮直称誉于时，故曰"遗直之碑"，并改所葬邓侯乡为"遗直乡。"

杜纯　字孝锡，宋濮州鄄城人。以荫为泉州司法参军。泉州靠海，有蕃舶之饶，杂货山积。泉州官吏多营私舞弊，以权做买卖获利甚多，只有知州关咏和杜纯不参与其事。后事情败露，官吏多受牵连入狱，独二人得免。熙宁（1068—1078）初任河西县令，上书朝廷奏议政事，宰相王安石看了很赞赏，召纯至条例司，多次议论，推荐纯任审刑详议官。时有人议论欲以刖刑代替死刑。纯说："今盗抵死，岁不减五十，以死惧民，民常不畏，而况于刖乎？人知不死，犯者益众，是为名轻而实重矣。"于是以刖代死之事遂止。秦州主帅郭达与其属官王韶不和打官司，纯受诏审理，以理判韶罪，韶为王安石所荐，因之得罪王安石，被免官。韩绛为相，任纯为检讨三司会计。王安石复为宰相，任纯为池州酒监，后升为大理寺正。隰州商人尹奇经营温泉的矾获利甚丰，大理寺想在河东审讯尹奇，纯说："尹奇不过如此，若定其罪，恐怕从此再无人敢贩卖矾了，那么数百万的财富将变成土石。请没收其多余的利润，释放其人。"尹奇得以免罪。曹州人王坦因避水患，用车载货入京，有人认为王坦逃避交税，上告大理寺，议给以黥刑，纯复争之，大理寺卿杨汲告纯包庇乡亲，不服领导，免纯官，隐居于家。元祐元年（1086年），范纯仁、韩维、王存、孙永联名保荐杜纯，任河北转运使，上"更役书"，司马光称其议论详尽，写信说："足下在彼，朝廷无河北忧。"纯建议说："河防旧隶转运，今乃领属都水外丞，计其决溢之变，前日不加多，今日不加少。然出财之司，则常忧费而缓不急，用财之官，则宁过计而无不及，不如使之归一"。后如其言，召为刑部员外郎，大理寺少卿，擢侍御史。有人上奏纯不是科举出身。于是改纯为右司郎中。不久，出知相州，徙徐州、陕西转运使。还京，拜鸿胪寺卿，光禄寺卿、权兵部侍郎。后以集贤院学士提举崇福官。卒，年64岁。

杜纮　字尹章，宋濮州鄄城人，杜纯之弟。

进士及第，为永年县令，官至大理寺卿。一年永年闹饥荒，百姓欲外出逃荒，告谕百姓："今不能使汝必无行，若留，能使汝无饥。"百姓很欢喜地留下来。纮以官府名义印发债券，发给百姓，贷货于富商大户，规定丰年偿还，百姓均得食，没有一个逃荒的。第二年丰收，按约偿还，全县安然。神宗闻其才，召为大理寺详断官，检讨枢密刑房。修《武经要略》，擢刑部郎中。元祐初，为夏国母祭典使。当时夏国刚开始进贡，到了夏国国都，迎者很傲慢，并且不跪不受诏，纮大声责备说："天王吊礼甚厚，今不可以加礼。"夏人很畏惧地接受。事毕不久，夏国使者来到京城，纮迎至驿馆，使者要求上朝面见皇上奏事，纮止之说："国主设有请，必具表章，此大事也，朝廷肯以使人口语为可否乎？"使者不敢答话。迁右司郎中、大理寺卿，以直秘阁知齐、邓二州，复为大理寺卿，权刑部侍郎，加集贤院修撰，江淮发运使。知郓州，时郓州狱中关押犯人300人，纮上任10日内，审讯处理完毕，无一积案。曾经有人在城内隅首张贴告示，说近期有大变，百姓很惊慌，不一会恰好草场白天着火，百姓更加恐慌，有人请求在城内大搜捕。纮笑而说："奸计正在是，冀因吾纮扰而发，奈何坠其术中？彼无能为也。"不几日，捕获散布谣言之人．于是按律处死。徙应天府。卒，年62岁。

和斌 字胜之，宋濮州鄄城人。仁宗时为顺德军指挥使。狄青南征，斌率骑兵为先锋，斌认为远道而来，利在速战，当天即攻关，激战于归仁驿，大将孙节战死，斌率骑兵血战，绕道敌后，大败之。擢文思副使，权广西钤辖。后下诏调秦凤，广西以斌通晓蛮事，请留任，秦凤也请求斌去，最后仍留任广西。几年后，迁泾原钤辖。一次朝廷召集群臣议论边事，不少大臣皆说交州可取，独斌说攻交州有害无益，应告诫边臣不要轻举妄动。神宗赞叹说："卿质直如此，乃知两路争卿为不诬矣。"于是赐斌上殿可带器械。渭原地区闹灾荒，主帅王广渊下令开仓赈粮。斌说："救之无术是杀之耳。"广渊把此事委托给斌，斌命士兵择地开荒，屯田自给，救活了数万人。安南国入侵，又徙广西，累迁皇城使，昭州刺史。抚水蛮人首领罗世念侵犯宜州，宜州守将战死，斌率兵3000人讨伐。兵至怀柔寨，斌说："此要害之地，得之则生。"部下说："奈何背龙江邪？"斌笑答："是所以生也"。向敌表示害怕，蛮兵果大至，斌部下遇敌即败退，将敌诱至平阳，列八阵兵待之，并在左右山上设伏兵，蛮兵追至平阳，登岭望见满山遍野皆是宋兵，大惊，纷纷逃窜。斌分兵两路追击，亲自披甲上阵，身先士卒，蛮兵大败，罗世念率蛮兵4800人投降。于是斌以荣州团练使知宜州，迁西上閤门使知邕州，除商阳关副总管，历永兴军路，召拜龙神四厢都指挥，至步军都虞侯。卒，年80岁，赠宁州防御使。

斌之子诜，以荫为河北副将，累官至右武大夫、威州刺史，知雄州。诜研制强弓，能射300步远，边人号为"凤凰弓"。进相州观察使。在雄州10年，很熟悉敌情，童贯率兵攻打燕州，诜为副统制。随种师道进军白沟，因风急雨骤加冰雹，不利于作战，遂引军还。贯认为此时契丹势力强大不能取胜，上奏诜侦察敌情不实，致使出师劳而无功，于是贬诜为亳州团练副使，安置在筠州，后官复原职。

张奎 字仲野，宋濮州临濮人。举进士，历并州、秀州推官，监衢州酒。徐生，因殴人致死入婺州狱，而徐生一再喊冤，转运使命奎复审。奎阅案卷发现有伪造痕迹，入狱讯问徐生，乃知为狱吏改窜，遂释放徐生，以狱吏抵罪。众皆警服，于是39人联合推荐奎，改任大理丞，知合理县，徙南充县，以殿中丞通判泸州。又罢官归京。秦州盐税亏空数十万，此事牵连11州府，朝廷命奎前往秦州调处此事。经查，事由三司故意拖延发钱造成，并非诸州之罪，于是尽除所负责任。迁太常博士、殿中侍御史，出知江、楚、滑、邢四州及京东、河东转运使，进刑部员外郎，知御史杂事。安抚京东时，曾招募士兵12万人，推荐有干才的州县官员数十人。后擢天章阁待制。环庆路经略安抚招讨使，历陕西、河东都转运使，加龙图阁、枢密院直学士，知庆、澶、青、徐、扬等州和江宁、河南二府，迁吏部郎中，给事中，右谏议大夫。

弟亢，字公寿，进士及第，为应天府推官，治理白沙、石梁二渠，百姓无水患之忧。夏赵元昊叛乱，亢为泾原路兵马钤辖，徙鄜延路，知鄜州。亢数上边防战策，善于守御，累败夏人。夏人屯兵琉璃堡，派兵围麟、府二州，民缺少饮水，黄金一两换水一杯。朝廷任亢为并、代都钤辖，兼管麟、府军马事，筑东胜、金城、安定三堡，置兵守御。此时，兵因多次打败仗没有斗志，亢乃招募敢于战斗者夜晚埋伏在路口，袭击夏国游骑，天明，有人拿着夏兵的头向亢请尝，亢脱锦袍赐之。这一举动激发了禁兵斗志，他们奋然说："我顾不若彼乎？"纷纷向亢请战，亢知兵志可用，夜引兵袭击琉璃堡，夏人大败，弃堡而去。朝廷闻报，赏赐许多钱物，并命亢率兵护送到麟州。夏人数万在柏子寨截击，而宋兵仅有 3000 人，亢激励士兵："吾等已陷死地，前斗则生，不然，为贼所属无余也。"兵士皆愿决一死战。当天恰有大风，顺风击之，夏人大败，斩首级六百，夺马千余匹，夏人赴崖坠谷者不可胜数。不久，亢率兵与夏人激战兔毛川，斩首级二千。升亢果州团练使，知瀛洲，迁泾原路经略安抚招讨使。知渭州，后迁引进使，徙并、代副都总管，知代州兼河东沿边安抚事。范仲淹宣抚河东，奏筑堡寨以防夏兵，命亢总管其事，而经略明镐认为不可，多次下令停筑，亢说："受诏置堡寨，岂可得经略牒片而止矣？坐违节度，死所甘心，堡塞必为也。"每次接到明镐的文书就放在桌案上，督修愈急。不到一月，清塞、建宁、百姓、中侯、镇川五堡筑成，自此，麟、府二州之间的道路通行。亢上奏请求惩治违制之罪，朝廷并不怪罪。亢复知瀛洲，加领眉州防御使，升为泾原路总管，知渭州。一次发赏物给士兵，州府库中的物品好而价低，三司所发给的物品差而价高，亢命均其值，以便利军人。转运使奏亢擅自降低三司物品的价格，时值夏竦为枢密使，因竦在陕西时恶亢不附己，遂夺亢防御使，引进使，降知磁、寿、和、筠、卫、怀等州，不久复为引进使、防御使，迁客省使，改河阳总管、徐州总管。

《宋史》赞称："奎治身有法度，风力精强，所至有治迹，第伤苛细。亢豪放喜功名，不事小谨。兄弟所为不同如此，然皆知名一世。"

子焘，字景元，举进士，通判单州，知沂、维二州。沂州盛产土布，维州盛产绢，而有司在核定赋税时正好相反，沂交绢、维交布。焘上任后，制止这种不正常现象，让沂交布，维交绢，各得其便。维州多洼田，按亩征绢，免除河役。焘不肯遵循旧例，废除原来规定，仍然要服河役，焘说："吾知守己而已，无防后人，汝勿著为式。"提点河北刑狱，兼领澶州。商胡河决口，焘命人打救溺水之人，赈济灾民，保全了十余万百姓。几年后，提点河东，陕西、京西刑狱。迁盐铁判官，淮南转运使，江淮发运副使，入为户部副使。时官家欲扩修睦亲王宅院，要拆民宅，焘止之说："芳林园有余地，宗室足自处，毋庸起民居。"孝严殿盖成后，焘奏请将真宗乾兴以来的文武大臣的图像绘于墙壁之上。迁天章阁待制，陕西转运使，加龙图阁直学士。判太常寺，知邓、许、瀛洲、成都府、通进、银台司，提举崇福官，由给事中易通议大夫。焘才思敏捷，处事果断。一次随范仲淹出使河东，行至汾州，有数百百姓前往驿馆喊冤申诉，范仲淹让焘代己处理，当时焘正与人下棋，一局棋未下完，已审问处理完毕。英宗时，三司上朝奏事，英宗责问铸钱的来源，三司官员答不出来，焘却一一道出，英宗问其名，知为张奎之子，欲予焘为观察使守边，并说："卿家世事也。"焘答说："臣叔父亢有大才，臣愚不可继。"遂止。

何荣 元濮阳鄄城人。先世居开封太康，曾祖迁居濮上。父琏为东平路万户塔思，荣袭父职，以才子充西北关厢巡检。后授武略将军，同知松江府事。迁溧阳，升汀州总管，同知邵武军事。荣兴学舍，筑桥梁，除盗贼，百姓感动，为之树德政碑。迁明威将军，德庆府总管兼劝农使。

刘忠 字摅诚，明代濮州（今鄄城县彭楼镇刘大楼村）人，官至右副都御史。

景泰二年（1451 年），受乡荐，任广西道御史。

后任职台州，为政宽严适度，人皆悦服，当地人归纳其政绩达 18 条之多，于是升任山西右参政。当地连年灾荒，有的青壮年啸聚垣曲山中，省臣商议发兵进剿，刘忠说："这些人是迫于饥饿，可以安抚，使之回乡。"众官同意了刘忠的意见。刘忠单人独马到山中去劝说，啸聚者都跪在地上感动得流泪，第二天就各自散去，垣曲人为刘忠立"安民碑"以作纪念。朝廷表彰刘忠抚民功，升忠为四川右布政使。刘忠推崇同乡宋代张詠的为人，事事效法张詠治蜀的做法，把张詠的诗文收集刻印，名为《乖崖集》。再转山西左布政使，升都察院右副都御使，巡抚榆林等处，后因病居家，3 年卒。朝廷派官祭葬。今彭楼镇刘大楼西北 1 公里许有刘忠墓，为县级文物保护单位。

李瓒 字宗器，明濮州鄄城人。弘治九年（1496 年）进士，授刑部主事，升通政司参议，以不屈刘瑾降饶州通判。后升江西佥事，累官都御史，巡视蓟、辽等处边备，兼抚顺天、保定等府。提督紫荆等关，经略东西二路，筑长城，镇边二城，募兵设隘，劳绩著闻，赐白金文绮。继为工部侍郎，总理河道，后改户部进尚书致仕。卒，赠太子太保。

子廷相，字梦弼，弘治十五年（1502 年）进士第三名，授翰林院编修。正德初，逆瑾擅权，瑾恶其不附己，改廷相为兵部主事。瑾伏诛，任翰林院学士，经筵讲官。一次随武宗游猎，廷相讲："百姓足君孰与不足。"剀切详陈，帝为感动，极赞说："真学士。"嘉靖初，升南京户部侍郎，后晋为尚书。卒谥文敏。父子同朝，人皆荣之，呼为"父子尚书"。家藏古书万卷于来鹤楼上，不吝百金求宋元版刻及孙刘马夏真笔，每卷轴钤其后曰："濮阳李氏世藏"。

苏祐（1493—1573） 字允吉，又字舜泽，明代东昌府濮州清丘（今鄄城县什集镇苏老家村）人，官至兵部尚书。

嘉靖五年（1526 年），中进士，初任广东道御史。嘉靖十二年（1533 年），大同兵士苦于工役，发生兵变，杀死总兵李瑾。并且胁迫潘都宪整理李瑾的罪状，苏祐愤怒地说："李瑾即使有罪，难道士兵就可以随便杀死吗？太无视朝廷的法纪了。"于是请示讨伐乱军，明世宗（厚熜）遣将兴师问罪，派苏祐为监军，兵至大同，城中人畏罪不敢出城，苏祐派人教导说："大军奉命平定叛乱，你们不要再作孽了。"这时候，镇抚王宁出城拜见苏祐，苏祐密授机宜，使人飞报城中，乱军更加害怕。于是马升、杨林杀其同伙拒降者，将首级献出。苏祐单车入城，军民老幼围车跪泣。苏祐安抚说："你们都是好人，受到胁迫。"众人才敢抬头仰望。苏祐奉命把杨林调到他处，杀掉其余叛乱分子。大同遂安。

苏祐写有《吊李将军歌》，在京师广为流传。大学士夏公说："久闻苏祐有文才，名不虚传。"

调江西督学副使，后拜山西参政、治雁门三关，又提大理少卿、右副都御史，召为刑部右侍郎，不久改任兵部侍郎，又以本职兼佥都御史，行宣大总督事。嘉靖二十九年（1550 年）秋，鞑靼兵逼近京师，苏祐率三镇兵出击，杀敌数十，截回马牛成千，被提为总督，守御边防。侯鸾对苏祐说："可否以某种理由为儿子请个功？"苏祐谢绝说："儿子没在部队，能得天子之宠吗？谢谢将军的美意。我不敢从命。"嘉靖三十二年（1553 年），任右都御史。不久，鞑靼兵 10 万南侵紫荆关，苏祐率兵顶风冒雨，日夜行军，在永安堡大战敌寇，5 天杀敌 400 人，敌败逃。世宗为之庆功，升苏祐为兵部尚书，任苏縈（祐之孙）为锦衣正千户。总兵岳懋失职畏罪，诬陷苏祐不请兵赏，因而被捕，后查出，苏祐多次请兵赏，奏牍还在。任御史时，曾同桑乔弹劾严嵩，严嵩怀恨在心，借故将苏祐削职。老朋友倪宗岳的妻子丧葬在百里之外，苏祐亲送灵柩回乡，有人对他说："你年老了，不宜远行。"苏祐说："应当使后辈知道忠厚之道啊！"晚年好读书为文练字，书法得古人意。著有《孙吴子集解》《三关纪要》《法家裒集》《谷原诗文草》《奏疏迪旃琐言》《云中纪要》等。

1567 年，穆宗嗣位，建元隆庆，赠恤嘉靖时建言得罪已故诸臣，苏祐也官复原职。万历元年（1573 年）病故，朝廷派礼部主事梁孜为其主办丧事。子澹、潢有文名。

李先芳（1510—1594） 字伯承，号北山，祖籍湖北监利，其祖迁居濮州李庄（今李进士堂镇李进士堂村）。

先芳生而早慧，美风姿，20岁中举，明嘉靖二十六年（1547年）中进士，翌年任新喻知县。新喻县贫穷落后，风俗不正，先芳安抚之余，济以严明法令，奸邪为之折服，境内安宁，深受朝廷赞赏。二十九年（1550年）升为户部主事，不久改任刑部曹郎，累官至尚宝司丞、陛少卿。后因得罪权要，降为亳州同知、宁国府同知。万历初辞官回归故里。先芳急公好义，热心乡里事业，遂联络郡人祝尧焕、陈忠翰、苏濂、桑绍良等，编修《濮州志》，万历十八年（1590年）志成，先芳为之序，自号“北山野史”。

先芳才华横溢，以诗作著称于世，名籍齐鲁，为嘉靖名士。与历城李攀龙、临清谢榛、考丰吴继岳等倡导诗社。先芳谙晓音律，尤妙琵琶，当时琵琶名家江东查十八曾折服于他。爱好广泛，对医学、道教、佛教研究均有一定造诣。

先芳著作宏富，留有《李氏山房诗选》《江右诗稿》《十三省歌谣》《东岱山房稿》30卷、《来禽馆集》《读书私记》《李先芳杂撰》40卷、《清平歌集》《周易折衷录》《春秋辨疑》《大明濮阳李氏世系先茔图记》《阴符经心解》《医学须知》《急救方》等书。

张世本（1838—1902） 字蕴德，号道源，回族，董口镇军屯村人。世本身材魁伟，气宇轩昂，孝敬父母，乐于助人，为曹濮一方群众所敬仰。

张世本热心公益事业，重义轻利，造福乡梓。清咸丰五年（1855年）黄河自铜瓦厢决口后，改道流经濮州，汛期一到，两岸百姓深受其害。世本首倡义举，号召泛区群众修筑临黄夹堤（亦称民埝），并带头捐田百余亩。世本被推为一方埝长，为修堤日夜操劳，“岁无虚日”，事必躬亲，“未尝身离寸地”，廉洁奉公，“执事仗义疏财”，不久，堤成，使附近十数万百姓免遭黄水之害。此举受到百姓一致称赞，官府也对其进行褒奖，赏以“六品职衔准咨部注册以千总试用。”

张世本乐于扶危济困，善解邻里纠纷。每乡邻有词讼斗殴等事，公必居间调停，务使双方云散冰释，相安无事而后已。一天，张世本外出路过红船集，正碰见两妇女吵嘴，其中一人说：“就是张世本来了，我也跟你没完。”张世本笑着走近她们说：“我就是张世本，有什么事说吧。”两妇女看看张世本，红着脸走开了。一次，两家因道路占地闹纠纷，张世本就把路开在自己的地中间。最为人称道的是张世本巧解闹丧案。东村一汉族青年之妻自缢而死，其娘家提出要活的童男童女摔老盆、抬轿、殉葬，否则，不准殡埋。男方请张世本从中调解，百般劝说无效，娘家硬是坚持那无法接受的条件。经过几天苦思默想，张世本想出一条计策，对母亲说：“东村一家发大丧，很热闹，我想叫您儿媳去看看。”母亲说：“跟着你去，娘很放心。”张世本到了东庄，对闹丧的双方说：“摔盆、抬轿、殉葬的童男童女找到了，今天出殡。”娘家的人问：“童男童女在哪里？”张世本说：“童男童女不来，我负责。”男方偷偷问张世本：“得花不少钱吧？”张世本说：“不用问了，到时候看我的眼色办。”当棺木抬出大门路祭之后，娘家人看看没有童男童女，忽地一下拦着棺木，眼看就要大打出手。张世本领着妻子凛然出现在棺木前，他拿起老盆，哀叹说：“我的娘呀！替人管闲事可真难呀！”说完，把老盆摔了个粉碎。又说：“老盆摔过了，俺两口子就是童男童女，愿意殉葬。”说罢，向抬丧的人做了个起灵的手势，灵柩起动了，娘家的人目瞪口呆，不知如何是好，张世本指挥众人把棺木抬到坟地里埋葬。事后，娘家的人心里感到很惭愧，主动找张世本赔礼道歉，男方更是感激不尽。张世本虽然说受了点委屈，但化解了丧事纠纷，避免了一场群众斗殴，心里也非常高兴。之后，张世本的威信愈来愈高。1905年，濮州西南13里的群众为张世本立孝义碑一座，颂扬其孝行义举。

刘占考 清末濮州（今鄄城县红船镇刘家桥）人。家境贫寒，自幼靠唱戏和卖苦力生活。咸丰十一年（1861年），农民武装在曹州各县蓬勃兴起，而地主武装团练也随之到处建立。刘占考和地主团练素有矛盾，为避邻村团总陷害，急走河北，与黑旗军领袖宋景诗取得联系。宋慨然相助，嘱其在黄河以南发展。刘占考率部回到故里，先击败马梦成、于士钦的地主武装，接着又攻破红船集，在本村设立大本营，竖起黑旗，号称"堂主"。北联宋景诗、丁书堂，南联贾儒坤（鄄城县阎什镇贾庄人）、陈尚突（阎什镇陈庄人），外联郭秉钧（菏泽郭唐坊人）、焦桂昌（菏泽人）、刘前（定陶人）、倪广和（巨野人），共谋举事。三月十七日，刘率部攻下濮州。随之挥师南下，四月初九，率部万余人进逼曹州，曹州闭关20多天，内外交通断绝。当时流行歌谣云："四月里，四月八，刘占考又把黑旗拉，出门碰见蔡老冒（僧格林沁的外号），打罢胜仗往南杀。"同年五月，又联合倪广和第二次包围曹州40多天，沉重打击了清军气焰。八月，率部数千人北渡黄河，与大绿旗义军杨福岭、大红旗义军靳四、小绿旗义军雷三、小红旗义军李金声等会师，连挫清军，清王朝为之震惊，咸丰谕曰："山东濮、范等处匪徒，陆续渡河，深入直隶，逼近临漳、内黄、滑县一带，东境河岸已为匪徒往来熟径，必须赶快剿除以固畿南门户，勿任久踞河岸。"十一月，僧格林沁亲率马步军至濮围剿，血洗刘家桥，攻陷红船集，刘占考两战失利，遂转战河北，复陷濮州。清王朝改变策略，对刘占考进行诱抚，刘占考在暂时失利的情况下，就抚清廷，改名刘效忠，随帮办军务胜保去陕西镇压回民起义，任总兵加提督衔。不久，被削去官职，解甲归田，后被知州葛恩海诬以在刘家桥修堡谋反，报山东巡抚批捕杀害。

王宗朋（1847—1906） 字兰居，清末山东濮州王榔头庄（今鄄城县箕山镇王榔头庄）人。王宗朋自幼爱好武术，刀、枪、鞭、棍样样精通。性格豪爽，刚强正直，扶弱济贫，兴利除弊，斗豪强，抗官府，成为鲁西苏北一带农民抗捐领袖。

光绪二十年（1894年），王宗朋以练武强身，扶弱保家为宗旨，创建了"红沙会"。初，会员仅本村的王振为、王以升等青年20余人，很快发展到附近七八个村庄500余人。

光绪二十六年（1900年），濮州孙汪至阎店段堰长周五典、冯德宣到南拔亭里抓民夫索堰捐，声言"三丁抽一"去复堤，民堰捐由原来的每年每亩500钱增至1000钱，三日交不齐，送县衙问罪。王宗朋闻讯，便带着几个"红沙会"会员赶到里公所，赶跑了周五典，抗住了民堰捐。

光绪二十八年（1902年），清政府为支付赔款加征土地税。濮州官府潘某（外号潘阎王）到箕山、王榔头庄一带坐镇催收捐税，王宗朋偕同"红沙会"会员见潘某，要求他上达百姓苦难，免去捐税，如果官府责怪，他一人承担。潘某慑于"红沙会"的力量，未敢强行征收。抗捐斗争的胜利，提高了王宗朋和"红沙会"的威望，"红沙会"由濮州发展到郓城、梁山、嘉祥、巨野、济宁、汶上、寿张、沛县等十几个州县。

袁世凯出任山东巡抚后，严令各州县禁止帮会活动，镇压抗捐运动。光绪二十八年（1902年），郓城知县抓捕了郓城的抗捐领袖任青合。王宗朋带领30多名会员，赶赴郓城县衙，与知县进行面对面的说理斗争。郓城的抗捐群众团团包围了郓城县衙，知县迫于压力，释放了任青合。

为了共同抗捐，王宗朋、任青合分头串联嘉祥、巨野、郓城、济宁、濮州、东平、寿张、汶上、梁山、丰县、沛县等11州县的"红沙会""大刀会""长枪会"，成立了"督总会"，王宗朋、任青合分别被推举为督老总和副督老总。

光绪三十二年（1906年），郓城知县再次逮捕任青合。王宗朋组织3000多人，包围了郓城，救出任青合。

是年，周五典再次以复堤为名，敲榨民财，濮州民怨沸腾，各庄长暗地酝酿罢免周五典，拥戴王宗朋为南拔亭里长兼堰长。周五典闻讯杀心顿起，与濮州知州王赓廷密谋，连夜去曹州诬告王宗朋"造反"，并要求知府发兵王堌堆（今鄄城镇）。知府准告，发兵500人，进驻王堌堆。四月十三日，王赓廷、周五典以请王宗朋商量复堤为名，将王宗朋骗到王堌堆，杀害于北门外。

宣统元年（1909年）十月上旬，八州县四十二里为王宗朋立“思慕碑”以作纪念。

王鸿一（1875—1930） 名朝俊，字黉一，别署鸿一，山东省濮州沈口里刘楼村（今鄄城县阎什镇刘楼）人。

早年丧父，孝母爱弟。幼时爱与邻友游玩，但县考仍以第一名录为附生。清光绪二十六年（1900年）入山东高等学堂学习，一年后赴日留学。先入东京早稻田大学学习，后毕业于宏文学院师范科。留学期间加入兴中会。清光绪二十九年（1903年）回国后，任曹州官立高等小学堂教员，几天后，学生为之折服，倾心敬佩。清光绪三十年（1904年）创办菏泽第一公立小学堂。是年秋，在菏泽东门里成立第二公立小学堂。继而又创立普通中学（后来的省立六中，今菏泽一中的前身），巡警学堂、桑氏女塾、黄庵工艺局等，培养了大批人才。时鲁西南“土匪”猖獗，王鸿一认为他们原非坏人，只因生活所迫，不得已铤而走险，因之创办“自新学堂”招训土匪，教之以技能，晓之以利害，使许多土匪悔过自新，成为自食其力的劳动者。此外，还创办了保姆养成所及幼稚园等。

辛亥革命爆发，王鸿一在曹州成立尚志社，鼓励各校学生赴武汉、上海、徐州参加革命。辛亥革命后，任山东提学使。为发展地方企业，解决贫民生计，请求周自齐（山东都督）设立曹州善后局，所属11州县开设草帽辫传习所，用小麦杆作原料，编制草帽辫，产品行销世界各地，巴拿马赛会上获得优等奖。

袁世凯窃国，组织所谓“进步党”强令加入，王鸿一愤然辞职，回曹州任省立六中校长。王鸿一四处奔走，号召倒袁，事闻于袁，袁电令周自齐派山东岱北观察使夏居泉（字溥斋，郓城人）赴曹州查办，并给夏以就地正法之权。夏出示袁电，鸿一神色自若，从容不迫而谓夏曰：“人染瘟疫而死，人事之常见者也，此事亦可视作人之死于瘟疫已耳，亦无甚可以惊疑处。”夏大为感动，以“事出有因，查无实据”复命袁世凯，鸿一免于被害。

1916年，王鸿一应选为山东省议会副议长兼省立第一中学校长。张怀芝（山东督军）欲起用他为政务厅长，复拟任黄河下游督办，他均荐贤代之，只任省长公署顾问。王偕同地方实业界知名人士及会员，组织地方政治讨论会、教育实业研究会，组织民治社于烟台、青岛、东昌、济南等处，创设鱼、蚕、棉、矿各项试验厂，又由省议会制定单行法规，各县设立劝业科。1919年“五四”运动爆发，北京政府逮捕爱国学生的消息传到山东，王鸿一和另一议员作为代表赴北京晋见总统徐世昌，要求释放被捕的学生，并做了大量营救工作。1922年改选议会，贿选风盛行，王鸿一不满官场习气，愤然辞职，改任济南一中校长。是年移居北平（北京），与几个好友研究学术，组织中华日报社，宣传东方文化。在太仆寺街设西北垦殖处，移菏泽贫民3000余人至绥远河套开垦，在包头创电力面粉股份有限公司。动员曹属11县聚钱在济南私办高中附于省校。

1924年，冯玉祥在北京组成国民军，王鸿一与吕秀文在曹州组织国民军第五军，后因寡不敌众而失败。在直、奉军阀统治时期，先后为山东督军田中玉、督办张宗昌不相容。遂避祸于北京东交民巷，鸿一则始终不稍屈。张作霖将其照片悬挂于前门门洞内，悬赏10万元。王鸿一不得已化装逃出东交民巷。

1928年，王鸿一致函国民党南京市党部委员兼训练部部长靳鹤声，请他建议国民党中央委员会，在孙中山先生倡导的“民族、民权、民生”之外，再加上一个“民德”，以发扬中国的文化传统，标立孔子“己所不欲，勿施于人”，“己欲立而立人，己欲达而达人”的思想。1930年春，国民政府拟任其为内务部次长，王笑与人曰：“吾岂志是哉！”坚辞不就。后参与反蒋活动，任中华民国陆海空军总司令部高级顾问（总司令阎锡山、副总司令冯玉祥）。7月26日病故于北京，门生故旧，纷集治丧。谥曰“弘毅先生”。1936年迁葬济南四里山。

彭占元（1870—1942） 字青岑，又名东半，鄄城县彭楼镇彭楼村人。清末廪生，清光绪二十九年（1903年）毕业于山东优级师范，旋东渡日本留学，毕业于日本法政大学，参加中国同盟会，被推为山东同盟会部长，捐款创立民报社。留学期间，利用暑假回国之机，奔走曹属各县，鼓动其弟占勋，侄蔚起及吕秀文、王铭霜、仝金聚等20余人一同赴日求学。回国后，创立普通中学宣传革命思想，联络革命志士，积蓄革命力量。清光绪三十五年（1909年）被选为咨议局议员，清光绪三十六年（1910年）被选为资政院议员。清光绪三十七年（1911年）辛亥革命爆发后在山东谋响应。是年11月13日，山东省各界代表大会在济南召开，彭被选为“山东独立会”副会长，后被推为组织南京临时政府代表，后任南京政府临时参议院议员，1913年被选为众议院议员，国会解散后赴上海。1916年第一次恢复国会时，仍任众议院议员，1917年任护法国会众议院议员，1922年第二次恢复国会时，再任众议院议员，后各派军阀混战不已，遂辞职返回故里。

彭占元热心教育，造福乡梓，邀集各乡绅士募捐，创办南华小学（今菏泽二完小）；带头捐出家中宅基地，建立彭楼小学堂（今彭楼完小）。他为民请命，上书官府，要求免去郓城安兴乡大刘庄（今属菏泽市）800亩坑塘地的官税，并为清末捻军首领郭秉钧（今菏泽市郭塘坊人）的儿子申冤。1935年7月黄河从临濮董庄决口，他任工赈队副总队长（孔祥榕任总队长），主持大堤合龙工程，披星戴月，栉风沐雨，操劳奔波于工地，终使决口合龙。孔祥榕亲赠银盾一枚，上书“勋劳懋著”，以资表彰。晚年，定居曹州，经营盐务。抗日战争时期，日本人丰田曾多次拉拢收买，让其为日本做事，终不为所动，保持了民族气节。1942年去世，享年72岁。

刘传朋（1915—1994） 字松年，旧城镇葛楼村人。1922年在本村上小学，1927年在鄄城上高小；1930年在鄄城上师范，1932年毕业后务农。1938年7月加入中国共产党。1939年9月鄄城县委成立，任县委委员、统战部部长。10月，负责筹建濮县第二抗日游击基干大队，任政治教导员。1940年2月23日，被选为旧城区区长。3月5日，鄄城抗日县政府成立，任第六（旧城）抗日区公所区长兼区队长。1941年2月，任鄄城县基干大队大队长。1942年10月至1943年1月，任鄄城县基干大队副大队长。1943年1月任鄄城县武委会主任。1944年2月，任鄄城抗日县政府县长兼基干大队大队长。1945年11月19日，兼鄄城县保卫大队大队长。1946年6月8日，鄄城抗日县政府改称为鄄城县民主县政府，继续任县长。1947年1月，兼任鄄城县基干大队大队长。5月，调任冀鲁豫第二行政区督察专员公署代理财政科长，7月任科长。1948年7月28日，任冀鲁豫黄河水利委员会第五（闵子墓）修防处主任。1949年3月20日，任冀鲁豫黄河水利委员会第三（大渚潭）修防处主任。8月，任平原省黄河河务局第三（大渚潭）修防处主任。1950年5月20日，任平原黄河河务局菏泽（大渚潭）黄河修防处主任。1952年11月，任山东黄河河务局菏泽（大渚潭）修防处主任。1953年3月25日，任山东黄河河务局第二副局长。1958年4月14日，任山东黄河位山工程局副局长；10月26日任山东黄河位山工程局局长。1961年7月27日，任山东省水利厅副厅长。1961年12月25日，任山东黄河河务局副局长、党组副书记。1966年4月16日，任党组书记。1972年10月28日，任山东省革命委员会黄河河务局副局长。1973年8月29日，任党的核心小组副组长。1975年6月，不再担任副局长。1978年12月11日，任顾问。1982年7月28日，任山东《黄河志》编纂领导小组顾问。12月16日离职休养。1994年6月27日在济南病逝，享年79岁。

宋子健 （1918—1997）原名宋克强，董口镇前宋楼村人。1918年出生。1938年7月加入中国共产党。抗日战争时期先后任中共董口区区委书记、鄄城县抗日动员委员会主任、中共鄄城县委宣传部长、敌工部长、冀鲁豫二分区敌工科副科长、宣传科科长等职。解放战争时期先后任济宁中学教导处主任、冀鲁豫区党委社会部办公室主任等职。中华人民共和国成立后，先后任贵州省贵阳市公安局局长，贵州省公安厅副厅长、厅长，贵州省机械厅厅长，贵州省经委第一副主任等职。1984 年 12 月离职休养。1997 年 3 月去世。

张向善（1917—1998） 红船镇苗庄人。1917 年 12 月出生。1936 年加入中国共产党。1936—1949 年在部队服役，历任连队政治指导员、政治部敌工科长、营教导员、团政治委员、旅政治部主任、师副政治委员。1949 年 3 月南下四川，任中共安州地委书记、行政公署专员兼安州军分区司令员、政治委员。1951 年参加抗美援朝战争任志愿军 199 师政治委员。1953 年回国后任廿军政治部主任、副政委。1964 年授少将军衔，是年转业，任化学工业部政治部主任。1976 年底调中国科学院任某局局长、书记，后改为顾问。1987 年任中国科学院行政管理局局长、党委书记，后任顾问。获二级独立自由勋章、二级解放勋章。1998 年 7 月去世。

朱魁 （1922—2000）原名朱守经，字名言，化名李松林，董口镇前张庄人。1922 年 5 月出生。早年曾在鄄城县小学及郓城县中学读书。1938 年 11 月加入中国共产党。抗日战争时期先后任鄄城县抗日动员委员会工作员、区抗联主任、鄄西办事处武委会主任、朝城县武委会副主任、冀鲁豫军区二分区武委会政工科副科长等职。解放战争时期任郓城县武委会副主任。1949 年任江西省玉山县武装部部长，1950 年任中共贵州省道真县县委书记。1952 年 9 月至 1956 年 6 月先后任贵州省林东煤矿党委书记、省工矿企业党委办公室主任、省工业厅地勘处处长。1956 年 7 月任贵州省地质局筹备处主任、副局长。1960 年 12 月至 1964 年 8 月先后任中共绥阳县委第一书记、遵义市委第一书记。1964 年 9 月至 1970 年 1 月先后任贵州省建委副主任、省计委副主任、省国防工业办公室主任。1970 年 2 月任省地质局副局长，1977 年 7 月任省计划委员会副主任，1983 年 5 月任省人大常委会委员。1993 年离休，正厅级。中共贵州省第一、二、三、四、五次代表大会代表。2000 年 9 月去世。

赵胜一 （1944—2002）箕山镇冀庄人。1964 年 9 月考入北京政法学院（中国政法大学）法律系学习，1965 年 12 月加入中国共产党。1968 年大学毕业到济南军区农药厂实习。1970 年参加中国人民解放军，同年 8 月任济南军区后勤部政治部秘书。1984 年任济南军区军事法院副院长，1988 年任院长。1990 年任济南军区政治部保卫部部长。1994 年 3 月被选派到中国人民国防大学基本系指挥员班学习。1995 年 2 月起，先后任第二十六集团军政治部主任、副政治委员。1997 年 7 月被授予少将军衔。当选山东省第九届人民代表大会代表。2001 年 3 月任济南军区政治部副主任。2002 年 12 月因执行公务在济南牺牲。

苏增安（1914—2008） 旧城镇苏庄人。自幼酷爱绘画，中学时代逐渐显露出在美术方面的天赋。1941 年，苏增安被杭州国立艺术专科学校录取。当时的国立艺专，汇聚了潘天寿、李可染、傅抱石等一大批国画大师。苏增安如鱼得水，潜心攻读中外美术论著，刻苦研究临摹大量古代书画作品，虚心向大师们求教。几年的学习，苏增安的画艺有了突飞猛进的提高，日臻成熟。

1947 年，苏增安离开母校，在山东泰安一中任教。中华人民共和国成立后，新的生活气象让他异常兴奋，工作之余先后到黄山、三峡、峨眉山、华山等名山大川写生，创作了大量作品，作品质量也有了新的飞跃，立意、构图、技法逐渐显出自家风貌。

“文化大革命”中，他的字画被抄走，精神肉体倍受折磨。“文化大革命”结束后，他又重新登上讲台，为党和人民工作。苏增安在山水画上，十分强调用笔，笔墨要求极高。以笔为骨，墨分五彩，大胆落笔，细心收拾。待形象、层次、气氛跃然纸上时，略施淡彩，境界全出。在继承前人的基础上，创出了自己的笔墨语言符号，形成了自己独特的风格。

笔墨腴润而苍劲，“无起止之迹”，如杜甫诗云：“元气淋漓幛犹湿。”他画的《泰山新貌》《黄山松云》《松溪图》等，广为人们所称道。他的同学、山东艺术学院教授、著名山水画家刘鲁生评价他的画“代表了那个时代”。苏增安晚年作品用笔高度凝炼，质朴浑厚、变化有致，意态大度，极富风采神韵，各界人士争相收藏。

杜子端 （1921—2008）原名杜守正，彭楼镇后杜庄人。1921年2月出生，1939年3月参加八路军游击队，是年加入中国共产党。1940年4月起先后任鄄城县第四抗日区公所（后改称九区，巨菏县九区、郓鄄巨菏办事处九区、临泽县二区）助理员、副区长、区长、临泽县县政府秘书，冀鲁豫二专署第二办事处一科科长。1945年任临泽县大队副政委，1947年7月任临泽县县长。1947年10月任中国人民解放军某团政治处主任。1950年6月任全国盐务缉私部队政治科长。1952至1976年底先后在国家财政部盐务总局、轻工业部供销总局、食品工业管理局、机械工业局任人事室副主任、办公室主任、局长助理、副局长、局长等职务。1977年1月任轻工业部副部长，1979年任农业部副部长兼社队企业总局局长，1981年任中国食品工业协会会长，1986年任食品协会顾问。1991年被推选为炎黄文化研究会副会长。2008年11月15日在北京逝世，享年88岁。

宋绍先（1952—2016） 1952年出生，李进士堂镇李进士堂村人。1976年8月参加工作，1981年8月加入中国共产党。大学文化。曾任中专教师，菏泽地区供销合作社办公室副主任。1988年12月起先后任中共菏泽地委组织部组织科副科长、科长，1993年6月任中共菏泽地委组织部副部长。1997年5月任中共单县县委副书记，7月任中共单县县委副书记、单县人民政府县长、党组书记，12月任中共单县县委书记兼单县人民武装部党委第一书记。2004年1月至2007年9月任中共菏泽市委党校党委副书记、副校长、党委委员，同时兼任菏泽市行政干部管理学院副院长。2007年9月至2008年1月任菏泽市委党校副校长。2008年1月至2008年3月任菏泽市人大常委会委员，菏泽市委党校副校长。 2008年3月至2009年1月任菏泽市人大常委会委员、人大财经工作委员会副主任，市委党校副校长。 2009年1月至2012年2月任菏泽市人大常委会委员、人大财经工作委员会副主任。2012年2月至5月，任菏泽市人大财经工作委员会副主任。2012年8月退休。是中共山东省第七次、第八次党代会代表，九届山东省人大代表。

在单县任职期间，致力于党的建设和干部队伍建设，致力于单县经济和社会发展，先后领导了企业改革、乡镇规模调整、县乡机构改革、农村税费改革等重大工作，主持制定治理经济发展环境30条规定和招商引资政策20条规定，在全县实施大开放、大招商战略；拓宽城区主要街道 8条，建设一批景观工程，城市面貌大为改观；基础设施日益完善，全县公路通车里程翻了一番；新建22万伏和11万伏变电站各一座，兴建水利工程700多项，闲置多年的浮岗水库正式启用，有效解决了水电等瓶颈问题。重视文化建设，提高人民整体素质，涌现出好人孟昭良、孙敦友和付正田等一批见义勇为的英雄人物。全县政治安定、经济繁荣、社会发展良好，受到社会各阶层人士的好评。

2016年5月去世。

许正义 原名许兆唐，字蓂庭，董口镇许楼村人。1911年11月出生。1938年7月加入中国共产党，任中共濮县鄄西分区委委员。1939年9月任中共鄄城县董口分区委副书记，1940年8月任鄄城县粮调会副主任。1942年6月始，历任鄄城抗日县政府财政科副科长，鄄西办事处财政科长、朝城抗日县政府财政科长，鄄城县民主政府财政科长。1946年7月任鄄城县民主政府秘书，1947年8月任鄄城县民主政府副县长，1948年7月任冀鲁豫战勤指挥部科长，1949年5月任江西省铅山县县长。1950年任中共贵州省遵义地委干校副校长兼地委宣传科长，1952 年任贵州省工业厅计划室主任，1956 年 5 月任省政府工业办公室副主任。1958 年参加贵州工学院的筹建工作，后历任院党委委员、副院长、院党委副书记。“文化大革命”中受到错误批判，“文化大革命”结束后，恢复原工作。1979 年底调任中共贵阳师范学院委员会书记兼院纪委书记。1983 年离职休养。

赵仲时 曾名赵玉如、赵锡璧，旧城镇赵庄人。1913 年 12 月生。少年时曾在本村私塾、鄄城高小和山东省立第七中学读书。1933 年考入梁漱溟倡办的乡村建设研究院菏泽分院。毕业后先后在滕县、聊城、茌平、寿张等县任乡农学校教员、教务主任、校长等职。“七七”事变后，任聊城政训处政训员。1938 年 4 月加入中国共产党。是年夏，任范筑先部第十三支队一团政治处主任，是十三支队中共党组织三人领导小组成员。1938 年 11 月至 1949 年 12 月先后在八路军、新四军、第三野战军任民运股长、营教导员、团政治处主任、团政委、旅政治部主任、师政治部主任等职。1949 年 12 月任中央军委联络部一局六处处长。1952 年 10 月任中华人民共和国驻印度尼西亚雅加达领事馆总领事。1957 年 12 月任中共中央调查部一局副局长。国家安全部咨询委员会委员。1982 年 12 月离休。

董兴茂 原名董东周，字文博，化名董鲁、王兴茂，李进士堂镇十三庄村人。1914 年 2 月出生。1933 年夏鄄城第一高小毕业，在鄄城、范县任小学教员。1938 年 8 月参加八路军，11 月加入中国共产党。曾在抗日军政大学学习，毕业后在部队中任指导员。1943 年 2 月至 1948 年 5 月任鄄城县五区区委书记、鄄城县武委会主任等职。1948 年 3 月在冀鲁豫区党委工作团工作，1949 年 6 月在区党委党校（后改为平原省委党校）工作，任支部书记。1953 年 3 月至 1982 年底，先后任第二机械工业部七局总支书记、城市建设部城市规划研究院室主任、建筑工程部建筑标准设计研究所第一副所长、中国建筑科学研究院纪律检查委员会第一副书记。1982 年底离职休养。

阎迎瑞 原名阎风朝，字迎瑞，号青园，李进士堂镇大罗庄人。1916 年 9 月出生。1936 年师范毕业，曾任小学教员。1938 年 2 月加入中国共产党，是年 7 月起，先后任中共濮县河东分区委副书记、中共鄄城县旧城分区委副书记、八路军先遣纵队濮县工作团宣传科长，中共鄄城六区区委书记、鄄城县委组织部长、冀鲁豫二（运西）专署干部科长兼二地委直属党委书记、中共郓北县委副书记等职。1949 年 2 月任中共鄄城县委书记，1952 年 5 月任中共菏泽地委宣传部长、地委委员。1954 年 6 月，调任中共辽宁省本溪市委委员、党校校长兼党委书记。“文化大革命”期间，被下放农村劳动。1972 年恢复工作，任本溪市革命委员会马列主义理论学习班主任。1973 年 2 月任市革委会文教组长、文教办公室主任、党组书记，中共本溪市委委员。1978 年 10 月任市革委会副主任，分管文教工作。1980 年 5 月任本溪市人大常委会常务副主任、党组副书记。1983 年离职休养。

伊萍 曾名仪登禄，大埝乡西仪楼村人。1917 年 10 月 17 日出生。青少年时期，曾在鄄城高小和济宁中学读书。1938 年 5 月加入中国共产党。1939 年 3 月在八路军冀鲁豫支队任缮写和文化教员。1940 年 3 月起先后任中共鄄城县委宣传部部长、代理书记、敌工部部长、书记。1948 年春南下，任中共安徽省太和县委书记。1949 年 4 月任南京市公安局四分局局长，1952 年 10 月任中共南京市浦口区委书记。1954 年 12 月任水电部东北电建局副局长，1958 年 6 月任东北电力设计院院长，1962 年 5 月任东北电管局局长。1965 年 5 月任水电部西南电力指挥部副指挥，1968 年任西南电建局革命委员会副主任。1971 年 10 月任四川省电力局副局长，1978 年 12 月任水电部电建二局局长，1981 年任西南电管局副局长。1983 年离职休养。

李坚 曾名申朝江、申深，左营乡田楼村人。1918 年 10 月 15 日出生。曾在寿张县乡村师范读书。

1938年6月参加鲁西二十七支队，任政治部宣传干事，是年10月参加中华民族抗日先锋队，12月加入中国共产党。1939年10月任中共鄄城县委民运部部长。1940年5月起先后任中共濮县县委书记、组织部长、书记。1947年8月任中共冀鲁豫九地委社会部部长，后任冀鲁豫九专署专员。1948年12月调中共中央华北局先后任组织部部长、纪委处长兼办公室主任。华北局撤销后，调中共中央纪委任农村处副处长、处长。“文化大革命”期间，曾受到错误批判。1975年8月任山东省德州地区革命委员会副主任，1976年6月任中共德州地委副书记。1978年12月任中共中央纪律检查委员会委员兼信访办公室主任。1987年10月离职休养。

李曙光　曾名李书春、晨光、木子铮、李希正，大埝乡李庄人。1919年4月11日生。曾就读于鄄城第一高小、济宁初中。1938年12月加入中国共产党。1940年3月至1949年10月，先后在鄄城、范县、运西地委青委、观城县、南旺县、冀鲁豫七地委、冀鲁豫区党委宣传部做青年、民运和宣传工作。1949年10月在中共平原省委宣传部工作，1951年4月在中共中央华北局宣传部工作。1954年8月任北京七一八厂筹备组副主任，1955年9月任南京七二〇厂副厂长，1959年1月任南京九二四厂代厂长，1964年4月任北京七〇七厂厂长，1975年5月任北京七五一厂副厂长，后改任顾问。1983年5月离职休养。

李云川　曾用名彭挺，李进士堂镇李黄庄人。1919年10月出生。1938年加入中国共产党，参加革命工作。历任山东第六区（鲁西北）游击司令部第十一支队营教导员、郓城县政府政治指导员、巨菏工委书记、郓鄄巨菏县委书记、郓巨县委书记、济宁市三区书记、南旺县委书记、昆山县委书记、东平县委书记、泰西地委委员兼宣传部长等职。中华人民共和国成立后，先后担任鲁中南区党委工委书记，山东省工会生产部长，中国机械工会副主席、主席，全国总工会国际部部长，驻达荷美（现贝宁）大使、朝鲜大使、瑞士大使。1982年5月任国家劳动人事部副部长、党组成员，1986年9月退居二线。1964年当选第三届全国人民代表大会代表。

鲍明炜　箕山镇鲍庄人。1919年出生，1936年入巨野中学（后迁四川绵阳改为国立第六中学）读书。1942年考入重庆前中央大学文学院中文系，1946年随校迁址南京（中华人民共和国成立后该校改称南京大学）。毕业后留校任助教、讲师、教授。主要担任语文、文字、音韵、方言等课程，并指导汉语方言研究生。在教学研究工作中任语文教研室主任、南京大学语言与语言工程研究中心主任。在社会学术活动方面历任江苏语言学会会长和中国语言学会、汉语方言学会、汉语音韵学会理事或学术委员。此外还担任江苏省《方言志》主编。主要作品有：《初唐诗文韵部研究》《六朝金陵吴语辨》《六十年来南京方言的发展》《广韵元部的流变》《论现代诗韵》，以及《略论汉民族共同语的形成和发展》《汉字简化与语文现代化》等论文。

张祥　原名董作祥，李进士堂镇十三庄人。1920年1月出生。少年时期曾先后在本村小学、鄄城第一高小读书。1938年7月加入中国共产党。1939年任旧城区委组织委员、区委书记。1940年后任鲁西二专署（后改为冀鲁豫二专署）财政科出纳、会计、股长等职。1945年任汶上县财政科长、县政府秘书。1949年2月任浙江省寿昌县财政科长，后任建德专署财政科副科长。1950至1983年先后任浙江省财委处长、省供销社副主任、省商业厅副厅长、省工商局副局长等职。1983年3月离职休养。

魏新民　原名魏心恕，李进士堂镇焦庄人。1920年出生。1939年3月参加八路军，是年11月加入中国共产党。1940年3月任鄄城抗日县政府科员。1941年4月起先后任鄄城县第六抗日区公所副区长，中共鄄城县武装委员会组训部长、副主任，鄄城县反攻营营长。1946年任冀鲁豫军区武装部组织科副科长，后任中共冀鲁豫九地委武装部政工科长。1949 年 10 月任平原省濮阳军分区司令部训练科科长，不久调任平原省军区司令部训练科科长。1953 年 1 月任中国人民解放军总参谋部军务部兵员处正团职参谋，1959 年 11 月任总参谋部军务部兵员处副处长，1969 年 11 月任总参谋部兵员处处长。1983 年 10 月离职休养。

李兆坤 李进士堂镇杨庄人。1920 年出生。1941 年加入中国共产党，任本村党支部书记。1943 年 10 月调冀鲁豫八地委抗日联合分会工作，1946 年任临泽县二区抗联主任，1945 年任中共临泽县二区区委书记。1949 年 3 月南下，任中共江西省铅山县东坊区区委书记，是年 9 月任贵州省湄潭县一区区委书记，1951 年 4 月任中共绥阳县委宣传部长，1952 年 4 月任遵义地区劳改局科长，1953 年任贵州省劳改局副局长。1985 年离职休养。

陈之夫 旧城镇陈刘庄人。1920 年出生。1938 年 7 月加入中国共产党。1939 年受中共鄄城县委委派组织濮县第二抗日游击基干大队，1940 年 3 月随游击队编入八路军，历任连长、指导员、营长、教导员、师政治部科长。1950 年 12 月转业到地方工作，先后任县长、国家民委文教司副司长兼中央民族歌舞团团长，贵州省民委副主任、党组副书记，贵州省人民防空战备办公室副主任、党组副书记。1989 年离职休养。

吴清卓 大埝乡大埝村人。1921 年 2 月出生。1939 年 8 月参加八路军，1940 年 2 月加入中国共产党。在部队工作期间历任宣传员、政治指导员、侦察参谋、侦察科长、联络民运科长、师组织科长、团政委、师政治部主任、军政治部副主任等职。1958 年 4 月被错划为右派，下放劳动。1979 年 10 月平反后转业到地方工作，任中共云南省委统战部副部长。1983 年 4 月离职休养。

仪华 曾名仪先成，箕山镇仪楼村人。1921 年 7 月出生。1939 年 7 月加入中国共产党，参加革命工作，任中共鄄城县三区区委书记。1940 年 7 月入中共鲁西区党委党校学习。1941 年 1 月任八路军 115 师供给部科员，后在鲁西银行、冀南银行任指导员、科长，1948 年 9 月任中国人民银行总行科长。1956 年 11 月任沈阳市人民银行行长、党组书记。1965 年 7 月任沈阳市百货公司经理。1969 年 12 月下放到辽宁省兴城县农村劳动。1972 年恢复工作，任沈阳市建设银行行长、党组书记。1981 年 12 月任沈阳市财政局局长、党组书记。1984 年 1 月任中共辽宁省沈阳市顾问委员会委员。

周长龄 左营乡周楼村人。1921 年出生。1940 年加入中国共产党，任鄄北抗日联防队队员。1945 年 9 月任鄄城县四区（陈良）司法助理员，1951 年 12 月任鄄城县公安局副局长。1952 年 5 月调平原省公安厅，后调公安部工作。1955 年调任青海省柴达木行政委员会（后改为海西自治州）公安处长，1975 年任海西州革命委员会副主任，1980 年任海西州人民政府副州长。1985 年离职休养。

陈华锋 原名陈德进，李进士堂镇陈庄人。1922 年 10 月出生。1939 年 5 月加入中国共产党，是年 8 月参加八路军。1940 年初任鄄城县抗日基干大队政治指导员，10 月入抗日军政大学学习。1942 年 9 月任范县二区区长，范县公安局局长，1945 年 10 月任范县人民政府县长。1949 年 3 月任阳谷县人民政府县长，1952 年 4 月任中共阳谷县委书记。1954 年 8 月任中共聊城地委委员、农业生产合作部部长。1955 年调任上海矿山机械厂厂长，1962 年任中共江南造船厂党委书记，1977 年任上海市造船工业局局长，1983 年任上海闵行虹桥开发公司副总经理（厅局级）。1985 年底离职休养，应聘任上海市建设委员会巡视员。

石铭 曾名石子鉴，李进士堂镇石楼村人。1922 年出生。1938 年参加革命工作，1939 年 3 月加入中国共产党，是年 11 月任中共濮县县委宣传干事。1940年3月后任鄄城县委宣传干事、二区区委宣传委员、五区区委书记、鄄城县委党训班支部书记，1946年10月任鄄城县委宣传部副部长，1947年8月任鄄城县情报局局长。1948年春调冀鲁豫区党委工作团工作。1949年春随军南下，1950年在云南工业部参加接管云南造币厂、二九八厂等单位，曾任副厂长、厂长。1953年后任云南省工业厅计划处处长、轻工业厅办公室主任等职，1972年任云南省食品工业公司经理，1981年任省烟草公司顾问。1984年离职休养。

董修保　李进士堂镇十三庄人。1923年出生。1941年参加革命，在鄄城县第七区抗联工作，1942年加入中国共产党。1945年任中共济宁县一区委组织委员。1947年随军南下，任中共河南省汝南县八区委书记，1951年11月任信阳专区治淮指挥部组织科长。1952年11月后先后任中建部中南工程理局施工所主任、工程科长、四公司副经理。1958至1976年历任贵州省建设厅物资处、综合处、省建委施工处处长。1976年5月任贵州省设筑工程管理局副局长、工程师。1983年离职休养。

金端　原名李金端，鄄城镇东肖庄人。1923年出生。1939年8月参加八路军115师，是年12月加入中国共产党。1943年在鄄城打入敌人内部，做党的地下工作。1945年返回部队，历任青年干事、政治指导员、团政治处主任、团政委、团长等职。1965年转业到四川省做地方工作，先后任省财贸干校副校长、省外贸局副局长、省对外经济贸易厅副厅长、省工商行政管理局副局长。1990年1月离职休养。

仪洪柱　曾名仪鸿翥，大埝乡仪楼村人。1923年出生。1938年秋加入中国共产党。1940年春任中共鄄城县委青委组织干事，1942年秋任鄄城县青年抗日救国会主任，不久任鄄城县三区抗日联合会主任。1942年底起先后任冀鲁豫第二军分区敌工科干事、敌工分站副站长。1946年春任冀鲁豫第二行政督察专员公署公安局政务秘书，1947年秋任中共临泽县委社会部副部长兼县公安局副局长。1948年秋调任山西省太原市公安局搜捕四组组长。1949年1月任天津市公安局秘书，1951年1月任天津市公安局二处二科科长。1953年7月起先后任塘沽公安分局局长、天津市公安局十处处长、天津市港区公安局局长、中共天津市塘沽区委副书记兼中共天津市港口涉外党组常务副书记。“文化大革命”期间受到错误批判。1978年10月恢复中共天津市塘沽区委副书记职务，1983年9月任天津市塘沽区人大常委会主任。1986年离职休养。

李德然　旧城镇大石庄人。1924年出生。1942年2月加入中国共产党，是年10月任鄄城五区青救会主任。1948年任菏泽城关镇镇长。1949年任江西省玉山县城关区工会主席。1950年任贵州省绥阳县旺草区区委书记，1952年任绥阳县县长，1954年任遵义市市长，1958年任中共习水县委书记，1961年任遵义县县长，1966年任遵义地区农业局局长，1972年任中共湄潭县委书记，1978年任中共安顺地委副书记。1992年离休，正厅级待遇。

仪邦钦　大埝乡西仪楼村人。1925年2月出生。1942年6月参加革命，1943年6月加入中国共产党。1944年至1949年先后任中共鄄城县一区委组织委员、宣传委员、副书记。1949年3月南下，任中共江西省铅山县五区委书记。1949年11月调贵州省工作，曾任中共遵义县新舟区委书记兼区长、正安县委宣传部长。1954—1964年历任中共遵义地委宣传部科长、副部长，贵州茅台酒厂党委书记、遵义工业学校党委书记、省委宣传部处长。1965—1981年先后任中共兴义地委宣传部长、地委秘书长、地委副书记兼行署副专员。1982年任中共黔西南州委副书记兼常务副州长，后任州委顾问。1994年12月离休。

常邦国　旧城镇旧城集人。1925年5月出生。少年时期曾在本村小学和鄄城高级小学读书。1940年春参加革命工作，1941年秋入运西中学（后改称冀鲁豫边区一中）学习，1942年8月加入中国共产党。1943年离校，先后担任鄄城六区青救会主任、县青救会宣传部长。1945年春任中共鄄城八区区委书记，8月任九区区委书记。1947年秋任中共鄄城县委宣传部副部长，1948年秋任中共冀鲁豫二地委青委委员，1949年秋任中共菏泽地委办公室副主任，1950年冬任东明县委宣传部部长。1955年秋任河南省开封地委党校副校长，1957年秋任开封第一师范（后改为开封师专）党委书记，1963年秋任荥阳师范总支书记，1965年任开封地委宣传部秘书，1970年任开封地区五七专科学校总支书记，1973年冬任开封地委统战部秘书，1978年初任开封师专党委书记。1990年冬离职休养。

岳光 旧城镇大石庄人。1925年8月15日出生。1940年10月参加革命，曾任曹县十区区长。1949年初南下，任江西省横峰县文教科科长。1949年秋进贵州省工作，曾任普定县人民政府秘书、安顺专署办公室主任。1956年开始从事教育管理工作，历任贵阳工业专科学校党委书记、校长，贵州机械学院党委副书记、副院长，贵州工学院党委书记，贵州大学办公室主任，贵阳中医学院副院长、党委书记。1986年任贵州省人大常委会教科文卫委员会副主任。曾主编《八千里路云和月》和《岳光诗选》等书。1994年离休。

许评 大埝乡许黄店村人。1926年4月出生。1939年起先后在鄄北第一抗日高小、运西抗日中学读书，曾为学生救国会会刊编辑。1944年9月加入中国共产党，历任郓北县六区青年救国会主任、八区武工队政治指导员、中共郓北县委机关报《新郓北》主编兼新华社郓北通讯站长。1949年任中共菏泽城关区委青委书记，后任菏泽团地委少儿部部长，曾创办《菏泽学联通讯》，任主编。1952年初任《平原日报》菏泽记者站站长，1961年任《大众日报》记者部主任，1975年任《人民日报》山东记者站站长和《人民日报》记者部领导小组副组长。1978年任山东省出版局副局长、山东省出版总社副总编辑兼明天出版社社长、编审。1988年离休。为中国作家协会会员、作协山东分会理事，中国旅游文学研究会副会长、中国少儿文学研究会理事、中国文学研究会理事、中国散文学会理事、山东省散文学会会长、山东出版协会副主席。作品有散文集《梁山泊风情》《齐鲁青未了》《东岳游记》《国色天香赋》《明湖赋》《荷艳集》《秋丛集》《花繁枝茂》，文学评论集《雨点集》，长篇儿童小说《水浒少年》和长篇小说《水泊星辰》。

石文岐 李进士堂镇芝麻刘庄人。1926年出生。1942年毕业于鄄城县抗日中学，尔后从事教育工作，历任区文教助理员、县抗日高级小学教员、冀鲁豫边区一中教导员。1946年任鲁西二专署公安处秘书，1948年任中共鄄城县委员会秘书。1949年3月随部队南下，任中共江西省铅山县委秘书，9月西进，任中共贵州省湄潭县三区区委书记，后任县委宣传部长。1952年任中共贵州省纪律检查委员会副处长，1970年任中共贵州炼铁厂党委书记，1983年任中共贵州省冶金厅纪检组长。1989年离职休养。正厅级。

王伯仁 原名王百仁，箕山镇南焦庄人。1928年9月出生。曾就读鄄城抗日高小、鄄城中学。1945年8月加入中国共产党。1947年6月加入中国人民解放军，曾任译电员、机要组长等职。1954年7月转业到中共安徽省委工交部干部处工作，先后任科长、副处长。1956年曾出席安徽省积极分子代表大会。"文化大革命"期间曾下放农村劳动。1972年任中共芜湖市重工业局党委副书记，后任芜湖市化学工业局革命委员会主任、党委书记。1978年5月起先后任安徽省石油化学工业厅党组成员、政治部主任、副厅长。1989年9月离职休养。

李清泉 左营乡丁杨寺村人。1928年出生。1944年3月加入中国共产党。1945年4月起在郓城县第十区工作，曾任区委宣传委员、组织委员。1949年2月南下，任江西省上饶县应家口乡乡长。

1949 年 9 月随军西进，在贵州省安顺县工作，历任中共旧州区委、幺铺区委书记，中共安顺县委宣传部部长、农村工作部部长、副书记。1959 年 1 月起先后任安顺地区林业局局长、中共安顺地委农工部部长，1964 年 4 月任中共关岭县委书记。1967 年初受到错误批判，1971 年 3 月重新当选中共关岭县委书记。1979 年 2 月任安顺行署专员兼地区农业办公室主任，1983 年 6 月任中共安顺地委委员、农工部长，1989 年 7 月任贵州省人大常委会安顺地区工作委员会副主任。1995 年 7 月离休。

田文　原名彭以尧，左营乡田楼村人。1931 年出生。曾就读于鄄城抗日小学、冀鲁豫边区第一中学。1947 年在冀鲁豫文工团工作，1950 年起先后在中央戏剧学院、北京俄文专修学校学习，1953 年后在中央戏剧学院从事美术和舞台艺术研究工作。历任美术系副主任、党总支书记、院学术委员会副主任、院戏剧艺术研究所所长、舞台美术系主任、院党委委员兼宣传部长，中国戏剧家协会常务理事、中国美术家协会会员、中国舞台美术协会副会长。曾参加编纂《中国大百科全书》（戏剧卷），任舞台美术分支副主编，并任《美术辞林》（舞台美术卷）顾问、学会刊物《舞台美术与技术》主编。主要作品有:《实事是研究、借鉴的基础》《我对“戏剧观”问题的看法》《戏剧用景门外谈》《舞台美术中的现代流派》《台阶与戏》等作品，其中《台阶与戏》一文获“田汉戏剧奖”评论二等奖。

译作主要有：《演出形式的共同创造》《莫斯科艺术剧院的舞台美术家》《舞台布景艺术》等。

人物简介

刘传欣 1927年11月出生，阎什镇刘楼村人，中共党员，高小文化，1945年1月参加革命。曾任中共菏泽地委办公室副主任。1957年3月至1966年春任谭启龙机要秘书，1973年6月至1987年3月分别在省委党校、省知青办、省劳动局任副处长、处长，1987年3月至1991年5月任省老龄委委员、秘书长，1991年5月至1993年任省老龄委委员、省老年学会副会长，1993年离休。

著有《回眸与思考》个人回忆录一书。

李超显 1937年10月出生，郑营镇东王尹村人，中共党员，大学文化，高级工程师。

1948年1月参加革命，任地下交通员。1959年至1963年在空军技术学院国防五院自动控制、计算机等专业学习。毕业后分配到国防科委，先后在国防科委、哈尔滨军事工程学院参加全国第一台大型数字电子计算机——104（万次／秒）学习、调整和全国第一台晶体管计算机——441B（4万次／秒）的调整、运算。1966年至1968年和中科院计算所共同完成大型晶体管计算机717的调整运控，为在基地实时控制第一颗东方红人造卫。星胜利升空奠定基础。1968年至1970年和国营738厂共同完成大型晶体管320计算机（20万次／秒）的调整运算，为卫星上天、洲际导弹的发射成功作出应有贡献。

后调回菏泽工作，先后在地区广播局、地区科委、地区科技中心（市知识产权局）工作，曾任菏泽地区科技中心（现菏泽市知识产权局）主任（局长）。2009年，由中共菏泽市委、菏泽市人民政府颁发“共和国功臣”勋章。从市科技局离休。

鲁风 原名杨守森，1939年11月出生，左营乡杨屯村人，中国著名花鸟画家。中国美术家协会会员、贵州省政协八届委员、美协贵州分会副主席、贵州花鸟画研究会会长、曹州书画院名誉院长、国家一级画师、教授，中国人事部中国人才研究会书画人才专业委员会委员，神州书画院、新华书画院等特聘画师。

1964年毕业于贵州大学艺术系，同年被分配到贵阳市工艺美术研究所从事工艺美术设计工作，1980年调入贵州画院从事专职创作，1984年任贵州新闻图片社社长，主持组建贵州美术出版社工作。1986年返回贵州国画院继续从事创作，主要作品有《鲁风花鸟画集》《鲁风写意花鸟画集》，1977年以后在国内报刊杂志上发表作品500余件，文稿10余篇，曾在贵州、哈尔滨、济南、银川、菏泽、遵义等地举办个人展、联展。有上千件作品见诸国内外报刊，有《鲁风花鸟画集》《花鸟名画家小品·鲁风集》出版发行，有名家讲座丛书《写意花鸟》等五种画集问世。多幅作品入选全国六届、七届、八届美展，全国纪念延安文艺座谈会50周年美展，并多次获奖。中国美术馆收藏有他的花鸟画4幅。《霜月红于二月花》被国务院收入紫光阁；作品入选《中国名家书画选》和《二十世纪中华画苑》;《白露》获全国首届中国花鸟画展佳作奖；1993年出版第二本个人专集；1995年获国务院特殊贡献专家政府津贴。

孟广益　1939年11月出生，箕山镇西刘庄村人，中共党员。

在鄄城二中上学时，曾获得共青团山东省委奖章一枚，共青团中央奖章一枚；1962年毕业于菏泽师范（中师）；1962年10月至1970年于菏泽地区供销社办公室、政治处、人员组织科工作；1970年至1981年在地区外贸局工作，曾任局人秘科科长，工艺品公司党支部书记、经理；1977年7月唐山地震时带地区医疗队赴唐山救援，任医疗队政委；1981年10月筹建中国银行菏泽分行，曾任党委书记、行长，并协助建立各县区支行。

郭培仁　1942年出生，临濮镇东街人，1964年8月加入中国共产党，1978年函授于中国逻辑与语言大学，大专学历。

1961年6月，由鄄城县一中入伍，自1964年先后担任排长、机关干事、指导员。1978年转业到山东省计划委员会工作，先后在省统计局、省政府经济研究中心工作。1984年起任省政府经济研究中心机关党委副书记、经济研究中心处长，1998年退休，行政级别为正处级。

李功臣　1945年9月出生，临濮镇牛庄村人，中共党员，大学学历。1969年毕业于哈尔滨工业大学，分配在成都飞机制造厂做技术工作。1972年调至菏泽地区科学技术办公室工作。科学技术办公室改科学技术委员会后，历任副科长、科长、办公室主任，菏泽地区职称改革办公室主任，科学技术委员会副主任等职。1998年任菏泽地区专利局（后改为知识产权局）局长、党组书记。在自然科学和社会科学研究方面取得丰硕成果，是中国经济发展战略研究会发起人之一，是中国人才研究会会员、中国继续工程教育协会会员、中国科学学与科学管理学学会会员，中国书画家协会会员、香港中华艺术家协会会员。被菏泽地委党校聘为客座教授。曾两次获山东省科学技术进步三等奖。

1981年，根据菏泽地区经济主要靠种粮食、养牛羊的贫困状况，发表《论菏泽经济发展之路》，提出变小农业为大农业、多种经营，粮、棉、经济作物，牧、渔、林、果全面发展，搞农副产品深加工。工业要发展技术含量高、高利税的企业。此观点发表在全国提出经济结构调整之前，因此引起时任地委书记周振兴的高度重视，批转各县市委、政府，各乡镇党委、政府及地区直属各部门，要求认真研究学习。

1993年，以《论终身教育》为题，提出继续工程教育议题，被山东省委组织部、省人事厅收录出版。几年后，国家科技干部局才实施全国的继续工程教育工作。

先后在省级以上报刊发表文章上百篇。其书画作品多次参加全国大赛，获“中华杯”全国书画家作品大赛金奖，“中国风”世界华人书画大赛一等奖，第四届“盛世中华”中国美术书法赛金奖。其作品被“中国书画家联谊会”等多家机构收藏，收录于《中国当代书画家作品选粹》《中国当代书画家妙笔集锦》《中国美术书法作品大赛精品集》等书画作品集。

李建国　1946年4月出生，阎什镇沈楼村人，1969年9月参加工作，1971年6月加入中国共产党，山东大学中文系汉语言文学专业毕业，大学学历。

1964年至1969年，在山东大学中文系汉语言文学专业学习，1969年至1970年留校待分配，1970年至1972年在天津市宁河县东棘坨公社姜庄大队劳动锻炼，1972年至1976年任天津市宁河县文教局、县委宣传部干事，1976年至1978年任天津市农委宣传处干事，1978年至1981年任天津市委办公厅办公室干事，1981年至1982年任天津市委办公厅办公室副主任，1982年至1983年任天津市委办公厅副主任，1983年至1988年任天津市委办公厅主任，1988年至1989年任天津市委副秘书长兼办公厅主任，1989年至1991年任天津市委秘书长，1991年至1992年任天津市委常委、秘书长、和平区委书记，1992年至1997年任天津市委副书记。1997年至1998年任陕西省委书记，1998年至2007年任陕西省委书记、省人大常委会主任。2007年至2008年任山东省委书记，2008年至2008年任山东省委书记、省人大常委会主任。2008年至2012年任十一届全国人大常委会副委员长兼秘书长、党组成员；2012年至2013年任中央政治局委员，十一届全国人大常委会副委员长兼秘书长、党组成员；2013年任中央政治局委员，十二届全国人大常委会副委员长、党组副书记，中华全国总工会主席。

是中共第十四届中央候补委员，十五届、十六届、十七届、十八届中央委员，十八届中央政治局委员，第十一届、十二届全国人大常委会副委员长。

秦义民 1946年10月出生，旧城镇南桥村人。中共党员，大学学历。

1965年8月在鄄城县第一中学初中毕业，同年12月应征入伍，在中国人民解放军总后勤部203部队历任班长、排长、管理员、连政治指导员等职。1976年3月转业到山东省高级人民法院工作，任助理审判员。1978年至1980年在省法院“文革期间案件复查办公室”参加纠正冤假错案工作，参与纠正和平反了大量冤案和错案。1979年6月曾接受最高人民法院江华院长的接见并合影留念。1989年8月毕业于全国法院干部法律大学。1995年9月在中国人民大学高级法官培训中心学习，并获得研究生结业证书。在部队服役和在省法院工作期间多次受到嘉奖，荣获三等功两次。1991年10月被任命为省法院副处级审判员。1997年任省法院高级法官（正处级）。2006年11月退休。

曾宪耀 1946年12月出生，左营乡增庄村人，中共党员。

1968年2月参军入伍，历任战士、文书、排长、副指导员、干事、政治处副主任。在部队曾立三等功。1985年3月转业至山东省民政厅工作，曾任科员、副处长，1991年5月任派驻省民政厅纪检组副组长、监察室主任，因工作业绩突出，曾被评为全国和全省纪检工作先进个人，荣立二等功，被中央纪委和省纪委通报表彰。2007年2月退休。

仪忠民 1947年12月13日出生，箕山镇仪楼村人，中共党员，本科毕业。

1966年在菏泽一中高中毕业，1968年返乡任民办教师，1974年12月任本村大队党支部书记，1978年3月入曲阜师大汉语言文学系学习，1982年1月分配到菏泽教育学院中文系任教。1984年兼院办主任，1988年任副院长。1987年晋职讲师，1995年晋职副教授；发表教育教学论著20余篇。1996年调任菏泽一中校长，2004年退休。

曾任牡丹区第14届人大代表，政协菏泽市第11届委员会委员，中共山东省第8次党代表大会代表。

范晓举 1949年6月出生，彭楼镇西范庄村人，中共党员，大专学历。1972年12月任菏泽县城关镇团委副书记；1978年12月任团地委干事、少儿部副部长；1984年8月任地委办公室干事、副科级检察员、办公室副主任、科级检察员、办公室主任，1985年9月任菏泽地纪委副县级主任，1988年6月任鄄城县副县长（挂职）分管工业、财贸；1989年12月任郓城县委常委、宣传部长、常务副县长、县政府党组副书记，1995

年1月任菏泽市档案局局长、党组书记；2006年7月任菏泽市政协常委、提案局副主任。

周德运 1949年8月18日出生，什集镇香范庄人。中共党员，大专学历。1968年12月至1980年12月历任菏泽柴油机厂工人、车间团支部书记、厂团委副书记、书记，1980年12月任共青团菏泽地委干事，1982年6月任菏泽地区纪委干事，1984年5月后历任菏泽地区纪委副科级检查员、副科长、科级检查员、纪委信访科科长，信访室主任（副县级）。1998年8月任菏泽地区纪委委员、监察局副局长，2000年12月任菏泽市纪委常委、监察局副局长，2003年5月任菏泽市纪委常委、市纠风办主任（正县级）。2005年12月任调研员，2009年11月退休。

卢建刚 1949年农历8月2日出生，旧城镇葵堌堆村人，中共党员，大专学历。

1968年4月至1970年12月在鄄城一中工作，1971年1月至1975年3月在解放军铁道兵第八师四十团政治处从事文艺创作，1975年4月至1980年10月先后在鄄城县农机厂、县文化馆、城关镇武装部、县直机关武装部工作，1980年11月至1985年9月在鄄城县委办公室工作，先后任秘书科副科长、科长、县委办公室副主任；1985年10月至1994年11月在中共菏泽地委工作，先后任地委研究室副主任、地委综合室副主任、地委副秘书长；1994年12月至1998年1月任成武县政府县长兼县委副书记；1998年1月至2007年1月任菏泽市工商局党组书记、局长；2007年1月至2009年10月任菏泽市工商局调研员、山东省工商局行风建设巡视员、菏泽市政协常委兼财经委副主任；2009年12月退休。

在鄄城县工作期间，被中共鄄城县委授予“全县优秀共产党员”，被鄄城县委、县政府授予“全县先进工作者”“全县模范干部”称号；在菏泽地委工作期间，被中共菏泽地委授予“全区优秀共产党员”称号、被中共山东省委授予“全省先进信息工作者”称号；在成武县政府工作期间，被中华人民共和国科学技术委员会授予“全国科学技术先进工作者”称号；在菏泽市工商局工作期间，被中华人民共和国人事部、国家工商行政管理总局授予“全国工商系统先进工作者”“全国工商系统先进管理者”称号，被国家消费者协会授予“全国消费者权益维护先进工作者”称号，被山东省精神文明建设委员会授予“全省职业道德模范”称号，荣立二等功3次、三等功3次。

李志军 1949年10月出生，董口镇刘庄村人，中共党员，大学文化。

1968年4月，在济南军区工程兵55465部队应征入伍，1984年转业到地方（山东省委老干部局第一干休所，2009年合并为省政协办公厅老干部二处）。在部队历任文书、班长、排长、副连长、连长、副营职转业。入伍期间立三等功2次、被评为济南军区学习毛主席著作积极分子。转业到地方后，历任副科长、科长、副处长、正处级退休。多次被评为先进工作者和模范党员。在职期间努力协调省政协与鄄城县政协的关系，为鄄城县的建设作贡献。

1997年被省委组织部组织下派到聊城挂职一年半、任聊城行署副秘书长、茌平县副县长。挂职期间，评为省委优秀下派干部。2010年在山东省政协办公厅老干部二处退休。

任茂廉 1949年11月出生，鄄城镇东董楼村人，1972年8月加入中国共产党，山东农学院农学系农学专业毕业，大学普通班学历。

1971年3月至1973年8月在山东农学院农学系学习，1973年8月至1981年1月任泰安地区

农业局技术员，1981年1月至1982年4月任鄄城县凤凰公社管委干事，1982年4月至1983年5月任鄄城县凤凰公社党委秘书，1983年5月至1984年1月任中共鄄城县凤凰公社党委副书记，1984年1月至1985年7月任中共鄄城县张志门乡党委书记；1985年8月至1989年10月任中共鄄城县委常委、农村工作部部长，1989年10月至1993年1月任鄄城县人民政府副县长（1991年7月至1992年10月任青岛市莱西市人民政府副市长），1993年1月至1994年6月任中共鄄城县委常委、县政府副县长。1994年6月至1997年1月任中共东明县委副书记。1997年1月至2001年10月任菏泽地区农业局局长、党组书记。2001年10月至2004年4月任菏泽市农业局局长、党组书记、市农业综合开发（扶贫）办公室主任；2004年4月至2004年12月任菏泽市发展计划委员会副主任、党组副书记（正县）；2004年12月至2005年10月任菏泽市发展和改革委员会副主任、党组副书记（正县）；2005年10月至2006年2月任菏泽市农业局调研员；2006年2月至2009年任菏泽市人大常委会委员、农业与农村工作委员会副主任；2009年12月退休。

1985年分管农业工作，被菏泽地委、行署特予嘉奖，1994年实施山东省“八五”绿化标准，被省委、省政府记二等功。1998年被省农业厅记三等功，1999年被省人事厅、省农业厅记二等功，1999年10月获山东省科学技术进步奖三等奖。

霍正气 1950年11月出生，红船镇霍坝村人，中共党员，大学本科学历。

1968年10月任鄄城县引马公社霍坝村民办教师，1972年10月任鄄城县革委政治部报道组干事，1975年8月任鄄城县临濮公社党委常委、团委书记，1976年3月任鄄城县阎什口公社党委书记，1976年7月任鄄城县委常委、阎什口公社党委书记，1978年10月任城关公社党委书记（1980年8月至1982年9月在山东大学科学社会主义系学习）。1982年9月任鄄城县政府党组成员、农委主任、县委农工部部长。1984年1月任梁山县小路口区委书记，1984年8月任梁山县委副书记，1986年4月任梁山县县长。1989年7月任成武县县长，1991年6月任成武县委书记。1994年7月至1995年11月任菏泽地委委员、秘书长。2001年11月后历任聊城市委副书记、纪委书记，省人口计生委副主任、党组副书记；2008年2月任省委老干部局局长；2011年2月10日增补为政协山东省第十届委员会委员。

刘述林 1951年出生，阎什镇范庄村人，中共党员，全国注册岩土工程师。

1976年毕业于吉林大学（原长春地质学院），后留校任教。在吉林大学任教期间，主要从事水文地质教学工作，先后完成《华北油田古潜山储油规律的科研报告》，太行山二炮基地图件测绘工作。1982年调入山东省建设厅城乡建设勘察设计研究院工作后，主要从事全省城市供水工作。先后完成烟台市、泰安市、济宁市及济南市西郊水源地勘察施工及供水工作。经多年的供水实践验证，其水质及环保评价各项指标良好。为此，泰安市旧县水源地，济南市西郊丰齐—平安店水源地勘察设计供水工程获国家建设部勘察设计一等奖，山东省勘察设计一等奖。

1986年至1987年在上海同济大学深造。

1987年至今，主要从事高层建筑勘察设计及施工工作，先后完成胜利油田、济青高速、同三高速、山东省十一届全运会比赛场馆、省审计厅办公楼、山东新闻大厦等多项高层建筑设计勘察项目，其中胜利油田、山东新闻大厦、省审计厅、省全运会比赛场馆等多项工程获省级优秀工程科技奖。

经过多年的生产实践，在岩土工程勘察及施

工研究方面，积累了丰富的经验和独特见解。曾多次在《工程勘察》《山东测绘》《水文地质及工程地质》《中国地理》等核心期刊上发表论文多篇。

宋继东　1951年出生，鄄城县人，中共党员，在职研究生学历。

1976年7月毕业于广西大学电力工程系电力工程专业。曾任中共柳州市委常委、常务副市长；1997年5月任中共柳州市委副书记、代市长；1997年12月任中共柳州市委副书记、市长；2002年12月任广西壮族自治区建设厅党组书记、厅长；2010年11月任广西壮族自治区第十一届人民代表大会环境与资源保护委员会副主任委员；2008年7月任广西市长协会执行会会长。

1990年6月被柳铁局总工会授予“火车头”奖；1991年1月被全国铁路物资总公司授予先进工作者称号；1991年5月被全国铁路总工会授予“火车头”奖章；1991年5月获得全国铁路物资总公司工会积极分子、优秀共产党员称号；1992年4月获铁道部劳动模范称号；1992年4月获全国总工会“全国优秀经营管理者”称号。

张可军　1951年3月出生，左营乡左营村人，中共党员。

1965年至1967年在鄄城第一中学读书。1968年3月应征入伍。1968年至1969年任济南市军区工程兵仓库战士保管员。1970年至1980年历任济南军区舟桥团战士保管员、助理员（连职）、股长（营职）。1981年至1985年任济南军区司令部工程兵部参谋、副处长（团职）。1986年转业至山东省建工局（省建委）任处长。

冀怀栋　1952年8月出生，箕山镇冀庄村人，中共党员，大学学历。

1972年12月至1978年4月在原铁道兵部队服役，1979年9月至1983年7月在兰州大学外语系俄语专业学习。1983年8月在山东经济学院基础课部任教，1986年2月调人事处工作，同年12月任科长，1992年4月任副处长，1996年4月兼任退离休工作处处长，2003年7月任法学院党总支书记，2011年11月任山东财经大学法学院正处级调研员。在部队期间获营、连嘉奖多次，在山东经济学院曾被评为优秀共产党员，优秀党务工作者，尊师重教先进个人，优秀教育工作者，山东省高校思想政治教育工作先进个人。任总支书记期间，法学院党总支被评为山东省高校先进基层党组织。主要著作有《人事管理概论》《不打官司的智慧》《法科大学生思想政治教育的理论与实践》，发表论文、译文20余篇。教授职称。

王伯涛　1952年10月出生，左营乡王庄村人，大学学历，1972年3月参加工作，1971年9月加入中国共产党。1972年3月至1974年8月任菏泽地区鄄城县吕庙联中民师。1974年8月至1977年7月在山东师范学院聊城分院中文系学习。1977年7月至1981年7月任菏泽农校教师。1981年7月至1984年5月任菏泽地区人事局办事员，1984年5月至1988年11月任菏泽地区人事局干部科科长。1988年11月至1990年10月任菏泽地区编委办公室主任。1990年10月至1997年5月任菏泽地区法制局副局长、党组成员。1997年5月至1997年12月任菏泽地区史志办副主任、党组副书记，1997年12月至2001年1月任菏泽地区史志办主任、党组书记。2001年1月至2009年12月任菏泽市史志办主任、党组书记，2009年12月至2010年1月任菏泽市史志办主任，2010年1月至2010年1月任菏泽市史志办调研员。2010年1月至2010年3月任菏泽市政协常委，2010年3月至2012年2月任菏泽市政协常委、文史资料委员会副主任。2012年2月至2012年5月，任菏泽市政协常委、市史志办调研员。2012 年 5 月至 2013 年 11 月任菏泽市史志办调研员。

孟平原 1954 年 10 月出生，鄄城县人，祖籍河南焦作市，中共党员，研究生学历。

1972 年鄄城一中高中毕业，10 月作为知青下乡插队，后兼任民办教师。1975 年 8 月招工，先后任鄄城县砖瓦厂业务员、县“七·二一”工人大学专职教师、县基本建设局秘书。1978 年 9 月到菏泽师专政治系学习。1980 年 7 月毕业分配到菏泽四中任高中教师、教研组长、政教处主任。1984 年 2 月任菏泽教育局办公室副主任。1884 年 11 月调入菏泽地委宣传部，历任副科长、主任科员、文教科长，期间，1983 年 7 月参加曲阜师范大学中文专业本科函授学习，1992 年 7 月参加山东师范大学世界经济专业研究生班学习。1994 年 12 月起先后任定陶县委常委、宣传部长、县政府常务副县长。1997 年 2 月获中共山东省委优秀党务工作者先进个人表彰，8 月主编出版《在伟大旗帜下》一书。1997 年 12 月任东明县委常委、纪委书记，2000 年 1 月山东省纪委、省人事厅授予三等功。2000 年 12 月任东明县委副书记，2005 年 1 月山东省纪委、省人事厅授予先进个人称号。2005 年 4 月任菏泽市劳动局副局长、开发办主任（正县级），2008 年 6 月省政府授予二等功，2010 年被劳动部、中国就业促进会授予先进个人称号。2011 年 3 月任调研员。

刘洪毅 1954 年 5 月出生，阎什镇人，中共党员，大学文化。

1965 年 8 月参加工作。历任济南军区前卫歌舞团学员、陆军 203 师宣传队战士、济南市市中区文化馆干部、济南市市中区人民法院助理审判员、审判员、副庭长、庭长（正处级）、监察室主任、专职审委会委员。2014 年 7 月退休。现为中华全国集邮联合会理事、山东省集邮协会副会长、济南市集邮协会副会长、齐鲁老年集邮协会会长、齐鲁集邮研究会名誉会长。《山东集邮史》编纂委员会委员、副主编。为主要编纂人之一。《山东集邮史》在“长沙·2014 第 16 届中华全国集邮展览”上荣获大镀金奖；在“吉隆坡·2014 世界青少年邮展暨第 29 届亚洲国际邮展”上荣获大银奖。

柴正山 1955 年 8 月出生，左营乡马庄人，1970 年 12 月入伍，铁道兵第八师四十团勤务连战士。1972 年因表现突出，调八师机关特务连，1973 年调铁道兵兵部特务连，当年荣立三等功一次，并于 8 月加入中国共产党。1973 年调中央军委办公室服务局，任苏静首长处警卫员。1975 年任铁道兵第八师警卫排长，1978 年调回军委办公厅任警卫参谋，1979 年任军委办公厅苏静首长处正连参谋，1985 年任总参服务局第二服务处正营参谋，同年 10 月任总参服务局第二服务处服务科副科长，副团职。1986 年因表现突出，被评为总参优秀共产党员，并荣立三等功，受到杨得志总参谋长接见。1988 年授中校军衔，1991 年任首长秘书，正团级，上校。1995 年任首长秘书，副师级，大校。2010 年从总参管理保障部退休。

李效为 1955 年 9 月出生，什集镇荣庄村人，1973 年 12 月入伍，1976 年 10 加入中国共产党，大学文化。

在部队期间，历任战士、文书、班长、技术员、助理工程师、工程师等职务，主要从事军事工程机械装备的管理工作，先后参与和带领所在部队有关部门和人员革新改造工程装备、器械、机工具等 30 多种（件套），其中 20 多件在全军推广应用，有一项获“军队科技进步三等奖”；先后在中国工程装备技术学会、中国兵工学会工程装备学会等专业技术研讨会上和军内外有关刊物上发表论文13篇，其中7篇获优秀论文奖或一、二等奖。1979年参与总参谋部组织的《工程机械修理教材》修改工作，是济南军区派出的唯一代表，出色完成工作任务，受到总参工程兵部的表彰；1981年接受总参工程兵部赋予的任务，组织进行军队工程机械维修改革技术实验工作任务，取得成功。1983年负责主编《工程机械维修规程》一书，1985年5月在南京经总参谋部组织的全军有关专家学者论证审定，1986年印发全军使用。1987年至1990年在总参谋部赋予5个军区实施战地工程机械抢修和快速修复实验任务中，担任工程机械维修改革办公室主任，组织进行各项改革试验工作任务，被总部表彰为5个试点军区单位的重点。1990年11月上旬，总部在济南军区工兵八团召开全军“实施战地工程机械抢修和快速修复实验成果”观摩表彰现场大会，总参谋部领导、济南军区主要领导和全军各军种、兵种、各大军区部门出席现场会，本次大会的主要活动现场、内容全部由李效为负责的专业技能课题组实施完成。1989年9月研发的“GJ—AI型工程机械计时计量器”获军队科学技术进步奖二等奖。1989年11月被接纳为国兵工学会工程装备学会会员；1992年12月被济南军区评为“优秀专业技术干部、济南军区拔尖人才”，受到济南军区大会表彰。自1993年9月转业到山东省省级机关事务管理局省级机关汽车管理处工作，历任车管科副科长（正科级负责省级机关公车管理工作）、副处长（2007年8月任职）职务。

范新印 1955年10月出生，富春乡任庄村人，1985年12月加入中国共产党，1978年12月参加工作。山东农业大学业余本科班林果专业，省业余大学学历。

1976年10月至1978年12月在菏泽农校农学专业学习。1978年12月至1984年8月任菏泽农校教师（1982年8月至1983年2月在山东农学院农学系遗传育种专业学习）。1984年8月至1989年2月任菏泽地区计委科员（1984年12月至1985年2月在山师大地理系参加全国国土干部培训班）。1989年2月至1991年11月任菏泽地区计委农业科副科长兼农副产品出口基地建设项目办公室副主任。1991年11月至1993年6月任菏泽地区计委办公室主任（1989年7月至1992年5月在菏泽教育学院高等专科函授汉语言文学专业学习）。1993年6月至1993年10月任菏泽地区计委副主任、党组成员、办公室主任。1993年10月至1998年1月任菏泽地区计委副主任、党组成员（1994年5月至1995年10月挂任菏泽市（县级）副市长；1994年8月至1997年6月在山东农业大学业余本科班林果专业学习）。1998年至2004年4月东明县委副书记。2004年4月至2012年2月任菏泽市物价局局长、党组书记。2012年2月至2015年2月任菏泽市人大常委会委员、财经工委副主任。2015年2月任菏泽市人大常委会委员、财经委副主任委员。

徐向艺 1956年1月出生，鄄城县人，博士学位。

1978年10月至1982年6月在山东大学经济系经济学专业学习；1982年7月至1994年4月任山东大学经济系、经济学院管理学助教、讲师、副教授；1994年4月至1998年4月任山东大学工商管理学院副院长、管理学教授；1998年4月至2004年1月任山东大学教务处处长、管理学教授；2004年1月至2012年12月任山东大学管理学院院长、管理学教授；2012年12月任山东大学管理学院管理学教授。是中华人民共和国高等学校教学名师；享受国务院政府特殊津贴专家，山东省突出贡献中青年专家，山东省理论人才“百人工程”第一批、第二批入选人员。

主要研究方向为公司治理、企业组织管理、战略管理。出版专著15部，主要有《公司治理制度安排与组织设计》《公司治理：理论与实证研究》《公司治理视角下资本结构与公司绩效关联性研究》《上市公司关联交易生成机制与规范治理研究》《制度创新与企业成长研究》等；在《中国工业经济》《经济管理》《文史哲》等著名刊物发表论文 180 余篇；承担国家、省部级研究课题 17 项；获山东省社会科学优秀成果一等奖 2 项，有 10 余项成果获省部级以上奖励。

张存俭 1956 年 8 月出生，红船镇韩桥村人，中共党员，研究生学历、公共管理教授。曾任菏泽市委党校（市行政学院）副校长、副院长、调研员。研究方向为地方党政管理。2002 年 9 月至 2003 年 7 月为中山大学政务学院高访学者，师从 MPA 之父夏书章攻读博士生课程。主要兼职为中国行政管理学会理事，中国管理科学研究院特约研究员、《行政研究》杂志主编、山东省行政管理学会副秘书长、菏泽学院客座教授、电子科技大学中山学院客座教授、中山市公共管理与社会事务研究中心学术主任等。

1976 年 4 月至 1978 年 2 月任郓城县韩桥中学教师；1979 年 12 月至 1982 年 2 月任郓城县引马联中教师；1983 年 12 月至 1987 年 11 月任中共郓城县委办公室调研科科长；1987 年 11 月至 1989 年 11 月任菏泽地区社科联助理研究员；1989 年 11 月至 1997 年 7 月任菏泽行署办公室行政管理研究室主任、副研究员（1994 年 4 月至 1995 年 4 月，挂任菏泽市市长助理）；1997 年 7 月至 2003 年 6 月任菏泽市委办公室助理调研员；2003 年 6 月至 2004 年 8 月任中共菏泽市委政研室副主任；2004 年 8 月至 2015 年 6 月任中共菏泽市委党校（市行政学院）副校长（副院长）、调研员、公共管理教授。

主持参与国家、省市课题 20 余项，在 100 多家报刊发表文章 200 余篇，单独和参与撰写出版的著作 20 余部，主要有:《中国治政学》《中国治政要略》《中国地方党政管理学》《特区行政与突破菏泽研究》《地方党政管理简论》《县级行政学》《乡镇行政管理》《〈县级行政学〉研究》《学习型政党探究》《中国农村改革的先声——菏泽大包干》。获优秀科研成果奖 60 余次，其中省部级 7 项。被评为省（部）市县单位的优秀党员、先进工作者、优秀公务员、优秀教师等 50 余次，其中省级系统 7 次。

张兴民 1956 年 9 月生，什集镇人，中共党员，研究生学历。

1974 年 6 月 至 1976 年 9 月任郓城县什集公社中学教师，1976 年 9 月 至 1978 年 12 月 在曲阜师范学院政史系学习。1978 年 12 月至 1984 年 8 月任山东工学院电子系辅导员、团总支书记。1984 年 8 月至 1987 年 11 月任山东工业大学团委副书记（其间 :1985.09-1987.07 山东工业大学思想政治教育专业本科学习）；1987 年 11 月至 1990 年 12 月任山东工业大学学工部部长兼学生处处长。1990 年 12 月至 1993 年 6 月任省高校纪工委副书记（正处级）。1993 年 6 月至 1995 年 1 月任郓城县委副书记（正县级），1995 年 1 月至 1996 年 2 月任郓城县委书记、县人武部党委书记。1996 年 2 月至 1998 年 6 月任省委高校工委办公室主任，1998 年 6 月至 2000 年 7 月任省委高校工委、省教委助理巡视员；2000 年 7 月至 2006 年 9 月任省教育厅党组成员、派驻纪检组长、监察专员（其间：2003.09 获南开大学与澳大利亚弗林德斯大学文学硕士学位)，2006 年 9 月至 2008 年 6 月任省教育厅副厅长、党组副书记、派驻纪检组长、监察专员。2008 年 6 月至 2009 年 2 月任省教育厅副厅长、党组副书记、派驻纪检组长、监察专员兼山东广播电视大学党委书记，2009 年 2 月至 2012 年 4 月任省教育厅副厅长、党组副书记兼山东广播电视大学党委书记。2012 年 4 月至 2017 年 2 月任省教育厅副厅长（正厅级）、党组副书记；2017 年 2 月任政协山东省委员会常委。

张进忠 1957 年 2 月出生，旧城镇贾庄村

人，中共党员。1977 年考入山东工业大学，毕业后分配到菏泽柴油机厂工作。先后任机加工车间技术员、安装车间党支部书记；1984 年任地区人事局奖惩科科长；1996 年任单县人民政府党组成员、副县长，1999 年调任菏泽市科协党组成员、副主席，2013 年任市科协调研员。

赵孝为 1957 年 7 月 2 日出生，鄄城镇赵庄村人，在职研究生，上海复旦大学经济学博士，研究员。1975 年 10 月参加工作，1976 年 11 月加入中国共产党。

1964 年 8 月至 1975 年 6 月在鄄城县第一完小、第一中学学习，1975 年 6 月至 1975 年 10 月任鄄城县城关公社城关大队团总支书记兼一分支书记，1975 年 10 月至 1978 年 2 月任鄄城县城关公社城关管区文书、团总支书记（1976 年 9 月至 1977 年 7 月鄄城县农业学大寨工作队驻旧城公社申庄大队工作组组长)。1978 年 2 月至 1982 年 1 月在山东师范大学政治系七七级学习，任系党支部副书记、班长，获教育学学士学位；1982 年 2 月至 1984 年 6 月任山东师范大学政治系经济学教研室助教。1984 年 6 月至 1994 年 4 月任山东省经济体制改革委员会科员、副主任科员、主任科员、综合室副主任；1994 年 4 月至 1997 年 9 月任中共山东省委秘书二室副处级秘书；1997 年 9 月至 2002 年 9 月任中共山东省委办公厅综合二室副主任、调研员（1997 年 9 月至 1999 年 10 月在山东大学哲学系马克思主义哲学专业研究生班学习；2002 年 2 月至 2005 年 1 月在上海复旦大学经济学院读经济学博士研究生，获经济学博士学位。2000 年 9 月至 2002 年 9 月挂职淄博市人民政府市长助理）；2002 年 9 月至 2002 年 12 月任淄博市人民政府党组成员、市长助理。2002 年 12 月至 2006 年 12 月任山东体育学院党委委员、副院长。2006 年 12 月至 2008 年 2 月任中共日照市委常委、市政府常务副市长、党组副书记；2007 年 10 月被中央军委授予预备役大校军衔，兼任山东陆军预备役炮兵师副师长；2008 年 2 月至 2008 年 7 月任中共日照市委副书记、代市长，市政府党组书记，兼国防动员委员会主任、山东陆军预备役炮兵师副师长；2008 年 7 月至 2011 年 1 月任中共日照市委副书记、市长，市政府党组书记，兼国防动员委员会主任、山东陆军预备役炮兵师副师长；2011 年 1 月任中国人民政治协商会议山东省委员会委员、常委、副秘书长（正厅级)、机关党组成员。

是中共日照市第十一次党代会代表，日照市第十五届、第十六届人民代表大会代表，山东省第十一届人民代表大会代表，政协第十届、十一届山东省委员会委员，政协山东省第十一届委员会常委。

主要社会兼职有山东省城市经济学会副会长，山东省知识经济研究会副会长，中国城市发展研究会第五届第六届理事会常务理事，中国教育管理科学学会第一届常务理事，山东省诗词学会常务理事，山东省书画学会顾问，山东省文史书画研究会常务副会长。

1987 年 5 月在全国改革与发展知识大赛中获特等奖，人民日报、经济日报、工人日报、中国青年报、中央电视台等全国各主要媒体均作报道并登载光荣榜；独立或合作出版与发表著作、论文、诗词歌词等多部（篇、首），共计 120 多万字，其中，获“第二十一次山东省社会科学优秀成果三等奖”1 项，获山东社科论文三等奖 2 项，获山东社科著作三等奖 1 项，获北方十五省哲学社会科学优秀著作奖 1 项，获华东地区优秀政治理论图书二等奖 1 项。获山东人民出版社著作三等奖 1 项，获中共山东省委高校工委领导干部论文二等奖 1 项；1988 年和 1992 年被山东省体制改革委员会评为先进工作者，1995 年度被省委办公厅荣记三等功。在主持日照市政府工作期间，日照市荣获“联合国人居奖”，成为当年全国唯一获得这一称号的城市，也是当年全球仅有的三个获奖城市之一；获首届“中国法治政府奖”；因领导社会治安综合治理成绩突出获中央综治委、中央组织部嘉奖，同时日照市被表彰为“全国社会治安综合治理优秀市”；在第二届中国绿色发展高层国际论坛上日照市荣获“中国十佳绿色城市”称号。

宋本效 1957年10月出生，鄄城县人。中共党员，山东大学毕业，大学学历。

1982年7月至1998年7月任菏泽师专组织部副部长，1998年8月至2010年12月任菏泽学院化学系党总支书记，2010年12月任菏泽学院纪委副书记兼监察处长。

王令海 1957年12月出生，临濮镇南街村人，1978年7月加入中国共产党，1976年2月参加工作。山东省委党校业余本科班经济管理专业毕业，省委党校大学学历。

1976年2月至1978年8月任海军高炮六团二营五连战士、文书，1978年8月至1980年8月在海军二炮学院高炮专业学习，1980年8月至1981年4月为海军高炮六团二营五连学员，1981年4月至1984年1月任海军高炮六团二营五连排长，1984年1月至1984年9月任海军高炮六团二营四连副连长，1984年9月至1986年2月任海军高炮六团二营五连连长，1986年2月至1988年1月任海军旅顺基地训练场副营职教员。1988年1月至1988年12月任菏泽地区人大工作联络处办事员。1988年12月至1989年5月任菏泽地区人大工委秘书科副科长。1989年5月至1991年1月任菏泽地区人大工委人事监察科副科长。1991年1月至1997年1月任菏泽地区人大工委人事监察科科长、联络处主任科员（1989年9月至1998年7月在菏泽地委党校大专班党政专业学习，其间：1994年至1996年12月在山东省委党校业余本科班经济管理专业学习）。1997年1月至2003年7月任菏泽地区人大工委（市人大常委会）财经处副处长。2003年7月至2012年2月任菏泽市人大常委会财经工委工作室主任。2012年2月至2015年2月任菏泽市人大常委会委员、财经工委副主任兼工作室主任。2015年2月任菏泽市人大常委会委员、财经委副主任兼工作室主任。

王振朝 1958年出生，鄄城县人。河北大学电子信息工程学院教授、研究生导师。

1987年至1996年就读于华北电力学院并取得硕士学位（1992年至1996年在日本九州大学攻读博士研究生）。1996年至2004年任日本荣立电子产业株式会社主任研究员，2004年任河北大学教授。

研究方向为工业数据通信及控制网络、现代通信理论及技术、电力线载波通信技术、电磁场的生物效应等。

主要科研项目有低压电力线载波通信关键技术研究、高压脉冲电源试验装置开发、松材线虫脉冲电击防治机研制；电击法防治松树线虫病技术开发、大型宾馆综合信息管理系统核心技术研究、警察无线指令系统核心技术开发、电力调度通信系统核心技术开发、土壤害虫防治装置研制、大型石油储藏基地紧急报警通信系统开发、通信线路监测装置研制、令牌环网光纤化技术研究、训练用患者机器人研制、微机电网监测装置研制（获得河北省科学进步三等奖）。

刘进 1958年4月出生，阎什镇刘楼村人，中共党员，大专学历。

1975年参加工作，历任济南市税务局科长、处长，济南市地方税务局直属征收局纪检组长，2014年因达到最高任职年限免职。

孙宪立 1958年9月出生，左营乡左北村人，中共党员，大学本科学历，工学学士，警衔为专业技术三级警监。

1982年1月大学毕业后分配至山东省警官学校，至1998年一直从事一线教学工作。其中，1987年7月被聘为讲师，1993年1月被聘为高级讲师，1994年7月至1998年7月任机制教研室副主任。1998年8月起任学校教务处副主任，从事教学管理工作。2003年底学校改建为山东省警官培训学院，2004年1月起任学院职业教育学部主任，从事教学及学生、学员管理工作。2007年起，学院与山东政法学院合作办学监狱学专业本科教育，任山东政法学院警官学院学生处主任，兼直属学生党支部书记。2013年底，山东省警官培训学院改制为山东省新安监狱，任山东省新安监狱副调研员（副县级）职务，分管监狱学专业本科合作办学的学生管理及学生党务工作。

获山东省监狱管理局二等功6次，获山东省司法厅二等功1次，获司法部二等功1次。

杜景川 1958年10月出生，董口镇杜阁村人，中共党员，1983年山东师范大学历史学专业本科毕业，留校工作。1991年至1994年任历史系副书记，1994年至1998年任校学生处副处长，1998年至2006年任历史文化学院书记，2006年至2011年任研究生学院书记，2011年任学校后勤党委书记。

王博 1959年3月出生，什集镇东王潭村人，中共党员，大学本科学历。

1979年9月至1982年7月在山东省地质学校学习，1982年7月至1985年2月任山东省地质局物探队技术员，1985年2月至1997年4月任九三学社山东省委科教处科员、副主任科员、主任科员（1990年9月至1992年12月参加中央党校函授本科学习），1997年4月至2003年8月任九三学社山东省委组织处副处长，2003年8月至2012年7月任九三学社山东省委组织部部长，2012年7月至2014年1月任九三学社山东省委办公室主任，2014年1月至2014年9月任九三学社山东省委副秘书长兼办公室主任，2014年9月任九三学社山东省委秘书长。

在保持共产党员先进性教育活动中被省委统战部机关党委评为优秀共产党员；被省直机关党工委授予“2009—2010年度省直机关优秀党务工作者”称号。被省委统战部机关党委评为2010年、2013年度优秀共产党员；2013年3月被九三学社山东省委记三等功。

王诗兵 1959年12月出生，凤凰镇王菜园村人，1978年3月入伍，1983年8月加入中国共产党，解放军信息工程学院本科毕业，军事学士学位。

1976年7月毕业于鄄城县第二中学。1978年3月入伍至1981年7月任空军第二航空机务学校练习器教研室维护员，1981年8月至1982年8月在沈阳军区空军干部教导队（空军后勤学校）第四期培训班学习。1982年8月至1984年8月任空军第二航空机务学校第四学员大队区队长，1984年8月至1986年任空军第二航空机务学校第四学员大队练习器修理厂副厂长，1986年8月任空军第二航空机务学校科研中心教员。1986年10月至1989年3月任济南军区空军航空机务训练团模拟器教研室主任，1989年4月任济南军区空军航空机务训练团训练处参谋，1992年9月晋升为空军少校军衔，1992年12月专业技术职务评定为讲师，1993年4月任济南军区空军航空机务训练团训练处副处长，1996年9月晋升为空军中校军衔，1996年12月调整为专业技术九级。1997年3月任济南军区空军航空机务训练团训练处处长（团党委常委、副团级），1998年2月任济南军区空军航空机务训练团副团长（团党委常委）。2000 年 9 月任空军济南航空装备技术兵训练团副团长（团党委常委、纪委书记），2000 年 9 月调整为专业技术八级，2000 年 12 月晋升为空军上校军衔，2001 年 12 月任空军济南航空装备技术兵训练团副团长，2001 年 12 月至 2003 年 9 月任空军济南航空装备技术兵训练团开发办主任。2002 年 12 月于解放军信息工程大学毕业，获得本科学历，授予军事学士学位;1992 年、1995 年、1998 年立三等功各一次。2003 年 9 月 19 日转业到山东轻工业学院北院管理处，2004 年 12 月至 2012 年 4 月任山东轻工业学院化学工程学院办公室主任，2013 年 5 月任齐鲁工业大学化学与制药工程学院办公室主任。

王玉坤 女，1960 年 1 月出生，大埝乡东店村人，九三学社社员。

1978 年毕业于鄄城一中，同年考入山东医学院医疗系，1983 年 7 月本科毕业，获学士学位。1983 年 8 月起分配于齐鲁医院皮肤科，从事皮肤病的医、教、研工作。1992 年晋升为主治医师，1998 年晋升为副主任医师，2004 年晋升为主任医师。多年来一直工作在临床第一线，积累了较丰富的临床经验。曾专修皮肤病理学诊断，具备独立皮肤病理诊断能力。尤其擅长大疱性皮肤病、性传播疾病及皮肤肿瘤的诊治，对疑难、少见皮肤病具有较高的诊治水平。对危重皮肤病具备较强的救治能力，经常参与院外会诊。一直参与本科及研究生教学工作，1998 年被聘任为硕士研究生导师，培养硕士研究生 12 人。在国内核心期刊发表论文 30 余篇，获山东省科技厅及山东省教育厅三等奖各一项。主要研究方向有皮肤病病理学诊断、尖锐湿疣及皮肤肿瘤。

主要社会兼职有山东医学会皮肤性病学分会副主任委员；中华医学会皮肤性病专业委员会皮肤病理学组委员。山东省医师协会皮肤科分会委员。

陶体华 1960 年 5 月出生，鄄城县人，大学学历。1982 年 1 月参加工作，1983 年 1 月加入中国共产党。

1978 年 3 月至 1982 年 1 月在山东农学院农学系农学专业学习。1982 年 1 月至 1983 年 1 月任鄄城县陈良公社农技站技术员，1983 年 1 月至 1984 年 3 月任鄄城县陈良公社农技站副站长。1984 年 3 月至 1985 年 9 月任鄄城团县委副书记。1985 年 9 月至 1986 年 9 月任鄄城县驻旧城镇扶贫工作队队长、镇党委副书记，1986 年 9 月至 1987 年 11 月任鄄城县箕山乡党委副书记、乡长。1987 年 11 月至 1992 年 6 月任鄄城团县委书记。1992 年 6 月至 1995 年 1 月任鄄城县委科级组织员。1995 年 1 月至 1997 年 12 月任郓城县委常委、宣传部长，1997 年 12 月至 2001 年 3 月任郓城县委常委、纪委书记，2001 年 3 月至 2003 年 1 月任郓城县委副书记。2003 年 1 月至 2005 年 12 月任郓城县委副书记、副县长。2005 年 12 月至 2006 年 2 月任定陶县委副书记、代县长，2006 年 2 月至 2009 年 5 月任定陶县委副书记、县长。2009 年 5 月至 6 月任菏泽市审计局党组书记，2009 年 6 月至 2012 年 2 月任菏泽市审计局局长、党组书记。2012 年 2 月至 3 月任菏泽市政协副主席，市审计局局长、党组书记。2012 年 3 月至 5 月任菏泽市政协副主席，2012 年 5 月任菏泽市政协副主席、党组成员、文史资料委主任。是省十一届人大代表。

张震 1961 年 5 月出生，引马乡张楼村人，中共党员，大学学历。

1979 年 9 月至 1981 年 7 月在菏泽地区郓城师范学习。1981 年 7 月至 1986 年 11 月任鄄城县引马公社教师。1986 年 11 月至 1987 年 8 月任鄄城县富春乡团委干事，1987 年 8 月至 1989 年 4 月任鄄城县富春乡团委书记。1989

年 4 月至 1993 年 2 月任鄄城县富春乡党委组织委员。1993 年 2 月至 1995 年 12 月任鄄城县董口乡党委书记（1990 年 7 月至 1993 年 6 月在菏泽教育学院高师函授中文专业学习），1995 年 12 月至 1997 年 12 月任鄄城县董口乡党委书记、人大主席（1995 年 9 月至 1997 年 12 月在省委党校业余本科班经济管理专业学习）。1997 年 12 月至 1999 年 2 月任巨野县委常委、宣传部长，1999 年 2 月至 2003 年 1 月任巨野县委常委、办公室主任，2003 年 1 月至 2006 年 3 月任巨野县委常委、副县长、党组副书记，2006 年 3 月至 2007 年 1 月任巨野县委常委、副县长、党组副书记、县行政管理学校校长。2007 年 1 月至 2010 年 1 月任巨野县委常委、纪委书记（2009 年 12 月在山东科技大学获工程硕士学位）。2010 年 1 月至 2010 年 2 月任菏泽市水产局党组书记。2010 年 2 月至 2012 年 4 月任菏泽市水产局局长、党组书记。2012 年 4 月至 2015 年 4 月任菏泽市委副秘书长。2015 年 4 月任菏泽市工商局局长、党组书记。

1996 年被菏泽地委授予优秀乡镇党委书记称号。

高宝玉　1961 年 7 月出生，阎什镇苏庙村人，中共党员，清华大学环境工程专业博士研究生毕业，获工学博士学位，山东大学二级岗位教授，博士研究生导师。

1982 年 8 月至 1984 年 8 月在华东石油学院石油炼制系有机化学教研室工作，任助教。自 1987 年 8 月至今先后在山东大学化学系、环境科学中心、环境工程系、化学与环境科学学院和环境科学与工程学院工作，技术职称分别为助教、讲师、副教授和教授，行政职务分别为系副主任和副院长，2001 年 1 月至 2012 年 11 月任山东大学环境科学与工程学院院长。先后赴美国、德国、澳大利亚、法国、意大利、日本等 20 多个国家进行学术交流与合作。享受国务院政府特殊津贴，是山东省有突出贡献的中青年专家，山东省优秀科技工作者，济南“泉城学者”，济南专业技术拔尖人才。先后兼任国际水质协会（IWA）化学工业专题组管理委员会委员，教育部高等学校环境工程专业教学指导分委员会委员，中国环境科学学会理事，中国生态文明研究与促进会理事，全国工程硕士专业学位教育指导委员会环境工程领域工程硕士教育协作组副组长，中国化工学会工业水处理专业委员会副主任委员和混凝技术学组理事长，中国化学会应用化学学科委员会委员和水处理化学学科组副理事长，山东省投资咨询专家委员会委员，山东省《水环境污染控制和资源化》重点实验室主任，山东省水污染控制工程技术研究中心主任，中国石油大学（华东）兼职教授，中国矿业大学兼职教授，南京理工大学兼职教授，以及《Journal of Environmental Sciences》《Journal of Water Sustainability》《中国环境科学》等 15 个核心学术期刊的编委等职。先后承担国家及省部级研究课题等 60 余项，鉴定成果 25 项，授权发明专利 60 余项，在中外文学术期刊上发表学术论文 550 余篇（其中被 SCI 收录 320 余篇），编写专著多部，研究成果获国际、国家级及省部级奖励 20 余项。

李书京　1961 年 9 月出生，大埝乡南李庄村人，中共党员，大专学历。

历任鄄城县四中教导员，鄄城县宣传部宣传科科长，李进士堂乡党委副书记，富春乡党委副书记，鄄城县团县委副书记、书记，箕山镇党委书记，鄄城县委常委。巨野县副县长，巨野县委常委，组织部长。牡丹区委常委、组织部长，牡丹区委副书记，牡丹区人大常委会主任。

刘峰　1962 年 3 月出生，箕山镇刘庄村人，中共党员。1986 年 6 月北京钢铁学院矿山机械专业毕业，研究生学历，硕士学位。

1986 年 6 月至 1991 年 5 月在北京科技大学（原北京钢铁学院）参加科研和教学工作，任助教、讲师。1991年5月至2012年8月在中国大洋矿产资源研究开发协会办公室工作，历任副处长、处长、主任助理、副主任、党委委员，教授级高级工程师（2000年至2002年在职攻读中国人民大学与美国纽约州立大学布法罗商学院联合举办的高级工商硕士，获得EMBA学位）。2012年8月至2014年6月任国家深海基地管理中心主任、党委副书记，教授级高级工程师。2014年6月任中国大洋矿产资源研究开发协会办公室主任，党委副书记，教授级高级工程师。2013年当选山东省十一届人民代表大会代表。

2002年被选聘为国家863计划重大专项——7000米载人潜水器“蛟龙号”研发重大专项负责人、被任命为总体组组长。负责总体方案制定和“蛟龙号”本体系统、水面支持系统、应用系统、潜航员系统等各大系统之间的总协调。直接领导了从立项建议书编写、立项论证，到项目方案设计、初步设计、详细设计、总装联调，再到水池试验的全过程。连续四次被任命为海试现场总指挥，圆满完成1000米、3000米、5000米、7000米级“蛟龙号”海试任务。在7000米级海试过程中，创造了中国载人深潜7062米的纪录，实现中国载人深潜技术的重大跨越，标志着中国深海载人技术已跨入国际领先行列。刘峰率领的团队被党中央、国务院命名为“中国载人深潜英雄团队”，下潜到7000米的海试队员被党中央、国务院命名为“中国载人深潜英雄”。受到习近平、李克强等党和国家领导人的接见。

作为“载人潜水器潜航员培训项目”第一任专家组组长，开创性地组织完成《载人潜水器潜航员遴选标准》《载人潜水器潜航员遴选方案》《载人潜水器潜航员培训大纲》等文件，组织实施潜航员遴选、理论培训和操作训练等项工作，全面完成了中国首批潜航员的培训工作，实现中国潜航员队伍从无到有，为中国潜航员后续选拔和培训建立起完整的规则和体系。

张钢强 1962年4月2日出生，阎什镇张志门村人，中共党员，1985年2月加入中国共产党，

1981年7月参加工作，大学学历，中央党校经济管理专业毕业，现任菏泽市农业局党组书记、局长。

1979年月至1981年7月在山东省菏泽师专学习，1981年8月至1986年8月任菏泽地区技工学校教师、团委书记，1986年8月至1997年5月任菏泽团地委学少部部长、办公室主任，1997年5月至2009年1月任菏泽市农业局纪检组长、党组成员、副局长，2009年1月任菏泽市农业局党组书记、局长。

1994年1月被山东省委宣传部、共青团山东省委评为“山东省青少年工作先进个人”；2005年12月被菏泽市纪委、市监察局、市人事局评为“先进个人”；2012年1月被山东省政府评为“全省粮食生产先进工作者”。

赵立宪 1962年6月出生，左营乡西赵庄人。1981年10月应征入伍，先后在海军保卫部任战士、保卫员，保训队战士、司务长，海航保卫处保卫员、安检员、侦察科科长，海军军犬队会计、管理员、副队长、教导员，海航劳教队管理员、干事、队长。2006年转业到全国妇联中国儿童中心工作，现任中国儿童中心后勤处处长，中国儿童中心办公室调研员、后勤处处长，甘肃省漳县副县长等职务。

在海军和海航机关工作10余年，经常深入部队调查研究、检查指导工作，撰写了大量的首长讲话、工作总结、调研报告等公文材料。先后参加总部、海军、海航举办的大型军事演习，参加撰写的首长讲话、经验材料、调研报告等获得机关和首长的好评。在任基层主官期间，能够独当一面，在工作上具有较强的领导能力、组织管理能力、协调配合能力和创新能力，带出两个基层先进单位。转业后使中国儿童中心面貌焕然一新。在漳县工作期间，为漳县人民办了很多实事，申请了一条投资6亿多的

山区公路，解决了困扰老百姓多年外出困难的问题。

申明高 1962年10月23日出生，阎什镇申庄村人，大专文化，中共党员。

1981年7月于鄄城县第一中学高中毕业，1981年10月入伍，1981年10月至1983年2月在北京卫戍区警卫一师一团二营七连，1983年2月部队改编为中国人民武装警察部队北京市总队第一支队二大队七中队，1983年5月调入北京市总队第一支队后勤处营房股，1984年8月进武警北京指挥学校学习，1985年9月加入中国共产党，1986年7月于武警北京指挥学校毕业，在武警一支队十一中队任排长。1986年10月任武警一支队后勤处修理所所长，1987年6月任一支队军械股助理员。1990年7月调入十三支队政治部任干事，1991年8月任十三支队后勤部修理所所长、党支部书记，1992年8月任十三支队军械科科长，1993年7月于中国人民解放军石家庄军械工程学院大专毕业，1994年3月1日任十三支队营房科科长，1996年3月1日任十三支队军械科科长，1997年8月至今在北京市公安局朝阳分局小红门派出所工作（副调研员）。

立个人三等功3次，受嘉奖8次，11次被评为优秀共产党员。

王振钦 1962年10月出生，鄄城人，1983年7月参加工作，1987年11月加入中国共产党，大学学历，工学学士，工程技术应用研究员。

1979年9月至1983年7 月在山东工学院第一机械工程系内燃机专业学习，1983年7月至1984年7 月任菏泽柴油机厂技术员。1984年7月至1989年5月任菏泽地区经济委员会办事员。1989年5月至1990年7月 任菏泽地区行署办公室办事员，1990年7月至1993年7 月任副科级秘书，1993年7至1995年1 月任科级秘书。1995年1月至1997年1月任定陶县副县长。1997年1月至1997年12 月任成武县委常委、副县长，1997年12至2000年6 月任县委副书记、副县长。2000年6月至2000年12月任曹县县委副书记、代县长，2000年12月至2002年6月任县委副书记、县长，2002年6月至2003年1 月任县委书记，2003年1月至2003年4 月任县委书记兼县人大常委会主任，2003年4月至2005年1月任县委书记、党校校长兼县人大常委会主任，2005年1月至2005年12 月任县委书记、党校校长。2005年12月至2006年3 月任菏泽市水利局党组书记，2006年3月至2010年1 月任局长、党组书记，2010年1月至2010年5月任菏泽市水利局局长、党组书记、市政府抗旱防汛指挥部办公室主任。2010年5月至2012年4月任省淮河流域水利管理局副局长、党委委员。2012年1月至2015年8 月任水发集团有限公司董事长。2012年4月至2014年12月任山东水利技师学院党委书记。2015年8月任水发集团有限公司党委书记、董事长。

在企业工作期间，调整经营思路、理清经营理念、把握市场特点、创新投资方向，坚持“上善若水，发展惠民”的宗旨和“服务社会、服务经济、服务大局”的理念，依托国有企业优势，按照“立足山东，布局全国，走向世界；根植水务、聚焦民生、多元发展”的经营战略，发展成为山东省内资产规模最大、产业链条最为完整、综合实力最强的特大型水务集团，在全国省级水利投融资平台中处于领先位置。2017年9月省委省政府明确成立水发集团有限公司，系省管一级国有独资企业。公司员工人数由2009年成立初的不足10人增至1.1万多人；资产由2010年的9.21亿元发展到500多亿元；营业收入由2010年的0.34亿元发展到70多亿元。形成以水务为主、能源、医疗、置业、农业、旅游、金融、港航多元发展的产业格局。集团业务遍及全省各地，辐射吉林、黑龙江、四川、福建、广西、贵州、云南、辽宁、天津、内蒙古、新疆、安徽、河北、江西、甘肃等20多个省市，并在尼泊尔、孟加拉、缅甸等国外市场实现突破。

王随莲 女，1962年11月出生，左营乡左营村人，1982年7月参加工作，1997年9月加入九三学社。1982年7月山东工学院第一机械系机械制造与工艺设备专业本科毕业，2000年6月山东科技大学机械设计及理论专业在职研究生毕业，获工学硕士学位，2005年12月山东大学机械工程学院机械制造及其自动化专业在职研究生毕业，获博士学位。

曾任济南纺织机械厂助理工程师、工程师，山东矿业学院济南分院教师，山东矿业学院济南分院科技开发公司副经理，山东大学研究生教育中心干部，山东大学研究生院招生办公室主任（副处级），山东大学研究生院学位办公室主任（副处级），省质量技术监督局副局长。2007年5月任九三学社山东省委主委，2008年1月任山东省副省长，负责民族宗教、卫生和计划生育、体育、人民防空、史志、老龄、残疾人事业等方面的工作。

刘洪渭 1962年12月出生，鄄城县人，现为山东大学管理学院副院长、教授、硕士研究生导师，山东会计协会理事。

先后毕业于山东科技大学（本科）、中国矿业大学（研究生）。现研究领域为会计理论与实务，公司财务管理，公司财务管理实务；主要研究课题成果有主持完成山东省自然科学基金项目“现代管理方法比较研究”，山东省社科基金项目“集团公司财务管理模式研究”。

蒋万超 1962年12月26日出生，左营乡蒋寨村人，中共党员。1979年7月毕业于菏泽市第二中学，1979年9月经全国高考，被中国人民解放军空军工程学院录取，同时办理入伍手续。

1979年9月至1983年7月在空军工程学院电子工程系学习，毕业时获大学本科学历，并取得工学士学位；1983年7月至1986年10月在航空兵“电子侦察干扰团”工作，曾任团机务教导队教员、机务中队无线电师、机务中队副中队长等职。1986年10月至1988年11月在济南军区空军司令部的直属单位气象勤务站工作，在计算机资料室主要负责计算机的硬件维护和软件开发工作，历任副连职助理工程师、正连职助理工程师；1988年11月至1992年11月在济南军区空军司令部军务装备处工作，主要负责济空后勤部机关和直属单位的机构与编制，历任正连职参谋、副营职参谋；1992年11月至1993年9月在济南军区空军通信团司令部工作，主要从事军务管理、士兵考学工作，任副营职参谋；1993年9月至1997年4月转业到山东省安全厅信息通信处有线通讯科工作，主要从事机务维护业务，历任科员、副科长；1997年4月至2000年11月在山东省华通科技有限公司（对内称无线通信科）工作，主要负责寻呼员管理与技术保障工作，任副总经理（对内称无线通信科副科长）；2000年11月至2004年11月在省厅信息技术处综合科工作，主要从事信息技术方面的综合业务工作，任科长；2004年11月至2013年2月在日照市国家安全局工作，任副局长；2013年2月至2013年11月在山东省国家安全厅监察专员办公室工作，任办公室副主任；2013年11月至2014年10月在山东省国家安全厅纪委工作，任正处级检查员；2014年10月在山东省国家安全厅纪委工作，任纪委副书记。

史庆轩 1963年4月出生，鄄城镇人，工学博士。现任西安建筑科技大学土木工程学院教授，博士生导师，校特聘教授，土木工程学院院长。

1980年9月至1984年6月在西安冶金建筑学院建筑工程系工业与民用建筑专业学习，1984年9月至1988年3月就读于西安冶金建筑学院建筑

工程系结构工程专业攻读硕士；1996 年 9 月至 2002 年 12 月于西安建筑科技大学土木工程学院攻读博士。

主持完成国家自然科学基金项目 3 项，主持完成陕西省自然科学基金项目、教育部高等学校博士学科点基金和其他省部级科研项目近 20 项，参与编制地方和国家行业规范 3 部，为国家自然科学基金创新研究群体“西部建筑环境与能耗控制理论研究”骨干成员。曾获陕西省教学名师奖、陕西省师德标兵、宝钢教育基金优秀教师奖等，获陕西省科学技术奖一等奖、二等奖、三等奖各 1 项，获国家级教学成果二等奖 1 项、陕西省教学成果一等奖、二等奖各 1 项、陕西省优秀教材一等奖 2 项，主持国家级精品课程《高层建筑结构设计》的建设工作。培养和指导毕业硕士研究生、博士研究生共 70 余人，在各类学术刊物上发表学术论文近 200 篇，出版教材和编著 9 部。

尹云生　1963 年 6 月出生，左营乡方庙村人，中共党员，刑法学研究生学历。

1979 年 11 月至 1983 年 11 月在济南部队服役。1984 年 5 月至 1988 年 9 月任巨野县农业银行会计出纳科科长（其间在山东省农业银行济宁银行干部学校金融专科学习 2 年）。1988 年 9 月至 1990 年 1 月任菏泽地区建设银行投资公司科长。1990 年 1 月至 1992 年 11 月任菏泽地委办公室科员，1992 年 11 月至 1995 年 6 月任菏泽地委办公室副科级秘书，1995 年 6 月至 1997 年 12 月任菏泽地委办公室正科级秘书，1997 年 12 月至 1998 年 1 月任菏泽地委办公室副县级秘书（其间在山东省干部函授大学本科班学习 2 年），1998 年 1 月至 2000 年 2 月任菏泽地区人民检察院副县级检察员，2000 年 2 月至 2002 年 7 月任菏泽市人民检察院公诉处副处长（其间，在国家检察官学院刑法专业研究生班学习 3 年），2002 年 7 月至 2009 年 12 月任菏泽市人民检察院反贪局副局长，2009 年 12 月至 2012 年 7 月任菏泽市人民检察院反渎职侵权局局长，2012 年 7 月任菏泽市人民检察院正县级检察员。

察可文　1963 年 8 月出生，彭楼镇向阳村人，中共党员，教授。先后担任山东轻工业学院基础课部教师、教研室副主任、主任、数理科学系副主任、学校教务处副处长、数理学院院长，现担任齐鲁工业大学理学院院长职务。1984 年 7 月毕业于山东大学数学系，获得学士学位。1986 年 2 月至 1987 年 12 月在中国科学技术大学研究生院举办的数理统计研究班学习，并获得与硕士研究生同等学历的结业证书。先后担任本专科学生的《高等数学》《线性代数》《概率论与数理统计》《数学模型》《数学实验》《信息论基础》《多元统计分析》和硕士研究生的《应用统计》等课程的教学工作。先后在《数理统计与应用概率》《工程数学学报》《数理统计与质量管理》等核心期刊发表论文 20 余篇，担任主编编写教材《高等数学学习指导》《概率论与数理统计》《线性代数》《微积分》，参编教材有《高等数学解题指导》《实用数学教程》。先后获得多项奖励和荣誉称号，多次被评为学校优秀教师，获得学校优秀教学成果一等奖、二等奖数十项，2001 年获全国大学生数学建模竞赛山东赛区优秀指导教师，2005 年获山东省教学成果三等奖（第一位），2009 年获山东省教学成果二等奖（第四位）。多年来指导学生参加全国大学生数学建模竞赛，先后获得全国一等奖、二等奖多项，山东赛区一等奖、二等奖数十项。

饶生存　1963 年 10 月出生，阎什镇人，中共党员，大学学历。

1978 年 7 月至 1979 年 9 月任郓城县引马公社完小民师。1979 年 9 月至 1981 年 7 月在菏泽农

校畜牧兽医专业学习。1981 年 7 月至 1982 年 8 月任鄄城县阎什口公社畜牧技术员，1982 年 8 月至 1987 年 1 月任鄄城县阎什口公社人武部干事。1987 年 1 月至 1987 年 10 月任鄄城县大埝乡党委秘书。1987 年 10 月至 1988 年 07 月任鄄城县阎什口乡党委秘书，1988 年 7 月至 1989 年 1 月任鄄城县阎什口乡党委组织委员，1989 年 1 月至 1993 年 2 月任鄄城县阎什口乡党委计生专职负责人。1993 年 2 月至 1996 年 5 月任鄄城县陈良乡党委书记。1996 年 5 月至 1997 年 5 月任鄄城县政府党组成员、县长助理、县陈王集团公司总经理、党总支书记。1997 年 5 月至 1997 年 7 月待安排。1997 年 7 月至 1997 年 12 月任鄄城县什集镇党委书记。1997 年 12 月至 1998 年 4 月任成武县委常委、县委办公室主任，1998 年至 1998 年 10 月任成武县委常委、县委办公室主任兼成武镇党委书记，1998 年 1 月至 2011 年 2 月任成武县委常委、县委办公室主任兼县委督查室主任，2011 年 2 月至 2007 年 1 月任成武县委常委、县委办公室主任。2007 年 1 月至 2011 年 1 月任菏泽市外事与侨务办公室副主任、党组成员。2011 年 1 月任菏泽市地震局局长、党组书记。

1983 年被省军区评为全省优秀专职武装干部；1988 年至 1991 年连续 4 年被评为菏泽地区计划生育先进工作者，获二等功一次，三等功二次；1992 年被菏泽地委评为林业先进工作者，立二等功；1993 年被团省委授予“建功立业杯”，立一等功；2013 年被省人事厅、省地震局授予全省地震系统先进工作者，立二等功。

郭兆安 1963 年 11 月出生，李进士镇许堂村人，研究生学历，医学博士学位。

1987 年 7 月至 1989 年 8 月任菏泽地区中医院内科住院医师，1992 年 7 月至 1993 年 8 月任山东中医药大学附属医院住院医师，1993 年 9 月至 2000 年 11 月任山东中医药大学附属医院主治医师，

2000 年 12 月至 2005 年 12 月任山东中医药大学附属医院副主任医师，2006 年 1 月任山东中医药大学附属医院主任医师。

1982 年由鄄城县第一中学考入山东中医药大学，1992 年硕士研究生毕业后留在该校附属医院肾病科工作至今。现任山东中医药大学附属医院肾病科主任医师，教授，硕士研究生导师，主要从事肾脏病的医疗、研究和教学工作，先后兼任山东中医药学会肾脏病专业委员会委员、中国中西医结合学会肾脏病专业委员会委员、山东中西医结合学肾脏病专业委员会副主任委员、山东医师协会肾脏病分会委员。擅长各种原发性和继发性肾小球疾病，急、慢性肾功能衰竭，肾小管间质性肾炎，糖尿病肾病，高血压性肾损害，多囊肾，尿路感染，肾结石，以及前列腺炎及肥大、阳痿早泄等疾病的中西医诊断和治疗。先后完成“清氮灌肠液治疗慢性肾功能衰竭的研究”“清利冲剂治疗尿路感染的研究”“祛湿降浊法干预良性小动脉硬化症的研究”“健脾补肾、泄浊祛瘀法干预慢性肾衰病程的研究”“三七总皂苷抗肾小球硬化和肾间质纤维化分子生物学机制的实验研究”等科研课题，承担山东省中医药科技发展计划项目（2013—2014 年度）“益气养阴活血通络法干预糖尿病肾病疗效与机制的研究”、山东省自然科学基金联合专项“祛湿降浊法干预高血压性肾损害血管重构、肾间质纤维化和足细胞的研究”、参与国家自然科学基金面上项目“黄芪丹参药对通过保护细胞骨架改善高血压肾损害的实验研究”；获山东省科委科技成果进步三等奖 2 项、中医药学会科技成果进步三等奖 2 项、山东省教委科技进步奖三等奖 1 项；主编《慢性肾功能衰竭的中西医治疗》《尿路感染的中西医诊治》《肾炎尿毒症防治 500 问》等著作 4 部，在《中国中西医结合杂志》《中国中西医结合急救杂志》《中国中西医结合肾病杂志》等发表论文 60 余篇。

李德学　1963年12月出生，什集镇东王潭人，中共党员，大学本科学历。

1981年底入伍北京卫戍区部队（后改为武警部队）。历任战士、通讯报道员、班长、文化教员、代理司务长、军校学员、排长、副指导员、指导员、副教导员、教导员等职，立三等功1次。先后被评为过优秀党员、优秀指导员、优秀干部等。1999年转业到中央人民广播电台任副处长等职；2012年调国家广电总局局长办公室工作，先后任副主任、主任等职。

董超　1964年2月出生，郑营镇后董胡村人，中共党员，省委党校研究生学历。

1979年9月至1981年7月在菏泽农校农学专业学习，1981年7月至1981年10月任鄄城县凤凰公社农技站农业技术员，1981年10月至1982年10月任鄄城县农业局技术员。1982年10月至1984年6月任共青团鄄城县委干事，1984年6月至1987年12月任共青团鄄城县委学少部部长（其间，1985年9月至1987年6月在山东师范大学干部专修科思想教育专业学习），1987年12月至1988年7月任共青团鄄城县委办公室主任，1988年7月至1989年12月任共青团鄄城县委副书记，1989年12月至1993年2月任鄄城县葛庄乡党委副书记、乡长，1993年2月至1996年6月任鄄城县葛庄乡党委书记（1991年8月至1993年12月在中央党校函授学院经济管理专业学习）。1996年6月至1997年1月任鄄城县委常委、葛庄乡党委书记，1997年1月至1997年5月任鄄城县委常委。1997年5月至2001年3月任定陶县委常委、县委办公室主任（1995年9月至1997年12月在山东省委党校在职研究生班经济管理专业学习），2001年3月至2003年2月任定陶县委常委、常务副县长，2003年2月至2007年1月任定陶县委副书记、纪委书记。2007年1月至2009年12月任菏泽市交通局党委副书记、副局长，2009年12月至2010年1月任菏泽市交通运输局党委副书记，2010年1月至2011年2月任菏泽市交通运输局党委副书记、副局长，2011年2月至2015年1月任菏泽市交通运输局党委副书记、副局长，局港航局党组书记。2015年1月任菏泽市残疾人联合会执行理事会党组书记、理事长。

谢瑞峰　1964年2月出生，鄄城镇人，中共党员。1984年7月毕业于山东经济学院财务会计系，中央财经大学会计学硕士。1984年7月至1988年9月，任教于中国轻工业管理干部学院，1988年9月至2003年9月任教于济南大学，1995年破格晋升副教授，2001年晋升教授。曾任济南大学财经系副主任兼教务处副处长、经济学系主任、教授。2003年9月任教于北京信息科技大学，曾任教务处处长，现任经济管理学院党委书记、教授、硕士生导师。社会兼职主要有中国会计学会理事、中国注册会计师协会非执业会员、中国注册税务师协会执业会员、公司独立董事。曾获山东省优秀教师、山东省普通高等学校教学管理先进工作者、济南市青年学术技术带头人、北京市优秀中青年骨干教师、北京信息科技大学优秀党务工作者等称号。

从教30余年，致力于中国会计理论与方法的研究，发表学术论文50余篇。出版著作、教材10余部。主持并完成省部级重点课题2项，厅局级研究课题2项，参与其他课题研究多项。

研究领域为财务会计理论与方法、财务管理理论、中国会计理论与方法等。科研成果有国有资产重组的战略研究，无形资产在经济增长中作用的战略研究，科技项目绩效评价研究，北京市城市公交行业合理成本标准与公共财政补偿补贴机制研究。

张际文 1964年3月出生，董口镇后宋楼村人。研究生学历，中共党员，博士学位。

1982年9月至1987年7月在山东医科大学公共卫生系学习。1987年7月至1991年5月在北京卫生检疫所工作。1991年5月至1992年3月为世界卫生组织西太区办事处学员。1992年3月至1993年4月任北京卫生检疫局副科长主管医师。1993年4月至1996年1月任首都机场卫生检疫局副局长。1993年10月至1997年6月在吉林大学经济法读硕士研究生。1996年1月至1998年9月任卫生部卫生检疫局空港处处长。1998年9月至2001年8月任国家出入境检验检疫局认证司副司长、办公室副主任。2000年9月至2003年6月在山东大学公共卫生学院流行病与卫生统计学专业，博士研究生。2001年8月至2004年9月任国家认证认可监督管理委员会办公室主任。2004年9月至2006年8月任宁夏出入境检验检疫局局长党组书记。2006年8月至2012年1月任国家质检总局机关服务中心主任。2012年1月任国家质检总局卫生检疫监管司司长。

沈鲁军 1964年3月出生，阎什镇沈楼村人，1981年10月参加工作，1985年12月加入中国共产党，武汉经济学院管理专业毕业，本科学历。

1981年10月至1984年9月任总参谋部某工程团放映员，1984年9月至1986年7月为武汉经济管理学院学员，1986年7月至1988年8月任总参某通信团参谋，1988年至1998年12月任总参某通信总站助理员（1992年至1995年7月武汉经济管理学院经济管理专业在职就读），1998年12月至2002年5月任总参卫星通信地面站后勤处处长，2002年5月至2003年3月任总参卫星通信地面站副主任。2003年3月至2005年6月任总参通信总站后勤部政治协理员，2005年6月至2006年7月任总参通信总站后勤部副部长。2006年7月至2008年10月任总参卫星通信地面站副政委、纪委书记。2008年10月至2009年11月任总参第通信六团政治委员、党委第一书记。2009年11月至2012年10月任人民大会堂管理局建设办副主任，2012年10月任人民大会堂管理局建设办主任。

立三等功3次，2次被军级单位树为优秀干部标兵。

刘心军 1964年4月出生，彭楼镇后刘垓村人，中共党员，大学本科学历。

1992年8月至1997年10月任山东机械工业学校团委副书记兼学生科副科长，1997年10月至1998年10月任山东机械工业学校团委书记。1998年10月至1999年10月任山东建筑大学学生处主任科员，1999年10月至2001年3月任山东建筑大学机电学院团总支书记兼办公室主任；2001年3月至2002年3月任山东建筑大学热能学院党总支副书记，2002年3月至2004年8月任山东建筑大学保卫处副处长，2004年8月至2005年7月任山东建筑大学保卫处副处长（主持工作），2005年7月至2012年3月任山东建筑大学保卫处处长，2012年3月任山东建筑大学热能工程学院党总支书记。

冯庆禄 1964年4月出生，李进士堂镇李进士堂村人，中共党员，硕士研究生学历。

1989年7月在山东省残疾人联合会工作，任办公室办事员、副主任科员；1998年6月任省残联组织联络部副主任（副处级）；2001年7月任省残联评议委员会秘书长（正处级）；2002年10月任省残联计划财务部主任，2003年6月至12月受省委组织部委派参加山东省青年干部赴美培训班；2004 年 3 月任省残联办公室主任。2008 年 5 月任山东省总工会副主席。

陈勇　1964 年 7 月出生，箕山镇大陈庄村人，中共党员。

1976 年 12 月至 1978 年 5 月在菏泽市省重点武术班训练（半工半体）。1978 年 6 月至 1987 年 9 月在省体育工作大队武术队工作。1987 年 9 月至 1991 年 7 月在山东体育学院（带资）上学。1991 年 7 月至 2013 年 11 月在山东省武术院工作。2013 年 11 月在山东省体育局健身气功管理中心工作。

1978 年 5 月获菏泽市武术锦标赛男子自选拳、甲组长拳、剑术、枪术、对练、男子全能冠军。1978 年代表菏泽市参加山东省第十一届运动会武术比赛获男子棍术季军。1982 年代表山东省参加全国散打比赛获男子 56 公斤级季军。1985 年代表山东省参加全国武术套路比赛获男子团体第六名。1986 年代表菏泽市参加山东省第十三届运动会武术比赛获男子传统器械、男子长拳亚军、男子棍术季军。1988 年代表山东体院参加山东省"振兴杯"武术比赛获男子传统器械冠军，传统拳亚军。1994 年设计的《狗娃闹春》获中央电视台春节联欢晚会舞蹈类一等奖。1997 年山东省武术院超额完成第八届全国运动会金牌任务，个人获省政府嘉奖。2001 年山东省武术院超额完成第九届全国运动会金牌任务，个人被省政府记三等功。2009 年带领山东省武术队参加第十一届全国运动会武术套路比赛，获女子长拳冠军，男、女刀棍全能冠军 3 枚金牌，创造山东武术参加全国运动会历史最好成绩，也是全国各省参加全国运动会武术比赛最好成绩。个人被省政府记一等功。

代表国家、省出访日本、美国、加拿大、韩国、新加坡、印尼、伊朗等国进行武术交流比赛，为国家争得荣誉。在电影《浪子燕青》《戈壁血腥路》和电视剧《碧血珠光》《传国密诏》中担任重要角色。

叶春风（曾用名：叶春峰）　1964 年 7 月 22 日出生，鄄城镇白彦屯村人，中国民主同盟盟员，大学本科学历。

1990 年至 1995 年在鄄城人民广播电台工作；1995 年至 1997 年在信息快报社工作；1997 年至今在联合日报社工作。出版有诗集《春风诗选》、新闻集《见证时间》，与人合编有论文集《站在新起点》等 3 部。先后被菏泽市委、大众日报社、联合日报社评为先进新闻工作者、优秀通讯员和先进个人；"爷仨争利""能人牛霞光"等 30 余篇文章被国家、省级等相关组织评为好新闻一、二、三等奖。

常保芳　1964 年 8 月出生，大埝乡常楼村人，中共党员，大学本科学历，副研究员。

1978 年 10 月至 1981 年 5 月在菏泽地区体育运动技术学校学习，1981 年 5 月至 1984 年 9 月为山东省体育工作大队田径队十项全能专业运动员，1984 年 9 月至 1988 年 5 月在山东体育学院学习工作，1988 年 5 月至 1998 年 9 月任山东省工会管理干部学院院长办公室主任科员，1998 年 9 月至 2006 年 4 月任山东省工会管理干部学院国际关系系副书记、副主任，2006 年 4 月任山东管理学院（原山东省工会管理干部学院）后勤管理处处长。

周家斌　1964 年 9 月出生，董口镇周场村人，博士研究生学历。毕业于清华大学、中国地质大学，建筑学、工商管理、地质工程专业，教授级高级建筑师、高级城市规划师。1986 年 5 月加入中国共产党，1988 年 8 月参加工作，历任外交部钓鱼台国宾馆管理局局长工程助理，中国室内建筑师学会副秘书长，中国建筑学会室内设计分会副会长兼秘书长，国务院发展研究中心信息中心合作开发部主任，广西壮族自治区建设厅厅长助理、副厅长，广西南宁市人民政府党组副书记、副市长，广西北海市委副书记、市政府党组书记、市长，广西桂林市委副书记、市政府党组书记、市长。2015年2月任现职。

姜民杰 1965年2月出生，董口镇韩庄村人，中共党员，大学本科学历。1985年参加工作。历任山东省立医院会计员、助理会计师、会计师，会计办公室副主任、经济管理办公室副主任、财务处副处长、财务处处长、山东省立医院医院东院管理委员会委员、总务党总支副书记、财务党支部书记、山东省立医院经济管理委员会副主任、山东省立医院中心院区管理委员会委员、山东省立医院总会计师等。现任山东省立医院高级会计师、党委委员、纪委书记。

是全国及山东省医院等级评审专家、山东省医保定点评审专家，在省级以上杂志发表论文10余篇。兼任中国卫生经济学会卫生经济理论与政策专业委员会委员、山东省会计学会理事、财务会计分会副主任委员、医院经济专业委员会副主任委员，山东省价格协会常务理事、山东省国际税务协会理事，《卫生经济》杂志社副主编，山东省卫生经济协会秘书长等职务。

申伟 女，1965年出生，董口镇申庄村人，中共党员，大学本科学历。

1981年9月至1985年7月在聊城师范学院中文系学习，1985年7月至1990年9月任菏泽师专中文系助教，1990年9月至1991年7月在上海师大文学研究所工作，1991年7月至1992年7月任菏泽师专中文系助教，1992年7月至1999年11月任菏泽师专中文系讲师，1997年11月至2001年8月任菏泽师专中文系团总支书记政治辅导员，1999年11月至2001年8月任菏泽师专中文系副教授，2001年8月至2005年6月任菏泽师专中文系副教授、党支部副书记团总支书记兼政治辅导员，2005年6月至2012年8月任菏泽学院中文系党总支副书记、副教授，2012年8月任菏泽学院中文系党总支书记、副教授。

1996年被团省委授予“青春立功”三等功，2002年、2010年2次被省委宣传部、省高校工委、团省委等授予“暑期三下乡社会实践优秀指导者”，2011年被省高校工委授予“高校思想教育工作先进个人”，2004年被市人事局、团市委评为“市新长征突击手”，1999年、2006年2次被授予“市优秀青少年工作者”，2009年被市直机关工委授予“市优秀共产党员”称号。

石耿立 笔名耿立，1965年出生，什集镇什集村人，中国作家协会会员，山东省作家协会散文创作委员会委员，菏泽市拔尖人才，菏泽市青年作家协会会长，菏泽市散文学会副会长，曾任菏泽学院中文系主任，2013年2月至今任广东省科学技术职业学院人文学院教授。

1986年毕业于菏泽师专中文系，并留校任教，1993年至1994年进修于北京大学中文系，1998年自学考试毕业于山东师范大学中文系。出版过诗集、散文集和学术著作，尤钟爱于散文创作，散文作品多次入选国内权威的排行榜和各种权威的文学选本，是国内较有影响的青年散文家。

1997年出版《新艺术散文概论》（山东教育出版社）；1998年出版《新艺术散文美学论》（济南出版社）（当年被破格晋升为副教授）；2005年探讨作文训练体系的理论成果《写作理论的创造性转化》获山东省省级教学成果奖；散文《缅想的灵地》荣登由《北京文学》月刊社主办的“2010年中国当代文学最新作品排行榜”，并入选《2010年中国随笔精选》（“中国作协”编选），并被《散文选刊》《中外文摘》等国内多家知名刊物和网站转载；散文《悲哉，上将军》入选北京文学月刊社主办的“2009年中国当代文学最新作品排行榜”；并入选《散文选刊》2009年度华人优秀散文、华人优秀散文排行榜；散文集《遮蔽与记忆》由新浪读书网易读书连载，新浪读书跟帖近万条，反响强烈。2010年9月入围第五届鲁迅文学奖。散文集《无法湮灭的悲怆》获山东省政府“泰山文学奖”（2011年），散文《辛亥年的长调》获“中国作家”“华人华侨文学奖”（2011年）；散文《赵登禹将军的菊与刀》被《新华文摘》2007年第22期转载；散文《悲哉，上将军》被《新华文摘》2009年13期选载；散文《义士墓》“2006年中国散文排行榜”第六位；散文《赵登禹将军的菊与刀》列“2007年中国随笔排行榜”第六位；散文《悲哉，上将军》列“2009年中国散文排行榜”第二位；《致不孝之子》列“2011中国散文排行榜”第7位；散文作品连续7年入选人民文学出版社编辑部编选的“21世纪年度散文选”，即《一头来自异乡的驴子》入选《2005散文》，《义士墓》入选《2006散文》；《赵登禹将军的菊与刀》入选《2007散文》；《遮蔽与记忆：赵一曼》入选《2008散文》（此文又入选中国散文学会评选的《2008年中国随笔排行榜》）；《木镇的事物》入选《2009散文》；《一棵树能站多久》入选《2010散文》，《风吹歪》入选《2011散文》；2010年出版散文集《说人物谁是人物》《无法湮灭的悲怆》《绕不过的肉身》《藏在草间》。

李建刚　1965年3月出生，什集镇黄口村人。1984年加入中国共产党，大学本科学历。1980年参加工作，1981年起先后任县委办通信员、机要科干事、机要科副科长、秘书科副科长、行政科长，1993年5月任县委办副科级秘书，1995年6月任县委办副主任，1997年5月任县委办副主任、正科级秘书。1998年5月任彭楼乡党委副书记、乡长，1999年6月任彭楼乡党委书记兼人大主席，2002年9月任彭楼镇党委书记，2003年1月任县人大常委会副主任、党组成员、彭楼镇党委书记，2004年任县委常委、县人大常委会副主任，2004年5月至2005年1任鄄城县委常委，2005年1月至2007年1任鄄城县委常委、政法委书记，2007年1月至2007年11任鄄城县委常委、副县长。2007年11月至2010年1任任巨野县委常委、县委办主任，2010年1月至2011年1任巨野县委常委、县纪委书记，2011年1月至2012年1任巨野县委常委、常务副县长，2012年1月至2015年7任巨野县委副书记。2015年7月任菏泽市政府副秘书长、菏泽市城市综合开发办公室党组书记、主任。

张运奎　1965年5月出生，郑营镇牛楼村人，中共党员。

1983年毕业于鄄城县第一中学，1988年毕业于山东大学（原山东医学院）。1988年8月分配到济南市口腔医院工作，2008年11月任济南市口腔医院业务副院长、主任医师、教授。2014年10月任山东大学齐鲁儿童医院业务副院长、主任医师、教授。现为山东省口腔医学会理事，山东省口腔医学会儿科分会常委，国家医师资格考试主考，济南市口腔医学质量控制中心主任。

主研、参研科研课题4项，均达到国内先进水平，一项科研课题获济南市科技进步三等奖，有20多篇医学论文在国家级、省级医学杂志上发表，一部论著（副主编）。

是“济南市青年岗位能手”“济南市卫生系统优秀共产党员”。在山东省医疗质量万里行活动中，被山东省卫生厅授予“优秀医务工作者”称号，记三等功1次。

孙志华　1965年6月出生，什集镇东孙庄人。中共党员，双硕士研究生学历。

1984年9月至1989年7月在泰山医学院医学系学习。1989年7月至2005年6月任菏泽市立医

院妇产科医师、主治医师、副主任医师，妇产科副主任、主任；学科带头人。2005年7月至2010年6月在北京市朝阳区东坝医院工作，任妇产科主任、副院长兼妇产科主任、书记兼副院长，学科带头人。2010年6月任北京市朝阳区妇儿医院副院长，学科带头人。2011年由卫生部选派去意大利弗洛伦萨大区锡耶纳大学医院做访问学者。

2002年获“第二届菏泽市青年科技奖”，2003年获“菏泽市首届优秀青年知识分子”称号。2007年获北京市朝阳区“经济技术创新工程标兵”称号。2009年9月获全国《建国60年中华妇幼健康事业发展特别贡献人物》奖。2011年论文《Budd—Chiari加综合征合并不孕介入治疗的临床分析》获全国医学科技学术成果优秀论文一等奖。《半腹膜外子宫切除术的研究》《输卵管介入再通治疗输卵管阻塞性不孕的临床研究》《布—加综合征导致不孕的临床研究》获得地市级科研成果进步奖3项。

社会兼职有北京市医学会妇科内镜分会委员，北京市医学会优生优育分会委员，北京市红十字会急诊抢救中心司法/鉴定中心专家组成员，第八届、第九届北京市朝阳区医学会妇产科学科委员，北京市朝阳区孕产妇及围产儿死亡评审专家组成员，北京市朝阳区妇科与计划生育专家组成员。

发表国家级学术论文20余篇：主要有《阴道斜膈综合症的早期诊断与治疗》《Budd-Chiari综合征介入治疗后妊娠17例分析》《Budd-Chiari综合征合并不孕介入治疗的临床分析》《Budd-Chiari综合征与妊娠》《输卵管介入再通治疗输卵管阻塞性不孕40例分析》《子宫凹陷性产后出血的临床分析》等。医学论著有《医学微生物与优生优育》《瘘外科学》《临床实用操作技术》。

李允贵 1965年7月出生，彭楼镇韩庄村人，本科学历，1985年7月参加工作，1987年2月加入中国共产党。

1983年8月至1985年7月于山东省菏泽师范专科学校中文系汉语言文学专业学习；1985年7月至1988年12月在鄄城县地方史志办公室工作，从事地方史志资料的搜集、整理、编辑和研究，1987年评为助理编辑。1986年9月至1989年7月曲阜师范大学汉语言文学专业函授毕业。1989年1月至1994年11月在鄄城县人民政府办公室工作，先后任秘书、秘书科长、县政府综合研究室副主任（主持工作）、主任。1994年11月至2001年3月在菏泽市政府（行政公署）办公室工作，先后任科级秘书、综合科科长，同时任市政府主要领导人秘书。1998年5月至6月参加市委党校科级干部培训班。2001年3月至2007年1月任中共曹县县委常委、县委办公室主任，2007年1月至2010年12月任中共曹县县委常委、县纪委书记，2007年4月至2008年3月挂职任中共胶州市委常委、副市长。2007年7月参加中央纪委在北戴河举办的县纪委书记培训班，2009年5月参加中央党校县纪委书记专题培训班，2010年3月至5月参加菏泽市委党校县级领导干部春季培训班，2010年9月参加山东省纪委监察厅与香港理工大学联合举办的香港监察干部培训班。任曹县县纪委书记期间，研究探索的利用现代科技手段有效预防腐败全面深入推进农村党风廉政建设工作机制，受到市纪委、省纪委的重视，2010年7月15至16日应邀参加中央纪委在哈尔滨召开的全国农村党风廉政座谈会，进行经验交流。2011年1月至12月任中共曹县县委常委、县委组织部长（2011年3月至5月参加山东省委党校第24期县委领导干部培训班，2011年9月参加中央组织部举办的县委组织部长培训班）。2011年12月至2014年1月，任中共郓城县委常委、县委组织部长。2014年1月至2014年9月任菏泽市人口和计划生育委员会副主任，2014年4月当选菏泽市计划生育协会常务副会长，2014年9月任菏泽市卫生和计划生育委员会副主任。2014年2月至11月任党的群众路线教育实践活动省市委派驻成武县联合督导组副组长。

是中国共产党菏泽市第十次代表大会代表，菏泽市第十七届、十八届人大代表。

田言林　1965年12月出生，董口镇前田铺村人，中共党员，研究生学历。

1981年9月至1984年7月为菏泽师范学生。1984年7月至1986年9月任鄄城县西双庙乡中学教师。1986年9月至1988年7月为菏泽教育学院中文系学生。1988年7月至1989年10月任鄄城县城关镇中学教师。1989年10月至1994年12月任鄄城县委研究室科员、副主任。1994年12月至2001年4月任菏泽地委组织部干部调配科副科级组织员、副科长、正科级组织员。2001年4月至2003年4月任菏泽市委组织部知识分子工作科科长（其间：挂职定陶县政府县长助理，县政府党组成员）。2003年4月至2006年9月任菏泽市委组织部考核科科长。2006年9月至2011年2月任菏泽市委组织员办公室副主任（副县级）。2011年2月至2012年5月任菏泽市经济信息化委员会党组副书记、市国资委党委副书记（正县级）。2012年5月任菏泽市经济信息化委员会党组副书记、市机电石化协会会长、党委书记。

主持完成的调研报告《努力打造化工高地，助推菏泽经济又好又快发展》获2014年度菏泽市软科学优秀成果二等奖；论文《关于欠发达地区实施人才战略的思考》获菏泽市第二十次社会科学优秀成果一等奖。

张洪美　1966年出生，董口镇张海村人，中共党员。1988年毕业于山东大学医学院医学系，一直从事骨科临床、科研和教学工作。

现任中国中医科学院望京医院骨关节科主任，主任医师，研究生导师，教授，骨关节科学术带头人。兼任中国老年医学会脊柱关节专业委员会常委、中华医学会骨科分会关节炎外科学组委员、中国医师协会关节炎外科学组委员、北京中医药学会骨伤专业委员会委员、中华医学会北京分会骨科专业委员会关节学组委员等。

2001年、2002年分获北京市和国家科学技术奖二等奖，2014年获中国中西医结合学会科学技术二等奖。主编著作5部，翻译著作2部，在国内外医学专刊发表论文60余篇。培养研究生20余人。

任师颜　1966年6月出生，凤凰镇后大周寺村人，中共党员，医学博士。卫计委北京中日友好医院心血管外科副主任医师，北京大学医学部研究生导师、副教授。北京和睦家医院特聘首席外科专家，山东中医静脉曲张医院名誉院长。山东滨州医学院医疗系医学学士，第三军医大学临床医学外科学硕士，法国巴黎大学（南方XI）大学外科学毕业文凭，解放军总医院（301）临床医学外科学博士，美国加州大学旧金山分校（UCSF）博士后和加拿大哥伦比亚大学（UBC）博士后。通过美国、加拿大医师执照考试，在法国巴黎大学PaulBrousse医院、美国UCSF附属医院、加拿大UBC医院，山东省立医院血管外科、北京协和医院血管外科交流学习。主编《静脉微创新疗法》、《静脉疾病的综合治疗》和《外科考试一本通》。懂英语、法语，发表SCI论文26篇。在血管疾病特别是对于静脉曲张的治疗方面有个人独到治疗特色，微创手术治疗静脉曲张后，患者可以下地活动回家，不需住院，远期效果确切明显。

蒋锐　1966年8月出生，左营乡蒋寨村人，中共党员，法学博士，历史学博士后。现任山东大学当代社会主义研究所教授、博士生导师，山东大学·中央社会主义学院统一战线研究中心主任。

主要研究领域为当代国外社会主义、中国特色

社会主义、统一战线理论与政策、德国政治与文化。

主要学术著作有《当代社会主义》《东欧人民民主道路研究》《社会主义知识读本》《东西方之间——中外学者论卫礼贤》《东方之光——卫礼贤论中国文化》《中国人的生活智慧》《从民主社会主义到社会民主主义——战后欧洲社会民主党的理论与实践》《拉美社会主义及社会左翼社会运动》《政治断层带的嬗变——东欧国家政党与政治思潮研究》《西方宪政史·第四卷：意大利、法国、德国和英国》《历史的两面——动荡岁月的生活记录》《山东及其门户胶州》《社会主义年鉴（2013）》。

主要学术论文有《原苏东地区左翼政党及其社会主义运动评析》《对东欧人民民主道路的再认识》《关于战后初期东欧探索人民民主道路的反思》《原苏东地区社会主义运动发展前景浅析》《世纪之交：社会主义的回顾与展望》《中俄民族问题比较研究》《再评社会主义“一国建成论”》《东欧人民民主道路的实质》《列宁关于引导农民走社会主义道路的探索》《东欧人民民主道路的理论意义和历史经验》《他者的映像》《卫礼贤的汉学生涯》《革命还是改良？——关于恩格斯晚年思想的一点思考》《卫礼贤论中国文化》《对当代社会民主主义的几点认识》《二战后欧洲民主社会主义与其他左翼关系探析》《德国汉学家卫礼贤与儒学》《试析卫礼贤对〈易经〉的解读》《二战后欧洲民主社会主义与苏东“现实社会主义”关系评析》《拉美社会党与社会党国际的关系》《德国现行选举制度及其特点》《拉美与欧洲民主社会主义的思想来源和价值观念比较》《拉美与欧洲社会党的内外政策比较》《拉美与欧洲民主社会主义理论比较》《中国特色社会主义与民主社会主义》《德国宪政民主制度的曲折发展》《卫礼贤中国观和传教活动的影响因素》《民初中国社会党对社会主义的中国文化诠释》《康有为大同学说与中国传统大同思想》《瑞典社会民主党执政时期社会政策改革的弹性分析（1994—2006）》《社会主义思潮在中国的传播与墨学的复兴》《美国没有社会主义吗？——析约翰·波考克的共和主义解释》《晚清社会主义思潮的传入与传统大同理想的激活》《阶级话语在中国的早期传播》《中国特色社会主义与孙中山三民主义》《“美国社会主义例外论”辨析》《略论恩格斯晚年对美国工人运动的看法》《五四时期民主革命派对马克思阶级观点的解读》《“美国社会主义例外论”研究——从桑巴特到李普塞特》。

主要科研项目有“战后初期东欧探索人民民主道路的历史经验”“国外社会民主主义研究”“冷战后东欧社会民主主义研究”“拉丁美洲社会主义及左翼社会运动研究”“德国宪政简史”“中国人的生活智慧”“中国特色社会主义与相关‘主义’之比较”“近代以来社会主义思想在中国的传播发展与中国传统文化的关系研究”“中国传统政治文化与坚持走中国特色社会主义政治发展道路研究”“统一战线发展与社会主义协商民主制度化建设”。

吴凡奎 1967年1月出生，大埝乡北苏楼人。在职研究生学历，山东师范大学政治系本科毕业，西北工业大学管理科学与工程专业在职研究生毕业，中共党员。

1990年7月至1992年2月在菏泽地区行署办公室调研科工作。1992年3月至1993年11月在山东省成武县汶上镇挂职工作。1993年12月至1997年8月在山东省菏泽地区行署办公室调研科、秘书四科、秘书二科工作。1997年9月至2000年7月在西北工业大学读管理科学与工程专业硕士研究生，实习期间，1999年8月至2000年6月在菏泽市机械研究院挂职院长助理。2000年7月至2008年3月任菏泽市政府办公室科长、副处级秘书。2008年4月至2010年9月任新疆维吾尔自治区安监局办公室副调研员（期间，2008年9月至10月，在大连监管执法培训班学习）。2010年10月至2012年5月任新疆维吾尔自治区安监局政策法规处副处长（期间，2010 年 10 月至 2011 年 1 月，在天津大学新疆班学习）。2012 年 6 月任新疆维吾尔自治区安监局政策法规处处长。

2012 年、2013 年、2014 年被评为新疆自治区安监局优秀共产党员。

郭学军 1967 年 9 月 20 日生，左营乡左南村人。大学本科学历。

1989 年毕业于北京科技大学，分配至济南锅炉总厂（济南锅炉集团）工作。先在金工车间实习，后到计划经营处工作，获评助理工程师，曾任副科长。1992 年，调至山东省高级技工学校（山东劳动技术学院）教务处工作，任政治理论课教师，获评助理讲师。1994 年在山东快信集团从事企业经营工作。1996 年在山东省经济体制改革委员会《山东证券报》工作，任文字编辑，获评经济师。2003 年在大众报业集团工作，任生活日报记者。2013 年创办生活日报《艺览》书画专刊，任文化工作室主任。

2009 年采写的《武警医院太平间乱收费》系列报道获山东新闻二等奖，最后促使武警医院向当事人退款并将太平间依照相关规定移交地方民政部门统一管理。自 2010 年起连续 3 个春节坚持在一线采访，对“领福娃回家过年”活动系列报道，被山东省委宣传部等单位评为“记者新春走基层”一等奖；2010 年采写的《祝甸社区“票决”罢免 9 名居委会人员》一文，分别荣获大众新闻一等奖、中国晚报界最高奖赵超构新闻奖一等奖。

贾文忠 1968 年 7 月出生，阎什镇贾庄村人，中共党员，大学学历，经济师。

1990 年起先后在省经济技术开发中心、在省铁路道口管理办公室、省经信委交通与物流处工作。现任山东省经信委交通与物流处副调研员。工作期间多次获得单位优秀共产党员、嘉奖、先进工作者等表彰。

宋先亮 1969 年 1 月出生，左营乡宋垓村人，中共党员，工学博士、教授。

1988 年至 1992 年在北京林业大学森工系学习。1994 年至 1997 年在北京林业大学森工系读研究生。2000 年至 2004 年在北京林业大学材料科学与技术学院获博士学位。2002 年至 2004 年为加拿大魁北克大学三河分校访问学者。2010 年至 2011 年在美国北卡罗莱纳州立大学做访问学者。

1992 年 7 月至 1994 年 8 月任青岛一木集团助理工程师。1997 年起在北京林业大学工作，历任讲师、副教授、教授。北京林业大学教代会执委、北京林业大学材料学院工会主席、北京林业大学材料学院党委委员、林化系主任。

承担本科生课程精细化学品生产工艺学、植物纤维化学、林化综合实习、林化专业课设计、生物质化学、植物资源化学、木材化学、废纸再生利用及研究生课程高等木材化学的教学工作，参加国家级林产化工特色专业建设项目，主持校级教改项目 2 项，发表第一作者教改论文 8 篇，指导大学生科研训练项目国家级 1 项、北京市级 2 项、校级 4 项，2014 年获优秀本科生毕业论文指导教师称号。共指导研究生 11 人，已毕业或转成博士 6 人。在科研方面，参加 973 项目“生物质转化为高值化材料的基础科学问题”和国家自然基金重大国际合作项目。参加 948 重点项目新型纤维素溶剂体系制备微纤丝材料技术引进，948 项目两性聚电解质提高再生纸张强度技术引进。主持完成横向科研项目防火板材料。参加完成十一五科技支撑计划“特色生物化工资源精深加工产品开发”项目。完成教育部留学回国人员科研启动项目“化学法提高回收纤维使用品质的研究”，作为主要成员参加完成 948 项目“木质纤维素制备燃料乙醇用菌株及原位分离技术”，作为主要成员参加完成2010—2011年的农业科技成果转化资金项目“杜仲资源深度综合开发利用中试技术示范”。主持完成948项目“浮选柱回收浮选渣中纤维的关键技术引进”。作为主要成员参加完成北京市共建项目“废弃木质材料综合利用技术研究”，在Bioresouces、Cellulose Chemistry and Technology、Tappi Journal等杂志和北京林业大学学报等期刊上发表第一作者或责任作者学术论文60余篇，其中SCI收录9篇，EI收录5篇，ISTP收录3篇，中文核心论文13篇，作为第一发明人申请发明专利10项，已获得授权发明专利4项。

刘春华 女，1969年4月出生，左营乡中义村人，1996年12月加入中国共产党，1994年7月参加工作，大学学历，农业推广硕士。现任聊城市委常委、高唐县委书记、县委党校校长。

1994年7月至1995年8月任鄄城县凤凰乡团委干事、党政综合办干事，1995年8月至1997年6月任鄄城县凤凰乡副乡长。1997年6月至1998年12月任鄄城县信访局副局长。1998年12月至2001年3月任鄄城县张志门乡党委书记、大埝乡党委书记。2001年3月至2005年11月任共青团菏泽市委书记（其间：2002年9月至2005年3月南京林业大学农业推广硕士班学习）；2005年11月至2011年11月任菏泽学院副院长、党委委员；2011年11月任聊城市委常委、高唐县委书记、县委党校校长。

于法稳 1969年7月生，凤凰镇于庄村人，中共党员。1991年7月毕业于曲阜师范大学物理系物理教育专业，获理学学士学位；1993年7月，毕业于西南师范大学生物系生态学专业，获理学硕士学位；1998年7月毕业于西南农业大学经济管理学院农业经济与管理专业，获管理学博士学位；1998年9月至2000年7月在中国农业大学可持续农业中心从事博士后研究工作；2000年8月至今在中国社会科学院农村发展研究所工作，其间：2007年8月至2008年8月，到美国纽约州立大学环境科学与林学院做高级访问学者；2013年11月到瑞典斯德哥尔摩大学弹性研究中心进行为期一个月的学术交流。

现任中国社科院农村发展研究所重点实验室首席研究员、生态与环境经济研究室副主任；中国社会科学院研究生院教授、博士生导师；西南政法大学经济学院兼职教授、鲁东大学兼职教授。是中国生态经济学学会秘书长；中国林牧渔业学会林业经济专业委员会副理事长；中国森林认证委员会委员；中国林业生态发展促进会专家委员会委员；中国气象学会气象经济专业委员会专家委员；中国自然资源学会政策研究专业委员会委员；中国治沙暨沙业学会理事。《中国生态农业学报》副主编，《生态经济》（中英文）编委。

曾主持国家社科基金项目3项，中国社会科学院重大调研项目、A类重大课题、重点课题、村庄调研项目12项，国际机构、国家部委及地方政府委托课题4项目。作为主要科研人员，参与的课题有国家“973”项目1项，国家自然科学基金2项，国家社科基金2项，中国社会科学院重大课题、重点课题6项，国际合作项目、国家部委及地方政府委托课题13项。

先后在《Asian Geographer》《Physical Geography》《植物生态学报》《中国农村经济》《中国农村观察》《中国软科学》《中国人口资源与环境》《甘肃社会科学》《江西社会科学》等学术期刊上发表论文120余篇，出版学术专著（含合著、参编）23部，其中作为副主编，出版《生态经济建设大辞典》《英汉生态经济词典》等大型工具书。多篇政策建议报告获得中央主要领导人批示。

科研成果获得中国社会科学院优秀科研成果奖2项，黑龙江省第十届社会科学优秀科研成果一等奖（排名第二），中国社会科学院优秀对策奖一等奖、二等奖各1次；2007年获“中国发展百人奖——青年学者奖”。

刘肖军 1969年8月出生，引马乡土车刘村人，中共党员，硕士研究生学历。

1990年7月毕业于河海大学农田水利工程专业，获工学士学位；2005年获山东大学工程硕士学位。1990年7月毕业分配到山东省水利厅农水处工作。1990年10月至1991年12月在泰安市郊区水利水产局挂职锻炼。1991年12月至1996年12月在山东省水利厅农水处任助理工程师。1996年12月至2010年7月在山东省水利厅办公室工作，历任副主任科员、主任科员、副主任，并兼任厅党组秘书；2010年7月任山东省水利厅水资源处调研员；2012年8月任山东省水利厅水资源处处长，同时兼任山东省节约用水办公室常务副主任。先后有5项科研成果获山东省水利科技进步一等奖，有2项研究成果获山东省软科学成果一等奖，有6项研究报告获省政府优秀调研成果一等奖，2项获水利部优秀调研成果奖；连续多年考核为优秀等次，记三等功2次，受嘉奖3次；在2003年抗洪抢险中被省政府记三等功。多次获省水利厅直属机关党委授予优秀党员、优秀党务工作者称号；当选为省直机关青联委员，被水利部发展研究中心聘为特约研究员。

2016年6月任水发集团有限公司党委副书记、总经理，协助党委书记分管党委重大事项，全面负责集团公司生产经营工作。2017年9月省委省政府明确成立水发集团有限公司，系省管一级国有独资企业。公司员工人数增至1.1万多人，资产500多亿元；营业收入发展到70多亿元。形成以水务为主、能源、医疗、置业、农业、旅游、金融、港航多元发展的产业格局。集团业务遍及全省各地，辐射吉林、黑龙江、四川、福建、广西、贵州、云南、辽宁、天津、内蒙古、新疆、安徽、河北、江西、甘肃等20多个省市，并在尼泊尔、孟加拉、缅甸等国外市场实现突破。

张赟 1969年10月出生，引马乡张班庄村人，中共党员，研究生学历。

1989年3月入伍，先后任武警北京市总队五支队二大队五中队战士、文书、支队内卫股绘图员，1991年9月考入武警北京指挥学校，1993年7月毕业后任北京市总队五支队排长、干部股干事，1995年6月任北京市总队政治部计生办干事、六支队代理指导员，1999年2月任北京市总队一师政治部干部科干事、干部科副科长，2007年1月任北京市总队六支队副政委。2007年7月任北京指挥学院政治部干部科科长，2012年3月任北京指挥学院政治部副主任，是北京市朝阳区第五届青联委员。

先后荣立个人三等功3次；多次被评为北京市、朝阳区计划生育先进工作者，多次被评为优秀党员、优秀党务工作者、优秀教育工作者，多次受各级嘉奖，多次被评为优秀干部。

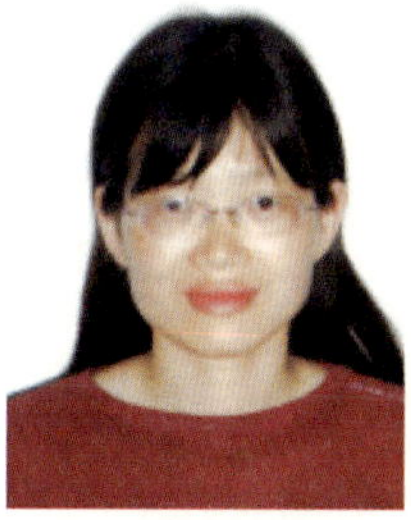

张文英 女，1970年6月出生，鄄城县人，中共党员，大学教授，信息安全国家重点实验室出站博士后。研究方向，密码学和信息安全。

1987年9月至1991年7月在烟台师范学院数学系读本科；1991年9月至1994年7月在曲阜师范大学数学系读硕士；1994年7月至2001年4月在济南陆军学院数理教研室任讲师；2001年4月至2004年6月在解放军信息工程大学信息工程学院信息研究系读博士；2004年7月至2006年10月在中国科学院软件研究所信息安全国家重点实验室做博士后；2006年11月至今在山东师范大学信息科学与工程学院任教。

主持国家自然科学基金项目61272434，轻量密码非线性模块的设计和代数差错攻击；主持和完成山东省自然基金项目Y2008g01，结题评议优秀；

主持山东省自然基金 ZR2012FM004；主持和完成第38批中国博士后科学基金奖资助项目密码学中逻辑函数的性质及构造；主持和完成总参谋部办公厅机要局十一五国防科技预研基金某项目；主持和完成信息安全国家重点实验室的开放课题3项；以第一参加人身份完成国家自然基金60673068和863国家密码基金某项目。

霍涛 1970年12月18日出生，富春乡杨楼村人。中共党员。

1991年7月至2003年4月任济南市历下区姚家镇副镇长、党委副书记，2003年4月至2004年9月任济南市历下区东关街道党委副书记、办事处主任，2004年9月至2012年3月任济南市历下区旅游局局长，2012年3月任济南市历下区老龄工作委员会办公室主任。

李春民 1971年出生，左营乡大辛庄人，中共党员，毕业于北京医科大学，2009年获医学博士学位，血管外科博士后，副主任医师，副教授。现在首都医科大学附属北京朝阳医院血管外科工作。

是《中华损伤与修复杂志》特约编委，《中华临床医师杂志》编委，中华医学会北京创伤与修复委员会委员；国际脉管联盟（IUA）中国青年委员会委员。

师从国际著名血管外科权威——中国科学院汪忠镐院士，得到悉心指导。在血管外科常规手术及介入技术的基础上，对一些手术方式及操作进行改进，获得良好效果。

科研方面致力于血管外科疾病、组织工程血管及内皮细胞的研究。参与多项国家“863”“全军十二五”等重大课题研究。正在参与的国家级课题2项，获得国家专利2项。受邀参加英国帝国出版社的英文专著《Fast Facts: Vascular and Endovascular Surgery Highlights 2010-11》编写，参编中文专著8部，任其中两部副主编。在中文核心期刊发表文章40余篇，国外发表国外SCI文章7篇。指导研究生10余人。

刘昌盛 1971年12月出生，鄄城县人，研究生学历。

1992年毕业于菏泽师专艺术系，同年考入曲阜师范大学美术学院；1994年毕业留校任教；1997年考入鲁迅美术学院中国画系攻读花鸟画研究方向硕士学位；2000年毕业获文学硕士学位。现为曲阜师范大学美术学院副教授，硕士研究生导师，中国画教研室主任。

2009年11月中国画《松阴论道》入选中国文联主办的第六届当代中国山水画展，获银奖；2010年12月中国画《春到高原》入选中国美术家协会主办的“首届中国现代工笔画大展”；2012年4月中国画《百狮坊》入选山东省委宣传部、山东省文联、山东美术家协会主办的“齐鲁颂”山东山水画作品晋京展，获创作奖；2012年7月中国画《青海日记》入选中国美术家协会主办的“第七届西部大地情中国画、油画大展”；2012年8月《百狮坊》入选省文联省美协主办的山东省“三个一百”工程；2012年11月中国画《飞过高原》入选中国美术家协会主办的“2012全国中国画展”；2014年4月中国画《骑手》入选中国美术家协会主办的“第八届西部大地情中国画、油画大展”。曾获山东省教育厅、省文化厅优秀指导教师奖、曲阜师范大学2013年度优秀教师奖、曲阜师范大学教学奖三等奖。

张君龙 1971年12月出生，鄄城镇张殿庄人，中共党员，研究生学历。先后任战士、排长、政治指导员、旅干部科干事、团干部股股长、师干部科干事、旅干部科长、团政治处副主任、军区新华社主任（记者）、军区政治部办公室秘书、军

区前卫报社副主编（正团职）等职。1996 年 1 月、1997 年 12 月、2001 年 12 月各荣立三等功一次，2009 年被济南军区表彰为“优秀新闻工作者”，2012 年、2013 被济南军区政治部评为“优秀机关干部”，先后受军区政治部嘉奖 7 次，2005 年参加“和平使命 -2005”中俄联合军事演习，2008 年 5 月、2009 年 3 月 2 次赴汶川抗震救灾和灾后援建工作。

在基层部队任职 17 年，长期从事政治工作，先后担任过连队指导员，师旅团政治机关业务部门领导。在连队工作期间，所在连队连续两年被评为先进党支部、军事训练先进单位；在机关工作时，所在科、股年年被评为先进。2005 年调军区政治部机关后，先后从事新华社记者、办公室秘书、报社副主编等职，熟知基层，了解部队，熟悉机关。两次赴汶川抗震救灾一线采访，参与了“联合 -2005”“跨越 -2009”“英雄战士武文斌”“编外雷锋团”等重要军事活动和重大典型的宣传报道，在军队、地方反响强烈。

到军区机关工作以后，对政治工作观点的提炼视角独特，有深度，有新意。撰写的《费县退役人员先进事迹巡回报告反响强烈》《济南军区开展全员性实战化岗位练兵》《济南军区创新主战装备人才培养提升核心军事能力》等 30 余篇在新华社《国内动态清样》和《内参选编》得到中央、军委总部和军区首长的批示；参与总结的济南军区着力打造高职答辩评审工作“阳光工程”等 10 多份经验材料得到军区首长和机关领导的肯定；研究生论文《新世纪新阶段论战斗精神》一文被石家庄陆军指挥学院作为优秀论文收录，《着眼现实斗争准备，积极打造人才群体》征文被西安政治学院评为“优秀论文”,2009 年被军区表彰为“优秀新闻工作者”。

2003 年任干部科长期间，组织协调保障“全军干部福利工作会议”，由于标准高、零差错，受到总部、军区首长及与会代表的一致好评。到军区政治部工作后，多次牵头协调保障重大军事活动及重大典型采访，得到很好锻炼，积累了经验。2012 年 9 月，全军民兵刊物评比工作会议期间，负责 100 多名与会代表的食宿及会务的协调安排，会议圆满顺利。结合工作撰写的《机关干部如何把握协调艺术》被《政工研究文摘》刊发，并以此为讲稿连续两年为军区拟任师旅团机关干部培训班授课。

汶川抗震救灾期间，为展现人民军队为人民的良好形象，冒着随时都有生命危险的余震，白天现场采访，晚上板房赶稿，先后发新华社通稿 30 余篇，其中稿件《矗立在废墟上的丰碑》《镌刻在羌族人民心坎上的爱》被中央各大媒体、全国 1000 多家网站转载，为展现人民军队的良好形象、稳定受灾群众发挥了积极作用。以事业为重，从不为家事分心，家中先后有 3 位老人相继离世，都未影响工作。

王涛 1973 年 9 月出生，彭楼镇王集村人，大学学历，农学学士。1997 年 10 月参加工作，2006 年 9 月加入中国共产党。1993 年 9 月至 1997 年 7 月在山东农业大学植物保护专业学习。1997 年 10 月至 1998 年 10 月任菏泽市农业局技术员，1998 年 10 月至 2002 年 10 月任菏泽市农业局植物保护站助理农艺师（其间：2001 年 4 月至 2002 年 4 月在单县曹庄乡辛滩集村工作），2002 年 10 月至 2006 年 9 月任菏泽市农业局植物保护站农艺师。2006 年 9 月至 2006 年 12 月任菏泽市地方史志办公室编辑。2006 年 12 月至 2009 年 3 月任菏泽市地方史志办公室地情资料科副科长（其间：2007 年 4 月至 2008 年 4 月在单县莱河镇丁楼村工作）。2009 年 3 月至 2012 年 8 月任菏泽市地方史志办公室县志指导科科长。2012 年 8 月任菏泽市地方史志办公室副主任、党组成员。

刘同海 1977 年出生，鄄城县人，中共党员，工学博士，副教授，天津农学院物联网工程系主任，硕士生导师，中国农业科学院院外专家，天津市科技特派员，中国农业工程学会会员、中国计算机学会会员，天津城市建设大学计算机学科硕士生导师。

1997年9月年至2001年7月就读于山东农业大学农学院；2002年9月至2005年7月在中国农业科学院研究生院攻读硕士研究生；2010年9月年至2013年12月攻读中国农业大学博士；2005年7月任天津农学院计算机与信息工程学院讲师、副教授。

主要从事RS/GIS/GPS技术、农业物联网、计算机视觉、大数据处理及可视化等技术在生态环境、精细种植养殖领域的教学与研究工作。研究方向为农业物联网装备及技术，空间信息技术及应用。

主持国家公益性行业（环保）科研专项子课题1项、国家星火计划项目1项、天津市科委农业科技成果转化项目1项、环境保护部子课题1项、中央高校科研创新专项1项等7项，主要参加国家重点基础研究发展计划（973计划）、国家自然科学基金、863等科研项目12项。发表学术论文36篇，其中EI检索9篇，中文核心21篇；参编教材4部；授权软件著作权8项，申请国家发明专利1项。获天津市科学技术进步奖二等奖1项。多次获校级优秀毕业设计指导教师称号。著有学术及教改论文36篇，被SCI、EI、ISTP收录9篇。

吕灿华 左营乡吕庙村人，中共党员，山东大学法律系法学学士，清华大学公共管理学院公共管理硕士。现任济南市城市管理行政执法局政委。

1995年11月至2000年2月任济南市工商局法制处副处长，2000年2月至2001年7月任济南市工商局法制处处长，2001年7月至2003年7月任济南市工商局副局长，2003年7月至2012年6月任济南市城市管理行政执法局（济南市城市管理监察总队）副局长（副总队长），2012年6月至2013年12月任济南市城市管理局、济南市城市管理行政执法局（济南市城市管理行政执法总队）党委副书记，2013年12月任济南市城市管理行政执法局政委。

王广斌 鄄城县人，1984年9月至1988年7月在重庆建筑大学管理工程系建筑经济管理专业学习，1988年9月至1991年3月在同济大学经济管理学院攻读硕士研究生，1995年9月至1998年1月在同济大学经济管理学院攻读博士研究生；1999年至2004年任同济大学经济与管理学院建设管理与房地产系副教授，2004年任同济大学经济与管理学院建设管理与房地产系教授。

现任同济大学经济与管理学院副院长、同济大学教授、博士，中国建筑业协会管理现代化专业委员会常务理事、中国图学学会BIM委员会副主任委员、中国建设教育协会BIM委员会副主任委员、中国工程建设标准化协会建筑信息模型BIM专业委员会理事、中国建筑学会工程管理研究分会理事。英国皇家特许建造师(MCIOB)，英国皇家特许测量师（MRICS)，美国注册费用咨询师（CCP），英国皇家特许建造师(MCIOB)中国东方区副主席，《土木工程学报》编委。

长期在Stanford大学、Georgia Institute of Technology做访问学者和高级访问学者。主要从事项目管理、工程管理信息化、项目投融资方面的教学、研究和工程实践。主持参与国家自然科学基金课题、科技部国际合作研究课题、上海市科技攻关课题，国家住房和城乡建设部等多项科研项目。

出版的著作主要有《工程项目管理》（教育部十五重点教材）、《投资建设项目组织》（全国投资建设项目管理师考试用教材）和《上海市市政工程项目管理手册》，发表学术论文60多篇。

名　录

濮州（鄄城）科贡题名录

表 36-3-1

朝　代	姓　名	籍　贯	仕　途	职　官
汉	汲　黯	济阴郡鄄城县		东海、淮阳太守，中大夫
晋	吴隐之	濮阳郡鄄城县		度支尚书、太常，光禄大夫
晋	吴延之	濮阳郡鄄城县	荫　任	鄱阳太守
南北朝	吴　苞	濮阳郡鄄城县	征　辟	太学博士
唐	王元感	濮州鄄城县	明　经	太子司议郎、中散大夫
五代	葛从周	濮州鄄城县		后梁昭义节度使、陈留郡王
五代	翟光邺	濮州鄄城县		后周枢密副使
宋	钱守俊	濮州雷泽县		左领军卫大将军、潘州防御使
宋	张　詠	濮州鄄城县		工部、礼部尚书
宋	张　诜	濮州鄄城县		户部员外郎
宋	徐休复	濮州鄄城县	太平兴国进士	户部给事中、左谏议大夫
宋	徐　起	濮州鄄城县	进　士	秘书监
宋	高　弁	濮州雷泽县	至道中进士	侍御史
宋	马元方	濮州鄄城县	淳化三年进士	枢密院直学士、兵部侍郎
宋	李　迪	濮州鄄城县	景德二年状元	同中书门下平章事、太子太傅
宋	李柬之	濮州鄄城县	进　士	龙图阁直学士、太子少保
宋	李肃之	濮州鄄城县	荫　任	龙图阁直学士、枢密院都承旨
宋	李承之	濮州鄄城县	进　士	枢密院直学士、户部尚书
宋	李及之	濮州鄄城县	荫　任	知泽、晋、陕三州，正议大夫
宋	李孝基	濮州鄄城县	进　士	光禄卿
宋	李孝寿	濮州鄄城县	荫　任	龙图阁直学士、刑部侍郎
宋	李孝称	濮州鄄城县	荫　任	刑部、工部尚书，光禄大夫
宋	张　奎	濮州临濮县	进　士	枢密院直学士、吏部给事中
宋	张　亢	濮州临濮县	进　士	河阳、徐州总管
宋	张　焘	濮州临濮县	进　士	龙图阁直学士、通议大夫
宋	杜　纯	濮州鄄城县		光禄寺卿权兵部侍郎
宋	杜　紘	濮州鄄城县	进　士	大理寺卿权刑部侍郎
宋	和　斌	濮州鄄城县		步军都虞侯

续表 36-3-1-1

朝代	姓名	籍贯	仕途	职官
宋	和诜	濮州鄄城县		威州刺史、右武大夫
元	吴律	濮阳郡鄄城县		秘书少监
元	何荣	濮阳郡鄄城县		明威将军、德庆府总管
明	李仕鲁	濮州	征辟	大理寺卿
明	刘坚	濮州	永乐四年进士	茂州知州
明	高式	濮州	永乐四年进士	知县
明	梁温	濮州	永乐九年举人	如皋知县
明	张本	濮州	永乐九年举人	知县
明	王贯	濮州	永乐九年举人	知县
明	孟克谐	濮州	永乐九年举人	安庆府同知
明	宋建	濮州	永乐十八年举人	宁国府通判
明	何宾	濮州	永乐二十一年举人	山西潞城县知县
明	李著	濮州	正统九年举人	庆阳府同知
明	冯昱	濮州	正统十二年举人	河南按察副使
明	刘忠	濮州鄄城县	景泰元年举人	山西布政使、右副都御史
明	阎杞	濮州	景泰元年举人	西安府同知
明	张麟	濮州	成化元年举人	光禄署丞
明	张环	濮州	成化四年举人	顺德府推官
明	田信	濮州	成化四年举人	知县
明	桑春	濮州	成化四年举人	襄阳府推官
明	李晟	濮州	成化五年进士	都察院经历、郧阳府同知
明	冯锐	濮州	成化十六年举人	真定府通判
明	任翱	濮州	成化十九年举人	永城知县
明	黄庆	濮州	弘治八年举人	延安府通判
明	李瓒	濮州	弘治九年进士	户部尚书
明	高显	濮州	弘治十二年进士	陕西按察副使
明	刘绍	濮州鄄城县	弘治十一年举人	武功知县
明	黄绅	濮州	弘治十四年举人	大同府同知
明	刘党	濮州	弘治十四年举人	河间府通判
明	李廷相	濮州	弘治十五年探花	户部尚书
明	冯宗龙	濮州	正德二年举人	定州知州
明	吕端	濮州	正德五年举人	迁安知县
明	张天性	濮州鄄城县	正德九年进士	山西按察副使
明	田美	濮州	正德九年进士	光禄寺少卿
明	陈文昭	濮州	正德九年进士	户部员外郎
明	桑溥	濮州	正德九年进士	浙江按察副使

续表 36-3-1-2

朝代	姓名	籍贯	仕途	职官
明	张九功	濮州	正德十一年举人	知县
明	宋　橘	濮州	正德十一年举人	知县
明	倪宗岳	濮州	正德十六年进士	山西道监察御史
明	辛汝弼	濮州	嘉靖四年举人	永州府通判
明	刘　鹏	濮州	嘉靖四年举人	南京户部主事
明	苏　祐	濮州鄄城县	嘉靖五年进士	兵部尚书
明	吕调羹	濮州	嘉靖八年进士	兵部主事
明	周显宗	濮州	嘉靖八年进士	户部太仓郎中
明	李　淳	濮州	嘉靖十一年举人	辰州知州
明	苏守毅	濮州	嘉靖十三年举人	易州知州
明	吴道南	濮州	嘉靖十三年举人	汾州知州
明	黄　性	濮州	嘉靖十八年举人	兰州知州
明	叶　臣	濮州	嘉靖十六年举人	河间府同知
明	石　栋	濮州	嘉靖十六年举人	清河知县
明	李守经	濮州	嘉靖十九年举人	鄠县知县
明	张登高	濮州	嘉靖二十年进士	太常寺少卿
明	龚秉德	濮州	嘉靖二十年进士	襄阳兵备副使
明	李仲升	濮州	嘉靖二十二年举人	灵宝知县
明	许　玠	濮州	嘉靖二十二年举人	兴济知县
明	刘东鲁	濮州	嘉靖二十五年举人	山西潞安府同知
明	赵希仲	濮州	嘉靖二十五年举人	高陵知县
明	刘显任	濮州	嘉靖二十五年举人	长子知县
明	李先芳	濮州鄄城县	嘉靖二十六年进士	尚宝司少卿
明	祝尧焕	濮州	嘉靖三十二年进士	陕西按察副使
明	桑绍良	濮州	嘉靖三十四年举人	岚县知县
明	陈忠翰	濮州	嘉靖三十五年进士	河南按察副使
明	张承文	濮州	嘉靖四十年举人	孝义知县
明	陈　巽	濮州	隆庆元年举人	阳午知县
明	杨光明	濮州	隆庆四年举人	真定府同知
明	田　捷	濮州	万历四年举人	临洮府推官
明	南　兆	濮州	万历五年进士	山西提学道
明	周　杞	濮州	万历七年举人	宝鸡知县
明	田汝成	濮州	万历七年举人	灵璧知县
明	桑正衍	濮州	万历七年举人	汾西知县
明	刘汝立	濮州	万历八年进士	监察御史
明	王九皋	濮州	万历十年举人	临洮府推官

续表 36-3-1-3

朝 代	姓 名	籍 贯	仕 途	职 官
明	张联芳	濮 州	万历十年举人	新城知县
明	应 震	濮 州	万历十三年举人	青城知县
明	宋足征	濮 州	万历十三年举人	蒲县知县
明	苏光泰	濮 州	万历十七年进士	河南右布政使
明	桑学夔	濮 州	万历二十年进士	太常寺卿
明	邢 汴	濮 州	万历二十二年举人	宁州知州
明	巩鹤腾	濮 州	万历二十八年举人	雄县知县
明	王钟岱	濮 州	万历二十九年进士	浙江佥事
明	张季彦	濮 州	万历三十二年进士	车驾司郎中
明	苏 述	濮 州	万历三十五年进士	河南道监察御史
明	叶挺秀	濮 州	天启五年进士	户部主事、南明兵部侍郎
明	任亮采	濮 州	天启年间举人	河间府通判
明	罗志儒	濮 州	崇祯元年进士	安卢兵备道副使
明	葛含馨	濮 州	崇祯元年进士	吏部考功清吏司郎中
明	周会隆	濮 州	崇祯三年举人	清建昌府同知
明	崔 玮	濮 州	崇祯三年举人	冀州知州
明	杨本针	濮 州	崇祯四年进士	湖广提刑按察使
明	苏 壮	濮 州	崇祯四年进士	苏松巡抚、南京刑部尚书
明	周 源	濮 州	崇祯六年举人	上蔡知县
明	南洙源	濮 州	崇祯十年进士	明大名府尹、清湖广左布政使
明	孙 煮	濮 州	岁 贡	御 史
明	李 茂	濮 州	岁 贡	安州知州
明	苏 哲	濮 州	岁 贡	山西布政使司理问
明	王守道	濮 州	岁 贡	松江府同知
明	刘 中	濮 州	岁 贡	交趾州知州
明	张 昱	濮 州	岁 贡	大名府通判
明	张 琰	濮 州	岁 贡	山西新城县
明	常 弁	濮 州	岁 贡	芜湖知县
明	焦 威	濮 州	岁 贡	工部主事
明	张 禧	濮 州	岁 贡	高平知县
明	朱 俊	濮 州	岁 贡	曲沃知县
明	李 泰	濮 州	岁 贡	平陆知县
明	张 酸	濮 州	岁 贡	霍州同知
明	冯 纶	濮 州	岁 贡	仪封知县、封御史
明	李 纲	濮 州	岁 贡	辽州州判
明	董 达	濮 州	岁 贡	藁城知县

续表 36-3-1-4

朝　代	姓　名	籍　贯	仕　途	职　官
明	齐　韬	濮　州	岁　贡	浮梁知县
明	冯　暹	濮　州	岁　贡	鄘县知县
明	许　健	濮　州	岁　贡	内丘知县
明	高　杰	濮　州	岁　贡	永城知县
明	孟　吉	濮　州	岁　贡	唐县知县
明	李　栋	濮　州	岁　贡	兵马指挥使
明	胡　志	濮　州	岁　贡	盐运司副使
明	倪　森	濮　州	岁　贡	辉县知县
明	任　廷	濮　州	岁　贡	阆县知县
明	宋　慈	濮　州	岁　贡	大同府通判
明	石　玉	濮　州	岁　贡	邛州州判
明	辛　宾	濮　州	岁　贡	大城知县
明	林　碹	濮　州	岁　贡	渭县知县
明	郭　云	濮　州	岁　贡	布政司经历
明	陈　镛	濮　州	岁　贡	丰润知县
明	刘　纪	濮　州	岁　贡	灵丘知县
明	许　泳	濮　州	岁　贡	无极知县
明	张继文	濮　州	岁　贡	东兴知县
明	李居仁	濮　州	岁　贡	汉县知县
明	苏　濂	濮　州	岁　贡	巩昌府通判
明	阎国龙	濮　州	岁　贡	石楼知县
明	朱凤伍	濮　州	岁　贡	衡水知县
明	田思惠	濮　州	岁　贡	广灵知县
明	苏厘光	濮　州	岁　贡	监察御史
明	张三乐	濮　州	岁　贡	南阳府通判
明	李性淳	濮　州	岁　贡	直隶柏乡县知县
明	魏　纶	濮　州	例　贡	徐沟知县
明	苏　纯	濮　州	例　贡	洧川知县
明	张伯耕	濮　州	例　贡	浙江布政司理问
清	巩　锦	濮　州	顺治二年举人	单县知县
清	张　苨	濮　州	顺治十二年进士	午阳知县
清	周大训	濮　州	顺治十四年举人	海门知县
清	苏金铉	濮　州	顺治十七年举人	兵部主事
清	葛鼎元	濮　州	顺治十八年进士	桃源知县
清	李元直	濮　州	康熙三年进士	
清	冯朝纲	濮　州	雍正十一年进士	印江知县

续表 36-3-1-5

朝代	姓名	籍贯	仕途	职官
清	苏灏	濮州	雍正十一年进士	刑部主事
清	康景和	濮州	乾隆二十五年举人	龙门知县
清	高攀龙	濮州	乾隆二十五年武进士	清江府游击
清	葛建楚	濮州	乾隆三十三年举人	苏州府总捕、同知
清	毛光孚	濮州	乾隆四十一年举人	洛阳知县
清	葛若耀	濮州	乾隆四十八年举人	山西阳曲知县
清	张人龙	濮州	乾隆五十一年举人	贵州石阡府知府
清	南纶纲	濮州	嘉庆十四年举人	翰林院检讨
清	张瑞祥	濮州	嘉庆十六年武进士	卫守备
清	高庆云	濮州	道光六年武进士	
清	张金甲	濮州	道光十二年武榜眼	武昌府副将
清	张金华	濮州	道光十二年武会元	广东副将
清	陈万敌	濮州鄄城县	道光十九年武举人	高唐千总
清	王希孟	濮州	咸丰二年举人	宜春知县
清	李锦堂	濮州	咸丰年间武举人	兵部差官
清	申风苞	濮州	咸丰二年武举人	曹镇中营千总
清	张鸿图	濮州	同治九年武举人	兵部差官
清	崔奇峰	濮州	同治九年武举人	登州游击
清	张登云	濮州	光绪三年武进士	兰翎侍卫
清	申福荣	濮州	光绪三年武进士	
清	彭占魁	濮州鄄城县	光绪八年武举人	曹州镇标千总
清	郭鸣珂	濮州	光绪年间武举人	曹州镇标千总
清	卢盈科	濮州	武举人	游击将军
清	王守中	濮州	武解元	
清	杜九边	濮州	武举人、文解元	
清	马锐	濮州	武进士	守备
清	张成功	濮州	武进士	
清	黄廷献	濮州	武进士	西安营游击
清	张世法	濮州	武进士	
清	王孙淳	濮州	岁贡	鄱阳知县
清	王继祚	濮州	岁贡	沈丘知县
清	赵炜	濮州	岁贡	陈州知县
清	刘明臣	濮州	岁贡	遵化知县
清	苏柴	濮州	岁贡	锦衣卫佥事
清	苏墩	濮州	岁贡	锦衣卫千户
清	苏铨	濮州	岁贡	锦衣卫千户

续表 36-3-1-6

朝 代	姓 名	籍 贯	仕 途	职 官
清	李孝先	濮 州	岁 贡	知 州
清	葛应滨	濮 州	乾隆年间拔贡	岳州府知州
清	葛应绍	濮 州	乾隆年间拔贡	云南弥县知县
清	葛 沛	濮 州	乾隆年间拔贡	广西永康州知州
清	葛应淳	濮 州	乾隆年间拔贡	武昌府通判
清	欧允腾	濮 州	恩贡	宜章知县
清	葛 镇	濮 州	贡生	梧州府同知
清	毛 翔	濮 州	贡生	同官知县
清	葛若炜	濮 州	嘉庆年间贡生	四川重庆府巴县知县
清	李文从	濮 州	嘉庆年间贡生	布政司理问
清	杨忠桂	濮 州	嘉庆年间贡生	布政司理问
清	李文铎	濮 州	嘉庆年间贡生	布政司经历
清	南 珂	濮 州	嘉庆年间贡生	州同知
清	南士煌	濮 州	嘉庆年间贡生	州同知
清	南士炎	濮 州	嘉庆年间贡生	州同知

附　录

FU LU

前志简述

《鄄城县志》（1996 年版）设 25 编、145 章、405 节，另有概述、大事记、附录，共计 120 万字，彩色图片 60 余幅，志、传、记、图、表、录诸体并用，结构严谨，文字简洁流畅，全面翔实地记载了鄄城政治、经济、文化、社会、风俗诸方面的历史与现状，充分反映了鄄城的地方特色及时代风貌，是了解鄄城古今的一部地方百科全书。1997 年 11 月被国家新闻出版署评为 1996 年度国家书刊印刷优质产品。主编察志和，齐鲁书社出版，印数 3000 册。其内容简述如下：

鄄城县位于山东省西南部，菏泽地区北部，黄河南岸。东邻郓城县，南连菏泽市，西、北与河南省的濮阳、范县接壤。总面积为 1032 平方公里，属黄河冲积平原，地势西南高东北低，土质分布为“南沙、中壤、北黏”。季风型大陆性气候，四季分明，年平均日照 2535.7 小时，年平均降雨量 589.2 毫米，年平均气温 13.5℃，无霜期 206 天，常有虫、旱、风、雹灾害。

鄄城历史悠久，远在 4000 年前的新石器时代晚期，即有先民集居于此。史载“尧葬穀林”，“舜耕历山”。春秋为卫国鄄邑，西汉置鄄城县，东汉献帝时为兖州治所，三国魏文帝时曾为鄄城王国，曹植为鄄城王。隋于鄄城置濮州，五代十国以后，鄄城一直为濮州属地。1931 年，濮、鄄分治，于濮县河东地区复设鄄城县。

自清末迄今，境内历设里、区、社、乡（镇），1983 年 12 月，废公社，置 3 镇 22 乡。1990 年第四次人口普查，全县总人口 686303 人。其中：汉族 683578 人，占总人口的 99.6%；少数民族 2731 人，占 0.4%，其中回族 2683 人。还有蒙古、藏、苗、彝、壮、满、朝鲜等少数民族。

鄄城地处中原，背依黄河，素为战略要地。春秋战国时期，诸侯屡会于鄄，晋、楚大战于城濮；三国时期，曹操屯兵于鄄城；解放战争时期刘邓大军从东阿至鄄城一带强渡黄河，揭开解放战争战略反攻的序幕。

鄄城人民富有光荣的革命传统。唐代王仙芝首举义旗，揭开唐末农民大起义的序幕；明末任七、张七领导的榆园军，历时 16 年，波及数省；清咸丰年间，刘占考起事于红船，史称“晚捻”，曾使曹州闭关 20 余日，震撼清廷；清末王宗朋联络濮州、济宁州等 11 州县进行声势浩大的抗捐活动；民国初期先后掀起两次农民起义高潮。1931 年“九一八”事变后，鄄城县第一高级小学进步教师费子厚带领全校师生，冲破校方和社会阻力，自动集会，抵制日货，宣传抗日。1937 年“七七”事变后，大唱抗日救亡歌曲，开展抗日救亡运动。1939 年 9 月中共鄄城县委成立，10 月建立鄄城第一支抗日地方武装——濮县第二抗日基干大队，1940 年 3 月 5 日建立鄄城抗日县政府，从此，鄄城抗日斗争进入一个崭新的历史时期。在八年抗日战争中，中共鄄城县委、县政府领导全县人民坚持抗日民族统一战线，与日伪军浴血奋战，创立、巩固和发展了鄄城抗日根据地，为抗日战争的胜利付出了巨大牺牲，全县有 1760 人参加抗日队伍，有 617 名地方干部惨遭敌人杀害。1946 年在全县范围内开展了轰轰烈烈以反奸诉苦为中心内容的民主民生运动，进行土地改革，没收地主土地，实行耕者有其田。全国内战爆发后，县委、县政府依据“县不离县，区不离区”的原则，“一手拿枪，一手分田”，广泛发动群众，依靠地方武装，积极开展地方游击战，参军参战，支援前线，为解放战争的胜利作出了重大贡献。全县有 2400 人参加解放军，出动民工 38900 人。担架 2380 副，大小车 1600 余辆，531 名党的优秀儿女献出了宝贵生命。

中华人民共和国成立后，鄄城人民在中国共产党和人民政府领导下，进行社会主义革命和社会主义建设，全县国民经济有了很大发展，但道路是曲折的，三年恢复时期和第一个五年计划期间国民经济发展较快。第二个五年计划期间，由于搞“大跃进”、刮“浮夸风”和“共产风”，大办食堂，大炼钢铁，工农业畸型发展，损失甚重。“三年调整”期间，贯彻执行“调整、巩固、充实、提高”的方针，国民经济有所回升。第三、四个五年计划期间发生“文化大革命”，大搞阶级斗争，使生产受到严重破坏。1976 年 10 月工农业生产开始回升。1978 年中共十一届三中全会后，工作重点转移到经济建设上来，逐步推行经济体制改革，建立多种形式的经济责任制，“对内搞活经济，对外实行开放”，加强农业基础建设，大力发展工业生产，全县经济得到持续、稳定、协调的发展。至 1990 年，工农业总产值 100944 万元（1990 年不变价）。

鄄城历来为农业县。中华人民共和国成立前，由于农田水利设施差，农业技术落后，加之封建土地所有制的束缚，致使农作物产量很低。据 1949 年统计，全县作物总面积 150 万亩，粮食总产 6637 万公斤，单产 56 公斤。中华人民共和国成立后，党和政府领导农民互助合作，走集体化道路，兴修水利，改良土壤，推广良种，防治病虫害，改进农机具，产量逐渐上升，特别是 1978 年推行以家庭经营为主的联产承包责任制以后，农业生产发展迅速。1990 年农业总产值 57215 万元，1990 年全县农作物总面积 169 万亩，粮食总产 29024 万公斤，单产 467 公斤，养殖业主要有猪、羊、牛、兔、鸡、鸭、蜂、鱼等。著名土特产有鲁西黄牛、斗鸡、青山羊、小尾寒羊、猾子皮、桐木。

鄄城工业发展较早。龙山文化时期已有制陶业，家庭纺织业更有着悠久的历史，各种个体手工业散布于城镇和农村。但由于技术落后，因循守旧，工业发展很慢。中华人民共和国成立后，对个体手工业进行社会主义改造，陆续兴建一些工厂，工业得以发展。特别是中共十一届三中会后，贯彻改革开放、搞活经济的方针政，使工业生产迅速发展。1985 年工业总产 8273 万元，1990 年全县有机械、纺织、服装、食品、工艺品、酿酒、印刷、木器、造船、电力、制革、化工等工业，总产值 43789 万元。主要工业产品有地毯、鲁锦、榨油机、毛线、棉纱、味精、淀粉、亘古泉系列白酒、木器、船只、旋木玩具、糕点、酱油、原甲酸三甲酯等，畅销全国各地，其中陈王酒、旋木玩具远销东南亚，打入国际市场。

中华人民共和国成立前，由于黄河阻隔，交通十分不便。中华人民共和国成立后，交通邮电事业有了较大发展。1990 年全县有省道 3 条，县乡公路 15 条，总长 113．4 公里，全属沥青路面；每日发客车 20 个班次，分别发往北京、天津、西安、济南等地；有黄河渡口 13 处，机船 31 艘。全县有邮电局 1 处，邮电支局 10 处，邮电所 2 处，干线邮路 1 条，支线邮路 8 条，总长 177 公里；长途电话线路 15 条，市内电话交换机总容量 1000 门，通话乡镇 25 处，线路长度 153 杆公里。

鄄城财政收入，清代主要是田赋。中华民国时期主要有田赋、杂捐、营业税等。中华人民共和国成立后，财政收入主要有农业税、工商各税。随着工农业的发展，财政收入逐年增长。1981—1985 年“六•五”时期，共收入 575．7 万元，比“五•五”时期增加 355．5 万元，比“四・五”时期增加 254. 7 万元。1986—1990 年“七・五”时期，共收入 917．9 万元，比“六•五”时期多 324．2 万元。但是收入远远不能满足开支的需要，1953—1990 年，共收入上级补助 36580. 2 万元。随着国民经济的发展，人民生活得到改善，瓦房逐渐增多，手表、自行车、缝纫机、收音机已基本普及，电视机也日益增多。

鄄城教育、科技、卫生、文化、体育事业有很大发展。1990 年全县有小学 362 所，初中 34 所，高中 3 所，技工学校 1 所，职工中专 1 所，教师进修学校 1 所，农业广播学校 1 所，幼儿园 625 班，基本普及小学教育。有各种科技研究所 4 处，县级科技学术团体 11 个，科研项目遍及工、农、医等各个领域。1973—1990 年，全县获奖科技成果 16

项，其中获全国科学大会奖 1 项，省级成果奖 4 项，地区级 8 项。有县级医院 3 处，乡镇卫生院 18 处，卫生防疫站 1 处，妇幼保健站 1 处，农村卫生室 581 处，农村缺医少药局面已有改变。县人民医院已成为门类较齐全、设备较完善的全县医疗技术中心；县第二人民医院、县中医院也正在迅速发展，日趋完善。地方病、传染病的发病率大大减少，人民健康水平大大提高。计划生育成效显著，人口自然增长率已控制在 14.3‰以下。体育运动比较活跃，竞赛水平不断提高，1963—1989 年，在省、地区体育运动会上，共获集体奖 39 次。文化艺术事业日益繁荣，县城设有文化馆、档案馆、广播电台、电影院、剧院、电视转播台，乡镇有文化站、广播站。文学、戏曲、书法、美术等，均有显著成绩。

鄄城人杰地灵，历代不乏名人。战国时期有军事家孙膑，晋代有廉吏吴隐之，唐代有农民起义领袖王仙芝，宋代有两度拜相的状元李迪，明代有兵部尚书、诗人苏祐和父子尚书李瓒、李廷相，清代有抗捐领袖王宗朋，清末民初有社会活动家王鸿一、彭占元，当代风流人物更是层出不穷。1990 年全县有省以上劳动模范、先进工作者、三八红旗手 147 人，县团级以上领导干部 458 人，高级科技人才 83 人。

鄄城名胜古迹遍布全县，主要有：穀林寺尧陵，舜耕历山遗址，春秋庄子钓鱼台，诸侯屡次会盟之会台，孙膑家祠和孙膑墓，古亿城寺遗址，箕山龙山文化和汉文化遗址，亘古清泉，曹植读书台（陈台），明代都御史刘忠墓，清末处士抗捐领袖王宗朋思慕碑，自卫战争殉难烈士纪念碑等。此外还有历代所称“鄄城八景”，诗曰：“映潭明月舞西风，红沟绿岸水流东。杏岗春色红十里，席桥斜渡小舟横。春柳时见杨花落，钓台阴雨雾蒙蒙。修真独卧箕山侧，夜听穀林撞晚钟。”

鄄城人民勤劳俭朴，忠厚仁义，聪慧勇敢，在这块古老的黄土地上创建了灿烂的文化和辉煌的业绩。中华人民共和国成立后，在中国共产党的领导下，取得了社会主义革命和建设的伟大成就。今天，全县人民正团结一致，齐心协力，为振兴鄄城、造福子孙而努力奋斗。

前志勘误表

页 数	左栏 / 右栏	行 数	错 误	更 正
3	左	倒数第一	汉代	晋代
363	左	14	文化大革命	“文化大革命”
467	左	22	品布	吕布
634	右	14	前 343	前 341
697	左	5	李德夫	李德大

大事纪要

上古时期，伏羲生于雷泽，炎帝生于常羊，蚩尤、颛顼都于鄄，唐尧崩于城阳，葬于穀林（今鄄城县富春乡穀林尧陵）。尧封鲧于鄄，为崇伯。

舜生于鄄城姚墟，耕于历山（今阎什镇历山庙村附近），渔于雷泽（鄄城县境东南部），陶于河滨。

前 675 年（周惠王二年）

秋，鲁、齐、宋会盟于鄄。

前 667 年（惠王十年）

鲁庄公会齐侯于城濮（今鄄城县临濮镇）。

前 632 年（周襄王二十年）

夏，晋侯率军会齐师，宋师秦师与楚大战于城濮（今鄄城县临濮镇）。

前 353 年（周显王十六年）

魏国围攻赵国都城邯郸，齐田忌、孙膑率师围魏救赵，在桂陵打败魏军，遂解赵国之围。

前 341 年（显王二十八年）

魏伐韩，齐田忌、孙膑率师伐魏以救韩，杀其将庞涓于马陵（今鄄城西北），虏魏太子申。

前 242 年（秦王政五年）

秦伐卫，灭卫，于濮阳置东郡，甄邑属之。

前 221 年（秦王政二十六年）

秦推行郡县制，设甄城县。

前 206 年（汉高祖元年）

西汉设鄄城县，属济阴郡。

前 132 年（武帝元光三年）

五月，河决瓠子口。

前 110 年（元封元年）

武帝亲临指挥堵塞决口，作《瓠子歌》纪念此事，并建宣房宫。

193 年（献帝初平四年）

春，曹操屯兵于鄄城，领兖州牧，将兖州治所由昌邑（今巨野县谢集一带）移于此。

221 年（魏文帝黄初二年）

曹丕封其弟曹植为鄄城侯。次年四月晋为鄄城王，食邑 2500 户。是年，曹植往朝京师，归途经洛水，回鄄城作《洛神赋》。223 年（黄初四年）封陈王，徙封雍丘（今河南杞县）。

384 年（孝武帝太元九年）

秋，刘牢之攻前秦，兖州刺史张崇弃鄄奔燕。

396 年（孝武帝太元二十一年）

四月，后燕以刘该为徐州刺史，驻鄄城。

596 年（隋文帝开皇十六年）

于鄄城置濮州，并置雷泽（今鄄城城南 12 里，穀林尧陵东 2 里）、临濮（今鄄城县临濮镇）二县。

606 年（炀帝大业二年）

废濮州，撤销临濮县。

621 年（唐高祖武德四年）

复设濮州、临濮县。

742 年（玄宗天宝元年）

废濮州，于鄄城置濮阳郡。

758 年（肃宗乾元元年）

废濮阳郡复为濮州。

783 年（德宗建中四年）

黄河水忽尔澄清，数里镜澈。

1047 年（宋仁宗庆历七年）

冬，李迪（濮州人）卒，赠太子太傅，仁宗题其墓碑曰“遗直之碑”，改所葬之乡为“遗直乡”。

1154 年（金海陵王贞元二年）

雷泽、临濮二县降为镇。